中国石化
SINOPEC

中国石油化工集团有限公司年鉴

CHINA PETROCHEMICAL CORPORATION YEARBOOK

2022

《中国石油化工集团有限公司年鉴》编委会 编

中国石化出版社

图书在版编目（CIP）数据

中国石油化工集团有限公司年鉴 . 2022 /《中国石油化工集团有限公司年鉴》编委会编 . — 北京：中国石化出版社，2022.10

ISBN 978-7-5114-6916-8

Ⅰ . ①中… Ⅱ . ①中… Ⅲ . ①石油化工厂－中国－2022－年鉴 Ⅳ . ① F426.22-54

中国版本图书馆 CIP 数据核字（2022）第 210145 号

中国石化出版社出版发行

地址：北京市东城区安定门外大街58号

邮编：100011　电话：（010）57512500

发行部电话：（010）57512575

http：//www. sinopec-press. com

E-mail：press@ sinopec. com

北京科信印刷有限公司印刷

*

787×1092 毫米　16 开本　55.5 印张　56 彩页　1474 千字

2022 年 11 月第 1 版　2022 年 11 月第 1 次印刷

定价：480.00 元

《中国石油化工集团有限公司年鉴》2022 年卷

编 委 会

《中国石油化工集团有限公司年鉴》2022年卷

编 辑 部

地　　址：北京市东城区安定门外大街58号

邮政编码：100011

电　　话：(010) 57512413　57512414

电子信箱：chengqz@sinopec.com

The Editorial Department of 《CHINA PETROCHEMICAL CORPORATION YEARBOOK》

Add：58 Anwai Street, Dongcheng District, Beijing China

P.C：100011

Tel：+86-10-57512413/57512414

Email：chengqz@sinopec.com

编辑说明

一、《中国石油化工集团有限公司年鉴》（简称《年鉴》）是中国石油化工集团有限公司正式对外公布一定时期生产、经营、财务状况及有关数据资料的权威性出版物，向国内外公开发行。《年鉴》从 1988 年问世至今，已出版 27 卷。2022 年卷《年鉴》为第 28 卷，首次采用全彩印刷。

二、2022 年卷《年鉴》全面、系统地记述了 2021 年集团公司在生产经营、深化改革、科技创新和企业管理等各方面的基本情况和重大事项，图文并茂，直观反映了集团公司及其所属企事业单位的新变化、新成果，为各级领导科学决策和科学管理提供依据，为集团公司内部和国内外各界人士了解集团公司提供翔实、可靠、可鉴资料。

三、2022 年卷《年鉴》文前设有特载。共设 28 个栏目：大事记、总述、境内油气勘探开发、境内石油工程、炼油生产、化工生产、境内炼化工程、产品销售、资本和金融业务管理、国际化经营、重点工程建设、公用工程、安全生产、绿色低碳、科研开发与管理、企业改革与管理、财务资本管理、组织人事管理、物资采购与管理、信息和数字化、内部监督、党的建设、宣传与企业文化、新闻与出版、企事业单位、人物、统计资料、附录。为便于读者查阅和检索，文前附中、英文目录，书后附企事业单位主题词索引和表题索引。

四、《年鉴》所收录的数据表中，空格表示该项统计数据不详，“—”表示无该项统计数据，“…”表示该项数据不足本表最小单位数。

五、《年鉴》中，“中国石油化工集团有限公司”简称“集团公司”，“中国石油化工股份有限公司”简称“股份公司”，两者统称“中国石化”。

六、《年鉴》中插图由各单位提供，图片版权归各单位所有。

七、在《年鉴》的编纂和出版过程中，承蒙有关单位领导、专家、管理人员的大力支持和帮助，在此，谨向为《年鉴》提供稿件和资料、对稿件进行审读把关及给予《年鉴》各种帮助的人士，致以诚挚的谢意。对 2022 年卷《年鉴》存在的缺点和疏漏，诚请广大读者批评指正。

《中国石油化工集团有限公司年鉴》编辑部

2022 年 8 月

特载

扛好“旗帜” 当好“栋梁”

习近平总书记视察胜利油田重要指示精神

2021年10月21日，习近平总书记在山东调研期间亲临中国石化胜利油田视察，深情回顾石油工业艰苦创业史，深刻阐明事关石油石化工业发展的根本性、方向性、全局性问题，为中国石化在新发展阶段推进高质量发展指明了前进方向、注入了强大动力。

21日下午，习近平总书记来到胜利油田勘探开发研究院，了解油田开发建设历程和研究院总体情况，走进页岩油实验室、二氧化碳气驱实验室，听取油田坚持自主创新、加快技术攻关应用、保障国家能源安全等情况介绍。习近平总书记强调，解决油气核心需求是我们面临的重要任务。要加大勘探开发力度，夯实国内产量基础，提高自我保障能力。要集中资源攻克关键核心技术，加快清洁高效开发利用，提升能源供给质量、利用效率和减碳水平。习近平总书记指出，石油能源建设对我们国家意义重大，中国作为制造业大国，要发展实体

再立新功　再创佳绩

经济，能源的饭碗必须端在自己手里。石油战线始终是共和国改革发展的一面旗帜，要继续举好这面旗帜，在确保国家能源安全、保障经济社会发展上再立新功、再创佳绩。

离开勘探开发研究院，习近平总书记来到位于东营市莱州湾的胜利油田莱 113 区块，了解二氧化碳捕集、利用与封存技术研发应用情况。他登上二层钻井平台，察看钻井自动化设备，走进操作室，同正在作业的工人亲切交流。2021 年是胜利油田发现 60 周年。习近平总书记代表党中央向为我国能源事业作出贡献的石油工作者们表示崇高敬意，叮嘱大家继承和发扬老一辈石油人的革命精神和优良传统，始终保持石油人的红色底蕴和战斗情怀，为社会主义现代化建设事业作出更大贡献。

董事长致辞

马永生

2021年是党和国家历史上具有里程碑意义的一年。在以习近平同志为核心的党中央坚强领导下，中国石化各级领导班子和广大干部员工全面落实习近平总书记视察胜利油田重要指示精神，大力实施世界领先发展方略，凝心聚力推动高质量发展，坚定不移深化全面从严治党，经营业绩创历史最好水平，各方面工作取得新成效，在大庆之年、开局之年交出了一份亮丽成绩单。

我们紧紧抓住庆百年、学党史这条主线，汇聚起捍卫“两个确立”、投身复兴伟业的磅礴力量。隆重庆祝党的百年华诞，召开庆祝建党一百周年暨高质量党建推进会，精心组织主题展览系列活动，打造“十大红色教育基地”，唱响红色主旋律，激发奋进正能量。坚持把党史学习教育贯穿全年，聚焦学党史、悟思想、办实事、开新局，统筹推进学习研讨、培训宣讲、专题调研、“我为群众办实事”实践活动，公司上下受到一次全面深刻的政治教育、思想淬炼和精神洗礼，更加深刻理解“两个确立”的决定性意义，进一步增强践行“两个维护”的自觉性和坚定性。坚持务实创新融合抓党建，基层组织体系不断夯实，政治监督逐步走深走实，抓班子带队伍取得明显成效，党的建设质量实现全面提升。

我们紧紧抓住全面落实习近平总书记视察胜利油田重要指示精神这一重大政治任务，“再立新功、再创佳绩”成为奋进新征程的不懈追求。习近平总书记亲临胜利油田视察并作出重要指示后，公司党组第一时间传达学习、召开大会安排部署、结合实际研讨交流，以强烈的政治责任感和历史使命感，将习近平总书记重要指示细化为8个方面25项任务，全面启动、加速推进东营原油库迁建工程，召开全系统贯彻落实大会，迅速掀起学重要指示、开发展新局的热潮，“再立新功、再创佳绩”成为新时代广大干部员工共同的目标追求和奋进动力。通过持续不断地学思践悟，公司上下对大局大势、前进方向的认识更加深刻，传承红色基因、勇担职责使命的进取之志更加强烈。

我们紧紧抓住“十四五”开好局起好步这个总要求，向着高质量发展迈出坚实步伐。大力推动产业转型升级、科技自立自强、绿色低碳发展，成功取得一批油气勘探突破，在顺北地区开辟2个亿吨级原油规模增储建产新阵地；境外上游新项目开发、LNG中长约签署取得突破；镇海一期、古雷一期等如期建成，海南乙烯、九江芳烃等重点项目全力推进。超进度完成国务院国资委专项工程、国家能源局补短板工程，特深层油气勘探开发、原油裂解制乙烯等一批关键核心技术攻关取得重要进展。新能源实现跨越式增长，库车绿氢项目启动建设，风电业务实现零的突破，齐鲁石化－胜利油田百万吨级CCUS项目快速推进。深化改革攻坚，国企改革三年行动完成率达到90%；深入实施对标世界一流管理提升行动，3家企业和2个项目入选国务院国资委标杆。坚定不移担当保障国民经济稳增长责任，组织开展常态化攻坚创效，全方位拓市场、调结构、抓优化，全年实现营业收入2.79万亿元、同比（下同）增长30.37%，利润总额1 165.85亿元、增长60.54%，净利润880.27亿元、增长41.86%，各业务板块实现全面盈利，经营业绩创历史最好水平，极大鼓舞了干部员工士气，积蓄了未来发展势能。

我们紧紧抓住满足人民对美好生活的向往这个落脚点，积极履行央企社会责任。在中央企业率先发布助力乡村振兴“十四五”计划，高水平推进乡村建设项目，发布“中国石化在当地”系列社会责任报告，全力做好定点扶贫和援藏援疆援青等各方面工作。优化资源摆布，加强精准调运，千方百计保障天然气供应，多措并举缓解阶段性柴油紧缺，坚决保证油气市场不断供不脱销。积极服务北京冬奥会、冬残奥会筹办，全方位保障氢能源供应，立体化打造冬奥形象站，多层次开展冬奥主题活动，碳纤维火炬成功点亮冬奥会夜空。全力做好抢险救援、防汛救灾等工作，积极推进“爱心驿站”“司机之家”建设，进一步树立了“党和人民好企业”形象。

成绩来之不易，这是公司全体干部员工辛勤付出、共同奋斗的结果，凝结着以习近平同志为核心的党中央的亲切关怀，凝结着上级各部门、社会各界的指导帮助，凝结着广大客户和消费者的高度信赖，凝结着海内外合作伙伴的协作支持。在此，我代表公司董事会、管理层，代表公司全体干部员工，向所有关心、支持和帮助中国石化的朋友们表示衷心的感谢！

今年我们党将召开二十大，做好全年工作责任重大。我们将更加紧密地团结在以习近平同志为核心的党中央周围，坚持以习近平新时代中国特色社会主义思想为指导，全面贯彻党的十九大和十九届历次全会精神，团结一心、砥砺奋进，加快建设具有强大战略支撑力、民生保障力、精神感召力的中国石化，在新时代新征程再立新功、再创佳绩，为全面建设社会主义现代化国家贡献石化力量，以优异成绩迎接党的二十大胜利召开。

我们将持续加强对外合作，与您携手共创更加灿烂美好的明天！

总经理致辞

2021年，全球疫情防控形势在波动中趋向好转，宏观经济逐步复苏，市场需求快速回暖，国际油价强势上行。面对难得的经营发展机遇，我们坚持以习近平新时代中国特色社会主义思想为指导，以庆祝建党一百周年为动力，全面落实习近平总书记视察胜利油田重要指示精神，大力实施世界领先发展方略，全力抓优化、调结构、拓市场、促改革、谋发展、防风险，公司经营业绩创历史最好水平，全年实现营业收入2.79万亿元、增长30.37%，利润总额1 165.85亿元、增长60.54%，净利润880.27亿元、增长41.86%，各业务板块实现全面盈利，"十四五"取得良好开局。

我们常态化推进攻坚创效，生产经营质量效率明显提高。国内上游大力实施七年行动计划，油气勘探取得重大突破，效益建产规模持续扩大，原油产量稳中有升，天然气产销大幅增长。境外上游优化投资安排，加大增产创效力度，经营业绩创近年来最好水平。炼油着力扩总量、调结构，产业链协同创效显著增强，油气采购降本成效明显。化工着力保障创效装置高负荷运行，乙烯、PX产量大幅增长，三大合成材料及精细化工高附加值产品比例持续提高，煤化工业务首次实现整体盈利。油品销售坚持量价兼顾、量效双收，成品油经营量稳步提升，低硫船燃市场占有率稳居国内第一，炼油销售、化工销售、润滑油、催化剂等业务均取得较好经营业绩。

我们全方位育先机开新局，产业转型升级取得重大突破。重点油气产能建设项目加快推进，7个原油商储库和7个地下储气库建成投用，油气保供政治责任进一步扛稳扛实。加快打造世界级炼化基地，镇海一期、古雷一期等如期建成，公司乙烯权益产能升至全球第3位；大力实施“油转化”“油转特”，一批炼油结构调整项目、大乙烯项目加快推进。境外上游新项目开发、LNG中长约签署取得突破，中沙聚碳酸酯项目建成投产。加快向“油气氢电服”综合能源服务商转型，高质量建成一批炼化供氢中心、加氢站、充换电站、光伏电站，风电、地热等业务稳步发展。资本孵化撬动作用有效发挥，可降解材料、人工智能等领域加快布局，易派客、易捷、石化e贸竞相发展。有序开展碳达峰碳中和行动，强化碳资产管理，绿色发展水平进一步提升。

我们集众智推进科技攻关，重大科技创新成果不断涌现。纵深推进“科改示范行动”，探索实施“揭榜挂帅”“大兵团”作战等攻关机制，完成8家直属研究院“分转子”工作，加快建设新型研发机构、科技孵化器，公司成为国务院国资委首批原创技术策源地。特深层油气勘探开发、原油裂解制乙烯等一批关键核心技术攻关取得重要进展，PVA高端光学膜装置打通全流程，LAO/PAO、特种导热油填补国内空白，碳纤维复合材料火炬成功点亮北京冬奥会。智能运营中心建成投用，智能化“田厂站院”“石化智云”建设取得新进展，“工业互联网+安全生产”等试点有力推进，数字化发展水平不断提升。

我们深层次激发活力动力，改革管理协同效应持续彰显。聚焦重点难点抓改革攻坚，“双百行动”等示范带动作用不断增强，“三项制度”改革持续深化，经理层成员任期制和契约化管理全面实施，剥离企业办社会职能和解决历史遗留问题基本收尾，国企改革三年行动任务整体完成率达到90%。深入实施对标世界一流管理提升行动，3家企业和2个项目入选国务院国资委标杆。全力推进“两资”处置、“两非”剥离，全级次亏损面降至5.5%、创历史最好水平。狠抓风控内控、合规管理体系建设，扎实推进衍生品、参股股权、信用风险防控，守住了不发生系统性风险的底线。建好用好HSE管理体系，深入推进安全生产专项整治三年行动，持续打好污染防治攻坚战，总体保持安全清洁生产。扎实做好常态化疫情防控，“外防输入、内防反弹”扎实有效，境外公共安全保持稳定。

新时代面临新挑战，新征程承载新希望。2022年，公司经营发展面临的形势更加严峻、任务更加繁重。我们将认真贯彻党中央、国务院决策部署，在集团公司党组和董事会的领导下，全方位推进公司高质量发展，全面完成生产经营目标任务，努力创造更好经营业绩，在新时代新征程再立新功、再创佳绩，以优异成绩迎接党的二十大胜利召开。

组织机构图

（截至 2021 年底）

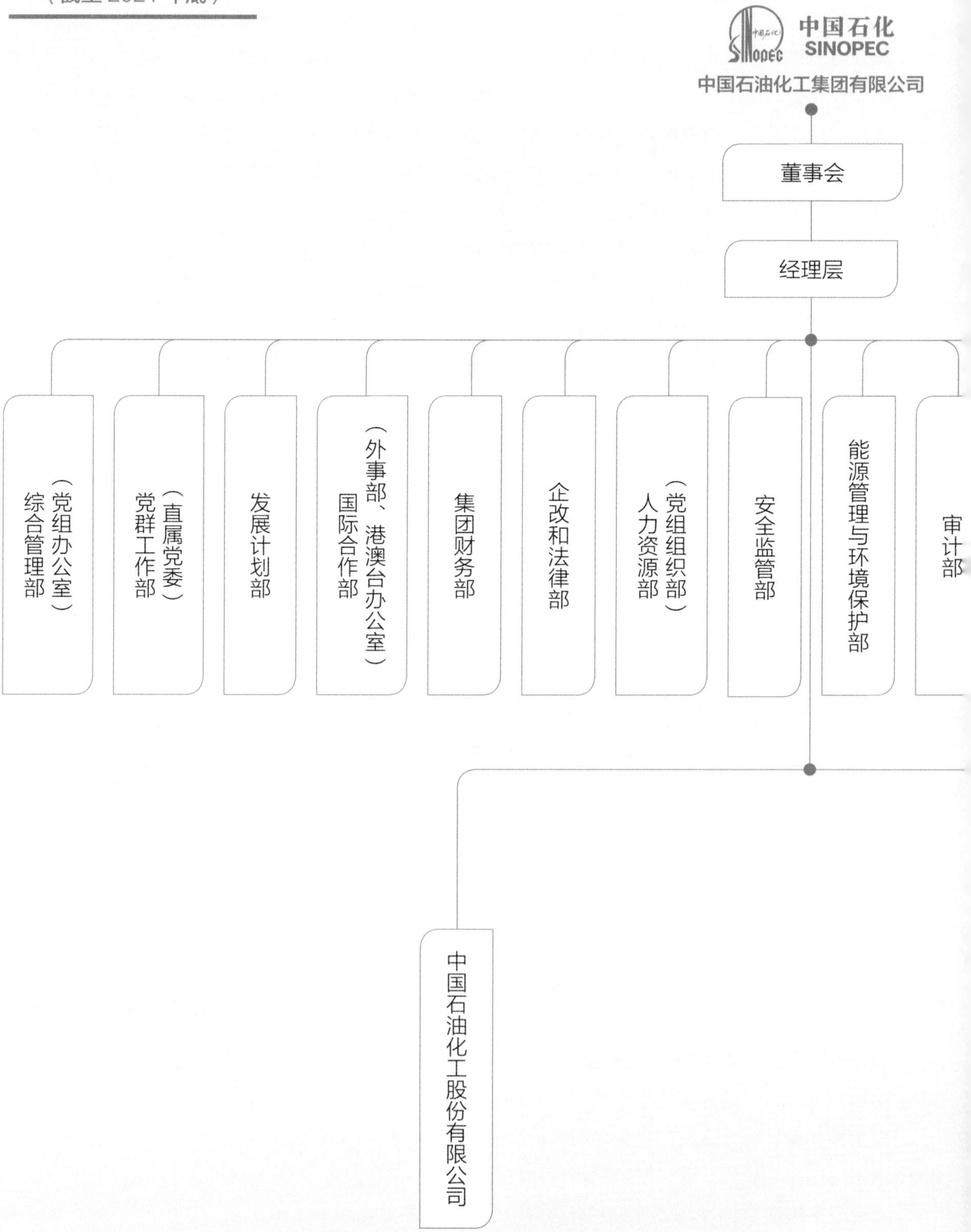

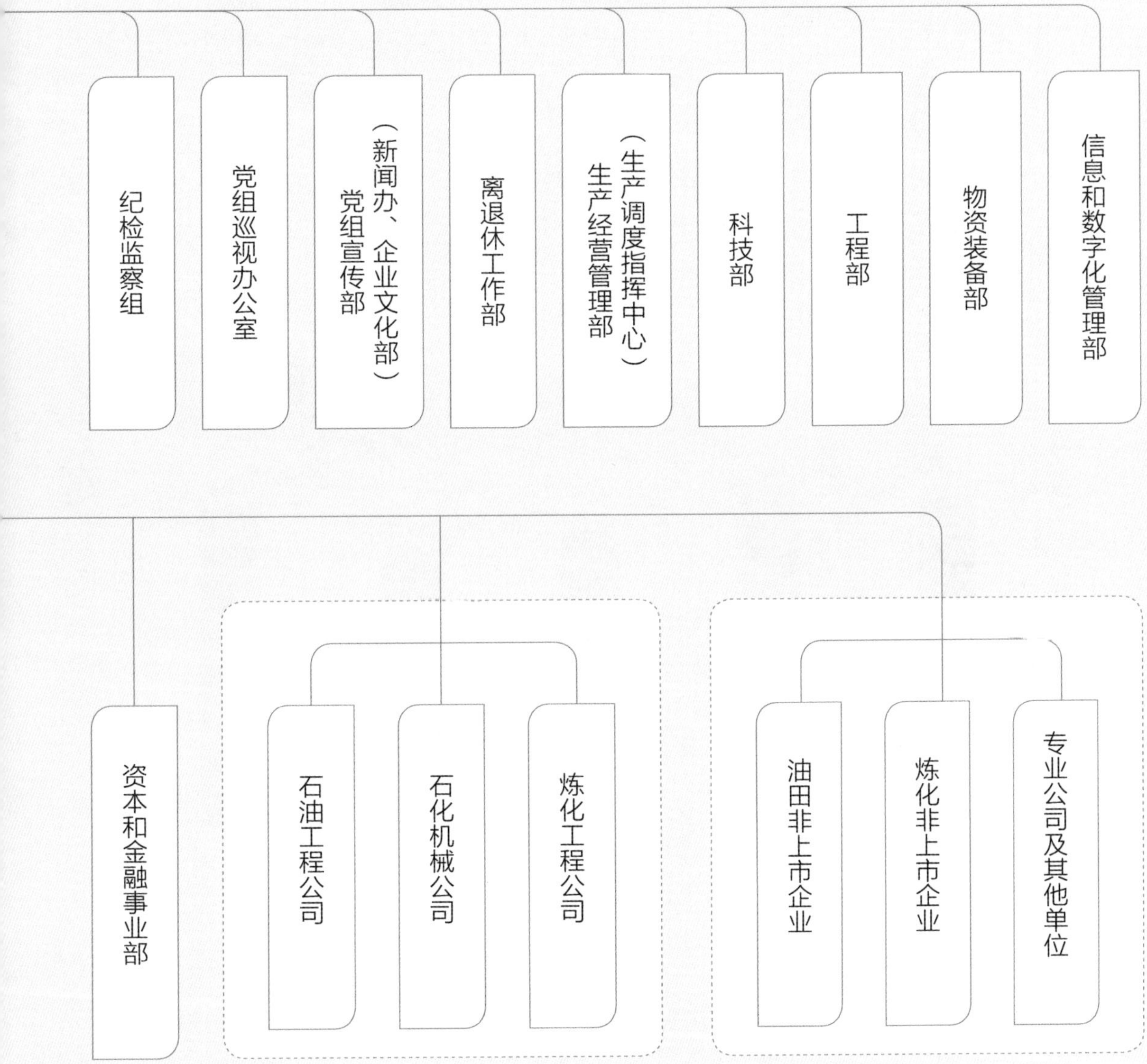
纪检监察组
党组巡视办公室
党组宣传部（新闻办、企业文化部）
离退休工作部
生产经营管理部（生产调度指挥中心）
科技部
工程部
物资装备部
信息和数字化管理部
资本和金融事业部
石油工程公司
石化机械公司
炼化工程公司
油田非上市企业
炼化非上市企业
专业公司及其他单位

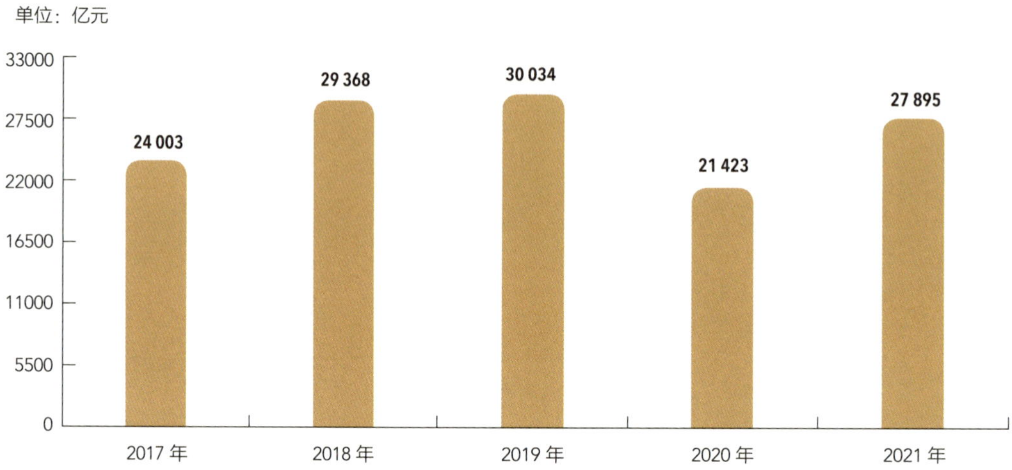
单位：亿元
33000
27500
22000
16500
11000
5500
0
24 003
29 368
30 034
21 423
27 895
2017 年
2018 年
2019 年
2020 年
2021 年
营业收入

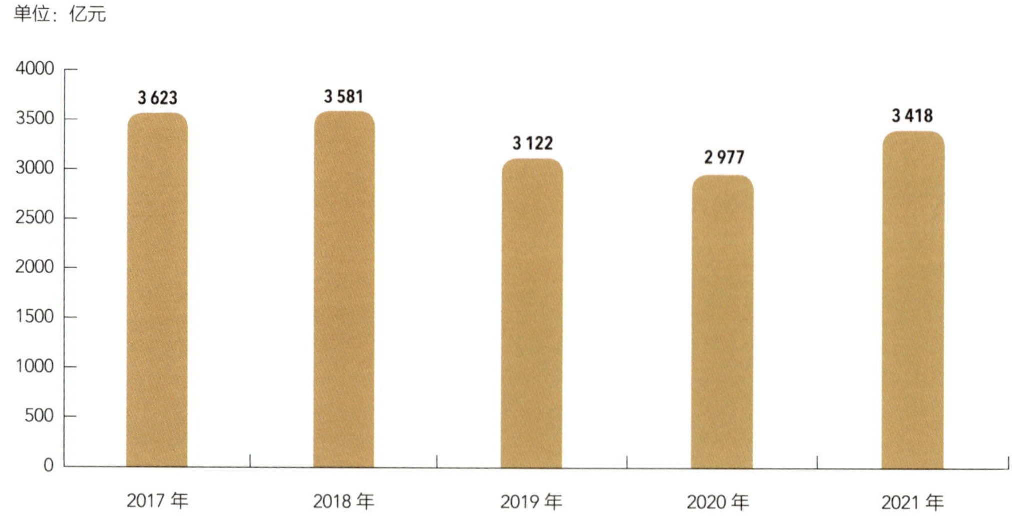
单位：亿元
4000
3500
3000
2500
2000
1500
1000
500
0
3 623
3 581
3 122
2 977
3 418
2017 年
2018 年
2019 年
2020 年
2021 年
实现税费

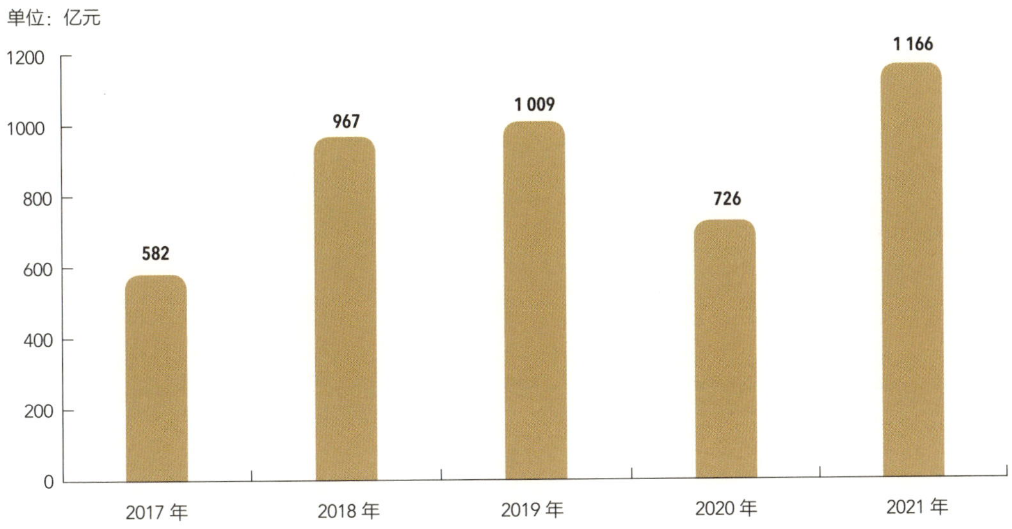

利润总额

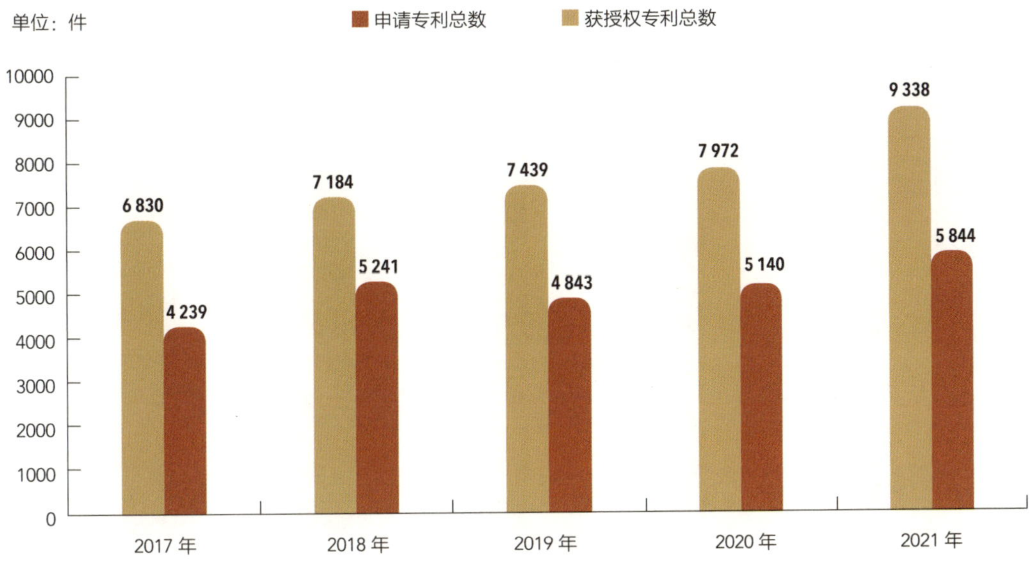

申请专利及获授权专利总数

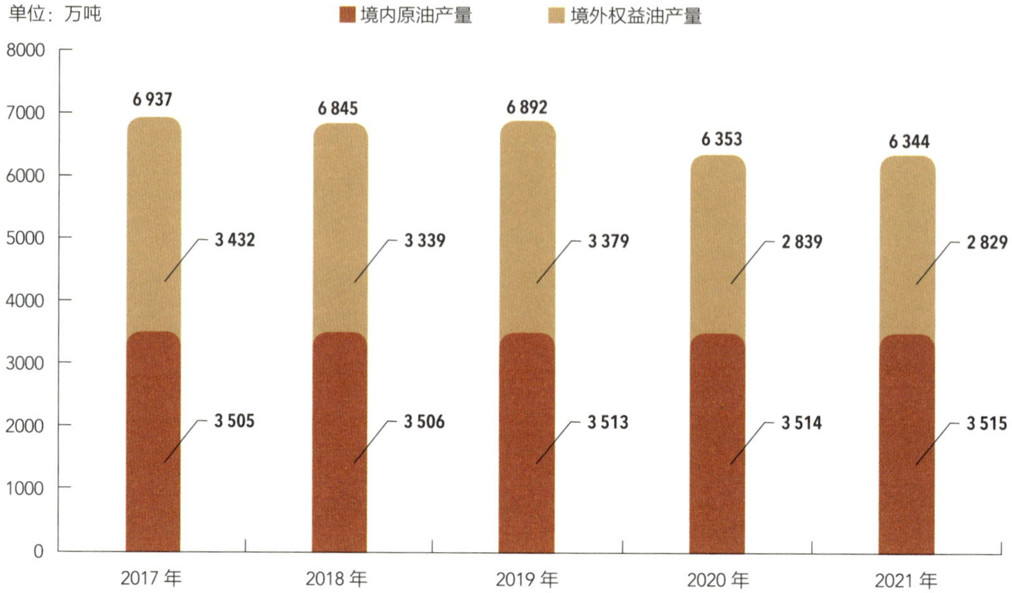

原油总产量

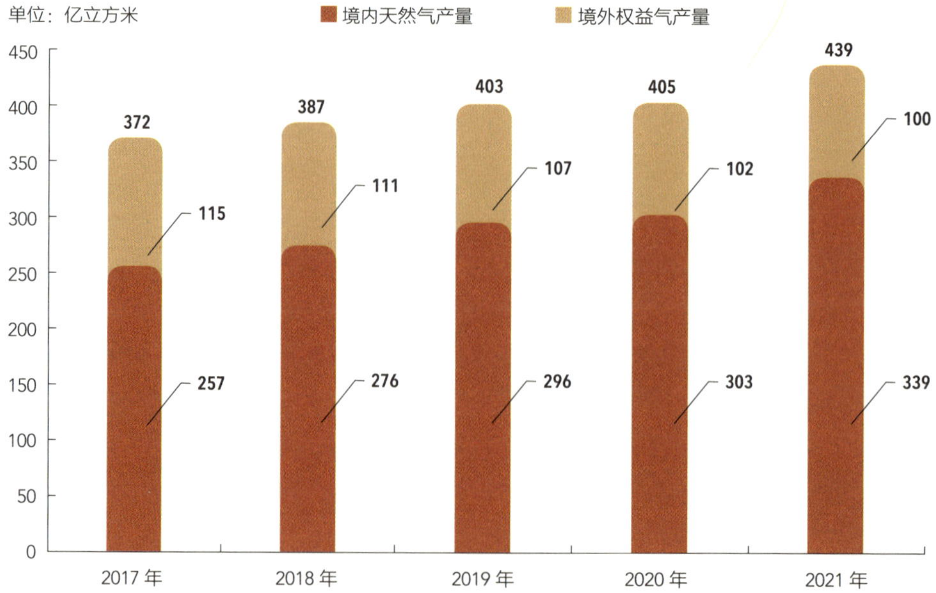

天然气总产量

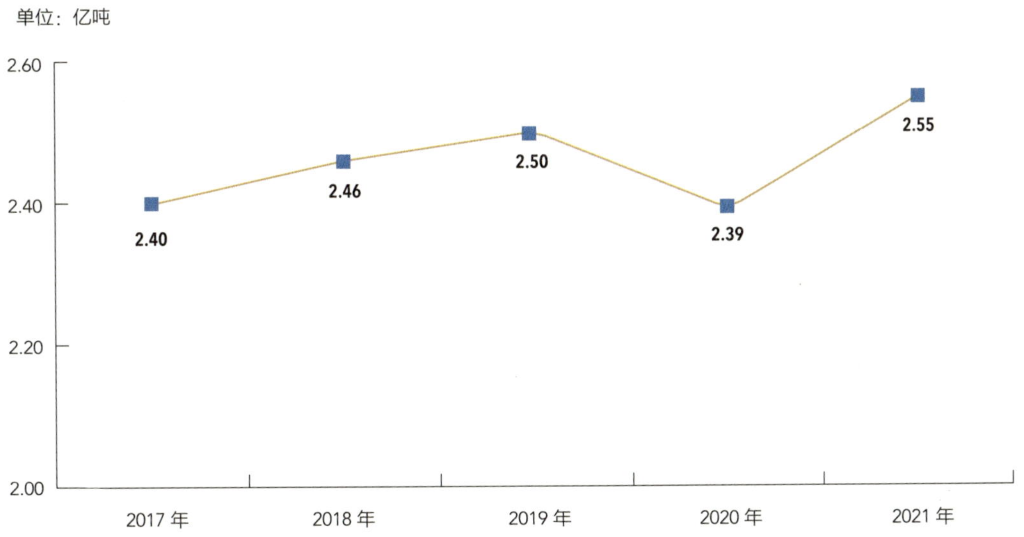

原油加工量

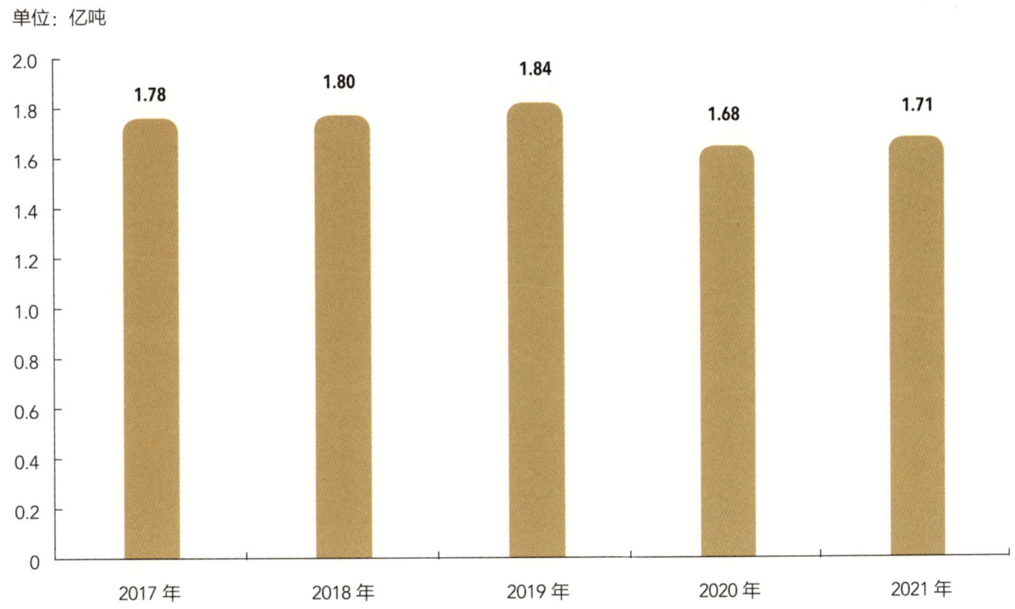

境内成品油经营量

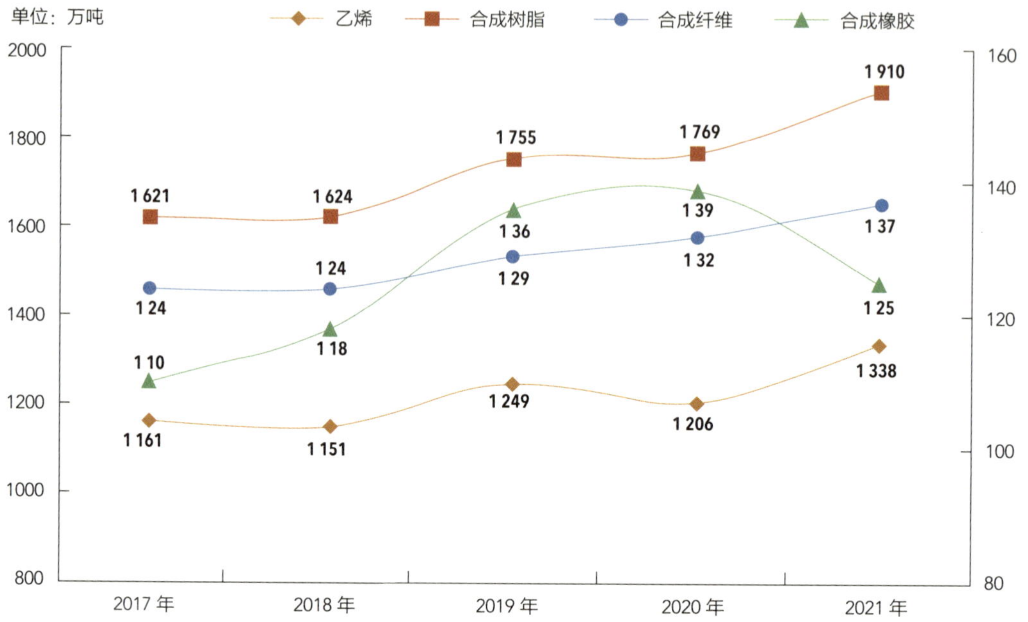

乙烯及三大合成材料产量

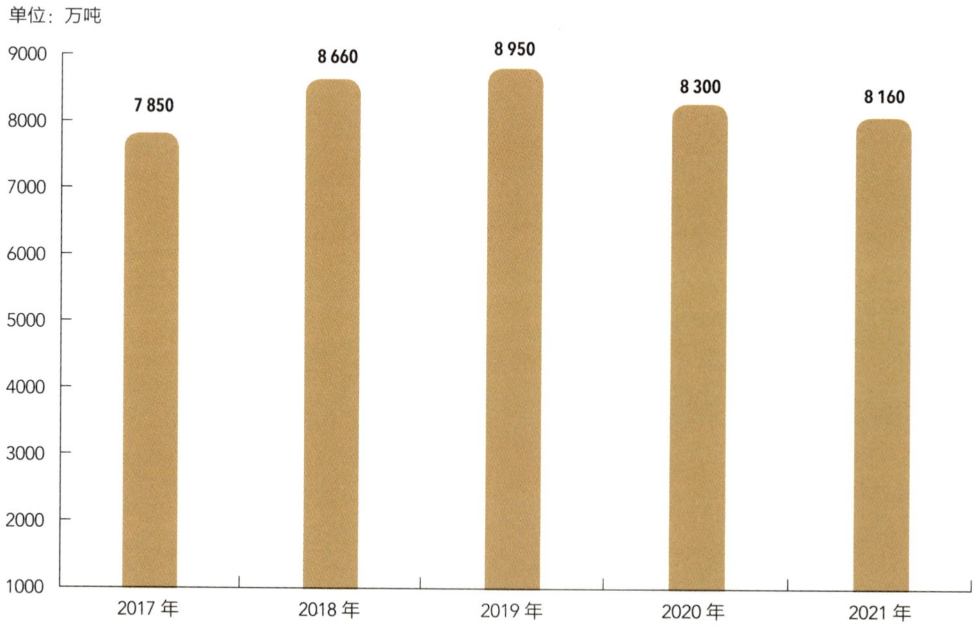

化工产品经营总量

2021 年，集团公司国内上游大力实施七年行动计划，一体化推进重点盆地油气勘探开发，深化基础研究，加大风险勘探和圈闭预探力度，强化重点区带评价，抓实物探一体化统筹，深化“中 - 中”合作，油气勘探取得 4 项重大突破、5 项重要突破、9 项新突破、16 项商业发现的新成果，油气探明储量超年度计划。图为钻进中的西北油田高产油气井——顺北 47X 井

2021 年，集团公司扎实推进老油田精细开发，强化精细挖潜、注采结构调整，全年生产原油 3 515.4 万吨，增加 1 万吨。加快天然气产供储销体系建设，坚持少井高产，加快产能建设，全力推进涪陵页岩气田立体开发调整，抓好普光、元坝、大牛地等气田稳产，全年生产天然气 338.8 亿立方米，上产 36 亿立方米。境外上游优化投资安排，加大增产创效力度，经营业绩创近年来最好水平。图为中国首个探明储量超千亿立方米的深层页岩气田——威荣页岩气田

2021 年，集团公司石油工程业务统筹推进各项工作，持续提升“四种能力”，为油气增储上产降本发挥了主力军作用，在优化市场结构、提升集中度上取得明显成效。统筹抓好生产经营和疫情防控两大任务，着力拓市场、稳经营、创效益、严管理，海外市场整体呈现企稳向好、拼搏向上的良好态势，全年新签合同额 20.2 亿美元，完成合同额 14.4 亿美元。图为普光探区普陆 4 井大型压裂施工现场

2021 年，集团公司炼油业务认真履行“三大核心职责”，着力扩总量、调结构，油气采购降本成效明显，紧贴市场优化生产运行，全力推动全产业链争创效益，加快推进炼油转型发展步伐，全年加工原油 2.55 亿吨，创历史最好水平，炼油综合竞争能力不断巩固提升。图为中科炼化常减压装置

2021 年，集团公司化工业务着力保障创效装置高负荷运行，乙烯、对二甲苯产量大幅增长，三大合成材料及精细化工高附加值产品比例持续提高，煤化工业务首次实现整体盈利。全年化工产品经营总量 8 160 万吨，生产乙烯 1 338 万吨。图为齐鲁石化化工装置区

2021 年，集团公司炼化工程业务坚持科技引领、创新驱动、价值创造、改革发展，多项经营指标创历史新高。积极办实事、开新局，境外市场开发成效显著，项目执行稳步推进，全年新签合同额 15.45 亿美元（含税），完成合同额 6.84 亿美元。图为九江石化芳烃装置夜景

2021 年，集团公司销售业务坚持量价兼顾、量效双收，成品油经营量稳步提升，低硫船燃市场占有率稳居国内第一，炼油销售、化工销售、润滑油、催化剂等业务均取得较好经营业绩。全年实现境内成品油经营量 1.71 亿吨，易捷服务基础品类营业额增长 8%。天然气销售取得“量价兼顾、量效双收”的好成绩，实现“十四五”良好开局，全年经营天然气 658 亿立方米、增长 14.9%。图为建设中的南宁新屯里油库

2021 年，集团公司以超常决心、超常举措、超常力度，全面贯彻落实“总经理 2 号令”，全力推进 HSE 管理体系建设，深入开展安全生产专项整治三年行动集中攻坚、“百日安全无事故”和“五查五严”保安全等专项行动，安全生产形势总体稳定。境外公共安全工作突出疫情防控、保障安全稳定工作主线，持续完善管理体制和运行机制，不断加强风险评估与控制、风险防范与保障、应急处置与救援等工作，连续第 14 年保持境外公共安全“零死亡”纪录。图为广州石化开展海上溢油事故应急演练

2021 年，集团公司以碳达峰碳中和目标为引领，坚持以 HSE 体系思维护航绿色洁净战略实施，深入推进“能效提升”计划，持续强化碳排放管理，着力推进污染防治攻坚战和臭氧污染防治行动，做好长江黄河流域生态环境保护。全年废水、废气综合达标率分别达 100% 和 99.9%，固废妥善处理处置率 100%；4 项主要污染物化学需氧量、氨氮、二氧化硫、氮氧化物全面完成国家下达的年度减排目标。图为集团公司首个陆上风电项目——大荔 20 兆瓦分散式风电项目

2021 年，集团公司纵深推进“科改示范行动”，探索实施“揭榜挂帅”“大兵团”作战等攻关机制，加快建设新型研发机构、科技孵化器，成为国务院国资委首批原创技术策源地。全年申请专利 9 338 件、获授权专利 5 844 件；获国家科学技术奖 7 项，获中国专利金奖 1 项、银奖 4 项、优秀奖 11 项，获奖数量领先于央企同行。图为超大功率全电动压裂成套装备绿色开发页岩气

2021 年，集团公司全力推进信息化“432 工程”建设和数字化转型工作，推动“数据 + 平台 + 应用”新模式、“域长”负责制新机制落地生效，推进智能化提升、数字化转型取得新成效，智能运营中心建成投用，智能化“田厂站院”“石化智云”建设取得新进展，“工业互联网 + 安全生产”等试点有力推进，数字化发展水平不断提升。图为上海石化首个智能化控制室烯烃部中控室

2021 年，集团公司聚焦重点难点抓改革攻坚，“双百行动”等示范带动作用不断增强，“三项制度”改革持续深化，经理层成员任期制和契约化管理全面实施，剥离企业办社会职能和解决历史遗留问题基本收尾，国企改革三年行动任务整体完成率达 90%。深入实施对标世界一流管理提升行动，3 家企业和 2 个项目入选国务院国资委标杆。全力推进“两资”处置、“两非”剥离，全级次亏损面降至 5.5%、创历史最好水平。图为集团公司对标提升暨管理创新成果发布会

2021 年，集团公司党组坚持以习近平新时代中国特色社会主义思想为指导，认真落实新时代党的建设总要求和新时代党的组织路线，贯彻落实习近平总书记视察胜利油田重要指示精神，按照中央企业党的建设工作座谈会和“中央企业党建创新拓展年”部署，落实公司党建工作“1355”总体思路，推进党的建设质量保持央企前列，以高质量党建引领保障高质量发展。图为集团公司学习贯彻习近平总书记“七一”重要讲话精神研讨班

2021 年，集团公司纪检监察工作充分发挥监督保障执行、促进完善发展作用，公司政治生态大为好转，清风正气更加充盈。巡视巡察工作突出监督重点，创新方式方法，扛牢职责使命，持续推进党组巡视高质量全覆盖和党委巡察规范化全铺开，巡视巡察利剑作用更加彰显。审计工作全力推进体制机制改革、信息化建设和工作转型升级等，圆满完成审计监督任务和抓好审计署迎审配合收尾工作，有效发挥审计监督效能。图为集团公司党组第二轮巡视动员部署暨警示教育大会

2021 年，集团公司以社会主义核心价值观为引领，继承发扬石油石化优秀传统，引领支撑公司改革发展，激励干部员工攻坚克难、不断前进。加快构建党建铸魂、管理筑基、文化润心、品牌增值“四位一体”软实力体系，品牌建设工作不断加强战略统筹，集团品牌与业务品牌协同发展，品牌价值持续增值。图为集团公司“奋斗百年路　启航新征程 · 第六届感动石化”颁奖典礼

2021 年，集团公司积极履行央企社会责任，在中央企业率先发布助力乡村振兴“十四五”计划，高水平推进乡村建设项目，发布“中国石化在当地”系列社会责任报告，全力做好定点扶贫和援藏援疆援青等各方面工作。优化资源摆布，加强精准调运，千方百计保障天然气供应，多措并举缓解阶段性柴油紧缺，坚决保证油气市场不断供不脱销。积极服务北京冬奥会、冬残奥会筹办，全方位保障氢能源供应，立体化打造冬奥形象站，多层次开展冬奥主题活动，碳纤维火炬成功点亮冬奥会夜空。全力做好抢险救援、防汛救灾等工作，积极推进“爱心驿站”“司机之家”建设，进一步树立了“党和人民好企业”形象。图为中国石化奥林匹克文化展揭幕

目录

境内石油工程 021

炼油生产 034

化工生产 045

公用工程 097

安全生产 102

绿色低碳 106

科研开发与管理 113

企业改革与管理 115

财务资本管理 124

物资采购与管理 151

信息和数字化 157

党的建设 175

党组自身建设

党建统战群团

宣传与企业文化 183

企事业单位 199

油气和新能源板块

炼油和销售板块

化工和材料板块

资本金融和支持板块

人物 755

统计资料 759

附录 777

索引 805

China Petrochemical Corporation Yearbook 2022

CONTENTS

PETROCHEMICAL PRODUCTION

DOMESTIC REFINERY AND CHEMICAL ENGINEERING

MARKETING

CAPITAL AND FINANCIAL BUSINESS MANAGEMENT

INTERNATIONAL OPERATION

FINANCE & CAPITAL MANAGEMENT

ORGANIZATION AND PERSONNEL MANAGEMENT

MATERIAL PURCHASE & MANAGEMENT

INFORMATION & DIGITIZATION

INTERNAL SUPERVISION

DISCIPLINE SUPERVISION

LEADING PARTY GROUP INSPECTION

INTERNAL AUDIT

PARTY BUILDING

SELF-CONSTRUCTION OF THE LEADING PARTY GROUP

UNITED FRONT GROUP FOR PARTY BUILDING

PUBLICITY & CORPORATE CULTURE

NEWS & PUBLISHING

NEWS MEDIA

BOOK PUBLISHING

ENTERPRISE & INSTITUTIONS

PERSONAGES

STATISTICS

APPENDIX

INDEX

企业形象宣传专版单位名称

前插页

1：天津钢管集团股份有限公司
2：中国工商银行股份有限公司北京市分行
3：星展银行（香港）有限公司
4：瑞穗银行（中国）有限公司北京分行
5：三菱UFJ银行香港分行
6：丸红（北京）商业贸易有限公司
7：立信会计师事务所（特殊普通合伙）
8：林德亚太工程有限公司
9：中核苏阀科技实业股份有限公司
10：重庆川仪自动化股份有限公司
11：浙江驿公里智能科技有限公司
12：上海重塑能源集团股份有限公司
13：包头北方创业有限责任公司
14：中鼎恒盛气体设备（芜湖）有限公司
15：上海化学工业区发展有限公司
16：北京博奥晶典生物技术有限公司
17：倍杰特集团股份有限公司
18：北京汇天力物流有限公司
19：江苏苏汽国际物流集团有限公司
20：深圳市今天国际物流技术股份有限公司
21：呈和科技股份有限公司
22：南京淳达科技发展有限公司
23：四川省天然气投资集团有限责任公司
24：四川中泽油田技术服务有限责任公司
25：四川美丰化工股份有限公司
26：福大紫金氢能科技股份有限公司
27：福建雪人股份有限公司
28：营口风光新材料股份有限公司
29：蔚来汽车销售服务有限公司

后插页

1：中原油田
2：华东油气田
3：石油工程公司
4：石油工程建设公司
5：经纬公司
6：中石化重型起重运输工程有限责任公司
7：北海炼化
8：塔河炼化
9：中科炼化
10：上海石化
11：燕山石化
12：扬子石化
13：扬巴公司
14：上海石油化工研究院
15：北京化工研究院
16：炼化工程集团
17：北京龙禹石油化工有限公司

中国石化
SINOPEC

大事记

2021

1月 JANUARY

4日

上海石化 1.2 万吨 / 年 48K 大丝束碳纤维项目正式开工建设。

26日

中国石化成立北斗运营服务中心。

2月 FEBRUARY

4日

北京 2022 年冬奥会、冬残奥会“飞扬”火炬问世，上海石化承担火炬筒身研制和量产任务。

8日

国务院国资委发布 2020 年国有企业数字化转型 100 个典型案例，中国石化 4 个案例入选综合类典型案例。

3月 MARCH

1日

中国石化召开党史学习教育动员大会，部署全面开展党史学习教育工作。

18日

中国石化获跨国公司抗疫贡献奖。

4月 APRIL

2日

中国石化首次成功发行绿色债券——权益出资型碳中和债，发行规模 11 亿元，发行期限 3 年，这是国内油气行业发行的第 1 只碳中和债券。

17日

中国石化首套年产 300 万吨 PTA 项目在仪征化纤启动建设。

26日

中国石化自主研发的原油催化裂解技术工业试验成功，实现全球首次工业化应用。

27日

中国石化 3 个集体获全国五一劳动奖状，7 名员工获全国五一劳动奖章，14 个集体获全国工人先锋号称号。

5月 MAY

9日

中国石化在 2021 年中国品牌价值评价中排名全国第三、蝉联能源化工行业第一，中国石化品牌价值高达 3 085.91 亿元。

19日

中国石化天津南港高端新材料项目集群开工。

6月 JUNE

1日

中国石化首个海上移动加油站“润吉 1 号”成功启航。

6日

中央政治局常委、中央纪律检查委员会书记赵乐际在山东调研期间，到胜利石油工程公司与基层干部和职工群众交谈交流，了解生产生活情况，听取对党风廉政建设的意见建议。

25日

中国石化自主研发的“经纬领航”Ⅰ型旋转导向系统实现工业应用，入井连续无故障工作 179 小时、钻进 1 406 米。

28日

中国石化镇海基地一期项目全面建成，创出多项行业纪录。

中国石化召开庆祝建党 100 周年暨高质量党建推进会。

29日

中国石化胜利油田优良传统展厅、镇海炼化展馆、上海石化展示馆 3 个教育基地入选首批 100 个中央企业爱国主义教育基地。

7月 JULY

5日

中国石化启动齐鲁石化 - 胜利油田 CCUS 项目建设，这是中国首个百万吨级 CCUS 项目。

6日

中国石化贵州 50 万吨 / 年 PGA 项目一期工程开工。

14日

中国石化召开学习贯彻习近平总书记“七一”重要讲话精神研讨班，动员广大干部员工从百年党史中砥砺初心使命、汲取奋进力量，奋力打造世界领先洁净能源化工公司。

19日

中国石化 4 家单位成为首批被纳入新序列管理的国家工程研究中心。

20日

中国石化 CCUS 重点实验室揭牌。

21日

中国石化顺利完成全国碳市场首笔大宗协议交易，买入 10 万吨全国碳市场配额。

30日

张玉卓调任中国科学技术协会党组书记，由马永生暂时主持集团公司全面工作。

8月 AUGUST

17日

茂名石化国内首套合成润滑油基础油工业化装置投料开车，项目采用中国石化自主知识产权的 LAO 和 PAO 技术，打破国外对线型 α - 烯烃生产技术的垄断。

18日

福建漳州古雷炼化一体化项目顺利投产，该项目是海峡两岸最大石化产业合作项目。

20日

中国石化发布 2020 年度社会责任报告。

9月 SEPTEMBER

1日

中国石化首个兆瓦级电解水制氢示范项目在中原油田成功启动。

9日

中国石化北京冬奥氢能服务全面启动，4 座服务冬奥加氢站正式投入运营。

27日

中国石化冬奥高铁品牌专列首发。

10月 OCTOBER

9日

中国石化成功举办贯彻落实全国国企党建会精神 5 周年成果发布暨党建创新论坛。

21日

习近平总书记在山东调研期间亲临胜利油田，先后视察勘探开发研究院、莱 113 区块生产现场，与干部职工亲切交流，并发表重要讲话。习近平总书记指出，石油能源建设对我们国家意义重大，中国作为制造业大国，要发展实体经济，能源的饭碗必须端在自己手里。石油战线始终是共和国改革发展的一面旗帜，要继续举好这面旗帜，在确保国家能源安全、保障经济社会发展上再立新功、再创佳绩。

29日

中国石化召开学习贯彻习近平总书记视察胜利油田重要指示精神大会，深入解读习近平总书记视察胜利油田重要指示精神的丰富内涵和精神实质，对打好“旗帜”、当好“栋梁”、再立新功、再创佳绩进行全面动员部署。

11月 NOVEMBER

3日

中国石化 7 个项目获 2020 年度国家科学技术奖。

4日

中国石化首套质子交换膜制氢示范站在燕山石化投用。

16日

中组部有关负责人宣布中央关于中国石油化工集团有限公司董事长、党组书记调整的决定：马永生任中国石油化工集团有限公司董事长、党组书记，免去中国石油化工集团有限公司总经理职务。

17日

中国石化自主研发的轻质原油裂解制乙烯技术在天津石化工业试验成功，实现国内首次工业化应用。

26日

中国石化日产天然气 1.0095 亿立方米，日产量创历史新高，比 2020 年高峰日产量增长 7.6%，首次迈上 1 亿立方米台阶。

29日

中国石油化工股份有限公司发布公告，宣布选举马永生为中国石化第八届董事会董事长，并调整为中国石化非执行董事；因工作调整，马永生辞去中国石化总裁职务，聘任喻宝才为中国石化总裁。

30日

中国石化新疆库车绿氢示范项目启动建设。

12月 DECEMBER

7日

中国石化在总部举办北京 2022 年冬奥会、冬残奥会火种展示活动，这是奥林匹克火种百年来首次在赞助企业总部展示。

9日

中石化雄安新能源有限公司成立。

16日

胜利油田东营原油库迁建工程启动。

30日

镇海基地一期项目入选 2021 年度央企十大超级工程。

中国石化 SINOPEC

总 述

2021 年是党和国家历史上具有里程碑意义的一年，在以习近平同志为核心的党中央坚强领导下，中国石化全面落实习近平总书记视察胜利油田重要指示精神，坚持观大势谋全局、抓机遇促发展、应变局开新局，经营业绩创历史最好水平，各方面工作取得新成效，在大庆之年、开局之年交出了一份亮丽成绩单。全年实现营业收入 2.79 万亿元、同比（下同）增长 30.37%，利润总额 1 165.85 亿元、增长 60.54%，净利润 880.27 亿元、增长 41.86%，各业务板块实现全面盈利，“十四五”取得良好开局。

在党性洗礼中汲取奋进力量，赓续红色血脉的动力更强。紧紧抓住“庆百年、学党史”主线，以庆祝建党百年为强大动力，坚定不移听党话、矢志不渝跟党走、唱响红色主旋律，精心组织主题展览系列活动，打造“十大红色教育基地”，公司上下受到一次全面深刻的政治教育、思想淬炼、精神洗礼，更加深刻理解“两个确立”的决定性意义，进一步增强践行“两个维护”的自觉性、坚定性。强化党建支撑引领，党的领导更加坚强有力、干部队伍更加精锐强劲、基层基础更加坚实牢固、监督执纪更加精准有效，党的建设在大庆之年实现全面提升，中国石化姓党为国的底色更加厚重。

在殷切嘱托中领悟真理伟力，锻造大国重器的信心更大。党的十九届六中全会召开前夕，习近平总书记亲临胜利油田视察并作出重要指示，深刻阐明事关石油石化行业长远发展的根本性、方向性、全局性问题。中国石化深刻领悟真理伟力，全面学习贯彻习近平总书记视察胜利油田重要指示精神，明确提出建设具有强大战略支撑力、强大民生保障力、强大精神感召力的中国石化，奋力在端牢能源饭碗、引领中国石化工业高质量发展、担当国家战略科技力量、引领行业绿色低碳发展、完善中国特色现代企业制度、服务人民美好生活、巩固党的执政基础等 7 个方面“再立新功、再创佳绩”，全方位推进高质量发展成为广大干部员工共同的目标追求和奋进动力，有力彰显“大国重器”责任担当。

在攻坚创效中奋力开拓新局，持续稳健发展的底盘更稳。紧紧抓住经济复苏、油价上升、需求回暖等机遇，大力实施七年行动计划，持续推进油气增储上产，油气勘探取得重大突破，效益建产规模持续扩大；大力开展全链条、全要素、全方位优化，加快推进“油转化”“油转特”，千方百计扩总量、调结构、控库存，产业链实现稳健运行、高效运行；大力推动产业转型升级、绿色低碳发展，镇海一期、古雷一期等如期建成，海南乙烯、九江芳烃等重点项目全力推进；大力推进市场攻坚，做强做优存量市场，积极抢占增量市场，经营业绩创历史最好水平，各业务板块实现全面盈利，在“十四五”开局之年交出了一份亮丽成绩单。

在创新驱动中培育先发优势，科技自立自强的底气更足。坚持把国家和行业急需技术作为主攻方向，超进度完成国务院国资委专项工程、国家能源局补短板工程，特深层油气勘探开发、原油裂解制乙烯等一批关键核心技术攻关取得重要进展。积极实施创新驱动战略，探索“揭榜挂帅”“大兵团”作战等攻关机制，加快建设新型研发机构、科技孵化器，有效激发创新活力，公司成为国务院国资委首批原创技术策源地。加快数字化转型步伐，智能化“田厂站院”“石化智云”建设取得新进展，“工业互联网 + 安全生产”等试点有力推进。

在固本培元中革新体制机制，治理效能提升的步伐更快。聚焦重点难点抓改革攻坚，以“三项制度”改革为重点的激励约束机制不断完善，经理层成员任期制和契约化管理全面实施，国企改革三年行动任务和对标世界一流管理提升行动有力推进。建设高质量发展指标评价体系，预算牵引、成本管控、稳价管理有力有效。抓实风控内控、合规管理体系建设，扎实推进衍生品、参股股权、信用风险防控，重大法律纠纷案件数量和涉案金额持续下降。深入推进安全生产专项整治三年行动，持续打好污染防治攻坚战，大力整治安全环保领域形式主义、官僚主义问题，总体保持安全清洁生产。

在共同富裕中勇担央企职责，履行社会责任的意识更强。中国石化将满足人民美好生活需要、促进共同富裕作为履行社会责任的着力点、落脚点，全力以赴助力脱贫攻坚，接续奋斗乡村振兴，在央企率先发布助力乡村振兴“十四五”计划，高水平推进乡村建设项目，确保脱贫基础更加稳固、成效更可持续。全力保障冬季采暖季天然气供应，全方位服务北京冬奥会、冬残奥会筹办，积极投身社会公益，坚持开展“中国石化光明号”健康快车、“情暖驿站”“爱心驿站”“司机之家”等公益项目，用真情温暖社会，用奉献服务民生，进一步树立“党和人民好企业”形象。

2021 年，凭着一股逢山开路、遇水架桥的闯劲，中国石化在高质量发展新征程上赢得了先机、抢占了主动。2022 年，中国石化将牢牢把握全面贯彻落实习近平总书记视察胜利油田重要指示精神这条根本主线，牢牢把握服从服务发展大局、喜迎二十大胜利召开这项政治责任，牢牢把握争创更好经营业绩、助力国民经济稳增长这个根本任务，在保障国家能源安全、引领中国石化工业高质量发展、担当国家战略科技力量上知重负重、奋力攻坚，在新时代新征程上为党和人民再立新功、再创佳绩，喜迎党的二十大胜利召开！

中国石化
SINOPEC

境内油气勘探开发

综述 | 油气勘探 | 油田开发 | 气田开发
采油气管理 | 油气集输 | 设备管理 | 基层管理

综　述

2021 年，国内上游深入贯彻习近平总书记能源安全新战略和视察胜利油田重要指示精神，坚决落实集团公司党组部署要求，大力推进七年行动计划，完善实施“十四五”规划，一体化推进重点盆地油气勘探开发，加快天然气产供储销体系建设，加大改革创新、精益管理，狠抓常态化攻坚创效和疫情防控，全面完成各项目标任务，实现了“十四五”开门红。

油气勘探取得重大突破。深化基础研究，加大风险勘探和圈闭预探力度，强化重点区带评价，抓实物探一体化统筹，深化“中－中”合作，取得 4 项重大突破、5 项重要突破、9 项新突破、16 项商业发现，全年新增油气探明储量 1.67 亿吨、2 681 亿立方米，均完成年计划的 104%，分别增长 22% 和 2%。

原油效益开发稳中提质。紧抓国际油价上行有利时机，抓好方案井位超前部署，强化生产组织运行，高效推进顺北、准西、难采储量开发等产建项目，全年新建产能 288.4 万吨；扎实推进老油田精细开发，强化精细挖潜、注采结构调整、油藏与工艺一体化治理，自然递减率稳定在 10.6%。全年生产原油 3 515.4 万吨，增加 1 万吨。

天然气大发展势头良好。开发方面，坚持少井高产，加快东胜、川西、龙凤山、海域、威荣、永川南、南川等产能建设，全力推进涪陵页岩气田立体开发调整，抓好普光、元坝、大牛地等气田稳产，全年新建产能 68.3 亿立方米，增加 9.1 亿立方米；生产天然气 338.8 亿立方米，上产 36 亿立方米。经营方面，全力做好采暖季天然气保供，积极妥善应对国际 LNG 现货价格大幅上涨的冲击，加强经营系统优化，加快储运设施建设，全年销售天然气 621.8 亿立方米，增加 99.2 亿立方米，增长 19%；7 个地下储气库建成投用，新增储气能力 20 亿立方米。

工程支撑保障持续提升。深入推进石油工程“四提”，加强油公司与石油工程公司一体化协同、成果共享，顺北、鄂北、川西、延川南等区域少井高产见到较好成效，全年平均钻井周期缩短 13.6%、压裂施工效率提高 23.6%、单井产能提高 10.3%、故障复杂时效降低 37.9%、工程成本降低 5%。深入推进地面工程“五化”，加快“五化”示范工程建设，高效建成西北油田五号联合站、23 个页岩气标准化集气站、胜利油田老区优化简化示范工程，减少占地 8%、缩短工期 20%。持续加强采油气工程创新创效，全年抽油井检泵周期延长 45 天、维护作业频次降低 0.07 个百分点、分注率提高 0.9 个百分点、措施有效率提高 4.1 个百分点。

经营态势持续向好。坚持价值引领，加强储量、产量、投资、成本和效益“五统一优化”，狠抓十大降本增效项目，抓实全员成本目标管理、SEC 储量目标管理、区块目标管理和“三线四区”模型应用，有序夯实盈利基础。

科技创新取得新进步。“陆上油气勘探开发”原创技术策源地启动建设、“十三五”国家油气重大专项通过国家综合绩效评价、断陷盆地油气精细勘探理论技术及示范应用等 3 项技术获国家科技进步二等奖，胜利油田“一种部分支化部分交联聚合物驱油剂及其制备方法”获中国专利金奖，全电动成套压裂装备亮相国家“十三五”科技创新成就展。节点仪器地震采集、特深层油气勘探开发、陆相页岩油勘探开发、老油田大幅度提高采收率、页岩气立体开发调整、深层页岩气压裂、常压页岩气低成本开发、CCUS 等技术攻关取得重要进展，旋转导向、耐高温随钻测量仪器等“卡脖子”装备攻关积极推进，油气生产信息化、勘探开发业务协同平台等重点信息化项目建设步伐加快。

改革管理迈出新步伐。扎实推进深化改革三年行动，制定实施国内上游深化改革管理指导意见；制定下发强化基础管理工作指导意见，构建国内上游“基础工作＋”基础管理体系；制定下发《国内上游绩效考核管理办法》，构建“一体两联三奖惩五细则”绩效考核机制；加快推进信息化条件下采油气基层单位标准化建设，开展新型管理示范区建设试点；构建“3566”对标管理体系，选树一批标杆企业和标杆基层单位；持续推进区域天然气销售一体化管理，完成西北、西南、华北区域天然气销售业务整合；深化“三项制度”改革，外闯市场规模进一步扩大；持续推进财务转型，强化全面风险管理，严格合资合作项目管控，依法合规治企能力持续提升。

安全环保严抓不懈。组织油气和新能源板块“一把手”安全连线，制定实施国内上游落实总经理2号令措施46项，狠抓安全专项行动，开展首轮HSE管理体系全要素审核，完成集团公司级3项重大风险管控降级、3项重大隐患治理销项，加强井控管理、直接作业环节和承包商管理，圆满完成建党百年大庆安全保障任务。深入落实总经理1号令，制定实施沿江沿黄企业环保提升措施，实现一级环境风险源降级14项，积极推进光伏、风电、地热、余热等新能源开发利用，全年节能20万吨标煤，氮氧化物、二氧化硫排放降低20%。

（王立杨）

油气勘探

【概述】 2021年，集团公司各油气田企业聚焦拓资源、增储量、扩矿权，持续加大高质量勘探力度，全年新增石油探明储量1.67亿吨、控制储量2.03亿吨、预测储量6.35亿吨；新增天然气探明储量2 681亿立方米、控制储量4 221亿立方米、预测储量5 410亿立方米，三级储量油气当量超计划完成。截至年底，集团公司在全国33个陆上盆地和5个海域盆地拥有勘查区块178块，面积39万平方千米；6个区块增列页岩气勘查矿种，增列面积1.42万平方千米；拥有开采区块265块，面积3.65万平方千米。

（时应敏）

【常规勘探工作量】 2021年共完成二维地震425千米、三维地震6 435平方千米；完成风险井10口、预探井96口、评价井162口、滚动勘探与油藏评价井213口，合计481口、进尺172.84万米。

（时应敏）

【1项重大突破】 塔里木盆地顺北新区带油气勘探取得重大突破。顺北4号带顺北41X井、顺北42X井、顺北44X井获高产工业油气流，实现整体控制，新增石油控制储量9 056万吨、天然气控制储量1 792亿立方米，新落实2亿吨级规模储量阵地；顺北8号带顺北8X井获高产工业油气流，新增石油（凝析油）预测储量4 374万吨、天然气预测储量1 444亿立方米，落实超亿吨级规模潜力区带。

（时应敏）

【4项重要突破】 ①川东复兴地区侏罗系凉高山组新层系油气勘探取得重要突破，忠1井、涪陆1井获工业油气流，新增石油预测储量1 086万吨、天然气预测储量741亿立方米；②川西中江地区三叠系须家河组新层系天然气勘探取得重要突破，中江20井获工业气流，新增天然气预测储量728亿立方米、落实资源量1 962亿立方米；③川西海相新层系天然气勘探取得重要突破，永兴1井、普仁1井、金山101井获工业气流，新增天然气预测储量135亿立方米、落实资源量2 447亿立方米；④鄂北杭锦旗新召区带天然气勘探取得重要突破，新1井、新6井、新601井获工业气流，山一段新增天然气预测储量635亿立方米、山二段新增天然气控制储量328亿立方米。

（时应敏）

【7项新突破】 ①济阳坳陷致密油勘探取得新突破，新增石油控制储量1 115万吨、预测储量2 648万吨；②胜利桩海东部新区新层系勘探取得新突破，新增石油预测储量1 037万吨、落实圈闭资源量1.2亿吨；③东营凹陷博兴洼陷红层新类型石油勘探取得新突破，新增石油预测储量1 519万吨；④普光探区茅口组天然气勘探取得新突破，新增天然气预测储量259亿立方米、落实资源量1 121亿立方米；⑤松南断陷火石岭组天

然气勘探取得新突破，新增天然气控制储量 125 亿立方米、预测储量 236 亿立方米；⑥柴达木盆地马海东地区新区带油气勘探取得新突破，新增石油预测储量 1 492 万吨；⑦海域油气勘探取得新突破，落实资源量 486 亿立方米。

（时应敏）

【15 项商业发现】 石油方面，顺北油田 5 号带油气勘探取得重大商业发现，新增石油探明储量 6 325 万吨、天然气探明储量 205 亿立方米；塔河油田鹰山组内幕石油勘探取得重要商业发现，新增石油探明储量 3 030 万吨；东营凹陷石油勘探取得重要商业发现，新增石油探明储量 2 683 万吨；准噶尔盆地车排子地区石油勘探取得重要商业发现，新增石油探明储量 2 429 万吨、控制储量 1 088 万吨；滩海地区石油勘探取得重要商业发现，新增石油探明储量 1 137 万吨；沾化凹陷石油勘探取得商业发现，新增石油探明储量 565 万吨；鄂南石油勘探取得商业发现，新增石油探明储量 525 万吨、控制储量 1 066 万吨；溱潼凹陷石油勘探取得商业发现，新增石油探明储量 238 万吨、控制储量 157 万吨；苏北江苏探区石油勘探取得商业发现，新增石油探明储量 333 万吨、控制储量 412 万吨；泌阳凹陷石油勘探取得商业发现，新增石油探明储量 110 万吨。天然气方面，川西侏罗系天然气勘探取得重要商业发现，新增天然气探明储量 469 亿立方米；东胜气田锦 108 井区致密气勘探取得重要商业发现，新增天然气探明储量 453 亿立方米、氦气探明储量 4 672 万立方米；川东北通江马路背须家河组天然气勘探取得重要商业发现，新增天然气探明储量 324 亿立方米；长岭龙凤山地区天然气勘探取得重要商业发现，新增天然气探明储量 114 亿立方米；普光探区海相天然气勘探取得重要商业发现，新增天然气探明储量 68 亿立方米。

（时应敏）

【勘探效益】 2021 年共预探圈闭 145 个，完钻 109 个，新获工业油气流圈闭 40 个，预探圈闭成功率 46%。风险探井获工业油气流 4 口；预探井获工业油气流 42 口，成功率 45.7%；评价井获工业油气流 78 口，成功率 53.4%。平均每口探井探明油气地质储量 112.1 万吨，每米进尺探明油气地质储量 287.9 吨，每吨探明油气地质储量直接成本 46.4 元。

（时应敏）

【非常规勘探工作量】 2021 年完成二维地震 31 千米、三维地震 1 348 平方千米；完成钻井 276 口，进尺 114.9 万米。

（王　烽）

【非常规油气勘探进展】 ①济阳坳陷陆相页岩油勘探取得重大突破，博兴、渤南、牛庄洼陷相继试获百吨高产页岩油气流，初步落实有利区带资源量 18.5 亿吨，新增石油预测储量 4.58 亿吨，成功申报济阳陆相断陷湖盆页岩油国家级示范区。②苏北盆地溱潼凹陷阜二段页岩油勘探取得重大突破，落实有利区资源规模 3 亿吨，新增石油预测储量 3 186 万吨。③四川盆地复兴地区凉高山新层系页岩油气勘探取得重大突破，形成凉高山、东岳庙、大安寨三层立体勘探格局，初步落实资源量页岩油 5.5 亿吨、页岩气 1.18 万亿立方米。④建南构造率先实现国内二叠系海相页岩气新层系勘探重大突破，初步落实资源量 2 378 亿立方米，新增预测储量 1 051 亿立方米。⑤川东南盆缘复杂构造带页岩气勘探取得重大突破，林滩场和阳春沟构造分别落实有利区资源量 1 056.7 亿立方米和 1 650 亿立方米，开辟 2 个千亿立方米级增储新阵地。⑥綦江东溪构造实现 4 300 米深层页岩气勘探新突破，丁山－东溪深层页岩气勘探成果持续扩大，预测有利区资源量 3 513 亿立方米。⑦涪陵页岩气田白马区块勘探取得重大商业发现，新增探明储量 1 048.83 亿立方米，进一步夯实涪陵气田持续稳产上产资源基础。

（王　烽）

油田开发

【概述】 2021年，国内上游坚持“四精”开发理念，创新开发思路，大力加强地质工程一体化，盘活难动用储量，扩大效益建产规模；持续深化老油田稳产基础，优化产量、注采结构，增强可持续发展能力；积极有效扩大提高采收率技术应用，拓展增加经济可采储量空间；不断提升开发管理质量和信息化水平，油田开发工作稳中向好。

油田开发资源动用情况。截至年底，各油田企业投入开发油田228个，动用石油地质储量77.2亿吨，当年新增动用储量10 973万吨。井网、工艺条件下标定可采储量20.1亿吨，采收率26%。

油田开发现状。截至年底，共有油水井73 428口，其中油井53 850口、注水井19 578口。油井开井41 103口，油井利用率87.5%，年均含水90.7%，平均单井日产油2.3吨，采油速度0.5%，剩余可采储量采油速度13%，采出程度22.6%。注水井开井13 880口，水井利用率85.9%，平均单井日注水68.5立方米，年注水33 982万立方米，年注采比0.9，累计注采比0.82。

（侯　振）

【原油产量】 2021年，国内上游原油产量3 515.4万吨，增加1万吨。各油田企业原油产量见表1。

（侯　振）

表1　国内上游各油田企业原油产量　万吨

油田＼年份	2021	2020	2019	2018	2017	2016
国内上游	3 515.40	3 514.40	3 513.10	3 505.60	3 505.40	3 565.50
胜利油田	2 340.30	2 340.10	2 340.50	2 341.00	2 341.60	2 390.20
中原油田	125.40	125.10	124.00	126.00	127.30	147.80
河南油田	114.30	120.00	130.00	136.00	156.50	169.10
江苏油田	105.00	104.00	106.10	113.20	120.10	133.00
江汉油田	68.10	68.10	68.10	68.30	69.70	73.90
西北油田	670.00	670.00	662.00	650.00	630.00	594.30
华东油气分公司	46.30	46.00	45.30	42.20	36.00	33.00
华北油气分公司	19.50	18.10	16.30	13.10	10.00	9.40
东北油气分公司	7.30	4.40	5.10	3.00	1.80	3.50
西南油气分公司	3.00	2.70	2.70	2.20	1.30	0.70
上海海洋油气分公司	16.30	15.80	12.90	10.60	11.00	10.50

【滚动勘探与油藏评价】 ①深化滚动单元回顾性评价。开展地震资料、研究方法、描述技术、工程技术、配套工艺5个适应性分析，深化“沉积、成藏、富集、开发”规律再认识，全面分析单元潜力、难题，开展针对性攻关、评价，全年完钻滚动勘探井143口，新增可动用储量1 742万吨。②持续加强勘探开发一体化评价。紧跟顺北、济阳、溱潼等区带勘探新发现，完善一体化工作流程，加强研究、部署、资料录取、技术攻关等方面共享协同，全年完钻油藏评价井44口，

落实可动用储量 1 590 万吨。③加大西部塔河碎屑岩滚动建产力度。系统开展区域沉积相、断裂体系及储层预测技术攻关，在有利目标区完钻评建井 19 口，落实可动用储量 228 万吨，新建产能 6 万吨。

（侯　振）

【产能建设】 ①强化产建质量管控。坚持将质量管控、效益为先的理念贯穿于方案优化和实施全过程，严格管控地质基础不落实、地层能量不充足、主导工艺不适应的方案和井位，全年对 70 余个方案 863 口井进行梳理，暂缓风险井位 216 口。②超前做好方案井位准备。针对顺北、准噶尔、海上等重点产建阵地，超前研究、超前部署、超前论证，9 月完成全年工作量审批，为钻完井均衡高效运行提供保障。③突出抓好方案设计优化。围绕少井高产、提升建产效益，创新方案设计理念，抓实地质、工程、工艺等各环节交互式优化，单井平均日产油能力提高 0.6 吨。④突出抓好产建组织运行。按照地质工程风险、经济效益、钻前准备进展等优化实施节奏，各环节高效衔接，顺北、难采储量开发等重点项目有序运行，全年新建产能 288.4 万吨，增加 34.6 万吨。

（侯　振）

【老油田精细开发】 老区坚持以增加经济可采储量为核心，加大精细油藏描述与建模数模力度，深化精细有效挖潜、注采结构调整、油藏与工艺一体化治理，强化油藏分类管理，持续提高储量动用质量。①持续夯实水驱油藏稳产基础。坚持油藏精细描述与稳产基础投入力度不减，推进整装、断块、低渗油藏流场高效调整，加大流线流场调整、周期注采等低成本技术应用，从严抓好水质管理，持续提高水驱“三率”，控减低效无效水循环，水驱油藏自然递减率持续降低。②持续提升稠油热采质量。强化全过程保干配套，加大热化学复合吞吐、分层注汽、热复合吞吐等蒸汽流场调整，根据天然气季节性供需矛盾和年度价格波动规律，优化工作量运行，热采稠油产量和油汽比稳中有升。③持续改善缝洞型碳酸盐岩油藏开发效果。强化未开发储量效益动用，深化缝洞精细刻画和缝洞埋藏改造作用研究，提高缝洞描述精度，投产新井日产油能力维持在 20 吨以上；以单元一体化综合治理为抓手，优化注采井网、提高水驱气驱效率，治理井网控制不合理、注驱效果变差单元，治理后的单元水驱控制程度、气驱控制程度较上年末分别提高 2 个百分点和 3.2 个百分点，采收率提高 0.6 个百分点。④持续推进大幅度提高采收率技术攻关与应用。加大非均相驱、降黏复合驱技术应用规模，强化正注项目过程管控，加快推进提高采收率重大先导试验实施进度，化学驱年增油 112.9 万吨，增加 4.7 万吨。加快注二氧化碳提高采收率技术推广，统筹源汇匹配、驱油与埋存，以低渗透、断块油藏为重点加快提升配套技术，混相驱与吞吐结合拓展应用方式和领域，推进二氧化碳驱油技术规模化应用，全年注二氧化碳气量 25 万吨，年增油 4.9 万吨。

（侯　振）

【油田开发管理】 ①修订《中国石化油田开发管理纲要》。适应油气开发新形势新目标新要求，结合油气田企业体制机制调整，对原有油田开发管理纲要进行修订，促进开发工作流程化、制度化、标准化。②开展中国石化第 5 次注水状况大调查。突出问题导向、目标导向，组织开展第 5 次注水大调查，找准工作着力点，明确控制递减率、提高采收率的方向与措施，形成油藏、井筒、地面整体提升改进目标，完善精细注水的长效管理机制。③加强提高采收率技术交流。组织召开中国石化注二氧化碳开发技术研讨会，邀请中国石油、延长石油、中国科学院、上海交通大学、中国石油大学、西南石油大学等国内 CCUS 业内专家，系统总结交流二氧化碳驱油与埋存技术的新认识、新成果、新进展，分析面临的机遇和挑战，提出中国石化加快推进二氧化碳驱油与埋存技术规模有效应用、助力“双碳”目标实现的思路和措施。

（侯　振）

气田开发

【概述】 2021年，国内上游持续加大东胜锦30井区、顺北二区4号带、东峰场须五气藏、新场须二气藏等滚动勘探与气藏评价力度，全力推进川西、东胜、威荣、永川页岩气等重点新区上产工程，持续加强川东北海相、涪陵页岩气田、大牛地气田等老区综合调整和精细管理，全年生产天然气338.8亿立方米，上产36亿立方米，创近4年最大增幅，天然气开发持续盈利。

常规气田开发储量动用情况。截至年底，各油田企业投入开发气田（藏）154个，累计动用天然气储量17 222亿立方米，储量动用率50.08%，标定经济可采储量采收率31.59%。其中，气层气动用储量13 588亿立方米，标定采收率32.93%；溶解气动用储量3 634亿立方米，标定采收率26.59%。全年新增天然气动用储量580亿立方米。

气田开发现状。截至年底，共有常规天然气生产井5 527口，开井4 588口，开井率83.0%，平均单井日产气1.67万立方米；地质储量采气速度1.91%，采出程度24.41%，动用储量储采比为6.72。年度天然气储采平衡系数为0.99。

（张　华）

【天然气产量】 2021年生产常规天然气235亿立方米，上产20.6亿立方米。

（张　华）

【生产能力】 截至2021年底，国内上游常规天然气生产能力243.05亿立方米，其中气层气生产能力228.21亿立方米、溶解气生产能力14.84亿立方米。

（张　华）

【天然气开发管理】 持续扩大鄂尔多斯盆地致密气效益开发规模，当年新建产能8.83亿立方米，截至2021年底，华北油气分公司年生产能力52.59亿立方米。大牛地气田持续完善上古致密气藏建模数模方法，实现气藏精细刻画和剩余气定量预测；深化下古岩溶气藏地质认识，加强储层富集规律研究；加大开发综合调整和老井措施增产力度，全年新建产能2亿立方米，大牛地气田年综合递减率控制在7.6%，实现年产30亿立方米以上持续稳产。东胜气田持续加强储层预测和含气性检测研究，锦58井区气层钻遇率从69%提高到77%，锦30井区气层钻遇率从56.7%提高到63.6%，全年新建产能6.2亿立方米，产气19.49亿立方米、上产3.76亿立方米。

新场须家河组气藏难动用储量效益开发取得重要进展。加强高产富集规律研究，采用“最大似然、熵、形态指数、曲度”多属性融合预测技术，实现断褶裂缝体精细刻画，明确有利区主要沿南北向四五级断裂分布。在东部Ⅰ类区实施评价井新盛101，目的层中高角度裂缝发育、含气性好，应用改造新工艺，稳定日产气21.9万立方米，单井EUR3.5亿立方米。综合考虑构造、断褶裂缝体分布、优质储层展布、气水关系等，整体落实Ⅰ类、Ⅱ类区储量302亿立方米。优选2个建产潜力区开展3亿立方米产能建设先导试验，已投产2口井、正钻3口井。加强川东北海相气藏综合调整和精细管理，夯实稳产基础。普光气田持续开展主体细分层系调整和大湾区块滚动扩边，全年投产新井5口，新建产能4.4亿立方米。元坝气田加强小礁体分期次精细刻画和储层连通性分析，首次建立全气藏统一地质模型，精细描述剩余气分布，全年实施调整井4口，其中3口井实现“一井双礁”，新增产能3.6亿立方米，实现剩余零散储量的有效动用。加强气井精细管理，实施差异化分区分类科学配产，及时跟踪优化调整工作制度，实现压力、产气、产水稳定，进一步延长稳产期、提高采收率。

地震地质一体化评价落实建产新阵地。积极推进东胜气田、顺北二区、东峰场须五等气藏滚动勘探与气藏评价，全年实施评价井63口，落实可动用储量923亿立方米。华北油气分公司在东胜气田锦30、锦58和锦66井区采用等时地层切片精细刻画河道展布，利用低频能量比和ABV吸收属性强化含气性检测，分区开展气藏精细描述和评价，落实可动用储量 240 亿立方米。西北油田分公司深化顺北二区 4 号带断裂特征和油气富集规律研究，加强缝洞体立体精细刻画，评价落实天然气储量 431 亿立方米、凝析油储量 1 459 万吨。西南油气分公司在探井东峰 5 井取得突破基础上，深化地质认识，精细刻画河道，加大评价力度，采用长水平段水平井、体积压裂新工艺提高单井产能，落实可动用储量 72.6 亿立方米。

（张　华）

【涪陵页岩气田开发进展】 焦石坝区块立体开发调整成效显著，三层立体评价取得好效果，两层开发调整向江东、平桥复杂区拓展，新建产能 15.7 亿立方米；积极推进东胜、白马新区评建一体化，新建产能 7.1 亿立方米；强化老区精细管理，全面推进增压开采、排水采气等措施增产，气田综合递减率得到有效控制。2021 年新开钻井 91 口，完钻井 137 口，完试井 140 口，投产井 150 口，年产气 85.4 亿立方米。截至年底，涪陵页岩气田累计投产井 778 口，开井 675 口，平均单井日产气 3.5 万立方米，累计产气 454.4 亿立方米。

（王　烽）

【威荣页岩气田开发进展】 威荣页岩气田产能建设有序推进。深层页岩气开发工艺技术逐步成熟配套，威荣一期全面建成投产，二期产能建设稳步推进。2021 年完钻井 37 口，试气 33 口，投产井 31 口，新建产能 5.9 亿立方米，年产气 11.5 亿立方米。截至年底，威荣页岩气田累计投产井 90 口，累计产气 18 亿立方米。

（王　烽）

【永川南页岩气田开发进展】 永川南气田 5 亿立方米产能主体工程建成投产，2021 年完试井 13 口，投产新井 12 口，新建产能 3.8 亿立方米。截至年底，永川南页岩气田累计完钻井 28 口、投产井 18 口，年产气 2.1 亿立方米。

（王　烽）

【煤层气开发进展】 强化延川南煤层气田老区精细管理，加强有效支撑压裂工艺攻关，实现气田持续稳产；织金井组排采试验取得积极进展，三交北合作开发积极推进。2021 年投产新井 33 口，新建产能 0.6 亿立方米，年产气 3.95 亿立方米。截至年底，气田总井数 914 口，平均单井日产 1 235 立方米，累计产气 20.8 亿立方米。

（王　烽）

采油气管理

【采油工程队伍】 截至 2021 年底，采油工程系统共有采油（气）厂 58 个、采油气工程服务中心（或油气井下作业中心）8 个、工程技术管理部（中心）11 个，合计 95 452 人。其中，采油（气）厂 71 501 人，采油气工程服务中心（或油气井下作业中心）21 183 人，石油工程技术研究院 2 768 人。按队伍类型分，采油工程一线及辅助队伍（队站）共有 1 456 个、61 140 人，采油（气）厂科研单位 109 个、4 366 人。

（马玉生）

【重点工艺技术措施工作量及效果】 2021 年，各油气田企业共实施油气水井大修作业 1 057 口，成功 1 012 口井，成功率 95.7%，平均修井天数 47 天。从大修工艺类型上看，大修主要以套损井修复、井下落物打捞、管柱解卡、复杂故障修复等复杂工艺为主，共实施 901 口井，占大修成功井数的 90.4%。实施油气水井补孔改层措施 2 873 井次，有效 2 598 井次，有效率 90.4%；油气水井老井压裂 426 井次，有效 406 井次，有效率 95.3%。油气水井酸化 1 221 井次，有效 1 108 井次，有效率 90.7%；油井泵升级 711 井次，有效 694 井次，有效率 97.6%；油井防砂 1 647 井次，有效 1 597 井次，有效率 97.0%。

（马玉生）

【采油气工程综合管理】 2021年，围绕东部原油老区、页岩气、致密气、深层油气等主要开发阵地，聚焦工艺集成，推进技术规模应用，大力实施全生命周期低成本发展战略，持续推进井下作业“双提双降”活动、注采管柱“双五”长寿命提升、工艺技术创新创效、停产井高效治理等重点工作，圆满完成年度任务，全年抽油井检泵周期延长58天、维护作业频次降低0.02井次/（口·年）、分注率提高0.7个百分点、措施有效率提高2.6个百分点。①持续推进采油工程技术创新和集成应用。围绕提升“改造储层和提高单井产量、储层动用和提高采收率、测试评价油气藏和降本增效”，抓实技术创新和应用，取得积极进展。水驱油藏持续加大转注、分注力度，全年实施投转注949口井，增加311口井，分注、细分井数分别增加456口和257口，细分率提高1.3个百分点，层段合格率保持82.3%。规模推广测调一体化及智能分注技术，胜利测调一体化占比达80.1%，有缆智能分注技术应用108个井组，建立8个智能分注示范区，满足任意换层、流场调整、注采耦合的需求；分注率达51.8%，层段合格率保持在80%以上。稠油油藏推进稠油均衡热采技术集成，油汽比稳定在0.54。低渗致密油藏借鉴页岩气密切割体积压裂改造理念，通过加大改造规模、配套复杂缝网压裂工艺，增加储层改造体积，提高改造效果；持续优化提升二氧化碳注气技术，创新压驱注水技术。页岩气围绕工程“四提”，全面推进页岩气压裂技术迭代升级和全电驱压裂施工模式，涪陵电驱平台平均压裂速率达5.34段/日，提升6.8%，其中焦页67#扩平台最高6.3段/日，胜页2-11HF井24小时完成12段无限级滑套压裂。采气工艺、深层油气开采等技术也取得了长足进展。②推进井下作业“双提双降”。全年完成作业工作量32 137井次（含投产投注和套损井治理工作量），使用作业成本86.47亿元，比年初预算费用降低2%；措施有效率89.5%，单井次增油283.3吨；维护作业频次降低0.27井次/（口·年），降低0.02井次/（口·年）。③推进注采管柱“双五”长寿命提升。围绕打造长寿命举升、注水管柱和实现油水井维护周期均达5年，持续开展长寿命举升管柱、分注管柱、完井套管等质量标准提升及配套应用，在中浅井全面推广应用，平均检泵周期达1 182天，延长58天，其中有4 100余口井已超过5年。④稳步推进套损井、废弃井治理。全年共完成套损井治理636口，治理费用47 797.9万元，增油12.66万吨，增气508.7万立方米，增注183.2万立方米。完成废弃井治理1 080口，完成年度计划的81.5%，有245口井因地面占压、工农关系复杂等原因未完成治理。完成2021年度弃置费测试，制订7个测算方案，启动《陆上油田油气资产弃置费用管理办法》的制定。⑤圆满完成技术交流及业务竞赛。组织开展国家二类天然气净化工、井下作业工技能竞赛及集团公司一类注水专业业务竞赛，加强基层一线员工技术技能复合型人才培养，其中在天然气净化工职业技能竞赛中，集团公司6家单位的26人参赛，11人分获3金、2银、6铜的成绩，2个团队分获团队二、三等奖，2家分公司分获团体二、三等奖，1家分公司获优秀组织奖。井下作业工技能竞赛有11家单位的85名选手参赛，注水专业业务竞赛有9家单位的52名选手参赛，36人获个人金、银、铜奖，2人获技术最佳裁判奖，8家单位获团体奖。

（马玉生）

【井下作业工作量】 2021年，各油田企业共完成井下作业29 132井次（不含投产投注井2 369口及套损井专项治理636口），其中措施作业12 757井次、维护作业16 375井次。按井别分类，油井作业22 693井次，其中措施9 328井次、维护13 365井次；气井作业1 815井次，其中措施310井次、维护989井次；水井作业5 230井次，其中措施3 209井次、维护2 021井次。油气水井总作业频次0.49井次/（口·年），措施作业、维护作业频次分别为0.21井次/（口·年）、0.27井次/（口·年）。

（马玉生）

【井下作业施工能力】 一线井下作业队伍共507支18 394人，其中小修队伍288支7 833人，年作业能力17 021口井；大修队伍45支1 078人，年作业能力792口井；试油（气）队35支995人，年作业能力1 197口井，测试队等其他辅助作业队伍139支8 488人。

（马玉生）

【井下作业装备现状】 截至 2021 年底，各油田企业共有井下作业设备 3 461 台，其中提升设备 918 台、压裂酸化设备 491 台、辅助设备 2 052 台。使用年限 10 年以上设备 1 144 台，5—10 年 1 227 台，5 年以下 1 090 台，分别占设备总量的 33.1%、35.5% 和 31.5%。后勤厂站 65 个（座），其中机修厂（车间）10 个，年机修能力 8 590 台；泵修厂（车间）9 个，年泵修能力 5 463 台；油管厂 25 座，年油管检测能力 4 380 万米、修复能力 3 949 万米；抽油杆厂 13 座，年抽油杆检测能力 1 092 万米、修复能力 806 万米。

（马玉生）

油气集输

【概述】 截至 2021 年底，油田原油集输处理系统共建有联合站 113 座，原油稳定装置 36 套，接转站 236 座，油库 11 座，原油储罐库容 158 万立方米。设计原油稳定能力 4 529 万吨 / 年，原油外输能力 8 211 万吨 / 年。2021 年稳定原油 1 844 万吨，原油外输量 3 702 万吨。油田采出水处理系统建有污水处理站 193 座，设计含油污水处理能力 5.6 亿米 ^{3}/ 年，2021 年处理含油污水 4.3 亿立方米。注水系统共有各类注水站 733 座，配水间 2 896 座。2021 年实际注水量 3.2 亿立方米，站出口水质达标率 95%。

（黄业千）

【主要技术经济指标】 输油泵平均运行效率 52.1%，管网效率 87.7%，集输系统效率 45.7%；注水泵平均运行效率 74.4%，注水系统注水管网效率 74.4%，注水系统效率 55.4%。

（黄业千）

【海上油气开采设施及生产】 截至 2021 年底，海上油田（自营区块）共有各类海上采油平台 124 座。其中，中心平台 6 座、井组平台 89 座、单井平台 29 座；海底输油管线 100 条，总长 609.8 千米；海底输气管线 15 条，总长 990.8 千米；海底注水管线 65 条，总长 112.5 千米；海底电缆 132 条，总长 431.1 千米。海上油气水井共 1 018 口，开井 923 口。其中，油井 625 口，开井 564 口，年生产原油 365.5 万吨、天然气 1.74 亿立方米；气井 105 口，开井 88 口，年产气 17.35 亿立方米；注水井 288 口，开井 273 口，年注水量 2 110 万立方米。

（马玉生）

设备管理

【概述】 截至 2021 年底，国内上游共有在册设备 172 401 台（套），设备资产原值 486.08 亿元、净值 138.8 亿元，设备新度系数为 0.29。共有主要专业设备 90 166 台（套），设备资产原值 383.47 亿元、净值 108.39 亿元，新度系数 0.28。综合完好率 99.55%，主要设备利用率 87.59%。

（刘德生）

【油田设备状况】 2021 年各油田企业设备状况统计见表 2。

（刘德生）

表 2　2021 年各油田企业设备状况统计

单位	在册设备				主要专业设备					
	在册台数	原值/亿元	净值/亿元	新度系数	在册台数	完好率/%	利用率/%	原值/亿元	净值/亿元	新度系数
股份公司	172 401	486.08	138.80	0.29	90 166	99.55	87.59	383.47	108.39	0.28
胜利油田分公司	38 075	123.88	35.04	0.28	30 682	99.77	90.04	109.22	30.78	0.28
西北油田分公司	28 313	64.96	18.23	0.28	8 966	98.69	94.53	42.74	11.60	0.27
中原油田分公司	20 933	163.99	39.94	0.24	9 469	99.34	86.18	134.01	31.03	0.23
河南油田分公司	8 971	21.83	5.08	0.24	7 425	99.45	83.76	18.74	4.37	0.23
江汉油田分公司	11 749	26.34	6.94	0.29	9 024	99.81	83.69	19.36	5.40	0.29
江苏油田分公司	5 913	12.23	3.02	0.26	3 781	99.75	93.51	11.20	2.72	0.26
西南油气分公司	24 130	38.02	16.37	0.43	6 769	99.64	97.05	22.76	11.11	0.47
华北油气分公司	25 779	19.50	8.23	0.40	9 064	99.63	98.96	13.59	6.51	0.49
华东油气分公司	3 537	5.69	1.98	0.39	2 921	99.90	87.50	4.87	1.86	0.38
东北油气分公司	5 001	9.64	3.96	0.41	2 065	98.76	91.51	6.98	3.02	0.43

【设备管理】①设备设施完整性管理体系建设取得阶段成果，胜利油田、西北油田完成设备设施完整性管理体系上线试运行。②井下作业自动化工作取得积极成效，完成作业自动化技术定型 1.0 版，购置作业自动化装备 116 套，劳动强度降低 50% 以上，劳动用工减少 25% 以上，劳动生产率提高 20% 以上。③设备设施运维和检维修管理水平进一步提升，完成国内上游设备设施运维和检维修管理回顾性评价，中原油田完成普光净化厂第二、第四联合装置及 10 座站场检维修，西南油气分公司完成元坝净化厂第四联合装置及 8 座井站检维修，胜利油田完成 8 个海上生产设施检维修项目实施，东北油气分公司完成松南集中处理站检维修。④设备管理挖潜增效成果显著，推广“六精”润滑管理降低成本近 2 000 万元；探索对油杆管、柱塞泵、离心泵等设备进行修复再制造，降本增效 1.3 亿元；提升自修能力，挖潜增效近 1 亿元。⑤设备信息化水平进一步提升，组织胜利油田、中原油田等企业完成国内上游设备域一体化平台建设详细设计，西北油田、华北油气分公司开展压缩机组状态监测技术现场试验。⑥推进集团公司 HSE 专业分委员会工作，组织企业专家参与动静设备、电气、仪表、工艺技术、承包商 5 个专业分委员会，制定国内上游动静设备、电气、仪表专业 KPI 指标，各项指标均处于可控范围。⑦组织开展 2021 年度油田企业设备大检查，抽调 64 名专家，成立 3 个检查组，检查中原油田、河南油田、江汉油田、江苏油田、华东油气田、东北油气田、天然气分公司 7 家企业，企业自查共查出问题 12 560 项，现场检查共查出问题 756 项，全部完成整改。⑧统筹推进标准化采购工作成果显著，节约采购金额 8.26 亿元，标准化采购率达 80% 以上。

（刘德生）

基层管理

【深化油公司改革迈出新步伐】深入推进深化改革三年行动，制定实施《国内上游深化改革管理指导意见》，明确国内上游 6 个方面 26 项改革管理措施，持续巩固提升国内上游治理体系和治理能力现代化水平。瞄准“百人百万吨”，积极推进信息化条件下基层劳动组织方式与生产运行模式的变革，围绕基层组织机构标准化、业务流程标准化、操作规程标准化、岗位设置标准化、采油气和集输现场标准化，遴选16家采油气基层单位开展标准化示范区建设。持续实施纵向压扁和横向整合，推进精干高效体制建设，胜利油田、中原油田、河南油田、江汉油田压减机关部室及直属单位18个、下属单位部室103个。西北油田、河南油田、江汉油田推行技术团队“大兵团”作战，做强科研单元。胜利油田、江汉油田等企业推进后勤保障业务一体化管理。加快“瘦身健体”，压减法人户数18家，成功剥离10个“两非”项目，完成国务院国资委下达任务。江苏油田、西南油气田、华北油气田、华东油气分公司等在9个采油气厂深化“厂直管班站”建设，减少管理区16个。

（吕海峰）

【对标管理提升取得新成效】 持续开展对标一流管理提升行动，制定下发《国内上游对标管理提升行动推进计划安排》，构建国内上游“3566”对标提升平台，从事业部、分公司、基层单位3个层面，突出规模、发展、运营、盈利、抗风险“五个能力”，建立覆盖各层级、各业务领域的对标体系，每季度编发《油公司体制机制建设简报》，定期通报板块对标指标综合排名和管理提升情况，总结推广对标经验，企业重点任务整体完成率达92.2%，走在集团公司前列。西北油田入选国务院国资委标杆企业，胜利油田、江汉油田入选集团公司标杆企业，涪陵页岩气勘探开发技术创新管理入选集团公司标杆项目，泰州采油厂等10家基层单位入选集团公司标杆基层单位。在专业领域，勘探业务立足突破增储，研究制定勘探对标评价体系，从勘探领域、工程项目维度开展25项对标，形成东部陆相页岩油、塔里木断控体、四川致密气等典型对标案例，明确提升方向，实现提质增效；开发业务围绕分析现状、明晰差距、找准潜力、制定目标，组织在分公司层面根据不同油藏类型、不同开发阶段特点，建立油藏分类分级指标评价系统，实现单元开发水平自动分级、动态评价，对标追标，提档升级。在企业层面，胜利油田以“六个走在前列作表率”为对标方向和目标，涵盖13个对标领域、47项重点工作、65项主要问题和156项提升措施，主要生产经营指标呈现“六升六降”的良好态势；华东油气分公司对标江汉油田开展钻井、压裂低成本工程工艺技术研究，加大现场试验力度，降低钻采成本。

（吕海峰）

【东北油气分公司自主经营持续盈利】 在东北油气分公司持续开展第二期自主经营承包，推进华东油气分公司自主经营经验固化提升，有效激发企业高质量发展的内生动力。东北油气分公司大刀阔斧推进“瘦身健体”，全体起立竞争上岗；打破机关、厂和研究院界线，组成重点工作项目组；全面推进精益管理，优化投资质量；大力推进“三项制度”改革。2017—2021年，油气产量年均增长6.7%，2021年用工总量较自主经营前下降14.7%；保持持续盈利。华东油气分公司推进自主经营经验固化提升，坚持建设“技术＋管理”油公司，深化“厂直管班站”管理，实施“项目化”运行，控投资、降成本，推进业财融合创效，2018—2021年，油气产量年均增长6.7%，实现持续盈利。

（吕海峰）

【持续推动难动用储量开发】 2017—2021年，实施7个油气区块的内部流转，旬邑－宜君、百色等区块已经实现效益开发；胜利油田加大与胜利石油工程公司合作开发难动用储量力度，经济可动油价从75美元/桶以上降至55美元/桶以下。胜利油田、中原油田等油田制定管理办法，建立运行机制，推动区块合作开发、一体化效益开发等模式，持续推动难动用储量开发。胜利油田出台《低渗透油藏地质工程一体化编制指导意见》，优化钻井设计612口井，固化钻井运行“五个不能等”机制，全年动用难采储量5 195万吨，新建产能70.3万吨；中原油田与中原石油工程公司合作开发，开展三春集油田调整挖潜；华北油气分公司组建鄂南原油滚动开发方案创新项目组、煤炭地下气化项目组，以效益动用为核心，打造技术攻关平台。

（吕海峰）

【基本完成国内上游天然气销售体制改革】 围绕提高天然气业务全产业链价值创造能力，制订实施《中国石化天然气销售体制第二阶段改革方案》，积极推进油气田区域天然气销售业务优化整合，加快推进天然气产供储销体系建设。西北油田、西南油气田、华北油气田、江汉油田、华东油气田和天然气分公司等企业克服产销界面、企地关系、队伍稳定等难题，对销售管网、客户、人员等进行调整，完成西北、西南、华北等区域天然气销售业务整合，组建西北、四川、蒙陕、重庆、东北5个天然气销售中心，建立以天然气分公司为主体的天然气销售一体化管理模式。

（吕海峰）

【推进价值创造导向绩效考核机制建设】 突出价值创造和高质量发展，修订完善国内上游绩效考核体系，制定下发《国内上游绩效考核管理办法》，构建“一体两联三奖惩五细则”绩效考核机制，强化企业效益、产量、可持续发展等指标考核，经营业绩与绩效工资直接挂钩，工效联动工资比例提高到工资总额的30%，形成“多作贡献多挣绩效工资、兼顾效益和可持续发展”的绩效管理机制。加强过程管理，对生产运营、勘探开发、成本单耗等15项指标进行季度“星旗榜”评比。重点加大对勘探突破、高效开发、工程技术、天然气保供、管理创新等专项奖励。推广“员工价值积分管理”等特色考核方式，充分调动各单位各专业的积极性。

（吕海峰）

【深入推进“三项制度”改革】 深化“三项制度”改革，推进契约化管理，规范竞争上岗，“三能”机制逐步建立；13家企业经理层成员任期制和契约化实现全覆盖，胜利油田、中原油田、河南油田、江汉油田、江苏油田、西南油气田、华东油气分公司7家企业以下属法人企业为主，对40家下属公司135名经理层成员实行任期制和契约化管理。强化国内上游用工总量管控；统筹优化盘活人力资源，东部老油田外闯市场员工2.5万人，外闯市场规模进一步扩大。胜利油田以新型绩效考核体系为引领，创新完善“动起来、走出去、强起来”长效机制，推进人力资源向人力资本转化；中原油田强化“三定”管理，精简机构、优化岗位、严控定员，打造“中原气服”品牌，外部市场收入不断增长；江汉油田突出精干高效压减组织机构，在油田机关、基层单位组织开展公开竞聘，推动干部“能上能下”；西南油气分公司在采气三厂结合“厂管站”模式，重塑生产管理流程，弹性设置岗位，实现大岗位管理，岗位压缩率67%。

（吕海峰）

【加强基础管理体系建设】 制定下发《国内上游强化基础管理工作的指导意见》，以制度流程化、流程标准化、标准信息化为主线，构建国内上游“基础工作+”基础管理体系，以“两册管理、三个标杆、四精管理、提升五项能力”为重点，推动基础工作与制度创新、机制建设、对标提升、业务管理、油公司改革、精益管理、智慧企业建设等有效融合。组织开展第9届“五项劳动竞赛”评比，刷新一系列技术和管理指标，32个采油气厂、196个基层单位被评为先进单位。中原油田建立“1+10”竞赛组织管理体系，落实分级检查考核、表彰奖励、经验交流等制度，季度晒指标、年度竞排名，激发基层活力。华东油气分公司泰州采油厂推行“管理集成化、操作标准化”，按照大岗位建设原则，将164个岗位归并为102个，200个小类台账整合为3类23个小类台账，有效改善班站资料多、负担重的情况。东北油气分公司通过信息化支撑精益管理，全年收集改善提案1 400件，实现降本增效超0.5亿元，推行36项精益管理改善课题，实现投资优化和成本降低、增产增收超1亿元。

（吕海峰）

【经营业务结构调整取得新进展】 围绕“剥离、治理、盘活、发展”，大力推进上市业务和非上市业务一体化管理，优化业务结构，提升生产服务保障能力。加强水电信业务与主业的协同发展，深化电力、水务专业化发展、市场化运营、社会化创效。胜利油田推进新型供电管理区建设，深化油电一体化管理，供用电合力降电减耗，为分公司节省电费约3亿元。中原油田加大外部项目部的奖励力度，鼓励外闯市场，承揽普光气田净化厂、元坝净化厂污水等多项施工项目。中原油田、江汉油田等企业推动整合内部办公与厂区物业服务、酒店、餐饮、农业、超市、相关土地房产等资源，开展一体化、专业化服务，提升服务水平与效益。河南油田将河南明珠大酒店有限公司、采油厂等单位的食堂业务整合，组建河南明珠服务公司，为油田一体化提供后勤服务保障。胜利油田、中原油田、河南油田、江汉油田等企业利用现有场地、设施等资源，加快太阳能、风能、余热等新能源开发利用，全力推动风电、光伏项目建设。华东石油局完善二氧化碳捕集封存技术体系，深化华东－南化合作，持续扩大尾气回收规模。

（杨思湘）

【存量资源价值创造能力持续提升】 持续推进油田层面的土地房产集中使用、统一调配、专业化管理、市场化运营，大力发展新业态，增强资产保值增值能力。胜利油田充分发挥“碳汇林”林场资源优势，积极发展绿色低碳林业；充分发挥油田人力资源共享平台作用，完善配套制度，稳妥安置改革显现的富余人员，为外部市场缺员单位统筹配置人员，引导人员从低效项目向高效项目流动。江汉油田成立人力资源服务中心，制定培训管理、薪酬绩效和竞争上岗等办法，安排退出岗位人员进入“人力资源池”，有针对性地开展转岗培训。

（杨思湘）

【解决历史遗留问题取得显著成果】 严格落实集团公司重点改革安排，截至 2021 年底，胜利油田、中原油田、河南油田、江汉油田、江苏油田等企业完成 10 个国家和集团公司明确的“两非”企业（业务）剥离，胜利油田、西南油气田等企业完成 11 个厂办大集体改革项目。西南石油局完成云南燃气公司民企挂靠清理工作，与亏损治理相结合完成 10 户存续法人单位的压减任务。在“四供一业”分离移交、退休人员社会化、国有企业办社会职能剥离后，配合当地政府完善运营机制，满足了居民享受高质量专业化服务的需求。

（杨思湘）

中国石化 SINOPEC

境内石油工程

综述 | 石油地球物理勘探 | 钻井工程 | 测录井 | 井下特种作业
油田地面工程建设 | 机械制造 | 设备管理

综　述

2021 年，石油工程板块以习近平新时代中国特色社会主义思想为指导，深入学习贯彻党的十九届六中全会精神和习近平总书记视察胜利油田重要指示精神，在集团公司党组的坚强领导下，以庆祝建党百年为强大动力，注重从党史学习教育中汲取奋进力量，全体干部员工扛牢责任，砥砺拼搏，全面完成集团公司下达的目标任务，实现“十四五”良好开局。

“四提”“五化”迈上新台阶。以端牢能源饭碗为使命，扛牢政治责任，加强力量组织，全年筹措资金 68 亿元，购置和升级改造钻机、旋转导向、地震采集、全自动焊等装备，持续提升“四种能力”，为集团公司油气增储上产降本发挥主力军作用。“四提”方面：地震采集资料一级品率较合同提升 4.6 个百分点，发现三级圈闭 188 个、一类占比提升 6%。集成全生命周期提产降本技术，升级学习曲线，固化标准模板，创新油气开发合作模式，推广“工厂化”施工，扩大“日费制”试点，在“三北一川”及东部老区，完成井平均钻井周期缩短 12.4%，超目标 2.4 个百分点；压裂效率提高 24.5%，超目标 4.5 个百分点；复杂故障时效降低 60.8%，好于目标 40.8 个百分点。打出一批高产井和重点油气发现井，有力支撑集团公司油气增储上产。“五化”方面：强化标准化设计定型和示范工程引领，高效建成“五化”示范工程 21 个、储气库 7 座。顺北五号联合站采用全数字化设计与交付，缩短工期 22%，减少用工 57%，全面实现“五省”目标，打造中国石化首座全生命周期管理的智能化联合站。

市场提质增效迈出新步伐。坚持把市场作为生命工程，科学制定策略，细化攻坚措施，在优化市场结构、提升集中度上取得明显成效。全年新签合同额 572 亿元，增长 11 亿元。集团内紧紧抓住上游加大投入的战略机遇，深化一体化运行，强化各层级沟通协作、运行衔接，促进工作量释放，市场占有率保持高位且同比提升。全年新签合同额 444 亿元、增长 7.3%，实现收入 470.4 亿元、增长 8.0%。国内外部坚持扶优扶强，集中优势资源，逐步培育形成中国石油、中国海油、国家管网三大规模高效市场；强化“中－中”合作，在中国石油西南市场取得 44 支钻井队施工资质，第一批 19 支钻井队运行到位，新签合同额 41 亿元；在中国海油市场新签 11 亿元大型储罐建设项目；与国家管网新签合同额 30 亿元，市场份额占比达 20%。全年新签合同额 128 亿元，实现收入 127.9 亿元。

科技创新创效取得新进展。一体推进研发体系建设、关键核心技术攻关、产品产业化和信息化建设，全力打造技术先导型油服企业。全年创工程施工新纪录 577 项，获省部级科学技术奖励 18 项，申请专利和获授权专利数量创新高。集成配套技术取得一批重要成果，超深特深井工程配套技术方面，集成创新特深井钻完井、作业和试油气技术，依托工具仪器装备革新，攻克 9 000 米特深井难关，顺北 56X 井（9 300 米）和塔深 5 井（9 017 米）分别刷新亚洲陆上定向井和直井最深纪录；顺北 8X-1 井（完钻井深 8 396 米、钻井周期 127 天）刷新 8 000 米以深钻井周期最短纪录。页岩油气工程技术方面，全井筒提速、旋转导向测控、缝网压裂等配套工艺技术趋于成熟，在涪陵、复兴、白马等区块推广应用，平均钻井周期分别缩短 11%、34% 和 37%，其中胜页 9-6HF 井创中国石化水平段最长纪录（3 601 米）。核心技术攻关连获突破，I 型旋转导向系统核心单元和关键模块基本实现技术定型，首次实现“千米一趟钻”；特深层高温电成像测井仪器完成塔深 5 井、元飞 203H 井等重点井施工，成功突破 200℃门槛；超短半径水平井、连续管侧钻、物探高效采集等技术研发全面发力。产品产业化取得明显成效，建立产学研用联合攻关机制，打造机械装备、工具仪器、化学助剂 3 个产业化基地，发展 7 个系列 21 条产品线，实现规模创收，其中化学助剂产值大幅增长，分段完井、连续油管、牵引器等井下工具国产化率持续提升。信息化建设步伐持续加快，SICP 石油工程云平台项目建设全面铺开，井筒业务一体化协同系统启动运行，井场数字化指挥中心建设、工艺工法数模研发推进，为前后方联动、远程技术支持、辅助决策提供强有力的信息化支撑。

重点领域改革取得新突破。坚持石油工程全系统一盘棋、上下一条心，统筹优化资源配置，深化改革三年行动完成率超计划目标。统筹市场布局与优化资源配置取得重要阶段性成果，持续推进“1+5+9”体系落实落地，国内完成临盘钻井划转、6 个钻井市场主体退出和 52 台钻机移交置换，历史性解决重复投入、多头竞争、资源效率低下等难题，基本形成规范有序竞争、区域资源共享、集约化服务保障的市场新格局，取得明显成效。其中，西部工区机构运行费用下降 9.7%，井筒专业利润大幅增加。新型项目化管理体系构建取得积极成效，出台“项目化管理”及“人才池”“资金池”“物料库”“装备库”建设指导意见，持续深化人才、资金、装备、物资、后勤基地优化配置及供应商、仓储、质检、物流等资源共享、信息上线运行，全年累计入池 1.05 万人次、出池 0.91 万人次，盘活用工 1.8 万人次，输出 4 500 余人次，创收 2.6 亿元；建成物料“中心库”18 个，压减后勤基地 44 个。专业化改革迈出新步伐，持续强化顶层设计和战略管控，顺利完成测录定业务重组和经纬公司组建，并进一步完成区域测控公司整合。成立钻井和井下特种作业管理部（油藏管理部），物探、钻井、测录定、井下作业、地面建设五大业务链条专业化管理全线打通。“三能”机制建设持续发力，全面实施经理层成员任期制和契约化管理，“一人一岗”差异化岗位聘任、“一人一表”差异化考核，试点“双合同”管理，全年压减各类用工目标圆满完成；抓实工效挂钩考核，有效激发全要素活力。

严细管理见到新成效。坚持眼睛向内，苦练内功，全面开展对标提升，深入推进“比学赶帮超”活动，持续增强创效能力、低成本竞争力和风险防控能力。经营质量持续改善，聚焦成本和效益，狠抓全流程优化、全要素降本、全方位增效，管理运行费用持续降低，百元收入营业成本控制在集团公司调整目标内；强化亏损企业治理，综合施策、督导帮扶华东石油工程公司和海洋石油工程公司顺利完成扭亏任务，地区、专业公司全部实现盈利。资金管控成效显著，统筹优化境内外资金运行，大力压减资金占用，持续开展“两金”压降专项治理、清理回收呆坏账；积极拓展低成本融资渠道，不断优化债务结构，降低财务费用，实现自由现金流 18.7 亿元。标准化建设持续深化，发布钻井及井下作业现场标准化规范，加强现场装备配套、目视化管理、钻井液综合站点和集中居住点标准化建设，完成首批 63 支井场标准化示范队建设，成功召开石油工程首届技术现场交流会。风险防控从严从实，系统推进制度、内控、合规管理体系建设，开展资金、成本费用、亏损项目等专项审计，依靠法律手段推进纠纷案件处置化解，现存案件、涉案金额实现双下降。抓实法人企业压减，完成年度压减目标。

安全环保井控管理得到新加强。深入开展“百日安全无事故”“五查五严保安全”“企业一把手安全连线”等专项行动，严格落实集团公司总经理 2 号令。深刻吸取事故教训，扎实开展 HSE 管理体系现场试审核，筹集资金狠抓海上钻井平台、钻井井电系统、顶驱悬吊系统等重点领域安全隐患治理，大力开展远程视频安全观察、井控视频连线，落实井控、海（水）上、承（分）包商、极端天气自然灾害风险防控和重点井井控提级管理措施，扎实推进绿色企业创建和“双碳”“双控”建设，HSE 及井控风险总体可控受控。严抓常态化疫情防控，落实“四方责任”，强化涉疫人员排查管控，抓实疫苗接种、倒休班和现场管控措施，全力协调员工倒班出入境，实现“零输入”“零输出”，有效维护了员工生命安全和身体健康。

（马必才）

石油地球物理勘探

【概述】 截至 2021 年底，集团公司共有一线队伍 55 支，其中地震队 35 支、非地震队 8 支、新业务队 12 支。从业人员 6 496 人，其中合同制员工 5 581 人、规范劳务派遣业务外包工 868 人、其他用工 47 人。

（孙刚刚）

【主要装备】 截至 2021 年底，集团公司共有数字地震仪主机 59 台（套），采集站 49.45 万道，其中 508XT 采集站 12 万道、428XL 采集站 24.41 万道、节点仪器 10.75 万道、滩海采集站 2.29 万道，各类检波器 78.74 万串（只），可控震源 174 台，沙漠工程车 445 台。各类装备资产原值 62.69 亿元，净值 17.94 亿元，新度系数 0.29。

（孙刚刚）

【采集工作量及实施情况】 2021 年，共实施境内陆地二维地震 1 487.16 千米、三维地震 8 341.89 平方千米。地震采集项目日效大幅提升，东部、西部、南方、东北探区多次刷新纪录。采集资料一级品率较合同要求提高 4.58%。

（孙刚刚）

【主要技术进步】 ①无缆节点仪器研制和应用进一步突破。成功研制 I-Nodal 二代节点采集系统，便捷性、易用性、智能性、可靠性等显著提升。无缆节点地震勘探技术由东部平原推广应用到南方山地、西部沙漠、华北黄土塬等多个探区，全面提升物探智能化作业水平，有效降低野外劳动强度，方便了排列布设，提高了生产效率。四川荣县 - 宜宾三维地震勘探项目通过采用全节点采集，平均日效达 1 873 炮，最高日效 2 520 炮，创南方山地物探生产新纪录。②宽频高效可控震源技术实现准噶尔盆地规模化推广应用。通过持续攻关研究，形成 5 项可控震源宽频高效采集技术，取得 4 项新成果，推进了绿色勘探。准噶尔盆地钱 1 井三维项目通过首次采用“可控震源 + 全节点”高效采集模式，最高日效 11 314 炮，平均日效 8 245 炮，实现西部探区地震采集最高日效、平均日效“双突破”。③源驱动激发技术实现地震采集质效双升。全面研发应用源驱动激发技术，有效解决地震井炮生产中出现的错炮、漏炮、双响炮等安全质量难题，通过南方龙门山、黄土塬羊泉等项目全面推广应用，降低了野外劳动强度，提高了施工效率，保障了激发安全和资料品质。④龙门山山前带攻关成果持续显现。形成“地表 + 近地表 + 深部构造”一体化建模技术、基于三维波动方程正演的观测系统设计及优化技术、基于近地表相的激发条件分区及动态激发因素设计技术，以及复杂山前带“差异化”“增强型”观测方案设计技术、节点仪与有线仪间混采技术 5 项关键技术，极大地提升了资料品质，明显改善龙门山山前带，特别是隐伏构造带的成像效果。

（孙刚刚　巩长春）

钻井工程

【概述】 集团公司钻井业务主要分布在石油工程公司的胜利石油工程公司、中原石油工程公司、江汉石油工程公司、西南石油工程公司、华北石油工程公司、华东石油工程公司 6 家地区分公司和海洋石油工程公司等单位。钻井研究、专业技术服务及钻井施工单位共 40 个，其中陆地钻井公司 19 个、海洋钻井公司 2 个、钻井研究院 3 个、钻井技术服务公司 11 个、其他油田服务公司 5 个。钻井系统用工总量约 4.82 万人，其中合同制员工约 3.15 万人。

（黄立玫）

【主要装备】 拥有陆地钻机 657 台，按驱动形式划分：电动钻机 322 台、机电复合驱动钻机 190 台、机械钻机 145 台；海洋钻井平台 12 座，其中自升式 11 座、半潜式 1 座。各类顶驱 398 套；LWD（FEWD）70 套，MWD234 套；防喷器 2 904 台，其中单闸板 570 台、双闸板 1 384 台、环形防喷器 950 台；固井装备 259 台，其中水泥车 239 台、混浆撬 20 台；欠平衡装备旋转防喷器 68 台；空气压缩机 86 套。

（黄立玫）

【工作量】 2021年，平均动用钻机429.29台，开钻井2 924口，完井2 989口，其中集团公司内部市场完井2 143口、国内外部市场完井288口；完成钻井进尺915万米，其中集团公司内部市场660万米、国内外部市场90万米。

（黄立玫）

【重点工艺井应用】 完成深井钻井432口，超深井（≥6 000米）钻井203口；完成定向井服务2 417井次，其中水平井689井次；各类固井6 356井次；常规欠平衡井66口，其中气体钻井9口。

（黄立玫）

【重点技术进步】 ①页岩气钻井技术逐步完善。形成高压喷射钻井技术、NanoDRILL页岩水基钻井液技术、页岩气井套中固套固井技术、泡沫水泥浆固井技术等系列技术，为页岩气井提速提效提供保障。2021年，完成页岩气井钻井274口，钻井进尺102.87万米，完成井平均井深5 169.36米，机械钻速8.4米/时，钻井周期77.45天。②页岩油钻井技术获突破。集成应用地质工程一体化、旋转导向、双水力振荡器+大扭矩螺杆+异形齿PDC钻头、精细控压、合成基钻井液等系列技术，采取激进式水力参数，施工速度实现持续提升。樊页1井组完井4口，平均钻井周期缩短34.8%，其中樊页1-4HF井完钻井深6 023米，水平位移3 604.17米，水平段长2 273米，旋导进尺1 549米，位垂比0.99。济阳页岩油完井9口，平均井深5 545.22米，平均机械钻速13.2米/时，平均钻井周期83.84天。③超深井钻井技术趋于成熟。通过持续开展超深井关键技术攻关研究，超深井钻井配套技术日臻成熟，为特深层油气勘探开发提供有力支撑。顺北工区应用“垂直钻井+螺杆优快钻井”“多元协同井壁强化技术”，推广“微纳米封堵防塌技术”“封缝即堵高效防漏技术”“高抗冲异型齿PDC钻头+等壁厚大扭矩螺杆”等超深井配套提速技术；西南工区形成控压钻井技术、保压取芯技术等系列。超深井完井203口，平均井深6 798.01米，平均机械钻速6.92米/时，平均钻井周期112.47天。④旋转导向技术服务规模与能力显著提升。经纬公司全年完成83口井旋导施工，创造工区纪录19项，川渝页岩气市场2口井实现三开“一趟钻”，永页54-1HF旋导单趟钻进尺1 990米完成三开钻进，丁页3-3HF旋导单趟钻进尺2 199米完成三开钻进。Ⅰ型旋转导向实现产品定型，完成6口井现场试验，累计进尺7 736米，循环时间964小时，其中焦页70-S2HF井实现页岩气水平井从入窗到完钻“一趟钻”施工，创自研旋转导向在页岩气“一趟钻”进尺（1 980米）和循环时间（276小时）试验新纪录。Ⅱ型旋转导向技术取得阶段进展，在东峰102井和东峰8井进行现场试验，累计入井时间273小时，循环时间190.1小时，累计进尺880米。⑤钻井液技术取得新进展。形成超高温钻井液技术、抗盐高温高压降滤失剂、近油基钻井液技术、高性能水基钻井液技术、钻井液在线监测技术、高密度油基钻井液劣质固相清除技术等。其中超高温钻井液技术在塔深5井、顺北16X二次侧钻井应用，塔深5井完钻井深9 017米，井底温度179℃，创亚洲陆上钻井直井最深纪录，顺北16X井井底测井温度209℃，解决直径149.2毫米小井眼高温钻井液流变性控制、二氧化碳污染、盐水污染、井壁失稳、钻井液起泡等技术难题。⑥创造多项钻井新纪录。超深井钻井技术：塔深5井，由中原石油工程公司施工，创中国石化完钻井深直井最深纪录（9 017米）；顺北11井，由胜利石油工程公司施工，创中国石化273.1毫米套管下深最深纪录（7 084.43米）。定向井钻井技术：顺北56X井，由华北石油工程公司施工，创中国石化水平井最深纪录（9 300米）；胜页9-6HF井，由华东石油工程公司施工，创中国石化页岩气井水平段最长纪录（3 601米）。取芯技术：溱页1井，由华东石油工程公司施工，创中国石化单次取芯芯长最长纪录（401.08米）。

（黄立玫）

测录井

【概述】 集团公司测录井业务主要分布在经纬公司，有胜利测井公司、胜利地质录井公司、中原测控公司、江汉测录井分公司、西南测控公司、华北测控公司、华东测控分公司共 7 家测录井单位；有测井、射孔队伍 244 支（裸眼测井队 132 支、生产测井队 33 支、射孔队 79 支），其中集团内部 207 支、国内外部 32 支、国外市场 5 支，用工总量 4 884 人；录井队伍 470 支（综合录井队 398 支、地质录井队 70 支、其他录井队 2 支），其中集团内部 401 支、国内外部 53 支、国外市场 16 支，用工总量 4 874 人。

（高瑞香）

【主要装备】 拥有测井系统 308 套（裸眼测井 183 套，生产测井 40 套，射孔 85 套）。井下仪器 6 883 支，包括成像井下仪器 1 107 支、特殊井下仪器 249 支、常规井下仪器 5 527 支。拥有主要录井设备 732 台、平均新度系数 0.26，其中综合录井仪 371 台、新度系数 0.23，气测录井仪 15 台、新度系数 0.14，地质录井仪 114 台、新度系数 0.38，其他设备 232 台。

（张新华）

【工作量】 2021 年，集团公司测井队伍累计完成各类测井 10 929 井次（不含射孔）、26 783 万标准米，分别减少 290 井次、691 万标准米。测井曲线优等品率 97.19%。累计完成录井 2 868 口、录井天数 148 662 天，分别减少 258 口、增加 8 219 天。完井资料合格率 100%。

（高瑞香）

【主要技术进步】 2021 年，测录井持续技术攻关，推广成熟技术，有力支撑新区勘探及老区开发，支撑“四提”持续进步。①随钻测井方面：开展方位伽马、电阻率、中子密度、能谱 13 口井现场试验，形成双正交天线方位电阻率边界探测技术，在北 2-2HF 井提前 22 米预判储层，MRC+ 近钻头仪器串在埕 45- 平 23 井 18 小时完成水平段进尺 329 米，实现一趟钻完钻，有效挖潜边底水油藏井间剩余油。②裸眼测井方面：高温测井技术日益完善、系列化，完成 200℃/172 兆帕高温电成像仪器研发，在顺北塔深 5 井（182℃/112 兆帕）、仁探 1 井（154℃/155 兆帕）等应用成功；完成 200℃/206 兆帕直推存储式阵列声波仪器和配套软件开发，在罗西 1 井、顺北 9X 井等成功应用。200℃/206 兆帕高温高压直推存储常规仪器 2021 推广应用 25 口井，应用最高压力 175 兆帕（征 10 井）、最高井温 197.1℃（渤深斜 10 井）。③工艺方面：大功率牵引器实现系列化发展，80 毫米产业化 4 套，70 毫米试验 17 口井，50 毫米大功率开展 12 小时牵引功能、24 小时整机长时间运转、高温高压（150℃、80 兆帕）等性能测试，技术指标达到仪器设计要求。④解释评价方面：持续配套先进软件，完善中国石化 LogPlus 软件，助力油气藏解释精度持续提升，全年开展致密碎屑岩、碳酸盐岩、页岩油气、火成岩等 5 类复杂储层研究与应用 357 口井，探井解释符合率达 88.1%。⑤录井方面：高端录井装备快步实现技术定型及初步应用。完成 25 台定录导一体化录井仪制造与技术规范、标准的编写。基于科里奥利流量计测量钻井液流量装置完成 2 口井现场试验。新型岩屑称重装置制造及配套井眼稳定性监测系统完成开发，现场应用 50 天无故障。完成 1 台碳同位素分析仪样机研制与测试，最小检测浓度和样气量等指标显著提升。

（张新华）

井下特种作业

【概述】集团公司石油工程井下特种作业业务主要分布在胜利石油工程公司、中原石油工程公司、江汉石油工程公司、西南石油工程公司、华北石油工程公司、华东石油工程公司6家地区分公司和海洋石油工程公司等单位，为油气田勘探开发提供试油测试、储层改造、修井作业、海上作业、稠油开采等专业的石油工程承包和技术服务。截至2021年底，全系统拥有员工10 536人，专业队伍301支。

（曹　明）

【主要装备】拥有各类主要生产设备2 123台（套），拥有2000型及以上泵车300台，主要资产原值78.5亿元，新度系数0.36。

（曹　明）

【作业工作量】2021年完成井下作业5 541井次和试油气测1 582层次。

（曹　明）

【主要技术进步】大力提升“四种”能力，持续推进“四提”工作，2021年“三北一川”及东部老区压裂效率较2020年提高24.5%，其中页岩气平台压裂提高27.1%。8 000米以深超高温高压高含酸性油气井测试、3 000米页岩气长水平段大型压裂、页岩油勘探开发保障能力持续增强，油藏综合服务业务不断取得新的突破，连续油管作业技术取得新的进展。①“三超一高”测试技术迈上新台阶。围绕西南和西北超深＋高温＋高压＋高含硫井测试的世界级难题，不断强化技术攻关，测试技术处于国内领先地位，成为中国石化西北油田和中国石油塔里木油田测试服务的服务保障主体。2021年先后在顺北41X井、顺北4-7井和顺北8X井发现多口日产千吨高产油气井，为顺北油气田油气勘探商业发现提供强力支撑。②页岩气工厂化和智能化作业取得新成效。在川南页岩气工区探索形成多套压裂工艺，实现页岩气田下部气层、中部气层和上部气层的立体开发，配备国产5000型成套电动压裂装备，实现作业方式由单井作业到工厂化作业的跨越，压裂智能化程度不断提高，施工效率提升50%以上。③页岩油勘探开发技术实现新跨越。加强页岩油压裂新工艺研究，在胜利油田页岩油区块采用多功能强悬浮一体化压裂液体系和“前置CO_2+多簇密切割＋投球暂堵转向＋连续加砂”压裂工艺，提高了有效压裂缝控体积，樊页平1井、渤页平5井和牛页1-1HF井压裂日产油峰值均超过100吨，助力发现页岩油储量4.58亿吨。④油藏综合服务业务取得新突破。持续推进胜利油田东部和中原油田老区难动用合作开发项目，成功启动川西新场须2气藏和川南丁山页岩气区块合作开发项目，工程总包白马常压页岩气及河南油田春17井区和泌浅29区块项目。累计动用储量超1.2亿吨、新建产能超200万吨。⑤连续油管作业技术取得新进展。开展连续油管完井技术攻关，“页岩气长水平段水平井连续油管完井关键技术”获湖北省科技进步一等奖。加大连续油管井下电视技术研发应用力度，成为行业内唯一一家实现一趟钻“可视可量”的专业单位，在川南页岩气创造连续油管单趟钻磨桥塞（33支）和连续油管打捞深度最深（28兆帕）的石油工程新纪录。

（曹　明）

油田地面工程建设

【概述】截至2021年底，集团公司有3家设计企业（石油工程设计公司、中原设计公司、江汉设计公司）、7家施工企业（胜利油建公司、中原油建公司、河南油建公司、江汉油建公司、江苏油建公司、胜利建工公司、中原建工公司）、1 家监理企业（江苏监理公司）和 1 家管道技术服务企业（管道技术公司）。共有从业人员 13 295 人，其中设计板块 2 271 人（17.08%）、油建板块 8 191 人（61.61%）、建工板块 2 714 人（20.41%）、监理板块 119 人（0.9%）。

（刘　芳）

【资质情况】 勘察设计及咨询资质：工程勘察综合甲级，海洋工程勘察甲级，地理信息系统工程专业测绘甲级；石油天然气（海洋石油）、海洋行业（离岸工程）、建筑行业（建筑工程）、市政行业（给水、排水、城镇燃气、热力工程）工程设计甲级，环境（固体废弃物处理专项）工程设计甲级，市政行业（桥梁工程、道路工程、电力行业、环境卫生工程）、海洋行业（沿岸工程）、化工石化医药行业（化工工程）、机械行业（通用设备制造业工程、金属制品工程）、大气及水污染防治、环境工程（大气污染防治工程、水污染防治工程）专项设计乙级；石油天然气、港口河海工程、建筑、市政公用工程（热力、给排水、燃气、热力、通信信息、火电）工程咨询甲级，工程造价咨询甲级；石油天然气、建筑、市政行业资信甲级；特种设备设计许可证（压力容器）A1、A2、A3 级，特种设备设计许可证（压力管道）GA 类、GB 类、GC 类。

施工及制造资质：石油化工工程、建筑工程、公路工程、水利水电工程、市政公用工程施工总承包一级，机电工程、港口与航道工程、电力工程施工总承包二级，海洋石油工程、消防设施工程、钢结构工程、建筑装饰装修工程、防水防腐保温工程、地基与基础工程、公路路面工程、桥梁工程施工专业承包一级，建筑机电安装工程、输变电工程施工专业承包二级，起重设备安装工程、环保工程专业承包三级，长输（油气）管道定期检验（DD1）资质、管道漏磁检测证书，A1、A2、A3 级特种设备制造许可证（压力容器），GA1 甲级、GB1 级（含 PE 管道）、GB2 级、GC1 级特种设备安装改造维修许可证（压力管道），静设备、电气设备、仪表设备和控制系统、防腐类、绝热类等检维修资质，锅炉安装维修改造一级资质（参数不限），电梯安装、改造、维修 A 级资质。

监理资质：建筑工程、石油化工工程、市政公用工程监理甲级，电力工程监理乙级，机电安装工程监理乙级。

其他资质：地质灾害危险性评估甲级，民用无人驾驶航空器经营许可证，生活污水、工业废水处理设施运行三级资质，工业固体废物无害化处理、有机废物处理、生活垃圾处理处置设施运行三级资质，通过 ISO 9001 质量管理体系、ISO 14001 环境管理体系、QHSAS 18001 职业健康安全管理体系认证。

（刘　芳）

【市场开拓】 2021 年，深入落实“三三制”市场管理体系，坚决贯彻“五不干”原则，充分发挥专业化、一体化优势，以市场优化、风险管控为重点，持续提升市场开发工作质量。积极维护和拓展客户关系，先后与国家管网、中国石油、中国海油及系统内油气分公司、天然气分公司、国勘公司等 50 余个重点业主建立合作关系。大力推介 EPC 联合体模式，中标 EPC 项目 14 个、累计金额 63.9 亿元，增加 51.2 亿元，创历史新高。中标山东管网南干线，单体合同额 45.6 亿元，创历史纪录。持续拓展国家管网市场，中标西气东输三线等项目 215 个、标的额 35.1 亿元，增加 23.9 亿元，进入国家管网市场第一方阵。不断优化市场结构，中标日照基地等 24 台 10 万立方米储罐、标的额 12.2 亿元，首次进入中国海油大型储罐市场；成功承揽 HN 洞库项目，合同额 4.7 亿元，培育了新的增长点。

（刘　芳）

【主要装备】 截至 2021 年底，拥有各类设备 10 672 台（套），综合完好率 99.93%，包括各类大型工程机械、大吨位起重机械、系列全自动焊机、大型定向钻机、成套站场预制设备、海洋船舶、漏磁内检测器、系列管道维抢修设备、工程勘察设备和仪器仪表等。其中，拥有全自动焊机组 19 套，适用管径 508—1 900 毫米管道焊接，达到全球范围最大口径；2021 年新购 1000T 定向钻，设备装备施工能力明显增强，可以承接超大管径如 1 422 毫米、超长距离如 3 000 米以上复杂地层大型定向穿越工程，水平定向钻穿越最长 4 071 米，处于国内领先水平；带压封堵设备覆盖管径范围 40—1 219 毫米，漏磁内检测设备覆盖管径范围 168—1 219 毫米，满足国内大多数长输管道口径；滩浅海工程建设装备齐全，可建造浅海自升式平台、1 万吨级大型固定平台，铺管作业水深可达 100 米。装备为山东管网项目、国家管网项目、沙特 MIP 项目、常规施工设备更新改造等项目提供有力保障，为进一步深拓市场奠定坚实基础。

（刘　芳）

【主要技术创新】 截至 2021 年底，拥有施工工法 188 项，获授权专利 635 件、软件著作权 96 项。2021 年新增科研项目立项 44 项，其中国家级课题 2 项、省部级课题 12 项；获集团公司科技进步一等奖 2 项、三等奖 3 项，山东省科技进步二等奖 1 项。开发 5 万—60 万米^3/ 年天然气液化、5 万—200 万米^3/ 年天然气乙烷回收等工艺包，为大牛地乙烷回收项目承揽及建设提供有力支撑。大力推进科技攻关，研发的“低分压烟气低能耗捕集技术”被列入《集团公司 CCUS 技术推广目录》。承揽国家管网 CCUS“双碳”业务发展路径研究课题，为“双碳”业务提供支撑。编写《天然气液化工厂设计标准》《液化天然气（LNG）生产、储存和装运》2 项国家标准，4 项科研课题获集团公司立项，2 项课题在国家管网成功“揭榜”。积极推进“五化”建设，截至 2021 年底，组织完成标准化设计导则、视觉形象、数字化交付等 44 项体系文件及页岩气、枯竭气藏储气库等 1 427 项标准化设计文件，三维设计率达 100%，设计周期缩短 30%。《页岩气田标准化设计定型成果》成为中国石化上游第一个标准化定型设计成果。顺北五号联合站、储气库等示范工程实现工程建设全数字化交付，工厂预制化率超过 86%、撬装化率达 90%，全面实现“五省”目标。

（刘　芳）

【重点工程】 2021 年，全面推进“一体两翼”项目化管理体系，积极探索主动快速高效项目管理模式，通过抓重点、抓沟通、抓异常，持续提升项目管控精细化水平。东营原油库迁建工程是贯彻落实习近平总书记视察胜利油田重要指示精神的具体举措，坚持“三先四高”（能源环境指标当先、智能化水平领先、生态与民生优先，高标准设计、高质量施工、高效率推进、高水平建设）总要求，充分发挥“大兵团”作战优势和 BEPC 联合体项目部的作用，合理优化资源配置，项目推进安全高效，新原油库为一级石油库，库容 68 万立方米，占地面积 504 亩（33.6 万平方米），力争打造绿色人文工程、高效性智能工程、优质平安工程的标杆示范工程；中原储气库项目创新组织模式，充分发挥项目推进组作用，深挖 EPC 联合体优势，创全国同类型储气库建设周期最短、撬装化程度最高、运行压力最高、智能化水平最高的纪录，其中卫 11 储气库投产进行全景式、全媒体直播，累计受众 7.1 亿人次，创中国石化投产直播宣传史最高纪录；顺北五号联合站项目工期缩短 2 个月，展示了良好品牌形象；山东南干线项目 8 个月管道焊接 413 千米，提前 2 个月完成任务目标，其中承建的六区段 2 867.3 米黄河主河道定向钻穿越一次回拖成功，刷新国内 1 016 毫米管道定向钻穿越纪录。国家管网项目工效纪录一再刷新，大部分标段在竞赛评比中进入第一方阵。在中俄东线项目单机组实现 X80 级 1 219 毫米管径管道焊接 60 道口，创造并保持国内同口径、同配置机组日焊接新纪录。

（刘　芳）

【海洋工程建造与安装】 2021 年，继续配套完善胜利桩西内港和龙口胜利港 2 处海工建造基地，以及胜利 901 铺管船、胜利 902 铺管船等海上施工专用船舶和装备。其中，在胜利桩西内港建成模块化除锈、防腐厂房各 1 座，完成胜利 901 铺管船 50 吨张紧器的更新改造，以及胜利 902 铺管船 75 吨张紧器更新配置方案和二接一铺管作业线系列改造升级。全年，海洋工程累计新签合同额 7.7 亿元，其中“黄泽山 - 鱼山原油管道 I 标段”中标额 3 亿元，延续了华东区域海底管道市场的良好前景。继续在中国海油市场取得份额，成功中标宁波 19-6 气田群（一期）开发项目上部组块、珍珠项目钻机模块和生活楼 3 项工程，合同额 2.49 亿元。依托“海上构筑物弃置技术研究”成果，承揽胜利区域埕岛油田 KD403 平台弃置工程等多项海上综合治理工程，合同额 1.65 亿元。

针对东海 NB19-6 油气田离岸远、无人值守的特点，首次采用海上平台超压保护动态模拟技术，并开展数字智能化研究。针对海上大规模三次采油开发，研究粉料密闭拆袋投料、氮气隔氧密闭配注、高压差低剪切调配等保黏工艺技术，并开展含聚采出液高效处理工艺技术研究。“珍珠导管架设计项目”是承揽的水深最深、质量最大的导管架项目，实现中深水平台导管架质量由千吨级到万吨级的跨越式发展。“胜利海上油田延寿改造整体实施方案”形成兼具指导性和实用性的延寿改造工作指南，为平台延寿改造工作的顺利开展奠定基础。福清兴化湾海上风电二期项目海上升压站建造及安装工程、舟山液化天然气（LNG）接收及加注站连接管道项目海底管道施工工程获评全国优秀焊接工程。

（刘　芳）

机械制造

【概述】 集团公司机械制造业务涵盖石油工程、油气开发、油气集输三大领域，形成钻井、修井、固井、压裂设备、特种作业设备、钻头钻具、完井工具、天然气压缩机、油气集输钢管、井口及地面装置、环保装备 12 类特色技术产品系列，建有国家认定企业技术中心、院士专家工作站、博士后科研工作站、全国钻采专标委固压设备标准工作部、国家石油机械装备重点实验室等科研平台，具备牙轮钻头 4 万只、金刚石钻头 5 000 只、螺杆钻具 3 000 根、固压装备 300 台（套）、钻修设备 200 台（套）、大型压缩机 50 台（套）、高压管汇 20 万件、钢管 60 万吨的年产能力，市场覆盖全国各油气生产区域并出口 40 多个国家和地区，形成产品门类齐全、特色技术优势突出的油气装备研发、制造、销售和服务体系。

（田治明）

【电驱压裂装备亮相央视《开讲啦》】 2021 年 3 月 6 日晚，石化机械公司超大功率电动压裂机组，在中国首档青年电视公开课——央视《开讲啦》栏目频繁出镜，成为页岩气开发装备现场的主角。该装备具备大功率、低能耗、低噪声、占地小、智能化、安全环保等优点，与传统柴油驱动设备相比，可节能近 35%，实现页岩气及常规油气资源高效、经济、绿色开发，被国家发改委列入绿色技术推广目录名单。“超大功率电动成套压裂装备研制”是“十三五”国家科技重大专项课题之一。面向川渝页岩气区推广应用超大功率电动成套压裂装备，创造国内单井单日完成 9 段压裂施工作业最高纪录。

（庞　坚）

【“超深井安全高效钻井关键装备研制与应用”项目通过集团公司成果鉴定】 2021 年 4 月 20 日，石化机械公司“超深井安全高效钻井关键装备研制与应用”项目通过集团公司技术成果鉴定。鉴定委员会专家一致认为，该项目研究思路清晰、路线合理、应用效果良好，符合鉴定和存档要求，项目成果整体达到国际先进水平。

（庞　坚）

【“3000—5000 型成套压裂装备”入选《中央企业科技创新成果推荐目录》】 2021 年 5 月 30 日，国务院国资委发布《中央企业科技创新成果推荐目录（2020 年版）》，包括核心电子元器件、关键零部件、分析测试仪器基础软件、关键材料、先进工艺、高端装备等 8 个领域共 178 项技术产品。石化机械公司“3000—5000 型成套压裂装备”名列其中。该成套压裂装备具有体积小、功率大、超高压能力强等特点，适用于中国山区等受限井场条件下的超高压作业，工程实践证明大功率成套压裂装备有效支撑中国页岩气的大规模商业化开发。

（孟森林　应　杰　郭艾斌）

【专业亮相 cippe2021 石油展】 2021 年 6 月 8 日，第 21 届中国国际石油石化技术装备展览会（cippe2021）在北京中国国际展览中心新馆开幕，石化机械公司携四大油气装备解决方案、8 项专题技术，以及多项新产品亮相展会，吸引国内外众多专业观众参观和咨询，充分体现了企业专业综合实力和良好品牌形象。

（孙海涛　马家来）

【通过“十三五”国家科技重大专项综合绩效评价】 2021 年 6 月 25 日，石化机械公司承担的“十三五”国家科技重大专项“深层页岩气开发关键装备与工具研制”通过国家油气重大专项实施管理办公室组织的综合绩效评价。综合绩效评价专家组对项目实施给予充分肯定，认为该项目研制出深层页岩气开发关键装备与工具，引领行业技术发展，为实现专项“6212”总体目标中的“提升非常规油气有效开发能力”提供了技术和装备支撑。该项目经过 5 年攻关，创新研制出适应深层页岩气开发的超高压大功率全电动压裂成套装备、页岩气钻井底部钻具组合系列、页岩气高效采收集成压缩机系列、深层页岩气带压作业成套装备四大核心装备与工具，形成 4 项核心工程技术，建成 7 台（套）实验装置；获成套压裂装备研发优秀创新团队、国家牙轮钻头制造业单项冠军示范企业等称号，建成“页岩气开发技术湖北省工程研究中心”等创新基地，培养专业技术骨干百余人，申报国家发明专利 80 件、获授权 24 件，登记软件著作权 11 项，发表论文 112 篇；研究成果成功应用于涪陵、川西、顺北等深层页岩气及深层油气开发领域，取得良好的经济效益和社会效益。

（周远喆）

【337 案入选国家知识产权示范企业典型案例】 美国国际贸易委员会于 2020 年 7 月 1 日开始对涉及公司特定完井钻头及其下游产品启动 337 调查。10 月，美国国际贸易委员会对石化机械公司终止 337 调查，标志着石化机械公司在应诉该案中取得胜利，切实维护了中国石化的声誉和形象，维护了石化机械公司在美合法商业利益。2021 年 8 月 24 日，国家知识产权局印发《关于确定国家知识产权示范企业典型案例的通知》，石化机械公司“美国 337 调查纠纷应对处理”案例被确认为国家知识产权示范企业典型案例。

（刘锦霞　焦　刚）

【获 API Q2 证书】 2021 年 9 月 8 日，石化机械公司通过 API Q2 认证审核，获 API Q2 证书。

（汪　俊）

【获批独立筹建国家油气钻采设备质量检验检测中心（湖北）】 2021 年 10 月 14 日，经国家市场监督管理总局批准，石化机械公司独立筹建国家油气钻采设备质量检验检测中心（湖北）。

（汪　俊）

【氢能装备落户中国石化首座自主建设综合能源站】 2021 年 11 月 26 日，由石化机械公司参建的湖北石油分公司武汉群力综合能源站正式启用。群力综合能源站是中国石化首座自主建设，以氢能为主、集多种能源为一体的综合能源站，可满足不同车辆能源需求，建站方案、35 兆帕加氢压缩机等氢能装备均由石化机械公司提供。

（孙海涛）

【产品亮相国家“十三五”科技创新成就展】 2021 年 10 月 21—27 日，国家“十三五”科技创新成就展在北京展览馆举办。石化机械公司全电动压裂装备解决方案以实物形式参展。10 月 26 日下午，习近平总书记等党和国家领导人参观展览，在油气专项展区参观产品，了解装备性能与作业情况，对石化机械公司在油气装备国产化道路上作出的成绩给予高度评价。

（徐　婉　任文喜）

设备管理

【概述】 截至 2021 年底，石油工程系统拥有主要专业设备 19 295 台（套），关键设备 2 447 台

（套），主要包括陆上钻机 665 台（套）、测井仪器 387 台（套）、录井仪器 614 台（套）、550 以上修井机 132 台（套）、压裂车（撬）376 台（套）、物探地震仪器 59 台（套）、可控震源 174 台、定向钻 22 台、海洋钻井平台工程设备 12 台（套）、海洋作业平台 6 台（套）。设备资产原值 516.64 亿元、净值 178.52 亿元，新度系数 0.345。有设备管理人员 1 132 人，设备维修人员 1 564 人。

（张　军）

【主要设备技术指标】 2021 年，石油工程主要专业设备综合完好率 99.66%，综合利用率 87.43%，运转时率 75.67%。各专业设备指标见表 1。

（张　军）

表 1　2021 年石油工程主要专业设备技术指标

技术指标 设备分类	设备数量 / 台（套）	综合完好率 /%	利用率 /%	故障停机率 /%	新度系数
钻井设备	5 075	99.92	88.92	0.01	0.34
测井设备	1 105	99.74	87.07	0	0.21
录井设备	855	99.83	86.39	0	0.22
井下作业设备	876	99.38	89.39	0	0.48
物探设备	2 525	99.09	90.37	0	0.30
工程机械设备	1 150	99.83	83.67	0	0.29
海洋工程设备	178	99.46	95.52	0	0.54

【重大装备技术选型论证工作】 组织开展 2021 年度石油工程重大装备更新改造工作，制定实施重大关键装备保障能力提升工作指导意见，推进重大关键装备制造商遴选和战略合作协议签订，完成与宝石、济柴、卡特等 11 家主要钻机装备制造商的战略合作协议签订，承接集团战略合作协议成果调研考察宏华集团，加大装备更新和结构调整力度，逐步提高电动钻机、深井钻机、网电钻机数量，提升重点工区的设备配套标准。2021 年更新钻机 22 部，升级改造钻机 11 部、顶驱 34 台、钻机网电设备 21 套、高压泥浆泵组 68 套、旋转导向设备 7 套、测井设备 39 台、录井仪器 6 套、压裂车（撬）18 台、自动焊设备 10 套、采集设备 6 万道等。

（张　军）

【设备大检查】 根据集团公司 2021 年设备大检查的要求，围绕“一个创新、两个聚焦、三个结合”的总体思路，积极创新设备检查模式，聚焦重点工区、重点项目设备保障和设备资产创收创效能力提升，与现场设备标准化建设、“百日安全无事故”专项行动相结合，与提升重大关键设备保障能力相结合，按照地区公司和重点工区全覆盖、专业公司及海外重点国家专业化检查的模式，对所属单位及重点工区进行检查。共检查出各类问题 773 项，督促各单位抓好整改，截至 9 月底已全部整改完成，提升了设备的本质安全。

（张　军）

【设备检测评估】 组织开展 2021 年石油钻机、修井机井架底座和整机检测评估分级工作，完成钻修井机检测 214 部，其中整机 196 部、井架底座 214 部。出具检测评估报告，全面分析设备的整体状况、存在问题、安全隐患并指导制定整改措施。通过检测工作的开展，进一步规范大型设备检测评估工作，健全大型设备档案资料，并为设备维修保养和判报废工作提供基础和依据，切实提升设备运行效率和质量，确保设备的本质安全。

（张　军）

【钻井装备技术标准】 组织制定钻井装备技术标准，提升钻井设备现场管理水平。①组织编写《陆上各类石油钻机安装、使用与维护规程》《钻机管柱自动化设备安装、使用及维护规程》和《钻井顶驱安装、使用及维护规程》，实现现场在用钻机主要装备的100%覆盖，有效指导现场人员设备规范安装、操作使用和维护保养，最大限度降低安装、使用及维护各环节操作失误和安全隐患，更好促进钻井现场设备管理水平的全面提高。②组织编制并实施《钻井现场标准型、加强型和现代性钻机配套标准》，有力促进标准型、加强型和现代性钻机的更新改造和提高重点地区成套钻井装备的配备水平。③组织编制《7000/8000/9000m 电动钻机配置技术标准》《钻机管柱自动化装置配置技术标准》和《1100kW 钻井主发电机组配置技术标准》，进一步规范电动钻机、管柱自动化装置和主发电机组统一配置要求，有效控制和治理万国牌现象。

（张 军）

【装备库建设】 制定发布装备库建设与运行管理指导意见，下发具体实施方案，编制实施宣贯材料，组织开发装备库运行所有功能模块，制定各主要专业设备的分类编码，系统梳理和核实重大关键装备的档案信息。以“队库”为重点、“总库—队库”为主体架构，搭建以“总库 = 队库 + 其他在用设备库 + 共享库”为整体架构的统一装备库。完成基础队库、其他在用库和共享库主要设备的梳理和信息录入，装备总库数据中已录入各类专业设备 80 596 台（套）、主要专业设备 17 922 台（套）、重大关键设备 2 428 台（套）。

（张 军）

中国石化 SINOPEC

炼油生产

综述 | 工艺技术进展 | 装置达标和节能减排

设备管理 | 质量管理 | 原油资源及储运

综 述

2021年，炼油板块认真贯彻落实集团公司党组各项决策部署，聚焦“转型发展”与“结构调整”工作主题，认真履行“三大核心职责”，以庆祝建党100周年为强大动力，深入开展党史学习教育，防风险、不断夯实安全平稳生产基础，调结构、紧贴市场优化生产运行，保供应、坚决扛起能源安全责任，抓机遇、全力推动全产业链争创效益，谋发展、加快推进炼油转型发展步伐，全年加工原油2.55亿吨，创历史最好水平，炼油综合竞争能力不断巩固提升。

炼油业务创效成果显著，经济效益贡献突出。紧跟国际原油市场价格走势，抓住国际油价企稳回升时机，原油加工总量增长7%，增效40亿元；统筹商储和企业储用资源，主动引导市场，调控原油库存，把握采购节奏，降低采购成本约55亿元。紧贴市场变化调整产品结构，“油转化”结构调整取得初步成效，成品油收率降低2.0个百分点，化工轻油收率提高0.8个百分点，初级化学品（C_3、苯类）收率增长0.26个百分点；四季度柴油市场需求急剧回升，炼油企业快速响应担当作为，保安全、提负荷、调结构、多增供、快出厂，增产柴油323万吨。紧抓营销策略推进产业整合，“油转特”一体推进，低硫船燃全产业链竞争力不断提升，生产调和及储运配套设施进一步完善，全年生产低硫重质船燃662万吨、增长45.8%，领先地位进一步巩固。

安全环保基础更加稳固，彰显发展责任担当。生产运行保障扎实有力，顺利投用岳阳商储库和日濮洛原油管道；设备完整性体系建设稳步推进，9家企业通过终期验收，14家企业完成中期发布，6家企业启动体系建设，企业转动设备突发故障维修率降低43.7%，千台静设备腐蚀泄漏次数降低52.9%，炼油装置可靠性指数提升至97.22%；第1批10家企业基本完成工艺平稳性体系搭建，五大类装置平均自控率提升至93%，达到国内先进水平。安全生产基础巩固强化，深入开展“百日安全无事故”专项行动，对29家炼化企业开展HSE体系现场审核；推进高压串低压、厂区非生产燃气设施、埋地油气管道与市政雨污系统交叉等隐患再排查、再治理；强化直接作业环节安全监管，全面推行电子作业票，狠抓施工作业环节形式主义问题整改。环保合规治理不断深化，持续开展环保依法合规排查，紧盯废水、废气和固危废管理薄弱环节整治；推进打造绿色城市型炼厂；坚持VOCs“应治尽治”，治理率提升至94%；深入推进固危废“三化”工作，全年节省“三泥”外委处置费用7 500万元。

转型升级步伐不断加快，支撑战略发展全局。产业结构布局持续优化，基地化建设取得新进展，镇海炼化炼油老区乙烯原料适应性改造项目如期建成投产；炼油结构调整项目全面铺开，五大润滑油基础油生产基地不断巩固。特种油品发展稳步向前，润滑油脂高端化迈出实质性步伐，添加剂业务不断进步发展；特种油成为产品结构差异化发展的重要战略支点，荆门石化合成型高温导热油装置实现当年建设、当年投产，成功打破进口垄断。节能低碳赋能升级发展，建立起涵盖全厂能效对标指标体系；实施“能效提升”项目299项，年度节能13.2万吨标煤；炼油单因能耗降幅2.52%，创造板块历史最好水平。围绕国家燃料电池汽车示范城市群建设，依托重点地区炼化企业副产氢资源，率先建成燕山石化、天津石化、青岛炼化、齐鲁石化、上海石化、广州石化等8家企业的供氢中心项目，形成氢纯化及充装设施能力1.6万米^3（标准）/时。

改革管理创新稳步推进，发展活力持续增强。“油产化”技术加速推进，“油转特”技术取得突破，金陵石化、茂名石化成功生产出煅前油系针状焦产品，实现中国石化高端碳材料生产零突破；燕山石化净味沥青完成实验室评价和路用性能评价；金陵石化C_5/C_6正异构烷烃吸附分离装置顺利投产，成功产出医药级正己烷产品。以深化改革三年行动为抓手，稳步推动“双百行动”试点企业改革，率先在润滑油公司实施工资总额备案制；统筹推进对标世界一流管理提升行动，建立并发布炼油板块和企业两个层级对标指标体系；

加强全环节把控，企业重点工作任务完成率整体达 89%；全面启动炼化企业“三标”管理体系建设，平稳承接原油管网改革资产运行业务，与国家管网二次资产交易顺利推进。西安石化资产处置稳步推进，扬州石化完成股权转让，炼油产能结构持续优化。

（易　漾）

工艺技术进展

【常减压蒸馏】 截至 2021 年底，中国石化共有 57 套常减压装置，总加工能力为 3.114 亿吨 / 年。2021 年共有 55 套装置投入运行，加工原油增加 1 915 万吨，平均负荷率 84.2%。原油平均硫含量 1.61%，平均酸值 0.46 毫克（氢氧化钾）/ 克，API 平均 29.2。镇海炼化 1 000 万吨 / 年常减压装置建成投产。

装置运行经济技术水平。全年，常减压装置的一次平均轻收降低 0.9 个百分点；总拔上升 1.2 个百分点。装置能耗降低 0.16 个单位。

新技术应用。原油调和技术在广州石化和天津石化完成项目实施工作并投用；基于近红外的原油和侧线产品在线分析，应用于扬子石化常减压装置实时优化项目；配方原油技术在天津石化推广应用。齐鲁石化 4# 常减压在线实时优化 RTO 项目于 12 月底正式上线运行。

（张红良）

【催化裂化】 截至 2021 年底，中国石化共有 53 套催化裂化装置，总加工能力达 8 442 万吨 / 年。2021 年共有 49 套装置投入运行，全年加工原料 8 015 万吨，平均负荷率 98.6%。加工能力 200 万吨 / 年以上催化裂化装置达 17 套。北海炼化 120 万吨 / 年催化裂化装置建成投产。

装置运行经济技术水平。2021 年，催化装置掺渣比降低 0.60 个百分点，平均能耗 43.69 千克标油 / 吨。

新技术应用。以小晶粒气相超稳稀土 Y 型分子筛为活性组元的 ROC-1 催化剂在齐鲁分公司工业应用。原油催化裂解生产化学品技术在扬州石化 30 万吨 / 年原油催化裂解装置实现工业应用；多产丙烯和低硫燃料油组分的催化裂化和加氢脱硫技术（简称 MFP 技术）在青岛石化实现工业应用；劣质重油原料高选择性催化裂化技术（RTC-G 技术）在济南分公司实现工业应用。

（崔守业）

【延迟焦化】 截至 2021 年底，中国石化共有 34 套延迟焦化装置，年加工能力 4 645 万吨，平均负荷率 78.5%；共有高端碳材料装置 2 套。

装置运行经济技术水平。2021 年，焦化原料残碳 21.51%，比上年略低；密度 1 026.5 千克 / 米 ^{3}，降低 4.4 个单位。焦化装置的总液收率提高 0.21 个百分点。生焦指数与上年持平。装置能耗上升 0.26 个单位。

新技术应用。金陵石化 15 万吨 / 年、茂名石化 10 万吨 / 年高端碳装置投产并成功生产优质针状焦产品。扬子石化 160 万吨 / 年焦化装置实施密闭除焦改造。

（崔守业）

【催化重整】 截至 2021 年底，中国石化催化重整总加工能力达 3 343 万吨 / 年。2021 年有 40 套催化重整装置运行，其中连续重整 35 套，平均负荷率 86.69%；半再生重整 5 套，平均负荷率 70.97%。

装置运行经济技术水平。2021 年，连续重整装置能耗 64.73 千克标油 / 吨；半再生重整装置能耗 59.44 千克标油 / 吨。

新技术应用。PS- Ⅷ高堆比连续重整催化剂首次在九江石化连续重整装置工业应用，打破国外专利商对高堆比催化剂的技术垄断；无需硫化的第 2 代半再生重整催化剂 SR-2000 首次在胜利油田石化总厂半再生重整装置工业应用。镇海炼化 4# 连续重整在线实时优化 RTO 项目于 2021 年 11 月上线试运行。

（张红良）

【S Zorb】 截至2021年底，中国石化S Zorb装置总加工能力达4 448万吨/年。2021年运行装置31套，稳定生产硫含量小于10微克/克的精制汽油，平均负荷率75.4%。

装置运行经济技术水平。2021年，S Zorb装置原料硫含量为246微克/克，最高达927微克/克。产品硫含量为3.89微克/克，辛烷值（RON）损失为0.47。能耗5.60千克标油/吨，剂耗0.02千克/吨原料。

新技术应用。S Zorb吸附剂进行生产过程收率提升试验，经过对喷雾、焙烧等各单元的综合优化，在产品质量保持稳定的情况下，收率提高到90%以上。

（崔守业）

【煤油加氢】 截至2021年底，中国石化煤油加氢装置总加工能力达2 588万吨/年。2021年有30套装置运行，平均负荷率为67.6%。

装置运行经济技术水平。2021年，煤油加氢装置加工原料总硫含量为0.19%，硫醇硫为560×10^{-6}。产品硫醇硫为4.72×10^{-6}，总硫为549×10^{-6}，烟点为25毫米。能耗为7.08千克标油/吨。

新技术应用。拓宽馏程增产喷气燃料加氢精制技术（JeFIT）在中韩石化2#煤油加氢装置上得到应用。

（张红良）

【柴油加氢】 截至2021年底，中国石化柴油加氢处理装置加工能力达9 927万吨/年。2021年运行装置50套，各企业积极调整产品结构，降低柴汽比，柴油加氢装置平均负荷率为69.56%。

装置运行经济技术水平。2021年，柴油加氢装置加工原料硫含量为0.763%。精制柴油硫含量为8×10^{-6}，十六烷值50.57。原料催化柴油比例为16.78%，焦化柴油比例为16.67%，装置能耗为9.40千克标油/吨。

新技术应用。RTS+技术在高桥石化260万吨/年柴油加氢装置上开展工业试验；新一代柴油深度加氢脱硫催化剂FHUDS-10进行首次工业应用。

（张红良）

【蜡油加氢处理】 截至2021年底，中国石化蜡油加氢处理装置加工能力达2 525万吨/年。2021年运行装置14套，平均负荷率89.13%。

装置运行经济技术水平。2021年，蜡油加氢处理装置原料硫含量为1.872%，密度为928.3千克/米^3，总氮为1 814微克/克。精制蜡油硫含量为2 212微克/克，总氮为815微克/克，密度为902.3千克/米^3。加工原料中焦化蜡油比例为21.57%，溶剂脱沥青油比例为1.12%，精制蜡油收率为95.02%，精制柴油收率为2.39%。装置平均能耗为7.07千克标油/吨。

（张红良）

【加氢裂化】 截至2021年底，中国石化加氢裂化装置加工能力达4 366万吨/年。2021年运行装置25套（含安庆石化、长岭炼化、茂名石化催柴转化装置，金陵石化1#恢复加氢裂化工况），平均负荷率76.7%。

装置运行经济技术水平。2021年，加氢裂化装置处理原料密度为897.6千克/米^3，直馏蜡油比例为80.26%，焦化蜡油比例为4.81%，原料硫含量为1.7%，总氮为0.0207%。轻石脑油收率为6.21%，辛烷值为73.4。重石脑油收率为22.18%，芳烃潜含量为47.74%。航煤收率为19.69%，烟点为25毫米。柴油收率为22.55%，硫含量为2×10^{-6}，十六烷值为58。加氢尾油收率为20.45%，BMCI值为12.11，装置能耗为23.63千克标油/吨。

新技术应用。浆态床轻油加氢改质技术（简称SHUF）在茂名石化工业应用；燕山石化200万吨/年加氢裂化装置采用大比例增产航煤兼产优质乙烯料加氢裂化技术完成5年长周期稳定运转；采用原料轻质化技术的国内单系列最大规模400万吨/年加氢裂化装置在镇海炼化建成投产。

（张红良）

【渣油加氢】 截至2021年底，中国石化渣油加氢处理装置加工能力达4 034万吨/年（含沸腾床、浆态床各260万吨/年）。2021年运行装置17套，平均负荷率96.3%（沸腾床负荷率99.8%、浆态床负荷率70%）。

装置运行经济技术水平。2021年，渣油加氢处理装置处理原料硫含量为2.84%，氮含量为0.499%，残炭为11.19%，金属（Ni+V）含量为81.50×10^{-6}，密度为973.48千克/米^3。装置能耗为14.78千克标油/吨。镇海炼化沸腾床渣油加氢装置，在设计温度430℃/433℃、原料性质接近设计值时，转化率81.4%，氢耗3.82%，催化剂置换率1.01千克/吨，脱硫率91.4%、脱氮率62.1%、脱残炭率78.9%、脱金属（镍）率88.1%、脱金属（钒）率89.9%，能耗39.5千克标油/吨。茂名石化浆态床渣油加氢装置，在设计温度425℃、原料性质接近设计值时，转化率93.5%，氢耗2.9%，催化剂置换率1.07千克/吨，轻石收率0.91%、轻油原料（重石：柴油=3：7）收率58.03%、蜡油收率20.39%、油渣收率6.84%，能耗22.5千克标油/吨。

新技术应用。茂名石化浆态床渣油加氢装置采用石油化工科学研究院催化剂，实现国产催化剂保供，打破进口催化剂垄断。九江分公司170万吨/年渣油加氢装置稳定运行800余天，为国内运行最长纪录。

（高　娜）

【润滑油生产】 截至2021年底，集团公司共有糠醛精制装置9套，加工能力335万吨/年，开工运行7套，负荷率83.78%；酮苯脱蜡装置10套，加工能力225万吨/年，开工运行10套，负荷率64.55%；白土补充精制装置7套，加工能力103万吨/年，开工运行6套，负荷率60.03%；加氢补充精制装置1套，加工能力10万吨/年，负荷率53.20%；润滑油加氢—老三套组合工艺装置1套，其中加氢改质总加工能力30万吨/年，负荷率36.88%；润滑油全加氢装置3套，其中加氢处理单元加工能力130万吨/年，负荷率67.30%，加氢异构单元加工能力87万吨/车，负荷率65.90%；润滑油加氢异构装置1套，加工能力40万吨/年，负荷率81.17%。2021年基础油综合收率提高0.52个百分点，综合能耗降低5.62个单位，综合物耗降低0.13个单位。

坚持以重点企业设备说明书和认证等成果带动行业用油配套。2021年完成重点A类认证59项，其中38项形成配套订单。开发并投产新产品78项，自主技术航空发动机油获中国首例润滑油产品CTSOA证书。全年申报专利105件，其中发明专利98件；获授权发明专利24件，其中国际专利3件。

高端新产品成果突出。实现“十条龙”攻关项目“SN PLUS、CK-4等内燃机油开发与工业应用”顺利“出龙”，开发的CK-4、SP等高端自主技术产品达到国际先进、国内领先水平。自主技术CI-4 15W-40柴油机油销量超5.3万吨，SN 5W-30汽油机油销量超1万吨。PSA MA7E 0W-20发动机油（欧洲项目）获技术认可，完成2 000小时、5 000小时长寿命液压油开发。完成高速动车组轴承润滑脂的开发，开发满足IEC 60296:2020超级绝缘变压器油的产品。

传统领域实现多项突破。与全球齿轮箱龙头SEW合作，成为其设备润滑手册唯一中国润滑油公司，实现长城高端工业齿轮油在全球高端OEM技术认证100%覆盖。与全球轴承第一的SKF合作开发VT570润滑脂，成为唯一进入其全球供应链的中国润滑脂企业。与国际传动领域第一的GKN下属SDS合作，首次为全球市场（GKN）供应CVJ脂。4511-1M2压缩机油获瑞士布卡最大功率K系列超高压压缩机技术认证并被列入设备用油名录。配套中国首台四代核电中核霞浦快堆。

新兴领域进展显著。与丰田汽车合作同步开发新能源减速箱油，国内唯一获技术认可，实现新能源汽车国际OEM首次突破。自主开发的氢燃料电池冷却液获氢燃料电池龙头爱德曼技术认证并配套。风电领域全年配套风机2 828台，累计配套6 000余台；实现中国石化首个风电项目装配；大功率风机配套全系列产品装填东方电气海上7兆瓦风机、金风科技陆上6兆瓦风机。VT 75W-80高铁齿轮油写入时速250千米中国标准动车组设计图纸并配套，保持中车青岛四方全系列动车组齿轮油100%技术覆盖。

标准引领持续推进。自主制定的《动车组驱动齿轮箱润滑油》国家标准，《纯电动汽车减速箱用油》《氢燃料电池冷却液》《机器人行业专用润滑油脂》等行业标准正式发布实施。

（高　娜）

装置达标和节能减排

【概述】 2021 年，中国石化 30 家炼油企业（不含福建炼化、巴陵石化）综合商品率降低 0.12 个百分点，加工损失率降低 0.01 个百分点，综合能耗上升 1.0 个百分点，单因能耗降低 2.52 个百分点，储运损失率降低 0.002 个百分点。

（李爱文）

【炼油达标】 2021 年，综合商品率、加工损失率、综合能耗、单因耗能、原油储运损失率 5 项指标全部达到年度达标考核指标。

1. 专业达标

2021 年，实现炼油专业保标的企业有 26 家：石家庄炼化、洛阳石化、齐鲁石化、沧州炼化、胜利油田、济南炼化、安庆石化、九江石化、中韩石化、长岭炼化、金陵石化、扬子石化、高桥石化、上海石化、镇海炼化、广州石化、茂名石化、海南炼化、北海炼化、塔河炼化、江苏油田、清江石化、湛江东兴公司、青岛炼化、青岛石化、中科炼化。

2. 专业竞赛

大型炼厂排名第 1 至第 6 位的企业是青岛炼化、金陵石化、广州石化、镇海炼化、茂名石化、海南炼化。

中型炼厂排名第 1 至第 3 位的企业是塔河炼化、长岭炼化、湛江东兴公司。

小型炼厂排名第 1 位的企业是青岛石化。

3. 同类装置竞赛

常减压装置。53 套运行的常减压装置参与同类装置竞赛，排名第 1 至第 10 位的是天津石化 3#、青岛炼化、金陵石化 4#、茂名石化 5#、扬子石化 3#、金陵石化 3#、湛江东兴公司、镇海炼化 3#、中科炼化、广州石化 3#。

催化裂化装置。49 套运行的催化裂化装置参与同类装置竞赛，排名第 1 至第 10 位的是金陵石化 1#、上海石化 2#、青岛炼化、安庆石化 3#、齐鲁石化 3#、九江石化 1#、金陵石化 3#、安庆石化 1#、中韩石化 2#、茂名石化 4#。

加氢裂化装置。25 套运行的加氢裂化装置参与同类装置竞赛，排名第 1 至第 3 位的是青岛炼化、中韩石化、金陵石化 2#。

延迟焦化装置。34 套运行的延迟焦化装置参与同类装置竞赛，排名第 1 至第 5 位的是镇海炼化 3#、金陵石化 3#、九江石化、洛阳石化、青岛炼化。

催化重整装置。32 套运行的连续重整装置参与同类装置竞赛，排名第 1 至第 3 位的是中科炼化、海南炼化、青岛炼化。

渣油加氢装置。15 套运行的渣油加氢装置参与同类装置竞赛，排名第 1 至第 3 位的是金陵石化 2#、九江石化、安庆石化。

S Zorb 装置。31 套运行的 S Zorb 装置参与同类装置竞赛，排名第 1 至第 3 位的是金陵石化 2#、青岛炼化、中韩石化。

硫黄回收装置。58 套运行的硫黄装置参与同类装置竞赛，排名第 1 至第 6 位的是沧州炼化 2#、镇海炼化 8#、海南炼化 2#、齐鲁石化 5#、安庆石化 2#、湛江东兴公司 2#。

（李爱文）

【节能减排】 2021 年，炼油板块综合能耗上升 1.0 个百分点、单因能耗下降 2.52 个百分点，均完成年度达标指标。

全力推进“能效提升”项目实施。2 次召开视频会议推动项目实施。全年开展“能效提升”项目 299 个，节能 13.2 万吨标煤、增加 3.1 万吨、增幅 30.7%。新开“能效提升”项目中，工艺节能项目完成 50 个，设备节能项目完成 66 个。燕山石化、石家庄炼化等企业完成率较高。炼油板块累计实施合同能源管理项目 45 个，年节能 9.9 万吨标煤。其中，处于效益分享期的项目 23 个，节标煤约 6.5 万吨 / 年；处于完工标定阶段 6 个，施工阶段 8 个，设计采购阶段 5 个，完成分享 1 个。全年累计实施 29 项，其中续建 5 项、新开 24 项，年度完成 14 项，年节标煤约 2.3 万吨。

推进自备电厂热电机组能耗达标。炼油板块电站供电标煤耗降低 9.2 克 /（千瓦・时）。青岛炼化、长岭炼化、镇海炼化和洛阳石化等企业均在 2019 年启动降低供电标煤耗改造工作，2021 年洛阳石化完成 2 台汽机的通流改造，电站供电标煤耗达标。5 月，青岛炼化、镇海炼化各完成 1 台汽机的提效通流改造，其中青岛炼化汽机机组改造后能效提升约 10%，机组供电标煤耗降低 30 克 /（千瓦・时）。长岭炼化新建 1 台 20 兆瓦高压、抽汽背压机组，将原 1 台 50 兆瓦双抽凝汽式机组改造为 30 兆瓦高压、双抽凝汽式机组；新建 C2# 机组 2021 年 12 月运行正常；受限电影响，C1# 机组改造推迟，预计 2022 年完成改造；改造后供电标煤预计可降至 282 克 /（千瓦・时）左右。

多方位开展节能帮扶效果明显。2021 年 4 月，高桥石化蒸汽系统优化服务提出优化措施 23 项，预计全厂燃料消耗可降低 1 693 米^3（标准）/ 时，中压蒸汽消耗减少 44.5 吨 / 时，低压蒸汽消耗增加 44 吨 / 时，电站增加发电约 5 000 千瓦・时，装置用电减少约 3 200 千瓦・时。4 月，荆门石化专项服务提出建议 78 项，挖掘节能潜力 7 千克标油 / 吨。5 月，洛阳石化专项服务提出建议 66 项，挖掘节能潜力 10 千克标油 / 吨。利用检修帮扶机会协助燕山石化、上海石化、高桥石化、扬子石化等企业做好停开工用能优化及强化检修期间节能措施的实施，降低停开工用能和提升装置检修后能效。

完善制度促进节能管理体系化、标准化。结合集团公司新版《中国石化合同能源管理项目管理办法》和相关会议要求，组织修订《炼化板块合同能源管理项目实施细则》，规范企业合同能源项目实施。开展装置停开工用能优化标准化工作，完成企业停开工用能优化方案及五大类装置停工用能优化方案模板的编制工作，促企业标准化停开工用能。完善绩效考核管理办法，修订能效考核办法及新增吨油碳排放强度考核指标。

推进节能精益管理创新能效对标体系。建立起涵盖全厂综合能效指标、装置能效指标、公用工程能效指标等共计 203 项指标的炼油企业能效对标指标体系，推动能效对标管理。通过视频会和邮件等形式及时发布对标结果，为企业进一步提高能效提供努力方向和目标。积极推进能效对标信息系统建设，以期进一步提高对标工作效率。以对标结果为基础，推动炼油事业部内部以节能为导向的业务协同管理模式，提高了能耗管理的系统性和全面性。

强化节能减排接续力量。举办“炼油节能减排管理提升研讨班”，31 家企业的 47 人参加培训，学员平均年龄 36 岁，装置一线骨干为主，通过培训，帮助基层育苗强基，提升应对新一轮节能减排挑战的人才储备。举办“设备节能培训班”，炼油企业设备节能工作主管人员 30 人参加培训，培训内容包括炼油板块设备节能工作开展情况、设备节能“四新”技术应用、部分企业设备节能工作经验等，引导了企业系统性开展设备节能工作。

（佟玉文）

【环保治理】 2021 年，炼油板块积极落实集团公司打造世界领先洁净能源化工公司发展战略，在依法合规的基础上，全面打好污染防治攻坚战，全力推进长江、黄河大保护，全方位加强臭氧污染防治，完成 3 项一级环境风险销降，26 家企业获绿色企业称号，7 家企业通过集团公司清洁生产现场审核，外排工业废水、外排有控废气基本实现全面稳定达标，全年未发生环境污染事件，未受到地方环保行政处罚。

污染物排放强度持续下降。通过源头减排，增上污水提标改造、加热炉烟气治理等减排项目，强化污染治理设施运行管理措施，炼油企业 COD、氨氮等废水污染物排放强度（每加工万吨原油排放的污染物量）分别下降 16.3% 和 30.7%，二氧化硫、NO_x、VOCs 等废气污染物排放强度分别下降 8.5%、9.2% 和 13.0%。

排查整治依法合规薄弱环节。全面梳理废水、废气、VOCs 和固危废管理等方面存在的薄弱环节，逐项制订整改措施及实施计划，夯实企业生存发展绿色根基。燕山石化催化硫转移剂源头减盐助力外排污水 TDS 达标，齐鲁石化、上海石化、长岭炼化优化瓦斯管网运行实现加热炉二氧化硫稳定达标，沿江企业完善雨污分流设施杜绝污染雨水外排。

抓好重点流域企业节水减排。践行“长江大保护”“黄河大保护”战略，加大节水减排挖潜工作。通过源头节水、优化污水回用装置运行、拓展中水回用渠道等方式，2021 年底，高桥石化、济南炼化、九江石化、金陵石化 4 家企业率先实现“污水回用率达 60%”目标，沿江、沿黄企业炼油整体污水回用率由 35% 提升至 49%。

加强 VOCs 安全环保综合整治。开展 VOCs“应治未治”专项整治，全面排查治理缺项，优化技术方案，13 家企业实现 VOCs 应治尽治，炼油 VOCs 综合治理率由 89% 提升至 94%；开展环保设施安全“回头看”，评估 172 套 VOCs 废气进生产装置治理的安全风险，组织编制《炼化企业 VOCs 协同治理安全管控指导意见（试行）》，推动安全环保综合统筹治理。

深入推进危废“三化”工作。安庆石化、青岛炼化不含钝镍剂 FCC 废催化剂豁免为一般固废，广州石化、茂名石化实现“三泥”“零外委”，10 家企业剩余活性污泥鉴定为一般固废，14 家企业通过增上干化设施或租赁干化服务实现“三泥”内部减量，21 家企业实施“三泥”内部综合利用。炼油危废内部利用量增加 3.1%，外委处置量减少 4.1%，年度新增“三化”措施节省“三泥”外委处置费用 7 500 万元。

（常　田）

【节水减排】 2021 年，炼油企业工业水运行情况良好，加工吨原料油平均取新鲜水 0.42 吨，加工吨原料油排污水 0.17 吨，吨油取、排水指标创近 5 年新低。工业水重复利用率 98.2%，合格污水回用率 62.3%，循环水浓缩倍数 4.2，均达到较优水平。

继续推进节水减排工作。各企业积极开展水平衡测试，查漏堵漏；增加雨水回用设施，减少新鲜水用量；积极增上凝结水回用设施、污水深度处理设施；在合理范围内增加污水回用量；部分企业开展海水淡化替代新鲜水。

（朱　哲）

设备管理

【概述】 2021 年，炼油板块设备运行持续保持良好状态，装置长周期运行管理水平稳步提升，已累计有 14 家企业全厂、4 家企业系列装置实现“四年一修”，炼油装置平均检修周期超过三年半。炼油装置大检修管理工作顺利完成，所有检修装置全部一次开车成功，济南炼化、长岭炼化、九江石化、高桥石化、石家庄炼化全厂及上海石化、燕山石化、广州石化系列装置检修质量较高。

年内积极推进设备完整性管理体系建设。①组织开展体系内审工作，4 月分 2 组对 8 家企业进行设备完整性管理体系内审检查，重点围绕体系要素和 13 项重点工作开展检查。②开展设备完整性管理体系验收工作。编制体系终期验收标准和工作节点计划，并于 12 月完成第 1 批 9 家体系推广企业的终期验收。③参与 HSE 体系审核，编制设备专业审核细则，补充物资采购质量等要素，做到设备完整性与 HSE 体系有效融合。④抓好设备 KPI 管理，组织专业 KPI 指标情况分析，完善 EM 主数据，提高采集率，定期做好线上和线下 KPI 数据比对工作。⑤打造茂名石化炼化一体化特大型企业体系建设标杆，成立体系建设专家组，面对面开展现场服务，点对点远程研讨，解决体系建设难题。⑥推进体系文件建设工作，完成动静电仪专业预防性维修策略和定时性工作 2.0 版编制，编制《管设备要管设备运行环境细则》。⑦强化检修管理工作。持续开展检修服务，组织专家赴济南炼化、长岭炼化、九江石化、燕山石化、上海石化、高桥石化、沧州炼化、海南炼化等企业开展检修服务 15 次，累计提出服务意见和建议 1 600 余项。推进检修管理标准化，编写《滚动检修服务方案》，启动《重整、制氢装置隐蔽项目检查标准》编制工作，基本完成《检修管理指南》编制；在九江石化、金陵石化进行检修管理系统升级试点。加强检维修承包商管理，开展保运队伍的能力评定；组织召开检维修单位座谈会，推进业务良性发展，共同构筑设备完整性管理体系。

（吕　伟）

【设备防腐蚀管理】 2021 年，炼油板块设备腐蚀保持低发态势，与设备腐蚀原因有关装置非计划停工 2 次。炼油板块持续强化设备防腐管理。①全面推广脉冲涡流扫查技术，全年 24 家企业共计检测管件 47 795 个，发现减薄 20%—30% 部件 1 975 个、减薄 30%—40% 部件 1 066 个、减薄 40% 以上部件 1 290 个，及时发现腐蚀隐患。②推广换热管内涡流检测、管板角焊缝射线照相等新技术，提高腐蚀泄漏检出率。③组织专家组赴茂名石化、扬子石化开展防腐蚀管理工作调研，协助企业分析、诊断管理存在的不足，提出针对性改进措施和建议。④提升油漆保温质量，编制《油漆保温施工质量控制技术要求》等 4 个技术文件；开展装置现场标准治理工作；组织开展第三方质量监督。

（吕　伟）

【加热炉运行情况】 2021 年，对长岭炼化等 16 家企业的 312 台加热炉的运行情况进行检查测试。加热炉平均热效率 92.50%，提高 0.16 个百分点。齐鲁石化 4# 常减压装置和金陵石化 4# 常减压装置的高效示范常减压炉，运行热效率达 94.5%。

（朱　哲）

【催化烟机运行】 2021 年，集团公司共有催化烟机 47 台，故障停机 12 台次，连续 5 年将故障停机次数控制在不超过 20 次。

（朱　哲）

【大机组运行管理】 2021 年，对炼油装置离心压缩机平衡管开展隐患排查。共排查 379 条平衡管，检测 2 461 条平衡管，发现问题焊口 184 道，严重问题焊口已处理，低风险问题的焊口进行监控运行，消除了离心压缩机运行隐患。

（朱　哲）

【电气专业管理】 全面推进电气设备带电检测工作。组织炼化板块电气运行操作大检查，全面遏制电气误操作造成装置停晃电和人身伤害事故发生。督促企业加强电气室环境治理和稳控系统管理。启动炼油 3 年高耗能变压器淘汰工作。

（邢　勐）

【仪控专业管理】 全年未发生因仪控原因造成的二级及以上非计划停工。筹建集团公司 HSE 分委会仪控委员会，通过仪表分委会职责、工作分工和计划，同时组建专家团队，建立工作机制，研究部署重点工作。结合新版 HSE 体系，着手建立仪控设备管理规定和 8 个管理细则，基本覆盖仪控专业全过程管理，全面提升集团公司自动化管理水平。制定《炼化企业仪表控制系统基本安全防护基本策略》，组织企业开展边界防护及仪表控制系统内部的隐患排查。印发《炼化企业仪表供电管理指导意见》，从仪控、电气专业对仪表供电系统的设计选型、预防性工作、检修等方面提出管理要求。针对单点联锁易造成装置误停车，组织专家确定以设备故障强度分级进行单点联锁治理的原则，进而完善 SIL 验证过程。组织青岛炼化、天津石化、镇海炼化仪控状态监测试点情况视频研讨，试点企业的仪控状态监测平台费用低、效果好，为及时发现故障、避免非计划停工和波动、实现预知性维修提供依据，待完善后全面推广。

（邢　勐）

质量管理

【概述】 2021 年，中国石化持续加强质量管理，认真履行“质量永远领先一步”“质优量足，客户满意”的方针目标，充分发挥上、中、下游一体化的整体优势，推行上游企业要为下游企业服务、上道工序要对下道工序负责的质量管理和考核机制，践行“每一滴油都是承诺”的社会责任，用实际行动维护企业的信誉，赢得客户的信赖，打造中国石化良好品牌形象。通过严格产品指标管理、质量风险排查与管控、异常数据和全过程产品质量管控，全年出厂产品质量稳定，满足标准要求和用户使用要求。完成京ⅥB油品质量升级，助力绿色冬奥，出厂产品合格率100%，在国家、各级政府部门质量监督抽查中，抽检合格率100%。

（李爱文）

【产品实物质量】 2021年，炼油产品实物质量总体稳定，按照国家标准、地方标准和出口协议标准要求，稳定供应汽、柴油产品。

汽油：按照《车用汽油》《车用乙醇汽油调合组分油》等国家标准、地方标准（京标）和出口汽油协议标准等产品标准生产汽油。

柴油：按照国家《车用柴油》《军用柴油》等国家标准、军用标准、地方标准（京标）和出口柴油协议标准等产品标准生产柴油。

（李爱文）

【产品质量管理】 2021年，中国石化紧紧围绕"质量永远领先一步"的质量方针、"每一滴油都是承诺"的社会责任和"质优量足、客户满意"的质量目标，不断加强质量管理工作，形成具有中国石化特色的质量管理模式，全员质量意识不断提高。从体系建设、制度管理、全过程质量控制、风险排查与管控、质量改进及用户服务等方面，开展质量管理工作。全年出厂产品质量合格率100%，未发生质量事故。

年内，开展质量管理体系有效性评价，派遣外审观察员，查找薄弱环节及质量隐患，制定整改措施。围绕压实责任，提高质量管理体系运行有效性，全面提升企业质量管理水平。突出质量风险管理，全面构建风险防控体系，提升风险识别和管控能力。严格产品指标管理，进行月度统计分析和质量情况通报，狠抓全员、全过程质量控制，提高质量管理控制水平。组织开展"质量日""质量月"活动，加强质量宣传，提高质量意识，做好产品售后服务，提升客户满意度。聚焦客户，了解客户需求，解决客户困难，持续改进产品质量，满足客户使用要求。利用信息化手段，监控产品质量数据，加强异常数据分析，做到及时提醒，提前预防，使质量管理由事后处理逐步向事前管控转变，提高质量管理的科学性和工作效率。

（李爱文）

原油资源及储运

【储运设施】 原油管道。截至2021年底，中国石化共拥有原油长输管道1 142千米，其中油田企业运营管理原油长输管道669千米、炼化企业运营管理原油长输管道473千米。

原油储罐。2021年，中国石化炼化企业在用原油储罐294座。

原油码头。2021年，中国石化共拥有货主、合资原油深水码头14座，25万吨级以上原油泊位21座。

（胡怀敏）

【原油资源配置】 2021年，中国石化炼化企业原油资源配置增加1 609万吨，其中接收自产原油增加69万吨、接收中国石油原油减少15万吨、接收中国海油原油减少50万吨、接收进口原油增加1 605万吨。

中国石化以加工进口原油为主，2021年进口原油占资源总量的89.3%（进口原油品种123个，来源于37个国家，其中中东地区占58.5%，西非地区占15.8%，南美地区占10.9%，欧洲、北美、大洋洲、东南亚等地区原油占比合计14.8%）；国内原油占10.7%，其中自产原油占10.5%、中国石油供原油和中国海油供原油合计占0.2%。

（胡怀敏）

【原油资源运输】 2021年，中国石化炼化企业原油资源进厂量增加1 253万吨，其中管输与一程直靠进厂占原油资源总量的93.8%、增加1 310万吨，其他方式运输进厂占原油资源总量的6.2%（其中国内水运4.7%、火车1.1%、汽车0.4%）、减少56.7万吨。

（胡怀敏）

【原油采购成本】 2021年，中国石化克服全球新冠肺炎疫情持续蔓延及地缘政治动荡等因素影响，研判国际油价走势，优化原油采购节奏，有效管理原油库存，降低原油采购成本；强化炼化企业、商储公司、联合石化一体化协同运作，通过综合利用富裕库容、库存及套期保值工具等措施，实现原油运作降本；加强对高低硫原油价差走势跟踪，动态优化原油计价比例，实现优化计价降本；发挥集中采购优势，平衡分区域资源采购强度，积极落实高性价比资源，实现炼化企业资源经济性保供。

（胡怀敏）

【滞期管控优化】 2021年，中国石化充分发挥一体化管理优势，利用新建原油储罐陆续投产的有利条件，积极应对疫情防控对港口接卸的影响，统筹协调，及时研判和应对各种突发情况，细化日常运行管理，优化油轮接卸安排。密切跟踪油轮到港时间、接卸和输转动态，加强滞期管控；加强与国家管网沟通，挖掘区域内管道和中转油库、商储库罐容潜力，提升中转效率；优化调整船期和卸货方案，提高原油接卸效率。通过强化管理、加强协调等措施，2021年实现滞期时间、滞期费用大幅双降。

（胡怀敏）

【稳定原油供应】 完善与国家管网的生产运行管理机制，加强石油销售公司、炼化企业与国家管网之间的协作，加强日常生产运行协调，提高原油运输各环节运行效率。加强沟通提高原油管输效率，管输和一程直靠运输量提高，保障了各炼化企业原油资源稳定供应。与国家管网通力配合，顺利完成日濮洛原油管线投产，为降低高成本的铁路运输量创造条件。顺利完成新建商储原油罐的投用。继续完善沟通合作机制，提前做好管线停工检修、老旧管线设施更新改造期间资源流向调整工作，确保炼化企业原油资源的稳定供应。

（胡怀敏）

【加强原油储运损失管理】 2021年，持续加强原油途耗管理，强化到港原油接卸损失控制，着力解决原油末站交接计量工作中出现的问题，不断提升原油储运管理水平。全年原油储运损失率比年度目标低0.003个百分点，节约原油成本2 485万元。

（胡怀敏）

中国石化 SINOPEC

化工生产

综述 | 有机原料 | 合成树脂 | 合成橡胶 | 合成纤维原料
合成纤维聚合物 | 合成纤维 | 碳一化工 | 化肥 | 无机原料
生物及精细化工 | 节能降碳 | 质量管理 | 设备管理 | 达标管理 | 计量管理

综　述

2021 年，化工和材料板块认真贯彻落实党组决策部署，全力抓好新冠肺炎疫情防控，全力保障安稳运行，全力推动攻坚创效，全力推进深化改革，取得好于预期的经营业绩。

经营业绩稳步增长。全年化工产品经营总量 8 160 万吨，实现全产全销。除合成橡胶外，其余产品产量均实现了同比增长。三大合成材料新增顶替进口 26.7 万吨，超年度目标。

安稳运行夯实基础。安全管理方面，落实集团公司“总经理 2 号令”，强化安全风险识别管控和隐患排查治理；制定 HSE 管理体系审核细则，组织开展现场审核，总结审核成果；开展“一把手”安全视频连线，分析异常、频发事故经验教训，提升企业防范能力。环保管理方面，推动实施“绿色企业行动计划”，扎实开展绿色企业创建现场服务；组织对环境风险进行再次评估，完成 4 项一级环境风险降级；加强长江、黄河流域生态环境保护，沿江沿河化工企业开展节水减排、污水入江排查治理、固废填埋（堆放）问题整改。运行管理方面，抓好特殊时期生产运行管理，全力做好建党 100 周年庆祝活动期间保障工作；加强非计划停工溯源分析和经验分享。编制《化工企业 2030 碳达峰路径研究报告》；新装置开工进展顺利，其中古雷石化 80 万吨 / 年乙烯项目裂解装置于 2021 年 8 月 17 日顺利投产，齐鲁石化百万吨二氧化碳 CCUS 项目于 2021 年 7 月启动建设。设备管理方面，继续推进设备完整性管理体系建设，梳理业务流程，抓好预防性策略的执行，高桥石化、扬子石化等 17 家企业体系上线运行；有序推进机泵节能改造，推广电力系统在线检测技术；组织开展化工装置大修技术服务，提升设备运行管理水平。

攻坚创效持续推进。提升全面预算管理。强化预算执行，帮助企业分析差距，对标、追赶效益先进企业；深化业财融合，使财务预算更加贴近生产经营实际。持续优化降本增效。抓好重点业务成本费用管控，1 089 项持续攻坚创效项目成果显著，12 项可控费用年度预算节约超过年度计划。实施经营性业务重组。完成对燕山石化等 10 家存续企业生产经营性业务及 8 项股权的现金收购重组，一体化运作优势进一步显现。积极争取政策支持。用好用足研发费加计扣除、资源综合利用和“三项设备抵免”等税收政策。

市场开拓取得实效。产销协同持续深化。坚持“以市场为导向，以效益为中心”，紧盯市场变化，充分发挥产销协同作用，快速调整生产运行方案，统筹推进资源整体优化，全年组织产销计划对接 366 场次，调整月度计划 221 单 1 422 项。市场引领力不断增强。坚持“以客户为中心”的经营理念，深化“一企一制”，协调各方克服疫情影响，着力解决物流运输、产品装卸、客户走访等实际困难，稳定供应链，确保企业后路畅通，提升服务客户的能力和水平。“石化 e 贸”上线应用。采用“先试点，后推广”“应上尽上”的实施策略，分批完成自销化工产品上线“石化 e 贸”。物流设施得到改进。升级产品出厂信息系统，试点投用合成树脂立体仓库，实现产品仓储智能化；大力推广使用共享托盘，实现货物装卸搬运作业的机械化和自动化，全年累计使用 263 万块共享托盘。产品包装物成本不断降低。推进合成橡胶周转箱统一运作，解决企业单独租赁、使用和周转过程中存在的问题，进一步降低使用成本；完成 FFS 重膜包装袋厚度减薄任务目标，全年减少 FFS 重膜包装袋用量 1.1 万吨。

精益管理全面深化。推进对标一流管理提升。制定化工板块对标指标体系，发布九大类化工主要装置对标指标和标杆值，选树镇海炼化和上海赛科公司为板块标杆企业，发挥示范引领作用；积极落实国企改革三年行动方案，推进部分企业建立健全市场化机制。加强风险防控管理。进一步完善内部职责分工，定期完成内控测试工作；围绕集团公司防范化解重大风险，认真开展重点领域问题和风险排查，严守不发生系统性风险的底线；规范企业与改制企业业务往来，组织企业开展自查自纠，并对企业进行现场督导。推进基层“三标”建设。以“三标”强固“三基”工作，管理基础不断夯实。推进外包业务优化。加大

“外包转自干、机器换人工”工作力度，分解落实年度业务外包优化和压减计划，严控费用增长。推进产权股权管理。落实国有产权登记管理责任，规范开展资产（土地）评估、备案工作，审核评估备案项目 42 项，积极推进混合所有制改革。推进亏损子企业治理。常态化开展扭亏减亏创效，亏损子企业户数与限亏总额均完成任务目标。完成专项改革任务。压减法人 7 户，“两非”剥离项目 8 个；按期完成厂办大集体改革、退休人员社会化管理和“四供一业”分离移交收尾工作。

（师　巍）

有机原料

【概述】 集团公司有机原料主要产品有乙烯、丙烯、丁二烯、苯、甲苯、二甲苯、环氧乙烷、环氧丙烷、环氧氯丙烷、苯酚、丙酮、丙烯酸和苯乙烯等。其中，乙烯、丙烯、丁二烯、苯、甲苯、二甲苯为基础有机原料，其余为主要中间原料。

集团公司主要有机原料生产能力见表 1。由表 1 可见，邻二甲苯、间二甲苯、环氧丙烷、环氧氯丙烷、苯酚、丙酮和丙烯酸等的生产能力没有变化，乙烯、丙烯、丁二烯、苯、甲苯、混合二甲苯、环氧乙烷和苯乙烯的生产能力有所增加，对二甲苯的生产能力略有减少。

表 1　集团公司主要有机原料生产能力　万吨 / 年

产品名称 \ 年份	2021	2020	2019	2018	2017	2016
乙　烯	1 354.84	1 254.84	1 144.84	1 112.80	1 112.80	1 084.40
丙　烯	1 240.82	1 140.92	1 064.91	1 031.53	1 032.77	1 011.75
丁二烯	206.70	192.70	180.70	180.70	180.70	183.64
苯	591.97	578.07	555.82	555.82	548.84	536.34
甲　苯	305.40	258.02	196.19	196.19	167.60	140.60
混合二甲苯	514.99	473.16	386.20	373.20	337.52	303.12
邻二甲苯	46.52	46.52	46.52	46.52	46.52	46.52
间二甲苯	8.00	8.00	8.00	8.00	8.00	8.00
对二甲苯	580.42	583.41	583.91	483.91	483.91	483.91
环氧乙烷	225.65	194.25	157.25	146.45	155.95	139.31
环氧丙烷	62.50	62.50	62.50	62.50	62.50	38.50
环氧氯丙烷	2.60	2.60	2.60	2.80	2.80	2.40
苯　酚	75.75	75.75	75.75	75.75	75.75	75.75
丙　酮	46.04	46.04	46.04	46.04	46.04	46.04
丙烯酸	19.00	19.00	19.00	19.00	19.00	23.08
苯乙烯	325.00	253.00	253.00	242.30	242.30	231.60

2021年，集团公司推进对标一流管理提升，通过制定对标指标体系，选树标杆企业，发挥示范引领作用，促进指标持续提升；坚持做好自产乙烯原料和外购石脑油平衡，积极推进乙烯原料结构调整和装置运行优化，充分发挥炼化一体化优势，紧密结合油品市场变化，动态调整重质裂解原料加工，确保炼油后路畅通，保障乙烯原料供应；按照大修组织“八分准备、两分实施”原则，提早策划，精心准备，精细实施，组织专家开展技术服务，进一步优化检修重点项目方案和停开工方案，细化检修施工过程管理、直接作业环节的风险识别和防范措施，保证检修进度和质量控制要求，消除影响装置长周期运行的缺陷和隐患，实现“环保停工、安全检修、关键机组一次开车成功”的目标；认真学习贯彻习近平生态文明思想和关于安全生产的重要论述，按照集团公司统一部署，全面贯彻落实集团公司总经理1号令和2号令，全力推进HSE管理体系建设，深入开展安全生产专项整治三年行动集中攻坚、“百日安全无事故”和“五查五严”保安全等专项行动，推动实施绿色企业行动计划，持续提升装置本质安全水平。

（曾森洋）

【乙烯】 截至2021年底，集团公司生产乙烯的企业共17家，生产能力合计1 354.84万吨/年（含中原石化和长城能化MTO装置），增加100万吨/年，增长8%，其中古雷石化乙烯装置投产新增产能80万吨/年、中沙石化乙烯装置完成扩能改造产能增加20万吨/年。

采用的生产技术主要有美国Lummus公司、美国S&W公司、中国石化与Lummus联合开发及中国石化自主开发的专利技术，其中中韩石化（生产能力110万吨/年）、中科炼化有限公司（生产能力80万吨/年）、古雷石化、中原石化MTO装置（生产能力10万吨/年）、中天合创MTO装置（生产能力64.8万吨/年）、中安联合MTO装置（生产能力32.04万吨/年）均采用中国石化自主专利技术。

（曾森洋）

【丙烯】 集团公司丙烯产品分炼油丙烯和化工丙烯两大类。截至2021年底，生产炼油丙烯的企业共29家，炼油丙烯由炼厂气分装置生产；生产化工丙烯的企业共17家，化工丙烯由蒸汽热裂解装置和MTO装置生产。集团公司丙烯生产能力为1 240.8万吨/年，增加100万吨/年，增长8.8%，其中天津分公司当年新增生产能力24万吨/年，中沙石化新增生产能力2.4万吨/年，石家庄炼化新增生产能力3.8万吨/年，镇海炼化新增生产能力13.8万吨/年，古雷石化新增生产能力40.9万吨/年、茂名分公司新增生产能力12.4万吨/年、北海炼化新增生产能力17.8万吨/年，扬子石化核减生产能力5万吨/年、安庆分公司核减10万吨/年。

（曾森洋）

【丁二烯】 截至2021年底，集团公司生产丁二烯的企业共14家，生产能力合计206.7万吨/年，增加14万吨/年，增长6.8%，其中中韩石化新增生产能力6万吨/年、古雷石化新增生产能力13万吨/年，齐鲁分公司核减生产能力5万吨/年。

（张　燕）

【纯苯】 截至2021年底，集团公司生产纯苯的企业共30家，生产能力合计592万吨/年，同比增加13.9万吨，增长2.4%。

（苏　莹）

【甲苯】 截至2021年底，集团公司生产甲苯的企业共16家，生产能力合计305万吨/年，增加47.4万吨，增长18.4%。

（苏　莹）

【混合二甲苯】 截至2021年底，集团公司生产混合二甲苯的企业共18家，生产能力合计515万吨/年，增加42万吨/年，增长8.84%。

（苏　莹）

【对二甲苯】 截至2021年底，集团公司生产对二甲苯的企业共9家，生产能力合计580万吨/年，减少3万吨/年，降低0.5%。

（苏　莹）

【邻二甲苯】 截至2021年底，集团公司生产邻二甲苯的企业共 6 家，生产能力合计 46.5 万吨/年，同比持平。

（苏 莹）

【间二甲苯】 截至 2021 年底，集团公司生产间二甲苯的企业共 1 家，生产能力为 8 万吨/年，同比持平。

（苏 莹）

【甲醇】 截至 2021 年底，集团公司生产甲醇的企业共 4 家，生产能力合计 689.1 万吨/年，同比持平。其中，川维化工公司总生产能力为 87.1 万吨/年（77 万吨/年甲醇装置采用英国戴维甲醇合成技术，10 万吨/年甲醇装置采用德国鲁奇甲醇合成技术）；宁夏能化生产能力 62 万吨/年，采用丹麦托普索低压甲醇合成技术；中天合创、中安联合生产能力分别为 360 万吨/年、180 万吨/年，2 套装置均采用德国鲁奇甲醇合成技术。

（佘振红）

【丁醇】 截至 2021 年底，集团公司生产丁醇的企业共有 2 家，生产能力合计 35.50 万吨/年，同比持平。其中，齐鲁分公司装置采用英国戴维工艺技术，扬巴公司装置采用德国巴斯夫公司技术。

（佘振红）

【辛醇】 截至 2021 年底，集团公司辛醇生产企业共 1 家，生产能力 25.50 万吨/年，同比持平。装置采用英国戴维工艺技术。

（佘振红）

【环氧乙烷】 截至 2021 年底，集团公司生产环氧乙烷的企业共 12 家，生产能力合计 226 万吨/年，增加 31 万吨/年，增长 14%，其中中沙石化新增产能 7 万吨/年、上海石化新增生产能力 14 万吨/年、古雷石化新增生产能力 10 万吨/年。

（张 燕）

【环氧丙烷】 截至 2021 年底，集团公司生产环氧丙烷的企业共 3 家，生产能力合计 62.5 万吨/年，同比持平。

（张 燕）

【环氧氯丙烷】 截至 2021 年底，集团公司生产环氧氯丙烷的企业共 1 家，生产能力为 2.6 万吨/年，同比持平。

（张 燕）

【苯酚】 截至 2021 年底，集团公司生产苯酚的企业共 4 家，生产能力合计 76 万吨/年，同比持平。

（张 燕）

【丙酮】 截至 2021 年底，生产丙酮的企业共 4 家，生产能力合计 46 万吨/年，同比持平。

（张 燕）

【丙烯酸】 截至 2021 年底，集团公司生产丙烯酸的企业共 1 家，生产能力 19 万吨/年，同比持平。

（曾森洋）

【苯乙烯】 截至 2021 年底，集团公司生产苯乙烯的企业共 17 家，生产能力合计 325 万吨/年，增加 72 万吨/年，增长 22.15%，其中古雷石化新增生产能力 60 万吨/年、洛阳分公司新增生产能力 12 万吨/年。

（张 燕）

合成树脂

【概述】 截至 2021 年底，集团公司合成树脂总生产能力为 2 052.5 万吨/年，增长了 163.8 万吨/年。其中，聚乙烯生产能力为 898 万吨/年，增长 60 万吨/年；聚丙烯生产能力为 926 万吨/年，增长 85 万吨/年；聚氯乙烯生产能力为 60 万吨/年，生产能力没有变化；聚苯乙烯的生产能力为 70 万吨/年，生产能力没有变化；ABS 树脂的生产能力为 20 万吨/年，生产能力没有变化；其他树脂生产能力为 79 万吨 / 年，增长 19 万吨 / 年。各种合成树脂生产能力见表 2。在合成树脂中聚乙烯、聚丙烯两大品种占主导地位，集团公司聚乙烯、聚丙烯两大品种的总产能为 1824 万吨 / 年，占集团公司合成树脂生产能力的 89%。

2021 年，集团公司合成树脂装置持续开展降本、减耗工作，以工艺技术管理制度为基石，发挥基层主观能动性和工作积极性，优化运行、精细操作，存量装置技术经济指标完成良好，新建装置投料试车工作实现"开的起、稳得住"。2021 年内，古雷石化有 1 套 35 万吨 / 年聚丙烯装置建成投产，镇海炼化有 1 套 30 万吨 / 年高密度聚乙烯装置建成投产，天津石化有 1 套 20 万吨 / 年聚丙烯装置建成投产，中韩石化有 1 套 30 万吨 / 年高密度聚乙烯装置、1 套 30 万吨 / 年聚丙烯装置建成投产，扬子石化有 1 套 10 万吨 / 年 EVA 装置建成投产。

（刘志武）

表 2 集团公司合成树脂分品种生产能力 万吨 / 年

产品名称 \ 年份	2021	2020	2019	2018	2017	2016
合成树脂合计	2 052.50	1 888.70	1 797.20	1 723.20	1 713.00	1 695.68
聚乙烯（PE）	897.92	837.92	796.42	761.42	756.42	721.42
低密度聚乙烯（LDPE）	154.62	154.62	154.62	154.62	154.62	117.62
高密度聚乙烯（HDPE）	383.30	323.30	281.80	281.80	281.80	283.80
线型低密度聚乙烯（LLDPE）	360.00	360.00	360.00	325.00	320.00	320.00
聚丙烯（PP）	925.68	840.68	790.68	751.68	749.98	750.56
聚氯乙烯（PVC）	60.00	60.00	60.00	60.00	60.00	60.00
聚苯乙烯（PS）	69.80	69.80	69.80	69.80	69.80	69.80
ABS 树脂	20.00	20.00	20.00	20.00	20.00	20.00
其他树脂	79.10	60.30	60.30	60.30	56.80	73.90

【聚乙烯】 截至 2021 年底，集团公司有 37 套聚乙烯装置，总生产能力为 897.92 万吨 / 年，增加 60 万吨 / 年。其中，单线能力最大的是镇海炼化线型低密度聚乙烯装置。

37 套聚乙烯装置中，LDPE 装置有釜式法工艺 2 套，管式法工艺 8 套；HDPE 装置有淤浆法工艺 8 套，气相法工艺 5 套，环管加气相法工艺 1 套；LLDPE 装置有气相法工艺 13 套。从装置套数和生产能力上看，高压聚乙烯装置以管式法工艺为主；低压高密度聚乙烯装置，以淤浆法工艺为主；线型低密度装置全部采用气相流化床工艺路线。

（刘志武）

【低密度聚乙烯】 截至 2021 年底，集团公司 LDPE 装置生产能力为 155 万吨 / 年，没有变化。共有 10 套 LDPE 装置，其中燕山分公司、上海石化、茂名分公司、长城能化各 2 套，齐鲁分公司、扬巴公司各 1 套。燕山分公司 1 套采用日本住友化学釜式法工艺，1 套为美国埃克森管式法工艺；上海石化 2 套均采用日本三菱油化管式法工艺；茂名分公司 1 套采用美国匡藤公司管式法工艺，1 套为 BASELL 工艺；长城能化 1 套采用美国埃克森釜式法工艺、1 套为美国埃克森管式法工艺；齐鲁分公司装置采用荷兰 DSM 公司管式法工艺；扬巴公司 1 套采用 BASELL 管式法工艺。

（刘志武）

【高密度聚乙烯】 截至 2021 年底，集团公司 HDPE 装置生产能力为 383 万吨 / 年，增加 60 万吨 / 年。共有 14 套高密度聚乙烯装置，分别是扬子石化、燕山分公司、茂名分公司、镇海炼化、上海赛科公司、福建联合石化、中沙石化、中科炼化各 1 套，齐鲁分公司、上海石化、中韩石化各 2 套。其中，燕山分公司、扬子石化装置均采用日本三井油化淤浆法工艺，齐鲁分公司 2 套、福建联合石化 1 套、镇海炼化 1 套均采用气相流化床工艺，上海石化1套采用北欧化工环管加气相流化床反应器工艺技术，上海石化、茂名分公司各1套采用菲利浦环管淤浆法工艺，中科炼化1套采用道达尔公司双环管淤浆法工艺，上海赛科公司装置采用BP公司气相流化床工艺，中沙石化1套采用INEOS公司的双环管淤浆法工艺，中韩石化装置2套分别采用INEOS公司的双环管淤浆法工艺、LyondellBasell公司的Hostalen釜式淤浆法工艺。

（刘志武）

【线型低密度聚乙烯】 截至2021年底，集团公司LLDPE装置生产能力为360万吨/年，没有变化。共有13套LLDPE装置，其中天津分公司、齐鲁分公司、中原石化、茂名分公司、广州分公司、扬子石化、福建联合石化、镇海炼化各1套，采用美国UCC公司气相流化床工艺；中沙石化、中韩石化、中天合创、中安联合各1套采用自主开发气相流化床工艺；上海赛科公司1套采用BP公司的气相流化床工艺。

（刘志武）

【聚丙烯】 聚丙烯装置按生产方式可分为连续法和间歇法两大类。

截至2021年底，集团公司聚丙烯生产能力为925.68万吨/年，增加85万吨/年；其中古雷石化新建35万吨/年装置、中韩石化新建30万吨/年装置、天津石化新建20万吨/年装置建成投产。集团公司连续法聚丙烯装置生产能力为897.20万吨/年，占集团公司聚丙烯总生产能力的97%。共有47套连续法聚丙烯装置，生产工艺以环管法工艺为主，有30套环管法聚丙烯装置，占聚丙烯装置的64%。其中，6套为引进海蒙特环管技术，单线能力最大为茂名分公司17万吨/年聚丙烯装置；24套为国产化环管技术，单线能力最大为中安联合35万吨/年聚丙烯装置、其他17套装置中，5套为三井油化釜式法聚丙烯工艺；6套为INEOS（原阿莫科）气相法聚丙烯工艺，2套为“NOVOLENE”气相法聚丙烯工艺，2套为“HORIZONE”气相法聚丙烯工艺，2套为BASSEL公司的多区反应聚合工艺。

（刘志武）

【聚苯乙烯】 截至2021年底，集团公司聚苯乙烯生产能力为70万吨/年。共有6套聚苯乙烯生产装置，均采用连续本体法工艺。其中，燕山分公司、广州分公司、茂名分公司、上海赛科公司各1套，扬巴公司2套。

（刘志武）

【聚氯乙烯】 截至2021年底，集团公司PVC生产能力为60万吨/年，同比没有变化。生产PVC的企业只有齐鲁分公司1家。

（刘志武）

【ABS树脂】 截至2021年底，集团公司ABS树脂生产能力为20万吨/年，同比没有变化，生产ABS树脂的企业只有高桥分石化1家。

（刘志武）

【其他树脂】 集团公司生产的其他树脂包括乙烯醋酸乙烯共聚物（EVA）、聚碳酸酯（PC）等。截至2021年底，集团公司EVA生产能力为40万吨/年，增加10.00万吨/年；新增产能为扬子石化10万吨/年EVA装置。生产乙烯醋酸乙烯共聚物（EVA）的企业有扬巴公司、燕山分公司、扬子石化共3家。原燕山石化分公司4万吨/年EVA装置变更为燕山分公司属有。

（刘志武）

合成橡胶

【概述】 截至2021年底，集团公司合成橡胶生产能力为173万吨/年，新增产能15万吨/年，其中包括5万吨/年SEBS产能和10万吨/年SBS产能，仍是国内最大、世界第二的合成橡胶生产商。受一季度扬子石化顺丁橡胶和石化茂名顺丁橡胶非计划停车以及年内多家橡胶企业检修影响，产量较上一年度有所减少。

（徐忠亮）

【顺丁橡胶】 截至 2021 年底，集团公司顺丁橡胶生产能力没有变化。1 月，扬子石化顺丁橡胶装置发生非计划停车；3 月，茂名石化顺丁橡胶装置发生非计划停车，于 7 月恢复正常生产。锂系顺丁橡胶（低顺橡胶）方面，高桥石化低顺橡胶产量再创历史新高。稀土顺丁橡胶方面，完成由北京化工研究院提供的新催化剂体系工业化试用，达到预期效果。

（徐忠亮）

【丁苯橡胶】 截至 2021 年底，集团公司丁苯橡胶生产能力没有变化。3 套乳聚丁苯橡胶装置年内均有大检修停车。环保产品比例进一步提高。

（徐忠亮）

【SBS 热塑性弹性体】 截至 2021 年底，集团公司新增 10 万吨 / 年 SBS 产能，古雷石化新建 10 万吨 / 年 SBS 装置于 2021 年 10 月建成投产。

（徐忠亮）

【SEBS 热塑性弹性体】 截至 2021 年底，集团公司 SEBS 新增生产能力 5 万吨 / 年。巴陵石化新建 5 万吨 / 年 SEBS 装置于 2021 年 2 月建成投产。中国石化 SEBS 总产能（实际产能）达 10 万吨 / 年，规模居全球第一。

（徐忠亮）

【SIS 热塑性弹性体】 截至 2021 年底，集团公司 SIS 生产能力没有变化。2021 年，巴陵石化在继续巩固 SIS 产品在标签胶、胶带等重点领域市场占有率的基础上，持续完善高分子防水卷材专用 SIS 新牌号 1716 各项性能，实现顶替进口同类产品。

（徐忠亮）

【SEPS 热塑性弹性体】 截至 2021 年底，集团公司 SEPS 生产能力没有变化。巴陵石化先后突破 SEPS 单周期运行等多个产能瓶颈，正品率进一步提高，累计开发直销客户 12 家。其中，润滑油专用牌号 4030 与长城润滑油合作进入正式采购阶段，为后期做大总量打下坚实基础。

（徐忠亮）

【丁基橡胶】 截至 2021 年底，集团公司丁基橡胶（含溴化）生产能力没有变化。9 万吨 / 年丁基橡胶装置全年停车待改造。

（徐忠亮）

【乙丙橡胶】 截至 2021 年底，集团公司乙丙橡胶生产能力没有变化。在国内反倾销政策利好下，装置全年保持满负荷生产，年度产量创历史最好水平。

（徐忠亮）

【异戊橡胶】 截至 2021 年底，集团公司异戊橡胶生产能力没有变化。2021 年全年停车待改造。

（徐忠亮）

合成纤维原料

【概述】 集团公司生产的合成纤维原料有精对苯二甲酸（PTA）、精间苯二甲酸（PIA）、丙烯腈（AN）、己内酰胺（CPL）、乙二醇（EG）5 个品种。截至 2021 年底，集团公司合成纤维原料的生产能力为 820 万吨 / 年。

（朱　良）

【精对苯二甲酸】 2021 年，集团公司 PTA 生产能力为 312 万吨 / 年。2021 年，根据 PTA 市场情况，适时调整装置开停车，上海石化 PTA 装置经营性停车。

（朱　良）

【丙烯腈】 2021 年，集团公司丙烯腈生产能力为 99 万吨 / 年。科鲁尔丙烯腈二期装置 10 月建成投产，总生产能力达 26 万吨 / 年。科鲁尔第一套丙烯腈装置使用稳定性好、选择性高的新型催化剂，丙烯单耗降至 1 020 千克 / 吨，创国内同类型装置丙烯消耗最低纪录。

（牛克山）

【己内酰胺】 2021 年，集团公司己内酰胺产能为 99 万吨 / 年。8 月，石家庄炼化己内酰胺装置停工，进行 14 万吨 / 年扩能改造。

（牛克山）

【乙二醇】 2021 年，集团公司乙二醇产能为 330 万吨 / 年。

（朱　良）

合成纤维聚合物

【概述】 集团公司生产的合成纤维聚合物主要品种有聚酯（PET）、聚乙烯醇（PVA）、聚酰胺（PA6）、聚对苯二甲酸丁二醇酯（PBT）。截至 2021 年底，集团公司合成纤维聚合物生产能力为 361 万吨 / 年。

（朱　良）

【聚酯】 2021 年，集团公司聚酯生产能力为 339 万吨 / 年。

（朱　良）

【聚乙烯醇】 2021 年集团公司聚乙烯醇生产能力为 30 万吨 / 年。川维化工公司 PVA 分散剂在齐鲁分公司 PVC 装置工业化应用取得成功。

（牛克山）

【聚酰胺】 2021 年，集团公司聚酰胺生产能力为 7.7 万吨 / 年。石家庄炼化装置 8 月停工检修。巴陵分公司开发生产应用于增强改性领域的高流动性尼龙、食品膜外层应用领域的高黏切片。

（牛克山）

合成纤维

【概述】 合成纤维的五大品种是涤纶、锦纶、腈纶、维纶、丙纶，俗称“五大纶”。集团公司拥有涤纶、腈纶、维纶、丙纶和超高分子量聚乙烯纤维和芳纶生产装置。截至 2021 年底，集团公司合成纤维生产能力为 180 万吨 / 年。

（朱　良）

【涤纶】 2021 年，集团公司涤纶短纤生产能力为 131 万吨 / 年。

（朱　良）

【腈纶】 2021 年，集团公司腈纶生产能力为 26.5 万吨 / 年。因产业升级需要，上海石化 4.7 万吨 / 年一步法腈纶南装置于 3 月停产升级改造，6.6 万吨 / 年二步法腈纶北装置 10 月经营性停车。

（牛克山）

【维纶】 2021 年，集团公司维纶生产能力为 1.65 万吨 / 年。川维化工公司开发生产了轮胎胎圈钢丝包布用维纶高强纤维，替代进口产品。3S 低温水溶纤维装置 7 月开始停工检修。

（牛克山）

【碳纤维】 上海石化 SCF35 级碳纤维项目二期 1 000 吨 / 年装置建成投产，碳纤维总生产能力达 1 500 吨 / 年。48K 大丝束碳纤维工业化试生产取得明显突破。试生产的各批次产品性能达到 SCF35、SCF40 指标要求。

（牛克山）

碳一化工

【概述】 集团公司以煤、天然气、渣油等为原料生产的碳一化工产品涉及氢气、一氧化碳、合成气、合成氨、甲醇、丁辛醇、乙二醇等多种产品，主要作为下游装置低成本原料。2021 年 11 月 18 日，镇海炼化 2# 煤制氢装置 2000 吨级水煤浆气化炉投料试车一次成功，19 日打通全流程产出合格氢产品，标志中国石化大型化、自有知识产权的 SE 水煤浆气化技术和配套 S-AGR 酸性气脱除净化工艺工业应用成功。

（佘振红）

【煤气化】 截至 2021 年底，集团公司有 16 套煤气化装置运行，其中金陵分公司、南化公司（2 套）、齐鲁分公司、宁夏能化、茂名分公司、九江分公司、中天合创共 8 套煤气化装置采用 GE 水煤浆气化技术，安庆分公司、巴陵石化、湖北化肥 3 套煤气化装置采用 Shell 干粉煤气化技术，扬子石化、中安联合、中科炼化 3 套煤气化装置采用中石化具有自主知识产权的 SE 干粉煤气化技术，镇海炼化 1#、2# 煤气化装置均采用中石化具有自主知识产权的 SE 水煤浆气化技术。2021 年，茂名分公司水煤浆煤气化实现 A 级连续运行超过 917 天，刷新全球同类装置最好纪录。2021 年，继续开展煤气化装置竞赛活动，中天合创甲醇、南化公司合成氨、金陵分公司煤制氢装置分别获水煤浆煤气化竞赛第 1 名、第 2 名、第 3 名；中安联合甲醇、巴陵石化合成氨、安庆分公司合成氨装置分别获干粉煤气化竞赛第 1 名、第 2 名、第 3 名。

（佘振红）

【天然气】 截至 2021 年底，集团公司天然气化工装置主要分布在川维化工公司、扬子石化。其中，川维化工公司以天然气为原料制取乙炔和甲醇，进而生产合原合纤产品，天然气年加工能力约 15.5 亿立方米；扬子石化一氧化碳装置采用德西尼布天然气蒸汽转化技术、巴斯夫 a-MDEA 脱碳技术和空气产品公司深冷分离技术，以天然气为原料生产一氧化碳、氢气和羰基合成气，作为下游装置原料。

（佘振红）

【油气化】 截至 2021 年底，集团公司仅镇海炼化有 1 套油制氢装置。该装置采用德士古重油部分氧化气化技术和林德低温甲醇洗技术，以脱油沥青为原料制取氢气供炼油装置。

（佘振红）

化　肥

【概述】 集团公司生产的化肥产品有合成氨、硫酸铵 2 个品种，复合肥停产。截至 2021 年底，总生产能力为 295 万吨 / 年，减少 38 万吨 / 年，主要是南化公司 40 万吨 / 年复合肥停产、不再计入产能，齐鲁石化硫酸铵产能增加 1.8 万吨 / 年。各化肥产品产能详见表 3。

（佘振红）

表 3　集团公司主要化肥生产能力　万吨 / 年

产品名称 \ 年份	2021	2020	2019	2018	2017	2016
合成氨	157.50	157.50	157.50	157.50	157.50	157.50
硫酸铵	137.86	136.05	136.05	100.05	100.05	100.05

【合成氨】 截至2021年底，集团公司合成氨生产企业有5家，生产能力合计157.5万吨/年，同比持平。除川维化工公司以副产氢为原料外，其他均以煤为原料；安庆分公司、南化公司采用托普索氨合成工艺，巴陵石化、湖北化肥采用凯洛格氨合成工艺；川维化工公司采用卡萨利氨合成工艺。

（余振红）

【硫酸铵】 截至2021年底，集团公司生产硫酸铵的企业主要有9家，生产能力（实物量）合计137.86万吨/年（不含金陵分公司、中天合创、中安联合、中科炼化），增加1.8万吨/年。其中，石家庄炼化、巴陵石化、安庆分公司、齐鲁分公司、宜昌资产分公司生产能力分别为26.6万吨/年、102万吨/年、3万吨/年、4万吨/年和2万吨/年。

（余振红）

无机原料

【概述】 集团公司无机原料产品主要为硫酸、硝酸、盐酸和烧碱4个品种。截至2021年底，集团公司无机原料总生产能力为270.30万吨/年，同比持平。各无机原料产品产能详见表4。

（余振红）

表4 集团公司主要无机原料生产能力 万吨/年

产品名称＼年份	2021	2020	2019	2018	2017	2016
硫　酸	178.00	178.00	138.00	123.00	88.50	88.50
浓硝酸	22.00	22.00	22.00	22.00	22.00	22.00
盐酸（折31%）	10.50	10.50	10.50	10.50	10.50	10.50
烧　碱	59.80	59.80	58.80	57.80	56.30	56.30

【硫酸】 截至2021年底，集团公司生产硫酸的企业共4家，生产能力合计178万吨/年，同比持平。其中，南化公司、巴陵石化、荆门分公司、石家庄炼化生产能力分别为50万吨/年、89.5万吨/年、21.5万吨/年和17万吨/年。

（余振红）

【硝酸】 截至2021年底，集团公司生产硝酸的企业只有南化公司，稀硝酸、浓硝酸生产能力分别为47.5万吨/年（折百）和22万吨/年，同比持平。

（余振红）

【盐酸】 截至2021年底，集团公司生产盐酸的企业共4家，生产能力合计10.50万吨/年（不含南化公司、齐鲁分公司），同比持平。其中，江汉盐化工、巴陵石化生产能力分别为5万吨/年和5.5万吨/年。

（余振红）

【烧碱】 截至2021年底，集团公司生产烧碱的企业共4家，生产能力合计59.80万吨/年，同比持平。其中，齐鲁分公司、江汉盐化工、巴陵石化、南化公司生产能力分别为20万吨/年、19.3万吨/年、10.5万吨/年和10万吨/年。

（余振红）

生物及精细化工

【概述】集团公司有功能高分子材料、功能添加剂、专用化学品和生物化工 4 个大类及 10 个小类产品，详见表 5。

（戴　珺）

表 5　　集团公司生物及精细化工产品

大类	小类	产品
功能高分子材料	黏合剂和涂料	双酚 A 型液体环氧树脂、双酚 A 型中高分子量固体环氧树脂、邻甲酚醛环氧树脂、双酚 A 酚醛环氧树脂、苯酚酚醛环氧树脂、风电用环氧树脂、水性环氧树脂、溴化阻燃型环氧树脂、复合材料用环氧树脂及稀释剂、固化剂、增韧剂等 VAE 乳液、VAE 粉体
	特种聚合物及其单体	聚醚多元醇、聚合物多元醇
	功能膜材料	超滤膜及管式、帘式膜组件、纳滤 / 反渗透膜、PVA 光学膜
功能添加剂	合成材料助剂	橡胶防老剂（4010NA、4020、TMQ）、PVA 分散剂、纳普®弹性纳米粒子（复合 α 成核剂、复合 β 成核剂、抗菌剂等）
	油品添加剂	润滑油无灰分散剂（T151、T154A、T154H、T161、T161C）
	油气田化学品	耐温抗盐表面活性剂、聚胺抑制剂、极压减摩剂、极压润滑剂、高效润滑剂、纤维类随钻堵漏剂、有机土、消泡剂、聚合醇封堵剂、黏土稳定剂、降压增注驱油用纳米乳液等
专用化学品	杀菌防腐剂	漂粉精（次氯酸钙）、强氯精（三氯异氰尿酸）
	特种溶剂	对二乙基苯（PDEB）、戊烷（聚烯烃用、发泡剂用、脱附剂用）
	精细化工中间体	一乙醇胺、二乙醇胺、三乙醇胺、异戊烯
生物化工	尼龙及单体	C_{12}/C_{13} 长链二元酸

【黏合剂和涂料】主要有环氧树脂、醋酸乙烯－乙烯共聚乳液（VAE）等产品。

环氧树脂生产企业为巴陵分公司。2021 年，巴陵石化邻甲酚醛树脂装置通过技术改进，提升产品质量，在微电子油墨、5G 阻燃、高频 PCB 板材等高端应用领域实现突破，风电结构胶等复合材料专用环氧体系获用户认可和持续采购。成功开发出油田固井用水性环氧体系产品，与油井水泥结合后弹性、韧性、抗冲击能力明显优于硅酸盐水泥，能增强与地层之间的胶结强度，更好地承受井下温度压力条件及后期作业的负载。主要新产品包括：5G 通信基材用环氧树脂、复合材料用树脂体系（开发出复合材料电杆、碳纤维复合导线、抽油杆、船舶舰艇等领域用树脂体系）、水性环氧树脂（适用于地坪、金属防腐、美缝剂等领域）、功能型环氧树脂（氢化双酚 A 型环氧树脂、多功能团环氧树脂体系）、装饰用高透环氧体系（已经形成系列化产品，在工艺涂层等方面应用广泛，产品远销国外）。

VAE 乳液生产企业有燕山分公司和川维化工公司。2021 年，燕山分公司通过工艺配方的不断完善、工艺条件的优化，对标市场先进产品，持续开展自流平专用 VAE 乳液 BJ-702、复合黏接专用 VAE 乳液 BJ-806H、建筑胶粉用 VAE 乳液 BJ-809、复合黏接用 VAE 乳液 BJ-829 等新产品的开发。川维化工公司 6 万吨 / 年 VAE 扩能项目建成后，产能、产量跻身国内前列，其 VAE 产品具有无苯、无甲醛、无异味的特点，属于更加环保健康的产品；全年加大 VAE 环保产品 CW40-907 的推广力度，高黏系列产品替代市场中高端产品，并开发涂层、涂布用高玻璃化转变温度乳液产品；“水基型建筑胶黏剂”“水基型包装胶黏剂”共 10 个系列 VAE 产品连续 18 年取得“中国环境标志产品”认证。

（戴　珺）

【特种聚合物及其单体】 主要有聚醚多元醇（PPG）、聚合物多元醇（POP）。

天津资产分公司推进聚醚新产品 TFH-2、TQA-104 和 AEO-7 的开发推广，低 VOC 产品 EP-330N 稳定供应大型汽车企业，采用定制化生产亲水性弹性体、慢回弹产品，均已推向市场形成销售。

（戴　珺）

【功能膜材料】 主要有超滤膜及管式、帘式膜组件、纳滤 / 反渗透膜、PVA 光学膜。

燕山石化纳滤 / 反渗透膜生产线于 2021 年 3 月试车，铸膜、涂膜单元不断进行设备调试、工艺参数修订等工作，具备长周期生产 BW 膜片（苦咸水膜）的条件，产品性能稳定。该项目于 2021 年底为天津石化化工污水装置更换膜组件 48 支，并顺利投入使用。

（戴　珺）

【合成材料助剂】 主要有橡胶防老剂系列产品和纳普®弹性纳米粒子，生产企业分别为南化公司和燕山分公司。

2021 年，TMQ 产品实现全流程连续生产，产能提高 30%，质量稳定可调可控，工艺参数优化取得阶段性突破，产品的 IBA 等指标满足客户特殊需求；6PPD（防老剂 4020）装置实现 2 套高负荷稳定运行。全球十大品牌用户中有 9 家使用南化公司产品，销售比例占 20% 以上。

纳普®弹性纳米粒子（简称粉末橡胶）是中国石化开发的世界首创技术，并在燕山分公司建成千吨级装置，可生产丁苯、丁腈、丙烯酸酯、硅、丁苯吡、氯丁等 20 多个牌号产品，主要用于树脂改性，可同时提高材料的韧性和耐热性，也可以辅助成核剂等易团聚助剂在高分子材料中的分散，提高助剂使用效率，为客户创造价值。在热塑性树脂领域，VP-101C 在燕山石化实现稳定工业化应用，正在推进 VP101T 的试用；同时提供技术支持，推动 VP-101C/801E/101B 在广州石化、中天合创、湛江东兴公司应用，试用效果获得用户认可。在热固性树脂领域，开展粉末橡胶在胶泥、胶黏剂、纤维增强等领域的应用研究，部分用户已开始试用；开发 VP-5011 新产品，改善粉末橡胶在环氧树脂中分散和发黄的问题；与客户进行技术交流，开展在酚醛树脂合成阶段添加胶乳制备特种树脂的探索试验。

（戴　珺）

【油品添加剂】 主要产品为润滑油无灰分散剂，生产企业为扬子石化，产品牌号有 T151、T154A、T154H、T161、T161C。2021 年，扬子石化无灰分散剂装置通过产研结合，创新优化工艺流程，在现有装置未作改动情况下，成功实现实际产能提升 40%，物耗、能耗明显下降，产品理化性能指标均合格，实现提质增产。完成新牌号产品 T161C、T154AN 试生产，T161C 已获国际头部添加剂企业认可和批量采购，T154AN 正在试用。为进一步提高装置灵活性，开发生产聚异丁烯丁二酸酐产品 PIBSA1000，采用中国石化专利技术，通过热加合工艺，以高活性聚异丁烯（分子量 1 000）和马来酸酐反应制得的添加剂中间体，原料品质高，工艺绿色，技术先进，产品可靠，具有优良的清净分散性，可用作热熔标线涂料改性流平剂等，销量稳步增长，深受用户好评。

（戴　珺）

【油气田化学品】 主要有钻井助剂、注水压裂助剂和三次采油助剂 3 类 12 个产品，生产企业为南化公司。

南化公司围绕生产经营、挖潜增效，努力开发润滑剂、新型微乳表面活性剂等代加工新品种，2021 年环保型水基钻井液体系等 5 种新研发产品进行现场试验，聚阴离子纤维素抗温改性取得突破，抗温能力达 150℃。

（戴　珺）

【杀菌防腐剂】 主要有漂粉精、强氯精等产品，生产企业为江汉盐化工湖北有限公司。

2021年，“两精”产品开发运输新渠道，与国际著名航运公司合作，实现战略互赢，提高了产品国际竞争力。强氯精抓住国内产能下降契机，积极拓市推价，有效提升产量和利润空间。年内，漂粉精新建1.2万吨/年装置投产，江汉盐化工的消毒剂市场龙头地位进一步巩固，依托武汉国事平台，稳固高利润的澳洲、欧洲等老市场，积极开发欧洲、中南美、非洲等新市场新客户。同时，漂粉精在国内市场应用领域也取得突破，漂粉精应用到自来水制备、养殖业、游泳池水处理、医疗和特定工业废水的处理等方面，产品销售量有较大提升。消毒剂产品大力拓展国内的山东及南方市场，开发十余家国内客户，同时深挖内部市场，新增系统内客户。2021年，漂粉精、强氯精产销量均增加。

（戴　珺）

【特种溶剂】 主要产品为PDEB和戊烷。

PDEB生产企业为扬子石化，主要用于吸附分离法生产PX。2021年，面对PDEB国内市场需求萎缩、国外出口受阻等诸多不利因素，扬子石化及时调整经营策略，发挥精细化工分公司市场导向作用，积极拓展市场，PDEB国内市场占有率继续保持第一。

戊烷生产企业为上海石化，提供聚烯烃用、发泡剂用、脱附剂用等细分产品，可根据客户需求，控制特定微量组分含量。其中，聚烯烃用戊烷满足极低水分指标要求，长期应用于上海赛科公司聚烯烃装置。

（戴　珺）

【精细化工中间体】 乙醇胺产品包括一乙醇胺、二乙醇胺和三乙醇胺，由中科炼化生产。

中科炼化乙醇胺装置于2020年投产，2021年实现乙醇胺装置的满负荷生产，产品覆盖广东、福建、湖南等市场，下游主要用于水泥助磨剂、表面活性剂、气体净化、金属清洁及加工等领域。

（戴　珺）

【生物化工产品】 主要产品有C_{12}/C_{13}长链二元酸，生产企业为扬子石化。可批量生产供应合格的C_{12}二元酸精制产品，广泛应用于热熔胶、尼龙、防锈剂等领域。

（戴　珺）

节能降碳

【节能】 2021年，化工板块万元产值综合能耗下降0.084个单位，节能率为4.1%，节能量223万吨标煤，19家企业能耗下降。

化工企业实施完成“能效提升”计划项目46个，总投资5.5亿元，年增效3.6亿元，年节能量18万吨标煤。

按照《关于严格能效约束推动重点领域节能降碳的若干意见》和《石化化工重点行业严格能效约束推动节能降碳行动方案》等国家文件要求，组织企业开展能效对标，研究制订节能降碳方案。

总结企业节能工作成果，提炼好的经验、好的做法，筛选出具有创新性、可复制、效益好的节能措施编制成优秀案例，面向企业提供参考，促进开拓思路、共同提高。

镇海炼化、茂名分公司、仪征化纤、中韩石化、南化公司、燕山分公司、安庆分公司、中原石化、川维化工公司9家企业被评为2021年度化工节能先进企业。

（黄志壮）

【碳减排】 完成化工板块年度碳排放统计分析报告。开展化工碳达峰碳中和路径研究工作，编写完成化工碳达峰行动方案。

齐鲁石化二氧化碳综合利用项目启动建设。项目于2021年6月批复，采用中压法低温液化提纯工艺，利用煤制气装置的高浓度二氧化碳尾气，在齐鲁石化第二化肥厂预留空地建设100万吨/年二氧化碳回收利用装置。

2021年7月16日，全国碳市场启动，先期纳入电力行业，列入其中的企业自备电厂顺利完成年度碳履约工作。

齐鲁石化10兆瓦和茂名2兆瓦太阳能光伏发电项目投用；燕山石化、扬巴石化等企业外购“绿电”替代自发电，减少温室气体排放。南化公司二氧化碳回收能力达15万吨/年，2021年向油田输送9.5万吨二氧化碳用作驱油。

（黄志壮）

质量管理

【概述】2021年，化工板块落实《中共中央 国务院关于开展质量提升行动的指导意见》，按照集团公司年度工作会议和2021年度质量工作要点要求，坚持“质量永远领先一步”的质量方针，以提升化工产品等级品率和化工产品质量稳定性为抓手，持续开展质量提升行动，推动产品供给向“产品＋服务”转变，不断提高产品质量和服务质量水平。

持续推进“互联网＋包装二维码”应用工作。“互联网＋包装二维码”应用于中国石化37家企业的化工产品，是石化行业中最大的集团公司级应用企业。客户通过扫描包装二维码即可获取化工产品合格证和加工建议。

推进分析检验业务降本增效。推进化工企业通过减少人工成本、优化检验计划、减少试剂和易耗品消耗、优化分析检验业务流程等措施，降低分析检验业务成本。持续抓好质量控制在线分析仪表投用率、完好率和取代率的提升。推进22家企业分析仪器更新项目计划实施。

持续推进质量提升行动。组织化工企业通过实施“短、平、快”项目，帮助企业解决影响产品质量的“硬件瓶颈”问题。2021年，将镇海炼化、燕山分公司、齐鲁分公司等9家单位的20个项目列入质量提升项目计划。

开展质量管理体系有效性管理工作。安排观察员对扬子石化、中韩石化、巴陵石化、茂名分公司4家企业外审过程进行观察，监督审核机构的工作能力和工作质量，观察并了解被审核企业的质量管理体系运行情况。

持续推进质量信息系统建设。①组织开展实验室执行系统（LES）第2批可行性研究和初步设计评审（涉及天津分公司、上海石化、石家庄炼化、南化公司、川维化工公司、江汉盐化工6家企业），并推进企业LES建设。②做好中国石化在线分析仪运行监控与管理系统运维，保持系统稳定运行，并根据川维化工公司、南化公司等企业在线仪表实际运行情况，梳理纳入系统监控的在线仪表状态，保证质量控制在线分析仪表投用率、完好率和取代率的数据准确性。

镇海炼化、天津分公司、燕山分公司、宁夏能化4家企业被授予2021年度质量管理先进单位称号，化工板块11人被授予质量管理先进个人称号。

（韩文旭）

【化工产品客户服务】①跟踪客户投诉处理。2021年统销化工产品累计收到客户投诉8件，投诉处理完成率100%，平均处理周期为7天。②开展纯苯和抗冲击聚丙烯产品满意度调查。纯苯和抗冲击聚丙烯产品客户满意度调查项目由化工销售公司承担，相关生产企业协助，委托第三方调研公司完成调研工作。③组织2021年中国石化纯苯和抗冲击聚丙烯产品客户满意度调查报告发布视频会。调查报告从产品质量、使用性能、产品包装、产品交付、投诉处理、技术服务和新产品开发等7个方面介绍抗冲击聚丙烯产品客户满意度情况，从产品质量、使用性能、产品交付、投诉处理等4个方面介绍纯苯产品客户满意度情况。

（韩文旭）

【质量培训】在管理干部学院举办化工分析检验及质量管理高级研修班，邀请国内质量管理和分析检验专家从质量管理体系解读及体系内审开展方法、标准化管理、统计过程控制、卓越绩效评价准则、实验室能力认可、先进分析技术、统计工具分析等方面进行授课。培训班采用集中授课、结业答辩和现场教学的教学方式，分 3 个阶段完成培训任务。

（韩文旭）

设备管理

【概述】 2021 年，集团公司化工企业设备固定资产原值总计为 3 024 亿元。

（方紫咪）

【设备完整性管理】 推进设备完整性管理体系建设。2021 年，组织定时性工作和预防性工作策略 2.0 版的讨论和发布，牵头动、静、电、仪各专业缺陷库的完善和推广应用。各家推广企业进一步加强组织力量，其中天津石化、沧州炼化、广州石化、九江石化、燕山石化和齐鲁石化等企业设置专职的可靠性机构，为体系的常态化运行提供组织保障，各单位较好地执行了定时性工作和预防性策略的要求。

加快设备域信息化管理系统建设。以信息化支撑体系运行，按照设备完整性管理体系的要求，遵循“数据 + 平台 + 应用”的模式，建立基于“石化智云”的中国石化统一设备管理信息系统。通过设备完整性管理信息化，实现设备全要素管理；通过专业化运行智能化，实现设备全生命周期管理；通过设备资源数字化，实现设备全维度管理，保证设备“安稳长满优”运行，助力中国石化数字化转型。

开展第 1 批完整性企业验收。制定设备完整性体系建设验收标准并组织验收，9 家企业体系架构完整，体系文件正式发布实施，信息平台上线运行，体系建设全面覆盖总部要求的建设内容，总体达到《炼化企业设备完整性管理体系终期验收标准》要求。

提升装置现场管理水平。按照《炼化企业推行 5S 管理行动方案》要求，扬子石化、中韩石化等企业持续开展 5S 全员设备管理工作，进一步夯实基础管理，提高员工素质。燕山石化、齐鲁石化结合装置大检修进行标准工地建设，加强施工现场管理，提高检修标准、质量和效率，检修管理迈上新台阶。

（方紫咪）

【化工装置检修】 2021 年，燕山石化、上海石化、茂名石化、齐鲁石化等企业克服疫情影响大、检修组织难度高、涉及范围广、技术要求最高等困难，按照大修组织“二八原则”，策划早动手，准备更精心，实施更精细，充分发挥系统内有经验的专家和技术力量的作用，高标准、高质量地完成化工装置检修各项目标任务，顺利实现“环保停工、安全检修、关键机组等一次开车成功”目标。

各家企业通过大修消除了影响装置运行的设备缺陷和隐患，茂名石化和上海石化完成中控室搬迁、高压蒸汽管道更换等高难度项目，上海石化借大修时机对热效率低的裂解炉进行节能改造，取得较好的成果。

（方紫咪）

【专业管理】 动设备管理：开展机泵效能普查，委托专业机构进行现场检测，并编制检测报告，掌握现场机泵效能总体情况。开展振动处于“C、D”区机泵的专项整改工作，结合前期已开展的机泵能效提升工作，争取用 2 年时间，消灭振动处于 D 区的机泵，振动处于 C 区的机泵减少 50% 以上，机泵平均效率提高 10% 或达到国标能效 B 线。继续开展高危泵治理，根据集团公司“总经理 2 号令”持续开展“高危泵治理”和“泄漏专项治理”的要求和《炼化企业高危泵配置及运行管理指导意见》继续开展高危泵治理。

静设备管理：持续开展加热炉运行评价，加热炉运行水平稳步提升。2021 年共测试 11 家企业的 104 台裂解炉，加权平均热效率为 94.10%，提升 0.39 个百分点。针对南京市江北新区提出的

“超设计年限压力容器3个周期后加快更新”的说法，在扬子石化组织专家召开研讨会，结合“服役20年以上压力容器安全性与剩余寿命研究”，提出加强管理针对性措施。组织“乙烯‘三机’段间水冷器等关键换热器防腐蚀泄漏”课题研究，从初始设计、材质选择、制造加工、运行维护等维度进行全面、系统地调研分析，将提出设计、运行、检修策略等方面的指导意见。“使用15年以上超高压蒸汽管线检验与剩余寿命研究”课题有序推进，编制《在用高压蒸汽管道检验导则》，提出珠光体球化评级的建议。组织修订《炼化企业静设备预防性工作策略》和静设备定时性工作2.0版，并印发各炼化企业执行，提高了静设备专业管理水平。

电气设备管理：结合电气分委会工作，组建专家团队，建立工作机制，承接HSE体系手册，明确专业管理关注重点，建立专业安全KPI，检查监督专业运行水平。梳理完善管理制度，组织编制《中国石化炼化企业仪表供电管理指导意见》，研究制定电气能量隔离上锁的实施细则和GIS运行管理要点。落实反事故措施，通过“一把手连线”和事件通报，提高企业领导对电力系统平稳运行重要性的认识，贯彻落实国家能源局颁布的“二十五项反措”，紧密结合石油石化生产对电力系统的特定要求，研究制定反事故措施，提高发电厂、生产装置供配电及控制系统安全运行水平。组织企业开展电气运行操作纪律检查和系统隐患排查，要求企业开展电力系统运行风险评估，通过管理提升、隐患治理，提升电力系统可靠性。

仪表设备管理：开展LOPA分析和SIL验证工作，并结合装置经济性影响进行单点联锁治理。认真落实联锁仪表、联锁切断阀校验，会同工艺、电气专业做好装置开车前的联锁联校。做好SIS系统点检和状态监测，加强系统报警管理。加强工控系统安全防护，组织专家制定《炼化企业仪表控制系统安全防护基本策略》，督促各企业认真落实仪表控制系统安全防护治理工作。

空分装置专业化管理：按照中国石化对标世界一流管理提升行动的要求，组织编制《中国石化空分装置技术经济指标考评细则》，进一步强化空分专业管理，优化考核评价体系，落实空分装置对标提升。组织空分专业检查，从组织机构、运行要求、工艺技术、设备维护、经济性分析、资质和技能6个方面，制定详细的检查细则，以查促改，提升空分装置安全运行管理水平。

（方紫咪）

【设备大检查】 2021年的炼化企业设备大检查采取体系内审与传统设备大检查结合的方式，对8家第1批完整性体系建设企业进行体系内审，对13家设备完整性体系处于建设过程中或者尚未建设的企业进行传统设备大检查。在审核和检查过程中，针对提质增效、“百日安全无事故”专项行动、单点联锁改造、机泵能效检查、高压空冷、冷换设备、工艺环境和应急抢修演练等方面进行专项检查。

体系内审按5个专业、6个大要素，重点关注设备分级、缺陷管理、定时事务和预防性维修等工作的贯彻执行情况。传统设备大检查依照设备完整性管理体系要求，分8个专业，对6个专项进行重点检查。审核和检查共发现亮点320项、问题1 987项，提出建议356条。

在检查过程中，发现各企业普遍存在的一些问题，通过交流讨论，制定针对性措施。同时也收集各企业管理上好的方法和新技术应用的优秀案例，通过总结提升，在炼化企业进行广泛推广。

（方紫咪）

【技术服务】 针对大检修企业，开展技术服务。2021年，对茂名石化、燕山石化、上海石化、齐鲁石化、湖北化肥、海南炼化等企业的化工装置大修组织了技术服务，并对部分企业的关键设备故障，组织专家进行现场分析研讨，共同制订工作方案。通过开展技术服务，有效促进各公司设备运行管理和检修工作的开展。

组织专家进行现场或者视频研讨，分析宁夏能化液氧泵故障、扬子石化EVA反应器封头泄漏修复、湖北化肥乙二醇装置加氢反应器封头裂纹修复、湖北化肥煤气化装置气化炉环形空间超温、茂名分公司超高压蒸汽管道整体更换、宁夏能化110千伏电缆头故障、中科炼化EOEG装置换热器E-101运行风险评估、上海赛科公司硫酸回收装置废锅泄漏等问题，为下一步工作提供方向。

（方紫咪）

【设备信息化】 按照设备域信息化管理系统的总体思路，建设以总部和企业公司管理层为主体的业务管控与决策应用、以设备各专业运行层为对象的业务执行与管理应用。提供以设备模型为核心的涵盖设备主数据、运行数据、专业数据的一体化数据资产服务应用，完善以状态感知层为基础的设备预知预警和故障诊断能力。

通过大机组远程诊断及检维修策略服务中心对 10 家企业的 330 台机组进行在线监控，出具关键机组远程诊断月报 99 份，故障诊断报告 30 份，利用远程诊断系统全程监控，较好地协助企业完成故障诊断和开机工作。

炼化设备腐蚀管理系统的成功上线，有效监控管道、设备的腐蚀速率，提升预防性维修的质量和水平。

推进设备管理移动应用功能建设。通过该系统 App，操作人员手持移动终端即可实现缺陷登记、提报、处理、闭环等操作，提升缺陷处理效率；打通从通知单到工单到一般作业票到特种作业票的流程；提升日计划、周计划的准确性，减少临时作业。

（方紫咪）

【设备节能】 提升设备节能水平。调研设备节能技术应用情况，选择加热炉节能改造、机泵节能改造、保温保冷成熟技术进行推广应用。组织企业对照标准全面梳理节能项目，制订滚动计划，系统化开展设备节能工作。主动协调投资、物装、财务等部门，为设备节能项目快速立项，加快推进创造条件。

落实国家电气设备更新要求。根据“到 2023 年，高效节能变压器在网运行比例提高 10%”的要求，2021 年进行基础情况摸查，督促企业按照要求 2022 年、2023 年 2 年实施“能效提升”计划。

（方紫咪）

【专业培训】 加强人员培训，夯实专业基础。2021 年，根据企业的需要，举办装置检维修技术、动设备、静设备和化工仪表等培训班。通过有针对性的培训，培养了一批基础扎实、技术过硬的专业管理人才，在提升设备专业管理水平、提高检修维护质量和加强修理费管理等方面，起到良好的促进作用。

（方紫咪）

达标管理

【达标工作组织】 化工达标管理工作按专业、分装置组织开展，包含专业达标和同类装置竞赛。专业达标方面，2021 年涵盖乙烯、芳烃、有机化工、合成树脂、合成橡胶、合成纤维原料、合成纤维、碳一化工 8 个专业、27 家企业。同类装置竞赛方面，2021 年覆盖乙烯、芳烃、乙二醇、苯乙烯、苯酚丙酮、丁二烯、MTO、醋酸乙烯、高压聚乙烯、低压聚乙烯、线型低密度聚乙烯、连续法聚丙烯（分化工和炼油两类）、顺丁橡胶、SBS、PTA、聚酯、涤纶短纤维、丙烯腈、腈纶、己内酰胺、煤气化（分水煤浆气化和干粉煤气化两类）等 23 类共计 155 套装置。

（马国锋　牛克山）

【达标重点工作】 2021 年，化工板块认真贯彻落实党组决策部署，坚持“基础 + 高端”“化工 + 材料”战略，全力抓好疫情防控，持续推动攻坚创效，以实施对标一流管理提升行动为契机，深化专业达标和同类装置竞赛，发挥示范引领和“比学赶超”作用，调动企业、班组全员积极性，大力实施原料产品结构调整和装置运行优化，聚焦提质增效，着力节能降耗，提升精益管理水平，努力实现化工装置“安稳长满优”运行，有力推动化工板块向高质量、可持续发展迈进。

（马国锋　牛克山）

【专业达标】 侧重生产运行的经济性，主要以物耗、能耗、损失率等技术经济指标的价值量化为主，重点体现实际完成与年度计划的差值，采用价值量化方式进行专业达标核算，体现效益优先的专业管理思路。根据达标规则，企业发生上报集团公司 B 级以上安全事故，取消当年达标评比资格。2021 年，设置达标考核的 8 个专业中，乙烯专业 7 家企业达标，中韩石化视同达标；芳烃专业 4 家企业达标，洛阳分公司视同达标；有机化工专业 12 家企业达标，天津分公司、海南炼化视同达标；合成树脂专业 10 家企业达标；合成橡胶专业 4 家企业达标；合成纤维原料专业 6 家企业达标；合成纤维专业 5 家企业达标；碳一化工专业 9 家企业达标，川维化工公司、江汉盐化工视同达标。

（马国锋　牛克山）

【同类装置竞赛】 同类装置竞赛覆盖主要化工生产装置，以同类装置技术经济指标“比学赶超”竞赛为主，不同类型装置根据技术特点选取相应的考核指标，主要包括产量计划完成情况、物耗、能耗、损失率、非计划停工次数天数、长周期运行时间、产品质量、安全、环保及新产品和差别化等相关指标，通过同类装置对标改进推动整体竞争力提升。

2021 年，根据各类别装置考核规则和评分办法，共评选出优胜装置 43 套，其中天津石化、镇海炼化、中原石化，分获乙烯装置前 3 名，金陵石化、海南炼化、天津石化分获芳烃装置前 3 名，镇海炼化、中韩石化、天津石化分获乙二醇装置前 3 名，安庆石化、上海赛科公司、燕山石化分获苯乙烯装置前 3 名，高桥石化获评苯酚丙酮优胜装置，上海赛科公司 2#、镇海炼化、中韩石化分获丁二烯装置前 3 名，中原石化获评 MTO 优胜装置，上海石化获评醋酸乙烯优胜装置，燕山石化 2#、齐鲁石化分获高压聚乙烯装置前 2 名，中韩石化、齐鲁石化 2# 分获低压聚乙烯装置前 2 名，镇海炼化、天津石化、广州石化分获线型低密度聚乙烯装置前 3 名，燕山石化 3#、齐鲁石化、中原石化 1# 分获化工连续法聚丙烯装置前 3 名，长岭炼化、海南炼化、中韩石化分获炼油连续法聚丙烯装置前 3 名，燕山石化获评顺丁橡胶优胜装置，巴陵石化获评 SBS 优胜装置，仪征化纤 2# 获评 PTA 优胜装置，齐鲁石化获评丙烯腈优胜装置，仪征化纤 3#、仪征化纤 2# 分获聚酯装置前 2 名，仪征化纤 2#、仪征化纤 3# 分获涤纶短纤装置前 2 名，安庆石化获评腈纶优胜装置，石家庄炼化获己内酰胺优胜装置，中天合创、南化公司分获水煤浆气化装置前 2 名，中安联合、巴陵石化分获干粉煤气化装置前 2 名。

（马国锋　牛克山）

【创标树标】 镇海炼化深入践行绿色发展理念，坚持把“节能减排降碳”作为重点工作，成为中国石化唯一入选 2021 年度全国乙烯行业能效“领跑者”企业，在安全高效完成 1# 乙烯装置裂解气压缩机 GB-201 短停消缺的基础上，深入优化装置运行与技术创新，进一步推进能效提升；发挥“裂解炉裂解深度控制与实时优化软件”（APC+RTO）智能优势，不断提升装置运行效率；优化裂解炉运行模式，乙烷炉稳定运行超过 150 天，轻油炉和重油炉稳定运行 90 天以上，气体炉运行周期维持在 50—60 天，裂解炉运行周期进一步提升；首创应用裂解炉自动烧焦技术，单日可降低能耗 10.9 千克标油 / 吨乙烯；自主研发炉水采样器空冷翅片管，成功解决采样器冷却水外排难题，每小时节约循环冷却水 25 吨；采用新型材料改造裂解炉辐射段衬里，炉壁温度下降 40℃，完成 12# 裂解炉炉管改造，年节省燃料气 5040 吨。茂名分公司 2# 乙烯装置长周期运行达 71 个月，创系统内同规模装置最长运行周期纪录，实行关键设备预防性维修，攻克裂解气压缩机 CB-301 中压缸位移高等难题 20 多项，确保装置安稳运行；推行“炉长制”，每台裂解炉由车间领导、技术骨干承包，每日跟踪调整裂解深度等关键参数，有效降低裂解炉故障率，最长无堵管天数达 116 天；密切跟踪原料质量变化，优化操作减少塔顶物料跑损，及时解决分子筛末期失效影响装置产量等问题 10 多项。海南炼化入选 2021 年度全国对二甲苯行业能效“领跑者”企业，通过热媒水循环系统取代空冷器回收温度较低的工艺余热，利用产生的低温热水发电，实现全面回收低品质热量的突破，芳烃装置在电量自给自足的基础上，外输富余电量给其他装置；通过优化加热炉操作、优化火炬长明灯燃烧、合理配比燃料结构等手段，全年节省燃料气消耗 240 吨；充分回收蒸汽管网放空蒸汽，将放空蒸汽并入芳烃低压蒸汽发电机组用于发电，实现节能降耗和攻坚创效双赢。齐鲁分公司科鲁尔丙烯腈装置丙烯单耗下降 0.7%，创国内同类型装置丙烯消耗最低纪录，应用稳定性好、选择性高的新型催化剂，优化反应器操作条件，提高催化剂活性，把好原料质量关，优化原料丙烯质量。

（马国锋　牛克山）

计量管理

【计量管理与监督】 2021 年，化工板块积极贯彻落实国家计量法律法规，围绕中国石化计量工作要求和工作思路，以加强计量基础管理和监督为重点，应用在线校准、远程诊断、智能控制等先进技术，不断提高计量管理水平，推进中国石化计量业务高质量发展。组织专家对 17 家炼化企业进行计量大检查。按照《计量检查评分标准》，采取听情况介绍、查看资料、现场查验等多种形式，对计量管理架构、计量器具管理、计量数据与纠纷、计量培训和计量信息化建设等方面进行检查。组织召开计量仪表在线校准研究审查会，完成 14 个校准（核查）方法审查。

2021 年度，化工板块 6 人被授予计量管理先进个人称号。

（韩文旭）

中国石化 SINOPEC

境内炼化工程

综述 | 生产经营管理 | 技术创新 | 企业管理 | 安全生产

综　述

2021 年是“十四五”开局之年，也是炼化工程板块高质量发展迈上新台阶的一年。面对新冠肺炎疫情及行业变革等风险挑战，炼化工程板块坚持科技引领、创新驱动、价值创造、改革发展，多项经营指标创历史新高。

生产经营任务全面完成。积极应对市场形势，抓住机遇、精细管理、深化改革，全年累计实现收入 577.60 亿元、净利润 21.30 亿元，全年新签合同总额 631.50 亿元，各项生产经营目标全面完成。

重点工程保障有力。强化过程管理，全力保障集团公司重点工程项目顺利实施，项目质量、安全整体受控。

（刘红叶）

生产经营管理

【概述】 2021 年，全球疫情起伏、反复给集团公司工程建设保障能力带来巨大的风险和挑战。面对严峻复杂的形势，炼化工程板块坚持以习近平新时代中国特色社会主义思想为指导，坚决贯彻落实集团公司党组决策部署，坚持服从服务国家能源战略部署和中国石化主业发展，取得了来之不易的经营业绩。

（刘红叶）

【市场开发砥砺奋进】 2021 年，炼化工程板块积极发挥工程咨询业务优势，提前锁定项目，承担塔河炼化乙烯、洛阳石化乙烯、贵州能化 PGA 等项目的前期拿总工作，全年完成设计、咨询与技术许可业务新签合同额 59.20 亿元，增长 46.3%；新签咨询合同 375 个，半数以上转入工程实施。积极服务业主转型升级发展需要，签订海南炼化乙烯、山东 LNG（三期）等一批重大项目合同，进一步巩固市场优势。

持续深耕境内市场，签订多个大型合同，包括海南炼化一体化项目 EPC 总承包合同，合同金额总计约 95.06 亿元；温州液化天然气（LNG）接收站项目 EPC 总承包合同，合同金额总计约 33.64 亿元；山东液化天然气（LNG）接收站三期项目 EPC 总承包合同，合同金额约 9.81 亿元；川西气田雷口坡组项目脱硫站项目 EPC 总承包合同，合同金额总计约 23.15 亿元；博贺新港至茂名油品管道项目 EPC 总承包合同，合同金额总计约 20.40 亿元；北方华锦精细化工项目工程设计合同，合同金额总计约 6.26 亿元；中国海油大榭石化项目工程设计合同，合同金额总计约 3.03 亿元；宁波中金石化改造提升项目工程设计合同，合同金额总计约 1.54 亿元。

（刘红叶）

【重大项目顺利实施】 截至 2021 年底，镇海炼化乙烯扩建项目已中交并顺利开车；海南炼化一体化项目进入快速建设阶段，总体进度超过 70%；福建古雷炼化一体化项目已中交并顺利开车；中沙石化聚碳酸酯项目已中交，主要装置已顺利开车；温州 LNG 项目进入施工高峰期，总体进度超过 40%；天津 LNG 项目（二期）进入快速建设阶段，总体进度超过 60%；山东 LNG 项目（二期）已中交并顺利开车；浙石化舟山炼化一体化项目（二期）处于施工收尾阶段，总体进度超过 90%，部分装置已开车。

（刘红叶）

【工程服务保障能力不断加强】 2021 年，炼化工程板块克服疫情影响，强化项目资源统筹策划，全力保障项目平稳运行；加大重点工程项目建设协调力度，审查重大项目实施策划，保障项目各项工作风险防控有措施、有落实；以效益和进度为核心，实施进度偏差、收入偏差和预算偏差“三重预警”，及时纠偏、加强闭环管理；通过优化设计工作流程和专业分工界面，加强标准化、集成化；通过模块化设计、模块化建造，提高设计和施工效率。充分发挥“大兵团”作战的集团化优势和 EPC 统筹协调的一体化优势，全年执行项目 1 318 个，中交 776 个，未发生安全、质量、环保上报事故。

（刘红叶）

【持续强化分包商管理】 2021 年，炼化工程板块持续加强分包管理体系建设，对战略分包商 QHSE（质量、职业健康、安全与环境）体系运行有效性进行动态评估；持续加强战略分包商培育，保障项目建设质量、安全、进度、成本受控；对分包商资源库和分包商考核评价一体化管理，优化分包资源分配，降低分包管理成本。积极探索提升采购管理水平和采购效率，持续推进框架协议采购和集中采购。

（刘红叶）

技术创新

【概述】 2021 年，炼化工程板块发挥科技引领、技术先导优势，聚焦新能源、新材料、减碳提质增效、原油制化学品，加大创新力度。

（刘红叶）

【工程技术研发稳步推进】 2021 年，炼化工程板块新签各类技术开发合同 214 项、技术许可合同 72 项，各类工程技术创新紧密围绕集团公司战略发展及工程市场技术需求，重点科研项目稳步推进，关键核心技术攻关取得重要进展。

新能源及氢能领域，加快氢能全产业链技术布局和开发，承担中国石化多项氢能重大专项课题研究和工业应用示范，涵盖质子交换膜（PEM）及固体氧化物电池（SOEC）电解水制氢、绿氢及蓝氢制取、节能型烃及醇类转化制氢、有机液体储氢、氢气压缩及输送、氢气液化、非金属储氢容器研发等技术领域初步形成气能制取、储运及终端利用一体化研发布局，为公司全面拓展氢能业务提供技术支撑和保障；承揽的全球最大绿氢项目——新疆库车光伏制氢项目进入工程实施，鄂尔多斯和乌兰察布万吨级绿氢项目稳步推进；天津 3 000 米^3（标准）/ 时燃料电池用氢气纯化装置建成投产，河北崇礼西湾子等 3 座加氢站顺利投用，为北京冬奥委会提供氢能保障。

推进绿色发展的节能、环保技术开发方面，石家庄炼化柴油液相加氢装置分形强化传质技术成功应用，各项技术及节能指标全面优于研发目标；百万吨级乙烯配套含硫废碱液湿式氧化技术开发及工业试验在镇海炼化成功投产，各项技术指标均达到研发目标；100 米^3/ 时生物流化床处理 PTA 污水工业试验在上海石化投产并通过鉴定，有效推进石化企业绿色发展。

新材料领域，聚 α 烯烃润滑油（PAO）生产技术开发与工业应用成功投产，填补国内低黏度全合成高质量润滑油技术空白；金陵石化和茂名石化高端碳材料项目相继投产并生产出合格针状焦产品，为催化油浆的高价值利用开辟新的技术路径；享有“塑料黄金”美誉的国内首套 3 000 吨 / 年高等规聚 1 - 丁烯工业示范装置在镇海炼化顺利投产，标志着集团公司在高端合成新材料领域又取得一项重大技术突破；参与开发的碳纤维成功用于 2022 年北京冬奥会火炬“飞扬”的外壳，成功解决耐高温和冬季火炬传递采用金属外壳手感冰凉的难题。

传统炼油化工领域，参与开发的重油催化裂解技术（RTC）工业应用示范在安庆石化进展顺利，已成为国内众多炼油企业转型发展的首选技术之一；“气相聚丙烯产品 VOC 脱除工艺成套技术开发”已经在茂名石化及扬子石化完成实施，均实现技术开发目标，为聚丙烯产品的提质增效提供技术保障。

（刘红叶）

【专利申请与获奖情况】 2021 年，炼化工程板块完成新专利申请 681 件，其中发明专利 476 件，占比 69.9%，发明专利占比持续提高；新增获授权专利 422 件，其中发明专利 171 件。在科技创新及工程建设领域获省部级及以上各类科技进步类奖项共计 92 项（次），其中“复杂原料百万吨级乙烯成套技术研发及工业应用”获国家科学技术进步一等奖。获中国石化科技进步一等奖 6 项、二等奖 5 项、三等奖 4 项；获其他省部级科技进步特等奖 2 项、一等奖 6 项、二等奖 4 项；获国家级优秀设计金奖 2 项、银奖 1 项、铜奖 1 项。

（刘红叶）

【工程数字孪生应用新业态初具规模】 2021 年，炼化工程板块统筹推进炼化工程业务域顶层设计。落实“域长”负责制，规划设计 22 项关键业务、229 个重点任务实施方案。数字工程应用方面，加快工程建设全生命周期各环节体系与系统融合，中科炼化、镇海炼化、古雷炼化一体化等项目高质量数字工厂交付。执行数字化交付项目近 30 个。

（刘红叶）

企业管理

【概述】 2021 年，炼化工程板块治理水平稳步提升。坚持规范运作，强化公司治理，注重股东回报，加强与利益相关方沟通，扎实推进公司全面可持续发展。

（刘红叶）

【战略引领驱动高质量发展】 2021 年，炼化工程板块全面总结“十三五”成果与经验，深入分析面临的发展环境与机遇挑战，编制“十四五”发展规划，明确“创建世界领先技术先导型工程公司”的发展愿景，将“成为能源化工行业全产业链、全生命周期综合服务商”作为发展定位，将“工程创新和价值创造”作为发展引擎，将“价值引领、创新驱动、绿色洁净、人才强企、全球发展、融合共生”作为发展战略。

（刘红叶）

【体系建设全面提升管理效能】 聚焦管理体系建设，强化过程管理和风险防控，对标国际标准，建立基于风险思维、以流程标准为基础、强化过程管控的、与制度系统融合一体的管理体系。形成过程模块 24 个，编制业务过程控制流程 254 个，制（修）订管理制度 95 个，对提升管理能力、厘清管理界面、明确工作流程和标准具有重大意义。该体系于 2021 年底顺利通过劳氏管理审核认证，成为中国石油化工工程行业第 1 家通过该认证的上市公司。

（刘红叶）

安全生产

【质量安全环保管理扎实开展】 2021 年，炼化工程板块以体系审核、专项行动、整治提升为手段，全力推进 QHSE 管理体系的建设与运行，有效落实企业主体责任，取得疫情防控和安全生产双胜利。全年安全、质量、环保零上报事故；在疫情防控方面，境内始终保持“零感染”纪录。全年累计实现 2.95 亿连续安全人工时，安全生产保持良好态势。8 家企业获绿色企业称号，共获国家优质工程金奖 2 项、银奖 2 项，省部级及以上质量奖 21 项。

（刘红叶）

中国石化
SINOPEC

产品销售

天然气销售 | 加油（气）站产品销售 | 炼油自销产品销售 | 化工产品销售

天然气销售

【概述】 2021年，天然气销售板块认真学习党的十九届六中全会精神、习近平总书记视察胜利油田重要指示精神，聚焦“实现天然气高质量跨越式发展”目标，坚决贯彻集团公司党组决策部署，以迎接庆祝建党100周年为强大动力，以开展党史学习教育为重要契机，以强烈的政治责任感抓好天然气保障供应，以强有力的举措化解经营成本高企的困境，以毫不懈怠的精神抓实抓细抓严安全生产，以系统思维统筹推进各项重点工作，在压力下砥砺前行，在困境中奋力开拓，取得“量价兼顾、量效双收”的好成绩，实现“十四五”良好开局。全年经营天然气658亿立方米、增长14.9%。

（李广泽）

【市场销售实现新跨越】 紧抓国内经济有序恢复、“双碳”目标驱动市场需求增长的契机，及时调整经营思路、科学制定营销策略、持续优化市场结构，迅速稳住生产经营基本盘，全力打赢创效增效主动仗。①资源运作能力持续提升。在保证上游气田自产陆上气资源全产全销的基础上，加强与中国石油、山西国化、部分煤层气等企业合作，提升国产气的供应比例。优化中长约LNG进口，稳妥把控现货采购节奏，审慎开展套期保值，努力降低采购成本，海外资源运作水平得到显著提升。②市场创效能力持续提升。大力开展“奋战拓市增量、献礼建党百年”百日劳动竞赛，抢滩布局优质高效市场；动态优化市场结构、气液结构、资源流向，推动管道气顺价销售、液体高来高走，全面提升经营效益。全年新开发用户115家，市场销售范围扩展至全国25个省市，山东、江苏、浙江、广东等高端市场销量大幅增长，城市燃气、工业直供、燃气发电等优质用户群体进一步扩大。③终端开拓能力持续提升。按照“宜控则控、宜参则参”的思路，从支线管道、城燃项目股权收并购等方面，加大终端项目重点领域的开发，河南安阳华润股权收购项目、增资入股浙能集团城燃公司项目、深能燃控股权收购项目等20个终端项目成功落地，累计成立终端公司共30家，终端销气量和利润不断提升，终端市场竞争力初步显现。④市场保供能力持续提升。坚持“讲政治、顾大局、保民生”工作原则，全力保障供暖季、“两特两重”期间等市场稳定供应，收到地方政府感谢信函12封，得到国家有关部委、集团公司党组的充分肯定。在国家能源体系建设、天然气保供中的作用更加突出。

（李广泽）

【设施布局迈出新步伐】 紧扣高质量发展主题，锚定“十四五”发展规划，全力以赴推动一批具有前瞻性、长远性的重大项目成功落地，设施建设跑出“加速度”，项目谋划谱写出“新篇章”。①着力拓展资源供给能力。青岛LNG二期顺利投产，资源接卸周转能力提高至700万吨/年；三期一阶段实现应急投产。天津LNG二期完成5#、6#储罐气顶升作业，2号码头建成投用，首次实现LNG运输船舶夜航离港，年接卸能力由600万吨提升至1 080万吨。舟山六横LNG取得国家泊位指标批复。烟台龙口、广西北海LNG三期获核准并全面开工建设。江苏张家港LNG项目取得实质性进展，“气化长江行动”迈出坚实步伐。②着力扩大输配保障能力。山东南干线累计焊接443千米，提前72天完成年度计划目标。皖东北管道干线及皖北支线全线焊接突破148千米。广西燃气“县县通”工程有序实施。区域管道规划加快论证，山东东干线、贵州丁山页岩气外输管道、西北集气总站—轮南输气管道等项目前期工作取得重要进展。③着力提升储气调峰能力。坚决落实储气能力建设责任，统筹协调优势资源力量，提前完成4.23亿立方米年度储气能力建设任务。

（李广泽）

加油（气）站产品销售

【概述】 2021年，油品销售板块面对新冠肺炎疫情带来的严重冲击，发挥炼销一体化优势，始终坚持“量价兼顾、量效双收”，精准参与竞争，全力打好市场攻坚战。全年实现油气经营总量2.26亿吨，增长4.1%。

（高鸿娟）

【油气经营指标实现箭头向上】 境内成品油经营量1.71亿吨、增长2%，其中零售量1.14亿吨、增长1%。天然气经营量52.56亿立方米、增长5.1%，其中LNG零售经营量14.12亿立方米、增长21.3%。易捷服务基础品类营业额414.7亿元、增长8%，营业利润40.6亿元、增长8.5%。整体实现利润总额256亿元。

（高鸿娟）

【易捷服务品牌实现做大做强】 持续扩大品牌传播音量，易捷品牌价值达184.61亿元，为集团公司价值最高子品牌。推动造节营销，融合冬奥、东盟等元素，打造年货节、养车节、易享节等五大主题营销。加大自有品牌商品开发与销售，新开发自有品牌8个，自有品牌商品销售额111.2亿元、增长10%。搭建全国门店督导体系，形成标准、商品、营销等全链条闭环管理，促进门店经营管理质量提升，门店零售额增长8%。拓展服务新业态，新建汽服项目1 010座，累计建成8 993座，开展洗车业务站点汽油机出量较全国平均增幅高1.6个百分点。落地15万块广告媒体，其中联网加油机电子屏2 779块，广告营业收入增长12%。新增餐饮项目国际品牌站点12座、区域品牌站点236座，累计达1 340座，营业收入增长28%。

（高鸿娟）

【油气营销服务实现提质升级】 提高零售精准竞争能力，分区域实施差异化营销，大力推广“爱跑98”品牌汽油，实施十大服务触点管理，将加油服务“八步法”优化为“六步法”，推出加油站新形象、员工工装新标准，推动零售量效规模持续提升。优化分区域、分时段量价策略，把握市场整治、客户回流契机，扩大直分销规模。打通LNG直供渠道，开展LNG专项营销，扩大天然气销售规模。组建销售系统战略客户管理委员会，推进与能源、物流、汽车等行业头部企业的战略合作，实现优势互补、合作共赢。

（高鸿娟）

【市场经营环境实现有效净化】 多渠道反映非标资源、无票资源引发的市场乱象，推动国家层面轻循环油、混合芳烃、稀释沥青3项产品进口环节征收消费税政策落地，设置专项考核奖励，协调各级政府全力开展“打非治违”，配合16个省、91个地市政府推广使用加油站涉税数据云平台，分享地方检察系统公益诉讼、危险作业罪案例等经验做法，有效遏制醇醚烃非标资源、互联网配送平台、撬装站等违规经营势头，促进市场环境持续改善。

（高鸿娟）

【终端营销网络实现发展升级】 坚持存量与增量两手抓，奖罚并举，完善项目全过程管控，新投营加油站1 022座，完成计划的126%；按照提量提效优先、隐患治理优先，完成加油站改造1 740座；增加油库库容54万立方米，完成脱瓶颈项目14项、调容7.5万立方米。紧盯LNG重卡需求，制订完善“七纵九横”加气走廊发展规划，加大LNG加气站建设投营力度，建成201座、投营160座。组建互联网运营中心，完善统一App、会员体系、易捷商城等顶层设计。统一流量入口，17家企业完成自建App融合切换，“加油中石化”App注册会员超3 000万人，“我要买油”App注册客户超11万家；统一会员权益，实现积分跨省通存通兑；统一营销方式，加快一键加油、易捷到车、石化钱包、电子加油卡等推广应用；全渠道会员达2.2亿人。推行加油站站级一体化业务一屏操作，一键班结已覆盖2万余座加油站。

（高鸿娟）

【海外油气销售实现巩固提升】 香港公司立足本港

迈向海外，实现利润 8.45 亿元、经营量 1 912 万吨，其中成品油零售量增长 21.4%。燃料油公司发挥产业链优势，开拓保税船燃市场，实现利润 3.3 亿元、经营量增长 5.9%，其中低硫船燃经营量增长 27.4%，国内市场占有率 44%，位列第一。

（高鸿娟）

炼油自销产品销售

【概述】 2021 年，中国石化自销产品主要由炼油销售公司、化工销售公司、润滑油公司及燃料油公司等专业化公司统一销售。充分发挥中国石化的一体化经营优势，以资源优化、渠道优化、产品细分及客户服务促进市场开拓，实现自销产品的扩量增效。

（王新军）

【润滑油】 2021 年润滑油脂经营总量完成 146 万吨、增长 11%，销量增加 13.91 万吨。产品结构持续优化，高档产品销量增长 16%，实现降本减费目标超亿元。参与制定国家及行业标准 20 项，《氢燃料冷却液》等新标准填补国内市场空白，打破国外品牌在细分领域的垄断。推进国产化替代，获民航局首张润滑油领域标准符合性认证，开发新能源汽车配套油冷电机变速箱油、免维护润滑脂等高端新产品，在风电、机器人等领域实现量产应用。积极拓展绿色基础油资源推广应用，系统内用户绿色包装使用率超 80%。围绕“一带一路”建设，加快中资企业海外项目配套，深化系统内企业海外业务协作，开发法国达飞轮船等知名海运集团。与斯凯孚、舍弗勒、纳铁福、布卡等国内外行业领军企业开展技术领域战略合作，取得曼（MAN）、赛威传动（SEW）等行业龙头技术认可 191 项，海外销量增长 44%，新加坡公司实现项目达产。

（王新军）

【燃料油】 国内保税船供油业务实现新跨越。服务集团公司产业结构调整、促进炼厂效益提升取得较好成效，低硫船燃“全产全销”在巩固中优化，全年生产 662 万吨、增长 45.8%，占全国生产比重的 57%，完成国家配额的 95%，物流吨油成本降低 3 美元。打赢市场保卫战，国内市场占有率 44%。开展“海上流动加油站”品牌建设，开发船供油操作 VR 仿真培训系统，规范化服务水平得到提升。全年保税油实现经营量 970 万吨、增长 20%，终端配送 902 万吨、增长 27%；配送 1.15 万船次、增长 15%，争议率下降 44%。内贸业务实现新突破。常态化访企业、送服务、拓业务、创效益，推行“供原料换产品”模式。推行“岸基库 + 配送船”“水上站 + 互联网”“撬装站 + 定制式”等经营模式，开展“燃润组合”营销。打造的全国首座水上绿色综合服务区投营，建成盛港、海明综合加能站，首开集团公司在东北油气氢电服“五位一体”综合加能站建设先河。全年内贸实现经营量 702 万吨、增长 28.6%。

（李俊春）

【其他自销产品】 2021 年经营总量完成 3 730 万吨。①商情分析实现新进展。成立公司商情团队，定期召开商情分析会，开展专题分析研究，准确分析和把握市场走势，优化销售策略，实现“跑赢大市，优于同行”的目标。②“两个服务”展现新作为。在“服务企业”方面，坚持落实保畅保供责任。坚持全产全销，确保后路畅通。通过积极开拓市场，加强库存管理，液化气、石油焦、沥青、石蜡等产品产销率均达 100%。镇海炼化、青岛炼化、扬子石化等多家企业沥青出厂量均创年度新高，茂名石化沥青销量连续 6 年超百万吨。紧抓企业需求，落实资源供应。液化气充分满足企业需求，加强饱和气互供；异辛烷优化资源供应，不断降低采购成本，全年外采异辛烷均价低于市场价 159 元 / 吨。在“服务客户”方面，完善客户分级服务体系，制定标准化服务流程，客户忠诚度和满意度实现双提升，其中客户满意度达 93 分，处于行业领先水平；硫黄全力抓好化肥企业的稳价保供工作，彰显央企担当。③高端产业迈出新步伐。紧盯高端材料领域，推进针状焦拓市工作，积极协调解决针状焦产品产销矛盾，努力将中国石化针状焦向高端负极材料、石墨电极市场推广，全年开发新客户40余家，与贝特瑞及方大碳素等行业内龙头企业达成合作协议。销售金陵石化和茂名石化1号、2A针状焦产品增加11.2万吨，销售均价高出系统内石油焦产品合计均价1 901元/吨，创效近2亿元。④自营工作取得新成效。进一步加强自营管理，提高自营质量。8月修订《炼油销售公司自营产品经营管理办法》，自营业务实现连续4个月增量，全年自营量超过奋斗指标29万吨，创效近1.1亿元。其中，液化气全年开展库存经营创效2 687万元；石油焦积极开展置换工作，全年置换量增加25万吨，创效2.1亿元；硫黄全年开展高质量自营，单位毛利超70元/吨；异辛烷全年开展库存经营单位创效近636元/吨；石蜡挖掘差异化产品，实现自营量翻番目标。⑤物流优化挖掘新优势。推动液硫营销模式由“交易”向“交付”转变，实现液硫全面配送，增大了市场控制力，规范了安全管理。全年液硫配送量占比提升至总量的43%，创效1 240万元。深化与铁路局合作，推进“绿色物流”建设，践行“低碳承诺”，通过铁路运价合作项目发运产品创效1 962万元。

（王新军）

【品牌建设】 润滑油公司围绕大国品牌、高端品质、绿色科技三大核心形象，通过四大核心营销战役，提升长城润滑油品牌市场竞争力和公众影响力。在具体的营销活动中，追求广告和公关合力，打破品牌和市场界限，实现相互赋能，相互推动，实现品牌力和产品力的同步提升。①继续强化品牌航天基因，夯实大国重器背后隐形力量的独特身份。分别于6月和10月在神舟十二号飞船和神舟十三号飞船发射之际，为神舟飞船全程提供润滑保障，同时在线下组织航天助威团、线上组织媒体传播，实现对大国重器品牌形象的持续塑造。②深度推动洁净冬奥战略实施，传播绿色科技形象。通过洁净冬奥战略发布会、与合作伙伴合作形象店、焕新产品包装等形式，实现渠道、产品、供应链的全打通。同时结合高铁、公交、媒体广告投放，展现出企业在绿色科技、环保担当、企业责任等方面的整体实力。③绽放国家级媒体，深度传递厚重的品牌历史。在央视2套播出的百集微纪录片《信物百年》中回顾了长城润滑油产业报国的不平凡历史。通过中央电视台的国家级媒体平台，长城润滑油实业报国、家国情怀的品牌形象得到充分展现。④紧跟低碳化浪潮，用全新产品和技术服务新产业。组织召开新能源技术和系列新品上市发布活动。通过长城润滑油官方视频号和抖音2个平台同步播出，通过多形式、多渠道扩散传播，实现对新能源汽车行业的首次重点营销。长城润滑油在北京冬奥中受到广泛关注，斩获2021年度责任品牌奖，进一步塑造“高科技、高品质、国际化”的大国品牌形象。

炼油销售公司继续加强“东海牌”沥青品牌建设，2021年“东海牌”沥青品牌价值达14.6亿元，增加2.2亿元，品牌市场影响力进一步得到提升。成功举办“东海牌”沥青冬奥品牌推介活动，对中国石化“东海牌”沥青进行有力宣传。发挥“东海牌”沥青质优量稳的优势，加大重点工程项目中标力度，全年通过授权中标各省、地区的新项目共45个。直投项目“长临高速项目”获2020—2021年度（第2批）中国公路交通行业最高质量奖“李春奖”。国际业务打通新流程，为统筹协调“两个市场”，打造“国际驰名”专业化销售公司，于3月全流程打通上海子公司沥青出口业务。全年沥青出口至8个国家，营收增加1.2亿元，销售价格上涨336元/吨。

（王新军）

化工产品销售

【概述】 2021年，化工产品销售积极拓市扩销、强化综合服务、系统全局优化、深化战略合作、全力防控风险、稳步推进改革，抢抓化工市场有利时机，圆满完成各项目标任务，为集团公司化工和材料板块及“十四五”良好开局作出积极贡献。

（武　晶）

【服务生产企业】 面对疫情多点散发、化工市场震荡起伏，坚决履行主责主业，密切产销衔接，拓宽企业后路，保障了生产装置高负荷运行下的产品后路畅通。深化“一企一制”，与生产企业详细对接，强化超前服务意识，提前谋划市场布局，精心组织互供保供。创新联合生产企业每月召开“联合经营分析会”，建立高层次常态化交流机制。提高应急服务能力，迅速组建应急运行团队，密切衔接企业、客户，优化跨区资源投放，实现装置检修、意外停工期间原料平衡及产品出厂。紧盯疫情防控形势，履行服务保障之责，统筹调配内外资源，快速响应、靠前指挥，及时帮助生产企业应对突发疫情，解决物流困难，多次化解原料断供、产品堵库风险。

（武　晶）

【服务客户】 坚持“以客户为中心”的经营理念，站在客户角度想问题、定政策，持续提升全员服务意识和能力，第三方客户满意度同比提升并高于行业平均水平。高规格、高标准首次举办行业前三战略客户座谈会，与战略客户共谋行业未来之势，共商合作共赢之策。加强战略客户系统化管理与服务，提供从生产研发到加工应用全方位、全流程、全天候服务。做实“一户一案”，全年多次召开客户座谈会，联合生产企业走访客户，提供涵盖产品质量、包装物流、金融协同等成套服务方案。充分运用信息系统，开展大数据分析画像，利用信息手段收集客户需求，提高解决效率。提高 95388 客服中心标准化服务水平，高效受理电话、邮件咨询。

（武　晶）

【系统优化】 深入开展系统优化，坚持以系统优化为抓手，坚决打破区域壁垒和条线围墙，从市场运作、互供保供、物流运作等方面狠抓深度优化，全力提升经营管理水平。以市场为导向，助力生产企业充分发挥装置优势特点，引导优化排产满足市场需求。统筹优化资源配置，千方百计帮助企业降本减费，成功打通裂解汽油直供物流服务全流程。加强大势研判和市场预测，稳价推价应对行情波动，积极维护国内化工产业链健康稳定发展。以满足客户多样化需求为导向，高质量开展自营贸易业务，持续提升自营直采、直销比例。

（武　晶）

【高质量经营发展】 应对行业产能快速增加带来的市场影响，积极主动寻求同行合作，共同维护国内化工市场健康有序稳定向前发展。创新战略客户项目团队运行机制，战略客户数量、产品种类、业务总量实现“三增长”。积极推动顶替进口和新产品研发，成立多个产销研用（MPRC）工作小组，开发推广多个合成树脂、合成橡胶新产品，提升三大合成材料新产品专用料比例，进一步增加顶替进口品种数量。依托中央企业劳模创新工作室，优化生产企业合成树脂装置产品结构，引导开发出光伏、预涂膜、发泡、热熔胶、电缆料等领域中高端产品。积极践行绿色低碳，带动上下游主动应对减排“双碳”、能耗“双控”，聚焦低碳高性能新材料发展，完成多篇专题研究报告，积极开拓可降解材料市场。

（武　晶）

【电商平台】 加快打造“石化 e 贸”电商生态圈，不断探索向“平台 + 支撑、线上 + 线下、产品 + 服务”电商新模式转型。完善线上营销模式和服务功能，打造数字化、标准化、智能化电商平台。发挥“石化 e 贸”平台服务支撑功能，加快数据整合、联通及可视化，建立线上需求反馈和沟通渠道，为新产品开发、产品质量提升、企业优化排产、产业链合作等提供支持。进一步完善运营、客服两大关键职能，加强金融和物流服务两大功能，为客户提供多样化价值创造和服务模式，改善用户体验。

（武　晶）

【定制化销售服务】 发挥中国石化生产、销售、研发一体化合力，提供产品定制化服务，根据不同客户需求定向开发合成树脂材料。构建快速响应的技术交流机制，联合生产企业、科研单位成立攻关小组，推动合成橡胶产品顺利满足客户个性化需求。提升直销客户精细化服务，全力稳定生产保障供应，优先保障生产型客户需求。

（武　晶）

【风险防控】 全面梳理制度体系，以适用性和有效性为前提，全力构建系统完备、科学规范、运行有效的制度体系，有效发挥制度规范和约束作用。建立重大重要风险常态化管控机制，动态监控交易对手经营状况，坚决防范货权及交易对手风险。采取信用保险、银行保函等手段，有效防范信用风险。压实商品类金融衍生品风控责任，强化货币类金融衍生品汇率风险防范。建立完善风控信息化系统，提高风险监控质量效率。牢固树立安全环保红线意识，保障了庆祝建党100周年等特殊时期安全平稳运行。

（武　晶）

中国石化 SINOPEC

资本和金融业务管理

【概述】 截至2021年底，资本和金融板块企业包括中国石化集团资本有限公司（简称资本公司）、中国石化财务有限责任公司（简称财务公司）、中国石化盛骏国际投资有限公司（简称盛骏公司）、中石化保险有限公司、中石化保险经纪有限公司、上海浙石期货经纪有限公司（下设中石化朝阳风险管理有限公司），以及参股公司太平石化金融租赁有限责任公司、实华国际租赁有限公司；负责集团公司、股份公司出资的财务性股权投资项目管理。

2021年9月，经集团公司党组会、董事会批准，资本和金融事业部牵头筹建中石化产融控股有限公司及中石化产融数字智能科技有限公司、养老金管理有限公司，探索资本金融业务专业化、集约化管理。

2021年度，资本和金融板块实现营业收入139.58亿元，较上年下降8.72%；利润总额58.30亿元，较上年下降17.35%；净利润44.10亿元，较上年下降24.39%。截至2021年底，资本和金融板块企业资产总额5 686.63亿元，较上年增长5.22%；所有者权益704亿元，较上年增长5.25%。全年未出现重大风险和违规事件，实现整体风险可控。

（霍宏涛）

【产业金融服务和保障能力持续增强】 资本和金融事业部层面完成《资本和金融企业风险管理办法》修订工作，进一步提升制度的科学性和可操作性；完成年金业务管理办法等修订工作，以规范投资行为，防控决策风险。企业层面注重优化完善制度体系，累计完成制度“立改废”150余项，进一步提升对业务的制度保障能力。为提升服务和支撑石化主业的能力，积极对接联合石化、油品销售企业、燃料油公司、化工销售公司、国际事业公司等企业，围绕主业企业金融需求开展业务拓展和业务创新。产融数智平台上线集团公司首个金融交易类数据平台和互联网征信、风控服务平台，提供5个征信产品、264个规则模型，开展嵌入式服务；建设企业和个人客户统一线上支付平台，服务28万名党员党费缴纳；打造集团数字人民币金融基础设施，支持冬奥会落地应用；统筹开展互联网保险等金融产品合作，防范业务合规风险；升级员工年金养老平台，实现年金查询服务13.8万次，提供惠民服务。积极履行资本金融数字化转型“域长”责任，完成组织体系搭建、专家团队组建、需求梳理、标准制定等工作。年金业务面对复杂市场环境，坚持稳健投资，加强风险管控，优化年金运营，年化投资收益率5%，在特大型企业年金管理中名列前茅。

财务公司建立跨境“本外币一体化”资金池、获批代理远期外汇交易资质、首次开立海关税款总担保保函、试点加油站现金收款卡、办理首笔“京绿通”再贴现、开办票据逆回购业务，金融创新取得显著成效，满足不断增长的企业服务需求。盛骏公司大力压降企业结算、信用证和保函手续费，利用BMG资金池解决跨国资金流转，首次开立加油站政府履约保函，帮助企业办理特定国家信用证，解决企业资金运营管理中的“急难险重”问题，境外金融业务集约化优势得到有效发挥。保险业务首次实现安责及环责险统保；克服高赔付率及市场承保意愿低的困难，完成2021年度集团巨灾险和综责险续保。期货业务着力提升服务能力，配合总部提供培训、交割、方案设计等专业服务，加强对联合石化（亚洲）、化工销售公司、燃料油公司的衍生品代理服务，探索商储公司、炼油销售公司等风险管理业务创新合作模式。

（霍宏涛）

【有效发挥产业资本孵化和撬动作用】 根据《中国石化投资管理办法》，全面征求各部门和企业意见，制定并下发《中国石化资本和金融企业投资管理实施细则》，为进一步规范资本和金融企业投资业务管理打下坚实基础；各企业根据集团公司和事业部的投资管理制度，制定和完善企业层面的投资管理办法；总部—事业部—企业3个层级的投资管理制度体系初步建成。2021年1月5日，将集团公司持有的央企结构调整ETF基金剩余份额全部售出，共计回笼资金18.01亿元，新增利润2.61亿元。至此，事业部通过资本市场成功处置2只ETF基金，共计为集团公司回笼资金44.72亿元，新增利润5.96亿元。

资本公司聚焦五大领域加速推进投资工作，助力集团公司转型升级，推动实现“双碳”目标。直投方面，投资上海舜华和中鼎恒盛，布局氢能领域；投资江苏美科，布局太阳能光伏领域；投资朗泽科技，布局生物合成学领域；投资满帮，布局大数据平台应用领域；投资京博农化和先导薄膜，布局关键材料领域。基金方面，完成恩泽基金二期缴款，恩泽基金提交投决项目 10 个（通过 10 个），交割金额 6.1 亿元，分别布局新能源、新材料和先进制造领域。

（霍宏涛）

【扎实推进深化改革、管理提升工作】 着力推动企业高质量落实国企改革三年行动方案和对标世界一流管理提升工作。组织召开深化改革管理提升专题研讨会、工作推进会，组织企业开展“走进五矿”“走进北大”对标提升战略研讨会等多项活动，有力推进各项措施落实落地。

资本公司建立完善职业化用工模式，按照相关制度对不能胜任岗位职责的部门负责人和员工进行调整，形成鲜明的能力导向和业绩导向。财务公司在全部分公司试点推进经理层任期制和契约化管理工作，突出经营业绩和刚性奖惩的新型经营责任制。研究修订全员考核评价管理办法，以价值创造为导向，推动薪酬分配向作出突出贡献的人才和关键岗位倾斜。

截至 2021 年 12 月 31 日，资本和金融企业深化改革举措完成率达 83.6%，对标提升行动举措完成率达 70%。

（霍宏涛）

【一以贯之做好廉洁建设和风险防控】 ①开展廉洁风险排查。按照集团公司党组领导有关批示要求，对资本金融和支持板块企业开展廉洁风险全面排查，共梳理出 9 个方面 463 个廉洁风险点，督促企业制定风险防控措施 2 419 项。②风险管控体系整改提升取得成效。全力抓好集团公司风险管控体系诊断自查和落实整改工作。事业部对整改事项逐项安排，定期跟踪，确保按计划推进。各企业针对诊断自查问题，均制定提升工作任务、措施和时限，按短、中、长期目标分别推进实施，风险管控能力得到有效提升。③风险偏好体系搭建取得进展。积极推进风险偏好体系搭建工作，明确展业创效总体风险策略。事业部先后两次组织相关企业，针对风险偏好体系建立健全工作进行座谈和讨论，确定总体工作思路和工作步骤。各企业积极行动、努力探索，体系搭建工作取得初步成效。④内控有效性提升行动积极推进。持续提升内控有效性和执行力，打牢业务风险防范内控基础。事业部层面积极做好内部控制点测试及季度报告编写工作，并及时修订下发《权限指引》，明晰决策事项，明确权责主体。企业层面按要求按时完成年度内控手册修订更新工作，确保满足内外部管理要求和体制机制变化。⑤风险管理工具和方法不断创新。积极创新风险管理手段，提高风险管控专业化水平。事业部统筹部署风险预警指标建设工作，定期对行业监管风险指标的运行进行监测，并形成监控简报，加强风险分析及预判。多次组织指导所属企业开展个性化风险预警指标建设工作，形成具有各自业务特征的预警指标 16 项，并深化日常应用。⑥风险排查及应对处置逐步深入。充分利用风险排查手段，及时掌握应对风险隐患。针对股权投资项目、金融投资业务、金融服务业务等重点领域，事业部多次组织企业开展专项风险排查工作，对已暴露的风险事项及潜在重大风险进行详细摸排和评估，有针对性地向各企业提出明确的应对和处理意见，实施对重大风险的重点管控。各企业加大风险排查力度，积极开展资金业务、金融衍生品业务等专项检查，并认真开展整改工作。⑦合规管理体系建设稳步推进。事业部和各企业注重强化合规意识，推进合规体系建设，确保不触碰合规底线。

（霍宏涛）

【突出政治引领、推动党建质量新提升】 以党史学习教育为主线，统筹抓好党的建设各项工作，持续推动党建政治优势转化。扎实推进“在完善公司治理中加强党的领导”相关要求在各企业落实落地，规范履行党委议事决策、前置研究等职责，持续推动“党建入章”。抓基层打基础，重点推进党建与业务融合互促。

（霍宏涛）

中国石化 SINOPEC

国际化经营

综述 | 对外经济合作 | 国际贸易 | 外事管理

综　述

2021年，新冠肺炎疫情继续肆虐，全球化进程发展动力不足。集团公司始终牢记初心使命，深入学习习近平新时代中国特色社会主义思想，以开展党史学习教育为契机，扛牢责任、奋力攻坚，持续推进各项对外合作工作、抓实抓细境外疫情防控、切实防范境外投资风险、深化对外交流营造良好合作氛围，扎实推动国际化经营迈出新步伐。

（戚　鸣）

对外经济合作

【境外油气勘探开发】 2021年，境外油气勘探开发坚持效益导向，持续攻坚创效，高度重视投资回报，持续强化现金流管控，深化成本控制，进一步拓宽销售增效渠道，推进资产结构优化。

全年完成三维地震采集1 799平方千米、探井和评价井28口，在安哥拉、埃及和俄罗斯获1项勘探突破、8项勘探新发现和1项勘探新进展。围绕深海、非常规等重点产能建设阵地，加强综合地质研究，推动储量优快动用，完成权益产能建设292万吨，超出计划目标。深挖老区效益开发潜力，对31个油田持续开展油藏精细描述，编制加密、注采调整方案，加大工程技术创新应用，有效降低老区自然递减率。新项目开发和低效无效资产处置取得突破，中标伊拉克曼苏里亚气田项目，完成安哥拉28勘探区块签约，成功拿下俄罗斯UDM公司丘德尔油田扩边资产，重点运营项目获得实质性进展。

截至年底，在全球23个国家投资46个油气勘探开发项目，初步形成油气并举、海陆兼顾、常规非常规多样化的总体境外油气布局。

（徐　晓）

【境外石油工程技术服务】 2021年，境外石油工程统筹抓好生产经营和疫情防控两大任务，着力拓市场、稳经营、创效益、严管理，海外市场整体呈现企稳向好、拼搏向上的良好态势。准确把握市场机遇，井筒、物探、地面三大业务逆势上扬。攻坚克难力保生产，在建项目高效运行。精耕细作重点市场，重点项目贡献突出。全力守住两条底线，安全生产和疫情防控平稳有序。着力提升管理水平，保障服务支撑扎实有力。在沙特、科威特、厄瓜多尔、墨西哥、乌干达、哈萨克斯坦等多市场多领域取得优良经营成果和业务新突破。

截至年底，在35个国家执行石油工程技术服务合同339个，合同总额169.7亿美元。全年新签合同额20.2亿美元、超计划完成，完成合同额14.4亿美元。

（徐　晓）

【境外炼化合资合作】 全面强化项目机会研究和投后管理，与全球合作伙伴构建更加紧密的战略合作关系。在全球5个国家参与投资8个炼化、仓储项目，总投资约117.71亿美元。拥有境外炼油能力750万吨/年、仓储能力136万立方米、润滑油脂生产能力8万吨/年、丁腈橡胶生产能力1.05万吨/年。

（靳楚楚）

【境外炼化工程技术服务】 努力克服疫情影响，炼化工程板块积极办实事、开新局，境外市场开发成效显著，项目执行稳步推进。截至年底，在15个国家执行炼化工程项目57个（共计105个承包合同），执行合同总额59.90亿美元。全年，完成合同额6.84亿美元，新签合同额15.45亿美元（含税）。

（靳楚楚）

【境内国际合资合作】 响应更高水平对外开放和“稳外资”要求，积极推动境内重点国际合资合作项目落实。与英力士签署战略合作备忘录，推进境内炼化资产引入战略投资者等一揽子合作项目。进一步扩大现有合资公司合作，与利安德巴赛尔合作设立第2套环氧丙烷/苯乙烯合资公司，并于2021年底实现装置一次投料开车成功。批复同意扬巴公司开展2.8期扩建项目，在国内首次引进丙烯酸叔丁酯产品，推动石化产业向高端化、差异化发展；收购中信港口投资有限公司所持江阴恒阳化工储运有限公司49%股权，发挥江阴恒阳资产与中国石化沿江企业的协同效应，推动化工销售公司实现仓储物流网络设施布局的战略目标。

（靳楚楚）

国际贸易

【概述】 持续加强与产油国、供货商的战略合作，努力从全球获取高性价比原油资源，确保稳定能源供应。2021年，油气国际贸易经营总量3.81亿吨，增加1 295万吨，增长3.5%。原油经营量3.42亿吨，增加965万吨，增长2.9%，其中进口2.28亿吨，增加1 856万吨，增长8.9%；第三方贸易1.14亿吨。成品油出口1 468万吨，减少162万吨、降低9.9%。

做好LNG资源统筹优化，加大资源获取力度，全力提升资源保障能力，与卡塔尔能源签署200万吨/年 ×10年、与美国维吉公司签署400万吨/年 ×20年的2个LNG长约；全年进口LNG 2 075万吨，增加329万吨，增长18.8%。

全年，化工品境外贸易额42亿美元，经营总量540万吨。设备材料、其他炼销副产品及化工品等国际贸易规模13.7亿美元。催化剂境外贸易额7 921万美元，经营总量25 350吨、增长7%，实现逆市上扬。润滑油境外贸易额总计3.14亿美元，经营总量17.78万吨。易派客国际站交易金额210亿美元，增长45%。

（靳楚楚 徐 晓）

外事管理

【重要外事活动和对外交流】 2021年，集团公司全力配合并服务好国家总体外交和公司对外交往。集团公司领导出席联合国全球采掘业圆桌会议、博鳌亚洲论坛、中美工商领袖和前高官对话、第二届“一带一路”能源部长会议、第四届进博会中国石化主题论坛暨签约仪式等重要国际会议和主场外交活动；参加完成世界地热大会主办权交接工作，积极参与终止塑料废弃物联盟（AEPW）、世界可持续发展工商理事会等国际机制，提升企业在能源绿色低碳转型大背景下的对外形象和影响力。克服疫情对国际旅行的限制，集团公司领导与资源国石油公司、国际知名石油石化公司、金融机构和设备供应商高层通过线上会议或访问其驻华机构等方式保持高频交流，加强与埃克森美孚、壳牌、雪佛龙、沙特阿美、沙特基础工业、阿布扎比国家石油、马来西亚国家石油、英力士、西布尔、斯伦贝谢、贝克休斯、帝国理工大学等公司和学术机构的战略互动与合作交流。全年共安排集团公司层级对外交往活动111场，其中公司领导亲自参与活动47场。指导驻港机构做好香港地区社会工作得到国务院国资委高度肯定；做好两岸企业家峰会能源小组办公室日常工作，筹备举办古雷石化项目投产仪式，助力海峡两岸石化界合作。

（戚 鸣）

【因公出国（境）管理与服务】 2021年，围绕中心工作服务国际化经营。因公出国（境）领域持续推出“放管服”和“我为群众办实事”实招新招，确保公司国际化经营团队“出得去、出得快、出得顺、出得安全”。成立中国石化外事工作领导小组，由国际合作部承继原外事局的出来访外事审批权获外交部批准，进一步理顺外事工作体制机制。修订印发《中国石化因公出国（境）管理实施细则》《中国石化因公出国（境）证照管理办法》，将便利化政策措施固化进制度，将新的管理要求植入工作流程。强化外事工作基础，升级改造外事综合应用系统，改革创新远程外事教育新模式，开发引入因公出国（境）辅助办公 App，收集发布各国出入境管制措施和航班航线信息。通过增加“一审多次”目的地国家（地区）、延长“一审多批”在外停留时间、提升须公示人员层级和调整人员审批《备案表》有效期等措施减轻企业报文负担；通过放宽证照和总结收缴及购汇和报销的工作时限，探索团组领结汇新方式，为企业大幅节省差旅成本和时间成本。统筹疫情防控和复产复工需要，邀请 189 名外国专家访华，为合资合作项目提供服务和保障。

（戚　鸣）

【境外公共安全管理】 2021 年，集团公司境外公共安全工作坚持“以人为本、预防为主、安全发展”理念，持续推进预防性境外公共安全管理。突出境外疫情防控、保障安全稳定工作主线，持续完善境外公共安全管理体制和运行机制，不断加强风险评估与控制、风险防范与保障、应急处置与救援等工作，连续第 14 年保持境外公共安全“零死亡”纪录。

突出实效，持续加强境外疫情防控。面对严峻复杂的境外疫情，及时调整防控重点、强化防控力度、优化防控措施，严格落实“3345”工作方针，持续加强以常态化疫情防控、物资供应及后勤保障、疫情事件应急处置、衍生风险防范、人员倒班轮休和员工队伍稳定等内容为主的境外疫情防控体系建设，狠抓跨境流动人员前端、远端防控和疫苗接种等重点环节，强化境外医疗保障和应急能力建设，严格视频巡检和监督检查，统筹推进境外疫情防控和业务开展。2021 年，公司境外机构项目未发生聚集性感染事件，境外中国籍员工新冠疫苗接种基本实现全覆盖，并通过包机、联合包机和商业航班等多渠道实现境外员工倒班轮休，有效保障国际化经营平稳运行。

努力做好新形势下境外公共安全工作。高度重视境外疫情持续蔓延形势下的安全风险防范，狠抓境外公共安全管理不放松，持续完善境外公共安全管理制度体系，制（修）订《中国石化境外公共安全管理办法》等多项制度及相关配套文件，积极组织境外公共安全培训，及时拓展新冠肺炎医疗保险，组织“极速问诊”视频医生服务，持续推进安全风险排查和应急能力建设，全力开展应急处置工作，加强风险信息收集和分析研判，统筹推进国别风险提示和安全风险预警。

大力推进员工身心健康管理工作。持续加强境外员工身心健康管理，开展境外员工身心健康管理专项研究，完善境外人员保险和医疗保障，制定境外员工“1+4”管理制度，提出加强和改进境外员工身心健康管理措施，搭建境外员工身心健康管理与服务信息平台，有效提升境外员工身心健康管理水平。

（戚　鸣）

中国石化 SINOPEC

重点工程建设

综 述

2021 年是“十四五”开局之年，工程建设系统认真贯彻落实党组决策部署，勠力同心、担当作为、艰苦奋斗、攻坚克难，克服洪涝灾害、疫情反复、限电限产等不利因素影响，全力以赴推进工程项目建设，建成一批具有重要战略意义、行业领先的示范标杆项目，彰显了中国石化作为能源行业“国家队”的硬实力；同时，促改革、谋创新，对标世界一流，实现发展改革双促进，提升了中国石化工程建设品牌形象和影响力，为推动公司高质量发展、“十四五”良好开局提供坚实保障。

重点工程建设成绩显著。全年 42 个集团公司重点项目顺利实施，实现 2 座油气田地面工程、25 套炼化装置、7 套油气储运设施及管道项目顺利投产或具备投产条件。油气储运工程，超常规启动建设的原油商储、储气库项目取得超预期的效果，福建等 4 个商储项目于 2021 年 6 月底提前中交并具备投油条件，孤西等 5 个储气库地面工程均提前中交并具备注气条件。中国石化首座数字化油气集输联合站顺北五号联建成投产，为保障顺北油气田上产稳产、促进新疆经济发展增添新动能。山东 LNG 二期顺利投产，大幅提升国家天然气储气调峰能力，助力华北地区冬季天然气稳定供应。迅速贯彻落实习近平总书记视察胜利油田时重要指示精神，全面高标准启动东营原油库搬迁项目，以实际行动回应总书记关切，保障人民群众生命财产安全。湖北荆州油库顺利投产，广西屯里油库建成中交，提升了区域成品油市场保供能力。炼化工程，一批世界级炼化基地如期建成，集团公司乙烯权益产能升至全球第 3 位。古雷炼化一体化项目创近年来中国石化大乙烯高水平高质量中交及开车最快纪录，标志着海峡两岸最大石化产业合作项目顺利投产。镇海基地一期项目顺利建成中交，创造国内建设周期最短、国产化程度最高、数字化应用最广的石化产业基地建设纪录，建成国内最大的炼化一体化基地。中沙石化聚碳酸酯项目一线打通全流程产出合格产品，二线具备交付生产条件，顺利实现年度建设目标。海南炼化乙烯、九江石化芳烃等项目有序实施。“三新”及科研辅助项目，中国最大全产业链示范项目齐鲁石化 - 胜利油田百万吨级 CCUS 项目全面建成中交。国内首个全球在建的最大光伏绿氢生产项目新疆库车绿氢示范项目正式启动，强势助力集团公司打造“中国第一氢能公司”。茂名石化合成润滑油基础油顺利中交并成功投产。上海石化大丝束、茂名石化粗裂解气制乙苯苯乙烯、茂名石化 1 000 吨 / 年 POE 中试装置、上海浦东科研中心等项目进展顺利。

建设体制机制创新优化。古雷炼化一体化项目采用建设单位充分授权项目管理公司（南京项目管理中心）主导管理的组织模式，发挥建设单位和项目管理公司二者强强联合优势，协同配合、高效运转。项目联合管理部执行中国石化“3557”管理体系，实施“BEPC”“EPC”“C”等多种发包模式和计价方式；提出“以空间换时间，向管理要进度”的建设理念，并创立“一个现场、两个工地”的模块化建设新模式，开创裂解炉场外模块化制造整体移位安装的行业新标杆，创近年来中国石化大乙烯项目高水平高质量中交的新纪录。

以“镇海精神”为代表的工程建设文化体系逐步建立。发布《关于开展工程建设项目连续安全人工时表彰奖励的通知》，对镇海基地连续安全 2 600 万人工时、海南炼化乙烯连续安全 1 500 万人工时、山东管网南干线连续安全 560 万人工时进行授牌表彰奖励，建设以安全质量为荣的 QHSE 文化。镇海基地一期项目紧紧围绕“决胜 6·30”目标，3 万名建设者不分昼夜、精诚团结，充分发挥“大兵团”作战优势，形成具有特色的镇海工程建设文化品牌。2021 年 12 月 6 日，面对突发新冠肺炎疫情，镇海炼化和各承包商员工逆行现场，吃住在工棚和集装箱，确保最后收尾与开车工作顺利进行。全体建设者以超常奋斗精神创造行业内多个建设新纪录，助力镇海基地一期项目入选 2021 年度央企十大超级工程。

工程申优创优成果突出。中安联合煤制烯烃

项目获国家优质工程奖金奖；胜利油田春风油田排 612 块产能建设工程、天然气分公司山东 LNG 项目一期、催化剂公司大连基地一期及云溪基地 5 万吨 / 年催化裂化催化剂联合生产装置 4 个项目获国家优质工程奖，充分体现中国石化工程建设的行业引领作用。

集团一体化优势持续增强。总部相关部门协同调配各企业，统筹全集团工程建设资源，优化平衡、及时准确为项目提供“炮火支援”。炼化工程集团、石油工程建设公司组建优势团队，配备精兵强将，积极服务项目建设。项目管理公司全面参与相关重点项目管理，充分发挥专业管理优势，为古雷炼化一体化项目、贵州能化 PGA 项目等的顺利实施奠定基础。

（安飞一）

油气田地面工程

【西南油气分公司川西气田产能建设地面工程新开】 项目新建产能 19.8 亿立方米混合气，采用分散脱硫、分散制硫模式。项目包括 3#、4#、5#、6#4 座天然气脱硫站场（处理规模分别为 50 万米 ^{3}/ 日、50 万米 ^{3}/ 日、200 万米 ^{3}/ 日、300 万米 ^{3}/ 日）；DN250 集输管道 4.5 千米；新建取水泵站 1 座、DN400 取水管线 4 千米、DN150 取水管线 2 千米；35 千伏电力线 41 千米，10 千伏电力线 21 千米；道路长度 8.8 千米；新建生产管理中心 1 座，建筑面积 8 750 平方米；新建应急救援站 1 座，建筑面积 2 669 平方米；外输管道线路全长 53 千米，沿线设置 3 座线路截断阀室和 2 座站场（外输首站、新场增压站），管径压力方案为 DN600/6.3 兆帕，设计输气能力 13 亿米 ^{3}/ 年。地面工程总投资 48.72 亿元（优化上报可研方案）。截至 2021 年底，正开展修改方案的基础设计，现场 3# 脱硫站场平完成 98%。

（黄婉萍）

【华北油气分公司大牛地气田乙烷回收工程新开】 项目新建 600 万米 ^{3}/ 日乙烷回收装置 1 套、100 万米 ^{3}/ 日天然气液化装置 1 套，包括天然气脱碳、天然气增压、天然气脱水、制冷、凝液分馏、产品储运等单元，及配套公用工程。采用“活化 MDEA 脱碳、3A 分子筛脱水、载硫活性炭脱汞”净化工艺，“丙烷、膨胀制冷、部分干气循环”乙烷回收工艺，“丙烷预冷 + 混合冷剂制冷”乙烷液化工艺，“多级丙烷预冷 + 混合冷剂制冷”天然气液化工艺。建成后日新增液化石油气 149 吨、日新增稳定轻烃 50 吨、日产乙烷 355 吨、日产 LNG1 350 吨。项目总投资 9.21 亿元，计划 2023 年 7 月 31 日建成。截至 2021 年底，初步设计批复，开展物资采购、工程招标等工作。

（黄婉萍）

【西北油田分公司顺北油气田产能建设地面工程中交】 项目新建五号联 1 座、DN400 原油外输管道 195 千米及相关配套设施。原油处理规模 100 万吨 / 年，天然气处理规模 3.8 亿米 ^{3}/ 年、采出水处理规模 1 500 米 ^{3}/ 日。项目总投资 27.57 亿元，于 2021 年 5 月 30 日中交，7 月 15 日投料。

（黄婉萍）

【西南油气分公司威荣页岩气田产能建设地面工程中交】 项目总体建设 30 亿立方米产能，新建 DN250—500 管线 49 千米、外输管线 2 千米，采气站 23 座、集气总站 1 座、污水预处理站 1 座、作业区管理中心 1 座，河流穿越 4 处，地面工程总投资约 5 亿元。项目分 2 期建设，一期地面工程实施 10 亿立方米产能，建设采气平台 8 座，集输线路长度 15.4 千米，集气总站 1 座，投资 1.64 亿元，于 2020 年底建成。二期地面工程实施 20 亿立方米产能，建设采气平台 12 座，扩建集气总站 1 座，新建集输管线 32.4 千米，作业区管理中心 1 座，投资 3.36 亿元，于 2021 年 6 月中交。

（黄婉萍）

炼化项目

【中沙石化聚碳酸酯项目续建】 项目新建 2 套 13 万吨/年聚碳酸酯生产线，每套生产线包括 4 个单元：3 万吨/年一氧化碳单元、5/11 万吨/年碳酸二甲酯/碳酸二甲苯酯单元、12 万吨/年双酚 A 单元、13 万吨/年聚碳酸酯单元；配套建设循环水、空压站、110 千伏变电站和 35 千伏变电站等公用工程和火炬系统、罐区、中央控制室、中央化验室、环监站等辅助设施，总投资 107.1 亿元。截至年底，项目一线打通全流程，二线具备交付生产条件。

（宋　铎）

【福建漳州古雷炼化一体化项目续建】 项目建设 80 万吨/年乙烯裂解、55 万吨/年裂解汽油加氢、35 万吨/年芳烃抽提、13 万吨/年丁二烯抽提、30 万吨/年乙烯醋酸乙烯树脂（EVA）等 10 套工艺生产装置及公用辅助工程，总投资 278.4 亿元。截至年底，蒸汽裂解、裂解汽油加氢、苯乙烯等装置顺利投产。

（宋　铎）

【中韩石化乙烯脱瓶颈改造项目续建】 项目新建 30 万吨/年 HDPE、30 万吨/年 PP、6 万吨/年丁二烯 3 套装置，改造 3 套装置：乙烯装置由 80 万吨/年扩大到 110 万吨/年、裂解汽油加氢装置由 55 万吨/年扩大到 70 万吨/年、芳烃抽提装置由 35 万吨/年扩大至 40 万吨/年，配套新建 1 台产汽能力 300 吨/时的燃气锅炉和 1 个聚合物包装立体仓库，部分公用工程和储运设施改造，总投资 42.5 亿元。截至年底，聚丙烯、丁二烯抽提、高密度聚乙烯等装置顺利投产。

（宋　铎）

【镇海基地项目续建】 项目新建 120 万吨/年乙烯裂解装置、60 万吨/年裂解汽油加氢装置、40 万吨/年芳烃抽提装置、16 万吨/年丁二烯抽提装置、80 万吨/年乙二醇装置、27.4/60.2 万吨/年 PO/SM 装置、30 万吨/年高密度聚乙烯装置（LYB）、30 万吨/年高密度聚乙烯装置（ST）、30 万吨/年聚丙烯装置、16 万米^3（标准）/时 POX 装置及配套公用工程和辅助设施，总投资 322.2 亿元。截至 2021 年底，PO/SM、2#PE、3# 芳烃抽提等装置顺利投产。

（宋　铎）

【海南炼化 100 万吨/年乙烯及炼油改扩建项目续建】 项目新建 100 万吨/年乙烯装置、55 万吨/年裂解汽油加氢装置、16 万吨/年丁二烯抽提装置、10/4 万吨/年 MTBE/1-丁烯装置、35 万吨/年芳烃抽提装置、30 万吨/年 FDPE 装置、30 万吨/年 HDPE 装置、80 万吨/年 EG/EO 装置、30 万吨/年环管法 PP 装置、20 万吨/年气相法 PP 装置 10 套生产装置及配套码头；在炼油区新建 260 万吨/年加氢裂化装置、260 万吨/年连续重整装置、轻烃回收装置、2# 对二甲苯装置填平补齐 4 个单元及相应的公用工程和辅助设施等，总投资 281 亿元。截至年底，项目总体进度完成 76.58%，主要生产装置钢结构安装完成 72.52%，设备安装完成 49.20%，工艺管道安装完成 28.09%。

（宋　铎）

【九江分公司 89 万吨/年芳烃项目续建】 项目新建 90 万吨/年芳烃抽提、572 万吨/年二甲苯分馏、131 万吨/年歧化及烷基化转移、511 万吨/年吸附分离、409 万吨/年异构化 5 套主体装置，改造连续重整和加氢裂化装置，并完善配套公用工程和辅助设施，总投资 35.4 亿元。截至年底，项目总体进度完成 99.09%，桩基工程、钢结构、设备安装、电气电缆、仪表电缆已全部施工完成，工艺管道施工完成 78.35%；设备保温施工完成。

（宋　铎）

【茂名分公司 40 万吨/年粗裂解气制乙苯/苯乙烯项目续建】 项目新建 12 万吨/年粗裂解气、42.4 万吨/年乙苯及 40 万吨/年苯乙烯 3 套工艺装置及公用工程和辅助设施，总投资 24.37 亿元。截至 2021 年底，项目总体进度完成 99.8%，建筑工程、给排水、钢结构及设备安装已基本完成，工艺管道安装完成 81.6%。

（宋　铎）

【中韩石化炼油结构调整催化气分联合装置及系统配套改建工程项目续建】 项目新建 1 套 280 万吨 / 年催化裂化装置（含脱硫脱硝除尘），新建 1 000 立方米气分原料球罐 4 座和 2 000 立方米丙烷球罐 1 座，新建 750 吨 / 时化学水处理设施和 8 000 米^3/ 时循环水场各 1 座，新建 110 千伏变电站及改造厂内供电系统、改造 2# 火炬系统等，总投资 18.7 亿元。截至年底，主装置区域拆除共 7 个部分，6 个部分均完成，主装置桩基施工。

（宋　铎）

【扬子石化炼油结构调整项目续建】 项目新建 260 万吨 / 年渣油加氢装置、280 万吨 / 年催化裂化装置、150 万吨 / 年 S Zorb 催化汽油吸附脱硫装置、70 万吨 / 年气体分馏装置、2 套 15 万吨 / 年硫黄回收装置、170 吨 / 时酸性水汽提装置、440 吨 / 时溶剂再生装置、产品精制装置及配套公用工程和辅助设施，总投资 51.69 亿元。截至年底，项目总体进度完成 22.08%，新厂区工艺及热力管网开工，2# 溶剂再生装置土建开工，35 千伏生活线迁改工程完工。

（宋　铎）

【安庆分公司炼油转化工结构调整项目续建】 项目新建 300 万吨 / 年重油催化裂解装置（含双脱）、160 万吨 / 年气分、80 万吨 / 年芳烃抽提、40 万吨 / 年乙苯苯乙烯、30 万吨 / 年聚丙烯装置和 200 吨 / 时酸性水汽提装置，将 80 万吨 / 年柴油加氢装置改造为 70 万吨 / 年裂解汽油加氢装置；对现有 400 万吨 / 年常减压装置、100 万吨 / 年延迟焦化装置、220 万吨 / 年蜡油加氢装置、200 万吨 / 年催化裂化装置等进行材质升级改造。新建储罐 18 座（总罐容 7.75 万立方米）、空分空压站 1 座、制氮能力 1 万米^3（标准）/ 时等公用工程及辅助设施；新建供电系统、循环水场、中控室 1 座、系统变电所 1 座等系统配套，总投资 64 亿元。截至年底，项目总体进度完成 40.9%，主要设备全部完成订货，开展主干道路、一级地管、桩基、基础施工等。

（宋　铎）

【巴陵石化己内酰胺产业链搬迁与升级转型发展项目续建】 项目新建 9 万米^3（标准）/ 时空分装置、18.9 万米^3（标准）/ 时煤气化、净化装置、33 万吨 / 年合成氨装置、66 万吨 / 年硫黄制酸装置 +3 万吨 / 年硫化氢制酸装置、66 万吨 / 年硫黄制酸装置配套低温热回收装置、2 套 12 万吨 / 年双氧水装置、2 套 20 万吨 / 年酯化法环己酮装置、8 万吨 / 年氧化法环己酮装置、2 套 30 万吨 / 年氨肟化装置、2 套 30 万吨 / 年己内酰胺装置、2 套 45 万吨 / 年硫铵装置、15 万吨 / 年聚合装置，以及配套公用工程和辅助生产设施，总投资 139.4 亿元。截至年底，项目总体进度完成 40.62%，空分、煤气化、净化、合成氨、双氧水等装置进行基础施工。

（宋　铎）

【仪征化纤 300 万吨 / 年 PTA 项目续建】 项目新建 1 套 300 万吨 / 年 PTA 装置，主要包括氧化单元、精制单元、溶剂和催化剂回收等；新建 10 万米^3/ 时的循环冷却水场，2 台 3 万立方米的 PX 储罐及输送管线，污水处理设施等；配套建设 PTA 风送、甲醇制氢、脱盐水制水、液氮气化、110 千伏 /10 千伏变配电、中央控制室、成品包装及周转仓库等辅助设施，总投资 52.05 亿元。截至年底，项目总体进度完成 19.85%，PTA 主装置施工区域已全部拆除完成，料仓区桩基开工，PX 总罐区桩基施工完成。

（宋　铎）

【天津石化南港 120 万吨 / 年乙烯及下游高端新材料产业集群项目新开】 项目新建 120 万吨 / 年乙烯、60 万吨 / 年裂解汽油加氢、38 万吨 / 年芳烃抽提、10 万吨 / 年 UHMWPE 装置、20 万吨 / 年 LAO 装置、30 万吨 / 年 LLDPE 装置、50 万吨 / 年 HDPE 装置、10 万吨 / 年 POE 装置、35 万吨 / 年 PP 装置、13 万吨 / 年丙烯腈装置（含后处理装置)、30 万吨 / 年 ABS 装置、13/4 万吨 / 年 MTBE/1- 丁烯等 13 套工艺装置及公用工程、辅助配套设施等，总投资 290 亿元。截至年底，现场开展装置桩基施工。

（宋 铎）

【贵州能化 50 万吨 / 年聚乙醇酸项目新开】 项目新建 2 台投煤量为 750 吨 / 日的气化炉，11 万米 ^{3}（标准）/ 时有效气变换及低温甲醇洗装置，4 万米 ^{3}（标准）/ 时深冷分离装置，5 万米 ^{3}（标准）/ 时制氢装置，2 套 1.5 万吨 / 年硫回收装置，单线 64 万吨 / 年（以草酸二甲酯计）偶联加氢装置，3 套 7 万吨 / 年聚乙醇酸装置，以及配套 5 万米 ^{3}（标准）/ 时空分装置，动力站建设 2 台 480 吨 / 时 CFB 锅炉、2 台 75 兆瓦抽背式汽轮机（配 85 兆瓦发电机）和 1 台 350 吨 / 时燃气锅炉；建设 600 吨 / 时凝结水处理及 3 台 200 吨 / 时脱盐水生产设施、180 吨 / 时高盐水处理设施、中央控制室、分析化验室、循环水场、变电所、净化水厂、煤储存输送、仓库等公用工程和辅助生产设施等，总投资 110.77 亿元。截至年底，现场正式动工，进行场地清表。

（宋 铎）

【海南巴陵 17 万吨 / 年苯乙烯类热塑性弹性体项目新开】 项目新建 12 万吨 / 年 SBS 和 5 万吨 / 年 SEBS 等 2 套工艺装置及配套公用工程和辅助生产设施，总投资 19.2 亿元。截至年底，一级地管和主干道施工完成 95.5%，进行土建基础施工。

（宋 铎）

储运工程

【天然气分公司金坛储气库续建】 该项目是中国石化建设的第 1 座盐穴地下储气库，包括新建注采站、采卤站各 1 座，集配气站 5 座，部署储气井 36 口、监测井 4 口，项目建成后库容达 11.79 亿立方米，其中工作气量 7.23 亿立方米、垫底气 4.56 亿立方米。项目总投资 36.81 亿元，分两个阶段建设，计划一阶段 2023 年底建成，二阶段 2028 年建成。截至年底，一阶段计划总体进度完成 92.94%，二阶段计划总体进度完成 48.61%。全年累计造腔 58.545 万立方米，项目累计造腔 395.42 万立方米。

（黄婉萍）

【天然气分公司黄场储气库项目中交】 项目一期工程一阶段储气能力 2.37 亿立方米。地面工程包括集注站 1 座（最大注气能力 250 万米 ^{3}/ 日、最大采气能力 200 万米 ^{3}/ 日），注采井场 4 座，改建采输卤站 1 座，新建 DN150 集输管线 5.9 千米、DN150 注水管线 5.81 千米，以及相关配套设施。项目总投资 2.39 亿元，于 2021 年 8 月 28 日中交。

（黄婉萍）

【地下储气库地面工程项目群新开】 中原油田卫 11 储气库储气能力 5.08 亿立方米，2021 年 8 月 20 日中交，已试注气。文 13 西储气库储气能力 3.32 亿立方米，9 月 20 日中交，11 月 16 日试注气。白 9 储气库储气能力 1.54 亿立方米，9 月 24 日中交。清溪储气库储气能力 1.94 亿立方米，9 月 18 日中交，已试注气。胜利油田永 21 储气库储气能力 4.96 亿立方米，8 月 25 日中交，已试注气。

（黄婉萍）

【茂名原油商业储备基地工程（二期）中交】 项目新建 16 座 10 万立方米浮顶油罐及配套设施，总投资 19.50 亿元，于 2021 年 6 月 18 日建成中交。

（黄婉萍）

【福建原油商业储备基地工程中交】 项目新建 16 座 10 万立方米储罐及配套设施，总投资 21.55 亿元，于 2021 年 6 月 28 日建成中交。

（黄婉萍）

【岳阳原油商业储备基地工程中交】 项目新建 8 座 10 万立方米储罐及配套设施，总投资 11.67 亿元，于2021年6月26日建成中交。

（黄婉萍）

【洛阳原油商业储备基地工程（二期）中交】 项目新建8座10万立方米储罐及配套设施，总投资8.78亿元，于2021年5月18日建成中交，6月15日具备投油条件。

（黄婉萍）

【天然气分公司天津液化天然气（LNG）项目二期工程续建】 项目二期工程新建1个3万—26.6万立方米LNG运输船泊位及相应工艺配套设施，新建5台22万立方米LNG储罐及配套设施。全站规模提高至1 080万吨/年，项目总投资47.10亿元。计划码头工程于2021年12月具备投产条件，5#、6#储罐于2022年12月具备投产条件，整体工程于2023年12月具备投产条件。截至2021年底，项目总体进度完成61.98%，其中码头工程建成并完成竣工验收；接收站工程进度完成57.45%，5#、6#储罐完成穹顶砼浇筑，7#储罐外罐壁板施工，8#、9#储罐穹顶片预制完成。

（黄婉萍）

【天然气分公司山东液化天然气（LNG）项目二期中交及三期工程新开】 项目二期工程在一期工程基础上扩建，主要包括新建2座16万立方米LNG储罐及其配套的附属设施，新增规模400万吨/年，使接收站规模提高至700万吨/年。二期工程总投资15.67亿元，于2021年5月28日中交，8月16日投产。三期工程在项目一期、二期工程基础上对LNG接收站和码头泊位进行扩建，码头新增1座靠泊26.6万立方米LNG船舶的专用泊位，接收站新增1座27万立方米LNG储罐、10兆帕气化外输系统、汽车装车设施及配套附属设施。三期工程建成后，接收站规模将为1 100万吨/年（最大物理能力1 400万吨/年），总外输能力为154亿米^3/年，其中LNG汽车装车能力为150万吨/年。接收站工程投资16.99亿元，码头工程投资4.02亿元，储罐工程投资8.31亿元。计划2022年5月30日气化外输设施工程中交，2022年10月30日码头工程中交，2023年12月底储罐工程中交。截至年底，接收站进度完成88.58%，主要开展工艺管道安装等施工；储罐工程进度完成23.55%；码头工程进度完成20.67%。

（黄婉萍）

【天然气分公司龙口液化天然气（LNG）项目新开】 项目新建码头工程拟将龙口港27#、28#2个散货码头改造为1个26.6万立方米LNG接卸码头，增加建设取排水口等配套设施；接收站工程建设4座22万立方米LNG储罐、工艺处理设施、火炬设施及其配套设施；电厂温排水取水工程主要建设8.5千米取水管道、取水泵房等配套设施。项目总投资87.25亿元，计划3#、4#罐于2024年4月30日，1#、2#罐于2024年11月15日具备投用条件。项目于2021年11月10日批复基础设计，11月30日动工。截至年底，总体进度完成约3.70%，开展地基预处理、地质勘察及储罐底板施工。

（黄婉萍）

【天然气分公司广西液化天然气（LNG）项目三期工程新开】 项目三期工程新建码头、接收站2个部分。其中，码头工程拟利用北海铁山西港区预留LNG第二泊位建设1座26.6万立方米LNG接卸泊位及相应的配套设施；接收站部分拟建设4座LNG储罐、站场工艺及其他配套设施，新增接收能力600万吨/年。项目总投资94.64亿元。截至年底，储罐试验区地基处理完成，进行桩基检测；接收站基础设计、码头基础设计招标已完成；码头勘察测量完成65%。项目于2021年12月30日举行动工仪式。

（黄婉萍）

【天然气分公司山东管网南干线工程新开】 项目起点为日照市岚山区岚山分输清管站，终点为菏泽市鄄城县黄河穿越山东侧（含黄河穿越），管道全长493千米。其中，岚山分输清管站—汤头清管站段线路长度为85千米，管径DN1000，设计压力10兆帕；汤头清管站—济宁站段线路长度为290千米，管径DN1200，设计压力10兆帕。项目总投资69.40亿元，于2021年3月26日开工，计划2022年11月中交。截至年底，总体进度完成 60.36%，其中设计完成 88%、采购完成 55.5%、施工完成 55.5%。线路累计组焊 437.4 千米（89%）。

（黄婉萍）

【天然气分公司皖东北天然气管道工程新开】项目设“一干两支一联通”管道，线路全长约 281 千米，管道设计压力 10 兆帕，设计输气 46.6 亿米^3/年。途经滁州市和马鞍山市 2 市 8 个县区，沿途共设有 7 座站场、9 座阀室，穿越铁路 5 处、高速公路 8 处，大中型定向钻穿越 40 处。项目总投资 23.46 亿元。计划干线和皖北支线于 2022 年 9 月中交，10 月具备投产条件；皖东支线及联络线于 2023 年 6 月中交，9 月具备投产条件。截至 2021 年底，干线及皖北支线总体进度完成 57.59%，线路累计组焊 139.5 千米（74.1%）。皖东支线于 2021 年 10 月 29 日基础设计批复。

（黄婉萍）

【湖北石油分公司荆州油库迁建工程中交】项目总库容为 8.4 万立方米，配套下装通过式公路发油亭、发油管理室、工艺泵棚、综合楼、A 级化验室等，预留管道站场用地规划。新建 3 000 吨级油品码头及趸船 1 座，建设 3.7 千米管廊。项目总投资 3.86 亿元，于 2021 年 10 月底中交。

（黄婉萍）

【广西石油分公司南宁屯里油库迁建工程中交】项目新建 4 座 5 000 立方米和 6 座 1 万立方米汽油储罐，6 座 1 万立方米柴油储罐，2 座 1 000 立方米乙醇储罐，2 座 2 000 立方米消防水罐及配套设施，总库容 14.4 万立方米。项目总投资 56 750 万元，于 2021 年 12 月 19 日中交。

（黄婉萍）

【上海石油分公司金闵复线成品油管道工程新开】项目自上海市金山区上海石化厂区敷设至闵行区闵行油库，全长 61 千米，其中自上海石化首站至闵行区车峰公路与在建金虹航油管道同路由近距离敷设，长度为 42 千米。管道设计输量 300 万吨/年，管径为 DN400，设计压力 5 兆帕。全线共设置金山首站、闵行末站 2 座工艺站场和 3 座线路截断阀室。项目总投资 5.51 亿元。项目于 2021 年 11 月 16 日取得未开工管段的专项规划调整批复。截至年底，主要开展金山首站及定向钻穿越施工，推进建设工程规划土地意见书调整、工程规划许可证申报等工作。

（黄婉萍）

科研辅助工程

【上海浦东科研信息办公综合基地续建】项目建设用地 6.29 万平方米，总建筑面积 260 120 平方米，其中地上建筑面积 15.75 万平方米、地下建筑面积 102 620 平方米。地上部分建设 1#—5# 科研办公综合楼、1 座科技交流中心、1 座信息中心共 7 栋建筑物及配套区域的总图、道路、绿化、给排水、供配电、暖通等公用工程和辅助设施。项目总投资 47.33 亿元（抵扣增值税 21 508.92 万元），计划 2024 年 6 月 30 日竣工。截至年底，总体进度完成 48.25%，其中设计全部完成、施工完成 38.75%。项目总体分 A、B 区分别进行施工，A 区 1# 核心筒至 8F 完成，2#、4# 楼核心筒至 9F 完成。B 区第四层土方开挖完成。

（黄婉萍）

【海南中国石化自贸大厦新开】项目建设用地面积 11 296 平方米，总建筑面积 109 092 平方米，其中地上建筑面积 78 854 平方米、地下建筑面积 30 238 平方米（含商业设施 4 000 平方米），主楼地上共 34 层，建筑密度 35%，容积率 7.0，建筑高度不超过 150 米，停车位 391 个。项目总投资 13.51 亿元（含增值税 8 168.19 万元），计划 2023 年 12 月 31 日完工。2021 年 9 月 16 日，项目基坑支护和桩基工程开工。截至年底，总体进度完成 12.78%，其中设计完成 95.5%、施工完成 4.3%、支护桩施工完成。

（黄婉萍）

工程建设管理

【设计管理】①及时开展重点工程建设项目的设计管理工作。主要组织和参与镇海基地二期、海南炼化乙烯及炼油扩建、中韩石化炼油结构调整、安庆炼油转化工结构调整、巴陵石化己内酰胺搬迁、天津石化南港乙烯、贵州能化 PGA、塔河炼化乙烯、上游储气库项目群、LNG 接收站项目群等重点工程建设项目的设计管理及检查协调。组织项目设计统一规定审查，参加可研方案论证、重大装备国产化论证、工艺技术路线论证、工艺包审查鉴定、总体设计和基础设计审查、总体统筹控制计划审查等。检查落实设计条件，检查协调工程设计进度，协调装置（单元）之间的界面关系、设计与采购施工的界面关系等。及时协调解决设计过程中出现的问题，确保设计质量和进度。此外，在项目启动初期，配合对接落实项目建设启动相关条件；配合审查企业上报的工程设计采购方案，落实工程设计招标、设计委托等设计选商工作。②制度建设。启动《中国石化建设项目设计管理办法》《建设项目设计过程专项审查办法》2 项制度修订工作。③技术基础工作。组织编制并发布《炼化企业视觉形象工程规定》《中国石化防腐绝热质量提升工程规定》2 项工作规定，指导建设项目建立健全感官质量管理体系。组织开展镇海炼化基地项目、海南炼化乙烯项目设计质量检查，保证项目设计质量受控。

（贾　楠）

【生产准备与投料试车】2021 年，共有 2 座油气田地面工程、25 套炼化装置、7 套油气储运设施建成投用（见表 1）。各企业按照《中国石化工程建设项目生产准备与试车管理规定》文件要求，认真做好组织、人员、技术、物资、资金、营销、外部条件 7 个方面的生产准备工作。坚持生产准备工作前移，抓工程建设与生产准备衔接；坚持安全环保试车理念，抓投料试车条件检查；坚持发挥“大兵团”作战优势，抓建设项目开车服务，确保建设项目安全平稳试车。为保证投料试车一次成功，2021 年集团公司共组织总体试车方案审查 28 次，投料条件检查 22 次，各类研讨及问题协调会 5 次，开车队及开车专家组 40 批。

（王　刚）

表 1　　2021 年油气田地面工程、炼油化工装置和油气储运设施投产计划完成情况

序号		单位	名称	建设规模 /（万吨·年$^{-1}$）	投产时间
一	1	西北油田分公司	顺北油气田产能建设地面工程五号联合站	1 003.8 亿米^3/ 年	7 月 17 日
二	2	西南油气分公司	威荣页岩气田产能建设地面工程	30 亿米^3/ 年	6 月 30 日
三	3	福建联合石化公司	硫酸烷基化装置	30	7 月 19 日
四	4	巴陵石化	SEBS 装置	5	2 月 1 日
五	5	天津分公司	聚丙烯装置	20	4 月 18 日
六	6	金陵分公司	C_5/C_6 正异构烷烃吸附分离装置	70	11 月 28 日
七	7	中韩石化	聚丙烯装置	30	3 月 26 日
	8		高密度聚乙烯装置	30	9 月 28 日
	9		丁二烯抽提装置	6	3 月 16 日
八	10	茂名分公司	针状焦装置	10	8 月 4 日
九	11	中沙石化	一氧化碳装置	3	11 月 21 日

续表

序号		单位	名称	建设规模/(万吨·年$^{-1}$)	投产时间
九	12	中沙石化	碳酸二甲酯装置	5	12月23日
	13		碳酸二苯酯装置	11	11月22日
	14		双酚-A装置	12	10月11日
	15		聚碳酸酯装置	13	12月1日
十	16	洛阳分公司	苯乙烯装置	12	12月31日
十一	17	扬子石化	热电装置	3×540吨/时 2×50兆瓦	12月15日
十二	18	北海炼化	催化裂化装置	120	8月7日
	19		催柴加氢改质装置	65	6月11日
十三	20	福建古雷石化	热电装置	3×440吨/时 40/50兆瓦	5月27日
	21		蒸汽裂解装置	80	8月18日
	22		裂解汽油加氢装置	55	8月24日
	23		芳烃抽提装置	35	8月29日
	24		丁二烯抽提装置	13	8月24日
	25		环氧乙烷/乙二醇装置	10/70	8月7日
	26		苯乙烯装置	60	8月7日
	27		热塑性弹性体装置	10	10月22日
十四	28	商储公司	湛江东海岛原油商业储备基地工程	150万立方米	1月27日
	29		天津原油商业储备基地工程(二期)	160万立方米	11月29日
	30		洛阳原油商业储备基地工程(二期)	80万立方米	7月30日
	31		岳阳原油商业储备基地工程	80万立方米	7月31日
	32		茂名北山岭原油商业储备基地工程(二期)	160万立方米	7月18日
	33		福建原油商业储备基地工程	160万立方米	12月31日
十五	34	天然气分公司	山东液化天然气(LNG)项目二期工程	100	9月13日

【大修改造】 2021年按计划完成8个重点大修改造项目(见表2),涉及248套生产装置大修改造,大修改造总费用61.1亿元(检修费用28.12亿元,同步实施改造项目投资32.98亿元)。

重点大修改造项目中,全厂性停工大修改造共计6家(长岭炼化、济南炼化、九江石化、沧州炼化、石家庄炼化、胜利石化总厂)。检修停工装置达20套以上的有6家,包括长岭炼化(35套)、济南炼化(30套)、燕山石化(38套)、九江石化(35套)、齐鲁石化(56套)、石家庄炼化(29套)。大修改造计划总费用达10亿元以上的有2家,包括燕山石化(17.4亿元)、齐鲁石化(14.7亿元)。全年组织大修改造项目协调会、重大方案审查、检查调研共计10次。

(远　征)

表 2　2021 年重点大修改造项目实施情况

序号	企业名称	大修装置范围	实施时间	总费用 / 亿元
1	长岭炼化	800 万吨 / 年常减压、280 万吨 / 年催化裂化等 35 套生产装置	2 月 19 日—5 月 9 日	6.40
2	济南炼化	500 万吨 / 年常减压等 30 套生产装置	2 月 19 日—5 月 2 日	5.30
3	燕山石化	800 万吨 / 年常减压、71 万吨 / 年乙烯裂解等 38 套生产装置	3 月 12 日—6 月 12 日	17.40
4	九江石化	500 万吨 / 年 1# 常减压、500 万吨 / 年 2# 常减压等 35 套生产装置	4 月 1 日—5 月 18 日	6.80
5	沧州炼化	350 万吨 / 年常减压、120 万吨 / 年催化等 14 套生产装置	5 月 8 日—7 月 15 日	3.40
6	齐鲁石化	400 万吨 / 年 3# 常减压系列、80 万吨 / 年乙烯化工系列等 56 套生产装置	8 月 2 日—9 月 24 日	14.70
7	石家庄炼化	500 万吨 / 年 1# 常减压、500 万吨 / 年 2# 常减压等 29 套生产装置	8 月 31 日—10 月 29 日	6.10
8	胜利石化总厂	500 万吨 / 年 2# 常减压等 11 套生产装置	9 月 15 日—11 月 10 日	1.00

【招投标管理】 2021 年，中国石化电子招标投标交易平台在线完成采购标段 8 504 个，其中招标采购标段 2 502 个、非招标采购标段 6 002 个；合同成交额 508.82 亿元，其中招标 460.25 亿元、非招标 48.57 亿元。中国石化建设工程招标投标管理委员会办公室依法依规履行工程招投标监管职责，结合中国石化项目特点，持续规范工程招投标活动和工程建设市场秩序，全年直接监管工程采购 746 个标段，总中标额约为 269.61 亿元，公开招标率按标段和金额计算，分别达 99% 和 92%。

持续推进工程招投标管理规范和创新，主动适应国家招标投标新形势新要求，不断完善监管体系，着力构建长效机制，为中国石化工程建设顺利实施，为中国石化“一基两翼三新”产业格局实现提供有力支持。组织修订发布《中国石化建设工程评标专家和专家库管理办法》，强化评标专家的责任管理和绩效考核。推行工程招投标智慧监督，推进工程招投标系统（三期）建设工作，打造性能先进、功能完备、技术领先的电子招标投标交易平台。修订《中国石化工程项目招标标准文件》，进一步提升招标标准化、规范化水平。编制发布《中国石化建设工程和检维修承包商管理规定》，进一步完善诚信体系管理，打造中国石化工程建设品牌，完善覆盖集团公司总部、建设单位、承包商多个层面的承包商考核体系。广泛开展业务培训，举办 5 期招投标业务人员培训班，培训 124 家单位共计 639 人。

（杨　旭）

【标准管理】 2021 年，石油化工工程建设标准化工作遵循“立足行业、服务企业、国际接轨”的工作方针，兢兢业业、扎实工作，较好地完成全年各项任务。根据国家标准化改革实施要求和产业发展需求，在对国家标准和行业标准复审的基础上，编制完成《石油化工工程建设标准体系》（2021 版）。以中国石化加快发展以氢能为核心的新能源业务总体目标，组织各技术中心站开展石化工程建设领域氢能标准梳理，完成《中国石化氢能工程建设标准体系》建设规划，并形成《中国石化氢能工程建设标准体系表》。

组织完成国家标准局部修订立项申报 4 项、行业标准立项申报 43 项（含英文版 4 项）。经集团公司科技部组织的企业标准制修订计划立项论证会审查，7 项企业标准制定计划获批，3 项转为安全标准，7 项转为标准研究，其中包括《氢气管道材料设计选用规范》《风电、光电制氢工程技术规范》等集团公司重点关注项目。

完成报批国家标准（含英文版）7 项、行业标准（含英文版）24 项，集团公司级企业发布 49 项。其中，完成的国家标准《汽车加油加气加氢站技术标准》由国家住建部 2021 年 119 号公告发布，自 2021 年 10 月 1 日起实施。该项标准不仅为加氢合建站建设提供合理可行的技术依据，也为北京冬奥会加氢合建站建设予以技术支持，还对"十四五"期间中国石化规划布局建设 1 000 座加氢站或油气氢合建站工作目标顺利实施，提供有力保障。2021 年公告批准的国家标准和行业标准见表 3。

组织召开中国石化工程建设标准化委员会启动会议，落实了组织机构，明确工作程序，审议通过并发布《中国石化工程建设标准化委员会工作办法》，研究落实"十四五"期间标准工作重点任务。组织完成并发布《石油化工行业工程建设标准编写规定》（SPMP-STD-EM1016-2021）（中国石化建设〔2021〕15 号），自 2022 年 1 月 1 日起实施。组织开展《中国石化工程建设标准化管理办法》修订工作。

根据国家工信部要求，为利于行业标准的应用和推广实施。《石油化工环境保护设计规范》等 2 项标准主编单位与工信部签订任务书，明确涉及关键技术的重大标准应用和推广实施内容，给予资金支持并要求年内完成。开展《石油化工可燃气体和有毒气体检测报警设计标准》《石油化工仪表系统防雷设计规范》《石油化工粉粒产品后处理（包装）系统设计规范》等重点标准宣贯培训。

（何轶奕）

表 3　2021 年公告批准的国家标准和行业标准目录

序号	标准编号	标准名称	发布机构
1	GB 50156—2021	汽车加油加气加氢站技术标准	住房和城乡建设部
2	SH/T 3047—2021	石油化工企业职业安全卫生设计规范	工业和信息化部
3	SH/T 3152—2021	石油化工粉粒物料输送设计规范	工业和信息化部
4	SH/T 3153—2021	石油化工电信设计规范	工业和信息化部
5	SH/T 3552—2021	石油化工电气工程施工及验收规范	工业和信息化部
6	SH/T 3217—2021	石油化工 FF 现场总线控制系统设计规范	工业和信息化部
7	SH/T 3099—2021	石油化工给水排水水质标准	工业和信息化部
8	SH/T 3161—2021	石油化工非金属管道技术规范	工业和信息化部
9	SH/T 3164—2021	石油化工仪表系统防雷设计规范	工业和信息化部
10	SH/T 3501—2021	石油化工有毒、可燃介质钢制管道工程施工及验收规范	工业和信息化部
11	SH/T 3502—2021	钛和锆管道施工及验收规范	工业和信息化部
12	SH/T 3192—2017	石油化工装置照明设计规范（英）	工业和信息化部
13	SH/T 3038—2017	石油化工装置电力设计规范（英）	工业和信息化部
14	SH/T 3019—2016	石油化工仪表管道线路设计规范（英）	工业和信息化部
15	SH/T 3020—2013	石油化工仪表供气设计规范（英）	工业和信息化部
16	SH/T 3024—2017	石油化工环境保护设计规范（英）	工业和信息化部

【炼化工程造价管理】 加强工程造价管理制度建设。制定《中国石化工程造价管理规定》和《中国石化建设项目实施投资控制管理规定》等管理制度。

加强计价体系建设。完成 2009 版《石油化工行业检修工程预算定额》《石油化工行业检修工程计价规则》修订工作及 8 项课题研究。定期发布非标设备价格信息、安装主材基础价格及调整系数、建筑工程 A 类材料价格信息及石油化工安装工程人、材、机价格指数和综合指数。发布《关于调整安全生产费计算基数和费率的通知》，调整安装工程安全生产费计算方法。对安全生产费、文明施工费及相关措施费进行说明，印发《石油化工工程计价依据文件目录》(2021年)。

加强工程建设项目投资过程管控。收集“十二五”“十三五”期间石油化工典型项目执行情况，分析超概原因，对项目超概情况进行系统梳理，提出改进措施及报告。编制《工程建设计价指导意见》，开展工程建设合同模式和计价模式研究。

开展工程造价管理工作专项研究。完成《管道市场吋径单价与2019版定额吋径单价对比情况报告》《石油化工工程建设计价依据应用情况调研报告》《中国石化企业工程造价（归口）管理机构及人员现状调研报告》。按国家住建部、中价协要求完成《中国工程造价咨询行业发展报告》(2021版）石化篇。

加强管理信息平台建设。概算站“工程经济信息”网站改造升级并上线运行。加强定额管理信息化平台建设，在优化定额释义、会员管理和培训认证的基础上，实现定额查询、人材机价格自动分析等功能。

（蒋　炜）

【石油工程造价管理】 2021年，石油工程造价管理工作紧紧围绕国内上游改革发展中心任务，以提升造价管理为主线，以清单计价体系建设与应用为重心，全面完成年度重点任务，取得一批新成果。

定额建设与管理。加强组织管理，创新编制方法，形成一批高质量定额成果。根据“一个地区一套定额”的原则，修编整合四川盆地2套柴驱压裂定额，新编电驱压裂定额，增补缺项、兼顾差异、统一标准，形成并发布统一的四川盆地压裂工程定额。完成4个区块钻井定额的修编，解决定额水平与实际的差异问题，充分体现“四提”成果，与修订前相比中原普光老区修编定额先进8.93%，西北顺北老区修编定额先进8.31%，西南永川老区修编定额先进8.3%，彭州海相修编定额先进4.72%。以《石油建设安装工程消耗量定额》为基础，通过典型工程实例，分专业测定人工、机械降效系数，编制形成油气田地面站场改造工程定额，填补地面工程定额缺项，满足了改造工程计价需求。编制完成胜利海上设施弃置工程定额（第1批），定额子目涵盖单井平台、DN200以下海底管道、海底电缆等工程，成果填补弃置工程计价依据的空白，为海上工程弃置费测算提供依据。组织梳理试行期超过1年的石油工程定额11项，开展适应性分析，直接转正发布6项，修订发布2项，延长试行期3项。完成19项小项定额的补充修编，解决勘探开发过程中新工艺、新技术、新设备应用发展的定额需求问题。

预算价格管理。坚持市场化、动态化、规范化原则，全年集中发布A类材料预算价格35批次，涉及11类主材，累计更新数据3万余条；更新B类材料42批次，累计更新数据3.3万余条，为工程项目预结算提供及时准确的价格依据。利用清单计价平台，发挥数据优势，通过整理价格数据，分析价格变动规律，持续开展石油工程主材价格年度分析，完成《2021年石油工程主材价格分析及走势预测》，为生产经营和投资管控提供价格信息参考。建设完成清单计价预算价格管理子系统，石油工程人工、机械价格模块完成测试上线，钻井、作业等5个专业价格入库信息3 279项；地面工程人、材、机价格模块完成程序开发，测试完成后将入库价格信息80余万项，为实现各类价格的集中管理奠定基础。

清单计价体系建设及应用。完成地面清单子系统年度建设任务，预结算、招投标和估概算3个业务模块主体功能及定额等基础数据库维护功能开发完成，达到内部测试条件；配套基础数据库建设取得突破性进展，建立12个省和4个行业的定额数据库，能够满足主要油区的计价需要。优化提升清单计价平台应用功能，完成石油专业工程子系统投资估算、统计分析、清单项目灵活归集、预算价格模块（人工、机械）和参数录入优化5个功能模块开发，经培训后顺利上线运行。完善和拓展平台应用功能，满足企业对建设项目技术经济评价、投资决策、生产经营精细化管理和市场化计价的需要，为投资、经营等部门提供造价专业服务支撑。推进清单计价平台深化应用，探索开展清单计价平台与EPBP数据接口应用及相关系统的数据共享，减少数据重复采集，提高了结算效率。

支撑保障。紧跟勘探突破和效益开发的整体要求，瞄准重点区域，结合“四提”“五化”具体需求，为经营管理提供有力支撑。根据集团公司关于压裂工程试点日费制的统一安排，结合压裂工程“四提”要求和施工特点，研究并提出“1+2+N”的日费制计价方案，即1个日费、2个时费、N个单项费用。计价方案顺利通过集团公司压裂日费制试点实施方案研讨会审查，已下发各油气田企业和工程公司。为积极配合石油工程“四提”工作，在全面梳理、筛选造价数据的基础上，形成9项重点指标及7项单项指标，定期对完成情况进行排序，发布3期《石油工程钻完井造价指标对标季报》，促进勘探开发重点区域相关单位开展对标追标。为解决国家部门对集团公司审计过程提出的关于中国石化现行财务制度中弃置费计提依据不充分等问题，开展股份公司所属企业油气资产弃置费测算工作。对封井工程采取依据设计编制工程预算的测算方法；对海工工程首次采取依据《弃置定额》及应用系数法和类比法测算的借用定额编制工程预算开展弃置费测算。共编制设计797份、预算942份，对股份公司197个区块80 004口井开展弃置费测算工作。针对2021年新购和升级的勘探开发共享软件，收集软件购置和升级费用、年有效工作时长、软件使用率等基础资料，完成38款共享软件服务价格的编制、调整和发布，为上游板块勘探开发云管理平台的资源合理利用、促进专业软件共享、提高内部信息资源利用效率提供有力支持。高质量完成重点井、重点区块的审查，先后参与10个重点项目投资审查、17口探井设计预算审查，优化投资4 887.6万元，提出调整建议21项，为支撑投资决策、方案优化发挥作用。

基础管理。着眼于全系统整体素质和履职能力的提升，加大系统业务建设力度。为强化定额编制经验传承，提升造价从业人员基础业务素质，编发石油工程定额编制手册。先期发布定额编制手册内容涉及陆地钻井和陆地大修、小修和压裂酸化工程，共18章24万余字；测录井和试油气工程定额编制手册完成初稿。手册对石油工程定额的概念、编制方案的编写进行规范，明确定额编制的原则、依据、思路、流程、方法等内容，对指导各油气田企业开展石油工程定额的编制和调整，促进定额编制标准化、规范化将起到积极作用。秉承实用性、专业性原则，克服疫情反复等不利因素，首次探索线上和线下相结合的取证培训方式，全年共举办9期培训班、培训773人，培训班次和人数均创历年新高。组织开展造价分析和论文评选，各单位组织推荐96项造价分析和论文成果参评，促进了系统内业务交流。建立造价系统专家库并分3个专业发布首批30名专家名单，在重要定额编制、成果评审等工作中，注重发挥高水平专家的作用，带动系统整体队伍素质能力的提升。

（张　兴）

中国石化 SINOPEC

公用工程

热电 | 水务

热　电

【概述】 2021 年，热电业务认真贯彻落实集团公司工作部署，持续强化热电专业化管理，紧紧围绕绿色低碳转型升级发展格局，以服务保障主业为中心，狠抓装置安稳运行，大力实施节能减排，全面推动攻坚创效，积极面对煤炭价格持续上涨、供应持续紧张的严峻形势，研究落实能源保供措施应对区域限电，圆满完成年度工作目标任务，为集团公司奋力打造世界领先洁净能源化工公司提供坚强的公用工程保障。

（胡海翔）

【全面完成生产任务】 热电专业在满足主业用热需求的基础上，克服新冠肺炎疫情反复和阶段性限电及煤炭、电价上涨等不利因素，坚持保供第一。全年完成发电量 374.55 亿千瓦·时，供热量 4 亿吉焦。

（胡海翔）

【稳步提升机组运行水平】 组织所属企业对照《防止电力生产事故的二十五项重点要求》开展热电专业生产事故预防措施排查。严格热电装置非计划停工管理，对燕山石化、洛阳石化等企业电气系统停电事故开展深入分析，对川维化工公司、长岭炼化、宁夏能化开展热电装置现场安全检查并提出整改要求。锅炉防磨治理成效显著，镇海炼化全烧煤 CFB 锅炉连续运行 15 个月，广州石化 CFB 锅炉连续运行 555 天。

（胡海翔）

【持续提升技经指标水平】 2021 年累计供电标煤耗指标为 302.5 克 /（千瓦·时），下降 9.5 克 /（千瓦·时）；供热标煤耗指标 37.4 千克 / 吉焦，下降 0.5 千克 / 吉焦。组织青岛炼化、高桥石化、上海石化等企业加快推进热电能耗达标工作，研究优化热电机组挖潜提效改造技术方案。

（胡海翔）

【扎实推进电力技术监督管理】 贯彻落实国家、行业、集团公司电力技术监督政策法规和标准规程，建立定期查评和预（告）警机制，及时采取措施预防风险。中天合创完成热工电源柜双电源切换装置隐患整改；齐鲁石化及时发现 10# 空压机综保和电烃 I 线光纤纵差保护故障；胜利油田开展锅炉四管全面测厚检查，更换处理锅炉水冷壁 717 根，保障热电装置及电网安全可靠运行。

（胡海翔）

【积极应对煤炭紧张电价上涨】 跟踪分析煤炭供需形势，研究电价政策，印发《关于加强电力生产经营分析与管理的通知》，积极应对煤炭供应紧张和燃煤发电电价上涨局面。通过提高焦煤比、掺烧经济煤种等措施，镇海炼化、洛阳石化、天津石化石油焦掺烧量增加约 13 万吨；茂名石化拓宽燃料来源，优化采购渠道，节约燃料成本 1 800 万元。

（胡海翔）

【落实能源保供应对限电】 根据《关于开展中央企业安全保供专项督导工作的通知》要求，合理安排部署热电装置运行检修，全力保障电力供应，完成能源保供任务。面对山东、江苏、浙江、湖南等地出台的限电政策，提高机组发电负荷、优化运行方案，保障主业装置安全稳定运行。

（胡海翔）

【深化资源综合化利用】 严格执行法律法规和集团公司有关规定，科学规范掺烧废物，获得显著的经济效益和社会效益。金陵石化掺烧炼厂干气 9.63 万吨，减少原煤消耗 15.37 万吨；镇海炼化、上海石化通过掺烧污泥、尾气，累计节约处置费用约 1 900 万元。

（胡海翔）

【提高煤电清洁生产水平】 落实集团公司“总经理 1 号令”要求，实现重点企业、重点区域燃煤锅炉环保排放稳定达标。巴陵石化开展喷氨优化调整，氮氧化物分布相对偏差由 80% 降至 30%，喷氨量减少 7 千克 / 时；齐鲁石化成立攻关小组，氮氧化物小时均值实现连续达标排放超 730 天。深入研究湿法脱硫烟囱腐蚀危害，及时消除结构强度失效等安全隐患。

（胡海翔）

【加快推进信息化建设】 通过建设总部端电厂专业管控信息平台，细化热电运行管理，对电厂生产过程、运行情况进行实时监督和管理，为整体优化运行提供决策依据。热电管理信息系统包括运行监控、运营分析、热电竞赛、燃料管理、电力交易、电力可靠性、电力技术监督等 12 个功能模块。加快网络安全建设，按照国务院国资委《关于做好网络安全及能源智慧信息平台建设延伸工作有关事项的通知》要求，对 24 座电站进行安全态势感知建设。

（胡海翔）

【优化电气系统运行方式降本增效】 优化组合年度协议购电和月度交易，用好电力市场化交易，电价优惠幅度优于当地平均水平。全年交易电量 196 亿千瓦・时，降低外购电成本 5.6 亿元。天津石化、上海石化优化发购电比例，坚持发“效益电”，创效约 820 万元。镇海炼化报停 2 台 200 兆伏安变压器，累计减少电费支出 11 520 万元；广州石化响应“削峰填谷”激励政策，全年创效 1 321 万元。

（胡海翔）

【对标一流提升专业水平】 下达年度热电专业管理考核目标，开展对标，充分发挥专业竞赛对标作用，定期通报各企业指标完成情况，分析存在差距，明确管理提升措施。天津石化、巴陵石化等企业完善小指标竞赛体系，建立横值竞争模式，将能耗指标、工艺指标等纳入月度评比内容。

（胡海翔）

【组织蒸汽系统优化攻关】 研究推进南化公司蒸汽系统优化工作，完成 20 项蒸汽优化措施。组织与国家能源集团成立煤电机组提效减碳改造对接联络小组，研究南化公司电站锅炉燃烧优化、蒸汽管网数值模拟和低温热利用等课题。跟踪胜利发电厂抽汽供热改造项目，胜利国电机组改造顺利完成；推广中韩石化热能深度利用年降低供电标煤耗 40 克 /（千瓦・时）优秀案例；青岛炼化采用气凝胶复合保温方式实施 3.6 千米蒸汽管线节能治理，节约蒸汽 1.7 万吨；齐鲁石化持续深入管损治理，创建实时监控平衡图，累计减少蒸汽损失 20 万吨。

（胡海翔）

【加速新能源电能替代】 积极开展碳达峰路径和新能源项目研究，编制电厂减煤降碳工作方案；与国家能源集团、国家电力投资有限公司等进行清洁能源发展专题交流；组织张家口地区清洁能源项目现场调研；为新星公司山东滨州秦皇台光伏制氢一期项目提供专业支持。上海石化尝试生物质燃料耦合发电累计节煤 1 500 吨；胜利电厂 36 兆瓦、齐鲁石化 10 兆瓦光伏发电项目建成投运。

（胡海翔）

【积极参与绿电、碳交易】 印发《关于进一步扩大绿电交易的通知》，研究绿电交易政策，增加绿电交易比例。燕山石化获北京 4 000 万千瓦・时绿电交易指标，成为地区最大绿电交易用户；胜利油田消纳新能源电量 3 亿千瓦・时；茂名石化与中广核签订外购电量直接交易合同，2022 年外购电量 99% 使用核电、1% 使用可再生能源，全年可减少二氧化碳排放 89.47 万吨。胜利油田、中天合创等 4 家单位参与碳交易市场，完成首笔大宗交易。

（胡海翔）

【组织开展热电专业竞赛和煤炭质量检验考核评价】 从企业抽调专家组织检查组，对 31 家油田和炼化企业开展热电专业现场考评工作。对照《防止电力生产事故的二十五项重点要求》《动力煤炭验收技术规程》等法规标准，从安全保供、降本增效和绿色低碳等方面，积极推进热电机组能耗达标、电力市场化交易、燃料结构和发电负荷优化等重点工作。根据集团公司相关制度规定，经综合评定，胜利油田、齐鲁石化等 20 家企业获评热电专业竞赛优胜单位。

（胡海翔）

水　务

【概述】 2021 年，水务业务认真贯彻落实集团公司党组决策部署和工作会议精神，强化安稳运行管理，深化节水减排，推进提质增效，以技术进步实现创新驱动，圆满完成年度工作目标任务，为主装置的安稳运行提供有力保障。

（叶晓林）

【安稳运行水平不断提升】 落实集团公司总经理 2 号令的要求，推体系夯基础控风险，强化生产过程和直接作业环节安全管理，结合现场考评工作大力推进 HSE 体系建设，着力抓好体系宣贯。聚焦专业安全管理，突出隐患治理，开展预防性检修，加强水冷器管理，重视在线查漏技术应用，强化水质管理和工艺报警管理，做到检修和生产两不误，夯实本质安全基础，不断提高水质综合合格率和供水能力；加强应急管理和设备安全隐患治理，服务保障能力不断提高，为企业高质量发展提供坚实保障。2021 年，11 项水务专业竞赛指标稳步增长，其中新鲜水供水单位电耗完成 4.8（千瓦・时）/（千米^3・米），进步 2.8%；循环水单位电耗完成 4.3（千瓦・时）/（千米^3・米），进步 0.8%；化学水标准离子水耗完成 18.2 米^3/千摩尔，进步 1.0%；外排污水达标率实现 100%。

（叶晓林）

【提质增效工作有力推进】 深化水务系统能效提升工作，深入开展运行优化和降本增效，持续推广应用好的经验做法和先进技术。加强新鲜水漏损治理，实施水泵调速改造或更换节能高效设备；持续推进循环水整体优化；优化化学水装置运行操作，稳定提高周期制水量，降低制水损耗；优化污水处理流程和加药管理，推广污水处理场鼓风机节能改造成功经验，降低运行能耗；超额完成全年增效目标。

（叶晓林）

【水务“三废”治理不断深入】 提高政治站位，落实集团公司“总经理 1 号令”和《中国石化2021—2023 年环保提升方案》要求，践行长江经济带、黄河流域污染防治工作，强化“三废”治理，持续深化水务系统 VOCs 治理、污水提标和固废处置工作。按照源头治理、污污分治原则，推广模拟市场化排污收费机制，强化源头管控，开展过程调优，加强末端应急处置，筑牢水务环保基础。实施生化污泥性质鉴定，开展含油污泥和碱渣减量化等工作，兼顾固废处置合规性和经济性。截至 2021 年底，已实施治理项目 118 个，投资 16.6 亿元，其中 112 个已完成。

（叶晓林）

【节水减排工作不断加强】 落实国家和集团公司关于长江经济带、黄河流域企业生态环境保护要求，积极推进污水资源化利用工作，加强污水全流程管理，挖掘节水减排潜力，进一步提高污水回用率。加强污水源头管控，实施雨污分流、污污分治，做好高低盐污水分质处理，实现低盐达标污水全部回收利用。按照《炼化企业厂区雨污系统设置管理指导意见》，严格雨污分流管理，加强雨水回收。2021 年，回用污水 9 000 余万立方米，增长 5.1%。下发《关于长江经济带、黄河流域炼化企业进一步加强节水减排工作的通知》，要求各相关企业提高站位，分类施策、协同治理，结合企业自身特点编制《节水减排工作实施方案》和《2021—2023 年节水减排提升目标》。逐家企业对接，梳理出化工板块相关的 17 家长江经济带、黄河流域企业节水减排措施共计 139 个。建立和完善化工板块节水有关报表，编制主要化工产品单位取水量统计表，建立月度填报制度。提升化工板块节水工作管理水平，按月统计工业取水量、重复利用水量、污水回用率和万元产值工业取水量等数据，对照国标、地标等有关取水定额、主要化工产品取水定额要求，强化对比分析，帮助落后企业提高用水效率。

（叶晓林）

【水务信息化建设进展顺利】 全面推进水务管理

信息系统企业端推广建设项目，克服疫情等影响，优化工作开展方式，通过线上收集、集中对接等方式，多渠道推进工作实施，项目整体进展顺利。截至 2021 年底，30 家企业总体完成上线工作，水务信息化建设进展顺利。

（叶晓林）

【标准化建设有序推进】 持续加强《循环水处理效果监控方法》等系列标准贯标，在年度现场考评中抽考标准掌握情况，落实智能监测换热器和自动加药设施等配备情况。根据企业需求，启动《水中磷酸盐和总磷的测定间断化学分析－磷钼蓝分光光度法》标准制定工作。以管理标准化、运行自动化、数据信息化、环境友好化和决策智能化为目标，结合集团公司数字化转型工作和用工总量递减现状，打造标准化水场，推进标准化建设，持续督促企业按照计划加快推进打造标准化水场工作，按月跟踪各企业进展情况。截至 2021 年底，已启动项目 164 个、投资 17.3 亿元，涉及水场 205 个。

（叶晓林）

【水处理剂管理有效提升】 完成《中国石化水处理剂管理规定》制度修订工作，规范水处理剂物料编码和命名，避免同剂不同名、同质不同价等问题。按照优化后的水处理采购框架协议，组织开展年度水处理剂采购工作，做好有关水处理方案的预审把关。优化完善水处理剂管理模式和使用评价机制，加大水处理效果和用户评价的权重，建立淘汰退出机制，强化采购、验收、使用和评价的全过程管理。

（叶晓林）

【持续开展现场技术服务】 围绕标准化水场建设、循环水余压发电、《循环水处理效果监控方法》等标准贯标、水质分析化验机器代人等年度重点工作，持续开展针对性的技术服务。赴扬子石化协助分析诊断 1# 乙烯机组段间水冷器泄漏问题，提出优化建议；结合集团公司“总经理 1 号令”有关要求，指导扬子石化优化循环水排污水处理及节水减排项目方案。赴中科炼化开展水务专业化管理现场服务，组织水务专业化管理制度、标准和专业月报等培训，调研现场情况并提出相关优化建议。指导中安联合按照《循环水处理效果监控方法》系列标准要求，完善智能监测换热器和自动加药设施。组织专家团队赴中原石化共同审核节水减排优化方案，得到企业认可。按照专业化管理要求，组织专家开展年度专业现场考评，现场排查专业安全、环保、工艺、设备等方面存在的问题，总结经验亮点，加强技术交流和经验分享，共同提升管理水平。

（叶晓林）

【技术进步实现创新驱动】 结合企业需求，以问题为导向开展技术攻关，积极推广应用水处理新技术、新工艺、新材料。组织开展先进地下管线勘查和泄漏感应技术交流。落实水务专业标准要求，加强水质过程监控，推广应用工业制程水质智能检测系统，提高水质综合合格率。因地制宜推进循环水余压回收发电技术现场应用，已投运的 2 个试点项目年投资回报率分别达 32% 和 37%。启动循环水冷却塔性能测试工作，建立冷却塔性能档案，围绕测试结果开展关键冷却塔冷却效率攻关。推广污水处理场离心风机改悬浮风机等节能改造成功经验，推进自氧反硝化和耐高盐高效脱氮等先进水处理技术工业应用，降低污水系统碳排放，促进专业绿色发展；在采用双膜技术提高污水回用率的同时，应用 ABR 高效生化技术处理双膜浓水等高盐废水，实现外排污水稳定达标排放；积极推进水务系统光伏发电等新能源建设，打造节能降碳示范装置区，以技术进步实现创新驱动。

（叶晓林）

中国石化 SINOPEC

安全生产

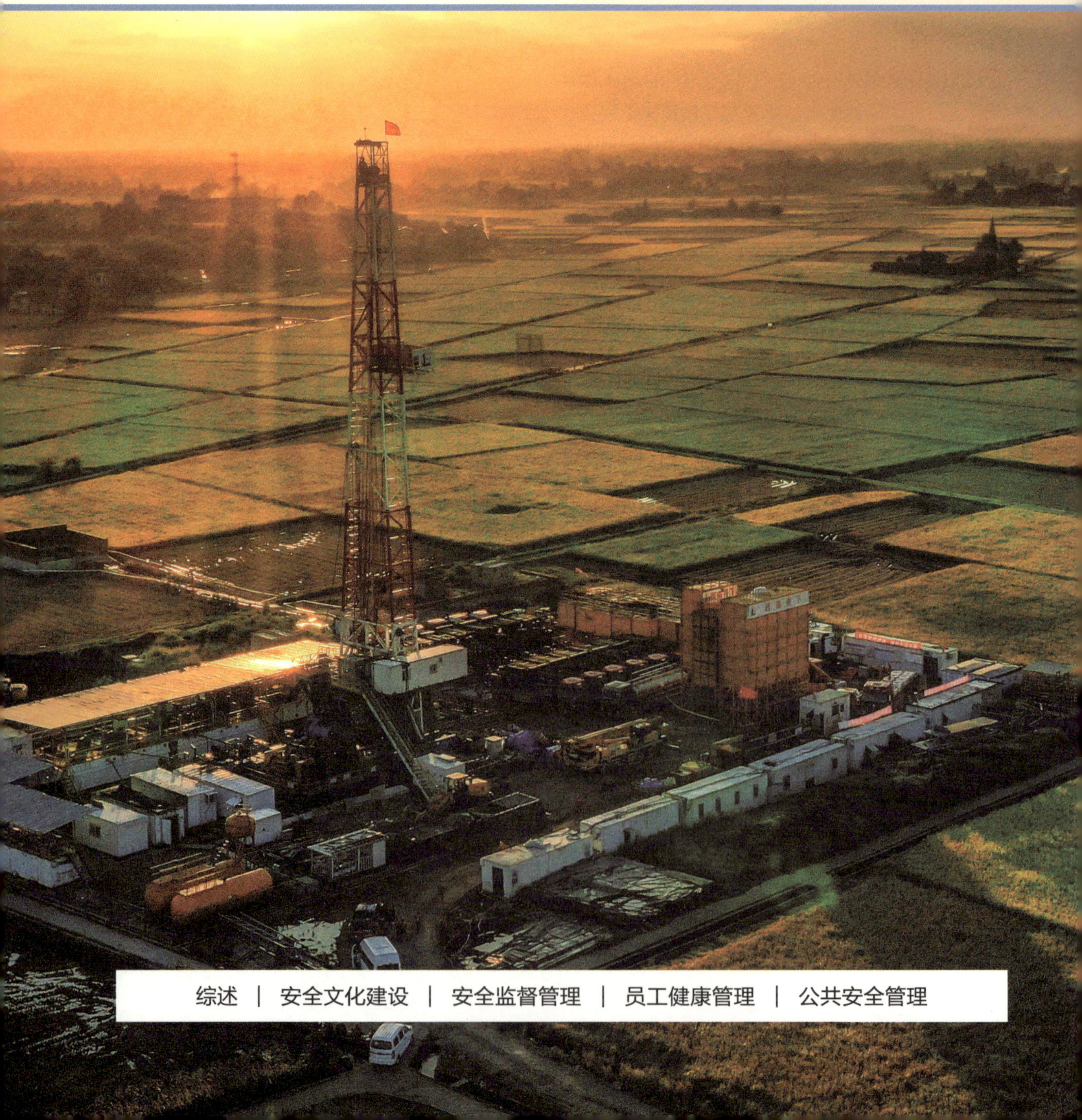

综述 | 安全文化建设 | 安全监督管理 | 员工健康管理 | 公共安全管理

综　述

2021 年，面对极端天气、疫情反复等对安全工作带来的不利影响，集团公司认真学习贯彻习近平总书记关于安全生产的重要论述，在集团公司党组坚强领导下，以超常决心、超常举措、超常力度，全面贯彻落实“总经理 2 号令”，全力推进 HSE 管理体系建设，深入开展安全生产专项整治三年行动集中攻坚、“百日安全无事故”和“五查五严”保安全等专项行动，集团公司安全生产形势总体稳定。

（程敬博）

安全文化建设

【HSE 管理体系有效运行】 以“总经理 2 号令”向全系统发布《关于推体系夯基础控风险 全力筑牢新时期中国石化安全新防线的指导意见》，明确集团公司推进 HSE 管理系统化、规范化、科学化的治本之策。发布《中国石化 HSE 管理体系 手册》，确立 HSE 管理的纲领，明确各单位、各级管理者和全体员工在生产经营活动中必须遵循的准则。

（程敬博）

【加强专业管理】 总部层面设立安全、职业健康、环保、工艺技术、动静设备、电气、仪表、能力和培训、承包商 9 个专业分委员会，将体系要求融入生产经营、专业管理，建立健全体系运行工作机制。

（程敬博）

【组织全覆盖 HSE 管理体系试审核】 编制体系要素审核细则，开发体系审核管理系统，培训 2 605 名体系审核员。按照矩阵式审核方式，组织开展体系试审核，按照手册管理要素验证制度是否承接要素管理要求、按照企业制度规定验证基层现场制度执行情况、按照审核发现的不符合回归溯源体系运行状况，提升 HSE 管理体系适宜性、充分性和有效性。

（程敬博）

【压实各级安全责任】 压实企业领导人员安全责任。党组主要领导亲自指导，建立“一把手安全连线”机制，实行高风险企业“一把手”安全抵押制度。对企业新任正职领导开展 HSE 述职及履职能力评估，组织企业 HSE 分管负责人集中研讨培训，压实企业“一把手”和分管领导安全责任。

压实全员安全生产责任。贯彻《安全生产法》，按照“三管三必须”落实全员安全生产责任制，开展 HSE 关键岗位人员取证培训，提升员工履职能力。修订完成《中国石化总部各部门、专业公司安全生产责任制》《中国石化生产安全事故事件管理规定》等规章制度，制度的可操作性不断提高、实效性不断增强。

（程敬博）

【加强应急能力建设】 进一步完善应急预案并开展演练。修订集团公司级应急预案，建成“1 个总体 +10 个专项”的预案体系。编制《重大风险情景构建演练指导手册》，完成基层现场处置方案范本。组织集团公司级应急演练，提升了川东北地区高含硫集输管线重大险情应急处置能力。

推进基层应急能力建设。落实应急处置“135”原则，建立基层应急演练抽查机制。制定专职应急队伍管理“五个规范、一个大纲”，提升队伍管理标准。积极参与社会救援，全年累计救援 500 余次，7 家企业参与洪灾救援，得到国家部委、当地政府高度肯定。国家危化品救援普光队被评为首届全国应急管理系统先进集体。

（程敬博）

安全监督管理

【加强双防机制建设】 深入构建安全风险分级管控和隐患排查治理双重预防机制。推进安全生产专项整治三年行动集中攻坚，动态管理问题隐患和制度措施“两个清单”。推广应用 PHAMS 平台、典型装置 / 设施风险检查表和 HAZOP、JSA 风险分析工具。研究评估炼化企业管廊、装置安全泄放等安全风险，开展加氢站工艺设备和典型作业风险分析，有效防控系统性安全风险。深入开展大型油气储存基地风险自评，组织专家评估海上整体风险，及时整改存在问题。

（程敬博）

【专项行动】 部署开展“百日安全无事故”“五查五严”保安全专项行动。在全系统开展以“反‘三违’、查隐患”为主题的“百日安全无事故”和“五查五严”保安全专项行动，落实企业主体责任，排查整治安全风险隐患，编制修订安全管理制度，纠治违规违章行为，进一步夯实安全管理基础。

（程敬博）

【狠抓关键环节管理】 强化过程安全管理。加强生产异常信息管理，集成消防接警、重大危险源监控等异常信息，建立事故、事件和异常信息管理平台，溯源分析生产过程中的“小异常、小波动、小事件”，健全生产异常信息分享机制。组织对重点企业开展安全专项督查和整改“回头看”，委托第三方对海上平台开展安全诊断技术服务，对煤矿开展安全审计。

加强承包商和直接作业环节管理。统筹修订承包商管理办法，明确主要承包商 QHSE 审核的主责单位，探索建立承包商自我管理机制。开展作业许可调研，修订“7+1”直接作业环节制度，推广应用电子作业票技术，规范作业许可管理。制定能量隔离、无氧作业等亟需制度，实施高风险“双边”作业报备管理，有效管控作业风险。

（程敬博）

【推进新技术引用】 推进“工业互联网 + 安全生产”试点建设，优化提升安全管理信息系统，建成应用危化品运输信息化监管平台。开展 5G 基础设施建设及应用，统筹安全监管业务领域信息化建设，开展安全数据治理，推进安全数字化转型。自主开展先进阻燃面料研究，制定阻燃防静电工服技术标准，被评为中国石化专有技术。

（程敬博）

员工健康管理

【夯实职业健康管理基础】 研究编写噪声危害治理指导意见，推进噪声超标场所治理工作，改善员工工作环境。组织企业职业健康管理人员工作研讨培训，提升职业健康专业队伍素质能力。组织开展《职业病防治法》宣传周和争做“职业健康达人”活动，营造基层职业健康工作良好氛围。组织开展劳防用品质量检查，劳防用品合格率和职工满意率创新高。

（程敬博）

【推进员工“大健康”管理】 积极开展健康促进试点项目和健康干预措施试点研究，推进群体健康管理提升。跟踪分析新发非生产性死亡案例，提出健康管理改进措施。引导企业做好健康高危人群识别管控，倡导企业配备 AED 等应急救援器材。

（程敬博）

【从严常态化疫情防控】 集团公司疫情防控工作领导小组始终保持高效运转，统筹境内外疫情防控工作，开展境内全系统涉疫人员排查，从严从细落实国家各项疫情防控措施要求。稳妥推进疫苗接种，具备健康条件员工已全部接种新冠病毒疫苗，加快推进新冠病毒疫苗加强针接种。

（程敬博）

公共安全管理

【顺利完成公共安全保障任务】 开展落实《首都地区安全风险隐患处置方案》专项行动，印发《关于加强特殊时期安全生产工作的紧急通知》，明确“两特两重”管理措施，建立联防联动机制，完成“四个决不能发生”工作目标，保障了建党100周年大庆、全国“两会”、进口博览会等特殊时期的安全稳定。

（程敬博）

【加强自然灾害风险应对】 制订集团公司级自然灾害专项应急预案，组织编制《地质灾害风险分级与防治规范》，部署启动川渝地区油田企业地质灾害专项治理。指导企业加强灾情险情排查处置，有力应对河南、山西等地重大洪汛和沿海台风影响，全年未发生因灾造成的生产安全事故。

（程敬博）

【加强油气设施安全管理】 强化高风险酸气管道本质安全管控，开展高含硫气田酸气管道完整性管理标准研究，督导普光气田酸气管道检测检验、一致性排查和开挖修复等工作。顺利完成新疆勘探遗留爆炸物清理整治任务。

（程敬博）

中国石化
SINOPEC

绿色低碳

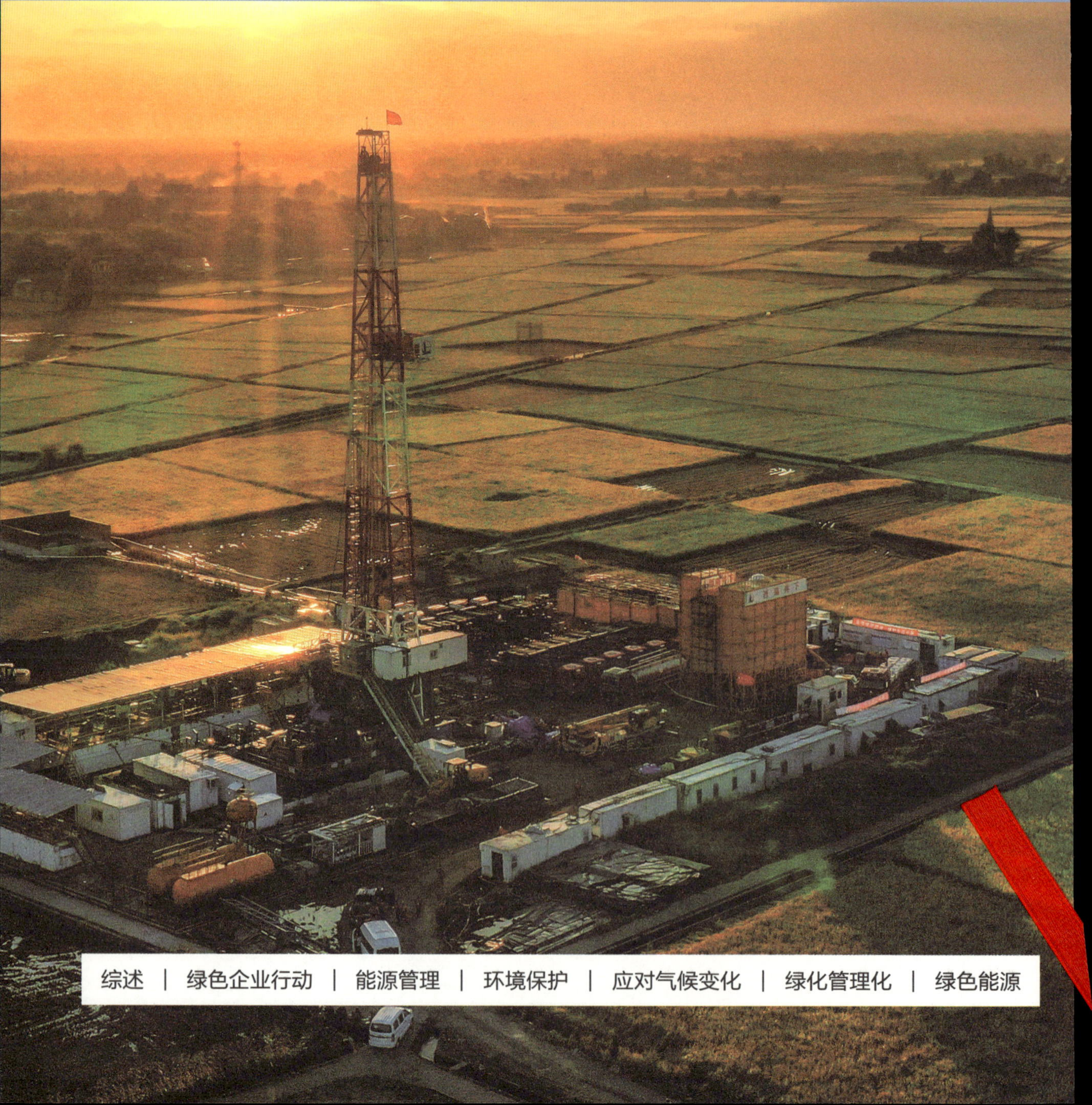

综述 | 绿色企业行动 | 能源管理 | 环境保护 | 应对气候变化 | 绿化管理化 | 绿色能源

综　述

2021年，集团公司深入贯彻落实习近平生态文明思想及系列生态环境保护工作重要指示批示精神，以碳达峰碳中和目标为引领，坚持以HSE体系思维护航绿色洁净战略实施，深入推进“能效提升”计划，持续强化碳排放管理，着力推进污染防治攻坚战和臭氧污染防治行动，做好长江黄河流域生态环境保护，为公司高质量发展提供强有力的支撑保障。

全年，集团公司万元产值综合能耗下降1.4%，节能200万吨标煤；工业取水量下降1.1%，节水1 000万立方米；国（省、市）控排放源废水、废气综合达标率分别达100%和99.9%，固废妥善处理处置率100%；4项主要污染物化学需氧量、氨氮、二氧化硫、氮氧化物全面完成国家下达的年度减排目标。

年内，集团公司获中国环境社会责任企业、环保突出贡献企业称号，连续第11年获中国低碳榜样称号。

（刘兆鑫）

绿色企业行动

【高质量推动绿色企业行动】 全面推动各企业以习近平生态文明思想为指引，以绿色洁净发展为战略，以“绿色企业行动计划”为抓手，围绕绿色企业行动六大计划，集团公司统一部署，各相关部门联合推动，各企业全面行动、全员参与，持续提升绿色发展水平。2021年，已评绿色企业全部完成复核，32家企业首次通过绿色企业创建；截至年底，集团公司共计104家企业完成绿色企业创建，绿色企业创建比例达89.7%。

（刘兆鑫）

【创新完善绿色企业评价体系】 以“提高标准、体现导向，激发‘洁净化’内生动力”为原则，结合集团公司污染防治攻坚战、长江黄河流域及重点区域企业环保工作要求、碳达峰碳中和及环保依法合规排查等工作要求，统筹谋划部署全年绿色企业行动重点工作，并将国家、集团绿色发展新要求纳入评价指标，引导企业不断提升绿色洁净水平；针对已评企业引入分档分级评价机制，制定油田、炼化、销售、工程等板块复核评价指标，涵盖绿色生产、绿色服务、绿色采购等内容，全面、系统反映企业绿色企业行动水平，进一步完善绿色企业评价体系。2021年，75家已评绿色企业全部完成复核分档。

（刘兆鑫）

【持续推进绿色基层建设】 各企业根据集团公司印发的10类《绿色基层评价办法》，结合自身基层单位实际，将碳达峰碳中和、新能源使用、节能节水量化考核指标、污染物排放严于国家标准、基层建设与党建融合等绿色低碳重点内容纳入绿色基层评价标准，完善创建流程，制订绿色基层创建与标杆打造方案，全力推进绿色基层建设。截至年底，合计1.4万余个基层单位完成绿色基层创建，创建比例超过50%。2021年，广州石化、长岭炼化、塔河炼化、催化剂上海立得分公司4家企业获2021年度国家级绿色工厂称号。

（刘兆鑫）

能源管理

【持续推进“能效提升”计划】 深入实施“能效提升”计划，项目实施情况被列入集团公司年度重点督办任务进行监督和检查，并在 HSE 季度会议上通报项目实施率、完成率。开展节能监察，核查项目节能效果，确保项目实施质量。2021 年，集团公司实施“能效提升”项目 544 项，节能 96.7 万吨标煤。油田板块深入推进注采输一体化能效提升工程，提高系统运行效率，减少用电量。炼油板块大力实施低温余热高效利用、胺液系统优化、氢气系统优化等系统节能项目，持续开展保温、加热炉等提效治理。化工板块开展同类装置能效对标，落实国家热电机组能效要求，全面实施供电标煤耗指标达标和循环水系统节电工作。油品销售板块加强储运环节电耗管理，减少用电量。

（刘兆鑫）

【加快推进用能低碳化】 ①开展天然气替代工作，推进具备条件的企业使用天然气替代燃煤，实现自备燃煤电厂低碳转型升级。燕山石化落实北京市禁煤禁焦政策，新建 2 台燃气锅炉，2 台燃煤锅炉实施“煤改气”，控煤效果明显。②开展电气化替代工作，推广应用网电，提升设备电动化水平；应用电驱动替代汽轮机驱动，减少蒸汽消耗；使用电加热炉替代燃料加热炉，减少化石燃料消耗。2021 年，集团公司总用电量占燃动能耗的比例同比提升。③外购“绿电”替代自发电，减少温室气体排放。全年，集团公司外购“绿电”增加 3.2 亿千瓦·时。④开展绿色能源替代工作，持续推进企业利用内部闲置土地、厂房和办公楼顶等区域开展分布式光伏发电或供热项目建设。截至年底，累计实施新能源利用项目 158 项，减少化石能源消耗约 90 万吨标煤。

（刘兆鑫）

【加大技术研发和推广力度】 发挥系统内技术、资源和人才优势，大力推广成熟适用的新工艺、新技术、新装备，加快推进成果转化。2021 年，集团公司开展技术节能节水项目 466 项，节约标煤 64 万吨，节水 1 463 万立方米。在油田企业推广实施区域一体化能效提升、油田采油污水余热利用、油井集中控制供电等技术；在炼化企业推广实施能量系统优化、低温热综合利用、加热炉提效、汽轮机通流改造、保温改造等技术；在销售企业推广实施太阳能光伏发电技术。

（刘兆鑫）

【持续开展节水工作】 加强源头节水，开展水平衡测试和管网漏失治理等工作，压减工业取水量。强化末端回用，加快污水回用项目建设，提高污水处理回用装置负荷，全年污水回用率提升 10 个百分点。持续推进非常规水资源代替新鲜水工作，全年非常规水资源使用量增加 122 万立方米，替代新鲜水资源 4 827 万立方米。

2021 年，青岛炼化、广州石化获原油加工能效“领跑者”标杆企业称号；镇海炼化、茂名石化获乙烯生产能效“领跑者”标杆企业称号；海南炼化获对二甲苯生产能效“领跑者”标杆企业称号。青岛炼化、镇海炼化、天津石化获原油加工水效“领跑者”标杆企业称号；茂名石化、镇海炼化获乙烯生产水效“领跑者”标杆企业称号；中天合创化工分公司获煤制烯烃水效“领跑者”标杆企业称号。

（刘兆鑫）

环境保护

【完善环保制度、标准，夯实环保基础管理】 根据 HSE 管理体系要求，制（修）订《中国石化环境保护管理规定》《中国石化建设项目环境保护管理办法》等9项环保管理制度，形成以17项环保制度为主体的集团公司环保制度体系。复审《油气田企业清洁生产审核报告编制规范》等5项、修订《建设项目环境监理技术规范》等4项一级企业标准，逐步完善集团公司环保标准体系。

（刘兆鑫）

【持续推进空气质量提升行动】①持续落实《中国石化臭氧污染防治专项行动方案》（总经理第1号令）要求，开展VOCs和NO_x深度治理工作，继续实施368项臭氧污染防治项目。建立月度跟踪督办机制，企业每月在环保信息系统中提报项目实施进展，持续督导企业实施提升项目。②对照生态环境部《关于加快解决当前挥发性有机物治理突出问题的通知》要求，对有机液体储罐、装卸、敞开液面、有机废物处理设施、加油站等开展深入排查，制订治理计划。③加强VOCs治理技术指导，组织编制《储罐VOCs治理环保技术要求》，指导企业开展储罐VOCs治理工作。④印发《中国石化2021—2023年环保提升方案》，提出严于国家和地方标准的排放要求，明确目标任务，组织企业制订提升方案，梳理存在的问题，提出整改提升措施或项目。

（刘兆鑫）

【继续实施水污染防治行动】①持续加强入江（河、湖、海）排污口管控，推进排污口规范化整治，按照《水污染源在线监测系统运行技术规范》，完善废水在线监测设施配置和运维管理，加强预警报警机制建设。②组织企业落实《炼化企业厂区雨污系统设置管理指导意见》，不断完善雨污分流系统，加快实施污水管网密闭化改造，防范污雨水互窜；通过设置雨水监控池、增设在线监测仪表等方式强化雨水监控，严防雨水超标外排。③组织企业持续评估水体污染风险防控措施有效性，扩大应急池（罐）废水贮存能力，进一步健全制度和预案，完善应急物资配备，督促企业定期开展应急演练，利用视频监控、溢油监测、紧急切断等手段提高应急响应能力，避免泄漏物料和超标污水进入水体。

（刘兆鑫）

【深入开展土壤污染防治行动】①强化土壤及地下水污染风险防控，推进企业污水管网可视化改造、储罐地坪及有毒有害物料重点区域防渗改造、泄漏监控设施安装等项目实施，督导重点监管企业规范开展土壤污染隐患排查整治。②组织开展土壤及地下水污染详查、风险评估，编制并落实污染管控和治理修复方案，完成历史遗留固废填埋场、退役场地等清理工作，开展地下水污染防治试点。③加快推进土壤地下水污染隔断、土壤原位修复、快速高效工程修复、自然衰减修复等技术和先进装备科研攻关和应用储备。④建立土壤地下水调查和监测数据库，全面完成历史数据关联，构建土壤地下水状况分布图，实施企业用地分类分级管理。

（刘兆鑫）

【组织开展固体废物专项整治行动】①督导企业严格落实新固废法及集团公司《危险废物环保管理指南》《中国石化一般工业固体废物和垃圾环保管理指南》等要求，持续规范危险废物、工业固体废物、建筑垃圾、生活垃圾管理，实施济南炼化等企业固废管理标准化试点建设。②围绕“无废集团”试点建设目标任务，指导相关企业落实“点对点”“白名单”政策，开展危险废物政企信息化平台开发，持续推进区域危险废物处置中心和企业危险废物鉴别机构建设，研究建立危险废物经营单位环保监管机制。③进一步提升固废“三化”水平，持续降低固废填埋量。指导企业开展生化污泥、油基岩屑热解灰渣危险废物属性鉴别，深化绿色采购和绿色包装机制，推广应用油泥干化等减量化技术。配合国家《危险废物排除清单》编制，力争解决未加入钝镍剂FCC废剂等过度鉴别管理问题。推动油气田企业全面实施钻井固废不落地技术，强化对钻井泥浆、油泥油砂合规处置监管。④严格落实全国危险废物专项整治三年行动工作要求，确保阶段性任务按期优质完成。

（刘兆鑫）

【不断强化风险隐患化解和应急处置能力】①持续开展环境风险降级管理工作。2021年，集团公司一级环境风险降级51%，未发生集团公司级突发环境污染和生态破坏事件。②加大重大环境风险管控和隐患治理力度。继续实行集团公司领导指导管控机制。印发系列风险量化评估和应急管理指导性文件，列入集团公司指导管控的1项重大环保隐患和1项重大环境风险完成治理和降级。集团公司指导管控的12项重大环境风险和集团公司督办的8项重大环保隐患已全部完成降级、治理。③强化环保依法合规管理，积极配合集团公司党组巡视组开展常规巡视和环保专项巡视，全面开展现场督查，推动问题按期整改。

（刘兆鑫）

【全力做好长江、黄河重点流域生态环境保护工作】 ①做好长江、黄河流域生态环境保护工作统筹。先后组织召开5次长江、黄河流域企业生态环境保护会议，研究部署流域生态环境保护工作。印发《黄河流域企业生态环境保护指导意见》，明确目标任务，组织沿黄企业编制工作方案。②按照“一企一案”的原则，研究制订长江、黄河流域企业节水减排方案，推动相关企业加大力度实施节水减排工作。③抓紧推进生态环境部警示片4项问题整改，组织召开专题会议，并赴现场开展督导。④开展沿江企业污水风险管控和监督性监测专项督查，针对169项发现问题提出218条提升建议。⑤对长江1千米范围内固废场所、黄河10千米范围内固废场所及生产设施开展隐患排查整治，完成24个历史遗留固废填埋场（池）8.56万吨固废治理，启动黄河流域井场钻井固化物监督性监测，以摸清井场周边土壤地下水环境质量现状。

（刘兆鑫）

【积极开展特殊时期生态保障工作】 ①按照《落实〈首都地区安全风险隐患处置方案〉工作措施》要求，持续跟踪京津冀地区15家企业危险废物和放射源管理情况，保障建党100周年庆祝活动安全平稳进行。②落实生态环境部《北京2022年冬奥会、冬残奥会空气质量保障区域联防联控方案》有关要求，组织保障区域内47家企业梳理赛前治理任务，制订空气质量保障方案。积极与生态环境部沟通，做好冬奥会期间企业物料运输车辆保障。建立督办工作机制，督导企业实施赛前治理项目。③落实《2021—2022年秋冬季大气污染综合治理攻坚方案》有关要求，组织京津冀及周边地区“2+26”城市和汾渭平原城市，以及河北北部、山西北部、山东东部和南部、河南南部部分城市26家企业进行排查，梳理工作任务，制订应急预案。组织区域内10家炼化企业按照《重污染天气重点行业绩效分级及减排措施》要求，提升绩效分级水平，其中2家企业获评A级。

（刘兆鑫）

【规范建设项目全过程环保管理】 严格执行内控管理，利用信息化手段跟踪、预警建设项目环保依法合规情况，避免项目环保“未批先建”“久投未验”。严格建设项目能源环境总量和强度控制，2021年集团层面从严完成149个一类建设项目可研和基础设计环保专项审查论证，源头控总量、减存量。明确施工期污染防治和生态保护管理要求，强化过程监管，进一步规范建设项目施工期环保管理。建立集团公司环保重点管控项目清单，强化重点项目环保督导服务，69个环保重点管控项目环保工作进展顺利。开展建设项目环保合规核查，组织对8家企业的80个项目的报告质量、程序合规性、措施落实情况等开展全面核验，以核促改，建设项目环保合规管理水平不断提升。

（刘兆鑫）

应对气候变化

【扎实推进碳达峰碳中和工作】 推进《中国石化引领能源化工行业碳达峰和碳中和战略路径课题》研究，为集团公司确立“双碳”目标任务提供支撑。出台《中国石化碳达峰碳中和行动指导意见》，确定13个方面的37项具体举措，指导企业推进实施碳达峰碳中和工作，推动形成绿色低碳发展格局。开展示范引领，按照自愿抵消原则，实现完整意义上的首船碳中和石油。探索碳中和加油站建设，江苏石油分公司常州嘉泽加油站和广西石油分公司百色六华加油站率先建成碳中和加油站。

（刘兆鑫）

【持续夯实碳排放管理基础】 制（修）订《中国石化碳排放管理办法》《中国石化碳交易管理办法》《中国石化固定资产投资项目碳排放评价管理办法》等制度文件，进一步规范碳排放管理工作。严格项目碳排放审查，落实各级管理主体责任，严控碳排放增量。持续优化碳资产管理信息系统，提高企业数据填报工作效率，支持全系统下属企业装置级别的碳盘查和碳核查工作。组织开展2021年度碳盘查、碳核查工作，为制定控排措施夯实基础。

（刘兆鑫）

【积极开展二氧化碳捕集利用】 炼化企业持续开展制氢、合成氨等装置排放的高浓度二氧化碳回收利用，捕集二氧化碳152万吨；油田企业积极开展CCUS矿场实验，二氧化碳驱油注入31万吨，增油8.9万吨。启动齐鲁石化－胜利油田百万吨级CCUS示范工程建设，探索积累二氧化碳大规模应用工程经验和技术数据。

（刘兆鑫）

【强化甲烷控排管理】 会同中国石油、中国海油等公司组建中国油气企业甲烷控排联盟，共同发布甲烷控排联盟倡议宣言，为各方提供交流合作的平台，推动油气企业甲烷管控水平提升和技术创新，减少甲烷排放。开展甲烷排放试点监测，持续强化油田企业密闭混输工艺运用，大力实施套管气回收，推进火炬气综合利用，加强边远零散井回收等措施，积极实施放空天然气回收，2021年回收甲烷约7.17亿立方米，减少温室气体排放约1 075万吨二氧化碳当量。

（刘兆鑫）

【统筹实施碳交易管理】 统筹控排企业配额盈缺情况，制订碳交易计划，开展碳交易集中管理，通过议价、CCER置换、系统内调配等方式，积极开展碳交易，按期完成碳配额履约任务，碳交易量970万吨、交易额4.14亿元。

（刘兆鑫）

绿化管理

【统筹部署全民义务植树40周年系列活动】 围绕全国绿化委员会“全民植树40载 美丽中国谱新篇”和集团公司“实现碳达峰、碳中和，从植下一棵树做起”的活动主题，在3月12日植树节、6月5日世界环境日、8月25日全国低碳日、“七一”建党100周年纪念日和12月13日全国人大颁发《关于开展全民义务植树运动的决议》之日等重要时间节点开展系列活动和主题宣传。

（刘兆鑫）

【与国家林草局签署全面战略合作协议】 与国家林草局签署全面战略合作协议，围绕碳达峰碳中和实现路径、提升林草碳汇能力、推进义务植树等方面开展更宽领域、更高水平、更深层次的战略合作，全力打造政企合作新典范，为实现“双碳”目标、建设美丽中国作出新的更大贡献。

（刘兆鑫）

绿色能源

【概述】 2021年，中国石化炼化企业生产燃料电池氢500吨、加氢站实现加氢800吨、清洁电力累计发电 4.5 亿千瓦·时、清洁能源供暖累计超 7 000 万平方米，全年累计新能源供给量可替代标煤约 450 万吨、减排二氧化碳约 1 200 万吨。

（朱海啸）

【强力推动氢能全产业链发展】 2021 年 2 月 7 日，集团公司召开党组会，研究审议并通过氢能发展专项规划，明确氢能产业发展目标和实施路径，提出按照“千站加氢引领，百万绿氢示范，双轮驱动创第一，替代减碳超千万”的目标，围绕氢能交通和绿氢炼化大力发展氢能一体化业务，打造“中国第一氢能公司”。

按照“国家有布局、市场有需求、发展有效益”的总体思路，大力布局氢源供给和加氢站项目建设，氢能交通业务取得飞跃性进展，中国石化已经成为全球建设和运营加氢站最多的企业。①燃料电池氢源供给方面，在燕山石化、天津石化、上海石化、高桥石化、广州石化、海南炼化、齐鲁石化、青岛炼化 8 家企业建成氢提纯及充装设施，总能力达 1.2 万吨/年。由燕山石化提供的氢气在开幕式作为燃料点燃冬奥赛场的主火炬。②加氢站建设方面，2021 年新建 66 座，累计建成 74 座（含油氢合建站），加氢能力 45 吨/日，可为 9 000 辆燃料电池车提供加氢服务。积极规划服务京津冀协同发展战略、支持雄安新区建设发展，12 月 9 日，中石化雄安新能源有限公司在雄安新区正式注册成立。

按照“氢电一体、绿氢减碳”的发展方向，依托炼化基地大力开展集中式风电、光伏开发，布局大型可再生能源发电-制氢-储氢-利用项目，推进“源网荷储氢”一体化项目建设。新疆库车 2 万吨/年绿电制绿氢示范工程于 2021 年 11 月 30 日启动建设，该项目是中国石化引领氢能产业发展的标志性工程，在行业内引发热烈反响。

采取大兵团联合攻关模式，集中部署并召开 11 项氢能重大科技攻关项目的立项论证会议，全力推进相关科研课题研究，首套 30 米^3/时的 PEM 制氢示范装置在燕山石化投用。

（朱海啸）

【清洁电力实现跨越式增长】 按照“自发自用、余电上网”的原则，大力拓展光伏风电业务，光伏累计装机规模超过 300 兆瓦，首个陆上风电项目陕西渭南大荔 20 兆瓦分散式风电项目并网投产。加油站光伏项目取得较大突破，累计建成加油站屋顶光伏 1 200 余座。

（朱海啸）

【“地热+”业务】 持续推进北方“2+26”和汾渭平原 11 城市地热业务，积极布局长江流域等冬冷夏热地区供暖制冷业务，推进燕山石化余热利用等示范项目，全年新增清洁能源供暖能力超 1 000 万平方米，持续保持行业领先者地位。成功中标“安新县 2021 年供暖城镇特许经营权 56 万平方米”项目，代建雄安新区容东片区项目一期 320 万平方米建成投产，实现雄安新区三县地热业务全覆盖；加快山东东营、滨州地热市场开发，完成纯梁社区地热供暖替代项目建设。雄县地热开发项目被国际可再生能源机构（IRENA）列入全球推广项目名录；河北清河污水源热泵供暖项目、湖北潜江江汉油田矿区地热供暖项目、武汉汉口滨江国际商务区江水源可再生能源站示范项目等入选国家能源局《全国可再生能源供暖典型案例汇编》，产业影响力进一步提升。

（朱海啸）

中国石化
SINOPEC

科研开发与管理

综述 | 知识产权

综　述

2021年，集团公司紧密围绕产业转型发展需要，深入实施创新驱动发展战略，坚持“四个面向”，推进“四个一批”科技创新总体部署，加快关键核心技术攻关，强化基础前沿技术研究，深化科技体制机制改革，各项工作取得丰硕成果，实现“十四五”集团公司科技工作的良好开局。

科技体制机制改革持续深化。纵深推进直属研究院“科改示范行动”，北京化工研究院、青岛安全工程研究院率先完成“分转子”改革试点。实施“揭榜挂帅”科技攻关机制，围绕“随钻高速传输”等关键技术张榜招贤，吸引系统内外多家研究团队揭榜应征。推进新型研发机构建设，碳纤维及其复合材料联合研究院成立，推动形成“产销研用”联合攻关合力。推进科技孵化器建设，围绕“高效阻火阻爆关键安全装备”等领域成立创新孵化项目公司，探索实施科技型企业分红等激励政策。

关键核心技术攻关成果丰硕。全年共有9个“十条龙”项目“出龙”，2个重大项目完成攻关并验收，一批关键核心技术工业化试验取得成功。胜利油田牵头的老油田大幅度提高采收率技术、页岩油勘探开发技术、CCUS项目得到习近平总书记充分肯定。全电动成套压裂装备亮相国家“十三五”科技创新成就展。医用防护高分子材料关键技术取得重要进展，开发的抗菌熔喷布专用料用于口罩生产。新能源、新材料技术研发成效显著，启动库车万吨级绿氢示范项目建设。实现可降解聚酯PBAT工业化生产，聚己内酯产品在“2021年第三十四届中国国际塑料橡胶工业展览会”上成功展出。

知识产权管理不断强化。全年申请和获授权专利数量均创历史新高，专利综合优势位居央企首位。持续加大境外专利申请力度，推动中国石化核心技术走出去。获国家科学技术奖7项，其中工程建设公司牵头的“复杂原料百万吨级乙烯成套技术研发及工业应用”项目获国家科技进步奖一等奖。

质量计量和标准化管理不断夯实。全面推进质量管理体系有效性建设，发布《质量管理体系有效性评价》企业标准。牵头成立“全国石油专用计量测试技术委员会”，推动先进行业标准向国家计量技术规范转化。积极开展氢能相关标准化工作，构建中国石化氢能标准体系。国际标准化组织化学标准化技术委员会轻质烯烃和含硫有机物2个工作组获批准。

（祝庆敏）

知识产权

【概述】 2021年度，中国石化共申请专利9 338件，其中境内发明专利6 986件；获授权专利5 844件，其中境内发明专利3 802件。累计申请专利9万余件，其中境内申请8.6万件、境外申请4 000余件；累计获授权专利5.5万余件，其中境内授权专利5.2万件、境外授权专利3 000余件。中国石化在2020年中央企业专利质量排序中综合排名第一，在2020年中央企业有效发明专利情况排序中位列第二，在2020年中央企业发明专利授权情况排序中排名第三，在2020年中央企业发明专利申请情况排序中位列第七。

在第22届中国专利奖评选中，中国石化获中国专利金奖1项、银奖4项、优秀奖11项，获奖数量领先于央企同行。胜利油田分公司牵头的“一种部分支化部分交联聚合物驱油剂及其制备方法”获中国专利金奖。

（张洪波）

中国石化 SINOPEC

企业改革与管理

综述 | 体制改革 | 企业管理 | 内控与风险管理

法治建设 | 合规管理 | 制度建设

综 述

2021年，集团公司深入学习贯彻习近平总书记关于国有企业改革发展、防范化解重大风险和全面依法治国的重要论述，扛稳“三大核心职责”，坚持稳中求进工作总基调，务实推进深化改革三年行动、对标管理提升行动、重大风险防控、重大合同项目法律管理、合规案件应对和纠纷案件处置等，为公司高质量发展行稳致远提供了强有力的体制机制保障和法律服务支撑。

重大改革任务推进成效显著。纵深推进深化改革三年行动，任务整体完成率达90%以上。聚焦重点难点改革攻坚，“三项制度”改革持续深化，董事会实现应建尽建，子企业董事会建设全面加强，“双百行动”“科改示范行动”带动作用不断增强，推动高质量发展的体制机制进一步完善。驻京（外）办专项清理彻底到位。法人压减工作从严落实。培训疗养机构转型养老改革工作有序推进，与合作央企签署框架协议。533家厂办大集体改革圆满收官，“四供一业”及其他企业办社会职能分离移交收尾，涉及81.4万人的退休人员社会化管理平稳接续。

企业管理水平不断提升。对标世界一流管理提升行动实现“高效率部署、高标准落实、高质量推进”，8个对标领域45项重点任务有序推进，提前完成国务院国资委考核要求。标杆创建工作深入开展，3家企业和2个项目入选国务院国资委管理标杆。挖掘提炼64个管理标杆经验做法，发挥标杆示范引领作用。开发建设对标提升信息系统，多维度全面对标。推进制度体系集成精简，总部层面制度总量压减7%。完善“三基”工作管理体系，推进“三标”建设落实落地，“三基”工作规范化、标准化水平不断加强。

风险体系防控能力不断增强。连续开展深化内控有效性提升行动，坚持内控制度常态化修订机制，持续开展内控风控、法律合规知识及风险案例警示教育培训，全员风险合规意识明显增强。修订完善全面风险管理制度，开展重大经营风险管控体系诊断与建设工作，推进重大经营风险量化研究，不断加强高风险业务管控及高风险岗位、重点人员管理。强化重点领域风险管控，全面建立并严格执行金融衍生品业务风险管控制度，做到市场不休、数据不停、监控不断。有效应对重大经营风险事件，历史累积的风险因素不断化解，重大风险得到有效管控，坚决守住不发生系统性风险的底线。

法治合规支撑保障作用更加凸显。认真贯彻习近平法治思想，强化顶层设计，编制中国石化“十四五”法治建设规划纲要、“八五”普法规划。弘扬“依法、合规，公平、诚信”企业法治文化，持续加强法治宣传教育。合规管理体系建设全面部署推进，发布诚信合规管理手册，编制企业信用自律管理等8套合规管理专项工作指引和制度规范，42万余名干部员工参加合规学习并签署承诺。法律合规“人才强企”工程有序实施，公司律师队伍人数位居央企前列。法治工作引领支撑能力、风险管控能力、涉外保障能力、主动维权能力和数字化、信息化管理能力持续提升。

重大合同管理服务更加坚实有效。总法律顾问、法律合规机构负责人参与“三重一大”决策并履行法律审核把关职责进一步落实，法律论证与技术、经济论证同安排、同部署、同运行，为改革重组及资本运作、合资合作、融资担保等重大项目提供优质高效法律服务。主动掌握国内外“双碳”等生态环境保护法律法规、执法司法动向，保障绿色低碳发展。坚持涉外法律合规风险月度排查和零报告机制，积极做好处置应对。开展合同不规范问题专项治理，深化合同管理信息系统建设，诞生首份区块链电子合同。规范工商事务管理，完善注册商标体系建设，积极开展打假维权。

纠纷案件“压存控增”成效显著。2021年办结案件避免和挽回损失172.2亿元。全系统在办案件数量和涉案金额分别下降26%和19.5%，连续3年实现积案数量、涉案金额双下降。全年新发案件数量和涉案金额分别下降9.8%和75.1%。一批重大历史遗留案件得到妥善处置。应收账款法律清收效果明显。知识产权法律保护不断加强，成功处理 MIP 技术系列纠纷等多起知识产权案件。妥善应对环境公益诉讼，环保法律风险防控保障有力。积极参与涉法涉诉信访事项推进维稳大局。

（赵　楠）

体制改革

【纵深推进集团公司深化改革三年行动】 贯彻落实国务院国资委深化改革三年行动工作要求，强化学习宣传上下贯通，建立红黄绿运行机制，坚持月度例会制度，加强过程督促督导，全年召开深化改革会议 13 次、全系统推进会 8 次，公司层面开展集中培训 50 余次，改革任务整体完成率达 90.16%，超国务院国资委 70% 以上的目标要求。聚力攻坚关键领域，重点改革工作实现突破性进展，“三项制度”改革持续深化，经理层成员任期制和契约化管理实现全覆盖，市场化用人机制、职业经理人制度、中长期激励积极推进；董事会实现应建尽建，子企业董事会建设全面加强；直属研究院科技体制机制改革稳步实施，“双百行动”“科改示范行动”带动作用不断增强，催化剂公司被国务院国资委评为“科改示范行动”标杆企业；亏损企业专项治理、“两非”剥离基本完成；533 家厂办大集体改革圆满收官，人员安置率 100%；“四供一业”及其他企业办社会职能分离移交收尾，涉及 81.4 万人的退休人员社会化管理平稳接续；驻京（外）办专项清理彻底到位；法人压减工作从严落实。党的领导进一步融入公司治理各领域各环节，党组（党委）把方向、管大局、促落实作用进一步强化，推动高质量发展的体制机制进一步完善，中国特色现代企业制度不断巩固强化。

（邢新丽）

【完成直属科研单位“分转子”工作】 贯彻落实“科改示范行动”要求，先后下发《关于青岛安全工程研究院变更为子公司的批复》《关于北京化工研究院变更为子公司的批复》《关于石油工程技术研究院变更为子公司的批复》《关于大连石油化工研究院变更为子公司的批复》《关于石油物探技术研究院重组改制为子公司的批复》《关于石油化工科学研究院重组改制为子公司的批复》《关于上海石油化工研究院重组改制为子公司的批复》，批复将 7 家研究院由分公司改制为子公司。

（邢新丽）

【党群工作部增挂党组统战部牌子】 1 月 13 日，印发《关于党群工作部增挂党组统战部牌子的通知》（中国石化党组办〔2021〕17 号），明确党群工作部增挂党组统战部牌子，与党群工作部合署办公，实行“一套机构、两块牌子”管理，是集团公司党组负责统战工作的职能部门。

（邢新丽）

【调整党组机构编制委员会办公室】 1 月 15 日，印发《关于党组机构编制委员会办公室调整到党组组织部的通知》（中国石化党组办〔2021〕7 号），将集团公司党组机构编制委员会办公室由企改和法律部调整到党组组织部。

（邢新丽）

【国勘公司设立新平台公司】 6 月 4 日，印发《关于国勘公司设立新平台公司的批复》（中国石化企〔2021〕132 号），明确由集团公司出资设立全资子公司中石化国际能源投资有限公司，与集团国勘（含股份国勘）按照“一套机构，两块牌子”管理。

（邢新丽）

【组建中国石化审计中心】 3 月 3 日，印发《关于组建中国石化审计中心的通知》（中国石化企〔2021〕58 号），以审计部北京分部为基础，组建成立中国石化审计中心，管理规格为大 I 型。将审计部南京分部、武汉分部、广州分部、境外审计分部分别更名为南京审计中心、武汉审计中心、广州审计中心、境外审计中心，作为审计中心的派出机构。将境外审计中心编制从国勘公司编制序列划入审计中心管理。

（邢新丽）

【调整重点大修改造项目管理职能】 9月8日，印发《关于调整重点大修改造项目管理职能的通知》（集团工单企〔2021〕73号），将工程部负责的重点大修改造项目实施管理职能调整到事业部。

（邢新丽）

【成立总部后勤服务中心】 12月11日，印发《关于成立中国石油化工集团有限公司总部后勤服务中心的通知》，成立中国石油化工集团有限公司总部后勤服务中心，与百川公司“一个机构、两块牌子”，不增加机构和编制。

（邢新丽）

【培训疗养机构改革取得阶段性成果】 贯彻落实党中央和国务院决策部署，与“我为群众办实事”活动有机结合，集团公司全面实施培训疗养机构转型养老服务改革，将培训疗养机构转型养老服务、市场化方式向企业社区延伸发展，为职工群众提供旅居、机构、社区、居家等多样化养老服务。明确“引入资源、盘活资产，统筹考虑、分类处置，重点突破、有序推进”基本原则，按照“旅居康养 + 社区康养”模式推进改革。北戴河地区培训疗养机构改革实施方案获批复。遴选出中国诚通和国投集团2家央企作为合作伙伴，双方就合作模式达成共识并签署集团间框架合作协议，组织有关企业“一机构一策”逐一推进落实。

（杨识文）

企业管理

【持续深化对标世界一流管理提升行动】 加强运营管控，强化协作运行，8个对标领域、45项重点任务、66个提升目标、153条改进措施的总体进度完成率94.47%，超进度完成国务院国资委要求年底前完成总体进度80%的目标任务。对照国务院国资委标杆创建要求，严格程序、严格标准，认真遴选推荐有实力、有口碑、有竞争力的企业和项目，镇海炼化、西北油田、浙江石油分公司3家企业入选标杆企业，2个项目入选标杆项目，标杆总数位居央企前列。管理标杆创建向基层延伸，进一步增强标杆创建工作的针对性和实效性，集团公司层面确定64个管理标杆，包括12家标杆企业（含国务院国资委3家标杆企业）、9个标杆项目（含国务院国资委2个标杆项目）和43家标杆基层单位。发挥标杆示范引领作用，召开推进会宣传推广标杆经验。坚持“选、树、育、学”相结合，编撰出版《对标世界一流 打造长青基业》，加大管理标杆推广应用力度。持续营造良好工作氛围，《中国石化报》《中国石化》杂志专刊宣讲对标提升行动，交流管理标杆典型经验，《中国改革报》刊发专访，持续报道镇海炼化等企业典型案例，展示中国石化对标提升成效。

（李雪峰）

【建设对标管理提升信息系统】 依托国务院国资委在线监管信息系统，开发建设对标提升信息系统（Standard Promote System，简称SPS），系统搭建战略管理等8个对标维度及集团、板块、分子公司、基层单位4个层面的对标指标体系，解决对标“跟谁对”“对什么”“怎么对”路径问题，初步实现指标设计体系化、指标数据集成化、过程跟踪自动化、智能分析自主化。

（栾　图）

【持续推进“三基”工作】 完成油田、炼化企业基层单位和销售企业综合加能站、油库“三基”工作基本要求的立项论证和内容完善，并将HSE管理体系手册中基层管理内容融入标准，提升基层管理水平。

（朱好生）

【开展“三基”工作长效机制课题研究】 结合集团公司发展方略，深入研究“三基”工作的历史沿革与时代转型、相关理论及世界一流企业的实践，分析当前管理现状及存在问题，提出新时期“三基”工作的发展原则、发展方向和长效机制等。

（朱好生）

【持续推进基层“三标”建设】 总结提炼基层典型做法，形成管理标准，推进《中国石化推进基层“三标”建设指导意见》落实落地。油田企业在总结前期试点经验基础上，持续完善基层岗位操作手册和基层岗位管理手册应用；炼化企业推广应用基层单位“三标”建设指导手册，促进基层管理标准化、规范化；销售企业将风险管理、加氢站、充换电及便利店管理等充实完善到基层管理标准内容，推进“三标”建设落地。

（朱好生）

【持续推进管理现代化创新】 编制《中国石化第三十届管理现代化创新成果评审与推广工作方案》，成立集团公司管理现代化创新成果评审专家库，编制《中国石化管理现代化创新成果案例》，推进《中国石化管理现代化创新成果评审和推广办法》落实落地。紧扣高质量发展主题、供给侧结构性改革主线、世界领先发展方略，评选出 254 项管理现代化创新成果，其中一等成果 38 项、二等成果 100 项、三等成果 116 项。择优推荐获奖成果参加全国企业管理现代化创新成果评选，7 项成果获奖，其中一等奖 1 项、二等奖 6 项。

（朱好生）

内控与风险管理

【开展重大经营风险管理指标体系及风险识别评估标准研究】 聘请内外部咨询公司，开展重大经营风险管理指标体系及风险识别评估标准研究，对标 BP、壳牌、中国海油等国内外能源企业风险管控情况，以指标可量化、数据可获取、数据波动可揭示风险变化为原则，形成重大经营风险管理指标看板、风险识别评估标准，为重大经营风险监控与量化评估奠定基础。

（梁建锐）

【修订完善《中国石化全面风险管理办法》】 健全完善风险管理制度体系，确保风险防控有章可循、有法可依。推进风险防控机构、职能、权限、程序、责任制度化规范化，使机构设置更加科学、管理职能更加优化、权责更加协同，发挥制度威力和治本作用。

（梁建锐）

【持续深化内控制度执行有效性提升行动】 为提升内控制度执行有效性，防范化解公司重大风险，开展持续深化内控制度执行有效性提升行动，对风控内控管理、重大风险管控、重点领域风险排查开展检查调研，按照“六不放过”原则，压实整改责任，实行销项管理，确保重点领域内控有效，企业经营质量提升。

（吴雪琳）

【防范化解重大金融衍生品业务风险】 完成金融衍生品风险管理信息系统移动应用功能建设，实时掌握业务变动，及时掌握企业衍生品业务情况，进一步提升预警效率。每日对止损限额（亏损预警线）指标进行监控，针对指标异常情况，及时对管理层预警并采取应对措施。组织对各操作主体、委托主体金融衍生品业务风险管理机制的健全性和有效性，以及机构设置的合理性、人员专业胜任能力开展评估工作。

（慕戈飞）

【加强境外法律风险防控】 坚持按月组织涉外企业开展境外项目合同法律合规风险排查。完成《2020 年度法律合规风险管理报告》和《2021 版风险清单指引》合同项目相关内容。分析并跟进相关国家和地区立法执法动态和执法进程，制发简报提示风险，做好法律专项应对预案。下发通知要求各单位严格执行《中华人民共和国出口管制法》《中华人民共和国反外国制裁法》《阻断外国法律与措施不当域外适用办法》《外商投资安全审查办法》等涉外相关法律法规。

（管利军）

【完善法律风险防控联动机制】 落实集团公司环保依法合规工作会议精神，下发通知，建立法律源头介入机制，积极应对环保行政处罚，控制公益诉讼发案增量。组织 82 家单位的 113 名法律和环保部门负责人参加的专题培训班，就法律法规、合规管理、风险防控、案件处理等事项进行培训交流。落实集团公司知识产权工作推进会精神，印发《关于加强知识产权法律保护的意见》，发布 2021 年度知识产权法律合规风险清单指引，明确知识产权法律保护工作的总体思路、任务目标和具体措施。在《中国石化应收款项管理办法》中纳入法律管理要求，推进公司法律系统与信用管理系统实现集成，完善应收账款异常预警功能，助力集团公司“两金”压降工作取得实效，2021 年全系统法律人员共参与应收账款清收 478 笔，通过法律手段为企业收回应收账款实际到账 18.9 亿元。

（徐　阳）

法治建设

【顶层设计法治建设五年工作规划】 7 月 28 日，集团公司印发《中国石化“十四五”法治建设规划纲要》，承接落实国务院国资委有关深化法治央企建设工作要求，明确 2021—2025 年公司法治建设总体要求和主要任务，提出打造“以制度建设为基础，以风险控制为导向，以内控体系为平台，以合规管理为抓手，以法律支撑为保障”的“五位一体”法治工作格局，积极建设具有中国石化特色，与公司管理体系相适应的一流法治理念、一流治理机制、一流管理系统、一流业务能力。

（王　栋）

【“八五”普法工作全面启动】 7 月 28 日，集团公司印发《中国石化开展法治宣传教育第八个五年规划（2021—2025 年）》，深入贯彻国家“八五”普法工作要求，对未来 5 年法治宣传教育工作进行总体规划，明确指导思想、主要目标与基本原则，部署 9 个方面工作任务，并对做好相关支撑保障工作提出具体要求。

（王　栋）

【多家单位和个人获国家“七五”普法表彰】 12 月 28 日，中央宣传部、司法部、全国普法办公布《关于表彰 2016—2020 年全国普法工作先进单位、先进个人和依法治理创建活动先进单位的决定》，集团公司依法治企领导小组办公室、胜利油田企管法规部、镇海炼化法务部、江苏油田采油一厂、中原油田企管法律部 5 家单位被评为全国普法工作先进单位，集团公司企改和法律部潘胜、中原油田秦忠河、西南石油局王霜、浙江石油分公司杨蕾、胜利油田张学超 5 人被评为全国普法工作先进个人。

（王　栋）

【指导直属企业开展章程修订】 贯彻中办 20 号文件精神及国企改革三年行动专题会要求，下发《关于开展集团（股份）公司独资、全资、控股公司及其他直属企业章程修订工作的通知》及有关补充通知，部署直属子企业结合集团公司章程、国务院国资委《中央企业公司章程指引（试行）》《国有企业公司章程制定管理办法》等，从股东及股东会、党组织、董事会建设、依法治企合规管理、总法律顾问制度建设等方面，开展章程修订工作，累计指导审核 90 余家各级子企业公司章程，出具股东决定或意见 54 份。

（王　栋）

【集团公司法定代表人变更】 集团公司董事长、法定代表人变更为马永生。

（杨心刚）

【股份公司法定代表人、总裁和经营范围变更】 股份公司董事长、法定代表人变更为马永生，总裁变更为喻宝才。经营范围增加发电、输电、供电业务；机动车充电、电池、新能源汽车换电设施等内容。

（杨心刚）

【建立起全景式工商家族图谱】 梳理公司各级法人及分支机构，理顺内部管理关系，建立起全景式工商家族图谱。

（杨心刚）

【持续开展立法研究工作】 结合公司业务管理实际，解读年度25部新颁法律法规，提示法律合规风险。研究《中华人民共和国能源法》《中华人民共和国安全生产法》《国有资产评估管理办法》等17部法律法规立法草案，结合公司实践提出意见建议，反映行业和企业诉求。联合经济技术研究院专题研究国家加入CPTPP（全面与进步跨太平洋伙伴关系协定）、RCEP、跨国公司与人权问题等协定的协议文本、央企适用和转化等内容，支撑公司国际化经营发展。

（刘洪英）

【法律信息化建设】 建成统一的中国石化法律共享平台，实现法律信息化系统3.0升级，有效提升法律信息化管理能力。7月1日平台整体上线部署和实施，覆盖集团公司147家直属企业和单位，涵盖公司主要法律业务信息化功能模块，实现全系统法律工作人员跨时间、跨空间同时在线云平台协同工作。基于区块链技术搭建中国石化第一条联盟链“长城链”，建成中国石化电子存证平台。

（刘洪英）

【重大合同项目法律服务】 修订《重大项目合法合规性审查论证管理办法》，提升项目法律管理规范化水平，形成项目法律工作事前审核把关、事中跟踪控制、事后监督评估的管理闭环。参与改革重组类、合资合作、融资担保及反垄断申报等130多个重大合同项目，两级法律审查论证工作有序开展，力保项目依法合规顺利推进。为冬奥会火炬生产项目提供法律支持。印发《合资合作项目股东协议及公司章程谈判指引》和示范文本，从源头规范股权投资单位法人治理，维护公司合法权益。

（管利军）

【合同基础管理工作】 加强合同制度顶层设计，修订《中国石化合同管理办法》。全系统全年共签订合同65.7万份，合同金额2.4万亿元人民币、3 426亿美元，线上合同100%经法律审核。组织企业开展合同补签倒签、应签未签和线下合同等不规范问题专项治理工作，累计自查合同98万份。按季度下发合同管理情况通报，督导企业规范合同管理。开展全系统金融衍生品合同风险评估，形成专题报告。强化合同管理队伍建设，组织举办合同管理员培训班，累计培训280余人次。

（管利军）

【合同管理信息系统（CMIS）建设及应用】 完成合同系统2021年提升项目立项。防范大宗商品贸易风险，继续强化合同风险管控手段，开发化工销售贸易类合同“空转”“走单”等融资性贸易业务风险预警功能并上线运行，将法律风险管控关口前移。运用CA数字认证和区块链技术，完成电子合同签约平台开发并在化销华北分公司试点运行，为合同签订提供安全、可信、高效、节约的签约新生态服务，12月9日产生首份区块链电子合同。继续推动合同业务场景功能建设，各企业已上线29个合同业务场景，CMIS合同办理更人性化、便利化。推动合同系统与金科平台、信用平台、科技平台等系统集成，为合同签订和履行提供风险防控数据。

（管利军）

【重大纠纷案件处理】 印发《关于做好纠纷案件处置和应收账款法律清收工作的通知》，继续在全系统深入开展纠纷处置“压存控增、提质增效”工作，向27家企业发送督办函，推进重大法律纠纷案件处置，确保力度不减、节奏不变、尺度不松。2021年全系统办结各类法律纠纷案件725件，避免和挽回损失共计172.2亿元，在办案件数量和金额分别下降26%和19.5%，连续3年实现积案数量、涉案金额双下降。

（徐　阳）

【法律纠纷基础管理】 加强法律纠纷管理制度建设，修订《中国石化法律纠纷管理办法》，进一步明确管理目标，对机构职责、纠纷分类、内外部纠纷管理流程及要求、考核与奖惩管理等内容进行完善。积极推进法律共享平台纠纷管理模块建设，完成系统的全面升级改造和部署，进一步提高纠纷信息化管理水平，为企业纠纷管理大数据分析夯实基础。总结高风险、高案值、高发案件办理经验，组织完成大宗商品贸易处理指引编写工作，以纠纷管理提升助推工程项目精益管理、规范运行、维权创效的有效做法，成果获年度集团管理创新一等奖。总结法律清收工作经验，编印《建设工程结算争议解决指引》。

（徐　阳）

合规管理

【按期完成合规管理体系建设试点】 按照集团公司合规管理体系建设方案总体部署，自 2020 年 7 月起，分板块选定 14 家直属企业开展合规管理体系建设试点。截至 2021 年 6 月底，14 家试点单位按期完成体系建设任务并通过验收，全面承接集团公司合规管理工作要求，建立形成符合企业实际的合规管理制度体系、组织架构、工作流程、专业队伍、保障机制，有效防控法律合规风险，年内未发生系统性法律合规事件。

（吴明晓）

【全面启动合规管理体系建设工作】 8 月 27 日召开全面部署合规管理体系建设工作会议，9 月 6 日印发《关于全面推进合规管理体系建设的通知》（中国石化企〔2021〕203 号），在完成试点工作基础上，全面部署启动全系统合规管理体系建设，计划至 2022 年底，基本形成职责分工更加明晰、机制运行更加顺畅、合规意识更加牢固、风险防控更加有效的合规管理体系。

（吴明晓）

【发布 2021 版诚信合规手册】 7 月 28 日，集团公司发布 2021 版《中国石化诚信合规手册》，以 2019 版手册为基础，细化完善公司治理和经营等 10 个重点领域的合规要求，提炼形成公司应遵守的 54 条经营规范和员工应遵守的 52 条行为准则，阐述公司合规管理的理念和方针，对外宣誓公司依法合规经营的态度和决心。集团公司党组领导带头，全公司 42 万余名干部员工参与手册内容学习并签署合规承诺。

（吴明晓）

【持续加强专业领域合规管理制度建设】 2021 年，集团公司聚焦企业经营重点、难点、热点问题，持续编制发布反不正当竞争、禁止滥用市场支配地位、禁止垄断协议行为、消费者权益保护、商业伙伴、企业信用自律、合规管理检查评估、合规审查 8 套合规管理专项工作指引和制度规范；发布中国石化企业生产经营所涉法律法规清单及经营类行政许可证照参考目录，梳理 15 个领域 1 742 部法律法规，明确 90 项行政许可、资质、专营、证照规范事项及办理依据。

（吴明晓）

制度建设

【强化制度执行力建设】 围绕发挥制度指引方向、规范行为、提高效率、防范风险重要作用，将制度优势转化为治理效能，7 月 28 日集团公司印发《关于深化公司制度体系建设 提高制度执行力的实施意见》（中国石化企〔2021〕169 号），进一步加强制度制定、制度运行、制度问责等关键环节管控，突出制度集成精简与有效管用，强化制度刚性执行，提高制度严肃性、权威性。

（李召雪）

【统筹公司制度“立改废”】 集团公司加强制度计划管理，组织开展制度有效性评估，明确年度制修订计划，集中废止 84 项无效制度，将试行超过 2 年的制度纳入计划推进落实。严格计划外制度审批程序，抓好制度过程跟踪，强化合法合规性审核，提高制度严肃性和制度质量。全年制修订制度 167 项，制度数量压减 7%，制度体系进一步集成精简和有效管用。

（李召雪）

【将深化改革三年行动重点要求纳入制度体系】 按照国务院国资委关于将深化改革三年行动重点要求纳入制度体系要求，围绕在完善公司治理中加强党的领导、加强董事会建设发挥董事会作用、健全市场化经营机制、推进科技创新等，配套健全完善制度，出台《直属单位经理层成员任期制和契约化管理暂行办法》等近 30 项制度，进一步固化改革成果，推进改革落地见效。

（李召雪）

【总结推广企业制度建设做法】 围绕推进全面依法依规治企，持续提升管理效能，以健全制度执行监督检查机制、强化制度流程化信息化建设为重点，系统梳理总结西南石油局、镇海炼化、茂名石化、九江石化、川维化工公司、贵州石油分公司等企业典型做法，编制《中国石化制度建设案例选编》，为各企业在制度建设实践中提供参考借鉴。

（李召雪）

【推进“马上就办”机制化常态化】 集团公司持续深化践行“马上就办”，梳理总结近年来“马上就办”工作实践，结合总部和企业上线应用新公文系统，改进线上运行规则，强化效率质量并重，提高“马上就办”的针对性与实效性，实现机制化常态化运行。各单位坚持“马上就办”不停步、“办就办好”见成效，建立健全配套措施，将“马上就办”理念和方法融入业务管理工作。

（李召雪）

中国石化 SINOPEC

财务资本管理

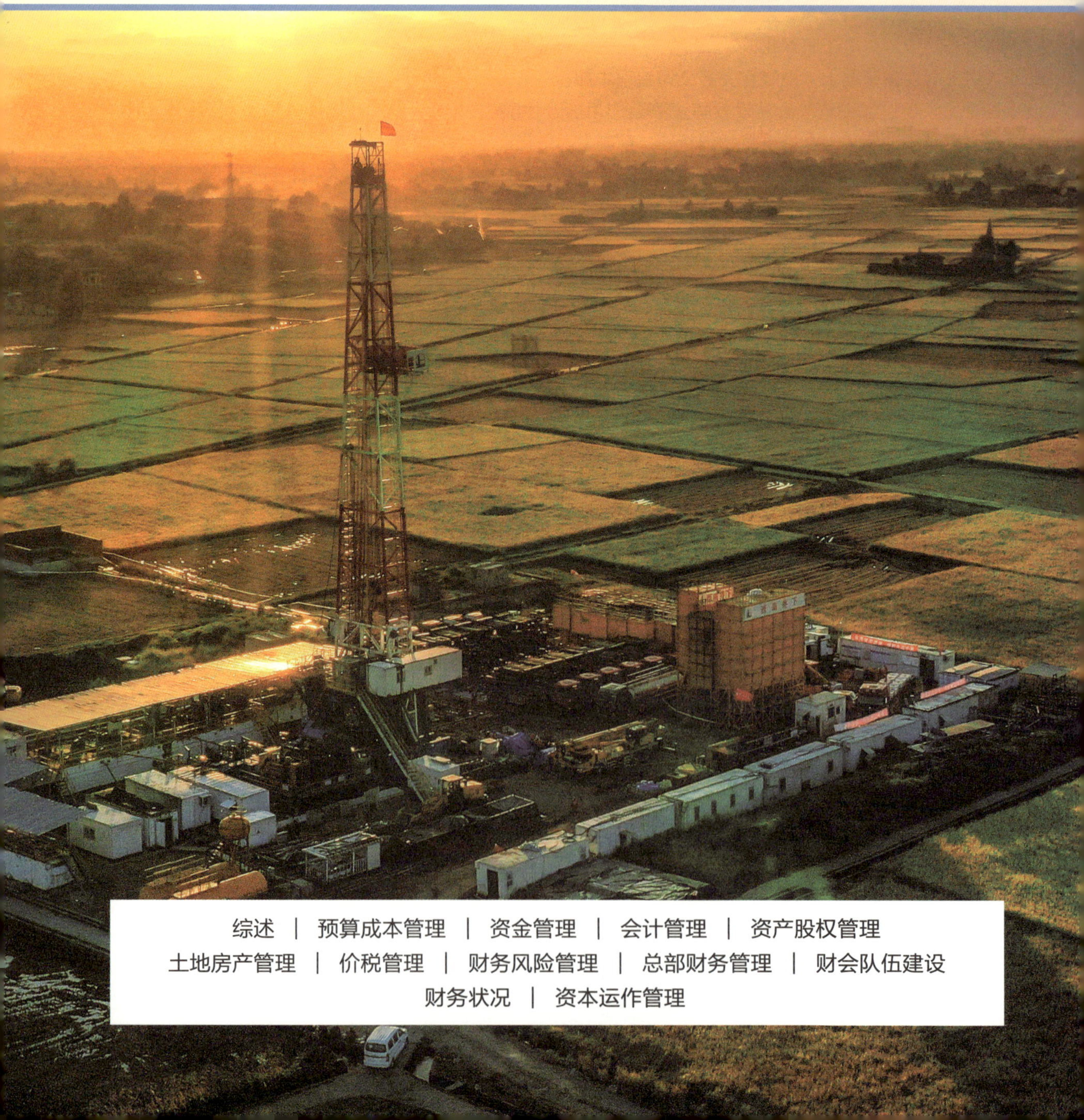

综述 | 预算成本管理 | 资金管理 | 会计管理 | 资产股权管理
土地房产管理 | 价税管理 | 财务风险管理 | 总部财务管理 | 财会队伍建设
财务状况 | 资本运作管理

综 述

2021年是中国共产党成立一百周年，是集团公司“十四五”开局之年，也是构建战略型集约化财务管控体系起步之年，财务系统坚持以习近平新时代中国特色社会主义思想为指导，在集团公司党组的坚强领导下，围绕“十四五”规划，紧扣高质量发展，扎实推进价值引领、管理提升，在大庆之年以奋斗姿态彰显新担当，在开局之年以实干劲头展现新作为，圆满完成全年业绩目标，顺利实现“十四五”良好开局。

（刘国红）

预算成本管理

【财务绩效创历史最好水平】 2021年，以构建战略型集约化财务管控体系为抓手，抓住油价上行机遇，强化生产经营优化，夯实盈利基础，“两利四率”、资金等指标全面完成国资委考核目标。强化业财协同融合，完善一体化算账机制，统筹推进生产经营优化和月度滚动预算，推动市场攻坚、拓市扩销，集团公司全年实现收入2.79万亿元，增长30.2%，剔除贸易收入后实现收入2.2万亿元，创历史新高。坚持高质量发展，深挖效益潜力，全年实现净利润880亿元，增长41.9%，创公司历史最好水平，实现营收利润率4.33%，比年度预算高0.83个百分点；公司研发经费投入247亿元，保持国内行业领先，研发投入强度0.9%；全员劳动生产率116万元/人，提升24.5万元/人。

（卢　静）

【成本费用管控效率持续提升】 坚持低成本竞争策略，以全员成本目标管理和生产经营优化为抓手，推动“购、运、产、储、销”全过程优化、全要素压降和全链条挖潜，成本费用利润率4.3%，创历史最好水平。组织各板块研究提出板块年度全员成本目标管理实施方案，明确挖潜增效目标，按月细化工作措施，明确时间节点。开展大宗商品价格和工程企业成本专题分析，强化成本费用管控，主动应对材料价格上涨，分析工程企业成本超标原因，提出技术降本、管理降本等应对措施。开展对标平台建设，形成“总部—板块—企业”分层级成本对标体系。组织企业总结年度成本管控经验，梳理各板块企业典型案例70篇，编制《中国石化财务税收优化案例汇编》，在全系统交流展示，促进成本管理水平整体提升。

（卢　静）

【建立完善高质量发展指标评价体系】 打造具有石化特色的8项核心能力，建立“公司—板块—企业”三级高质量发展指标体系，将战略转化为操作语言，助力公司战略目标落地执行。找准战略定位，推动各层级开展“十四五”规划战略目标解读，统筹平衡当前与长远、发展与风控、效益与效率的关系。开展战略解码，构建核心能力将战略转化为高质量发展指标，找到关键驱动要素，逐级分解，将战略与行动有效链接，确保落地执行。统一标准原则，建立对标体系，对各项高质量发展指标均设定权重分值和5个档次高质量发展标杆值，确保上级目标与各下级目标相互对齐，形成有效的目标支撑体系。

（卢　静）

资金管理

【强化资金预算管理体系】 持续构建指标引领、执行监控、评价分析、上下联动的一体化资金预算管控体系。在30余项资金管理指标基础上，增补债务比EBITDA、非正常“两金”等指标。结合资金分析、债务监控的管理需求，持续优化资金管理报表，提高预算管理效率。加强月度资金预算管控，逐月通报企业预算执行情况，督导企业分析差异成因并及时完成整改，以月保季、以季保年，确保完成年度现金流指标。全年实现自由现金流盈余721亿元，增加487亿元。强化资金集中管理，资金集中度维持在96%左右的高水平，发挥资金池头寸调剂作用，日均为企业提供周转性资金1 200亿元，有效保障生产经营资金需求。

（张　骞）

【优化筹融资集中管理体系】 通过内部借款、发行境内外债券等方式，重点协助困难企业做好债务接续。利用境内外资金平台，做好日常资金保障，盘活内部资金资源。发挥筹融资集中的信用和议价优势，通过争取低息贷款、发行债券等方式，优化债务结构，降低财务费用。持续拓展融资渠道，积极开展绿色融资，支持公司绿色转型发展。全年累计发行境外债券30亿美元、人民币债券超850亿元。组织重点企业完成到期债务接续超1 000亿元。全年综合融资成本率2.8%，继续维持央企领先水平。年末付息债务3 732亿元，为近年来较低水平。债务比EBITDA控制在1.6以内，国际信用评级保持稳定。组织新星公司、胜利油田等单位，发行国内石油石化行业首笔绿色中期票据（碳中和债），规模11亿元，创新三新项目资金保障模式。聚焦LNG接收站等优质项目，成功发行绿色债券25.5亿元，发行成本创国内企业同期绿色债券最低。

（张　骞）

【完善资金结算管理体系】 强化“两金”占用与生产经营统筹，有序推进跨境人民币支付、数字人民币、票据集中管理等创新结算渠道建设。强化“两金”占用管控，督导企业结合年度管控目标和生产计划安排，优化“两金”占用管理，动态跟踪分析，推动长账龄应收账款清收。年末“两金”占用2 913亿元，低于收入增幅4个百分点。推动人民币跨境使用，制订中国石化人民币跨境使用工作方案，部分企业人民币跨境使用场景作为国务院国资委和人民银行推广案例。组织财务公司、盛骏公司做好支付结算服务支持保障，完成跨境资金集中运营资质申请。推进数字人民币试点工作，制订数字人民币推广方案，完成TMS系统数字人民币管理模块开发和应用。明确成品油零售、易捷便利店零售及易捷电商等作为试点推广业务场景。推动票据集中运营，完善公司票据管理体系建设，规范支付结算秩序，提升资金运营效率。组织财务公司、石油工程公司等单位探索财企合作票据优化方案，提高成员企业票据周转效率，加强票据风险管控。

（张　骞）

【加强资产负债穿透式管理】 以资产负债率作为公司财务约束指标，持续保持财务杠杆稳健。综合公司业务、外部监管及同行业对标情况，提出“十四五”期间负债率合理区间水平。加强全级次企业穿透管理，分业务、分板块制订未来3年高负债率企业压降方案，分解下达压降工作目标，推动高负债率企业建立长效约束机制。2021年，公司资产负债率保持稳定，年末资产负债率49%，完成国务院国资委年度管控目标。通过提质增效、资产盘活创效、资本结构优化等方式，全级次高负债率子企业户数减少28户，降幅11%，圆满完成国务院国资委专项工作任务目标。

（张　骞）

【夯实资金风险防控体系】 强化制度体系建设，按照“管理制度化、制度流程化、流程信息化”原则，组织修订担保管理、境外投资财务管理、资金集中管理考核、债务融资信息披露管理、境外资金业务管理实施细则、应收款项管理6项制度。构建以资金管理办法为核心，“从上至下、内容明确、权责清晰、管控到位”的资金管理制度体系。各企业结合业务承接制度，及时修订实施细则，完善内控管理流程，强化制度管控宣贯。印发《集团直属企业资金安全检查操作指引（2021版）》《境外资金安全风险防控指南》，促进资金安全检查标准化。组织5个片区、近40家企业开展“四不两直”资金安全抽查，开展3批次、20家企业的境外资金安全线上抽查。强化专项业务检查，针对国务院国资委等部委重点关注的民企清欠、银行网银管理、境外资金风险、融资担保等内容，巩固前期工作成果，无分歧欠款保持零新增，有分歧账款较年初净减少1 500万元，组织多轮次专项梳理排查，及时消除风险隐患。采取线上线下相结合的方式，对近100家企业开展民企清欠月度抽查。加强风险管控信息化建设，搭建风险管控、考核评价等模块，完善公司资金风险预警功能，加大风险识别力度，建立健全“监测、预警、处置、反馈”风险闭环管控体系，以数智化手段，强化资金风险管控。

（张　骞）

【提升资金管理数字化水平】　构建以资金分析决策系统为决策支撑、资金集中管理信息系统为运行支撑的一体化司库管理信息系统，不断提升资金一体化运营和风险管控能力。实现TMS系统全球覆盖，分3批完成境外全部380家明细单位TMS系统上线工作，初步达到全球资金的一体化在线管控。完成系统功能提升，持续推动资金管理全面线上化，资金管理功能进一步完善。完成银企直联电子回单、月度考核评价、风险监控和预警、应付款项管理、现金管理、票据集中、特殊资金管理、财务公司系统集成、HR薪酬支付集成、共享服务平台集成、运行分析、移动应用等模块功能的提升和开发。推动决策支持系统建设，完成全球资金分析决策智能化系统建设，推动司库管理向数字化、智能化转型，提升资金管理的分析力、洞察力、预测力和判断力，促进财务资金决策的科学性、全面性，提高资金运营效率和质量。

（张　骞）

会计管理

【夯实会计信息质量基础】　建立健全“制度规范、执行控制、考核评价、监督检查”四位一体的会计基础工作闭环管理体系，会计信息质量得到进一步提升。印发《会计基础工作评价体系》，组织各级企业与共享服务公司对9个方面、110项评价点开展企业自查、共享联查，发现并整改问题近900项次。以会计信息质量提升专项行动为抓手，抓好清单问题整改、回头看、自查排查、追责问责和建立长效机制等工作，落实内审外查问题整改，增补财务典型案例库32项，修订会计手册，全面夯实会计基础。

（张镇远）

【深化会计政策研究】　建立会计政策研究制度机制，制定下发《中国石化会计政策研究团队管理办法（试行）》，落实一体化“选、训、用”工作要求，成立首批成员30人的会计政策研究团队。参与国内外会计治理，修订10项国际会计准则，全面提升中国石化在国内国际会计领域的参与度、话语权和影响力。全面参与内部会计制度建设，指导企业会计实践，助力集团公司战略型集约化财务管控体系建设。

（张镇远）

【推进财务共享建设】　开展“我为群众办实事”，实施情景化提报项目，213家单位推广上线，共配置4.1万个业务情景，优化业务提报功能，简化流程节点，单据流转时间缩短3天，圆满完成情景化提报年度任务目标。研究制定财务共享服务基础目录，完成全板块凭证附件标准清单，建立中国石化共享服务质量评估体系，深化财务共享标准化规范化建设，提升财务共享服务的质量和效率。

（张镇远）

【提升财务信息化建设】 牵头组织“财务域”和数字治理工作，制定《中国石化财务管理域信息和数字化管理办法》，建立“财务域”信息化领导小组工作机制，初步完成“财务域”顶层设计，组建78人财务域信息化专家库，“财务域”管理新模式初步形成。优化关联交易平台建设，全面提高关联交易业务处理效率与准确性。扩大企业级应用，完成报表差异对比分析、多系统整合等工作，部署系统对账功能，全面提升系统分析管理功能。

（张镇远）

【圆满完成2020年财务决算】 统筹协调总部、企业、共享服务公司和中介机构力量，落实组织领导、制度执行、措施落实、成果应用、风险排查和问题整改等工作，优化决算工作流程，规范会计核算，开展资产清查盘点，推进决算与重点工作衔接，落实审计问题整改，强化报表编制质量审核，圆满完成集团公司财务决算工作。集团公司2020年财务决算工作再获国务院国资委和财政部通报表彰。

（张镇远）

资产股权管理

【开展资产分类评价】 结合集团公司深化改革三年行动、对标世界一流管理提升行动，以提高资产创效能力为核心，开展资产分类评价工作，进一步优化完善评价指标，压实工作职责，提升企业资产经营提效的意识和主动性。强化评价结果运用，加快推进低效、无效“两资”清理处置，建立工作台账，定期跟踪工作进展，做好月度分解落实和季度完成情况梳理统计。2021年通过对外转让、报废报损、对外出租等方式清理“两资”107.2亿元，三年行动工作开展以来累计完成201.2亿元，提前完成国企改革三年行动任务目标。

（韦统郡）

【开展法人压减专项工作】 按照2021年法人压减、新增动态平衡的年度控制目标，着重从“压、控”两个方面开展法人压减工作。结合产权登记年检工作及法人压减库动态管理情况，将长期关停、吊销营业执照、持续亏损扭亏无望、无实质经营的海外壳公司及非主业、非优势等法人纳入压减库，并下达年度存量法人压减计划。采取新增法人预算管控模式，结合存量法人压减计划和分布结构，按照“增一至少减一”原则，制定新增法人管控指标，预先审核新增法人事项，确保压减、新增动态平衡。强化月跟踪、季通报、年考核、红黄牌挂牌督导、重点难点项目专项约谈等工作机制，全年累计压减104户，新增法人79户，完成国务院国资委年度考核任务。

（韦统郡）

【规范股权管理】 落实股权管理职责，推动制度有效执行。在梳理存量股权的基础上，逐项落实股权管理主体。编制境内股权变动涉及国资监管业务工作规范，明确股权流转处置工作流程和规范要求，各企业建立股权管理责任体系和运行机制。建立中央企业参股管理应用系统信息更新维护制度，各企业扎实推进整改工作。开展低效无效股权清退工作，防范化解风险。定期跟踪检查低效无效参股投资清退进展，依法合规推动重点项目流转处置，协调解决相关问题。全年清理参股项目21项，累计回收资金4.98亿元。开展新一轮参股经营投资自查整改，编制参股自查发现问题整改计划。做好招商轮船、国有企业结构调整基金和央企信用保障基金等直管股权日常管理工作。

（韦统郡）

【加强产权登记管理】 组织产权登记年度检查，从板块分布、经营状况、所处层级、分红回报、财务核算及产权登记办理情况等维度对全资及控股子企业、对外参股投资进行全面分析，更新集团公司产权图谱，共享产权登记数据，为改革发展提供数据支持。及时办理产权占有、变更及注销登记，组织企业核实产权登记基本信息，审核数据核准信息2 346条，国有产权登记数据和资料档案的及时性、准确性和完整性得到进一步提升。

（韦统郡）

【提升资产评估备案质量】 持续加强资产评估项目审核，不断提高资产评估报告的审核备案质量和效率。进一步强化资产评估项目备案管理，将资产评估融入中心工作，深化应用评估结果，在发现资产价值，防止资产流失，维护出资人合法权益等方面发挥重要作用。推进“两库一公开”评估报告审核备案体系建设，提高资产评估报告审核备案质量，全年共审核备案资产评估项目317项，增加24.8%，涉及资产账面净值375.04亿元，备案评估值1 701.1亿元，增值率353.57%。优化调整资产评估专家审核及备案流程，制订资产评估备案专家审核方案，实行专家团队联审工作机制，提升评估报告审核质量和效率，通过加强备案审核增加资产处置收益1 164.98万元，降低收购非国有资产成本6 163.25万元。

（韦统郡）

【推动重点改革工作收尾】 完成金陵石化、扬子石化等4家企业“四供一业”及其他办社会分离移交的审核批复工作。完成胜利石油管理局、西北石油局、管道储运资产管理公司等5家企业退休人员办社会资产移交审核批复工作。组织相关12家企业对驻京（外）办资产情况进行摸查，进一步落实企业主体责任，制定2021年驻京（外）办资产处置工作责任清单，采取周跟踪、月督导等方式，强化协调组织，协调解决重点难点问题，加快推进驻京（外）办资产处置，实现预期工作目标。

（韦统郡）

【夯实资产股权管理基础】 开展集团公司资产（股权）管理业务培训，提升业务人员履职能力。强化股权信息化建设，完成股权管理信息系统（二期）项目可研评审，明确本期建设目标、建设内容及总体实施方案，开展信息系统初步设计，组织研究与核算系统、产权综合信息系统集成、股权业务管理功能提升等技术实施路径，组织6家试点企业测试系统，召开股权管理系统推广实施培训会，全面启动新系统上线推广工作。强化资产信息化建设，立足ERP和AIC中资产模块、资产调剂平台等在用系统，探索建立全生命周期资产管理体系，编制中国石化资产管理信息系统建设规划。

（韦统郡）

【规范境外个人代持股权和特殊目的公司管理】 明确设立原则与审批流程，严格落实风险防范措施，切实履行监管责任。2021年，集团公司4家直属企业存在个人代持股权13项，集团总部直管的海外发展公司、海外投资公司及部分企业设立境外特殊目的公司16家。组织排查相关企业产权登记、法律文书等事项，研究制订整改提升计划。完成7项境外个人代持股权和2项特殊目的公司产权登记瑕疵事项整改，推动10家境外个人代持股权企业完善三项法律文书，将2家境外个人代持股权企业列入清理计划。

（韦统郡）

【开展民企挂靠问题专项整治行动】 印发《中国石化集团民企挂靠问题综合整治专项行动工作方案》，组织民企挂靠问题梳理排查，细化制订清理整顿方案，编制清理整顿工作台账，各企业运用协商、仲裁、诉讼等手段分类开展清理整顿，按月督导工作进展。

（韦统郡）

土地房产管理

【规范不动产经营创效】 以年度目标和三年改革行动方案目标为基础，及时调整不动产经营与创效战略，变被动应付为主动经营，有计划、有步骤开展不动产经营创效工作，全年实现综合创效37.94 亿元。印发《关于规范中国石化土地处置工作的通知》，全年完成 129 项，涉及土地 182 宗 159.8 万平方米，创收 8.8 亿元，取得市场价值 7.4 亿元的不动产，通过条件置换节约用地投资 2.3 亿元，核减税费 485 万元。推动重点土地处置，主动对接地方政府，金陵石化化工一厂搬迁实现创利 1.5 亿元，高桥石化老厂区化工板块搬迁实现创利 14.74 亿元，巴陵石化己内酰胺产业链搬迁实现创利 3.2 亿元。推动 9 家单位重点区域不动产经营试点，涉及土地 21 宗、1 293 亩（86.2 万立方米），通过主动调整规划功能，分类制订经营方案。

（王新成）

【强化不动产合规管理】 完善土地管理业务程序，修订《土地管理办法》，编制《土地管理手册》，规范土地取得、利用、经营、盘活、处置全周期等各个工作环节，规范不动产经营收益记账科目，提升不动产管理水平。跟踪 2009—2020 年已批复土地处置项目，开展已批复土地处置项目备案率提升行动，重点落实 1 117 项土地处置项目评估备案、协议签订、补偿取得，实行月度通报，推行挂牌督办，备案率提高 32 个百分点，收回资金 4.09 亿元。

（王新成）

【提升不动产信息化水平】 启动土地管理信息系统提升完善的实施方案，开发不动产信息库、GIS 地图数据库、土地处置全流程监控、低效利用土地分类评价创效 4 项新增功能。完善土地“进出口”流程、价值管理、线上管理、统计分析 4 项提升功能，实现 12.23 万宗土地及地面房产的数字地图化、房地一体化、价值管理动态化。通过系统平台的共享与分析功能，实现土地资源在上中下游企业、同板块企业间的优化配置，共享 7 283 宗低效利用土地调查和评价成果。利用系统进行土地要素市场化分析，最大限度挖掘存量土地潜力。优化土地评估报告审核备案流程，引入专家有偿评审机制，实现行为与标准双管控，完成扬子石化、仪征化纤、江西石油分公司等企业的土地评估备案项目 101 项，完成江汉油田、齐鲁石化、炼化工程等企业的土地处置结果备案 103 项，有效保障国有资产保值增值。

（王新成）

【创新不动产政策研究】 组织油田企业开展油气废弃土地专项整治试点，研究废弃土地专项整治试点方案，推动 5 家油田企业、630 亩（42 万平方米）油气废弃土地盘活，逐家对接修复整治费用列支方案，试点工作正在有序开展。承建中央企业地籍统计分析系统，承担石油天然气工程项目用地控制指标修订课题，承接油气类土地复垦与生态修复方案优化课题。

（王新成）

价税管理

【财税政策争取落地见效】 紧盯热点产业，争取财政资金支持，落实煤层气、致密气等清洁能源财政支持 6.59 亿元、碳纤维新材料项目财政支持 7 亿元。紧盯重点环节，争取利好政策支持，推动国家出台政策对轻循环油等 3 种产品在进口环节征收消费税，延续“十四五”进口 LNG 增值税先征后返政策，推动国家分区域确定天然气管输价格，成品油市场环境有效净化，历史长协返还比例得到提高。推动《关于“十四五”期间能源资源勘探开发利用进口税收政策的通知》《资源综合利用产品和劳务增值税优惠目录》等政策出台，争取进口免税额度，与地方税务局深化沟通交流，开展碳资产交易涉税定点交流。

（卢　静）

【强化税收成本管控】 用好用足优惠政策，发挥总部平台作用，搭建税收成本交流平台，优化集团研发费用加计扣除管理，近 3 年扣除符合率提高 5.3 个百分点，节税创效提升 7.4 亿元。发挥区域财税协调作用，新增厄瓜多尔、巴西、新加坡 3 个区域小组，扩大境外区域覆盖面，研究香港列入欧盟税收“灰名单”影响，提早谋划税收安排。完善区域工作机制，协调解决共性问题，持续提升协同管控效果。积极融入国家发展战略，用好西部大开发、海南自贸港、粤港澳大湾区等区域性财税优惠，2021 年集团公司企业所得税节税 36 亿元，整体税负率保持合理水平。

（卢　静）

财务风险管理

【深化金融衍生品业务管控】 组织全集团 31 家商品类、17 家货币类委托主体及 2 家操作主体的业务资质申请、调整审核工作。组织集团公司 2 期金融衍生品业务培训，200 余人参训，提升套期保值意识和操作水平。推进信息系统建设，启动商品类衍生品业务管理信息系统建设，建成集团公司货币类衍生品业务系统。组织 40 家企业开展制度专项检查和季度抽查，提高金融衍生品管理制度执行力与规范性。开展金融衍生品业务课题研究，探索海外上游原油套期保值方案，助力海外上游长期扭亏目标实现。

（贾海晶）

【加强信用风险管控能力建设】 开展交易对手信用风险年度排查和重点交易对手专项排查，严防信用风险事件发生，构建信用风险常态化防范机制。组织《中国石化信用风险管理暂行办法》宣贯培训，保障办法落地执行，各企业细化管理要求，不断完善信用风险管理制度体系建设。完成信用风险管理系统一期建设，初步建成覆盖交易对手评级、授信、监控预警和黑名单管理的信息化管控体系，组织部分单位开展信用风险系统与合同、ERP、TMS、ERS 等应用系统联动控制试点，持续提升信用风险信息化管控水平。

（贾海晶）

【提升汇率利率和流动性管控水平】 定期发布资金风险提示，对金融市场波动进行专题分析和风险评估，针对具体风险提出应对措施。定期监控汇率风险，针对汇率波动较大的币种，逐月向企业定向预警。每季度组织相关企业开展资金风险排查，全面评估利率汇率风险，分析风险成因，制定防范措施。设置利率汇率风险重点监控指标，研究外汇风险敞口、一国一策等信息化场景搭建。完善境外备份资金池和备份系统演练，监控 2 个资金平台的授信额度变动情况，确保集团公司资金流动性充足。

（贾海晶）

【持续加强税务风险管理】 落实税务管理办法要求，组织企业开展税务风险自查，梳理问题，分析成因，制订整改措施及工作计划，持续跟踪重点风险事项解决进展。推进税务风险管理系统提升改造，完成境外涉税纠纷动态管理模块上线，构建境外税务纠纷全周期管理机制。

（贾海晶）

【严控各类投资项目风险】 加强固定资产经济评价，全年完成 15 项、161 亿元的集团直属企业固定资产投资项目审查。针对集团公司首个绿电制氢项目，组织研究项目评价期、折旧年限、成本消耗、碳交易价格等重点经济评价参数，助力集团公司新能源转型。选取涉及境外油气勘探开发、炼油、化工和仓储等 5 个境外项目组织开展绩效评价工作，进一步摸清集团公司存量境外投资经营状况。针对国勘公司新平台投资项目、国际石油工程公司沙特工程服务项目及集团公司碳交易，提出风险管理建议。

（贾海晶）

总部财务管理

【强化总部经费预算管控】 落实勤俭办企业要求，发挥总部表率作用，细化梳理部门业务和年度工作安排，从管行为、控标准入手，突出预算牵引和投入产出效率约束，强化总部费用全口径统一管理。从严从紧核定年度部门日常经费和专项经费预算指标，按照无预算不支出原则，严格审批各项开支，全年各项经费支出得到有效控制。

（张志丰）

【规范个人所得税年度汇算清缴】 根据《国家税务总局关于办理 2020 年度个人所得税综合所得汇算清缴事项的公告》有关要求，编制汇算清缴操作手册，配合税务机关核实申报信息，按期完成总部员工 2020 年度个人所得税综合所得汇算清缴工作，确保个人所得税规范申报缴纳和政策红利落地。

（张志丰）

【争取落实财税政策支持】 积极与主管税务部门沟通，按期提交相关资料，取得 2020 年度代扣代缴个人所得税手续费返还资金 295 万元。根据 2021 年朝阳区促进商务经济高质量发展引导资金项目申报要求，及时组织报送材料，密切跟踪申报和审核进展，争取引导资金 572 万元。

（张志丰）

财会队伍建设

【扎实开展党史学习教育】 财务系统围绕庆祝中国共产党成立 100 周年，深入开展党史学习教育，深入学习国企创业史、改革史、发展史，自觉传承国企红色基因，各企业以学促干蔚然成风，党建共建成果显著，达到学党史、悟思想、办实事、开新局的目的。

（刘国红）

【财金人才规划基本成型】 落实人才强企工程 18 项措施，全面梳理财务队伍，摸清人才现状，形成盘点报告，明确 6 类财金人才培养方向，制订财务队伍建设规划，按计划有序推进。举办 2 期总会计师培训班，120 名企业总会计师轮训，28 名企业总会计师现场述职，进一步提升价值管理能力，强化履职担当。举办国际化财务经理培训班，为境外财务管理储备人才。

（刘国红）

财务状况

2021 年，集团公司合并报表实现营业收入 27 895 亿元，实现利润总额 1 165.85 亿元，实现利税 4 298 亿元，实现净利润 880.27 亿元（其中归属母公司净利润 536 亿元）。截至年末，集团公司合并报表资产总额 24 181 亿元，负债总额 11 844 亿元，所有者权益 12 336 亿元（其中归属母公司权益 8 479 亿元）。报表口径资产负债率 48.98%，比年初上升 0.86 个百分点，低于国务院国资委管控目标 0.1 个百分点。

集团公司合并会计报表见表 1 和表 2。

（卢　静）

表 1　　资产负债表　　单位：百万元

项目	2021 年	2020 年（调整后）	2020 年（调整前）	2019 年
流动资产：				
货币资金	271 061.34	206 269.99	206 269.99	151 408.96
交易性金融资产	28 462.29	23 139.45	23 139.45	21 672.66
应收账款	48 169.64	41 146.59	41 146.59	66 578.64
应收款项融资	8 427.88	11 475.20	11 475.20	10 068.89
预付款项	22 889.09	19 450.11	19 453.21	21 086.68
其他应收款	42 626.48	44 218.34	44 218.34	33 754.41
存货	262 595.44	229 617.07	229 617.07	250 573.61
合同资产	24 534.74	21 274.88	21 274.88	17 878.54
一年内到期的非流动资产	2 655.37	902.29	902.29	2 703.97
其他流动资产	134 899.77	128 900.73	128 900.73	117 716.56
流动资产合计	846 322.05	726 394.65	726 397.75	693 442.91
非流动资产：				
其他债权投资	6 801.01	9 132.91	9 132.91	3 192.84
长期应收款	12 727.85	12 649.92	12 649.92	16 098.54
长期股权投资	200 676.86	181 061.16	181 061.16	145 422.12
其他权益工具投资	12 839.34	12 930.96	12 930.96	9 727.18
固定资产	570 452.47	546 827.57	546 827.57	576 329.97
油气资产	132 138.15	136 942.40	136 942.40	140 426.41
在建工程	173 719.01	149 461.53	149 461.53	191 973.29
使用权资产	37 968.79	36 455.57	36 164.33	33 882.83
无形资产	145 462.24	139 516.21	139 516.21	134 632.50
商誉	10 778.94	10 804.23	10 804.23	10 881.75
长期待摊费用	17 102.58	15 991.86	16 020.69	14 965.79
递延所得税资产	21 355.56	26 920.78	26 920.78	19 486.49
其他非流动资产	229 738.64	235 130.06	235 130.06	221 256.77
非流动资产合计	1 571 761.42	1 513 825.15	1 513 562.73	1 518 276.49
流动负债：				
短期借款	69 122.24	71 467.67	71 467.67	71 448.75
应付票据	22 519.10	19 610.27	19 610.27	20 391.54
应付账款	251 277.72	208 302.10	208 302.10	240 175.75
合同负债	150 022.24	146 754.11	146 754.11	148 226.19

续表

项目	2021 年	2020 年（调整后）	2020 年（调整前）	2019 年
应付职工薪酬	19 674.11	14 378.20	14 378.20	16 766.79
应交税费	88 726.08	81 412.85	81 412.85	74 773.69
其他应付款	114 365.70	92 346.87	92 346.87	79 075.55
一年内到期的非流动负债	49 318.49	39 993.74	39 944.52	56 254.64
其他流动负债	62 727.62	46 490.48	46 490.48	22 624.89
流动负债合计	827 753.29	720 756.29	720 707.07	729 737.80
非流动负债：				
长期借款	46 452.60	43 134.47	43 134.47	60 920.70
应付债券	201 133.83	205 867.51	205 867.51	193 506.23
长期应付款	18 117.64	16 857.25	16 857.25	19 917.96
租赁负债	23 382.95	23 168.20	22 958.12	20 383.35
长期应付职工薪酬	1 957.01	2 047.80	2 047.80	2 287.20
预计负债	44 077.43	46 348.99	46 348.99	43 993.03
递延所得税负债	9 192.79	8 782.83	8 782.83	7 030.29
其他非流动负债	12 377.47	11 143.24	11 143.24	15 176.82
非流动负债合计	356 691.72	357 350.29	357 140.20	363 215.58
负债合计	1 184 445.01	1 078 106.58	1 077 847.27	1 092 953.38
所有者权益：				
实收资本	326 093.75	325 547.22	325 547.22	325 547.22
资本公积	55 989.61	55 813.12	55 813.12	51 946.56
其他综合收益	−11 822.24	−22 589.58	−22 589.58	−23 800.19
专项储备	2 761.07	2 278.25	2 278.25	2 193.17
盈余公积	234 943.20	228 834.82	228 834.82	223 498.74
一般风险准备	2 303.82	2 040.77	2 040.77	1 765.55
未分配利润	237 583.54	198 021.51	198 021.51	169 350.11
归属于母公司所有者权益合计	847 852.75	789 946.12	789 946.12	750 501.16
少数所有者权益	385 785.71	372 167.10	372 167.10	368 264.87
所有者权益合计	1 233 638.46	1 162 113.21	1 162 113.21	1 118 766.03
负债和所有者权益总计	2 418 083.47	2 240 219.80	2 239 960.49	2 211 719.40
资产总计	2 418 083.47	2 240 219.80	2 239 960.49	2 211 719.40

注：集团公司所属企业自 2021 年 1 月 1 日起全部执行新租赁准则，对相关项目进行追溯调整列式

表2　　利润表　　单位：百万元

项目	2021年	2020年（调整后）	2020年（调整前）	2019年
一、营业收入	2 789 498.71	2 142 332.42	2 142 332.42	3 003 416.84
二、营业总成本	2 665 562.10	2 100 708.66	2 100 708.66	2 915 046.78
其中：营业成本	2 239 760.38	1 726 347.17	1 700 556.29	2 497 874.87
税金及附加	261 695.02	237 335.18	237 335.18	247 173.54
销售费用	57 637.52	53 234.72	64 323.00	63 553.43
管理费用	75 246.96	57 461.27	72 163.87	79 575.67
研发费用	16 251.19	14 414.38	14 414.38	13 690.49
勘探费用	12 381.97	9 722.73	9 722.73	10 519.67
财务费用	2 589.05	2 193.22	2 193.22	2 659.10
加：其他收益	6 841.65	8 836.23	8 836.23	7 111.66
投资收益（损失以"－"号填列）	8 113.39	48 746.53	48 746.53	13 634.84
公允价值变动收益（损失以"－"号填列）	4 929.01	791.63	791.63	–2 736.85
信用减值损失（损失以"－"号填列）	–11 090.98	–3 064.96	–3 064.96	–1 991.62
资产减值损失（损失以"－"号填列）	–13 798.94	–30 655.51	–30 655.51	–2 338.01
资产处置收益（损失以"－"号填列）	1 976.22	3 170.57	3 170.57	–870.63
三、营业利润（亏损以"－"号填列）	120 906.97	69 448.25	69 448.25	101 179.45
加：营业外收入	5 941.58	10 461.53	10 461.53	5 498.48
减：营业外支出	10 263.57	7 287.35	7 287.35	5 803.81
四、利润总额（亏损总额以"－"号填列）	116 584.98	72 622.43	72 622.43	100 874.12
减：所得税费用	28 557.78	10 572.19	10 572.19	21 773.05
五、净利润（净亏损以"－"号填列）	88 027.20	62 050.24	62 050.24	79 101.07
减：少数股东损益	34 385.84	19 234.54	19 234.54	32 170.88
六、归属于母公司所有者的净利润	53 641.37	42 815.70	42 815.70	46 930.19

注：集团公司根据财政部2021年企业会计准则实施问答要求，对成本费用项目列示进行调整，并对上年数追溯调整列示

资本运作管理

【开展市值管理】 通过增持、回购等手段提振市场信心，提升上市公司市场形象。精心制订操作方案，12 月 1 日启动增持，首日增持中国石化 H 股 3 500 万股并公告 12 个月计划，增持首周股价止跌反弹 10%，日均成交量上涨 70%，促进机构积极增持，并给出买入评级。截至年末，中国石化 H 股股价上涨约 15%，市值回到约 5 000 亿元。选取四川美丰为试点，首次实施上市公司回购，期间股价上涨 175%，市值从 28 亿元提高到 82 亿元，机构股东占比从 0.23% 涨至 6.27%，有力提振市场信心。

（赵建航）

【引入市场化投资者】 根据《国务院关于进一步提高上市公司质量的意见》要求，通过非公开发行、换股等方式引入市场化战略投资，管理成效显著。选取石化机械作为上市公司市场化改革试点，制订非公开发行进入战略投资方案，发行议案获中小股东 97.35% 高票通过，12 月 16 日协调证监会出具石化机械非公开发行批文。向 80 多家机构开展推介，实现投资者出资意向闭环覆盖，市场关注度明显提升，成交量大幅增长。以上海石化 A 股股票换购富时国企开放共赢 ETF 基金。

（赵建航）

【推动实施资产重组整合】 完成 2 批总计约 140 亿元资产重组注入股份公司，涉及资产公司所属燕山石化、齐鲁石化等 10 家企业生产经营业务资产，以及盛骏公司持有海南炼化 25% 股权，第 2 批 7 家企业生产经营业务重组实现年内启动项目、年内制订方案、年内履行决策、年内完成交割。各企业制订具体方案，优化明确重组资产范围。做好项目税收筹划，优化项目交易架构设计，利用政策降低资产评估增值产生所得税，向地方政府争取财税优惠政策，有效降低重组成本超过 9 亿元。

（李　果）

【推进混合所有制改革】 研究拟定《中国石化深化混合所有制改革工作思路》，组织研讨培训宣贯工作。编制《中国石化与民营企业协同发展有关情况的报告》，组织新星绿源公司等企业参加中央企业混改暨与民企协同发展项目推介会。催化剂公司科改引资取得阶段性成果，形成总体工作方案。推进拟混改企业遴选，组织开展系统梳理和评估。推进天津石化聚醚业务混改项目，完成立项批复后，优化重组资产范围和职工安置方案，开展审计评估、进场条件拟定、稳定风险评估、合法合规性论证、聚醚技术自由运作权分析、外部投资者沟通等工作，编制形成实施方案。建立项目联审工作机制，修订完善实施方案，完成审批后公开进场挂牌征集投资者。

（李　果）

【推动重大产权流转处置】 严格遵守国有资产监管规定，推动产权规范流转处置，确保国有资产保值增值。9 月 24 日，海南华高置业 30% 股权在广东联合产权交易中心公开挂牌转让，最终南光集团以挂牌价格 2.51 亿元完成摘牌，较股权账面价值 2.03 亿元，溢价 0.48 亿元。11 月 11 日，与南光集团签订《产权交易合同》，12 月 30 日股权转让资金到位。

（李　果）

中国石化 SINOPEC

组织人事管理

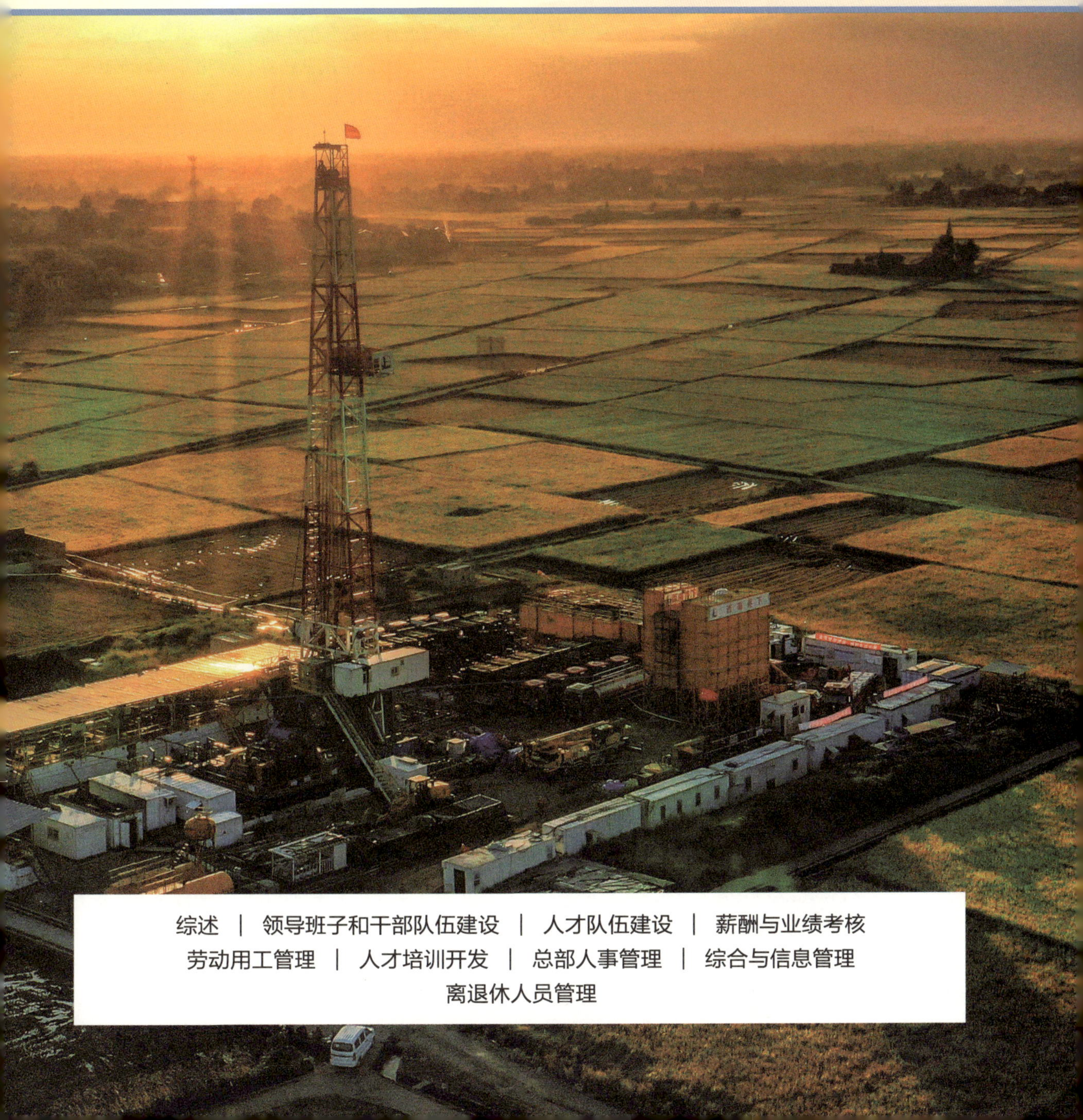

综述 | 领导班子和干部队伍建设 | 人才队伍建设 | 薪酬与业绩考核

劳动用工管理 | 人才培训开发 | 总部人事管理 | 综合与信息管理

离退休人员管理

综 述

2021 年，集团公司人事工作坚持以习近平新时代中国特色社会主义思想为指导，全面落实党的十九大及十九届历次全会精神，深化对“两个确立”决定性意义的领悟，深入贯彻习近平总书记视察胜利油田重要指示精神，全面践行新时代党的组织路线，秉持“服务永无止境”的理念，立足支撑打好“端牢能源饭碗”的职责，紧紧围绕“建设具有强大战略支撑力、民生保障力、精神感召力的中国石化”，着力锻造忠诚干净担当的高素质专业化干部队伍，更大力度实施人才强企战略，扎实推进人力资源市场化机制改革，着力推动组织人事工作高质量发展，为加快打造世界领先洁净能源化工公司提供坚强组织保证和人才支撑，在新时代新征程上再立新功、再创佳绩，以优异成绩迎接党的二十大胜利召开。

领导班子和干部队伍建设。深入贯彻新时代党的组织路线和《组织工作条例》精神，确保选人用人工作始终沿着习近平总书记指引的方向坚定前行。坚持“两个一以贯之”，全面推行董事长（执行董事、分公司代表）、党委书记“一肩挑”领导体制，在 5 家经营规模大、党员人数多的直属单位设立党委常务副书记，选优配齐 8 家境外代表处党工委（地区党委）委员，切实保障党委发挥把方向、管大局、促落实领导作用。深入实施“一把手”政治能力提升计划和年轻干部理想信念宗旨教育计划。大力选拔在攻坚创效、科技创新、疫情防控、深化改革等急难险重任务中担当作为、实绩突出的干部，推动全系统干部资源配置，加大干部能上能下力度。把年轻干部队伍建设作为事关全局的战略工程，持续推进年轻干部工作“三步走”规划，启动实施领导人员梯队培养计划，扎实开展“三百三千”实践锻炼计划。全面落实深化改革三年行动部署安排，加快建设中国特色现代企业制度，全面推进经理层任期制管理，直属单位董事会“应建尽建”“外部董事占多数”均达 100%。积极贯彻落实中央乡村振兴战略部署和要求，组织开展 6 个定点帮扶县共 8 名挂职干部（含 2 名驻村第一书记）选拔，完成挂职副县长和驻村第一书记接替人选轮换和对挂职期满干部考核工作。持续深化个人有关事项报告制度，重点查核一致率保持 100%。集中规范领导人员配偶、子女及其配偶经商办企业行为，在中央单位率先出台办法，建立长效机制。加大“靠企吃企”整治力度，组织中层以上共 22 992 人对“影子公司”“影子股东”问题开展自查。创新建立互查与自查相结合工作机制，对 48 家直属单位开展检查。推进中层队伍结构优化，平均年龄由最高近 50 周岁降至 46.5 周岁，提前实现“132”目标。扎实推动中基层领导人员末等调整、不胜任退出，全年退出占比达 5.09%，干部能下取得历史性突破。集团公司在中组部加强干部选拔任用工作监督暨选人用人巡视检查问题整改推进会上进行经验交流，《党的十八大以来中国石油化工集团干部监督工作情况分析报告》作为唯一干部监督类成果报告，获中组部 2021 年组织工作选题统计分析报告三等奖。

人才队伍建设与培训开发。成立党组人才工作领导小组，强化落实党管人才原则。编制“十四五”及未来 15 年人才发展规划。修订完善《中国石化专家管理办法》，设置集团公司首席科学家，首次选聘集团公司首席科学家 3 名，新聘 10 名首席专家、71 名高级专家、49 名技能大师。加快高层次人才选拔培养，2 人当选中国工程院院士；1 人入选第 6 批国家“万人计划”科技创新领军人才；1 人获第 17 次李四光地质科学奖；1 人获评全国工程勘察设计大师。引进海外高层次人才 8 人，人数位居央企前列；80 人获中国石化突出贡献专家称号，99 人获闵恩泽青年科技人才奖。加快推进青年人才队伍建设，选派 7 名学生到帝国理工学院攻读博士学位。贯彻落实国家人社部《职称评审管理暂行规定》，修订完善《中国石化职称评审工作管理规定》等 4 个制度文件。《人才评价工作“三化”一体管理模式的构建与实施》获中国石化管理现代化创新成果一等奖。组织开展国家级和集团公司级职业技能竞赛。全年共有 20 人入选“双百计划”，产生首批 264

名特级技师，1 人获中华技能大奖，20 人获全国技术能手称号，表彰 20 名石化名匠和 200 名中国石化技术能手。成立集团公司教育培训工作领导小组，创新完善中国石化教育培训体系。总部全年培训各类重点人才 5 122 人。加强企业党校建设，深化中国石化网络学院应用，提升培训智能化、精准化水平，全年网络培训超 5 000 万学时。落实中央关于稳就业的部署，引进高校毕业生近 1 万人。理论研修班、政治辅导员制度等在《学习时报》《中央党校国资委分校工作简报》作为典型案例被刊发，炼油工艺专业技术人才培训做法获 ATD 卓越实践奖和集团公司科技进步二等奖。

劳动薪酬与绩效考核。分解“十四五”用工总量规划目标，修订《年度用工计划管理办法》，建立规划期内增补指标年度调剂机制，对用工先进企业给予更大政策支持力度。修订完成集团公司 22 项新版劳动定员标准，指导企业调整优化组织、队伍和人员结构，持续提升“三定”管理水平。制定《关于加快市场化用工机制建设的意见》，健全以劳动合同管理为关键、以岗位管理为基础的市场化用工机制。开展人力资源优化配置激励工作，2021 年激励人力资源优化配置项目 268 个。推进产教融合，探索“招生即招工、入校即入企、企校双师联合培养”的企业新型学徒制试点工作。改革薪酬总量决定机制，出台《工资总额管理办法》，持续开展业绩薪酬市场双对标，健全“效益联动效率调节”的工资决定机制；对关键核心技术攻关团队、国家级创新平台等实行工资总额单列管理。出台《关于加强科技创新激励保障机制建设的意见》，针对科技攻关、原始创新、成果应用等关键环节，从业绩考核、工资支持等 5 个维度，系统构建科技创新激励保障机制。加强中长期激励体系建设，研究制定中长期激励指导意见及配套实施细则和操作模板。实施海外分配制度改革，提升海外薪酬管理水平。完善绩效考核管理办法，重点围绕推动企业高质量发展、更好落实集团公司发展战略，强化分类和差异化考核，优化考核指标和评价体系；全面优化总经理奖励管理，明确范围、优化条件、规范程序，强化对企业创新创效的正向激励作用。集团公司 2021 年获国务院国资委中央企业负责人经营业绩考核“A 级”，并被授予考核分配工作先进单位称号。

“三项制度”改革统筹。严格按照《集团公司深化改革三年行动实施方案（2020—2022 年）》部署要求，对标国务院国资委和集团公司深化改革督办系统、对照工作台账，逐项明确责任主体并纳入部门重点任务督办，构建面向部门内部的重点工作督办系统和面向全系统单位的重点工作督办信息平台，进一步压实责任，实现挂图作战。组织召开深化改革三年行动暨“三项制度”改革专题推进会，制定印发《“三项制度”改革评估办法（试行）》。

离退休工作。深入学习贯彻习近平总书记关于老干部工作的重要指示精神，认真贯彻落实全国老干部局长会议部署和集团公司工作会议要求，统筹抓好新形势下离退休人员思想政治建设、发挥作用等各项工作，为集团公司打造世界领先洁净能源化工公司作出新的贡献。

（杨应忠）

领导班子和干部队伍建设

【深入贯彻落实新时代党的组织路线和再立新功、再创佳绩指示精神】 把深入学习贯彻习近平新时代中国特色社会主义思想作为干部工作的首要任务、做好选人用人工作的“金钥匙”，注重从习近平总书记关于党的建设和组织工作的重要论述和指示批示精神中找方向、找方法，健全完善干部工作“五大体系”，切实解决好“选什么人、怎么选人”等根本性问题。习近平总书记视察胜利油田后，集团公司及时将贯彻落实“端牢能源饭碗”“把技术搞上去”等指示要求作为考察识别干部的“第一现场”、培养锻炼干部的“第一战场”、选拔任用干部的“第一赛场”，确保选人用人工作始终沿着习近平总书记指引的方向坚定前行。2021 年第 1582 期《中国组织人事报》、第 11 期《央企情况》分别刊发集团公司选人用人有关经验做法。

（杨　朋）

【健全完善维护党中央权威和集中统一领导的组织体系】 坚持“两个一以贯之”，在完善公司治理中加强党的领导，全面推行董事长（执行董事、分公司代表）、党委书记“一肩挑”，同时总经理兼任党委副书记的领导体制。截至 2021 年底，128 家纳入调整范围的直属单位均实行新领导体制。全面落实从严治党责任，在 5 家经营规模大、党员人数多的直属单位设立党委常务副书记，进一步增强党建工作领导力量。坚持把党委换届作为强化党的领导、规范组织体系建设的重要抓手，加强“两委”人选审核把关，推动换届工作规范化常态化，系统内任期届满具备换届条件的 44 家直属单位全部完成换届选举，“应换尽换”率达 100%。承担的《中央企业所属基层企业在完善公司治理中加强党的领导》课题研究，被中组部授予 2021 年度组织工作调研成果二等奖，成为唯一获此殊荣的中央企业。

（杨　朋）

【持续提升领导人员政治判断力、政治领悟力、政治执行力】 深入实施“一把手”政治能力提升计划和年轻干部理想信念宗旨教育计划，2021 年共选调 56 名正职领导人员和 73 名新任领导人员、党群副职参加政治能力提升班、管理能力提升班、理论研修班，40 名副职领导人员和 116 名中层正职、中层副职参加中青年干部一、二、三班。结合开展党史学习教育，在北京、山东、华东、华中、华南 5 个片区，开展“三百三千”挂职干部“加强党史学习教育，弘扬践行伟大精神”主题活动。坚持把政治标准摆在首位，2021 年共对 6 家单位 39 名领导人员开展政治素质反向测评，对 127 名有关职位人选开展专项考察，对 10 名援派干部开展集中考核，切实提高以事察人的精准度。

（杨　朋）

【全力打造适应世界领先企业需要的领导班子和干部队伍】 树立“支撑战略、服务发展、人企共赢”理念，聚焦扛稳扛好保障国家能源安全、引领中国石化工业高质量发展、担当国家战略科技力量“三大核心职责”，将事业发展需要和培养锻炼干部统筹考虑，选优配强各级领导班子。健全完善领导班子分析研判机制，定期编制干部工作月报、季报，撰写直属领导班子和领导人员年度综合分析研判报告、总会计师队伍专项分析研判报告，为精准选拔和优化配置领导人员提供参考。2021 年共调整使用干部 204 人。紧盯“一把手”这个“关键少数”中的“关键少数”，注重选用善于治企兴企、管党治党的复合型干部，确保选出来的“一把手”德配其位、才配其位。在中组部开展的 2020 年度“一报告两评议”中，集团公司选人用人工作总体评价“好”的比例达 94.3%，创历史新高。

（杨　朋）

【旗帜鲜明激励干部担当作为】 突出重实干、重实绩、重担当，把攻坚创效、科技创新、疫情防控、深化改革等急难险重任务作为选人用人的“主战场”，大力选拔敢于负责、勇于担当、善于作为、实绩突出的干部，2021 年共提拔使用 110 人，调整不适宜担任现职领导人员 9 人，进一步营造干事创业的良好氛围。积极推进领导班子综合考评、领导人员素质能力测评、绩效考核“两评一考”工作，完成 186 个领导班子、990 名领导人员测评，先后对 5 名 2020 年度考核排名班子末位的正职进行组织调整，对 7 名排名班子首位的副职提拔或重用，切实发挥考核的“指挥棒”作用。

（杨　朋）

【加快推进年轻干部队伍建设】 认真落实年轻干部工作“三步走”规划，谋划实施“领导人员梯队培养计划”，建立 355 名党组管理的正职梯队培养人选、2 456 名副职及高潜梯队培养人选数据库；组织实施“三百三千”年轻干部实践锻炼计划，从全系统选派 140 名中层正职和 200 名中层副职及专家人才到艰苦地区、困难企业、合资公司、境外机构、重大项目等“五个一线”挂职锻炼。坚持“分池鉴才、分池选才”，把年轻干部整体配备目标和领导班子具体情况结合起来，2021年新提拔45岁左右及以下领导人员38人、占新提拔领导人员总数的52.8%。

（杨　朋）

【健全完善市场化干部管理机制】　全面落实国企改革三年行动方案部署要求及集团公司工作安排，加快建立中国特色现代企业制度，进一步规范董事会建设，制定出台《直属单位外部董事管理办法》，40户直属单位董事会“应建尽建”及“外部董事占多数”均达100%。全面推进经理层任期制管理，制定出台《直属单位经理层成员任期制和契约化管理办法》，指导158家直属单位600余名经理层成员签订完成“一协议、两书”。加快建设职业经理人制度，指导直属企业做好职业经理人选聘及管理工作。

（杨　朋）

【让干部资源向最能发挥价值的岗位流动】　坚持全系统干部资源一盘棋，打破企业归属、条块分割，推动各类干部资源统筹使用、优化配置，加大总部与企业、科研与生产、党群与行政、技术与管理、上中下游之间的干部交流力度，切实提升领导班子整体功能，2021年共交流使用干部80人。

（杨　朋）

【营造风清气正的选人用人环境】　修订完善《领导人员交流工作规定》及配套措施，提高异地交流干部和援藏干部津贴标准，帮助交流干部解除后顾之忧，为其安心安业创造良好的工作和生活条件。深化落实“三个区分开来”，对3名处分影响期满、工作表现突出的干部提拔使用，切实为担当者担当、为负责者负责。注重发挥退出现职领导人员作用，先后选聘90余名退出现职领导人员担任直属单位外部董事、专项工作组成员等。

（杨　朋）

【领导班子和领导人员监督】　高质量落实领导干部个人有关事项报告制度，组织年度集中填报1 232人，重点查核264人、一致率达100%；随机抽查124人，对存在瞒报、漏报情形的14人进行处理。相关经验做法得到中组部充分肯定，并在中组部《央企情况》《干部监督工作通讯》上进行宣传。落实境外腐败专项治理有关要求，将境外中层领导人员提级管理纳入填报范围，组织进行集中填报。高标准完成规范领导人员配偶、子女及其配偶经商办企业行为工作，组织1 274名领导人员进行申报，存在须规范情形的领导人员均按要求退出，在中央单位率先制定出台《规范领导人员配偶、子女及其配偶经商办企业行为（试行）》，将规范经商办企业行为作为必要环节嵌入干部考察程序，建立长效机制。加大“靠企吃企”问题整治力度，组织全系统中层领导人员和专家以上共22 992人对“影子公司”“影子股东”问题进行自查。《党的十八大以来中国石油化工集团干部监督工作情况分析报告》作为唯一干部监督类成果报告，获中组部2021年组织工作选题统计分析报告三等奖。

（王显达）

【选人用人监督】　扎实推进直属单位选人用人工作监督检查和治理提升专项行动，创新建立“互查”与“自查”相结合工作机制，全年派出8个专项检查组对29家直属单位开展专项检查，组织19家单位进行自查，实现检查效果迭代延伸。进一步优化干部选拔任用有关事项审批，严把资格条件开展中层领导人员破格提拔审批，全年共批复60家单位135人破格提拔，强化源头防范和结构优化；下发通知将延退等权限真授、授到位，切实调动直属单位积极性，更好发挥退出现职领导人员作用，集团公司中层领导人员平均年龄已由最高近50周岁下降至46.5周岁，40岁及以下中层占比18%，提前实现党组提出的“132”年龄结构。督促指导直属单位落实中基层领导人员末等调整、不胜任退出制度，按国务院国资委考核口径，全系统领导人员2021年退出占比达5.09%，干部能上能下取得实质性、历史性突破。2021年，直属单位选人用人工作“总体评价”和“从严监督管理领导人员”“好”的得票率平均值分别达90.4%和92.4%，提升1.6%和1.2%，均创历史新高。中国石化在中组部加强干部选拔任用工作监督暨选人用人巡视检查问题整改推进会上进行经验交流。《基于“1+X”核心要求的干部选拔任用工作监督检查体系构建与实施》获中国石化管理现代化创新成果二等奖。

（王显达）

【机构编制管理】 采取“精准服务 + 督促指导”的方式，围绕集团公司发展战略，对 33 家单位中层机构进行优化设置；指导 13 家单位合并设置党委组织部和人力资源部，120 家单位统一规范组织人事部门名称为“党委组织部（人力资源部）”。根据领导人员变动和集团公司深化体制改革情况，及时调整公司级议事协调机构 86 个次，有效保障相关工作正常运行。截至 2021 年底，共有集团公司级议事协调机构 83 个。

（王显达）

【外部董事管理】 扎实推动“三项制度”改革相关任务落地，制定《直属单位外部董事管理办法》，督促指导纳入集团公司应建董事会子企业清单的 84 家单位，全部达到外部董事占多数的要求。

（王显达）

【组织人事部门自身建设】 制订“11964”专项行动计划，推动组织人事干部实现“六大提升”，打造“学习型、进取型、协作型、精准型、服务指导型”的“五型”模范部门。举办全系统组织人事部长培训班，直属单位、总部部门和事业部（专业公司）的 170 名组织人事部长和综合管理室负责人参加培训，研究采纳直属单位意见建议 26 条，首次以全系统通报方式分解到相关部室抓落实。

（王显达）

人才队伍建设

【人才强企战略】 认真学习贯彻落实中央人才工作会议精神，成立党组人才工作领导小组，明确领导小组及办公室重点职责，进一步完善党管人才工作领导体系、运行机制和工作制度。按照党组部署，筹备集团公司人才工作会议，系统回顾十八大以来人才工作主要措施和取得成果，分析人才工作存在的问题及面临的挑战机遇，紧紧围绕集团公司世界领先发展方略和“一基两翼三新”产业格局，编制“十四五”及未来 15 年人才发展规划。《实施人才强企工程，打造石化人才高地》入选集团公司对标提升行动标杆项目。

（李　康）

【人才成长通道和领军专家队伍建设】 修订完善《中国石化专家管理办法》，拓宽科技人才向上发展的空间，设置集团公司首席科学家，调整专家选聘标准和兼聘规则，清晰职责定位，搭建作用平台，严格考核管理和激励。制定《中国石化直属单位级专家和首席技师职数管理办法》，明确职数管理的原则、设置依据、工作流程及各单位职位指导数，分类确定职数设置的原则和标准，加大放权力度。加大集团级专家选用力度，首次选聘集团公司首席科学家 3 名，新聘 10 名首席专家、71 名高级专家、49 名技能大师。截至年底，聘任在岗集团公司首席专家 36 人、高级专家 177 人、技能大师 93 人。

（李　康）

【高层次人才选拔培养】 加快高层次人才选拔培养，一批优秀人才获国家级称号或表彰。孙焕泉、杨为民当选中国工程院院士；宋文波入选第 6 批国家“万人计划”科技创新领军人才；云露获第 17 次李四光地质科学奖；荆少东获评全国工程勘察设计大师。8 人入选国家海外高层次人才引进计划，入选人数位居央企前列；授予钱钦等 80 人中国石化突出贡献专家称号，刘海宁等 99 人获闵恩泽青年科技人才奖。

（邓　勇）

【青年人才培养】 举办第 2 期“未来科学家”创新能力提升班，培训“闵恩泽青年科技人才奖”获得者 47 人。加快推进青年人才队伍建设，选派杨晓伟（武汉大学）、李思仪（帝国理工学院）、马壮壮（清华大学）、周鹏哲（中山大学）、姚甲顺（帝国理工学院）、胡静怡（帝国理工学院）、张玮琳（帝国理工学院）7人到帝国理工学院攻读博士学位。

（邓　勇）

【成熟人才引进配置】 编制2021年成熟人才引进计划，批复同意106家单位引进成熟人才1 884人。审核批复63家单位引进386人。从单位分布看，在京单位引进239人，京外单位引进147人；从人才来源看，系统内成熟人才168人，社会成熟人才218人。通过人力资源优化配置平台，审核发布50家单位648个岗位1 285人的招聘公告，有效提升了人力资源优化配置效能。创新实施人才引进“双百计划”，10家单位推荐上报20名候选人。经专家评审，择优确定20人入选，其中科技领军人才6人、新兴业务骨干人才14人。

（邓　勇）

【职称评审】 以贯彻落实国家人社部《职称评审管理暂行规定》精神和各专业系列职称深化改革指导意见为主线，结合实际，进一步修订完善《中国石化职称评审工作管理规定》等4个配套文件，对职称评审的专业范围、评审权限、评审方式与程序、评审组织机构、评审监督与管理等作出明确规定，调整优化评审专业组及专业，建立职称评审“直通车”机制，改进完善“考评结合”配套办法和正高级职称评审工作，实现高技能人才与专业技术人才的横向贯通，搭建一套科学、规范、先进、完整的职称制度体系。积极推进常态化、规范化开展正高级和新兴业务领域职称评审，进一步规范评审材料和流程，不断提高评审质量。为夯实人才基础、更好适应“一基两翼三新”产业格局，推进实施人才强企战略和创新驱动发展战略提供坚强的人才保障。审核并批复20家单位提报的独立评审或联合评审委员会的换届请示，批复催化剂公司、南化公司、石油物探技术研究院组建高级职称评审委员会。全系统推广职称评审信息化平台，实现全系列、各层级、全流程在线评审，110余家直属单位的2.8万人使用平台进行线上评审。310人通过正高级职称评审，5 026人通过高级职称评审，5 035人通过中级职称评审，8 054人通过助理级职称评审，1 022人通过员级职称评审。

（许　斌）

【博士后工作】 截至年底，有博士后工作（流动）站31个，在站213人，出站71人，有57人出站后留在中国石化工作。承担省部级科研课题154项，博士后科研成果获省部级奖27项，申请专利354件，在核心期刊发表论文253篇。选派1名博士服务团成员支援西部大开发工作。

（邓　勇）

【职业技能等级认定】 认真贯彻落实国家职业资格改革精神，健全技能人才评价体系，举办160人参加的认定管理人员业务提升培训班。组织评审委员会委员换届，新增961名高级技师。积极落实国家人社部工作部署，启动特级技师评审试点工作，对国家级荣誉称号获得者或省部级以上技师工作室领衔人进行复核确认，产生首批264名特级技师。完成石油化工专业《国家职业分类大典》18个职业的修订。加强认定质量管理，主动接受地方监管，升级认定信息化综合管理平台。全年共组织认定6.85万人，合格4.6万人。合同制员工中技能操作人员持证率为87.9%，高技能人才占技能操作人员比例为57.4%。

（丁新兴）

【技术能手评选】 组织优秀技能人才评选表彰活动，经国家人社部批准，张义铁（江汉油田）获中华技能大奖，孟向明（胜利油田）、刘东章（胜利石油工程公司）、吴金源（茂名石化）、潘卫章（巴陵石化）4人获全国技术能手称号，上海石化获国家技能人才培育突出贡献单位奖，李元化（中原石油工程公司）获国家技能人才培育突出贡献个人奖。集团公司连续3届有4人获中华技能大奖，张义铁作为代表出席全国表彰大会，通报表彰参加国家级职业技能竞赛获奖被授予全国技术能手称号的胜利油田李斌等16人。印发《中国石化优秀技能人才评选表彰办法》，比照国家级高技能人才表彰体系，表彰200名中国石化技术能手，首次表彰20名石化名匠及中国石化技能人才培育突出贡献单位20家、突出贡献个人19名。

（丁新兴）

【业务竞赛】 克服新冠肺炎疫情的影响，承办井下作业工、加氢裂化（处理）装置操作工、聚乙烯装置操作工 3 项国家级二类竞赛，举办 4 项集团公司级竞赛，组队参加天然气净化操作工、污水处理工、化工总控工 3 项国家级竞赛。70 家直属单位的 598 名选手参加决赛，157 名选手分获金、银、铜奖，40 个单位获团体奖。共有 39 人被授予中国石化技术能手称号，40 人被授予中国石化青年岗位能手称号，21 人晋升高级技师技能等级。8 人在国家级职业技能竞赛中获前 3 名。

（丁新兴）

薪酬与业绩考核

【概述】 改革薪酬总量决定机制，出台《工资总额管理办法》，持续开展业绩薪酬市场双对标，健全"效益联动效率调节"的工资决定机制；推进市场化差异化管理，指导润滑油公司等企业实施工资总额备案制，对国家级创新平台等实行工资总额单列管理。出台《关于加强科技创新激励保障机制建设的意见》，系统构建科技创新激励保障机制。加强中长期激励体系建设，研究制定中长期激励指导意见，指导镇海炼化试点超额利润分享机制等。做好集团公司负责人经营业绩考核，全力争取优良考核结果。研究修订绩效考核管理办法，增强考核的精准度和有效性。高质量完成 2020 年度企业（部门）及领导班子考核兑现工作，激励先进、鞭策落后。做好经理层成员任期制和契约化管理考核分配工作，组织和指导企业制定经理层成员经营业绩考核办法和薪酬管理办法、签订任期和年度经营业绩考核责任书。中国石化获国务院国资委中央企业负责人经营业绩考核"A 级"，并被授予考核分配工作先进单位。

（李　萌）

【年度绩效考核】 协助国务院国资委做好集团公司负责人 2020 年度经营业绩考核，中国石化连续 6 年考核结果为 A 级，获评中央企业考核分配工作先进单位。开展集团公司高级管理人员、总师级领导人员、党组管理领导班子，以及单位（部门）2020 年度绩效考核和 2021 年度《绩效考核责任书》签订工作。

（李　萌）

【完善绩效考核管理办法】 贯彻落实国务院国资委考核要求，重点围绕推动企业完成稳增长任务、实现高质量发展，研究修订绩效考核管理办法，强化分类和差异化考核，优化考核指标和评价体系，健全完善考核机制，增强考核的精准度和有效性。全面优化总经理奖励管理，明确范围、优化条件、规范程序，强化对企业创新创效的正向激励作用。

（李　萌）

【绩效对标评价】 根据中国石化年度决算数据，从盈利能力、成本控制、生产经营、资本运营和发展能力 5 个维度，对油田、炼油、化工、油品销售、石油工程、炼化工程和公用工程 7 个业务领域绩效水平进行综合对标，在绩效考核管理系统中发布 2020 年度对标评价标准和对标结果，已形成 2007—2020 年连续 14 年的对标数据库，为企业分析诊断管理短板提供有效支撑。

（李　萌）

【改革薪酬总量决定机制】 出台《工资总额管理办法》，持续开展业绩薪酬市场双对标，健全"效益联动效率调节"的工资决定机制。推进市场化差异化管理，指导润滑油公司、催化剂公司、石化机械公司等企业实施工资总额备案制，对国家级创新平台、关键核心技术攻关团队等实行工资总额单列管理，激励政策覆盖近 2 800 名科研骨干人才。完善人工成本调控机制，从严从紧核定福利费、劳务费等各项人工成本预算指标，倒逼企业深化改革，提高人工成本投入产出率。

（李　肃）

【改革内部分配制度】按照“四管三放两加强”的薪酬管理模式，指导科研单位、巴陵石化等企业改革内部分配制度，建立健全与业务类型、岗位特点、市场环境相适应的多元化薪酬制度。推进海外收入分配制度改革落地，组织海外单位按照“派出国法”制订实施海外员工薪酬福利改革方案。

（徐小华）

【加强科技创新激励保障机制建设】出台《关于加强科技创新激励保障机制建设的意见》，针对科技攻关、原始创新、成果应用等关键环节，完善差异化支持政策，从业绩考核、工资支持、内部分配改革、中长期激励、改革特区 5 个维度，系统构建科技创新激励保障机制。组织科研单位制订实施方案，推进政策落地。

（花军委）

【系统构建中长期激励政策体系】研究制定中长期激励指导意见及配套实施细则和操作模板，健全生产要素由市场评价贡献、按贡献决定报酬的分配机制。分类推进实施中长期激励，指导科研单位结合“科改示范行动”加强政策分析论证和方案编制；指导镇海炼化试点实施超额利润分享机制、催化剂公司制订科技型企业股权激励方案等，批复石油工程设计有限公司岗位分红激励方案。

（花军委）

【做好经理层成员任期制和契约化管理考核分配工作】坚持质量第一、效益优先，组织确定企业领导班子 2021—2022 年任期经营业绩考核目标。分类制定企业经理层成员经营业绩考核办法和薪酬管理办法参考模板，组织和指导企业制定经理层成员“两办法”、任期和年度经营业绩考核责任书，发挥以上率下作用，带动整体推进人力资源市场化机制建设，激发企业内生动力。

（颜家佳）

【优化企业年金管理】调整年金企业缴费比例核定机制，以企业上年度盈亏情况代替利润（限亏）指标完成情况，作为确定企业当年缴费比例的主要因素，进一步强化效益导向。组织实施提高个人缴费比例，支撑员工养老金替代率维持在合理水平。组织实施第 3 批企业将年金日常业务委托共享服务公司管理，推进工商银行企业年金账管系统与集团公司 SAP-HR 系统信息集成。

（刘　腾）

劳动用工管理

【用工总量管理】以对标世界一流企业为引领，组织企业开展系统内外“双对标”，对“十四五”用工总量规划目标进行优化并分解为基本目标和奋斗目标。修订《年度用工计划管理办法》，编制下达 2021 年度用工计划，统筹毕业生招录、成熟人才引进和政策性安置计划。优化年度用工计划执行情况预警机制，指导事业部（专业公司）、直属单位严格执行年度用工计划。制修订完成集团公司 22 项新版劳动定员标准，指导企业调整优化组织、队伍和人员结构，持续提升“三定”管理水平。到 2025 年末，用工总量基本目标控制在 55.1 万人以内，力争实现 53.8 万人的用工总量奋斗目标。2021 年底，集团公司用工总量 62.1 万人，净减 1.6 万人，减幅 2.5%。

（俞庆国）

【人力资源优化配置】组织协调和日常审核直属企业人力资源优化配置项目，盘活富余用工。召开人力资源配置协调会，推动企业加大优化配置力度，重点做好上游板块和下游板块及单位间人力资源优化配置，协调做好新上项目及新兴业务人员优化配置工作。开展人力资源优化配置激励工作，2021 年激励人力资源优化配置项目 268 个，涉及人数 1.05 万人。

（党玉涵）

【探索新型学徒制】 调整用工结构，推进产教融合，探索“招生即招工、入校即入企、企校双师联合培养”的企业新型学徒制试点工作。在已试点实践单位经验的基础上，进一步完善劳动合同签订、考核、管理、退出制度，帮助企业打通政府和高校流程，用好用足国家政策，帮助企业解决应对一线技能操作队伍短缺现状。

（党玉涵）

【劳动合同管理信息化建设】 推动劳动合同管理数字化转型，通过流程优化评估、业务原型设计、专家评审论证、系统功能开发，组织开发建设面向劳动合同制员工，具有合同全周期管理、业务全流程定制、系统全天候接入、文本多方式编制、效力多手段保障特点的中国石化劳动合同管理系统，提升劳动合同管理信息化、标准化水平。

（谭冬冬）

【海外劳动用工管理】 落实《关于海外人力资源管理的指导意见》，编制下达“十四五”海外用工总量规划目标。指导各海外单位加强海外员工管理，规范劳动关系、防范法律风险、优化用工结构，着力提升劳动生产率。加强海外人力资源信息化建设，提升海外劳动用工统计的准确性、及时性。年末，集团公司境外用工总量 3.27 万人。

（尹　刚）

【劳动用工管理数字化建设】 在开展“市场化用工机制建设评估”“岗位价值评估”“‘三项制度’改革评估”3 项评估工作基础上，建立“市场化用工机制建设数据库”“岗位价值数据库”“‘三项制度’改革评估数据库”3 个数据库，构建“三评三库”数字化评估体系，助推劳动用工管理数字化转型。通过对集团公司 144 家单位大数据的积累分析，有效贯通市场化机制建设“头尾”两端的“最后一公里”，实现各单位机制建设实施有指导、进展有监控、结果有衡量、成效有落地。

（杨　鹏）

人才培训开发

【教育培训管理】 按照集团公司党组提出的“培训工作不能有丝毫放松”要求，坚持抓统筹、抓优化、抓重点，成立集团公司教育培训工作领导小组，加强教育培训统一领导和顶层设计，创新构建高质量教育培训体系，优化推进各级管理人员、技术技能人才、国际化人才等重点人才培训，稳步落实毕业生引进工作，全面加强基础建设，各项工作取得明显进展。干部理论培训体系经验在中央企业培训管理研讨班上作专题交流，理论研修班、政治辅导员制度等在《学习时报》《中央党校国资委分校工作简报》作为典型案例被刊发，炼油工艺专业技术人才培训做法获 ATD 卓越实践奖和集团公司科技进步二等奖。

（贾　凡）

【党史学习教育培训】 集团公司党组示范带头，把学习习近平新时代中国特色社会主义思想作为党史学习教育重点任务的“第一条”，全体党组领导 30 余次到重点培训班讲授专题党课。深入学习党的十九届五中、六中全会精神、习近平总书记“七一”重要讲话精神和习近平总书记视察胜利油田重要指示精神，加强石油精神、石化传统教育培训，用好古田、延安、东乡等红色资源，举办读书班、培训班 5 500 余期，网络专区学习 380 万学时，教育引导广大党员干部从党史、石油石化史中汲取智慧力量。

（贾　凡）

【重点人才培训】 针对未来 5 年公司从党组管理的领导人员到一线员工整体进入新老接替高峰期的最大实际，加大各类人才培训力度，全年总部培训各类重点人才 5 122 人次，培训规模达到近 10 年最高水平。管理人员培训更加系统，不断完善从新入职员工到直属单位“一把手”的 8 个层级梯次化培训体系，重点举办“一把手”政治能力提升培训班、中青年干部培训班、青年干部培训班等。技术技能人才培训更有实效，支撑服务“一基两翼三新”产业格局，重点举办油气勘探专家复合深造班、高端合成材料专家研修班、“未来科学家”创新能力提升班、大国工匠锻造提升班等，持续加大岗位练兵、基本功训练和应急技能培训力度。国际化人才培训得到加强，围绕整建制培养海外项目团队，重点举办海外项目经理、国际贸易经理、炼油和化工国际化人才等培训班。

（贾　凡）

【培训基础建设】 创新推进高质量教育培训体系构建，在各类人才学习发展设计及培训机制建设等方面借鉴华为公司等先进实践，丰富和提升集团公司培训体系构架。大力加强企业党校建设，制定《中国石化党校工作细则》，加强对集团公司党校5家分校的业务指导。积极推进培训数字化转型，深化中国石化网络学院应用，全年网络培训超5 000万学时。制定《关于青年英才“朝阳工程”的实施意见》，加强青年人才跟踪培养和系统培养。制定《基层党支部书记基本功培训管理办法》，加强党支部书记能力培训。充分发挥集团公司HSE委员会能力和培训专业委员会职能，加强对一线人员培训工作指导。

（贾　凡）

【毕业生引进工作】 按照中央“实行公开招聘、促进就业公平”的总要求，坚持公开、公平、公正原则，坚持严格标准、严格程序、严格把关，坚持招聘信息、过程、结果“三公开”，2021年引进高校毕业生近1万人，积极落实中央关于稳就业的部署。

（贾　凡）

总部人事管理

【概述】 截至2021年底，党组组织部（人力资源部）直接负责组织人事管理的23个部门有内设机构172个，部门中层及以下定员1 092个，其中中层领导职数371个、专业技术职位721个。实有中层及以下员工1 008人，其中现职中层领导人员303人、退出现职中层领导人员66人、部门各层级专家177人、业务人员462人。总部部门中层及以下员工平均年龄44岁，35岁以下占14.6%，36—45岁占44.5%，46—55岁占32.1%，56岁及以上占8.8%。从学历结构看，博士研究生占7.4%，硕士研究生占44.7%，大学本科占47%。从职称结构看，正高级（教授级）占11%，副高级占70.3%。

总部部门派出机构4个审计分部在审计管理体制优化后整体划转成立审计中心。纪检监察组下设6个工作局，共有中层机构24个，中层及以下编制72个。实有中层及以下人员61人，其中中层领导人员25人、专家8人、业务人员28人。

（王双恩）

【机构编制管理】 持续完善总部部门机构编制管理机制和流程。研究起草总部部门机构编制管理办法，明确机构编制工作原则，规范机构编制设置调整程序。按照打造世界领先人力资源管理体系要求，聘请专业咨询机构，开展总部部门岗位及绩效体系优化工作，梳理形成《岗位职责说明书》，提出岗位设置优化意见，提升岗位管理的科学化、规范化和系统化水平。根据党组审计管理体制优化有关要求，完成审计部、审计中心分设“三定”工作；适应“一基两翼三新”产业格局需要，研究提出集团公司新能源办公室机构编制设置意见；完成安全监管部内设机构优化设置，新设HSE体系管理室，落实总经理2号令要求，进一步加强集团公司HSE管理体系运行监督管理。

（周晓刚）

【干部队伍建设】 根据部门需要，科学拟定干部选聘工作计划并组织实施，着力推动干部队伍结构年轻化、干部交流挂职常态化、干部任期考核规范化。开展16个部门中层领导人员选聘，采取内部推选、竞争上岗和系统内公开招聘等方式选拔干部，新提拔任用中层领导人员76人，其中副提正 24 人、新提副 52 人，40 岁及以下干部占比达 25%，与年初相比增长近 4 个百分点，干部队伍有序接替、形成合理梯次。加强干部交流，部门内部交流任职干部 13 人，由总部交流调出任职 9 人，直属单位及系统外单位交流调入 12 人，进一步推动复合型人才培养。坚持把政治标准作为衡量干部的第一标准，采取定性与定量相结合的方式，设置政治品质、管理能力、廉洁从业等关键指标 10 项，从多层面、多角度，客观、全面地评价干部，完成总部中层领导人员聘期考核，涉及总部 23 个部门和事业部共 250 人，有效促进干部担当作为。

（冯洪祥）

【人才开发工作】 根据集团公司专家管理办法，研究起草总部部门专家管理办法，根据部门职责和专业分工，科学合理优化专家职数配置，规范专家选聘程序。围绕主要业务和新兴业务领域，共选聘部门级专家 44 人，其中首席专家 6 人、高级专家 13 人、专家 25 人。完成专家聘期考核，涉及 17 个部门共 73 人。严把入口关，扩大选人用人视野，加大竞争性选拔力度，组织 13 个部门开展业务岗位选聘，择优选调业务人员 17 人到总部部门工作，完成 10 个部门共 73 名业务人员晋升工作。

（崔子晗）

【薪酬考核工作】 按照国务院国资委去“机关化”要求，结合总部机构改革实际，调整优化集团总部工资总额管理。结合总部实际，研究提出部门中层和专业技术人员 2020 年绩效奖金兑现清算方案。按照总部员工绩效考核有关规定，做好 2020 年度全员绩效考核，指导部门结合考核情况做好奖金分配，完成 2020 年度总部工资总额清算评价和 2021 年工资发放，进一步完善总部部门中层及以下人员 2021 年收入结构和提高各层级人员收入水平，充分发挥薪酬分配在激励人才和稳定队伍方面的积极作用。

（杨莹莹）

【专项工作】 积极贯彻落实中央乡村振兴战略部署和要求，组织开展 6 个定点帮扶县共 8 名挂职干部（含 2 名驻村第一书记）选拔，完成挂职副县长和驻村第一书记接替人选轮换和对挂职期满干部考核工作。按照集团公司统一安排，做好总部“三百三千”实践锻炼计划人员培养，完成首批实践锻炼人员期满考核，研究提出第 2 批实践锻炼岗位和实践锻炼人选，组织部门做好接收、派出和日常管理。积极做好京外调干、解决夫妻分居工作，分析总结历年指标分配情况，完善指标分配方案，做好人员资格审核、材料上报等相关工作。

（李乐涵）

综合与信息管理

【“三项制度”改革统筹】 严格按照《集团公司深化改革三年行动实施方案（2020—2022 年）》部署要求，对标国务院国资委和集团公司深化改革督办系统、对照工作台账，逐项明确责任主体并纳入部门重点任务督办，构建了面向部门内部的重点工作督办系统和面向全系统单位的重点工作督办信息平台，进一步压实责任，实现挂图作战。组织召开深化改革三年行动暨“三项制度”改革专题推进会，制定印发《“三项制度”改革评估办法（试行）》。

（周　颖）

【干部人事档案】 2021 年，根据中组部干部人事档案专项审核工作有关要求，在 2017 年全面完成干部人事档案专项审核的基础上，开展干部人事档案专项审核“回头看”工作。专项审核“回头看”工作坚持程序不变、步骤不减、标准不降，采用逐一初审、交叉复审、疑难会审、随机抽审的方式进行。重点对认定依据不充分的，开展深入调查核实、补充依据材料；对认定结果不准确的，进行重新认定；对缺失重要材料的，及时追溯。截至年底，全系统共完成 21.95 万人的干部人事档案专项审核“回头看”任务，其中信息记载不一致的 32 488 人次，对认定依据不充分的 1 961 人进行补充材料 8 996 份，对以往认定结果不准确的 4 099 人进行重新认定，补充缺失的重要材料 86 286 份，补充制作《干部人事档案专项审核认定表》23 393 份，干部人事档案质量得到进一步提升。

（栾志青）

【人力资源信息化建设】 围绕“管理制度化、制度流程化、流程信息化”的目标，完成人力资源业务平台全系统上线运行，实现人力资源业务端到端全流程在线办理，推动业务流程贯通、系统融合和数据集成共享，提升业务处理标准化、自动化、智能化水平，提高工作效率。开展人力资源域数据治理工作，持续提升 HR 系统数据质量，逐步建立人力资源数据仓库。建成全员劳动合同系统并试点上线，初步搭建人力资源数据分析平台。推动系统互联与数据共享，实现薪酬发放银企直连、HR 系统与年金账管系统数据直连。

（张玉乾）

【人力资源共享服务】 扎实开展基础共享服务，全年共完成人员信息维护 293 万人次、薪酬计发 1 585 万人次、编制各类人力资源统计报表 1.35 万套，服务满意度 99.58 分（提高 0.54 分）。积极拓展人力资源共享业务范围，实现 60 家企业（累计 72 家）年金业务、19 家企业（累计 27 家）社保业务的共享实施，完成国家能源集团、南光集团人力资源共享建设管理咨询项目，常态化进行集团公司薪酬对标分析，开展集团公司财务金融、法律人才队伍盘点，拓展在线考试、培训实习、职称评审、校园招聘业务。员工自助系统登录率由 57% 大幅提升至 90%。

（孙军峰）

离退休人员管理

【概述】 集团公司共有离退休人员 479 144 人，其中离休人员 1 918 人、退休人员 477 226 人。截至 2021 年底，集团公司已移交地方实行社会化管理的退休人员有 475 560 人，暂未移交地方的退休人员有 1 666 人。归企业服务管理的离休人员 1 918 人、退休人员 1 666 人（暂未移交）、内退人员 30 939 人。

（崔文生）

【加强离退休人员思想政治建设】 按照党中央部署和集团公司党组要求，结合老同志特点和疫情防控常态化的实际，采取线上线下专题辅导、集中培训、巡回宣讲、送学上门等多种方式，组织离退休老同志开展党史学习教育，进一步加强理论学习，不断树牢“四个意识”、坚定“四个自信”、做到“两个维护”，在思想上、政治上、行动上始终同以习近平同志为核心的党中央保持高度一致。

（崔文生）

【开展庆祝建党 100 周年活动】 组织老党员、老同志开展重温入党誓词、讲党课、座谈访谈、文艺汇演、视频展演等形式多样的庆祝活动；“七一”前夕走访慰问老党员、老同志；按照中组部部署，继续深化“增添正能量·共筑中国梦”活动，开展“我看建党百年新成就”调研，组织引导老同志唱响共产党好、社会主义好、改革开放好、伟大祖国好、各族人民好的时代主旋律。

（崔文生）

【做好离退休工作】 认真落实离休干部的政治生活待遇，提供亲情化、个性化的精准服务。年内走访慰问离休干部 9 612 人次，组织体检 1 628 人次，开展一对一服务 6 023 人次，开展送学上门等活动 3 578 人次。企业退休人员社会化管理后，按照中央有关部署和集团公司要求，继续关心关爱退休人员，走访慰问退休人员 62 431 人次，组织体检 368 149 人次，开展帮扶救助 11 470 人次，与社区街道开展党建共建、活动联办 1 316 次，向老同志通报企业生产经营等情况 566 次。

（崔文生）

【积极开展敬老月活动】 以敬老月为契机，向离退休老同志传递各级党组织的关心关爱。10月14日重阳节当日，集团公司党组在《中国石化报》头版发表慰问信，向全系统离退休老同志致以节日祝福和诚挚问候。在《中国石化报》专版刊发部分企业开展敬老月活动的有关情况，集中展示离退休老同志的精神风采。指导企业开展敬老月活动，通过《离退休工作信息》、“石化离退休”公众号和微信群等多种媒体宣传企业开展敬老月活动情况，在全系统营造尊老敬老的浓厚氛围。

（崔文生）

【宣传学习全国离退休干部“双先”先进事迹】 2021年12月21日，全国老干部工作先进集体和先进个人表彰大会在北京召开。大会对100个全国老干部工作先进集体和300名先进个人进行表彰，胜利石油管理局有限公司老年服务管理中心获全国老干部工作先进集体称号，中原石油勘探局有限公司离退休服务中心经理王永川获全国先进老干部工作者称号。离退休工作部通过《中国石化报》《离退休工作信息》及微信公众号等多种渠道大力宣传先进集体和先进个人的事迹，在全系统离退休工作部门和广大离退休工作者中营造学习先进、争当先进的浓厚氛围。

（崔文生）

【认真做好关心下一代工作】 4月9日，集团公司关工委召开委员会议，研究部署2021年关工委工作。会后，向各直属单位关工委印发《2021年集团公司关工委工作要点》。4月20—21日，集团公司关工委在北京举办直属单位关工委常务副主任培训班。培训班上，通报集团公司党组关于中石化关工委主要领导调整的决定，传达学习了顾秀莲对集团公司关工委工作的指示和赵东的批示。李云鹏部署2021年关工委工作，王作然发表卸任感言。培训班邀请专家授课，来自77家单位的关工委常务副主任和秘书长共162人参加培训。5月18日，十届全国人大常委会副委员长、中国关工委主任顾秀莲到南化公司和扬子石化考察工作，集团公司关工委主任李云鹏陪同，参观南化公司厂史陈列馆，视察扬子石化生产装置，听取工作汇报，要求企业关工委发挥好“五老”优势，发挥好党史国史教育基地作用，用创新理念推动关心下一代工作创新发展。开展好片区关工委研讨交流工作，印发关工委工作研讨交流课题，指导6个片区关工委开展研讨交流工作，参加部分片区关工委研讨交流会。12月24日，集团公司关工委召开片区年度研讨交流工作总结视频会，集团公司关工委主任李云鹏出席并讲话，总结2021年关工委片区研讨交流工作，对下一步关工委工作提出要求。同时，评审表彰年度关工委工作优秀理论文章。

（崔文生）

中国石化 SINOPEC

物资采购与管理

综述 | 保供降本 | 集团化采购 | 招标采购 | 电子化采购 | 采购管理

综 述

2021年，物资供应系统坚决贯彻集团公司党组决策部署，积极融入和服务“一基两翼三新”产业格局，全力保障物资供应，统筹推进采购优化，创新升级电商平台，采购管理水平和服务保障能力取得长足进步。

服务保障优质高效。聚焦集团公司生产建设物资需求，统筹资源，协调联动，实现煤炭等重要生产物资稳定供应，助力原油商储库、镇海基地等一批重点项目提前建成投用。大力推进国产化攻关和应用，保障产业链供应链安全稳定。

采购管理再上台阶。推动HSE管理体系要求全面融入采购管理制度流程，物资质量安全管理进一步抓实。组织开展招标专项治理，加强重点领域采购监管，推进物资采购高效合规运行。集团化采购、招标采购、标准化采购、库存管理等各项采购绩效指标创出新优。

优化工作成效显著。成立采购优化、物流优化专班，推进全流程优化增效。组建煤炭、化工、材料、设备、电仪5个专业小组，全面落实物资采购优化，大幅降低采购成本。统筹推动物流优化，物流降本增效明显，“易物流”建设初具雏形。

对标一流走深走实。立体推进行业对标、专业对标、企业对标，中国石化采购供应链管理体系成功入选国有重点企业管理标杆项目，采购管理对标评估连续7年保持央企领先，各板块采购管理总体水平稳步提升。

平台成长持续向好。工业品电子商务领域国家技术标准创新基地获批成立，工业品质量评价标准体系有效运行。“易派客”工业品电商平台全面升级，交易金额再创新高。首届工业品展览会成功举办，“易派客”品牌价值突破百亿元，社会影响力持续增强。

（杜　涵）

保供降本

【概述】 2021年，物资供应系统累计供应生产建设物资2 780亿元，增长29%，其中长周期和次长周期设备2 169台（套）、煤炭3 655万吨、钢材309万吨、电力电缆1.5万千米、阀门130万台、化工原辅料1 405亿元。全年节约采购资金184亿元，采购资金节约率达6.6%，有力保障生产建设物资的安全、及时、经济供应。

（杜　涵）

【保障生产建设物资供应】 全力做好全年50个重点项目的物资供应协调，有力保障11座油气田地面工程、7个炼化工程项目建成投产，高效保障302套炼化装置完成检修。织密保供服务网络，分9个区域组建50个项目保供服务小组和34个投产服务小组，提供贴身式驻厂服务。紧盯镇海基地项目节点，协同参建各方强化进度管控，实施1.8万台（套）次物资催交，助力“6·30”中交、“12·30”试车。贴近古雷炼化一体化项目现场，多渠道协调进口大机组安装调试，实现项目安全、稳定、顺利投产。集合原油商储项目群物资需求，统筹实施标准化采购，保障7个项目高质量建成投用，较常规建设周期缩短40%。

（杜　涵）

【推进重大装备国产化攻关】 全面梳理“卡脖子”物资清单，对系统内外54家企业开展在用进口物资调研，精细梳理薄弱环节，推进国产化攻关替代。围绕集团公司“一基两翼三新”产业格局，对重大装备、关键材料及核心部件开展国产化攻关，全年重大装备国产化立项40个，成功实现电动压裂连续混输系统、120万吨/年乙烯裂解气压缩机组和丙烯制冷压缩机组、百万吨乙烯DCS、百万吨芳烃 FCS 国产化。依托天津 LNG、山东 LNG 等项目，开展卸料臂、罐内泵、外输泵、BOG 压缩机、气化器、低温阀门等装备国产化攻关工作，基本实现 LNG 接卸储运设备国产化。

（杜　涵）

【推进物资采购优化】 在大宗商品价格持续上涨并保持高位运行的情况下，重点聚焦煤炭、石脑油、油套管、压缩机组、阀门等 24 个重点物资品种，建立采购价格指数模型，加强市场分析，优化采购策略，实现采购降本 55.3 亿元，平均节约率 9.0%。推进战略合作优价采购，煤炭中长协采购比例达 72%，较市场价节约成本 32.4 亿元。紧盯市场适时采购，开展石脑油二阶段招标，科学设定最高限价，全年石脑油采购较市场价节约 13.4 亿元。践行“小采购有大作为”，跟踪市场价格走势，动态调整执行价格，相较国内主流电商，办公用品、日化用品、日用电器等品种价格优势显著。

（杜　涵）

【推进物流运行优化】 加快物流标准建设，制定中国石化物流服务类系列标准 12 项，与中远集团等企业开展交流，提优标准质量，拓展应用范围。建设“易物流”平台，推动物流系统互联互通、物流设施资源共享、运载工具协同配置，打造物流协同运营新模式。1 231 家物流商接入“易物流”平台，动态跟踪“两大两高”（大件、大宗，高价值、高风险）物资物流信息，在集团公司生产调度指挥系统实时展示。

（杜　涵）

集团化采购

【概述】 2021 年，集团化采购规模持续扩大，总额达 2 469 亿元，创历年新高；集团化采购率达 88.8%，较年度目标高出 0.3 个百分点。集团化物资框架协议采购率达 84.5%，集团化采购资金节约额 160.1 亿元，集合需求的规模优势得到充分发挥，集团化采购运行模式更加优化。

（杜　涵）

【优化集团化采购运行】 优化集团化采购目录，调整 36 项物资的目录分类，对光伏、加氢设备等物资实施集团化采购，助力新能源项目建设。调整总部组织集中采购牵头单位，45 家牵头企业组织配合单位和成员单位，分品种组建专家采购团队，高质量推进组采牵头物资框架协议采购。推进油品销售企业集中采购，确定 36 种板块通用物资，推进框架协议采购，启动油品销售企业 MRO 项目实施，强化集中采购和风险防控。统筹推进境外集中采购，启动中东地区框架协议采购试点，对发动机配件等物资集中签订框架协议。集成央企共性需求，共享技术标准、物资储备、招标服务、供应资源，协同开展 5 个专业 27 个品种联合采购，牵头采购 37.3 亿元，节约采购资金 2.3 亿元。

（杜　涵）

【推进绿色采购】 修订《中国石化物资绿色采购管理办法》，发布 28 类 938 项绿色物资采购目录。聚焦效率、能耗、可靠性等全生命周期要素，优化 160 项评标办法，覆盖压缩机、机泵、锅炉等重点物资，追求全生命周期绿色总成本最低。认真落实“能效提升”计划，在电动机、变压器年度框架协议采购中，按照 2021 年国家新版能效等级标准，优选节能降耗产品。各企业大力推行绿色包装、绿色物流、绿色处置，推进供应链全流程绿色低碳。75 家企业积极应用“易派客”物资处置专区，累计处置废旧物资 3.9 亿元，平均溢价率达 37.4%。

（杜　涵）

【推进标准化采购】 统一标准整合需求，有序推进采购技术标准编制评审，完成国内上游和炼化企业 117 项采购技术标准，油田、炼化企业标准化采购率达 80%。推进标准化采购应用，对钻机、管线钢、工艺阀门、油田化学剂等通用物资实施标准化采购，规范物资选型，提升通用互换性和稳定可靠性，节约采购资金 9.7 亿元。其中，对 23.8 万吨非 API 标准油套管实施标准化采购，节约 3.14 亿元；油矿探测电缆、船用电缆等品种需求规格数量减少 20%。

（杜　涵）

招标采购

【概述】物资供应系统严格落实国家审计署审计问题整改，深入推进国务院国资委中央企业采购问题自查，坚持应招必招、能招尽招，保障招标采购依法合规。2021 年，集团公司物资招标规模 1 537 亿元，招标采购率 86%、提高 0.8 个百分点，平均招标周期由 2020 年的 37.9 天减少为 36 天，高质量完成重点项目物资招标委托 3 693 项，招标服务质效进一步提升。

（杜　涵）

【加强招标基础管理】聚焦中央巡视、国家审计发现问题，贯彻落实国家优化营商环境要求，系统梳理招标管理办法及操作规范，进一步界定应招必招物资范围，完善围标串标情况认定标准。发布《物资采购招标条件设置负面清单》，明晰 7 类 27 种不得设置的倾向性、歧视性条款。发布《关于明确招标人代表权利义务及管理要求的通知》，规范招标人代表选派机制，强化责任意识。制定《招标服务管理办法》，落实依法执业、规范操作、优质服务和文明举止 4 项服务原则。修订《评标专家考评管理实施细则》，对评标专家细化考评管理，强化问责机制。

（杜　涵）

【组织招标采购专项治理】深入开展物资采购招标专项治理，分企业自查、网上筛查及现场检查 3 个阶段推进，通过对 25 家重点企业的检查，发现招标基础管理、招标范围、招标过程、招标结果执行、招标异常处理等方面 384 项具体问题，建立整改工作台账，实行闭环销项管理。对 4 家招标中心开展招标专项审计，发现招标方案不合理、开评标流程不规范、评委履职不到位、投标商资质业绩造假等 9 类 182 项问题，逐项落实整改措施，有效净化招标生态。

（杜　涵）

【推进招标智能化建设】优化远程异地评标系统，实现集团内专家资源跨区域共享，有效提高开评标效率，降低评审成本，疫情期间远程异地评标率达 87%，为服务生产建设作出积极贡献。增强围标串标甄别功能，在资格条件审查环节增设投标人股权管理关系、“董监高”关系深度识别功能，强化同一账号支付投标保证金、同一电脑处理投标文件的查验功能，将围标串标风险控制进一步前移。推进数字化监管系统开发，强化招标事前、事中、事后全程监督，上线异常报表功能，对招标范围、招标委托、招标执行、招标时效等方面开展深度分析，推动风险实时监控。

（杜　涵）

电子化采购

【概述】2021 年，物资供应系统扎实推进物资域信息化建设与应用，推进物资域全流程贯通，全面升级“易派客”平台功能，加快供应链数字化转型升级，提升供应链高效协同水平。140 家企业全面应用物资域工作台，集团公司全年网上采购率达 99.8%，打造系统高度集成、业务自动流转、数据集成共享的电子化采购体系。

（杜　涵）

【完善电子化采购体系】 全面推广应用物资域工作台，明确跨系统菜单集成、待办集成、单点登录、用户管理标准，统一操作界面，打破系统壁垒。累计 47 家企业推广应用生产制造、物资监造、供应商交货、物流运输、到货检验等 20 余项全流程贯通组件，实现与供应商、监造商、物流商、检验商等多方协同。累计 11 家企业试点推进仓储数字化建设，实现出入库和在库管理业务协同，提升仓储作业智能化水平。4 家企业试点开展设备类物资全生命周期成本分析，实现物资采购数据与设备运行数据互联互通。

（杜　涵）

【优化提升电商平台应用】 优化“易派客”平台架构，完成“易派客”2.0 升级，上线新版门户，推出采购专属商城，持续提升平台友好性、易用性和稳定性。优化采购专区功能，做强做优钢铁、阀门、劳保、MRO、物资处置等专区，完善科研物资专区，上线 180 类科研物资，8 家科研单位实现一键下单、一次审批。深化“易系列”工具应用，推进易保理、易权通、易保险等电商增值业务，全年为 170 余家供应商提供保理服务金额超 50 亿元，面向直采供应商开立 36.9 亿元电子债权凭证，累计为 2 400 余家供应商提供 15.9 亿元投标保证金保险。持续推进一体化连接和供应链阳光行动，打造共享可视、阳光透明、安全可信、永久追溯的现代数字供应链，截至年底，已有 66 家平台企业加入供应链阳光行动，1 631 家平台企业与“易派客”平台实现一体化连接。

（杜　涵）

【推进“易派客”标准建设应用】 国家技术标准创新基地（工业品电子商务）获国家标准化管理委员会批准成立，标准应用正式启动。先后推出工业品质量评价标准 5 616 项，覆盖 41 个工业品大类、350 个中类，基本建成覆盖主要工业产品的质量评价标准体系。依托“易派客”标准体系，优选供应资源，统一技术标准，优化物资选型，系统推进综合评标，实现标准先行、性价为先、推优汰劣，物资品牌渐趋集中，优秀企业逐步凸显。

（杜　涵）

采购管理

【概述】 2021 年，深入推进对标一流管理提升行动，系统构建行业对标、专业对标、企业对标的分层对标体系，中国石化采购管理水平持续位居央企前列。持续强化供应资源管理，优化物资库存管理，严格供应质量管控，加强物资供应队伍能力素质建设，采购管理水平进一步提升。

（杜　涵）

【推进采购管理对标提升】 高标准开展行业对标，对标先进水平，聚焦先进指标，在国务院国资委 2021 年央企采购管理对标评估中，中国石化总分名列同组企业首位，连续第 7 年位居中央企业前列；中国石化采购供应链管理体系入选国有重点企业管理标杆创建行动标杆项目、集团公司对标提升行动标杆项目。全方位开展专业对标，聚焦基础管理、专业管理、支撑管理、供应链管理创新与应用 4 个体系 13 项专业领域，推进管理能力提升。分板块开展企业对标，优化对标指标，严格评审评价，提优对标绩效。胜利油田、茂名石化、上海石化、石油工程公司、炼化工程集团、江苏石油分公司、河南石油分公司等单位认真组织，105 家企业积极参与，分组开展对标评价、研讨交流和集中评议，通过对标追标，采购集约化、规范化和协同化水平进一步提升。

（杜　涵）

【加强供应资源管理】 严格供应商资格审查和违约处理，年内新增资格审查合格供应商 2 563 家，截至年底，中国石化资格审查合格的供应商共 2.5 万家。全年共向 46 家供应商发出工作提示函，对存在质量、交货风险的供应商给予风险提示。全年处理违约供应商 138 家，其中取消交易资格 108 家、暂停交易资格 17 家、通报降级 13 家，维护阳光透明、健康诚信的物资供应生态。严格供应商履约动态考评，全年共对 11 424 家供应商提升星级级别，对 87 家供应商降低星级级别，促进供应商持续提升履约服务能力。加强物资采购战略合作，与中国一重、鞍钢集团、宝钢股份、沈鼓集团、华为等 67 家供应商签署为期 5 年的战略合作协议，在采购销售、技术攻关、仓储物流、市场开拓、供应链阳光行动、"易系列"增值服务等方面广泛开展交流合作。持续开展供应商培训，年内共培训 9 期 1 454 人次，建立理念一致、价值趋同的优秀供应商群体。

（杜　涵）

【优化物资储备管理】 锚定储备管理指标，着力优化库存结构，在大宗商品价格上涨的情况下，年末集团公司库存资金占用 82.3 亿元，减少 0.3 亿元，降幅 0.4%；积压物资 4.7 亿元，减少 1.1 亿元，降幅 18.7%，积压物资占比降低 1.3 个百分点；钢材、"三剂"、机电设备及配件平均库存周转 14.3 次，提升 0.4 次。优化总部集中储备，签订离心泵备件集中储备库框架协议，涵盖 4 718 项常用品种；建立关键进口设备部件战略储备，覆盖 44 个品牌 1.8 万项物料；扩充工控系统常用卡件集中储备，库存总数达 3 500 件。完善区域联合储备，建立 4 个油套管区域联合储备库，降低库存资金占用 4 714 万元；推进西南区域联合储备、统一配送，共享油田化学剂采购、仓储、检测、配送资源，节约成本 914 万元。推进企业储备开放共享，对 5 938 个物资品种实施储物于商，全年供应商库存消耗达 352 亿元。

（杜　涵）

【强化供应质量管控】 落实 HSE 管理体系手册要求，全面修订物资供应质量管理制度，构建质量管理评价体系，推进全生命周期质量管理。加强物资监造管理，全年监造设备 1.27 万台（套）、管阀件 10.6 万只、重要材料 27.6 万吨，发现并跟踪处理质量异常问题 3 481 项，A 类物资监造率达 100%。加强质量检验验收，修订检验物资目录，对质量风险高的物资实行出厂及到货检验，全年物资入库验收合格率达 99.8%。加强质量监督，对 29 家企业开展物资质量管理工作专项检查，通报典型案例，督促整改落实，提升质量风险防控水平。

（杜　涵）

【加强物资供应队伍建设】 统筹推进物资供应系统队伍培训，在线培训物资供应管理岗位人员 675 人次、评标专家 4 312 人次，进一步提升物资供应队伍能力素质。完善物资供应知识体系，开发《中国石化物资供应管理规定解读》等 5 个标准化课件，编制《物资采购招标 100 问》。推进物资采购重要敏感岗位人员轮岗交流，109 家企业轮岗交流 1 434 人，覆盖物资计划管理、供应商管理、招标管理、物资采购、过程控制 5 类岗位，筑牢物资供应队伍廉洁防线。加强理论研究与实践创新，组织参加 2021 年中国招投标协会论文征文活动，投稿 58 篇，获奖 11 篇，在招标电子归档、远程异地评标、数字化监管等方面涌现出一批成果经验。

（杜　涵）

中国石化
SINOPEC

信息和数字化

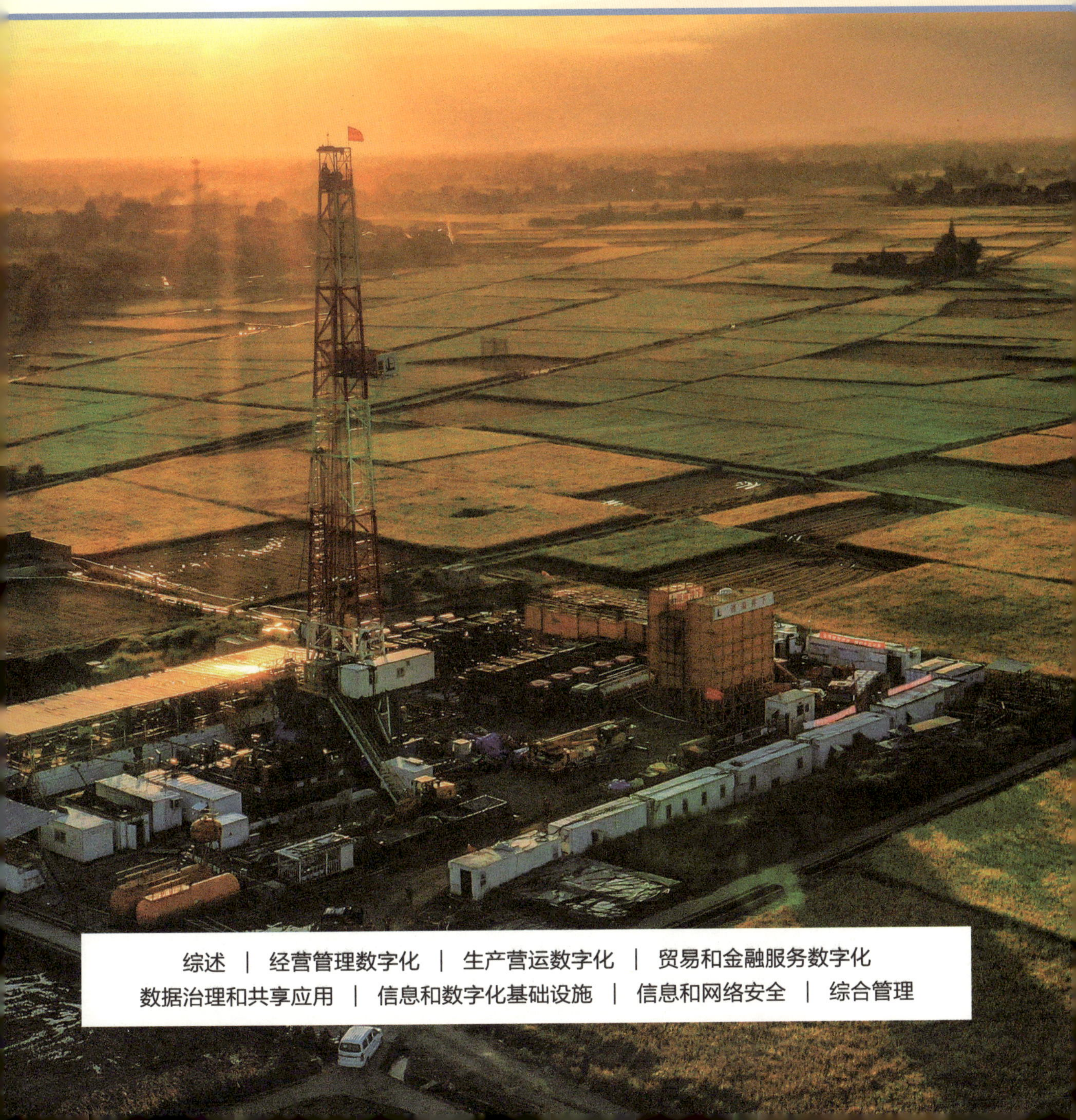

综述 | 经营管理数字化 | 生产营运数字化 | 贸易和金融服务数字化
数据治理和共享应用 | 信息和数字化基础设施 | 信息和网络安全 | 综合管理

综 述

2021 年，中国石化坚持以习近平新时代中国特色社会主义思想为指导，立足新发展阶段，服务新发展格局，聚焦高质量发展，全力推进信息化“432 工程”建设和数字化转型工作。信息化管理体制机制优化取得新进展，推动“数据 + 平台 + 应用”新模式、“域长”负责制新机制落地生效；推进智能化提升、数字化转型取得新成效，强化系统集成、流程贯通、数据治理，完成智能运营中心 1.0、石化党建 2.0、“大监督”、风险管控等重点应用建设与推广，提升了集团公司集约化管控、一体化运营和精益化管理水平，多项成果得到国务院国资委、国家工信部等部委的表彰，实现“十四五”良好开局，为集团公司改革发展、提质升级提供有效支撑。

（王景涛）

经营管理数字化

【财务管理域建设】 完成上海赛科公司、易捷公司和国际事业公司 ERP 建设提升。完成集团公司一体化财务指标体系提升与推广，实现集团公司和股份公司的企业报表口径、逻辑和报送流程统一，提升了财务报表工作效率和数据质量，集团公司合并报表时间与上年相比提前 2 天。预算管理系统全面推广，实现各板块、各层级预算编制整体上线；提升总部层面预算管理和分析功能，开发建设预算管理驾驶舱、对标、敏感性分析、测算等模块，并在各板块推广，支撑总部和企业层面的预算管理与分析工作；系统支撑 6 200 余个预算编制单元的预算编报管理，建设 580 个预算模型，实现业务流程 1 100 余个。完成境外单位资金系统推广、票据集约化管理试点等工作，提高境外资金集中管控能力。关联交易重点业务流程优化及 8 家试点单位上线，提升业务处理标准和自动化水平。完成会计集中核算系统新租赁准则上线，强化会计核算规范。完成企业所得税报表自动出具、企业所得税纳税申报表提交、集团公司企业所得税纳税申报、自用成品油退税功能开发等工作，提升税务管理水平。

（王景涛）

【物资供应管理域建设】 推进物资域全流程贯通工作，完成统一工作台在集团公司 140 家企业推广，油田、炼化、科研和工程板块 34 家企业实现全流程贯通，仓储数字化在油田和炼化板块 6 家企业推广。推进储备与供应协同工作，完成区域联合储备与配送在西南区域 10 家企业实施，建成储备信息全面共享的新型区域协同保障体系；完成煤炭供应协同在 20 余家企业和 6 个煤炭基地实施，实现煤炭供应协同计划、采购、物流、交货等业务线上协同和过程控制。加强物资域内和跨域的数据共享和大数据分析，完成物资域内 16 个主要业务环节过程管控和时效性监控，实现设备类物资全生命周期成本分析和 4 家炼化企业试点，涉及 5 类分析模型和物耗、能耗等 24 个分析指标，支撑性价最优和绿色采购。

（王景涛）

【风险与监督管理域建设】 ①信用风险管理方面，完成交易对手管理、评级管理、授信管理、信用风险监控预警和联动控制等系统功能建设，为企业与交易对手开展授信业务进行科学合理的指导与监督，提高中国石化信用风险防控能力。②利率汇率风险管理方面，完成自助分析工具、预警工具、测算工具的开发，多元化的数据储存、集成、加工和监测分析等系统功能建设，为企业在经营管理和投资决策等重要决策方面提供信息数据支撑。③现金流风险管理方面，完成资金风险管理监控平台建设及上线试运行，实现资金风险管控规范可视化、风险事项监控报告生成，以及预警信息销警在线闭环管理等功能。④税务风险管理方面，完成税务风险管理系统建设及上线试运行，实现内外部数据的融合、税务风险全景分析与评估、AIC 企业税务风险实时在线运行处理等功能。搭建货币类衍生品业务管理平台，完成 16 家单位货币类衍生品业务功能上线。⑤支撑构建“大监督”格局方面，开发建设“大监督”门户，持续推进业审融合大数据审计平台建设，“大监督”平台和大数据审计平台实现内控、审计、监察等数据资源连通共享，保障了疫情期间开展在线监督和远程审计，在线监督发现问题线索 302 条，900 余个审计项目均实现“远程在线 +”审计，现场参审人员减少 30%、审计时间缩短 2%。

（王景涛）

【人力资源管理域建设】 推进人力资源业务平台建设，实现校招入职等 20 余项业务流程线上全程流转，表单数据自动更新到 HR 系统中，弥补业务流程断点；支持 2021 年度集团公司首席科学家、首席专家、技能大师和高级专家的选聘工作；完成企业年金集成建设，实现 HR 系统与资金集中管理系统（TMS）跨域集成，在 24 家企业上线应用。

（王景涛）

【综合协同管理域建设】 石化党建 2.0 建成上线，构建党建、统战、工会、团青四大业务模块，建设答题中心、视频中心和活动大厅等应用，日均活跃度超过 45 万人次，月浏览量超过 1 亿次，承载各项业务数据超过 1 亿条。国产化新公文系统全面推广，首次实现各管理层级在统一系统办理公文，高效支撑集团公司政令上通下达。基本建成融媒体管理中心，实现集团公司微信公众号、抖音、报纸采编等 3 000 余个媒体资源统筹和发布调度。建成中国石化联盟区块链“长城链”并在工程、合同、档案等领域应用。按国务院国资委要求建成对标提升管理、深改任务督办、国有资产在线监管、央企采购管理等多个信息系统。

（王景涛）

【战略与决策管理域建设】 以 SUIP 平台为基础，整合优化投资域系统，统筹开展标准化制定、域内应用提升建设实施；投资统计应用在油田企业上线；根据投资管理和后评价管理等新制度要求，建设及提升执行监控、绩效考核、后评价、项目可研等业务功能，完成合资合作模块和科研资本性支出统计建设。

（王景涛）

生产营运数字化

【生产营运域建设】 总部智能运营中心 1.0 建成投用，实现协同优化、监测预警、调度指挥、集成展示四大功能，集成 44 套源系统，监测油炼化销 242 类大宗商品的价格走势和产量趋势，动态测算各板块日效益，实现生产经营数据跨业务跨板块共享，支撑原油、成品油资源动态优化配置，提升了集团化运营管理水平和产业链协同创效能力。

（王景涛）

【安全环保域建设】 承担的“工业互联网 + 安全生产”“工业互联网 + 设备管理”“5G 基础设施建设及应用”等国家级试点示范项目有序推进，镇海炼化、茂名石化、海南炼化等 10 家企业实现主要装置 5G 网络全覆盖，多场景 5G 试点应用取得显著效果，无人仓库收发效率提高 50%。全面完成四级以上重大危险源及高危工艺装置安全生产风险监测预警应用实施，实现集团公司 620 个罐区及装置一级和二级重大危险源、5 万余辆危化品运输车辆船舶的监测预警。完成环境保护信息系统（三期）部署，实现能源管理、环境保护和碳资产管理三大业务的数据共享、管理协同、效率提升。中国石化“工业互联网 + 安全生产”行业解决方案获第三届中国工业互联网大赛一等奖。石油物探技术研究院、茂名石化、东北油气田分别获全国第四届“绽放杯”5G 应用征集大赛总决赛一等奖和智慧能源专题赛一等奖。

（王景涛）

【能源及公用工程域建设】 完成能源环境一体化管理平台建设，实现环境监测、治理设施管理等 16 个应用在油田、炼化、销售企业全面上线运行，提升了企业本质环保水平。完成碳资产管理在 40 家油田、炼化企业推广建设，碳资产活动数据智能采集覆盖率达 85%，碳盘查周期缩短至 7 天，提升了企业碳资产管理水平。推进热电、水务等系统建设，完成热电管理上线试运行，支撑总部对下属 32 家企业 45 座电站运行状况的管理，提高数据获取准确性和时效性；完成水务管理在 30 家炼化企业推广实施，实现对企业各类水务装置生产运行集中监控、水质水量预测预警和生产运营分析优化，支撑集团公司水务生产运营管理。

（王景涛）

【科技研发管理域建设】 完成科技管理平台（二期）试点上线运行，实现科技项目管理和科研经费管理业务“全集团、全口径、全覆盖”。完成上海石油化工研究院、安全工程研究院的智能研究院推广项目重点应用上线试运行，智能化应用使 X 射线衍射谱图识别准确率超 90%，旋风分离器性能预测从 3 天缩短至 2 分钟，分子筛文献 47 项关键指标实现自动抓取，危化品知识图谱实现智能问答，提升了实验过程自动化、结果分析智能化、知识提炼便捷化、技术服务网络化水平。

（王景涛）

【油气新能源域建设】 推进 PCS、EPBP、EPCP 的云化改造，发布智能油气田建设技术指南 1.0 版，完成油气勘探开发 App 总体规划设计。推进智能化“田厂站院”建设取得新进展，胜利油田、西北油田、江汉油田等企业建立数据资源中心，实现勘探智能决策云应用，多学科异地协同效率提升 30% 以上，巡检时效从 4 小时缩短至 30 分钟；完成胜利油田海洋采油厂、江汉油田涪陵气田的智能油气田单井、QHSE 管理等功能应用推广上线，提升了海上安全风险防控、页岩气生产运行优化智能化水平；完成西北油田的单井、管网、设备管理等主体应用功能上线，为顺北区块新建产能提供有效支撑。

（王景涛）

【炼油化工域建设】 完成长岭炼化、扬子石化、燕山石化等 6 家推广和提升企业的智能工厂主体功能建设，实现全厂效益优化、日效益分析、装置异常预警、智能进出厂等功能上线应用，业务数据自动化提高劳动效率 50%。初步形成以效益为核心的“全局优化、精准执行、闭环管控”生产运行模式；搭建 63 套装置日效益模型，实现企业日效益监测，提升了整体优化和协同优化能力；完成 170 套生产装置、68 个罐区、35 个关键物料监控模型和 4 类 1.4 万余个度量指标预报警模型建设，实现感知、监控、预警、处置的闭环管理模式，提高生产指挥效率。中科炼化的企业端业务应用全部实现上云上平台，获评 2021 年“IDC 数字化转型 - 未来营运领军者”优秀案例。炼化工程数字化交付新模式在中科炼化、古雷石化等重大项目中推广应用。开展国内首台首套数字孪生的智能乙烯工厂项目建设，完成中国石化智能工厂 3.0 课题研究蓝图设计。

（王景涛）

【油品销售域建设】 完成加油站站级一体化系统全面推广。新加油卡系统完成海南石油分公司、云南石油分公司等企业试点上线并开始在全国推广，实现实体卡与虚拟账户互联互通。石化钱包已正式开通 30 701 站，开户数 5 800 余万户，石化钱包“一键加油”建设成果被评为 2021 年“IDC 数字化转型 - 未来客户领军者”优秀案例。

（王景涛）

贸易和金融服务数字化

【电子商务平台建设】 提升“石化 e 贸”“易派客”、易捷三大电商平台功能，发布“石化 e 贸”App，支撑拓市增销、跨界融合，促进新经济、新业态发展壮大。其中，“石化 e 贸”平台拓展合约、现货、竞价等交易新模式，实现化工企业推广应用，年成交量 5 238 万吨、成交金额 4 488 亿元，增长 40%；“易派客”平台完成技术升级，提升采购专区等 50 余项功能，与 1 631 家企业实现一体化连接，交易额 5 121 亿元再创历史新高，增长 14.3%。

（王景涛）

【金融科技平台建设】 完成金融科技平台主体功能建设和上线运行，提供信息查询、信用报告、风险预警、评分评级等征信管理功能，满足法律法务、物资管理、化工销售等征信管理需求。持续优化金融产品服务互联网风险防控功能，增强实时反欺诈能力。实现党费缴纳、扫码加油等场景数字人民币试点应用。拓展互联网保险产品并应用推广，提供健康险、财产险等共 10 余款保险产品。完成路孚特 3 项黑名单数据采集和应用。

（王景涛）

【“石化商旅”平台建设】 完善“石化商旅”平台，实现火车票、酒店直连、网约车等核心功能上线，完成“石化商旅”平台 App 端报销集成，实现从申请到报销的全流程操作，提升员工出行体验，为员工提供全流程的便捷差旅服务。优化加强差旅报销规范性和及时性管控。

（王景涛）

【共享服务平台建设】 优化“共享服务”平台，推动智能化应用，在境内 213 家企业实现情景化报销，工作效率提升 40%。

（王景涛）

【深化智能客服建设】 完成智能质检功能上线，实现润滑油公司、化工销售公司、易派客公司 3 家企业坐席服务量化考核全量质检，推动服务质量评价体系向智能化、规范化转变；完成智能在线客服在金融科技平台推广应用，为金科平台用户提供 7×24 小时智能咨询和智能业务办理服务。

（王景涛）

数据治理和共享应用

【“石化智云”平台建设】 完成持续交付、能力开放、服务管控 3 个中心主体功能开发并试运行，编制《石化智云工作指南》《石化智云工业互联网平台技术审查》《软件开发过程》等 30 个管理规范，发布《石化智云工业互联网平台技术白皮书》（1.0）。建立“石化智云”共建共创运营体系，组建 148 人的平台运营团队，有效支撑总部及企业 70 余个项目按照“数据 + 平台 + 应用”新模式建设，运营新机制被评为集团公司对标提升标杆项目。

（王景涛）

【推动数据治理工作】 完成数据治理体系方案总体设计，成立中国石化数据治理委员会，初步组建油田、炼化、销售数据治理专家团队，数据资源盘点、数据标准编制、数据资源中心建设等工作取得初步成效。其中，胜利油田试点项目盘点数据源 300 余个、梳理业务对象近 1 300 个，并完成企业数据湖搭建，实现数据中心、EPBP 及海洋采油厂数据入湖；镇海炼化、茂名石化试点项目盘点数据源 100 余个，梳理业务对象 1 000 余个，并初步形成 5 000 余项业务数据标准；物料类、财务类主数据治理取得明显成效，建立标准特征值库，对 600 余万条物料代码进行重构，清理重复和不规范数据达 37.6%，提高了编码含义规范性和唯一性，为减少重复编码奠定基础。

（王景涛）

【推动数据分析应用】 发布《中国石化经营管理数据管理办法》，加强经营管理数据服务平台推广应用，平台总计接入 430 余个源系统 2 万余张表，形成数据模型 6.7 万余个，发布数据资产 3.5 万余个，数据条目超过 48 万亿条，数据总量超过 200TB，支撑总部和企业的财务分析、风险防控、客户服务等 90 多个数据应用，日访问量超过 200 万次。其中，通过物资采购数据分析应用，加强采购风险防控，为运行监督和效果评价提供支撑；通过建立炼化业财融合共性分析模板，有效支撑炼化企业便捷开展专项数据分析应用；通过接入供应链上下游企业和市场数据，深化客户服务大数据应用，帮助企业强化客户管理与客户分析，深度洞察市场，实现精细化客户管理。

（王景涛）

信息和数字化基础设施

【数据中心和云资源建设】 沙河数据中心全面投用，支撑 140 余个应用在线运行。完成呼和浩特异地数据中心选址和立项工作。完成云资源池扩容，云计算资源规模达 4 000 台物理服务器、26 万核 CPU、37PB 存储，资源利用率提升 23% 以上，支撑 1 020 个云应用。

（王景涛）

【主干网络建设】 优化网络架构，建成北京沙河、朝阳门、小营数据中心波分环网，主干网带宽达 70G。建成互联网出口 IPv6 试点区，完成区域中心主干网 IPv6 部署，完成 166 个互联网应用的 IPv6 改造，实现 8 家驻港企业互联网出口集中管控，建成迪拜、新加坡、香港 3 个境外代表处与总部的加密传输网络链路。中国石化网站 IPv6 改造经验被国务院国资委、网信办评为 IPv6 规模部署应用优秀案例。

（王景涛）

【推进信创工程实施】 全面启动服务器、操作系统、数据库、桌面终端、办公应用的适配测试，完成国产化终端、办公软件、邮件系统的试点应用，完成总部 300 台国产终端配备、2 000 余套 WPS 安装，实现国产化邮件系统试运行。

（王景涛）

【健全运维保障体系】 强化基础应用服务，完成朝阳门办公楼视频专网建设和有线网络设备更新，完成国务院国资委视频会议系统、私有云视频会议系统升级，全年保障视频会议 1 200 余次。建立总部信息化运行服务常态化联络机制，增强主动服务意识，优化服务流程，强化问题解决闭环管理，员工办理入职、离职等相关业务时间大幅缩短，定期组织“IT 服务日”活动，总部运维服务满意度显著提升。

（王景涛）

信息和网络安全

【加强网络安全“三同步”管理】 完成区域中心 90 个互联网应用安全评估、区域中心和总部 11 个互联网出口的安全风险评估，完成 44 个系统的上线验收检查，消除高危风险隐患。制订年度风险“回头看”工作计划，完成 2 个系统安全复测，加强安全检查残余风险闭环管理。完成驻港企业互联网出口集中管控，建立迪拜、新加坡、香港代表处与总部的加密传输专用链路，实现资金集中、会计集中核算等系统访问加密传输，有效防御海外网络安全威胁。

（王景涛）

【加强网络安全风险识别和隐患治理】 全面开展离职离岗人员、第三方运维人员账户和权限清理工作，累计清理账户 14.25 万个、岗位权限 19.26 万个，建立健全第三方权限管控机制；主动应对美国“科洛尼尔”公司类似网络攻击事件，有效防范境外病毒入侵和网络攻击风险。

（王景涛）

【加强网络安全攻防演练】 组织技术攻关及联合应急演练，开展加密流量检测、拟态防护、DNS 安全、webshell 智能检测、资产管理、抗 DDOS、数据库敏感信息检查、移动设备安全检查技术的交流及技术测试，部分成果已在试验靶场进行部署并进行模拟对抗测试。参加全国网络攻防演习并取得优异成绩。总结攻防演练暴露出的短板问题，逐项制订解决方案和缓解措施，并组织问题整改。

（王景涛）

【加强网络安全培训宣贯】 组织 140 名网络安全骨干人员参加国务院国资委举办的“国家网络安全万人培训”。参展世界互联网大会“互联网之光”博览会，加强中国石化网络安全宣传与交流。组织中国石化第五届网络安全宣传周，60 余万人次参与活动，促进全员网络安全意识提升。

（王景涛）

【加强网络安全水平评价】 完善细化 2021 年网络安全水平评价指标，指导企业按照评价标准对本单位信息基础设施及信息系统的安全情况开展全面自查和远程复核，针对检查过程中发现的高危漏洞形成整改通知，并组织企业完成整改。2021 年，B 级以上单位占比 86.4%，提高 4.73%。

（王景涛）

【强化信息化刚性约束】 结合集团公司风险防控重点工作，对《中国石化资金内部控制监督管理细则（试行）》等年内印发的管理要求，进行信息系统应用控制全面梳理，从授权、职责分离、系统功能及自动控制等方面补充完善相关信息系统控制要求，对原界面模糊的授权全面修订完善，并对系统功能提出提升建议，同步调整 ERP 系统相关控制要求。

（王景涛）

综合管理

【加强信息和数字化顶层设计】 深入落实国家网信发展总体部署和集团公司改革发展新要求，完善集团公司“十四五”信息化发展规划和数字化转型战略研究报告，明确公司未来信息和数字化发展的总体目标、发展路径和重点任务。

聚焦产业升级和高质量发展，编制数据治理、网络安全、信创工程等 5 个专项规划，作出实施信息化“432 工程”，推进全产业链数字化转型，以数字技术驱动管理创新、业务创新和商业模式创新，提升集团一体化管控能力、板块创新创效能力、专业化统筹管理能力和新经济价值创造能力等综合竞争实力的总体工作部署。

聚焦信息化建设转型升级，确立“数据 + 平台 + 应用”的信息化建设与应用新模式，以数为基、智为擎、云为翼，着力打造世界一流、行业领先的中国石化“石化智云”工业互联网平台，支撑全产业信息化发展和数字化转型，助推现代石油石化工业体系建设。

聚焦信息化管控提升，设计涵盖全集团各业务领域的统一信息化应用架构，形成“干、枝、叶”脉络清晰的全集团“信息化树”，完善健全信息标准化体系，成为各级信息化建设和系统整合集成的基本遵循，强化信息系统“私搭乱建”和“信息孤岛”源头治理。

（王景涛）

【推进信息化管理体制机制优化】 坚持信息化“六统一”管理和“放管服”改革相结合，大力推动信息化体制机制优化，以改革激发创新活力，有效提升管理效能。

建立业务域“域长”负责制新机制，按照集团公司信息化整体规划的 19 个业务域，确定域长单位名单和工作职责，由总部业务牵头部门、事业部和专业公司的“一把手”担任本业务域“域长”，牵头负责本域的数字化转型研究、信息化应用顶层设计、业务流程标准化、数据治理和深化应用等工作，构建域长负责、部门协同、全域覆盖的信息和数字化建设应用长效工作机制。各域长单位建立月例会制度，研究推动本域信息和数字化工作，组建本业务域的专家团队，按照“数据 + 平台 + 应用”新模式，组织开展信息化项目建设和数据治理工作，其中油气新能源、炼油化工、油品销售等 16 个业务域开展信息化需求统筹、业务流程标准化等工作，战略与决策管理、财务管理、安全管理、科技研发管理等 12 个业务域开展信息化应用架构完善工作。

完善信息化项目储备与投资立项管理机制，深化信息化“放管服”改革，在实行信息化投资分级分类审批管理的同时，出台《中国石化信息和数字化管理办法》等配套制度，将所有信息化项目全部纳入项目储备库，要求各级信息化建设严格遵从集团公司信息化统一规划、统一架构、统一标准要求，实现信息化投资的全口径管理，有效解决各业务领域信息化建设分头立项、重复建设、应用分散等突出问题。建立信息和数字化专家库、信息化产品及服务供应商资源库，完善信息化方案评审、商务管理等关键业务工作流程。

（王景涛）

【推进数字技术和实体经济深度融合】 开展企业“两化”融合管理体系升级贯标，全年组织 10 家企业贯标实施，累计通过贯标认定企业达 52 家，总数排名央企前列。组织数字化典型案例征集工作，在总部部门和企业推荐的 282 个案例中评选出 10 个最佳案例和 50 个典型案例，多项成果得到国家部委的充分肯定。其中，“石化智云”被国务院国资委评为央企“十三五”网络安全和信息化优秀案例，“工业互联网 + 安全生产”获第三届中国工业互联网大赛一等奖，“经营管理数据治理”被国际数据管理协会评为数据治理最佳实践奖；胜利油田、中科炼化、工程建设公司、石化盈科等单位有 10 项成果被国家工信部评为 2021 年新一代信息技术与制造业融合发展试点示范、大数据产业发展试点示范、工业互联网创新领航应用案例；镇海炼化、天津石化入选国家工信部 2021 年智能制造试点示范揭榜单位；石油物探技术研究院、茂名石化、东北油气田分别获全国第四届“绽放杯”5G 应用征集大赛总决赛一等奖和智慧能源专题赛一等奖；共享服务公司 RPA 创新应用成果在第二届 ISIG 中国产业智能大会上获年度最佳行业实践奖。

（王景涛）

中国石化 SINOPEC

内部监督

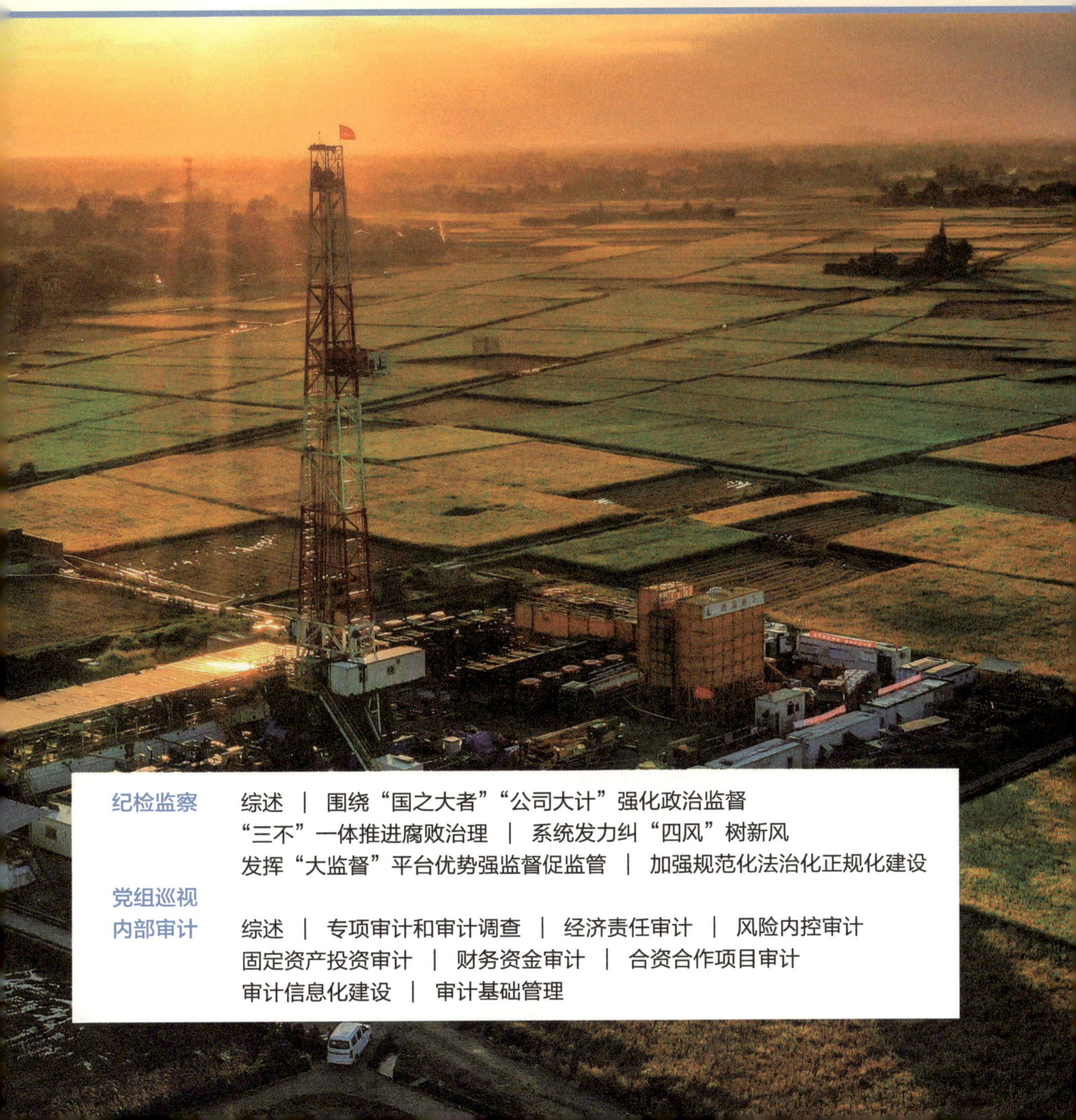

纪检监察

综述 | 围绕“国之大者”“公司大计”强化政治监督

“三不”一体推进腐败治理 | 系统发力纠“四风”树新风

发挥“大监督”平台优势强监督促监管 | 加强规范化法治化正规化建设

党组巡视

内部审计

综述 | 专项审计和审计调查 | 经济责任审计 | 风险内控审计

固定资产投资审计 | 财务资金审计 | 合资合作项目审计

审计信息化建设 | 审计基础管理

纪检监察

综　述

2021年，在党中央和中央纪委国家监委的正确领导下，集团公司党组和纪检监察组以习近平新时代中国特色社会主义思想为指导，认真贯彻落实党的十九届五中、六中全会和中央纪委五次全会精神及中央纪委国家监委部署要求，增强“四个意识”、坚定“四个自信”、做到“两个维护”，坚持稳中求进工作总基调和高质量发展主题主线，持之以恒推进全面从严治党、党风廉政建设和反腐败工作，充分发挥监督保障执行、促进完善发展作用，公司政治生态大为好转，清风正气更加充盈，为中国石化实现高质量发展、打造世界领先企业提供坚强保障。

（王　来）

围绕“国之大者”“公司大计”强化政治监督

【督促落实“第一议题”制度】 坚持把习近平总书记重要讲话和指示批示精神作为党组会和党组中心组学习“第一议题”，形成“先学后议、以学促行”长效机制。督促落实《党组深入贯彻落实习近平总书记重要指示批示工作细则》及配套督查机制，突出抓好习近平总书记视察胜利油田重要指示精神的学习贯彻，明确保障国家能源安全、推动绿色低碳发展等8个方面18项措施。健全完善贯彻落实总书记重要指示批示和党中央重大决策部署监督台账，列出清单、跟进督促、销号管理。

（王　来）

【紧跟中心大局开展政治监督】 紧扣职责定位，及时具体、精准有效开展政治监督。聚焦贯彻落实总书记重要指示批示精神特别是视察胜利油田重要指示精神，完整准确全面贯彻新发展理念、实施“十四五”发展规划，推进“卡脖子”关键核心技术攻关、氢能产业发展、落实“双碳”目标，百年大庆平安护航等，通过约谈提醒、调研检查、提出建议等方式跟进监督、全程监督，取得良好的监督成效。制定印发《中国石化纪检监察机构推进政治监督具体化常态化的意见》，健全完善政治监督对表学习、分析研判、统筹牵引、贯通协同等工作机制，明确5个方面重点任务、7项监督措施、4项监督保障措施，开展政治监督专题辅导、实践指导。严把选人用人“监督关”，对1 100名党组管理领导人员建立廉洁情况“活页夹”。

（王　来）

【强化对“一把手”和领导班子监督】 认真落实党中央关于加强对“一把手”和领导班子监督的意见，结合实际制定中国石化实施意见，细化明确3个方面89条措施。首次召开全系统党组管理人员参加的领导干部廉政谈话会，构建全方位立体式监督网络。

（王　来）

“三不”一体推进腐败治理

【精准运用“四种形态”】 注重抓早抓小精准施策，进一步发挥第一种形态运用的教育警醒作用；

强化函询结果运用，围绕油品销售、工程建设等重点领域部署开展专项治理。加大问题线索处置力度，持续完善问题线索“分析研判、分类管理、分工负责、全程督办”工作机制。建立容错纠错机制，牵头修订《领导人员容错纠错实施办法》，制定涵盖改革、创新、决策、应急处置、经营投资、境外业务等领域的 21 项领导人员容错免责事项清单，有效落实“三个区分开来”。

（王　来）

【始终保持惩治高压态势】 坚持无禁区、全覆盖、零容忍，坚持重遏制、强高压、长震慑，严肃查处领导人员以权谋私、利用中国石化资源和平台做生意问题，坚决惩治工程建设、物资采购、油品销售、化工贸易等重点领域和关键环节的腐败问题，大力整治低职级重要岗位人员“微腐败”问题。

（王　来）

【深化以案促教、以案促改、以案促治】 以加强纪律建设、整治靠企吃企问题为重点，编发典型案例汇编，组织开展“学党史、强纪律、促清廉”反腐倡廉教育月活动；召开警示教育大会，集中通报典型案例；组织拍摄警示教育片，做到“查处一案、教育一片”。

（王　来）

系统发力纠“四风”树新风

【统筹谋划推进新时期作风建设】 系统施治、标本兼治、多措并举打好作风建设攻坚战、持久战，深入调研剖析中国石化“四风”问题的阶段性特征，明确新时代新阶段加强作风建设的 7 个方面措施。统筹推进“五紧盯五严抓”，紧盯高质量发展问题、严抓政治监督，紧盯制约公司治理效能问题、严抓制度执行，紧盯群众身边不正之风、严抓作风形象，紧盯“关键少数”、严抓防范特权，紧盯纪检监察队伍建设、严抓监督管理，并配套细化 19 项具体措施。督促党组扎实推进总部作风建设，坚持“马上就办”监督检查常态化运行，坚决守住精文减会的硬杠杠，抓住整顿会风会纪等小切口，严明纪律规矩，推动建立常态长效机制。

（王　来）

【严肃查处违反中央八项规定精神问题】 紧盯关键时间节点提醒警示，通过专项检查、明察暗访等形式加强监督检查，对违反中央八项规定精神问题线索优先处置、严肃处理。严查公车私用、违规吃喝、违规收受礼品礼金、违规超标准接待、违规操办婚丧喜庆事宜等突出问题，狠刹干部调整交流中“迎送风”等不良风气，密切关注隐形变异新动向，坚决制止餐饮浪费。印发酒驾醉驾典型案例，制发关于严格监督执纪从严处理酒驾醉驾问题的通知，深化酒驾醉驾问题专项整治。

（王　来）

【抓住重点持续整治形式主义官僚主义突出问题】 结合“我为群众办实事”实践活动，持续推动为基层减负，解决员工群众“急难愁盼”问题。深化安全生产领域形式主义、官僚主义专项整治，精准提炼 10 种典型表现，督促深入剖析安全生产事故背后的作风问题。

（王　来）

发挥“大监督”平台优势强监督促监管

【监督工作“一盘棋”系统化】 发挥“大监督”平台作用，贯通落实“两个责任”，完善月度、季度例会统筹机制，建立信息互通、监管互动、措施互补、成果互享、督办反馈等运行机制，推动党内监督、监察监督、企业监督等各类监督有机贯通、协同高效。统筹推动加强对“一把手”和领导班子监督、重点工程建设项目专项督查、企业政治生态分析研判、违规经营投资责任追究工作体系建设和“大监督”信息平台建设。“大监督”格局得到中央纪委国家监委、国务院国资委充分肯定并在部分央企推广。

（王　来）

【集团内“室局企”监督执纪执法一体化】 坚持走内涵式发展之路，调整优化职能室、工作局人员配备。纪检监察组统筹管理，各职能室统筹谋划、业务指导，各工作局发挥近距离、全天候、可视化监督优势，“一案一指定”“一事一授权”开展审查调查，统筹运用直属企业监督力量，监督权威性、全面性、系统性、有效性持续提升。

（王　来）

【集团外“室组地”协同联合机制化】 积极探索实践企地联合办案，与 20 多家地方纪委监委加强协作配合，制定联合办案内部工作指引，建立全方位沟通协调、互补式力量配置、一体化审调运行、规范化程序管控“四项机制”，形成具有石化特色的企地联合办案模式。

（王　来）

加强规范化法治化正规化建设

【带头加强政治建设】 把党史学习教育作为贯穿全年的一项重要政治任务，制订《中国石化纪检监察组党史学习教育工作方案》，推动 10 项具体措施、5 项“我为群众办实事”重点事项落实见效。用好纪检监察组理论学习中心组学习和联学会载体，班子成员讲好专题党课，深入宣讲习近平总书记“七一”重要讲话和党的十九届六中全会精神。

（王　来）

【持续提升能力素质】 认真落实政治过硬、本领高强要求，以纪法贯通为重点抓实全员培训，举办 4 期学习交流大讲堂、8 个专题培训班，推荐多人参与上级机关专项工作、实践锻炼，选派 180 余人跟班锻炼，与山东东营等地方纪委监委建立联合培养机制。针对提升监督执纪业务质量，组织成立 4 个评查组对部分直属单位纪委开展现场检查，全面深入梳理评查发现问题，提出整改措施建议。践行“四边”工作法，开展重点课题调研，形成一批高质量调研成果。

（王　来）

【推进深化纪检监察体制改革】 召开持续深化纪检监察体制改革座谈会，研究完善进一步提升的思路举措。自觉接受中央纪委国家监委的领导、管理和监督，专题报告 20 余次，及时报告重要问题线索处置、重大复杂案件等 30 余次；发挥考核“指挥棒”作用，加大直属单位纪委书记履职考评结果运用和反馈力度。

（王　来）

【自觉接受最严格的约束和监督】 制定《关于加强新时代纪检监察干部监督工作的实施意见》，强化自我监督，严守纪检监察权力边界。完善纪检监察组内部工作运行机制，优化监督执纪执法工作流程及文书，制（修）订工作规则、请示报告、检举控告等制度规定 10 余项。动态掌握、优先处置涉及纪检监察干部的问题线索，坚决防止“灯下黑”。

（王　来）

党组巡视

【概述】2021 年，在中央巡视办有力指导和集团公司党组坚强领导下，中国石化巡视巡察机构认真学习贯彻习近平总书记关于巡视工作重要论述及视察胜利油田重要指示精神，坚守政治定位，突出监督重点，创新方式方法，扛牢职责使命，持续推进党组巡视高质量全覆盖和党委巡察规范化全铺开，巡视巡察利剑作用更加彰显，监督保障执行、促进完善发展作用进一步发挥。中国石化作为唯一央企代表，在 2021 年全国巡视工作会议上作典型经验发言。

（于　伽）

【中央巡视整改持续深化拓展】认真贯彻落实习近平总书记关于“四个融入”抓整改要求，发挥“不走的巡视组”作用，巡视组、被巡视单位及总部有关部门同题共答、同向发力，把解决突出问题与完善制度机制、提升治理能力结合起来，一体推动中央巡视整改和党组巡视整改，在推动改革、促进发展上下真功求实效。①统筹推进一体整改。牢固树立整改“一盘棋”意识，注重发挥整改联动效应，把中央巡视整改与党组巡视发现问题和党建考核、国家审计及内审外查发现问题结合起来，推进总部部门和直属单位整改一体联动，进行协同整改、贯通整改，延伸穿透到企业基层，确保一改到底，发挥整改的最大效能。②稳扎稳打分类推进。按照“抓两头、带中间”整改工作布局，对整改表现突出、取得成效明显的及时总结经验做法，对整改进度慢、质量差距较大的重点关注帮扶，督促迎头赶上，推动巡视整改全面深化、整体提升。③加压加力重点突破。用好“红黄绿灯”督办机制，推动整改事项得到妥善解决。加快推动国勘公司扭亏脱困，得到上级部门的高度肯定和认可。④健全机制常态长效。2 次向中央纪委国家监委专题汇报落实中央巡视整改工作情况。党组书记及时听取党组巡视情况汇报，明确提出处置意见，点人点事点问题，压实责任推动整改；党组领导分别参加分管单位巡视反馈，有针对性提出整改要求；纪检监察组组长带队开展党组巡视整改现场督导，着力扭转个别被巡视单位存在的“过关心态”，靶向施治整改不到位、不彻底、边改边犯等现象，以及纸面整改、虚假整改、数字整改等突出问题。

（于　伽）

【党组巡视全覆盖高质量推进】着眼于围绕中心、服务大局，以坚决履行中国石化“三大核心职责”为支点，统筹监督资源，积极推动巡视监督融入企业“大监督”格局，保障党中央重大决策部署和党组重要安排落地见效。①常规巡视对准重点企业。聚焦“四个落实”，围绕“三新一高”、保障国家能源安全、落实“十四五”规划、“一把手”和领导班子监督、作风建设等方面，全年分 2 轮对 30 家单位开展常规巡视。其中，第 2 轮巡视集中安排油品销售企业，着力发现、解决共性和突出问题，推进销售企业高质量发展。②专项巡视瞄准关键领域。紧跟党中央新部署新要求，心怀“国之大者”，首次开展“卡脖子”技术攻关专项巡视，分层分类查找科技领域存在的瓶颈问题，推动打赢关键核心技术攻坚战；开展生态环保专项巡视，重点查找责任落实、体制机制等方面存在的突出问题，推动加快绿色低碳转型，并向全系统通报专项巡视发现的主要问题，举一反三、未巡先改，以强震慑促整改。③专题调研当好参谋助手。聚焦推动氢能产业健康有序发展，形成《关于落实“双碳”目标加强政治监督的思考》，得到上级领导批示肯定，中央政策研究室《简报》予以刊载。专题调研形成《关于围绕“双碳”目标，系统推进氢能产业高质量发展的建议》《巡视“一把手”监督专报》《不担当不作为乱作为“众生相”》《安全环保领域形式主义官僚主义面面观》等，为党组决策提供支持和参考。④成果运用更加有力有效。针对巡视发现的班子合力不够强等问题，及时向党组汇报，与党组分管领导及主管部门深度沟通反馈，推动巡视成果与优化调整班子、强化绩效考核、加强风险防控等紧密挂钩，以强监督倒逼强管理。集中召开巡视进驻动员会暨警示教育大会，党组书记集中动员部署，纪检监察组组长通报上一轮巡视发现的主要问题和纪检监察查处的部分违纪违规典型案例，巩固放大政治监督成果，有效形成震慑作用。

（于 伽）

【党委巡察实现规范化全铺开】 强化系统观念，织密贯通联动“监督网”，基本形成“统一领导、分级负责，以上促下、联动贯通，系统集成、协同高效”的工作格局。①加强巡察规范化建设。印发《直属单位党委巡察工作手册》，明确工作流程、巡察方法、监督重点等内容，为规范开展党委巡察提供指导；严格执行巡察工作报备制度，及时掌握工作情况，促进直属单位党委精准把握巡察政治定位，高质量推进党委巡察工作。②加快推进分类帮扶指导。分板块、分区域开展巡察工作专题调研，组织有关单位聚焦巡察工作经验做法、困难问题进行交流研讨，破解工作难题。在内部网站开辟“企业动态”和“经验之窗”专栏，搭建经验交流平台，促进提升工作水平；注重总结巡察经验，指导胜利油田形成“巡察十八法”，形成研究成果，放大典型引路成效；指导部分专业公司深化提级巡察、试点推进交叉巡察，破解企业内部“熟人社会”监督难题；对巡察工作起步较晚的单位进行“一对一”帮扶指导，巡察工作推动全面从严治党向基层延伸。

（于 伽）

【巡视巡察队伍建设得到全面加强】 选派 3 人参加中央巡视办培训班、2 人参加中央巡视有关工作，工作更加“上接天线”；全年共配备组长 10 人、副组长 21 人、巡视干部 159 人，持续更新巡视人才库；创新选配巡视组联络员和组办联系人，作为相对固定人员，深化“组办一体化”建设；开展系统化、专业化培训，组织 40 余名巡视骨干远程参加中央企业巡视组组长培训班，全年累计培训巡视巡察干部 700 余人次，有效提升能力素质；分 2 批集中培训党委巡察干部，首次将巡察机构负责人纳入党组巡视一体培训，既实现对巡察骨干培训全覆盖，又打通巡视巡察“人才池”；调研统计分析形成《关于 2017—2021 年党组巡视干部队伍建设情况分析及有关建议的报告》，为巡视干部成长提供更好条件和更大支持，持续推动形成动态管理、优进优出、科学流动的“一池活水”。

（于 伽）

【党史学习教育巡回指导成效显著】 组建 10 个党史学习教育巡回指导小组，在责任上坚持“一组双责”、在目标上坚持“双抓双促”、在效果上坚持“两看三服务”（看被指导单位在学党史、悟思想方面“学什么”“怎么学”“学得怎么样”，看被指导单位在办实事、开新局方面“干什么”“怎么干”“干得怎么样”，将巡回指导工作全过程聚焦推动服务企业解决困难事、服务员工解决烦心事、服务社会公众解决苦恼事）。线上线下对 169 家直属单位（总部部门）督导全覆盖，推动落实规定动作不走样、自选动作有创新。聚焦学习贯彻习近平总书记“七一”重要讲话精神、党的十九届六中全会精神及专题组织生活会、专题民主生活会等重要节点，10 次下发提醒函。开展“我为群众办实事”实践活动满意度测评，16 042 名员工参与测评，让广大员工群众当好“阅卷人”，得到中央企业第二巡回指导组和党组领导的充分肯定。党史学习教育官网人民网刊发《中国石化党史学习教育巡回指导工作出实招见实效》经验文章。

（于 伽）

内部审计

综 述

2021 年，集团公司成立中国石化审计中心，为下一步推进审计转型升级和高质量发展奠定坚实组织基础。审计部门在集团公司党组的正确领导下，坚决贯彻落实党和国家以及集团公司董事会和党组决策部署，全力推进审计管理体制机制改革、审计信息化建设、审计工作转型升级等工作，圆满完成全年审计监督任务和做好审计署迎审配合收尾工作，开展各类审计项目 1 075 项，促进增收节支直接创效 17.11 亿元，有效发挥审计监督效能，为“十四五”审计工作良好开局奠定坚实基础。

（李西西）

专项审计和审计调查

【概述】 2021 年，审计部门紧紧围绕党和国家重大决策部署，集团公司中心工作和企业热点、难点问题，开展专项审计或审计调查 490 项，促进了相关改革工作的落实和推进。

（李西西）

【总部组织实施的专项审计和审计调查】 总部紧密围绕党中央重大决策部署，按照集团公司党组部署安排，组织开展清理拖欠民营企业中小企业账款和扶贫资金 2 项政策跟踪专项审计、资金管理和研发投入 2 项专项审计、境外亏损机构（项目）和国企改革三年行动落地见效情况 2 项审计调查，揭示和反映了部分企业相关业务管理中存在的体制性障碍、制度性缺陷和管理漏洞，及时向集团公司党组提交审计报告，并提出建设性意见和建议，得到集团公司党组领导和有关部门的高度重视，为贯彻落实党中央重大决策部署，促进集团公司依法合规经营、加强风险防控、提质增效发挥了较好作用。

（李西西）

【企业组织实施的专项审计和审计调查】 企业审计部门紧紧围绕中心，抓住影响效益的关键领域和环节，组织开展安全环保管理、固废处置管理、业务外包、加油（气）站创效能力等专项审计或审计调查 484 项，收到较好的效果，促进了企业增收节支和精益管理。

（李西西）

经济责任审计

【概述】 2021 年，审计部门贯彻落实中办国办《党政主要领导干部和国有企事业单位主要领导人员经济责任审计规定》，实施审计关口前移，不断提高任中审计比例，2021 年已达 38.5%，为历史最高水平。全年开展经济责任审计 271 项。

（李西西）

【总部组织实施的经济责任审计】 总部对 24 家企业原主要负责人开展离任经济责任审计。始终将所属企业主要负责人任职期间贯彻执行党和国家经济方针政策、集团公司党组决策部署，推动企业提质增效升级，经营管理国有资产、国有资源，防范化解重大风险等有关经济活动作为审计重点，加大对领导干部权力运行和责任落实情况的审计监督，促进了领导人员进一步增强依法治企、从严管理的意识，为组织人事部门考核评价经营者提供了重要依据。

（李西西）

【企业组织实施的经济责任审计】 企业审计部门在强化下属二级单位领导人员经济责任审计工作的基础上，开展对关键部室负责人、建设项目部负责人等履职情况的审计，全年开展经济责任审计 232 项，促进了企业领导及关键岗位人员依法依规经营和管理。

（李西西）

风险内控审计

【概述】 2021 年，审计部门以促进公司控制力、企业执行力的提高为目标，对照《内部控制手册》和相关监督办法，开展风险内控审计 74 项。

（李西西）

【总部组织实施的风险内控审计】 总部重点开展金融衍生品风险内控审计，覆盖全集团所有开展衍生品业务的企业，在组织各企业对 2020 年衍生品业务全面自查基础上，抽取 17 家单位实施重点审计，提出完善衍生品业务防控体系建设的审计意见和建议，促进优化了企业日常监管，规范衍生品业务操作和增强了企业的风险管控水平。

（李西西）

【企业组织实施的风险内控审计】 企业审计部门组织开展风险内控审计 73 项，结合实际选择主要业务流程，分别按季度、半年度开展了独立审计评价工作，实事求是地提出了审计评价意见和建议，促进了内控制度的有效执行和完善，防范了经营管理风险。

（李西西）

固定资产投资审计

【概述】 2021 年，审计部门以促进企业不断规范投资行为、提高投资效益为目标，开展固定资产投资项目审计 189 项，为集团公司控制投资成本、提高投资效益作出贡献。

（李西西）

【总部组织实施的固定资产投资审计】 总部对 59 个重点工程开展固定资产投资项目审计，持续加大事后审计向事中审计转变。重点对建设程序的合规性、投资成本控制、工程招投标及发（分）包、工程质量管理等进行检查，深入揭示了固定资产投资及建设管理中存在的问题。

（李西西）

【企业组织实施的固定资产投资审计】 企业审计部门开展固定资产投资项目 130 项，前移审计关口，加强过程监督，积极开展工程结算审计，为企业节约投资成本。

（李西西）

财务资金审计

【概述】 2021 年，审计部门以维护企业合法权益和促进企业严格财务管理、提高会计信息质量为目标，深化财务资金审计工作，开展财务资金审计 30 项。企业审计部门为核实下属单位财务收支的真实性、合法性及合规性，严肃财经纪律，加强内部管理，为企业考核下属单位提供了可靠依据。

（李西西）

合资合作项目审计

【概述】 2021年，审计部门以维护中国石化合法权益、提升合资合作项目创效能力和管理水平为目标，开展合资合作项目审计21项。

（李西西）

【总部组织实施的合资合作项目审计】 总部结合经济责任审计等项目对企业合资合作项目情况开展审计，重点对股权投资决策情况、投资合同（协议）和章程情况、日常监管和中国石化派出高管人员履职情况、股权投资项目的经营业绩和投资分红情况等进行审计，促进企业提升股权投资项目的创效能力，维护了中国石化的合法权益。

（李西西）

【企业组织实施的合资合作项目审计】 企业审计部门以促进合资合作项目管理、防范投资风险和维护资产安全为目标，全年开展合资合作项目审计15项，促进防范了企业的经营风险。

（李西西）

审计信息化建设

【打造“业审融合”大数据审计平台】 2021年，总部按照“构建业审一体信息化平台”的工作要求，为加速向数字化、网络化、智能化审计转变，以审计数字化、网络化、智能化为发展目标，以“审计数据专区＋审计作业专区＋审计管控专区”为核心内容，基于数据驱动的“业审融合”大数据审计平台建设方案已提交并获批复建设，形成“总部＋企业”两级组织保障，审计信息和数字化工作向着高质量发展迈出坚实步伐，取得明显成效。

（李西西）

【推动审计技术创新】 深化数据应用，借助审计模型、报表分析、AIS等审计查证工具和业务信息系统，集团公司审计项目均实现“远程在线＋”审计，发现问题线索的核实率达87.2%。审计信息化的建设完善，提升了企业的审计监督质量和效果。

（李西西）

审计基础管理

【概述】 2021年，审计部门以夯实基础管理为重点，深入开展党史学习教育，全力推进审计管理体制改革、审计制度完善、审计队伍建设、审计工作转型升级等，各项管理工作迈上新台阶。

（李西西）

【审计管理体制改革取得突破】 集团公司完成审计中心组建及内设机构设置，进一步优化梳理审计部（党组审计办）部室及岗位职责，在总部层面初步形成审计部统筹“管”、审计中心专业“办”的审计管理体制。理清了审计部与审计中心之间“管办分离”的工作界面和业务流程。审计管理体制优化完善，减轻企业迎审配合负担效果明显。

（李西西）

【审计管理制度修建完善】 2021年，总部制定印发《中国石化审计工作流程与规范（1.0版）》《中国石化信息化项目决算审计管理办法》《中国石化固定资产投资项目审计办法》等审计制度，进一步完善“1+11+8”的审计制度体系，为全系统审计人员开展审计监督工作提供了制度遵循。

（李西西）

【审计队伍建设持续加强】 积极稳妥解决审计中心队伍建设问题。统筹兼顾、科学组织，圆满完成涉及中心本部和4个区域审计中心的28位中层干部和24位专家的空岗竞聘工作，为审计中心工作起好步、开好局奠定坚实的组织和人才基础。

审计部门着力打造“学习型审计”组织，通过举办各类审计业务培训班共计培训830人次；组织集团公司和审计部两级审计大讲堂57期，培训7 500余人次；通过购买专业机构在线课程培训800余人次。打造“研究型审计”团队。组织参加中国内部审计协会优秀论文评比，11篇论文获奖，在央企中排名第一。完成对2018—2020年开展的3 117个审计项目评审，最终评选出100个优秀审计项目。

（李西西）

【促进审计发现问题整改】 着力推动审计整改工作制度化、规范化。印发实施《关于建立健全审计整改长效机制的意见》，对审计整改工作的领导机制、责任机制、运行机制、结果应用和追责问责机制等进一步明确和规范。通过定期汇报、问题推送、提级督办推动审计整改。定期向党组审计委员会报告审计整改情况，并落实问题推送机制。加大审计成果利用和考核问责的力度。通过《审计整改情况通报》等形式加大审计整改通报力度；建立审计问题整改与党建考核、班子绩效考核联动机制，将审计问题整改纳入党建考核指标并量化分值，促进整改效果。审计发现问题整改促进被审计企业增收节支、建章立制和防范化解风险，审计成效进一步显现，获企业好评。

（李西西）

中国石化
SINOPEC

党的建设

党组自身建设

党建统战群团　　综述 | 党建工作 | 统战工作 | 工会工作 | 共青团和青年工作

党组自身建设

【加强党组自身建设】 严格落实“第一议题”制度，党组全年集体学习习近平总书记重要讲话和重要指示批示 55 次 101 项，党组理论学习中心组开展专题学习 18 次，制定打造践行习近平新时代中国特色社会主义思想重要阵地指导意见，推动学思用贯通、知信行统一。带头开展党史学习教育，深入学习党的十九届六中全会精神、习近平总书记“七一”重要讲话精神等，精心组织集中研讨、培训宣讲、专题调研，党组成员讲党史专题党课 34 次，开展“永远跟党走”主题展览系列活动，打造“十大红色教育基地”，推进党组 20 项“我为群众办实事”重点项目落实落地，带动公司上下形成学党史、悟思想、办实事、开新局的热潮。全面学习贯彻习近平总书记视察胜利油田重要指示精神，压茬开展 3 次专题研讨，系统谋划思路举措，形成 8 个方面 25 项具体措施，召开全系统贯彻落实大会，引领广大干部员工始终沿着习近平总书记指引的方向坚定前行，以“再立新功、再创佳绩”的实际行动捍卫“两个确立”、践行“两个维护”。组织修订党组工作规则、党组落实全面从严治党主体责任清单，进一步明晰党组功能定位、职责范围，更好发挥把方向、管大局、促落实作用，专题研究全面从严治党事项 61 项，深化落实“1355”党建工作思路，召开全系统高质量党建推进会，推进全面从严治党向纵深发展。开展全国国企党建会精神贯彻落实情况“回头看”，举办党建成果发布和党建创新论坛。持续推动中央巡视反馈问题整改，对“已完结”整改事项进行督查评估，对需长期坚持深化事项进行跟踪问效，对需重点关注问题及时分析评估，推动解决一批重点难点问题。

（张登宇）

【在完善公司治理中加强党的领导】 坚持“两个一以贯之”，贯彻落实《关于中央企业在完善公司治理中加强党的领导的意见》，明确 28 项任务清单，推动集团层面完善制度机制 18 项，指导直属企业完善制度机制 4 项，落实其他工作措施 6 项。组织修订集团公司章程，完善党组、董事会、经理层三大治理主体工作规则及其配套制度，形成“1+3+N”制度体系，明确党组领导地位，制定党组讨论和决定重大事项清单，推动党组讨论和决定重大事项清单与“三重一大”和内控权限制度有效衔接，进一步厘清党组与董事会、经理层等其他治理主体的权限边界，保障党组发挥领导作用与董事会、经理层依法依章履行职责相统一。制定直属企业在完善公司治理中加强党的领导的实施意见，修订直属单位党委工作规则，印发直属企业党委讨论和决定重大事项清单示范文本，指导企业“一企一策”制定清单，推动企业党委履行好重大事项把关定向职责。推动重大决策运行系统建设，实行总部和基层企业“三重一大”事项信息化集中统一管理，建设总部决策信息系统，确保决策主体明确、权限清晰、责任具体。全面推行党组（党委）领导班子成员与董事会成员、经理层成员双向进入、交叉任职，大力推进董事长（执行董事、分公司代表）、党委书记“一肩挑”领导体制，列入调整计划的 128 家直属企业已全部调整到位。

（张登宇）

党建统战群团

综　述

2021 年，集团公司党组坚持以习近平新时代中国特色社会主义思想为指导，认真落实新时代党的建设总要求和新时代党的组织路线，贯彻落实习近平总书记视察胜利油田重要指示精神，按照中央企业党的建设工作座谈会和“中央企业党建创新拓展年”部署，落实公司党建工作“1355”总体思路，推进党的建设质量保持央企前列，以高质量党建引领保障高质量发展，在大庆之年、开局之年交出一份亮丽成绩单。

（张阿阳）

党建工作

【统筹开展庆祝建党 100 周年活动】 组织完成中央庆祝大会收听收看，参观“不忘初心、牢记使命”大型主题展览，上级“两优一先”推荐，“光荣在党 50 年”纪念章颁发，“七一”走访慰问，选派人员参加中央庆祝活动、新党员入党宣誓，“庆百年、爱企业、献良策、作贡献”“学党史、强信念、跟党走”主题活动等。召开党组庆祝建党 100 周年暨高质量党建推进会，举办“永远跟党走”主题展览和“我心向党”职工美术书法摄影作品展览，出版“我心向党”《石化员工文学作品集》，评选“奋斗百年路·启航新征程”第六届感动石化人物，开展庆祝建党 100 周年“双百”先进典型宣传报道。举办“喜迎建党 100 周年劳模先进访谈”，开展“党旗在基层一线高高飘扬”活动，策划“传承红色基因，激发青春力量”主题团日，组织石化青年讲述家乡红色故事、给革命先烈写一封信等。各企业累计举办庆祝建党 100 周年主题文艺演出、文学作品创作、党史故事会等群众文化活动近 6 000 场次，唱响了主旋律，弘扬了正能量。

（李　欢）

【扎实做好党史学习教育】 围绕“四个聚焦”，统筹“三个层面”，做到“三个结合”，组织开展“我为群众办实事”实践活动。党组制定实施重点民生项目 20 项，总部部门、直属单位制定实施办实事项目 3 161 项。内部满意度测评全系统整体满意率 98.25%，中央企业党史学习教育第二指导组随机测评全部为“好”。在石化党建平台开设“学党史、悟思想、办实事、开新局”专栏，及时发布党中央最新精神、党组部属要求和企业有关动态，累计阅读量达 2.6 亿人次。结合实际，突出打造“政治部、参谋部、服务部”、建设模范总部，着力抓好以党史为重点的“四史”学习，推动总部部门走在前作表率。

（王希平）

【深入推进贯彻落实全国国企党建会精神】 出席中央企业党建工作座谈会，以《落实国家能源安全新战略 勇担央企责任使命》为题第 1 家发言。全力配合国务院国资委党委“中央企业永远跟党走”工作展，22 组素材被展览采用，数量居央企第一。贯彻落实《关于中央企业在完善公司治理中加强党的领导的意见》，修订印发《直属单位党委工作规则》。认真组织开展落实全国国企党建会精神“回头看”，并结合高质量党建推进会任务分工，抓好跟进督办，形成闭环管理，得到中央企业党史学习教育第二指导组充分肯定。组织策划贯彻落实全国国企党建会精神 5 周年成果总结展示“四个一”工作，即编制一份《强根铸魂勇担当——中国石化贯彻落实全国国企党建会精神五周年成果报告》、制作一部《强根铸魂 担当奋进》党建专题片、召开一次党建成果发布暨党建创新论坛、刊发一组党建专题报道等工作，集中展示中国石化党的建设成果。

（张阿阳）

【突出党建工作顶层设计和过程管理】 完善公司“十四五”党建规划，深化党建工作“1355”总体思路；制定《关于中国石化 2021 年党的建设工作安排的意见》并抓好推动落实。开展党建制度和规范性文件“千枝叶”体系建设，编制《中国石化党建工作制度及规范性文件“千枝叶”体系框架》。组织召开直属单位党委书记抓党建述职评议会，选取 12 家直属单位党委书记集中述职，国务院国资委党建局局长姚焕到会指导，并对公司党建工作给予高度评价。按季召开公司党建工作领导小组会议，专题研究全系统 2020 年度党建考核情况及下步整改提升工作，研究部署党建带团建和团青工作，推动党建工作领导小组作用充分发挥。迎接中央企业党建工作责任制考核，高质量完成自评报告、现场迎检、基层抽查等工作，迎检工作得到考核组肯定。公司在 2020 年度中央企业党建工作责任制考核中获评 A 档，实现“站排头、争第一”目标。成立中国石化党建研究所，围绕党建重点难点问题加强课题研究和实践创新，《发挥考核“指挥棒”作用，推进党建与生产经营深度融合》获 2021 年度中央企业党建思想政治工作研究会课题研究成果一等奖。

（张阿阳）

【全面推进基层党建创新拓展】 召开基层党建创新暨质量提升推进会，编发《中国石化基层党建创新实践 100 例》，进一步激发基层党建创新提质活力动力。紧盯生产经营重点难点，推动基层党组织在重大任务、重大活动、重大工程、特殊时间、特殊事件“三重两特”中充分发挥党的政治优势。开展混合所有制企业党建调研，被列为中组部专项调研课题子课题和国务院国资委党委延伸调研项目。在央企层面率先出台《关于深入开展党建共建工作的指导意见》，推动做实“六种类型”党建共建。加强“双百行动”“科改示范行动”等改革单位党建工作和企业民主管理。制定《中国石化基层党支部书记基本功培训管理办法》，组织开展试点培训考试。

（张阿阳）

【持续优化完善党建工作考核】 坚持用好用活考核“指挥棒”，持续开展全覆盖党建考核，在谋划组织上体现“四个首次”，在检查验证上突出“四个是否”，强化精准考核、慎重评价。考核内容突出党建最基本最核心问题，设置量化考核指标，与企业管理水平、经营业绩、改革成效等相互印证，避免就党建考党建；评价主体突出企业自评、总部日常考评、考核组现场查验相结合，多维度客观评价，避免“重痕不重绩”；评价方式突出对每项考点进行 ABCD 梯度评价，避免简单量化。坚持把考核结果纳入班子成员绩效考核，作为奖惩兑现、评先评优、选人用人重要依据。

（张阿阳）

【推进基层党组织标准化规范化信息化建设】 健全完善换届提醒督促、动态分析、过程把关工作机制，实现“应建必建、应换必换”；进一步梳理完善基层党组织换届程序、严肃换届纪律，建立“两个流程、四个阶段、三个报批”管理机制，全年 44 家任期届满的直属企业党委均完成换届选举。推广应用《中国石化党支部标准化规范化建设工作手册》，推行基层党支部分类定级，命名 200 个基层党支部建设示范点，明确了标准，立起了规矩，树起了标杆。组织党建专家行、优秀党支部书记示范行，重点围绕按期换届、提升班组党员力量覆盖质量、深度融合等进行督促指导，持续推进党的组织和工作高质量全覆盖。推进石化党建平台扩能升级，开发建设统战、工会、团青 3 个子系统，于建党 100 周年前夕成功上线 2.0 版本，服务对象拓展到全体党员、统战成员、工会会员、团员青年近 60 万人，完成平台大党建布局。

（张阿阳）

【部署总部党史学习教育】 制订实施《总部部门党史学习教育工作计划》，指导总部部门党组织落实 3 个阶段 3 类重点学习内容和 4 个方面重点工作安排。配发中央指定的习近平《论中国共产党历史》等党史学习教育教材 8 类 1.2 万余册。指导部门党组织落实专题民主生活会、组织生活会和专题党课安排，开展“学党章党史，庆祝建党 100 周年”主题党日。结合“七一”走访慰问，向 105 名党员颁发“光荣在党 50 年”纪念章，组织 2 名新党员代表参加中组部在北京举行的新党员代表入党宣誓活动。推动总部部门落实“我为群众办实事”重点项目 247 项。聚焦党的十九届六中全会精神，深化拓展党史学习教育，党组领导带头讲授专题党课，党员干部认真过好专题组织生活。

（王　嵩）

【发挥“第一方阵”作用】 认真组织在京党的二十大代表候选人初步人选推荐提名，确保 62 个单位所属党组织共 97 个党委、75 个党总支、1 116 个党支部、18 695 名党员全部参加推荐提名，落实国务院国资委党委“两个 100%”要求。依法开展北京市朝阳区第十七届人大代表换届工作，完成 2 804 名选民登记和 58 个选民小组划分，有序开展代表候选人遴选、考察、推荐，中国石化推荐的候选人高票当选。拨付党费 130 万元支持驻南京、扬州、郑州、武汉、张家界、瑞丽 6 个地区的 36 家企业基层一线疫情防控。紧扣“以高质量党建推动高质量发展”工作主线，每月部署总部部门党支部学习工作安排，对照以“两利四率”为主体的考核目标任务，统筹推进各项工作。

（王　嵩）

【持续推动总部党的三基本建设】 指导 14 个部门及单位党组织完成换届选举，调整 2 个部门党组织设置。发展党员 460 名，接转党员组织关系 260 名。认真落实党内政治生活制度，党组领导带头参加所在支部组织生活。举办第 2 期入党积极分子培训班，对 408 名重点发展对象进行集中培训。修订印发《直属党委工作规则》《直属党委党费收缴、使用和管理办法》《总部党建工作考核办法》，编印配发《中国石化总部部门党支部标准化规范化建设工作手册》，持续提升党务干部能力水平。开展 2020 年度总部党建考核，圆满完成中央企业党建考核迎检工作。

（王　嵩）

【持续加强总部作风建设】 召开深化作风建设“回头看”推进会，带动全系统全面深化作风建设。每季度直属党委会研究部署作风建设重点工作，结合主题党日、专题座谈，指导部门党组织贯彻落实深化总部作风建设 9 项措施，在《中国石化报》头版头条刊发《新风劲吹好扬帆》持续深化作风建设综述文章。推进安全环保领域形式主义官僚主义问题整治，定期对会风会纪、“马上就办”、文明礼仪开展“四不两直”监督检查，常态化梳理突出问题，有效落实通报曝光、教育提醒、督促整改工作机制。

（王　嵩）

【持续推进总部党风廉政建设】 推动政治监督常态化，督促总部部门落实“第一议题”制度。修订《总部部门纪检工作小组工作细则》，推动监督下沉。加强党员干部纪律和规矩教育，编发家教家风、酒驾醉驾、年轻干部违纪违法等警示案例。以“‘四个一’+日常提醒”为载体高标准高质量开展总部部门反腐倡廉教育月活动，举办预防职务犯罪警示教育讲座，组织新提任的中层副职领导人员开展集体廉洁谈话，组织党员干部结合学习内容撰写廉洁从业思想感悟。加强日常监督，紧盯中秋国庆、元旦春节等重要节假日，通过重申有关纪律要求等方式强化节前提醒，并对节日期间公务用车、公款吃喝、收受礼品礼金等问题进行监督检查，推进总部部门廉洁情况“活页夹”全覆盖。依规依纪处置问题线索，认真做好立案审查工作，全年立案 2 件，给予 1 人开除党籍处分、留用察看（24 个月）处分。

（王国庆）

统战工作

【持续完善大统战工作格局】 党组会、统战工作领导小组会专题听取统战工作汇报，研究部署统战工作年度重点任务。成立党组统战部，首次印发统战工作要点。充分发挥统战工作领导小组作用，推动各级党组织扛起统战工作主体责任、党组织书记认真履行第一责任人职责，各方面积极支持统战工作。国务院国资委党委统战部首次现场调研石化统战工作，高度评价集团公司统战工作“思想引领有板有眼、服务中心有声有色、队伍建设扎实有力、统战基础深入有效”。

（李　欢）

【开展“庆百年、爱企业、献良策、作贡献”主题活动】 在公司统战系统部署开展“庆百年、爱企业、献良策、作贡献”主题活动，紧紧围绕庆祝中国共产党成立 100 周年，紧扣改革发展中心任务，统筹组织专题学习、主题征文、主题座谈、红色教育、建言献策，激发奋进合力，巩固团结奋斗的共同思想基础。各单位结合实际，支持民主党派开展特色活动，组织统战成员瞻仰红色教育基地，开展“最美石榴籽、奋斗新时代”形势任务宣传，鼓励科研人员积极建言献策，营造了良好氛围，激发了奋进合力。

（李　欢）

【建好用好建言献策工作室】 线下深化“王新红工作室”建设。坚持政治引领求真、机制建设求实、人才培育求尖、建言献策求精，吸引党外代表人士广泛参与建言献策，围绕油田高效勘探、油气资源突破、绿色发展战略等重点领域开展课题研究，形成一批有影响力的建言献策成果。“王新红工作室”入选国务院国资委党委“中央企业永远跟党走”工作展。线上推进“同心圆”云工作室建设。依托石化党建平台建设统战子系统，开发“同心圆”云工作室，联合业务部门，围绕科技创新、人才培养等设立课题、“揭榜挂帅”，2021 年起步之年试点运行，设立课题 2 项，总体推进顺利，积累了经验。

（李　欢）

【推进统战工作规范化制度化】 修订印发《关于进一步加强和改进统一战线工作的意见》，配套制定《党员领导干部与党外人士联谊交友实施办法》，进一步推进统战工作制度化运行。强化培训交流，集团层面连续 3 年举办统战工作培训，全系统全年培训统战成员 6 680 人次。优化统战工作领导小组协调机制，提升大统战工作实效。与北京市民盟课题组座谈，交流冬奥会低碳管理及对策，介绍公司“能源至净，生活至美”理念，展示责任担当。

（李　欢）

工会工作

【开展劳动竞赛】 印发《关于开展“当好主人翁、建功新时代、岗位创一流”主题劳动竞赛的意见》，在镇海炼化召开集团公司“十四五”劳动竞赛启动暨镇海基地项目立功竞赛推进会，与中国能源化学地质工会联合开展“百城万站·卓越服务”劳动竞赛，推动“司机之家”“爱心驿站”建设。与四川省总工会、重庆市总工会、中国石油联合开展西南地区油气勘探开发“建设气大庆”劳动竞赛，助力四川盆地千亿立方米天然气产能建设。开展劳动竞赛备案评估，131 家单位申报备案 153 项劳动竞赛，镇海基地、百城万站、西南地区“建设气大庆”3 项竞赛被列入全国引领性竞赛项目库。组队参加 2021 年全国能源化学地质系统网络安全、化工行业、液化天然气操作工 3 项职业技能竞赛，获团体一等奖 1 个、二等奖 1 个，个人二等奖 3 个、三等奖 6 个。

（谢梓峰）

【推动群众性创新】 印发集团公司《关于加强职工创新工作室建设的实施意见》，组织开展“中国石化示范性职工创新工作室”评审，按照油气勘探开发、炼油化工、公用技术和市场营销三大专业，命名首批 69 个中国石化示范性创新工作室。职工创新成果不断涌现，126 项成果获评全国能源化学地质系统优秀职工技术创新成果。围绕生产经营重点难点，广泛开展“五小”、合理化建议等群众性创新创效活动，全年征集合理化建议 15.9 万余条、开展技术革新 1 万余项、取得发明专利 5 200 余件。充分发挥工会“大学校”作用，广泛开展技能培训、岗位练兵，筑牢打造知识型、技能型、创新型员工队伍坚实素质基础。

（谢梓峰）

【弘扬劳模精神】 五一前夕，在《中国石化报》头版刊发集团公司党组书记致辞《用辛勤劳动创造美好未来 以奋勇争先托起世界领先》，号召广大员工自觉肩负保障国家能源安全、引领中国石化工业高质量发展的神圣使命，大力弘扬劳模精神、劳动精神、工匠精神，为公司打造世界领先企业、更好发挥“国之大者”作用建功立业。举办“学党史、听党话、跟党走”劳模故事会，邀请5位老中青三代全国劳动模范代表，讲述他们在中国石化创业、改革发展各时期亲历的鲜活故事；在《中国石化报》、石化党建平台、中国石化职工之家微信公众号广泛宣传全国五一劳动奖章、全国五一劳动奖状、全国工人先锋号事迹，引导广大员工见贤思齐、砥砺奋进。2021年，共有7人获全国五一劳动奖章、3个集体获全国五一劳动奖状、14个集体获全国工人先锋号称号。

（谢梓峰）

【民主管理】 印发《关于在深化改革三年行动中加强民主管理工作的通知》，督促“双百企业”“科改示范企业”等改革重点单位规范履行民主程序，坚持涉及员工切身利益的重大改革事项必须经职代会审议通过。对集团公司《实施企业年金制度有关规定》、股份公司第八届监事会职工监事人选等规范履行民主程序，源头参与燕山石化飞燕环保公司和联营公司股权处置方案，保障职工合法权益。开展“职工代表有序参与公司治理路径方式”调研，为下一步完善民主管理、民主监督机制奠定基础。

（谢梓峰）

【关心关爱职工】 深化“走访”长效机制，总结推广广州石化“解决小诉求”、江苏油田“我当民情联系员”工作经验，发挥示范带动效应。开展重点企业帮扶救助工作调研，加强帮扶救助金合规政策研究，提升帮扶救助工作针对性实效性。指导各级工会常态化开展“送清凉、送温暖”“金秋助学”等活动，加大普惠制慰问力度，帮助基层改善生产生活条件。印发《关于开展“打造健康石化、争做职业健康达人”活动的通知》，督促各单位常态化开展职业健康宣传教育、员工体检体测、职业病风险排查。做好工会对口援藏工作，援助西藏班戈县总工会开展工会阵地建设项目，组织员工向甘肃东乡石化中学捐赠图书12万余册，在接续推进乡村振兴中展现工会组织责任担当。

（谢梓峰）

【文体工作】 召开集团公司文艺工作座谈会，深入学习贯彻习近平总书记在中国文联十一大、中国作协十大开幕式上重要讲话精神，明确石化文艺工作思路方向，推动石化文艺工作再上新台阶，为打造世界领先企业提供强大价值引导力、文化凝聚力、精神推动力。以庆祝建党100周年为契机，开展红歌会、文艺演出、展览等群众性主题庆祝活动近6 000场次，举办“庆祝建党100周年员工美术书法摄影展览”，出版《石化员工文学作品集》，展播微视频作品267部、音乐舞蹈作品502件，唱响“我心向党”主旋律。发挥文联体协作用，多层级开展慰问演出、体育比赛，加强“职工书屋”建设，满足员工精神文化需求。组织全系统线上健步走，超过20万人注册参加。推动健康驿站进车间、进班组，开展EAP服务，促进快乐工作、健康生活。

（谢梓峰）

共青团和青年工作

【强化青年思想引领】 印发《中国石化党建带团建工作实施方案》，五四前夕举办党史专题党课暨党组书记与青年面对面活动，公司领导集体会见团青先进典型代表，党组书记为全系统团员青年讲授党史专题党课，推动全系统党建带团建工作落地落实。高质量开展“学党史、强信念、跟党走”学习教育，举办团员青年党史学习教育主题演讲比赛、主题青年讲堂、开发建设小石青“一起学党史”答题挑战平台等做法得到团中央宣传部充分肯定。印发《深入推进青年马克思主义者培养工程实施方案》《青年英才“朝阳工程”实施意见》，全年举办中国石化“青马工程”示范班2期，培养“青马”学员3 081名。全覆盖开展团员青年思想动态调研分析，全面掌握青年思想状况，深入分析问题，提出对策建议。

（刘政序）

【助力青年岗位建功】 在镇海基地项目组建青年突击队 56 支，招募青年突击队员 1 431 名，助力项目按期高质量建成，集团公司团委首次授予 16 支参建青年突击队中国石化优秀青年突击队称号。在西北油气工区跨板块发起青年突击队竞赛，130 支青年突击队、6 645 名青年突击队员围绕“急、难、险、重、新”任务担当奉献，团中央青年发展部负责人出席授旗仪式并给予高度评价。持续抓好青年文明号、青年岗位能手创建，全年共创建全国青年文明号 11 个、中央企业青年文明号 8 个、9 名优秀青年获中央企业青年岗位能手称号。五四前夕，集团公司命名 50 个青年集体为中国石化青年文明号，授予 140 名优秀青年中国石化青年岗位能手称号、10 名优秀青年中国石化十大杰出青年岗位能手称号。

（刘政序）

【服务青年成长成才】 规范加强共青团推优入党工作，全年全系统在团员中发展党员 1 046 名，全部履行团组织推优程序。举办第二届中国石化青年科技精英赛分区赛，石化系统内院士和各领域专家担任评委，72 家直属单位 131 名青年科技人才参赛。组织开展“我为青年办实事”实践活动，健全团干部直接联系服务青年常态化工作机制，开展集团公司团委书记与团组织关系所在团支部青年面对面活动，示范带动全系统 12 061 名专兼职团干部直接联系青年 97 942 人，为青年做实事 17 949 件。全力培养选树石化青年先进典型，胜利油田物探院首席专家秦宁作为国务院国资委推荐入围的唯一一名优秀青年，获第二十五届中国青年五四奖章。

（刘政序）

【推进全面从严治团】 出版发行《中国石化团青组织标准化规范化建设工作手册》，开发建设石化党建平台团青子系统，进一步提高全系统团青工作标准化、规范化、科学化水平。主动适应总部部门团员青年分布特点，在不具备独立建团条件的 24 个总部部门创新设立青年工作组，推动组织覆盖和工作覆盖进一步创新拓展。推进直属单位团组织换届“应换必换”，加强直属单位团干部协管，举办年度直属单位团组织书记培训班，开展全层级团组织书记抓团建工作述职评议，管团治团责任进一步压实。

（刘政序）

中国石化 SINOPEC

宣传与企业文化

思想政治工作 | 企业文化建设 | 新闻宣传工作 | 品牌建设与管理 | 社会公益

思想政治工作

【持续抓好思想理论武装】 集团公司党组围绕习近平总书记“七一”重要讲话、习近平总书记视察胜利油田重要指示精神、党的十九届六中全会精神，多次开展专题学习研讨和集中研讨，组织“十百千万”分众化、互动化宣讲，带动干部员工进一步从党的创新理论中明确方向、找准路径、细化措施。下发《关于打造践行习近平新时代中国特色社会主义思想重要阵地的指导意见》，切实把习近平新时代中国特色社会主义思想落实到公司党的建设、改革发展各领域各方面各环节，转化成治企兴企的战略目标、工作举措和自觉行动。高质量推进党史学习教育，坚持动员部署有力度、学习研讨有深度、专题宣讲有广度、红色教育有厚度、组织生活有辣度、实践活动有温度、巡回指导有准度、宣传引导有热度，做到规定动作到位、自选动作出彩，激发起干部员工爱党爱国爱社会主义的热情。

（冯春艳）

【认真落实意识形态工作责任制】 集团公司党组先后于 2021 年 1 月和 6 月专题听取、研究意识形态工作，分析研判意识形态领域存在的风险，并对下一阶段意识形态工作提出明确要求。5 月 28 日，国务院国资委党委宣传部专题旁听党组中心组关于当前意识形态工作的专题学习，党组主要负责领导谈学习体会，按照上级要求再次作工作部署。年初，集团公司 22 个党建考核组分赴 142 家直属单位进行现场查验，对意识形态责任制落实情况进行重点查验，并及时提出相应改进意见和要求。下发中国石化首个《直属单位党委网络意识形态工作责任制实施细则》，抓好下属石化报社、石化出版公司出版物审核管理，压实各级网络安全责任，实行重要时期全天候现场值守机制，加强对各类媒体平台网上巡查，有效防范网站篡改、网络渗透等事件发生。

（冯春艳）

【加强改进思想政治工作】 以中央、国务院国资委《关于新时代加强和改进思想政治工作的实施意见》为指导，制定集团公司《关于新时代加强和改进思想政治工作的实施意见》及有关配套落实措施，为做好新时代员工思想政治工作提供重要制度保障。紧扣深化改革三年行动等重大部署，通过宣讲团、报告会、媒体宣传、“明白纸”等形式，加强形势任务教育和政策宣传解读，广大干部员工“四个意识”更加牢固、“四个自信”更加坚定、“两个维护”更加坚决。开展基层企业思想政治工作调研，推动员工帮助计划（EAP）助力传统思想政治工作升级，举办“一起加油”境外员工网络春晚，开展“春节 7 天暖心陪伴”“心福快车”一线行帮扶等行动，对疫情散发地区及时做好思想引导和心理疏导，凝聚起强大的干事创业合力。

（冯春艳）

企业文化建设

【概述】 中国石化以社会主义核心价值观为引领，在继承石油石化优秀传统基础上培育的企业文化，是引领支撑公司改革发展，激励干部员工攻坚克难、不断前进的法宝。

（冯春艳）

【以“为美好生活加油”作为企业使命】 坚守以人为本、家国情怀和人类命运共同体意识，坚持把人类对美好生活的向往当作企业发展的方向，致力于提供更先进的技术、更优质的产品和更周到的服务，为社会发展助力加油；坚持走绿色洁净的可持续发展道路，构建清洁低碳、安全高效的现代能源体系，为推进生态文明建设作贡献；坚持合作共赢的发展理念，在实现高质量发展的同时，为各利益相关方带来福祉。

（冯春艳）

【以“打造世界领先洁净能源化工公司”作为企业愿景】 践行“创新、协调、绿色、开放、共享”新发展理念，坚决扛起保障国家能源安全、引领中国石化工业高质量发展、担当国家战略科技力量三大核心职责，加快构建以能源资源为基础、以洁净油品和现代化工为两翼、以新能源新材料新经济为重要增长极的“一基两翼三新”产业格局，大力实施价值引领、市场导向、创新驱动、绿色洁净、开放合作、人才强企发展战略，分三步把中国石化打造成为世界领先洁净能源化工公司。

（冯春艳）

【以“人本、责任、诚信、精细、创新、共赢”作为企业价值观】 将其作为全体员工在打造世界领先企业中共同遵循的基本价值准则，作为公司经营发展过程中必须坚守的原则和标准。

（冯春艳）

【积极培育“严、细、实”的企业作风】 传承和弘扬以“苦干实干”“三老四严”为核心的石油精神和以家国情怀、求真务实、精细严谨为内涵的石化传统，努力将其贯穿到企业经营管理的全过程。

（冯春艳）

【传承石油精神，弘扬石化传统】 制定下发《关于进一步健全完善“七有机制”大力传承石油精神、弘扬石化传统的通知》，对“招聘有测评、入厂有教育、节点有仪式、培训有内容、使用有导向、身边有榜样、年度有考核”提出具体要求，推动石油精神石化传统融入干部员工职业发展全过程。

持续打造一批社会力影响力较强的中国石化传统文化教育基地，包括南京永利化学工业公司、胜利油田功勋井、北京化学工业研究院 3 个国家级工业遗产基地，五七油田会战指挥部旧址等 5 个中央企业工业遗产基地，镇海炼化展馆等 3 个中央企业爱国主义教育基地，广东石油分公司历史文化馆等 6 个中央企业红色资源网络展览项目，以及首批 10 个中国石化红色教育基地，充分发挥公司有关资源的历史文化价值，对展示中国石化的辉煌成就、彰显责任与担当、提升中国石化文化影响力传播力，发挥重要作用。

开展好向闵恩泽、陈俊武等重大先进典型和“感动石化”人物学习活动，在学习典型、宣传典型中把石油精神石化传统内化于心外化于行。

（冯春艳）

【做实企业文化，助力企业发展】 根据集团公司“十四五”企业文化建设专项规划和对标一流管理提升行动方案安排，围绕文化、文明建设和典型选树宣传修订有关制度，持续完善顶层设计，逐步深化专项文化建设，推动企业文化与业务发展、经营管理有机融合，文化管理根基日趋坚实，为中国石化打造世界领先品牌提供文化引领和支撑保障。

（冯春艳）

新闻宣传工作

【概述】 2021 年，在新冠肺炎疫情持续、能源供应持续收紧等复杂舆论环境下，中国石化主动布局新能源及“双碳”议题，持续输出绿色发展、科技攻关、抢险救灾、疫情保障、助力乡村振兴等主题议题，合力布局多媒体传播渠道，借势新型传播，着力体现企业主动求变、主动服务和积极支撑，获得舆论广泛好评。全年，中国石化境内互联网信息总量 653 748 篇（条），经营动态、绿色发展、重大工程突破、能源保供是主要正面传播议题。集团统筹以能源转型、绿色发展、重大工程、能源保供等主题议题，集中突出中国石化拥抱能源革命、呼应国家“双碳”战略、担当能源保供的大局观。

（金　珠）

【绿色低碳贯穿全年，打造扛起央企减碳重任新样板】 主动布局热点，赋能公司转型升级形象，相关报道 38 732 篇。有节奏释放“加快氢能发展”“布局 5 000 座充换电站”“提前 10 年实现碳中和”“各地创建氢能加油站”等，着力打造“油气氢电非”业务综合能源服务商形象。“我国首船全生命周期碳中和石油获得认证”“中国石化将开启我国首个百万吨级 CCUS 项目建设”等系列重磅新闻引爆行业内外。主动搭台办会强化公司拥抱能源革命的大局观。在冬奥宣传上，体现为赋能绿色冬奥，呼应国家双碳战略。

（金　珠）

【重大工程捷报频现，借势新型传播彰显硬实力】 全年极尽展现企业在工程建设、勘探开发等方面所达成的丰硕成果。策划传播胜利油田勘探获 4.58 亿吨页岩油地质储量、中原油田卫 11 储气库投产成功、建成华北最大地下储气库群、涪陵页岩气田累计产量突破 400 亿立方米等重磅议题，联合中央电视台、新华社等主流媒体，借势网络直播、自媒体短视频、微博微信新媒体平台形成全媒体组合拳，达到传播效果最优。

（金　珠）

【重大事件对外宣传构筑勇担使命形象，尽显民生担当】 抢险救灾上，面对河南特大暴雨灾害，通过新媒体实时更新加油站保供信息，率先发布“中国石化向河南灾区捐款 5 000 万元”进入微博热搜。能源保供上，有节奏释放企业保供主题信息共计 25 987 条，从中国石化在全力增产增供、保障区域供气等方面，形成 35 个亮点话题传递中国石化保供“底气”最强音。

（金　珠）

【持续打好“红色”牌，传播央企党建声音】 持续挖掘党史学习教育亮点和对外传播热点，相关信息共 9 458 篇。组织建党 100 周年系列新闻宣传，围绕集团公司党史学习教育活动、国企改革三年行动、红色人物故事宣传、感动石化人物等话题及时对外传递石化声音，抬升传播热度。围绕“我为群众办实事”，结合乡村振兴计划、社会责任报告等重大节点组织发布 2 300 个爱心加油站、健康快车、卡车司机之家、情暖驿站等稿件，收获全民价值认同。

（金　珠）

【紧盯科技攻关成果与贡献，着力强化企业科技感】 常态化围绕科技攻关、重大技术专利等方向进行阶段性传播。中国石化参与研发冬奥火炬筒身、国内碳纤维技术在上海石化获重大突破、仪征化纤研发出阻燃面料、国内首款智能加油机器人在南宁投入试运行等，利用接近民众生活方面进行接地气传播，彰显了国之重器实力与科技贡献。

（金　珠）

品牌建设与管理

【概述】 2021 年，中国石化加快构建党建铸魂、管理筑基、文化润心、品牌增值“四位一体”软实力体系，品牌建设工作不断加强战略统筹，集团品牌与业务品牌协同发展，品牌持续增值。中国石化品牌价值 263.98 亿美元，位列全球 58 位。中国石化品牌价值位列“中国品牌价值信息评价”全国第三、能源化工行业第一，品牌价值 3 085.91 亿元。

（何　洁）

【召开首次品牌建设工作会议】 中国石化以习近平新时代中国特色社会主义思想为指导，认真贯彻党中央、国务院关于品牌发展的决策部署，严格落实中央企业品牌建设指导意见，召开公司成立 38 年以来的首次品牌建设工作会议，明确将在“十四五”期间着力打造与世界领先洁净能源化工公司相匹配的世界领先品牌，助力公司高质量发展。

（何　洁）

【展示央企品牌新形象】 中国石化携手业务子品牌

参加主题为“中国品牌 世界共享；聚力双循环 引领新消费”的中国品牌日活动，展示中国石化成立38年来致力于向社会提供更洁净、更高端、更多元的能源化工产品，不断满足人民美好生活需要的品牌发展成就。中国石化“创新引领行业未来 责任创享美好生活”的品牌价值主张和“能源至净 生活至美”的品牌承诺深入人心，以党和人民好企业、负责任国际化大公司形象走进千家万户。

（何　洁）

【加强品牌建设战略统筹】 贯彻落实《中国石化对标世界一流管理提升行动实施方案》，高标准完成品牌对标工作；参照国务院国资委关于中央企业品牌建设的对标体系指标，开发公司品牌对标体系，量化考核指标，搭建考核平台，推动品牌管理工作高质量发展。召开集团公司品牌管理领导小组会议，研究部署品牌工作，审议通过5项品牌议题，加快推进品牌建设工作高质量发展。

（何　洁）

【深化品牌理念落实落地】 启动品牌标识战略储备工作，完成3轮标识设计工作；推动销售公司研究制订加油站形象升级设计方案，并试点推进。强化全员品牌意识培育，编发《以品牌定义中国石化品牌理念宣贯手册》，全系统16万人参加品牌建设与管理线上培训，通过举办品牌专刊、开展23家企业一把手谈品牌活动、印发品牌口号规范等措施，品牌理念深入人心，提升了内部品牌热度。

（何　洁）

【推进品牌试点和业务品牌价值提升】 胜利油田、镇海炼化、广东石油分公司第1批试点企业认真谋篇布局，总结经验和方法，积极探索品牌与业务融合发展，推动品牌建设从“试点”走向“示范”。通过全产业链的创新布局，用硬核科技持续打造高品质子品牌，以高度浓缩的科技含量点亮人们的美好新生活。“易捷”品牌价值达184亿元，“易派客”品牌价值达104亿元，“长城润滑油”品牌价值达87亿元，“东海牌沥青”品牌价值达14.63亿元，“中国石化机械”品牌价值达5.8亿元。

（何　洁）

【强化冬奥主题宣传活动】 以“洁净能源，为冬奥加油”作为冬奥传播主题，制订冬奥传播推广工作方案和广告投放策略，全面启动“洁净加油团”活动，围绕“716轮值主席”“冬奥倒计时”“洁净加油团”“点亮希望行动”积极开展线下冬奥营销推广活动，被北京冬奥组委称赞为轮值主席单位的典范。聚焦冬奥主题站开业、加氢站建设、冬奥俱乐部成员合作成果展示、洁净能源保障成果及公益活动等方面开展多形式宣传，提升了品牌美誉度。投放高铁电视广告、高铁冬奥品牌专列广告、地铁广告、公交广告等，宣传中国石化旗下长城润滑油、爱跑、东海沥青及天然气等权益子品牌，集中优势资源提升了品牌影响力和曝光度。

（何　洁）

社会公益

【“中国石化光明号”健康快车】 2021年，“中国石化光明号”健康快车赴河南、青海、山东三地救治白内障患者2 808人。截至年底，“中国石化光明号”健康快车累计为18个省市（自治区）共41个地区5万名贫困白内障患者免费实施复明手术，并捐建23所白内障治疗中心，配备眼科检查设备。

（鉴　编）

【情暖驿站·满爱回家】 2021年，根据疫情防控要求，集团公司以“不一样的九周年”为主题，确保疫情安全、舆情可控，实现服务不减、温度不减、宣传效果不减。广东、广西、湖南、江西、贵州5个省（自治区）238座“情暖驿站”在持续做好供应服务的同时，突出有序、安全，展现中国石化负责任大企业形象。突出坚守服务，新增“把爱捎回家”服务项目，为响应政府号召就地过年的返乡摩骑、卡车司机家属提供 1 000 份免费邮寄年货服务；增加 110 座“司机之家”服务春运期间坚守物流岗位卡车司机；服务期限从 45 天扩展到 365 天。

（鉴　编）

【爱心加油站·环卫驿站】 制定印发《中国石化“爱心驿站”建设规范与运行指导意见》，围绕改善新就业形态劳动者生产生活条件，借助现有经营网点，整合资源，科学选址，合理布局，因地制宜加快推进“爱心驿站”建设工作，按照“7+X”标准配备设施。其中，基础设施包括饮水设备、冰箱（冰柜）、微波炉、桌椅（沙发）、电风扇（空调）、小药箱、多功能电源插座与手机充电口 7 项；其他设施由各级销售企业根据需要适当拓展。截至年底，“爱心加油站·环卫驿站”累计投营 3 520 座，完成“十四五”规划目标的 44%。

（鉴　编）

【“司机之家”建设】 制定印发《司机之家推进工作指导意见》，统一形象标准，完善功能服务，解决货运司机吃饭难、休息难、洗澡难的核心痛点。提供“2+7+X”项服务功能，即在加油（气、氢）和购物基本服务功能的基础上，提供停车、休息、餐饮、加水、淋浴、洗衣、干衣 7 项核心服务功能和道路救援等 X 项辅助服务功能。截至年底，“司机之家”累计投营站数 2 178 座，覆盖全国 31 个省市（自治区）。

（鉴　编）

【全力推进乡村振兴】 集团公司总部承担甘肃东乡、新疆岳普湖、安徽岳西和颍上、湖南凤凰和泸溪的定点帮扶任务，围绕“五大振兴”，聚焦产业、教育、消费三大重点工作，投入乡村振兴定点帮扶无偿资金 1.4 亿元，帮扶县基层培训人数达 37 524 人，消费帮扶完成 10.4 亿元。投入援藏援青资金 5 154 万元。60 家直属单位承担 610 个村的帮扶任务，其中承担省级任务 99 个村。全系统派出驻村工作队 349 个、驻村干部 925 人。先后捐资 3.2 亿元援建 200 多所学校，发放助学金 2 000 余万元，资助贫困学生 2 万余名，帮助 2 300 余名小朋友参加北京冬令营、冬奥体验营等活动，走出大山看到世界。

（鉴　编）

【公众开放日】 2021 年，集团公司秉持“探秘智慧能源”主题，结合建党百年、公司发展战略、安全绿色发展等重大宣传节点、重点工作，累计举办活动 678 期，总参与人数 3 100 余万人次。其中，线上活动 130 期，参与人次 3 100 万人次；线下活动 548 期，参与人数 2.7 万人次。

（鉴　编）

【青年志愿服务】 2021 年 3 月，中国石化青年志愿服务队正式成立。各直属单位及所属单位分别组建分队、支队，广泛招募广大石化青年通过“志愿中国”平台注册成为正式队员，动员广大队员积极参与助力乡村振兴、冬奥等重大活动服务、社区志愿服务、公益奉献爱心、疫情防控等服务项目。截至年底，全系统各级团青组织共组建青年志愿服务组织 1 422 个，7.9 万余名石化青年注册成为志愿者，志愿服务时长累计超 13 万小时。

（鉴　编）

【特殊时期保供】 在全国“两会”、建党百年大庆、十九届六中全会等重大国家活动期间，做好资源滚动平衡调度，稳定装置运行，优化库存摆布，加强精准调运，坚决避免发生脱销断档现象。及时开通“绿色通道”，优先保障重大活动服务车辆及重要物资运输车辆油料及生活用品等方面的供应。

针对春耕、“三夏”“三秋”等农业生产用油需求持续增加时期，切实履行国有企业应尽的政治责任和社会责任，提前谋划、全面部署，下发专项保供通知，有效保障农业用油供应。

配合北京冬奥组委根据竞赛场馆设施、道路交通建设和交通运行规划，完成改造并投入运营 49 座加油站、29 座加气站、4 座加氢站和 200 座易捷冬奥会特许经营门店，做好赛事“油气氢服”保障工作。积极推动权益落实和品牌营销，相继推出冬奥纪念版加油卡、“爱跑”品牌焕新和易捷冰雪嘉年华等异彩纷呈的营销活动，并举办“加油冬奥、圆梦冰雪——中国石化点亮希望行动”

公益活动。

（鉴　编）

【抗灾救灾】 2021年7月，河南、河北、山西等部分地区连续发生暴雨天气，“查帕卡”台风登陆广西玉林、“烟花”台风登陆浙江台州，给南部各省带来强降雨灾害。集团公司启动专项灾害应急预案，紧急部署抗险救灾、油品保障、重点防御等工作。其中，向河南省慈善总会捐赠人民币5 000万元，用于重灾区郑州市的防汛救灾、灾后重建等工作。

（鉴　编）

【其他社会公益项目】 在香港启动中国石化“至美有你”青少年及儿童成长资助先导计划，资助香港贫穷家庭的未成年子女，免费提供学习支持和辅导课程，助力成长成才。

（鉴　编）

中国石化 SINOPEC

新闻与出版

新闻媒体

图书出版　石油石化类 | 经济管理类

新闻媒体

【概述】2021 年，中国石化各媒体包括《中国石化报》《中国石化手机报》《中国石化》杂志、石化 V 视、中国石化新闻联播（电视）、中国石化新闻网、《车友报》、中国石化报微信公众号、中国石化新闻图片网、石化新闻客户端、中国石化新闻网微博、集团公司官网、股份公司官网等，坚持以习近平新时代中国特色社会主义思想为指导，认真贯彻集团公司年度工作会议和宣传思想工作会议精神，突出庆祝中国共产党成立 100 周年主线，紧扣中国石化实施世界领先发展方略，锚定“打造有影响力的央企领先的中国石化融媒体中心”目标，坚持在岗在位在状态、用心用情用才华、出新出彩出精品，讲好中国石化“红色铸魂、绿色发展”的故事，在新闻服务、党建引领、媒体融合等多方面取得新的进步。

全年出版《中国石化报》252 期、《中国石化》杂志 12 期；中国石化新闻网累计发稿 2.6 万余篇，推出专题 84 个；石化新闻客户端发布新闻近 2 万条；中国石化报微信公众号推送文章 408 篇；《中国石化手机报》刊发 250 期；集团公司及股份公司官网累计发稿 2 510 篇，公告 452 个；中国石化新闻网微博发布信息 1 664 条（被国资小新、中国能源报、中国国际能源舆情研究中心等多次转载）；中国石化新闻联播播出 250 期 3 750 条，石化 V 视发布信息 550 余条；《车友报》出版 50 期、新媒体发布信息 710 条、制作微信海报 46 幅；中国石化新闻图片网年增图片 5.8 万余张；为总部和部分直属企业制作《百年信物 石化印记》系列视频，以及《永葆初心 永担使命》《为美好生活加油》《焦点背后的无名之辈》《大国重器顶梁柱 建功立业新时代》、“十三五”信息化工作成果展示片等 6 部专题片，参与新年贺词、各类国际会议、领导论坛讲话、重大项目申报、会议培训等音频录制 70 余次；向总部信息门户、石化党建、奋进石化等平台提供原创信息 3 000 余条。全年，各媒体总文字量 3 545 万字，总用图量 1.7 万余张，专题 810 个，日均浏览量达 91 万次。

（庞　炜）

【做好习近平总书记重要讲话精神的宣传】2021 年，中国石化各媒体及时准确报道习近平总书记重要讲话精神、报道党组传达学习重要讲话精神、报道党组重大决策部署。在建党 100 周年庆祝大会、党的十九届六中全会和习近平总书记视察胜利油田的报道中，《中国石化报》第一时间转载新华社通稿，第一时间报道党组传达学习习近平总书记重要讲话精神情况，第一时间报道石化干部员工学习盛况和热烈反响，更鲜明地把“中国石化打造践行习近平新时代中国特色社会主义思想重要阵地”的实践要求凸显出来。特别是习近平总书记视察胜利油田，各媒体全力以赴宣传报道，《中国石化报》用 4 个整版彩印作报道，各媒体浏览量超过 140 万人次。重点做好习近平总书记全国国企党建会重要讲话精神的宣传，配合完成“中国石化贯彻落实全国国企党建会精神五周年成果报告特刊”和展览工作。2021 年，《中国石化报》头版头条刊发习近平总书记重要讲话精神报道 92 篇，刊发党组学习贯彻习近平总书记重要讲话精神、部署各项工作报道 403 篇。刊发学习贯彻六中全会和总书记视察胜利油田重要指示精神推出的 9 篇评论员文章，受到读者好评。

（庞　炜）

【做好庆祝建党 100 周年的宣传】全媒体开设“奋斗百年路、启航新征程”主题栏目，多角度宣传十八大以来，在以习近平同志为核心的党中央坚强领导下，中国石化在勘探开发、优化生产、拓市增效、改革攻坚、科技创新、人才工程、从严治党等方面取得的新成绩。浓墨重彩报道庆祝中国共产党成立 100 周年活动盛况；精心策划 32 个版的建党 100 周年特刊；配合党群工作部推出《100 个先进党支部巡礼》《100 名优秀共产党员风采》专栏；开展“红色基因·石化传承”融合采访，22 名记者兵分 16 路，走进 17 个红色基地，讲述老故事、挖掘新故事；石化 V 视特别推出《唱支山歌给党听》《没有共产党就没有新中国》2 首 MV，观看量突破百万次。全年各媒体刊发相关稿件 1 200 余篇，营造了共庆百年华诞、共创历史伟业的浓厚舆论氛围。6 月 23 日，“奋斗百年路　启航新征程·第六届感动石化”颁奖典礼成功举办，人民网、新华网等 20 多家媒体进行现场报道，光明网当天直播观看量达 46.8 万人次。党组书记在集团公司庆祝建党 100 周年暨高质量党建推进会报告中指出，“感动石化”已经成为具有鲜明石化特色的党建品牌。中宣部和中国记协主办的《三项学习教育》杂志以《凝聚石化魂　提振精气神》为题对中国石化建党百年的宣传进行报道。

（庞　炜）

【做好党史学习教育的宣传】 紧紧围绕习近平总书记在党史学习教育动员大会上的重要讲话精神，结合党组对全面开展党史学习教育工作安排，各媒体开设《学党史悟思想办实事开新局》《我为群众办实事》《新思想引领新征程·红色足迹》《我心向党》等专栏，先后刊发《从历史中汲取奋进力量 在新征程上开创中国石化美好未来》等署名文章，组织《深刻认识开展党史学习教育的重大意义》《用党史学习教育汇聚奋进新征程磅礴力量》等评论，突出“学”、强化“讲”、落实“办”、抓好“巡”、用情“宣”5 个方面，通过 1 100 余篇报道，立体式、多角度展现中国石化党史学习教育的热烈氛围和经验做法。制作的党史学习教育专题汇报片得到中央企业指导组高度肯定。《我为群众办实事》栏目，聚焦党组办实事、基层支部办实事、党员办实事，突出“实”“效”二字，受到基层读者欢迎。

（庞　炜）

【做好打造世界领先洁净能源化工公司的宣传】 开设《打造世界领先洁净能源化工公司》《新能源·新材料·新经济》等栏目，聚焦三大核心职责、六大发展战略、三大产业格局，推出《大国重器·中国制造》等系列纪实报道，刊发领导署名文章和专访、院士专家访谈，对集团公司加快打造技术先导型公司、实现高水平科技自立自强、推进双碳达标落实、建设“油气氢电服”综合加能站等方面进行集中报道、深入解读、大力宣传。推出中国石化深化改革系列报道，从完善中国特色现代企业制度、健全市场化经营机制、推进产业布局优化和结构调整等方面，展现中国石化改革成效；全媒体推出镇海炼化、西北油田、浙江石油分公司“三个标杆”企业典型报道；策划深化改革三年行动《将制度优势转化为治理效能》《有效激发企业活力提升效率》等报道，营造了深化改革氛围。聚焦贯彻落实习近平生态文明思想和安全生产重要论述，充分报道中国石化守牢安全生产底线的硬招实招和生动实践。做好中国石化作为官方合作伙伴助力北京冬奥会的报道，为中国石化“党和人民好企业”的形象增光添彩，得到党组领导肯定。

（庞　炜）

图书出版

石油石化类

【《中国炼油技术》（第四版）出版发行】 国家出版基金项目、国家“十四五”重点图书出版规划项目《中国炼油技术》（第四版）于 2021 年 6 月出版发行。该书由李大东担任编委会主任，汪燮卿担任主编，全国炼油行业 200 多位专家参与编写，全书共 33 章，300 万字。该书系统介绍了中国炼油技术的进展和成果，详细阐述了原油及相关领域的加工工艺技术、清洁石油产品的生产及生产过程的安全、环保、智能化、低碳化等内容，展现了百年来中国炼油技术取得的重大成就，全面反映了中国炼油技术的总体水平。该书聚焦中国自主开发、具有自主知识产权、已实现工业化的技术，为国家经济、人民生活提供了重要的能源保障，彰显了中国炼油技术自主创新能力、在世界上的重要地位和先进水平，对中国炼油技术实现绿色低碳、转型发展等具有很强的指导作用。

（炼油化工出版分社）

【《石化工程知识体系》出版发行】 国家“十四五”重点图书出版规划项目《石化工程知识体系》于2021年8月出版发行。该书是一部完整阐述石化工程知识体系的工具书，由王基铭、袁晴棠、胡文瑞和孙丽丽4位院士担任主编。该书从概念、结构、原理和作用等多个视角对常用的石化工程知识进行全面梳理，对石化工程知识的基本概念进行哲学探讨，对石化工程管理、工艺与装备、规划、设计、采购、施工、监理、生产准备与试运行、工程竣工与后评价等全生命周期各环节的知识进行系统阐述，同时对社会普遍关注的石化工程节能环保、经济、数字化等方面的知识进行概括和提炼。该书的出版发行，有利于在中国石化工程领域建立起统一的有权威性的学术话语体系，有利于传承知识经验、提升知识价值，对夯实石化行业的发展基础、提高工程质量、培养工程人才都具有重要的理论意义和现实意义。

（炼油化工出版分社）

【《液化天然气接收站工艺与工程》出版发行】 该书集中展现中国近10年为解决温室气体排放、实现低碳工业的重要途径——液化天然气（LNG）接收站技术水平，总结、归纳LNG接收站工艺与工程技术所取得的成就，详细阐述LNG接收站工艺与控制技术、冷能综合利用技术、安全消防技术、节能与环保技术、技术经济分析、工程设计与标准化建造技术、开车与运行技术、智能站场等内容，重点介绍超大型LNG储罐技术、关键装备国产化技术及工业应用、高效节能新工艺。同时完整展现中国LNG接收站技术现状，不仅解决中国天然气供需矛盾，促进经济社会发展全面绿色转型，而且实现生态环境质量改善由量变到质变，体现“双碳”战略背景下中国创新技术水平。该书适合石油和化工行业的广大科技工作者，包括科研、设计、生产和管理等领域的专业人员以及高等院校有关专业师生阅读参考。

（炼油化工出版分社）

【《石油化工设备维护检修规程（2019版）》出版发行】 该书由集团公司、股份公司组织编写，包括《通用设备》《炼油设备》《化工设备》《化纤设备》《碳一化工设备》《电气设备》《仪表》《热电联产设备》《空分设备》《环保设备》共计10个分册。2019版增加了装置维护检修规程，规定了各装置的主要设备和专用设备的检修周期、检修项目及质量要求、检修过程管理和日常维护等内容，同时结合装置的工艺路线，介绍装置的工艺特性和危害特性，可为编制装置检修计划提供指导。新编的装置维护检修规程共计48项。2019版调整了原有的设备维护检修规程，原按照工艺名称命名的部分设备按照结构进行合并调整；删除了已经淘汰的设备和技术陈旧或经过试行证明不合实际甚至错误的内容。调整后的设备维护检修规程共计286项。《石油化工设备维护检修规程》的出版发行，能更科学地指导石油化工企业装置和设备的维护检修工作，不断提高维护检修质量和设备管理水平，以适应装置长周期运行的要求，实现企业效益最大化。

（装备与综合出版分社）

【《流程工业仪表工程师手册》出版发行】 手册由全国化工自控设计技术中心站、中国石化自控设计技术中心站等近20个单位编写，集聚石化、化工、石油行业50多位自动控制工程领域权威专家、众多仪表及控制系统制造厂商的技术骨干。手册内容系统详实扼要，立足国内外技术现状，突出新设备、新技术、新方法，能够促进自控技术人员的思维创新和效率提高，为推动中国工业自动化和信息化的深度融合作出贡献。手册内容包括过程控制基础、温度仪表、压力仪表、流量仪表、物位检测仪表、分析仪表、特殊仪表、控制阀、安全辅助仪表、人机工程设计、控制系统、网络/通信技术、应用软件、校验仪表、电源与气源、环境影响及措施、自控工程设计、仪表安装工程、自控工程设计标准、自控工程设计软件、单位及物性参数、一般资料、材料、名词术语等24章，附录为仪表制造厂通讯录，全书共计1 486页。手册还配套有网络版数据库，在数据库中可检索仪表产品样本资料、仪表安装材料、自控设计标准等资料，数据库内资料动态更新，方便自控技术人员检索相关技术资料。

（装备与综合出版分社）

【《守护绿水青山——中国石化生态文明建设的伟大实践》出版发行】 该书由中国石化能源管理与环境保护部、中国石化党组宣传部组织编写，描绘了中国石化“十三五”期间生态文明建设的历程、足迹，总结中国石化各企业在节能环保低碳方面的典型经验和做法，展示并宣传中国石化通过绿色发展取得的环境效益、社会效益、经济效益，以及履行央企责任的成就和贡献。同时，该书还对中国石化提出的要打造世界一流洁净能源化工公司和建设“一基两翼三新”产业格局作出的总体部署进行简要描述。该书内容可读性强，全彩印刷，图文并茂，非常适合各企事业单位阅读参考，同时也可作为石油石化各企业在绿色发展方面提升自我学习参考的借鉴性资料。

（装备与综合出版分社）

【《炼油装置防腐蚀技术》出版发行】 该书作者将近年来中国科研机构和炼化企业探索研发的炼油装置防腐蚀新方法、新技术、新材料进行总结，尤其对设防值评估、腐蚀适应性评估、加工高硫（高酸）原油选材方法、工艺防腐技术、防腐蚀管理平台、腐蚀监检测技术、大修腐蚀调查技术等进行梳理，编写成书。该书在介绍炼油装置防腐蚀管理、原油性质及分析表征方法、常见腐蚀类型和机理、腐蚀监检测方法、工艺防腐等内容的基础上，对常减压、催化裂化、延迟焦化、催化重整、加氢裂化、加氢处理、加氢精制、催化裂化汽油吸附脱硫（S Zorb）、制氢、润滑油生产、烷基化、脱硫、酸性水汽提和硫黄回收等 14 类炼油装置及水务、储运和火炬系统的典型工艺、易腐蚀部位和腐蚀机理、设备选材、防腐蚀对策、典型腐蚀案例等进行了详细描述。书中还附有大量腐蚀失效案例，可为企业工程技术人员提供更为详细的实践参考。该书由凌逸群主编。

（装备与综合出版分社）

【《炼化装置腐蚀风险控制》出版发行】 该书基于全过程腐蚀风险控制理念，从腐蚀机理及案例分析、腐蚀流程图、材料选择及材料流程图、工艺防腐、表面防腐、承压设备建造失效防护、腐蚀监检测、泄漏监测技术、基于风险的设计技术、腐蚀风险控制管理等，全方位、多角度论述了炼化装置腐蚀风险控制技术，涵盖了国内外腐蚀控制新理念和新技术，理论与实践紧密结合，内容详实、图文并茂、特点鲜明、可读性强，具有较高的理论价值和应用价值。

（装备与综合出版分社）

【《石油化工设备维护检修技术（2021 版）》出版发行】 该书每年出版一版，由中国石化、中国石油、中国海油、中国中化、国家能源集团总部及下属企业设备管理部门负责人组成编委会，收集了石油化工企业有关设备管理、维护与检修方面的论文，包括设备管理、长周期运行状态监测与故障诊断、检维修技术、腐蚀与防护、机泵设备、润滑与密封、节能与环保、新设备新技术应用、仪表自控设备等 10 个栏目，在加强石油化工企业设备管理，提高设备维护检修水平，确保炼油化工装置安全、稳定、长周期运行等方面发挥了重要作用，为各石化企业技术人员提供了一个设备管理与技术交流的平台。

（装备与综合出版分社）

【《地热能技术标准体系研究与应用》出版发行】 该书由中国石化集团新星石油有限责任公司专家赵丰年编写。该书从地热能产业形势、存在的问题和需求出发，全面介绍了地热能技术标准体系，详述了中石化新星绿源公司雄县人才家园地热供暖项目、黄河三角洲农业高新区南郊花园地热供暖项目、西藏当雄县羊易地热发电项目 3 个地热能开发利用标准化示范应用案例，并汇编收录 19 项能源行业地热能技术标准。该书有助于地热能行业从业人员建立完善的地热能技术标准体系，对地热能行业的高质量可持续发展及新能源的开发与利用具有一定的价值。

（装备与综合出版分社）

【《极浅海埕岛油田开发技术与实践》出版发行】 该书主要针对埕岛油田典型的复式油气聚集区，从区域基本地质特征、油气聚集及分布规律、油藏特征、开发关键配套技术及海上工程建设等方面进行系统论述，重点针对窄河流相薄储层描述、密槽口大斜度丛式钻完井、细分注水、举升工艺、海底管网统筹布局、平台延寿加固等六大难题，攻关形成 6 项关键配套技术，实现新增产能 326.7 万吨，为中国石化油气开发技术发展、原油稳产增产作出积极贡献。

（勘探开发出版分社）

【《石油战略运筹学》出版发行】 该书基于石油运筹管理理论与技术，结合大型石油运筹实践，总结回顾了近代石油工业的发展历史，重点枚举了生产生活中常见的石化产品，详细阐述了国际石油权力的内涵属性，全面总结了石油战略运筹中常用的算法理论，深入讨论了石油战略运筹技术在石油石化产业运行管理中的典型案例，并展望了石油战略运筹学的未来发展。该书将运筹学贯穿应用于整个石油石化工业链条之中，让其成为制定石油战略的根本遵循，并助力更加安全、更加经济和更加高效地勘探石油、开采石油、购买石油、运输石油、炼化石油和配送石油产品。

（勘探开发出版分社）

【《中国油气产业发展分析与展望报告蓝皮书（2020—2021）》出版发行】 该书是全面研究中国油气产业发展现状和趋势展望的分析报告，由中国石油企业协会和对外经济贸易大学“一带一路”能源贸易与发展研究中心合作完成，相关参编单位有中国石化勘探开发研究院、中国海油经济研究院等。全书共分国际篇、国内篇、合作篇、专题篇、附件 5 个部分。该书以文字分析为主，辅以必要的图表数据，分析与展望强调逻辑性、高度性、权威性，同时对产业热点问题坦率提出看法和观点，力求对相关部门和油气企业实际工作起到指导作用，对油气行业理论研究者和实际工作者均具有一定的参考价值。

［企业文化与教育出版分社（年鉴出版分社）］

【《中国石油化工集团有限公司年鉴（2021 年卷）》出版发行】 2021 年卷《中国石油化工集团有限公司年鉴》（简称年鉴）于 2021 年 12 月出版，为出版的第 27 卷年鉴，共设 27 个栏目，全面、系统地记述了 2020 年中国石化在生产经营、深化改革、科技创新和企业管理等各方面的基本情况和重大事项，图文并茂，直观反映中国石化及其所属企事业单位的新变化、新成果，为各级领导科学决策和科学管理提供依据，为中国石化内部和社会各界人士了解公司提供翔实、可靠、可鉴资料。

［企业文化与教育出版分社（年鉴出版分社）］

【《中国石油化工集团有限公司年报（2020）》出版】《中国石油化工集团有限公司年报（2020）》于 2021 年 6 月出版，分为中英文 2 个版本，主要介绍了中国石油化工集团有限公司 2020 年组织机构、科技创新、生产经营、数字化转型、企业管理、公司治理、党的建设、企业文化和社会责任等方方面面的内容，是中国石化对外交流的重要资料。该书图文并茂，数据详实、准确，是各行各业了解中国石化不可缺少的重要文献资料。

［企业文化与教育出版分社（年鉴出版分社）］

经济管理类

【《中国股权投资研究蓝皮书（23 册）》出版发行】 该系列丛书由诚通基金和广发证券联合编写，丛书梳理了 23 个大类产业、约 70 个细分行业的投资方法论，根据各行业的属性、特征，详细地总结了各行业的投研分析框架及指标体系，同时辅以大量参考案例，兼具理论指导性、体系创新性、内容普适性和行业示范性。丛书对股权投资机构投研人员建立产业投研分析思维体系、高效开展投研工作具有很强的参考价值。

（教育教材出版分社）

【《中国产权市场年鉴 2019—2020》出版发行】 该书包括行业大事记、市场述略、行业动态、业务研究、案例选编、宏观政策汇编、年度统计、附录等内容，系统而全面地阐述了 2018—2019 年中国产权交易行业的发展现状、存在的问题及未来发展方向，以及产权交易机构在产权交易资本市场及国企国资改革中发挥的重要作用和取得的成就。本年鉴是产权交易机构、相关研究者及从业者了解产权交易行业相关信息及数据的重要工具书。

（教育教材出版分社）

【《中国石化法律合规风险管理报告》出版发行】 该书由中国石化企改和法律部主编，以法律合规风险管理为主线，系统总结历年法律合规风险管理工作，分析研判需要重点关注的风险，并提出应对措施和下步工作安排。书中所引资料、数据及案例等均来源于生产经营实际，所提工作措施和安排需要在日常经营管理中落地执行。该书针对中国石化业务面广、链条长的特点，宏观与具体相结合，正文侧重面上指导，附件对各项重要业务流程的法律合规风险进行了识别、分析和评估，是企业从事法律、合规管理及风险管理人员的必读书籍，对其他经营管理人员进行经营决策、防控法律合规风险也具有较强的指导意义。

（教育教材出版分社）

【《价值传播：重大公共事件中企业价值传播》出版发行】 在抗击新冠肺炎疫情中，国资央企发挥了“顶梁柱”作用，关键时刻勇担责任的实际行动成为社会关注焦点，反映了企业精神和价值。如何在聚光灯下，讲好央企抗疫故事，通过传播价值来实现价值传播？该书解答了这个问题，从传播之“势”“道”“术”不同层面，对重大公共事件中企业价值传播实践进行了及时思考和总结，特别是以典型传播案例和一线感人故事汇聚成 29 个生动鲜活的传播实录，还原中国石化等央企抗疫传播全过程，详细归纳总结了新闻紧密服务生产中心工作，策划、发布、渠道组合的实用技巧和方法，是本稀缺的新闻策划工具书，为宣传和传播工作者提供更多的借鉴和思考。

［中经录音录像（融合出版）中心］

【《手把手教你读财报：新准则升级版》出版发行】 该书基于 2015 年初出版的《手把手教你读财报》，进行了相应的修订。首先根据过去 6 年大量读者反馈的难点和问题，重写了原准则下财报的阅读技巧，然后增补了和新准则相关的内容。该书面向毫无会计学基础知识的普通读者，尽最大可能摒弃晦涩的术语和难懂的公式，以一份真实的财报为例，阐述了财报阅读方法和排雷技巧，并侧重介绍了如何通过财报中的数据探知企业经营的状况。该书作为科普财报阅读的畅销书，语言通俗易懂，整体风格轻松幽默，宣扬理性投资、价值投资，以投资者教育为目标，有较好的社会价值。

［中经录音录像（融合出版）中心］

【《中国资本市场改革与发展三十年：上交所上市公司案例集》出版发行】 该书以国企改革、民企发展、科技创新、普惠扶贫和提升资本市场效率为视角，对上市企业进行深入分析，总结资本市场支持企业高质量发展的经验。国企改革部分突出了国企不断深化体制机制改革，建立现代企业制度，激发企业创新活力的成果；民企发展部分讲述了民企借助资本市场进行转型升级、收购兼并等成为产业龙头的经验；科技创新部分突出了资本市场助力企业创新研发，以提高产品科技含量、获得差异化优势的成果；普惠扶贫部分阐述了大型金融机构实施普惠金融和精准扶贫的具体举措，展现了其积极履行社会责任的重要成果；提升资本效率部分体现了资本市场的资源配置效率优势，为上市公司如何利用好资本市场平台做大做强提供参考。

［中经录音录像（融合出版）中心］

【《与改革同行》系列丛书出版发行】 该系列丛书站在历史的角度，从政治、经济、社会发展的方向继续回顾、总结，并对未来中国的发展进行展望。同时，丛书以年为单位，将当年所发生的重大事件、重要政策、重要文件等进行汇总，并对此进行分析，能够让读者更加深入地了解中国发展现状，可以说是一套中国经济的编年史。

［中经录音录像（融合出版）中心］

【《国务院国有资产监督管理委员会公告》（季刊）出版发行】《国务院国有资产监督管理委员会公

告》（以下简称《公告》）是由国务院国资委主管、主办的期刊出版物，国内统一刊号为 CN11-5169/D，每季度出版一期。《公告》主要刊登国务院国资委制定发布的公告、政策、规章、规定、规范性文件，以及国务院及其他部委有关国有资产监督管理的政策、法律法规和规范性文件。2003 年出版创刊，2004 年 1 月 1 日起正式向国内外公开出版发行。截至 2021 年底，《公告》已出版发行 128 期，订阅客户遍布全国 31 个省（自治区、直辖市），累计发行量 103 余万份。

[中国经济贸易年鉴社（综合出版分社）]

【《中国经济贸易年鉴 2021》（年刊）出版发行】《中国经济贸易年鉴》是由国务院国资委主管、中国经济出版社主办的期刊出版物，国内统一刊号为 CN11-4744/Z，每年出版一期。该年鉴为资料性年刊，于 2000 年创刊，已出版 21 卷。年鉴融政策性、实用性、指导性和资料性于一体，力求展示地区经济特色，突出行业发展特点，数据翔实、内容丰富。是一部详尽刊载，客观评价我国上一年度经济贸易运行状况和主要行业及企业改革与发展的大型工具书和资料性年刊，对于全面、系统地了解和掌握中国经贸改革与发展所取得的成就，研究中国经济运行和重要行业、重点企业的发展变化及其规律，对于指导下一年度的经贸工作，具有较高的参考价值。

[中国经济贸易年鉴社（综合出版分社）]

【《中国国有资产监督管理年鉴 2021》出版发行】《中国国有资产监督管理年鉴》由国务院国资委主办、中国经济出版社出版发行，自 2004 年创办以来已连续出版 18 卷。年鉴是按年度全面、系统、客观记载中国国有经济运行、国有资产监督管理体制改革和国有企业改革发展的大型资料性年刊，内容丰富、数据翔实，共设重要经济文献、国有资产监督管理概况、各省（区、市）国有资产监督管理概况、中央企业改革与发展、国有资产统计资料、国有资产监督管理政策法规选编、国有企业党的建设成果概览、大事记、附录等九篇内容，对指导、宣传中国国有资产监督管理工作及国有企业改革发展党建工作具有十分重要的作用。

[中国经济贸易年鉴社（综合出版分社）]

【《中国铁建年鉴 2020》出版发行】《中国铁建年鉴》是一部概览中国铁建系统各方面情况的综合性、资料性工具书，1993 年创刊，2020 卷为第 28 卷。全书全面、系统地反映 2019 年度中国铁建的基本概貌、改革发展、施工生产、经营管理、科技教育、党群工作等方面取得的新成果、新经验以及重要活动信息。系统体现铁建系统的全情总貌，内容翔实，数据统计资料丰富，结构完整、清晰、合理，是铁建系统重要的记载资料。

[中国经济贸易年鉴社（综合出版分社）]

【《中国石油流通行业发展蓝皮书 2020—2021》出版发行】 该书是一部全面分析和研究中国石油流通行业发展现状和趋势展望的行业报告，由中国石油流通协会、中国石油大学（北京）工商管理学院和对外经济贸易大学“一带一路”能源贸易与发展研究中心合作完成，按年度向全社会公开出版发行。该书分析了石油流通行业整体环境政策，从产业整体发展角度分析国内外石油流通行业发展现状，分析国内外宏观环境对石油流通行业的影响，同时对国内外石油流通行业未来的发展进行展望预测。针对炼油产业，成品油价格、批发、储运、对外贸易、市场需求，燃料油市场，加油站建设与经营，独立炼厂，航空煤油，石油焦以及新能源汽车等方面展开具体分析，对于理论研究者和实际工作者都具有很高的参考价值，对政府制定相关政策具有重要的参考和支撑作用。出版后相关内容被多家媒体报道，受到专业认可以及收到良好的社会效果。

[中国经济贸易年鉴社（综合出版分社）]

【《中国石化团青组织标准化规范化建设工作手册》出版发行】 为进一步提高集团公司和青年工作标准化、规范化、科学化水平，集团公司团委办公室组织部分直属单位团委，结合集团公司实际，编写该书。该书主要分为两大部分：第一部分是工作流程指南，主要包括团组织团干部协管工作、团支部标准化规范化建设工作、青年工作组织设置运行工作等进行工作流程的梳理和重点内容的讲解，注重实用性，将日常工作的每一个流程、工作内容、工作要点等归纳总结，并配有流程图，方便使用者查询，还配有部分材料的模板，方便读者使用；第二部分是中国石化“青字号”品牌特色案例和基层团支部优秀工作法案例介绍，收录各支部的真实案例，逻辑清晰，表达清楚，可以给其他单位的团组织工作提供借鉴。该书内容切合团青工作实际，较全面地阐述团青工作的工作要求和工作流程，图文并茂，方便查阅和学习。全书提供 70 多个工作模板，并可通过扫描二维码直接下载使用，提高工作效率，体现团青工作的标准化、规范化。

[中国经济贸易年鉴社（综合出版分社）]

【《中国石化工会组织标准化规范化工作手册》出版发行】 为进一步深入贯彻习近平新时代中国特色社会主义思想特别是习近平总书记关于工人阶级和工会工作的重要论述，不断提高工会工作标准化、规范化水平，集团公司工会工委依据相关法律法规和制度规定，结合集团公司实际，编写该书。该书主要着眼于具体操作层面，从工会组织自身建设、维护职工权益、促进企业发展、竭诚服务职工等方面，对基层组织管理、职工代表大会、厂务公开、劳动竞赛、创新工作室建设、帮扶救助、文体活动等方面工作提出工作要求、明确工作流程、提供了常用模板，具有较强的针对性、指导性和实用性。

[中国经济贸易年鉴社（综合出版分社）]

【《中国石化工会组织特色工作案例和优秀工作法》出版发行】 在促进企业发展、服务职工群众的工作实践中，集团公司各级工会组织与时俱进、开拓创新，坚持问题导向，注重工作实效，形成很多好经验、好做法，塑造大量具有石化特色、在系统内外有较高知名度和影响力的工会工作品牌，形成集团公司工会工作百花齐放、满园春色的生动局面。为展示工作成绩，促进相互学习，实现共同提高，集团公司工会工委开展工会特色工作案例、优秀工作法征集活动。征集到的工作案例 176 个、工作法 269 个，经专家评审，优中选优，最终确定将 20 个特色工作案例、30 个优秀工作法，集结成册，形成该书，打造既满足国家对工会工作的要求又满足中国石化工会管理要求的好书。

[中国经济贸易年鉴社（综合出版分社）]

【《中国油气与新能源产业发展报告（2021）》出版发行】 该书围绕世界油气产业和新能源产业发展变化，对后疫情时代的全球经济、石油产业、天然气产业、氢能产业、风电产业和低碳市场等进行深刻剖析，旨在观大势、谋新局，为行业人士和研究人员提供更多专业思考，发现国内外油气市场当前和未来发展的特点与问题，提出关于全球油气市场与产业发展的中国观点。该书秉持高质量、高水准、高品质的理念，突出内容精品、行业权威、深度分析、趋势预测的特点，是全面及时了解石油产业发展形势的年度资讯类产品。该书得到中国社科院和北京大学能源研究所的大力支持，将油气行业从产学研三个维度进行剖析，对当前中国油气产业市场有一个客观的评价，并提出问题，更重要的是给出可行性解决办法及对未来产业的发展预测。

[中国经济贸易年鉴社（综合出版分社）]

中国石化
SINOPEC

企事业单位

油气和新能源板块 | 炼油和销售板块 | 化工和材料板块 | 资本金融和支持板块

油气和新能源板块

胜利油田

【概况】 胜利油田是中国石化集团胜利石油管理局有限公司（简称胜利石油管理局）和中国石油化工股份有限公司胜利油田分公司（简称胜利油田分公司）的统称，主要从事石油天然气勘探开发、地面工程建设、油气深加工、矿区服务与协调等业务。工作区域分为东西两部分，东部主要分布在山东省东营、滨州、德州等 8 个市 28 个县（区）内及海上辽东东地区，主体部分位于东营市，包括渤海湾盆地的济阳、昌潍等 5 个坳陷；西部主要分布在新疆、青海、甘肃、宁夏 4 个省（自治区），涉及准噶尔、吐哈等 6 个盆地。胜利油田本部位于东营市济南路 125 号。

胜利油田是在 20 世纪 50 年代华北地区地质普查和石油勘探的基础上发现并发展起来的。1961 年 4 月，位于东营构造上的华 8 井首获工业油流，标志着胜利油田的发现。1964 年 1 月，中共中央批准组织华北石油勘探会战，胜利油田勘探会战和开发建设拉开序幕。1972 年 8 月，改称胜利油田会战指挥部。1989 年 8 月，更名为胜利石油管理局。1998 年 6 月，国家进行石油石化重组，胜利油田由原中国石油天然气总公司划归集团公司。2000 年 5 月，中国石化整合上市，将油田勘探开发核心业务组建成立胜利油田有限公司。2006 年 1 月，变更为胜利油田分公司。2017 年，进行公司制改造，成立胜利石油管理局。

截至 2021 年底，胜利油田有直属单位 58 个。其中，胜利石油管理局有直属单位 23 个，胜利油田分公司有直属单位 35 个。用工总量 95 368 人。发现油气田 81 个，累计探明石油地质储量 56.35 亿吨；投入开发油气田 74 个，累计产油 12.70 亿吨。

胜利油田主要技术经济指标和主要生产建设指标分别见表 1 和表 2。

（武超伟　宋占魁　兰　峰）

【贯彻落实习近平总书记重要讲话指示精神】 2021 年 10 月 21 日，习近平总书记视察胜利油田期间发表重要讲话，从保障能源安全、加快科技创新、推进绿色发展、确保安全生产、弘扬石油精神、做好群众工作 6 个方面作出重要指示，深刻阐明事关石油石化行业长远发展的根本性、方向性、全局性问题，为油田企业立足新发展阶段、践行新发展理念、融入新发展格局、推动高质量发展，提供科学指引，注入强大动力。胜利油田党委第一时间组织传达学习、深入研讨，制定《贯彻落实习近平总书记重要讲话指示精神主要措施及责任分工》，从用习近平总书记重要讲话指示精神统一思想、切实提高政治站位、勇于担当作为，加大勘探开发力度、夯实效益稳产基础，集中资源攻关关键技术、支撑高效勘探、效益开发，推进节能减排、加快新能源产业发展，强化 HSE 体系建设、提高风险管控能力，强化党建思想文化引领、凝聚推动高质量发展的智慧力量，坚持优势互补资源共享、谱写油地融合发展新篇章等 7 个方面明确 28 项主要措施，完善责任体系和落实机制，定期督查督导，推动各级经常对照、精准贯彻、落实落地，以实际行动践行“两个维护”。

（兰　峰）

2021 年 10 月 25 日，胜利油田党委理论学习中心组举行（扩大）会议，学习贯彻习近平总书记在深入推动黄河流域生态保护和高质量发展座谈会重要讲话及视察山东重要指示精神（夏兆明　摄）

【高质量勘探】 2021年，胜利油田加大风险勘探、预探力度，深化基础研究、潜力认识，向深层、超深层页岩油拓展发力，强化地质工程一体化，探井成功率52%，取得5个油气新发现、4个商业发现的勘探成果。新增探明石油地质储量6 949.65万吨、控制石油地质储量8 276.28万吨、预测石油地质储量5.30亿吨。济阳页岩油实现历史性突破，完钻的渤页平5井、牛斜55井、牛斜124井等获高产油流，首次上报预测储量4.58亿吨。东部探区博兴洼陷沙四段页岩油、济阳坳陷致密油、桩海东部新层系和博兴洼陷红层取得新发现，展示东部老区较大增储潜力。在东营凹陷、滩海地区和惠沾化凹陷发现规模储量阵地。东部探区新增探明石油地质储量4 520.07万吨、控制石油地质储量4 159.61万吨、预测石油地质储量5.16亿吨。西部探区在柴达木盆地马海东地区取得新发现，准噶尔盆地车排子地区发现规模储量阵地，新增探明石油地质储量2 429.58万吨、控制石油地质储量4 116.67万吨、预测石油地质储量1 492.67万吨，进一步夯实西部上产资源阵地。

（侯　飞）

【博兴洼陷沙四段页岩油取得油气新发现】 2021年，胜利油田加强页岩油基础研究与技术攻关，在博兴洼陷北部断阶带部署的樊页平1井取得成功，峰值日产油171吨，截至2021年底，累计产油1.40万吨，首次实现济阳坳陷页岩油专探井商业产能突破，上报预测储量3.84亿吨，为建设胜利济阳陆相断陷湖盆页岩油国家级示范区奠定资源基础。

（侯　飞）

【准噶尔盆地车排子地区石油勘探取得商业发现】 2021年，胜利油田细化车排子东翼石炭系断裂体系和成藏规律研究，提出走滑断层梳状输导新样式，深化"主断层控藏、硬壳封盖、断溶体富集"油气富集规律认识，拓展石炭系勘探领域，部署钻探的排742井、排743井、排744井、排745井在石炭系均获得高产，新增探明石油地质储量1 740.44万吨、控制石油地质储量1 088.07万吨。开展新近系沙湾组砂体分布规律与油藏精细解剖，重新认识砂体发育规律与油藏类型，部署钻探的排652井在沙湾组再获突破，新增探明石油地质储量689.14万吨，进一步拓展车排子地区商业增储新阵地。

（侯　飞）

【效益开发】 2021年，胜利油田落实集团公司党组决策部署，全力推进七年行动计划和"十四五"规划实施，聚焦增加SEC经济可采储量，推动高效产能建设，夯实老区稳产基础，加快关键技术创新，提升油藏经营管理水平，油田开发各项工作高效推进，完成年度开发生产经营任务。生产原油2 340.30万吨、天然气6.27亿立方米，新增SEC储量4 240万吨，储量替代率186%。聚焦提产能、增效益，创建新模式、引进新技术，勘探开发一体化落实效益建产阵地，地质工程一体化优化提升方案质量，效益建产规模不断扩大，完钻各类开发井1 058口，新建（增）产能157万吨。聚焦提能量、控含水、降递减，加大稳产基础长效投入，加强精细注采、热效管理、化学驱增油，强化停产停注井和双低单元治理，加快水驱流场调整、低渗压驱、稠油降黏复合驱、高温高盐非均相驱、海上二元驱等提高采收率新技术攻关应用，开发技术指标进一步改善，自然递减率控制在9%以内，稠油油汽比0.66，化学驱年增油保持在100万吨以上并呈回升态势，综合含水率稳定在93%以内。

（李豪浩）

2021年10月22日，胜利油田莱113二氧化碳注入现场（王国章　摄）

【页岩油开发评价取得新突破】 2021年，胜利油田按照"分类评价、突出重点、试验先行、示范引领"的思路，坚持"勘探开发、地质工程、技术经济、探明建产"一体化，以牛庄、博兴、渤南、民丰等洼陷为重点，编制完成《胜利济阳陆相断陷湖盆页岩油国家级示范区》方案并通过国家能源局审批。加快关键核心技术集成攻关，推进页岩油开发评价，针对不同类型页岩油部署的牛页1-1HF井、牛页1-2HF井、丰页1-1HF井等多口开发评价井，采用长井段水平井密切割组合缝网压裂技术顺利投产，峰值油当量均超百吨，证实济阳页岩油勘探开发潜力。采用“多层楼大平台立体开发”模式，推进樊页平1井、牛页一区两个井组先导试验，探索胜利济阳页岩油效益开发配套技术，建成产能6.40万吨。

（李豪浩）

【新能源产业发展】 2021年，胜利油田充分发挥人才、技术、土地等整体优势，建立油地企合作、市场化运行机制，打造综合能源服务联合体、加快项目高效建设，组建合资公司壮大产业阵地，构建形成新能源产业发展运营模式和多能互补开发利用方式。年内，投产光伏发电、地热余热项目48个、供热量25万吉焦，新增光伏装机规模106兆瓦，胜利油田分公司直接用能新能源占比8%。

（兰 峰）

【专业化发展】 2021年，胜利油田瞄准行业领先、国际一流目标，持续完善“管理中心+技术服务项目部”模式，细化落实减亏措施，加大技术研发应用，实施装备改造升级，对内深挖潜力，对外精耕市场，井下作业、注汽、发电、供电、运输、应急救援、技术检测、物资管理配送等专业化单位生产实效、工作质量、经营创效水平实现整体提升。

（宋占魁）

【经营创效】 2021年，胜利油田坚持全流程全方位降本增效，推进投资成本一体化联动，统筹实施“十四五”盈亏平衡目标规划，细化经营创效目标分解落实，成立十大挖潜增效项目组，推动主业全面提效、系统优化增效、板块合力促效和内外部挖潜创效。完善价值核算、价值评价、价值激励机制，强化亏损子企业、管理区、专业化单位治理，搭建物资贸易、地面工程、信息运维等创效载体，全级次子企业、亏损管理区全面盈利，亏损专业化队伍全部完成扭亏减亏目标，年内实现挖潜增效36.20亿元。

（杨荣才）

【QHSE管理】 2021年，胜利油田以安全生产专项整治三年行动为统领，全面落实双重预防机制，推进风险管理样板工程建设，开展“百日安全无事故”等专项行动，强化井控、海上、承包商、危险化学品等重点领域监管，建立约谈、新任职领导干部安全述职等制度，实施全员安全生产“大学习大培训大考试”，安全应对多年未遇的黄河秋汛洪峰，完成“平安护航百年大庆”任务，安全生产形势总体稳定。强化职业病危害因素检测和健康查体，抓好常态化疫情防控，在职员工新冠肺炎疫苗全程接种率96.36%，胜利工区实现零疫情。以更高标准、更严要求抓好环境保护，推动能源监测全覆盖、排放物监测全天候，加强水气土监测，抓实全系统降能耗、减损耗、控物耗、减排放，强化固体废物处理、臭氧防治、水土资源化利用，开展注采输主要耗能系统全流程节能技改，建成国内首个油田企业能源优化管控中心，实施35个能效提升项目，加快电动化进程，强化碳资产管理，氮氧化物、挥发性有机物减排4%以上，能耗总量和强度下降3%以上，碳排放量下降4.20%以上。加快“大地面”优化简化，推进分水站高效分水、中心站集中处理，实现短流程全密闭，综合能耗下降50%，劳动定员缩减61%，经济效益大幅提升。

（于福寅）

【改革管理】 2021年，胜利油田坚持以改革促管理、增效益、提效能，深化改革三年行动重点任务完成95%以上，厂办大集体企业清理、“两非”剥离任务全面完成，对标一流管理提升行动扎实有效。持续深化油公司建设，聚焦油藏经营价值最大化，推进机制配套、流程优化、制度重构一体化建设，油田层面业务流程由182支优化为160支，配套制度由392件整合为240件，界面清晰、运行高效，管理区层面自主优化内部组织架构，探索项目承包式经营管理，经营效益、运行效率、管理效能整体提升。市场化运营全面推进，深化完善市场化运营管理平台和价格体系，配套合同管理、竞争比选、优质优价风险结算等运行机制，推行区域资产统筹经营，加大自营工作量减少外委，鼓励拓展优质外闯项目，中高端市场项目占比提升至50%。加快构建新型后勤服务管理体系，推进油地融合协调、后勤服务管理、关心关爱员工服务平台建设，协调地方统筹推动移交业务发展，做好市政设施移交收尾，退休人员社会化管理服务等工作平稳接续，完成27个生产站点维修和4个片区改造提升，建立区域员工服务中心，推动87项员工服务事项就近办、网上办、一站办，整体促进管理提效、服务提质、环境提升。

（兰　峰）

【科技创新】 2021年，胜利油田统筹发展需求和创新资源，加大科研投入、完善激励机制、培育创新生态，推动基础理论研究、核心技术攻关、成果转化应用，创新发展动力不断增强。勘探上，断陷盆地精细勘探、复杂隐蔽地质体成像及描述等理论技术深化应用，全节点高密度地震勘探关键技术实现重大突破，推动勘探新认识新发现；开发上，高温高盐油藏化学驱等技术取得重大进展，非均相复合驱等技术应用规模持续扩大，提高老油田采收率；页岩油赋存及流动机理、甜点评价预测、复杂缝网压裂等技术取得新进展，钻探产量超1万吨，支撑页岩油勘探开发。深化应用“两化”融合技术，推进智能油田试点建设，建成油田云服务体系，研发随钻井震分析等大数据应用技术，构建完善“数据＋平台＋应用”信息化建设新模式，提升生产管理运行效率。加快应用安全绿色技术，加强关键设施隐患防控与消除、甲烷及挥发性有机物减量治理、光伏＋多能互补等技术攻关推广。年内，开展课题研究559项，其中国家级2项、集团公司级132项；申请专利676件、获授权467件；获国家级科技奖励2项、中国专利金银奖各1项、省部级科技奖励18项。

2021年4月13日，胜利油田召开“百年胜利展望”科技创新论坛，中国科学院、中国工程院院士，高等院校教授等近百名专家学者参加论坛（王国章　摄）

（宋占魁）

【建设国内首个百万吨级CCUS示范工程】 2021年7月5日，中国石化启动中国首个百万吨级CCUS项目——齐鲁石化—胜利油田CCUS（二氧化碳捕集、利用、封存）项目建设，将齐鲁石化捕集的二氧化碳运至胜利油田进行驱油封存，实现二氧化碳捕集、驱油与封存一体化应用。胜利油田强化二氧化碳捕集、利用与封存全产业链技术研究与规模应用，加快建设国内首个百万吨级CCUS示范工程，截至2021年底，胜利油田建成注入站10个，注入二氧化碳9.40万吨，实现驱油提高采收率和减排降碳双重效果。

（兰　峰）

【人才工作】 胜利油田坚持人才第一资源战略地位，纵深推进人才强企工程，2021年，8人被聘任为集团公司高级专家、6人被聘任为集团公司技能大师；选聘胜利油田首席专家7人、高级专家102人、业务部门油田专家27人、直属单位首席专家53人、高技能岗位人员615人；3人被评为全国技术能手，2人被评为石化名匠，21人被评为集团公司技术能手，1人被评为东营市突贡专家。胜利油田被评为山东省人才工作先进单位。年内，博士后新进站11人、引进系统内和社会成熟人才14人；接收毕业生450余人，其中博士和硕士占65%以上，“双一流”建设高校和国外院校占比41%。强化高层次人才聘后管理，修订印发胜利油田专家管理办法，搭建专家作用发挥平台，实施专家联系基层工作，组建4个高层次专家攻关组，推动专家作用有效发挥。强化以赛促培，胜利油田获全国行业井下作业工竞赛暨中国石化注水专业业务竞赛两个团体第一，个人3金、3银、4铜的成绩。加大对基层一线、优秀人才和年轻人才支持力度，不断拓宽评审绿色通道。2021

年，胜利油田申报通过正高级职称 43 人，评审高级职称 899 人，技能人员晋升特级技师 38 人，高级技师 125 人，技师 398 人，高级工 4 485 人。

（马圆圆　梁晓东）

【和谐稳定】 2021 年，胜利油田深入抓实“我为群众办实事”实践活动，广泛开展全员岗位创新创效行动，扎实做好一人一事思想政治工作，常态化推进“走基层、访万家”、EAP 等工作，依托“胜利职工 e 家”、区域员工服务中心开展线上线下普惠服务，建立退休人员“双重关爱”新机制，精准做好困难帮扶，累计发放救助金、慰问金（慰问品）、互助金 9 986 万元，互助保障计划覆盖 13.70 万人，整合意外伤害和重大疾病保障计划覆盖 8 万人。推进平安油田建设，深化民主管理，拓宽诉求表达渠道，强化矛盾纠纷排查化解，开展油区治安专项整治，做好特殊时期安保维稳工作，巩固和谐奋进局面。

（宋占魁）

【国企政治优势】 2021 年，胜利油田坚持强根固魂抓党建、务实创新融合强党建，发挥引领、保障、支撑作用，推动党的政治优势转化为企业发展优势。持续深化思想政治引领，深入学习贯彻习近平新时代中国特色社会主义思想，抓实“第一议题”制度，深入开展党史学习教育，完善形势任务教育常态化运行机制，以油田发现 60 周年为契机，系统总结宣传发展成就和历史贡献，培育弘扬“爱国、创业、创新、开放”的新时期胜利价值观，凝聚干事创业合力。融合宣贯落实党建“三基本”工作手册和基层管理“三册”，推进一体式党建和“三基”考核，夯实基层党建和基础工作。持续优化各级领导班子结构，强化优秀年轻干部培养选拔，推进经理层成员任期制和契约化管理，加大高层次专家和高技能人才选聘力度，完善精准奖励激励措施，激发队伍活力。全面提升“大监督”实效，深化完善“五位一体”大监督体系，健全落实“六督联动”机制，推行监督部门、业务部门“双重督导”，加强生产经营重点领域、关键岗位履职监督和“三务”公开常态化督查，强化审计监督，推进依法合规经营，专项整治形式主义官僚主义，政治生态和管理生态持续向好。

（杨荣才）

表 1　　胜利油田主要技术经济指标　　亿元

指标名称 \ 年份	2021	2020	2019	2018	2017	2016
工业总产值	564.28	576.63	806.67	854.79	688.53	605.16
工业增加值	526.95	300.03	508.24	587.56	376.11	248.96
资产总计	1 573.74	1 591.98	1 639.36	1 234.83	1 414.71	1 660.67
流动资产	56.00	49.32	60.90	151.75	162.01	160.25
固定资产原值	4 220.01	4 059.60	3 923.35	3 822.30	3 801.52	3 705.45
固定资产净值	901.69	934.62	955.91	991.64	1 153.24	1 444.09
销售收入	883.78	664.85	838.99	888.50	797.27	591.19
实现利税	148.69	−25.48	142.79	84.40	−123.49	−139.14
税金（费）	157.12	102.17	141.72	191.61	151.33	112.84
综合能耗①/ 吨标煤·万元 $^{-1}$						
胜利石油管理局	3.057	3.376	3.534	3.649	3.758	3.763
胜利油田分公司	0.464	0.269	0.298	0.308	0.308	0.313

① 2021 年产值计算采用 2020 年不变价，2016—2020 年采用 2010 年不变价计算

表 2 胜利油田主要生产建设指标

指标名称 \ 年份	2021	2020	2019	2018	2017	2016
原油产量 / 万吨	2 340.30	2 340.11	2 341.51	2 341.00	2 341.61	2 390.19
天然气产量 / 亿立方米	6.27	5.68	4.88	4.80	4.07	4.04
新增原油生产能力 / 万吨	157.00	152.00	155.39	144.30	115.60	68.43
新增天然气生产能力 / 亿立方米	1.22	0.97	1.02	0.49	0.68	0.31
新增探明石油地质储量 / 万吨	6 949.65	5 760.65	4 644.29	2 502.61	3 458.90	2 989.19
新增探明天然气地质储量 / 亿立方米	10.83	24.92	13.78	7.52	11.95	6.94
二维地震 / 千米		301.00	959.00	819.00	431.00	888.32
三维地震 / 平方千米	1 637.00	1 999.00	2 258.00	1 066.00	1 375.00	964.49
石油钻井 / 口	1 140	1 335	1 441	1 318	1 043	676
钻井进尺 / 万米	321.65	328.74	339.58	300.39	240.62	157.30
勘探投资 / 亿元	69.73	57.91	56.45	37.83	37.47	32.37
开发投资 / 亿元	121.74	105.91	129.12	101.94	74.42	44.99

中原油田

【概况】 中原油田是中国石化集团中原石油勘探局有限公司（简称中原石油勘探局）和中国石油化工股份有限公司中原油田分公司（简称中原油田分公司）的统称，实行一体化管理。主要从事石油天然气勘探开发、工程技术服务、油气销售等业务，主要勘探开发区域包括东濮凹陷、川东北工区和内蒙古探区。

1975 年发现中原油田，1979 年投入开发。1982 年 3 月，成立中原石油勘探局。2000 年 1 月，重组为上市和非上市两部分，上市部分称为中原油田分公司，非上市部分称为中原石油勘探局。2012—2013 年，完成石油工程专业化重组暨社区管理体制调整。2017 年 11 月，中原石油勘探局进行公司制改制，更名为中原石油勘探局有限公司。截至 2021 年底，中原油田资产总额 398.73 亿元，净资产 143.67 亿元，负债总额 255.06 亿元，负债率 63.97%。设置中层机构 64 个，其中机关职能部门 22 个、直属单位 42 个，用工总量 3.99 万人（含合资公司员工 8 633 人）。其中，中原油田分公司设机关职能部门 20 个、直属单位 24 个，用工总量 28 155 人（含合资公司员工 4 707 人）；中原石油勘探局设置机关职能部门 2 个、直属单位 18 个，用工总量 11 782 人（含合资公司员工 3 926 人）。

2021 年，中原油田有油气资源探矿权、采矿权 42 个，面积 1.85 万平方千米。其中，探矿权 12 个，面积 1.68 万平方千米；采矿权 30 个，面积 1 691.55 平方千米。完成勘探投资 7.91 亿元，上报控制石油地质储量 252.43 万吨、天然气地质储量 213.57 亿立方米，预测天然气地质储量 259.62 亿立方米。全年探明石油地质储量 440 万吨、天然气地质储量 110 亿立方米；生产原油 125.39 万吨、天然气 69.45 亿立方米，油气当量增长 7%，生产硫黄 185 万吨、增长 6%；收入 197.22 亿元、增长 22%，净利润 3.4 亿元、增加 12 亿元；安全生产扭转被动局面，经营业绩创“十三五”以来最好水平，92 项集团公司考核指标全面完成。提报 2 项国家科技重大专项需求，申报 1 项集团公司重大项目，获省部级科技进步奖 8 项，申请专利 155 件，涉外专利实现零突破。坚持拓市创效，“中原气服”“中原服务”实力增强，全年新增项目 97 个、合同金额 1.72 亿元，184 个项目盈利、增长 27.6%，中原油田被评为国家 AAA 级信用企业。在全国和集团公司业务竞赛中获 4 金、5 银、5 铜，金牌数保持上游板块第 1 名。

中原油田主要技术经济指标和主要生产建设指标分别见表 1 和表 2。

（李　丽）

【油气高质量勘探多领域获突破】 2021 年，中原油田按照集团公司“七年行动计划”战略部署，聚焦川东北陆相致密气页岩气、海相岩溶气与东濮页岩油、内蒙古岩性油藏等重点领域，开展地震勘探、区带评价、目标论证。其中，陆相页岩气、海相岩溶气取得重要突破，老君构造获商业发现，通南巴须家河组发现工业气流，开辟规模增储新阵地；深化老区研究，东濮老区新增探明石油地质储量 213.64 万吨，内蒙古探区新增探明石油地质储量 226.84 万吨，效益增储空间进一步拓宽。全年完成各类探井 12 口，新获工业油气流井 10 口，勘探成功率 58.80%，提升 12 个百分点；全年探明石油地质储量 440 万吨、天然气地质储量 110 亿立方米。中原油田完成的“普光探区海相新层系天然气勘探重要突破”“川东北通江—马路背地区须家河组天然气勘探重要商业发现”“普光地区天然气勘探商业发现”3 项成果获集团公司油气勘探重大发现奖。

（张　雨）

【原油精准开发保持稳定】 2021 年，中原油田加大滚动勘探力度，老区实现增储增效。东濮老区文 72 南块、庆南潜山等“三新”领域落实可动用储量 300 万吨以上，内蒙古探区白音查干发现厚油层，评价及建产重点进一步明确。加强区块目标管理，开发指标持续改善。“一块一策”实现全覆盖，治理单元年产提升 8.80%，措施有效率在集团公司国内上游“星旗榜”两度摘星，自然递减率下降至 8.08%。抓实“四提”“五化”工作，工程技术有效保障。生产运行持续优化，工作计划、作业队伍集中统一安排，重点工程地面地下同步设计、同步实施，开发井平均运行周期同比缩短 10%，中原油田“四提”“五化”工作在集团公司国内上游“星旗榜”摘得两星。

（张　雨）

【天然气高效开发稳产上产】 2021 年，中原油田天然气高效开发稳产上产。普光气田产能保持稳定，实施续建井投产 5 井次，新建接替产能 4.88 亿立方米；老君区块实施试气，落实天然气储量 72 亿立方米，跟踪部署动用地质储量 60.40 亿立方米，新建净化气产能 2.97 亿立方米；拓展滚动增储新区域，评价普光西负向区、大湾 4 井区天然气储量 119.60 亿立方米；配套形成“井筒热洗 + 化学溶硫 + 机械除硫”综合治理技术，实施治硫措施 180 井次，恢复气量 2.10 亿立方米。通南巴区块效益稳步提升，优化马 1、马 2 块二期开发方案，采用长井段水平井开发对策，优化压减井位 1 口，全年生产天然气 3 347 万立方米，同比增长 189.50%。加强东濮气藏精细管理，利用低成本措施挖潜剩余气层气潜力，加大溶解气生产管理，确保集气率稳中有升。截至年底，中原油田生产天然气 69.45 亿立方米，探明天然气地质储量 6 066.84 亿立方米，动用天然气地质储量 3 868.83 亿立方米，核定每年生产天然气能力为 71 亿立方米。中原油田完成的“普光气田老君区块高效滚动项目”“大湾北 405 井区高效开发项目”2 项成果获集团公司天然气高效开发二等奖。

（陶　岚）

2021 年 3 月 22 日，清储 1 井施工现场

（白国强　摄）

【普光探区茅口组岩溶天然气勘探取得突破】 2021 年，中原油田加大普光探区茅口组二叠系勘探力度，基于储层类型和成藏条件分析，建立茅口组二段“滩 + 不整合岩溶规模连片”储层发育模式，

采用波形描滩体、反演描储层、相干描裂缝，精细刻画茅口组岩溶圈闭64个，其中宣汉南洼、宣汉北洼、清溪场、分水岭4个集中连片区落实有利圈闭面积210平方千米、资源量1 121亿立方米。按照“探规模、拓场面、老井台提效、水平井提产”要求，部署实施宣汉1井、清溪2平1井。其中，宣汉1井日产天然气5.10万立方米，上报预测含气面积103.63平方千米，预测天然气地质储量259.62亿立方米；清溪2平1井日产天然气10.32万立方米。

（陶　岚）

【普光探区海相天然气勘探取得商业发现】 2021年，中原油田通过深化普光探区海相长兴组—飞仙关组礁滩相研究，丰富礁滩体类型。长兴组由单一台缘礁丰富为台缘礁、台内礁、礁间滩等多种类型，飞仙关组由单一台缘颗粒滩丰富为隆间延伸型、岩隆遮挡型和台内潮下滩3种滩体类型。通过精细刻画老君地区长兴组—飞仙关组礁滩体展布，部署实施老君4井，在长兴组—飞仙关组测井解释气层50层215.20米，证实长兴组—飞仙关组礁滩体储层发育模式。对飞一二段6 222—6 290米井段11层42米气层进行酸化试气，12毫米油嘴、50毫米孔板放喷，日产天然气141万立方米，无阻流量221万立方米，证实老君构造带整体含气，新增探明含气面积4.56平方千米，申报探明天然气地质储量67.91亿立方米，普光探区海相天然气勘探取得商业发现。

（徐　玮）

【普光探区侏罗系页岩气勘探取得突破】 2021年，中原油田加强普光探区陆相页岩气地质勘探，综合评价认为侏罗系千佛崖组是页岩气发育的有利层系，存在页岩气和致密砂岩气2个勘探领域，其中页岩气资源量6 503亿立方米、致密气资源量1 234.5亿立方米。部署实施首口页岩气风险探井普陆页1井，完钻井深5 041米，水平段长1 431米，气测显示全烃最高88.69%，均值9.68%，解释气层1 493米，孔隙度1.8%—6.3%；采用“一段一策＋多段多簇密切割＋多级双暂堵＋定向射孔＋一体化变黏防膨滑溜水”压裂工艺，对水平段分23段111簇压裂，初步求产获日产天然气10.4万立方米、原油1.90立方米，取得陆相页岩气勘探重大突破。针对页岩气层系内致密砂岩部署实施普陆4井，采用水平井簇射孔体积压裂，总液量32 560.7立方米，加砂1 548.2立方米，注酸388立方米，14毫米油嘴放喷，日产天然气28.28万立方米，取得致密砂岩气勘探突破。

（徐　玮）

【首套国产高抗硫完井工具现场应用成功】 2019年，普光分公司与四机赛瓦公司组成联合攻关项目组，实施高含硫气井完井工具国产化相关工作，历时15个月成功研制出国产高抗硫完井工具，使中国石化高含硫气井采气工程装备国产化率提升至98%以上，形成具有完全自主知识产权的高含硫气田开发技术。2021年，首套国产高抗硫完井工具在普光305-3T井成功应用，标志着中国石化攻克高含硫气井完井工具瓶颈技术，国内高含硫气田关键装备国产率持续提升。

（李　丽）

【中国石化首个兆瓦级电解水制氢示范项目启动】 2021年9月1日，由中原油田牵头，大连石油化工研究院、广州工程公司、青岛安全工程研究院联合攻关的中国石化首个兆瓦级电解水制氢示范项目启动。该项目实施后，将形成中国石化独有的风光电多能源制氢高效耦合稳控技术、绿氢制备关键技术、绿氢示范工程建设方案及运维技术、绿氢制备装置安全控制技术，填补中国石化绿色制氢空白。截至2021年底，该项目完成主设备订购及原二氧化碳和酸性水汽提装置拆除。

（李宁侠）

2021年12月20日，中国石化首个兆瓦级电解水制氢示范项目施工现场（全　江　摄）

【“十三五”国家重大专项——“高含硫气藏安全高效开发技术（三期）”项目及所属 6 个课题通过国家综合绩效评价验收】 2016 年 9 月，“十三五”国家重大专项——中原油田分公司承担的“高含硫气藏安全高效开发技术（三期）”项目开题论证立项，该项目主要解决 4 个难题：普光、元坝气田储层类型复杂，实现长期稳产难度大；硫析出对气田开发影响大，国内外缺乏成熟的理论技术；高含硫气田中后期安全环保风险持续增高，安全管控更困难；大型高端装备存在“卡脖子”风险，必须实现国产化等技术挑战。历时 5 年，完成任务合同书规定的研究任务及经济、技术指标，形成 2 项理论模型，取得 11 项关键技术，研发 7 项高端设备及仪器（其中静态磁聚焦套变检测仪为原创设备），实现普光、元坝气田稳产期延长 3 年，增加可采储量 225.58 亿立方米，采收率提高 6.09 个百分点，关键装备比国外同类产品价格下降 50.30%—74.60%。2021 年 6 月 17 日，该项目及所属 6 个课题的工程技术、财务、档案一次性通过国家综合绩效评价验收。

（李宁侠）

【中原油田储气库群建设情况】 2021 年，中原油田推进储气库群建设。坚持深化研究技术标准，固化形成 20 项储气库建设标准，有效提高建设质量。坚持“四提”“五化”标杆引领，平均建井周期缩短 14.8 天，固井质量优良率 100%，标准化设计覆盖率 90%，撬装化率 96%，全生命周期成本下降 10%。坚持从严加强安全环保，开展“三类四级”评估，强化现场监督与视频监控，严格直接作业环节、承包商安全监管，联合开展施工质量专项检查，保证储气能力建设安全和质量。完成卫 11 储气库、文 13 西储气库、清溪储气库、白 9 储气库 4 座储气库建设任务，新增储气能力 11.89 亿立方米，1 亿立方米工作气量投资比由 1∶5 下降至 1∶3。其中，白 9 储气库是国内第一座凝析气藏提高采收率协同储气库；清溪储气库是中国石化第一座超高压碳酸盐岩裂缝型储气库；卫 11 创国内同类型储气库建设周期最短纪录，投产直播创中国石化新闻宣传新高。

（陶　岚）

2021 年 10 月 18 日，中国石化在中原油田新建的卫 11 储气库建成投产，标志着中国华北最大的天然气地下储气库群——中原储气库群成功投产（赵奕松　摄）

【科技创新能力持续增强】 2021 年，中原油田瞄准应用油气先进技术新定位，落实打造技术先导型企业新任务，研发投入强度 1.90%，超集团公司平均水平 0.92 个百分点，提报 2 项国家科技重大专项需求，申报 1 项集团公司重大项目，获省部级科技进步奖 8 项，申请专利 155 件，涉外专利实现零突破。整合科技信息职能，推进数字化业务管理和技术研究分离，调整科研院所考核政策及方式，创新科研队伍管理、项目运行机制，加强联合攻关与技术交流。为激发科技人员潜能，提升科技创新效能，中原油田开展重点科技项目“揭榜挂帅”试点工作，其中“东濮老区污水低成本处理技术”研究项目由水务分公司、石油工程技术研究院、濮城采油厂联合攻关团队揭榜。加大 10 项关键核心技术、13 项“卡脖子”技术攻关力度，强化“十项重点工程”运行管理和优化调整，储层预测、目标优选、数值模拟、酸压改造等技术攻关取得显著进步。深化普光智能气田示范工程，全面上线经营创效、安全管控等 10 个决策支持平台，加快 4 个信息化工程建设，为转变生产运行方式、提高全员劳动生产率创造条件，中原油田被评为集团公司信息和数字化工作先进单位。

（张　雨）

【中原油田首个“余热＋光伏”综合利用新能源项目开工建设】 2021 年，中原油田以新发展理念贯彻落实“碳达峰碳中和”要求，探索油气集输站光伏发电、油水余热等新能源综合利用项目，助力企业绿色低碳发展新格局。12月17日，中原油田首个“余热+光伏”综合利用新能源项目开工建设。该项目使用采油污水余热作为低温热源，以热泵提升温度后替代原油和清水加热炉，利用站内空置场地和屋顶安装光伏发电单元为热泵提供电能，装机总容量1.30兆瓦。

（张　雨）

【中原油田首座应用自主知识产权软件的自动化污水处理站投运】 2021年，中原油田持续推进污水处理站自动化改造，科技人员针对工控系统维修由第三方完成，无法保证根据工艺流程变化及时更新，不利于长期安稳运行难题，自主设计编制工控程序，根据生产工艺流程，重构自动化操作控制系统，实现对设备仪器仪表远程监测、控制、预警、处置等功能。12月25日，在中原油田濮东采油厂桥口采油管理区桥口污水处理站，污水处理加药自动化控制系统完成自主维修并顺利投运。该站成为中原油田首座应用自主知识产权软件的自动化污水处理站，标志着中原油田掌握污水处理工控关键技术。

（张　雨）

【安全环保管理基础更加夯实】 2021年，中原油田坚持安全发展、绿色发展理念，不断完善责任落实、能力提升、风险管控、隐患治理、监督检查、应急处置、考核问责“七项机制”，深化安全生产专项整治三年行动、“五查五严保安全”专项行动和绿色企业行动计划，安全环保形势保持总体稳定。注重职业危害因素识别防范，全力保障职工健康权益。从严从紧落实疫情防控措施，实现外防输入、把握有力。加强公共安全联防联控，“两特两重”时期保持平安稳定。深入实施黄河、长江流域生态环境保护，严格落实“2+26”城市大气污染防治要求，大力开展臭氧层防治、泥浆不落地治理，从严甲烷减排、能效提升“双碳”措施，绿色生态环境持续改善。完善质量管理体系，制（修）订企业标准42项，实施基建等9项质量提升工程，决策、设计、物资、工程等全生命周期质量管理不断加强。中原油田全面推进HSE管理体系建设，获上游板块HSE体系审核第三名。加强隐患治理项目和作业现场标准化管理，严抓承包商安全监管，“1号”风险有效管控，连续8年被评为全国“安康杯”竞赛优胜单位，获集团公司安全生产先进单位称号。

（张　雨）

【改革管理综合能效持续提升】 2021年，中原油田推进“三项制度”改革，加强精益管理。优化机构调整，推进两级机关部门、直属单位机构整合；剥离采油厂准备业务及外部项目，完成采油管理区“一室一中心”建设。建立对标管理体制和运行机制，中原油田组织管理效能位列集团公司国内上游第4名，扭转长期落后的被动局面。建立以经营业绩、可持续发展为重点的绩效考核指标体系，突出用好总经理奖励、专项奖励，推进“三增”行动等专项考核，实现考核向科研、生产和苦脏累险岗位倾斜。推进中原石油勘探局转型，“四供一业”及其他办社会职能分离移交全面落地，优化调整水务、通信、车辆等专业化单位职能定位，经营业务收入增长3%。加强生产组织集中统筹和一体化运行，在系统内实现“三大计划”信息上线，计划匹配度、运行效率、管控能力全面提升。强化预算牵引、成本管控、标准化采购，全年挖潜增效6.60亿元。全面深化“三定”工作，动态调整部分岗位基本薪酬，引导人力资源向创效和紧缺岗位流动，人工成本利润增长28.30%。强化经营风险管控，招投标、合同管理等行为依法合规，10项重大风险、20项重要风险实现化解或降级，国家审计署和集团公司审计发现的14项问题销号清零。深化建章立制工作，实施制度“立改废”176项，制（修）订130项，废止不适用制度46项，中原油田制度压减12%，依法合规治企能力增强。截至2021年底，中原油田完成集团公司下达的32项改革任务，在中国石化国内上游“星旗榜”评比中摘得1面红旗、19颗红星。

（徐　玮）

【党建工作质量实效全面提升】 2021年，中原油田坚持提高政治站位，高标准高质量推进党史学习教育，落实“我为群众办实事”667项，积极争取集团公司政策支持，解决一批长期想解决而没有解决的历史问题。加强党的政治建设，严格落实党的政治建设重点措施55项，精准开展政治监督和3轮党委巡察，发现整改问题134个。深化思想宣传工作，组织形势任务集中宣讲、“传承石油魂”等实践活动820场次，评选宣传劳动模范、感动油田人物等典型360余人，普光科技展览馆被授予中国石化红色教育基地称号，杜莉获评全国五一巾帼标兵。加强干部人才队伍建设，把素质测评作为基层级干部选拔前置程序，加大干部队伍梯队建设，40岁以下中层干部占比15%。推进人才强企战略，以全体起立、竞争上岗的形式选聘专家138名。提升基层党建质量，研究出台《关于基层党建与生产经营“四同四提”融合互促的实施细则》，开展“党旗在基层一线高高飘扬”活动，创建党员责任区3 179个，全面推行党员佩戴徽章臂章。狠抓党风廉政建设，完善“大监督”工作运行机制，围绕招投标、专利使用等开展专项治理，持续开展安全环保领域形式主义官僚主义专项整治，针对窦让林违纪违法案件暴露问题开展警示教育、以案促改。做实维护稳定工作，深化“走基层、访万家”长效机制，发放各类救助金、慰问金3 677万元，解决信访问题160余件，强化油区治安综合治理，狠抓防范和处理邪教工作，实现全国“两会”、庆祝建党100周年等时期油田整体稳定。扎实履行社会责任，开展甘肃东乡教育帮扶、四川宣汉贫困帮扶，助力万源革命老区用上管道天然气。全力支援鹤壁、新乡洪涝灾区抗洪抢险，树立良好社会形象。

（李宁侠）

【中原油田发布“十四五”发展规划】 2021年10月20日，《中原油田“十四五”发展规划》（简称《规划》）发布，《规划》由1个总规划、7个子规划构成。总规划主要包括油气勘探开发、外部市场、储气库建设和新能源发展方面的内容。子规划包括安全生产、节能环保、深化改革、人力资源、创新驱动、财务及价值引领、党建工作方面的内容。按照《规划》部署，“十四五”期间，中原油田聚焦发展定位，推进“一主两服三优”工作布局，强化“6个更加突出”，重点实施“10项重点工程”，助力中原油田“十四五”规划目标的全面完成。

（陶　岚）

【中原油田获国家级企业信用评价AAA级信用企业称号】 2021年，中原油田加强质量诚信体系建设，树立讲诚信、重质量、守信誉、负责任的国有企业良好社会形象。完善公共服务质量管理体系，并通过质量管理体系认证。根据转型发展和市场开发需要，建立完善公共服务标准体系，助力服务质量提升。坚持分层次、多方法质量诚信管理专项人才培训，累计培养国家注册质量体系审核员83人、精益六西格玛绿（黑）带76人、质量工程师13人、国家级QC诊断师45人，为中原油田全面可持续高质量发展提供人才支撑。开展QC小组活动，探索精益六西格玛管理，不断提高运用质量管理工具解决问题的能力，有效改进服务质量、改善经营绩效、提高客户满意程度。以“全国质量月”“中国石化‘4·7’质量日”活动为载体，宣传普及质量诚信文化，将诚实守信、持续改进、创新发展、追求卓越的精神转化为广大员工行为准则。2021年4月，中原油田获中国工业合作协会颁发的国家级企业信用评价AAA级信用企业称号。

（陶　岚）

【中原油田应急救援中心获首届全国应急管理系统先进集体称号】 中原油田应急救援中心主要担负中原油田东濮老区、普光气田、内蒙古探区三大油气生产基地和24万名职工家属消防安全保卫任务，以及国家重特大危化品救援增援和油区驻地市县、乡镇生产生活消防救援增援任务。截至2021年底，应急救援中心执行生产动火、大型会务活动监护1.5万次，排查整改火灾隐患6 784处，成功处置普光气田清溪1井特大井喷。参与四川汶川地震、四川雅安地震、四川达州好一新特大火灾、河南洪灾等社会应急救援任务8 239起。完成国家安全生产应急救援队伍建设实施纲要、危化救援应急队伍训练大纲、危化救援员培训教材及国家安全生产应急救援队伍教育培训“十四五”规划编制，举办国内各类危化品应急救援实训508期3万余人。先后承办全国“安全生产月”启动仪式石油化工装置及罐区灭火实战演练、国家级油气井喷实战演练、河南省工会“建功新时代主力军行动”现场推进会等重大活动。2021年11月4日，在首届全国应急管理系统先进模范和消防忠诚卫士表彰大会上，国家危险化学品应急救援普光队（中原油田普光应急救援中心）被授予全国应急管理系统先进集体称号，是全国石油石化行业唯一受表彰的队伍。

（李　丽）

表 1　中原油田主要技术经济指标　亿元

指标名称＼年份	2021	2020	2019	2018	2017	2016
企业总产值①	186.07	145.85	169.58	140.06	157.64	124.13
企业增加值①	91.95	72.96	67.38	65.83	68.34	58.33
资产总计	398.73	380.98	416.44	279.24	334.97	370.33
流动资产	63.80	31.25	43.28	39.28	41.98	40.65
固定资产原值	391.55	392.00	384.97	359.36	398.72	396.88
固定资产净值	101.79	125.89	134.65	137.09	170.06	203.53
销售收入	199.38	127.91	151.97	149.84	174.05	154.40
实现利税	20.79	8.72	0.54	9.83	–31.95	–91.44
税　金	20.63	14.51	18.26	20.79	21.59	27.08
综合能耗②/ 吨标煤・万元 $^{-1}$						
中原石油勘探局	0.09	0.10	0.24	2.32	0.53	0.56
中原油田分公司	0.66	0.59	0.60	0.60	0.56	0.48

①中原油田分公司企业总产值 / 增加值即工业总产值 / 增加值
② 2018 年数据为工业综合能耗，其他年份数据为综合能耗

表 2　中原油田主要生产建设指标

指标名称＼年份	2021	2020	2019	2018	2017	2016
原油产量 / 万吨	125.39	125.11	124.00	125.34	126.42	146.67
天然气产量 / 亿立方米	69.45	64.05	70.68	65.62	59.76	39.97
新增原油生产能力 / 万吨	8.03	10.20	9.55	7.74	5.71	0.40
新增天然气生产能力 / 亿立方米	4.88	4.62	2.93	1.05	3.97	0.12
新增探明石油地质储量 / 万吨	570.03	305.18	236.82	643.07	0	0
新增探明天然气地质储量 / 亿立方米	12.40	31.60	72.46	10.20	0	0
二维地震 / 千米	0	0	0	190	150	0
三维地震 / 平方千米	224.00	0	31.00	63.00	254.00	427.00
探井①/ 口	25	24	25	17	17	9
开发井①/ 口	23	37	31	14	13	0
勘探投资 / 亿元	9.72	7.22	7.99	6.82	5.73	3.72
开发投资 / 亿元	14.32	14.79	16.55	11.31	9.04	5.14

①探井、开发井均为完井口数

河南油田

【概况】 河南油田为中国石化集团河南石油勘探局有限公司（简称河南石油勘探局）和中国石油化工股份有限公司河南油田分公司（简称河南油田分公司）的统称。其前身组建于1972年5月1日。1998年，河南油田由中国石油天然气总公司划归集团公司。2000年1月，河南石油勘探局和河南油田分公司分设分立。2012年9月—2013年9月，河南油田钻井公司、物探公司、油建公司等7个二级单位完成石油工程专业化重组，划归石油工程公司管理。2017年9月，中国石化集团河南石油勘探局改制更名为中国石化集团河南石油勘探局有限公司。

河南油田是以油气生产为主，集油气勘探、开发、精蜡化工、施工作业、辅助生产和社会服务于一体的国有大型Ⅰ类企业；矿权范围地跨河南省南阳、驻马店、周口、漯河，陕西省咸阳、铜川、延安和新疆维吾尔自治区巴音郭楞蒙古自治州、伊犁哈萨克自治州9个市（州）。本部设在河南省南阳市宛城区油田五一路中段，其所属新疆采油厂位于新疆维吾尔自治区巴音郭楞蒙古自治州焉耆回族自治县城。截至2021年底，河南油田有探矿权区块11个、面积4 268.84平方千米，采矿权区块8个、面积2 074.66平方千米。油气资源总量13.62亿吨，发现16个不同类型的油气田，累计探明石油地质储量3.94亿吨、天然气地质储量129.89亿立方米，投入开发16个油气田，累计生产原油9 110.47万吨、天然气31.18亿立方米。

河南油田实行河南石油勘探局、河南油田分公司—二级厂（处）—管理区（大队）三级管理体制。截至2021年底，河南油田设管理部门17个、机关直属机构5个、二级单位17个，其中河南油田分公司下属10个、河南石油勘探局下属7个。有110个管理区（大队）基层单位。有党委18个，其中河南石油勘探局和河南油田分公司单位党委17个、移交单位党委1个，基层党总支25个，党支部299个（含直属党支部1个）；党员5 835名，其中在职党员5 453名、非在职党员382名。有合同制员工1.07万人（河南油田分公司0.71万人），其中具有教授级职称的63人、高级职称的2 353人、中级职称的1 872人、初级职称的1 076人；享受政府特殊津贴5人，集团公司突出贡献专家10人，获闵恩泽青年科技人才奖15人，学术、技术带头人10人。高层次技术、技能人才112人，其中高层次技术人才84人（集团公司高级专家1人、河南油田首席专家5人、高级专家17人、专家61人）、高层次技能人才28人（集团公司技能大师2人、河南油田首席技师3人、主任技师23人）。

河南油田主要技术经济指标和主要生产建设指标分别见表1和表2。

（郭运平　韩　伟）

【完成油气生产任务】 2021年，河南油田新建产能9.36万吨，落实商业开发储量212.20万吨。生产原油114.30万吨（三采区块26.40万吨），其中老井自然产量103.14万吨、新井产量4.47万吨、措施增加产量6.69万吨。生产天然气8 192万立方米，其中溶解气2 632万立方米、气层气5 560万立方米。年末综合含水率94.26%，自然递减率13.84%，稠油热采吞吐油汽比0.17。

（韩　伟）

【控制储量完成情况】 2021年，河南油田计划新增控制储量500万吨，实际完成新增控制储量513.59万吨（油当量），完成年计划的102.72%。其中，石油地质储量302.33万吨，技术可采储量27.21万吨；天然气地质储量22.12亿立方米，技术可采储量2.66亿立方米；凝析油地质储量27.50万吨，技术可采储量3.22万吨。新增储量地区：下二门油田泌453井井区古近系核桃园组油藏、凝析气藏，划分为4个计算单元，新增计算含油面积6.92平方千米，凝析气藏含气面积8.11平方千米。

（郭运平）

2021 年 12 月 28 日，河南油田重点探井安棚 2HF 井压裂施工现场（赵　亮　摄）

【能源化工生产】 2021 年，河南油田能源化工加工原油及原料油 25.24 万吨，生产特种蜡 17.04 万吨，销售特种蜡 16.66 万吨，实现经营收入 11.88 亿元，盈利 288.34 万元。综合商品率 96.84%，加工损失率 1.10%。炼油能耗 47.53 千克标油 / 吨，单位能量因数耗能 10.43 千克标油 / 吨。开发特种蜡新产品 6 个：NYTZ-102 号复合蜡、NYTB-210 号包裹蜡、NYTZ-306 号复合蜡、NYTM-201 号木材专用蜡、NYTP-202 号皮革专用蜡、环保型助燃材料专用蜡。特种蜡产品达 42 个品种、133 个牌号。

（韩　伟）

【科技创新】 2021 年，河南油田推行“揭榜挂帅”，组建一体化攻关项目团队 10 个，激发科研创新活力。开展科技攻关项目 88 项，其中集团公司级 28 项。完成科技项目 27 项。“普通稠油油藏聚合物驱效益开发关键技术及示范工程”获河南省科技进步奖三等奖，“特超稠油系列原位催化改质降黏技术研究与应用”获湖北省科技进步奖三等奖。申请专利 120 件，其中发明专利 55 件；获授权专利 96 件，其中发明专利 30 件。

（郭运平）

【安全环保管理】 2021 年，河南油田加强 HSE 管理体系建设，修订 E 版《HSE 管理体系手册》，深化基层“422”（“4”：HSE 管理手册、HSE 作业指导书、岗位行为安全手册、HSE 综合记录，“2”：基层 HSE 风险清单、基层 HSE 隐患清单，“2”：岗位风险控制卡、应急处置卡）试点建设，健全完善 HSE 管理体系。开展“百日安全无事故”“五查五严”保安全专项行动，明确各级责任，落实管控措施，平安护航百年大庆。加强风险隐患“双清单”（风险清单、隐患清单）管理，实现 138 项安全风险整体受控，河南油田级风险总值下降 14%，消除宝浪油气混输干线、宝浪轻烃压缩机等高风险隐患。建立“3531”（三类问题剖析、五个回归溯源、责任倒追三级、每月记分考核曝光）问题追踪模式，加强承包商管理和直接作业环节管控，拆除新闻中心 142 米电视塔、能源公司 4 座总重 327 吨高塔等设施，整改文体中心等建筑外墙隐患，实现全年安全生产无事故。推进绿色企业行动，完成危险废物处置中心建设、王集古城地区风力发电、南阳基地地热建设等重点项目 149 项，投资 5 652 万元进行锅炉加热炉低氮改造，治理腐蚀管网，推广应用环保围堰、橇装一体化油泥水分离技术。获集团公司绿色企业复核考评 A 档（优秀）和节能环保先进单位称号。

（韩　伟）

2021 年 3 月 22 日，河南油田采油一厂绿色环保生产的 J3112 井井场（庞先斌　摄）

【保效增效】 2021 年，河南油田加强油气增收、油气开发、电费管控、非生产性支出等 10 个保效增效项目的运行管理，降本增效 3 亿元。油气增收项目组采取弹性销售原油、提高原油商品率、加大天然气和液化气增销力度等措施，油气销售增收增效 2 100 万元。油气开发项目组加强不同类型油藏化学驱替方式、驱油剂筛选评价研究，优化方案和配方体系，精益管理注入段塞结构、段塞量，减少化学剂用量 1 432 吨，节约费用 725 万元。电费管控项目组以控制源头产出液为基础，加大用电设备间开、错峰用电措施实施力度，加强配电线路网损管理，减少电量消耗 1 245 万千瓦·时，节约电费 697 万元。燃料费用管控项目组精细注汽调整，优化注采参数和注汽组合，推广应用组合吞吐、水平井均匀注汽等技术，减少无效注汽 9.80 万吨，节约费用 1 960 万元。财务费用管控项目组加强资金“分灶”管控，提升资金使用效率，压缩支出 4.50 亿元，节约财务费用 1 821 万元，连续 6 个月经营现金流正流入。非生产性支出项目组落实精文减会，压减办公消耗，从严控制、减少各类公务出差，非生产性费用比预算节约 455 万元。

（郭运平）

【工程建设】 2021 年，河南油田完成工程项目投资 13 亿元，其中河南油田分公司完成投资 12.62 亿元、河南石油勘探局完成投资 3 829 万元。河南油田分公司重点项目完成南阳、泌阳、春光区域勘探钻井 30 口、钻井进尺 6.98 万米；完成魏岗、古城、下二门、春光等区块产能建设钻井 104 口、钻井进尺 17.59 万米，建井 104 口，产能 9.36 万吨；完工投用“采油二厂燃气锅炉低氮燃烧改造工程”“采油二厂电驱注氮设备配套优化工程”“原油应急装车设施建设工程”“双河油田双河区低效注水系统节能改造工程”“下二门注聚站水质提升工程”“春光油田注汽管网完善工程”“春光油田春 10 转油站采出水回注工程”“宝浪联合站轻烃压缩机隐患整改工程”；开工建设“采油二厂井古区域注水系统调整完善工程”“采油二厂加热炉环保节能改造工程”“采油一厂魏岗联合站 VOCs 治理工程”“采油一厂加热炉环保节能改造工程”“井楼油田八区注汽系统保干改造工程”。河南石油勘探局重点项目完成“含油污泥无害化处理建设工程”“下二门矿区光伏发电项目”“河南油田变电站光伏发电项目”“江河 110 千伏变电站综自系统设备更新工程”，开工建设“下二门作业大院区域光伏变电站建设工程”“双河区域井场作业防渗膜清洗建设工程”。

（韩　伟）

2021 年 4 月 16 日，河南油田采油二厂稠油联合站 4 号罐原油处理系统调整完善工程施工现场（单朝玉　摄）

【节能工程】 2021 年，河南油田以“绿色低碳”为核心，围绕转方式调结构、提质增效升级工作要求，加强节能技术推广应用，落实节能技术措施项目，丰富节能降碳手段，在机采、注水（聚）、注汽、集输、公用等系统，推进注、采、输一体化，实施“优化注采调整、降低无效排液”“优化改造低效注水泵，提高机组运行效率”“精细掺水优化，减少掺水消耗”等节能技术措施项目 28 项，节约能量 1.09 万吨标煤，减少碳（二氧化碳当量）排放 1.56 万吨，完成节能目标。

（郭运平）

【新能源发展】 2021 年，河南油田坚持新能源产业与油气生产协同发展，发挥资源优势，加强宏观政策和产业政策研究，布局和推进新能源产业发展。编制完成《河南油田新能源发展初步分析报告》《河南油田光伏发电总体实施方案》《河南油田“十四五”碳达峰碳中和行动方案》等研究报告和《河南油田光伏发电开发利用管理规定（试行）》。分析新能源产业发展形势，明确新能源产业发展方向及重点，提出河南油田“十四五”新能源整体部署安排，按照“一年开新局、两年快推进、三年成规模”的“三步走”战略，计划至“十四五”末，构建实现适合河南油田发展、经济效益良好、多种能源协同互补发展的新能源开发利用模式。2021 年安排新能源项目 20 项，实施建设 6 项，年降本增收约 1 100 万元，新能源产业发展走在集团公司上游企业前列。

（韩　伟）

【精益管理】 2021 年，河南油田导入精益管理先进理念和方法，构建“全链条赛跑、全流程优化、全节点把控”推进机制。通过“理论学习 + 专题试讲 + 课题实践”方式，开展培训 48 场次、培训 3 100 余人次，精益人才梯队建设初见成效；通过

EMBP 异常管理工具，暴露企业管理问题，实现处置流程标准化、过程进度目视化、主体责任清晰化、问题分析数字化，提升干部、员工发现问题、解决问题的能力；在试点单位推广流程优化工具，形成应用课题 8 个。通过层层贯彻落实精益管理，完成对标提升目标 96 项，超额完成年度计划。

（郭运平）

【外部市场开发与管理】 2021 年，河南油田外闯市场按照“提规模、调结构、增效益、扩用工”工作思路，不断开拓外部市场，产值和外闯市场人数创历史新高。实施各类项目 233 项，完成产值 6.03 亿元，外部市场用工人数 2 522 人。其中，工程技术服务板块产值 1.47 亿元，增加 3 100 万元，增长 26.72%；产品销售板块产值 2.12 亿元，增加 1.22 亿元，增长 135.56%；劳务输出板块产值 1.63 亿元，增加 2 100 万元，增长 14.79%；社会服务板块产值 8 100 万元，增加 1 400 万元，增长 20.89%。海外市场完成“乍得 BC 区块、莫桑比克 M 区块技术经济可行性评价”“肯尼亚 Aries 项目技术经济可行性评价”工作；市场新签合同额 1 426 万元；实施各类项目 7 项，海外市场用工 66 人。

（韩　伟）

【泌阳凹陷深层致密砂岩油气勘探成果】 2021 年，在 2020 年部署的安深 2 井取得泌阳凹陷致密砂岩勘探突破后，加强深层系基础研究，通过“构造特征、沉积特征、储层评价标准”再认识，向东预探梨树凹深层，部署的泌 453 井试获工业油气流，向东、西北复试深层老井，泌 395 井、泌 280 井均试获工业油气流，新增控制储量 514 万吨。环凹带深层致密砂岩的发现，突破“深层致密砂岩储层物性差、非均质性强，难以有效成藏”传统观念的束缚，展现环生烃中心致密砂岩储层“横向连片、纵向叠合、整体成藏”的态势，初步落实有利勘探区面积 120 平方千米，储量规模 5 000 万吨，拓展东部老区增储空间。

（郭运平）

【油田开发成果】 2021 年，河南油田部署滚动评价井 18 口，完成年度计划的 150%；落实可动用地质储量 232 万吨，完成年度计划的 135%。落实开发潜力，开展剩余油精细描述及高耗水条带识别，精细描述油藏开发单元 8 个，覆盖地质储量 3 111 万吨，部署新井 26 口，新建产能 3.24 万吨。开展开发全流程优化（优化方案部署、注采参数、井场和井身轨迹），降低建井、采油成本，实现少井高产，28 个开发方案平衡油价由优化前的 60—70 美元降低至 40 美元。开展非均相复合驱提高采收率技术攻关，形成波及能力强、驱油效率高的非均相复合驱油体系，在双河Ⅳ 1-3 层系应用，增加控制储量 390.40 万吨，阶段增油 1.76 万吨；对正注聚单元采取过程调剖、耦合注采、分层动用等措施，实现三采增油量 10.97 万吨，增加 2.70 万吨。

（韩　伟）

【技术推广应用】 2021 年，河南油田推广应用小断块油藏聚合物驱优化调整技术，阶段增油 1.70 万吨，提高采收率 0.40 个百分点；集成应用化学防腐防垢、微生物防腐等 7 项技术，现场实施 356 井次，节约作业成本 521 万元；泌阳老区实施压裂改造技术，压裂 21 井次，工艺成功率 100%，阶段增油 5 100 吨；王集油田 7 个井组应用复杂断块调驱技术，调驱剂成本降低 45%，阶段增油 2 000 吨；稠油热采区域实施组合治理技术，现场试验 29 个井组、140 井次，阶段增油 4 500 吨，综合含水率下降 1.50 个百分点。

（郭运平）

【聚合物驱区块复合解堵技术】 2021 年，河南油田针对三采区块油水井聚合物堵塞严重、深部堵塞难以解除的问题，研发出一种潜在型解堵剂体系。该体系在反应温度 50℃—90℃可调，注入地层达到反应温度后解堵剂释放活性，与堵塞物发生反应，降解率达 96%。配套研发的防聚合物吸附剂，能与地层发生反应，生成牢固的化学键吸附在地层表面，形成一层疏水膜，阻止聚合物在地层表面吸附，延长解堵措施有效期。该技术现场应用 13 口井，增注 9.50 万立方米，增油 2 744 吨。

（韩　伟）

【"三定"工作】 2021 年，河南油田按照"强统筹、求实效"原则，组织开展"三定"工作。压扁管理层级，提升组织效能，中层机构数由 46 个减少至 39 个，压减 15%。其中，油田机关机构总数减少 5 个、压减 19%，定员精简 24%。基层机构数由 403 个减少至 346 个，压减 14%。"三级"机关定员由 2 604 人减少至 1 975 人，压减 24%。其中，78 人进入外部市场，248 人结构调整到基层。编制《岗位说明书编制标准》《岗位说明书模板》，开展岗位管理专项培训，提升岗位管理水平，岗位数量由 5 059 个减少至 3 586 个，减少 1 473 个，精简 29%。优化用工指标，计划优化用工 2 755 人，实际优化配置 3 185 人，完成 116%。截至 2021 年底，用工总量 11 215 人，比集团公司下达控制目标 11 864 人超额减少 649 人。

（郭运平）

【员工队伍培训】 2021 年，河南油田举办各类培训班 188 期，培训 13 888 人次。其中，领导人员十九届五中全会暨党史教育读书班、领导人员十九届六中全会暨政治能力提升培训班、第二期青年干部培训班等管理人员培训 22 期、3 004 人次；专家深造、大师讲坛、勘探开发能力提升等专业技术人员培训 28 期、2 946 人次；名匠铸造、高技能人才培训、班组长轮训、转岗及鉴定前培训、岗位提高性培训等技能培训 47 期、1 442 人次；特种作业、特种设备、硫化氢等安全培训 91 期、6 496 人次。推荐 212 名管理、专业技术干部参加集团公司 61 个项目的集中培训，选送 7 名高技能人才参加集团公司举办的大国工匠、石化名匠、优秀高级技师培训。

（韩　伟）

【业务竞赛】 2021 年，河南油田组织开展炼化企业基层应急能力、注水、井下作业工、采油工、热注运行工、常减压蒸馏装置操作工、变电站值班员 7 个专业或工种的业务竞赛。各单位层层开展岗位练兵、培训选拔，200 余名选手参加决赛。37 名选手分获各工种竞赛名次，并获河南油田技术能手称号；5 人被授予职业技师资格；景天豪、孙爱军、李林卿、过武汉、秦红星、张立、殷征文获业务竞赛优秀导师称号；采油一厂、采油二厂、采油气工程服务中心等 6 个单位获优秀组织单位称号。组织 7 名选手参加全国行业职业技能竞赛井下作业工竞赛，获个人铜牌 1 枚，河南油田获团体第 5 名暨优秀组织单位；组织 6 名选手参加集团公司注水专业竞赛，获个人金牌 1 枚，河南油田获团体第 3 名。

（郭运平）

【群众经济技术创新】 2021 年，河南油田以质量效益、扭亏脱困、增储上产、外闯市场、安全环保、节能减排、素质提升为中心，广泛开展群众经济技术创新活动。评审各单位申报技术创新项目 183 项，表彰一等奖 10 项、二等奖 20 项、三等奖 70 项。在中国能源化学地质工会 2021 年职工技术创新成果评审中，河南油田参评 34 项，获奖 23 项。其中，"一种油田用不规则鱼顶打捞筒""双导向多功能投捞器""抽油机电机功率转换节能技术研究与应用" 3 项成果获一等奖，"便携式井口操作平台""油田套变井套管刮削除垢技术研究与应用""一种抽油机链轮刹车技术研究与应用"等 9 项成果获二等奖，"撬装式气液分离装置研制与应用""油田复杂井况注塞工艺技术研究与应用""单人快速防爆取样工具研制与应用"等 11 项成果获三等奖。

（韩　伟）

【抗洪抢险】 2021 年，河南郑州、新乡等地出现强降雨，发生内涝灾害，河南油田派出应急队员 56 名，组织冲锋舟 2 艘、橡皮艇 2 艘、车 9 台，援助郑州、新乡抗洪抢险。共转移群众 1 650 人、运送物资 2 800 余件、排洪（排涝）3.50 万立方米，为保障人民生命和财产安全、尽快恢复城市正常运行作出贡献。应急救援队伍被河南省见义勇为基金会授予河南油田见义勇为义务救援队称号，事迹被中央电视台、河南卫视、《中国石化报》《南阳晚报》等 10 余家媒体宣传报道。

（郭运平）

表 1　　河南油田主要技术经济指标　　亿元

指标名称＼年份	2021		2020		2019		2018		2017		2016	
	河南石油勘探局	河南油田分公司	河南石油勘探局	河南油田分公司	河南石油勘探局	河南油田分公司	河南石油勘探局	河南油田分公司	河南石油勘探局	河南油田分公司	河南石油勘探局	河南油田分公司
工业总产值	1.59	49.36	1.49	32.40	1.49	47.76	1.76	53.97	1.93	47.28	3.35	45.24
工业增加值	0.53	15.68	1.01	9.06	0.98	19.59	0.38	18.86	1.07	8.43	1.03	0.83
资产总计	18.80	94.32	20.37	90.26	24.12	102.51	23.29	59.04	20.39	84.64	23.24	113.59
流动资产	1.79	7.70	4.79	5.01	7.91	5.33	6.95	6.26	5.02	9.52	5.39	11.41
固定资产原值	16.41	378.14	16.67	370.02	16.76	359.89	18.44	347.20	28.08	342.20	27.15	320.61
固定资产净值	5.83	31.11	5.91	29.41	8.63	37.64	9.95	36.52	13.8	62.16	15.22	95.81
销售收入	12.53	43.93	11.93	32.04	12.55	39.13	13.90	44.19	13.08	47.22	15.54	43.98
实现税费	1.33	4.52	0.96	2.69	1.18	5.50	1.29	7.52	1.21	7.08	1.19	8.38
综合能耗 / 吨标准煤·万元 $^{-1}$	0.254	1.247	0.182	0.734	0.209	0.732	0.211	0.689	0.214	0.619	0.316	0.543

表 2　　河南油田主要生产建设指标

指标名称＼年份	2021	2020	2019	2018	2017	2016
原油产量 / 万吨	114.31	120.00	130.01	136.01	156.50	169.07
天然气产量 / 亿立方米	0.82	0.88	0.91	0.84	0.80	0.67
新增原油生产能力 / 万吨	9.36	9.71	12.00	10.71	14.52	7.90
新增天然气生产能力 / 亿立方米	0.01	0.02	0.09	0.01	0.01	0.21
新增探明石油地质储量 / 万吨	321.83	329.17	311.06	0	0	77.68
新增探明天然气地质储量 / 亿立方米	0.59	0	0	0	0	—
二维地震 / 千米	0	0	200.00	—	—	—
三维地震 / 平方千米	0	0	0	80.00	100.00	137.00
石油钻井 / 口	134	124	167	132	121	76
探　井	30	36	33	39	43	45
开发井	104	88	134	93	78	31
钻井进尺 / 万米	24.57	20.68	27.88①	23.39	21.60	13.69
勘探投资② / 亿元	2.98	3.30	3.56	4.01	5.95	4.68
开发投资 / 亿元	7.01	7.21	9.50	5.86	4.63	3.00

①数据有变动
②勘探投资含滚动勘探投资部分

江汉油田

【概况】 江汉油田为中国石化集团江汉石油管理局有限公司（简称江汉石油管理局）和中国石油化工股份有限公司江汉油田分公司（简称江汉油田分公司）的统称，是以油气勘探为主、盐卤化工配套发展的国有大型企业。江汉石油管理局组建于 1972 年 5 月，1998 年划归集团公司。2021 年末，有下属二级单位 23 个，队伍主要分布在湖北潜江、武汉、荆州，重庆涪陵、万州，山东寿光，陕西安塞，辽宁阜新等地。主要基层单位有采油队 15 个、采气队 2 个、输油（气）队 4 个、化工车间 16 个。资产总额 380.27 亿元，固定资产原值 845.46 亿元、净值 252.50 亿元，流动资产 36.97 亿元。

2021 年，江汉油田全面落实习近平总书记视察胜利油田重要指示精神，围绕实现“千万吨油气田”战略目标，坚持做大做强油气勘探开发主业，在确保国家能源安全、保障经济社会发展上贡献力量。全年完成油气当量 696 万吨，增长 5.94%；实现营业收入 179.83 亿元、利润 4.09 亿元。

江汉油田主要经济指标和主要生产建设指标分别见表 1 和表 2。

（罗秋林）

【油气勘探开发】 油气勘探在涪陵、红星、宜恩、复兴等地取得重大进展，全年探明石油地质储量 216.99 万吨、天然气地质储量 1 048.83 亿立方米，有 3 项成果入选集团公司十大勘探发现，其中 2 项获特等奖。油气勘探整体呈现由点及面、常非并进、“梯队式”增储的良好局面。油气开发通过优化生产组织运行，产量再创新高，全年生产天然气 72.97 亿立方米、原油 115.05 万吨，油气田自然递减、储量替代、运行效率等指标持续向好。

（罗秋林）

【盐化工】 抓住化工市场需求旺盛机遇，加快产能建设步伐，强化精益生产，努力实现拓市增效。1.2 万吨漂粉精提能项目投产，3 万吨漂粉精扩建项目开始建设，消毒剂年产能超过 10 万吨，位居世界第一；5 000 万立方米高纯氢气、10 万吨氯化聚乙烯等新能源、新材料项目立项。全年完成项目投资 1.09 亿元；实现销售收入 12.56 亿元，首次突破 12 亿元大关。

（罗秋林）

【企业改革】 加强顶层设计，注重统筹协调，一批改革措施落实落地。科研人员集中管理在坪北经理部完成试点。优化机关职能部门，理顺业务关系，形成生产部门牵头抓总、业务部门过程管控、专业部门考核监督的“生产大运行”体系；组建石油工程监督专业化队伍，做精技术监督中心；提级安全督察大队组织架构，构建“过程大监督”体系；持续做优后勤辅助业务，集中管理油田工程建设、化学产品配置、食堂、办公物业等；重组信息中心，信息科技人员全部集中办公；改革公务用车办法，推行公务用车市场化；深化“三项制度”改革，落实管理人员调整退出机制；组建人力资源服务中心，建立起“1+N”差异化绩效考核体系。

（罗秋林）

【科技创新】 全力攻关“卡脖子”技术，陆相页岩油气勘探开发、页岩气提高采收率等关键核心技术研究取得新进展。全年完成科研项目 110 余项，获省部级奖 11 项，申报国家专利 72 件。常压页岩气技术攻关取得重大突破，落实白马 1 000 亿立方米探明储量、红星 1 000 亿立方米预测储量；创建完成“涪陵页岩气开发示范工程”，制定页岩气国家标准 1 项、行业标准 5 项，在页岩气领域影响力和话语权进一步增强。信息化建设稳步推进，PCS 系统应用持续深化，石油工程业务智能管控平台上线运行，数据资源中心基本建成，推动了业务流、管理流、监督流的重塑再造。

（罗秋林）

【安全环保】 启动 HSE 管理长效机制建设计划，深化全员安全诊断，规范岗位操作规程，严控禁止类、严重类违章行为，守住“不出事”底线；加大督查惩治力度，压紧压实责任；加强针对性培训，干部员工的安全意识和能力素质明显提升。打好污染防治攻坚战，深入研究碳达峰碳中和路径，加快推进新能源开发利用和“能效提升”项目，持续深化绿色企业创建，涪陵遗留固废治理完成，通过集团公司绿色企业复核。严格落实常态化疫情防控措施，外防输入、内防反弹，守护了员工生命安全和身体健康。

（罗秋林）

【企业管理】 坚持价值导向，统筹推进高质量发展评价体系建设；注重与中长期规划衔接，细化月、季、年度指标，严格按照预算方案执行，保证生产经营目标的实现；加强全员全过程成本管控，推行“两段式”招标和全生命周期采购，盘活资产，不断压降成本空间；建立全面风险防控体系，完善合同管理机制，严格法律审核、审计监督、内控检查、财务稽核、专项治理，实行各类风险可控在控；扎实开展“对标世界一流管理提升行动”，提升管理效能。江汉油田入选集团公司标杆企业。

（罗秋林）

【队伍建设】 健全完善干部管理制度体系，选拔优秀年轻干部，40 岁及以下中层领导人员占比 17.6%。加强专家队伍建设，优化专家积分制考核评价方法，建设专家智库平台、开设专家云课堂；引进毕业生 175 人，名校毕业生占比 33.1%。加强高技能人才队伍建设，张义铁获中华技能大奖和首届湖北省杰出人才奖，江汉油田首次在国家级技能竞赛中获团体第 2 名，在全国和集团公司竞赛中获个人 2 金、1 银、1 铜。

（罗秋林）

【政治工作】 围绕庆祝党的百年华诞，组织“石油工人心向党”“永远跟党走”等系列活动。坚持把党史学习教育贯穿全年，统筹推进学习研讨、培训宣讲、专题辅导、“我为群众办实事”实践活动、感恩教育等工作，形成学党史、悟思想、办实事的生动局面。加强党的政治建设，严格落实“第一议题”制度。配合完成集团公司生态环境保护专项巡视，启动新一轮党委巡察工作。开展基层基础建设提档升级工作，全面加强“三基本”建设，深化党支部达标升级管理，基层班组党员覆盖率保持 100%。推进基层党支部标准化、规范化、信息化建设，“石化党建”App 运用实现 100%。丰富党员责任区、党员示范岗、党员突击队等载体，拓展党建共建渠道，江汉油田基层党建创新案例被全国企业党建创新优秀案例收录，4 个支部被评为集团公司基层党支部建设示范点。定点帮扶恩施鹤峰龙潭村，助力乡村振兴。加强信访工作，推动“事要解决”，信访事项办结率 99.4%。江汉油田政治生态持续向好。1 人获全国五一劳动奖章，4 个集体、12 名个人获省部级以上荣誉。页岩气开发红色教育基地入选首批中国石化红色教育十大基地。

（罗秋林）

【获中国石化油气勘探工作 5 项奖】 12 月 17 日，江汉油田获中国石化 2021 年度油气勘探工作 5 项奖。其中，“鄂西渝东二叠系吴家坪组新层系页岩气勘探重大突破”获特等奖；“复兴地区侏罗系凉山组新层系致密油气勘探重大突破”获一等奖；“四川盆地天然气勘探突破方向与重点目标评价研究”“广利、青南、王家岗、八面河一体化三维地震勘探”2 项分获优秀奖、优秀工程奖；江汉油田分公司获优秀勘探管理奖。2021 年，江汉油田围绕油气勘探有利区带，加强基础地质研究和工程工艺攻关，推进优质项目研究，共召开圈闭井论证会 32 次，提议井位 37 口，实施探井 20 口，获工业油气井 10 口，探井成功率 57%，取得“1 个重大突破、2 个规模增储阵地、3 个新进展”（红星二叠系新层系页岩气勘探取得重大突破；白马区块志留系常压页岩气勘探落实 1 000 亿立方米产能建设阵地，复兴地区侏罗系三层楼立体勘探落实 1 000 亿吨石油资源阵地；川东地区寒武系洗象池群勘探评价取得新进展、宜恩地区志留系常压页岩气勘探取得新进展、蚌湖向斜潜江组岩性油藏精细勘探取得新进展）。

（罗秋林）

【页岩气开发红色教育基地入选中国石化十大红色教育基地】 10 月 29 日，江汉油田页岩气开发红色教育基地入选中国石化十大红色教育基地。

（罗秋林）

【兴页 ZHF 井获工业油气流】 兴页 ZHF 井是江汉油田部署在涪陵探矿权北部复兴地区的一口预探井，该井于 2020 年 11 月 17 日开始，2021 年 3 月 7 日立项，完钻层位为东一亚段②小层，于水平段录井，见较好油气显示。2021 年 10 月 4 日，位于复兴地区的兴页 ZHF 井在侏罗系东岳庙一亚段测试获日产天然气 2.21 万立方米、原油 18 立方米，折算总气量 2.44 万立方米。该井的钻探成功，证实复兴地区北部东岳庙地区具有良好勘探潜力。

（罗秋林）

【广 7901 斜井获日产 27 立方米工业油流】 8 月，部署在蚌湖向斜广 7901 斜井获日产 27 立方米工业油流。蚌湖洼陷是潜江凹陷最富集的生烃中心，科技人员充分利用采集的三维地震资料，针对盐湖多类型砂体，建立以叠前弹性参数反演为核心的“四定法”储层预测技术，发现和落实了一批优质岩性圈闭。该井的钻探成功，进一步证实了富烃洼陷岩性油藏的勘探开发潜力，预计探明石油地质储量 80 万吨。

（罗秋林）

【涪陵页岩气产量创历年最高纪录】 2021 年，涪陵页岩气田共生产页岩气 71.65 亿立方米，比上年增长 6.9%，创历年产量最高纪录。为实现涪陵页岩气产量稳产增产，涪陵页岩气公司加快新区管网配套建设，加快新井投产步伐，新建产能 16.03 亿立方米；科学推进老井稳产复产工作，减缓老井产量递减速度，全年实施措施 335 井次、措施产气 6.5 亿立方米；对 384 口井实施增压开采、年增气 13.01 亿立方米。

（罗秋林）

【储气库建设】 黄场盐穴储气库一期一阶段地面工程完工，4 口井溶腔 48.73 万立方米，王储 6 井达到注气条件。

（罗秋林）

【郭浩获全国油气开发专业职业技能竞赛金奖】 7 月 8 日，江汉能源公司郭浩在全国油气开发专业天然气净化操作工职业技能竞赛中获金奖。竞赛由中国就业培训技术指导中心、中国石油、中国石化主办，大庆油田承办，属国家级二类业务竞赛，来自中国石油、中国石化旗下 13 家油田的 62 名选手参与竞赛。

（罗秋林）

表 1　江汉油田主要经济指标　亿元

指标名称 \ 年份	2021	2020	2019	2018	2017	2016
工业总产值	142.08	117.94	125.58	123.13	110.90	97.28
工业增加值	105.20	82.50	95.54	96.57	83.72	92.29
资产总计	380.27	399.92	370.24	317.40	337.14	382.23
流动资产	36.97	34.06	16.43	15.84	18.36	28.61
固定资产原值	845.46	785.49	723.16	654.17	613.79	586.95
固定资产净值	252.50	292.77	280.88	261.91	250.43	290.40
销售收入	179.83	160.61	168.32	161.89	137.56	126.48
实现利税	18.35	24.71	32.73	20.41	8.94	35.91
税　金	14.26	8.39	11.01	11.87	11.10	39.35

表 2　江汉油田主要生产建设指标

指标名称＼年份	2021	2020	2019	2018	2017	2016
原油产量 / 万吨	115.05	115.24	116.57	117.00	119.18	126.34
天然气产量 / 亿立方米	72.97	68.05	64.43	61.41	61.34	51.72
新增原油生产能力 / 万吨	7.54	9.21	9.30	9.81	7.09	4.79
新增天然气生产能力 / 亿立方米	16.06	14.89	8.94	5.13	23.50	20.17
新增探明石油地质储量 / 万吨	216.99	226.68	229.67	0	0	0
新增探明天然气地质储量 / 亿立方米	1 048.83		0.32	0	0	0
二维地震 / 千米	67.75	65.00	175.00	354.00	550.00	180.00
三维地震 / 平方千米	587.00	469.00	150.00	187.74	200.00	638.48
石油钻井 / 口	251	255	255	220	162	117
探　井	46	33	31	18	24	29
开发井	205	222	224	202	138	88
注水井 / 口	5	3	8	12	5	3
钻井进尺 / 万米	71.12	88.72	80.17	62.04	38.54	50.65
勘探投资 / 亿元	20.29	13.39	12.27	9.99	5.31	11.20
开发投资 / 亿元	56.17	62.48	47.80	33.43	25.67	56.11

江苏油田

【概况】 江苏油田是中国石化集团江苏石油勘探局有限公司（简称江苏石油勘探局）和中国石油化工股份有限公司江苏油田分公司（简称江苏油田分公司）的统称，是以油气勘探开发为主，石油炼制和盐卤盐硝开发生产综合发展的国有大Ⅰ型企业。江苏油田组建于 1975 年 4 月 23 日；1998 年 3 月划归中国石化集团公司；1998 年 11 月，安徽油田并入江苏油田；2000 年 1 月，设立江苏石油勘探局、江苏油田分公司；2012 年 12 月，剥离石油工程业务，设立江苏石油工程有限公司并独立运行；2017 年 9 月，中国石化集团江苏石油勘探局更名为中国石化集团江苏石油勘探局有限公司。主力油区分布在江苏、安徽 2 个省的 6 个地市 15 个县（市、区）58 个乡镇内，在广东徐闻、广西百色有部分探矿区块。油田机关及主要科研单位设在扬州市经济开发区。

江苏油田实行江苏石油勘探局（江苏油田分公司）—二级单位—基层单位三级管理体制。截至 2021 年底，有二级单位 17 个，在岗合同制员工 8 399 人，离退休人员 11 825 人，家属 3 113 人。总资产 72.81 亿元，其中固定资产净值 36.86 亿元。江苏油田分公司所属油气勘查、开采区块共计 41 个，区块总面积 2.03 万平方千米。其中，油气勘查区块 6 个，面积 1.89 万平方千米；油气开采区块 35 个，面积 0.14 万平方千米。累计探明油田 38 个（含广东徐闻、广西百色油田），探明含油面积 283.45 平方千米，累计探明石油地质储量 3.06 亿吨、天然气地质储量 94.69 亿立方米（含溶解气）。投入开发油气田 37 个，动用含油面积 216.59 平方千米，动用石油地质储量 2.53 亿吨，占探明储量 82.87%。累计生产原油 4 981.24 万吨、生产天然气 16.86 亿立方米。

2021 年，新增探明石油地质储量 308 万吨，新增控制石油地质储量 412 万吨，新增预测石油地质储量 985 万吨；生产原油 105.01 万吨、天然气 5 140 万立方米，吨油完全成本 2 902 元；实现收入 58.46 亿元、利润总额 0.23 亿元。其中，江苏油田分公司收入 39.73 亿元、利润总额 0.22 亿元，江苏石油勘探局收入 18.73 亿元、利润总额 99 万元。

江苏油田主要经济指标和主要生产建设指标分别见表 1 和表 2。

（屈传刚）

【领导班子调整】 2021 年 4 月 21 日，受集团公司党组委托，江苏油田在扬州召开干部大会，宣布集团公司党组关于江苏油田领导班子调整的决定：聘任管路平为江苏油田分公司副总经理，免去管路平中共江苏石油勘探局有限公司委员会副书记职务，仍任党委常委，不再担任江苏石油勘探局有限公司工会主席职务；李宏任中共江苏石油勘探局有限公司委员会副书记兼纪律检查委员会书记，为江苏石油勘探局有限公司工会主席人选，任江苏石油勘探局有限公司监事。7 月 20 日，江苏油田召开干部大会，宣布集团公司党组对江苏油田领导班子调整的决定：朱相羽、周宇成任中共江苏石油勘探局有限公司委员会常委，聘任朱相羽、周宇成为江苏油田分公司副总经理。

（屈传刚）

【油气勘探】 2021 年，江苏油田分公司勘探总投资 4.25 亿元，完钻各类探井 40 口，下油层套管井 13 口，裸眼完井 12 口，探井综合成功率 30%。江苏油田首口页岩油风险探井——花页 1HF 井水平段长 1 393 米，综合评价阜二段Ⅰ类、Ⅱ类页岩油 15 层 1 212.8 米、Ⅲ类页岩油 2 层 65.2 米。盐城 1-2 侧井钻遇阜一段气层 4 层 29.9 米，新增含气面积 3.3 平方千米，新增天然气预测储量 18.84 亿立方米。盐城 8 斜井钻遇阜三段油水同 1 层 3 米，新增含油面积 3.2 平方千米，新增石油预测储量 172.69 万吨。苏北盆地成熟区带勘探取得新进展，瓦 29 井新增探明储量 21.39 万吨，肖 17 井、河 301 井合计新增控制储量 112.81 万吨，富 125 侧井新增预测储量 154.49 万吨。

（屈传刚）

【油气开发】 2021 年，江苏油田分公司开发总投资 8.49 亿元，完钻开发井 66 口，新增可动用储量 218 万吨，新建产能 3.45 万吨。生产原油 105.01 万吨、天然气 5 140 万立方米。开展注水管理提升年活动，8 个调整治理区采收率平均提高 3%，油田自然递减率 9.65%，综合递减率 3.57%，分别下降 0.52% 和 1.7%。实施区带连片化二氧化碳驱油，增油 2 万吨。试验一开完钻、推广二开一趟钻、套用老井场等新措施，机械钻速提高 14.69%，钻井周期缩短 14.22%。推广应用抽油机柔性控制、纳米乳液驱油、生物防腐等节能增油新技术，增油 2.3 万吨。开展 SEC 储量全生命周期动态评价优化，储量替代率 193.4%，储采比提升至 4.0。

（屈传刚）

江苏油田召开注水管理提升推进会，提升注水开发水平，降低递减率（潘月斌　摄）

【炼油化工】 2021 年，江苏油田销售收入 26.2 亿元、利润总额 4 428 万元，入库税金 4.64 亿元；完成投资 4 151 万元，计划完成率 99.54%；加工成本 568 元 / 吨，比指标节约 1 元 / 吨。催化业务方面，加工原（料）油 51.71 万吨，增长 5.23%。化工业务方面，生产聚丙烯 3.23 万吨，增长 3.15%，生产 MTBE 2.53 万吨，下降 0.64%；稀乙烯回收利用 2 572 吨。化纤业务方面，生产复合纤维 2 694 吨，减少 2 058 吨，下降 43.31%。销售业务方面，统配产品 28.71 万吨，直销产品 17.89 万吨，年平均销售价格 5 473 元 / 吨，增加 1 337 元 / 吨。

（屈传刚）

【经营管理】 2021年，江苏油田推进十大重点降本项目，挖潜增效1.67亿元。开展专项治亏行动，开发区块和经营业务盈利面分别提升至90%和78.6%。强化资金“分灶吃饭”，江苏油田分公司经营现金流、自由现金流分别增加5.79亿元和10.88亿元，资产负债率降至82.78%，下降12%。强化高效资产创收提效、低效资产盘活处置，创效4 201万元。研究争取资源税减免、专项税收返还和加计扣除政策，落实税收优惠1.02亿元。深化改革三年行动实施方案，人均劳效67万元，提高42%。实施工程专业化管理，整合督查、监督、消防职能，启动采油厂标准化示范区建设，江苏油田采油厂一级管理模式成为集团公司级标准。建立输出单位、输入单位和员工个人三方激励机制，推动跨单位、跨岗位人员流动616人。推进经理层成员任期制和契约化管理，10名模拟职业经理人竞争上岗。

（屈传刚）

【市场开拓】 2021年，江苏油田外部市场收入14.38亿元、增长17.8%。工程技术服务新拓展大庆气井带压、新疆泥浆不落地等项目，收入2.99亿元、增长53.3%。物业餐饮先后中标北部湾港务集团、金陵石化等后勤物业项目，营收3.32亿元、增长34.9%。商贸物流开拓皖东北管线物资供应、华东化销聚丙烯产品运输等市场，收入4.9亿元、增长8.5%。全年销售卤水436万立方米、硝水109万立方米、元明粉15万吨，收入1.66亿元。培训服务开拓新疆、青海、总部部门等送培业务，收入3 000万元、增长2.9%。后勤保障拓展房屋租赁、劳务输出等多元化创收渠道，收入9 300万元、增长32.8%。

（屈传刚）

【安全健康】 2021年，江苏油田发布实施新版HSE管理体系手册，加大宣贯培训、要素监测、体系内审工作力度。完成安全技术措施计划98项1 603万元、安保基金项目5项644万元，重大安全风险总值由172降至152，下降11.63%。制定《关于从严直接作业环节管理，杜绝违章违规行为的通知》，从严整治违规违章行为，对193人安全记分542分，其中28人接受安全专项教育培训，75人年度绩效考核定档不能评优。完成50家承包商安全资质、能力和管理体系建设情况审查和现场认证。从严从细落实新冠肺炎疫情常态化精准防控，开展9轮大规模全员排查和14次专项排查，新冠疫苗接种率95.6%，江苏油田保持零感染、零疑似、零确诊。完成职业病危害因素监测和全员健康体检，强化健康指标异常人员跟踪和干预管理，江苏油田获评江苏省健康企业和职业病防治工作先进单位。

（屈传刚）

【环保节能】 2021年，江苏油田制（修）订环保制度14项，设置要素监测指标96个。创新低成本绿色开发路径，通过套用老井场、井网优化、井型优化、多井共栖等方式，节约土地63亩（4.2万平方米）、资金2 000余万元。推广注采输一体化成果，机采系统效率达31.5%以上、注水系统效率达55%以上、集输系统效率达44%以上、锅炉效率达92%以上。编制《江苏油田碳达峰碳中和行动方案》，与金陵石化签订合作协议，共同建设每年10万吨碳捕集利用项目。推进新能源节能控耗，建设井场光伏发电94座、井场风力发电基座2座，节约电费960万元、减少二氧化碳排放2 644吨。全年碳排放总量135.74万吨二氧化碳当量，与考核指标相比下降1.64%，万元碳排放强度3.23吨二氧化碳当量。江苏油田连续17年获评集团公司环境保护先进单位，保持中国石化绿色企业称号。

（屈传刚）

江苏油田利用采油井场土地资源，开展分布式光伏发电（范友林　摄）

【科技人才】 2021年，江苏油田安排科技经费

1.59 亿元，组织运行科技计划项目 84 项，其中承担集团公司及以上科研项目 21 项；申请国家专利 84 件，获授权 65 件；登记软件著作权 5 项。全年为 250 人次、204 人发放项目奖励 37.4 万元；为 194 人次、159 人发放项目津贴 153.85 万元。黄 4 联合站信息化改造工程顺利完成，陈堡采油班信息化建设有序推进，岗位通、应用商城、云平台等一批生产信息化应用模块上线运行。开展第二批集团公司“三百三千”岗位遴选、人员优选，接收挂职人员 4 名，派出挂职锻炼人员 2 名。构建“雏鹰—朝阳—腾飞”职业生涯全流程规划，实施年轻干部储备计划，遴选 29 人参加第二批“333”培养工程。加强技能人才队伍建设，6 人被评为国家首批特级技师、1 人当选集团公司技能大师。

（屈传刚）

江苏省扬州市新冠肺炎疫情肆虐期间，江苏油田志愿者奋战在核酸检测第一线（范友林　摄）

【党建思想政治工作】 2021 年，江苏油田深入推进党史学习教育，广泛开展庆祝建党 100 周年系列活动。召开江苏石油勘探局改制后第一次党代会，明确“十四五”发展战略。开展“支部四强四创、党员双亮双争”活动，1 个支部获评中央企业先进基层党组织，2 个支部被命名为集团公司党建示范点，党员数量增长 54.9%。开展“增油索气、拓市创效，献礼建党 100 周年”主题实践活动，江苏油田首次被评为全国石油石化行业党建思想政治工作先进单位。加强政治生态建设，完成 4 家二级单位常规巡察，1 家二级单位巡察“回头看”和 1 项业务专项巡察，严格落实中央八项规定精神，谈话诫勉处理问责 19 人次。开展水驱夺油、战暑防汛、抗疫保产等劳动竞赛，推进青年人才优培计划，开展青春建功专项行动，采油一厂沙 7 中转站获第 20 届全国青年文明号称号。

（屈传刚）

【民生工程】 2021 年，江苏油田开展“我为群众办实事”实践活动，完成办实事项目 185 项。推进“我当民情联系员”活动，协调解决各类诉求 549 个。加强退休人员社会化后管理服务工作，为 778 名退休党员发放“光荣在党 50 年”纪念章，精心组织老同志健康体检 1.5 万人次。开发手机公积金 App，做到让信息多跑路、员工少跑腿。建立“五必到五必访”制度，为 502 名域外员工建立信息卡，对因疫情不能照顾家庭的 209 对双职工、158 名困难人员提供援助。推进补充医保改革见行见效，门诊补助惠及面提高 25.5%，重病人员医疗负担人均减少 1.52 万元，住院费人均报销比例提高至 90.7%。落实疫情常态化精准防控，新冠疫苗接种率 95.6%。完成职业病危害因素监测和全员健康体检，江苏油田获江苏省健康企业和职业病防治工作先进单位称号。

（屈传刚）

表 1　江苏油田主要经济指标　亿元

指标名称 \ 年份	2021	2020	2019	2018	2017	2016
工业总产值	36.49	26.55	38.51	43.29	37.74	32.40
工业增加值	24.76	11.25	22.87	24.61	19.60	11.55
资产总计	72.81	92.27	78.22	69.69	82.59	129.14

续表

指标名称 \ 年份	2021	2020	2019	2018	2017	2016
流动资产	7.03	32.56	15.73	14.05	16.80	19.36
固定资产原值	293.81	284.96	286.72	300.59	295.43	303.71
固定资产净值	36.86	32.93	34.79	41.09	46.93	103.45
营业收入	58.46	43.01	62.45	67.32	58.58	51.56
利　税	20.53	−1.74	1.38	7.68	−52.59	−32.44
税　金	10.89	8.29	10.64	13.37	11.31	9.93

表 2　江苏油田主要生产建设指标

指标名称 \ 年份	2021	2020	2019	2018	2017	2016
原油产量 / 万吨	105.01	104.03	106.09	113.16	120.10	133.01
天然气产量 / 亿立方米	0.51	0.40	0.51	0.70	0.43	0.23
新增原油生产能力 / 万吨	8.74	5.57	5.90	4.41	4.67	2.27
新增探明石油地质储量 / 万吨	308.03	213.54	159.53	67.80	105.00	165.10
新增动用石油地质储量 / 万吨	177.80①	151.44	149.18	163.53	67.80	—
二维地震 / 千米	—	—	—	42.81	30.00	—
三维地震 / 平方千米	266.35	292.00	40.00	70.20	170.00	162.00
完井 / 口	106	84	62	49	50	36
探　井	40	33	23	20	30	26
开发井	66	51	39	29	20	10
钻井进尺 / 万米	26.64	21.51	14.93	12.82	12.54	10.23
勘探投资 / 亿元	4.25	4.50	2.36	2.41	2.73	4.49
开发投资 / 亿元	8.49	4.39	3.53	3.55	4.96	0.92

①包含当年新增 153.24 万吨、复算增加 24.56 万吨

上海海洋石油

【概况】 中国石化集团上海海洋石油局有限公司（简称上海海洋石油局）和中国石油化工股份有限公司上海海洋油气分公司（简称上海海洋油气分公司）统称上海海洋石油，位于上海，是集团公司下属主要从事海洋油气勘探开发及工程服务的上游油田企业。上海海洋石油局主要承担油田企业基地、码头、房产的经营管理及公共服务职能，是矿区业务的利润中心和管理中心；上海海洋油气分公司主要在东海、南海、黄海等海域开展自营勘探，并承担中国石化部分海外海域油气资源勘探开发项目的评价研究，同时代表中国石化参与管理东海平湖油气田、西湖油气田的开发生产。

上海海洋石油的前身为地质矿产部上海海洋地质调查局，组建于 1973 年 4 月，1997 年 1 月

整体归入中国新星石油公司，2000 年 3 月随中国新星石油公司整体并入集团公司，2002 年 7 月，分别直属集团公司和股份公司管理。2009 年，按照集团公司要求，上海海洋石油局、上海海洋油气分公司实行“一体化”管理。2014 年，上海海洋石油局有关海洋石油工程业务整合成立中石化海洋石油工程有限公司，随石油工程公司上市。上海海洋石油局直属集团公司管理。上海海洋油气分公司直属股份公司管理，负责上游勘探开发业务。上海海洋石油局、上海海洋油气分公司实行一体化集中管理、专业化集约发展模式。

截至 2021 年底，上海海洋石油设 13 个机关综合管理部门、4 个直属机构、8 个二级单位；有从业人员 678 人，在岗合同制员工 661 人，其中经营管理人员 157 人、专业技术人员 450 人，具有高级专业技术职称的 258 人。上海海洋油气分公司有矿权区块 34 个，所属探区主要分布在东海、南海、南黄海等海域，自营和联合矿权区块面积 10.37 万平方千米；自营探区有石油三级地质储量 1 483 万吨油当量，其中探明储量 508 万吨油当量。合作探区有石油天然气三级地质储量 1.05 万亿立方米气当量，其中探明储量 3 509 亿立方米气当量。探明油气田 17 个，其中自营油气田 1 个（涠洲油田）、合作油气田 16 个。

2021 年，上海海洋油气分公司生产份额原油 16.3 万吨、份额天然气 7.6 亿立方米；销售收入 23.28 亿元，投资收益 141 万元，利润总额 2.69 亿元。上海海洋石油局实现营业收入 1.25 亿元，利润 0.04 亿元。

上海海洋石油主要经济指标见表 1。

（林雪梅）

【合作区构造—岩性复合油气藏勘探获新突破】 2021 年，上海海洋油气分公司在东海西湖斜坡带孔雀亭南翼钻获高产工业气流，新增天然气探明储量约 62 亿立方米，落实三级储量 200 亿立方米气当量，为开发提供又一高效产建阵地，展现 4 300 米埋深储层勘探价值，带动该区同类型圈闭勘探评价步伐，获股份公司 2021 年度油气勘探突破三等奖；斜坡带宝云亭古隆东翼钻获 80 余米优质气层，证实西斜坡“环古隆近洼带”复合油气藏规模富集区，开拓新的勘探领域；中央背斜带湖心亭深层钻遇 20 余米气层，展示该区深层复合油气藏领域勘探潜力。

（林雪梅）

【自营区勘探工作稳步推进】 2021 年，上海海洋石油南海北部湾涠西探区涠洲油田加快推进扩展勘探，按照“深浅兼顾、立体勘探”的思路部署 1 口预探井及 1 口评价井，部署方案经股份公司初审并原则同意。南黄海探区和涠西探区海中凹陷推进风险勘探，南黄海探区建立“二次生烃、晚期成藏、上下兼探”勘探模式，提出南中 11 号风险目标并通过股份公司初审；涠西探区海中凹陷深化烃源及资源潜力认识，稳步推进风险勘探选区选带。招商区块深化部署方案，开展莺—琼盆地两个招商区块前期研究，深化勘探潜力分类评价，开展针对性技术方法调研，形成勘查部署完整方案，为集团公司决策提供依据。

（林雪梅）

【美好家园建设提质增效】 2021 年，上海海洋石油局以“服务提质，经营增效”为宗旨，持续加强基地综合保障能力。提升经营能力，加强一海、三海码头租赁业务，开拓液碳销售业务，经营创效水平进一步提升。推动保障提质，完善东塘路基地服务功能，建成一批人才公寓，完成雨污分流等隐患治理和防汛墙改造、环境整治等项目，主要生产经营单位陆续进驻，基地承载能力不断增强。破解历史遗留问题，推进土地权属变更登记工作，完成长宁区延安西路、遵义路房产和浦东新区商城路、宝山区真大路基地变更，有效化解经营风险。

（林雪梅）

【安全环保保持平稳态势】 2021 年，上海海洋石油坚持安全生产和疫情防控两手抓，推进绿色低碳发展，完成集团公司下达的各项 HSE 责任指标。抓 HSE 体系建设，发布实施新版 HSE 体系，完善 HSE 过程管理；三次开展体系审核，落实不符合项整改，推动建立安全长效机制。抓各级领导班子建设，年内两级班子成员安全督导 280 次，发现解决问题 460 项。抓专项行动落实，推进集团公司“总经理 2 号令”、安全生产专项整治三年行动、“一把手”安全连线等重点工作，持续提升安全生产运行管控水平。抓绿色低碳发展，加强环保现场管理，规范固体废物合规处置，以绿色基层队创建为抓手，加快绿色企业创建步伐。全年黄岩 1-1 中心平台减排 3.16 万吨标煤，外输压缩机减少日耗气 5 万立方米，实现节能减排增效。抓常态化疫情防控，精准落实疫情常态化防控措施，全年实现“确诊、疑似、无症状感染者”为零，新冠疫苗接种人数 2 109 人，占比 94%，完成集团公司 80% 工作目标，有力保障海上生产。

（林雪梅）

【科技攻关取得丰硕成果】 2021 年，上海海洋油气分公司建立西湖斜坡带“源—储—圈—保”四元耦合成藏理论，持续加强煤系地层储层预测及岩性圈闭刻画技术攻关，为孔雀亭等岩性圈闭群发现提供技术保障；涠西复杂断块油藏描述技术取得新进展，推动涠洲油田经济有效开发；开展东海地震开发适应性评价，攻关“处理解释一体化”技术，形成砂体精细刻画技术系列，为东海油气田扩储增产和高效开发提供支撑；形成 OBN（海底节点地震）反射波与转换波成像技术，地震剖面质量得到较大提升；形成东海深层高效钻井关键技术，促进深层机械钻速提高 15%、深井钻井周期缩短 27%。

（林雪梅）

勘探七号平台实现大位移井两开次完钻新突破

【油气资源评价项目获科技进步奖一等奖】 2021 年 1 月，由上海海洋油气分公司参与完成的“中石化‘十三五’油气资源评价”项目，获 2020 年度中国石化科技进步奖一等奖。该项目历时近 3 年，开展东海西湖、东海南部、涠西、琼东南、南黄海 5 个探区油气资源数量、质量、经济可采性和生态环境允许程度评价，为编制国家能源中长期发展规划、中国石化“十四五”发展规划及上海海洋石油油气资源规划、管理、保护与合理利用提供科学依据。

（林雪梅）

【涠洲油田石油开采许可证获批】 2021 年 7 月，上海海洋油气分公司正式获由自然资源部颁发的南海北部湾盆地涠洲石油开采许可证，有效期为 2021 年 7 月 15 日—2034 年 7 月 15 日。涠洲油田是上海海洋油气分公司首个保有探明储量的自营区块，此次获批采矿证，进一步巩固海洋油气接替阵地，为企业实现高质量可持续发展提供重要保障。

（林雪梅）

【管理体系管理能力实现对标提升】 2021 年，上海海洋石油深入开展深化改革、对标提升行动，深化改革三年行动完成 95%，对标提升行动完成 91%，提前完成集团公司下达指标。强化重大风险防范化解，修订完善风险防控体系，建立风险库，形成“两高一重”清单化管理机制；规范合同项目依法依规运行，标准文本使用率提高至 93%，合同倒签补签数量下降 94%；全面推进依法合规治企，强化制度与合规体系建设，稳妥推进法律纠纷案件解决；完善招投标管理，全年完成招标项目 21 项，节约金额 700 万元。注重财务价值引领，加强三大计划平衡优化，推动经营水平上台阶；加强西湖合作项目预算管理，综合贴水降至 2.35 元 / 桶；严控“两金”（存货和应收账款）占用规模，收回东海合作款项 5 亿元；加强税务筹划，西湖作业公司资源税年度内减免 3 341 万元。持续深化投资管理，推动宁波 19-6 项目等可行性研究审查，完成重点项目基本设计及长周期采购报批，及时筹措项目建设资金；抓实三类项目投资审查优化，强化源头降本；加强定额造价管理，实现西湖合作项目定额零的突破。增强物资保供能力，密切跟踪市场、跨前服务现场、开辟绿色通道，解决装备急修和设备采购问题；持续做好疫情防控物资保供，有效保障“双战双胜”。推进合作项目审计整改，以联合账簿审计整改为抓手，在规范决策体系化、加强商务采办管控及提升生产管理水平方面取得新进步。

（林雪梅）

【人才队伍建设持续完善】 2021 年，上海海洋石油优化干部结构，完成 36 名中层干部选用配置和 9 名新提拔干部考察工作。大力推进干部年轻化，向集团公司推荐梯队培养计划人选 32 人。不断完善人才成长通道，深化“导师带徒”，专业技术、技能操作人员师徒结对数大幅提升，成效显著。持续完善成熟人才引进机制，编制“长城”和“双百”高端人才引进实施方案等，加快海上油气勘探开发工程、海外项目管理等专业领军人才、学科带头人和骨干人才的引进。严把人才入口关，坚持高质量选人，开展系统内成熟人才引进资格审核、面试测评工作，组织 14 人次专业面试，引进 10 人，为进一步提升油公司找油气核心职能提供技术支撑。

（林雪梅）

【党建工作系统化推进】 2021 年，上海海洋石油开展党史学习教育，精心组织微党课大赛、党史知识竞赛、“七一”汇演、主题演讲等活动，营造“建党百年”浓厚氛围。统筹推进学习研讨、培训宣讲、“我为群众办实事”、专题组织生活会等各项活动，推动党史学习教育引领发展开新局。压实责任促提升，深入开展全国国企党建会精神“回头看”，完成党建入章，完善党委讨论和决定重大事项清单，持续推动党建工作提升，高质量党建标准逐步健全完善。召开第四次党代会，对今后 5 年工作作出部署。细化完善全面从严治党责任清单，健全“三书两单一册”协同落实机制。夯实基层筑堡垒，推动基层党组织按期换届，开展集中述职和全覆盖党建考核，严格分类定级。完善“海陆双线”党建模式，推广应用党员积分管理、党员成长档案等特色工作。强化整改严监督，聚焦政治监督，确保上级各项决策部署落地见效。做实“大监督”平台，强化日常监督。加强作风建设，推动对“一把手”和领导班子监督实效。抓好廉洁教育，持续正风肃纪，一体推进“三不”机制，扎实推进巡视、巡察及审计整改工作。凝心聚力展形象，管好意识形态阵地，宣传工作水平明显提升。技能大师陈忠华在第六届“感动石化”人物评选中位列第 11 名;《礼赞百年，逐梦蓝海》情景党课入选上海市建设交通委员会情景党课展演，获集团公司文艺录演综合类一等奖、优秀创作奖；中央电视台摄制组走进勘探三号平台进行深度宣传报道。

（林雪梅）

勘探三号平台职工庆祝建党 100 周年

【教育帮扶工作取得实效】 2021 年，上海海洋石油局被确定为集团公司 37 家单位之一，“一对一”对口教育帮扶贵州雷山县永乐完全小学。上海海洋石油局党委高度重视教育帮扶工作，第一时间成立专项领导小组，在集团公司内率先启动现场调研，3 次赴雷山县对接工作并签订帮扶协议，完成首批帮扶物资捐赠，包括学生床上用品、桌椅和教师用电脑，以及少年宫、篮球场改建改造等。

（林雪梅）

表 1 上海海洋石油主要经济指标 亿元

指标名称 \ 年份	2021	2020	2019	2018	2017	2016
企业增加值	−0.18	−2.45	−0.79	−38.34	1.91	2.53
上海海洋石油局	0.55	0.49	0.54	0.54	0.43	0.29
上海海洋油气分公司	−0.73	−2.94	−1.33	−38.88	1.48	2.24
资产总计	142.93	133.04	128.21	130.10	164.33	166.37

续表

指标名称 \ 年份	2021	2020	2019	2018	2017	2016
上海海洋石油局	3.28	2.91	2.42	2.23	2.13	2.19
上海海洋油气分公司	139.65	130.13	125.79	127.87	162.20	164.18
流动资产	75.95	71.71	66.22	57.57	43.55	31.38
上海海洋石油局	0.74	0.73	0.77	0.65	0.50	0.49
上海海洋油气分公司	75.21	70.98	65.45	56.92	43.05	30.89
固定资产原值	17.48	16.26	16.19	16.17	16.07	16.73
上海海洋石油局	16.68	15.54	15.53	15.55	15.48	16.22
上海海洋油气分公司	0.80	0.72	0.66	0.62	0.59	0.51
固定资产净值	2.73	1.67	1.71	1.71	1.77	1.81
上海海洋石油局	2.51	1.47	1.51	1.56	1.59	1.65
上海海洋油气分公司	0.22	0.20	0.20	0.15	0.18	0.16
销售收入	35.76	17.74	14.69	13.99	14.09	12.80
上海海洋石油局	12.48	0.90	0.92	0.82	0.69	0.61
上海海洋油气分公司	23.28	16.84	13.77	13.17	13.40	12.19
实现利税	5.14	2.64	–9.78	–53.80	–12.53	–7.09
上海海洋石油局	0.09	0.09	0.12	0.12	0.06	0.09
上海海洋油气分公司	5.05	2.55	–9.90	–53.92	–12.58	–7.18
税　金	2.41	1.51	1.66	1.71	0.65	0.72
上海海洋石油局	0.05	0.02	0.06	0.07	0.04	0.05
上海海洋油气分公司	2.36	1.49	1.60	1.64	0.61	0.67

西北油田

【概况】 西北油田是中国石化集团西北石油局有限公司（简称西北石油局）和中国石油化工股份有限公司西北油田分公司（简称西北油田分公司）的统称，位于新疆维吾尔自治区境内，是中国石化上游油田企业之一，负责中国石化在塔里木盆地的油气田勘探、开发、销售业务。本部机关设在新疆乌鲁木齐，在巴音郭楞蒙古自治州轮台县建有前线生产指挥基地，油田主体位于巴音郭楞蒙古自治州、阿克苏地区境内，少部分油区在喀什、和田地区境内。截至 2021 年底，西北油田在塔里木盆地有登记区块 33 个，面积 83 350.3 平方千米；其中勘查区块 23 个、开采区块 10 个。保有探明石油地质储量 16.54 亿吨（其中石油 16.19 亿吨、凝析油 3 475 万吨），探明天然气地质储量 945.83 亿立方米。

西北油田前身是组建于 1955 年的华北地质局二二六队，1997 年 1 月整体归入中国新星石油公司，2000 年 3 月随中国新星石油公司整体并入集团公司，并于 2003 年 6 月整体划归集团公司、股份公司直属。2008 年 5 月，与勘探西北分公司整合重组，组合成新的西北油田分公司。2017 年 9 月，西北石油局完成公司制改制，名称变更为中国石化集团西北石油局有限公司。

截至 2021 年底，西北油田有中层机构 36 个，其中机关职能部门 17 个、直属机构 4 个、二级单位 14 个、合资公司 1 个；合同制员工 3 930 人，其中经营管理人员 766 人、专业技术人员 2 769 人、技能操作人员 395 人。硕士研究生及以上学历 744 人、大学本科 2 324 人、大专及以下 862 人。具有正高级职称的 42 人、副高级职称的 1 067 人、中级职称的 1 240 人、初级职称的 792 人。2021 年根据业务规划动态调整专家设置，新聘任专家 49 人，在聘的 53 名专家中，勘探开发、石油工程类专家占比提高至 85%。

西北油田主要经济指标和主要生产建设指标分别见表 1 和表 2。

（谢发红）

【领导班子调整】 4 月 12 日，集团公司党组和集团公司决定：张杰任中共中国石化集团西北石油局有限公司委员会副书记兼纪律检查委员会书记，为西北石油局工会主席人选。免去王保生的中共中国石化集团西北石油局有限公司委员会副书记、委员、纪律检查委员会书记职务，不再担任西北石油局工会主席职务，另有任用。张杰任西北石油局有限公司监事。王保生不再担任西北石油局有限公司监事职务。7 月 9 日，集团公司党组组织部召开视频会，宣布西北油田领导班子调整决定：交流塔河炼化党委书记、副总经理付德明任西北油田党委常务副书记；交流西北油田副总经理宋刚任集团公司生产经营管理部副总经理、纪委书记、工会主席、监事；交流提拔中原石油工程塔里木分公司经理陈宗琦任西北油田副总经理、党委委员。

（谢发红）

【生产经营业绩】 2021 年，西北油田分公司生产原油 670 万吨，与 2020 年持平；生产天然气 22.2 亿立方米，增加 3.1 亿立方米。完成全年投资 110.5 亿元，营业收入 178.73 亿元，实现利润 16.87 亿元，工业总产值 180.97 亿元。缴纳各项税费（金）19.20 亿元。西北石油局实现利润 1 666 万元，超额完成经营任务，缴纳各项税费（金）1 464 万元。

（谢发红）

【经营管理】 2021 年，西北油田开展攻坚创效，油田“两利四率”指标明显改善。发挥预算引领作用，围绕降低盈亏平衡油价和增加 SEC 储量，做实全要素平衡优化，制订多套预算分解方案，引导开发单位提升油藏经营管理和价值创造能力。坚持事前算赢、深化业财融合，全面开展措施优化比选和用电结构对标，优化作业成本 9 153 万元，节约电费 4 137 万元。强化资金风险管控，拓展资金周转渠道，近 5 年首次实现地炼用户应收账款清零，资产负债率下降 2.58 个百分点。强化投资项目前期论证和全流程优化，百万吨产能建设投资较计划减少 2.1 亿元。

（谢发红）

【推进改革管理创新】 2021 年，西北油田落实国企改革三年行动实施方案，实施对标一流管理提升行动，建立适应现代油公司发展的油藏经营管理体系，开展生产运行一体化经营性承包；完善生产一线和科研单位绩效激励机制，出台打造高端、高效市场的配套制度，现代油公司效率活力持续释放。深化内设机构改革，将原档案管理中心、信息和数字化管理部业务整合优化，组建信息化和档案管理中心；撤销概预算中心，将其业务划转至财务资产管理部和投资计划部；撤销车辆管理中心，其业务与基地管理中心、资产管理中心、离退休职工管理中心一并优化整合，组建成立公共事务管理中心。按照“引领统筹、指导服务、监督监控”三大职能定位，重新梳理机关部门、直属机构职责。解聘中层干部和专家 24 人，优化机关人员充实基层 14 人；兑现同岗级绩效最大差异超过 50%。通过有效发挥审计作用，增收节支 1 515 万元，促进追责 16 人次、完善制度 7 项。西北油田被国务院国资委评为国有重点企业管理标杆。

（任天和）

【油气勘探】 2021 年，西北油田油气勘探工作按照“加快顺北、攻关顺南、拓展塔北、突破深层、探索中央隆起带”的思路，全力打好石油规模增储、天然气大突破、矿权拓展三大攻坚战，取得显著成果，获中国石化油气勘探 7 项大奖。实施三维地震 1 876 平方千米，新部署勘探井 19 口，接转探井 18 口，新开钻井 15 口，完钻 23 口井，完成钻井进尺 12.11 万米；完成各类测井施工 885 井次，测井一次成功率 90.85%，持续保持在较高水平；完成测试井 22 口（含老井复查 1 口），顺北 41X、顺北 42X、顺北 43X、顺北 44X、顺北 45X、顺北 8X、于奇西 3H、塔深 304、塔深 5 井、沙 3-9 老井复查获工业油气流。完成勘探投资 36.13 亿元，是年初计划的 123%。提交探明石油储量 9 379.92 万吨、天然气 205.28 亿立方米、溶解气 97.74 亿立方米；提交控制储量石油 9 055.93 万吨（石油 4 588.29 万吨、凝析油 4 467.64 万吨）、天然气 1 791.71 亿立方米，溶解气 309.38 亿立方米；提交预测储量天然气 1 443.88 亿立方米、凝析油 4 373.72 万吨，当量完成年初计划的 108%。

2021 年，西北油田勘探工作取得“2 个重大油气发现、2 个商业发现、2 个新发现、2 个重要进展”油气成果。2 个重大油气发现：顺北 42X、顺北 41X、顺北 44X、顺北 43X、顺北 45X 井相继测获日产千吨高产油气流，实现顺北 4 号断裂带整体控制，落实 2 亿吨级储产新区带；顺北 8X 井测试获高产油气流，证实顺北 8 号北东向走滑断裂带规模储层发育、成藏条件优越，新发现 2 亿吨级储产区带。2 个商业发现：勘探开发一体化评价顺北 5 号断裂带取得商业发现，实现中北段整体探明、南段北部顺北 53X 井区商业开发，提交探明石油地质储量 6 324.82 万吨、天然气地质储量 190.96 亿立方米；滚动评价塔河鹰山组内幕取得商业发现，TH10387 井区新增探明石油地质储量 3 029.8 万吨，夯实塔河稳产资源基础。2 个新发现：探索深层寒武系—震旦系取得新发现，塔深 5 井在塔北震旦系白云岩领域取得油气突破，证实深层—超深层领域具有良好成藏条件；探索南塔里木奥陶系新类型取得新发现，罗西 1 井证实“逆冲断裂 + 走滑断裂”复合型目标新类型具备形成规模储层和油气成藏有利条件，有望取得新突破。2 个重要进展：转变思路，重新评价顺北 5 号带南段取得新进展，顺北 53-1H、顺北 53-2H、顺北 53-7H 井均获高产油气流，证实 5 号带南段复合断裂样式“中部主断裂面”是规模储层、油气富集的有利部位；拓展评价塔河外围“岩溶 + 断裂”复合型目标新类型取得重要进展，塔深 304 井、于奇西 3 井均获工业油流，扩大塔河外围地区含油面积。

（王登高）

2021 年 3—9 月，西北油田先后在顺北 4 号断裂带发现 4 口千吨油气井，标志着 4 号断裂带亿吨油气区勘探取得实质性进展（唐德旨　梁静献　摄）

【油气开发】 2021 年，西北油田开发工作以“顺北地区高效上产工程、塔河未动用储量高效动用工程、塔河大幅提高采收率工程、碎屑岩滚动评价工程、开发强基固本工程”为抓手，强化“部—厂—院”一体联动，大力夯基础、增可采，新增石油经济可采储量 784.4 万吨、天然气经济可采储量 29.8 亿立方米，油气 SEC 储量替代率分别达 122%、136%，获集团公司油气开发 6 项大奖。2021 年，西北油田分公司生产原油 670.00 万吨，其中新井产油 51.45 万吨、措施增产 58.75 万吨、老井自然产油 559.80 万吨（含注气产量）。年自然递减率 16.19%，综合递减率 7.40%；年综合含水率 64.44%，含水上升率 6.21%；年工业产气量 22.24 亿立方米。共有油气井 2 155 口，总开井 1 745 口，其中采油气井开井 1 623 口（自喷井 502 口、机抽井 1 121 口），开井率 75.31%，日产液能力 5.97 万吨，日产油能力 2.05 万吨，日产液水平 5.33 万吨，日产油水平 1.87 万吨，采油（含凝析油）速度 0.62%，采出程度 11.73%。原油开发上钻新井 159 口，钻井进尺 59.70 万米，新建（增）原油产能 93.55 万吨；天然气开发实施新钻井 15 口，完成钻井进尺 6.02 万米，新建（增）天然气产能 7.85 亿立方米。实施措施 522 井次，有效 445 井次，措施有效率 85.2%，措施年增油 6.75 万吨，措施单井次年增油 1 125.48 吨。塔河油田通过强化缝洞精细刻画和缝洞埋藏改造作用两项基础研究，提高缝洞精度识别，明确埋藏改造作用对缝洞连通关系的影响，支撑缝洞有效体积表征和连通关系再认识，在未动用储量区部署井 93 口，投产 61 口，新增动用储量 2 219 万吨；此外，通过加快新井部署节奏、加快评价上覆碎屑岩、优化新井上钻顺序、加快推进短半径侧钻、加大补孔改层及提液措施力度、持续扩大注水注气规模，塔河油田日产油水平由年初1.49万吨提升至1.56万吨，塔河稳产基础持续夯实。顺北油田加快推进顺北一区注水补能及侧钻产能恢复、勘探开发一体化推进顺北二区产能建设，下半年扭转顺北产量快速下降势头，顺北油田日产油水平由上半年2 238吨恢复至年末2 600吨。通过快速落实顺北二区4号带规模产建阵地、加大塔河上覆碎屑岩滚动扩边工作力度、延缓雅克拉气田递减等举措，天然气生产规模持续扩大。

（王登高）

【安全环保】 2021年，西北油田践行安全发展、绿色发展理念，常态化开展疫情防控，实现安全生产、清洁生产、平安稳定。制定HSSE管理体系审核标准，压实安全环保责任，开展全要素、全覆盖现场审核，提出改进建议52条；实施个人安全行动计划2 482次；强化生产异常报警管控，开展施工作业违章智能识别研究，开发53种违章模型算法，加快安全监管智能化进程；全年组织关键岗位HSE资格培训873人次；开展“三重一险”作业87次，督察覆盖率100%；从严开展季度HSSE大检查和“四不两直”检查，发现问题1 024项，整改率100%。深入开展“百日安全无事故”等专项活动，强化重点薄弱环节管理和承包商能力评估，加快重点井控装备升级和应急能力建设；推进承包商安全管理提升、标准化现场建设、“低老坏”专项整治、“绿色企业行动计划”和“能效提升”计划，加大绿电引入，扩大光伏、光热等开发利用，持续实现“三零”目标。绿色基层达标创建率提升至72%，万元产值综合能耗控制在0.8吨标煤以内，新能源替代率5.5%，完成能源消耗总量和强度“双控”目标任务，通过2021年集团公司绿色企业复核验收，西北油田获A类绿色企业称号。制定疫情防控措施25条，强化员工就餐、门禁管理和进出疆报备审批，主动对员工疫情期间心理危机进行干预、疏导。全年核酸检测23万余人次，接种新冠疫苗3 856人，第三针接种668人。

（任天和）

西北油田实施绿色开发战略，努力打造环保型绿色油田
（张若彬　摄）

【党建工作】 2021年，西北油田深入贯彻新时代党的建设总要求和组织路线，大力弘扬伟大建党精神，推进“1355”党建工作思路落实落地。始终把党的政治建设摆在首位，完成在公司治理中加强党的领导试点工作，严格落实“第一议题”制度，深入学习党的十九届五中、六中全会精神和习近平总书记视察胜利油田重要指示精神，着力打造践行习近平新时代中国特色社会主义思想重要阵地。扎实推进党史学习教育，用心用情开展“我为群众办实事”实践活动，两级党委办成实事350余件。突出主责主业，提拔中层干部42人，西北油田在聘专家增至53人，“三百三千”实践锻炼有序实施。启动“三转两提一创”“党建提质增效”专项行动，引导干部员工思想观念持续转变、质量效益理念入脑入心，凝聚各级党组织干事创业的正能量。从严推进正风肃纪，“大监督”体系不断完善，“三不”机制协调推进，出台加强对“一把手”和领导班子的监督责任清单，高质量完成党组巡视“回头看”问题整改，首次实现党委巡察全覆盖。认真践行“马上就办”，推进精文减会，规范检查评比，机关作风形象持续向好。宣传、信访、保密、统战、群团工作进一步强化，乡村振兴工作扎实推进，凝聚高质量发展强大合力。

（谢发红）

【科技创新】 2021年，西北油田持续完善科技创新管理体系，聚焦“卡脖子”难题集智攻关，加速关键技术突破和成果转化，年度科技贡献率65%；全年研发投入强度高于3%；成果转化率85%。健全以科技能力、实际贡献为导向的科技人才评价体系，最大限度激发科研人员积极性；完善内外部科技攻关“揭榜挂帅”、项目化管理运行机制；配套以现场应用效果检验项目成果的评价办法，确保科研成果有效解决生产现场难题体现价值。分领域、分层次开展项目立项，确定设立科研项目32项，落实科研经费3 540万元。发挥集团公司技术优势，联合中国石化三大研究院、工程公司、石油院校等单位共同组成项目攻关团队，经费细化至课题及专题负责人，明确项目任务关键节点，确保项目高质量完成。2021年，西北油田牵头承担的“十三五”国家科技重大专项“塔里木盆地碳酸盐岩油气田提高采收率关键技术示范工程”及“缝洞型油藏注气提高采收率技术”“缝洞型油藏堵调及靶向酸压工艺技术”通过国家能源局组织的验收。中石化缝洞型油藏提高采收率重点实验室主持制定或参与制（修）订国家、行业和企业标准25项，获发明专利20余件。开展小尺度缝洞刻画、调流道和稠油开采等理论方法、技术的实验和评价，为中国石化重点实验室研究项目提供支撑。2021年，西北油田参与中国石化“超深井钻井工程技术”“深层地质与资源”2个重点实验室的组建；围绕科研项目及创新能力，制定《油田公司科技奖励管理实施细则》，细则中规定对获科技进步奖、新技术应用推广奖、科技标兵及优秀发明专利进行奖励；围绕科技创新考核与激励，制订《科技创新考核与激励方案》，方案对科技攻关团队、科研项目的承担单位、专家个人进行考核及奖励。2021年西北油田申请专利265件（其中发明217件），发明专利占比由2020年的61%提升为81%。完成搭建“科技研发管理”“科技创新”两大平台，实现科技成果展示、科研项目管理、知识产权管理、专家在线问答、外协团队大数据、专家信息库等模块在线管理、查询。

（谢发红）

【顺北油田联合站建成投产】 2021年7月19日，西北油田在新疆塔克拉玛干沙漠腹地建设顺北油田联合站成功投产。这是中国石化首座实现国产化数字孪生工厂和实体工程同步建设、同时交付数字化联合站，原油年处理能力100万吨、天然气年处理能力3.8亿立方米，其中碳三收率大于等于95%；采出水处理规模1 500米^3/日；硫黄回收规模12吨/日。

（王登高）

中国石化“一字号工程”、首座数字化交付油气集输联合站——顺北油田联合站建成投产（梁静献　摄）

【“中—中”合作】 2021年，中国石化西北油田与中国石油塔里木油田通过资料共享、成果共享、技术共享，开展强强联手、集智攻关、联合创新。西北油田与塔里木油田共享三维地震资料88块，累计满叠面积5.9万平方千米，钻井与综合研究材料250余份，为盆地联合编图、联合研究奠定坚实基础。通过共享顺北——富满地区三维地震资料，补全台盆区南北三维连片资料的关键“中枢”。对矿权相连区块的三维采集，借用塔里木油田东秋6、东秋8三维数据5 199炮，缩短工期1个月，节约投资5 000万元。科研团队利用双方资料，系统编制、完善盆地重点层系岩相古地理与沉积相图、构造与断裂系统图等15类361幅图件。在20余次的深入交流、研讨中，双方科研团队通过对标共建互促，实现地震资料处理优势互补，形成思路统一的井位部署方法，并在地质工程一体化经验上相互借鉴，促进认识、管理和技术提升。年初塔里木油田富满油田满深3井在8 000米以深实现重大油气突破，西北油田在顺北4号断裂带相继实现油气重大发现。集团公司党组对西北油田深化“中—中”合作的进展情况作出批示：充分肯定前期合作成果，希望双方加大合作力度，共同承担好保障国家能源安全的重任。

（任天和）

【乡村振兴工作】 2021年，西北油田重点从产业、教育、消费三个方面开展乡村振兴工作。派出驻村员工54人，投入专项资金600万元，启动帮扶项目16个，受益群体9 000余人。完成 3 390 户信息数据摸排、调查，助力地方政府《“十四五”乡村振兴规划》编制。持续开展就业基金项目，为阿克苏地区柯坪县及喀什地区莎车县喀群乡提供就业基金 210 万元，保障 245 个公益性岗位；在柯坪县启浪巴合恰村修建“富民连心”桥，使 90 户 412 名村民受益。在教育帮扶方面，完成“儿童书屋”建设项目，每天定时开放 2 小时，在周末及节假日，驻村队员义务为村里 159 名小学生集中辅导功课；更新柯坪县第一小学、盖孜力克镇中心小学、星星和阳光两所幼儿园硬件设施，对轮台县第四小学开展图书捐赠。在带动村民增收致富、增加村集体经济收入方面，继续发挥 29 间小微店铺、美食文化广场、乡村大巴扎等作用，大力实施消费帮扶，打开内购帮销双渠道，全年消费帮扶 1 269 万元，彰显驻疆央企责任担当。2021 年，西北油田获新疆维吾尔自治区“访惠聚”驻村工作优秀组织单位称号，扶贫办公室获新疆维吾尔自治区脱贫攻坚先进集体称号，2 名驻村队员被评为新疆维吾尔自治区优秀共产党员。

（任天和）

表 1　西北油田主要经济指标　亿元

指标名称 \ 年份	2021	2020	2019	2018	2017	2016
工业总产值	180.97	112.85	172.13	180.33	132.51	89.26
工业增加值	123.60	72.31	130.88	154.27	98.59	57.55
资产总计	356.71	337.10	326.04	337.75	353.62	379.44
西北石油局	10.76	10.75	10.64	11.11	12.34	12.22
西北油田分公司	345.95	326.35	315.40	326.64	341.28	367.22
流动资产	17.46	14.19	15.75	16.57	15.80	19.37
西北石油局	2.81	2.56	2.06	2.02	1.90	1.63
西北油田分公司	14.65	11.63	13.69	14.55	13.90	17.74
固定资产原值	1 165.83	1 087.07	1 053.10	1 008.35	968.63	942.35
西北石油局	12.51	12.11	12.12	11.75	13.01	13.05
西北油田分公司	1 153.32	1 074.96	1 040.98	996.60	955.62	929.30
固定资产净值	252.52	237.07	249.43	269.74	300.20	330.40
西北石油局	6.65	6.79	7.16	7.20	8.59	9.06
西北油田分公司	245.87	230.28	242.27	262.54	291.61	321.34
总收入	180.54	114.76	176.09	184.59	135.26	93.02
西北石油局	1.81	1.59	2.23	2.60	2.26	2.30
西北油田分公司	178.73	113.17	173.86	181.99	133.00	90.72
实现利税	36.43	11.50	51.89	68.65	26.83	−21.93
西北石油局	0.29	0.60	0.24	0.47	0.34	0.37
西北油田分公司	36.14	10.90	51.65	68.18	26.49	−22.31
税　金	19.45	10.47	32.31	37.26	25.04	11.23
西北石油局	0.18	0.23	0.20	0.39	0.29	0.27
西北油田分公司	19.27	10.24	32.11	36.87	24.75	10.96

表 2 西北油田主要生产建设指标

指标名称＼年份	2021	2020	2019	2018	2017	2016
原油产量 / 万吨	670.00	670.00	662.01	650.03	630.03	594.30
天然气产量 / 亿立方米	22.24	19.10	18.02	17.42	16.00	14.00
新增原油生产能力 / 万吨	93.55	62.69	71.80	73.60	82.70	45.90
新增天然气生产能力 / 亿立方米	9.99	3.16	3.13	2.65	2.61	2.86
新增探明石油地质储量 / 万吨	9 379.92	5 853.74	4 885.32	5 050.00		1 474.87
新增探明天然气地质储量 / 亿立方米	205.28	102.41	130.69	142.56		74.65
三维地震 / 平方千米	2 066.00	1 364.00	2 228.00	1 033.00	1 540.00	2 119.00
石油钻井 / 口	117	84	95	93	90	95
探井（含侧钻）	27	28	24	21	23	15
开发井	90	56	71	72	67	80
钻井进尺 / 万米	82.44	51.63	61.04	54.90	54.93	46.14
勘探投资 / 亿元	48.76	31.57	30.23	22.62	20.19	17.77
开发投资 / 亿元	57.56	44.01	39.41	29.59	27.79	24.88
综合能耗 / 吨标煤·万元$^{-1}$	0.50	0.39	0.40	0.36	0.35	0.34

西南油气田

【概况】 西南油气田是中国石化集团西南石油局有限公司（简称西南石油局）和中国石油化工股份有限公司西南油气分公司（简称西南油气分公司）的统称。西南石油局负责西南油气田矿区（社区）管理与服务，西南油气分公司负责西南地区油气勘探、开发、销售业务。队伍主要分布在四川、重庆、贵州、云南、广西、湖南等地。西南油气田机关设在四川省成都市高新区吉泰路688号中国石化西南科研办公基地。

西南油气田的前身是组建于1976年的国家地质总局四川石油普查勘探指挥部，1983年3月更名为地质矿产部西南石油地质局，1997年1月更名为中国新星石油公司西南石油局，2000年3月随中国新星石油公司整体并入集团公司，并于2003年5月调整为集团公司西南石油局和股份公司西南分公司。2007年3月，西南石油局和西南分公司与中南石油局、中南分公司、滇黔桂石油勘探局、南方勘探开发分公司整合重组，组成西南石油局、西南油气分公司、石油工程西南公司。2009年12月，石油工程西南公司划归西南石油局。2012年12月，西南石油局石油工程物探单位全部划入中国石化西南石油工程有限公司和地球物理勘探有限公司。2017年9月，中国石化集团西南石油局改制为中国石化集团西南石油局有限公司。

截至2021年底，西南油气田有机关职能部门19个，直属单位24个，用工总数7 914人（合同制员工5 325人），其中具有正高级职称的57人、高级职称的1 089人。西南油气分公司有勘探区块13个，开采区块20个；累计提交天然气探明地质储量13 092.32亿立方米（含勘探分公司勘探、西南油气分公司开发的区块内探明天然气地质储量 3 734.3 亿立方米）；有气田 20 个，气井 1 974 口，开井 1 872 口，累计生产天然气 861.73 亿立方米、原油 185.92 万吨。

西南油气田主要技术经济指标和主要生产建设指标分别见表 1 和表 2。

（杨征宇）

【主要指标完成情况】 2021 年，西南油气分公司新增天然气三级储量 1 950 亿立方米，完成计划的 126%。新增 SEC 储量 123 亿立方米，替代率 154%。新建（增）天然气产能 17.56 亿米³/年，生产天然气 80.01 亿立方米、增加 12.87 亿立方米，销售天然气 74.18 亿立方米、增加 12.11 亿立方米；原油产销量 3 万吨、超计划 0.5 万吨；硫黄产销量 32 万吨、增加 3 万吨。完成投资 61.79 亿元、增长 12%。西南油气分公司油气单位完全成本 1 415 元/吨；营业收入首次超过 100 亿元，达 120 亿元，增长 29%。西南石油局营业收入 22.5 亿元。

（杨征宇）

【油气勘探】 2021 年，西南油气田油气勘探取得"3 项重大突破、2 项新发现、3 项商业发现、2 项好苗头"，获集团公司勘探成果奖 6 项。在永兴 1 井测获 11.1 万米³/日工业气流，实现雷口坡组从构造气藏到地层—岩性气藏勘探突破，落实区带资源量 2 447 亿立方米；在中江 20 井须二下亚段测获 5.9 万米³/日工业气流，取得新含气砂组勘探突破，新增预测储量 728 亿立方米；2 项成果均获集团公司油气勘探突破一等奖，入选中国石化十大油气勘探发现成果。在林页 3 井龙马溪组测获 17.2 万米³/日工业气流，取得川南林滩场复杂构造页岩气勘探重大突破，落实资源量 1 650 亿立方米，发现页岩气规模增储新阵地。在金山 101 井测获 4.8 万米³/日工业气流，取得川南井研栖霞组新层系勘探新发现，落实资源量 872 亿立方米；在普仁 1 井测获 3.5 万米³/日工业气流，取得岩溶缝洞型气藏勘探新发现，落实资源量 411 亿立方米。中江气田新增探明储量 340 亿立方米，累计达 1 061 亿立方米，探明又一个千亿立方米大气田，获集团公司规模储量商业发现一等奖，登上中央电视台《新闻联播》。在高庙子须二和资阳须五气藏一体化攻关取得商业发现，分别新增控制储量 411 亿立方米、206 亿立方米，落实规模增储上产阵地。在桂页 1HF 井钻遇证实页岩厚、品质优，形成条件良好，评价落实川南桂花龙马溪组资源量 670 亿立方米。在阆页 1 井大安寨段钻遇优质黑色页岩，落实川北页岩油资源量 8 137 万吨、页岩气资源量 306 亿立方米。

（杨征宇）

【油气开发】 2021 年，西南油气田油气开发取得"三新"丰硕成果，获股份公司开发成果奖 8 项。老区稳产开创新局面。元坝气田调整挖潜与稳压控水成效明显，3 口"一井双礁"调整井均获高产，气藏实现"三稳定"，日产酸气保持在 1 200 万立方米以上，新增 SEC 储量 80 亿立方米，稳产期较方案延长 6 年，采收率可达 70%。川西中浅层控递减和评价建产成效明显，新场沙溪庙调整井产能提高 40%，中江滚动建产井可采储量增加 1.8 倍，新建（增）产能 2.9 亿米³/年，综合递减率 6.9%，实现 20 亿立方米持续稳产 17 年。持续抓好开发井轨迹优化，储层钻遇率 95%，产能达标率 95%、提高 9%。全力推进威荣、永川南页岩气产能建设，优化组织运行，加快提产工艺推广，强化套变、压窜措施管控，加强气井全生命周期排采管理，新建产能 9.3 亿米³/年，产气 14.4 亿立方米、增加 8.3 亿立方米。川西气田首批 11 口井测试平均无阻流量 153 万米³/日，按照"少井高产"原则，编制完成 20 亿米³/年开发优化方案，并取得可行性研究批复。评价落实致密气领域 10 亿立方米建产阵地，其中落实中江沙溪庙Ⅱ—Ⅲ类储层地质储量 150 亿立方米；落实川西须二两个有利区储量 104 亿立方米，与西南石油工程公司开展 3 亿立方米难动用储量合作开发先导试验；落实东峰场须五气藏新领域商业储量 70 亿立方米，具备建产 2 亿立方米潜力；在元陆 171 井测试获无阻流量 119 万米³/日，落实潜力储量 89 亿立方米。试采评价丁山区块丁页 3-1HF 井 EUR 0.88 亿立方米，初步落实常压区资源量 459 亿立方米，具备建成 5 亿立方米潜力。

（杨征宇）

中国首个高含硫超深水平井四钻机平台——川西气田彭州 6# 钻井平台（袁　鹏　摄）

【经营管理】 2021 年，西南油气田安排项目 120 项，新开项目全部完成立项批复。产建项目可行性研究平均税后内部收益率 11.8%，其中江沙 318HF 等井区产建项目内部收益率 15.2%，10 亿立方米产能投资 28.5 亿元，单位成本 0.95 元 / 米 ^{3}，创历史最佳水平。坚持生产销售一体化，拓展华油中蓝等新客户，搭建外输渠道，加强与中国石油管道互联互通，实现尽产尽销，增销 12.1 亿立方米。坚持“一井一策”，边远井销售 1.3 亿立方米，增长 71.8%。实施差异化价格策略，建立市场产品联动机制，扩大网上交易规模，实现居民用气销售淡季增长 5%、非居民用气价格最高增长 20%、LNG 客户价格增长 50%、网交价格最高增长 40%，累计优价增效 7.53 亿元。加强资金成本与收益管理，降低付息债务规模 19 亿元，降本增效 5 300 万元，获集团公司奖励 1 800 万元。落实财税优惠政策，获页岩气、致密气开发利用财政补贴资金 1.97 亿元、高含硫天然气资源综合利用等税收优惠 1.23 亿元，获集团公司奖励 8 637 万元。强化供应链管理，框架协议采购达标率 85%，库存资金周转 25.39 次，节约采购资金 8 700 余万元。制订无效负效资产三年治理方案，推动闲置资产盘活，盘活房产 3.39 万平方米、土地 36.69 万平方米，增收 1 069 万元，闲置物资利旧 1 700 余万元。开展关联交易推价，办公场所租赁增收 5 272 万元。

（杨征宇）

【生产运行】 2021 年，西南油气田成立 3 个上产小组，完成区块环评 7 项、单井环评 39 座井场，取得 48 座站场规划选址意见、批复时间平均缩短 5.6%，完成 61 座井场钻前施工、工期平均缩短 7%，新开钻井 135 口，钻井进尺 62.8 万米、增长 20.8%，新建站场 52 座、改建 24 座，新建网电 35 千米、管线 121 千米，投产新井 104 口、增长 4.1%。创新完善山地三维地震技术，秀水三维采集日效提高 1.3 倍，荣县—宜宾三维提高 4.7 倍。海相气藏安全建井工程技术日趋成熟，川西气田平均钻井周期缩短 12.4%、测试产量提高 27.9%。页岩气工区钻完井工艺不断升级，平均钻井周期缩短 14.4%，压裂效率提高 21%，单井产能提高 20.7%，故障率下降 42.1%，工程成本下降 8.6%。致密气钻井日费制试验成效明显，东峰 103 井钻井周期缩短 35%，孝沙 101HF 井钻井周期缩短 45.2%；多尺度高密度裂缝压裂技术推广应用 17 口井，单井产能提高 90.7%。按照“五省”目标和“六统一”原则，三维设计和标准化率 100%，页岩气、川西陆相等示范工程实现“多模块”向“一体化撬”集成转变，现场工期、用地面积平均缩减 33% 和 20%。元坝 272-2 井站 90 天建成投运，施工周期缩短 40%。优化川西气田平面设计布局，脱硫站用地面积缩减 11%。完成威荣集气总站脱水与增压扩容、中江环网建设、“中龙”管线贯通等重点工程，保障新老区产能及时释放。组织设备设施检维修，完成元坝气田集输系统和净化处理装置、中京燃气公司 LNG 装置、川科 1 井脱硫装置三大检维修任务，为顺利完成生产任务提供装备保障。

（杨征宇）

“五化”示范工程——威荣页岩气田集气总站（宋　军　摄）

【安全环保】 2021 年，西南油气田承接总部制度 107 项，建立监测跟踪机制，运用体系审核成果，推动 HSE 体系与业务深度融合。贯彻落实集团公司“总经理2号令”要求，推进安全生产专项整治，开展“百日安全无事故”“五查五严”等专项行动，推动老旧设施、燃气管道等专项排查，实施隐患治理69项，完成大山梁隧道酸气管道变形、天然气净化公司溶剂再生塔裂纹等重大隐患销项。完成40个在役治安反恐重点目标达标验收，落实“两特两重”管理要求，公共安全基础持续巩固。开展公司级应急演练2次，参与社会救援3次，应急处置能力不断提升。深入推进员工健康管理，开展健康体检、体质测定、心理调查，对作业场所进行全面分析评价，搭建健康管理基础数据平台。动态调整防疫策略，做好网格化管理，常态化精准化防控疫情，新冠疫苗接种率97%，实现“零感染”。实施臭氧污染防治行动，开展孝新合固化土填埋场治理等环保隐患治理项目21项，高含硫和高含泡气田水处理技术研究取得新突破，废弃物妥善处置100%，主要污染物排放总量逐年降低。纵深推进绿色企业行动，绿色基层创建率超90%，连续3年获绿色企业称号。完成能源管理体系建设和审核，制定4项节能降碳制度，发布“碳达峰、碳中和”“甲烷控排”专项行动方案。建立碳排放评价源头管控、过程管理机制，实施4个能效提升项目，完成天然气净化公司用能在线监测系统建设，抓好甲烷回收利用，实现节能增效。

（杨征宇）

【科技创新】 2021年，西南油气田开展科研项目181项，新立集团公司科技项目18项，油田先导项目15项，研发投入强度2.69%。“十条龙”项目“威远—永川深层页岩气开发关键技术”顺利通过总部验收，10项成果获“整体国际先进”以上评价，获省部级科技奖励4项、成果转化奖12项、企业实施新技术奖5项，“井下全通径无级滑套系统”入选首届“科创中国·天府科技云服务大会”十大科技成果转化项目。申请国内外专利238件，其中中国专利申请完成率195.83%，新增中国专利授权111件，其中发明专利14件，新增国外发明专利授权2件。健全技术研讨和合作交流机制，组织召开勘探、开发和工程技术交流会，与上游“三大院”、兄弟油田、大专院校等广泛开展技术交流，组建须家河开发攻关团队，科技攻关场面持续壮大。完善科技奖励实施细则，增设技术发明奖和优秀基础前瞻研究项目奖。深化科研生产融合、院厂合作，开展“专家一线行”，“两院”派驻技术人员到重点增储上产单位解决生产现场技术难题。实施PCS、EPBP重点项目，率先实现生产实时数据企业级一级部署，数据资源管控能力持续提升。深化推进研究设计协同平台等应用，专业软硬件支撑力度、网络保障能力与安全管控水平进一步提升。加大信息化平台推广力度，服务西南、华北、江汉工区1 072井次，创收1 100万元，获四川省工业发展资金项目补贴349万元。

（杨征宇）

【改革管理】 2021年，西南油气田实施深化改革三年行动，制定23项重点任务116项措施。开展对标提升行动，“星旗榜”获3面红旗、11颗红星，获评第九届“五项劳动竞赛”优秀组织单位。统筹推进存续业务改革，6家单位撤并重组为2家，存续经营创效能力进一步增强。修订部门职责，优化调整4个部门，全面完成“去行政化”，基层机构压减26%。完善“厂管站”运行机制，形成《采气三厂标准化示范区建设方案》。推进专项改革，完成矿产公司及梓园商场注销、民企挂靠综合整治，完成4家僵尸企业和69家分支机构注销工作。完成天然气销售体制改革与移交协议签订。深化“三项制度”改革，完成部门“三定”，构建人力资源统筹配置平台，调配人力资源80人次，人均劳效位居国内上游前列。退休人员社会化管理、“三供一业”分离移交等改革收尾工作扎实推进，解决贵阳、安顺房改房上市交易等历史遗留问题。完善制度管理体系，动态开展制度“立改废”工作，强化制度协同审查，承接总部制度127项，发布制度80项、废止59项，制度质量不断提高。规范市场管理，实施承包商专业监管与动态优化，淘汰承包商10家。强化合同管理，规范合同签订和执行，合同履行及时率提升12%。完善“一体两联三奖惩”绩效管理体系，实行部门、单位关键指标“双挂钩”，绩效导向作用进一步显现，员工收入有较大幅度上涨。统筹构建合规体系，推动合规、法律、风控、内控与制度深度融合，确保生产经营依法合规。扎实推动“两项审计”问题整改，开展审计项目 37 项，提出并采纳审计建议 200 余项，有效防范化解风险。

（杨征宇）

【党的建设】 2021 年，西南油气田贯彻“两个一以贯之”要求，落实深化推进党的政治建设重点措施，打造践行习近平新时代中国特色社会主义思想重要阵地，党员干部“四个意识”“四个自信”进一步增强，“两个维护”更加自觉。加强监督执纪，一体推进“三不”机制建设，扎实开展警示教育，持续深化作风建设，抓好内审外查问题整改，营造风清气正、干事创业的良好政治生态。高质量开展党史学习教育，组织宣讲会近 400 场，集中学习 709 次，专题研讨 587 次，红色教育 234 次，巡回指导 120 次，为群众办实事 754 项。结合庆祝建党 100 周年，组织开展“五个一百”主题宣传教育、“我心向党・大美西南”等系列群众性庆祝活动，开展“建功百亿气田、献礼百年华诞”立功竞赛、“奋战五十天，打好攻坚战”劳动竞赛，评选表彰“两优一先”、优秀党员品牌团队等先进典型，进一步激发爱党爱国爱企爱岗热情。提高党的组织和工作覆盖质量，开展“党建专家提质行”“优秀党支部书记示范行”，做实“菜单式”需求服务与定点帮扶，积极搭建“岗区队室”融合载体，基层党建质量进一步提高。深入落实“七有机制”，发布首份《社会责任报告》，宣传报道 2 次登上中央电视台《新闻联播》，14 次登上《朝闻天下》《新闻直播间》等频道。扎实开展“责任心・担当行”活动，评选表彰“十大责任标兵”，营造担当尽责、岗位建功、和谐共进浓厚氛围。严格落实意识形态工作责任制，意识形态工作整体态势平稳。加强稳定风险评估，有效化解 2 项集团公司督办信访积案，扎实做好庆祝建党 100 周年等特殊敏感时期信访稳定工作，实现“三个不发生”“两个不出”，在集团公司信访稳定综合评价中排名第四。开展“金秋助学”、生活帮扶、义务服务等送温暖活动，帮助 2 500 余人次、232 万元。制订保供应急预案，优化管网调度运行，有序实施“压非保民”，有力保障天然气稳定供应。大力实施乡村振兴，制订“十四五”帮扶规划，派驻 6 名驻村干部，开展产业、就业、教育、党建帮扶，实施消费帮扶 400 余万元。

（杨征宇）

召开党史学习教育动员大会（冯 柳 摄）

表 1　西南油气田主要技术经济指标　亿元

指标名称 \ 年份	2021	2020	2019	2018	2017	2016
工业总产值						
西南油气分公司	120.06	92.84	93.10	78.57	73.44	68.63
工业增加值						
西南油气分公司	62.76	56.01	52.85	44.60	41.69	38.96
资产总计						
西南石油局	23.22	23.21	24.17	25.08	26.95	26.69
西南油气分公司	318.65	375.15	348.03	327.63	360.30	389.47
流动资产						
西南石油局	6.96	7.30	7.35	7.79	9.08	8.10

续表

年份 指标名称	2021	2020	2019	2018	2017	2016
西南油气分公司	20.65	35.27	7.82	3.61	2.79	2.62
固定资产原值						
西南石油局	19.09	18.86	19.87	19.89	21.14	20.96
西南油气分公司	632.80	619.93	603.64	585.65	571.70	550.87
固定资产净值						
西南石油局	10.34	10.56	11.54	12.08	13.11	13.56
西南油气分公司	165.19	220.21	236.40	258.58	289.37	304.35
销售收入						
西南石油局	22.54	18.96	24.89	23.91	21.76	19.87
西南油气分公司	122.94	93.61	93.24	83.67	77.05	68.75
实现利税						
西南石油局	1.04	1.93	1.03	0.99	1.01	1.51
西南油气分公司	−6.59	9.68	9.31	−11.32	10.38	7.72
税　金						
西南石油局	2.07	1.13	1.36	1.23	1.41	1.85
西南油气分公司	12.09	9.22	8.91	8.90	7.99	5.86
综合能耗 / 吨标煤 · 万元 $^{-1}$						
西南石油局	0.04	0.04	0.03	0.04	0.04	0.045
西南油气分公司	0.66	0.84	0.90	0.92	0.90	0.87

表 2　　西南油气田主要生产建设指标

年份 指标名称	2021	2020	2019	2018	2017	2016
完成二维地震采集量 / 千米	—	—	—	133.03	—	—
完成三维地震采集量 / 平方千米	521.02	331.09	—	437.49	882.00	264.53
完成钻井数 / 口	106	91	94	51	58	42
完成进尺数 / 万米	55.16	44.39	41.05	27.97	22.13	14.75
原油产量 / 万吨	3.00	2.70	2.69	2.18	1.29	0.75
天然气产量 / 亿立方米	80.01	67.14	66.21	61.45	60.68	55.10
新增天然气生产能力 / 亿立方米	17.56	14.11	5.29	2.94	1.75	4.55
新增天然气地质储量 / 亿立方米	1 949.78	2 503.07	2 002.47	3 419.21	1 206.58	1 538.11
勘探开发投资额 / 亿元	59.57	50.12	51.44	33.40	36.41	29.23

东北油气田

【概况】 东北油气田是中国石化集团东北石油局有限公司（简称东北石油局）和中国石油化工股份有限公司东北油气分公司（简称东北油气分公司）的统称，是中国石化在东北地区唯一一个从事石油天然气勘探开发研究的主体专业化油公司。本部机关位于吉林省长春市西安大路4936号。其前身成立于1977年，2000年并入中国石化，2008年1月9日，中国石化将原东北分公司、东北石油局、勘探北方分公司、华东分公司吉林项目部腰英台油田重组为新的东北石油局暨东北油气分公司，按大Ⅰ型企业管理，实行“一套班子、两块牌子”的管理体制。2017年9月，中国石化集团东北石油局名称变更为中国石化集团东北石油局有限公司。

截至2021年底，东北油气田设10个管理部门、4个直属机构、5个二级单位；有正式职工953人，其中在岗合同制员工928人，管理人员204人、专业技术人员544人、技能操作人员180人；有高级职称的351人（教授级职称的23人），中级职称的252人，初级职称的115人。

截至2021年底，东北油气分公司辖有油气勘查与开采区块共19个，总面积约1.04万平方千米，分布在吉林省和内蒙古自治区。其中，油气勘查区块6个，勘查面积约0.92万平方千米；油气开采区块13个，开采面积0.12万平方千米。油气总资源量16.54亿吨油当量。累计探明石油地质储量1.05亿吨、探明天然气地质储量1 288.36亿立方米。

东北油气田主要技术经济指标和东北油气分公司主要生产建设指标分别见表1和表2。

（吴　瑶）

【领导班子调整】 2021年7月2日，集团公司党组对东北石油局、东北油气分公司领导班子作出调整决定：张红良任东北石油局党委副书记、纪委书记、监事，为工会主席人选。

（吴　瑶）

【勘探成果显著】 2021年，东北油气田重点围绕火山岩、碎屑岩、页岩气三大领域开展工作，取得“1个重要突破、1个商业发现、2个新进展、1个好苗头”的好成绩，其中“松辽盆地长岭断陷火石岭组天然气勘探”获中国石化2021年十大勘探发现成果。探井成功率57.1%，上升3个百分点，新增三级储量475亿立方米，超额完成年度任务。加强区域地质研究，坚持断陷盆地“四元耦合”控藏认识指导，开展火山岩有利区带评价和圈闭精细刻画，取得一系列勘探成果。整体推进查干花次凹有利储层分布和富集规律研究，落实火石岭组火山岩气藏规模增储阵地；勘探开发一体化研究部署，梨树火山岩增储态势初步形成；多层系立体评价，实现龙凤山营城组致密砂岩气藏商业发现和整体探明；抓“三新”领域勘探，松南断陷陆相页岩气和梨树西部陡坡带勘探取得新进展，长岭西部断阶带勘探见到好苗头。

（吴　瑶）

【开发主动作为】 2021年，东北油气田开发全面推行三级审查、五级优化，深入推进气藏整体研究部署与地质工程一体化，产能建设效果大幅提升。水平井水平段增加139米，有效储层钻遇率提升4个百分点；新建产能3.5亿立方米，当年新井产量1.59亿立方米，增长74.7%，全年新增天然气SEC储量16.89亿立方米。龙凤山气田高效开发项目部实施新井20口，日产天然气87万立方米，单井平均日产增长205%，10亿立方米产能建设投资降低47%。强化老井管理，细化动态分析，落实“一井一策”措施，加强单井回压管控，推进地面增压优化与排液采气技术应用，自然递减率降低4.1个百分点。建立措施分级评价审查机制，加大措施挖潜力度，措施增产0.31亿立方米，措施有效率提高7.9个百分点，综合递减率降低5.1个百分点。按照“科学、效益、安全”的复产原则，油田实现效益复产。

（吴　瑶）

【工程保障有力】 钻井工程方面：东北油气田开展新工艺新技术探索和实践，持续挖掘成熟工艺技术潜力。创新形成以低活度复合盐水体系为主的井壁稳定技术；在碎屑岩水平井成功优化推广二级井身结构；开展油基钻井液储层保护技术实践探索，取得初步成效。通过总结、迭代、提升，建立东北工区钻完井“四提”技术 2.0 模板。2021 年钻完井工程创国内纪录 2 项、分公司纪录 16 项、气田纪录 23 项。平均单井钻井周期缩短 11.5%，故障复杂率下降 30.5%，钻井投资降低 9.6%。储层改造方面。立足体积压裂，提高气藏导流能力。针对火山岩气藏储层变化快、裂缝发育特点，形成以缝间暂堵 + 缝内转向工艺为主的复杂缝高导流的火山岩压裂技术；针对碎屑岩气藏储层致密、岩性变化快的特点，形成“W 布缝”+ 密切割的碎屑岩精细改造技术。针对致密凝析气藏，探索试验二氧化碳复合压裂工艺，取得成功。2021 年压裂 68 井次 398 段，压裂效率提高 21%，单井平均产能提高 23%，百米储层改造成本下降 19.8%。地面工程方面：紧跟井位下达及生产运行进度计划，早对接、快实施、稳投产。立足“颗粒归仓”，做好试采期间放喷进站无缝切换，最大限度减少试气放空损失。

（吴　瑶）

北 5-1HF 井压裂施工现场

【储气库建成投产】 2021 年，东北油气田快速高效建成孤家子储气库工程项目，工期比原计划提前 2 个月，实现当年批复、当年建设、当年投产注气，推动形成淡季保价、旺季保量、冬夏可控的效益保障局面，为吉林省冬季天然气保供发挥重要作用，彰显中央企业的责任担当。

（吴　瑶）

【生产运行提速提效】 2021 年，东北油气田紧盯现场、重点环节落实工作，积极应对暴雪灾害，克服冬季严寒天气，生产运行实现速度再提升。高效完成松南集输处理站检修，较计划提前 4 天；加快用地协调，平均征地周期缩短 4 天；安全快速组织完成腰八管线抢修工作，阻断次生灾害发生；狠抓钻前施工管理，钻前周期缩短 1 天；提升搬迁安效率，周期缩短 1.5 天；提升压裂组织效率，实现 24 小时连续施工，创造东北工区泵送压裂新纪录。

（吴　瑶）

松原采气厂装置检修现场

【管理效能稳步提升】 2021 年，东北油气田深化改革三年行动，推进依法合规管理，加强制度体系建设。聚焦业务需求，从加强党的领导、优化油公司体制、机制建设、改革管理创新、强化基础管理 5 个方面提出 36 项改革任务，管理更加规范，按制度流程办事成为常态。落实集团公司深化改革三年行动，敢于刀刃向内，率先从“主席台”改起，实行“一协议、两书、两办法”，推动经理层任期制和契约化、中基层领导人员末等调整不胜任退出制度落实落地，实现从“身份管理”向“岗位管理”的转变。

（吴　瑶）

【第二次党员代表大会胜利召开】 2021 年 11 月 11 日，中国共产党东北石油局有限公司第二次代表大会隆重召开。会议严格按照程序选举产生局党委委员和纪委委员；总结第一次党代会以来的工作成效，分析面临的形势任务，确定党建工作指导思想，站在更高的起点，提出今后 5 年公司的总体目标和发展策略，为高质量可持续发展指明方向。

（吴　瑶）

【天然气销售量效双增】 2021年，东北油气田积极开拓市场，拓宽天然气供给渠道，灵活运用外采、代输、置换等手段，扩大市场规模，全年外采天然气1 501万立方米，置换天然气3 840万立方米；创新销售模式，抓准时机全力推价创效；利用重庆交易平台，全年竞拍销售天然气825万立方米，实现收益超过2 500万元；通过客户代加工LNG，创效274万元。全年天然气销售量提高12.52%，销售收入提高27.64%。

（吴　瑶）

【管理风险有效防控】 2021年，东北油气田深入贯彻落实集团公司“总经理2号令”要求，发布新版HSE体系，开展“安全生产专项整治三年行动”“百日安全无事故”和“五查五严”保安全等专项行动，强化各级领导安全引领，做实承包商及风险管理“一把手工程”，推进HSE主体责任落实落地。全面推进双重预防机制建设，强化风险防控，年度风险总值下降10%，10项公司级隐患全部完成整治。实施绿色企业创建工作，在总量减排、能效提升、新能源应用等方面持续发力，大气污染物下降10%、危险废物生产量下降12.3%，新能源应用实现良好开局，被集团公司授予绿色企业称号。坚持依法合规治企，健全完善制度流程信息化体系，强化制度执行，合同标准文本使用率提高16%。

（吴　瑶）

【科技成果丰硕】 2021年，东北油气田积极探索新方法、新技术、新认识，持续强化科技成果转化，有力支撑公司增储上产。承担集团公司科技部重点攻关项目，开展松南地区火山岩气藏一体化攻关技术研究，“松辽盆地长岭断陷火石岭组天然气勘探突破”获2021年中国石化十大勘探发现成果奖，“松南火山岩气藏精细描述及高效开发调整研究”“松南断陷页岩气富集地质条件及关键技术”获集团公司科技进步奖三等奖，“松南火山岩裂缝储层水平井自转向酸化技术”成果整体达到国际先进水平，部分达到国际领先水平。全年申请专利11件，获授权专利10件，专利数量、质量实现双提升。

（吴　瑶）

【人才队伍建设稳步增强】 2021年，东北油气田严格落实党政正职“双向进入、交叉任职”要求，选拔中层正职3人，交流调整中层干部6人，中层领导人员平均年龄降至44岁，“80后”达48%，提前实现中层领导人员队伍“132”年龄结构目标。落实“三百三千”实践锻炼计划，外派8人、接收6人、内部交流锻炼15人，同时选派30余名35岁以下基层干部参加青干班培训，加大复合型领导人才培养储备。

（吴　瑶）

【党史学习教育高标准开展】 2021年，东北油气田坚持把学史明理、学史增信、学史崇德、学史力行作为检验学习教育工作的标尺，牢牢抓住学党史这个基础、把握悟思想这个关键、突出办实事这个重点、聚焦开新局这个目标，制定“任务书”、规划“路线图”、排出“时间表”、落实“责任人”，抓牢学习主线，组织轮训班、专题学习班，邀请教授、专家讲课，下发党史学习教育书籍7类2 800余册，覆盖全部基层站队。利用四平战役纪念馆、杨靖宇纪念馆等红色资源开展专题教育。召开中国共产党成立100周年庆祝大会，向3名离休老党员颁发“光荣在党50年”纪念章，组织收看中国石化庆祝建党100周年电视专题片，助力学习教育走深走实。发挥融媒体“传动带”作用，引导干部员工用好“石化党建”App等工具，丰富学习资源。举办“四史”图片展、知识竞赛等大型活动11场，灵学活用，掀起全员学习热潮。发挥“关键少数”带头作用，各级党组织书记率先走上讲台，开启党史宣讲第一课，形成“以点带片”效应，带动党员及普通群众积极参与。细化开展“我为群众办实事”实践行动，对照“四个聚焦”，细化落实7个方面40项办实事清单，紧盯狠抓，在集团公司测评中，满意率100%。

（吴　瑶）

表 1　　东北油气田主要技术经济指标　　亿元

指标名称 \ 年份	2021	2020	2019	2018	2017	2016
工业增加值	13.00	22.90	11.65	10.08	8.63	7.41
东北油气分公司	12.85	22.75	11.50	9.97	8.58	7.36
东北石油局	0.15	0.15	0.15	0.11	0.05	0.05
资产总计	60.99	54.56	57.21	48.89	51.62	57.68
东北油气分公司	59.04	52.64	55.26	46.94	49.65	55.71
东北石油局	1.94	1.92	1.95	1.95	1.97	1.97
流动资产	1.71	2.13	3.07	1.93	1.73	4.42
东北油气分公司	0.51	0.97	1.91	0.81	0.67	3.40
东北石油局	1.20	1.16	1.16	1.12	1.06	1.02
固定资产原值	162.55	147.46	133.22	124.19	126.42	122.56
东北油气分公司	161.58	146.49	132.13	123.09	125.26	121.39
东北石油局	0.97	0.97	1.09	1.10	1.16	1.17
固定资产净值	45.73	38.43	42.04	39.77	44.66	45.81
东北油气分公司	45.43	38.11	41.73	39.43	44.26	45.38
东北石油局	0.30	0.32	0.31	0.34	0.40	0.43
销售收入	20.13	14.97	17.29	13.86	11.92	10.93
东北油气分公司	19.98	14.82	17.14	13.74	11.87	10.87
东北石油局	0.15	0.15	0.15	0.12	0.05	0.06
实现利税	1.28	−11.34	2.29	1.97	0.80	−0.47
东北油气分公司	1.24	−11.40	2.25	1.91	0.78	−0.47
东北石油局	0.04	0.06	0.04	0.06	0.02	0.01
税　金	1.22	0.97	1.13	0.90	0.63	0.59
东北油气分公司	1.20	0.95	1.11	0.88	0.62	0.57
东北石油局	0.02	0.02	0.02	0.02	0.01	0.02
综合能耗 / 吨标煤 · 万元 $^{-1}$	0.54	0.63	0.50	0.54	0.54	0.71

表 2　　东北油气分公司主要生产建设指标

指标名称 \ 年份	2021	2020	2019	2018	2017	2016
原油产量 / 万吨	7.25	4.41	5.11	3.01	1.80	3.51
天然气产量 / 亿立方米	10.50	9.19	9.50	8.53	8.40	7.81
新增原油生产能力 / 万吨	1.25	0.95（凝析油）	0.99（凝析油）	0	0.36	0.06
新增天然气生产能力 / 亿立方米	3.50	2.75	1.84	1.12	0.95	0.86

续表

年份 指标名称	2021	2020	2019	2018	2017	2016
新增探明石油地质储量 / 万吨	24.51（凝析油）	88.48（凝析油）	394.21（凝析油）	—	—	—
新增探明天然气地质储量 / 亿立方米	114.40	145.64	102.52	32.18	—	—
三维地震 / 平方千米	112.00	—	—	—	—	20.13
油气钻井 / 口	41	42	36	17	22	23
探　井	7	12	16	8	9	11
开发井	34	30	20	9	13	12
钻井进尺 / 万米	16.63	17.99	14.11	10.19	5.56	8.30
勘探投资 / 亿元	5.95	5.04	5.71	2.33	1.04	1.38
开发投资 / 亿元	10.39	10.07	7.47	4.33	2.24	2.94

华北油气田

【概况】 华北油气田是中国石化集团华北石油局有限公司（简称华北石油局）和中国石油化工股份有限公司华北油气分公司（简称华北油气分公司）的统称，总部位于河南省郑州市，是集团公司上游油田企业之一。其前身为组建于 1975 年 5 月的地质矿产部第二石油普查勘探指挥部，1997 年 1 月并入中国新星石油公司，2000 年 3 月随中国新星石油公司整体并入集团公司，2002 年 5 月，根据集团公司重组改制总体部署，组建中国石化新星公司华北石油局和中国石油化工股份有限公司新星华北分公司，2003 年 7 月分别划归集团公司、股份公司直接管理。2013 年 1 月，按照集团公司关于石油工程专业化重组和矿区（社区）管理体制调整的总体部署，对石油工程和社区板块进行分离，成立华北石油工程有限公司，实现油公司、工程公司和社区业务“三分开”。2015 年 3 月，中国石油化工股份有限公司华北分公司更名为中国石油化工股份有限公司华北油气分公司。2017 年 9 月，中国石化集团华北石油局完成公司制改制工作，公司名称变更为中国石化集团华北石油局有限公司。

华北石油局主要负责社区管理，拥有郑州、新乡、咸阳、榆次、须水 5 个生活基地。华北油气分公司主要从事油气勘探开发、生产和销售业务，油气生产基地位于陕西省榆林市、延安市、咸阳市，内蒙古鄂尔多斯市，宁夏盐池县和甘肃省庆阳市、平凉市等地区。

截至 2021 年底，华北油气田配备有 1 套党政领导班子（成员共 8 人），设 17 个机关部门、2 个机关直属单位、11 个二级单位。有合同制员工 2 992 人，其中有教授级高级职称的 26 人、高级技术职称的 662 人。有探采区块 15 个，总面积 2.48 万平方千米，主体位于鄂尔多斯盆地，累计探明石油储量 2.46 亿吨、天然气储量 7 296 亿立方米，保有天然气 SEC 储量 236.2 亿立方米，建成 3 个油气生产基地，累计生产油气分别为 438 万吨和 505 亿立方米。

华北油气田主要技术经济指标和华北油气分公司主要生产建设指标分别见表 1 和表 2。

（韩　蕾）

【领导班子调整】 2021 年 7 月，李亚辉任华北石油局有限公司执行董事、党委书记，华北油气分公司代表。

（韩　蕾）

【生产经营】 2021 年，华北油气田生产天然气 50.88 亿立方米、销售 48.84 亿立方米，增产 3.38 亿立方米、增销 3.24 亿立方米，较集团公司下达基本目标超产 8 800 万立方米；生产原油（凝析油）19.5 万吨、增产 1.4 万吨、较年度基本目标超产 2.5 万吨，销售原油 19.4 万吨，油气储量、产量均超额完成任务，年度生产经营目标全面完成，“两利四率”持续向好。

（韩　蕾）

【高效勘探】 2021 年，华北油气田探井成功率 60%，发现成本保持低位，全面完成增储任务。杭锦旗上古持续规模增储。独贵区带新增探明储量超 400 亿立方米，气区探明规模达 2 000 亿立方米，首次提交伴生氦气规模探明储量，新召区带向西扩展试获工业气流，整体连片的千亿立方米气区格局初步成型。下古气藏战略接替初具规模。大牛地甩开评价石板太斜坡试获工业气流，纵向叠置、横向连片成藏特征进一步凸显，富县立体攻关牛武区带取得重要进展，2 个千亿立方米接替阵地逐渐显现。鄂南油气勘探取得新的认识。彬长区块上古多层系试获工业气流，揭示出鄂南致密气良好的勘探前景。深化中生界“断缝体”油藏地震地质一体化研究，为落实规模效益储量奠定基础。非常规资源发现好苗头。大牛地在 1 800 米以深煤层首次试获气流，有效拓展资源接替领域。

（韩　蕾）

【效益开发】 2021 年，华北油气田开展大牛地、杭锦旗三维连片处理解释，扎实推进地质工程一体化升级，打出一批日产超 10 万立方米高产气井。大牛地气田保持稳定。加强致密砂岩气藏剩余气定量描述，强化碳酸盐岩岩溶气藏缝洞预测，持续推动上古高效调整、下古有效接替，同时加强老井精细管理，加大措施挖潜力度，气井开井率、生产时率持续提高。东胜气田实现快上产。设计长水平段、“弓形”水平井，多穿单砂体和流动单元，提高储量动用程度，系统推动锦 58 井区滚动外扩、锦 30 井区一体化评建、锦 66 井区精细动用，高效建产 7 亿立方米，年产天然气 19.5 亿立方米，增长 24%。鄂南油效益开发积极推进。深化断裂研究，精细地质建模，解剖油水分布，总结 3 类高产有利构造，小缝距交错缝注水补充能量先导试验初见成效。

（韩　蕾）

大牛地气田处理站（李文昕　摄）

【科技支撑】 2021 年，华北油气田开展各类技术交流研讨，系统谋划“十四五”科技攻关方向路径。聚集创新资源要素。与长庆油田开展“中—中合作”，首次签订战略合作备忘录，确定 12 项合作事项；与华北石油工程公司、经纬公司、新星公司等兄弟单位加大合作广度和深度，构建形成“大兵团”作战模式；组建鄂南油田滚动开发创新项目攻关团队，“揭榜挂帅”尖刀班作用初见成效；建设府谷天生桥野外实训基地，参与国家鄂尔多斯盆地油气专业实物中心建设。深化勘探开发理论。上古盆缘过渡带差异化成藏、下古碳酸盐岩立体岩溶成藏等理论认识进一步完善，有力支撑增储上产。地震地质一体化精细描述多类型储层及含气性、建模数模一体化定量刻画剩余气、地质工程一体化提高单井产能等技术更加精细高效，有效保障少井高产和高效建产。完善工程技术序列。系统配套应用三维水平井钻完井、密切割、混合水体积压裂、差异化高导流复合酸压等工艺，提高储量动用程度。持续升级换代同井采注技术，有效推动采气速度、采出程度提升。优化低成本除硫技术，形成多元化工艺序列，加快含硫气藏高效动用。

（韩　蕾）

【生产组织】 2021 年，华北油气田强化“方案部署为龙头、组织运行为支撑”生产模式，及时预判风险、采取措施，超前谋划组织规模越冬。生产组织、支撑保障能力持续增强。开展现场作业写实，强化无缝衔接和过程管控，有力保障冬季保供。升级“五维六节”管理，实现天然气压缩机组高效运行，创建上游板块管理示范基地。完成永久征地450宗，减免水土保持补偿费近1亿元。工程提效成果显著。持续推广应用小井眼大井丛、压裂井工厂，集成应用压裂返排液重复利用、优化液氮拌注、压采一体化等低成本工艺，自主形成钻井“5+2”、压裂“2+N”日费制管理模式，平均钻井周期缩短13%，压裂最快日效达8段，故障复杂率下降35%，超额完成“四提”目标。扎实推进重点工程。坚持地面工程“五化”标准，大牛地2[#]脱硫站改造提前15天投运。东胜气田形成“七撬一站”建设模式，场站投资和建设周期实现同步下降。大牛地乙烷回收工程初设获批，东胜气田提氦工程工艺路线正式确定。

（韩　蕾）

大力推进石油工程“四提”（马献珍　摄）

【提质增效】 2021年，华北油气田天然气10亿立方米产能建设投资下降6.2%。净资产收益率、总资产报酬率实现翻一番。投资管理水平提升。压实“管业务必须管投资”责任，坚持“事前算赢、整体优化、总额控制”原则，全年优化节约投资2.1亿元。完成67个项目后评估，塔榆天然气增压工程获集团公司“十三五”优秀后评估项目。经营创效能力稳步提高。推广“三坚持、六优化、四减压”成本管控，开展“九聚焦、六降低、三提升”挖潜增效，预算管理荣登上游红旗榜。研究用好资金税收政策和金融理财工具，跟踪市场动态走势，优化销售结构流向，创效成果显著。资产创效能力得到加强。优化资产优化配置，加大资产盘活力度，累计创效4 800万元。抓实SEC储量目标管理，天然气SEC储量连续3年保持较快增长。信息化建设有序推进。完善数据资源中心，加快应用系统建设与使用，科研生产和管理效率进一步提高。

（韩　蕾）

采气一厂中控室信息化升级改造（李文昕　摄）

【企业管理】 2021年，华北油气田认真落实深化改革三年行动和对标一流管理提升，统筹推进公司重点任务和核心指标。体制机制不断优化。整合职能部门、剥离非机关业务，积极推动天然气销售体制改革，服务保障水平不断提升。扎实推进厂直管班组，常态化开展改革“回头看”，机制活力得到有效释放。管理体系更加完善。优化绩效考核，突出经营业绩、可持续发展、对标一流核心指标，加大向科研、基层一线倾斜；构建公司季度星旗榜，推行指标定、考分开运行，激发内生动力。完善“米费制+”多元化价格体系，深入推进预算设计一体化，实现造价管理全过程线上流转。强化制度体系建设，深化“三项制度”改革，公司治理体系更加完善。开展重点领域风险专项排查整治，积极化解法律纠纷案件，依法治企更加规范有序。加强合资合作与矿权维护。加大合资合作项目运行监管，常态化开展综合检查，防范经营风险。强化策略研究，加强与延长谈判，全面恢复富县勘探开发秩序。

（韩　蕾）

【安全环保】 2021年，华北油气田修订完善HSE管理体系手册，在集团公司体系全要素审核中排名靠前。获集团公司安全生产先进单位称号。抓好本质安全管理。常态化抓好疫情防控，生产生活基地保持“零感染”。落实承包商安全风险“一把手”承包，推行基层单位和承包商现场“四单两能”管理法，组织承包商管理“四不两直”检查、天然气回收回注专项督导，持续强化隐患整改和管理溯源。构建交叉开采“1+5”风险管控体系，建设沉降风险在线监测系统，多处隐患得到及时发现、治理。编写上报《油气与煤炭矿权重叠区交叉开采安全行业标准》，获国家能源局立项。抓实绿色低碳发展。建立环保合规性“1+3”评价机制，制订黄河流域生态环境保护实施方案，发布臭氧污染防治等专项方案，生产现场环境风险管控体系进一步健全。开展“能效提升”计划，优化关停锅炉、水套炉，减少自用气消耗，保持中国石化绿色企业称号。

（韩　蕾）

【党建引领】2021年，华北油气田按照集团公司“1355”党建工作总体思路，深入推进党建“四大工程”，抓好“四抓四促”行动，以高质量党建推动企业高质量发展。强化政治能力建设。深入学习研讨习近平总书记系列重要讲话精神，切实把思想行动统一到中央决策部署上来，胜利召开第六次党代会，坚决扛起保障国家能源安全责任。党史学习教育成效显著。开展重走长征路、石油路等特色活动，建成两个石油精神教育基地。按照“四个聚焦”要求，为群众办成百件实事，勘探、开发、产量、效益4个领域开新局，集团公司党建考核连续4年保持A档。加强干部人才队伍建设。建成中层领导班子优化配置、中层干部能力素质评价模型。落实集团公司“三百三千”实践锻炼计划，启动年轻干部核心储备“1234·百人计划”，持续开展实岗挂职和人才交流。全面推进从严治党。以“七强化七推动”为主线，强化“大监督”体系运行、“三不”机制建设和巡视巡察上下联动，不断强化政治监督、专项监督、作风监督，政治生态持续向好。和谐奋进力量更加强劲。以人为本，全力组织郑州、新乡特大暴雨抗汛抢险和灾后恢复，常态化抓好健康食宿管理、帮扶救助、婚恋教育、轮休优化、劳模疗休养、青年志愿服务等工作，结对帮扶甘肃东乡锁南中学，以企业发展成果惠及员工收入提高，获河南省模范劳动关系和谐企业称号。

（韩　蕾）

表1　华北油气田主要技术经济指标　亿元

年份 指标名称	2021	2020	2019	2018	2017	2016
工业总产值	89.88	63.42	67.25	57.28	46.56	46.74
华北石油局	0.49	0.37	2.12	0.62	0.37	0.47
华北油气分公司	89.39	63.05	65.13	56.66	46.19	46.27
工业增加值	67.84	53.07	50.77	46.31	31.42	33.98
华北石油局	0.29	0.11	0.19	0.33	-0.34	0.30
华北油气分公司	67.55	52.96	50.58	45.98	31.76	33.68
资产总计	200.66	197.40	191.89	213.58	227.20	282.09
华北石油局	3.37	3.34	3.57	3.66	5.20	5.60
华北油气分公司	197.29	194.06	188.32	209.92	222.00	276.49
流动资产	36.07	8.99	6.02	17.15	11.78	5.99
华北石油局	1.94	1.87	1.98	2.05	2.54	2.59
华北油气分公司	34.13	7.12	4.04	15.10	9.24	3.40
固定资产原值	95.97	572.84	540.24	507.95	485.18	476.21
华北石油局	3.00	5.46	5.52	2.99	6.35	6.64
华北油气分公司	92.97	567.38	534.72	504.96	478.83	469.57
固定资产净值	41.75	141.69	142.38	148.11	157.10	171.40

续表

指标名称 \ 年份	2021	2020	2019	2018	2017	2016
华北石油局	1.29	1.77	1.87	1.46	2.55	2.93
华北油气分公司	40.46	139.92	140.51	146.65	154.55	168.47
销售收入	96.34	69.35	72.64	65.65	48.40	47.23
华北石油局	1.67	1.89	1.97	2.65	2.13	0.51
华北油气分公司	94.67	67.46	70.67	63.00	46.27	46.72
实现利税	20.06	10.94	73.95	4.56	-8.21	-45.95
华北石油局	0.21	0.30	0.06	0.17	-0.42	-0.08
华北油气分公司	19.85	10.64	73.89	4.39	-7.79	-45.87
税　金	3.59	3.03	3.36	3.19	2.57	2.55
华北石油局	0.21	0.10	0.14	0.16	0.13	0.19
华北油气分公司	3.38	2.93	3.22	3.03	2.44	2.36
综合能耗 / 吨标煤・万元 $^{-1}$	0.425	0.372	0.385	0.371	0.369	0.33
华北石油局	0.370	0.229	0.252	0.248	0.245	0.21
华北油气分公司	0.479	0.515	0.518	0.494	0.493	0.44

表 2　　华北油气分公司主要生产建设指标

指标名称 \ 年份	2021	2020	2019	2018	2017	2016
油气产量 / 万吨	425.58	396.97	368.91	336.05	307.14	360.46
新增油气生产能力 / 万吨	70.36	100.00	61.94	50.39	60.92	63.72
新增油气探明储量地质储量 / 万吨	4 210.21	816.02	442.50	—	633.95	—
三维地震 / 平方千米	821.00	156.00	333.00	284.00	685.00	582.00
二维地震 / 千米	357.10	200.00	—	889.00	—	—
油气钻井 / 口	174	234	171	122	96	112
探　井	35	24	25	19	15	18
开发井	139	210	146	103	81	94
钻井进尺 / 万米	55.20	87.56	53.94	44.31	37.32	42.78
勘探投资 / 亿元	10.57	6.204	5.96	3.96	3.91	4.72
开发投资 / 亿元	30.96	32.696	21.74	19.32	13.75	25.26

华东油气田

【概况】 华东油气田是中国石化集团华东石油局（简称华东石油局）和中国石油化工股份有限公司华东油气分公司（简称华东油气分公司）的统称，是中国石化常规与非常规油气勘探开发的专业队伍。办公地点在江苏省南京市建邺区江东中路 375 号金融城 9 号楼。华东石油局前身为 1970 年 5 月 6 日成立的江苏省石油勘探指挥所，隶属地质部石油海洋地质局管理。1997 年 1 月纳入中国新星石油公司管理。2000 年 4 月，随中国新星石油公司整体并入集团公司。2003 年 5 月，华东石油局和华东分公司分别调整为集团公司和股份公司直接管理。2012 年 11 月 8 日，华东石油局石油工程专业队伍划出，成立中石化华东石油工程有限公司。2015 年 3 月 20 日，华东分公司开始运行油公司管理体制，更名为华东油气分公司。

截至 2021 年底，华东石油局和华东油气分公司机关部门实行一体化管理，共设职能部门和党群部门 14 个，直属单位（机构）2 个，所属二级单位 10 个（华东石油局 3 个，华东油气分公司 7 个），用工总量 1 697 人；有各类高级专业职称的 416 人，中级专业职称的 437 人。2 人享受政府特殊津贴。下设 11 个基层党委、1 个直属党总支、73 个党支部，有党员 1 026 名。

截至 2021 年底，华东油气分公司在苏北、下扬子、南黄海探区有油气勘探区块 9 个，总探矿权面积 6 101.331 平方千米。其中，苏北油气勘查面积 2 961.949 平方千米，下扬子中古生界油气勘查面积 3 139.382 平方千米，南黄海油气勘查面积 166.036 平方千米。登记有石油矿产开采权的区块 10 个，全部在苏北盆地，面积 626.025 平方千米；在四川、重庆、贵州、山西、陕西、宁夏、内蒙古等地有可进行非常规资源勘探的区块 9 个，其中煤层气勘探区块 2 个（东道梁、乡宁），总面积 255.362 平方千米，煤层气资源量 445 亿立方米；可进行煤层气勘探区块 3 个（延川南、织金、红果），总面积 1 402.522 平方千米，煤层气资源量 2 450 亿立方米；页岩气勘探区块 4 个（南川 1、南川 2、彭水 1 区、彭水 2 区），总面积 6 201.42 平方千米，预测地质资源量 3 万亿立方米。

华东油气田主要经济指标和主要生产建设指标分别见表 1 和表 2。

（余　红）

【生产经营指标超额完成】 2021 年，华东油气田坚定聚焦主业、聚力创新，统筹推进页岩气效益开发、苏北原油增储上产、煤层气创新发展、存续业务加快发展，各项工作取得重要进展，确保“十四五”开好局起好步。全年生产油气当量 221.3 万吨，增长 17%，创历史新高。全年提交探明石油地质储量、控制储量和预测储量分别完成年度计划 119%、155% 和 1062%，生产经营效益再创新高，人均劳效、原油盈亏平衡点跻身中国石化上游企业前列。

（余　红）

【页岩气效益发展基础更加牢固】 2021 年，华东油气田坚持“主攻南川，滚动评价武隆道真，准备新区新层系”的勘探思路，阳春沟南斜坡页岩气新区带勘探取得重大突破，胜页 5 井试获日产天然气 17.3 万立方米，评价出 Ⅰ 类区面积 123 平方千米，预测资源量 1 332 亿立方米，落实新的产建阵地。龙潭组勘探发现好苗头，有望实现新层系勘探突破。开发方面，坚持多措并举控递减、稳产量，全年生产页岩气 13.57 亿立方米。新建产能 5.8 亿立方米。完善老井生产评价指标及控递减对策，采收率提高 8.5%，老井综合递减率大幅下降。推进页岩气低成本技术攻关、页岩气水平井集成应用“一趟钻”技术和全电动压裂 2021 版技术体系构建。地面工程标准化设计覆盖率 70%，工厂化预制、模块化施工达 80%。通过工程工艺优化、管理创新等手段，东胜区块单井钻采综合成本下降 4.5%，效益开发基础更加牢固。

（余　红）

【苏北原油增储上产获重大突破】 2021 年，华东油气田苏北原油加大新领域探索力度，勘探多点开花，成果喜人。溱潼凹陷阜二段页岩油取得重大突破。通过沙垛 1 井、溱页 1 井、帅页 3-7HF 井相继实施，初步评价苏北探区页岩油资源量 3.5 亿吨，开辟苏北盆地原油资源战略接替阵地，被国内外主流媒体广泛报道。开展老区地震资料复查和地质再认识工作，溱潼凹陷戴南组取得重大发现。赵 101 斜井试获日产油 52.5 吨，“三上戴南”落实赵家庄构造圈闭面积 2.74 平方千米，新增地质储量 655.32 万吨。坚持老区精细注采、新区效益建产、措施持续增产，全年生产原油 46.3 万吨。新建产能 4.19 万吨，实现 40 美元 / 桶评价油价下效益建产与采收率最大化。开展小井眼侧钻、压驱注水、气水交替驱替等工程工艺攻关，年增原油 1.11 万吨，新增经济可采储量 4.2 万吨。

（余　红）

苏北页岩油获重大突破。图为沙垛 1 井测井现场
（沈志军　摄）

【保产量保供应保民生全力以赴】 2021 年，面对南京、扬州等地突发新冠肺炎疫情和入冬能源紧缺等不利因素，华东油气田主动作为，保产保供。通过优化组织运行，强化企地协调，有效缓解限电限产矛盾。突出油气供销板块多渠道联动保产保供、增销增效，实现原油 44.15 万吨、天然气 16.36 亿立方米、二氧化碳 50.44 万吨商品量新高。加强外围井销售管理，实现零散井非管道气多渠道销售利用，日销天然气量由年初的 10 万立方米增长至 30 万立方米。推动“少普—织金”及“武隆—道真—务川”管道及配套工程部署，为武隆、织金、道真区块天然气长远期销售打通渠道，央企社会责任进一步彰显。

（余　红）

【安全环保“敬终如始”保持稳定】 2021 年，华东油气田全面落实集团公司“总经理 2 号令”及各项工作部署，深入推进安全生产专项整治三年行动集中攻坚、“百日安全无事故”“五查五严”专项行动。对标、对表完成安全环保重点隐患整治计划，安全风险总值进一步下降。狠抓承包商和直接作业环节安全管控。持续推进“绿色企业行动计划”。制订落实长江、黄河流域生态环境保护实施方案。正式发布华东油气田 HSE 管理体系手册 2021 版。加强公共安全管理，疫情防控保持“零确诊、零疑似”，全员新冠疫苗接种率达 98% 以上，加强针接种率超过 60%，HSE 形势保持平稳运行。

（余　红）

【创新驱动“引擎强劲”作用凸显】 2021 年，华东油气分公司研发投入 3.18 亿元（含资本类和成本类），研发投入强度 8.30%。加强重点领域基础前瞻和关键技术攻关研究，承担集团公司级科技立项 11 项，在研项目 19 项，实现油气田集团公司层级科技项目研究全覆盖。获省部级科技奖励 2 项，申请专利 77 件、获授权专利 62 件。国家科技重大专项“彭水地区常压页岩气勘探开发示范工程”结题，通过国家能源局验收并获“优秀”评价。集团公司“十条龙”项目顺利“出龙”。建立 4 项管理制度，规范外协科技项目、科研固定资产、科研团队和科技经费管理流程。

（余　红）

【国内首次全流程电动自动化储层改造技术应用成功】 2021 年 4 月 27 日，华东油气田在胜页 9-8HF 井的储层改造中，采用全流程电动自动化，历时 9 天完成该井 28 段的分段压裂，标志着国内首次全流程电动自动化储层改造技术成功应用。全流程电动自动化压裂由全电动压裂设备和自动化集成控制系统构成，可以实现对供水、配液、加砂、泵注等全流程的一键联控遥、自动化施工。

（余　红）

【改革管理效能得到提升】 2021 年，华东油气田围绕“扁平化架构、市场化运行、专业化管理、社会化服务、信息化提升”的基本思路，以油公司建设为主线，加快推进采油气工程服务中心“技术 + 管理”转型发展，整合监督力量、退出低端业务、强化过程管控、组建专业服务团队等改革措施落地落实，为分公司技术孵化、管理服务提供支撑；调整新源公司管理体制，将新源公司与社区管理中心整合重组，进一步理顺管理体制；推进“一级管理”模式下油公司机制建设，完善标准、优化流程、强化考核，为国内上游各油田推行“一级管理”提供样板，当好示范。有序推进经理层任期制和契约化管理。深入推进制度体系建设，全年制（修）订制度 124 项，初步形成油气田合规管理体系建设思路、目标和框架结构，明确决策层、管理层、执行层工作职责。

（余　红）

【人才强企工程有效推进】 2021 年，华东油气田贯彻落实新时代党的组织路线，紧跟改革发展选干部配班子育人才。提任副总师 1 人、中层领导 10 人，公开竞聘油气田专家 3 人。持续抓好集团公司第 2 批“三百三千”实践锻炼工作。大力开展岗位练兵，优秀技能人才不断涌现，采油气工程服务中心赵昕年在井下作业工国家级二类竞赛中获金牌，被授予全国技术能手称号；重庆页岩气有限公司杨健在采气工行业对抗赛中获金牌。

（余　红）

【与南化公司开展 CCUS 战略合作洽谈】 2021 年 4 月 16 日，华东油气田与南化公司举行战略合作洽谈，就深化碳捕集、利用与封存（CCUS）开展战略合作，实现石化行业零碳绿色发展。双方认为要充分发挥各自特色，抢抓碳达峰、碳中和战略机遇，利用上游油田企业驱油增产需求，在碳减排的同时实现增产增效。

（余　红）

【2021 年全国行业井下作业工技能竞赛】 2021 年 10 月 25—29 日，2021 年全国行业井下作业工技能竞赛暨中国石化注水业务竞赛在华东石油技师学院成功举办。来自集团公司 14 家单位的 137 名选手进行 3 天激烈角逐，最终华东石油局等企业 7 名职工获井下作业工技能竞赛金牌。

（余　红）

【全面开展党史学习教育活动】 2021 年 3 月 4 日，华东油气田党史学习教育动员大会在南京召开。华东石油局党委以习近平新时代中国特色社会主义思想为指引，深入学习领会习近平总书记在党史学习教育动员大会、庆祝中国共产党成立 100 周年大会、在胜利油田考察调研时的重要讲话和指示精神，认真学习贯彻党的十九届六中全会精神，聚焦“学党史、悟思想、办实事、开新局”主题主线，把党史学习教育同华东石油局任务目标和重点工作紧密结合，强化政治站位，精益抓好部署推进；突出学习重点，发挥“关键少数”引领作用；搭建工作阵地，激发学习教育动力活力；突出“自选动作”，推动学习教育走深走实；抓实巡回指导，推动各级组织同频共振；强化真抓力行，推动“我为群众办实事”实践活动落实落地；着重真抓实干，以工作成果检验学习成效。确保党史学习教育工作开展高要求、高标准、高质量，有成果、有特色、有成效。

（余　红）

召开党史学习教育动员大会（沈志军　摄）

【开展庆祝建党 100 周年系列活动】 2021 年，华东油气田隆重庆祝党的百年华诞，精心组织“时代礼赞”“寻访时代见证人”“华东史教育”“光荣在党 50 年”等主题活动，展示不同时期党的辉煌历程和华东油气田“三次创业”的光荣历史。坚持把党史学习教育贯穿全年，统筹推进学习研讨、培训宣讲、专题调研、“我为群众办实事”实践活动等各项工作，在学史明理、学史增信、学史崇德、学史力行上取得明显成效，华东油气田上下受到一次全面深刻的政治教育、思想淬炼和精神洗礼。

（余　红）

开展庆祝建党 100 周年系列活动（沈志军　摄）

【严格落实巡视巡察问题整改】 2021 年，华东油气田扎实做好集团公司党组巡视、选人用人和科技专项巡视整改工作，有力推动党中央精神和集团公司党组决策部署在华东油气田落地见效。深入推进华东石油局党委巡察，实现“发现问题、形成震慑、推进改革、促进发展”的目标，被巡察单位政治生态和管理生态持续改善，得到党组第二巡视组充分肯定。通过接受巡视和开展巡察，一批深层次矛盾问题得以发现解决，一批有效管用的制度机制建立健全，华东油气田党的建设、改革发展等各方面工作水平整体提升。

（余 红）

【“强根铸魂”政治优势充分彰显】 2021 年，华东石油局党委严格落实第一议题、第一课程、第一标尺要求，坚持把党的十九届六中全会、习近平总书记视察胜利油田重要指示精神联系起来学习、贯通起来掌握。强化党建基础管理，“石化党建”平台党员使用率、党费线上缴纳率、平台功能使用率实现“三个百分百”。开展“党旗在基层一线高高飘扬”主题活动，党员干部在生产经营、新冠肺炎疫情防控中率先垂范，泰州采油厂洲城党支部、临汾煤层气分公司第四党支部获集团公司基层党支部建设示范点称号，采油气工程服务中心“四对接”党建共建模式、泰州采油厂“党建 + 安全”相融互促工作法入选 2021 年集团公司基层党建创新案例。高质量推进党建带团建工作，发挥“号手岗队”等青字号品牌载体积极作用，推进“梦想改造 +”项目，获江苏省共青团工作先进单位称号。强化服务促进和谐。以“我为群众办实事”实践活动为抓手，持续推进打造“幸福华东”工程。增加员工二次体检项目，打通员工就医“绿色通道”。南京、扬州疫情期间，组织志愿服务 10 场 150 人次。扎实做好队伍稳定工作，实现全国“两会”、建党 100 周年、党的十九届六中全会等重要时期“三个不发生”的维稳要求。统战、保密及离退休工作有序推进。

（余 红）

表 1 华东油气田主要经济指标 亿元

指标名称 \ 年份	2021	2020	2019	2018	2017	2016
工业总产值	41.32	29.68	31.16	26.52	13.30	9.07
华东石油局	4.09	1.33	1.23	1.04	0.82	0.96
华东油气分公司	37.23	28.35	29.93	25.48	12.48	8.11
企业增加值	27.56	18.76	22.01	17.80	4.82	1.27
华东石油局	2.77	2.35	2.01	2.08	1.91	1.64
华东油气分公司	24.79	16.41	20.00	15.72	2.91	−0.37
资产总计	121.82	108.01	95.04	87.73	90.28	94.36
华东石油局	15.47	15.79	14.72	13.95	13.56	13.27
华东油气分公司	106.35	92.22	80.32	73.78	76.72	81.09
流动资产	3.71	10.27	6.41	5.95	5.87	10.43
华东石油局	1.88	3.14	3.86	3.87	3.39	2.78
华东油气分公司	1.83	7.13	2.55	2.08	2.48	7.65
固定资产原值	194.26	177.36	143.89	123.04	113.45	93.43
华东石油局	16.46	16.07	6.66	7.01	6.61	6.64
华东油气分公司	177.80	161.29	137.23	116.03	106.84	86.79
固定资产净值	66.62	68.75	48.76	39.54	39.20	38.39
华东石油局	12.23	12.22	3.16	3.40	3.25	3.54
华东油气分公司	54.39	56.53	45.60	36.14	35.95	34.85
销售收入	42.50	34.12	34.57	29.63	15.79	12.48

续表

指标名称＼年份	2021	2020	2019	2018	2017	2016
华东石油局	5.20	4.74	4.70	4.10	3.30	3.22
华东油气分公司	37.30	29.38	29.87	25.53	12.49	9.26
实现利税	5.25	6.92	7.67	2.98	−18.13	−13.71
华东石油局	0.46	0.43	0.25	0.39	0.15	0.12
华东油气分公司	4.79	6.49	7.42	2.59	−18.28	−13.83
税　金	4.77	2.86	3.74	1.73	1.02	0.88
华东石油局	0.35	0.27	0.24	0.39	0.31	0.25
华东油气分公司	4.42	2.59	3.50	1.34	0.71	0.63

表 2　华东油气田主要生产建设指标

指标名称＼年份	2021	2020	2019	2018	2017	2016
原油产量 / 万吨	46.31	46.01	45.34	42.20	36.01	33.01
页岩气产量 / 万立方米	135 797.00	106 931.00	80 994.00	54 280.00	—	—
煤层气产量 / 万立方米	39 504.00	38 353.00	35 773.00	38 389.00	30 251.00	17 892.00
新增原油生产能力 / 万吨	4.19	1.81	4.42	6.10	4.44	0.69
新增页岩气生产能力 / 万立方米	68 121.00	45 354.00	21 800.00	65 000.00	—	—
新增煤层气生产能力 / 万立方米	6 000.00	4 600.00	0	36 300.00	—	—
新增探明石油地质储量 / 万吨	238.30	236.21	216.47	0	178.68	242.46
新增探明页岩气地质储量①/ 亿立方米	0	1 446.58	0	0	0	0
二维地震 / 千米	0	355.00	0	10.00	132.00	104.00
三维地震 / 平方千米	806.00	245.00	95.00	100.00	0	0
石油钻井 / 口	117	93	125	76	94	27
探　井	17	26	30	33	21	17
开发井	100	67	95	43	73	10
钻井进尺 / 万米	37.10	29.25	31.65	20.55	23.91	8.26

① 2019 年新增探明页岩气地质储量 1 117.47 亿立方米为中国石化内审数据，未下公报，故修改为 0。该数据统一在 2020 年储量公报中公布，故 2020 年新增探明页岩气地质储量 1 446.58 亿立方米包含 2019 年的数据

勘探分公司

【概况】 中国石油化工股份有限公司勘探分公司　（简称勘探分公司）是中国石化唯一的专业化油气

勘探企业，肩负着中国石化能源资源战略发展重任，业务归口中国石油化工股份有限公司油田勘探开发事业部管理。勘探分公司位于成都市高新区吉泰路688号中国石化西南科研办公基地。

勘探分公司前身是南方海相油气勘探项目经理部，成立于1999年5月。2002年4月，中国石化整合南方海相油气勘探项目经理部和滇黔桂油田分公司，成立南方勘探开发分公司。2007年3月，原南方勘探开发分公司和原中南油气分公司勘探研究、勘探管理及部分相关业务人员整合重组成立勘探南方分公司，同年8月迁址成都。2014年7月，中国石化批复同意更名为中国石油化工股份有限公司勘探分公司。

截至2021年底，勘探分公司实有合同制员工474人，在岗合同制员工473人，均为管理和专业技术人员，具有中级及以上职称的388人，在岗员工平均年龄43.7岁。

按照中国石化统一安排，勘探分公司主要负责所管理勘查区块内风险勘探，同时开展国内重点含油气盆地分析、矿权登记、投入不足区块评价、风险井平行论证等工作。截至2021年末，归属勘探分公司管理有效油气探矿权区块19个，总面积3.34万平方千米，其中3个区块增列页岩气矿种，面积1.116万平方千米，横跨陕西、贵州、云南、广西、四川、湖南、重庆和西藏8个省（市、自治区），总资源量天然气16.99万亿立方米，石油1.17万吨（根据“十三五”资评核算）。

2021年，勘探分公司部署探井15口，实施钻井27口，新开钻井14口。完成钻井进尺8.74万米，为年度计划的110%。完成二维地震30.90千米，三维地震806.95平方千米，分别为年度计划的103%和100%。完成测试14层，获工业油气流6井6层，探井成功率60%。常规天然气新增探明储量323.67亿立方米、控制储量377.98亿立方米，预测储量气741.22亿立方米、油1 085.55万吨，分别为年度目标的161%、125%（气当量）；与江汉油田分公司共同提交白马区块页岩气探明地质储量1 048.83亿立方米；丁山地区新增页岩气控制地质储量445亿立方米；超额完成年度储量任务。完成投资23.19亿元，控制在年度计划之内；持续保障科研投入，实际研发投入强度10%，位居集团公司前列。

勘探分公司主要经济指标和主要生产建设指标分别见表1和表2。

（侯玉梅）

【获评国家优秀找矿成果】 2021年2月25日，自然资源部正式通报找矿突破战略行动优秀找矿成果，勘探分公司“川东北元坝超深层生物礁大气田找矿成果”“涪陵页岩气田找矿成果”获评国家优秀找矿成果。

（侯玉梅）

【涪陵页岩气田新增储量千亿立方米】 2021年11月12—13日，自然资源部油气储量评审办公室对勘探分公司和江汉油田分公司共同申报的《涪陵页岩气田白马区块奥陶系五峰组—志留系龙马溪组一段页岩气探明储量新增报告》进行评审，涪陵页岩气田新增天然气探明含气面积121.02平方千米，地质储量1 048.83亿立方米，超额完成储量任务。涪陵页岩气田自2014年首次提交探明储量1 067.50亿立方米，随着勘探开发一体化推进，勘探分公司先后5次提交探明含气面积874.88平方千米，探明地质储量8 975.24亿立方米，累计产量超400亿立方米。

（侯玉梅）

【油气勘探取得新突破】 2021年，勘探分公司油气勘探取得“1个重大突破、3个重要突破、3个新进展”油气勘探新成果，获8项集团公司油气勘探重大发现奖。1个重大突破：四川盆地侏罗系凉高山组页岩油气勘探取得重大突破。3个重要突破：深层页岩气勘探取得重要突破，通江须家河组断缝体天然气勘探取得重要突破，涪陵凉高山组河道砂凝析气勘探取得重要突破。3个新进展：盆地东南缘残留向斜常压页岩气勘探取得新进展，川南茅口组岩溶缝洞天然气勘探取得新进展，羌塘盆地油气资源勘查扎实推进。

（侯玉梅）

【“断缝体”富集高产成藏新认识】 2021年，勘探分公司针对通江地区须家河组河道砂体叠置连片大面积分布的实际情况，通过老井解剖和基础地质研究，创新提出“双源供烃、断砂输导、相缝控富”的“断缝体”富集高产成藏新认识，落实6个富集高产带，面积446平方千米，资源量1 115亿立方米。勘探分公司针对不同富集带分两轮部署实施马4井、马5井、马6井和马8井。2021年9月28日，马6井在须二段常规测试获日产36.67万立方米高产天然气流；马8井在须家河组多层段钻遇良好油气显示，有望获得新突破。马6井的突破进一步证实断缝体成藏富集规律认识，初步形成通江地区须家河组多层段立体勘探新局面。

（侯玉梅）

2021年9月28日，通江地区马6井在须二段上亚段常规射孔测试获日产36.67万立方米高产天然气流

【深层页岩气压裂工艺技术攻关成效显著】 2021年，勘探分公司持续开展深层页岩气富集机理研究，建立“超压富气”模式，攻关形成深层页岩气“甜点”地震预测技术，部署东页深2井。联合国内外多家单位开展深层页岩气压裂工艺技术攻关，在东页深2井开展试验，通过“7+23”两个阶段压裂实践，2021年10月24日，东页深2井试获日产41.2万立方米高产页岩气气流，埋深超4 200米的页岩气压裂工艺技术攻关取得重要突破，初步形成“多段少簇密切割、大液量、高排量、中强加砂、双暂堵、一体化滑溜水变粘交替注入”新的体积压裂工艺技术，进一步落实东溪—丁山地区5 812亿立方米页岩气资源增储上产新阵地，揭示了中国石化川东南探区资源量超2万亿立方米深层页岩气良好商业勘探开发潜力。

（侯玉梅）

2021年10月24日，东页深2井试获日产41.2万立方米高产页岩气。图为现场试气点火放喷

【陆相页岩油气压裂工艺技术攻关取得重要突破】 2021年，勘探分公司持续加强陆相页岩油气压裂工艺技术攻关，形成湖相页岩气穿层扩体压裂工艺技术，在揭示湖相页岩气穿层压裂及多簇裂缝均匀延伸主控因素基础上，创新形成“超密切割＋高强加砂＋穿层扩体＋限流暂堵＋高效变黏＋均衡压裂”湖相页岩气体积压裂技术。为泰页1井、元页3井湖相页岩油气勘探重大突破提供有效工程技术支撑，其中泰页1井实现新探井1天压裂4段的施工纪录。压后测试产量油9.8米^3/日、气7.5万米^3/日，实现复兴地区陆相页岩油气勘探重大突破。元页3井千佛崖组分25段射孔153簇，总液量5.09万立方米，加砂总量3 245.25立方米。首次实现3 500米以深湖相页岩气井综合砂液比6.92%高指标，达到深层湖相页岩气井“强加砂、加好砂”的目标。元页3井试获日产油15.6立方米、气1.18万立方米页岩油气流，实现元坝探区湖相页岩油气勘探突破。

（侯玉梅）

【“十三五”国家级项目高质量通过结题验收】 2021年，勘探分公司“十三五”期间承担的国家科技重大专项036项目“页岩气区带目标评价与勘探技术”顺利通过结题验收。6月24日，项目在北京通过国家能源局验收，综合绩效评价获评94.65分，列页岩气组第4名。该项目历时4年攻关研究，创新发展深层、复杂构造区、陆相页岩气富集理论认识，形成地质评价、地球物理、工程工艺等勘探关键技术系列，引领非常规油气勘探新领域发展，落实10个重点有利区带，实现三大领域勘探突破、三大气田商业发现，新增探明储量5 601.74亿立方米，获国家科技进步奖一等奖1

项。项目全面完成或超额完成考核指标。申请国家专利 73 件、发表论文 125 篇、申请软件著作权 9 项。项目科研成果汇编形成专著《南方海相页岩气区带目标评价与勘探技术》。

（侯玉梅）

【羌塘盆地野外地质调查顺利完成】 2021 年，为深入贯彻落实集团公司相关决策部署，进一步推进羌塘盆地油气资源勘查工作，由勘探分公司、成都地调中心、无锡石油地质所共 16 人组建的“羌塘 5001 高地”党员、青年突击队先后于 2021 年 7 月 16 日—8 月 5 日、8 月 16 日—9 月 20 日在羌塘盆地开展为期 55 天的野外工作，顺利完成羌塘盆地野外地质科考任务。突击队横穿双湖县、安多县、尼玛县、改则县等以及藏北无人区，累计行车 3 万余千米，实测、观测剖面 21.05 千米 / 22 条，采集各类样品 1 500 余件，较好地完成设计的全部工作量，为室内研究打下坚实基础。羌塘盆地野外地质工作收获大量的油气地质第一手数据，并取得一些好的发现和认识：首次提出三叠系波里拉组具有台缘礁滩沉积背景，并在角木茶卡剖面发现海绵、珊瑚等典型造礁生物，同时在玛曲地区新发现含油泥灰岩新类型储层；进一步证实南羌塘侏罗系布曲组发育较好的白云岩储层，在准那勒、巴格底加日等剖面见到 2 层含油白云岩，厚度 55 米；落实三叠系阿堵拉组（巴贡组）、侏罗系曲色—色洼组两套主力烃源岩层系的沉积相展布并系统采集烃源岩样品，为后期盆地主力烃源岩评价奠定基础。

（侯玉梅）

【超高压电成像测井施工】 2021 年 2 月 27 日，勘探分公司与中海油服密切合作，在元坝 702 井 7 100 米深处的茅口组—吴家坪组完成 160 兆帕超高压电成像测井施工，为精细评价气藏提供详实的测井资料。这是全球首次在 160 兆帕超高压条件下成功实施电成像测井施工。

（侯玉梅）

【物探技术不断发展】 2021 年，勘探分公司首次在南方复杂山地开展大规模节点地震混采生产，采用节点仪、“源驱动”放炮等新技术，初步形成南方复杂山地高效地震采集技术体系，道真三维资料采集刷新日效纪录和高效生产纪录。OVT 处理技术、拟真地表深度域建模及深度偏移技术攻关取得生产实效。

（侯玉梅）

【安全环保保持硬稳定】 2021 年，勘探分公司坚持“不安全的进尺一米不打，不安全的工期一天不抢，不安全的效益一分不要”工作理念，严守“不发生疫情感染，不发生安全事故”红线，强化 QHSE 管理体系建设与有效运行，以井控为重点，实现本质安全环保，取得新的提升，获 2021 年度中国石化绿色企业称号。安全管理方面。坚决贯彻落实集团公司“总经理 2 号令”，扎实推进“百日安全无事故”“五查五严”保安全、百年大庆平安护航攻坚战等专项行动，认真部署夏季汛期及冬季安全生产工作，为庆祝建党 100 周年、党的十九届六中全会胜利召开营造良好环境。修订完善 QHSE 管理体系，强化体系思维，层层压实责任，坚持“日会诊、周分析、月部署”，加强现场安全环保督查、承包商安全监管，安全风险可控受控。扎实开展“百日井控安全无事故竞赛”和井控专项检查，井控管理水平不断提升。通过炮点“五确认一评估”“十个 100%”技术控制手段，强化地震采集生产本质安全管控。积极推进管理体系与标准制度宣贯，开展“质量日”“质量月”专项活动，强化安全培训，QHSE 管理基础不断夯实。绿色环保方面。制定绿色企业行动“一方案两清单”，落实生态保护措施，全面推行泥浆不落地技术，加强钻井、作业废水处理及固废危废规范妥善处置，扎实推进绿色企业创建工作，顺利通过审核评审。重点从 10 个方面开展环保依法合规排查整治，生态环境保护及环保管理工作合法合规。疫情防控方面。从严从速从紧抓实常态化疫情防控，提前 40 天完成集团公司“新冠疫苗接种率达 80% 以上”接种目标，未发生员工及家属感染新冠肺炎事件，疫情防控形势整体平稳。

（侯玉梅）

【深入推进企业改革】 2021 年，勘探分公司深入推进企业改革，落实深化改革三年行动，制定 5 个方面 43 项任务的工作措施，各项改革任务完成率 98%。扎实推进对标管理提升行动，形成 8 个方面 27 项重点任务 44 个主要问题 78 条提升措施，完成任务的 94%。同时，完成经理层成员任期制和契约化管理的制度建立和协议签订工作。

（侯玉梅）

【党建工作实现新提升】 2021 年，勘探分公司党委全面落实集团公司党建工作“1355”总体部署，按照“1234”党建工作思路，持续推进“三个成体系”，统筹推进“五大建设”，为高质量勘探提供坚强保障。坚持“第一议题”，筑牢思想根基。严格落实“第一议题”制度，教育引导广大干部员工增强“四个意识”、坚定“四个自信”、做到“两个维护”，切实把习近平新时代中国特色社会主义思想落实到勘探分公司党的建设、高质量发展的各个方面各个环节，切实把习近平总书记视察胜利油田重要指示精神转化成推动油气勘探的战略目标、工作举措和行动自觉。提升党建质量，深化同题共答。深化完善“四个周五”“七有学习法”，积极开展“端稳能源饭碗、争当勘探主力”等重点研讨，积极推动示范党支部创建、基层党组织“三基本”建设、石化党建系统“三个百分之百”深化应用，抓实集团党建考核反馈问题整改，党建标准化规范化水平不断提升。建立离职离岗人员信息系统账户清理常态化机制，开展“五个一”“国家安全和保密宣传教育月”活动、微信自查自纠等工作，员工保密意识不断增强。强化 100 个党建融合载体建设，深化“双培养一输送”，建好用好党建共建“六平台”，进一步实现党建工作与中心工作深度融合。全面从严治党，营造新风正气。强化政治监督，细化日常监督，做实大监督，开展安全生产领域形式主义、官僚主义问题专项整治，扎实开展“学党史、强作风、严党纪”活动和“学党史、强纪律、促清廉”反腐倡廉教育月活动，持之以恒纠“四风”，营造风清气正的政治生态。推进和谐发展，汇聚发展合力。坚持“五必访”，改进职工走访慰问方式，节假日期间慰问 150 人次。及时关注职工思想状况，安排职工健康体检，真诚关爱职工身心健康。组织全员劳动竞赛、科研人员技术比武，因地制宜组织各类文体活动，员工凝聚力向心力进一步增强。勘探分公司获评 2020 年度集团公司党建考评 B 档。

（侯玉梅）

【人才队伍显活力】 2021 年，勘探分公司进一步加强干部管理和队伍建设，人才队伍显活力。高层次人才和创新团队建设获集团公司高度肯定，黄仁春获集团公司科技创新功勋奖，陈祖庆被评为集团公司突出贡献专家，勘探分公司总经理胡东风被评为第 13 批四川省学术和技术带头人，四川盆地致密砂岩气勘探攻关创新团队获中国石化优秀创新团队称号。推荐外送党组管理领导人员 1 名，新提拔（重用）中层领导人员 8 人，选拔任用基层领导和相当层级人员 20 人，其中“80 后”占 80%，干部队伍整体配备进一步优化完善。完成新一轮 5 名专家选聘，成立 5 个专家工作室，积极推进“三百三千”交流锻炼，加大员工培训力度，扎实开展“师带徒”，有效带动各专业技术人才成长成才。充分利用集团公司人力资源配置平台和成熟人才引进计划，引进 15 名高校毕业生，从系统内引进 3 名具有丰富经验的工程专业基层正职干部，人才队伍基础进一步夯实、结构进一步优化。搭建“青年博士论坛”“青年工作室”，组建“勘分学习小组”、羌塘野外地质调查青年突击队，极大地调动广大青年工作热情。

（侯玉梅）

【“奋斗百年路，启航新征程”系列主题活动】 2021 年 6 月 25 日，勘探分公司在成都举行“奋斗百年路，启航新征程”系列主题活动，热烈庆祝中国共产党成立 100 周年。系列活动包括勘探分公司庆祝中国共产党成立 100 周年暨“创先争优”表彰大会、“心约百年”党史知识竞赛和“传唱红色经典，献礼建党百年”红歌合唱展演。

（侯玉梅）

勘探分公司庆祝中国共产党成立 100 周年暨
“创先争优”表彰大会现场

表 1　勘探分公司主要经济指标[1]　亿元

指标名称 \ 年份	2021	2020	2019	2018	2017
资产总计	12.42	12.87	14.83	12.82	14.37
流动资产	11.82	12.16	14.00	11.98	13.42
固定资产原值	2.43	2.36	2.53	2.78	3.29
固定资产净值	0.46	0.50	0.68	0.75	0.83
销售收入	23.08	17.79	18.83	13.68	12.19
实现利税	0.06	0.09	0.05	0.16	0.12

①经济指标不含开发

表 2　勘探分公司主要生产建设指标[1]

指标名称 \ 年份	2021	2020	2019	2018	2017
新增天然气探明地质储量 / 亿立方米	773.67	789.90	408.53		2 202.16
新增天然气控制地质储量 / 亿立方米	822.98	311.36	421.28	264.72	174.52
新增天然气预测地质储量 / 亿立方米	741.22	782.76	1 042.42	1 527.01	1 115.01
二维地震 / 千米	30.90	439.48	608.80	699.24	933.19
三维地震 / 平方千米	806.95	649.83	1 130.75	578.99	873.38
新开钻井 / 口	16	10	10	10	2
完井 / 口	16	10	7	3	5
钻井进尺 / 万米	8.74	6.20	6.00	3.50	1.36
勘探投资 / 亿元	23.05	17.89	18.79	13.62	12.16

①生产指标含风险、非常规勘探

天然气分公司

【概况】 2021 年，天然气分公司聚焦“实现天然气高质量跨越式发展”目标，坚决贯彻集团公司党组决策部署，以迎接庆祝建党 100 周年为强大动力，以开展党史学习教育为重要契机，以强烈的政治责任感抓好天然气保障供应，以强有力的举措化解经营成本高企的困境，以毫不懈怠的精神抓实抓细抓严安全生产，以系统思维统筹推进各项重点工作，在压力下砥砺前行，在困境中奋力开拓，取得“量价兼顾、量效双收”的好成绩，实现“十四五”良好开局。全年经营天然气 515 亿立方米、增长 15.7%，其中销售天然气 508 亿立方米、增长 18.7%、高于全国平均增幅 6.5 个百分点，国内市场份额 13.6%。

（李广泽）

【市场销售实现新跨越】 2021 年，天然气分公司紧抓国内经济有序恢复、“双碳”目标驱动市场需求增长契机，及时调整经营思路、科学制定营销策略、持续优化市场结构，迅速稳住生产经营基本盘，全力打赢创效增效主动仗。资源运作能力持续提升。在保证上游气田自产陆上气资源全产全销基础上，加强与中国石油、山西国化、部分煤层气等企业合作，提升国产气的供应比例。优化中长约 LNG 进口，稳妥把控现货采购节奏，审慎开展套期保值，努力降低采购成本，海外资源运作水平得到显著提升。市场创效能力持续提升。大力开展“奋战拓市增量、献礼建党百年”百日劳动竞赛，抢滩布局优质高效市场；动态优化市场结构、气液结构、资源流向，推动管道气顺价销售、液体高来高走，全面提升经营效益。全年新开发用户 115 家，市场销售范围扩展至全国 25 个省市，山东、江苏、浙江、广东等高端市场销量同比大幅增长，城市燃气、工业直供、燃气发电等优质用户群体进一步扩大。终端开拓能力持续提升。按照“宜控则控、宜参则参”的思路，从支线管道、城燃项目股权收并购等方面，加大终端项目重点领域的开发，河南安阳华润股权收购项目、增资入股浙能集团城燃公司项目、深能燃控股权收购项目等 20 个终端项目成功落地，累计成立终端公司 30 家，终端销气量和利润不断提升，终端市场竞争力初步显现。市场保供能力持续提升。坚持“讲政治、顾大局、保民生”工作原则，全力保障供暖季、“两特两重”期间等市场稳定供应，收到地方政府感谢信函 12 封，得到国家有关部委、集团公司党组的充分肯定。在国家能源体系建设、天然气保供中作用更加突出。

（李广泽）

【设施布局迈出新步伐】 2021 年，天然气分公司紧扣高质量发展主题，锚定“十四五”发展规划，推动一批具有前瞻性、长远性重大项目成功落地，设施建设跑出“加速度”，项目谋划谱写“新篇章”。着力拓展资源供给能力。青岛 LNG 二期顺利投产，资源接卸周转能力提高至 700 万吨 / 年；三期一阶段实现应急投产。天津 LNG 二期完成 5#、6# 储罐气顶升作业，2# 码头建成投用，首次实现 LNG 运输船舶夜航离港，年接卸能力由 600 万吨提升至 1 080 万吨。舟山六横 LNG 取得国家泊位指标批复。烟台龙口、广西北海 LNG 三期获核准并全面开工建设。江苏张家港 LNG 项目取得实质性进展，“气化长江行动”迈出坚实步伐。着力扩大输配保障能力。山东南干线累计焊接 443 千米，提前 72 天完成年度计划目标。皖东北管道干线及皖北支线全线焊接突破 148 千米。广西燃气“县县通”工程有序实施。区域管道规划加快论证，山东东干线、贵州丁山页岩气外输管道、西北集气总站—轮南输气管道等项目前期工作取得重要进展。着力提升储气调峰能力。坚决落实储气能力建设责任，统筹协调优势资源力量，提前完成 4.23 亿立方米年度储气能力建设任务。

（李广泽）

【安全生产开创新局面】 2021 年，天然气分公司严格落实集团公司“总经理 2 号令”，压实各级安全责任，抓实风险排查和隐患治理，被集团公司评为安全生产先进单位和节能环保先进单位。安全基础不断夯实。扎实开展“百日安全无事故”“五查五严”保安全、环保依法合规专项整治等行动，全力筑牢安全生产防线。建立健全并全面推进新版 HSE 管理体系有效运行，推动体系要素与生产经营深度融合。坚持“以我为主、强势管理”，从严从细加强承包商管理，强化高风险、“双边”和特殊作业安全管控，有效提高现场安全监管水平。实现安全零事故、人员零伤害、环境零污染、疫情零感染。节能环保水平不断提升。落实集团公司绿色洁净发展战略，科学制定 2021—2030 年碳减排、碳中和相关措施。深入实施绿色企业行动计划，完成 7 家绿色基层单位复核、8 家绿色基层单位创建，天然气分公司绿色企业复核结果达集团公司 A 档水平。持续推进节能降碳工作，狠抓源头治理、过程控制、科技减排，能效管理水平进一步提升。生产运行不断优化。统筹生产与销售动态衔接，强化日常调控指挥，实现设施“安稳长满优”运行。加强设备完整性管理，开展检维修项目 257 项，发挥设施最大能效。推进管道完整性体系建设，聚焦第三方施工、高后果区等重点领域排查，风险管控更加有力。强化应急队伍建设，开展演练 103 次，妥善处置各类突发事件。完善计量及气质监测网络建设，确保贸易计量依法合规。优化方案，精心组织，顺利投运 22 个建设项目。

（李广泽）

【科技创新增添新动能】 2021 年，天然气分公司强化关键核心技术攻关，加快推进智能化、数字化转型，取得一批新成果新进展，为天然气分公司提质增效升级、实现高质量发展提供有力支撑。科技成果加速转化。修订科技项目管理等办法，完善科技创新激励机制，推进科技成果转化应用。突出战略引领和问题导向，聚焦关键核心开展技术攻关，全年新增科技立项 30 项，其中“天津 LNG 智能装车管理系统”等 9 项科研成果成功实现工业应用。全面加强知识产权管理，全年申请专利 24 件，其中发明专利 5 件、获授权专利 2 件。信息化与业务深度融合。编制完成天然气分公司“十四五”信息化发展规划，持续推进天然气分公司“一中心、三平台”建设，销售服务平台一期开始试运行，生产运营平台功能实现全新升级，智慧 LNG 接收站及智能装车系统、智能管道、数字化储气库等新技术加快落实，数字化转型、智能化应用加速推进。“五化”建设深入实施。“五化”工作体系全面搭建完成，发布实施 LNG 项目、长输管道标准化设计成果；明确烟台龙口 LNG、山东南干线、合浦—博白—浦北支线、金坛储气库等项目作为工厂化预制、模块化施工、机械化作业的示范工程；形成以基础数据为中心、以数字化交付为基础、以智能化项目管理系统为平台的信息化管理模式。编制 LNG 项目 10 项主要设备标准化采购技术规范，完成长输管道项目 17 项物资标准化采购框架协议招标，上报 11 项国产化攻关课题，设备材料标准化、国产化取得积极成效。

（李广泽）

【企业治理再上新台阶】 2021 年，天然气分公司坚持向改革要活力，向管理要效率，为企业高质量发展注入动力、提供保障。坚决贯彻“两个一以贯之”，完成党委前置研究讨论重大经营管理事项清单制定及 26 家单位“三重一大”决策相关制度审核，党的领导全面融入公司治理各个环节。积极主动与各油气田分公司对接沟通，推动销售体制改革二阶段任务落地见效。全面推进深化改革三年行动，经理层成员任期制和契约化管理加快开展，完成年度改革任务。全面深化“管理提升年”活动，深入实施对标世界一流管理提升行动，“对标追标、自我超越”的动力不断增强。修订完善内部结算定价规则，引导各销售单位从要销量向要效益转变，天然气分公司盈利能力不断提升。开展“星旗榜”活动，完善绩效考核体系，综合考核“指挥棒”作用切实发挥，广大干部员工争先创优热情更加饱满。合理优化薪酬结构，薪酬管理激励作用有效发挥。持续完善制度体系，全年新增和修订制度 117 项，常态化开展制度符合性检查，制度诊断含金量更高、成色更足。推进风控、内控体系建设，强化投资、信用、合资合作、套期保值等风险管控，有效识别、防范、化解风险能力进一步增强。推进审计工作向管理效益审计转型升级，开展审计项目 26 项，促进依法合规治企。

（李广泽）

【党的建设呈现新气象】 2021 年，天然气分公司毫不动摇坚持和加强党的全面领导，奋力推动党建工作展现新气象、新作为，为天然气分公司高质量发展提供坚强政治保证。把党的政治建设摆在首位。严格落实“第一议题”制度，深入学习贯彻习近平新时代中国特色社会主义思想、党的十九届六中全会精神和习近平总书记视察胜利油田重要指示精神，不断提高政治判断力、政治领悟力、政治执行力。深化“我为群众办实事”实践活动，热烈开展庆祝建党百年系列活动，形成学党史、悟思想、办实事、开新局的生动局面。通过党史学习教育，更加深刻领会“两个确立”的决定性意义，深刻理解伟大建党精神的丰富内涵，振奋干事创业的精气神，增强治企兴企的使命感。坚持大抓基层、大抓支部。深入推进组织力提升工程，加强基层班组党员力量全覆盖，党员责任区、党员示范岗作用充分发挥。召开天然气分公司第二次党代会，开展基层党委换届；推进 42 家合资公司“党建入章”，有效提升党组织凝聚力和战斗力。聚焦务实创新融合，组织实施劳动竞赛，创新开展“一支部一品牌”活动，激发全员创效活力。坚持典型引路，发挥示范作用。天然气分公司青岛 LNG 接收站被命名为中央企业青年文明号；天津液化公司生产运行部被命名为中国石化青年文明号；吴斌被授予中国石化突出贡献专家，席海宏被授予闵恩泽青年科技人才，高珊珊被授予中国石化技术能手称号。大力传承石油精神、弘扬石化传统，认真践行党的群众路线，加强宣传思想工作，持续推进作风建设，抓实维稳、保密、统战、群团、退休管理等工作，形成同心同德谋发展、万众一心创伟业的强大凝聚力。

（李广泽）

国勘公司

【概况】 中国石化集团国际石油勘探开发有限公司（简称国勘公司，英文缩写 SIPC）成立于2001年1月，本部设在北京，专门负责中国石化海外油气投资与经营，先后获68个海外油气项目。2015年12月，经国务院领导批示，国务院国资委对国勘公司实施重组改制，引入诚通集团、中国国新两家新股东，分别持股40%、30%，并按照《公司法》规定设董事会、监事会规范运作。

截至2021年底，国勘公司有46个项目，其中在实施项目44个（分布在23个国家）、正在退出项目2个。在实施项目中，作业者项目15个（含掌控力强的联合作业项目），非作业者项目（含参股、掌控力弱的联合作业项目）31个。国勘公司2P权益储量4.11亿吨油当量，其中石油2.68亿吨、天然气1 753亿立方米。

2021年4月，国勘公司开展深化组织机构改革，设17个机关部门、24个海外机构、3个直属单位。正式员工5 234人，其中中方员工1 051人、外籍员工4 183人，外籍员工占比80%。2021年，全球疫情持续肆虐，国际油价震荡上涨，面对新形势、新任务，国勘公司全体员工紧密围绕集团公司党组和国勘公司党委的各项决策部署，把握油价上涨机遇，锐意进取，主动作为，全面高质量完成集团公司下达的5类25项KPI指标，其中11项经营类指标大幅超额完成（超额完成率44%），生产经营指标创近年来最好水平。

国勘公司主要生产经营指标见表1。

（魏雨萌　李时雨）

【狠抓疫情防控和HSSE管理】 2021年，国勘公司坚持“以人为本，安全第一”，不断完善体系建设，强化重点管控，筑牢安全生产和疫情防控双重“防火墙”。指导海外机构定期排查疫情防控风险点和薄弱环节，有序组织疫苗接种、外派员工健康评估、电话慰问、心理疏导等工作。抓实海外安全生产管理，配齐作业者项目安全总监，建立“月度安全生产例会＋专项支撑会管控/服务机制”，创新开展“五个强化”安全主题活动，实现“两高”管理零可记录事件的良好业绩，关键HSE指标优于国际油气生产者协会（OGP）平均水平。对标国际通行管理标准，修订发布国勘公司新版HSSE管理体系，HSSE管理水平再上新台阶。

（魏雨萌　李时雨）

员工对生产设备进行维护保养

【寻求规模储量接替】 2021年，国勘公司持续推进高效勘探，强化勘探开发一体化，完成三维地震采集495平方千米，完钻探井和评价井28口。立足现有项目强化目标研究，在安哥拉15/06区块获1项勘探新突破；在埃及项目、俄罗斯UDM项目获8项勘探新发现；在安哥拉区块取得1项勘探新进展。全年新增权益2P&2C可采储量1 073万吨油当量，储量发现成本1.19美元/桶，创5年来新低。

（魏雨萌　李时雨）

【油田开发生产效率显著提高】 2021年，国勘公司抢抓油价上行机遇，统筹推动开发、工程、技术支持多环节联动创效。狠抓增产上产，构建差异化“大生产”管控服务平台，作业者项目非计划损失大幅下降，非作业者项目生产效率显著提升。把握油价回暖时机，通过采油、地面大调查等手段，优化调整生产运行，增油创效成果显著。深化产能建设，围绕深海、非常规等重点产能建设阵地，加强综合地质研究，推动储量优快动用，全年超计划完成权益产能建设。深挖老区效益开发潜力，加大工程技术创新应用，减缓老区自然递减率。

（魏雨萌　李时雨）

安哥拉项目 15/06 区块海上作业平台

【资产创效能力持续巩固】 2021 年，国勘公司坚持效益导向，推动业财融合，确保持续攻坚创效和超常规创效措施落实落地。高度重视投资回报，根据油价变化适时调整投资安排，加大非作业者项目行权力度。持续强化现金流管控，动态跟踪海外机构现金流收支，规范资金管理，排除资金安全隐患。持续深化成本控制，从关注“生产要素”向关注“生产过程”转变，国勘公司桶油操作成本实现“七连降”。强化采办流程管理，通过合同复议、重新招标、优化综合单价等方式，成本实现大幅压降。强化油气销售垂直管理，“一项目一策”制订销售方案，稳健开展套期保值业务，实现油气销售“量价齐升”。

（魏雨萌　李时雨）

【资产结构优化取得重大进展】 2021 年，国勘公司梳理新项目开发及资产运营工作思路，围绕“十四五”产量规划，推进资产结构优化取得实质性突破。新项目获取方面，进一步优化完善新项目开发制度流程，充分发挥专家把关作用，制度性防范决策风险。聚焦 OPEC+ 重点战略区，充分发挥海外项目第一手信息优势，全年跟踪筛选新项目信息超 110 个，重点评价项目 28 个，收购项目及区块 3 个。资产运营方面，“一项目一策”加快推动 12 个重点项目资产运营，阿根廷项目、哈萨克斯坦 Mynteke 油田项目完成签约交割，加拿大 Gateway 项目完成账面核销，实现彻底关闭。

（魏雨萌　李时雨）

【历史风险隐患有效化解】 2021 年，国勘公司强化风险防控意识，压实风险管理责任，逐步消除制约国勘公司发展的“拦路虎”“绊脚石”“风险雷”。法律风险方面，坚持“分级分类”管理机制和“专案专策”工作方案，多项困扰国勘公司的法律纠纷取得胜诉或有利的阶段进展。债务风险方面，全年完成长期贷款和短期贷款续接，设立石化国投新平台以化解历史债务，得到国务院国资委和集团公司的肯定，债务发散风险得到进一步遏制。税务风险方面，依照既定策略和方案推动各海外项目现存税务争议化解，强化前端管控，建立海外作业者项目第三方税务审计制度。此外，建立并完善风控体系，实现国勘公司经营风险常态化监控。

（魏雨萌　李时雨）

【国际化经营能力持续向好】 2021 年，国勘公司直面发展难题，推进国际化经营管理效能持续提升，深化改革任务完成率 85%。优化调整组织机构，逐步构建起适应国勘公司新发展阶段和国际化经营需要的组织架构。推进国际化制度程序体系建设，以“10+1”框架为基础，将原 342 项制度优化至 128 项。完成集团公司合规管理体系建设试点任务，国勘公司合规管理“三道防线”初步形成，依法合规意识渐入人心。强化项目管控与股东行权，开展“一项目一策”差异化分级授权梳理，扎实开展“股东行权能力提升年”系列活动。提升国际化经营管理能力，制订 55 项行动方案，并开展征文研讨活动。深化学习型团队建设，成立国勘书院，针对性开展团队学习、E-learning 培训，组织萃取海外经营管理实操经验，实现内部共享。

（魏雨萌　李时雨）

“全面提升国际化经营管理能力”研讨会

【党建工作质量进一步提升】 2021 年，国勘公司以庆祝建党百年为强大动力，紧紧抓住全面落实习近平总书记视察胜利油田重要指示精神这一重大政治任务，持续提升党建工作质量。强化思想政治引领，认真学习宣贯习近平总书记“七一”重要讲话精神和党的十九届六中全会精神。聚焦提升组织力，召开国勘公司第二次党代会，组织开展基层党支部书记基本功培训，全覆盖开展基层党组织书记抓党建工作脱稿述职，创建党员示范岗、责任区、突击队 237 个。因地制宜开展境外党建，制订《国勘公司境外党建“一项目一策”实施方案》。推进“四个再强化”专题教育常态化、长效化。推动国勘公司政治生态持续向好，加强对“一把手”和关键岗位监督，持续深化中央巡视和党组巡视反馈问题整改，启动党委巡察三年“全覆盖”计划，开展海外机构负责人回国廉洁谈话提醒，打通海外项目全面从严治党“最后一公里”。

（魏雨萌　李时雨）

表 1　国勘公司主要生产经营指标

指标名称 \ 年份	2021	2020	2019	2018	2017	2016
勘探新增权益石油储量（2P+2C）/ 百万桶	58.80	40.30	87.42	32.58	37.99	36.69
勘探新增权益天然气储量（2P+2C）/ 亿立方米	40.70	21.60	53.15	58.30	85.38	44.74
权益油气产量 / 万吨	3 643.00	3 672.00	4 252.00	4 249.70	4 371.89	4 295.27

石油工程公司

【概况】 中石化石油工程技术服务股份有限公司（简称石油工程公司，英文缩写 SSC）是集团公司的控股子公司。2012 年 6 月 28 日，集团公司实施石油工程专业化整合重组，成立石油工程公司。2014 年，集团公司实施仪征化纤股份有限公司（*ST 仪化 600871，仪征化纤 1033）重大资产重组，将石油工程资产置入仪征化纤，并将化纤业务置出，实现石油工程公司在上海、香港两地上市。

石油工程公司是国内产业链最完整、专业门类最齐全的石油工程综合一体化服务公司，秉承“服务客户、支撑油气、技术领先、价值创造”发展理念，大力实施“专业化、市场化、国际化、高端化、特色化”发展战略。有涵盖油气勘探和生产全产业链的技术研发支撑体系，有超过 60 年的经营业绩和丰富的项目执行经验，是一体化全产业链油服领先者，能够为高酸性油气藏、致密油气藏、页岩气、稠油油藏等各类油气田提供一体化服务。“特大型超深高含硫气田安全高效开发技术及工业化应用”项目曾获国家科学技术进步奖特等奖，“涪陵大型海相页岩气田高效勘探开发技术”曾获国家科学技术进步奖一等奖，川气东送管道项目获国家优质工程金质奖；有国内领先的页岩气石油工程配套技术，形成井深超过 3 500 米页岩储层的钻井、测录井、压裂试气、装备制造和工程建设五大技术系列，关键核心技术基本实现国产化。截至 2021 年底，在中国 20 余个省、76个盆地、561个区块开展油气工程技术服务；海外业务规模不断扩大，在30余个国家和地区提供油田技术服务。

截至2021年底，石油工程公司设国际石油工程公司、地球物理公司、石油工程建设公司和经纬公司4家专业公司，胜利石油工程公司、中原石油工程公司、江汉石油工程公司、西南石油工程公司、华北石油工程公司、华东石油工程公司、海洋石油工程公司7家地区公司。合同制员工6.92万人（在岗合同制员工5.87万人）、劳务派遣工409人。在岗合同制员工平均45.3岁，有大学本科及以上学历2.41万人，管理、专业技术、技能操作人员分别为0.76万人、2.54万人、2.57万人，有高级及以上技术职称的1.22万人、有高级工及以上职业资格的2.57万人。

（马必才　何　骅）

【领导班子调整】 2021年4月，刘汝山到龄退休，不再担任石油工程公司党委副书记（按大Ⅰ型企业正职管理）职务；程中义任石油工程公司总会计师。7月，孙丙向任石油工程公司副总经理、党委委员。9月，马祥到龄退休，不再担任石油工程公司党委副书记（按大Ⅰ型企业正职管理）、纪委书记、工会主席、监事会主席职务。

（乔　璐）

【财务资产经营状况】 截至2021年末，石油工程公司资产总额640.52亿元，负债总额571.91亿元，所有者权益68.62亿元，资产负债率89.29%。

（潘　莉）

【保障稳油增气降本更加有力】 2021年，石油工程公司牢记国之大者，坚决落实习近平总书记能源安全新战略，持续加大投资力度，加快推动装备升级，集成全生命周期提产降本技术，在“三北一川”及东部老区，完成井平均钻井周期缩短12.4%，压裂效率提高24.5%，复杂故障时效下降60.8%，均超额完成“四提”指标。坚持以高质量物探支撑高质量勘探，平均日效、新发现一类圈闭占比分别提升9%和6%。工程建设以“五化”为引领，高效推进、建成投产7座储气库、21项示范工程，实现“五省”目标。全年有23个项目获集团公司优秀工程奖、油气勘探突破（重大商业发现）工程保障贡献奖，为端牢能源饭碗作出积极贡献。

（马必才）

【市场布局更加优化】 2021年，石油工程公司科学制定策略，细化攻坚措施，在优化市场结构、提升集中度方面取得明显成效。全年新签合同额709亿元，增加11亿元。在集团公司内部强化合作共赢、深化一体化运行，新签合同额444亿元，增长7.3%；收入455.5亿元，增长12.7%。在国内外部突出质量效益，形成中国石油、中国海油、国家管网三大规模市场，全年新签合同额132亿元，收入143亿元。其中，在中国石油西南市场新签41亿元钻井合同，在中国海油新签11亿元大型储罐建设合同，在国家管网市场新签合同额30亿元。在海外逆势攻坚，中标乌干达油气集输工程总承包、墨西哥三维地震项目等一批重点项目，巩固沙特、科威特、厄瓜多尔重点市场，有序退出蒙古国、孟加拉国等12个低效无效市场，市场抗风险能力和创效能力明显增强。全年新签合同额136亿元，收入97亿元。

（马必才）

【技术先导型油服企业迈出新步伐】 2021年，石油工程公司完善实施“十四五”科技发展规划，一体推进研发体系建设、关键核心技术攻关、产品产业化建设、信息化建设，在旋转导向系统、特深层高温电成像测井仪器、节点地震仪研制等关键技术试验应用上取得一批新突破，在深层超深层油气高效勘探开发、页岩油气和致密气低成本开发等关键工程技术装备上取得一批新成果，在泥浆化学助剂等核心产品产业化规模应用上见到较好成效。攻克9 000米特深井难关，Ⅰ型旋转导向系统实现“千米一趟钻”，高温电成像测井突破200℃门槛，全年创工程施工新纪录577项，获省部级科学技术奖励18项，申请专利和获授权专利创出石油工程公司成立以来新高，为打造技术先导型油服公司奠定坚实基础。适应“双碳”需求，成立石油工程新能源研究中心，推进CCUS重点实验室建设，加快绿色低碳转型步伐。

（马必才）

【改革优化纵深推进】 2021年，石油工程公司强化顶层设计一体推进，建立深改三年行动“红黄绿”督办机制，工作计划完成94%，公司治理体系持续完善。完成测录定业务重组和经纬公司组建，并进一步完成区域测控公司整合；成立钻井工程和井下特种作业管理部（油藏管理部），切实提升专业管理能力。“1+5+9”统筹优化市场布局与资源配置取得重要阶段性成果，有效解决多年以来重复投入、多头竞争、资源效率低下等历史性难题，基本形成规范有序竞争、区域资源共享、集约化服务保障的市场新格局。其中，西部工区压减机构25个，机构运行费用下降9.2%，井筒专业利润增加3.34亿元。学习借鉴华为模式，力推新型项目化管理体系建设和“人才池”“资金池”“装备库”“物料库”、石油工程一体化云平台落实落地，持续深化人才、资金、装备、物资、后勤基地优化配置及供应商、仓储、质检、物流等资源共享、信息上线，努力激发激活全要素效率，建成物料“中心库”18个，压减后勤基地44个。

（马必才）

【严细管理见到实效】 2021年，石油工程公司开展对标一流管理提升行动，围绕“四提”目标，开展“五比”竞赛，强化对标激励。开展集团公司“三个标杆”选树，涌现出江汉石油工程公司和胜利石油工程公司黄河钻井总公司、江汉石油工程公司页岩气开采技术服务公司、石油工程地球物理公司胜利分公司、石油工程建设公司石油工程设计有限公司、中原石油工程公司SINO-25钻井队、经纬公司中原测控公司ZYCJ102队、西南石油工程公司井下作业分公司酸化压裂三队8家集团公司标杆。狠抓全流程优化、全要素降本、全方位增效，强化亏损子企业治理，完成华东石油工程公司和海洋石油工程公司扭亏任务，11家地区（专业）公司和50家辅业单位全面盈利。系统推进制度、内控、合规管理体系建设，开展“两金”压降专项治理和成本费用、亏损项目等专项审计，通过清理回收呆坏账，付息债务规模持续压降，实现自由现金流持续为正，经营质量明显改善。

（马必才）

【安全环保井控与疫情防控形势保持平稳】 2021年，石油工程公司持续深化“百日安全无事故”“五查五严保安全”专项行动，务实开展HSE体系试审核，对标集团公司“总经理2号令”，狠抓防控责任、隐患治理和重点井井控提级管理措施落实，扎实推进绿色企业创建，安全环保井控形势总体稳定。建立常态化防疫防线，合理安排国内国外员工轮休，实现“零输入”“零输出”，有效维护员工生命安全和身体健康。

（马必才）

【干部人才队伍建设取得积极成效】 2021年，石油工程公司坚持党管干部党管人才，完善干部管理制度，精准科学选人用人，加大培养锻炼力度，健全领导班子和领导人员管理、中层干部绩效考核、能上能下、项目负责人选聘管理等制度，完善“1+N”干部制度体系，职责更加清晰、管理更加规范、监督更加有力。员工年龄结构持续优化，素质整体提升。围绕培养造就知识型、技能型、创新型劳动者大军，优化成长通道和高层次人才选拔聘任机制，大力弘扬劳模精神、劳动精神和工匠精神，评选铁军名匠108名，建成井筒工程、物资采购等专家库和党群、人事、纪检等专业人才库。涌现出全国优秀共产党员王振平、全国五一劳动奖章获得者孙宝林、十大“感动石化”人物李恩朋等先进典型，共有64人被评（聘）为集团公司高级专家、石化名匠、技能大师和特级技师，人才队伍建设和典型选树取得显著成效。

（马必才）

【党史学习教育开展扎实有效】 2021年，石油工程公司建立“两表一册一清单”，班子成员领学研学、分享学习成果，全体党员同步参与，推动党史学习教育走深走实。组织党员到香山等革命纪念馆瞻仰学习，用“红色文化”领航信念、感悟党史、汲取力量。聚焦扭亏脱困、本质安全、基本保障为基层群众办成16项实事，其中配备野营房、环保卫生间、安装网络设备数量均超额完成目标任务；“五小”建设、EAP服务一线行活动等工作扎实有效，着力解决员工实际困难，丰富员工文化生活。

（马必才）

【党建工作持续加强】 2021年，石油工程公司党委深入学习贯彻党的十九届五中、六中全会精神和习近平总书记视察胜利油田重要指示精神，认真贯彻党组决策部署，紧紧围绕中国石化“1355”党建总体思路，自觉打好“三大核心职责”，锚定“站排头、争第一”的目标，狠抓党建责任、质量和实效，切实把党建优势转化成发展优势、制胜优势，为“十四五”高质量发展起步提速、开局争先提供坚强政治保证。坚持“党群工作系统化、业务工作制度化、基础工作标准化、党建工作特色化”，全面实施基层党支部标准化规范化建设，深化“双示范”引领，促进基层党组织政治、业务、工作达标创优。围绕构建良好政治生态，持续做好巡察工作，大力度精文减会，以实际行动为基层减负；加大提级核查和惩处力度，同步开展以案促教、以案促治，有力促进中央精神和党组决策部署在石油工程公司落实落地。维稳、统战、群团等工作扎实有效，保持员工队伍和谐稳定。

（马必才）

国际石油工程公司

【概况】 中国石化集团国际石油工程有限公司（简称国际石油工程公司）由集团公司出资于2003年12月成立，注册地北京。2012年，集团公司石油工程专业化重组，国际石油工程公司出资人由集团公司变更为石油工程公司。主要负责统一管理协调中国石化石油工程海外业务，重点包括市场开发、项目管理、支撑服务、绩效考核、财税管理、队伍建设等，承揽项目并组织石油工程企业实施。业务范围包括地球物理勘探、钻修井、工程建设、油藏综合服务和物流贸易等。

2021年，国际石油工程公司在35个国家执行项目合同339个，合同额169.7亿美元，其中集团公司投资项下合同43个，合同额2.3亿美元，占总额的1.4%。实有境外作业队伍183支，其中钻井队91支、修井队53支、录井队12支、定向井服务队1支、连续油管队4支、下套管队1支、泥浆队2支、硫化氢检测队1支、井场道路队1支、污水和岩屑回注队1支、洗井队1支、固控队1支、海工队伍2支、物探队3支。执行项目管理及施工的中方人员4 234人，雇用外方人员6 658人。

国际石油工程公司境外合同额见表1。

（杨　洋）

【领导班子调整】 2021年4月23日，国际石油工程公司召开领导班子扩大会议，集团公司党组组织部有关负责人出席会议并宣读任命文件：吴克兵任国际石油工程公司总会计师。7月23日，国际石油工程公司召开领导班子扩大会议，集团公司党组组织部有关负责人出席会议并宣读任命文件：李浩任国际石油工程公司党委副书记、纪委书记，为国际石油工程公司工会主席人选，任国际石油工程公司监事。

（杨　洋）

【海外业务发展整体呈现良好态势】 2021年，国际石油工程公司以“十四五”开好局、起好步为目标，以庆祝建党100周年为动力，持续加强党的建设，深入开展党史学习教育，勇于担当、主动作为，积极妥善应对海外新冠肺炎疫情和业主压缩投资严峻形势，完成各项目标任务。2021年，新签合同额20.2亿美元，完成计划的106%，完成合同额14.4亿美元，收入99.4亿元，利润5.0亿元，境外资金回流4.6亿美元。7家地区（专业）公司实现盈利，中原工程贡献突出，工程建设、华北工程和西南工程效益较好。14个国家市场实现盈利，国际石油工程公司直管市场效益突出，科威特市场盈利4.3亿元，沙特阿拉伯市场盈利1.7亿元。

（杨　洋）

【市场开发逆势上扬】 2021年，国际石油工程公司井筒业务，在业主压减投资、服务商竞相降价的环境下，全力以赴开拓市场，推动各类资审，新签合同额 16.4 亿美元，占总额的 81%。沙特市场签署连续油管服务分包项目，洗井项目成功进入新的技术服务领域。科威特市场满额中标 10 部修井机合同，续签 30 部钻修井机合同，通过钻井大包资审。厄瓜多尔市场钻完井总包服务项目取得较大进展，新签合同额创历史新高。物探业务，积极应对业主取消招标项目、投标数量大幅减少的困难局面，以二维地震采集项目进入墨西哥国家石油公司市场，签约 HUELITLI 三维地震采集处理项目，创中国石化海外物探单项目合同额最高纪录。地面业务，滚动开发缅甸、沙特、肯尼亚、泰国等成熟市场，在乌干达市场中标 TILENGA 油气集输工程总承包项目，EPC 项目实现重大突破。工程项下贸易，江钻钻头项目在科威特市场通过资审；长城润滑油在沙特、尼日利亚和科威特市场使用规模逐年增大，年合同额突破 300 万美元。

（杨　洋）

墨西哥 EBANO 油田三维勘探项目可控震源在施工现场作业（裴全理　摄）

【在建项目高效运行】 2021 年，国际石油工程公司克服业主延期推迟项目、疫情防控难度增大、装备动迁滞后、人员倒班不畅等困难，井筒项目保持高标准、高水平，物探和地面项目全力保质量、保工期，油藏项目取得新发现、新突破。沙特钻修井项目多措并举提高生产时效，日费率和搬家效率保持较高水平，S84 三维地震采集和 MIP 项目保持安全高效运行、质量进度受控，获阿美公司和中资企业协会多项表彰。科威特钻修井项目以标准化、程序化确保质量效率，37 支钻修井队日费率 100%，获 KOC 安全奖励 534 万美元。厄瓜多尔 I-L-Y 项目探索次主力层开发，增产效果显著，全年增产油首次突破 100 万桶。墨西哥 EBANO 项目细化油气富集区块研究，部署探井获重大油气发现。哈萨克斯坦钻井大包项目生产时效恢复至疫情前水平。玻利维亚路桥项目 3 个标段全部机械完工。

（杨　洋）

【安全生产和疫情防控平稳有序】 2021 年，国际石油工程公司认真履行石油工程境外公共安全和 HSE 统一监管职责，规范开展 HSE 制度体系运行，落实主体责任，开展风险防控和隐患排查治理，连续 8 年未发生上报集团公司级安全生产事故和环保事件。严格落实疫情常态化防控要求，采取“人盯人”“网格化”管理措施，未发生重大疫情事件，未发生疫情停工事件。大力推动员工倒班，通过商务航班、申请包机、联合包机等形式推动员工回国休假，其中沙特包机倒班 4 次，派出 370 人，接回 477 人，无人员感染。全年组织出国 5 563 人，回国 4 522 人，疫情以来未倒班人员由 2 147 人减少至 40 人。密切关注境外公共安全形势变化，开展隐患排查、安保对标和应急处置准备，有效防范公共安全风险。

（杨　洋）

沙分 SP103 钻机连续 15 年无损时事故（杨光威　摄）

【经营管理水平持续提升】 2021 年，国际石油工程公司深入开展对标世界一流，调研国际油公司和国际油服公司管理模式，研究“一带一路”背景下境外管理体系构建，加快完善海外业务管理体制机制建设。持续推进优化市场布局和资源配置，合理调配闲置钻机跨国家市场投标，完成 11 部钻修井机资源优化处置，降低运营成本，提升管理效率。主动防范化解重大法律风险，持续完善8类29项法律风险清单，专项排查合规风险，以文本化、信息化管理防范合同风险，制订重大项目法律风险应对预案，涉诉涉案风险整体可控。强化海外资金集中统一管理，持续深化两级“资金池”建设，探索跨境结算路径，有效实现境外资金统筹调配，“两金”占用持续下降。持续优化税收管理，定期开展税务风险自查整改，优化境外企业所得税6 390万元，取得预交税金退还3 330万元。充分发挥审计监督职能，牵头组织石油工程涉外机构亏损摸底调查，开展离任经济责任审计，发现问题并督促整改落实。切实发挥保障支持作用，协助地区公司办理5部钻修井机海运招标、动迁，为境外采购紧缺防疫药品物资，确保人员派出及时、程序合规。

（杨　洋）

【党的政治建设持续加强】 2021年，国际石油工程公司党委深入学习贯彻习近平新时代中国特色社会主义思想，将学习贯彻习近平总书记重要讲话、指示批示精神作为“第一议题”，以中心组学习、专题宣讲等形式，深入学习习近平总书记“七一”重要讲话、视察胜利油田时的重要指示精神和十九届六中全会精神。推动落实集团公司党组关于深化推进党的政治建设22项重点措施，制定年度党建工作要点和党风廉政建设与反腐败工作要点，推动班子成员扎实履行“一岗双责”，签订党建和党风廉政工作责任书，开展支部考核分类定级。认真落实“两个一以贯之”，坚持统筹谋划，突出系统思维，充分发挥党委“把管促”作用，全年召开党委会27次，审议“三重一大”议题68项。

（杨　洋）

【党史学习教育成效显著】 2021年，国际石油工程公司以党委表率、分层分众、联学联建、现场培训、一国一策“五学联动”，推动党史学习教育走深走实。扎实开展“我为群众办实事”教育实践活动，聚焦关系员工切身利益事项，制定5个方面11项措施。多渠道推动境外员工倒班休假，推进疫苗接种，实现境外项目中方人员全员接种。调入借聘员工7人，解决户口迁入2个家庭、夫妻两地分居2人。研究制定周转住房管理办法，加快推动周转住房申请和修缮，最大限度解决67名在京无房员工后顾之忧。加大对境外员工及家属关心关爱，开展节日期间境外在岗员工家属专项慰问，2021年走访慰问87户。科威特分公司王振平被授予全国优秀共产党员称号，是中国石化唯一获此殊荣的先进个人。

（杨　洋）

【全面从严治党向纵深发展】 2021年，国际石油工程公司强化日常监督，用好“大监督”利器。创新利用线上系统对各境外机构监督，开展资金安全、境外员工薪酬福利制度、安全环保领域形式主义官僚主义、“三会一课”规范性检查、中层领导人员经济责任线上审计等专项检查治理工作。提升纪检委员责任意识，强化履职能力培训，印发《关于公司各支部纪检委员加强日常监督工作的意见》，确保境内外纪检委员履职到位。深入开展反腐倡廉教育月活动，建立健全境外机构“三重一大”制度，加强“一把手”监督。全年未发生违反中央八项规定事件和违纪违法问题，实现“零违纪、零上访、零泄密”。

（杨　洋）

【干部人才队伍建设】 2021年，国际石油工程公司持续优化干部人才队伍结构，加大年轻干部选拔任用力度，按要求完成3家单位负责人调整，新提拔中层干部11人，其中40岁以下占63.6%。采用组织选拔与竞争性选拔相结合的选人用人机

科威特国家石油公司高层在听取排井钻采同步施工项目汇报（孙垂胜　摄）

制，通过竞聘方式选聘公司首席专家 2 名。盘活系统内部人才资源，以成熟人才引进方式将 7 名长期借聘员工转为合同制用工，通过借聘方式引进 5 名专业化成熟人才，续聘 12 名借聘员工，有效缓解海外关键岗位结构性缺员矛盾。建立单位绩效与个人绩效相结合的考核指标体系，合理拉开考核差距，强化考核结果应用。对不能胜任的中基层管理人员采取实质性“下”的措施，比例达到总人数的 3%。分层次、按类别开展国际化人才培训，全年共组织员工参加集团级、石油工程公司级各类培训项目 74 个，参训 412 人次。

（杨　洋）

表 1　国际石油工程公司 2016—2021 年境外合同额　亿美元

指标名称＼年份	2021	2020	2019	2018	2017	2016
新签合同额	20.17	23.62	23.75	22.15	19.02	23.85
完成合同额	14.38	16.32	18.14	18.81	20.17	21.23

石油工程建设公司

【概况】 中石化石油工程建设有限公司（简称石油工程建设公司）本部设在北京，于 2012 年 12 月 28 日正式挂牌成立，是石油工程公司的全资子公司。下辖 3 家设计企业（石油工程设计公司、中原设计公司、江汉设计公司）、7 家施工企业（胜利油建公司、中原油建公司、河南油建公司、江汉油建公司、江苏油建公司、胜利建工公司、中原建工公司）、1 家监理企业（江苏监理公司）和 1 家管道技术服务企业（管道技术公司）。

石油工程建设公司是集团公司地面工程建设单位，是专业从事国内外陆地、海洋油气工程建设的技术服务商和工程承包商。提供油气田建设、长输管道、天然气处理、石油化工、节能环保、路桥市政、房屋建筑、压力容器制造等领域的工程建设服务，具有设计、施工、制造、安装、管道和场站运维保、监理、PMC 及 EPC“一揽子”总承包能力，业务范围遍布中国各省（自治区）的陆地、海洋及 33 个海外国家（地区）。

截至 2021 年底，石油工程建设公司有从业人员 13 295 人，其中设计板块 2 271 人（17.08%）、油建板块 8 191 人（61.61%）、建工板块 2 714 人（20.41%）、监理板块 119 人（0.90%）。有享受政府特殊津贴人员 2 人，集团公司高级专家 1 人，石油工程建设公司首席专家 5 人，集团公司突出贡献专家 7 人，集团公司三个层次学术技术带头人 19 人，闵恩泽青年科技人才奖 18 人；集团公司技能大师 3 人，石油工程建设公司首席技师 7 人，全国技术能手 7 人，集团公司（省部级）技术能手 53 人。经国家住房和城乡建设部组织评选，1 名员工获评第十批全国工程勘察设计大师。

2021 年，石油工程建设公司获经营佳绩，新签合同额 178 亿元，实现收入 167.3 亿元、净利润 1.7 亿元，分别完成年度目标的 110.6%、105.2%、102.3%，分别增长 10.7%、5.2%、262%。

石油工程建设公司主要经济指标和工作量完成情况分别见表 1 和表 2。

（刘　芳）

【领导班子调整】 2021 年 12 月 1 日，集团公司任命靳辛为石油工程建设公司二级协理员，不再担任石油工程建设公司党委副书记、纪委书记、工会主席、监事职务。

（刘　芳）

【党建工作务实创新】 2021 年，石油工程建设公司从百年党史、习近平总书记“七一”重要讲话精神、视察胜利油田重要指示精神和党的十九届六中全会精神中汲取奋进力量，坚决贯彻集团党组决策部署和石油工程公司工作要求，充分发挥党委“主心骨”作用，全力打好“六个攻坚战”，专业化一体化优势更加突出，在高质量发展新征程中实现高水平开局。

组织开展中心组学习 28 次，引导党员干部深入学习总书记“七一”重要讲话、视察胜利油田重要指示精神及十九届六中全会精神等，用党的创新理论武装头脑、指导工作。党史学习教育走深走实，制定 36 项重点任务清单，组织读书班、专题研讨班 8 次及党史大讲堂 3 期，从百年党史汲取智慧力量。积极推进“我为群众办实事”，梳理 28 项重点实事，其中投资 880 余万元对基层“五小”设施改造升级，投资 140 万元配备心脏除颤器，开展 EAP 服务 6 900 余人次，打造安全、健康、舒适的工作生活环境。基层党建创新拓展，构建工程项目党组织“三型三建”工作机制，提升工程项目党的组织和党的工作全覆盖质量。开展“党旗在基层一线高高飘扬”等活动，成立党员突击队 169 支，党员立项攻关 133 个，保障重点项目工期、质量。《坚持“分类施策、内外联动”加强境外党建工作》典型做法入选集团公司境外党建工作典型案例。干部人才队伍建设不断加强，强化领导班子建设，有效发挥“头雁”作用。持续优化干部队伍结构，2021 年新提拔中层副职干部 11 人，其中 40 岁以下 2 人、占比 18.2%。完善高层次人才管理体系和考核机制，组织选聘首席专家 5 人、高级专家 6 人，获聘首位集团公司高级专家；获评集团公司技能大师 1 人、特级技师 9 人，专家智囊参谋、创新攻关等作用发挥更加突出。党风廉政建设效能提升。深化“大监督”格局，开展安全生产领域形式主义、官僚主义问题和领导人员经商办企业专项治理，进行经营绩效、成本费用等专项审计，严肃查处基层违规通过分包商、材料商签订虚假合同套取现金，违规冒领施工补助、野外津贴等严重违纪违规违法行为，营造干事创业良好氛围。集团公司纪检监察组撰写的《春风化雨细无声、清廉文化沁人心》选取石油工程建设公司典型做法，在中纪委主管杂志《中国纪检监察》发表。宣传影响力持续扩展。全年刊发稿件 2 430 篇，省部级以上媒体刊发 480 篇，《僵尸企业涅槃重生》在《中国改革报》《中国石化报》头版头条刊发。和谐稳定大局有效夯实。构建“走基层、访万家”长效机制，划拨 39.5 万元走访慰问困难员工。加强重点群体、重点人员稳控，在建党 100 周年、国庆节等敏感节点，实现“进京零上访”目标，受到集团公司维稳办表扬。

（刘　芳）

【重点项目高效运行】 2021 年，石油工程建设公司全面推进“一体两翼”项目化管理体系，探索主动快速高效项目管理模式，通过抓重点、抓沟通、抓异常，持续提升项目管控精细化水平。

国内项目：东营原油库迁建工程项目推进安全高效；中原储气库项目创新组织模式，充分发挥项目推进组作用，深挖 EPC 联合体优势，创造多项全国纪录；顺北五号联项目工期缩短 2 个月，展示良好品牌形象；山东南干线项目 8 个月管道焊接 413 千米，提前 2 个月完成任务目标。国家管网项目工效纪录一再刷新，大部分标段在竞赛评比中进入第一方阵。在中俄东线项目单机组实现 X80 级 1 219 毫米管径管道焊接 60 道口，创国内同口径、同配置机组日焊接新纪录。

海外项目：沙特 SWCC 项目积极推进劳工卡费用索赔，两年内反复对接获当地政府认可，索赔金额 1 289 万美元。斯里兰卡油库项目仅用 101 天实现设计、采购、海运、清关、施工到验交、顺利投产。沙特 MIP 项目通过优化项目管理目标、完善挂钩考核方案、建立月度协调机制，截至 2021 年底，16 包完成进度 34.81%，17 包完成进度 25.87%，总体保持受控，正点、盈利运行，安全管理多次获业主好评。泰国 5 号线一期、原油储罐项目进入保运阶段，项目里程碑收款和合同关闭工作有效推进。

（刘　芳）

【市场开发勇创新高】 2021 年，石油工程建设公司落实“三三制”市场管理体系，贯彻“五不干”原则，发挥专业化、一体化优势，以市场优化、风险管控为重点，持续提升市场开发工作质量。维护和拓展客户关系，先后与国家管网、中国石油、中国海油及系统内油气分公司、天然气分公司、国勘公司等 50 余个重点业主建立合作关系。

大力推介 EPC 联合体模式，中标 EPC 项目 14 个、金额 63.9 亿元，增加 51.2 亿元，创历史新高。7 家单位组成的联合体中标山东管网南干线 45.6 亿元，创单体合同额历史纪录。持续拓展国家管网市场，中标西气东输三线等项目 215 个、合同额 35.1 亿元，增加 23.9 亿元，进入国家管网市场第一方阵。不断优化市场结构，中标青岛石化日照基地等 24 台 10 万立方米储罐、合同额 12.2 亿元，首次进入中国海油大型储罐市场；成功承揽 HN 洞库项目 4.7 亿元，培育新的增长点。稳步深耕海外市场，滚动开发泰国、肯尼亚等成熟市场，历经 4 年跟踪、2 轮投标、3 次报价和多轮澄清谈判，收获乌干达 Tilenga EPSCC 项目 6.1 亿美元中标函，实现海外市场新突破。

（刘　芳）

【科技创新成果丰硕】 截至 2021 年底，石油工程建设公司有施工工法 188 项，获授权专利 635 件，软件著作权 96 项。2021 年新增科研项目立项 44 项，其中国家级课题 2 项、省部级课题 12 项；获集团公司科技进步一等奖 2 项、山东省科技进步二等奖 1 项、集团公司科技进步三等奖 3 项。先后有 15 项成果列入石油工程公司科技成果转化计划，创造产值 1.6 亿元；开发 5 万—60 万米^3/年天然气液化、5 万—200 万米^3/年天然气乙烷回收等工艺包，为大牛地乙烷回收项目承揽及建设提供有力支撑。

大力推进科技攻关，研发的“低分压烟气低能耗捕集技术”被列入《集团公司 CCUS 技术推广目录》，获批中国石化碳捕集、利用与封存（CCUS）重点实验室依托单位。牵头承揽国家管网、石油工程公司 CCUS“双碳”业务发展路径研究课题，为“双碳”业务提供支撑。编写《天然气液化工厂设计标准》《液化天然气（LNG）生产、储存和装运》2 项国家标准，4 项科研课题在集团科技部新立项，2 项课题在国家管网集团成功“揭榜”。

积极推进“五化”建设，截至 2021 年底，石油工程建设公司组织完成标准化设计导则、视觉形象、数字化交付等 44 项体系文件及页岩气、枯竭气藏储气库等 1 427 项标准化设计文件，三维设计率 100%，设计周期缩短 30%。主编《页岩气田标准化设计定型成果》成为中国石化上游第一个标准化定型设计成果。顺北五号联、储气库等示范工程实现工程建设全数字化交付，工厂预制化率超 86%、撬装化率 90%，全面实现“五省”目标。

（刘　芳）

【工程创优成效显著】 2021 年，石油工程建设公司获省部级以上优质工程 29 项。佛山市天然气高压输配系统工程获第十八届中国土木工程詹天佑奖（燃气工程），扬州—绩溪高速公路宁国—绩溪段获鲁班奖，中安联合煤化责任有限公司煤制 170 万吨/年甲醇及烯烃转化项目获国家优质工程金奖，山东液化天然气（LNG）项目一期工程等 3 项工程获评国家优质工程；南川水江—涪陵白涛天然气管道工程等 13 项工程获评全国优秀焊接工程；鄂尔多斯—安平—沧州输气管道一期工程等 10 项工程获评中国石化优质工程。

（刘　芳）

【财务管理攻坚突破】 2021 年，石油工程建设公司积极构建战略型集约化财务管控体系，研究制定 8 个维度 25 项指标 5 档标杆值的高质量发展指标体系，科学测算各层级契约化指标，所属单位全部实现盈利和自由现金流为正，母公司较限亏目标减亏 1.58 亿元。坚决打好资金保障攻坚战，财务指标明显改善，2021 年实现自由现金流 5.77 亿元、增加 4.77 亿元，付息债务减少 5.27 亿元、利息支出减少 0.59 亿元，资产负债率下降 0.84 个百分点。突出预算刚性管控，严格制度执行落地，百元收入营业成本 92.5 元、减少 0.1 元，期间费用 8.15 亿元、减少 0.6 亿元。开展疑难“两金”攻坚专项行动，严格考核奖惩，提升清收活力，清理疑难“两金”5.61 亿元，清理效果在石油工程公司排名靠前。精细开展税收优化，实现异地预缴所得税退税、增值税留抵退税等节税 0.3 亿元，石油工程建设公司《财税四精管理助力降本增效》获中国石化基层优秀成本管理项目奖，财务税收优化工作报告《聚焦“四精”管理 财税优化突显新成效》入选集团公司财务工作会经验交流材料汇编。

（刘　芳）

【胜利油田东营原油库迁建工程稳步推进】 2021年，石油工程建设公司以BEPC模式承建胜利油田东营原油库迁建工程，是贯彻落实习近平总书记视察胜利油田重要指示精神的具体举措，事关黄河三角洲生态保护和高质量发展，事关人民群众生命安全，事关胜利油田平稳生产、安全运行。新原油库为一级石油库，库容68万立方米，占地面积504亩（33.6万平方米），包括新建6座10万立方米外浮顶原油储罐、4座2万立方米原油储罐等相关基础设施，力争打造绿色人文工程、高效性智能工程、优质平安工程的标杆示范工程。

（刘　芳）

胜利油田东营原油库迁建工程稳步推进（苏豪鑫　摄）

【华北最大地下储气库群建成投产】 石油工程建设公司以EPC模式承建中原油田卫11储气库。该储气库是中国华北地区百亿立方米级天然气储气库群建设的重要组成部分，位于河南、山东两省交界处，设计库容10.09亿立方米，日最大调峰能力500万立方米，每天可满足1 000万户家庭用气需求。2021年10月18日，卫11储气库正式建成注气，标志着中国华北最大天然气地下储气库群——中原储气库群建成投产，通过“五化”工作落地见效，形成《储气库地面工程“五化”建设实施方案》等一系列成果，工厂预制化率86%，撬装化率96%，综合机械化率80%，实现储气库建设“五省”目标。

（刘　芳）

华北最大地下储气库群建成投产（李振　摄）

【齐鲁石化—胜利油田CCUS项目建成投产】 2021年，石油工程建设公司承担齐鲁石化—胜利油田CCUS项目建设工程项目设计工作。该项目是中国首个百万吨级CCUS（二氧化碳捕集、利用与封存）项目，将齐鲁石化煤制气装置排放尾气中的二氧化碳进行捕集后输送至胜利油田进行EOR驱油及封存。项目是国内最大CCUS全产业链示范基地，为国家推进CCUS规模化发展提供应用案例，对提升中国碳减排能力、搭建“人工碳循环”模式具有重要意义，将有力推动国家碳达峰碳中和目标实现。

（刘　芳）

【山东管网南干线项目刷新纪录】 山东管网南干线项目是中国石化“十四五”规划重点项目，全长490千米，设计压力10兆帕，一期设计年输气能力为96亿立方米。2021年，石油工程建设公司组成BPEC和EPC联合体，承担全线勘察测量和线路EPC建设工作。石油工程建设公司充分发挥专业化优势，发挥EPC联合体优势，统筹人、财、物各类资源的投入，围绕智能化管道建设等技术难题开展立项攻关，全自动焊接单体焊口数屡创新高，完成2 867.3米黄河主干道定向钻穿越回拖任务，刷新国内管径1 016毫米油气管道长距离定向钻穿越新纪录，为后续工程如期推进奠定良好基础。

（刘　芳）

【集团公司首座数字化联合站示范工程建成投产】 顺北油气田一区奥陶系油气藏产能建设项目——五号联合站建设工程，是集团公司首座数字化联合站示范工程，石油工程建设公司于2020年2月开展设计，2020年5月开工建设，2021年7月建成投产，圆满完成该示范工程的设计、建设、投产。五号联合站位于顺北一区块中心位置，是建设理念最新、设计最先进、工艺最完善的联合站，也是中国石化首座全数字化联合站，按照“无固定人员值守 + 集中监控 + 故障巡检”提升自动化水平，建成后原油处理 100 万吨 / 年、天然气处理 3.8 亿米 ^{3}/ 年，高效支撑顺北油气田长期上产稳产，为顺北油气田高效开发提供重要地面保障。

（刘　芳）

集团公司首座数字化联合站示范工程建成投产
（苏豪鑫　摄）

【日照—濮阳—洛阳原油管道工程建成投产】 该工程是国家“十四五”首条千万吨级输油管道，全长 796 千米，管径为 762 毫米，设计年输送量为 1 000 万吨。石油工程建设公司承建日照—濮阳—洛阳原油管道工程的 6 个线路标段。项目建成后，从日照原油码头上岸的进口原油，将通过该管道直输洛阳石化，可降低原油输送成本，提供充足、有竞争力的原油资源，对于加快洛阳高端石化产业基地建设，促进河南省石化产业转型升级具有重要意义。2021 年 11 月 18 日，该项目全线建成并顺利投产。其中，顺利完成国内首条大口径、长距离、跨越铁路公路高空管廊架安装项目——管廊架三木铁路支线跨越施工。

（刘　芳）

【浙江石化海底管道施工工程开创海底管道施工新纪录】 2021 年，石油工程建设公司承建浙江石化 4 000 万吨 / 年炼化一体化项目鱼山至中金化工产品海底管道施工工程，开创海底管道施工新纪录。该项目是石油工程建设公司承揽单体合同额最大的海管项目，也是国内首个输送炼化产品的海管项目，海管铺设总长度 300 千米，包括 7 条海底管道和 1 条通信光缆，管道输送介质为易燃易爆的高危险性石化产品，包括 PX、石油脑、液化气、乙二醇、富乙烷气、氢气、燃料油、汽柴油等 10 余种，创造国内首条产品油海底管线、首条不锈钢内衬海底管线、首条长距离 X42 钢海底管线等多个国内第一。

（刘　芳）

【京沪高速公路扩建工程项目圆满完成】 2021 年，石油工程建设公司承建京沪高速公路扩建工程项目淮安—江都段。该项目是国家高速公路网和江苏省“十五射六纵十横”高速公路网的重要组成部分，在路网中起着十分突出的主骨架作用。项目的实施对保障国家公路主通道的畅通、服务长江经济带战略的实施、支撑苏北及苏中地区持续发展、促进沿线区域经济社会发展等具有十分重要的意义。项目完成中国石化首次跨主线高速钢箱梁顶推施工，在扬州段全线率先实现全桥左幅梁板架设完成，为按期完成第二阶段交通导改奠定坚实的基础，指挥部发来贺信给予充分肯定。

（刘　芳）

【沙特海米斯阿哈德立交桥项目获沙特优质工程奖】 石油工程建设公司承建沙特海米斯阿哈德立交桥项目。该项目位于海米斯市与阿哈德市交界线，由 2 座 132 米南北走向大桥组成，项目建成后两市之间的主干道拥堵问题得到彻底解决，两地民众高峰期通勤时间缩短 2/3，极大地缓解日趋紧张的交通压力，同时对带动区域经济和交通运输发展，拓展城市发展空间，促进沿线经济社会协调发展，助推沙特“2030 愿景”建设均具有重要意义。2021 年，该项目获沙特优质工程奖，在沙特树立良好的中国石化品牌形象。

（刘　芳）

表 1　　石油工程建设公司主要经济指标　　亿元

指标名称＼年份	2021	2020	2019	2018	2017
总资产	202.41	203.13	213.20	234.17	149.34
固定资产净值	14.10	12.38	11.90	12.30	12.25
营业收入	167.28	159.06	168.53	155.92	121.17

表 2　　石油工程建设公司工作量完成情况　　亿元

指标名称＼年份	2021	2020	2019	2018	2017
新签合同额	178.00	160.80	183.90	180.69	186.88
集团内上市	44.67	62.50	68.53	95.60	58.76
集团内非上市	59.73	35.40	29.17	23.17	36.80
国内集团外	71.82	56.10	51.80	51.55	65.84
国　外	1.78	6.80	34.50	10.36	25.48
完成合同额	161.87	159.80	170.80	145.01	118.90
集团内上市	55.64	66.70	75.54	60.61	45.77
集团内非上市	22.39	24.00	25.76	27.32	18.68
国内集团外	77.52	54.60	49.15	35.15	33.23
国　外	6.32	14.50	20.40	21.94	21.22

地球物理公司

【概况】 中石化石油工程地球物理有限公司（简称地球物理公司）由胜利油田、中原油田、河南油田、江汉油田、江苏油田和华北石油局、华东石油局、西南石油局 8 家非上市油田企业的 10 家物探公司（大队），以及国际石油工程公司物探工程部整合重组成立。地球物理公司于 2012 年 12 月 21 日在北京注册，本部位于北京市朝阳区吉市口路 9 号。

地球物理公司是石油工程公司的全资子公司，是集团公司从事物探业务的独立法人和利润中心，是集物探资料采集、处理、解释、技术研发，以及北斗技术服务、测绘地理信息、工程物探及非地震、管网探检测、节能环保等业务于一体的专业技术服务公司，是为中国石化提供物探采集、北斗应用、管网探检测等服务的技术支撑中心，是集团公司参与国内外物探工程技术服务市场竞争的责任主体。主要职能：负责研究集团公司物探采集业务发展战略，提出中长期规划；执行石油工程公司战略和年度部署；负责物探采集、处理、解释经营和 QHSE 管理，承担资产保值增值责任；负责国内外物探业务市场开发；负责物探采集、装备仪器、软件等技术研发，为上游业务发展和石油工程公司参与国内外市场竞争提供技术支撑。

截至 2021 年底，地球物理公司设综合管理部（党委办公室、调查研究室）、党群工作部（党委宣传部、党委统战部、纪检监督部、审计部、工会、团委、维稳办）、党委组织部（人力资源部）、财务计划部、经营管理部（法律事务部）、安全环保部、市场开发运行部、科技信息部 8 个部门，国际业务发展中心、综合管理支持中心、装备管理中心、科技研发中心、北斗运营服务中心5个附属中心，胜利、华北、华东、南方、地理地质信息勘查5家分公司。共有一线队伍55支，其中地震队35支、非地震队8支、新业务队12支。从业人员6 496人，其中合同制员工5 581人、规范劳务派遣业务外包工868人、其他用工47人。在职员工中，具有教授职称的25人、副高级职称的1 406人、中级职称的1 091人，中高级职称占从业人员的38.8%。有数字地震仪主机59台套，采集站49.45万道，其中508XT采集站12万道、428XL采集站24.41万道、节点仪器10.75万道、滩海采集站2.29万道，各类检波器78.74万串（只），可控震源174台，沙漠工程车445台。各类装备资产原值62.69亿元，净值17.94亿元，综合新度系数0.29。

地球物理公司主要生产经营指标见表1。

（孙刚刚）

【领导班子调整】 2021年4月12日，集团公司党组对地球物理公司领导班子进行调整：宋明水任地球物理公司执行董事、党委书记、总经理；周松不再担任地球物理公司执行董事、党委书记、总经理，办理退休手续。

（孙刚刚）

【发展质量效益实现新提升】 2021年，地球物理公司坚持从百年党史中汲取智慧力量，聚焦学党史、悟思想、办实事、开新局，大力倡导出实招、重实干、抓实责、论实绩的工作导向，推动各项工作取得明显进步，保障上游高质量勘探开发。全年收入46.64亿元、增加2.5亿元，利润总额2 173万元、增加634万元，实现收入、利润“双增长”，员工收入稳中有升，保持安全、环保、质量、稳定良好局面，实现“十四五”开门红。地球物理公司获2021年中国石化绿色企业称号。

（熊建华）

【市场开发成效显著】 2021年，地球物理公司科学调整市场规划，力争通过3年努力，形成集团公司内、国外、国内外部收入占比分别为6∶3∶1的市场格局。地球物理公司建立市场开发季度例会机制，修订市场开发奖励办法，全面激发外闯市场活力动力。新签合同额完成年度目标的116.5%。国外市场中标3.57亿美元的墨西哥三维项目，成为地球物理公司成立以来中标额最大的单体项目。国内外部市场中标8 580万元的新疆温宿三维项目，创同类市场最大合同额。

（熊建华）

2021年，地球物理公司初步建成一支标准化沙漠示范地震队。SGC2104队在新疆顺北8井区可控震源宽频高效三维地震采集先导试验项目运行中，将营地优化成生活健康功能区、办公管理功能区、生产保障功能区、文化健身功能区、辅助功能区5个功能区，实现全板房、全空调、全防护罩配置，同时引入无塔式供水循环利用系统、沙漠喷灌系统、太阳能无线视频监控系统等技术，有效改善野外生产生活环境（蒋云龙　摄）

【项目提速提效成效显著】 2021年，地球物理公司制定《关于优化绩效考核体系与配套激励措施的实施意见》，形成“1+N”激励政策体系，全面激发全员创效积极性；成立7个管理工作组和8个技术支持团队，充分发挥各类专家、退出现职干部作用，全面服务保障项目提速提效，生产效率较往年大幅提升，采集资料一级品率较合同要求提高4.58%。博兴南三维创出东部老区生产新纪录，秀水三维、道真三维、荣县—宜宾三维接续实现南方山地勘探新突破，腰英台三维创出东北地区生产新纪录，钱1井三维、排6井三维持续突破西部探区勘探纪录，沙特S84项目保持高效生产。

（熊建华）

【技术装备取得明显进步】 2021年，地球物理公司一揽子推出7项科技管理制度，设20个科技奖项，确定每年10%以上的科研经费增速，全面营造支持创新、推动创新、激励创新的浓厚氛围。

年度投入 3.35 亿元购置主要采集装备。获授权专利 32 件，其中获国外授权专利 1 件。全年有 3 人分别被评为集团公司高级专家、石化名匠、技术能手。节点采集技术推广至 15 个地震项目，宽频高效可控震源在准噶尔盆地规模化应用，龙门山山前带攻关形成 8 项采集处理关键技术，源驱动激发、无人机航测、北斗技术等得到广泛应用，野外生产数字化、智能化水平持续提升。

（熊建华）

2021 年，由地球物理公司设计监造的胜利 707 气枪震源船投入地震勘探生产。该船吃水浅、操作灵活、抗震性强，能实现 360° 原地回转，进一步实现极浅水域绿色、高效、高质量勘探（苏　浩　摄）

【依法治企成效明显】 2021 年，地球物理公司综合运用审计、纪检、法律、内控、财务稽核等手段，全过程、全视角监督项目运行，全年审计 13 个集团公司内项目，发现和治理问题 179 个，强力纠治管理“宽松软”，形成项目“大审计”“大监督”格局。对 45 项主要合规风险实行清单管理，开展合同管理、资金使用、分包商治理等专项检查，召开依法合规问题通报会、督办会、集体约谈会，依法合规经营意识明显提升。

（熊建华）

【安全环保态势持续】 2021 年，地球物理公司贯彻落实集团公司“总经理 2 号令”，推进安全环保系列专项行动，落实双重预防机制，坚持风险动态分级管控，提升安全培训教育实效，建立安全环保问题曝光亮相、红脸出汗制度，严格落实常态化新冠肺炎疫情防控措施，实现安全环保生产，地球物理公司获中国石化绿色企业称号。

（熊建华）

2021 年 2 月 26 日，地球物理公司胜利分公司队员充分利用夜间的低噪音施工环境，在东营经济技术开发区进行物探放炮作业（苏　浩　摄）

【党的建设全面从严】 2021 年，地球物理公司严格落实“第一议题”制度，学深悟透习近平总书记视察胜利油田时的重要指示批示精神、党的十九届六中全会精神，引领党员干部夯实思想根基，学思想用思想成为地球物理公司上下的自觉行动。加强部署安排，建立重点工作清单和双周运行计划表，实施“五学机制”，加强巡回指导，落实“我为群众办实事”18 项重点工作，组织中国石化物探史“云展览”，党史学习教育取得明显成效。完成经理层成员任期制和契约化管理，全年提拔调整中层领导干部 52 人次，接收、派出 4 名年轻中层干部参加集团公司“三百三千”实践锻炼，组织 16 名基层干部参加地区物理公司内部挂职，加快高素质专业化干部队伍建设。深化党建“三大指数”考评管理，开展“党旗在基层一线高高飘扬”活动，夯实党员示范岗、责任区、先锋队创新创效载体，基层党组织标准化建设持续加强，“两个作用”充分发挥。加强监督执纪问责，点名曝光违反中央八项规定精神案件，加大内审外查问题追责问责，开展任前廉洁谈话，形成全方位警示震慑，干部员工纪律规矩意识不断增强。加强统战群团工作，深入开展形势任务教育，努力改善一线工作生活条件，员工队伍精神面貌焕然一新。

（熊建华）

表 1　　地球物理公司主要生产经营指标

指标名称＼年份	2021	2020	2019	2018	2017	2016
国内二维地震 / 千米	1 487.16	2 094.29	4 339.51	5 463.45	3 775.52	4 431.26
国外二维地震 / 千米	1 167.15	561.06	4 638.76	9 266.55	9 803.20	10 127.38
国内三维地震 / 平方千米	8 341.89	5 900.82	6 102.75	5 942.84	4 837.16	4 105.54
国外三维地震 / 平方千米	8 256.73	10 555.71	4 129.13	4 511.16	4 709.65	6 581.16
收入 / 亿元	46.64	44.13	43.02	46.55	38.97	35.99

经纬公司

【概况】 2020 年，集团公司党组准确研判行业发展大势，立足保障国家能源安全、担当国家战略科技力量，实施测录定专业化重组，成立中石化经纬有限公司（简称经纬公司）。2020 年 12 月 19 日，经纬公司在山东青岛注册登记，2021 年 4 月 16 日挂牌成立，注册资本 10 亿元，定位为国家级高新技术企业，是中国石化面向国内外高端油服市场的技术服务商，致力于为油公司提供一体化服务和一站式解决方案。

经纬公司主营业务涉及测井、射孔、录井、定向井、技术贸易、测录定技术服务总包及技术研发、产品制造与销售、资料解释评价、油藏研究等领域。设 6 个机关部门、2 个机关直属机构、9 个所属单位；下设二级党委 10 个，共有党总支 16 个、党支部 197 个、党员 4 374 人；用工总量 11 738 人，其中合同制员工 8 607 人、规范劳务派遣业务外包工 1 731 人、项目化用工 1 231 人、海外当地用工 113 人。资产总额 34.22 亿元，各类主要生产设备 2 204 台（套），施工队伍 998 支，市场遍布国内 19 个省（市、自治区）和海外 13 个国家，能够满足陆地、海洋各种复杂条件下的勘探开发需求。

立足保障高质量勘探、效益开发，建有十大重点实验室、六大刻度井群和三大修造基地，有超千名科研人员，形成特深层高温高压油气藏、非常规页岩油气藏、碳酸盐岩油气藏等 6 项集成配套技术，“经纬领航”定向（旋转导向）、“经纬视界”随钻测井、“经纬东方”定测录导一体化等五大系列产品，以及测井数据采集处理控制、高时效快测、远距探测等 26 项特色技术，实现“研产服用”一体化发展。自主研发的随钻方位电阻率边界探测、偶极横波远探测、“探索者”高端综合录井仪等多项技术整体达国际先进水平，部分达国际领先水平。“一种测井方法”获中国专利银奖。

2021 年，经纬公司面对新冠肺炎疫情反复、重组任务繁重的严峻挑战，贯彻集团公司党组决策部署，落实石油工程公司党委工作要求，团结带领广大干部员工全力推进保勘探开发、平稳交接、重组整合、发展谋划、改革创新、市场开拓、党的建设等各方面工作，全年测井 28 044 万标准米、录井进尺 762 万米、定向进尺 552 万米；收入 50.24 亿元、利润 1.86 亿元，位居石油工程前

2021 年 4 月 16 日，经纬公司揭牌仪式在青岛举行，标志着石油工程创新驱动高质量发展开启新篇章。集团公司领导、股份公司高级副总裁刘宏斌与青岛市委常委、副市长薛庆国共同为经纬公司揭牌（王玉庆　摄）

列，取得专业化重组和生产经营“双胜利”。

经纬公司主要技术经济指标和主要生产建设指标分别见表 1 和表 2。

（赵　亮）

【领导班子调整】 2021 年 4 月，集团公司党组决定：吴柏志任经纬公司执行董事、党委书记、总经理，马艳杰任经纬公司党委副书记、纪委书记、工会主席、监事，潘军、张波、慈兴华 3 人任经纬公司副总经理。

（赵　亮）

2021 年 4 月 15 日，经纬公司召开干部大会，集团公司领导、股份公司高级副总裁刘宏斌出席会议并讲话。集团公司党组组织部宣读党组对经纬公司领导班子任命的决定（王玉庆　摄）

【公司组建高质量完成】 队伍交接高效实施。2020 年 12 月，经纬公司筹备组成立以来，坚决落实党组“高质量建成、高起点开局”要求，提出“奋战 100 天，平稳交接，高点起步”奋斗目标，挂图作战、节点运行、超常工作，20 天组建经纬公司机关、信息化运营中心，35 天健全 60 项骨干制度，95 天完成 12 家单位、1.2 万余人划转交接；突出精干高效，机关 6 个部门 2 个直属机构仅 53 人，平均 36.8 岁，有主干专业背景的占比 84%，高质量完成队伍交接和专业化重组任务。区域化整合有序开展。按照一体化发展要求，开展区域化整合，稳妥实施“三定”，有序推进“瘦身健体”，将中原、西南、华北、华东 8 家所属单位整合为 4 家，压减二级机关部门 37 个，引导 109 名机关干部走向一线。顶层设计高起点谋划。对标华为等先进企业，规划高质量发展蓝图，坚定不移地实施“11342”发展思路，即锚定“建设世界领先地质测控技术公司” 1 个发展目标，构建“公司管总、区域管战、项目主战” 1 个矩阵管理架构，建设“研发、技术和运营” 3 条业务线，配套“研产服用一体化、市场化考核、弹性用工和资源统筹优化” 4 项机制，坚持“社会化大科技、一体化大运行” 2 条道路，为充分利用各类资源、突破关键核心技术、提升服务能力奠定坚实基础。

（赵　亮）

【勘探开发保障能力明显提升】 2021 年，经纬公司坚持贴近一线、靠前服务。发挥测录定贯穿勘探开发全过程专业优势，组建 3 个重点工区党工委，成立 11 个处理解释分中心，与油公司合署办公，分区域组织 127 名专家构建“一小时专家保障圈”，为油公司提供更多更好解释成果。定测录导一体化施工的 412 口重点井中靶率 100%、优质储层钻遇率 96.8%、解释符合率 92.6%。加强资源整合、统筹调剂。成立旋导作业中心，实施“四统一”管理，具备同时服务 15 口井、年服务 90 口井施工能力。对高端装备落实“三个必须调剂”“三个优先配置”原则，搭建调剂平台，加强统筹使用，全年调剂 19 批次、设备原值 1.66 亿元，有效保障重点工区勘探开发。推进业务融合、一体施工。实施测录解释人员联合办公、解释软件共享共用，在普陆页 1 井靶窗选取、花页 1 井侧钻选层、福宝 1 井测试选层等关键环节，快速准确提供解释成果。

（赵　亮）

【技术创新水平持续提高】 战略合作持续加强。经纬公司成立后，契合行业发展趋势，集聚效应明显，斯伦贝谢、贝克休斯、中国石油大学（华东）等 6 家知名企业院校均与经纬公司签订战略合作协议，20 家仪器研发制造大型企业主动前来洽谈合作事宜，达成共建石大经纬产教融合研究院、共同承担国家科研项目等 53 项合作事宜。科研资源有效整合。组建地质测控技术研究院，整合所属各单位科研力量、实验室等资源，系统筹划青岛研发基地、东营修造基地、西南和西北 2 个维保基地，形成贯通方法研究、仪器研制和推广应用的完整创新链条，成功申报集团公司“科改示范行动”。“揭榜挂帅”创新实施。遴选 15 项重点攻关项目，开展揭榜挂帅、项目化管理，实施项目和人员分类定级、动态考核、“双合同”管理，全面激发科研创新活力。科技创新成果丰硕。先后承担国家及集团公司项目 21 项、石油工程公司课题 43 项，获集团公司科技进步奖 5 项，获授权专利 87 件。自主研发的“经纬领航”Ⅰ型旋转导向设备国产化达 94%，基本实现技术定型；高温电成像仪器成功应用，随钻方位伽马、方位电阻率、中子密度、伽马能谱经过多轮次实测试验，实现从无到有的快速突破。

（张世懋）

2021 年 4 月 16 日，经纬公司与中国石油大学（华东）、斯伦贝谢等 6 家企业院所签订战略合作协议（王玉庆　摄）

【市场开拓深入推进】 2021 年，经纬公司在集团公司内市场，紧紧围绕“四提一降”的总要求，统筹优化市场布局，跨区域调配队伍 40 余次，队伍动用率 87%，增长 8.46%。强化重点工区、重点井保障，发挥研产服用一体化体制优势，实施增值服务、以量换价，加强新技术推介，扩大应用规模，促进迭代升级；全面推进“四提”，全年创亚洲纪录 3 项、全国纪录 10 项，其中施工的塔深 5 井、顺北 56X 井、顺北 16X 井分别创亚洲直井最深（9 017 米）、定向井最深（9 300 米）、测井温度最高（209℃）纪录。在国内外部市场，成功开辟西南油气、北京华油地质导向市场，承揽新疆申能测井工程、中国石油川庆旋导技术服务项目，首次中标智慧石油渤海湾定向井项目。非油领域多点开花，新签合同额 4 200 万元。在海外市场，中标苏丹录井项目及泰国定向井项目，启动沙特定向井资质预审测试项目；科威特项目保持 6 支录井队及 1 支仪表队运行；沙特硫化氢监测服务队伍由 8 支增加至 14 支，海外市场呈现良好发展前景。

（饶海涛）

【企业管理效能有效释放】 建章立制稳步推进。立足经纬公司起步关键阶段，建立制度管理体系，搭建制度建设总体框架，明确制度运行流程，制定 147 项重点制度，夯实经纬公司发展根基。绩效考核导向鲜明。突出激发活力，建立以工时考核为基础，以激励技术创新、提质增效为目标，自下而上、层级挂钩联动的市场化考核体系，贯通项目效益和员工利益，考核分配向基层一线、创效单位和关键岗位倾斜，一线岗位人均绩效是机关后勤的 2 倍。企业管理依法合规。推进制度、内控、风控、合规管理一体化运行，严把承包商准入关、过程关和清退关，建立“两金”清收领导挂牌督办机制，坏账增效 936 万元。实施全员成本目标管理，成立“9+3”挖潜项目组，全年优化增效 9 735 万元。

（成华强）

【安全环保基础有效夯实】 2021 年，经纬公司全面落实集团公司“总经理 2 号令”，正式发布 QHSE 管理体系，开展“百日安全无事故”等 3 项行动，实施领导干部个人 QHSE 行动计划。加强风险管控。制定危险物品“双十二条”管理清单、交通安全管理“十六条措施”，进一步提高重大风险管控能力；建立问题曝光机制，狠抓风险识别和隐患治理，实施三级督查管理，及时发现问题隐患，整改率 100%。加强考核督导。实施基层队月度“343”考核，严格考核兑现，推动全员安全意识提升；狠抓安全领域形式主义、官僚主义督查，组织开展“加强作风建设、确保安全生产”专项督导，抽查项目部 43 个、危险物品库 10 座、基层队 17 支，对重点单位、重点环节、重点岗位进行严格督导；开展优秀诊断建议评选，发放奖励 34.5 万元，本质安全水平持续提升。

（李志强）

【政治优势充分发挥】 2021 年，经纬公司组织开展党史学习教育、“我为群众办实事”“双学双促双提升”主题活动，全力推动经纬公司由“机构合、人员合”向“理念合、力量合”转变。发挥党委掌舵领航作用，31 次召开党委会对区域化整合、员工薪酬调整等重大决策事项进行前置审议，把好方向关、政治关和政策关。推进人才强企，建设“四好”领导班子，集聚各类优秀人才，中层班子平均年龄降至 45 岁，打造一支由集团公司高级专家、5 名“双百计划”高层次人才、5 名首席专家和 12 名高级专家领衔、硕士以上学历超 20%、人数超千名的科研人才队伍。构建“五位一体”监督体系，加强“四种形态”实践运用，开展“影子公司”“影子股东”自查自纠，一体推进“三不”机制建设，风清气正良好氛围日渐浓厚。持续推进观念融合、文化融合，构建形成以“经纬智汇 测控视界”为核心的特色文化体系，打造微信阵地、编制改革“明白纸”，引导全员理解改革、支持改革。坚持以情聚心，开展 EAP 服务，建立员工就医绿色通道、员工职业健康查体档案，开展“走基层、访万家”活动，让广大干部员工切身感受到经纬公司的温暖。

（赵　亮）

2021 年 3 月 30 日，经纬公司召开机关党史学习教育启动会暨党员集体政治生日活动（王玉庆　摄）

表 1　经纬公司主要技术经济指标　亿元

指标名称 \ 年份	2021
工业总产值	50.24
工业增加值	24.87
资产总计	34.33
流动资产	16.87
固定资产原值	50.77
固定资产净值	15.25
销售收入	50.24
实现利税	2.99
税　金	1.13
综合能耗 / 吨标煤 · 万元 $^{-1}$	0.043

（成华强）

表 2　经纬公司主要生产建设指标

指标名称 \ 年份		2021
钻井	开钻 / 口	—
	交井 / 口	—
	钻井进尺 / 万米	—
	海外大修井 / 口	—
	开　工	—
	完　工	—

续表

指标名称 \ 年份		2021
测录固井	测井 / 井次	10 871
	射孔作业 / 井次	13 366
	录井 / 口	2 760
	固井 / 井次	—
井下	维护作业（小修）/ 井次	—
	措施作业	—
	压裂 / 井次	—
	酸化 / 井次	—
	大修 / 井次	—
	侧钻 / 口	—

（饶海涛）

胜利石油工程公司

【概况】 中石化胜利石油工程有限公司（简称胜利石油工程公司）于 2012 年 12 月 20 日注册登记，2013 年 1 月 4 日挂牌成立，是石油工程公司的全资子公司，位于山东省东营市东营区济南路 125 号。2021 年 3 月，按照集团公司改革部署，将测井、录井、定向井、随钻测控业务划转至经纬公司。主要业务有钻井、修井、完井、测试、井下作业、储层改造，以及井筒工程设计、施工、技术服务，井筒工程技术研究与试验，机械设备的租赁等，并能提供综合一体化解决方案，被认定为国家高新技术企业。

截至 2021 年底，胜利石油工程公司机关设 9 个职能部门、4 个机关直属机构、15 个专业经营单位、435 个基层单位；设专业经营单位党委 16 个、基层党委（总支）38 个、党支部 467 个，有党员 10 410 人（其中非在职党员 1 844 人）；用工总量 19 994 人，其中合同制员工 15 804 人、规范劳务派遣业务外包用工 3 048 人、非全日制用工 401 人、海外外籍员工 741 人。在岗人员中，管理人员 1 255 人、专业技术人员 5 116 人、技能操作人员 10 712 人。职称结构中，具有正高级职称的 93 人、副高级职称的 2 372 人、中级职称的 2 183 人；技能人才中，有高级技师 256 人、技师 369 人。有集团公司高级专家 3 人，胜利石油工程公司首席专家 11 人、高级专家 18 人；集团公司技能大师 4 人，胜利石油工程公司首席技能大师 3 人、技能大师 9 人。有资质施工队伍 295 支，其中钻井队 162 支、井下作业队 90 支、固井队 12 支、管具队 8 支、钻前工程队 4 支、技术服务队 19 支，业务涵盖钻完井、井下特种作业、石油装备仪器研发制造等，具备提供勘探开发“一揽子”解决方案和工程服务能力。固定资产原值 141 亿元，净值 55.35 亿元，主要专业设备 2 118 台（套），设备原值 116.89 亿元，净值 41.34 亿元，综合完好率 99.41%，新度系数 0.35。钻井设备 349 台（套），其中 1.2 万米钻机 1 台、8 000 米钻机 8 台、7 000 米钻机 56 台、5 000 米钻机 23 台、4 000 米钻机 57 台、3 000 米及以下钻机 26 台，所有钻机中电机钻机 89 台，海洋钻井平台 11 座（3 座报废待处置、租赁 2 座），配套顶驱 106 台，网电装置 100 套，固井及配套设备 205 台（套）。井下作业机（车）

44 台（套），压裂酸化设备 141 台（套）。钻井可承担定向井、水平井、分支井、欠平衡井、超深井等各类井型施工，可提供从工程设计、钻前工程、钻井施工、钻井液技术、钻具供应、管具维修、井控、固井到完井的一体化综合性施工服务，有年钻井进尺 500 万米以上的施工能力；井下作业具备年试油（气）、油气水井大修侧钻、压裂酸化和防砂、地层测试等综合作业 3 000 井次的生产能力。形成从单一井筒工程服务到综合一体化、高端技术领域、非油气业务领域纵深推进的全产链业务模式。

胜利石油工程公司主要技术经济指标及主要生产建设指标分别见表 1 和表 2。

（单衍涛　吴春刚　王国防　吴政希　江正清）

【贯彻落实习近平总书记视察胜利油田、胜利石油工程公司重要讲话指示精神】 2021 年 10 月 21 日，习近平总书记视察胜利油田、胜利石油工程公司期间发表重要讲话，从保障能源安全、加快科技创新、推进绿色发展、确保安全生产、弘扬石油精神、做好群众工作 6 个方面作出重要指示，深刻阐明事关石油石化行业长远发展的根本性、方向性、全局性问题，为能源企业立足新发展阶段、践行新发展理念、融入新发展格局、推动高质量发展，提供科学指引，注入强大动力。10 月 25 日，胜利石油工程公司党委理论学习中心组（扩大）举行专题学习，学习习近平总书记视察胜利油田、胜利石油工程公司重要讲话精神，研究部署贯彻落实重点措施。会议指出，习近平总书记视察胜利油田、胜利石油工程公司，充分体现以习近平同志为核心的党中央对国有企业、石油石化行业的高度重视，体现了对石油工人的关心厚爱。会议要求，要把学习贯彻习近平总书记在山东省，特别是在胜利油田、胜利石油工程公司视察期间的重要讲话精神，作为当前及今后一个时期的首要政治任务，迅速掀起大学习热潮，胜利石油工程公司领导班子带头学，各专业经营单位跟进学，广大干部员工群众全员学，不断将学习贯彻总书记重要讲话精神在胜利石油工程公司范围内引向深入。胜利石油工程公司研究制定《关于深入学习贯彻落实习近平总书记视察胜利油田重要指示精神的意见》，从扛稳扛好保障国家能源安全核心职责、打造技术先导型企业、筑牢安全清洁生产根基、打造高素质专业化人才队伍、推动石油精神代代传承、让员工群众共享发展成果 6 个方面明确 19 项主要措施，完善责任体系和落实机制，定期督查督导，推动各级经常对照、精准贯彻、落实落地，以实际行动践行“两个维护”。

（李道静　张　玉）

【领导班子管理规格和班子成员调整】 2021 年 4 月 21 日上午，集团公司党组以视频形式召开胜利石油工程公司领导班子扩大会议。集团公司党组组织部领导宣读党组对胜利石油工程公司领导班子管理规格和班子成员调整的决定：将胜利石油工程公司领导班子管理规格由大Ⅱ型调整为大Ⅰ型，与企业管理规格相一致。

（董晓明）

【保障上游勘探开发有力有效】 2021 年，胜利石油工程公司队伍装备和运行保障能力持续提升。紧跟油田勘探开发部署，统筹优化队伍装备配置，全年安排长摊和投资 13.35 亿元用于装备升级改造，本质安全水平、处理复杂故障能力和绿色施工标准稳步提升；深入实施队伍综合排名，强化重点工区对标提升，队伍施工能力水平不断增强，在石油工程公司“比学赶帮超”活动中获红旗 59 面、奖励 438 万元；建立胜利石油工程公司生产指挥中心，完善“区域优快钻井”模式，探索推进“井工厂”建设，生产运行效率明显提高，钻机利用率 85%。“四提”工作成效持续巩固扩大。与油田企业共同落实“五个一体化”“六个不等”有效举措，强化技术精细精益管理，创造 61 项新纪录、高指标，与 2020 年相比，胜利东部钻井周期缩短 8%，“两北一川”重点工区钻井周期缩短 37.2%，总体压裂效率提高 31.9%、复杂故障时效下降 23.4%；全力推进“四提”成果共享，制定落实“一方案、两清单”，共享收入 4.65 亿元。难动用储量合作开发持续加大。深入实施合作建产、区块承包等多种模式，充分发挥“一体化”降本优势，全年动用储量 2 450 万吨、新建产能 36.2 万吨、产油 38.7 万吨；主导页岩油单井源端设计，完成 9 口页岩油先导井施工，编制牛庄 1 号井组 20 口井钻井工程方案，为胜利国家级页岩油示范区建设提供有力支撑。

（张东鹏　王国防　夏广强）

胜利石油工程公司黄河钻井总公司 70183 钻井队在莱深斜 2 井钻井施工（张　玉　摄）

【市场开拓布局优化深入推进】 2021 年，胜利石油工程公司胜利市场保障有力。坚持把胜利市场作为重中之重，围绕胜利油田勘探开发需求，各层级积极有效对接，全方位打造“一体化、联合体”，双方集中办公、共同优化设计 10 轮 612 井次，促进工作量释放，保障油田增储稳产。全年完成钻井进尺 272.43 万米，实现收入 98.97 亿元，市场占有率由 83.09%提高至 88.4%。国内外部市场持续优化。移交西南市场 12 部钻机、接收西北市场 8 部钻机，重点做强西北市场，优化西南市场，拓展固井、管具、钻井液等技术服务市场。全年新签合同额 20.39 亿元，实现收入 24.48 亿元。海外市场稳健发展。启动沙特市场 3 部停待钻机，续签科威特市场 5 部修井机和 3 部钻机延期合同，新签土库曼斯坦钻修井、墨西哥钻井技术服务等项目，有序关闭退出孟加拉国、蒙古国、埃及、印度尼西亚、土耳其等亏损项目。全年新签合同额 1.52 亿美元，实现收入 13.63 亿元。

（刘　青）

【科技创新实力效能明显提高】 2021 年，胜利石油工程公司科技创新体制机制不断完善。重塑“1+4”研发体系，设钻井工艺研究院西部分院，推进“大兵团”作战模式，实施“揭榜挂帅”“军令状”等机制，加强科研团队和重点实验室建设，与石油工程技术研究院等单位联合申报的“超深井钻井工程技术重点实验室”被认定为中国石化重点实验室。技术攻关和成果转化持续加强。开展“济阳坳陷深层页岩油钻完井”等 119 项课题攻关，其中 3 项成果达国际先进水平，27 项技术被列入石油工程重点科技成果转化推广目录，推广应用 25 项成熟技术，全年创收 8.6 亿元。产品产业化优势逐步提升。持续推进“两个中心”“四条产品线”建设，高端装备、油田化学剂等产业基地建设水平稳步提升，“胜利天工”系列技术产品推介与销售成效显著，17 项产品被列入石油工程优势产品目录，全年创收 1.75 亿元。信息化建设融合推进。全力支撑 SICP 项目建设，完善提升井筒业务一体化服务平台功能，开发应用安全视频管控平台、生产应急指挥、井控管理等系统，为打造“智能井场”奠定基础。

（王国防　陈群涛）

胜利石油工程公司胜工检测公司技术人员正在对在用钻机起升钢丝绳进行无损检测（马长宁　摄）

【安全清洁生产基础有效夯实】 2021 年，胜利石油工程公司 QHSE 管理体系进一步完善。修订发布新版体系手册，配套完善 12 项规章制度、5 项业务制度和 9 类关键设备检测规范，制订实施集团公司“总经理 2 号令”落实方案，安全生产责任有效落实。风险隐患排查治理成效扎实深入。持续落实安全生产专项整治三年行动计划，统筹开展“百日安全无事故”“风险再识别、隐患大排查”“五查五严”保安全 3 个专项行动，累计投入 4.34 亿元资金，突出强化顶驱导轨、海上平台、封井器拆安等重点设备设施隐患治理，做到“早投入、早治理、早见效”。重点领域关键环节管控有力。强化拆迁安等直接作业环节监管，全面构建三级井控管理体系，成立承包商委员会升级管理，施工现场安全管理水平有效提升；抓紧抓实新冠肺炎疫情常态化防控，组织全员 100%接种疫苗，保障干部员工身心健康和生命安全。绿色企业创建质量全面提升。强化固体废物、危险废物处置全过程监管，大力推广绿色低碳设备工艺，所有钻井队均配备泥浆不落地装置和环保厕所，绿色基层队创建比例 94.8%，胜利石油工程公司被评为集团公司节能环保先进单位、中国石化 A 档绿色企业。

（宋 华 廖永雄）

【改革管理协同效应不断彰显】 2021 年，胜利石油工程公司专业化改革有序实施。平稳移交测录定业务，整合成立装备管理中心、市场管理中心、概预算中心、钻井液技术服务中心和智能信息技术支持中心，机关“去行政化”改革、厂办大集体改革、剥离办社会职能及改制企业党组织关系移交全面完成。“三项制度”改革不断深化。推进经理层成员任期制和契约化管理，持续加大绩效考核力度，绩效工资占比由 50%提高至 60%，“三能”机制建设取得实质性进展。辅业后勤扭亏脱困深入推进。制订“三步走”总体规划，落实“3+4”瘦身造血措施，优化盘活用工 2 520 人，对外业务承揽创收 1 亿元，人均年创收增加 1.9 万元。控成本降外委成效明显。严控待工成本等重点费用，深入推进外委转自营，外委项目数量、金额持续下降，全年减少外委费用 1.1 亿元；加大“两金”管控力度，重难点项目资金清收取得重要进展，民企清欠实现零逾期，实现自由现金流 2.3 亿元。依法合规管理水平不断提升。以“守规则、防风险”为主线，构建法律、合规、风控、内控、制度“五位一体”管理体系与运行机制，开展合同管理专项检查、境外项目专项整治、“靠企吃企”问题整治等行动，经营风险防范能力持续增强，截至 2021 年底，深化改革三年行动确定的 69 项任务、258 项具体措施完成 85.3%，对标一流管理提升行动确定的 8 个领域、26 项提升任务扎实推进，胜利石油工程公司发展活力和管理效能不断提升。

（沙作营 王 辉）

【石油工程公司（胜利）测录定业务专业化重组交接现场会在山东东营举行】 2021 年 3 月 8 日上午，石油工程公司在胜利片区举行测录定业务（胜利）专业化重组交接现场会，石油工程公司党委副书记刘汝山主持并讲话，胜利石油工程公司领导孙永壮、郝继开，经纬公司筹备组成员潘军、张波出席并发言，3 家单位分别作表态。会上，石油工程公司、胜利石油工程公司、经纬公司共同签订《胜利测录定业务专业化重组交接书》，移交的单位包括胜利石油工程公司原所属测井公司、地质录井公司、钻井工程技术公司和测控技术研究院 4 家成建制单位，以及钻井工艺研究院钻井自动化控制技术中心、海洋钻井公司综合录井部 2 家非成建制单位，共划转人员 4 000 余人。胜利石油工程公司成为石油工程公司首家完成测录定业务移交的单位。

（单衍涛）

【党建思想文化工作保障有力】 2021 年，胜利石油工程公司党史学习教育高质高效完成。精心制订学习教育工作方案，周密组织专题学习、讲授党课、专题组织生活会、基层宣讲、红色教育等内容安排，扎实推进“我为群众办实事”实践活动，统筹开展庆祝建党 100 周年系列活动，确保党史学习教育入脑入心、走深走实。干部人才队伍结构持续优化。突出重实干、重实绩、重实效选人用人导向，全年新提中层干部 51 人，其中年轻干部占 31.25%，1 人被评为集团公司高级专家，选聘胜利石油工程公司首席专家 8 人、高级专家 9 人、专家 17 人、首席技能大师 5 人、技能大师 9 人，5 名干部被纳入集团公司第 2 批“三百三千”计划。基层党建工作质量稳步提升。加强党支部标准化、规范化、信息化建设，创新实施机关和基层支部结对共建、党支部书记实战型分段式提升培训，常态化开展点检巡察、分类定级，基层党建责任质量实效持续进步，胜利石油工程公司连续 5 年在集团公司党建考核中位列 A 档，连续 6 年在集团公司党建工作会议上作典型经验介绍。“大监督”工作格局全面构成。深入开展政治监督，全面整改巡视巡察反馈问题，加大干部作风监督力度，深化警示教育，管党治党责任进一步压实；扎实开展日常监督，盯住突出问题进行专班式治理，推动建章立制，从严执纪问责，风清气正、干事创业的良好政治生态进一步巩固。负责担当的国企社会形象持续彰显。有效助力脱贫攻坚、乡村振兴，对中国石化定点帮扶县大力开展消费帮扶，驰援山东栖霞矿难，帮助打通生命通道，得到山东省委和集团公司党组的一致表扬，彰显国企“顶梁柱”作用和负责任良好形象。统战和群众工作持续深化。落实“依靠”方针，加强民主管理，坚持让员工群众共享改革发展成果，完善落实人文关怀长效机制，人均年收入增长 10.4%，发放各类救助金 660 余万元，开展走访慰问 1.5 万余人次、发放款物 900 余万元，实施“云问诊”服务 700 余人次，员工群众的获得感、幸福感、安全感不断提升。发挥统战群团联系和服务群众作用，意识形态、国家安全、机要保密、档案管理等各方面工作都取得优异成绩，胜利石油工程公司保持和谐稳定的良好局面。

（王海琳　王　宁　栗小议）

【李恩朋当选第六届“感动石化”人物】 2021 年 6 月 23 日上午，中国石化“奋斗百年路·启航新征程”感动石化人物颁奖典礼在北京举行，胜利石油工程公司“新胜利一号”平台经理、党支部书记李恩朋当选十大“感动石化”人物，集团公司副总经理李永林为其颁奖。2020 年 6 月，在西非尼日利亚打井的新胜利一号钻井平台突发新冠肺炎疫情，当地政府要求，核酸检测阴性人员下平台，党支部书记、平台经理李恩朋核酸检测结果为阴性，但他 3 次主动请缨，逆行坚守，带领全体员工，奋战 43 天成功抗疫，70 天时间实现壳牌尼日利亚项目中率先复工的队伍，用行动擦亮中国石化品牌。中国石化给李恩朋的颁奖词是：“没有人能百毒不侵，大义可以融化恐惧。没有人生来是勇者，责任催促你坚守阵地。逆行，是那一刻的决定。远离祖国，主心骨就要顶得住。临危不乱，用生命托举使命。不退缩，不犹豫，稳生产，定人心。红衣为甲，你是惊涛骇浪中闪耀不息的灯塔”。

（单衍涛　王　为）

表 1　胜利石油工程公司主要技术经济指标　亿元

指标名称＼年份	2021	2020	2019	2018	2017	2016
工业总产值	118.56	128.07	129.04	115.48	76.61	76.61
工业增加值	57.05	58.32	60.37	21.27	15.64	15.64
资产总计	107.59	121.40	123.29	115.92	130.20	130.20
流动资产	33.34	44.14	38.21	40.04	44.72	44.72
固定资产原值	141.00	152.20	148.96	146.65	142.49	142.49
固定资产净值	55.35	58.3	61.18	64.04	69.96	69.96
销售收入	137.08	145.06	149.28	126.67	81.11	81.11
实现利税	3.02	1.98	5.34	2.46	–36.59	–36.59
税　金	3.53	2.31	3.76	2.07	1.55	1.55
综合能耗 / 吨标煤 · 万元 $^{-1}$	0.16	0.216	0.218	0.220	0.229	0.229

表 2　胜利石油工程公司主要生产建设指标

指标名称＼年份		2021	2020	2019	2018	2017	2016
钻井	开钻 / 口	1 190	1 218	1 296	1 292	1 067	638
	交井 / 口	1 174	1 204	1 323	1 267	1 063	715
	钻井进尺 / 万米	337.78	313.78	328.66	310.76	248.43	166.51

续表

指标名称		2021	2020	2019	2018	2017	2016
测录井	测井 / 井次	—	3 913	5 073	4 760	4 068	2 805
	射孔作业 / 井次	—	4 446	5 090	3 990	3 306	2 195
	录井 / 口	—	1 472	1 643	1 375	1 157	772
井下	维护作业（小修）/ 井次	595	1 104	452	299	1 329	691
	措施作业						
	压裂 / 井次	527	495	371	283	197	164
	大修 / 井次	70	190	134	188	115	94
	侧钻 / 口	23	17	34	29	23	35

中原石油工程公司

【概况】 中石化中原石油工程有限公司（简称中原石油工程公司）于 2012 年 12 月 28 日成立，是石油工程公司的全资子公司，本部位于河南省濮阳市。主要从事油气勘探开发工程施工、技术维护及相关产业服务，业务涵盖钻井、固井、酸化压裂、试油气、油藏综合服务、钻井工程技术研究、关联产品研发制造及技术服务等专业。国内市场主要分布在中原、西南、西北、华北、东北 5 个地区；海外市场主要分布在中东、非洲、中亚、南美等 10 个国家。非洲有苏丹、南苏丹、乍得、乌干达，中东有沙特、科威特、也门、阿联酋，中亚有哈萨克斯坦，南美有厄瓜多尔。是哈里伯顿、贝克休斯、斯伦贝谢、道达尔等国际大公司的全球主要战略合作伙伴，哈里伯顿、贝克休斯中东北非首选合作伙伴。

截至 2021 年底，中原石油工程公司资产总额 116.88 亿元，主要专业设备 1 486 台（套），新度系数 0.34；设机关部门 11 个，机关直属单位 2 个，直属单位 13 个，境外机构 7 个；用工总量 17 049 人，其中合同制员工 10 594 人、规范劳务派遣业务外包工 3 643 人、海外雇员 2 812 人。2021 年，中原石油工程公司面对新冠肺炎疫情反复、极端天气频发、油服价格下行的严峻挑战，团结带领广大干部员工，凝心聚力实施“12246”发展战略，坚定不移深化全面从严治党。全力调结构、拓市场，优管理、降成本，抓创新、促转化，强党建、聚合力，各项工作稳中有进、稳中提质、稳中向好。在测录定业务分离移交的情况下，全年开钻井 826 口，完井 860 口，钻井进尺 213.5 万米，新签合同额 126 亿元、收入 108.86 亿元、净利润 527 万元，全面完成各项目标任务。

中原石油工程公司主要技术经济指标及主要生产建设指标分别见表 1 和表 2。

（仲秀红）

2021 年 8 月 8 日，中原石油工程公司钻井三公司承揽的普陆页 1 井完钻，完钻井深 5 041 米，共取芯 8 筒，取芯进尺 142.02 米，有效累计芯长 141.79 米，平均收获率 99.84%，创造普光工区陆相地层取芯最长纪录

（徐　刚　摄）

【服务保障能力不断提升】 2021 年，中原石油工程公司调增 13 支钻井队，保障 7 个油气田增储

上产，“三北一川”及中原工区平均机械钻速提高17.9%，共享“四提”成果1.4亿元。中原本部。回迁5部钻机，推行工厂化施工，狠抓全流程管控，高效助力百亿立方米中原储气库群建设，储层渗透率恢复值83%。开发井、侧钻井平均机械钻速分别提高9%和17.7%。西南工区。投入国内1/2队伍，多专业协同支撑天然气建产稳产，创造的工区新纪录和高指标占比超40%。其中，涪陵工区平均机械钻速、压裂时效分别提高25.6%和27%；元深1井刷新国内空气泡沫钻井最深纪录。西北区域。协同西北油田推进地质工程一体化，多打进尺18.2万米，助力顺北工区连续完成3口千吨井。31队次赢得工区36%的承包商月度流动红旗，7支队伍跻身优质优价队行列。顺北44X井率先完成水平断裂带取芯任务，45X井、55X井分别刷新集团公司随钻扩眼最深、开窗侧钻井完钻最深纪录。华北东北。大牛地、杭锦旗工区紧盯关键工序，平均机械钻速提高7.7%；东北长岭区块优化生产衔接，完井周期缩短3.1天。装备升级。补充90DB型钻机2部，电动化改造70型钻机9部，国内电动钻机占比提高9.5个百分点；高标准制造1500HP静音钻机3部，配套750修井机2部；对7部50J钻机链条驱动实施利旧改造，更新750型顶驱、2500型压裂撬、高压泥浆泵、管柱自动化装置等关键设备168台（套），共享调剂428台（套），报废老旧设备资产2 334台（套）。

（仲秀红）

【市场开拓优化卓有成效】 2021年，中原石油工程公司秉承“技术先导领市场，成就甲方育市场，勇者无惧闯市场，强者无敌拓市场”理念，始终保持攻坚姿态，用市场的可持续推动发展的可持续。国内外部。以2.6%的队伍赢得塔里木油田7.4%的市场份额。与中国石油西南油气田、川庆钻探充分对接，协调单井增值3.54%，保证17部钻机有效动用。拓宽压裂、固井、技服系统外生存空间，签订外部合同逾3亿元。淮河能源煤层气钻井、压裂、排采一体化稳步推进，煤层压裂沟通率达90%以上，获甲方高度评价。海外市场。统筹安全与发展，新续签合同额逆势增长11%。“三新”市场开发实现重大突破，首次进入乌干达市场，与道达尔签订1.6亿美元大单。沙特、科威特14支队伍获延期协议，4支队伍中标KOC公司5+1年修井合同，在科威特队伍规模达历史最多的22支；非洲钻修井、固井、钻井液等项目齐头并进；哈萨克斯坦市场复苏取得实质性进展。11支队伍复工，钻修井队口井搬迁时间分别较定额缩短8.3小时和10.4小时，收到甲方表扬信55次，SINO-42队创造中国石化队伍勇夺沙特阿美钻井承包商综合评价第2名的历史最好成绩。油藏开发。加强论证评价，优化开发方案，精耕细作力推三水、宁东5、卫4等合作区块稳产增产，原油产量突破万吨，实现保障能源、增收创效、锻炼队伍的综合效益。加强难采断块筛选，开辟三春集油田调整挖潜新阵地，为产业链持续向上延伸提供有力支撑。

（仲秀红）

2021年3月14日，中原石油工程公司钻井二公司永川项目90127钻井队施工的中国石化重点探井——元深1井，经过75小时的施工，将直径482.6毫米+476.25毫米的套管串下至预定井深3 261.89米，创造元坝区块大尺寸套管下深最深纪录（刘建柱　摄）

【精益管理迈出坚实步伐】 2021年，中原石油工程公司落实对标一流管理提升行动和深化改革三年行动部署，聚焦关键领域，狠抓管理优化，进一步激发提质增效的内生动力。构建项目管理新格局。汲取海外成功经验，在西南、西北工区统筹整合资源，打破单位界限，推动流程再造，形成“公司管总、单位管建、工区管战、项目主战”新格局，实现区域集约管理与单位支撑有机融合，项目部数量压减2/3，凝聚“集团军”合力。完善选商用商新体系。坚持硬指标排名、阳光下招标，健全“总量控制、业绩评价、战略优选”管控机制，分专业细化量化评价标准，承分包商数量下降23%；各专业着力培育主力供应商，“以量换价”见到初步成效。搭建通用车辆新平台。实施车辆集中管理，加强信息交互应用，共享车辆资源，优化区域服务，抓实限额管控，封存自有车辆 66 台、退租 53 台，年节约费用 1 258 万元。推动研产服用新提升。聚焦助剂、钻井参数仪等优势产品产业化发展，压实链条单位责任，推动与四川美丰等企业合作，持续增强研的实力、产的能力，重点提升服的质量、用的效果，产值创历史新高，实现外销 1 250 万元。激活降本挖潜新动能。完善“从哪赚钱、在哪省钱”的分析机制，加强资金统筹，盘活存量资产，用好惠企政策，形成人人算效益账、干效益活的浓厚氛围，国内台月成本下降 4.7%。稳妥实施测录定业务重组和管理优化，机构、用工分别压减 20.4% 和 13.7%；整合清退土地、房屋 37.2 万平方米。

（仲秀红）

【科技创新动能持续增强】 2021 年，中原石油工程公司着力解难题、破瓶颈，全力推动技术进步，增强区域核心竞争力。区域攻关实施。加快建设“1+3”高质量研发体系，健全专业领军、区域领衔专家作用发挥机制，强化全流程提速理念和“两高五大”技术措施，完善升级“14+10”提速模板 3.1 版，平均机械钻速提高 13%，其中侧钻井、水平井、深井超深井机械钻速分别提高 15.9%、7.9% 和 15.4%。交出普陆页 1、塔深 5、顺北 16X 等一批重大突破井、高难度井和优质工程井。技术成果转化。5 项集团公司、7 项本部课题通过开题论证。研制钻井液助剂及单体 16 种，研发水泥浆体系 3 种、固井工具 4 种，转化科技成果 43 项。毛坝 506-1T 井采用自研空气锤刷新集团公司空气锤钻进日进尺最多纪录，近油基钻井液、高性能水基钻井液有效解决塌、漏、喷同层的井壁失稳难题，固结堵漏剂攻克高密度油基失返性漏失等区域瓶颈，煤层顶板水平井压裂工艺在淮南市场成功应用，自研 240℃耐高温压裂液体系达到国内领先水平。井控风险管控。更新关键井控装置 86 台（套），落实重点井风险月评估、周汇报和区域井控专家驻井制度，强化 5 分钟视频连线和专家远程指导，狠抓钻遇浅层气、喷漏同存压井等应急演练，成功处置溢流 7 井次，确保风险可控在控。

（仲秀红）

【安全发展根基更加稳固】 2021 年，中原石油工程公司坚持生产为安全让路、效益为安全让步，实行“监”与“管”分离管理新模式，紧盯基层现场，强化科学治理，平安护航百年大庆。完善管理体系。发布新版 HSE 管理体系手册，充分运用内外部审核成果，推动体系积极融入生产经营管理全过程。开展“五查五严”“三个三”行动，强化主要领导责任引领，落实班前安全宣誓制度，“史为鉴、预为先、防为主、治为要”成为 HSE 管理的方法遵循。提升技能素质。坚持“重心在基层、核心在责任、关键在技能、要害在岗位”，开展区域安全仿真实训、倒班集训、现场专训和关键岗位提级培训 422 期，深化“三新”队伍整训和安全评估，班自为战能力和单兵技能素质持续增强。落实双重预防。构建“交报询领”风险识别机制，强化领导风险承包检查、“四不两直”督查、视频观察、特殊作业抽查“四位一体”监管，长效管控 21 个系统性风险、11 类风险点，40 名干部被通报或安全记分。131 支队伍通过钻井现场标准化达标审核，10 项公司级隐患得到有效治理，本质安全水平不断提升。推进绿色发展。配备环保卫生间 146 套，创建绿色基层队 175 支。依法处置工业固体废物 26 万吨、油基岩屑 7 万吨；应用网电和燃气动力节约能耗 2.3 万吨标煤，减排废气 1.45 亿标准立方米、二氧化硫和氮氧化物 308 吨。保障员工健康。慎终如始推动防疫常态化，全员疫苗接种实现应接尽接。开展全员健康岗位适应性评估和危害因素场所检测，配备自动除颤器 332 台，做实做细 EAP 服务，切实维护员工身心健康。

（仲秀红）

【党的建设质量全面提升】 2021 年，中原石油工程公司聚焦“受欢迎、起作用、见实效”要求，扎实推进党建质量提升“365”工程，全力将党建优势转化为发展优势。①把关定向作用彰显。认真落实“两个一以贯之”，充分发挥“把方向、管大局、促落实”领导作用，科学规划中原石油工程公司“十四五”蓝图，全面构建高质量发展战略，发展方向和路径更加清晰明确。建立在完善公司治理中加强党的领导试点工作“1+4”制度体系，健全“公司党委领导核心、执行董事战略决策、监事独立监督、经理层负责落实”运行模式，完善议事决策制度，公司层面前置审议重大生产经营管理事项 29 项；7 家直属单位试点运行“一肩挑”领导体制，探索形成与高质量发展相适应、有中原工程特色的治理体系。②中坚力量精干强劲。突出政治标准，树牢重能力重业绩导向，各级领导班子配齐配强，干部队伍结构持续优化，一批年轻干部脱颖而出。深化选人用人专项治理，推行“一手册、两监督”，选人用人工作得到员工群众普遍认可。健全专业化人才梯次结构，加强专家团队、技能大师工作室建设，李元化当选首届石化名匠，孙举获评集团公司突出贡献专家，李伟伟受聘集团公司石油钻井工技能大师。③基层基础坚实牢固。全面加强“三基本”建设，召开高质量党建推动高质量发展研讨会和境外党建推进会，成立中原石油工程公司党校和人才实训中心。深入推进“双示范”创建，开展优秀党支部书记示范行、党建专家行，实施“百千万”行动，选树集团公司先进集体 5 个、优秀个人 6 人，境外党建“两表一单”工作法得到党组领导高度评价。④廉洁底色越发亮丽。大力推进“七个从严”举措，完善“大监督”工作格局，开展“靠企吃企”、选商用商等治理整顿，坚持“四快”模式清底存量、遏制增量，全覆盖、常态化开展廉洁教育和谈心谈话，干部员工底线思维、纪律意识、合规观念持续增强，中原石油工程公司政治生态显著好转。和谐氛围更加浓厚。统筹开展困难帮扶、金秋助学、志愿服务、EAP 关爱等活动，发放慰问款物 555.7 万元，解决境外员工家庭困难 146 个。宣传思想、意识形态、统战、保密等工作扎实推进。强化舆情监测、稳定风险评估和应急处置，及时释疑解惑，化解矛盾纠纷，保证庆祝建党 100 周年等重要敏感时期大局稳定。

2021 年 6 月 26 日，中原石油工程公司举办“颂歌献给党”庆祝中国共产党成立 100 周年文艺晚会，讴歌党的丰功伟绩，缅怀党的光辉历程，表达对党的热爱之情（袁旭光　摄）

（仲秀红）

表 1　　中原石油工程公司主要技术经济指标　　亿元

指标名称 \ 年份	2021[①]	2020	2019	2018	2017	2016
工业总产值	109.85	122.14	123.81	103.40	76.07	69.12
工业增加值	42.99	46.99	41.30	41.11	13.92	8.39
资产总计	116.88	118.02	115.01	108.63	96.31	121.66
流动资产	62.64	66.52	62.14	60.62	48.09	69.03
固定资产原值	103.15	109.24	106.56	105.02	105.17	105.93
固定资产净值	36.02	37.16	37.61	37.51	39.71	42.74
销售收入	109.85	122.14	123.81	103.40	76.07	69.12
实现利税	2.93	3.19	4.69	1.76	−21.84	−31.70
税　金	3.19	2.75	2.81	3.17	4.64	3.24
综合能耗 / 吨标煤·万元 $^{-1}$	0.344	0.361	0.378	0.384	0.388	0.395

① 2021 年全部数据含测录定业务

（李永超　潘　涛）

表 2 中原石油工程公司主要生产建设指标

指标名称		2021	2020	2019	2018	2017	2016
钻井	开钻 / 口	622	641	787	726	649	509
	交井 / 口	657	668	774	677	638	518
	钻井进尺 / 万米	213.51	226.48	251.88	216.23	190.92	165.80
	海外大修井 / 口						
	开　工	204	212	256	199	240	220
	完　工	203	217	249	205	237	216
测录固井	测井 / 井次		2 392	2 446	2 891	2 454	1 763
	射孔作业 / 井次		1 962	2 148	1 785	1 214	1 348
	录井 / 口		319	297	284	297	169
	固井 / 井次	1 940	2 233	2 103	1 796	1 374	1 062
井下	维护作业（小修）/ 井次	292	254	366	452	674	686
	措施作业						
	压裂 / 井次	212	167	247	205	136	185
	酸化 / 井次	61	48	46	42	41	31
	大修 / 井次	47	50	47	53	49	2
	侧钻 / 口	16	34	37	27	1	1

（郭胜芳）

江汉石油工程公司

【概况】 中石化江汉石油工程有限公司（简称江汉石油工程公司）源于 20 世纪 60 年代末江汉油田勘探会战，2012 年底经中国石化石油工程专业化重组，于 2013 年 1 月 19 日挂牌成立，是石油工程公司全资子公司。截至 2021 年底，设 9 个职能部门、1 个直属机构和 6 个二级单位，有合同制员工 3 687 人（在岗合同制员工 3 289 人，其中管理人员 474 人、专业技术人员 803 人、技能操作人员 2 012 人）。业务涵盖钻完井、井下特种作业、环保工程、特种运输、国际贸易等领域，先后参与江汉、胜利、中原、塔里木、鄂尔多斯、普光元坝等油气田和重庆涪陵国家级页岩气示范区建设，形成以页岩气工程、深井超深井高温高压为代表的特色技术系列，具备页岩气工程设计施工一体化服务能力。被认定为国家高新技术企业，是中国石化石油工程页岩气技术中心、湖北省页岩气开发工程技术研究中心。被评为集团公司标杆企业，获全国科学技术进步奖一等奖、全国企业管理现代化创新成果一等奖、国家优质工程金奖等荣誉。

江汉石油工程公司主要技术经济指标和生产建设指标分别见表 1 和表 2。

（宋丽娟）

【领导班子调整】 2021 年 12 月 24 日，集团公司召开视频会，对江汉石油工程公司领导班子进行调整：杨国圣任执行董事、党委书记，吴洪奎任总经理、党委副书记。

（宋丽娟）

【发展质量效益创新高】 2021 年，江汉石油工程公司坚持以“保障能源安全、服务勘探开发、发展石油工程”为己任，全面推进专业化、特色化、市场化、高端化、国际化“五化”发展，加快建设“特色领先油服公司”，勘探开发保障能力、企业管控能力、市场竞争能力、创新创效水平不断提升。在测录定业务分离移交情况下，同口径收入指标创历史新高，超额完成石油工程公司下达的考核利润奋斗目标。在石油工程公司所属地区公司中，绩效考核情况、两利四率指标完成情况排名前列，是唯一一家连续 9 年考核盈利的企业，2021 年领导班子被集团公司考核评定为 A 档。获集团公司财务管理先进单位、安全生产先进单位、质量管理先进单位等荣誉，被评为中国石化绿色企业。

（宋丽娟）

【服务保障水平持续提升】 2021 年，江汉石油工程公司与油气田企业联手强化一体化协作，大力实施装备结构优化和升级配套，“四提”指标全面进步。主力工区钻井周期缩短 21.8%，压裂效率提高 24.9%，故障复杂时效下降 57.9%，满足勘探开发需求，助力顺北新区带、川东复兴地区、鄂西渝东地区、涪陵白马区块勘探开发获评集团公司十大油气勘探开发成果。承揽的涪陵页岩气田首个难动用储量产能建设项目——白马区块工程总包项目完钻井平均钻井周期同比缩短 34%，实现储量动用和效益开发。

（宋丽娟）

2021 年，江汉石油工程公司承揽完井作业的 5 口井日产达 1 000 吨，助力塔里木盆地顺北新区获评集团公司 2021 年度十大油田勘探发现成果（高　攀　摄）

【市场开发成效显著】 2021 年，江汉石油工程公司新签合同额 58.3 亿元，增长 6%。集团公司内部重点市场队伍动用率、市场占有率持续提升，涪陵工区主体专业工作量占比 70%，顺北工区钻机规模占比 31%，创历史最好水平。集团公司外部市场凭借设计施工一体化、页岩气工程全产业链优势，在四川盆地形成 10 亿元规模市场，开辟中国第五大页岩气主产区——贵州正安市场、中国海油海上压裂市场等新领域。累计获业主方表扬信、感谢信 71 封，品牌知名度、美誉度进一步提升。

（宋丽娟）

【特色业务快速成长】 2021 年，江汉石油工程公司持续推进特色业务规模化应用、产业化发展、品牌化创建，在测录定业务剥离情况下，以特色施工、特色技术服务、特色产品为三大支柱的特色业务收入占比达 81%，提升 3 个百分点。不断延伸特色技术链，环保业务把握固体废物处理减量化、无害化、资源化方向，加快装置提产扩能，开辟水处理、随钻一体化等新兴业务，收入增长 10%；高温高压测试持续增强“三高一超井”施工能力，助力塔里木油田攻克 5 口千吨井；连续油管实现提速工具、工艺自主化，率先突破钻塞一趟钻技术，收入增长 32%。持续推进“研发 + 服务 + 销售”模式，特色产品和工具服务收入大幅增长，22 项高端完井工具实现国产化，自有品牌连续油管工具获美国 API Q1 质量认证，井筒工作液实现工作量、服务领域双突破，收入增长 51%。

（宋丽娟）

【科技创新能力全面增强】 2021 年，江汉石油工程公司组建科研、创新“两个团队”，加大核心技术攻关力度，加快科研成果转化，为油气效益开发提供石油工程技术支撑。全年承担各层级科研课题 55 项，完成国家科技重大专项课题“深层页岩气开发关键装备与工具应用”，“深层页岩气高效压裂关键工程技术”“页岩气井筒完整性保障与治理关键技术”2 项成果经集团公司科技部鉴定，达到国际先进水平。井筒工作液实验室获中国合格评定国家认可委员会（CNAS）资质认可。申请专利 60 件，获授权专利 28 件。刷新 149 项施工纪录和技术指标，完成 58 口集团公司、石油工程公司重点井施工任务。其中，焦页 11-S6HF 井创涪陵页岩气田上部气层开发井最高产纪录（无阻流量日产超 100 万立方米），焦页 31-6HF 井创涪陵工区钻井周期最短纪录（25.75 天）。

（宋丽娟）

中国石化 2021 年度石油工程十大重点项目——焦页 11 东平台页岩气井工厂现场。江汉石油工程公司在该平台完成 288 段大规模井工厂压裂施工，构建智能化、标准化页岩气全电驱压裂作业体系（豆瑞杰　摄）

【改革管理持续深化】 2021 年，江汉石油工程公司持续深化“三项制度”改革，推行紧缺专业技术负责人选聘，建立中层领导人员年度绩效系统考核评价机制，落实末等调整、不胜任退出等制度，调整退出中层管理人员占比 3.18%。有序推进专业化改革，装备服务业务收入、利润大幅增长，成为新的增收增效点。实施环保业务归口管理，加快岩屑处理装置提产扩能，进一步释放专业发展活力。推行海外新业务“1+N”管理模式，市场开发能力、资源配置能力、成本竞争力显著增强。

（宋丽娟）

【中国石化召开首届石油工程技术现场交流会】 2021 年 7 月 20—21 日，由石油工程公司主办，江汉石油工程公司协办的中国石化首届石油工程技术现场交流会在重庆涪陵召开。时任集团公司党组成员、副总经理、股份公司高级副总裁刘宏斌，股份公司副总工程师孙焕泉出席会议。各油田分公司、国勘公司、石油工程公司等 26 家单位的 130 名领导、专家参加会议。

（宋丽娟）

中国石化在涪陵召开首届石油工程技术现场交流会
（彭　景　摄）

【石油工程公司召开对标一流管理提升行动推进会】 2021 年 10 月 21 日，由江汉石油工程公司承办的石油工程公司对标一流管理提升行动推进会在武汉召开。石油工程公司总经理袁建强主持会议，集团公司企改和法律部副总经理祝传林出席会议，石油工程公司相关部门负责人、各地区（专业）公司代表参加会议。

（宋丽娟）

【获评集团公司标杆企业】 2021 年，江汉石油工程公司贯彻落实国务院国资委国有企业对标世界一流提升行动工作部署，按照集团公司“三个标杆”创建活动要求，大力开展对标一流管理提升行动，在集团公司 146 家参评企业中，被评为首批 12 家标杆企业之一，是石油工程板块唯一获评单位。

（宋丽娟）

【党的建设全面加强】 2021 年，江汉石油工程公司严格落实“第一议题”制度，持续抓好创新理论武装，扎实开展党史学习教育，确保以高度的政治自觉思想自觉行动自觉，捍卫“两个确立”，践行“两个维护”。严格履行管党治党责任，推进党建考核全覆盖，党委“把、管、促”作用得到加强。实施党委重点工作督查督办，集团公司党组巡视反馈问题整改完成率 100%。坚持人才强企战略，大力推进核心人才库建设，加快人才序列横向贯通发展，加大优秀年轻干部培养选拔力度，补充配备各级专家 16 名，选派 12 名管理人员参加挂职交流，引进高校毕业生 62 名，3 支人才队伍建设不断加强。持续深化基层党支部“五有四化”建设，党支部战斗堡垒和党员先锋模范作用有效发挥。深化正风肃纪，一体推进“三不”综合治理效能，监督保障执行、促进完善发展职能充分发挥。扎实开展“我为群众办实事”实践活动，实施生活基地、“健康驿站”等建设项目，员工测评满意度100%。

（宋丽娟）

表1 江汉石油工程公司主要技术经济指标 亿元

指标名称 \ 年份	2021	2020	2019	2018	2017	2016
资产总额	38.94	41.01	41.90	43.27	52.99	71.38
流动资产	15.95	17.90	18.60	21.60	30.28	44.24
固定资产净额	18.27	18.64	18.60	19.10	20.47	25.10
负债总额	27.12	28.38	29.90	32.59	43.35	57.35
营业收入	57.89	57.97	55.62	43.86	34.46	39.08
利润总额	1.15	0.91	2.36	1.33	0.06	0.01
综合能耗/吨标煤·万元$^{-1}$		0.234	0.236	0.242	0.244	0.257

表2 江汉石油工程公司主要生产建设指标

指标名称 \ 年份	2021	2020	2019	2018	2017	2016
钻　井						
开钻井/口	212	262	277	258	211	122
完成井/口	240	244	249	262	205	137
钻井进尺/万米	73.90	86.50	82.60	81.40	60.70	43.30
测录井						
测井/井次		1 079	1 049	940	827	638
录井/口		252	250	249	217	137
井下作业						
作业井/口	1 450	1 715	1 834	1 772	1 501	1 373
作业/井次	1 450	1 718	1 858	1 789	1 532	1 393
试油气/口	249	154	119	131	90	117
试油气层数/层	1 080	1 848	1 013	742	622	1 154

西南石油工程公司

【概况】 中石化西南石油工程有限公司（简称西南石油工程公司）是石油工程公司的全资子公司，成立于2012年12月21日，有钻井、固井、井下作业、技术研发、井控、环保、热力供暖、管具加工与检测维修等较为完整的油气工程技术服务业务链，享有独立的对外经济贸易和承包工程经营权，是国内国外业务一体化的专业化公司。本部位于四川省成都市，机关设10个部门和2个直属机构，下属7家专业经营单位和1个外派机构。

截至2021年底，共有各类用工6 607人，其中合同制员工3 349人（在岗3 243人）、规范劳务派遣业务外包用工2 215人、海外用工1 043人。有各类施工队伍144支，其中国内市场123支、国外市场21支；中国石化标杆队1支、金牌队8支、银牌队12支。获省部级科技成果奖21项，获石油工程公司科技成果奖48项；23项成果通过省部级鉴定，其中16项国际先进、2项国际领先；获授权专利226件、软件著作权12项。有完整的石油工程装备10 142台（套），年钻井能力超过100万米、压裂作业能力达245井次2 430层次。主体队伍早在20世纪50年代就服务于国内油气勘探开发，曾为发现大庆油田、扶余油田作出过突出业绩，多年来为西南、胜利、西北油气增储上产作出重要贡献。发展形成酸性气、深层页岩气、致密气三大勘探开发工程一体化服务技术体系，承担川渝地区绝大多数高难度井施工，在页岩气、致密油气田、高含硫气田及超深油气田勘探开发上积累丰富的作业经验。

2021年，西南石油工程公司新签合同额49.83亿元，为年计划的110.7%；完成钻井进尺65.35万米，为年计划的100.5%；营业收入、净利润考核完成石油工程公司下达的年度指标。

西南石油工程公司主要技术经济指标和主要生产建设指标分别见表1和表2。

（丁勇兵　张　润）

【服务保障能力持续增强】 2021年，西南石油工程公司持续提升服务保障能力，创各类工程纪录205项，增长123%，助力西南油气分公司日产气突破2 500万立方米，为其天然气年产量突破80亿立方米作出重要贡献。完善推荐做法，强化技术集成配套，在平均井深增加260.4米的情况下，平均机械钻速提高13.8%，平均钻井周期缩短11.4%，故障复杂时效控制在1.22%。威荣区块一开、二开机械钻速分别提高51.86%和40.18%；永川南平均钻井周期71.93天，全面完成集团公司80天考核指标；彭州区块阶段钻井周期较精益钻井计划缩短6.35%。威页32-3HF井钻井周期48.45天，首次实现威荣区块50天内完钻目标。永页5-3HF井6天完成钻磨41支可溶滑套钥匙作业，创国内钻磨可溶滑套钥匙数量最多纪录。“三高”井试气测试配套技术的持续完善有力保障深井地面测试安全性；体积压裂工艺助力川西致密气增储上产，实现东峰场须五、新场须二、元坝陆相须家河产能新突破；酸性气完井投产及深度酸压技术持续完善，有力支撑川西气田建产、元坝、河坝场气田稳产；页岩气体积压裂技术不断更新迭代，有效改造体积增加1.09倍，单井平均产能增至5.65万米^3/日、EUR超过1亿立方米；难动用项目初见曙光，新8-3井经酸压成功建产，产能持续向好。

（丁勇兵　张　润）

施工新深101D井取得川西海相开发新突破，获日产天然气29万立方米（罗卫东　摄）

【国内市场攻坚主动仗成效明显】 2021年，西南石油工程公司牢固树立“成就甲方才能成就自己”的理念，积极应对市场变化，优布局、促共赢。西南油气分公司主力市场稳步提升。发挥主力军作用，重点推动威荣页岩气平台大包、永川南 3 个平台项目大包、须家河难动用储量合作开发。全年动用钻机 39.3 台、占比 66.7%，完成进尺 37 万米、增长 29.7%，市场份额达 61.4%、提升 5.4 个百分点。传统市场特色发展。西北市场提站位、顾大局，钻井专业有序退出，注氮驱油、热力供暖、井下、固井、设备检维修等业务创效能力持续增强。勘探分公司市场稳中有进，紧盯部署，新中标钻井 4 口、试气工程井 3 口，动用钻机增加 3 台（套），市场份额稳步提升。集团公司外市场闯出新成效。抓住“中－中合作”契机，通过高层座谈、部门协调、项目部推动，川庆钻井市场取得重大进展，获 3 个平台 25 口井施工任务，成功签订战略框架协议，争取到 8 台以上钻机 3 年的工作量；同时稳固大庆川渝市场，跟进吉林油田川渝市场。

（丁勇兵　张　润）

【海外市场克服新冠肺炎疫情实现持续发展】 2021 年，西南石油工程公司贯彻“做强科威特、做大沙特、盘活厄瓜多尔”思路，克服境外新冠肺炎疫情影响，海外新（续）签合同 9 个，金额 1.05 亿美元；动用队伍数量由 2021 年初 15 支增至 20 支，钻修井机日费率保持在 99.5%，搬迁效率 30.7 时／井次，缩短 1.2 时／井次，收入、利润均超额完成，有力支撑西南石油工程公司经营发展。科威特项目稳中有进，新中标 SP938 修井机项目实现当年启动、当年组织、当年开钻，为同批 10 台修井机中最快，彰显西南速度；11 支钻修井机获业主无 LTI 安全奖励 648 万元；SP271 井队创科威特常规钻机搬迁最快纪录。沙特项目持续向好，2 台非常规气井钻机高效运行，SP261 井队、SP262 井队创工区施工周期最短等多项纪录，在业主方综合业绩评比中位居前列；跟进新一轮 2 台钻机项目投标。厄瓜多尔项目加速复工，克服启动时间紧、当地员工招聘难等挑战，3 个月内完成 3 台钻机复工，带动固控队和油套管队获工作量。

（丁勇兵　张　润）

沙特项目 SP261 井队年钻井进尺突破 6 万米
（龚　雯　摄）

【优化生产运行实招频出】 2021 年，西南石油工程公司威页 26、彭州 5 等平台实施“一队双机”，彭州 6 平台实施国内首个高含硫超深水平井“一队四机”的“井工厂”模式，实现人员、物资、应急资源统筹共享，提升生产效率。威页 32 等平台探索实施大小钻机搭配“批钻”，提高小钻机动用、解放大钻机占用，有效解决钻机结构性矛盾。组建专业导管队施工，进一步提高钻机效率。发挥整体协同优势，提前落实方案评审、环评征地、钻前施工、设计审查等环节，加快搬迁速度，加强工序衔接，缩短辅助时间，钻机动用率 86.5%，提升 5 个百分点；钻机待任务 549.6 天，减少 1 466.5 天；井下作业生产时效 91.8%，增加 1.05 个百分点。

（丁勇兵　张　润）

彭州 6 平台实施国内首个高含硫超深水平井“一队四机”的“井工厂”模式（罗卫东　摄）

【科技创新取得新进步】 2021 年，西南石油工程公司稳步推进“中石化酸性气技术中心石油工程重点实验室”建设，强化特色工具、工艺、材料等特色产品整合、攻关和研发，确保在酸性气勘探开发领域的领先地位。推广预弯曲防斜打快钻进技术成功代替垂直钻井技术，形成以“个性化钻头 + 辅助破岩工具”为核心的高研磨地层优快钻井技术，建立复杂礁滩超深水平井轨迹优化控制技术。“强水敏致密气藏特殊钻完井技术”等3项成果达“整体国际先进”水平；获集团公司科技进步奖二等奖、三等奖各1项；申请专利48件，软件著作权4项，创历年新高；自主产品（技术）展现良好推广应用前景，“抗高温缓蚀剂及酸液体系”“精细控压钻井系统”等7项成果转化创收3 700余万元；“一种可溶桥塞及其制备方法”对储层的分段压裂改造效果突出；研发成膜封堵白油基钻井液体系，在彭州4-4D取得较好应用效果。

（丁勇兵　张　润）

【企业治理与合规经营管理得到加强】 2021年，西南石油工程公司落实“党建入章”，修订“三重一大”决策制度，制定党委讨论和决定重大事项清单，进一步推进党的领导融入公司治理。全面完成经理层“一协议两书”签订，西南石油工程公司经理层成员全面实行任期制和契约化管理。强化对标一流管理提升，井下酸化压裂三队获评集团公司对标提升行动先进基层单位。修订内控权限指引，推进完成内审外查问题整改。开展合同管理专项提升，理顺服务商管理机制，提级招标管理，重点领域管控得到强化。

（丁勇兵　张　润）

【安全环保工作持续加强】 2021年，西南石油工程公司全面落实集团公司“总经理2号令”，以“五查五严”保安全专项行动为主线，新版HSE管理体系有效运行，风险管控持续加强，隐患治理有效实施，过程管控持续强化，环保管理持续改进提升，职业健康危害管控不断加强，安全环保防线进一步筑牢。投入安全资金6 596万元，完成溢流监测等21个隐患项目及检查提出的8 759项不符合项治理。直接作业环节严格执行“五个必须”“九个步骤”，特殊高风险作业全面开展JSA分析；开展井控安全专项整治，落实井控、硫化氢和氮气钻进风险管控措施，井控和防硫化氢工作全面加强。成功举办中国石化井控专项应急演练，受到集团公司通报表扬。开展环保管理提升行动，配置到位86套环保厕所，78支基层队通过绿色基层创建验收；深入开展环保承包商、危险废物、环境合规风险等专项整治，推动环保依法合规管理。推进全员健康管理标准化建设，员工健康项目研究完成阶段性任务。抓实常态化新冠肺炎疫情防控，大力推进疫苗接种；强化境外疫情防控和出入境管理，落实海外员工正常倒班。

（丁勇兵　张　润）

【改革调整工作积极稳妥实施】 2021年，西南石油工程公司推进深化改革三年行动，完成集团公司重点改革任务目标。统筹做好临盘工区划转后续工作，妥善做好回川人员安置，内部挖潜可释放岗位，盘活富余人员，助力快速适应新工区。西北工区市场布局调整顺利完成，平稳完成西北工区10台钻机移交和西南工区胜利工程7台钻机接收。配合完成测录定专业化重组，按时划转移交测井、录井2家成建制单位及定向业务，做好协同服务，为经纬公司实现“平稳交接，高点起步，高质量发展”作出贡献。以西北钻机置换回川为契机，推进3家钻井公司队伍布局调整，在川渝市场各有侧重，实现单机效益和整体创效能力最大。推动难动用储量合作开发项目部建设、运行。设中萨项目管理部，承担委托管理职责和西南石油工程公司在埃及市场的业务拓展。成立概预算站，概预算结算业务顺利推进。

（丁勇兵　张　润）

【干部人才队伍建设全面加强】 2021年，西南石油工程公司坚持正确选人用人导向，突出政治标准，注重工作实绩，持续优化结构，选拔调整中层干部30人，中层干部40岁以下占比达17.6%；完成二级单位领导班子全面考察；“三百三千”计划深入实施。修订《专家管理实施细则》，制定《专家年度绩效考核实施细则》，强化激励约束，促进专家作用发挥；实施高层次人才选聘推荐，获聘集团公司技能大师2人、特级技师3人、高级技师21人；技术比武获评四川工匠1人、中国石化技术能手1人、石油工程铁军名匠4人，全国井下作业工大赛获1金、1银的历史最好成绩。

（丁勇兵　张　润）

【党史学习教育扎实开展】 2021年，西南石油工程公司党委严格落实“第一议题”制度，突出习近平总书记“七一”重要讲话、视察胜利油田重要指示精神的学深悟透，以“学习内容主题化、学习研讨专题化、调查研究课题化、学习践行成果化”创新学习方式，进一步忠诚捍卫“两个确立”、坚决做到“两个维护”。高标准谋划部署，高水平推进学与悟，高质量开展读书班，精心组织庆祝建党100周年“七个一”活动，“百年华章 思源致远”文艺汇演获集团公司一等奖。各级领导带头开展宣讲，推动党史学习教育走深走实。务实推进“我为群众办实事”实践活动，西南石油工程公司层面17项重点项目全部完成，重点协调推进员工落户、子女入学、社保转移等民生问题解决。

（丁勇兵　张　润）

庆祝建党100周年“百年华章 思源致远”文艺汇演获集团公司一等奖（陆秋野　摄）

【党建引领呈现新气象】 2021年，西南石油工程公司认真落实集团公司党组“1355”党建工作思路，党建质量持续提升，党风廉政建设持续加强，群团组带作用有效发挥，全力维护和谐稳定大局，不断推动政治优势转化为发展优势。修订完善10个党建制度，制订实施《党建工作提升方案》，突出“三基本”建设，强化党建检查指导，推进基层党建规范化标准化。落实对“一把手”和领导班子监督措施，从严查处违纪违法问题，召开警示教育大会，开展特殊资金管理等重点领域专项治理，一体推进“三不”机制建设。深入开展形式主义、官僚主义问题整治和“作风改进年”活动，干部员工精神状态、工作质效明显提升。“当好主人翁、建功新时代、岗位创一流”主题劳动竞赛深入开展，“五小”建设、职工创新工作室创建积极推进。评选出西南石油工程公司首届十大杰出青年，“青年铁军行”微视频、“对话新青年”直播活动反响强烈，为西南石油工程公司发展注入新动力。1名员工获评2021最美德阳人，展现向上向善正能量。

（丁勇兵　张　润）

表1　西南石油工程公司主要技术经济指标　亿元

指标名称 \ 年份	2021	2020	2019	2018	2017	2016
工业总产值	54.73	57.42	55.45	40.74	36.88	30.92
工业增加值	15.09	16.66	17.03	15.12	11.54	6.05
资产总计	63.53	59.42	55.41	51.15	57.84	65.81
流动资产	29.78	27.80	28.15	24.09	28.66	34.77
固定资产原值	58.74	60.19	58.10	56.96	56.87	57.24
固定资产净值	22.94	23.28	22.52	23.13	25.07	27.32
销售收入	54.73	57.06	55.45	40.75	36.88	28.18
实现利税	0.45	0.89	2.30	1.55	−2.39	−6.25
税　金	0.29	0.37	0.38	0.44	0.49	0.41
综合能耗/吨标煤·万元$^{-1}$	0.220	0.234	0.238	0.241	0.243	0.248

表 2 西南石油工程公司主要生产建设指标

指标名称 \ 年份		2021	2020	2019	2018	2017	2016
钻井	开钻 / 口	159	229	271	273	221	183
	交井 / 口	137	255	262	235	221	191
	钻井进尺 / 万米	65.35	78.21	88.84	75.82	66.18	55.80
	海外大修井 / 口						
	开　工	145	129	158			
	完　工	145	129	158	59	225	279
测井	测井 / 井次	—	977	904	673	735	528
	射孔作业 / 井次	—	680	588	45	362	301
	测井 / 标准米	—	3 539.42	2 558.45	1 845.62	1 963.77	1 224.59
录井	录井 / 口	—	246	286	198	192	150
	录井进尺 / 万米	—	86.69	104.01	69.40	59.53	45.85
井下	维护作业（小修）/ 井次	80	108	169	156	185	217
	措施作业 / 井次						
	压　裂	122	154	126	150	89	81
	酸　化	53	44	31	20	19	12
	大　修	84	76	73	39	77	31
	侧钻 / 口	4	0	0	0	0	0

华北石油工程公司

【概况】 中石化华北石油工程有限公司（简称华北石油工程公司）是石油工程公司的全资子公司，是集钻完井、井下特种作业及相关业务技术研发服务为一体的石油工程专业化公司。业务范围包括石油天然气开采辅助活动，工程技术研究与应用，油气藏综合研究与服务，地质设计等。华北石油工程公司注册地位于河南省郑州市中原区。

截至 2021 年底，华北石油工程公司设中层机构 17 个，其中机关职能部门 10 个、机关直属部门 1 个、所属二级单位 6 个。机关职能部门分别是：总经理办公室、党群工作部（党委办公室、党委宣传部、工会、团委、维稳办）、财务计划部、经营管理部（法律事务部）、党委组织部（人力资源部）、安全环保部、市场开发运行部（项目管理部）、技术发展部、装备管理部、纪检监督部（审计部），直属单位物资采办中心。所属二级单位 6 个，分别是：五普钻井分公司、河南钻井分公司、西部分公司（深井超深井技术中心）、国际公司（外事办公室）、井下作业分公司、技术服务公司（致密油气技术中心）。二级单位职能部门 42 个，机关附属 8 个，项目部 23 个。有各类施工队伍 105 支。队伍主要分布在：中国石化内部市场 75 支，分布在华北油气分公司、河南油田分公司、西北油田分公司等；国内外部市场 8 支，分布在陕西、河南、山西、内蒙古、新疆、重庆 6 个省（自治区、直辖市）；国外施工队伍 22 支，分布在尼日利亚、沙特、科威特、哈萨克斯坦、伊拉克 5 个国家。有集团公司甲级队伍资质 31 支，乙级队伍资质 69 支，达标队资质 21 支，国际队伍资质 40 支。有集团公司金牌标杆队 1 支，金牌队 9 支，银牌队 15 支。设备在册 9 563 台，共有主要专业设备 1 215 台（套），原值 43.70 亿元，净值 14.25 亿元，新度系数 0.32。主要专业设备利用率 87.68%，完好率 99.92%。其中，2021 年新增设备 450 台（套），设备原值 1.16 亿元，设备净值 1.06 亿元。2021 年报废设备 396 台，设备原值 1.30 亿元。用工总量 5 701 人，其中合同制员工 3 461 人（在岗 3 072 人、不在岗 389 人）、规范劳务派遣业务外包用工 1 822 人、海外当地用工 418 人。

华北石油工程公司主要技术经济指标和主要生产建设指标分别见表 1 和表 2。

（台献民）

【生产经营】 2021 年，华北石油工程公司经营收入 39.46 亿元，完成上级下达指标的 100.79%；考核净利润 5 800 万元，完成上级决算指标的 111.1%。在石油工程系统内取得利润完成率、总资产收益率、百元收入营业成本、科研投入产出比等 11 项指标位列前三的优异成绩，连续 6 年完成党组下达的生产经营考核目标。

（台献民）

【坚持党的领导】 2021 年，华北石油工程公司贯彻落实集团公司党建“1355”总体思路，锚定站排头、争第一，在深度融合中推进优势转化，深化党建提质升档工程，党建工作持续提质。党的领导全面加强。推进党的全面领导入章程、入流程、入过程，把党的领导融入公司治理各个环节，牢记“国之大者”、捍卫“两个确立”、践行“两个维护”，充分发挥党总揽全局、协调各方的领导核心作用。理论武装持续深化。始终把党的政治建设放在首位，落实“第一议题”制度。推动习近平总书记重要讲话精神进机关、进一线、进班组，坚定不移把践行“两个维护”体现到贯彻落实党中央决策部署和集团公司党组工作安排上。党史学习教育高质量开展。系统谋划实施方案，细化 48 项任务清单，建立“一对一”督导机制，举办专题读书班 14 期，编发工作通报 39 篇，全方位推进专题研讨、专题党课、专题宣讲和专题培训，一体推进“四史”学习，华北石油工程公司典型做法 31 次在集团公司层面交流。基层党建全面提质。修订基层党支部工作手册，抓实领导干部党建责任清单、基层党支部分类定级、党支部书记工作述职，层层压实党建工作责任。推进党员身边无事故、团员身边无隐患、工会会员身边无违章体系建设。全面从严治党持续深入。提升职能监督效能，开展工程分包专项治理、物资采购监管及合同管理自查自纠，发现并整改问题 74 项。督导落实集团公司党建考核、石油工程公司党委巡察反馈问题整改，修订完善制度 46 项。严格落实中央八项规定精神和党组实施细则，压茬推进安全生产领域形式主义、官僚主义专项整治，修订制度 11 项。加强对“一把手”和班子成员等关键岗位监督，制定“清存量、遏增量”十项措施，不断提升党风廉政建设工作质量。

（台献民）

【服务勘探开发保障】 2021 年，华北石油工程公司继续落实一体化工作机制，扛稳核心职责，生产运行全线提速，强力支撑高质量勘探和效益开发。做强做优支撑服务，平均队伍动用率 85.48%，提高 16.78 个百分点，生产时效 99.02%，提高 1.32 个百分点；攻关一趟钻技术，推行“四个示范”，实施专家包井，坚持重大问题专家会诊，平均钻井周期缩短 22.17%、机械钻速提高 19.92%、复杂时效下降 21.43%、压裂提效 20.35%。钻井方面，顺北 56X 井完钻井深 9 300 米，创亚洲陆上钻井最深纪录；顺北 4-1H 井工区首次实现三开一趟钻，获西北油田提速提效奖 365 万元；顺北 4-9H 井率先实现大小复合井眼施工，获西北油田通报表扬。华北工区直井段一趟钻占比 75.7%，斜井段两趟钻占比 87.3%，水平段两趟钻占比 70.2%。30908HB 钻井队钻井进尺突破 4 万米，创河南油区 50 年来单队年进尺最高纪录。压裂方面，应用混合水体积压裂技术，较常规工艺单井提产 30%；丛式井组推广使用连续油管进行压前准备，运行效率提升 50%。华北工区平均压裂效率 6.2 段 / 日，JPH-480/481 井组 24 小时完成 8 段压裂、提效 32%。

（台献民）

2021 年 9 月上旬，华北石油工程公司在西北油气分公司市场开展“争专业冠军、创一流业绩”活动，钻井专业 11 支队伍进入工区前 30 名。图为华北石油工程公司 70861HB 钻井队正在塔河油田施工（王　军　摄）

【市场开拓】 2021 年，华北石油工程公司主动服务集团公司“一基两翼三新”产业格局，加强前瞻性思考、战略性布局，统筹三大市场开拓与优化。市场策略更加清晰。把国际市场和西北市场作为完成全年任务的主要收入和利润来源，推进国际市场到期合同续签、伊拉克市场启动及西北市场份额提升，通过精管理、提质效，全力把国际市场和西北市场打造成效益大工区。把鄂北市场作为除国际市场和西北市场以外的主要收入来源，通过量的积累实现效益提升。把川渝页岩气市场作为助力超额完成全年收入效益指标的潜在市场，全力保盈利。全年新签合同额 48.60 亿元，完成上级下达指标的 103.4%。优良业绩叫响华北品牌。西北市场开展“争专业冠军、创一流业绩”活动，全力打造冠军团队。钻井专业 11 支队伍进入工区前 30 名，提升 16.67%；6 支队伍进入工区前 19 名，提升 9.36%。压裂专业连续 17 年工区业绩排名第一，连续 234 口井工程质量优秀，HB201 压裂队单队全年产值 1.39 亿元。西北市场收入 10.61 亿元，增加 5.44 亿元、增长 105.3%，收入占比 27.73%。在地区公司对标中，华北石油工程公司全年在西北市场利润总额、利润率、人均创效 3 项指标排名第一，华北工程品牌影响力、美誉度显著提升。华北市场有效拓展增收空间，与华北油气分公司签订战略合作协议，全年中标 92 口井、占比 63.5%，提升 17.9 个百分点；钻机动用率高出工区平均值 6.1 个百分点；收入 5.68 亿元、占比 14.83%；待工成本 6 040 万元，减少 570 万元、下降 8.62%。页岩气市场抢抓新机遇，中标 10 口钻井项目，合同额 2.21 亿元。成立协调组，以政策上的支持引导、技术上的超前介入、生产上的紧密衔接、资源上的高度整合、成本上的优化管控为抓手，推行“四统一”管理，全面托管项目运行。全年钻井进尺 2.78 万米，创 4 项工区纪录，70187HB 钻井队荣登重庆页岩气公司钻井队伍英雄榜。国际市场巩固排头兵形象。始终把国际市场作为战略重心，锚定“沙科伊”大湾区 15 亿—20 亿元收入目标、打造高端业务集聚地，统筹安全与发展，兼顾规模与质量，坚持精细统一管理。SP122 队全年日费率 99.94%，SP158 队实现连续 11 年无 LTI，SP137 队获科威特石油公司安全业绩总裁奖。全年新签合同额 20.29 亿元，收入 14.29 亿元、占比 37.34%，华北石油工程公司国际市场收入占比在 6 家地区公司排名第一。

（台献民）

2021 年 4 月中旬，华北石油工程公司 50847HB 钻井队正在进行完井作业，该队施工的东胜气田 JPH-489 井获高产天然气（樊明飞　摄）

【深化改革三年行动】 2021 年，华北石油工程公司全力提升发展活力动力。加强政策统筹、进度统筹、效果统筹，全年完成计划进度的 88%，超目标 8 个百分点。推进经理层任期制和契约化管理，倒排进度、逐项推进。坚持共同指标和个性指标相结合，在年度共同指标基础上，为经理层差异化设置 2—4 项个性指标及约束指标，量身定制经理层成员考核目标值和指标权重，推进责任落实。推行“人才池”统筹管理模式，推进内部盘活降本与对外输出创效双线运行，创新用工效率考评办法，全力撬动人力资源再增值。全年入池 802 人、出池 770 人、出池率 96%，从等停队伍向一线正向流动 166 人，节约人工成本 330

万元；开展劳务输出 149 人，创收 819 万元，人均创收增长 3.8%，相关经验入选集团公司典型案例。深入开展扭亏脱困帮扶。从优化市场布局、业务调整、内部挖潜、完善考核机制等路径，为河南钻井制定 27 条瘦身造血措施，压减辅业队伍 2 支、基层队 5 个，撤销项目部 2 个，显现富余人员 202 人，通过转岗分流安置和劳务输出，降低人工成本 720 万元，实现止亏减亏。持续加大绩效考核力度。收入、利润指标考核权重由 70% 调增至 80%，将资源使用效率、队伍动用率、待工成本纳入考核指标，加大贡献激励力度，有效激发全员创效活力。

（台献民）

【提升管理水平】 2021 年，华北石油工程公司将依法依规贯彻到制度、流程、岗位职责中。修订完善制度体系建设。建立“修订 - 学习 - 执行 - 监督 - 优化”制度长效机制，修订制度 58 项，形成人人学习制度、自觉执行制度的华北工程制度文化。完善公司法人治理结构。制定党委前置研究重大经营管理事项清单 38 项，明晰党委会、执行董事、经理层权责边界，将党的决定权、把关权、监督权融入内控权限，党的领导融入公司治理，实现制度化、规范化、程序化。从严管控经营风险。完善华北石油工程公司风险库，新增重要风险 14 项，制定防范措施 73 项；落实“两金”常态化管控措施，累计清收 41.39 亿元；修订《市场准入管理办法》，源头规范招标与合同管理。

统筹推进精益管理跃上新台阶。全面开展对标管理。建立涵盖 4 个层级、82 项经济技术 + 专业管理指标评价体系，实现全方位全要素对标评价。石油工程对标评比中，华北石油工程公司获 70 面红旗，获奖金 148 万元，对标管理典型做法入选集团公司企改和法律工作简报。推进标准化建设。坚持“安全、适用、经济、先进”理念，大力推行岗位标准化、操作标准化、现场标准化、资料标准化，使标准化成为强基固本的提升工程、外拓市场的品牌工程、改善生产生活条件的民生工程。实施资源优化，落实鄂尔多斯工委年度生产经营目标和安全主体责任，给予工委人事及考核权，实施竞聘上岗。面向工区设区域共享物资库、管具和防喷器检维修中心、钻具检测线，升级“两区两库”，推行钻井助剂集中采购、统一储备、统一结算，构建“2 小时到达”物资保障圈，提升资源共享和服务保障能力，打造石化油服区域整合典范。

（台献民）

【科技创新】 2021 年，华北石油工程公司实施科技兴企工程，构建以“两个中心”为主、专业公司为辅的科研机制，发挥专家在科研立项、服务决策、解决难题上的作用，“两个中心”牵引带动效能持续增强。培育核心技术。紧扣“卡脖子”难题和科技前沿领域开展攻关，东胜气田钻完井工程关键技术集成 6 类辅助配套工具、5 套钻完井工作液体系，形成 19 项钻完井工程关键技术，整体国际领先。致密油气水平井增产及配套技术获河南省 2021 年科学技术进步奖三等奖。顺北油气田超深井安全高效钻井技术整体国际先进，有力支撑亚洲陆上第一深井安全施工。推进成果转化应用。顺北 4-1H 井试验高效垂直钻井技术，创 4 号带钻井周期最短纪录；高性能超微 - 纳米水基钻井液体系完钻密度 1.12 克 / 厘米^3，有效满足鄂北工区储层保护需求；升级完善华北工区“钻井提速施工推荐作法 2021 版”，在石油工程系统内推广应用；开发热采井耐高温水泥浆体系，解决春光油田稠油热采井蒸汽吞吐期间管外窜难题；开展近钻头导向测量工具样机入井试验，低密度复合减轻剂、KPD 堵漏剂等 6 项油田化学剂量产 307 吨，井下工具研发和化学剂产品化进程积极推进。科技拓市实现突破。以致密油气技术推动

2021 年 6 月 15 日，华北石油工程公司技术人员研究高性能超微 - 纳米水基钻井液体系，满足储层保护需求

（李 秀 摄）

中国海油临兴市场压裂包产服务，中标中联公司3年致密气压裂项目3.69亿元合同，全年完成33口井生产潜力评价，提交有利测试层50层，实现产值3 857万元，被甲方授予优秀支持协作团队称号；取得海上钻井液技术服务准入资质，拓宽技术服务领域；中标东北油气分公司5口井增产服务，平均日产气量较措施前提高85%，获甲方贺信表扬。

（台献民）

【安全管理】 2021年，华北石油工程公司强化体系思维，制订集团公司“总经理2号令”实施方案，以安全生产专项整治三年行动、“五查五严”保安全专项行动、安全强基固本工程为抓手，全面排查整改风险隐患，始终以高度政治自觉从严抓好安全工作，获集团公司安全生产先进单位和绿色企业称号。健全完善HSE管理体系。修订新版HSE管理体系手册，配套风险分级管控、隐患排查治理等62项规章制度，实现安全要求嵌入操作规程、融入专业管理、贴近生产实际。推进直接作业环节直接监管。构筑安全总监、两级HSE部门、督察大队、现场安全监督齐抓共管的全方位、多层次、立体化监管体系，多措并举紧盯直接作业环节。从严落实监管主体责任，派驻安全监督398井次，重点环节、重要工序全程旁站，对2名履职不到位的安全监督降级处理。推进基层HSE管理系统，压实安全责任到岗位，实现岗位行为实时考核。严格落实值班带班制度，落实“一把手”承包安全管理重大风险原则，开展承包商专项检查，发现并整改问题122项。系统推进安全风险管控。建立“每周研判、集中管控，每日排查、动态清零”常态化管控机制，把月风险分解成周风险、日风险，将日高风险作业纳入华北石油工程公司级风险管控范围，实现重大风险全面受控。全方位创建绿色洁净企业。全面配备泥浆不落地装置，逐步完善环保厕所，从严落实固体废物产生、收集、贮存、运输和处置要求，确保依法合规。推广网电及燃气动力，加大电代油、气代油技术应用，全年投入网电钻机40部，增长43%，8部钻机实现用燃气轮机替代柴油机，节约柴油2万吨。

（台献民）

【群团工作】 2021年，华北石油工程公司开展“提升管理创一流、精益服务树品牌”劳动竞赛，表彰红旗基层队87次、先进个人81人，发放奖金48万元；深入开展“我为群众办实事”实践活动，推进走基层、访万家、送温暖、送关怀常态化工作，慰问劳模及困难员工142人，大病救助、金秋助学45人，解决海外员工包机回国、养老保险转移、心脑血管疾病筛查、机关办公条件改善、一线生活设施修缮配置等“急难愁盼”问题。组织“青春心向党、建功新时代”主题活动，召开党建带团建推进会，建立团干与青年联系机制，制定“四带一加强”工作措施，党委对团青组织领导不断加强。完善信访稳定工作责任制，坚持“三到位一处理”，推行“只访一次”，集团公司挂牌督办事项顺利结案，华北石油工程公司信访工作制度化规范化建设持续加强。

（台献民）

表1　华北石油工程公司主要技术经济指标　亿元

指标名称＼年份	2021①	2020	2019	2018	2017	2016
工业总产值	39.74	47.51	49.13	40.27	37.68	34.89
工业增加值	15.76	17.74	17.09	15.25	11.93	7.73
资产总计	45.04	44.07	42.67	40.22	42.89	49.54
流动资产	23.44	19.86	19.64	18.87	21.12	22.99
固定资产原值	44.42	53.68	51.58	49.96	49.42	50.86
固定资产净值	14.94	18.19	18.32	18.48	19.00	23.39

续表

指标名称 \ 年份	2021①	2020	2019	2018	2017	2016
营业收入	39.46	46.02	48.00	39.33	37.62	34.04
实现税费	0.78	0.44	0.75	0.96	1.26	1.22
税　金	0.08	0.14	0.47	0.86	1.23	1.10
综合能耗 / 吨标煤・万元 $^{-1}$	0.35	0.306	0.309	0.321	0.336	0.352

① 2021 年测、录、定业务剥离

表 2　华北石油工程公司主要生产建设指标

指标名称 \ 年份	2021	2020	2019	2018	2017	2016
钻井 / 口						
开　钻	398	368	454	417	457	344
完　钻	403	376	442	418	449	353
钻井进尺 / 万米	105.60	106.36	123.19	106.54	109.70	84.00
测井、射孔 / 井次		3 090	3 086	1 563	1 562	1 468
测井 / 万标准米		4 824.80	4 791.53	3 446.00	2 938.00	3 376.00
录井 / 口		498	523	437	512	341
录井进尺 / 万米		150.71	163.12	134.21	134.04	105.99
井下作业 / 井次	1 225	964	1 262	883	726	497
试油、试气 / 口	47	123	240	203	203	74
压裂 / 口	416	351	425	275	156	202
压裂 / 层（段）	529	640	1 779	1 117	480	748

华东石油工程公司

【概况】 中石化华东石油工程有限公司（简称华东石油工程公司）有综合管理部、党群工作部、财务计划部等 10 个职能部门和物资管理中心 1 个机关直属，设江苏钻井公司、六普钻井分公司、工程技术分公司、华美孚泰公司、科技发展分公司 5 个专业经营单位和重庆项目部、四川项目部、东北项目部、国际业务项目部 4 个公司级项目部。机关设在南京。

截至 2021 年底，华东石油工程公司用工总量 4 278 人，其中合同制员工 2 916 人（内退等不在岗人员 439 人）、业务外包工 1 188 人、海外其他用工 174 人。有资质队伍 86 个，其中钻井队 60 个（国内 57 个、国外 3 个）、井下作业队 11 个（国内 6 支、国外 5 支），另有钻井液、固井、钻前等配套专业队伍 15 支。资产 42.92 亿元，设备资产原值 37.15 亿元、净值 12.80 亿元，新度系数 0.345。国内队伍主要分布在江苏、安徽、四川、重庆、吉林、海南、广西、山西、贵州等省（自治区、直辖市）；国外队伍主要在阿尔及利亚、厄瓜多尔、泰国、玻利维亚、加蓬、科威特等国家。

2021 年，华东石油工程公司学习贯彻党的十九届六中全会精神、习近平总书记视察胜利油田时的重要指示精神，坚决扛牢“三大核心职责”，全力以赴推动拓市增收创效、“四提”成果共享、挖潜降本减费等工作，利润总额 1 048 万元、净利润 164 万元、自由现金流 1.49 亿元，实现扭亏为盈目标。

华东石油工程公司主要经济指标和主要生产建设指标分别见表 1 和表 2。

（陈　超）

【支撑保障有力有为】 2021 年，华东石油工程公司坚持将保障勘探开发摆在首位，持续推进稳油增气降本工程，“四提”工作成效显著。全力保障集团公司勘探开发，为江苏油田在苏北盆地页岩油勘探取得良好油气发现、东北油气田松辽盆地深层致密气勘探取得重大突破、西北油田首获日产千吨油气井、华东油气田苏北盆地溱潼凹陷页岩油勘探取得重大突破、华东油气田年产油气当量突破 200 万吨作出积极贡献。“四提”指标创造新高。华东石油工程公司平均机械钻速、平均钻机月速度分别提高 10.72% 和 10.80%，均创重组以来最高水平；平均钻井周期缩短 7.74%，故障复杂时效下降 21.76%，压裂施工效率提高 24.60%；钻井队伍动用率 87%，在石油工程公司各地区公司中排名前列。争先创优多点开花。共打破各项施工纪录 75 项，其中集团公司及以上 9 项。江苏工区溱页 1 井打破中国石化连续取芯最长纪录。重庆工区胜页 9-6HF 井水平段长 3 601 米，创中国石化页岩气井水平段最长等 5 项施工纪录。东北工区查 2 井机械钻速较设计提升 42.50%，为该井获日产 10 万立方米高产工业气流作出积极贡献。四川工区 40637 队连创叙永区块最高单日进尺、最高机械钻速等多项施工纪录，多次荣登中国石油川渝页岩气标杆榜。顺北 42X 井较考核周期缩短 137.11 天，获甲方 335.55 万元钻井提速奖励。

（陈　超）

【市场根基持续夯实】 2021 年，华东石油工程公司新签合同额增加 4.71 亿元，增长 11.64%。国内市场主动作为硬增长。全年国内完成进尺 104.82 万米；探索丁山区块合作新模式，开拓贵州页岩气钻井和压裂、中国海油中联公司煤层气等市场，拓市创收增效显著；大力发展压裂业务，拓展中国石油川庆压裂市场，连油业务挺进苏皖，井下作业市场份额持续扩大。海外市场迎难而上硬减亏。坚持复工复产、优化布局、降本减亏并重，明确海外业务优化布局思路和潜力市场主攻方向，全年海外市场新签合同额增长 38.65%，减亏 3 239 万元，其中厄瓜多尔钻修井、岩屑回注项目全面复工，逐步形成规模；推进降本减费，落实物资共享、提升用工当地化比例、废旧物资处置等挖潜措施，实现降本增效 600 万元以上。新业务市场多箭齐发硬突破。信息、油气藏增产、新材料、环保等新业务发展成效良好，全年收入近 1 亿元。其中，信息业务承揽油服数字化中心建设，推进 ERP 运维服务、智慧井场等项目；新材料业务环保卫生间、野营房等项目取得积极进展；布局 CCUS 市场，与新疆巴州政企合作开展 5 万吨二氧化碳捕集项目。

（陈　超）

【深化改革稳步推进】 2021 年，华东石油工程公司稳步推进组织机构改革。落实集团公司深化改革三年行动总体部署，完成率 98%；加强顶层设计，按照“五个联动”思路编制华东石油工程公司深化改革总体方案及 5 个工作方案，稳步推进机构整合、业务优化等改革措施落实落地，改革发展走深走实。持续优化绩效考核机制。出台华东石油工程公司 2021 年绩效考核办法及配套制度，强化专业经营单位工效挂钩考核、项目部基层队“五单井、四统一”考核，将绩效的 70% 优先用于一线单位、创效单元及关键岗位，考核覆盖率、兑现率达 100%。2021 年单井兑现 349 口，奖励 325 口，业绩最好的顺北 42X 井奖励 225 万元，同一工区内钻井队人均兑现最多相差 4.43 万元。全面强化资源统筹共享。按照石油工程公司“两池两库一平台”建设要求，全年“人才池”入池 502 人次，出池 192 人次，获石油工程公司人力资源优化专项奖励 175 万元；推进

“物料库”“装备库”建设，牵头建成石油工程公司江苏、东北区域两个物资中心库；开展机关人员岗位责任制梳理，深化两级机关资源优化共享和人员压减，两级机关人员缩减5%。

（陈　超）

【管理提效成果明显】 2021年，华东石油工程公司优化运行模式。全力推进难动用储量合作开发，西南油气分公司丁山区块合作降本项目取得积极进展；海南项目花107平台和四川项目威页25平台成功实施钻井“工厂化”施工模式，单井运行成本平均节约5%—10%。狠抓降本减费。统筹挖潜增效工作部署，全年挖潜增效1.05亿元，其中压降“五外”费用增效1 020万元、停待费用减少5 990万元、代储代销收入增效1 460万元、用地用房降本200余万元。优化装备管理。紧贴“四提”需求推进装备升级，2台8 000米钻机投产，1台8 000米钻机、2台7 000米钻机进入排产，7 000米及以上钻机占比提高8.22个百分点；推进负压振动筛、高压泥浆泵等设备投入使用，有效支撑提速降本。加大科技创新。加大科技研发力度，全年新增20项华东石油工程公司级科技项目，研发经费投入5 103万元，上升61.64%；推进科研能力建设和申报评审工作，完成华美孚泰公司博士后科研工作站建设；推进12项科技项目进行成果转化，累计产值7 210万元；全年申请专利30件，其中发明专利11件，获授权专利18件，其中发明专利2件；全年5项成果获省部级奖励，3项成果通过鉴定达到国际先进水平。推进管理提升。首次建立对标提升长效机制，实施对标一流提升管理工作方案，创建10个标杆队；开展管理创新工作，获集团公司二等奖1项、三等奖1项，获石油工程公司一等奖1项、三等奖2项；扎实做好制度“立改废”工作，全年新建制度158项，废止制度33项，华东石油工程公司制度体系的全面性、系统性和有效性持续提升。

（陈　超）

【风险防控扎实有效】 2021年，华东石油工程公司推进依法治企。强化依法合规管理体系建设，完成公司章程修订，有序开展合法合规性风险排查、评估、审核工作，将依法合规管理与内控、风控管理有效融合；严守“业务、合规、监督”三道防线，防范重大风险发生；围绕企业中心任务，开展绩效考核、资金管理、研发投入等专项审计监督10项；严格合同办理各环节审核，消除法律风险。全年组织6次国内、16次境外项目法律风险排查，妥善处理4起法律纠纷案件。推进HSE新体系运行。发布实施2021版HSE管理体系手册，完善华东石油工程公司HSE职责；完成内部HSE管理体系评审，通过集团公司HSE管理体系试审核；优化基层HSE基础台账19类，落实主体责任，完善体系运行。抓实HSE重点工作。贯彻落实集团公司“总经理2号令”，扎实开展“五查五严”保安全专项行动等工作，强化承包商专项整治等工作；深入开展安全环保领域形式主义官僚主义问题整治，动态更新问题清单4批次，实现整治闭环管理；有序推进绿色企业创建，获集团公司绿色企业称号；强化重大风险管控，累计管控22项公司级风险，安全销项6项；应对超强台风“烟花”、四川泸县地震等不利影响，强化防控措施和应急管理，向集团公司争取自然灾害理赔近300万元。严抓细管新冠肺炎疫情防控。严格疫情防控不放松，扎实做好疫苗接种、核酸检测、海外人员倒休等工作，稳妥应对江苏区域疫情，实现零确诊、零疑似；克服疫情管控严格、队伍生产受限等困难，加强队伍和人员的统筹调配，保障疫情期间的安全、连续、有序生产。

（陈　超）

【党的建设不断加强】 2021年，华东石油工程公司认真贯彻集团公司“1355”党建工作总体思路，推进全面从严治党，凝聚扭亏为盈、改革发展强大动力。落实党建工作责任。坚持在公司治理中加强党的领导，完善“三重一大”决策运行，落实好“第一议题”制度，深化学习研讨，全年共组织中心组学习21次、研讨15次；深化全面从严治党，制定华东石油工程公司党委落实全面从严治党主体责任清单，党委2次专题听取班子成员履行全面从严治党责任情况。推进党史学习教育。强化宣传引导，开设党史学习教育系列宣传专栏，积极推进党史学习教育延伸，实现党史学习教育全覆盖；用好红色资源，通过组织参观红色教育基地、观看爱国影片等活动，引导干部员工学史明理、学史增信、学史崇德、学史力行；积极创新形式，举办党史知识竞赛等系列活动，组织多场专题宣讲会、研讨班、读书班，党史学习教育氛围浓厚、效果良好。规范基层组织建设。进一步规范党建工作标准，出台《公司基层党支部工作细则》等制度，组织开展 2020 年度党支部分类定级、“示范党支部书记行”活动，发挥先进引领，促进共同提升；紧贴深化改革部署，统筹好党组织设置，保障基层组织建设；持续开展党建共建，推进 6 个层面的结对共建，联合开展主题党日等活动，形成党建共建工作新格局。建设干部人才队伍。合理使用各年龄段干部，加大年轻干部培养，全年提拔中层干部 9 人，其中 45 岁以下中层正职 1 人、40 岁以下中层副职 5 人；做好集团公司领导人员梯队培养计划，推荐副职培养人选 8 人、高潜人才培养人选 5 人；完善专家序列职位设置，选聘 1 名井控工程专家；强化员工培训提升，全年共举办各类培训班 107 个，培训 10 691 人次，员工持证上岗率 100%；加强专业人才培养和先进典型选树，3 人分别获集团公司特级技师职业技能等级、集团公司突出贡献专家和集团公司技术能手称号，1 人获全国五一劳动奖章。营造良好政治生态。全面加强对形式主义官僚主义、资金管理等重点领域的监督管理，加强对“一把手”和领导班子监督，开展“靠企吃企”等问题整治，打造每周一“纪”纪律教育平台，开展常态化廉洁教育提醒警示，推动“大监督”走深走实，持续纠“四风”树新风，一体推进“三不”，着力打造“廉洁华东工程”亮丽名片。

（陈　超）

2021 年 7 月 19 日，华东石油工程公司领导带领机关党员干部参观“百年征程 初心永恒”中国共产党在江苏历史展，深入开展党史学习教育，接受革命精神洗礼

（童　麟　摄）

表 1　华东石油工程公司主要经济指标　亿元

指标名称＼年份	2021	2020	2019	2018	2017	2016
企业增加值	11.66	10.34	11.66	7.11	0.69	0.27
资产总额	43.18	42.91	37.19	35.05	27.12	32.14
营业收入	36.19	35.24	33.84	23.34	20.84	15.26
海外市场收入	2.79	3.62	6.55	7.13	6.63	4.32
利税总额	0.50	−0.91	0.87	−1.71	−8.92	−9.38
利润总额	0.10	−1.41	0.33	−2.13	−9.43	−9.88

表 2　华东石油工程公司主要生产建设指标　万米

指标名称＼年份	2021	2020	2019	2018	2017	2016
钻井进尺	111.06	98.91	99.34	71.48	73.95	46.49

海洋石油工程公司

【概况】 中石化海洋石油工程有限公司（简称海洋石油工程公司）成立于 2014 年 11 月，位于上海市浦东新区，是集团公司从事海洋石油工程服务的专业队伍，其业务范围涉及海洋钻井、海洋物探、船舶运输、特殊作业、海洋石油工程技术研究等。

海洋石油工程公司的前身为地质矿产部上海海洋地质调查局，组建于 1973 年 4 月，1997 年 1 月整体归入中国新星石油公司，2000 年 3 月随中国新星石油公司整体并入集团公司，2002 年 7 月直属集团公司管理。2014 年，上海海洋石油局有关海洋石油工程业务整合成立海洋石油工程公司，随石油工程公司上市，直属石油工程公司管理。

截至 2021 年底，海洋石油工程公司设 13 个综合管理部门、4 个直属机构、8 个二级单位；有从业人员 1 105 人，在岗合同制员工 727 人，其中经营管理人员 135 人、专业技术人员 439 人，具有高级专业技术职称的 92 人。

截至 2021 年底，海洋石油工程公司大型装备主要有钻井平台 5 座，其中自升式平台 3 座、半潜式平台 2 座；地震物探船 2 艘，其中 12 缆物探船 1 艘；海洋工程地质调查船 1 艘；多用途工作船、平台供应船 7 艘，其中拥有 DP2 动力定位系统船舶 4 艘；测录固井装备 14 套。

2021 年，海洋石油工程公司实现营业收入 15.65 亿元，利润总额 0.04 亿元。

海洋石油工程公司主要技术经济指标和主要生产建设指标分别见表 1 和表 2。

（林雪梅）

【扭亏脱困任务全面完成】 2021 年，海洋石油工程公司制定 6 个方面 15 条扭亏措施，全力拓市场、保生产、降成本、抓改革，积极争取集团公司帮扶，打赢扭亏脱困攻坚战，全年新签合同额 16.35 亿元，完成合同额 15.91 亿元。全力以赴拓市推价，钻井巩固东海、南海、渤海市场，落实勘探四号平台进入东海；船舶优化市场布局，在航率 91%；特殊作业以勘探七号平台为依托承揽 3 口固井总包，扩大东海市场份额；勘探三号、勘探七号平台加大推价力度，全年增效约 3 500 万元。加快开拓国际市场，落实发现 6 号凤凰物探光租项目，有效化解重资产装备运营难题；推进北海弃置项目，开展前期招投标准备；跟踪泰国湾海域平台弃置项目，开拓潜在优质市场。持续提升服务质量，勘探三号平台连续攻坚高温高压井，提效 15%，获中国海油 2021 年南海西部油气田钻完井安全技能大赛集体奖铜奖；勘探七号平台安全高效完成多口大位移井，打破中国海油 6 500—7 000 米井最短钻井周期纪录，成为东海作业标杆；勘探六号平台高效完成 15 口大斜度钻井任务，被中国海油天津分公司授予 2020 年度最佳钻井平台称号；勘探 212 轮、东方勇士 2 轮多次完成海上抢险保障任务，获评甲方 2021 年度应急救援先进单位。不断拓展新增长空间，发现 2 号站稳震源船市场，勘 407 轮高效完成阳江海上风电厂址勘察项目；特殊作业成功开拓新疆申能柯坪南陆上测试服务项目；油品销售及时锁定低价柴油，2021 年外销 2.27 万吨，增效 1 679 万元。

（林雪梅）

【勘探七号平台创新纪录】 2021 年 5 月 21 日，海洋石油工程公司勘探七号平台承钻的东海“TJT-A9 井”开钻，该井属于大斜度开发评价井，最大井斜 89.64 度，设计井深 5 727 米，其中水平位移长达 4 208.19 米，打破该平台水平钻进长度纪录；10 月 30 日，该平台承钻的东海“BYT-A9 井”二开作业结束，二开井深 4 512 米，裸眼井段长 2 196 米，平均机械钻速 31.88 米 / 时，创下该区块同类井段最快机械钻速纪录。同时，该井一开钻进仅用时 1.7 天，平均机械钻速 123.3 米 / 时，打破该区块一开井段最快钻井纪录。

（林雪梅）

【风电项目地质钻探创纪录】 2021 年 1 月 27 日，海洋石油工程公司勘 407 轮工程地质调查船南下执行广东阳江青洲四海上风电勘察项目，再次进入风电勘察市场。该次作业任务是单孔孔深 90 米的地质钻孔，采取多施工方竞争作业形式。该轮凭借优质、高效、专业的海洋工程技术服务品牌获此项目。该轮地质钻探日均进尺突破 29.4 米，创 13 年来单日最高作业纪录。

（林雪梅）

【井筒技术服务打破 2 项纪录】 2021 年 5 月 30 日，海洋石油工程公司特殊作业分公司测井组历时 27 天，辗转海陆工区，打破 2 项纪录。在安徽准南测井项目中，成功将 PCL 钻杆输送至井斜 60 度的井深处，一次性取全取准所测资料，打破该区域出套管后裸眼段旁通下深井斜最大纪录，作业时效提升 50%，为拓展新型市场创出品牌；随后在东海合作区块电缆测井作业中，在国顺号井最大井斜 71.19 度情况下，将电缆仪器下放到 6 262.49 米深度，打破东海海域电缆测井作业最大井斜纪录、水平井下深最大纪录。

（林雪梅）

作业人员施放枪阵（黄国波　摄）

【地震探测技术研究项目获二等奖】 2021 年 6 月 17 日，物探分公司与青岛海洋地质研究所联合申报的“南黄海海相中－古生界‘高富强’地震探测技术”项目获 2020 年度海洋工程科学技术二等奖。该奖是中国海洋工程咨询协会经中国科学技术部登记核准而设立的中国第一个海洋工程领域的最高科学技术奖项。针对海相中－古生界地层时代老、埋藏深、构造复杂、地震资料成像品质差的问题，上述两家单位通过大量的采集设计、模拟、试验、生产等技术攻关，形成以“高覆盖次数、富低频信号、强震源能量”为特征的“高富强”地震探测技术，突破浅部强反射界面能量屏蔽条件下的地震成像技术瓶颈，为下一步资源评价提供良好数据基础。该技术在南海二维、三维地震勘探中得到应用，效果良好。

（林雪梅）

【2 件专利获授权】 2021 年 4 月 15 日，海洋石油工程公司自主开发的“海洋震源质量实时监控软件 V1.0”获国家版权局登记。该软件可快速对勘探中震源数据进行监控，并图形化显示，有利于实时检查震源质量，适用于常规二维、三维拖缆以及 OBN（海底节点地震）采集。该软件在阳江和惠州工区三维地震采集项目中得到很好应用。4 月 16 日，海洋石油工程公司研发的实用新型专利“一种自动识别装置”获国家知识产权局授权。该装置具有安装简单、稳定性好、安全性高、消息传递及时等特点，可快速将水下设备位置信号传递给其他船舶，确保避让，避免设备损坏，同时可与水下设备连线，同步设备信息，有效弥补以前无法准确获得设备位置和通信不畅的缺陷，具有一定实用价值。

（林雪梅）

【参与完成国际合作调查项目】 2021 年 7 月 1 日，海洋石油工程公司物探分公司 6 名技术骨干参与完成国际合作调查项目，该科考项目由自然资源部第二海洋研究所、莫桑比克海洋内水渔业部和蒙德拉内大学联合开展。项目组连续作业 70 天，顺利完成 1 500 千米多道地震、36 站水文测量及 70 站位的 OBS（海底地震仪）投放和炸测作业。该航次调查结果将帮助莫桑比克科学家加深对该国大陆边缘的科学认识，为今后陆缘构造演化研究提供坚实的合作基础。

（林雪梅）

【中标平台运维项目】 2021 年 4 月 12 日，物探分公司中标“中国三峡 101”海上风电自升式勘探试验平台运行与维护管理服务项目，合同期 3 年。该项目甲方为三峡集团上海勘测设计研究院有限公司。“中国三峡 101”平台为三峡集团首个投资在建的海上风电业务平台，发展前景良好。物探分公司提报的投标书涵盖工程勘察、平台管理及插拔桩、动力定位操作等，内容全面具体，数据扎实可靠。经甲方评审，综合评分第一名，确定中标该项目。

（林雪梅）

【勘探213轮入列海洋石油工程公司】 2021年9月3日，8 000马力多用途工作船命名并首航仪式在舟山长白岛太平洋船厂举行，该轮被命名为“勘探213”轮，由海洋石油工程公司与太平石化金融租赁有限责任公司合作引进，新加坡太平洋船厂承建，入级CCS船级社。该轮具备海上平台起抛锚、拖带移位、值班守护、物资运输、应急救援等功能，是一艘技术含量高、节能又环保的高端海工船，是助力海洋石油工程支撑海上勘探开发的重要船舶装备。

（林雪梅）

【勘探223轮救援外籍散货船】 2021年6月13日，海洋石油工程公司勘探223轮多用途工作船接到浙江海上搜救中心救援通知，一艘印度尼西亚籍散货船因全船失电导致失去动力，危及船员生命。该轮迅速启动救助应急预案，全速赶往船只遇险海域，与“凯港拖8”轮会合开展救援工作，于6月14日12:00，顺利将遇险船只护送至安全海域，11名船员获救。

（林雪梅）

表1 海洋石油工程公司主要技术经济指标 亿元

指标名称＼年份	2021	2020	2019	2018	2017
资产总计	47.28	48.57	51.91	52.63	53.94
流动资产	9.30	8.48	8.57	7.13	5.56
固定资产原值	73.64	74.95	76.36	76.03	75.59
固定资产净值	36.65	39.47	42.52	45.32	47.23
销售收入	15.65	14.66	15.22	12.78	8.86
实现利税	0.42	0.32	0.44	–0.97	–3.07
税　金	0.38	0.30	0.36	0.01	0.08
综合能耗 / 吨标煤·万元$^{-1}$	0.096	0.13	0.17	0.11	0.343

表2 海洋石油工程公司主要生产建设指标

指标名称＼年份	2021	2020	2019	2018	2017
钻井 / 口	28	28	39	21	9
钻井进尺 / 万米	9.56	9.21	11.51	6.50	2.61
测井监督 / 井次	10	14	13	7	7
录井 / 口	14	14	10	10	6
固井 / 口	6	1	2	10	3
试油井次 / 口	0	2	1	0	2
试油层数 / 层	0	3	2	0	6

ICBC 数字普惠
数字供应链
携手顺“链”而为
全产业链场景金融服务
链接：围绕核心企业，上游覆盖末端小微，下游延至终端客户
融通：畅通物流、资金流、信息流，促进产业链协同
共赢：多方协作，合力打造产业生态圈
扫码进入工行
供应链金融门户网站
*如需了解详情可咨询工行当地网点

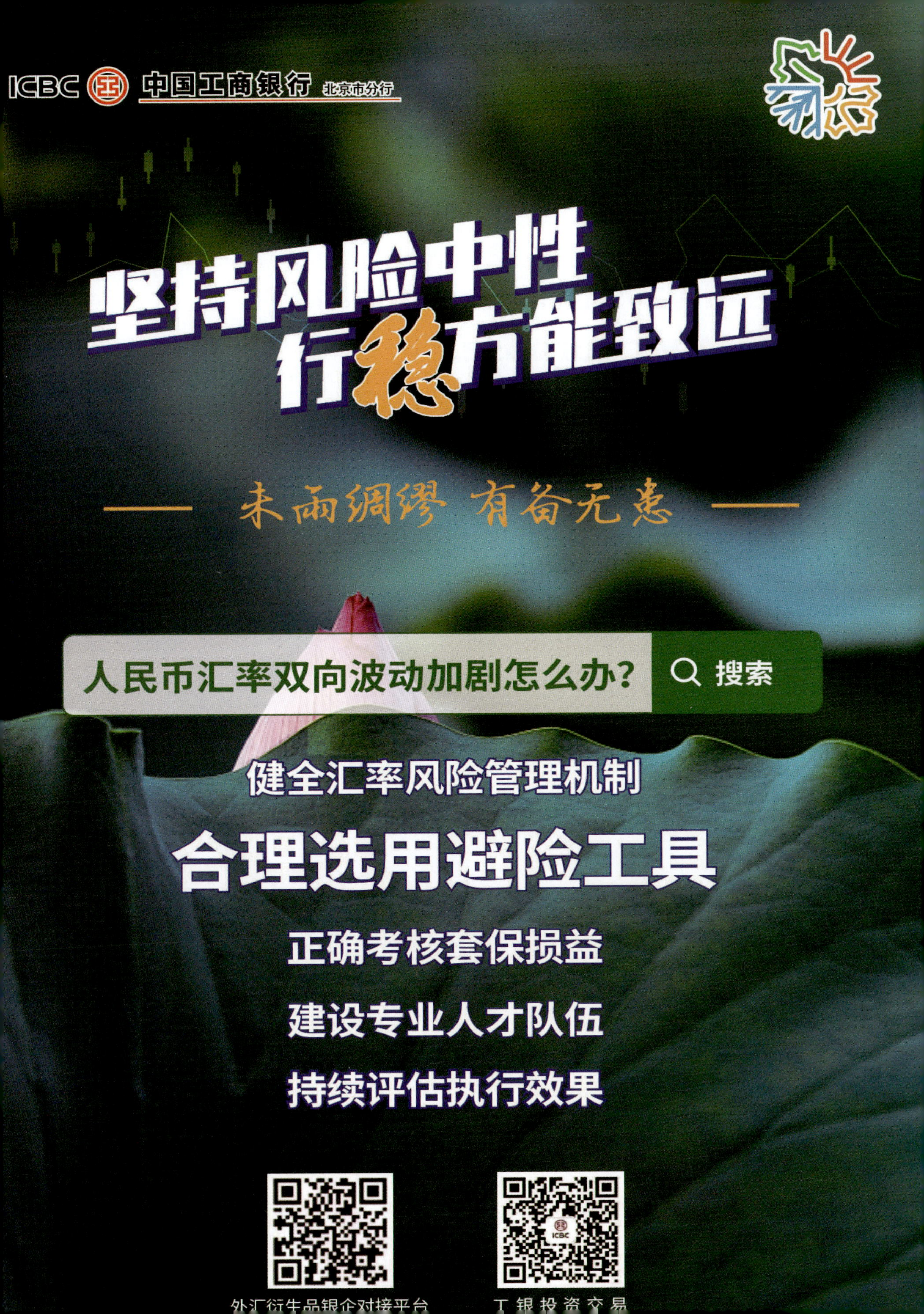
ICBC 中国工商银行 北京市分行
坚持风险中性
行稳方能致远
未雨绸缪 有备无患
人民币汇率双向波动加剧怎么办？
搜索
健全汇率风险管理机制
合理选用避险工具
正确考核套保损益
建设专业人才队伍
持续评估执行效果
外汇衍生品银企对接平台
工银投资交易

地址：上海市黄浦区南京东路61号
邮编：310101
电话：021-23281763
传真：021-23281763
网址：www.bdo.com.cn

倍杰特集团股份有限公司

董事长：权秋红

总经理：张建飞

倍杰特集团股份有限公司（以下简称倍杰特）成立于2004年10月，总部位于北京经济技术开发区，在全国各地设有控股公司12家、参股公司2家，于2021年8月在深圳证券交易所创业板上市，股票代码：300774。

倍杰特集团股份有限公司自成立以来，一直致力于工业领域废水资源化再利用，是国内专业化程度较高的环保高新技术企业之一，依托自主研发的高含盐废水零排放分盐技术、中水高效回用工艺技术、高盐复杂废水减量化工艺技术等一系列核心技术，为客户提供水处理解决方案、运营管理及技术服务、商品制造与销售服务。倍杰特始终秉承以先进技术为产业服务的理念，持续对传统水处理方案进行创新，着力解决工业及市政水处理系统存在的实际问题。在前瞻性的技术创新过程中，倍杰特的研发水平及技术积累不断提升。截至2022年8月31日，倍杰特已拥有发明专利45项，实用新型专利108项，含PCT国际专利申请2项。

倍杰特持续深耕工业水处理领域18年以上，服务覆盖煤化工、石油化工、电力、新能源、新材料、生物环保材料、医药、焦化废水、盐湖提锂等工业领域和市政行业，完成了多个标志性的水处理项目建设，累计服务客户数百家，并累积了包括中国石化、中沙石化、中天合创、中煤集团、神华集团、国家电投等众多高端客户资源，成为客户长期可信赖的合作伙伴。近年来，凭借优异的市场表现和客户评价，公司先后获得新华网颁发的“最佳绿色环保奖”、中国企业绿色产业峰会颁发的“中国绿色环保产业品牌企业”以及中国水网和E20颁发的“2021年度工业及园区水处理领域领先企业-高盐废水零排放年度领跑企业”等多项荣誉。

倍杰特控股股东、实际控制人、董事长权秋红女士拥有26年以上水处理行业从业经验，曾荣获2015碧水蓝天中国环保高峰论坛年度环保人物、第七届中国企业社会责任峰会杰出企业家奖、中国绿色环保产业突出贡献人物等。

倍杰特实际控制人、总经理、主要核心技术及在研项目的研发负责人张建飞先生，获得教授级高级工程师职称，从1986年起曾先后在国家海洋局第二海洋研究所水处理中心、杭州（火炬）西斗门膜工业有限公司、陶氏化学公司等任职，拥有36年水处理行业从业经验。研究资历：生态环境部环境工程评估中心建设项目评估专家库成员；曾荣获城市达标污水利用成套技术开发科技进步二等奖、北京市经济技术开发区的“第二届新创工程•亦麒麟人才”奖章、水利部综合事业局昆仑科技二等奖等。

呈和科技
呈和科技股份有限公司
科创板：688625
聚烯烃方案解决供应商
全链条定制化综合服务
全国首家通过美国FDA食品接触物质认证
成核剂与合成水滑石国产化龙头
呈和科技主营产品
Unipol、Novolen等聚丙烯装置工艺专利商认证
成核剂
透明成核剂
增刚成核剂
增韧成核剂
尼龙成核剂
合成水滑石
聚烯烃用
PVC用
复合助剂
地址：广州市白云区北太路1633号广州民营科技园科华路13号
电话：020-22028118　传真：020-22028115
网址：http://www.gchchem.com
详情请关注
呈和科技公众号

城市终端燃气-广元市天然气

智慧能源-区域运营中心

四川省天然气投资集团有限责任公司

氢能源-中国西部首座加氢站

四川省天然气投资集团有限责任公司（以下简称四川省天然气集团）是四川能投集团与中国石化集团于2012年8月注资10亿元组建的四川省属天然气全产业链综合能源国有投资平台公司，拥有城镇燃气、LNG全产业链和长输管道三大核心优势业务；承担着“四川省省级管网、全省LNG物流一张网、氢燃料电池客车示范项目”等四川省重点建设项目；业务覆盖省内15个市（州）、50个县（市、区），服务居民和工商业用户超50万户，服务人口近1000万人，年输配售天然气超30亿立方米；建成投运中国西部首座加氢加油站，累计加氢超40万千克；旗下售电公司年售电量超140亿千万·时，位居全省领先。截至目前，四川省天然气集团总资产超55亿元，年营业收入超26亿元，是四川省极具影响力的天然气全产业链专业运营商之一和气、电、氢能源一体化的综合能源公司。

省级管网建设-川渝输气大环线

LNG全产业链-苍溪吉通LNG工厂

四川中泽油田技术服务有限责任公司

AAA级诚信经营示范单位

2021年高新工匠培育组织奖

成都高新区梯度培育企业-瞪羚企业

技能大赛优秀组织奖

四川中泽油田技术服务有限责任公司是经中国石油化工集团有限公司批准，由中国石化西南石油局与四川泽英油田技术服务有限责任公司合资组建的混合所有制油气田专业技术服务公司。公司成立于2016年，总部位于四川省成都市高新区。

公司现有员工3400余人，其中石油工程、资源勘查工程、油气储运工程等主干专业研究生学历19人，大专及以上学历1148人。同时，全国五一劳动奖章获得者1人、四川省五一劳动奖章获得者2人、四川工匠1人、成都市五一劳动奖章获得者1人、成都工匠4人、高新工匠13人，中高级职称管理人员18人，高级技师5人，技师40人，中、高级工共559人。

公司业务遍及川、渝、滇、黔、桂、湘、新等省市和科威特、沙特等海外地区。经过六年的蓬勃发展，形成了油气采输与钻井工程为核心、人力资源服务为支撑的多元化发展的业务格局，专注于全通径无级滑套技术、智能柱塞气举技术等专业技术服务，具备高压、高含硫气田油气采输、净化作业和稠油开采的生产操作能力和现场增产创效的专业技术服务能力。2021年，取得国家新型实用发明专利16项、获得独家授权代理技术2项、获得成都市高新区第四届创新创客大赛二等获，实现了从无到有的突破，科技创新成果转化成效初显。

成都市五一劳动奖状

作为中国石化混改的先行者，中泽公司一直坚持“技能为基础、技术为支撑、创新为驱动”的发展理念，坚持技术创新和服务创新，持续提高专业能力与服务水平，致力发展为国内一流的油气田专业技术服务公司，为国家油气勘探开发事业贡献中泽力量。

四川美丰化工股份有限公司
Sichuan Meifeng Chemical Industry Co., Ltd.

四川美丰化工股份有限公司

四川美丰，1997年深交所主板上市（股票代码000731），2002年中国石化集团全资子公司成都华川石油天然气勘探开发总公司重组四川美丰，成为公司第一大股东，由此成为中国石化集团旗下上市公司之一。连续多年上榜中国石油和化工企业500强、中国化肥企业100强、四川省制造业企业100强，排名稳中有升、发展活力迸发。

公司现拥有年产尿素、复合肥、车用尿素、LNG、三聚氰胺、硝酸、硝铵、二氧化碳、高分子材料等产品200余万吨的生产规模，销售网络遍布全国。2021年，实现营业收入40.91亿元，同比增长40.47%；归属于上市公司股东的净利润5.69亿元，同比增长448.61%，创历史最好水平。

践行“价值引领、价值创造、价值提升”的企业哲学，公司着力构建以科技和创新为两极驱动，以中国石化、地方党委政府支持和上市公司平台为基础，以化肥、环保、能源、精细化工、高分子材料、现代农业等六大产业协同发展的“两极三基六协同”发展格局，铸双百美丰，打造受人尊敬的绿色智能化工企业。

福大紫金氢能科技

福大紫金氢能科技股份有限公司为紫金矿业集团、福州大学、北京三聚环保发起设立的绿色能源企业，注册资本2.67亿元。福大紫金氢能致力于“氨-氢”能源新技术路线的成果转化、工程化实施以及产业化推进，发展集绿氨产业、氢能产业及可再生能源产业于一体的“零碳循环”产业链。

公司坚持产学研用融合，研发团队已获得国家重点研发计划“十四五”首批“氢能专项”支持。目前已与包括中石化、中国铁塔、国家电投等知名企业建立合作机制，持续推进绿色低碳转型。

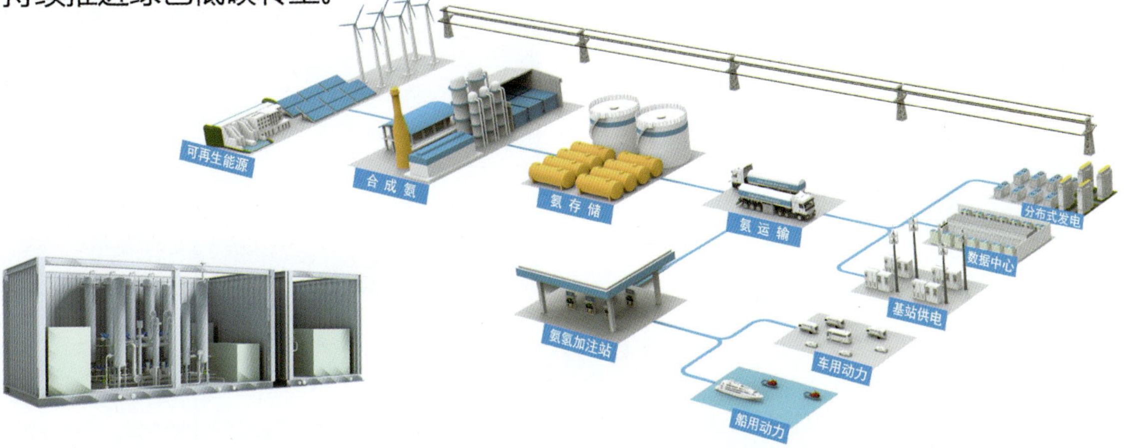

氨氢能源

氨氢能源储备及供应

氨现场制氢加氢一体站

交通、工业、农业军事等相关领域

氨氢燃料发电系统

临时用电、备用电等相关领域

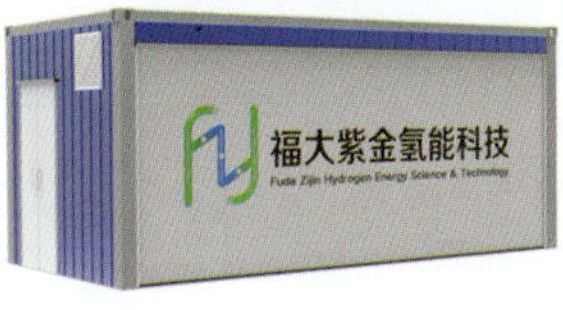

氨氢能源工业运用

氢能冶金、气体保护等相关工业领域

NIO
蔚来与中国石化
达成战略合作
携手共建充换电站
蔚来车主享终身免费换电*
一首歌的时间满电出发
中国石化 SINOPEC
NIO Power
Blue Sky Coming
*受《蔚来车主权益基本告知书》约束
扫码预约试驾

石油勘探开发研究院

【概况】 中国石油化工股份有限公司石油勘探开发研究院（简称石油勘探开发研究院）是中国石化直属上游综合研究机构，本部设在北京，设置内部机构29个，其中京外设有无锡石油地质研究所、合肥培训测试中心2个机构。石油勘探开发研究院正式成立于2000年7月，其前身为原国家地质矿产部所属的7家油气普查勘探研究单位。2020年底，办公地址由海淀区学院路31号搬迁到昌平区沙河镇百沙路197号院中国石化科学技术研究中心。

石油勘探开发研究院被赋予“三部一中心”职责定位，是中国石化上游发展战略及油气勘探开发参谋部、油气勘探开发技术支撑服务部、油气勘探开发技术研发和集成部、上游地质资料信息中心。主要任务是承担国家及中国石化重大项目的科技攻关和牵头组织工作、油气勘探开发基础理论及应用技术研究与集成，承担中国石化国内外油气地质基础研究、油气资源评价、勘探选区评价、中长期发展规划编制、年度部署及相关工作，参与股份公司重大油气勘探开发科研项目和重大生产经营项目的设计审查、技术经济论证等工作。

石油勘探开发研究院有页岩油气富集机理与有效开发国家重点实验室、国家能源页岩油研发中心、国家油页岩开采研发中心、国家能源陆相砂岩老油田持续开采研发中心4个国家级研发机构，海相油气藏开发、油气成藏、页岩油气勘探开发、弹性波理论与探测技术、“碳捕集、利用与封存（CCUS）”、深部地质与资源6个中国石化重点实验室，有一批具有国际先进水平的实验仪器设备。创办《石油实验地质》《石油与天然气地质》《Energy Geoscience》期刊。

截至2021年底，用工总量1 201人，包括中国科学院院士1人，中国工程院院士1人，集团公司首席科学家1人、首席专家2人、高级专家13人（包括海外高层次专家3人）。有博士研究生554人，占比46%；硕士研究生427人，占比36%；40岁以下人员576人，占比48%；党员871人，占比72%。设立博士后科研工作站，在站博士后29人，累计出站309人。

2021年，石油勘探开发研究院承担各类科研生产任务442项。申请国家发明专利346件，获授权187件，PCT申报4族，认定专有技术18件，成套技术4套。获国家科技进步奖二等奖1项，获省部级科技奖励19项，其中北京市科技奖励1项、中国石化科技奖励13项、中国石油和化学工业联合会科技奖励5项。向党组领导提交参谋建议7份，获党组领导签批5份。牵头论证风险井4口被采纳，编写并被采纳开发方案14项、井位部署方案23项，装置产业化推广应用6台（套）。员工收入普遍增长，喜迁沙河新基地，办公环境明显改善，员工获得感、幸福感进一步提升。新冠肺炎疫情防控实现“零感染”，保持安全稳定、心齐气顺、劲足和谐的良好发展态势。

石油勘探开发研究院2021年主要科研成果获奖情况及2016—2021年专利申请与获授权情况分别见表1和表2。

（孔强夫）

【战略规划高效开展】 2021年，石油勘探开发研究院制订中西部四大盆地发展规划，完善8项国家规划和15项集团公司专项规划，牵头完成《中国石化打造陆上油气勘探开发原创技术策源地实施方案》，被国务院国资委采纳；协助编制上游CCUS行动方案；发布中国石化油气行业发展报告。

（孔强夫）

【参谋支撑持续发力】 2021年，石油勘探开发研究院向中央办公厅、国务院办公厅提交CCUS、提高采收率、页岩油发展相关专报和信息5篇；向党组提交大力发展氦气、储氢库建设等参谋建议7篇，被党组领导签批5篇。

（孔强夫）

【矿权支撑效果凸显】 2021年，石油勘探开发研究院组建矿权评价研究中心，建立区块全过程评价流程，提出59个出让区块建议被采纳，助力获得新疆 7 个区块、5 004 平方千米矿权，实现矿权新政以来中国石化“扩矿权”的突破。提出矿权生态保护优化的建议，多保留 1 622 平方千米矿权。

（孔强夫）

【风险勘探支撑力度增强】 2021 年，石油勘探开发研究院优选“十四五”重点突破区带 32 个，提交总部审查 11 口风险探井，被采纳 4 口井。

（孔强夫）

【塔里木盆地增储上产支撑取得新突破】 2021 年，石油勘探开发研究院在塔里木盆地，建立顺北走滑断裂精细解析方法，形成“选区—选带—选段—选点”评价思路，支撑顺北 41X、8X 等 5 口千吨井突破，落实顺北 4 号带、8 号带两个亿吨级储量阵地。

（孔强夫）

【鄂尔多斯盆地稳产支撑有力】 2021 年，石油勘探开发研究院完成大牛地气田综合调整方案，新增经济动用储量 118 亿立方米，在大 68 井区部署开发调整井 7 口、被采纳 5 口，助力大牛地连续 9 年稳产 30 亿立方米。完成杭锦旗锦 72-51 井区沉积微相精细刻画，优选 5 个开发目标区，动用储量 319 亿立方米。完成十里加汗和新召东区块评价，建议井位 13 口，其中 4 口被采纳。

（孔强夫）

【东部老区及海域支撑力度不断加强】 2021 年，石油勘探开发研究院稠油冷采技术系列在胜利油田试验与推广应用，累计增油 2.5 万吨。高钙镁抗盐增黏剂在江汉油田现场推广试验，5 口油井增油趋势明显。深化东海老区精细挖潜，在黄岩气田，完成井位优化部署 9 口，其中开发评价侧钻井 HY1-1-A17H 实施后日产天然气 25 万立方米。

（孔强夫）

【支撑海外效益经营】 2021 年，石油勘探开发研究院抢抓油价回暖时机，及时提出加拿大、安第斯等项目提产建议，助力国勘公司实现全年提产 147 万吨，同等油价下效益产量占比提升 6%。加强存量资产投资优化，取消和推迟投资项目 25 个，优化后合同期内桶油价格提升 7%，未来 3 年现金流增加 15 亿美元。

（孔强夫）

【支撑海外重点项目稳产上产】 2021 年，石油勘探开发研究院在安第斯部署滚动开发井 10 口，投产 9 口，新井单井产油超过 300 桶 / 日，累计新增地质储量 936 万吨，为安第斯南区稳产 1.2 万桶 / 日奠定基础。

（孔强夫）

【基础前瞻研究取得积极进展】 2021 年，石油勘探开发研究院探索 CCUS 技术，形成块状底水油藏注二氧化碳驱全程混相技术，提出滩坝砂油藏全程混相驱技术对策，编制胜利油田高 899 区块油藏工程方案，支撑齐鲁石化—胜利油田百万吨级 CCUS 工程。

（孔强夫）

【技术成果转化有力推进】 2021 年，石油勘探开发研究院梳理 2021 年科技成果转化清单，涵盖 64 项软件、仪器设备、油田化学品。其中，地质工程一体化压裂技术应用于四川盆地、松辽盆地 11 口井，助力普光探区 3 个新层系、林滩场深层常压页岩气勘探突破，增气 20 亿立方米，受到油田企业的高度认可；形成功能型气举工具，在涪陵页岩气田应用 16 口井 69 套，措施产气量 3 534 万立方米，为气井低压复产提供低成本、高效采气手段；高钙镁抗盐增黏剂在江汉油田现场试验与应用 735 吨。

（孔强夫）

【加强信息支撑平台建设】 2021 年，石油勘探开发研究院持续深化中国石化勘探开发云平台建设，集中部署 84 款专业软件，服务 26 家单位，并逐步向大连石油化工研究院、高桥石化等 9 家下游企业延伸。全面升级科研与办公云桌面，新冠肺炎疫情期间保障全院科研生产工作有序开展。

（孔强夫）

【扎实推进科改】 2021 年，石油勘探开发研究院明确 3 项首批拟孵化技术，形成孵化器平台公司建设运营方案并获批，同步推进公司筹建。

（孔强夫）

【强化核心特色技术管理】 2021 年，石油勘探开发研究院优化完善“十四五”核心特色技术体系，建立“5+15”核心特色技术体系。

（孔强夫）

【加强党的政治建设】 2021 年，石油勘探开发研究院自觉践行“两个维护”，认真学习贯彻党的十九届六中全会精神，以强烈的政治责任感与使命感将习近平总书记视察胜利油田指示精神落实为 17 项措施。严格执行“第一议题”制度，理论中心组全年学习研讨 28 次，不断增强“政治三力”。

（孔强夫）

石油勘探开发研究院召开党的十九届六中全会精神专题宣讲报告会

【加强人才队伍建设】 2021 年，石油勘探开发研究院干部人才队伍结构进一步优化、素质进一步提升，为创新创效提供人才保障。1 名集团公司首席科学家、4 名集团公司高级专家、28 名石勘院级专家获聘；新提拔中层干部“80 后”占比 1/3，返聘高层次专家 4 人，通过短期聘用、项目合作等方式聘用专业顾问 4 名。

（孔强夫）

【加强基层党组织建设】 2021 年，石油勘探开发研究院深化“双挂钩”党建考核，组织“创先争优”“党旗在基层一线高高飘扬”活动，基层支部战斗堡垒作用进一步彰显。四川中心被评为中央企业先进基层党组织，西北中心被选为中国石化基层标杆单位，油气藏地质建模团队获 2021 年中国石化优秀创新团队称号。

（孔强夫）

曾大乾（右一）获聘集团公司首席科学家

【加强宣传思想及群团工作】 2021 年，石油勘探开发研究院在央视宣传 1 次，在学习强国宣传 4 次，石化媒体刊稿 65 篇，将党中央声音传达到位，党组部署宣贯到位。积极打造“青字号”品牌创新创业平台，4 名青年员工进入“青科赛”半决赛，邓尚获第六届“感动石化人物”称号。

（孔强夫）

集团公司党组领导蒋亮平为邓尚颁奖

表 1　石油勘探开发研究院 2021 年主要科研成果获奖情况

序号	项目名称	获奖名称	获奖等级
1	大型复杂碳酸盐岩油藏高效开发关键技术应用	国家科技进步奖	二等奖
2	勘探评价新方法与软件平台实现	集团公司技术发明奖	一等奖

续表

序号	项目名称	获奖名称	获奖等级
3	页岩油关键甜点要素地球物理表征技术	集团公司技术发明奖	三等奖
4	页岩气测井响应机理与含气量定量评价	集团公司基础前瞻奖	二等奖
5	超深—特深层油气勘探开发工程关键技术与装备	集团公司科技进步奖	特等奖
6	地质工程一体化压裂关键技术研究与应用	集团公司科技进步奖	一等奖
7	石油储量升级和动用潜力评价及关键技术	集团公司科技进步奖	一等奖
8	川西雷口坡组潮坪相白云岩大气田形成条件与勘探发现	集团公司科技进步奖	一等奖
9	中西部叠合盆地寒武系—奥陶系盐下油气动态成藏与突破方向	集团公司科技进步奖	二等奖
10	海外油气资产价值评估及投资优化组合技术与应用	集团公司科技进步奖	二等奖
11	四川盆地海相大型气田目标评价与勘探关键技术	集团公司科技进步奖	二等奖
12	风化壳岩溶储层地震预测关键技术及应用	集团公司科技进步奖	三等奖
13	安哥拉深海浊积岩油藏高校开发关键技术及应用	集团公司科技进步奖	三等奖
14	低压气藏高效排液采气关键技术及工业化应用	集团公司科技进步奖	三等奖
15	齐岳山断裂带两侧志留系页岩气勘探开发目标评价技术	北京市科技进步奖	一等奖

表 2　石油勘探开发研究院 2016—2021 年专利申请与获授权情况　件

年份	国内专利		国外专利	
	申请数	获授权数	申请数	获授权数
2021	346	187	0	0
2020	219	145	2	5
2019	199	108	0	1
2018	199	98	1	1
2017	262	49	0	1
2016	245	45	1	0

石油工程技术研究院

【概况】 中国石化石油工程技术研究院（简称石油工程技术研究院）成立于 2009 年 6 月，是集团公司直属研究院。定位为集团公司石油工程业务发展的参谋部、石油工程高新技术研发中心和国内外石油工程技术支持中心。业务范围以井筒技术为主，主要任务为研究石油工程技术发展战略、规划和部署；开展石油工程技术基础性、前瞻性和重大项目研究，石油工程装备、工具、仪器、仪表和软件的开发及成果转化应用；从事石油工程技术信息、档案管理及标准的制修订研究；跟踪国外石油工程技术进展、培养学术交流和高级人才；为国内外油气勘探开发重大项目提供工程技术支撑。

石油工程技术研究院本部下辖 7 个职能部门，14 个二级单位（含京外 3 个），委托管理中石化中东研发中心。建有页岩油气富集机理与有效开发国家重点实验室、国家能源页岩油研发中心、国家油页岩钻完井技术分中心、固井与完井实验室和页岩油气钻完井及压裂实验室 2 个中国石化重点实验室、9 个专业实验室和 4 个基础实验室。

截至 2021 年底，石油工程技术研究院用工总量 605 人。其中，北京院本部（股份院）444 人，具有正高级职称的 78 人（40 岁以下 14 人）、高级及以上职称占 81%，博士、硕士占 87%。大陆架公司（集团院）用工总量 161 人。有国家级突出贡献专家 2 人，享受政府特殊津贴专家 11 人，“百千万人才工程”人选 2 人，集团公司首席专家 2 人、高级专家 5 人，集团公司突出贡献专家 14 人，集团公司学术技术带头人 7 人，闵恩泽青年科技人才奖 26 人，中国石化优秀创新团队 10 个。

2021 年，石油工程技术研究院承担各类科研项目 223 项，申请专利 344 件（发明专利 333 件）、获授权专利 249 件（发明专利 237 件），获省部级奖 28 项。

石油工程技术研究院 2021 年主要科研成果获奖情况及 2016—2021 年专利申请与获授权情况分别见表 1 和表 2。

（全　鑫）

【领导班子调整】 2021 年 6 月 10 日，集团公司党组组织部宣布党组对石油工程技术研究院领导班子调整的决定：赵金海任石油工程技术研究院副院长、副总经理、党委委员。7 月 26 日，集团公司党组组织部宣布党组对石油工程技术研究院领导班子调整的决定：华允贝任石油工程技术研究院党委副书记、纪委书记、监事，为工会主席人选。

（全　鑫）

【参谋支持作用有效发挥】 2021 年，石油工程技术研究院参与完成国家油气专项“十四五”研发计划、国家能源局能源技术创新“十四五”规划，参与编制全国石油钻采设备和工具标准化“十四五”规划。5 篇研究专报被集团公司采用，1 篇被国务院国资委采用，《中国未来加入 CPTPP 对油气国企的影响研判和建议》被集团公司评为优秀信息。

（全　鑫）

【国家项目研究成果丰硕】 2021 年，石油工程技术研究院承担的“十三五”国家重大专项及课题全部高分通过验收。“低渗透油气藏高效开发钻完井技术”项目构建低渗透储层高效钻完井技术体系，支撑四川和济阳坳陷低渗透油气有效动用和高效开发。“海相碳酸盐岩超深油气井关键工程技术”课题创建超深缝洞储层定位定向酸压技术，实现顺北 4 号、7 号断裂带及四川盆地茅口组勘探突破。“极地冷海钻井关键技术研究”项目建立具有自主知识产权的极地冷海钻井关键技术体系，保障“进入深海—认知深海—探查资源—保障安全”专项目标的实现。“彭水地区常压页岩气勘探开发示范工程”取得常压页岩气“三因素控藏”地质理论、常压页岩气低成本工程工艺技术、一体化绿色低碳勘探开发模式等系列标志性成果。

（全　鑫）

【区域高质量发展支撑取得新成效】 2021 年，石油工程技术研究院组建西北研究中心，构建科研攻关、工程设计、现场支持“三位一体”支撑模式，助力顺北特深油气田 100 万吨产能建设；川渝地区，泡沫固井技术应用 28 口井、节约周期超 300 天；在华北地区，射流冲击器应用平均机械钻速提高 32%，尾管回接压裂技术应用节约套管超 10 万米；升级形成日费制管理体系 2.0 版，参与构建日费制管理体系，在南川、顺北等地区实施“日费制 +”示范井 6 口，机械钻速较同区块提高 30%、钻井周期缩短 20% 以上，有力推动区域工程技术迭代升级，获集团公司油气高效开发奖。

（全　鑫）

【科技创新平台建设迈上新台阶】 2021年，石油工程技术研究院完成实验室整体搬迁并投入试运行。页岩油气国家重点实验室和国家能源页岩油研发中心、油页岩研发中心顺利通过考核评估。联合申报的中沙石油能源“一带一路”联合实验室成功获批，干热岩资源开发利用和能源深部战略储备国家重点实验室通过初审。中国石化超深井钻井工程技术重点实验室揭牌启用。

（金　鑫）

【深化改革创新】 2021年，石油工程技术研究院“直属院科改示范行动”“分转子”请示获集团公司批复，完成子公司“三会一层”建设，实行经理层成员任期制和契约化管理，科技孵化器平台公司建设获集团公司批准，启动首批“揭榜挂帅”项目，扩大项目长负责试点范围和规模；打通内部成果转化渠道，首批4项高端技术产品实现科技成果转化，实现规模、效益双提升。陆架公司科改示范行动成效凸显，成立北京研发中心，经营收入增长40%、利润增长38%，入选国家级专精特新“小巨人”企业。

（金　鑫）

【技术交流与合作成效显著】 2021年，石油工程技术研究院承办第十一届亚太页岩油气暨非常规能源峰会，参加亚洲岩石力学大会和全俄地质学会科技会议等高端学术会议并作报告，牵头组建河北省CCUS产业联盟，英国干热岩自然基金“DEEPHEAT”等国际合作项目立项成功。

（金　鑫）

【首次获第二十二届中国专利银奖】 2021年6月25日，《一种超高温抗盐钻井液及其制备方法》（ZL201410636507.6）发明专利首次获中国专利银奖。该发明已在国内外上千口井进行应用推广，大幅度降低维护成本，新增产值30.18亿元，相比采用国外抗高温钻井液节支约26.7亿元，打破国外技术垄断，提升中国超深油气井钻探技术核心竞争力，具有巨大社会效益和经济效益。

（金　鑫）

【获得荣誉】 2021年6月28日，钻井液研究所党支部获集团公司先进基层党组织称号，海外石油工程技术中心党支部被评为集团公司基层党支部建设示范点。4月9日，石油工程技术研究院院长、党委副书记路保平当选俄罗斯自然科学院外籍院士，并获集团公司党组组织部同意。

（金　鑫）

【两会好声音】 2021年3月，全国人大代表，石油工程技术研究院党委书记、副院长刘宝增出席十三届全国人大四次会议，在接受采访时表示：要加速战略性、前沿性、颠覆性技术发展，一方面要创新完善管理体制机制，另一方面要加速颠覆性技术培育，为建设社会主义现代化强国提供坚强保障；建议制定相关鼓励政策，强化资金保障和财税支持，建立小而精、扁平化的科研团队，研发形成有效的颠覆性技术系列。

（金　鑫）

【召开第二次党员代表大会】 2021年12月10日，中国共产党中国石化石油工程技术研究院第二次代表大会胜利召开。集团公司党组发来贺电，肯定石油工程技术研究院党委牢固树立“在经济领域为党工作”理念，始终围绕中心、服务大局，不断加强和改进党建思想政治工作和精神文明建设，有力促进研究院科技创新和改革发展稳定各项工作。

（金　鑫）

中国共产党中国石化石油工程技术研究院
第二次代表大会

【推进党史学习教育走深走实】 党史学习教育开展以来，石油工程技术研究院党委引入“外脑”创新指导，与清华大学联合组建巡回指导组，强化基层党组织全覆盖指导，通过清华大学和中共石景山区委党校举办 2 期“党史学习教育培训暨党员干部政治能力提升班”，有效提高党员领导干部的“政治三力”和管理能力，以高起点推动党史学习教育、高质量党建促进高质量发展。

（金　鑫）

表 1　石油工程技术研究院 2021 年主要科研成果获奖情况

序号	项目名称	获奖名称	获奖等级
1	复杂油气井泡沫固井技术创新及工业化应用	中国石油和化学工业联合会技术发明奖	一等奖
2	深层页岩气多尺度高导流立体缝网压裂技术	中国石油和化学工业联合会技术发明奖	一等奖
3	超深水平井耐高温环保低摩阻钻井液及工业化应用	中国石油和化学工业联合会技术发明奖	三等奖
4	四川盆地超深探井安全优快钻井关键技术研究与应用	中国石油和化学工业联合会科技进步奖	二等奖
5	超深井裂缝性地层井筒强化关键技术研究与规模化应用	中国石油和化学工业联合会科技进步奖	三等奖
6	一种泡沫水泥浆固井设备及方法（ZL201710840995.6）	中国石油和化学工业联合会专利奖	金奖
7	一种油气井产量递减分析方法和系统（ZL201410638125.7）	中国石油和化学工业联合会专利奖	优秀奖
8	用于测井资料自动处理与综合解释方法和装置（ZL201510092484.1）	中国石油和化学工业联合会专利奖	优秀奖
9	非常规油气水平井全通径分段压裂工具研制及产业化	中国能源研究会能源创新奖	二等奖
10	南美复杂油藏提质增效关键技术及规模化应用	中国能源研究会能源创新奖	三等奖
11	深部油气藏提高采收率智能控水完井装备研制及工业化应用	中国机械工业科学技术奖	三等奖
12	四川盆地超深探井安全优质钻井及测试关键技术	四川省科技进步奖	二等奖
13	超深－特深层油气勘探开发工程关键技术与装备	中国石化集团科技进步奖	特等奖
14	高温防窜纳米功能材料及水泥浆体系技术创新与工业化应用	中国石化集团科技进步奖	二等奖
15	高效降阻可回用滑溜水压裂液及规模化应用	中国石化集团科技进步奖	二等奖
16	深层页岩气多级组合裂缝压裂技术及工业化应用	中国石化集团科技进步奖	二等奖
17	油基钻井液用关键处理剂的研制与工业化应用	中国石化集团技术发明奖	二等奖
18	超深碳酸盐岩断裂带储层高通道酸压关键技术	中国石化集团技术发明奖	二等奖
19	石油工程技术预测与战略规划方法及应用	中国石化集团科技进步奖	三等奖
20	深地油气安全开发井筒水泥环持久密封固井技术与应用	湖北省科技进步奖	一等奖
21	低密度高强度空心微球的研制及其工业化应用	河北省科技进步奖	三等奖
22	四川盆地页岩气储层压裂造缝控制技术与应用	中国石油和化工自动化应用协会科技进步奖	特等奖

续表

序号	项目名称	获奖名称	获奖等级
23	深层超深层裂缝性油气藏暂堵堵漏关键技术及规模应用	中国石油和化工自动化应用协会科技进步奖	一等奖
24	页岩气井筒完整性失效机理与控制关键技术及规模应用	中国石油和化工自动化应用协会科技进步奖	一等奖
25	页岩气高效开发产能评价技术及应用	中国石油和化工自动化应用协会科技进步奖	二等奖
26	闭环持续优化的钻井井下风险智能分析与防控技术及应用	中国石油和化工自动化应用协会科技进步奖	二等奖
27	塔河油田改善复杂油气藏开发效果智能完井技术及推广应用	新疆维吾尔自治区技术发明奖	二等奖
28	尾管悬挂器及包括其的管柱式固井系统（ZL201410505286.9）	第二十三届中国专利奖	优秀奖

表 2　石油工程技术研究院 2016—2021 年专利申请与获授权情况　件

年份	国内专利		国外专利	
	申请数	获授权数	申请数	获授权数
2021	332	246	12	3
2020	306	142	6	6
2019	305	186	6	3
2018	303	213	5	2
2017	291	79	3	2
2016	260	128	4	1

石油物探技术研究院

【概况】 中国石油化工股份有限公司石油物探技术研究院（简称石油物探技术研究院）是中国石化石油物探技术发展参谋部、物探高新技术和核心技术研发中心、物探专业软件研发及推广中心和重大物探工程技术支持中心，是中国石化唯一从事油气地球物理技术研发的直属专业研究机构，位于江苏省南京市江宁区。石油物探技术研究院前身是 1977 年创建成立的国家地质总局石油物探研究大队，1983 年更名为地质矿产部石油物探研究所，1997 年建制更名为中国新星石油公司石油物探研究所，2000 年建制更名为中国石化石油勘探开发研究院南京石油物探研究所，2009 年 11 月 28 日组建成立石油物探技术研究院，2021 年 3 月企业管理规格调整为大 I 型。

截至 2021 年底，石油物探技术研究院设院长办公室（物资采购部）、党群工作部（党委办公室、党委宣传部、党委统战部、工会、团委）、党委组织部（人力资源部）、计划财务部、科研生产部（国际合作部、知识产权办公室）、技术推广部（HSE 管理部）、纪检监督部（审计部、法律部、内控办公室）7 个机关职能部门，设地震采集技术研究所、地震成像技术研究所、油藏地球物理研究所、地球物理软件研究所、物探战略规划研究所、地球物理实验中心、地震处理解释中心、地球物理信息中心、西北物探一体化支撑中心、基地综合服务中心 10 个单位。

截至 2021 年底，石油物探技术研究院有员工 474 名，其中享受政府特殊津贴 6 人、中国石化突出贡献专家 7 人、集团公司高级专家 3 人，院首席专家 6 人、高级专家 11 人、专家 32 人，博士硕士研究生占比 69%。集团公司优秀青年科技创新人才 3 人，闵恩泽青年科技人才奖 15 人，孙越崎青年科技奖 2 人；江苏省有突出贡献中青年专家 2 人、江苏省“333 高层次人才培养工程”培养对象 5 人；中国石化优秀创新团队 9 个。主办出版国内第 1 份勘探地球物理专业科学学术期刊《石油物探》，和国内第 1 份 SCI 检索地球物理与工程专业英文科技期刊《Journal of Geophysics and Engineering》(JGE)。固定资产原值 7.73 亿元、净值 2.98 亿元。

2021 年，石油物探技术研究院获省部级科技奖励 5 项，其中科技进步奖特等奖 1 项、前瞻性基础性研究科学奖一等奖 1 项；申报专利 217 件，获授权 98 件；申报专有技术 18 项、软件著作权登记 19 项。集团公司国内重大油气发现参与率 69%。通过江苏省文明单位复评。全年安全环保无事故。

石油物探技术研究院 2021 年主要科研成果获奖情况及 2016—2021 年专利申请与获授权情况分别见表 1 和表 2。

（贾春梅）

【企业管理规格调整】 2021 年 4 月 20 日，根据工作需要，集团公司党组、股份公司决定，石油物探技术研究院企业管理规格和领导班子管理规格均由大Ⅱ型调整为大Ⅰ型；杨勤勇、徐旭辉按大Ⅰ型企业正职管理；王立歆、谢录杰按大Ⅰ型企业副职管理。

（贾春梅）

【组织机构调整】 2021 年 6 月，石油物探技术研究院根据集团公司党组批复，结合工作需要和实际，将党委办公室更名为党群工作部，保留党委办公室牌子，加挂党委宣传部、党委统战部、工会、团委牌子，职责不变；人力资源部（党委组织部）更名为党委组织部（人力资源部），职责不变；纪检审计部更名为纪检监督部，法律事务部更名为法律部，纪检监督部、审计部、法律部、内控办公室合署办公，对外“一套人马、几块牌子”，职责不变；安全环保部更名为 HSE 管理部，与技术推广部合署办公，对外“一套人马，两块牌子”，职责不变；基地综合服务部更名为基地综合服务中心，职责不变。所有职能部门和二级单位管理规格调整为中Ⅰ型。

（贾春梅）

【基础前瞻研究和关键核心技术攻关取得积极进展】 2021 年，石油物探技术研究院攻关形成复杂断控体基础实验与量化分析技术，模型和正演数据应用成果获西北油田认可。全波形反演技术成功实现天然气水合物游离气层预测。通过稳定正则化算法解决 Q-RTM 成像分辨率与信噪比难题，提高顺北 8 井南与顺北中试区断裂成像精度。研发层位导引方位聚焦散射波成像技术，提高了塔河西部串珠识别能力。形成“定源识别 + 层控正演”层间多次波压制技术方案，解决巴探五井区奥陶系内幕层间多次波残余。优化完善散射面波干涉预测和匹配滤波相减等可控震源黑三角去噪技术，提升顺北资料目的层小断裂、小串珠成像精度。五维地应力预测及配套技术不断完善，支撑桂花、林滩场等页岩气新区探井部署。形成光纤埋设工艺流程，研制配套装置，完成中国石化首口埋设式光纤探井布设。

（贾春梅）

【产业化技术攻关应用取得突破】 2021 年，石油物探技术研究院完成全球首款 5G 节点仪产品设计与验证，产品续航时间、采集精度业界领先；搭建配套软件平台，启动 5 000 道仪器生产，获国家工信部 5G 应用大赛一等奖。全面完成 π-Frame 平台接收，发布基础环境升级版本；新集成面波压制、Q 建模等模块，打通深度域速度建模全流程，实现中梁山实际资料处理；第 2 批先导项目积极推进，平台稳定性、系统功能、处理效果、用户体验均有提升。完成 π-Frame3.0 人工智能基础支撑环境开发，研发初至拾取、构造解释等 12 个智能化模块。iSeisMoutain 新增海洋气枪阵列子波质控等 2 个实用模块，支撑金家湖等工区项目全流程应用。NEWS 完成五维降维属性技术及地应力模块开发，院内外新部署 44 套，推广应用面积超 2 000 平方千米。

（贾春梅）

2021 年 12 月 6 日，石油物探技术研究院获“绽放杯”国家工信部全国 5G 应用大赛一等奖第 1 名（大赛组委会　提供）

【西北探区生产支撑】 2021 年，石油物探技术研究院聚焦塔河高效开发和顺北快速上产，攻关塔河缝洞储集体定量表征技术，形成“缝洞准确定位、结构刻画、空间井轨迹优化、实时跟踪评价”技术体系，将新井放空漏失率提高到 60% 以上，提高 5 个百分点。锚定顺北超深层断控储集体表征难题，攻关形成散射波、叠前分频、断裂指示因子等精细成像与定量表征技术系列，深度参与高质量勘探开发一体化部署，构建“定位置、定边界、定轨迹、定储量”地震地质工程一体化技术措施，将 4 号带新井放空漏失率提高到 70% 以上，支撑顺北 2 区 6 口千吨井和 5 口高产井部署实施，助力 4 号带建成增储上产新阵地；深化井组连通性定量表征研究，支撑顺北 1 区稳产 85 万吨。

（贾春梅）

【四川探区生产支撑】 2021 年，石油物探技术研究院攻关形成以“三古”刻画为核心的隆盛地区茅口组裂缝—岩溶型储层目标评价技术序列，支撑落实圈闭面积 500 平方千米，资源量 1 229 亿立方米。中江气田重复处理资料品质大幅提升，落实有利区靶区 10 个，QgVA 吻合率达 85.3%，落实商业储量 55.09 亿立方米，JS318-1 井获 46 万米^3/ 日的高产。推广钻前预测、钻中调整、钻后优化页岩气开发服务模式，支撑白马区块常压页岩气提交千亿立方米探明储量。开展龙门山前带一体化攻关，资料品质得到重大改善，山前带部分成像效果明显提升，获总部优秀工程奖。攻关火成岩新领域，永探 1 井区火山岩储层预测吻合率达 88.7%。

（贾春梅）

2021 年 6 月 23 日，石油物探技术研究院油井微地震监测检波器下放施工中（王　瑜　摄）

【华北探区及其他探区生产支撑】 2021 年，石油物探技术研究院开展大牛地勘探目标优选及储量评价，支撑 D1-559、D1-555 等定向井分别获日产天然气 4.4 万立方米、4.2 万立方米高产，积极推动大牛地气田下古立体开发。高标准推进中国石化重点示范工程项目“杭锦旗 6 500 平方千米连片处理解释”项目，资料信噪比、连续性、一致性明显改善，断层及地质特征更加清晰。其他探区及领域，有效压制鬼波和多次波，提高平北区块地震反射保真保幅性，砂体展布特征更真实，落实重点砂体分布范围。通过自主断控速度建模及多属性联合反演攻关研究，提高了绍兴 365 目标储层描述精度。开展腰英台地区“火成岩下火成岩”精细成像处理技术攻关，支撑部署的查 2-3 井日产天然气 4.5 万立方米、查 2-4 井水平段见良好油气显示。服务 7 口井微地震监测，4 口重点开发井获“优秀”评价，有效支撑复杂区页岩气开发井网部署和压裂工艺优化。

（贾春梅）

【参谋服务展现新作为】 2021 年，石油物探技术研究院牵头编制《中国石化羌塘盆地“十四五”科考物探技术规划》；制定老资料重新处理和石油物探管理等 2 项规范。在地震部署会上首次汇报 2022 年地震部署建议，完成 3 批次风险井论证并提交40口风险井圈闭可靠性评价，开展“十三五”地震勘探成效评价，承担6个重点区块采集设计，关键参数平均误差率低于10%，鄂南和盛采集方案被油田部完全采纳。全力服务地震部署会、物探季度会、技术交流会，参谋显示度得到较大提升，成为集团公司油田部重要支撑力量。牵头制定的2项地热行业标准正式发布，参与制定国家标准1项，中国石化灾备中心建设内参获总部批准并启动建设。《石油物探》《JGE》影响因子再创新高。

（贾春梅）

【深化改革迈出新步伐】 2021年，石油物探技术研究院深入贯彻落实集团公司深化企业改革三年行动相关工作要求，扎实推进重点改革措施。科改示范行动获总部批准并全面启动，22个量化指标总体完成率达85%。“分转子”工作进入工商注册阶段，软件公司建设方案已报总部待批复，申请进入科技创新改革特区。制定“揭榜挂帅”实施细则，开展π-Frame产品经理、地应力压力预测攻关2项“揭榜挂帅”实施试点。开展原创技术“策源地”申报；参与“国家油气地球物理勘探技术创新中心”共建。持续深化开放创新，与中兴、移动等企业技术合作取得良好成效。“三项制度”改革不断深化，完成经理层“一协议、两书”签订和“两办法”上报，经理层成员任期制和契约化管理全面推进。按照“能量化尽量化”原则，完善绩效考核评价体系。

（贾春梅）

【从严管理见到新成效】 2021年，石油物探技术研究院对标世界一流管理提升行动扎实推进，企业战略、组织、科技等管理水平得到提升。制度体系进一步完善，开展制度建设专项督导行动，制（修）订制度60余项，强化制度精准宣贯和监督执行。离任经济责任审计发现问题整改如期完成；年度预算执行更加均衡；开展大额资金合同、工程建设等多项审计；合同管理更加规范，倒签补签基本杜绝，标准化文本使用率达90%以上；合同违约纠纷履行司法程序，依法治企扎实推进。发布新的HSE体系，集团公司体系试审核进一步查缺补漏；全面贯彻落实集团公司“总经理2号令”，扎实开展“百日安全无事故”“五查五严”保安全等行动，深入整治安全生产领域形式主义官僚主义；楼板承重、内墙瓷砖、地下车库充电等安全隐患得到及时消除，安全环保保持平稳。疫情防控有力有效，严格落实上级和地方政府防疫要求，抓实常态化防控措施，推动全员疫苗接种率达85%以上，妥善应对南京禄口机场等突发疫情，实现“双零”目标。

（贾春梅）

【强化党的政治建设】 2021年，石油物探技术研究院在党内重要会议中践行“第一议题”制度，深入学习习近平总书记系列重要论述等内容70余项。践行“四化”要求，形成党委理论中心组“学讲研做”新模式，以实际行动融入中国石化打造践行习近平新时代中国特色社会主义思想重要阵地中。坚持执行民主集中制、请示报告等制度，2021年召开党委会32次，会上严格执行“末位表态制”。党委班子成员年初确定调查研究课题，形成调研报告4篇，中层领导人员形成报告20余篇，有效促进理论成果转化。

（贾春梅）

【全面压实从严治党责任】 2021年，石油物探技术研究院确定“1443”高质量党建实践路径，形成“党建四张清单”工作法。制定全面从严治党责任清单，完善党建责任体系，将集团公司党建考核写入绩效责任书，实现党建压力层层传递。扎实开展国企党建工作会议精神贯彻落实情况“回头看”，积极推进集团公司党建考核整改提升，细化制定共性问题清单和36条整改措施，全部完成整改。

（贾春梅）

【营造党史学习教育生动局面】 2021年，石油物探技术研究院成立党史学习教育领导小组，及时召开启动会，定期召开领导小组和办公室会议。将党史学习教育纳入纪委日常监督范畴，采用“四不两直”、随机抽查方式进行督导检查，确保工作有部署有落实。形成“三维联动”学习模式，举办2期专题培训，开展“百名硕博讲党史”活动，宣讲习近平总书记“七一”重要讲话精神等内容300余次。采用“两级清单”管理，统筹形成8类20项办实事清单，完成率 100%。探索建立“我为群众办实事”常态机制，工作实效得到职工认可。

（贯春梅）

2021 年 6 月 23 日，石油物探技术研究院微地震监测施工现场临时党小组召开党小组会，学习党史知识

（王　瑜　摄）

【基层党建工作标准化规范化不断提升】 2021 年，石油物探技术研究院坚持大抓基层鲜明导向，印发规范“政治生日”等指导意见 8 项，提升标准化规范化水平。坚持“四同步、四对接”，实现党支部“应建尽建”，在前移一线设置临时党小组，实现基层班组党员覆盖率 100%。用好党建平台，加大对支部“三会一课”工作记录平台抓取力度，保证规定动作完成率。

（贯春梅）

【稳步推进干部人才队伍建设】 2021 年，石油物探技术研究院完成中层机构管理规格和中层领导人员职务层级调整。推进“科改示范行动”实施方案市场化用工和市场薪酬机制落地，新引进高层次人员全面实施职业化员工管理机制。获批“长城计划”人才 2 名，成功引进“双百计划”人才 3 名，3 人获中国石化突出贡献专家称号和闵恩泽青年科技人才奖。

（贯春梅）

【监督质效持续提升】 2021 年，石油物探技术研究院建立纪检监督“1336”工作思路。高质量处置信访举报问题线索，建章立制约束权力运行，建立“廉政 +”机制，开展“廉政周周讲”活动，一体推进“三不”取得新成效。组织开展 π-Frame 政治监督，实现由项目管理到产品管理转变。分解立项，建立日常监督重点任务清单，督促相关单位部门抓好贯彻落实。建立“一书一单两报告”工作机制，强化“四步三清单”工作闭环流程，一体推进问题风险事项“月清月结”。

（贯春梅）

【宣传思想文化工作扎实有效】 2021 年，石油物探技术研究院印发形势任务教育专刊 10 期，制作“科改示范行动”动漫短视频，在公众号推出“升为大 I 后的担当”大讨论专题。党委 2 次专题研究意识形态工作和职工思想动态，调研显示意识形态工作状况良好。在办公楼建设文化长廊，弘扬党的伟大精神谱系，宣传石油精神、石化传统。履行社会责任，与徐州市郑庄村文明共建捐赠 16.3 万元。党委书记徐旭辉参加中原储气库建成投产直播讲解。完成外宣稿件 95 篇，确立新媒体专人专岗，形成“5+1”刊发机制。

（贯春梅）

【群团工作充满活力】 2021 年，石油物探技术研究院开展以“科技创新、生产创效、管理创先、服务创优”为主题的“四创”劳动竞赛。组织“宁聚物探院，暖心过牛年”系列活动，开展太极拳培训，给远在新疆工作的同事配备健身器材，群众满意度持续提升。组织开展“院党委与青年面对面”专题活动，积极开展青年志愿服务。落实统战联谊交友，组织统一战线成员认真学习领会中国共产党的基本理论路线方略。

（贯春梅）

表 1　石油物探技术研究院 2021 年主要科研成果获奖情况

序号	项目名称	奖项名称	获奖等级
1	深层小地质体复波数速度反演与宽频地震成像技术	集团公司前瞻性基础性研究科学奖	一等奖
2	复杂储层地震波传播规律及流体预测基础研究	集团公司前瞻性基础性研究科学奖	二等奖
3	超深—特深层油气勘探开发工程关键技术与装备	集团公司科技进步奖	特等奖

续表

序号	项目名称	奖项名称	获奖等级
4	四川盆地海相大型气田目标评价与勘探关键技术	集团公司科技进步奖	二等奖
5	岩性油气藏储层参数预测技术与应用	集团公司科技进步奖	三等奖
6	深层岩溶古河道地质要素的地震定量表征技术与应用	中国地球物理科学技术奖	二等奖

表 2　石油物探技术研究院 2016—2021 年专利申请与获授权情况　件

年份	国内专利		国外专利	
	申请数	获授权数	申请数	获授权数
2021	217	98	1	5
2020	177	82	0	3
2019	175	86	0	0
2018	160	100	0	0
2017	152	85	0	0
2016	142	37	2	0

石化机械公司

【概况】 中石化石油机械股份有限公司（简称石化机械公司）是中国石化唯一的油气装备研发、制造与专业技术服务中心和首批创新型企业，于 2012 年底由中国石化机械制造业务专业化整合重组而成，2015 年 7 月在深圳证券交易所整体上市（证券简称石化机械，股票代码 000852），2021 年总股本 7.78 亿股，集团公司持股 58.74%。石化机械公司是国内研发实力领先、产品门类齐全、有一定国际竞争力的油气装备重要骨干企业。

石化机械公司下辖四机公司、江钻公司、钢管分公司、四机赛瓦公司（持股 65%）、三机分公司、机械研究院、氢能装备分公司、国际事业公司、世纪派创公司、天然气项目部 10 家单位，主要分布在湖北武汉、荆州、潜江等地。四机公司始建于 1941 年，是国家重大技术装备国产化基地、国家技术创新示范企业、固压装备领域国家制造业单项冠军示范企业、中国石油钻采设备制造专业十强企业。江钻公司始建于 1973 年，是牙轮钻头领域国家制造业单项冠军示范企业、首批国家知识产权示范企业，国内牙轮钻头、金刚石钻头、螺杆钻具、提速工具一体化服务规模最大、水平最高的综合制造服务商。钢管分公司始建于 1975 年，是国内同时具备直缝、螺旋和高频焊管生产能力的三家钢管企业之一，在西气东输、川气东送、鄂安沧等众多重点管线项目中创造良好业绩。四机赛瓦公司始建于 1992 年，是石油装备制造行业最成功的中美合资企业，有国内最强的油田井下工具、石油装备自动控制系统研制能力，油气井封层桥塞入选国家制造业单项冠军产品。三机分公司始建于 1950 年，主体技术自美国德莱赛兰公司引进，有油气集输、采收与增压储气系列压缩机，是中国石化压缩机国产化基地。机械研究院组建于 2010 年，主要从事前瞻性产品技术研究、氢能装备产业建设，有仿真与振动检测国家工程实验室、中国石化石油机械装备重点实验室，承担石化机械公司科技、质量、信息化、标准化等管理职能。氢能装备分公司成立于 2021 年，布局氢气压缩机、加氢和制氢等装备，致力打造中国石化氢能装备研发、制造和服务基地。国际事业公司是石化机械公司开拓海外市场的专业化平台，承担石化机械公司外事管理职能，负责统一运营和管理石化机械公司国际市场业务。世纪派创公司是中国石化上游板块检验检测项目最全、类别最多的第三方专业服务机构，通过国家级计量认证和国家实验室认证，取得特种设备无损检测机构 B 级资质。天然气项目部是武汉最早进入车用 CNG 加气服务的单位，从事石油伴生气和井口气回收利用、CNG 加气等业务。石化机械公司设综合管理部（党委办公室、董事会办公室）、党群工作部（党委宣传部、维稳办、品牌部）、党委组织部（人力资源部）、财务计划部、企业管理部（法律事务部）、科技质量部、市场发展部、安全环保部（设备管理部）、纪检监督部（审计部、监事会办公室）、物资供应管理中心 10 个职能部门。

截至 2021 年底，石化机械公司用工总量 6 928 人，资产总额 81.2 亿元，净资产 20 亿元。

2021 年，石化机械公司营业收入 69.5 亿元、利润总额 6 021 万元。

石化机械公司主要经济指标和主要产品指标分别见表 1 和表 2。

（田治明）

【科技创新成果丰硕】 2021 年，石化机械公司始终坚持为保障国家能源安全供利器、作贡献，取得一批重大突破。牵头完成的“十三五”国家科技重大专项以高分通过综合绩效评价，有力支撑涪陵累计产气突破 400 亿立方米，5000 型全电动成套压裂装备作为专项标志性成果亮相国家“十三五”科技创新成就展，受到习近平总书记检阅，得到集团公司党组主要领导高度肯定。钻头钻具助力突破工程“四提”施工纪录 70 项，创涪陵工区最短钻井周期纪录（25.7 天），完成亚洲最深定向井顺北 56X 井、亚洲最大水平井平台华 H100 的钻头钻具技术攻关任务，匹配旋转导向专用钻头整体优于进口产品。储气库压缩机压力等级达 52 兆帕，为集团公司新增 20 亿立方米储气能力作出重要贡献。海洋井口头样机一次性通过海试，作业效率达进口产品水平。整合资源集成 45 兆帕加氢站成套装备，在中国石化首个自主建设综合能源站树立标杆。强化应用基础研究和“两化”融合，超硬橡胶材料、压裂泵成型等技术实现跃升，SOFElink 数智平台扩大功能。强化质量管理体系有效运行和过程管控，泵类、井下工具等产品质量升级向前推进。全年申请专利 166 件、获授权 153 件，参与、牵头获集团公司科技进步奖特等奖、一等奖各 1 项。首次牵头承担集团公司“十条龙”项目，新增省部级以上科研项目 10 项、科研经费 3 374 万元。

（田治明）

5000 型全电动成套压裂装备亮相国家“十三五”科技创新成就展（田治明　摄）

文 23 储气库压缩机获国家管网集团中原储气库有限责任公司通报表彰（田治明　摄）

钻头钻具在胜页 9-2HF 井创国内页岩气井水平段长 3 583 米最高纪录（田治明　摄）

【市场开拓卓有成效】 2021年，石化机械公司服务转型资源配置有效加强，全年服务业务新签合同额增长27%，占比达35.4%。钻头钻具一体化服务打造区域提速模板，新签合同额增长28.4%，拉动混合钻头新增订货突破3亿元，设备运维服务继续保持较快增长，电动压裂泵送服务创收1.2亿元，设备租赁业务平稳发展，油气钻采设备国检中心落户世纪派创公司，取得管道检测资质。集团公司内部市场加强与用户的战略合作，揽获山东管网南干线13万吨钢管、储气能力建设15台压缩机、胜利油田72台设备等大额订单，钻头钻具市场占有率提升5个百分点，全年集团公司内部市场新增订货36.9亿元、增长35.1%。国内外部市场中标国家管网年度钢管框架招标、取得订货近6亿元，首次中标单笔超万吨的高频焊管订单，压裂装备、增压服务等业务在社会市场进一步推广；国际市场中标科威特石油公司5年期1.9亿元钻头框架采购、俄罗斯固井装备等项目，非油钻头钻具国际市场布局得到拓展，全年外部市场新增订货33.4亿元。受邀出席首届石油石化装备产业科技大会并作主旨报告，参展CIPPE、西博会、易派客工业品展览会，在集团公司首次品牌建设工作会议上作交流，“中国石化机械”品牌影响力进一步提升。

（田治明）

【产能提升有力推进】 2021年，石化机械公司以超常规方式组织技术生产准备，克服新冠肺炎疫情对采购和发运的影响，建立督办协调机制，全流程优化生产组织、安装调试、质量管控，有力保证储气库压缩机、山东管网南干线钢管等重点项目生产保供，得到用户充分肯定。全年生产钢管30万吨、产量翻番，生产效率提高5%；压缩机产值突破4亿元，创历史最好水平。把智能制造摆在突出位置来抓，启动新一轮生产线技术改造，与牵头建设机械装备产业基地相结合，对标国内外先进企业研究和优化改造方案，坚定不移向数字化、智能化转型发展。全年投入技改资金1亿元，井下工具数字化车间、活动弯头智能化生产线投入运行，螺旋焊管机组更新升级进入设备安装阶段，金刚石钻头数字化车间建设扎实推进，石化机械公司关键制造能力进一步增强。

（田治明）

【深化改革进步明显】 2021年，石化机械公司深化“双百行动”综合改革取得多项突破，2次在集团公司会议上作改革经验交流。非公开发行股票获证监会批复，拿到募集资金、引进战投、改善治理机制的“通行证”，石化机械公司在资本市场的形象有力提升。动真碰硬加强“三能”机制建设，两级经营班子任期制和契约化管理在集团公司内部率先实现全覆盖，所属单位主要负责人年薪最高增长14%，最高下降11.7%；实施工资总额备案制管理，优化绩效考核办法，完善市场化、类别化、差异化薪酬制度，靠效益挣工资总额、多效多得、价值高薪酬高的氛围更加浓厚；末等调整、不胜任退出中基层管理人员13人，激发干部员工活力的机制进一步完善；抓实人力资源池建设，首期百人转岗培训跨单位盘活用工126人。契约式经营扩大至15个三级单位，亏损业务单元由9个减少至3个，螺杆钻具业务扭转连续10年亏损被动局面。石化机械公司机关部门职能调整优化，内部计量检测资源、西北市场服务业务整合到位，装备控制系统内部协作机制建立。

（田治明）

【企业管理得到加强】 2021年，石化机械公司开展合规风险排查整治“十查十看”，落实十大业务领域20项整治措施，深化内控制度执行有效性提升行动，加强客户信用管理，风险防范取得进步。加强5S和TPM管理、焦点课题实施等基础工作，把精益管理与ERP、MES等系统深化应用创新创效、推广划小核算单元相结合，精益管理全员参与度、改善有效性持续提高。坚持“两金”管控不放松，全年回款70亿元，应收账款周转率提高6%，法律清收回款1 476万元，积压存货减少2.7亿元。扩大框架协议采购，推进标准化采购，强化重点项目物资保供，全年采购资金节约率5.8%，公开招标率提高20个百分点。建设高质量发展指标评价体系，加强预算牵引，优化债务结构，拓宽融资渠道降低汇率风险，用好用足惠企财税政策，财务管理价值创造水平有效体现。投资管理、工程建设项目管理、民企清欠等工作进一步加强。深刻汲取“5·19”事故教训，深入开展“大反思、大排查、严管理”安全专项整治，推进落实集团公司“总经理2号令”的69项安全管理工作，修订 HSE 管理体系手册并通过试审核，狠抓安全领域作风转变、追责问责，全员安全意识、安全工作普遍提升，石化机械公司级重大安全风险销项 1 项、降级 3 项，风险总值下降 21。噪声、烟（粉）尘超标隐患治理、职业健康管理和新冠肺炎疫情防控扎实推进。落实绿色企业行动“一方案两清单”，贯彻长江大保护要求实施污染防治项目 19 个，贯彻“双碳”目标，完成总部下达碳排放总量控制任务，通过集团公司绿色企业认定。

（田治明）

【党建质量持续提升】 2021 年，石化机械公司扎实开展党史学习教育，广大党员捍卫“两个确立”、做到“两个维护”更加自觉。以高质量党建推动高质量发展，党的领导与公司治理有机融合向前推进，4 家单位党总支由委托管理调整为石化机械公司党委直管，合资企业党建得到集团公司肯定，“三个决裂”“一天当作两天干”形成态势，获集团公司和行业党建成果 4 项。石化机械公司第一次工代会成功召开，重点项目保供劳动竞赛、青年岗位创争等活动蓬勃开展。意识形态、统战、保密等工作切实加强。集团公司首席专家、技能大师、石化名匠、突出贡献专家等高层次专业人才辈出，中层干部队伍梯队建设扎实推进，石化机械公司高级专家、专家、首席技师等人才队伍发展壮大，年轻干部培养计划有序实施。首轮完成对 7 家单位党组织的巡察，加强对“一把手”和领导班子监督，开展物资采购和外协业务等审计监督，抓好“靠企吃企”问题专项整治，监督保障执行、促进完善发展作用有力彰显。用心用情做好思想政治工作、办好惠民实事，加强积案化解、特殊敏感时期维稳工作，维护石化机械公司大局稳定。积极承担乡村振兴定点帮扶任务，树立石化机械公司良好形象。

（田治明）

【荣誉称号】 石化机械公司上榜国家工信部 2021 年新一代信息技术与制造业融合发展试点示范名单。员工陈鹏飞获湖北省五一劳动奖章，孙野被评为湖北省青年拔尖技能人才。

（田治明）

表 1 石化机械公司主要经济指标 亿元

指标名称 \ 年份	2021	2020	2019
总资产	81.20	82.00	88.60
净资产	20.00	19.60	19.50
固定资产	15.50	13.30	13.30
营业收入	69.50	62.10	65.60
利润总额	0.60	0.49	0.63

表 2 石化机械公司主要产品指标

指标名称 \ 年份	2021	2020	2019
机械产品吨位 / 万吨	33.90	18.60	35.80
设　备	2.10	1.50	1.60
设备配件及工具	1.70	2.10	1.60
钢　管	30.10	15.0	32.60
机械产品产量			

续表

指标名称 \ 年份	2021	2020	2019
钻修设备 / 台（套）	87	47	32
固压设备 / 台（套）	301	323	227
钻头 / 只	27 073	25 081	29 354
天然气压缩机 / 台（套）	56	86	111

新星公司

【概况】 中国石化集团新星石油有限责任公司（简称新星公司）是中国石化以“地热 +”为主营业务的绿色清洁能源公司，总部位于北京市海淀区。

新星公司前身是原地质矿产部石油地质海洋地质局，曾先后在中国陆地和海洋 76 个盆地进行系统的油气普查工作，在其中 35 个盆地发现工业油气流，取得多次具有战略意义的重大突破，引领中国石油化工以发现大庆油田、突破珠江口盆地和东海陆架盆地、打出新疆塔北沙参 2 井高产工业油气流为标志的 3 次重要战略性转折，为中国石油工业发展作出巨大的贡献。2000 年 2 月，新星公司整体并入集团公司。

2021 年，新星公司贯彻党和国家能源安全战略部署，主动融入“碳达峰碳中和”战略，落实中国石化“一基两翼三新”产业格局，构建“以地热为引领，以氢能为方向，以风电光伏为支撑”的“热氢风光”新能源产业体系，着力打造中国石化绿色能源示范企业。业务范围辐射至北京、陕西、河北、山东、山西、河南、四川、江苏、湖北、广东、广西、海南、新疆等省（直辖市、自治区）。2021 年，新星公司雄县地热开发项目被国际可再生能源机构列入全球推广项目名录，向全球推广介绍。

截至 2021 年底，新星公司设 13 个职能部门，9 个全资子公司（含 1 个新能源研究院），4 个控股公司，3 个参股公司，1 个离退休及后勤服务机构。用工总量 1 160 人（不含中地海外用工），其中劳动合同制员工 579 人、合资公司合同制员工 464 人、职业雇员 59 人、劳务工 58 人。

新星公司主要经济指标见表 1。

（徐　兵）

【领导班子调整】 2021 年 7 月 5 日，集团公司党组对新星公司领导班子进行调整：党力强任新星公司执行董事，免去其新星公司副总经理职务；刘世良任新星公司党委副书记、总经理；国殿斌任新星公司党委委员、副总经理；免去张召平新星公司党委副书记、委员职务，不再担任新星公司执行董事、总经理职务。

（徐　兵）

【经营业绩】 2021 年，新星公司新增清洁能源供暖能力 1 094 万平方米、供暖面积 690 万平方米、收费面积 654 万平方米，累计供暖能力 7 128 万平方米、供暖面积 4 109 万平方米、收费面积 4 039 万平方米。全年开工建设光伏风电装机容量 91.18 兆瓦，建成 24.37 兆瓦，年绿电发电量突破 1 亿千瓦・时。全年生产清洁能源折合标准煤 80 万吨，新能源板块收入 13.72 亿元、利润总额 1.55 亿元、净利润 1.32 亿元。

（徐　兵）

【地热 + 业务】 2021 年，新星公司持续推进北方“2+26”和汾渭平原 11 城市地热业务，布局长江流域等冬冷夏热地区供暖制冷业务，推进燕山石化余热利用等示范项目。完成集团公司下达年度计划的 137%，产能收费率提升 2 个百分点，开展 42 个地热田（区块）资源量计算评价。完成总部信息化监测系统和二级单位监测控制系统平台开发，实现分户控制率超过 98%；供暖运行持续优化。获矿权证 100 个、取水证 162 个；特许经营权证、协议 30 余个。中标“安新县 2021 年供暖城镇特许经营权 56 万平方米”项目，代建雄安新区容东片区项目一期 320 万平方米建成投产，实现雄安新区三县地热业务全覆盖；深挖河南濮阳、兰考等地市场；加快山东东营、滨州地热市场开发，完成纯梁社区地热供暖替代项目建设。河北清河污水源热泵供暖项目、湖北潜江江汉油田矿区地热供暖项目、武汉汉口滨江国际商务区江水源可再生能源站示范项目等入选国家能源局《全国可再生能源供暖典型案例汇编》，产业影响力进一步提升。

（徐　兵）

【绿氢业务】 2021 年，中国首个万吨级光伏绿氢示范项目、全球在建最大光伏绿氢生产项目——新疆库车绿氢示范项目启动实施，鄂尔多斯、乌兰察布、大连、诸城等绿氢项目工作稳步推进。

（徐　兵）

新疆库车绿氢示范项目启动仪式

【风电业务】 2021 年，中国石化首个陆上风力发电项目——陕西大荔 20 兆瓦陆上分散式风力发电项目顺利并网发电；海南海上风电测风工作正式启动；濮阳中原油田 112 兆瓦风电项目进入地方指标公示核准阶段。

（徐　兵）

大荔风电项目

【光伏业务】 2021 年，天津南港海上光伏项目先导试验顺利启动，茂名石化、北海炼化等 45 个，累计装机规模 428 兆瓦的系统内光伏重点项目稳步推进。

（徐　兵）

北海炼化分布式光伏项目

【科技创新】 2021 年，河南沿黄地区“地热 +”洁净能源开发技术研究等 12 个项目获集团公司立项，新星公司自主设立“U 型对接井换热技术研究”等 9 个项目，“万吨级绿氢工程技术开发及绿氢炼化示范”项目成功“入龙”；“京津冀中深层地热经济高效钻采关键技术研究与产业化”成果获中国产学研合作创新成果一等奖；“雄安新区地热能高效利用技术”“不同岩性地热储层测井定量评价技术”2 项科技成果分别获集团公司“国际领先”“国内领先”评价。申报专利 21 件，获授权 12 件。协助国家部委出台《关于促进地热能开发利用的若干意见》等 2 项国家政策、发布 21 项行业标准和新立标准 4 项，《我国地热能产业发展现状、问题及建议》被中共中央办公厅、国务院办公厅、国务院国资委信息采用。完成《雄安新区地热能开发利用标准体系》并通过验收；梳理地热、氢能、风电、光伏领域的国家标准和行业标准，开展新能源标准汇编工作，启动企业标准体系制定工作。首次组织公司级学术论文评奖工作，《冀中坳陷束鹿凹陷地热系统成因模式》等 28 篇论文获奖，首次建立科研项目“揭榜挂帅”机制并试点开展。完成世界地热大会主办权交接，推动进入北京时间；大会技术论文征集、官方网站建设、宣传预热等筹备工作有序展开。

（徐　兵）

【HSE 工作】 2021 年，新星公司深刻吸取山东公司地热尾水排放环保事件、“11·28”承包商安全生产事故教训，深入开展“百日安全无事故”专项行动、“五查五严”保安全专项行动，针对承包商入场把关不严、开工验收流于形式、现场检查缺失、视频监控未发挥作用等问题，深刻剖析、举一反三、严查严改、立行立改；颁布《新星公司安全生产监督管理细则》，制定发布新版 HSE 管理体系，梳理完善风险清单，强化安全管理信息录入，加强工程施工直接作业环节等风险识别和防控，开展地热水溶气专项管理、地热尾水环保管理、固体废物危险废物管理，对承包商管理进行督查检查。

（徐 兵）

【基层建设】 2021 年，新星公司开展对标管理提升行动，构建涵盖 6 个方面、4 个层级、30 个主要指标的对标体系，强化季度滚动落实。扎实开展“基层建设提升年”活动，落实“五项”建设、“八项”制度、“五项”训练，全面提升基层站管控能力、管理员执行能力、运维者操作能力。评定公司标杆基层单位 1 个、标杆基层站 10 个、标杆项目 8 个，新星公司对标管理提升行动基本做法纳入集团公司对标管理专刊。

（徐 兵）

【依法合规】 2021 年，新星公司修订完善公司章程，制定执行董事和总经理权限指引等相关议事决策制度；修订内控手册、开展内控宣贯培训、严格季度穿行测试、开展风险识别诊断监控工作；建立法律纠纷月报备案、重大事件及时报告机制；强化合资公司管控；健全制度管理体系、工作机制和管控业务流程，强化宣贯执行，新建制度 25 项、修订 67 项、废止 11 项。

（徐 兵）

【人才队伍建设】 2021 年，新星公司推动内部单位间实岗交流锻炼，动态调整“1234”优秀年轻干部数据库 94 人次，优化更新“358”专业技术人才库 15 人次，规范开展专家选聘和职称评定工作，组织 4 批成熟人才引进，有序开展应届毕业生招聘，为产业发展注入人才动力。

（徐 兵）

【党建工作】 2021 年，新星公司扎实开展党史学习教育，精心组织庆祝建党百年“十个一”系列活动，持续推动“强组织、抓执行、聚合力、促发展”主题实践活动；开展“四个维度”“永远跟党走”“党旗在基层一线高高飘扬”宣教活动；开展“我为群众办实事”评选，部分项目入选集团公司优秀案例。坚决落实“两个一以贯之”要求，结合新星公司领导体制调整实际，跟进调整新星公司党委会和领导班子会议事规则，完善“三重一大”决策事项清单和党委讨论决定重大事项清单；落实全面从严治党主体责任，细化完善新星公司党委和班子成员责任清单，确保责任落实有据可依。深入研讨学习宣传贯彻党的十九届六中全会精神及习近平总书记视察胜利油田重要指示精神，传承石油精神、弘扬石化传统，明确新星公司“保洁净供能、保安全供能、保经济供能”“构建热氢风光新能源产业体系”“打造中国石化绿色能源示范企业”三大核心职责，提出“地热领先发展”“绿氢率先发展”“风光支撑发展”的产业发展路径。开展“优秀党支部书记示范行”，实现基层站和基层班组党员全覆盖，完成 5 个所属党组织、11 个党支部换届，新设立 2 个党总支、2 个党支部。制订重大项目监督实施方案及“一把手”和领导班子监督实施意见，规范“大监督”运行，统筹开展专项治理和安全环保领域形式主义官僚主义问题整治；定期研判并推动上级检查及巡察反馈问题整改。

（徐 兵）

【新闻宣传】 2021 年，新星公司加大品牌传播力度，新星公司新能源业务成果两登央视，相关工作新闻报道在人民网、新华网、光明网等主流媒体刊发 46 篇，中国石化各媒体平台刊发 63 篇，新星公司官方网站刊发 175 篇、微信公众号发布 309 期、“奋进新星石油”平台推送 216 篇，新星公司品牌工作在集团公司品牌推进会上进行经验交流，新能源发展影响力得到明显提升。

（徐 兵）

表 1　新星公司主要经济指标　亿元

指标名称＼年份	2021	2020	2019	2018	2017	2016
工业总产值	10.06	10.50	9.13	6.97	5.51	3.59
企业增加值	16.31	20.69	20.73	17.62	20.51	21.92
资产总计	140.91	128.92	135.49	136.24	142.32	132.29
流动资产	74.4	70.38	78.17	81.16	96.58	94.18
固定资产原值	82.85	74.84	72.39	64.79	51.66	43.16
固定资产净值	51.68	47.02	45.84	41.37	30.23	23.76
销售收入	52.38	43.75	50.21	57.92	65.26	70.31
实现利税	1.90	2.10	1.35	1.08	4.44	3.76
税　金	0.59	0.44	0.28	0.36	3.18	2.19

炼油和销售板块

茂名石化

【概况】 中国石油化工股份有限公司茂名分公司（简称茂名分公司）和中国石化集团茂名石油化工有限公司（简称茂名石化公司）统称茂名石化。茂名分公司属上市部分，主要由原油加工、乙烯生产及配套的产品研发、营销、物资供应等单位组成；茂名石化公司属非上市部分，主要由为生产服务的动力、港口、铁运等辅助单位组成。茂名石化位于广东省茂名市，东毗阳江，西临湛江，北连云浮和广西壮族自治区，南临南海，东北距广州 362 千米，西南距湛江 121 千米。

茂名石化系国有特大型综合石化企业，始建于 1955 年，是新中国“一五”期间 156 个重点项目之一、广东省“一五”期间唯一的国家级重点建设项目，是中国首座年炼油能力超千万吨的炼化企业、首座 100 万吨 / 年乙烯生产企业，是中国最大的石油化工生产基地之一，主要生产汽煤柴油、石蜡、道路沥青、合成树脂、合成橡胶等 300 多种石油化工产品。截至 2021 年底，茂名石化有炼油化工装置 99 套，原油一次加工能力 2 000 万吨 / 年，乙烯生产能力 100 万吨 / 年。

截至 2021 年底，茂名石化下设 29 个中层机构，其中机关部室 14 个、直属基层单位 7 个、业务中心 8 个，另有合资合作单位 7 个；用工总量 7 942 人，其中合同制员工 7 149 人；有正高级职称的 19 人、副高级职称的 547 人、中级职称的 1 400 人。

茂名石化主要技术经济指标及主要产品产量分别见表 1 和表 2。

（邵思远）

【经济效益位列前茅】 2021 年，茂名石化创造利税 346.41 亿元，利润位居中国石化炼化企业第 2 位、同规模企业第 1 位，分别占集团公司及其炼化企业利润总额的 8.66% 和 11.03%，国有资产保值增值率 127.17%，提高 3.96 个百分点，总资产报酬率、净资产收益率均列中国石化大型炼化企业前茅。2021 年加工原油 1 922.44 万吨，加工原料油2 189.05万吨，生产乙烯104.84万吨，产销炼油商品2 089.54万吨、化工商品366.89万吨。

（邵思远）

【累计加工油种达201个】 2021年，茂名石化开拓巴士拉中、富查伊拉、马尔斯、徐闻、科勒、科威特重、科威特超轻、伊拉谢玛、大山原油9个新油种，截至年底，茂名石化累计加工油种201个。

（邵思远）

【全精炼石蜡通过欧洲检测】 2021年3月，茂名石化生产的56#和58#全精炼石蜡首次通过欧洲RAL检测，达到欧洲室内用蜡质量要求，为进一步开拓欧洲市场创造条件。

（邵思远）

【煤制氢装置首次满负荷稳定运行】 茂名石化煤制氢装置设计产氢能力20万米^3（标准）/时，2014年1月投产以来长期处于低负荷运行工况。为给浆态床渣油加氢装置投产创造条件，煤制氢装置先后实施气化炉烧嘴扩径改造、新增空冷等多个除瓶颈项目，集智攻关解决气化炉液位过低、工艺烧嘴压差大等难题，2021年2月产氢能力达21万米^3（标准）/时。

（邵思远）

【低硫重质船用燃料油年产能达100万吨】 2021年3月，茂名石化低硫重质船用燃料油二期扩能改造项目完成，低硫重质船用燃料油储罐容积由1.5万立方米增加至3.5万立方米，产能由80万吨/年提升至100万吨/年以上。

（邵思远）

【催化裂化装置试用重油化裂化助剂】 2021年7月，茂名石化首次在2#催化裂化装置试用RCA重油化裂化助剂。稳定运行3个月数据表明，汽油、液化气平均收率分别增长4.53个和3.21个百分点，柴油、油浆平均收率分别下降6.51个和2.44个百分点，进一步改善了装置产品分布结构，满足原油劣质化和效益最大化需求。

（邵思远）

【化工2系列大修】 2021年3月25日，茂名石化化工2系列大修开始，5月19日，2#裂解装置产出合格乙烯，检修结束。大修期间，实施2#裂解等11套生产装置、6套公用工程系统检修，及乙烯提质增效项目配套建设，实施技术改造3 662项。

（邵思远）

【合成树脂产品出口】 2021年8月，茂名石化596吨高抗冲聚丙烯K9017H产品首次出口以色列。该产品2015年7月首次推向市场，具有优异抗冲击性能和较高刚韧平衡性，主要作为基础树脂用于保险杠、仪表板等汽车外饰件和内饰件改性材料的生产，也可直接注塑成型汽车、摩托车配件和抗冲击性能要求高的塑料制品。12月10日，茂名石化102吨高密度聚乙烯产品小中空专用料5502LW首次出口非洲刚果，该产品2006年首次推向市场。

（邵思远）

【绿色发展站排头】 2021年，茂名石化被评为中国石化节能环保先进单位，获中国石化A档绿色企业称号，持续获广东省环保诚信企业绿牌。10月，中国石油和化学工业联合会发布2020年度石油和化工行业重点耗能产品能效“领跑者”、水效“领跑者”标杆企业和指标，茂名石化获能效领跑者标杆企业（乙烯）和水效领跑者标杆企业（乙烯）称号，其中乙烯水效位列全国乙烯生产企业第一。

（邵思远）

【参与全国碳交易市场首日交易】 2021年7月16日，茂名石化作为中国石化4家代表企业之一，参与全国碳排放权首日交易，购入配额5万吨，均价51.75元/吨，达成全国碳市场首笔10万吨大宗协议交易。

（邵思远）

【与中广核签订外购电直接交易协议】 2021年9月14日，茂名石化与中广核电力销售有限公司签订2022年市场化用电交易合同。这是中广核首个“零碳清洁能源（核电）+可再生能源（绿电）”

用电套餐签约项目。根据协议，茂名石化 2022 年外购电量 99% 使用核电，1% 使用可再生能源，茂名石化享有合同期内实际用电量对应的碳及污染物减排权益。预计茂名石化全年可减少二氧化碳排放 89.47 万吨。

（邵思远）

【与明阳集团签署战略协议】 2021 年 10 月 22 日，茂名石化与全球化清洁能源整体解决方案提供商明阳集团在广东省中山市签订战略合作框架协议。根据协议，双方将积极推进绿电制绿氢示范项目前期工作，在石化行业率先打造示范标杆；采取多种模式合作，降低整体综合能源成本，提升绿电制绿氢占比；远期推动地方绿电发展规划，获得低成本绿电；共同推动绿色氢能产业自主核心技术与装备制造发展，助力打造国家级绿色氢能产业基地，带动上下游产业链共同发展。

（邵思远）

2021 年 10 月 22 日，茂名石化与全球化清洁能源整体解决方案提供商明阳集团在广东省中山市签订战略合作框架协议

【被确定为广东建设绿色石化产业集群“链主”企业】 2021 年 11 月 29 日，广东省召开 2021 年省长督办省政协重点提案办理工作座谈会暨战略性产业集群联动协调推进机制会议。茂名石化作为绿色石化战略性产业集群“链主”企业发言，得到与会省领导、民主党派人士、企业家代表的好评。时任广东省省长马兴瑞对茂名石化给予肯定。

（邵思远）

【建成中国石化行业首张 5G 防爆专网】 2021 年 11 月 8 日，茂名石化 3# 聚丙烯装置内建设的 5G 防爆微站并网。该 5G 防爆微站由茂名石化联合中国移动通信集团有限公司、华为技术有限公司、石化盈科信息技术有限公司共同研发建设，采用“公网切片 + 防爆独享”的灵活组网方式，有效解决炼化厂区现场设备防爆等级要求高、5G 信号覆盖距离短、复杂工业环境无线信号传输难、总体建设成本高等导致炼化装置区 5G 网络覆盖难题，为构建装置区内“5G+AR 巡检”“5G+ 泵群监测预警”等“云 + 网 + 应用”一体化 5G 工业互联网应用，提供安全、高速、可靠的网络资源保障。

（邵思远）

【获全国“绽放杯”5G 应用大赛一等奖】 2021 年 9 月 16 日，茂名石化与中国移动通信集团有限公司茂名分公司联合申报项目“建设 5G 防爆专网，构建安全型智慧石化产业群”获全国第四届“绽放杯”5G 应用征集大赛智慧能源专题赛一等奖。该项目包括智能水表、变电所无人机巡检、变电所温感和烟感监控、工地 5G 视频监控、仪控机柜间 AI 智能巡检等内容。

（邵思远）

【控制系统国产化】 2021 年 4—5 月，茂名石化化工 2 系列大修期间，2# 裂解等 9 套装置控制系统由进口 DCS 控制系统更换为浙江中控操作系统，攻克关键装置核心操作系统国产化的“卡脖子”难题，国产化控制系统全中文显示，贴合员工操作习惯，可有效避免“误操作”，解决裂解装置实时优化系统与原进口控制系统不兼容的难题。

（邵思远）

【裂解装置大型压缩机机组润滑油国产化】 2021 年 4 月，茂名石化 2# 裂解装置乙烯裂解气压缩机、三元制冷压缩机、甲烷氢压缩机首次试用长城合成润滑油。运行情况表明，机组各项指标均运行良好，与进口壳牌润滑油相比，国产润滑油降温、抗磨、防水等主要性能基本一致，采购成本下降超 35%。

（邵思远）

【聚丙烯装置关键机组首次试用国产润滑油】 2021 年，茂名石化与长城润滑油公司联合开展技术攻关，抓住 3# 聚丙烯装置 2021 年 8 月排产三元聚丙烯产品时机，首次在膜回收单元进口螺杆压缩机试用国产润滑油。运行情况表明，机组各项运行参数优良，与进口润滑油相比，国产润滑油性能指标更优，降本62%，年可回收价值200万元丙烯、丁烯等。3#聚丙烯装置自2014年8月投产以来，一直使用进口润滑油。

（邵思远）

【聚丙烯装置脱砷剂国产化】 2021年，茂名石化3#聚丙烯装置抓住3月检修时机，首次换用国产脱砷剂，开车以来产品质量指标保持优良，国产脱砷剂性能指标可与进口产品媲美，降本超过44%。3#聚丙烯装置自2014年8月投产至2021年3月，一直使用进口脱砷剂。

（邵思远）

【火炬系统完善改造项目投用】 2021年5月6日，茂名石化化工分部火炬系统完善改造项目投用，该项目包括新建1座高架捆绑式火炬塔架和旧D火炬的移位扩能。新建D火炬高160米，排放气设计处理量为1 200吨/时，与旧D火炬相比提高31.87%，满足茂名石化“十四五”规划新建装置的需要。该项目拥有卷扬机翻转和提升系统，可实现高空火炬套筒逐节退至地面检修，避免高空作业，单台火炬检修时不影响其他火炬正常运行，与传统火炬各自单独使用塔架相比，节省用地面积约22万平方米。

（邵思远）

【氢气提纯项目投用】 2021年6月4日，茂名石化氢气提纯项目投用，将茂名石化化工分部含氢量约91%的裂解粗氢气，引入广东众和化塑股份公司新建PSA装置，实现氢气纯度提升至99%以上，再经化工氢气管网输送到茂名石化炼油分部，满足新建合成润滑油基础油等装置投产时的高纯氢气需求。

（邵思远）

【10万吨/年高端碳材料装置投产】 2021年8月4日，茂名石化10万吨/年高端碳材料装置产出合格锂电池负极材料煅前Ⅰ级焦，实现高水平一次开车成功，茂名石化炼油产品结构得到进一步优化。该装置采用中国石化自主开发组合工艺首次实现工业化，产品针状焦主要用作石墨电极和锂电池负极材料，在国防、冶金、新能源等行业应用广泛。该装置在针焦单元应用顺序控制系统，可有效杜绝人工误操作；中国石化系统内首次采用完全密闭除焦系统，水处理、除尘等工序也全部密闭化，实现绿色环保生产。

（邵思远）

2021年8月4日，茂名石化采用中国石化自主开发技术10万吨/年高端碳材料装置投产（陈解贤　摄）

【国内首套合成润滑油基础油工业化装置产品合格】 2021年11月22日，茂名石化国内首套合成润滑油基础油工业化装置14种产品全部合格。该项目采用中国石化自主知识产权的LAO和PAO技术，2020年9月25日开工建设，2021年8月17日投料开车。投产后，茂名石化成为国内首个Ⅰ、Ⅱ、Ⅲ、Ⅳ基础油全覆盖的生产基地，打破国外对线性α－烯烃生产技术的垄断，实现中国石化行业的重大技术进步，有效带动国内聚烯烃产业升级和高级全合成润滑油发展。

（邵思远）

【原油商业储备二期项目投用】 2021年7月18日，茂名石化原油商业储备二期项目投用。项目2020年9月26日开工，2021年6月18日中交，建设16座10万立方米储罐。69天完成41.2万平方米

2021年7月18日，茂名石化原油商业储备二期项目投用（柯裕清　摄）

建设用地的征地工作，120 天完成 19.2 万平方米拆迁任务，创出茂名地区同规模项目现场征拆地最快纪录；单罐主体安装最快 18 天，土建交安至进水试验 38 天，创出中国石化同类储罐安装最快速度。

（邵思远）

【氢燃料电池供氢中心项目开工建设】 2021 年 8 月 30 日，茂名石化首个氢燃料电池供氢中心项目开工建设，这是茂名市首个氢燃料电池供氢中心项目，采用中国石化自主开发技术，计划建设 1 个 3 000 米^3（标准）/ 时的氢气纯化装置和 1 座 500 千克 / 日的加氢母站，将生产装置副产氢气提纯至 99.999% 送至加氢母站，对推动中国石化积极融入广东氢能产业规划具有重要意义。

（邵思远）

【国家危险化学品应急救援茂名基地投用】 2021 年 11 月，国家危险化学品应急救援茂名基地投用，该基地占地 3.33 万平方米，包括消防楼、训练塔、安全实训楼等工程和 7 类 22 项安全生产预防及应急装备，集安全实训、应急指挥、桌面推演、模拟灾害演练等系统于一体，具备国内一流危险化学品事故应急救援和突发性环保事件应急处置功能，服务能力辐射周边 400 千米。

（邵思远）

【220 千伏潘炼变电站和滨烯变电站联络线投运】 2021 年 1 月 1 日，茂名石化 220 千伏潘炼变电站和滨烯变电站的联络线——潘滨甲线、潘滨乙线投运。联络线投用后，潘炼变电站和滨烯变电站 220 千伏电源可互为备用，在其中一个站电源全失情况下，通过快速切换装置投用备用电源，进一步提升茂名石化 220 千伏供电系统的可靠性和安全性。

（邵思远）

【改革创新不断深化】 2021 年，茂名石化人均劳效位居中国石化大型企业前列，开发生产化工新产品数量和产量均居中国石化炼化企业首位。开发生产化工新产品 8 个，化工新产品和专用料占比提升至 83.76%，为历史最优；4 项成果获省部级以上科技进步奖；申请中国专利 61 件，其中发明专利占 85%，均创历史最好水平。

（邵思远）

【1 件专利获 5 个国家授权】 2021 年 8 月，茂名石化申请的“一种氮磷配位骨架的铬催化剂及其在催化乙烯齐聚中的应用”专利获韩国专利局授权，至此，该专利获中国、荷兰、美国、日本等 5 个国家专利授权。该专利是茂名石化牵头与厦门大学、上海化工研究院合作研发的科技成果。

（邵思远）

【成功开发多个新产品】 2021 年 2 月 12 日，茂名石化成功产出防水卷材用橡胶新产品星型干胶，填补茂名石化在星型防水卷材用橡胶行业的空白。5 月 15 日，产出首个改性合成树脂新产品聚丙烯消光膜改性专用料 PPM-AF331，共生产 12.7 吨。该产品无需改性，可直接生产流延类聚丙烯消光膜。聚丙烯消光膜多用于高档礼品包装、化妆品包装、礼品袋、购物袋等领域。5 月 21 日，成功试产高温蒸煮膜用聚丙烯新产品 HR2106M 共 200 吨。该产品流动性好、透明性高、耐热性能优异，可直接生产高温蒸煮膜，主要用于熟食品包装等领域。2021 年国内高温蒸煮膜用聚丙烯产品基本全部依赖进口，且进口产品需共混才能使用。8 月 5 日，高密度聚乙烯装置产出通信电缆料新产品 TR210 共 300 吨。该产品抗环境应力开裂性能优异、氧化稳定性良好，与 LDPE 和 PP 料相比，强度、硬度和韧性等均有绝对优势，进一步丰富茂名石化高密度聚乙烯产品。8 月，在中国石化系统内首次产出低晶点电子包装膜料 2420H 约 400 吨，成功进入国内某龙头电子包装膜企业采购链。低晶点电子包装膜料属高压聚乙烯产业链高端膜料产品，晶点控制难度大，此前国内主流产品多为进口或来自合资企业。10 月 15 日，产出超柔性无纺布聚丙烯新产品 PPD-Y38 共 200 吨。该产品具有抗霉抗菌、吸水率低、皮肤友善性和保温性好等优点，主要用于生产高端超柔无纺布。10 月 20 日，产出聚丙烯珠粒发泡料新产品 PPT-ME08 共 218 吨。该产品具有熔点更低、发泡倍率稳定等特点，适用于外包装材料等高端制品领域。12 月 5 日，产出高密度聚乙烯耐酸变色 IBC 桶专用料 PE B44G7AR 共 130

吨。该产品具有耐酸性能良好、不易变色等特点。此前，以国产高密度聚乙烯为原料生产的 IBC 桶，在盛装浓酸时，容易产生桶身变红问题。

（邵思远）

【获全国聚乙烯装置操作工竞赛团体和个人冠军】 2021 年 9 月 24—27 日，茂名石化 9 名选手参加 2021 年全国行业职业技能竞赛聚乙烯装置操作工技能竞赛，获团体总分第一，个人奖牌 4 金、3 银、2 铜的历史最好成绩。该竞赛首次列为国家级二类职业技能竞赛，由集团公司、中国就业培训技术指导中心主办。

（邵思远）

【获国家海上搜救奖励】 2021 年 8 月 17 日，茂名石化收到交通运输部中国海上搜救中心颁发的“2020 年度国家海上搜救奖励”奖牌和相应奖金。

（邵思远）

【党建工作成果丰硕】 2021 年，茂名石化各级党组织获省部级荣誉 9 个，1 个基层党建案例被评为全国石化企业党建创新优秀案例，2 项基层党建经验入选中国石化创新案例汇编，化工分部党委被授予全国先进基层党组织称号。

（邵思远）

【党史学习教育经验做法在《人民日报》刊登】《人民日报》2021 年 5 月 30 日第 4 版《奋斗百年路 启航新征程 · 学党史 悟思想 办实事 开新局》专栏刊发《中管企业、中管金融企业扎实开展党史学习教育——凝聚起干事创业的强大力量》，其中指出“茂名石化注重学以致用，将学习党史与茂名石化发展目标相结合，激励广大党员干部职工在推进高质量发展上当先锋、作表率”。

（邵思远）

表 1　　茂名石化主要技术经济指标　　亿元

指标名称 \ 年份	2021	2020	2019	2018	2017	2016
原料油加工量 / 万吨						
茂名分公司	2 189.05	2 198.94	2 183.36	2 051.49	1 979.62	1 937.12
工业总产值						
茂名分公司	1 063.64	829.90	1 030.97	1 059.95	863.09	732.19
茂名石化公司	16.44	17.12	25.09	18.73	16.64	14.07
工业增加值						
茂名分公司	341.23	270.23	276.21	342.95	366.13	335.41
茂名石化公司	3.57	8.36	8.55	9.02	6.95	6.38
资产总计						
茂名分公司	489.70	382.32	348.73	340.09	311.87	265.87
茂名石化公司	38.27	39.64	40.35	41.99	47.89	50.03
流动资产						
茂名分公司	225.55	154.10	138.69	130.43	139.95	97.06
茂名石化公司	10.59	10.65	10.18	9.73	11.02	12.70
固定资产原值						
茂名分公司	481.84	429.12	414.77	408.77	391.08	382.44

续表

指标名称 \ 年份	2021	2020	2019	2018	2017	2016
茂名石化公司	80.55	80.73	79.54	77.59	79.54	72.35
固定资产净值						
茂名分公司	153.86	118.16	118.17	128.17	129.36	137.47
茂名石化公司	24.05	25.88	31.54③	31.50	34.79	29.23
销售收入						
茂名分公司①	1 079.53	826.50	1 045.23	1 065.67	854.46	726.61
茂名石化公司	30.38	30.04	30.81	32.26	29.93	27.49
实现利税②						
茂名分公司	343.98	276.24	344.06	420.11	413.21	381.02
茂名石化公司	2.43	6.07	3.93	4.82	4.66	4.33
税　金②						
茂名分公司	243.80	219.61	280.84	320.07	301.88③	291.08
茂名石化公司	1.95	3.30	2.31	2.57③	2.10	2.09③
综合能耗 / 吨标煤・万元 $^{-1}$						
茂名分公司	0.736	0.753③	0.530③	0.551	0.549	0.547
茂名石化公司	1.289	1.182③	1.279	1.284	1.335	1.340③

①茂名分公司销售收入不含炼化互供
②茂名分公司实现利税和税金的数据为当年税金实际缴纳数，并含进口原油增值税
③数据更新

表 2　茂名石化主要产品产量　万吨

产品名称 \ 年份	2021	2020	2019	2018	2017	2016
乙　烯	104.84	118.39	118.20	119.06	117.59	113.03
丙　烯	62.48	67.59①	67.69①	69.69	66.30	64.92
混合芳烃	41.51	46.20	41.44	45.08	43.23	40.09
三苯（化工）	36.32	39.61	35.47	37.26	35.91	32.84
三苯（炼油）	69.83	64.09①	76.29①	34.05	4.10	4.31
聚丙烯	64.46	68.40①	69.09①	69.40	67.98	64.92
线性聚乙烯	11.30	11.34	13.86①	14.75①	19.72	19.83
高密度聚乙烯	27.95	35.95	37.37	36.87	35.00	36.03
高压聚乙烯	34.95	37.38①	35.59	36.38	40.99	39.44

续表

年份 产品名称	2021	2020	2019	2018	2017	2016
丁二烯	13.03	14.81	14.47	14.67	15.02	14.40
MTBE	22.48	22.71①	22.67①	23.32①	21.58①	18.83①
1- 丁烯	1.58	1.26	1.62	1.51	1.72	1.65
乙二醇	6.44	6.13	5.68	12.26	5.88	3.93
环氧乙烷	24.88	30.28	27.24	23.45	14.41	10.44
苯乙烯	10.03	12.13	12.78	11.11	13.11	11.37
SBS 橡胶	6.95	8.25	7.12	7.62	7.46	7.24
顺丁橡胶	7.93	9.25	9.53	9.05	9.70	8.46
液化气	149.84	148.44①	166.85①	153.42①	142.90①	142.50
石脑油	236.90	243.11	187.68	214.45	186.96	193.75
汽　油	415.66	383.29	433.83	422.82	412.67	421.53
高标号汽油	167.28	160.09	157.08	150.31①	143.65	274.19
煤　油	177.13	190.19	354.08	323.64	290.03	284.59
柴　油	418.07	445.33	433.57	413.27	444.41	419.28
润滑油基础油	44.61	31.45	35.91	37.78	36.51	35.82
石　蜡	2.89	2.30	4.93①	4.26	5.13	8.21
商品重油	115.43	94.26①	10.96	11.69	14.12	15.84
沥　青	122.01	179.39	111.39	125.79	146.12	137.81
石油焦	73.53	79.37	77.54	70.66	77.59	70.46
硫　黄	28.53	22.96	22.01	20.22	20.45	19.52

①数据更新

高桥石化

【概况】 中国石化上海高桥石油化工有限公司（简称高桥石化）成立于1981年11月，经过40年发展，成为中国石化重要的大型燃料—润滑油—化工型骨干企业。占地面积4.12平方千米（高桥老区3.82平方千米、漕泾新区0.3平方千米）。高桥石化炼油区域具备原油综合加工能力1 300万吨/年，分别为800万吨/年的汽柴油生产系统和500万吨/年的润滑油生产系统。漕泾化工区域有苯酚丙酮、丁苯橡胶、ABS共3套装置，具备50万吨/年的化工产品生产能力，电厂装机容量17.5万千瓦；共有50余套生产装置，主要产品有汽油、柴油、航空煤油、润滑油（基础油）、石蜡、白油、苯酚、丙酮、丁苯橡胶、ABS等。2000年和2007年，根据总部改革部署，先后成立中国石化股份公司高桥分公司和资产公司高桥分公司；2016 年，根据提升调整工作需要，在上海自贸区注册成立高桥石化有限公司，实现“分转子”的改革。

2021 年，高桥石化累计原油加工量 904.76 万吨，化工产品总量 48.95 万吨，发电量 5.26 亿千瓦·时，供热量 649.87 万吉焦，全年利润 37.53 亿元，营业收入 465.06 亿元。

截至 2021 年底，高桥石化有中层机构 31 个，其中职能部门 16 个、直属单位 5 个、二级单位 10 个；与德国巴斯夫、美国雪佛龙、日本三井等企业合作，建立 15 家合资企业；另有改制企业 10 家，用工总量近 3 000 人。

高桥石化主要技术经济指标和主要产品产量分别见表 1 和表 2。

（魏之臣）

【HSE 管理体系建设取得成果】 2021 年，高桥石化 HSE 管理体系手册正式发布，形成安全环保纲领性文件。在安委会框架内设 9 个专业分委会，明确各分委会成员及规范工作模式，落实专业管理，推动体系运行。严格 HSE 管理体系审核，按照“五个回归”要求，运用 5W1H 分析法，抓好分类溯源，推动 PDCA 循环管理，促进体系要素、安全管理要求与专业管理制度深度融合。

（魏之臣）

【领导安全引领力有效发挥】 2021 年，高桥石化严格落实“一把手抓安全”第一责任，统筹 HSE 管理体系、制度建设和运行，率先开展承包责任点安全检查、直接作业环节安全督查，以领导引领力带动各级安全责任落实。以“平安护航建党百年”为政治任务，贯彻落实集团公司“总经理 2 号令”，组织开展“百日安全无事故”“五查五严”保安全专项行动，并严格抓好新冠肺炎疫情防控及公共安全风险防控，筑牢新时期安全环保稳定防线。

（魏之臣）

【年度装置大检修取得成功】 2021 年，高桥石化投资 11.54 亿元（炼油 10.75 亿元、化工 0.79 亿元），对 43 套炼油装置、3 套化工装置实施大修改造（检修项目 7 465 项、技措项目 160 项）。面对成立以来“投资额最大、工作量最多、周期最短”的检修任务，细化人员和组织培训、停开工吹扫置换、检修施工等方案，确保工作组织到位、责任落实到位，打好大检修“准备战”；深化“网格化 + 专业化 + 标准化”安全管理理念，严格“三废”排放，严格全过程质量监管，推动安全、环保、质量落实到位，打好安全环保文明施工“保卫战”；强化科学统筹、整体协同、细化节点、挂图作战、合力攻坚，打好装置开工“阵地战”，实现所有检修装置安全环保高质量开车一次成功。

（魏之臣）

【纵深推进风险识别和隐患排查治理】 2021 年，高桥石化以消除不安全因素为重要手段，推进安全生产专项整治三年行动，落实危险化学品和重大危险源管控。应用 PHAMS 平台完成 22 套装置风险检查，完善风险清单和隐患清单，落实重大危险源包保责任制，安全风险总值下降 44.4%。持续加大安全环保投入，累计投资 4.03 亿元，实施 120 项隐患治理项目。

（魏之臣）

【承包商和直接作业环节管理不断落实】 2021 年，高桥石化加强对承包商的强势管理。严把承包商准入关、教育培训关，杜绝不合格承包商进入企业。开展第二方审计，严格承包商记分考核，督促承包商履职尽责、提升自主管理水平。严格执行“7+1”直接作业管理制度，落实 JSA 风险分析，实施高风险作业“双交底”“双监护”，抓好直接作业环节全过程风险管控。严格外包业务管理，落实专业管控责任，防控安全风险。

（魏之臣）

【绿色企业建设大力推进】 2021 年，高桥石化践行“绿色企业行动计划”，抓实抓细“无异味工厂”建设，实现全年“零污染”“零投诉”目标。贯彻落实集团公司“总经理 1 号令”，全面开展挥发性有机物隐患排查整治。加大投入，推动环保提升，催化有色烟羽治理、加热炉排放环保提标、码头油气回收、雨污分流等 53 项攻坚项目按期完成，油品运输大气污染物排放提前 3 年达国家标准，部分指标提前完成总部2022年减排目标。举办5期公众开放日活动，完成“进博会”空气质量保障任务。

（魏之臣）

【市场攻坚成效显著】 2021年，高桥石化坚持市场导向、价值引领，优化生产经营管理机制，开展营销体系建设，推动生产和产品迭代，扩大差异化优势，持续提升增效能力。炼油Ⅲ-4类高端基础油成功销售，小包装石蜡打入欧洲市场，沥青产品首次车运出厂，产品价值持续提升。ABS产品打入高端医药行业，市场竞争力持续增强。13类自销产品全部实现“石化e贸”平台线上销售，产销衔接赋能提速。全年实施125项提质增效措施，增利12.61亿元。

（魏之臣）

【创效增效基础有效夯实】 2021年，高桥石化树立“平稳运行是最大效益”理念，抓好专业管理。落实生产运行管控，抓好现场巡检，严格内外操数据比对，及时防范生产波动。落实工艺技术管控，抓好操作纪律、工艺纪律、报警、联锁等管理，完善技术规程、操作法，推行操作前“手指口述”，规范现场操作，提升装置运行平稳率。落实设备完整性管理，严控专业KPI指标，开展系统检测和预防性检修，实施电力系统专题攻关，加大先进技术投入力度，投用催化风机自发电、外线路增加同步快切等措施，系统保障水平大幅提高。

（魏之臣）

【产品增效赋能成果颇丰】 2021年，高桥石化坚持以效益为中心，优化原料结构、生产结构、产品结构，抓好“油产化、油转化、油转特”，实现产业链升级产品价值赋能。油转化、油产化、油转特率分别提高1.21、0.56和3.18个百分点；化工轻油、特种产品收率分别提高0.99和3.18个百分点。

（魏之臣）

【降本减费深入挖潜】 2021年，高桥石化优化采购方案和原油结构，全年原油采购价格较总部均价低1.39美元/桶，节约采购成本1.19亿元。严把原料和产品进出厂关，优化码头资源，抓好计量、物流运输等关键环节管控，降低成本1.07亿元。打通“绿色供应链”，降低采购成本，采购资金节约率达15.72%。抓好精细化管控，开展浮渣回炼，严控火炬排放，炼油加工损失创最好水平；推进ABS原料国产化替代攻关，降低原料成本3 855万元。开展碳资产置换交易，增效35.62万元。抓实全员成本目标管理，“六项”费用压降21%，节约成本152万元；抓好资金运作，提高存款收益，节约财务费用1.31亿元。争取财税金融等政策，合计增效370万元。抓好股权投资管理，压实合资企业增效责任，投资收益28.59亿元，创历史最高水平。

（魏之臣）

【体制机制不断优化】 2021年，高桥石化聚焦“市场引领、科技驱动、产品赋能、价值增值、转型发展”，坚持对标一流，抓管理增效益。成立电气仪表中心，提升专业资源配置效率；组建销售团队，形成市场快速反应机制；调整“两办”、安环部、财务部机构设置，实现机构优化、效率提升。坚持“一套制度文本支撑多个管理体系”，修订职责划分，抓好制度体系建设，完成126项制度修订，统筹制度“立改废”，整合精简制度38项；完善岗位责任制检查标准，开展年度联检现场审核，抓问题溯源分析、改进提高，夯实管理基础。

（魏之臣）

【转型升级进展加快】 2021年，高桥石化把握上海“国家燃料电池汽车示范城市”定位，以全国首套高纯氢气生产示范装置投产为契机，开展氢能制运储销全产业链技术研究，加快氢能产业化进程。炼制中国首船全生命周期碳中和石油并获认证，成为中国石化首个完成全国碳市场履约企业。聚焦“双碳”目标引领，建成投用焦化污油回炼等绿色发展项目，热电部供电煤耗达标优化改造工程正式实施。启动城市型炼厂沿江面貌整治方案研究，安全绿色转型升级路径更加清晰。

（魏之臣）

高桥石化加工炼制中国首船全生命周期碳中和石油获认证

【助力智能数字化转型提升】 2021 年，高桥石化以信息化手段助力专业管理水平提升，建成水务管理、质量管理、环保信息系统，启动电子作业票、危险化学品运输、预约提货系统等项目建设。开发 BPM 流程 23 项，优化现有流程 228 项，以信息化手段为专业注能、为基层减负，成为中国石化系统内首家通过“两化”融合管理体系升级评定企业。

（魏之臣）

【党建工作】 2021 年，高桥石化坚持党对国有企业的领导不动摇，严格落实“第一议题”制度，以庆祝建党百年为引擎，紧紧抓住深入学习贯彻党的十九大、十九届历次全会精神，全面落实习近平总书记视察胜利油田重要指示精神这一重大政治任务，将习近平总书记重要指示细化为再立新功、再创佳绩的生动实践。坚持把党史学习教育贯穿全年，在学史明理、学史增信、学史崇德、学史力行上重实效。坚持全面从严治党，狠抓党风廉政建设，完善大监督体系，聚焦形式主义、官僚主义突出问题，推进调查研究，落实重点督办，开展双向测评，从严会风会纪，强化正风肃纪，推动政治生态持续向好。

（魏之臣）

【庆祝高桥石化成立 40 周年】 2021 年，以高桥石化成立 40 周年为契机，加强宣传思想工作，围绕“立足当前、干好当下，我们应该做什么？情系高化、志创一流，我们应该怎么做？”开展全员大讨论，重点做到“五个讲清楚”，引导职工转变观念、统一思想、鼓舞士气、激发干劲，凝聚推动高桥石化高质量发展共识。举办高桥石化成立 40 周年主题活动，重建企业文化展示馆，发布《高桥石化社会责任报告》，传承石油石化精神，恢复和发扬高桥石化优良传统，干部员工的精气神明显提升。“职工之家”“青年之家”建设、厂际道路照明工程、工作服集中清洗、工作餐质量提升、EAP 员工帮助计划、AED 救援器材配备、困难职工帮扶等“我为群众办实事”重点任务完成，员工获得感、归属感、幸福感得到增强。

（魏之臣）

高桥石化举办成立 40 周年社会责任发布会

【创新人才队伍建设】 2021 年，高桥石化树立“人才资源是第一资源”理念，创新人才队伍赋能赋智“四项机制”。创新人才队伍培养机制。举办第一届“最强操作”竞赛。抓好班组副班学习，抓实岗位技能培训和持证上岗，开展专业技术人员岗位培训，抓好岗位专项应急培训，员工 HSE 履职能力有效提升。创新人才队伍选用机制。选聘各级专家和首席技师、主任技师，打通“三支队伍”通道“最后一公里”。创新人才队伍评价机制。创新人才队伍激励机制。推动市场化引进、标准化评价、梯次化培养、精准化激励、数字化管理，推进“四大人才队伍”建设。广泛开展群众性劳动竞赛、合理化建议等活动，举办首届青年创新创效竞赛，干部员工队伍“二次创业”内生动力竞相迸发。

（魏之臣）

高桥石化荣膺 2020 年度浦东新区经济特别贡献奖第一名

表 1 高桥石化主要技术经济指标 亿元

指标名称 \ 年份	2021	2020	2019	2018	2017	2016
原油加工量 / 万吨	904.76	1 030.60	1 075.43	868.04	1 054.22	1 040.48
工业总产值	456.74	411.01	528.45	471.51	450.98	406.06
炼　油	410.91	375.13	492.06	433.76	404.86	355.36
化　工	47.55	36.57	37.75	38.97	47.64	49.58
资产总计	375.61	342.77	377.44	316.70	254.34	177.93
流动资产	162.53	110.20	132.80	127.45	59.44	81.96
固定资产原值	187.91	185.05	180.75	173.49	172.45	184.17
固定资产净值	40.17	44.72	46.46	44.48	47.07	59.65
销售收入	462.24	402.28	519.43	472.72	450.80	416.27
实现利税	125.91	108.70	126.08	134.73	157.81	136.12
税　金	87.35	100.86	100.68	98.69	126.17	124.77

表 2 高桥石化主要产品产量 万吨

产品名称 \ 年份	2021	2020	2019	2018	2017	2016
汽　油	201.96	225.49	260.73	205.52	253.39	248.25
煤　油	95.23	117.42	153.96	111.09	135.39	132.56
柴　油	213.78	292.45	312.49	263.93	320.76	320.57
石油芳烃	6.59	6.44	7.43	5.94	6.97	6.75
润滑油基础油	27.20	27.56	25.93	21.88	28.30	25.04
商品原料油	29.18	33.57	35.47	22.84	26.36	19.57
石　蜡	12.19	13.58	13.31	10.06	12.81	15.13
石油焦	53.83	62.51	69.16	55.51	69.07	66.93
合成橡胶	7.69	7.45	7.03	6.93	5.24	9.53

金陵石化

【概况】 中国石油化工股份有限公司金陵分公司（简称金陵分公司）和中国石化集团金陵石油化工有限责任公司（简称金陵石化有限公司）统称金陵石化，位于南京市东北郊，占地面积 778.93 万平方米。金陵石化成立于 1982 年 1 月，1983 年 7 月划归中国石油化工总公司。

金陵石化主要从事石油炼制及石化产品的加工生产和销售，有炼油、芳烃、热电、烷基苯等大型生产装置 70 余套，原油加工能力 1 800 万吨 / 年，是中国石化第三大原油加工基地和亚洲最大的洗涤剂原料生产基地，有金陵亨斯迈、江苏金桐等合资企业 5 家，在华东及沿江地区石化产业布局中占有重要位置。

金陵石化生产石油产品 50 余种，是华东及沿江地区成品油、液态烃、石油苯、烷基苯等产品的主要供应商之一，也是江苏地区乙烯、聚丙烯、合成纤维、新型环保材料等产业的原料供应基地，是南京市首家销售收入突破千亿元的工业企业。产品除供应华东市场外，还远销全国各地，并出口至美国、加拿大、日本等 30 多个国家和地区。

截至 2021 年底，金陵石化设 14 个职能部室、8 个专业化管理中心、9 个生产运行部、2 个工厂。在职职工总数 5 710 人，其中有正高级（教授级）职称的 8 人、副高级（高级）职称的 416 人、中级职称的 944 人。资产总额 354.7 亿元。

金陵石化主要技术经济指标及主要产品产量分别见表 1 和表 2。

（陈　康）

【领导班子调整】 2021 年 9 月，集团公司发文调整金陵石化领导班子：皮志平任二级协理员，不再担任金陵分公司总会计师、金陵石化有限公司党委常委。

（陈　康）

【经营业绩再创新高】 2021 年，金陵石化加工原油 1 802 万吨，生产汽油、煤油、柴油合计 970.3 万吨，实现营业收入 1 041 亿元（金陵亨斯迈 82.71 亿元）、税金 205.36 亿元、利润 66.8 亿元。其中，金陵分公司利润 61.6 亿元（炼油板块盈利 57.6 亿元，在大型炼油企业排名第三，化工板块盈利 4 亿元）；金陵石化有限公司利润 5.2 亿元，在化工事业部托管企业排名第三。

（陈　康）

【市场开拓取得突破】 2021 年，金陵石化深耕国内外市场，首次开拓航空煤油供江西市场、轻质燃料油供湖北市场，汽油首次出口澳大利亚、柴油首次出口柬埔寨，全年完成产品出口 194.06 万吨，销售自销产品 49.71 万吨。金陵石化烷基苯厂内贸烷基苯实现量价同升，重蜡、轻蜡、磺酸等产品销量创历史新高。

（陈　康）

【安全根基更加坚实】 2021 年，金陵石化贯彻集团公司“总经理 1 号令”“总经理 2 号令”，修订发布新版 HSE 管理体系手册，有效开展全员宣贯培训，体系思维推动 HSE 管理更加科学高效；稳步推进“百日安全无事故”“五查五严”保安全等专项行动，开展系统管线隐患整治，完成Ⅱ常减压、Ⅱ催化等 13 套装置的检修和消缺工作，为党的百年大庆平安护航。持续强化工艺平稳性、设备完整性管理，连续 3 年无上报非计划停工。落实常态化疫情防控措施，有效组织新冠疫苗接种，支援地方防疫，得到国务院国资委充分肯定。

（许鹏伟）

金陵石化领导带队开展岗位责任制检查（张　兴　摄）

【绿色发展持续推进】 2021 年，金陵石化贯彻习近平生态文明思想，深入推进污染防治攻坚战，污染排放总量逐年降低，金陵石化被评为 A 档绿色企业，重夺集团公司节能环保先进单位称号。以系统思维和超常力度抓实保温伴热整治、直热供料优化改造、低温热利用等重点举措，节能降耗取得显著成效，单因耗能创近年来最好水平；加大节水减排力度，吨油取水稳定低于 0.3 吨，在集团公司排名第一。

（许鹏伟）

【中国石化首套碳排放监控系统建成投用】 2021 年 6 月 14 日，金陵石化上线运行系统内首套碳排放监控系统，该系统整合 MES、能源监控、实时数据库和 LIMS 等数据，构建起碳排放测算模型，对固定、制程、间接、逸散 4 个大类 20 余个小类碳排放指标进行实时监控，动态展示分析全厂 70 余套装置碳排放数据。该系统经过反复调试优化，数据准确率达 95% 以上，为实现碳达峰碳中和目标提供有力信息化支撑。

（赵 庆）

【高端石墨材料产品质量稳步提升】 2021 年 3 月，金陵石化 15 万吨 / 年高端石墨材料装置成功产出合格的煅前油系针状焦 YFDQ-1 产品，该产品经煅烧后可供下游企业生产超高功率石墨电极和新能源汽车锂电池电极材料。10 月，经国家冶金工业碳素材料质量监督检测中心测定，装置所产针状焦达到大规格超高功率石墨电极使用标准，可作为电弧炉炼钢不可或缺的耐高温导电发热材料和制备高端锂电负极材料的优质原料。

（赵 庆）

【汽油轻馏分优化利用项目中交投产】 2021 年 5 月 28 日，金陵石化 70 万吨 / 年汽油轻馏分优化利用项目顺利中交，11 月 5 日正式开工投产。该项目投资 3.5 亿元，采用中国石化自主知识产权的 Recane 吸附分离工艺技术，将 C_5/C_6 混合原料中的正构烷烃和异构烷烃进行分离，达到分子尺度管理，具有分离效率高、能耗低及产品纯度高等优点，实现乙烯原料与高辛烷值汽油调和组分双优化的目标。

（赵 庆）

金陵石化汽油轻馏分优化利用项目进油开工（张 兴 摄）

【推进二氧化碳捕集利用】 2021 年 6 月 29 日，金陵石化、江苏油田、南京炼油厂三方签署 10 万吨 / 年二氧化碳捕集利用项目合作协议，以实际行动贯彻落实碳达峰碳中和战略。该项目充分发挥中国石化驻苏企业上中下游资源与技术优势，采用碳捕集、利用与封存技术（CCUS），将金陵石化高浓度二氧化碳回收利用，供江苏油田气驱提高低渗储量采收率。预计“十四五”期间可回收二氧化碳 60 万吨。

（赵 庆）

二氧化碳捕集利用项目合作协议签约仪式（张 兴 摄）

【产出医药级高纯度油系正己烷】 2021 年 12 月 14 日，金陵石化利用现有的溶剂油装置，对上游汽油轻馏分优化利用装置产品进行加氢脱苯和精馏分离深度加工，将正己烷纯度提升至 99.5%，满足医药行业中间体制备溶剂指标要求，实现汽油轻馏分产品精细化延伸，填补中国石化系统内高纯度油系正己烷市场空白。

（赵 庆）

【章程修订】 2021 年 12 月，总部批复同意金陵石化有限公司章程修订。此次修订，在党建入章的基础上，进一步完善关于坚持和加强党的领导有关内容，明确党委在决策、执行、监督等各环节的权责和工作方式。完善法人治理结构，将董事会模式调整为执行董事模式，并修订相关条款。此外，还增加经理层成员任期制和契约化管理、总法律顾问制度等内容。

（陈 康）

【党建优势持续转化】 2021 年，金陵石化扎实开展党史学习教育，深入学习贯彻习近平总书记视察胜利油田重要指示和党的十九届六中全会精神，积极从百年党史和殷切嘱托中汲取智慧力量。分层分批推进“我为群众办实事”实践活动，建成金陵石化历史陈列馆，抓实公司层面 43 项重点办实事项目。制订“十四五”党建工作规划，建立完善“4+1”党建工作体系，健全党委讨论和决定重大事项两个清单，党委“把管促”领导作用充分发挥。积极配合党组巡视，全力做好巡视“后半篇文章”。树立正确选人用人导向，中层干部45岁及以下占比34.2%，35岁及以下基层干部35人，干部队伍梯次结构更加合理。大力推进标准化规范化信息化建设，基层党建不断创新拓展，党建实效不断提升。加强意识形态阵地管理和宣传思想文化工作，先进做法在央视等重要媒体多次“出镜”，内聚人心、外树形象取得显著成绩。一体推进“三不”，持续深化“大监督”和党委巡察体制运行，风清气正的政治生态不断巩固。举办第七届职工文化艺术节，开展金陵石化成立40周年系列活动，抓实信访稳定、保密、统战、群团和离退休等工作，改革发展的共同意志充分凝聚、更加坚定。

（连光坤）

【获“十三五”石油和化工行业节能先进单位称号】 2021年10月13日，在中国石油和化学工业联合会举办的2021年全国石油和化工行业碳达峰碳中和发展论坛暨能效“领跑者”、水效“领跑者”发布会上，金陵石化获“十三五”石油和化工行业节能先进单位称号。

（陈 康）

【蝉联“全国群众体育先进单位”称号】 2021年9月16日，在全国群众体育先进单位先进个人、全国体育系统先进集体先进个人表彰大会上，金陵石化被评为2017—2020年度全国群众体育先进单位，蝉联此项殊荣。该项评比每4年举办一次，是体育系统最高规格的表彰。

（陈 康）

表1 金陵石化主要技术经济指标 亿元

指标名称 \ 年份	2021	2020	2019	2018	2017	2016
原油加工量 / 万吨	1 802.22	1 677.39	1 770.12	1 800.61	1 771.56	1 712.67
工业总产值	912.13	671.45	889.75	1 020.11	787.67	624.77
炼 油	801.23	597.20	792.56	879.08	691.18	563.74
化 工	106.11	70.87	93.70	135.36	90.49	53.88
其 他	3.29	3.38	3.49	5.67	6.00	7.15
工业增加值	276.15	213.59	228.13	291.61	291.08	269.21
资产总计	373.19	291.82	266.29	261.58	250.16	233.91
流动资产	198.20	112.83	85.87	104.16	88.99	78.09
固定资产原值	312.07	306.85	302.60	291.13	283.95	253.92
固定资产净值	104.93	110.96	116.70	117.37	121.15	107.01
销售收入	958.56	746.90	933.14	1 009.37	797.72	638.09
实现利税	258.09	169.88	191.53	261.58	256.69	278.66
税 金	205.36	160.00	165.87	203.21	198.69	228.35
综合能耗① / 吨标煤 · 万元$^{-1}$	0.40	0.28	0.29	0.28	0.27	0.27

① 2020年前以2010年不变价格计算，2020年以后以2020年不变价格计算

表2 金陵石化主要产品产量 万吨

年份 产品名称	2021	2020	2019	2018	2017	2016
汽　油	456.75	425.15	476.37	475.67	415.88	398.81
煤　油	162.03	185.63	256.48	253.93	237.35	251.51
柴　油	351.48	367.66	404.80	415.96	437.62	429.65
溶剂油	0.55	0.71	0.99	1.03	0.90	0.95
石脑油	152.23	130.80	126.01	137.01	176.31	197.87
商品燃料油	126.72	93.33	17.44	5.40	0.41	1.50
液化气	57.06	55.33	72.21	86.64	88.88	89.99
石油焦	60.35	51.70	52.51	76.80	87.26	100.36
沥　青	131.18	130.43	141.10	100.45	132.21	101.31
苯类合计	106.79	104.16	97.24	116.79	86.84	47.94
烷基苯	20.60	22.25	20.46	20.51	20.12	21.80
轻　蜡	25.17	28.67	29.09	29.48	25.14	28.49

福建炼化

【概况】 福建炼油化工有限公司（简称福建炼化）是由股份公司和福建省石油化学工业公司各出资50%合资设立的具有独立法人单位资格的大型炼油化工一体化企业，位于福建省泉州市泉港区。其前身福建炼油厂始建于1989年1月。福建炼化设8个机关部门，有1家代管单位、6家合资公司。本部职工总数167人，其中本科及以上学历的职工150人。

福建联合石油化工有限公司（简称福建联合石化）是由福建炼化、埃克森美孚中国石油化工公司、沙特阿美亚洲有限公司按50%：25%：25%比例合资建设的大型石油化工一体化企业，总投资319.85亿元，占地478.70万平方米。于2007年6月成立，2009年11月投入商业运行，2013年底完成脱瓶颈改造，有1 400万吨/年炼油、110万吨/年乙烯裂解、90万吨/年聚乙烯、55万吨/年聚丙烯、100万吨/年芳烃、部分氧化/汽电联产装置（IGCC）等30套炼油及化工联合装置，主要加工沙特原油，生产汽油、柴油、聚乙烯、聚丙烯、对二甲苯、工业用纯苯、丁二烯等石化产品。

福建古雷石化有限公司（简称福建古雷石化）由福建炼化与代表台方的旭腾投资公司按50%：50%的比例合资建设，于2016年11月完成工商注册并举行揭牌仪式，2017年12月正式开工建设，2021年8月顺利投产。2017年7月16日，福建古雷石化与福建漳州港口有限公司按49%：51%的比例合资成立福建漳州古雷石化码头有限公司。

福建炼化林德气体有限责任公司（简称福林气体）由福建炼化与林德气体（香港）公司按50%：50%的比例合资建设，于2008年8月正式成立，2010年底正式投入商业运行，主要为福建联合石化和泉港石化园区提供专业气体产品。

福建福华气体有限公司（简称福华气体）由福建炼化与联华实业投资香港有限公司按照50%：50%的比例合资建设，于2018年3月12日正式注册成立。

中石化化工销售福建有限公司（简称化销福建）由福建炼化与化工销售公司按10%：90%的

比例合资建设，于 2012 年 4 月正式挂牌成立。

福建省福橡化工有限责任公司（简称福橡化工）由福建炼化与福建省石油化学工业公司按 49%∶51%的比例合资建设，于 2011 年 5 月正式成立。

福建炼化主要技术经济指标和主要产品产量分别见表 1 和表 2。

（刘　威）

【领导班子调整】 2021 年 3 月 1 日，集团公司党组、福建省委决定：洪晓江任福建炼化党委委员、副总经理，福建联合石化党委委员，古雷炼化一体化项目管理部副总经理，福建古雷石化党委委员、副总裁；杨飞任福建炼化党委副书记、纪委书记、工会主席、监事会主席，福建联合石化党委副书记、纪委书记、工会主席、监事，古雷炼化一体化项目管理部副总经理，福建古雷石化党委委员；陈飞山不再担任古雷炼化一体化项目管理部副总经理、福建古雷石化党委委员、副总裁（仍任福建炼化副总经理）。

4 月 25 日，集团公司党组、福建省委决定：顾越峰不再担任福建炼化党委书记、董事长，福建联合石化党委书记、董事长，福建古雷石化副董事长，调出福建炼化，另有任用；刘向东暂主持福建炼化、福建联合石化党政全面工作。

（刘　威）

【开展提质增效年度行动】 2021 年，福建炼化围绕安全环保、生产经营、成本控制、工程建设、利润和净利润五大目标，制订行动方案，成立领导小组，于 2 月 1 日起正式实施开展提质增效年度行动。通过召开经济活动分析会等形式，坚持“一月一分析，一月一通报”工作机制，抓好提质增效年度行动开展情况的过程跟踪、绩效考核、措施落实，确保行动取得实效，福建炼化连续第 7 年完成股份公司下达的年度效益目标。

（刘　威）

【抓好开发新产品】 2021 年，福建炼化、福建联合石化坚持以市场为导向，以效益为中心，抓好新产品开发工作，近年来成功开发 17 个聚烯烃产品。6 月 30 日，福建联合石化成功开发聚烯烃新产品 FL8060，FL8060 属于滚塑级中密度聚乙烯，韧性佳，耐候性好，适合生产多品种、小批量、形状复杂的中空塑料制品。12 月 12 日，福建联合石化成功开发聚烯烃新产品 3248T，3428T 属于无规共聚物，可制成壁厚均匀的薄壁塑料制品，运用到食品级材料中。

（刘　威）

福建联合石化开发聚烯烃新产品（张　磊　摄）

【古雷炼化一体化项目顺利投产】 2021 年 8 月 18 日，海峡两岸最大石化产业合作项目——福建漳州古雷炼化一体化项目乙烯装置产出合格乙烯，装置从中交到成功开车只用不到 3 个月时间，创近年来中国石化大乙烯中交开车最快纪录，标志着古雷炼化一体化项目顺利投产。该项目是中国石化重点工程，预计年产值 260 亿元，将以高端材料产品强链延链补链，可拉动当地超千亿元下游产业，为海峡两岸融合发展共赢作出贡献。

（刘　威）

【福建古雷石化产品销往台湾】 2021 年 11 月 1 日，福建古雷石化首批 4 000 吨、货值 3 000 余万元的乙烯单体销往台湾。这是古雷石化园区自设立以来首次实现对台湾产品销售，打通“古雷—高雄”石化产品通道，对实现两岸互通、产业交流、优势互补，推动两岸石化产业融合和探索两岸融合发展新路具有重要意义。

（刘　威）

装载首批销往台湾乙烯单体的“绿宝石”号轮船，顺利驶离码头（苏　哲　摄）

【福建原油商储项目建成中交】 福建炼化代建代管的福建原油商业储备基地工程项目总投资23.6亿元，用地面积645亩（0.43平方千米），于2020年7月6日开工建设，2021年6月28日实现中交。福建炼化克服项目选址晚、基础条件差、新冠肺炎疫情等不利因素，以超常规举措完成集团公司下达的工程建设任务。

（刘 威）

【福建联合石化实施大修改造】 2021年，福建联合石化对老厂区、新厂区加氢处理装置、芳烃联合装置、EO/EG装置及配套的公用、储运系统等共28套装置和系统进行检修改造。大修改造历时76天，完成2 689项检修项目、27项资本性项目。经过改造，PX产能达100万吨/年、当量EOE产能达46.26万吨/年。

（刘 威）

福建联合石化大修改造现场（董 铭 摄）

【福建联合石化烷基化装置一次开车成功】 2021年7月19日，福建联合石化30万吨/年烷基化装置一次开车成功。福建联合石化烷基化装置采用杜邦低温硫酸烷基化工艺，以碳四组分为原料生产不含烯烃、芳烃、馏程合理且饱和蒸汽压低的高辛烷值汽油产品，是国Ⅵ标准汽油产品良好的调和组分。该装置顺利投产将进一步提高碳四综合利用率，促进企业提质增效。

（刘 威）

【推进HSE管理体系有效运行】 2021年7月31日，福建炼化发布新版《公司HSE管理体系手册》。新版手册对照《中国石化HSE管理体系手册》（2021版）要求，立足福建炼化生产经营实际，结合合资企业安全管理体系特点，在福建炼化2019年HSE管理体系手册的基础上编制、修订而成。同时，于11月完成新版体系手册首次内审工作。

（刘 威）

【有效应对福建省内本土突发疫情】 2021年9月，福建省内突发本土新冠肺炎疫情，疫情发源地距福建联合石化厂区仅约8千米。面对严峻形势，福建炼化迅速启动应急响应，班子成员驻扎生产一线，第一时间实施厂区封闭管理、现场人员最小化、人员长期坚守现场和协调地方政府确保物流通道畅通4条主要措施，科学推进负荷调整和统筹优化，实现“零确诊”“零疑似”，确保装置不停运、生产不间断、产品不断供，取得疫情防控和生产经营“双战双胜”。

（刘 威）

【集中视频监控平台正式投入使用】 2021年12月31日，福建炼化集中视频监控平台正式投入使用。集中视频监控平台集成福建联合石化、福建古雷石化、福林气体、福华气体、福建商储分公司约1 930路视频监控信号，覆盖危险化学品生产、储运、装卸场所，公用工程、码头、火炬系统等区域，可实现对现场视频监控即时、多点调阅等功能，并可开展远程视频会议。

（刘 威）

【推进深化改革三年行动、对标世界一流管理提升行动】 2021年，福建炼化全面分解落实集团公司深化改革三年行动实施方案，推进改革行动落地见效；从战略管理、组织管理、运营管理、财务管理、科技管理、风险管理、人力资源管理、信息化管理8个领域，深入开展对标世界一流管理提升行动。截至2021年底，深化改革三年行动任务完成率超 90%、对标世界一流管理提升行动任务完成率超 83%，均超额完成阶段性目标。

（刘 威）

【开展党史学习教育】 2021 年，福建炼化党委紧扣“学党史、悟思想、办实事、开新局”目标要求，扎实开展党史学习教育。组织领导有力度，成立组织机构，制订运行方案，坚持领导带头学、联系贯通学、线上线下学、现场教育学、抽查督导学“五管齐下”。学习教育有厚度，班子组织读书班 15 期，基层党组织开展主题党日活动 60 余场次，组织“我心向党·永远跟党走”文艺晚会等系列活动。监督指导有深度，成立 7 个督导组，“线上 + 线下”开展督导。宣传引导多维度，开辟专题专栏，推送相关报道 200 余篇，营造浓厚氛围。为民办事有温度，福建炼化层面完成 20 项办实事项目，“我为群众办实事”测评满意率 98.2%。

（刘 威）

【接受集团公司党组巡视并抓好整改】 2021 年 5 月 7—30 日，集团公司党组第三巡视组对福建炼化开展为期 24 天的常规巡视，福建炼化党委积极支持、主动配合，确保巡视工作完成。8 月 26 日，集团公司党组第三巡视组以视频形式向福建炼化党委反馈常规巡视情况。收到巡视反馈意见后，福建炼化党委紧扣“四个第一时间”推进整改落实，即第一时间统一思想、提高认识，第一时间健全机构、落实责任，第一时间对标问题、细化措施，第一时间严明纪律、严格要求。截至 2021 年底，整改完成率 80.52%，移交的立行立改问题全部整改关闭。

（刘 威）

【开展党委巡察工作】 福建炼化党委探索实施合资企业、本部机关巡察工作，2021 年完成两轮党委巡察。在克服突发新冠肺炎疫情的影响下，完成对合资企业福建联合石化 3 家党组织巡察；实施对本部机关专项巡察，深化机关作风建设，推动打造一流机关。把督促巡察整改与推进基层党组织建设结合起来，将整改落实情况纳入领导干部年度综合考核，提升巡察整改质效，充分发挥巡察震慑遏制治本作用。

（刘 威）

【助力乡村振兴】 2021 年，福建炼化选派 2 名“85 后”年轻党员干部，分别到位于福建省泉州市的洛江区马甲镇蔡内村、安溪县龙门镇洋坑村，担任驻村党组织第一书记，并于 7 月起驻村开展工作。同时，通过直接向 2 个挂钩村分别捐赠 40 万元、购买特色农产品、组织到村开展走访慰问等方式，巩固脱贫攻坚成果，助力乡村振兴。

（刘 威）

表 1 福建炼化主要技术经济指标① 亿元

指标名称 \ 年份	2021	2020	2019	2018	2017	2016
原油加工量 / 万吨	933.59	938.12	1 035.03	878.01	911.05	933.31
资产总计	146.72	141.49	133.46	122.60	109.17	87.71
流动资产	14.64	15.82	17.88	8.16	9.92	9.26
固定资产原值	3.15	3.22	3.20	3.19	3.72	3.55
固定资产净值	1.63	1.74	1.81	1.91	2.10	2.03
销售收入	547.12	431.57	619.73	572.6	549.34	462.68
实现利税	10.20	2.90	5.15	16.45	28.01	25.43
税 金	0.28	0.22	0.23	0.26	0.29	0.26
炼油综合能耗 / 千克标油·吨$^{-1}$	60.97	56.71	55.79	61.78	67.81	67.45

①资产总计、实现利税、税金为福建炼化本部数据，其余指标包含福建联合石化、福建古雷石化；分置运营后，福建炼化本部没有工业产品生产，无工业总产值，企业集团工业总产值未作统计

表 2　　福建炼化主要产品产量[1]　　万吨

产品名称 \ 年份	2021	2020	2019	2018	2017	2016
汽　油	144.28	148.52	179.97	156.08	152.48	176.42
柴　油	117.00	171.68	246.89	183.25	165.79	166.81
航空煤油	109.46	101.85	127.32	102.50	107.07	99.85
石脑油	249.20	254.21	268.10	216.72	273.90	284.55
液化气	13.98	20.70	23.48	25.01	23.68	24.84
燃料油	8.14	7.83	9.62	7.57	6.69	1.01
硫　黄	15.22	16.08	16.60	15.40	16.69	16.67
液　氨	0	0	0.02	0.02	0.15	0.02
丙　烯	81.35	67.48	68.29	57.07	64.81	62.57
聚丙烯	71.61	62.93	63.73	51.72	61.88	58.47
乙　烯	142.15	116.39	121.67	100.86	120.07	110.01
聚乙烯	90.40	88.21	94.23	79.17	96.52	89.07
对二甲苯	68.41	75.19	82.14	67.44	77.89	72.18
苯	53.67	42.64	42.85	38.81	44.73	40.68
丁二烯	19.81	15.58	15.58	12.75	15.42	14.43
乙二醇	53.47	34.28	42.51	37.09	45.32	43.64
环氧乙烷	15.50	16.35	10.64	4.79	4.07	0.71

①福建炼化本部无生产装置，产品产量数据包含合资公司福建联合石化、福建古雷石化

长岭炼化

【概况】 中国石油化工股份有限公司长岭分公司（简称长岭分公司）和中国石化集团资产经营管理有限公司长岭分公司（简称长岭资产分公司）统称长岭炼化，坐落在湖南岳阳风景秀丽的洞庭湖畔，北临长江，南靠京广铁路，与武广高速铁路、107 国道、京珠高速公路相邻，水陆交通便利。长岭炼化前身为长岭炼油厂，始建于 1965 年，1971 年 5 月建成投产。截至 2021 年底，长岭炼化资产总额 101.23 亿元，占地面积 7.58 平方千米，炼油一次加工能力 1 150 万吨 / 年，综合配套加工能力 800 万吨 / 年，有炼油化工主要生产装置 30 套及配套公用工程、储运、环保处理等装置，其中特色化工装置生产能力 47 万吨 / 年，主要产品有汽油、柴油、航空煤油、石脑油、液化气、“三苯”、沥青、环氧丙烷、聚丙烯等 60 余种，有 17 种产品获省部级以上优质产品称号。在册员工 3 076 人；下辖基层党委 10 个，党总支 1 个，党支部 44 个，共有党员 1 285 名。

2021 年加工原油 653.36 万吨，销售收入 408.17 亿元，上缴利税 97.40 亿元，利润总额 13.33 亿元；获国家科学技术进步奖二等奖、中国石化创效进步优胜单位、炼化资本回报优胜单位、“炼油比学赶帮超”优胜单位等多项荣誉，获全国五一劳动奖状，被评为国家绿色工厂和中国石化

A 档绿色企业、湖南省安全生产先进单位；获中国石化党建考核 A 档。

长岭分公司主要技术经济指标和主要产品产量分别见表 1 和表 2。

（欧阳惠　郭柏良　邵昌睿）

党史学习教育动员会

【深入开展党史学习教育】 2021 年，长岭炼化按照党中央及集团公司党组统一部署，组织广大干部员工开展党史学习教育，聚焦“学党史、悟思想、办实事、开新局”的总体要求，高标准高质量推进。突出真学深学，举行专题党课暨读书班，领导带头宣讲，构筑自上而下全覆盖网络。突出组织宣传，开展“百年党史听我说”“百年党史听我唱”“党史知识竞赛”“党史晨分享”等系列活动，营造浓厚氛围。突出以人为本，用心用情开展“我为群众办实事”实践活动，11 个重点项目有力推进，解决员工关切的问题 76 项。

（欧阳惠　郭柏良　邵昌睿）

【喜迎建成投产 50 周年】 2021 年是长岭炼化建成投产 50 周年。5 月 7 日，长岭炼化举办“传承光荣史，奋进新时代”主题党日活动，干部员工代表、老领导等 800 人参加，国务院参事徐宪平、岳阳市市长李爱武等领导出席活动。长岭炼化系统总结 50 年改革发展成绩经验，并提炼“忧乐、驼鹤、突击、铁梅、山茶、闯将”6 种长炼精神，进一步丰富企业文化内涵，激发广大干部员工爱党爱国爱厂热情。其间，长岭炼化建设厂史展览馆、党建活动中心、EAP 基地，编发《长岭炼化发展简史》《长岭是我美丽的家》等书籍，举办文艺晚会、科技论坛、“说说五十年”等活动。

（欧阳惠　郭柏良　邵昌睿）

【接受集团公司党组巡视】 2021 年 5 月 8 日—6 月 4 日，集团公司党组第六巡视组对长岭炼化进行常规巡视，这是自 2016 年以来再一次接受党组全面政治体检。8 月 26 日，巡视组反馈巡视意见。长岭炼化坚持“严”字当头、“快、真、实”“四个融入”抓整改，建立巡视整改“三清单一台账”，细化 40 个具体问题，确定 115 项整改措施，挂图作战督进度，对账销号督质量，建章立制督长效。11 月 25 日，向集团公司党组报送党委整改进展情况和党组织书记组织落实情况“双报告”，得到党组巡视组的充分肯定。

（欧阳惠　郭柏良　邵昌睿）

进驻动员会长岭分会场

【完成首次“四年一修”】 2021 年度，长岭炼化首次“四年一修”完成。该次检修历时 79 天，总投资 7.3 亿元，检修项目 2 885 项，高峰期现场作业人员近 7 000 人。面对项目推进、施工安全、新冠肺炎疫情防控等诸多挑战，始终以停检开统筹图为纲，各职能组、工区、承包商服从指令并严格执行，预制进度达到可预制量的 90% 以上，保障整体工作有序推进；始终坚持“把最好的时间留给施工单位”“一切统筹优先检修、施工需要”的原则，整体进度推进有序；牢固树立“没有你们我们，只有咱们”的理念，党政工团各级组织与员工群众、施工单位紧密配合，最终顺利完成大修改造，为下一个“五年一修”夯实基础。

（欧阳惠　郭柏良　邵昌睿）

【岳阳地区 150 万吨 / 年乙烯一体化项目有序推进】 2021 年初，长岭炼化与巴陵石化提出“物料互补、资源互享、优势互补”的全方位合作共赢发展思路，提出申报岳阳地区 150 万吨 / 年乙烯一体化项目。该项目符合炼化企业“控炼少油增化”产业发展方向，既有利于优化中国石化乙烯发展布局，稳定中国石化在中部和西南地区石化原料供应，也有利于湖南省打造国家重要先进制造业基地，推动中部地区和长江经济带高质量发展。项目得到湖南省委省政府、岳阳市委市政府的大力支持。2021 年 11 月，项目建议书由湖南省委、中国石化联合提报国家发改委，国家发改委回复“认真研究，统筹考虑”。

（欧阳惠　郭柏良　邵昌睿）

【“10 万吨 / 年双氧水法制环氧丙烷成套技术开发”项目获中国石化科技进步奖一等奖】 2022 年 1 月 20 日，中国石化科技进步工作会上，由长岭炼化牵头，石油化工科学研究院、湖南长岭石化科技开发有限公司等 4 家单位共同参与开发的“10 万吨 / 年双氧水法制环氧丙烷成套技术开发”项目获科技进步奖一等奖。长岭炼化从 2000 年起对该技术进行研究攻关，历经小试、侧线和中试试验，于 2014 年建成国内首套 10 万吨 / 年工业试验装置。经过持续攻关优化，工业装置实现安满长稳优运行，环氧丙烷纯度可达 99.99%，转化率、选择性、能耗、物耗和生产总成本等各项指标均优于国外同类装置，双氧水法制环氧丙烷技术打破美国、德国垄断，实现自主知识产权。

（欧阳惠　郭柏良　邵昌睿）

【获湖南省安全生产和消防工作优秀单位称号】 2021 年，长岭炼化系统推进安全环保管理体系有效运行，加快设备完整性体系、工艺平稳性体系有机融入，长岭炼化重大风险总值由 213 降至 106，总体保持安全生产平稳态势，连续 7 年未发生上报集团公司级事故，获集团公司安全生产先进单位称号、湖南省安全生产和消防工作优秀单位称号。

（欧阳惠　郭柏良　邵昌睿）

【获国家绿色工厂称号】 2021 年 12 月 21 日，国家工信部公布第 6 批绿色制造名单，长岭炼化成功入选，获国家绿色工厂称号。长岭炼化始终深入学习习近平生态文明思想，认真领会关于长江经济带“共抓大保护，不搞大开发”的深刻内涵，响应“碳达峰碳中和”战略，近年来累计投资超 2 亿元实施各类隐患整治、提质改造项目 30 余项，建设投用多套尾气回收、烟气治理等环保资源综合利用设施，降碳减排成效明显，各项污染物排放浓度均优于国家标准。

（欧阳惠　郭柏良　邵昌睿）

【获全国五一劳动奖状】 2021 年 4 月 27 日，在北京人民大会堂“五一”国际劳动节暨“建功‘十四五’、奋进新征程”主题劳动和技能竞赛动员大会上，长岭炼化获全国五一劳动奖状，也是长岭炼化时隔 34 年再获此殊荣。

（欧阳惠　郭柏良　邵昌睿）

表 1　长岭分公司主要技术经济指标　亿元

年份 / 指标名称	2021	2020	2019	2018	2017	2016
原油加工量 / 万吨	653.36	701.35	743.91	752.05	606.11	660.55
工业总产值	410.53	351.31	448.93	475.92	333.57	329.72
炼　油	401.09	338.19	441.27	466.29	327.45	316.29
化　工	14.78	13.12	7.65	9.63	6.12	8.79
工业增加值	133.21	123.44	133.02	144.80	117.05	142.75
资产总计	86.53	82.65	81.56	88.99	92.89	87.18
流动资产	23.75	21.35	15.88	17.03	25.56	18.45
固定资产原值	134.39	129.87	123.61	123.27	123.54	120.19

续表

指标名称＼年份	2021	2020	2019	2018	2017	2016
固定资产净值	47.75	49.36	48.38	53.25	58.55	60.05
销售收入	408.17	342.30	445.24	476.00	332.72	329.99
实现利税	97.40	87.68	97.26	117.07	95.32	112.27
税　金	87.16	90.70	92.53	104.44	84.56	99.83

表 2　长岭分公司主要产品产量　万吨

产品名称＼年份	2021	2020	2019	2018	2017	2016
汽　油	242.70	257.22	280.12	278.62	220.76	239.73
柴　油	178.76	210.75	219.22	211.37	193.40	258.99
航空煤油	72.36	67.78	98.85	85.44	64.36	63.35
商品液化气	63.89	71.17	67.12	68.89	56.40	60.35
重　油	0.06	0.06	0.13	0.49	1.05	0.78
石油焦	28.10	25.78	31.18	35.42	31.19	33.05
三　苯	16.65	22.94	19.29	26.14	20.88	20.86
聚丙烯	11.36	12.63	13.22	13.77	7.90	14.31
工业硫黄	5.13	5.71	5.58	5.87	4.73	5.08
沥　青	10.45	9.23	10.69	11.77	9.52	5.62

广州石化

【概况】 广州石化系中国石油化工股份有限公司广州分公司（简称广州分公司）与中国石化集团资产经营管理有限公司广州分公司（简称广州资产分公司）的合称，其前身广州石油化工总厂成立于 1973 年 6 月 18 日。厂区占地面积 445 万平方米，有主要生产装置 60 余套，是华南地区重要进口原油加工基地和国Ⅵ标准清洁燃料生产基地。主要石油产品有汽油、柴油、航空煤油、液化气等 60 种；化工产品有聚乙烯、聚丙烯、聚苯乙烯三大类 70 种。

截至 2021 年底，广州石化有原油综合加工能力 1 275 万吨 / 年，乙烯生产能力 22 万吨 / 年，有惠州大亚湾 15 万吨级和 30 万吨级深水泊位原油码头各 1 个；有 29.9 万千瓦自备热电站。2021 年加工原油 1 171.81 万吨，生产乙烯 20.62 万吨，利润 36.67 亿元。累计加工原油 2.937 亿吨，生产乙烯 460.47 万吨，上缴利税（不含海关增值税）1 832.84 亿元。

截至 2021 年底，广州石化设 13 个管理部门、4 个职能中心、3 个专业中心、8 个作业部及代管 1 家公司。共有在册职工 4 073 人，其中有正高级职称的 14 人、副高级职称的 366 人、中级职称的 683 人、专业技术人员 1 073 人、技能操作人员 2 563 人。

广州石化持续实施油品质量升级，走在石化行业前列；持续实施环保设施建设及环保治理，走出一条技术含量高、资源消耗低、环境污染少的可持续发展道路；积极推进安全绿色高质量发展，努力建设洁净能源和转型升级“双示范”企业。

广州分公司主要技术经济指标见表1，广州资产分公司主要经济指标见表2，广州分公司主要产品产量见表3。

（邓志伸）

【思想武装有成效】 2021年，广州石化推动习近平新时代中国特色社会主义思想在广州石化落地生根、开花结果。党史学习教育、庆祝建党百年“七个一”系列活动高标准起步、高效率运行，办实事、固根基成效显著、出新出彩，得到集团公司巡回指导组充分肯定。巡视整改“行动迅速、方法恰当、措施有力、效果显著”，政治生态全面向好。企地和谐、队伍稳定。党委“把方向、管大局、促落实”作用充分发挥，党建考核连续5年获评集团公司A档。

（邓志伸）

【经营绩效有新提升】 2021年，广州石化对标世界一流管理提升取得初步成效。超额完成“十三五”节能双控目标。先后6年获评全国原油加工行业能效“领跑者”标杆企业。集团公司开展的设备大检查和设备体系完整性体系内审均列第一。完成炼油Ⅱ系列大修及化工区消缺。全面完成总部下达的成本效益目标。全年累计加工原油1 171.81万吨，生产乙烯20.62万吨，营业收入561.22亿元，盈利（含海外）36.67亿元。

（邓志伸）

【结构调整灵活迅速】 2021年，广州石化建立需求侧变化与供给侧响应协调推进机制，实施减油增化，健全产销日跟踪、周竞价、旬分析、月考核机制，营销比价项目创效1.11亿元。面对航煤、柴油需求侧不振，回炼航煤、柴油组分等3.87万吨、创效1 652万元，开发生产5#工业白油11.90万吨、创效1.21亿元；通过综合施策，柴汽比降至0.96、降低0.08，创历史新低。高标号汽油比例提高0.76个百分点，增效920万元。优化航煤销售渠道，以出顶进航煤，占集团公司供中航油保税航煤总量的17.46%，有效占领国内保税航煤市场。生产低硫重质船燃33.09万吨，销量增长68.30%、增效4 720万元。增产增销边际贡献高的聚烯烃管材料，创效852万元。

（邓志伸）

【财务转型降本增效】 2021年，广州石化强化预算牵引，统筹资金信用管理、财税价格管理、资产经营提效等工作，不断提高财务分析服务经营决策水平。加强“两金”占用、盈余资金管理、加大票据转让和灵活调整原油支付节奏等，“两金”占用比2021年初指标减少3.08亿元，新增大额定存65.5亿元，票据转让增长超100%，资金降本合计超过1.28亿元。争取财税优惠降本超0.7亿元。加强价格、效益测算并提出经营建议，创效近1 000万元。

（邓志伸）

【推进HSE体系建设】 2021年，广州石化推动HSE管理体系与生产经营、专业管理融合在基层的落实落地。国际安全评级系统（ISRS）安全生产定量评估为5级，较2015年（3.5级）有所提升，加强定量评级结果应用，制订安全生产三年提升计划。完善和强化高危作业管理，推行手指口述操作法，落实能量隔离措施，加强无氧作业全过程管控，降低直接作业环境风险。狠抓承包商管理，查处承包商违章2 978项，停工整顿43次，26名承包商人员被列入黑名单；约谈承包商负责人和安全管理人员97人次。

（邓志伸）

【深入风险隐患排查治理】 2021年，广州石化严格落实集团公司“总经理1号令”“总经理2号令”，扎实开展“百日安全无事故”“五查五严”保安全专项行动，推进安全生产专项整治三年行动计划，实施安全风险分级管控和隐患排查治理双重预防机制及重大风险领导承包制，开展重点部位联锁设置和SIL评估，所有重大风险实现降值降级。深入开展隐患排查，166人次获发现重大隐患奖励。

（邓志伸）

【环境治理持续推进】 2021年，广州石化坚守环保依法合规底线红线，制订实施《2021—2023年环保提升方案》等计划及对标赛科VOCs减排39

项措施，加强环保设施运行管理，推进“无异味工厂”建设，投用 CEMS 烟气在线连续监控系统并通过环保验收。落实污泥干化等技术措施，固废量削减 16.85%，固废综合利用率 92.09%。外排废气、废水全面达标并优于排污许可证排放指标，其中 VOCs、二氧化硫、氮氧化物和 COD 分别下降 12.95%、4.85%、20.53% 和 8.86%。

（邓志伸）

【保障公共安全】 2021 年，广州石化持续做好常态化新冠肺炎疫情防控，实现“确诊为零、疑似为零”双零目标。协调区医院入驻企业集中接种疫苗，在岗职工 3 886 人，3 358 人接种完毕，接种率 86.41%，超额完成 80% 的接种任务，并实现 100% 核酸检测目标。规范职业卫生管理，设 3 个职工健康小屋，累计服务 2 000 余人次，未发生非生产性在岗突发死亡事件，无疑似职业病和确诊职业病案例。加强企地协同、区域协同联合应急演练，有效提升综合应急处置能力。

（邓志伸）

【夯实生产运行基础】 2021 年，广州石化严格“三大纪律”管理，加大对“四率”的监督考核，装置运行平稳率在总部排名第三。炼油专业竞赛在炼油企业大型炼厂排名第三。S Zorb 装置连续高负荷运行 1 517 天，创系统内运行纪录。1#CFB 锅炉连续运行 555 天，达国内运行先进水平。攻坚 60 年一遇特大咸潮，除盐水处理系统安全稳定运行。持续组织泄漏排查“7+1”专项治理，应用设备完整性管理平台深入开展 LDAR 检测，装置 LDAR 泄漏率 0.09%，漏点修复率 99.26%，达行业先进水平。加强关键机组特护攻关，大机组故障率下降 0.12‰，重催烟机连续运行 1 531 天，首次实现与装置运行周期同步，创国内同类机组长周期运行纪录。有效运用泵群状态监测系统，机泵突发故障率下降。仪表故障率下降 0.12%。

（邓志伸）

【高质量发展技术改造项目可行性研究获批】 2021 年，广州石化完成项目行政许可备案。通过职评、安评、环评、稳评，推进能评审批。省市政府分别成立工作专班，建立地企定期沟通协调机制。厂外新征用地方案得到政府认可。合资合作稳步推进。加紧谋篇布局，提速产业升级，完成与地方国有企业合资意向书并上报总部。

（邓志伸）

2021 年 4 月 28 日，广州石化召开安全绿色高质量发展技术改造项目启动会（钟勇浜　摄）

【节能降碳持续深化】 2021 年，广州石化实施 6 项合同能源项目，节能 1.59 万吨标煤；实施 6 项“能效提升”项目，节能 0.33 万吨标煤。推动可再生能源利用，在炼油中心控制室安装分布式光伏电站。严格落实加热炉定期能效测试，加热炉平均热效率 93.56%，为历年最好。参与广东电网需求侧响应，增效 1 491 万元。

（邓志伸）

【科研开发有广度有深度】 2021 年，广州石化开展核心技术和关键技术研发，承担国家、省、集团公司等科研项目及课题 30 项，Horizone 工艺装置用国产催化剂及聚丙烯新产品自主开发等项目通过总部技术鉴定。2 项科研成果获总部科学技术奖励。全年研发投入强度超 0.106%，申请专利 25 件，专利成果转化 3 项。与 2 家单位签订技术推广协议，获技术分成 25 万元，实现零的突破。设立广东省博士工作站。建立生产科研项目揭榜挂帅机制，实施 3 批 15 个揭榜挂帅项目。以市场和效益为导向优化产品结构，开发聚丙烯无规透明料 K4912 等 11 个合成树脂新牌号，生产新产品和专用料 47.8 万吨，占比 77.87%。K8009、CJS700 等产品获 CPCIF 行业认证。24 个合成树脂牌号获美国 FDA 等第三方认证。

（邓志伸）

【智能工厂建设步伐加快】 2021年，广州石化统筹推进智慧工厂“4+X”项目群建设，启动“5G+智慧石化”项目，建成智能化炼油中心控制室。实现“两化”融合管理体系2.0转版和IT服务管理体系换版，制订数字化服务生产工作方案。精准防护，实现信息系统连续运行能力和安全防护能力双提升。

（邓志伸）

【深化改革】 2021年，广州石化全面推进深化改革三年行动和对标世界一流管理提升行动，改革任务完成率92%。把党的领导制度优势更好转化为治理效能。坚决落实“两个一以贯之”，在完善公司治理中加强党的领导，健全完善新领导体制下公司治理制度机制。完成经理层成员任期制和契约化管理制度建设。“三能”机制取得实质性突破。完善内部工资总额管理制度。制定实施末等调整和不胜任退出管理办法，125人列入末等调整。推动人力资源市场常态化运作，优化人力资源调配700余人次。下发深化科技体制机制改革实施意见，改革试点研发中心薪酬体系。区域化管理效能提升。调整生产作业部和专业中心管理单元，优化建立49个生产管理区域、172个区域班组。同步制定生产作业部“定类”激励政策，全年区域化专项奖励341万元。盘活资产创效。开展广州资产分公司生产经营性业务重组，成立宏达广州检测分公司并取得油品质量检测计量认证（CMA）资质。实施车辆集中管理，完成驻京办资产划转。

（邓志伸）

【管理对标质效提升】 2021年，广州石化建立价值导向考核分配机制。深入推进对标世界一流管理提升行动，建立矩阵对标体系。构建向关键岗位倾斜、向创造价值倾斜的效益导向激励机制。差异化设置考核维度，全面压实领导责任、专业管理责任，考核对象实现由执行层向管理层、由普通职工向领导干部两个转变。推行异常效益损失追溯考核机制及重点任务即时奖励机制，以结果评价及贡献大小作为精准奖励的重要依据。966人次领导人员扣减5 425分、增长88.7%。推进基层单位“三标”建设。完成基层单位“三标”工作手册编制，开展27次“四不两直”检查，1 889次基层单位领导带队检查，通过督办问题闭环整改，提高基层自主管理能力。

（邓志伸）

【物资保供创效显著】 2021年，广州石化加强物资采购统筹管理，严控大修物资采购节奏，优化重点项目物资采购方案，实现各类物资供应有序有力。完成物资采购总额51.99亿元，采购资金节约率9.53%。强化需求计划管理，管理达标率97.39%。坚持“应招必招、能招尽招”原则，框架协议采购达标率85%，招标采购达标率84.22%，平台采购率100%。从减存量、控增量着手，提高库存保供效能，库存资金周转12.53次、增加5.65次，库存规模1.1亿元，比总部下达控制指标减少0.3亿元。物资供应综合绩效位列集团公司18家炼油企业第2名。

（邓志伸）

【解决社保政策性缺缴问题】 2021年，广州石化结合“我为群众办实事”实践活动，把社保政策性缺缴补缴工作作为一项民心工程来抓，从寻找政策支撑、人员核查、资料整理、做好政策宣传，到最终与财务部门一同做好费用补缴，全程积极主动做实做细各项工作，确保费用补缴工作顺利进行。6月底全部完成自愿申请补缴341人，困扰合同制职工多年的社保政策性缺缴问题得到解决。

（邓志伸）

【获得荣誉】 2021年，广州石化连续3年获评广东省环保信用绿牌企业，通过国家工信部“绿色工厂”评审，首次获评广东省2020年度水效“领跑者”（原油加工）称号，被集团公司评为2021年度节能环保先进单位、经济效益优胜单位、资本回报优胜单位、提质增效优胜单位（化工）。

（邓志伸）

表 1 广州分公司主要技术经济指标 亿元

指标名称 \ 年份	2021	2020	2019	2018	2017	2016
原油加工量 / 万吨	1 172.81	1 212.98	1 186.01	1 261.37	1 173.81	1 223.64
工业总产值	570.28	476.96	586.05	636.02	486.5	425.54
工业增加值	195.60	179.91	180.68	211.82	207.15	197.86
资产总计	267.95	237.76	218.14	188.81	246.15	223.24
流动资产	167.64	133.42	108.69	118.85	171.13	145.01
固定资产原值	235.11	232.62	224.28	221.83	218.5	216.36
固定资产净值	47.96	52.28	51.62	56.95	61.69	69.35
主营业务收入	559.37	463.01	579.65	628.99	478.23	428.80
实现利税	159.42	153.12	143.62	180.70	177.05	178.52
税　金	124.20	142.45	123.98	140.51	135.29	142.90
综合能耗①/ 吨标煤 · 万元 $^{-1}$	0.58	0.41	0.39	0.39	0.41	0.39

①综合能耗是指不变价的能耗

表 2 广州资产分公司主要经济指标 亿元

指标名称 \ 年份	2021	2020	2019	2018	2017	2016
资产总计	5.98	5.94	5.95	5.91	6.15	6.22
流动资产	1.68	1.33	1.22	1.00	1.09	1.10
固定资产原值	5.55	6.69	6.69	6.69	6.80	6.56
固定资产净值	3.97	4.27	4.38	4.55	4.76	4.65
主营业务收入	2.93	3.34	4.31	5.29	4.65	4.23
实现利税	−0.70	0.52	0.53	0.23	0.07	−0.0024
税　金	0.29	0.21	0.26	0.15	0.31	0.29

表 3 广州分公司主要产品产量 万吨

产品名称 \ 年份	2021	2020	2019	2018	2017	2016
汽　油	294.05	307.38	313.46	303.56	252.24	260.22
煤　油	148.13	146.43	205.23	197.32	176.81	179.85
柴　油	282.74	371.01	346.00	363.60	352.76	378.50
液化气	49.42	47.66	46.91	55.53	49.47	49.88
沥　青	66.73	72.57	70.85	64.06	54.95	62.61
石油焦	90.36	80.42	65.79	86.53	86.05	92.20
乙　烯	20.62	22.45	20.77	22.52	22.61	22.13
聚乙烯	18.31	19.61	17.30	19.52	19.69	20.95
聚丙烯	36.81	39.69	36.52	37.76	33.37	21.44
聚苯乙烯	6.24	6.80	6.25	6.61	6.46	5.66

洛阳石化

【概况】 中国石油化工股份有限公司洛阳分公司（简称洛阳分公司）和中国石化集团资产经营管理有限公司洛阳石化分公司（简称洛阳资产分公司）统称洛阳石化，是集团公司直属的油、化、纤一体化石油化工企业。

洛阳分公司前身是国家第5个“五年计划”期间批准建设的单系列500万吨/年洛阳炼油厂，1978年动工建设，1993年建成500万吨/年炼油工程，2000年建成20万吨/年化纤工程，2010年形成800万吨/年炼油能力，2021年完成1 000万吨/年炼油结构调整项目建设。截至2021年底，洛阳石化原油加工能力1 000万吨/年，有炼油、化工、化纤装置39套，主要产品有汽油、柴油、航空煤油、对二甲苯（PX）、精对苯二甲酸（PTA）、涤纶短纤维、聚丙烯树脂等30多个品种50多个牌号。

截至2021年底，洛阳分公司设13个处室、6个中心、9个运行部；洛阳石化合同制员工2 796人，其中具有正高级职称的9人、副高级职称的312人、中级职称的495人、初级职称409人；公司党委设直属党组织18个、基层党支部48个，有党员1 380人。

洛阳石化主要技术经济指标见表1，洛阳分公司主要产品产量见表2。

（徐子晴）

【生产经营业绩好于预期】 2021年，洛阳石化通过落实优化增产、拓市增效、降本减费、政策利用、节能降耗等措施，取得好于预期的生产经营业绩。全年完成原油加工量673万吨，实现营业收入375.27亿元，利润7.8亿元，分别增长7%、36%和219%。

（徐子晴）

【保持安全平稳生产】 2021年，洛阳石化开展“反三违、除隐患”百日安全无事故、“五查五严”保安全专项行动，完成《洛阳石化HSE管理体系手册》发布实施，持续深化双重预防机制建设，强化重大安全风险管控措施落实，加快隐患治理项目进度，夯实本质安全基础。全年实现安全平稳生产，获集团公司2021年度安全生产先进单位称号。

（徐子晴）

【绿色发展稳步推进】 2021年，洛阳石化围绕“打造黄河流域绿色发展标杆企业”目标，持续推进绿色发展。制订《洛阳石化黄河流域生态环境保护工作方案》，开展臭氧污染防治、VOCs治理专项攻坚，外排污染物全部达标。深化绿色企业创建，通过集团公司绿色企业创建复审。推进清洁能源利用，4月启动光伏发电项目一期工程，安装光伏板1 050块，总面积2 680平方米，截至2021年底完成并网试运工作，项目投运后预计每年发电量可达60万千瓦·时，可减少二氧化碳排放量248吨。12月18日，洛阳石化与华润电力中西分公司签订战略合作协议，自2022年起外购电将全部使用该公司提供的绿电。

（徐子晴）

【1 000万吨/年炼油结构调整项目全面建成中交】 洛阳石化1 000万吨/年炼油结构调整项目总投资45.25亿元，主要包括新建工艺装置、改造装置及相关配套改造工程，其中新建装置包括260万吨/年渣油加氢装置、120万吨/年连续重整联合装置［含8万米^3（标准）/时氢提浓］、45万吨/年芳烃抽提装置、12万吨/年乙苯装置、10万吨/年硫黄回收装置；改造装置包括常减压蒸馏装置由800万吨/年扩改至1 000万吨/年，1#催化装置由140万吨/年扩改至180万吨/年（含新建制氧站），2#催化装置由140万吨/年扩改至160万吨/年，220万吨/年蜡油加氢改造为150万吨/年中压加氢裂化装置，航空煤油加氢装置由80万吨/年扩改至120万吨/年；配套改造工程有储运系统改造、供热供风供氮系统改造，新建1套含盐污水处理场、1座中心控制室等。

1 000万吨/年炼油结构调整项目中，1#、2#

催化装置扩改项目和新建1座中心控制室于2019年大检修期间实施完成；新建10万吨/年硫黄回收装置、260万吨/年渣油加氢装置、120万吨/年连续重整联合装置［含8万米^3（标准）/时氢提浓］、45万吨/年芳烃抽提装置和新建含盐污水处理场、全厂工艺及热力管网改造等配套项目于2020年实施完成；新建12万吨/年乙苯—苯乙烯联合装置、常减压蒸馏装置扩改和220万吨/年蜡油加氢改造为150万吨/年中压加氢裂化装置等项目于2021年实施完成。洛阳石化1 000万吨/年炼油结构调整项目全面建成中交，装置结构进一步得到改善。

（徐子晴）

【洛阳原油商业储备基地（二期）建成投用】 2021年7月30日，洛阳原油商业储备基地工程（二期）建成投用。该工程（二期）是中国石化于2020年初在全国布局建设的7个原油商业储备基地之一，项目总投资8.6亿元，总库容8×10万立方米。基础设计于2020年6月28日获批复，2020年7月28日开工建设，2021年5月18日建成中交。

（徐子晴）

【日照—濮阳—洛阳原油管道投用】 2021年11月18日，日照—濮阳—洛阳原油管道全面建成投用。该项目于2016年4月获国家发改委核准批复，2017年5月通过可行性研究报告批复，可行性研究批复总投资49.39亿元。2018年3月28日开工建设，2021年10月17日全线贯通。该管道起点为山东省日照市岚山港区的日照输油站，沿途经过日照、临沂、泰安、济宁、菏泽、濮阳、安阳、新乡、焦作、洛阳10个地市和33个县区，终点位于洛阳市孟津区的洛阳原油商业储备基地内，管道全长796千米（山东境内462千米、河南境内334千米），管径762毫米，设计输量1 000万吨/年。

（徐子晴）

日照—濮阳—洛阳原油管道于2021年11月18日正式投用。图为工作人员取出油水分离器（王东亮　摄）

【丙丁共聚产品PPD-MT80试产成功】 2021年11月23日，洛阳石化2#聚丙烯装置成功生产出首批500吨丙丁共聚PPD-MT80产品，填补洛阳石化共聚聚丙烯产品空白。丙丁共聚产品的生产，能够降低2#聚丙烯装置的丙烯单耗，丰富洛阳石化聚丙烯产品种类，提升产品市场竞争力。

（徐子晴）

【聚丙烯产品PPH-MN90B出口海外】 2021年4月14日，洛阳石化自主研发生产的聚丙烯产品PPH-MN90B实现首次出口海外。该产品是一种自带蓝光、不含塑化剂和有机锡的高流动、高结晶、超高模量聚丙烯产品，以其为原料生产的产品广泛应用于餐具、家电、汽车等高端薄壁注塑制品领域，自2017年4月推向市场以来，通过多个国家和地区的环保健康认证，填补国内该领域的空白，有很强的市场竞争力。

（徐子晴）

【完成厂办大集体企业改革】 2021年，洛阳石化落实集团公司关于厂办大集体改革的安排，完成对洛阳资产分公司下辖集体企业惠康物业管理公司的改革工作。对惠康物业管理公司进行注册形式变更，名称变更为洛阳石化惠康实业有限公司，股权由洛阳分公司工会委员会持有。9月6日，洛阳石化惠康实业有限公司取得营业执照，依法合规完成改革任务。

（徐子晴）

【深化“三项制度”改革】 2021年，洛阳石化纵深推进“三项制度”改革。全年中层、基层领导人员末等调整、不胜任退出比例达3.3%，干部“能下”取得新突破；深挖内部用工潜力，通过实施承揽塔河炼化原油商储库操作运行业务等措施，持续优化人力资源配置，超额完成总部下达的年度用工指标，全员劳动生产率提升 36%；持续完善激励分配机制，薪酬差异化系数提高 5%。

（徐子晴）

【扎实开展党史学习教育】 2021 年，按照中央和集团公司党组关于党史学习教育的安排部署，洛阳石化认真落实规定动作，创新开展自选动作，推进党史学习教育走深走实、见行见效。各级党组织坚持把学史明理、学史增信、学史崇德、学史力行贯穿始终，通过读书班、专题党课、专家辅导、主题党日等形式，各级领导干部开展专题宣讲 335 场，受众 4 670 人次；组织党员干部到井冈山、延安及周边红色教育基地开展沉浸式学习，在红色场景中感悟初心使命、汲取奋进力量；在局域网等媒体开设党史学习教育专栏，营造处处有学堂、人人被熏陶的学习教育环境。坚持学思贯通、知行合一，围绕“四个聚焦”，开展“我为群众办实事”实践活动，先后完成办公环境改善、通勤班车路线优化、职工书屋建设、游泳馆设施改造等项目，各级党组织办实事 419 项，党员参加志愿服务 3 200 余人次，职工群众满意度持续提高。

（徐子晴）

【开展庆祝中国共产党成立 100 周年系列活动】 2021 年，洛阳石化策划中国共产党成立 100 周年系列庆祝活动，举办党史知识答题竞赛、“颂歌献给党”合唱比赛、书美影展、剪纸展览等群众性活动 10 余项，累计参与 5 300 余人次，进一步点燃爱党爱国热情。6 月 30 日召开庆祝中国共产党成立 100 周年大会，为党龄超过 50 周年的老党员颁发“光荣在党 50 年”纪念章，对获集团公司优秀共产党员、优秀党务工作者、先进基层党组织及河南省先进基层党组织等称号的先进集体和先进个人进行表彰。

洛阳石化职工制作巨幅剪纸作品庆祝中国共产党成立 100 周年（王东亮　摄）

（徐子晴）

【完成集团公司党组巡视反馈问题整改】 2021 年 2 月 4 日，集团公司党组第一巡视组就 2020 年 11 月 3—30 日期间对洛阳分公司党委开展的机动巡视进行意见反馈。巡视反馈问题 13 项，洛阳石化进一步梳理细化为 51 项问题，制定整改措施 109 条，截至 2021 年底全部完成。集团公司党组听取洛阳石化巡视情况后所提的 10 项要求，洛阳石化进一步细化为 27 项措施，除“推进乙烯项目落地”一项工作为阶段性完成且需跟踪推进，其余全部落实完成。巡视组移交的 28 条问题和线索全部处置完成。

（李青远）

【接受集团公司党组环保专项巡视】 2021 年 6 月 18—20 日，集团公司党组生态环保专项巡视组对洛阳石化党委开展专项巡视。巡视主要聚焦习近平生态文明思想及长江黄河流域生态保护指示批示精神，集团公司有关碳达峰碳中和、降碳行动及生态环保工作要求的学习贯彻情况；聚焦贯彻集团公司生态环保重点工作部署的落实情况；聚焦上级单位督查检查发现的问题、地方政府处罚情况、环境风险和环保隐患整改情况；聚焦洛阳石化生态环保深层次问题的梳理以及前瞻性治理措施思考情况。12 月 9 日，集团公司党组生态环保专项巡视组向洛阳石化党委反馈巡视意见，反馈 4 个方面 23 项问题，洛阳石化梳理细化为 34 项问题，制定整改措施 42 条，持续推进整改。

（李青远）

【推进人才强企工程】 2021 年，洛阳石化持续推进人才强企工程。进一步强化重实绩、重实干、重担当的选人用人导向，优化干部队伍年龄结构，新提拔中层副职干部 40 岁以下占比 43%、新提拔基层副职干部 35 岁以下占比 57%。加大年轻干部培养力度，选派 2 人参加集团公司“三百三千”实践锻炼计划，5 人实施内部挂职锻炼。开展高层次人才动态选聘，聘任高级专家 2 人，高层次人才总量 102 人，基本实现各专业和各层级职位全覆盖。

（徐子晴）

【推动乡村振兴】 2021 年 6 月，落实国家帮扶重点转移政策，成立洛阳石化乡村振兴工作领导小组，推动对口帮扶的洛阳市洛宁县苇山村乡村振兴工作有序开展。推动扶贫公益项目落地，完成标准化卫生室、公共厕所、太阳能路灯等项目投用。全年完成扶贫消费 76 万元，助力农民增收，在洛阳市企业脱贫攻坚成效考核中排名第一。

（徐子晴）

表 1　洛阳石化主要技术经济指标　亿元

指标名称＼年份	2021	2020	2019	2018	2017	2016
原料油加工量 / 万吨	771.91	711.88	549.47	694.68	670.69	626.77
工业总产值	373.36	272.82	300.53	357.90	296.86	232.91
炼　油	331.32	248.16	276.57	323.99	267.11	209.56
化　工	42.04	24.66	23.97	33.91	29.75	23.35
工业增加值	117.05	92.82	80.96	106.55	105.29	88.68
资产总计	150.87	123.24	106.18	77.30	71.70	67.64
流动资产	54.18	28.14	23.49	32.09	29.40	22.68
固定资产原值	204.00	192.03	161.34	156.93	161.82	161.40
固定资产净值	67.96	60.29	32.92	32.94	37.29	40.63
销售收入①	374.35	274.36	300.13	325.19	301.40	236.52
实现利税	101.83	78.87	74.12	90.62	95.78	75.69
税　金	94.72	86.92	73.36	85.77	87.17	62.48
综合能耗② / 吨标煤 · 万元 $^{-1}$	0.71	0.50	0.47	0.49	0.48	0.53

①包括洛阳资产分公司

②从 2011 年起万元产值能耗改为 2010 年不变价格

表 2　洛阳分公司主要产品产量　万吨

产品名称＼年份	2021	2020	2019	2018	2017	2016
92# 汽油	128.41	122.48	115.62	125.73	108.32	29.44
93# 汽油	—	—	—	—	—	64.85
95# 汽油	77.02	71.16	58.96	61.38	58.82	23.23
97# 汽油	—	—	—	—	—	46.98
98# 汽油	—	—	1.63	5.78	12.79	9.70
3# 喷气燃料	54.48	56.19	62.71	66.66	62.80	62.78
0# 柴油	187.89	187.00	156.01	170.77	174.48	139.96
-10# 柴油	1.55	1.48	2.54	1.89	1.95	3.84
2# 燃料油	—	—	—	5.75	0.49	—
炉用燃料油	3.40	1.31	3.80	2.11	—	—

续表

年份 产品名称	2021	2020	2019	2018	2017	2016
船用轻质燃料油	0.77	2.13	—	—	—	—
4# 燃料油	—	—	—	—	1.60	—
化工石脑油	15.09	12.29	11.28	14.24	12.96	13.54
工业白油	—	—	—	—	—	4.58
粗白油	—	—	—	—	5.08	2.71
工业己烷	—	—	—	—	—	1.09
石油醚	4.80	2.37	2.09	6.65	7.21	8.45
商品重油	1.01	—	—	0.11	0.58	0.11
沥　青	18.03	19.70	15.84	13.99	16.33	14.39
液化气	66.13	56.83	45.06	51.22	46.44	43.86
丙　烯	22.38	18.63	13.36	17.20	15.53	13.99
硫　黄	6.63	4.91	4.66	5.35	5.00	3.97
液　氨	0.50	0.42	0.33	0.35	0.32	0.26
聚丙烯	21.72	17.69	13.29	14.92	15.70	15.24
纯　苯	10.31	7.25	5.98	8.47	8.53	7.34
1# 石油甲苯	12.19	2.79	0.96	—	—	—
石油混合二甲苯	—	0.09	—	—	—	—
对二甲苯	14.74	11.53	10.71	14.21	15.07	13.58
邻二甲苯	3.74	0.80	0.98	2.80	2.28	—
精对苯二甲酸	18.15	17.35	15.91	19.91	16.02	20.08
聚　酯	10.91	10.26	9.32	10.86	10.74	10.50
涤纶短纤维	10.78	10.18	9.19	10.79	10.58	10.36

青岛炼化

【概况】 中国石化青岛炼油化工有限责任公司（简称青岛炼化）成立于2004年，是中国石化、山东省、青岛市共同出资设立的特大型石油化工联合企业（出资比例为85%∶10%∶5%）。青岛炼化位于青岛经济技术开发区重化工园区，总占地面积290公顷，毗邻青岛港，位置优越，配套完备，交通便捷。青岛炼化是目前中国石化系统内单套装置规模最大、体制机制最新、用工定员最少的炼化企业之一，1 000万吨/年大炼油项目是中国批准建设的第1个单系列千万吨级炼油项目，总投资125亿元，于2008年6月正式投产。青岛炼化采用较为先进的管理体制机制，组织机构扁平，采用两级管理组织架构，设8个机关职能部门、5个直属机构、7个二级单位；职工数量700余人。

青岛炼化工艺路线采用“焦化+CFB锅炉+催化”方案，主要加工进口高硫原油，截至2021

年底，原油综合配套加工能力 1 200 万吨 / 年，拥有 22 套生产装置和相应的公用工程及辅助设施，每年可生产汽油、煤油、柴油成品油 800 余万吨，生产聚丙烯、苯乙烯、混苯、硫黄等各类石化产品 200 余万吨。车用汽油、柴油质量可全部达到国Ⅵ标准。

青岛炼化主要技术经济指标和主要产品产量分别见表 1 和表 2。

（王鑫磊　刘　煜）

【董事会监事会换届】 2021 年 6 月 18 日，青岛炼化召开股东会、董事会、监事会会议。股东会会议选举产生公司第六届董事会和监事会成员，董事会由赵培录、杜博华、张日勇、马新华、武斌、张华庆、代杰 7 名成员组成，监事会由汪建林、王锋、刘书君、王慧、杨春强 5 名成员组成。董事会会议选举赵培录为公司第六届董事会董事长，聘任新一届经营管理班子，杜博华为总经理，李振民为副总经理（兼），武斌为总会计师，孙浩、常培廷为副总经理；聘任吕少春为董事会秘书。监事会会议选举汪建林为公司第六届监事会主席。

（王鑫磊　刘　煜）

【生产经营】 2021 年，青岛炼化全年加工原料油 1 138.78 万吨（其中原油 1 118.24 万吨），销售收入 518.25 亿元、利润 49.52 亿元、税金 126.32 亿元。科学统筹原油采购，加大高性价比主力油种采购力度，原油平均 API 降至 30.2，平均硫含量 2.45%；原油储运损失率降至 0.035%。持续增产丙烯、发泡剂、碳十粗芳烃等高附加值产品，首次生产低硫重质船用燃料油，沥青、石脑油产量再创新高，成品油收率降至 62.03%。面对国内汽油、柴油资源紧张局势，快速响应落实保供措施，油品汽运发货能力增加 2 倍，以实际行动彰显央企担当。

（王鑫磊　刘　煜）

【攻坚创效】 2021 年，青岛炼化以构建战略型集约化财务管控体系为抓手，持续深化全员成本目标管理，扎实推进资产分类创效，落实税收政策增效 6 010 万元。坚持分析小偏差、促进大优化，根据市场变化做到日优化、周跟踪，全年召开 68 次优化会议、完成 360 个方案测算。统筹实施 80 项攻坚创效措施，汇智集聚 90 条创新创效“金点子”，累计增效 6.95 亿元；实现单位完全费用 184.87 元。

（王鑫磊　刘　煜）

【疫情防控】 2021 年，青岛炼化全力应对新冠肺炎疫情，坚持“专业 + 单位”的网格化管理模式，加强与青岛市、黄岛区的沟通对接，巩固联防联控工作格局。压实属地责任，细化防控措施，确保无死角、无盲区，实现“零输入、零感染”。组织员工接种疫苗，接种率超过 93%。

（王鑫磊　刘　煜）

【安全生产】 2021 年，青岛炼化全新发布 HSE 管理体系手册，修订 58 项安全制度、373 项岗位职责，一体推进承包商 QHSE 管理体系建设，专业管理与体系运行实现深度融合。深入推进安全生产“大学习、大培训、大考试”专项行动，创新“班前微课堂”“情景互动教学”等培训方式，不断强化培训效果。扎实开展受限空间、高处作业专项整治活动，持续深化信息技术应用，实现作业全程视频监控。以消气防运动会为平台，切实提升全员应急处置能力；认真履行国家应急救援队职责，圆满完成河南洪灾抢险救援，协助青岛市处理 5 起危险化学品险情。

（王鑫磊　刘　煜）

【风险管控】 2021 年，青岛炼化全面落实“百日安全无事故”“五查五严”专项行动要求，常态化开展安全风险管控和隐患排查，实施“消除红色报警”专项行动，月均红色报警数下降 98%、黄色报警数下降 80%，风险总值下降 13%。探索安全风险分级管控和隐患排查治理双重预防机制建设新模式，获国家应急管理部肯定，被山东省应急管理厅推广。

（王鑫磊　刘　煜）

【环保节能】 2021 年，青岛炼化加强污染物总量控制，外排废水、废气达标率 100%。全面落实绿色企业行动实施方案，加速推进 9 个环保提升项目，6套装置完成绿色基层创建；顺利通过集团公司和地方政府的清洁生产验收，以A档成绩通过集团公司绿色企业复核。编制碳达峰碳中和行动方案，落实13类39项工作任务；按计划推进5个“能效提升”项目，完成第1批高温管线保温节能改造，统筹实施低温余热回收、屋顶光伏发电等节能项目。综合能耗（56.05千克标油/吨）保持领先水平，连续9年蝉联能效“领跑者”标杆企业榜首，首次获评水效“领跑者”标杆企业，实现能效、水效双领跑。

（王鑫磊　刘　煜）

【工艺技术】 2021年，青岛炼化深入开展工艺平稳性体系建设，组织生产运行管理专项检查，生产装置安全平稳运行，连续8年在集团公司炼油专业达标竞赛中排名第一，常减压、催化裂化、加氢裂化等7套装置进入同类装置竞赛前3名。抓实生产过程管控，在线质量分析仪表取代率95%，产品出厂质量合格率100%。

（王鑫磊　刘　煜）

【设备管理】 2021年，青岛炼化认真贯彻“一个中心、两个应用、三个结合”的工作要求，扎实推进设备完整性体系建设，实现信息化平台业务流程全部贯通。加强动设备离线状态监测，及时开展预防性维修；抓好设备腐蚀分级管理，制定冷换设备“一台一策”管控措施，完成热电机组通流改造工作。

（王鑫磊　刘　煜）

【项目管理】 2021年，青岛炼化结合实际安排投资项目，高质量做好大检修项目论证等准备工作，高标准完成催化装置停工检修。编制工程质量口袋书，设置245个质量控制点，打造72项优秀质量样板，工程项目标准化水平显著提升；青岛氢能资源基地项目创造国内同类型项目建设多项先进指标。

（王鑫磊　刘　煜）

【人才强企】 2021年，青岛炼化大力加强复合型干部培养和年轻干部选拔任用，中层干部40岁以下占比超30%；创新人才培养模式，通过实践交流、实岗挂职、委派跟班学习等方式，促进年轻人才丰富阅历、增长见识、提升动手能力；设置班组运行工程师、主任工程师岗位，加长人才成长板凳；聚焦人才成长需求，开展“领导干部讲制度”活动，强化制度、标准的大培训、大学习；全面开展专家带徒工作，促进知识、经验、技能、文化、品德的有效传承；召开公司首次人才工作会议，全面推动人才队伍建设由“精干”迈向“精尖”。

（王鑫磊　刘　煜）

【企业发展】 2021年，青岛炼化围绕集团公司“一基两翼三新”产业格局，践行绿色低碳可持续发展理念，新能源、新材料基地建设取得实质进展，“油转化”“油转特”步伐明显加快，胶东机场管道工程助力航煤保供，青岛氢能资源基地项目入选山东省“十四五”期间氢能产业重大示范试点项目，一期工程顺利投产，顺酐项目完成可研批复；协调中咨公司完成公司发展定位论证，明确转型发展路径，凝聚企地合作共识。科学调整转型发展项目部，完善职责权限，充实人员配备，以创新机制和可靠人力为公司发展保驾护航。

（王鑫磊　刘　煜）

2021年8月5日，青岛炼化首车燃料电池用氢顺利出厂（刘　强　摄）

【企业管理】 2021年，青岛炼化切实对标世界一流促进管理提升，46项重点任务完成率85%；扎实开展深化国企改革三年行动，稳步推进“三项制度”改革，加快推进企业现代化治理体系建设，如期完成加强董事会建设相关工作，公司治理体系更加完善、治理能力显著提升。深化内控制度执行有效性提升，抓好重大风险管控，不断提高合规管理水平；全年制（修）订制度 240 项，压减整合制度 58 项。创立退休人员关心服务新模式，有效增强退休人员的归属感。

（王鑫磊 刘 煜）

【科技创新】 2021 年，青岛炼化坚持创新引领战略，广泛与高校、科研院所签订战略协议，一体推进产学研深度合作，实施北京化工研究院“丙丁共聚”技术成果转化，为聚丙烯新产品“生产一代、储备一代、研发一代”夯实基础。参加集团公司青年科技精英赛，举办青年技术攻关创新成果展和“五小成果”评比，搭建创新平台、激发创新活力。全年共申报专利 10 件，申报科技成果转化奖励 2 项。完成“氢能梯级回收利用技术”“10 万吨 / 年丁二酸工艺开发”等科技攻关项目申报。

（王鑫磊 刘 煜）

【“两化”融合】 2021 年，青岛炼化深入探索 5G 网络应用，加大智能工厂建设力度，应用机器人流程自动化技术，减小劳动强度、提高工作效率。完成水务管理等 7 个信息系统全流程上线运行；实施生产装置自控提升项目，装置自控率提高至 98.7%。高效打造云计量鹰眼管控平台，实现“一证式物流、自助式计量、立体化管控、多维度服务”特色计量模式；成功试点“云桌面”项目，推动办公方式迈进“云时代”。

（王鑫磊 刘 煜）

【党的建设】 2021 年，青岛炼化持续加强党的建设，全面落实党建责任，不断完善“融合、创新、共建、共享”特色党建模式。扎实推进党史学习教育与公司生产经营、改革发展深度融合，落实 20 类重点任务、40 项具体工作，引导全体党员学党史、悟思想、办实事、开新局；用心倾听群众心声，切实把“我为群众办实事”实践要求落到实处，办理实事好事 180 余项。深化与维保协作单位党建共建，树牢合作理念，通过“双学双促”提升基层党组织的战斗合力。热烈庆祝中国共产党成立 100 周年，学习贯彻党的十九届六中全会精神，有效巩固攻坚克难向前进、凝心聚力谋发展的大好局面。

（王鑫磊 刘 煜）

2021 年 6 月 5—6 日，青岛炼化举行庆祝中国共产党成立 100 周年“奋斗百年路 启航新征程 永远跟党走”健步行活动（刘 强 摄）

表 1 青岛炼化主要技术经济指标 亿元

指标名称＼年份	2021	2020	2019	2018	2017	2016
原油加工量 / 万吨	1 118.24	1 073.38	931.15	1 160.97	1 172.16	1 131.91
工业总产值	517.81	361.13	399.89	536.35	423.95	324.35
工业增加值	168.01	103.96	85.33	139.83	174.05	166.89
资产总计	226.25	175.65	189.51	201.74	185.22	122.66
流动资产	181.41	121.76	125.15	132.73	105.74	34.15
固定资产原值	163.93	162.96	159.23	157.34	155.91	154.53
固定资产净值	34.94	43.85	50.67	59.06	68.24	77.78
销售收入	518.25	359.12	398.90	538.26	427.92	330.79

续表

指标名称 \ 年份	2021	2020	2019	2018	2017	2016
实现利税	163.45	89.13	80.43	152.85	183.24	171.21
税　金	126.32	91.69	69.74	105.30	133.14	131.21
综合能耗 / 千克标油・吨 $^{-1}$	56.05	56.04	55.34	55.30	55.66	56.19

表 2　　青岛炼化主要产品产量　　万吨

产品名称 \ 年份	2021	2020	2019	2018	2017	2016
汽　油	340.72	297.93	273.38	343.03	336.98	332.14
柴　油	280.93	271.97	211.09	251.76	280.28	274.93
煤　油	84.67	123.17	144.00	188.59	186.44	170.07
液化气	85.07	80.66	68.33	84.22	81.59	81.30
石脑油	27.73	22.86	12.60	14.02	14.99	11.36
5# 白油原料	4.21	1.89	—	—	—	—
商品石油焦	48.31	39.31	45.60	64.35	67.09	64.00
发泡剂	8.63	7.17	4.46	8.62	11.07	10.94
纯　苯	—	—	0.05	0.67	0.22	—
混合二甲苯	26.79	30.20	21.82	29.37	31.29	29.55
硫　黄	18.86	18.21	17.18	20.99	20.95	21.05
聚丙烯	22.51	21.55	15.86	20.02	20.59	19.54

石家庄炼化

【概况】 中国石油化工股份有限公司石家庄炼化分公司（简称石家庄炼化分公司）和中国石化集团资产经营管理有限公司石家庄分公司（简称石家庄资产分公司）统称石家庄炼化，位于河北省石家庄市东南 25 千米处，其前身为石家庄炼油厂，始建于 1978 年，1983 年建成投产，同年 7 月 1 日划归中国石油化工总公司。1997 年采用局部改制方式募集发起设立石家庄炼油化工股份有限公司，上市筹集资金投入到当年河北省人民政府与中国石油化工总公司合资设立的石家庄化纤有限责任公司（简称石家庄化纤公司），共同建设石家庄 5 万吨 / 年己内酰胺工程。石家庄化纤公司股权几经变更，2009 年 3 月转换成为中国石化股份公司的分公司。根据集团公司改革重组的统一部署，2006 年注销石家庄炼油厂，注册成立石家庄资产分公司，2007 年注册成立石家庄炼化分公司。2009 年 5 月，根据“一企一制”的整体要求，石家庄化纤公司整体、石家庄资产分公司部分资产和人员被整合并入石家庄炼化分公司。

截至 2021 年底，石家庄炼化共设发展计划部、生产技术部、安全环保部、设备工程部、销运管理部等机关职能部门 12 个，行政事务中心、物资采购中心、检验计量中心等直属机构 6 个，炼油运行一部、化工运行部等二级单位 9 个。在职职工 2 314 人，其中有高级职称的 238 人、中级职称的 356 人、初级职称的 235 人。

石家庄炼化原油加工能力 800 万吨 / 年，己内酰胺生产能力 20 万吨 / 年，有常减压、催化裂化、蜡油加氢、渣油加氢、连续重整、柴油加氢等 28 套炼油生产装置，以及双氧水、氨肟化等 11 套己内酰胺生产线装置。主要产品涵盖汽油、柴油、航空煤油、聚丙烯、液化气、己内酰胺、聚酰胺切片等 30 多个品种和牌号。

控股两家合资公司：河北康石新材料有限公司，由中国石化与武汉有机实业有限公司以 49%：51% 的股比共同出资设立，成立于 2019 年 1 月 14 日，利用石家庄炼化甲苯法己内酰胺生产线的部分闲置装置，研究开发苯甲酸及下游衍生物等精细化工产品，项目已进入建设收尾阶段；河北隆科新材料有限公司，由中国石化与浙江扬帆新材料股份有限公司以 49%：51% 的股比共同出资设立，成立于 2021 年 3 月 7 日，利用石家庄炼化甲苯法己内酰胺生产线的部分闲置装置，生产环己烷羧酸及下游衍生物等精细化工产品，项目进入开工准备阶段。

石家庄炼化分公司主要技术经济指标和主要产品产量分别见表 1 和表 2。

（黄俊慧）

【领导班子调整】 2021 年 4 月 22 日，集团公司党组对石家庄炼化领导班子作出调整决定：聘任于吉平、刘栋为石家庄炼化分公司副总经理，解聘李江石家庄炼化分公司副总经理，任二级协理员；经征得石家庄市国资委同意，任于吉平、刘栋为石家庄炼化分公司党委委员，免去李江石家庄炼化分公司党委委员职务。

（黄俊慧）

【积极应对突发疫情】 2021 年初，石家庄藁城区突发新冠肺炎疫情，政府实施交通管制，石家庄炼化迅速启动疫情防控机制，加速、加紧内外协调部署，制订生产管控方案，协调地方政府，努力缓解职工上岗、原料及产品进出厂等问题，生产经营整体平稳。疫情防控领导小组落实上级要求，加大疫苗接种普及力度，接种率超过 95%。特别是检修期间，提升常态化动态管控强度，实现检修期间精准防控。

（黄俊慧）

【抓实 HSE 体系管理】 2021 年，石家庄炼化落实 HSE 体系管理，发布新版 HSE 管理体系手册，依法合规开展生产经营各项活动，推动体系各项要素落实落地。干部带头履行 HSE 职责，全年分享事故案例 26 次，参加安全检查 600 余人次，示范引领效果明显；组织“防风险、除隐患、保安全”大排查大整治、“百日安全无事故”“五查五严”保安全，以及储罐区、重大危险源检查等排查行动，开展全员危害辨识、风险识别分析和隐患排查治理，排查出企业级安全风险 9 项（一般风险 1 项、较大风险 7 项、重大风险 1 项），治理企业级较大隐患项目 4 项，整体风险可防可控；一级治安反恐防范重点目标达标率 100%；编制《环境风险与环保隐患管理办法》，组织 LDAR 和储罐泄漏检测，氮氧化物和 VOCs 排放有效降低；严抓直接作业环节管控，落实“6+N 协调会”机制，强化直接作业环节风险管控，加强承包商员工积分管理；顺利通过石家庄市、循环化工园区两级政府组织的“双控”体系审核和危险化学品行业诚信企业审查验收，本质安全水平得到提升。

（黄俊慧）

石家庄炼化发出 2021 年大修改造动员令，动员干部职工振奋精神、紧盯目标、凝心聚力投入大检修工作

【精心组织“四年一修”】 2021 年，石家庄炼化按照“一图一表”推进停开工各项准备工作，建立公司和运行部两级推演、两级沟通协调机制，从风险识别、进度节点及质量成本控制等方面组织停开工。落实质量控制责任到人，适时调整开

工生产网络。结合新冠肺炎疫情管控，灵活采用多种方法，组织承包商入厂教育。严格检修现场安全监督检查，奖优罚劣，淘汰黑名单人员。加强检修期间污染物排放监管，落实“三废”管控措施，识别职业病危害因素，杜绝安全环保事件。组织检修日调度会，及时协调解决问题，成立设备鉴定小组，做到设备“一台一表”检查鉴定，加强全过程现场监护，“四年一修”任务顺利完成。

（黄俊慧）

2021年11月24日，石家庄炼化航空煤油加氢装置首次产生国Ⅵ标准低凝点柴油

【全力优化生产经营】 2021年，石家庄炼化推进工艺平稳性、设备完整性体系建设，调整或停用部分蒸汽伴热、投用低温余热发电项目、优化热媒水系统运行，合理匹配两套气分装置负荷，优化装置工艺操作，全年综合商品收率降低0.17个单位，原油加工损失率降低0.01个单位，综合损失率降低0.01个单位。优化产品结构，开发生产聚丙烯新牌号PPH-MM100、纤维料Y26、高熔指纤维料PPH-Y1800、Y2500和国Ⅵ标准-35#低凝点柴油、RA5热拌用沥青再生剂等新产品。强化资金创效，全年资金运作创效7 692万元、税收创效8 041万元、国有资产增值1 253万元。

（黄俊慧）

【降本减费成效显著】 2021年，石家庄炼化紧跟国际原油价格走势，利用PIMS精细测算，优化原油配比及资源调整，开展原油库存运作，抓住国际油价下行时机，实施原油套期保值操作，全年降本7.95亿元。聚焦业务外包等重点费用，全年节约业务外包费用326万元。科学采购物资，全年节约采购资金1.18亿元，采购资金节约率9.14%。氨肟化装置膜分离系统采用膜过滤创新技术，全年节约再生费用300余万元，减少外排污水量1.7万吨，节约项目投资约1 000万元，酸碱废水产生与污染物排放大幅减少。

（黄俊慧）

【企业管理持续提升】 2021年，石家庄炼化加强体系制度建设，全年修订制度147个。完善止损机制，落实“事不过三”“三不放过”“四不放过”等追责体系，提升专业管理深度。突出预算价值引领，融入生产经营，为日常排产优化提供支撑，推动宾馆经营改革，实现存续业务扭亏为盈。探索“数据＋平台＋应用”的新模式，加强信息系统应用管理，用好EM、PIMS、ERP等系统，装置自控率达到先进水平，先进过程控制系统连续排居首位。水务管理系统实现对企业水务生产运行的全过程集中监控。剥离企业办社会职能，推进退休人员社会化管理、“三供一业”移交等收尾工作，实现“交得出、接得住、管得好”的目标。

（黄俊慧）

【深入推动转型发展】 2021年，石家庄炼化按照集团公司“一基两翼三新”产业格局，谋划转型发展方向，编制绿色新材料转型方案。开展智能工厂建设认定，推进向数字化转型。完善中层干部绩效考评机制，调整薪酬分配方案，制订《职能部室优化用工激励方案》，初步建立全员绩效考核区分机制。落实深化改革三年行动计划，围绕企业制度、结构调整等6个方面，完成122项工作事项。开展对标世界一流管理提升行动，完成120余项措施。

（黄俊慧）

【构建共享合作关系】 2021年，石家庄炼化加强与地方政府沟通，实现焦化装置开工，为装置达标达产奠定基础。用好相关政策，筹建公租房，吸引高素质人才。与承包商构建命运共同体，逐步培养主力承包商。坚持依法合规，严格遵循“合同化管理、市场化运作、同等优先”原则，构建“清亲”关系，与改制单位共同发展。

（黄俊慧）

石家庄炼化公众开放日活动变身“社会实践课堂”，周边小学师生陆续走进企业，共同探秘智慧能源

【发挥党建政治优势】 2021 年，石家庄炼化落实“第一议题”制度，学习习近平总书记在庆祝中国共产党成立 100 周年大会上的讲话精神、视察胜利油田讲话精神，广泛宣讲十九届五中、六中全会精神，开展党史学习教育。深入排查安全环保领域形式主义、官僚主义典型问题，对 12 个党支部开展巡察。聚焦“一把手”及领导班子、关键敏感岗位及各项中心工作，开展政治监督，打造良好的政治生态。组织“提效新作为、精进再出发”全员大讨论、主题实践活动。签订党风廉政建设责任书，开展廉洁提醒谈话 1 074 人次、约谈关键敏感岗位人员 108 人次，强化对权力运行的制约和监督，防控廉洁风险。定期开展专题廉洁教育，深化“三不”机制建设。开展“大干红五月”劳动竞赛，弘扬工匠精神。履行社会责任，多渠道开展消费扶贫，助力乡村振兴。

（黄俊慧）

表 1　　石家庄炼化分公司主要技术经济指标　　亿元

指标名称 \ 年份	2021	2020	2019	2018	2017	2016
原油加工量 / 万吨	483.95	546.71	618.66	614.16	476.31	600.10
工业总产值	258.82	233.65	340.78	361.05	236.13	247.64
工业增加值	90.20	89.05	105.83	119.07	96.35	111.69
资产总计	111.88	114.12	124.11	128.88	156.07	129.12
流动资产	36.88	35.52	38.70	38.96	60.94	33.94
固定资产原值	169.52	168.06	164.62	166.04	165.82	161.42
固定资产净值	77.27	65.95	69.68	77.21	78.97	81.52
销售收入	259.87	232.61	336.61	351.63	235.06	246.29
实现利税	74.15	71.55	89.89	104.00	82.85	95.16
税　金	69.64	76.43	87.09	90.92	74.60	91.46
综合能耗 / 吨标煤 · 万元 $^{-1}$	0.47	0.33	0.31	0.32	0.33	0.33

表 2　　石家庄炼化分公司主要产品产量　　万吨

产品名称 \ 年份	2021	2020	2019	2018	2017	2016
汽　油	160.25	170.39	199.36	199.09	149.97	188.67
煤　油	36.04	49.77	64.53	58.29	42.64	57.90
柴　油	118.66	143.52	162.65	164.62	135.28	174.59
燃料油	17.50	18.61	21.10	13.69	9.69	6.56
液化气	34.13	45.88	45.08	54.29	43.58	47.96
硫　黄	5.76	6.07	7.86	8.02	5.90	7.86

续表

产品名称 \ 年份	2021	2020	2019	2018	2017	2016
精丙烯	14.35	16.61	18.12	18.08	12.97	15.27
聚丙烯①	15.05	17.55	19.08	18.83	13.49	16.17
石油焦	2.44	0.19	13.84	21.88	17.50	25.94
沥　青	27.51	20.14	8.68	0	0.38	5.04
己内酰胺	7.10	9.72	10.02	11.08	7.25	7.10
硫　铵	10.67	14.48	14.78	16.69	11.11	11.23
切　片	1.13	2.17	2.18	2.19	1.53	1.43
苯	4.78	5.72	5.70	5.54	4.49	4.58
甲　苯	8.55	11.48	11.34	10.54	5.73	3.98
二甲苯	15.17	18.15	17.91	18.25	8.94	4.22

①聚丙烯产量未含带料加工量

荆门石化

【概况】 中国石油化工股份有限公司荆门分公司（简称荆门分公司）和中国石油化工集团资产经营管理有限公司荆门分公司（简称荆门资产分公司），以及企业党群系统沿用的荆门石油化工总厂，统称荆门石化。荆门石化是国家“三线”建设时期的战备炼油厂，1970 年正式动工建设，1983 年由石油工业部划归中国石油化工总公司，1993 年成为国家特大型企业。生产区占地面积 4.61 平方千米，位于荆门市掇刀区东北部。建厂 51 年来，荆门石化已发展成为中国石化系统内能加工生产燃料油、润滑油、化工产品的手段最为齐全、生产灵活性较大的企业之一，是中部地区最大的润滑油基础油、特种油品生产基地。

截至 2021 年底，荆门石化设有机关部室 13 个、业务中心 6 个、运行部 7 个；在岗员工 3 594 人，其中经营管理人员 306 人、专业技术人员 719 人、技能操作人员 2 569 人。荆门石化共有 51 套生产装置（其中燃料油系统 24 套、润滑油系统 17 套、环保装置 8 套、化工装置 2 套），主要加工仪长管输原油、南阳原油、江汉原油，生产燃料油、润滑油基础油、石油蜡、石油焦、石油沥青、液化石油气、聚丙烯等 20 多个品种、100 多个牌号产品，成品油主要供应湖北、湖南、河南、四川、重庆、贵州等地区。

荆门石化主要技术经济指标及主要产品产量分别见表 1 和表 2。

（曹春芳　杜东海）

【安全环保根基不断夯实】 2021 年，荆门石化深入学习贯彻习近平生态文明思想和习近平总书记关于安全生产的重要论述，始终坚持“HSE 工作先于一切、高于一切、重于一切”的理念，认真落实集团公司“总经理 1 号令”“总经理 2 号令”，实现“零伤害、零污染、零事故”目标，获集团公司安全生产先进单位和湖北省健康企业称号，持续保持集团公司绿色企业称号，进一步筑牢企业发展的安全环保基础。安全方面，充分发挥领导引领力，认真落实全员安全生产责任制，扎实开展“百日安全无事故”和“五查五严”保安全专项行动；加快推进安全生产专项整治三年行动，全力推动工艺平稳性、设备完整性体系建设，有效提升本质安全水平；修订完善《荆门石化 HSE

管理体系手册》，及时开展 HSE 管理体系审核，进一步强化 HSE 体系有效运行；成立风险和变更管理团队，全面开展风险辨识，抓好风险分级管控，抓实“135”应急演练；落实承包商安全管理重大风险“一把手”承包制责任，狠抓直接作业环节和承包商安全管理，强化公共安全管理，全面提升风险管控和综合应急能力；抓实疫情防控工作，全面完成疫苗接种目标，构筑“群防群治”严密防线，实现零感染目标。环保方面，持续“推进绿色企业行动计划”，持续深化绿色基层创建工作，共有 29 套装置获绿色装置称号；抓好环保专项巡视问题整改，筑牢环保工作基础；成立环保管理团队，加快推进环保隐患治理，扎实开展 VOCs 综合治理；建设投用污泥干化装置，有效解决固废减量化处理难题；落实节水减排“一企一策”实施方案，全力推进中水回用项目实施，中水回用率达 54%；全年外排污水达标率 100%，外排有控废气达标率 99.95%，COD、二氧化硫、氮氧化物和 VOCs 等主要污染物排放量分别下降 17.4%、8.5%、24.5% 和 4.1%。

（杜东海）

液化气装车台操作工做好防疫确保安全装车出厂
（田　林　摄）

【全面深化改革纵深推进】 2021 年，荆门石化纵深推进国有企业改革三年行动，完成进度 97%。充分发挥改革的突破和先导作用，率先在特油部建立产销研用一体化机制，充分盘活特油资产资源，实现特色产品向高端化、功能化、规模化、差异化的转型发展。扎实推进对标一流管理提升行动，深入开展“创新创效见效年”行动，大力实施“冲刺决战全年目标”专项考核激励，分批发布“揭榜挂帅”重点项目，确保全年各项目标任务完成。持续深化“三项制度”改革，加快“三能”机制建设，盘活人力资源存量；全年岗位数量、定员分别压减 5% 和 2.5%，系统内外调出、输出 176 人次；在中层管理人员中实行“两书一协议”的任期制和契约化管理，在基层管理人员和专业技术管理人员中实行“一人一表”考核办法，在班组长中推行“一班一册”班组考核手册。全力推动非核心业务改革，明确机电仪、检验计量、通信等业务的改革路径、方向和思路。深化剥离企业办社会职能，持续跟踪“四供一业”分离移交工作成效，扎实推进退休人员社会化管理移交收尾工作，稳步推进张家界职工休养院转型改革。持续推进“扭亏脱困”工作，实行目标倒逼、清单化管理，荆门资产分公司实现持续盈利。

（刘　军）

【特油项目等多项指标再创历史新高】 2021 年，荆门石化克服白油市场消费税应税产品规范管理、润滑油市场需求低迷、氢气供应商多次停供、DCS 室移位等多种困难，采取一系列组合措施，加快“油转化、油产化、油转特”转型发展。分级压实责任，以专业管理夯实装置安稳长满优运行基础工作，为特油创效提供可靠的设备基础保证；优化调整装置操作参数，完善和调整加工方案，实现新疆春风油的“集中生产、集中交库、集中出厂”，为特油项目做大总量奠定基础；规避税务风险，保持稳产拓销，开发新用户及终端用户，调整产品销售策略，控制白油产品出厂节奏，提高产品直销率，实现产品量价齐升，连续 5 个月白油业绩超预期。润滑油高压加氢、糠醛精制、酮苯重套脱蜡、异构脱蜡装置加工能力均创历史新高，“油转特”生产特种油蜡产品 62.49 万吨，增加 3.35 万吨、增长 6.21%；“油产化”生产丙烯、聚丙烯 15.14 万吨，增加 2.7 万吨、增长 22%；“油转化”生产石脑油、拔头油、裂解装置用液化气 7.14 万吨，增加 4.77 万吨、增长 201%。通过优化产品结构，吨产品平均价格水平较中国石化平均水平高出 570 元，提高 16 元；特油产品实现利润 6.08 亿元，增长 80% 以上。2021 年 8 月，荆门石化特油部被评为集团公司标杆基层单位。

（曹春芳　杜东海　黎　坚）

【科技创新助推转型发展特色发展】 2021年，荆门石化加快推进“高端特种油集成技术开发与工业应用”攻关项目进程。新疆春风油项目加工流程不断完善，目标产品收率达78%；N4006、N4010橡胶增塑剂，Ⅱ类22#环烷基白油，变压器油等新产品陆续投放市场；聚烯烃用白油替代进口在2#聚丙烯装置试用效果稳定，锂电池隔膜专用白油筹备工业试生产；汽车密封条TPV专用白油进入推广应用阶段，SEPS专用白油完成试生产；超高变压器油完成内部试用，动物疫苗专用白油启动研发合作。经过多年技术开发与积累，荆门石化已拥有“高精尖新”产品品种近40个，部分高端特种产品达到“国际领先、国内顶级”的水平，其中高闪点工业白油Ⅱ类100#、高闪点工业白油Ⅰ类68#、环保型高档白油100#等填补了国内市场空白，彩色油墨专用5#白油、高温导热油替代进口产品。

（黎　坚　杜东海）

【优化调整让能耗更低】 2021年，荆门石化大力开展节能降耗攻关，结合集团公司节能技术服务专家组意见，围绕关键装置、重点部位、关键流程，采取调整胺液再生系统、优化加工流程、提高装置直供料比例和温度等措施优化能源利用，比上年降低能耗3.5千克标油/吨，能耗水平创2018年以来新低。4月，开始调整润滑油高压加氢、渣油加氢、2#催化装置的胺液再生系统，降低胺液循环量，节约胺液再生蒸汽用量和大功耗机泵电耗，比上年降低能耗0.95千克标油/吨，年节约资金757万元。7—8月，调整优化3#催化柴油加工流程，3#催化装置重柴油直供渣油加氢装置，降低能耗1.31千克标油/吨，年节约费用1 485万元。截至12月底，渣油加氢装置重油直供3#催化装置比例由91.75%提高至96.75%，直供温度提高43.3℃；1#蒸馏装置减渣直供焦化装置比例由70%提高至79.54%，大幅降低蒸汽和电耗，节约燃料气，降低能耗1.24千克标油/吨，年节约费用1 039万元。

（杜东海　黎　坚）

【新冠肺炎疫情防控实现防控目标】 2021年8月2日，湖北省荆门市启动新冠肺炎疫情联防联控机制，对所有小区实行封闭管理。8月6日，荆门石化召开党委会（扩大），对荆门市新冠肺炎疫情防控指挥部通告及公司疫情防控工作进行研究和部署，建立每周二、四、六防疫办工作例会制度。至8月23日，荆门石化以联席、视频等方式，先后召开9次防控新冠肺炎疫情指挥部例会，听取疫情防控各专业组、改制单位的防疫工作落实情况及检查督办情况，研究和安排员工上下班小区出入证办理，通勤车路线和时间优化，重要物资及备品备件进出厂，员工就餐等后勤保障等工作，对各个不同时间段的疫情防控工作提出具体要求。切实督导检查全员核酸检测情况，以及生产装置、检修施工现场、改制单位和防疫卡口的防疫工作落实情况；分批将中药汤剂送到单位职工手上，向荆门市掇刀区政府捐赠50箱卓玛矿泉水、4箱医用口罩、25桶消毒剂等防疫物资，向荆门市民政局捐赠5吨消毒剂（漂粉精）、1万只口罩、100件饮用水等物资，支持当地抗疫，缓解荆门抗疫物资短缺的局面。截至8月31日，荆门石化员工第三剂疫苗接种率达93%。实现“零感染、零事故、零污染”的疫情防控目标。

（曹春芳）

【首套高温合成导热油项目成功开车】 2021年，由中国石化自主研发的高温合成导热油技术开发及工业应用项目，经过半年多的施工建设，在荆门石化一次开车成功。这是中国石化首个高温合成导热油项目，其技术和产品打破国外垄断。高温导热油可满足350℃及以下温度的导热需求，更具节能环保特性，广泛应用于石油、化工、化纤、造纸、纺织、食品和新能源储能等行业。项目建设和开工过程中，荆门石化克服新冠肺炎疫情防控“封城”等困难，按时间节点推进项目建设进度，做好人员培训工作；炼油事业部多渠道协调推进，委派专家现场指导开工；技术研发单位和设计单位做好工艺包的工程转化工作，解决工程转化难点问题，实现项目投用。

（杜东海　黎　坚）

【改善性住房正式施工建设】 2021年，荆门石化按照“可复制样板项目”“可推广的管理模式”的要求，始终把职工改善性住房项目建设作为最大的民生工程和“我为群众办实事”重要举措，切实履行规定程序，依法合规稳步推进。8 月 17 日，召开十七届四次职代会第二次团组长联席会议预备会议，听取并审议改善性住房项目合作开发方《荆门石化改善性住房项目合作开发方招标文件》。8 月 20 日，以视频会议形式召开第十七届四次职代会第二次团组长联席会议，审议通过改善性住房项目开发合作方招标文件。10 月 27 日，召开第十七届四次职代会第三次团组长联席会议，听取并审议《关于确定荆门石化改善性住房项目合作开发方中标人的报告》，一致通过大会决议。同日，召开改善性住房第二次申购工作启动会，安排和部署第二次申购工作。11 月 3 日，召开第十七届四次职代会第三次团组长联席会议正式会议，审议《购房诚信金退付办法（试行）》，一致通过会议决议。11 月 30 日，举行改善性住房项目合作开发签约仪式，荆门阳华公司与北京天钲公司共同签署项目建设合作协议书。同日，荆门石化党委开展改善性住房项目建设廉政谈话，项目合作开发双方荆门阳华公司与北京燕化天钲公司负责人作廉洁承诺，并现场签订廉洁从业责任书。12 月 19 日，改善性住房项目奠基仪式在荆门市掇刀区军马场隆重举行，标志着该项目正式进入建设期。

（曹春芳　杜东海）

荆门石化改善性住房项目举行启动奠基仪式
（田　林　摄）

【加强党史学习教育】 2021 年，荆门石化党委把党史学习教育作为重大政治任务，学习贯彻习近平总书记“七一”重要讲话精神、党的十九届六中全会精神和习近平总书记视察胜利油田重要指示精神，从党的百年历史中汲取奋进伟力，从石油石化优良传统中赓续红色基因，进一步增强捍卫“两个确立”、践行“两个维护”的自觉性和坚定性，突出整体谋划，坚持示范引领，全面承担主体责任，抓实“我为群众办实事”实践活动，营造“建功新时代，奋进新征程”生动局面。3 月 10 日，召开党史学习教育动员会，传达学习习近平总书记在党史学习教育动员会上的重要讲话精神和中国石化党史学习教育动员会精神。3—6 月，持续开展中心理论学习组暨党史教育读书班集中学习和专题辅导，邀请省市党校专家进行专题辅导，党委委员领学《习近平谈中国共产党历史》重要篇目并分享体会，读书班成员交流发言。5 月 17 日，下发《荆门石化党史学习教育“我为群众办实事”实践活动工作方案》。5 月下旬，党委委员带队深入基层一线，调研“我为群众办实事”实践活动。8 月中下旬，党委委员参加所在党支部党史学习教育专题组织生活会。荆门石化党委抓实抓细“我为群众办实事”实践活动 127 个立项，职工群众满意率达 98% 以上。

（曹春芳）

党史学习教育专题辅导讲座和读书班
集中学习交流（田　林　摄）

【荆门石化党委工作接受党组巡视组巡视】 2021 年 5 月 19 日，集团公司党组第九巡视组巡视荆门石化公司党委工作动员会在荆门石化召开，荆门石化党委开始接受集团公司党组环保专项巡视工作。6 月 4 日，集团公司党组第五巡视组巡视荆门石化党委工作动员会在荆门石化召开。8 月 25 日，集团公司党组第五巡视组通过视频方式召开反馈会，向荆门石化党委反馈巡视情况。8 月 31 日，荆门石化召开党委会（扩大）专题研究部署党组巡视反馈意见整改工作。10 月 16 日，根据集团公司党组《关于加强党组巡视整改工作的意见》和党组巡视办工作要求，荆门石化党委召开党组巡视整改工作专题民主生活会，开展批评和自我批评，做好巡视“后半篇文章”，确保巡视整改各项任务坚决有效落实。

（曹春芳）

表 1　荆门石化主要技术经济指标　亿元

指标名称＼年份	2021	2020	2019	2018	2017	2016
原（料）油加工量 / 万吨	560.37	532.19	532.96	500.65	533.90	485.04
工业总产值	294.59	223.65	274.12	270.28	253.27	195.43
资产总计	86.18	92.33	92.73	80.49	86.51	65.84
流动资产	12.82	15.44	16.09	20.09	35.99	17.51
固定资产原值	128.92	126.22	110.78	96.16	96.42	81.81
固定资产净值	54.29	56.57	47.39	36.71	40.91	30.57
销售收入	335.03	249.41	298.51	295.15	271.05	216.14
实现利税	82.25	74.52	76.01	78.22	88.59	79.06

表 2　荆门石化主要产品产量　万吨

产品名称＼年份	2021	2020	2019	2018	2017	2016
汽　油	190.21	174.67	184.05	169.30	171.85	150.63
柴　油	117.22	129.68	131.47	134.11	148.72	146.01
煤　油	38.09	36.57	44.49	32.54	31.70	29.30
石　蜡	7.77	7.21	8.27	8.83	9.31	6.40
润滑油基础油	11.39	12.05	8.23	10.99	11.43	7.79
石油焦	15.42	20.62	25.22	24.98	30.72	29.31
聚丙烯	15.14	12.43	13.55	11.56	11.57	11.69

九江石化

【概况】 中国石油化工股份有限公司九江分公司（简称九江分公司）和中国石化集团资产经营管理有限公司九江分公司（简称九江资产分公司）统称九江石化。九江石化地处江西省九江市东郊，占地面积 4.08 平方千米。前身为九江炼油厂，1975 年经国家批准筹建，1980 年 10 月建成投产，1991 年 10 月更名为中国石化九江石油化工总厂，1998 年更名为中国石化集团九江石油化工总厂。2000 年，根据中国石化整体重组改制部署，九江石油化工总厂主要经营性业务划入集团公司上市部分，组建股份公司九江分公司。2007 年，非上市部分设立九江资产分公司。

截至 2021 年底，九江石化有机关部室 13 个、专业中心 7 个、运行部 13 个，用工总量 2 381 人。主营业务有炼油、化工生产经营，有原油一次加工能力 1 000 万吨 / 年，主要生产装置有常减压、催化裂化、连续重整、延迟焦化、汽柴油加氢、吸附脱硫、渣油加氢、加氢裂化、煤制氢、聚丙烯、苯乙烯、烷基化等；主要产品有汽油、柴油、航空煤油、燃料油、沥青、液化气、三苯、石油焦、硫黄、聚丙烯、苯乙烯、烷基化油等。

九江石化主要技术经济指标和主要产品产量分别见表 1 和表 2。

（王立强）

【领导班子调整】 2021 年 7 月 21 日，九江石化召开干部大会，宣布领导班子成员调整。根据工作需要，经集团公司研究决定：聘任蔡培源为九江分公司副总经理，解聘陈齐全的九江分公司副总经理职务，另有任用。任命蔡培源为中共九江石油化工总厂委员会委员，免去陈齐全中共九江石油化工总厂委员会委员职务。

（王立强）

【稳中求进提质增效】 2021 年，九江石化聚焦“十四五”开好局起好步，抓实安全环保，保持平稳运行，持续攻坚创效，全力优化运营，全年加工原（料）油 709.14 万吨，其中原油 666.66 万吨，超年度计划 16.66 万吨。九江分公司实现账面利润 9.75 亿元，九江资产分公司实现利润 41 万元，保持全级次盈利。上缴税费 89.84 亿元，保持在江西省前列。

（王立强）

【系统思维提升安全管理】 2021 年，九江石化深入贯彻落实集团公司“总经理 2 号令”，全面推进 HSE 管理体系建设，坚决守住安全环保底线红线。修订发布《九江石化 HSE 管理体系手册》及 101 项相关配套制度，制定 115 个 KPI 监测指标，518 名 HSE 关键岗位人员持证上岗。整治安全环保领域形式主义、官僚主义典型问题，提升 HSE 管理标准和水平。开展安全生产专项整治三年行动，安全风险总值下降 49.3%，实现 1 798.7 万安全人工时。深入开展“慧眼”行动，奖励发现隐患避免事故 285 项，立功 11 人次，授予 16 人安全卫士、26 人安全能手称号。抓实疫情防控常态化工作，所辖区域零感染，保障员工群众身心健康。

（王立强）

【对标一流推进绿色发展】 2021 年，九江石化全面落实长江经济带“共抓大保护”工作部署，做好长江流域生态环境保护，持续打造长江“最美岸线”石化名片。从严规范固废管理，处置合规率 100%。推进 VOCs 及异味综合治理，持续开展“油不落地”专项行动，获评江西省 VOCs 整治现场评估 A 级绩效、集团公司 A 档绿色企业。污水回用率提高至 50% 以上，外排工业废水减排 129 万吨，创历史最好水平。聚焦“双碳”目标，实现降碳 10 万吨，碳履约率 100%。外排废水、废气污染物浓度均优于国标，主要污染物排放浓度指标达到行业领先水平。九江石化获评江西省生态文明建设先进集体，连续 2 年获评集团公司节能环保先进单位。

（王立强）

【完成首次“四年一修”装置检修改造】 2021 年 4 月 1 日，九江石化开展首次“四年一修”全厂性装置检修改造，其间推行“3+3”安全网格化管理，加强全过程质量监督和文明施工网格化管理，于 5 月 19 日打通全流程，实现“安全、绿色、优质、高效、准时”的总体目标，为装置高效率长周期运行和公司高质量发展奠定基础。

（王立强）

【研发生产高熔融指数聚丙烯】 2021 年，九江石化以市场为导向，加大适销高价值产品研发力度，利用新型 HR 催化剂首次成功生产出高熔指聚丙烯注塑料 M17 和纤维料 Y35，适用于注塑类聚丙烯加工，扩大企业聚丙烯产品牌号序列，为新产品开发增效创效打开新局面。

（王立强）

【降成本增效益】 2021 年，九江石化大力开展全员降本增效行动，实现降本增效 2.2 亿元，炼油完全加工费按年度预算口径还原后下降 31 元/吨；实施 9 个“能效提升”项目，吨油燃动费用比年度预算同口径下降 9.75 元。

（王立强）

【全面建设芳烃项目】 2021 年，九江石化 89 万吨/年芳烃项目建设实行无土化安装、模块化施工、一体化吊装，科学布局施工平面，规范临时设施建设，搭建质量样板展示区，全面推进项目现场标准化管理，切实提升项目施工管理水平，打造中国石化标准化工地新标杆。

（王立强）

芳烃装置夜景全貌（黄继锋　摄）

【抓实管理提升】2021年，九江石化积极开展对标世界一流管理提升行动，聚焦经营绩效、运营效率、管理效能等关键因素，查找管理痛点、堵点和短板214项，梳理对标提升行动34项重点任务，形成管理提升重点工作实施方案。运用国际先进的平衡积分卡绩效管理理念和方法，加大全过程管控，有力推进绩效考核向绩效管理转变。

（王立强）

【推进重点改革】2021年，九江石化全面深化企业改革，聚焦重点任务奋力攻坚，浔庐宾馆清理成为集团公司“两非”剥离先进典型。完成宾馆业务整合，非上市部分生产经营性业务重组进股份分公司。全面完成历史遗留28家全民所有制单位清理。

（王立强）

【强化科技创新】2021年，九江石化发挥“产学研用”优势，提高科研开发和成果转化效率，智能制造助力九江石化高质量发展实践成果入选国家工信部智能制造标杆企业案例；1件专利技术成功实现对外转让许可，1个项目获评国家科学技术进步奖二等奖，3个项目获集团公司成果转化奖励，2个项目通过集团公司验收。

（王立强）

【加强党的建设】2021年，九江石化深入贯彻新时代党的建设总要求，认真履行管党治党责任，胜利召开总厂第五次党代会，选举产生新一届中共九江石油化工总厂委员会和纪律检查委员会。落实集团公司“1355”党建工作思路，坚持务实创新融合抓党建，实施66个党组织示范项目，扎实开展“党旗在基层一线高高飘扬”活动。加大正风肃纪力度，健全完善“五四经纬”监督体系，实施12个专项监督治理项目，完成巡察14家党组织工作。深化作风建设，狠抓会风会纪，推进精文减会，开展机关“五项服务”，服务基层取得积极成效。

（王立强）

【实施人才强企工程】2021年，九江石化制订《人力资源现状与规划》，全面开展人才队伍建设专项调研，加快人才培养，1人获评闵恩泽青年科技人才奖，1人获聘集团公司技能大师。开展职业技能竞赛，举办江西省“振兴杯”职业技能大赛石油石化行业竞赛、公司“技能三强”赛，获2021年全国行业职业技能竞赛加氢裂化装置操作工竞赛个人银奖和优秀组织奖。狠抓全员精准培训，组织“培训季”和岗位资格年审考核，技能操作队伍培训实践经验在中国石化全系统推广。

（王立强）

【开展庆百年、学党史活动】2021年，九江石化隆重庆祝建党100周年，学习宣传贯彻党的十九届六中全会精神，精心组织建党100周年主题诗会、书画展、颁发“光荣在党50年”纪念章、郭大为先进事迹报告会等系列活动，坚持把党史学习教育贯穿全年，统筹推进学习研讨、培训宣讲、专题组织生活会等专项工作。开展“我为群众办实事”实践活动，全面完成综合训练馆隐患治理、盘活游泳池闲置资产、推进集资房分户办证等13项公司级办实事项目，受到员工群众广泛好评。

（王立强）

【深化精神文明创建】2021年，九江石化成功举办第十届职工运动会，展现顽强拼搏、健康向上的精神风貌。积极选树劳模典型，郭大为获全国五一巾帼奖章、获评标兵。推进产业工人队伍建设改革，九江石化入选江西省第2批试点单位。深入推进精神文明建设，保持全国文明单位称号，连续六届获评江西省文明单位。

（王立强）

九江石化第十届职工运动会（郭俊秀　摄）

【履行社会责任】 2021年，九江石化扎实开展扶贫帮困，累计发放困难补助、帮扶救助资金120.11万元，提供补充、互助医疗补助352.3万元。积极履行社会责任，接续助力乡村振兴，消费帮扶122.44万元；持续开展企地共建、“文明生态村”帮建等活动，树立“党和人民好企业”形象。

（王立强）

表1　　九江石化主要技术经济指标　　亿元

指标名称＼年份	2021	2020	2019	2018	2017	2016
原油加工量/万吨	666.66	701.88	786.60	766.59	698.72	725.01
工业总产值	365.20	309.73	444.84	456.60	351.60	311.47
炼　油	342.36	291.33	418.94	429.84	333.46	295.78
化　工	22.84	18.40	25.9	26.76	18.14	15.69
工业增加值	120.53	113.47	160.01	157.39	137.88	139.26
资产总计	126.90	121.21	117.43	122.98	169.79	146.81
流动资产	12.33	22.29	17.85	23.95	66.33	41.77
固定资产原值	168.77	164.09	162.84	158.12	158.82	145.66
固定资产净值	70.71	77.80	88.79	92.94	98.99	93.50
销售收入	374.21	306.98	443.41	457.38	354.37	326.06
实现利税	104.12	91.15	124.90	142.98	131.06	137.38
税　金	94.50	99.79	116.10	122.74	114.86	118.23
综合能耗/吨标煤·万元$^{-1}$	0.527	0.38	0.37	0.36	0.36	0.35

表2　　九江石化主要产品产量　　万吨

产品名称＼年份	2021	2020	2019	2018	2017	2016
98# 汽油	—	0.65	0.05	—	0.95	2.32
97# 汽油	—	—	—	—	—	57.55
95# 汽油	61.61	67.63	62.40	61.41	50.81	18.40
93# 汽油	—	—	—	—	—	104.84
92# 汽油	136.08	143.34	181.90	176.65	152.14	34.88
柴　油	203.65	236.69	293.81	67.15	288.26	307.32
煤　油	45.73	54.24	70.73	1.41	57.47	54.95

续表

年份 产品名称	2021	2020	2019	2018	2017	2016
燃料油	28.00	17.65	8.09	—	0.24	—
溶剂油	—	—	—	42.81	—	—
液化气	42.68	43.89	42.70	8.34	40.61	42.02
沥　青	5.48	7.07	8.44	11.21	6.65	4.49
聚丙烯	9.75	10.42	11.34	19.88	10.22	11.18
苯　类	21.51	25.10	24.79	6.35	14.30	20.51
硫　黄	5.59	5.75	6.21	34.69	5.69	5.75
石油焦	28.97	32.38	32.11	39.99	31.23	32.26
石脑油	37.84	26.74	35.34	12.28	24.16	25.41
戊烷发泡剂	4.33	12.57	12.21		13.58	13.66

济南炼化

【概况】 中国石油化工股份有限公司济南分公司（简称济南分公司）和中国石化集团资产经营管理有限公司济南分公司（简称济南资产分公司）统称济南炼化。其前身始建于1971年，1975年投产，1983年划归中国石油化工总公司，1998年留转至集团公司，2000年根据重组改制方案，企业进行主辅分离，主业即进入中国石油化工股份有限公司，成为济南分公司；辅业部分于2006年11月份经过体制转换，成为济南资产分公司。

济南炼化位于山东省济南市历下区，占地面积2.4平方千米，距市中心11千米，地处胜利、中原两大油田之间，自备铁路与胶济线相连，厂区周边有经十路、工业南路和多条高速公路，距济南遥墙国际机场15千米，地理位置优越，交通运输四通八达。

截至2021年底，济南炼化固定资产原值91.58亿元，具备750万吨/年原油一次加工能力，拥有常减压、催化裂化、柴油加氢、蜡油加氢、润滑油加氢、S Zorb、逆流连续重整、润滑油系列、聚丙烯等30余套主要生产装置，可生产汽油、柴油、液化气、航空煤油、石油焦、聚丙烯、硫黄、润滑油基础油等50余种产品，产品出厂合格率保持100%。济南分公司在岗职工人数1 592人，其中博士1人、硕士159人、大学本科529人、大学专科及高职389人，具有正高级职称的8人、副高级职称的228人、中级职称的272人。

济南炼化主要技术经济指标和主要产品产量分别见表1和表2。

（彭乔毅）

【生产经营业绩创历史新高】 2021年，济南炼化锚定奋斗目标不松懈，抢抓大检修有利契机，紧盯市场需求，强化协同攻坚，深挖装置潜能，增产高附加值产品。济南分公司加工原料油459.33万吨，实现营业收入244.89亿元，税金及附加72.71亿元，吨油完全费用423.34元，利润14.03亿元；济南资产分公司实现营业收入4.07亿元，税金及附加3 675万元，净利润2 038万元，生产经营效益创造历史新高。

（彭乔毅）

【圆满完成大检修】 2021年2月25日—4月18日，济南炼化进行大检修。检修涉及30套生产装置、2 457 项检修项目、56 项技术改造和 66 项设备更新，检修费用约 2.8 亿元。全力抓好安全、质量、进度、投资、合同控制，全面推进绿色、安全、优质、高效、文明施工，取得“一次停好、一次修好、一次开好”、全过程安全环保无异味的优异成绩，为实现下个周期“安稳长满优”运行奠定坚实基础。

（彭乔毅）

2021 年 4 月，济南炼化圆满完成大检修

【顺利通过大气污染防治绩效评级 A 级企业复核】 济南炼化自 2020 年创建国家生态环境部大气污染防治绩效评级 A 级企业以来，持续强化“无异味”硬标准硬约束，汽油罐全部完成全接液浮盘和高效密封改造，5 000 米^3/ 时废气蓄热氧化 RTO 装置、140 万吨 / 年催化裂化电除尘系统、多套加热炉烟气低温脱硝项目相继建成投用，排气非甲烷总烃、加热炉烟气 NO_x 排放等多项指标达到行业领先水平，超过 3/4 的装置通过绿色装置审核。2021 年 10 月，济南炼化再次通过国家生态环境部大气污染防治绩效评级 A 级企业复核。

（彭乔毅）

2021 年，济南炼化公司持续提升大气污染防治绩效水平

【有序推进新项目落实和创新成果落地】 2021 年，济南炼化抢抓大检修时机，有序推进新项目落实和创新成果落地，全年完成炼油板块投资 3.25 亿元。施工完成并投用串压风险排查问题整改项目、合规性排查问题整改项目、加热炉风险隐患治理项目，有效消除安全生产隐患，切实提高装置本质安全水平。140 万吨 / 年催化烟气颗粒物提标改造项目、逆流重整和润滑油加氢装置工艺加热炉烟气脱硝项目、污水处理场 VOCs 治理高效气浮项目建成投用后运行效果良好，环保治理成效显著。劣质重油原料高选择性催化裂化新技术改造项目、聚丙烯装置挖潜改造项目等投用后，均达到或超过预期目标，为济南炼化增产汽油、液化气、丙烯等高价值产品创造条件，是济南炼化向适度“油转化”迈出的坚实一步。中国石化“十条龙”攻关项目 S Zorb 在线优化完成 S Zorb 装置反—再机理模型与在线优化平台开发，测试效果良好，在线分析仪投用，具备工业应用条件；环保型芳烃橡胶增塑剂科技开发项目通过科技成果鉴定；土工布专用料达到进口设备使用要求；负极焦组织批量工业应用试验。有序推进催化烟脱 MVR 除盐项目、罐区 VOCs 气体治理项目。

（彭乔毅）

【改革管理行动取得实效】 2021 年，济南炼化开展国有企业深化改革三年行动，稳步推进“对标世界一流管理提升行动”重点任务，修订完善方案，细化优化措施，不断深化机制改革。整合压减岗位数量 13.82%，编制“一人一表”“一部一册”，开展岗位价值评估，实行经理层成员任期制和契约化管理，编制 16 个基层单位三标管理手册。各级责任进一步压实，专业化管理更加精干高效，企业活力、市场竞争力持续增强。

（彭乔毅）

【济南炼化建厂 50 周年】 2021 年 8 月 2 日，济南炼化建厂 50 周年。50 年来，济南炼化一次加工能力从 50 万吨发展到 750 万吨，累计加工原油 1.13 亿吨，工业总产值和营业收入均突破 4 000 亿元，实现利润 56 亿元，上缴税费 915 亿元，为济南市经济社会发展作出贡献。50 年间，济南炼化人传承石油精神、弘扬石化传统，践行“责任炼就事业”企业精神，发扬“严细实快稳”企业作风，担当作为、不懈奋斗，坚定走出一条不比规模比效益、不比大小比贡献，管理精、结构优、核心竞争力强、企业美的“精优强美”绿色企业发展之路，坚定践行央企的政治责任、经济责任和社会责任。

（彭乔毅）

【启动“深入践行习近平生态文明思想、着力打造精优强美绿色实践基地”工作】 2021 年 11 月，济南炼化全面启动“深入践行习近平生态文明思想、着力打造精优强美绿色实践基地”工作。该项工作力争用 3 年时间完成 5 个综合指标、6 个总量指标、8 个关键指标共 19 个可量化指标的对标任务，全面提升公司生态文明建设水平，夯实公司的生存发展根基，为对标世界一流打造城市炼厂标杆、全面建设更高水平“精优强美”绿色企业提供坚强有力保障。

（彭乔毅）

2021 年 11 月，济南炼化启动“深入践行习近平生态文明思想、着力打造精优强美绿色实践基地”工作

【获评集团公司党建考核 A 档单位】 2021 年，济南炼化在集团公司党组“1355”党建工作思路指导下，聚焦“精优强美”高标准抓党建，以党史学习教育为主线，突出责任质量实效，注重务实创新融合，切实做到以高质量党建引领保障高质量发展。深化理论武装，持续深入学习贯彻党的十九届六中全会精神和习近平总书记视察胜利油田时的重要指示精神，从百年党史中赓续红色血脉，汲取奋斗力量，积极建立常态化长效化制度机制，不断巩固拓展党史学习教育成果。创新拓展“双保双创、双向融合”党建工作模式，着力增强基层党组织战斗合力，大力建强高素质专业化领导干部队伍，持续深入改进工作作风，驰而不息纠治“四风”，推动全面从严治党走向纵深，营造风清气正、干事创业良好政治生态，切实将党建政治优势转化为创效、竞争和发展优势。在集团公司党建考核中，获评党建考核 A 档单位。

（彭乔毅）

表 1　济南炼化主要技术经济指标　亿元

指标名称 \ 年份	2021	2020	2019	2018	2017	2016
原油加工量 / 万吨	459.33	488.28	528.17	441.40	364.63	501.49
工业总产值	244.46	208.59	272.87	244.61	172.30	208.73
工业增加值	90.50	91.11	94.91	84.34	70.53	109.19
资产总计	80.21	69.16	65.67	59.13	51.91	45.39
流动资产	35.49	26.35	20.53	17.25	11.17	11.47
固定资产原值	91.58	88.94	91.16	86.36	75.33	73.91
固定资产净值	33.09	33.83	38.08	38.80	30.72	31.32
销售收入	244.89	209.87	280.08	242.43	172.63	208.70
实现利税	83.07	80.31	89.13	76.90	64.28	102.04
税　金	70.30	75.41	82.79	69.61	59.93	86.16

表 2 济南炼化主要产品产量 万吨

年份 产品名称	2021	2020	2019	2018	2017	2016
汽　油	165.95	169.38	186.28	142.22	108.36	162.60
柴　油	114.56	128.62	138.97	136.71	129.54	174.39
沥青料	11.51	14.69	18.61	15.38	9.46	14.04
液化石油气	51.32	32.81	33.15	22.42	18.06	31.32
润滑油基础油	5.40	9.83	10.01	10.81	6.80	8.99
聚丙烯	10.51	11.58	11.51	9.53	7.54	12.11
化工轻油	2.58	4.37	7.52	7.40	5.37	7.09

沧州炼化

【概况】 中国石油化工股份有限公司沧州分公司（简称沧州分公司）暨中国石化集团资产经营管理有限公司沧州分公司（简称沧州资产分公司）统称沧州炼化，位于河北省沧州市，始建于 1971 年，1975 年 10 月建成投产，建厂初期生产规模 50 万吨 / 年。1984 年 1 月 1 日，沧州炼化正式划归中国石油化工总公司。2000 年 1 月，按照集团公司统一部署，企业资产重组为上市部分中国石油化工股份有限公司沧州分公司和存续部分中国石化集团沧州炼油厂。2007 年 8 月，存续部分沧州炼油厂体制转换为沧州资产分公司。2009 年 7 月，中国石化集团资产经营管理有限公司与日本东丽精细化工株式会社合资组建沧州东丽精细化工有限公司（简称 TFCC），委托沧州资产分公司代为管理。2021 年 7 月完成资产重组，存续部分生产经营性业务资产全部注入上市部分。

截至 2021 年底，沧州炼化在职职工 1 399 人，离退休职工 914 人；职能部室 11 个，业务中心 4 个，基层单位 7 个；党支部 24 个，在职党员 635 人，离休内退党支部党员 43 人。

截至 2021 年底，沧州炼化资产总额 45.18 亿元，原油一次加工能力 350 万吨 / 年。主体装置有 350 万吨 / 年常减压装置、120 万吨 / 年催化裂化装置、120 万吨 / 年延迟焦化装置、160 万吨 / 年和 60 万吨 / 年 2 套汽柴油加氢装置、40 万吨 / 年连续重整装置、30 万吨 / 年气体分馏装置、5 万吨 / 年 MTBE 装置、2 万吨 / 年两套硫黄装置、2 万米^3（标准）/ 时制氢装置、8 万吨 / 年苯抽提装置、90 万吨 / 年 S Zorb 装置、12 万吨 / 年干气脱硫、6 万吨 / 年焦化液化气脱硫、30 万吨 / 年液化气脱硫、200 吨 / 时溶剂再生、60 吨 / 时污水汽提、7 万吨 / 年小本体聚丙烯、15 万吨 / 年半再生重整装置（停工）。TFCC 主要装置年产 1 万吨二甲基亚砜。

沧州炼化主要产品有汽油、柴油、石脑油、燃料油、石油苯、液化石油气、聚丙烯、石油焦、食品级硫黄及液硫等。TFCC 主要产品是电子级和医药级二甲基亚砜。

沧州炼化主要技术经济指标及主要产品产量分别见表 1 和表 2。

（刘　锐）

【领导班子调整】 2021 年 7 月 26 日，沧州炼化召开干部大会，宣布集团公司党组对沧州炼化领导班子调整决定：计松任中共沧州炼油厂委员会委员，聘任为沧州分公司副总经理。

（刘　锐）

【生产经营】 2021 年，沧州炼化在停工检修的情况下，加工原（料）油 212.79 万吨，营业收入 117 亿元，利润合计 6.22 亿元（其中上市部分利润 6.02 亿元、存续部分利润 2 064 万元）、增加 7.29

亿元，创沧州炼化历史最好水平。全年上缴税费38亿元。在“比学赶帮超”竞赛中获红旗60面。

（刘　锐）

【安全生产】2021年，沧州炼化发布新版体系手册，修订安全生产、环境保护责任制，开展体系审核，推进体系有效运行。落实风险分级管控和隐患排查治理，公司级安全风险销项2项、降级1项，重大隐患销项2项，风险总值从116降至44。保持直接作业环节和承包商管理高压态势，探索建立“督查＋服务”机制，约谈通报4家承包商和7名承包商人员。强化HSE能力建设，开展全员HSE培训，组织三级应急实战演练512次，技能操作人员全部实现持证上岗。全年未发生上报集团公司级安全生产事故事件，获集团公司安全生产先进单位称号。

（刘　锐）

【职业健康管理与疫情防控】强化职工健康管理，未发生职业病病例，沧州炼化获2021年度河北省健康企业称号。疫情防控有力开展，未出现确诊病例，职工疫苗接种率91%。

（刘　锐）

【环境保护】2021年，沧州炼化持续推进污染防治攻坚战，新建2万吨/年硫黄装置、外排污水达标升级改造等环保项目建成投用，环保风险持续降低，各项排放指标全部达到特别排放限值要求。落实绿色低碳战略，制订碳达峰碳中和行动方案，实施11项能效提升项目，万元产值综合能耗0.336吨标煤。巩固绿色企业创建成果，绿色企业复核评为A档；持续推进绿色基层创建，绿色装置创建率54.17%。

（刘　锐）

【企业管理】2021年，沧州炼化深入实施对标世界一流管理提升行动，确定对标一流重点任务37项，制定措施114项，完成112项；对标同规模企业，确定指标249项。强化基础管理，建立健全11项管理机制；建立熵减机制，合并压减单位间配合事项108项。推进财务转型，制订财金人才建设行动计划，成立9个价值管理小组，推进业财融合，经营现金流比指标多完成1.93亿元，“两金”占用比年度指标减少5.66亿元。提升物资供应管理水平，7项定量考核指标全部满分，管理绩效在炼油企业中排第5名。引入精益六西格玛管理工具，确定重点工作13项。强化全面风险管理，梳理确定“两高一重”清单，开展合同、工程项目采购等高风险业务专项检查，严防资金、金融衍生品等各类风险。

（刘　锐）

【深化改革】2021年，沧州炼化推进“三项制度”改革，4名党委管理的干部因任期业绩落后、岗位不胜任被调整职级岗位；12名高层级专业技术和技能操作人员因聘期考核排名末位被降级聘任；全年措施减员12人，退回劳务工2人，回收外包业务替代外包工9人。

（刘　锐）

【大修改造】2021年5月10日—7月26日，沧州炼化实施大修改造，高标准完成14套主要生产装置和公用工程及辅助系统检修，完成常规检修项目2 454项、技术改造42项。

（刘　锐）

【项目建设】2021年，沧州炼化固定资产投资3.22亿元，实施建设项目62项，控制室隐患治理、合规性排查、制氢转化炉更新等项目建成投用；实施科技开发项目12项，2件实用新型专利获授权，2件发明专利正在审核；有机液体储氢技术研发与工业示范项目列入总部重大科技攻关项目。

（刘　锐）

直接作业监护人员现场签施工作业票证

【队伍建设】 2021 年，沧州炼化通过轮岗交流、"能上能下"，优化干部队伍结构，全年提拔任用干部 17 人，其中"80 后"11 人、"90 后"2 人，年轻干部占提拔总人数的 76%。开展人才工作专题调研，完善人才成长通道建设，修订职位管理系列制度，完善职位晋升、约束激励、制度化退出工作机制，形成较为完善的"1+3"人才工作制度体系。

（刘　锐）

【党建工作】 2021 年，沧州炼化严格落实"第一议题"制度，党委中心组集中学习 34 次、专题研讨 25 次，组织五中全会精神研讨班，开展六中全会精神宣讲。聚焦落实习近平总书记视察胜利油田重要指示精神，党委层面围绕 6 个方面制定 21 项措施。准确把握党委功能定位，进一步明晰党委讨论和决定重大事项的职责范围，坚决把党的领导落实到生产经营全过程。认真落实重大事项请示报告制度，向党组请示报告事项 12 项。深化"石油石化优良传统"教育，编制《沧州炼化公司企业文化建设纲要》，举办劳动模范和曹湘莉事迹报告会，建立职工诉求和建议即时提报系统，持续推进 EAP 服务进基层。全方位讲好"沧炼故事"，微信公众号媒体影响力全年 6 次进入集团公司 A 档，奋进沧州炼化影响力迈入集团公司 A 档。推进党支部标准化、规范化、信息化建设，开展党支部换届选举，组织党支部分类定级考评，深入开展"党旗在基层一线高高飘扬"活动，持续推进党建共建，基层党建工作水平不断提升。推动政治监督具体化常态化，对 10 个单位开展党委巡察，深入整治安全环保领域形式主义、官僚主义问题，推进"靠企吃企"专项整治，信访举报量不断下降。

（刘　锐）

集中主题党日活动中党员清理厂区杂草

【庆祝建党百年系列活动和党史学习教育】 2021 年，沧州炼化隆重庆祝党的百年华诞，召开庆祝建党 100 周年暨党建工作推进会，组织主题书画展、图片展、党史故事汇，录制专题片，编印公司志和宣传册，走访慰问老同志。开展党史学习教育，聚焦学史明理、学史增信、学史崇德、学史力行，组织两级读书班，统筹推进专题研讨、集中宣讲、红色教育、专题调研，重点开展四史、石油石化创业发展史和厂史教育，分层分级为群众办实事 170 项。

（刘　锐）

工会工作人员走访慰问石化老人范桂荣

【和谐企业】 2021 年，沧州炼化积极履行社会责任，配合沧州市园博园建设做好征迁工作，主动参与沧州南大港产业园火灾事故处置，及时支付民企应付账款，购买甘肃东乡等地区乡村振兴产品 67.2 万元，向甘肃东乡县石化中学捐赠图书 1 160 册。开展主题劳动竞赛、创新创效等活动，抓实职代会提案办理，帮扶救助困难职工 122 人次、35.3 万元。实施"青年大学习"行动，开展系列"青"字号活动，助力青年成长成才。

（刘　锐）

表 1 沧州炼化主要技术经济指标 亿元

指标名称 \ 年份	2021	2020	2019	2018	2017	2016
原油加工量 / 万吨	205.83	256.22	266.12	270.98	239.12	263.64
工业总产值	113.77	117.32	146.66	150.29	112.41	109.82
沧州资产分公司	2.30	5.19	5.49	5.57	3.24	3.21
沧州分公司	111.47	112.13	141.17	144.72	109.17	106.61
工业增加值	44.07	48.12	47.80	46.58	39.36	51.38
沧州资产分公司	0.48	1.20	0.94	0.62	0.66	0.77
沧州分公司	43.59	46.92	46.86	45.96	38.70	50.61
资产总计	45.18	44.55	43.37	42.49	37.85	37.10
沧州资产分公司	2.30	3.52	3.58	3.82	3.65	3.16
沧州分公司	42.88	41.03	39.79	38.67	34.20	33.94
流动资产	18.46	19.08	17.15	16.29	16.68	18.77
沧州资产分公司	1.08	0.35	0.43	0.63	0.59	0.65
沧州分公司	17.38	18.73	16.72	15.66	16.09	18.12
固定资产原值	51.32	21.64	49.80	45.66	42.58	43.69
沧州资产分公司	1.92	6.07	5.76	5.58	5.62	5.58
沧州分公司	49.40	15.57	44.04	40.08	36.97	38.11
固定资产净值	16.49	18.27	21.37	19.21	16.94	15.53
沧州资产分公司	1.13	2.70	2.63	2.54	2.35	2.40
沧州分公司	15.36	15.57	18.74	16.67	14.59	13.13
销售收入	116.83	116.90	145.91	151.20	114.06	110.14
沧州资产分公司	2.76	5.80	5.95	6.12	3.53	3.52
沧州分公司	114.07	111.10	139.96	145.08	110.53	106.62
实现利税	40.80	42.01	40.76	44.25	40.08	47.30
沧州资产分公司	0.31	0.45	0.24	–0.08	–0.03	0.09
沧州分公司	40.49	41.56	40.53	44.33	40.12	47.21
税　金	34.57	43.08	40.63	41.41	37.47	43.13
沧州资产分公司	0.10	0.18	0.12	0.12	0.12	0.33
沧州分公司	35.93	42.90	40.51	41.29	37.36	42.80

表 2 沧州炼化主要产品产量 万吨

产品名称 \ 年份	2021	2020	2019	2018	2017	2016
沧州资产分公司						
聚丙烯	2.42	5.88	5.61	5.50	2.95	3.17

续表

产品名称 \ 年份	2021	2020	2019	2018	2017	2016
氮　气	0.94	2.23	2.41	2.12	1.83	1.93
净化风 / 万立方米	5 322.84	13 800.36	15 191.57	12 086.50	10 608.00	7 311.00
非净化风 / 万立方米	—	—	—	—	—	2 571.00
沧州分公司						
汽　油	71.52	87.19	89.42	75.79	67.65	74.47
柴　油	68.64	87.54	91.44	86.68	79.79	100.61
石脑油	1.01	1.99	5.00	23.20	18.60	22.12
液化气	15.15	19.39	18.77	18.01	14.52	18.21
铝箔油料						1.80
石油焦	17.71	22.39	23.83	24.85	21.91	23.53
硫　黄	1.09	1.50	1.55	1.69	1.14	1.27
粗白油					7.74	4.66
燃料油	9.52	12.30	13.29	12.86		
4# 燃料油					11.66	1.74
正己烷					0.14	0.04
聚丙烯	2.42					

润滑油公司

【概况】 中国石化润滑油有限公司（简称润滑油公司）是股份公司下属全资子公司，是集研发、生产、销售和服务为一体的专业化润滑油公司。2002 年 5 月，股份公司按照“统一计划安排、统一资源配置、统一市场开拓、统一品牌形象、统一产品开发”的原则，对润滑油业务实施专业化重组，成立润滑油分公司。2014 年 3 月 4 日，在润滑油分公司基础上改制成立润滑油公司，本部位于北京市海淀区安宁庄西路 6 号。

2021 年，润滑油公司调和能力 187 万吨 / 年，包装油脂生产能力 154 万吨 / 年，生产和销售包括内燃机油、工业油、船用油、金属加工液、润滑脂和合成润滑油脂等 21 类、2 000 余个品种的“长城”润滑油脂产品。

截至 2021 年底，润滑油公司设 12 个管理部门、5 个运营管理中心、7 家区域分公司、3 家中外合资公司和 1 家海外（新加坡）全资子公司，有 11 家生产工厂、4 家研发机构。有在岗正式员工 2 981 人，其中专业技术人员 1 903 人，博士 30 人、硕士 502 人、本科 1 154 人，具有高级专业技术资格的 423 人（正高 21 人）。

润滑油公司主要技术经济指标见表 1。

（王笑博）

【领导班子调整】 2021 年 7 月 2 日，鉴于年龄原因，免去滕屹中共中国石化润滑油有限公司委员会副书记、委员、纪律检查委员会书记职务，不再担任润滑油公司工会主席和监事会主席、监事职务。

（王笑博）

【治理结构】 2021年，润滑油公司董事会建设运行第一年，落实完善公司治理和加强党的领导要求，依据集团公司授权手册，识别重大经营事项，厘清党委会、董事会、经理层权责边界，完善“三重一大”决策机制，制定党委会前置研究、党委会研究决定、董事会决策、董事长办公会、经理层决策和董事会授权董事长职权、董事会授权经理班子决策等7项事项清单，配套调整管理办法。建立完善董事会决议运行机制，闭环推进董事会决议督办落实。建立经理层向董事会汇报工作机制，及时报告公司经营运转情况，反馈授权决策事项推进情况。建立外部董事服务配套机制，通过电子邮件、OA系统、董事会秘书、专门委员会支撑部门日常沟通，传递生产经营信息、董事会决议落实情况。

（王笑博）

【深化改革】 2021年，润滑油公司贯彻国企改革三年提升计划安排，围绕“三能”机制建设，制定27项改革任务目标。技术服务中心搭建平台化功能，形成专兼职技术服务团队707人，组建客户设备润滑档案支撑客户化管理，统筹参与技术服务工作的专、兼职技术服务人员及实体单位考核激励；完成27家省级销售机构改革，明确区域分公司属地化管理和平台化支撑作用，明确升级销售机构销售责任，以“联量联价联效”考核激励机制鼓励经营一线拓量提效；启动科研领域专项改革，完善科研成果转化激励机制，强化科研对市场拓展和优化降本的支撑作用。

（王笑博）

【海外市场】 2021年，润滑油公司克服基础油、添加剂和海运价格持续攀涨，全球新冠肺炎疫情持续蔓延造成的物流受限等不利影响，与跨国领先企业开展同步研发和技术合作，取得丰田汽车新能源减速箱油技术认可，编入全球齿轮箱龙头企业赛威设备润滑手册，进入全球轴承领域龙头斯凯孚、传动领域龙头吉凯恩集团的全球供应链。与中国检验认证集团新加坡有限公司合作开展油品检测服务，拓展船用油供油网络布局，实现在全球50余个国家、300余个港口可提供供油服务，借助国工、燃料油公司平台资源，开发法国达飞海运集团和日本川崎汽船株式会社船用油业务，全年船用保税油增长81%。加快经销网络布局，填补东南亚、中东、非洲等空白区域、空白市场经销网络，推进中资企业国内国外协同开发，中国石化产品出口塞尔维亚，海外市场销量增长44%。

（王笑博）

2021年12月，中老铁路项目建成通车，中国石化润滑油从工程建设到铁路铺轨、试运行，为项目施工用油保供累计400余吨（张泽超　摄）

【绿色企业】 2021年，修订发布润滑油公司新版HSE体系手册，建立分委会机制和HSE例会制度，分解职责和任务，按照“一把手连线制”和承包制推进HSE责任制落地。全年接受各类产品抽检170余批次，增长143%，检查全部合格，客户综合满意度居行业前列。全年无上报集团公司HSE事故，作业现场有害因素检测合格率100%，工业废水排放量下降12.7%，废气排放量下降8.8%，污水平均回用率从30%提高至60%，外排废水、废气、固体废物处置达标率100%，VOCs排放下降2%，吨产品天然气消耗下降5.9%，万元产值综合能耗下降14%，通过集团公司绿色企业复核。发布混合动力超级节能型发动机油、电驱动减速箱油、电动汽车恒温液及专用制动液等绿色润滑新品，为新能源汽车产业发展提供节能型低碳、环保型低碳、长寿命低碳、全寿命低碳等全领域低碳润滑技术。2021中国品牌价值评价信息发布，“长城润滑油”品牌价值增长10亿元，润滑油行业排名第一，获国际品质节授予的2021绿色品质典范奖和中国公益节授予的2021年度责任品牌奖。

（王笑博）

【科技创新】 2021 年，润滑油公司坚持服务国家战略，获民航局首张润滑油领域标准符合性认证，顺利开展国产航空发动机地面试验。与斯凯孚、舍弗勒、纳铁福、布卡等国内外行业领军企业开展技术领域战略合作，提升专业领域的行业影响力。参与制定国家及行业标准 20 项，《氢燃料冷却液》等新标准填补国内市场空白，打破国外品牌在细分领域的垄断。发布高端新产品 78 项，新能源汽车配套油冷电机变速箱油、免维护润滑脂等高端新产品，在风电、机器人等领域量产应用。全年取得国际授权专利 3 件，曼（MAN）、赛威传动（SEW）等行业龙头技术认可 191 项，形成替代应用案例 139 项。

（王笑博）

5 月 20 日，长城润滑油携高铁、风机、工业机器人、航天航空等高端润滑产品，亮相第五届世界智能大会，展示智能科技时代润滑油产业，在智能化浪潮下与时俱进的科技创新实力（艾立雯　摄）

【工程建设】 2021 年，润滑油公司落实“长江大保护”政策，持续推进天津、上海、重庆、武汉等沿江城市生产企业搬迁改造，为“十四五”产能需求规划布局。12 月 28 日上午，润滑油公司特种油脂及基础油储运项目在天津南港工业区开工打桩，作为中国石化高端新材料项目集群之一，项目采用的含氟油生产技术为自主知识产权，生产装置为国内唯一。

（王笑博）

【信物百年】 2021 年 9 月 6 日，润滑油公司党委书记夏世祥在中央电视台微纪录片《信物百年》中，以新中国第一代枪油壶为信物，讲述长城润滑油助力中国国防工业发展的故事，展现实业报国、家国情怀的品牌形象。

（王笑博）

信物百年

【冬奥战略发布会】 2021 年 4 月 20 日，润滑油公司在北京召开中国石化长城润滑油洁净冬奥战略发布会，正式发布“洁净润滑，为冬奥加油”全新冬奥主题，公布洁净润滑加油团、冬奥新装产品、冬奥形象店等多项冬奥行动计划，联合中国石化旗下爱跑 98、天然气、东海沥青等企业正式签署绿色联合行动承诺书，以“清洁、高效、低碳、循环”为目标，践行绿色发展理念，促进绿色技术应用，全面助力北京 2022 年冬奥会顺利召开。其间，为北京冬奥会配套工程提供润滑油脂产品和服务，为参与冬奥场馆建设的工程机械提供寒区润滑油脂产品。借助神舟飞船发射着陆热点，组织“冬奥 - 航天体验营”活动，到酒泉发射中心、西昌发射现场观摩火箭和卫星发射盛况，宣传长城润滑油为中国航天事业和北京冬奥会所作的贡献。

（王笑博）

悉尼奥运会体操冠军邢傲伟作为首名“洁净润滑加油团”团员出席发布会

【庆祝建党 100 周年】 2021 年 6 月 30 日，润滑油公司召开庆祝建党 100 周年表彰大会，表彰 2021 年度先进基层党组织、优秀共产党员、优秀党务工作者、优秀党员领导干部和基层党支部示范点。传达学习中国石化庆祝建党 100 周年暨高质量党建推进会精神，组织“从党的历史中汲取精神力量，站排头争第一，争做新时代高质量发展先锋”专题党课，回顾和展示在党的领导下，中国石油石化工业及中国石化润滑油事业取得发展进步，要求润滑油公司各级党组织、党员干部不忘初心、牢记使命，以党史学习教育为强大推动力，担当负责、攻坚克难，为完成全年目标任务，共同开创高质量发展新局面，加快建设世界领先企业、建设世界级品牌作出新贡献。

（王笑博）

【党建工作】 2021 年，润滑油公司探索建立党委“把方向、管大局、促落实”配套机制，区分国资控股公司、中外合资企业、区域分公司、产销单位、科研单位、内设单位、机关部门等 7 种党组织的功能定位、领导体制、主要职责，推进在完善公司治理中加强党的领导试点工作向基层延伸；明确各级党组织、党务工作部门和书记、委员、党员各层面责任清单和月度任务清单，形成逐级履职的全面从严治党责任体系；发挥“大监督”效能，持续推进党委巡察，开展业务、管理与专项监督，在巡察工作中培养干部、发现人才；坚持党管人才，实施核心骨干人才库培养管理机制，通过“三精”培训工程，细化专业技术和技能操作 8 类人才培养应用管理模式，匹配润滑油公司产业布局，服务改革发展。2021 年进入集团公司年度党建考核 A 档企业。

（王笑博）

表 1 润滑油公司主要技术经济指标 亿元

指标名称 \ 年份	2021	2020	2019	2018	2017	2016
工业总产值	166.08	141.43	136.78	136.06	134.71	126.23
工业增加值	22.12	28.62	23.78	22.97	23.32	24.22
资产总计	93.11	90.11	92.19	92.47	85.52	84.04
流动资产	47.29	44.25	47.57	57.94	53.00	49.25
固定资产原值	49.62	48.58	48.10	44.24	40.97	46.65
固定资产净值	22.67	23.69	25.30	23.37	21.81	26.21
销售收入	165.96	155.89	196.18	181.90	164.81	155.21
实现利税	7.29	14.99	12.88	11.79	14.10	15.93
税　金	5.25	6.97	6.71	6.67	8.08	8.42
综合能耗 / 吨标煤 · 万元 $^{-1}$	0.016	0.014	0.015	0.015	0.015	0.02

青岛石化

【概况】 中国石化青岛石油化工有限责任公司（简称青岛石化）位于青岛市李沧区，占地面积 0.94 平方千米，厂区临近黄岛油港，与黄岛油港、青岛港码头分别有输油管线相连，自备铁路专用线与胶济铁路相连，厂外公路与济青、青兰、青银高速公路相接。青岛石化前身为创建于 1962 年的青岛市手工业管理局炼油厂，1966 年 4 月改名为青岛石油化工厂。2000 年 12 月，青岛石油化工厂整体划转集团公司，企业名称先后为中国石化集团青岛石油化工厂、中国石化集团青岛石油化工有限责任公司。2010 年 3 月，青岛石化正式成为股份公司全资子公司，并更名为现名。

截至 2021 年底，青岛石化设 11 个机关职能部门、4 个直属机构和 6 个二级单位。资产总额 53.19 亿元。在册员工总数 846 人，其中在岗员工 802 人。原油一次加工能力 500 万吨 / 年。生产装置主要包括 500 万吨 / 年常减压蒸馏、160 万吨 / 年延迟焦化、140 万吨 / 年重油催化裂化、100 万吨 / 年汽柴油加氢精制、60 万吨 / 年柴油加氢精制、60 万吨 / 年催化汽油选择性加氢脱硫、25 万吨 / 年催化重整、20 万吨 / 年及 15 万吨 / 年气体分馏、7 万吨 / 年聚丙烯等 16 套。产品主要有汽油、柴油、低硫船用燃料油、石脑油、石油焦、石油液化气、车用液化气、丙烷、丙烯、聚丙烯、工业硫黄、纯苯、MTBE 等近 20 个品种。

青岛石化主要技术经济指标和主要产品产量分别见表 1 和表 2。

（徐彩滨）

【第十一次党代会召开】 2021 年 3 月 29 日，青岛石化第十一次党员代表大会召开。大会听取并审议执行董事、党委书记李振民代表第十届委员会所作题为《抓实全面从严治党 汇聚奋进力量 以高质量党建推动公司实现高质量发展》的党委工作报告和党委副书记、纪委书记、工会主席施利春所作的纪委工作报告。会议选举王明章、张成宝、李振民、施利春（按姓氏笔画排序，下同）为中共青岛石化第十一届委员会委员，选举王志军、尤克伟、李火兵、施利春、常永胜为中共青岛石化纪律检查委员会委员。同日，召开中共青岛石化第十一届委员会第一次全体会议，选举李振民为党委书记、施利春为党委副书记；召开中共青岛石化纪律检查委员会第一次全体会议，选举施利春为纪委书记。

（徐彩滨）

【领导班子调整】 2021 年 7 月 9 日上午，青岛石化召开干部大会，集团公司党组以视频会议形式宣布对青岛石化领导班子调整的决定。根据工作需要，经集团公司党组研究并征得中共青岛市委同意，王明章任青岛石化总经理、党委副书记。

（徐彩滨）

【疫情防控全面受控】 2021 年，青岛石化持之以恒抓好常态化新冠肺炎疫情防控。根据防控形势变化，动态调整各项管控措施，重视抓好基地项目疫情防控工作。全年组织员工及承包商人员累计 9 686 人次完成新冠疫苗接种，总接种率 98%，守牢疫情防控底线，未出现确诊和疑似病例。

（徐彩滨）

【经济效益创历史新高】 2021 年，青岛石化加工原料油 418 万吨（原油 355.5 万吨），产品产销 398 万吨，营业收入 194 亿元，利润 11.68 亿元，经济效益创历史最好水平，全年利润超过青岛石化进入中国石化以来盈利年份的利润总和，实现“十四五”顺利开局。

（徐彩滨）

【获绿色企业称号】 2021 年，青岛石化全员动员，全面推进绿色企业创建工作。落实“一方案两清单”，每月督查方案执行，强化专项整治，高质量完成绿色企业创建，被授予 2021 年中国石化绿色企业称号。

（徐彩滨）

青岛石化全面推进绿色企业创建，获中国石化绿色企业称号

【全年 HSE 工作持续受控】 2021 年，青岛石化全面推进 HSE 体系建设，初步建立体系运行机制，增设油库运行、培训 2 个专业分委会。分层级开展体系宣贯，组织 3 批次 222 人次内审员培训。开展 HSE 体系内审、外审，抓实问题整改，体系运行有效性进一步提升。专题研究集团公司“总经理 2 号令”贯彻措施，下发落实方案，分解 50 项具体任务，常态化推动落实。强化隐患排查整治，开展“百日安全无事故”“五查五严”专项行动，抓好集团公司级“危化品罐区及汽车装卸环节火灾爆炸风险”管控，如期完成重大风险降级。持续抓牢直接作业管理，实施电子作业许可系统，建立标准化直接作业环节管理流程，实

施每周一次集中用火管控，严控高风险作业数量、频次。严格承包商准入，对关键人员实施取证培训。扎实推进环保依法合规排查工作，建立月度排查通报机制。全年废水达标率100%，废气达标率99.99%，污染物排放量满足指标要求。

（徐彩滨）

【优化产品结构降本增效】 2021年，青岛石化把控原油采购节奏，努力挖掘新油种，采购性价比高的原油，降本10 150万元。借助已建LNG设施及资源优势，降低天然气成本684万元。着力汽油多产少调，外购MTBE降低2 823吨。紧盯市场开好周优化例会，抓好优化软件应用，全年测算方案数量增长39%。及时指导调整生产操作，不断优化产品结构，形成优化意见277条，增效15 875万元。

（徐彩滨）

【经营跨周期调节初显成效】 2021年，青岛石化针对船用燃料油与原油价差收窄甚至倒挂趋势，从思想上找突破，系统内首家成功打通低硫船用燃料油—原油联合套保流程，完成3万吨锁价操作，锁定利润、创效增效。依托代管商储库，开展原油库存运作，借用商储原油200万桶，保障稳定供应，降低费用。

（徐彩滨）

【科技攻关硕果累累】 2021年，青岛石化抓好总部“十条龙”攻关项目“多产丙烯和低硫船用燃料油的催化裂化技术开发与工业试验”（MFP）应

青岛石化作为组长单位参与的“十条龙”攻关项目（MFP）应用被评为国际首创

用，保证装置运行平稳，优化产品结构，实现攻关目标，被总部评定为国际首创。加大聚丙烯新产品开发力度，成立专项攻关团队，与北京化工研究院深度合作，生产出具有良好市场前景的茂金属聚丙烯树脂。发挥专家攻关作用，优化调整重整炉参数，停用热载体炉，实现节能降耗。通过“开源”“节流”降低污油损失，实现降污增效。

（徐彩滨）

【降本减费成效显著】 2021年，青岛石化深入业务链，细化预算指标分解，落实14个部门43项费用零基预算，费用压降10%，全年财务费用减少419万元，财务资金运作连续2年盈利。持续推进业财融合，编发《青岛石化成本手册》，组织全员学习，抓好班组成本核算。加大节税退税力度，全年办理低硫船用燃料油出口退税21 577万元，免抵5 754万元。全年吨油完全费用233.77元，减少75.41元。

（徐彩滨）

【发展取得突破】 2021年，青岛石化成立以党委书记为组长、总经理为副组长的发展工作小组，立足“一基两翼三新”产业格局，统筹发展与减排、整体与局部的关系，聚焦异地转型发展，推动打造大型化、智能化、具有国际先进竞争力的新材料生产基地。在集团公司和地方政府的支持指导下，形成较为清晰的发展路径，破解困扰青岛石化十几年的发展难题。

（徐彩滨）

【管理提升取得实效】 2021年，青岛石化深入开展对标世界一流管理提升行动，在炼油板块“比学赶帮超”中获72面红旗，增长43%，排名进步8名。狠抓对标提升，专业竞赛排名23，提升6名。平稳率获奖牌183枚，其中金牌83枚，增加62枚，创历史新高。综合商品率94.87%；加工损失率0.46%，首次进入板块优秀群组，进步10个名次以上。全年炼油综合能耗58.789千克标油/吨，降低3.70个单位，炼化板块排名第十。

（徐彩滨）

【工艺、质量、计量管理不断加强】 2021年，青

岛石化持续抓实工艺平稳性，降低装置报警率，单装置日均报警 215 次，下降 23.7%。持续开展工艺周检，杜绝超工艺指标操作。产品出厂合格率 100%。通过 CNAS 实验室认可及环保扩项评审，标准化管理不断进步。

（徐彩滨）

【设备管理、水务管理实现质的飞跃】 2021 年，青岛石化完成设备完整性管理体系建设阶段性任务，发布体系手册并实现平台上线运行。深化体系定时性工作和预防性策略执行，预防性维修占比 82%。加强设备管线风险排查，在常顶、催化顶循、加氢高压空冷等重点部位开展 100% 脉冲涡流检测。成立水务攻关小组，通过生产用水管控、优化污水处理场运行等措施，实现中水回用率 51.8%，用水单耗下降 20%，成为中国石化山东片区唯一一家省级节水标杆单位。

（徐彩滨）

【一体化管理体系有效运行】 2021 年，青岛石化强化体系建设成果应用，实现一体化管理体系与 HSE 体系、设备完整性体系有机融合。组织体系专家团队多次赴油库现场指导，推动油库管理融入一体化管理体系。抓好制度承接和学习宣贯，强化依法合规管理，3 875 人次参加制度答题活动。修订完善内控风险管理体系，有效提升风险管控能力。加大各级人员体系知识宣贯考核力度，促使运用体系化、系统化思维管理日常工作成为常态。完成基层单位“三标”工作手册发布。

（徐彩滨）

【深化改革成效显著】 2021 年，青岛石化稳步推进深化改革三年行动。加强“三定”管理，组织开展“三单”递进、岗位诊断，对标系统内先进企业，实施“三定”目标优化，减少岗位 44 个，优化率 18.8%。科学开展岗位价值评估，建立岗位价值图谱。完善内部人力资源市场转岗培训机制，进一步加强劳动关系契约化管理，规范不在岗人员管理。改革激励性年金分配办法，突出业绩贡献，向核心、关键岗位倾斜，130 名员工获年度激励性年金奖励。

（徐彩滨）

【开展全员大培训】 2021 年，青岛石化固本强基抓培训，改变传统模式，以知识、技能、素质提升为目标，覆盖经营管理、专业技术、技能操作 3 个序列，以 15 项专题为重点，开展全员大培训。边推进边总结边提升，下发培训简报 7 期。开展全员上岗取证，管理、专业序列取证 315 人，技能操作序列取证 580 人。

（徐彩滨）

【干部人才建设不断加强】 2021 年，青岛石化深入贯彻落实新时期党的组织路线，持续加强干部人才队伍建设。消除路径依赖，对管理与专业技术序列职级同等认定，搭建干部成长“双通道”。健全年轻干部跟踪培养常态化机制，选派 11 名年轻干部参加总部青年干部培训班，组织青年干部能力提升训练营，44 名年轻干部接受培训。首次面向青岛石化公开选聘主任师、高级主管 16 人，选聘高级专家 2 人、首席技师 3 人。落实技能人才提质强基计划，创建作业部技师工作室，强化高层次人才师带徒培养。修订完善青岛石化中基层领导人员能上能下实施办法，细化“下”的 14 条标准，建立并运行日常工作监督负面清单。

（徐彩滨）

【“第一议题”制度有效落实】 2021 年，青岛石化党委把学习贯彻习近平新时代中国特色社会主义思想作为首要政治任务，第一时间传达落实习近平总书记“七一”重要讲话、党的十九届六中全会精神和习近平总书记视察胜利油田重要指示精神。把自学和集中学、重点发言和集体研讨、专题学习和系统学习结合起来，全年中心组集体学习 36 次、专题研讨 33 次。常态化组织党员培训学习，邀请中央党校教授、中央宣讲团成员集中辅导授课。打造巡回宣讲阵地，青岛石化领导带头，“宣讲小分队”进基层、进班组，向员工宣讲党组决策部署、集团公司发展战略、企业形势任务，全年宣讲 70 场次。

（徐彩滨）

【扎实开展党史学习教育】 2021 年，青岛石化党委把党史学习教育作为重大政治任务，以高标准、高要求扎实推进。采取中心组学习、举办读书班等形式，分专题开展学习研讨；各支部通过“三会一课”、主题党日等形式开展学习活动，注重学思践悟，实现标准动作做到位、自选动作做出彩。开展庆祝建党100周年系列庆祝活动，扎实推进“我为群众办实事”实践活动，33项公司级清单全部按期完成。

（徐彩滨）

【党建引领作用有力凸显】 2021年，青岛石化党委认真贯彻新时代党的建设总要求，落实党组“1355”党建工作总体思路，锚定“站排头、争第一”目标定位，压实全面从严治党责任，在务实、创新、融合上下功夫，实现体系化思维抓党建。研究确定“十四五”时期青岛石化“5+2”党建发展方略，重点推进政治铸魂、治理强基、人才强企、文化聚力、廉洁固堤5项工程，建立完善党建工作标准化规范化、党建引领发展两项保障机制。确定“抓思想引领、促对标提升、保改革发展”的年度党建主旋律，贯穿全年抓好弘扬、宣贯。将年度目标任务细化为22项党委重点工作和21项重点工作，明确时间表、路线图，强化督查督办，实现党建与业务工作同部署、同考核。围绕中心任务狠抓党建责任落实，优化支部运行，抓实党员量化考核，推动“两个作用”发挥。持续开展基层典型剖析，推动“三基本”“三基”“三标”建设相融互促。抓好党建共建，聚焦装置维保、基地项目等重点任务，结成党建对子，互帮互促、共同提高。开展“百日安全有我、高质量发展有我”全员大讨论活动，促使员工将企业的饭碗牢牢端在手里，查短板、剖根源、定措施，推动党建与中心工作深度融合。

（徐彩滨）

【高质量完成巡视整改】 2021年，青岛石化党委以积极的姿态接受党组巡视，巡视期间完成14项立行立改问题整改。巡视反馈后，先后11次召开党委会、专题推进会，按照“四个融入”要求，部署推进巡视整改工作。“一方案三清单”经过3轮讨论，整改台账经过“三上三下”反复修改完善，将4个方面15项问题细化为52个问题、制定整改措施95条。召开专题民主生活会，以刀刃向内的自我革命精神纵深推进巡视整改。截至年底，细化后问题整改完成51个，完成率98%；整改措施完成93条，完成率98%；提醒谈话5人，修订完善制度24项。

（徐彩滨）

青岛石化夜景

表1　　青岛石化主要技术经济指标　　亿元

指标名称 \ 年份	2021	2020	2019	2018	2017	2016
原油加工量/万吨	355.50	266.67	268.61	260.27	223.77	265.64
工业总产值	192.26	112.88	144.27	141.22	99.21	109.36
工业增加值	56.09	34.98	49.36	53.87	44.54	55.69
资产总值	53.19	31.38	42.26	36.40	39.18	39.87
流动资产	37.95	15.01	25.29	17.82	18.60	17.45
固定资产原值	49.69	48.41	48.02	47.11	46.77	45.82
固定资产净值	11.86	12.33	13.45	14.71	16.51	18.23
销售收入	193.09	111.06	144.50	142.65	98.53	110.10

续表

指标名称 \ 年份	2021	2020	2019	2018	2017	2016
实现利税	45.76	23.89	48.76	38.11	36.28	47.67
税　金	36.60	29.19	48.31	34.70	34.49	43.01
综合能耗 / 吨标煤 · 万元 $^{-1}$	0.333	0.269	0.313	0.278	0.270	0.277

表 2　青岛石化主要产品产量　万吨

产品名称 \ 年份	2021	2020	2019	2018	2017	2016
汽　油	95.09	72.85	95.43	95.28	77.06	90.79
柴　油	74.43	59.83	86.41	72.72	59.60	96.65
低硫船用燃料油	155.98	92.94	0.22	—	—	—
石脑油	9.25	11.35	6.79	4.43	1.45	2.28
出口柴油	—	—	—	8.43	13.93	—
苯	1.36	0.85	1.07	1.28	0.68	0.89
燃料油	6.64	9.18	9.54	3.95	4.71	3.15
石油焦	19.61	17.49	25.71	27.86	23.74	25.67
硫　黄	1.11	0.76	1.60	1.54	0.96	1.17
液化气	17.40	15.47	18.90	17.74	14.68	16.34
车用液化气	4.32	2.88	5.15	5.00	4.11	4.59
丙　烯	3.30	1.87	2.71	0.91	1.09	1.10
聚丙烯	6.98	4.97	6.11	6.28	4.97	6.53

北海炼化

【概况】 中国石化北海炼化有限责任公司（简称北海炼化）地处广西北海市铁山港区临海工业区，距北海市区约 40 千米，南邻铁山港码头。北海炼化始建于 1989 年，原名北海石油化工厂，原油加工能力 60 万吨 / 年。1998 年 5 月划归集团公司。2002 年 7 月，北海石油化工厂划入股份公司，成立中国石油化工股份有限公司北海分公司（简称北海分公司）。按照中国石化的战略部署，中国石化于 2009 年 7 月组建北海炼油异地改造项目筹备组，实施北海炼油异地改造石油化工（20 万吨 / 年聚丙烯）项目，项目于 2010 年 3 月土建开工，2011 年 9 月底建成中交，2012 年 1 月 1 日全面投产。2011 年 12 月 31 日，中国石化对北海炼油异地改造项目筹备组与北海分公司进行整合后，与北海市人民政府共同出资组建中国石化北海炼化有限责任公司。2016 年 1 月，北海炼化完成首次装置大检修及产品质量升级改造，原油加工能力由 500 万吨 / 年提升到 640 万吨 / 年，产品质量由国Ⅳ提升到国Ⅴ标准。2018 年 9 月成品油产品质量由国Ⅴ提升到国Ⅵ标准，汽油质量达国Ⅵ B 标准。2020 年 6 月完成第 2 次全厂“四年一修”，同步完成密闭除焦改造、VOCs 回收治理、常减压节能改造、聚丙烯拓瓶颈改造等项目。2021 年 8 月炼油结构调整改造项目建成投产。北海炼油异地改造石油化工（20 万吨 / 年聚丙烯）项目和产品质量升级改造项目分别获集团公司优质工程奖。

截至 2021 年底，北海炼化共有合同制员工 778 人，其中硕士研究生以上 32 人、本科 309 人、专科 214 人、中专及以下 223 人。具有正高级职称的 4 人，副高级职称的 68 人，中级职称的 147 人，初级职称的 197 人。职工平均年龄 42.4 岁。设 8 个职能部门、5 个运行部和 4 个业务中心。有常减压、催化裂化、延迟焦化、连续重整、柴油加氢、聚丙烯等 16 套生产装置和污水处理、余热回收等 44 套辅助系统。配套项目有 320 万立方米原油商业储备基地、设计年吞吐能力 150 万吨的铁山港石化码头、北海—昆明成品油管道及湛江—北海原油管道。主要产品有成品油、石油焦、硫黄、聚丙烯、苯、液化石油气、石脑油、沥青等。

北海炼化主要技术经济指标及主要产品产量分别见表 1 和表 2。

（覃辉平）

【党的建设质量全面提升】 2021 年，北海炼化深入贯彻落实新时代党的建设总要求，全面落实党组“1355”党建工作思路，以高质量党建引领企业高质量发展。坚持把党史学习教育贯穿全年，聚焦学党史、悟思想、办实事、开新局，统筹推进学习研讨、培训宣讲、专题调研、“我为群众办实事”实践活动等各项工作，在学史明理、学史增信、学史崇德、学史力行上取得明显成效。全年党委班子专题学习研讨 36 次，参加基层主题党日、讲专题党课 10 次，带动各级基层党组织开展各类学习宣讲 225 次。解决群众身边急难愁盼问题 28 项，“我为群众办实事”群众评价满意度 100%。严格执行“第一议题”制度，推动学思想用思想成为自觉行动。全年党委会学习“第一议题”20 次。坚持“两个一以贯之”，制定完善党委讨论决定重大事项清单，进一步明确党委在公司治理的法定地位。积极开展全国国有企业党的建设会议精神贯彻落实情况“回头看”，大力整治安全环保领域形式主义、官僚主义典型问题，抓实抓好“10·25”事故大讨论大排查大整改，推动党建和中心工作的深度融合。深化“党建 +”模式取得实效，设备工程部党支部“创新实施党建 + 共建模式”入选《中国石化基层党建创新实践 100 例》。全面落实《中国共产党组织工作条例》，加大优秀年轻干部培养选拔力度。加强人才战略储备，建立年轻干部人才库和后备人才库，强化人才培训培养。全年参加网络学院“每周一练”岗位练兵 1.5 万人次，通过培训取得 HSE 资格证书 174 人，送外培训 256 人次。陈华冠、崔丽玲等 19 人获省部级以上表彰。深化全面从严治党，持续开展党委巡察，做深做实党内监督。全年“三重一大”事项决策监督 70 项次。聚焦重点领域、关键敏感岗位人员，压紧压实“两个责任”，确保“两个责任”落到实处。完成党建考核反馈问题整改 18 项、党组巡视立行立改问题整改 15 项。加强减文减会，整肃会风会纪，全年发文数量下降 15.3%。各类会议时长基本控制在 1.5 小时以内，提高会议质量和工作效能。

（覃辉平）

【打造安全绿色亮丽名片】 2021 年，北海炼化践行安全发展理念和生态文明思想，坚决筑牢安全环保防线，为企业高质量发展提供坚强保障。健全完善 HSE 体系建设，坚持体系思维，以“五个回归”为抓手，深入开展吸取“10·25”事故教训大讨论大排查大整改工作，全面推动 HSE 体系落实落地。扎实推进安全生产专项整治三年行动、“五查五严”保安全专项行动、“百日安全无事故”专项行动，确保建党 100 周年特殊时期安全生产平稳运行。创新开展“我为安全作诊断”主题活动，突出抓好承包商安全管理和直接作业环节风险管控。全年查找发现各类问题隐患 2 878 项，奖励金额 40.42 万元。稳步推进设备完整性管理体系建设，加强现场标准化管理，设备管理得到新提升，总体泄漏率 0.01%，低于行业标准。高效有序组织应急抢修，保证生产持续安稳运行。全年无上报集团公司重大设备事故，主要设备完好率 100%，关键机组故障率 0.23%。持续加强网络安全管理，高质量完成建党 100 周年等重点时段网络安全保障工作。深入落实“绿色企业行动计划”“能效提升”计划，开展污染防治攻坚战，高标准打好蓝天、碧水、净土保卫战，绿色低碳发展取得新成效。主要环保指标 COD、氨氮、二氧化硫、氮氧化物等排放量比总部下达指标分别下降 1.23%、22.61%、23.69%、0.02%。全年外排废水达标率 100%，有控废气达标率 100%，危险废物妥善处置率 100%。

（覃辉平）

11 月 12 日，北海炼化 2021 年第十期公众开放日，北海市九三学社 21 名社员走进北海炼化，了解北海炼化的绿色发展、创新发展

【持续提升经营质效】 2021 年，北海炼化坚持价值增值理念，以攻坚创效为主线，贴近市场优化生产经营，提升运营质量和效益，生产经营绩效创历史最好水平，实现“十四五”良好开局。全年原油加工量、营业收入、利润总额、净利润创北海炼化历史最好水平。“两利”指标大幅增长，“四率”指标明显优化。利润总额、吨油利润、吨油费用、全员劳动生产率在中国石化炼油企业分别排名第八、第二、第四、第二。优化配置市场及资源，增强保障能力。结合生产经营实际，通过优化油种选择、捕捉机会油种、合理安排船期接卸，利用商储资源合理调节原油库存等措施，优化原油资源配置，降低原油采购成本，全年原油环节降本增效 1 605 万元。高质量完成炼油结构调整项目中交，克服工艺新、设备新、人员新的困难，实现装置安全顺利开车成功。系统优化催化原料性质，通过一级减一线进催化，加工外采蜡油，提高焦化汽油回炼量等措施，确保催化装置稳定运行；探索实施原油分储分炼，通过掺炼重质渣油，保持催化装置高负荷运行，初步形成北海炼化原油分储分炼模式，推动产品结构优化和技术经济指标持续优化。全力做好生产经营方案优化测算，针对原油价格持续上涨，及时调整原油结构性质，少产沥青，多产高附加值产品；结构调整项目投产后为优化柴汽比、提高轻油收率创造条件。针对结构调整项目投产后，催化原料需求增加，多采购蜡油收率高、渣油性质较好的原油满足加工需求，同时降低柴汽比，实现效益最大化。汽煤柴油产量 508.47 万吨、超计划 6.98 万吨，成品油收率 71.37%、超计划 0.98%，销售高标号汽油比例比计划增长 2.7%。优化蜡油、甲基叔丁基醚、甲醇等原料油外购，实现资源保供和降本增效，全年采购原料油 37.32 万吨，甲基叔丁基醚、甲醇采购成本相比攻坚创效对标单位实现成本优势 2 737 万元。围绕“两利四率”目标，组织开展攻坚创效取得丰硕成果，全年创效 3.72 亿元，其中采购降本 5 786 万元，优化增效 2.21 亿元，降本减费 8 141 万元，政策增效 602 万元，资产创效 561 万元，超额完成 2021 年职代会确定的目标任务。

（覃辉平）

【创新发展取得新成果】 2021 年，北海炼化贯彻落实习近平总书记视察胜利油田重要讲话精神，全面统筹发展与安全，聚焦能源革命，融入“一基两翼三新”产业格局，坚持创新驱动，加快转型升级，推动企业绿色低碳、高质量发展。探索“双碳”目标的创新实践，促进全面绿色转型。8 万吨/年硫黄回收装置项目、厂区太阳能绿电一期项目（19.45 兆瓦）建设有序推进，取得明显成果，绿色转型迈出坚实步伐。重点项目稳步推进，成品油储备基地及石化码头项目全力推进、10 万吨/年苯乙烯项目及 60 万吨/年丙烷脱氢项目正在积极论证过程中。全年完成投资 4.83 亿元，完成率 100%。科研开发与技术攻关取得良好成效，成功试产注塑新产品 PPH-MN80，满足市场需求；丙烷脱氢中试技术开发、高效能超高压超紧凑微反应换热装备基础研究及工程技术开发、聚丙烯 D508 粉尘分离收集技术攻关等项目有序推进。“基于 TRIZ 创新分析方法固定床加氢反应器新型内构件的开发应用”“中国石化北海炼化氮气系统稳定性优化”2 个项目，分别获 2021 年中国创新方法大赛广西分赛区决赛一等奖、优秀奖。全年申请国家专利 10 件。坚持加快推进智能工厂建设，5G 工业互联网建设及应用取得明显进展。技术攻关、新技术应用成效明显。焦化密闭除焦系统、聚丙烯挤压造粒机组长周期运行攻关成效显著，故障率大幅下降。SAMS（智能仪表）管理系统、抛丸无尘除锈、涡流扫查等新技术应用，取得良好的经济、环保效益。

（覃辉平）

【改革管理持续加强】 2021年，北海炼化全面贯彻习近平法治思想，深入落实集团公司工作部署，扎实推进依法合规治企，不断提升企业经营管控水平。在推动HSE体系建设、设备完整性体系建设、合规管理体系建设的同时，全力推进一体化管理体系建设与融合，组织开展合规性评价，坚决守住不发生重大合规风险的底线。全年识别风险1 073项，重大风险5项，修订完善制度95项、新建25项，重要决策、规章制度、经济合同法律审核率100%，确保风险可控。严控安全环保风险，全年完成安全隐患治理项目21项。项目环保“三同时”依法合规率100%。强化预算管控，构建集约化财务管控体系，强化全面预算和过程管控，着力防范资金风险。强化审计监督，优化工程结算审核管理，全年审减1278.34万元。稳步推进国企改革三年行动和对标管理提升行动取得实效。修订完善北海炼化章程，完成党建入章，推行经理层任期制和契约化管理，全面完成国企改革三年行动的目标进度。进一步规范北海商储分公司管理体制机制。顺利完成石化码头重组，实现石化码头一体化管理。深化薪酬分配制度改革，推行能效薪酬，有效激发员工队伍活力。落实集团公司《关于推进基层“三标”建设的指导意见》要求，扎实推进基层“三标”建设，对标管理提升行动取得新成果。截至2021年底，对标提升工作完成重点任务74个、完成率91%，落实措施154项、落实率95.1%，完成59项成果、完成率80.8%，完成66个时间节点、完成率80.5%。

（覃辉平）

【持续改善民生福祉】 2021年，北海炼化坚持民生为本，扎实推进为民惠民办实事，不断增强员工群众的获得感、幸福感、安全感。严格落实常态化疫情防控措施，组织职业健康体检、员工帮助计划（EAP）等活动，体检项目增加4项，费用增加7万元。坚持“春送慰问、夏送清凉、秋送助学、冬送温暖”活动常态化，全年走访慰问困难员工80余人次，发放互助金46人次22.2万元。协调、完成泰和苑剩余住房销售、地下车位变更和期房转现房贷款权属证办理、员工子女入学入校，解决员工急难愁盼问题。加强基层民主管理，严格按照民主程序，坚持将事关企业发展的重大决策等重要问题、职工切身利益重要事项提交职代会审议，全年召开联席会议3次，公示各类信息70余条。充分发挥工会组织优势，组织开展群众性劳动竞赛，激发员工劳动热情和创新活力。坚持党建带团建，团组织活力进一步增强。围绕“永远跟党走”主题，组织开展书法、美术摄影、演讲、知识竞赛等活动，丰富员工的业余文化生活。加强宣传思想工作和意识形态阵地管理，抓实保密管理、统战工作、信访维稳、离退休管理、治安保卫等工作。党政工团同心协力，各项工作齐头并进，汇聚企业发展的强大合力。坚持开展“希望工程，圆梦行动”“企校共建”“消费扶贫”等活动，全年消费扶贫及对外捐赠114.73万元，履行央企社会责任，树立良好的企业形象。

（覃辉平）

开展爱心助学活动

【召开第三届一次职工（工会会员）代表大会】 2021年1月27日，北海炼化第三届一次职工（工会会员）代表大会在办公楼多功能厅召开。北海炼化领导班子成员、职工（工会会员）代表出席会议。北海炼化总经理李继炳主持会议。执行董事、党委书记张忠和作题为《积极践行世界领先发展方略，加快推进北海炼化高质量发展步伐》的工作报告。会议总结2021年工作，深入分析“十四五”面临的挑战与机遇、优势与风险，明确提出“十四五”及中长期发展总体部署。

（覃辉平）

【部署开展“百日安全无事故”专项行动】 2021年1月28日，北海炼化下发《北海炼化“百日安全无事故”专项行动方案》，全面开展“百日安全无事故”专项行动。“百日安全无事故”专项行动以“反‘三违’、查隐患”为主题，以“安全生产专项整治三年行动计划”为统领，重点围绕岗位安全履职自查、强化工艺技术安全管理、强化设备安全管理、强化应急处置能力、切实加强施工工作安全管控5个方面开展专项整治工作。专项行动自2021年1月15日开始至4月25日结束，分为自查自改、分析评估和复查整改3个阶段。排查评估阶段，北海炼化在持续开展“我为安全作诊断”“整治现场‘脏松漏缺’”基础上，发动全体员工开展“企业风险扫描仪”“隐患排查显微镜”等活动，排查风险隐患，形成风险隐患清单，同时制订整改计划和防范措施，确保整改计划和防范措施落实到位。

（覃辉平）

【召开2021年党风廉政建设和反腐败工作会】 2021年3月10日，北海炼化召开2021年党风廉政建设和反腐败工作会。会议传达学习集团公司党风廉政建设和反腐败会议精神，总结2020年党风廉政建设和反腐败工作，部署安排2021年重点工作任务。会议由北海炼化总经理、党委副书记李继炳主持。党委副书记、纪委书记姜红作工作报告。副总经理麦郁穗、蒋文军，总会计师韦巍出席会议。执行董事、党委书记张忠和作大会讲话。

（覃辉平）

【全面部署党史学习教育】 2021年3月12日，北海炼化召开党史学习教育动员大会，北海炼化执行董事、党委书记张忠和作动员讲话，总经理、党委副书记李继炳主持并提出要求，党委副书记、纪委书记、工会主席姜红传达党中央、集团公司党组党史学习教育动员会精神。北海炼化党委委员麦郁穗、蒋文军、韦巍出席会议，安全总监、副总师及各部门、各单位党政负责人参加会议。

（覃辉平）

4月23—25日，北海炼化开展湘江战役党史学习教育培训

【举办员工健康保养暨EAP知识讲座】 2021年4月29日，北海炼化举办员工健康保养暨EAP知识讲座。来自北海炼化各部门、各单位的140余人参加讲座。讲座邀请北京体育大学导引养生硕士高洁教授为大家授课，讲解如何看懂自己的体质监测报告，并现场教授简单易学用以改善体质的养生功法，辅以饮食、心理、外部干预等方式，缓解员工当下面临的健康问题，引导员工养成健康的生活方式，缓解压力。讲座深入推进北海炼化EAP工作开展，进一步推动“我为群众办实事”落到实处。

（覃辉平）

【召开庆祝建党100周年暨“两优一先”表彰大会】 2021年7月1日，北海炼化召开庆祝建党100周年暨“两优一先”表彰大会。会议组织与会人员集中收看习近平总书记在庆祝中国共产党成立100周年大会的重要讲话，总结北海炼化2020年的党建工作，部署下一阶段的党建工作，表彰北海炼化优秀共产党员、优秀党务工作者、先进基层党支部。会议要求，各党组织和广大党员干部职工要感党恩、听党话、跟党走，在强“根”固“魂”上争作表率；要把握新发展阶段、贯彻新发展理念、构建新发展格局，加快推进北海炼化高质量发展；要坚持党的领导、加强党的建设，以高质量党建推动高质量发展；要赓续红色血脉，继承石油精神、发扬石化传统，进一步凝心聚力、团结拼搏、锐意进取，更加斗志昂扬地把北海炼化改革发展和党的建设各项工作不断推向前进。

（覃辉平）

【广西首个智慧石化项目“5G创新工作室”落座北海炼化】 2021年7月14日，北海炼化与中国移动成功举行“党建和创”活动协议、“5G创新工作室”合作框架协议签约仪式及“5G创新工作室”启动揭牌仪式。双方共同探索5G、云计算、人工智能等技术与工业石化领域的深度融合，加快推动广西首个5G专网+智慧石化项目落地，携手打造5G智慧工厂示范标杆。此次与中国移动建立战略合作伙伴关系，共同搭建“5G创新工作室”，结合双方在不同领域的资源，优势互补，强强联合，为北海炼化提升巡检工作效率、巡检安全性提供可行性优化方案，进一步推进北海炼化在业务板块的数字化建设和5G融合创新。

（覃辉平）

【首次成功生产低硫轻质船用燃料油】 2021年7月26日，北海炼化首批4 000吨低硫轻质船用燃料油生产结束，各项指标均符合产品质量要求。作为2021年技术攻关重点项目，北海炼化对生产低硫轻质船用燃料油工作高度重视，组织专业部门谋划、论证，制订切实可行、安全可靠的改造方案。利用1#柴油加氢和2#柴油加氢装置富余能力，依托中二柴加原料罐和原燃料油出厂设施，通过技术改造，实现装置稳态操作条件下连续生产，可汽运出厂、也可海运出厂的目标。低硫轻质船用燃料油产品的成功生产，对北海炼化拓宽产品渠道、补齐增值短板、提高市场竞争力、推动企业产品结构调整有重大意义。

（覃辉平）

【结构调整改造项目全面投产】 2021年8月7日，北海炼化新建120万吨/年LTAG（催化柴油加氢—催化组合生产高辛烷值汽油技术）装置开车成功，标志着北海炼化结构调整改造项目全面建成投产。结构调整改造项目主要包括新建120万吨/年LTAG装置、3万米^3（标准）/时制氢装置，以及配套的公用工程、储运设施等。项目于2019年9月开工建设，2021年4月建成中交。投产后，可将催化裂化的劣质柴油转化为高标准的高辛烷值汽油或轻质芳烃，实现高价值利用，同时还能降低生产能耗，产品结构得到进一步优化，经济效益进一步提高，可实现年增营收27亿元，年增税金15亿元。

（覃辉平）

【HSE体系宣贯及资格证取证培训班开班授课】 2021年8月17日，北海炼化《HSE管理体系手册》宣贯及HSE资格证取证培训班开班授课。北海炼化领导，各部门、各单位领导及HSE关键岗位人员参加培训。此次宣贯的《HSE管理体系手册》依据集团公司新版HSE管理手册、融合北海炼化相关规定要求重新修订，于7月31日正式发布实施。培训班为期2周。

（覃辉平）

【组织新《安全生产法》宣讲培训】 2021年9月1日起新《安全生产法》正式实施，为帮助中层及以上干部进一步熟悉掌握新《安全生产法》修订内容和变化特点，北海炼化于11月29日举办新《安全生产法》宣讲培训班，由广西应急管理协会会长（原广西壮族自治区应急管理厅副厅长）叶建进作宣讲。北海炼化领导张忠和、蒋文军，总经理助理、安全总监、副总师及中层副经理以上（含专家）干部39人参加培训。

（覃辉平）

【召开巡视工作动员会】 2021年11月8日，集团公司党组第三巡视组到北海炼化巡视工作动员会召开。党组第三巡视组组长毕建国对巡视工作进行部署和安排。北海炼化执行董事、党委书记张忠和作表态发言。

（覃辉平）

【党委理论学习中心组专题学习党的十九届六中全会精神】 2021年11月17日，北海炼化党委召开党委理论学习中心组学习会，专题学习研讨党的十九届六中全会精神。

（覃辉平）

表 1　北海炼化主要技术经济指标　亿元

指标名称 \ 年份	2021	2020	2019	2018	2017	2016
原油加工量 / 万吨	674.23	469.33	636.02	640.17	650.03	583.88
工业总产值	383.08	214.86	358.40	375.00	322.83	251.81
工业增加值	160.86	88.55	119.93	152.14	184.21	135.90
资产总计	193.96	153.35	180.92	171.37	168.11	134.96
流动资产	146.95	108.92	140.28	130.09	124.02	88.27
固定资产原值	79.16	66.16	63.31	61.88	58.71	56.22
固定资产账面价值	40.61	33.33	34.51	37.44	38.32	39.78
销售收入	384.75	214.20	358.12	376.06	325.79	250.44
实现利税	171.94	100.69	170.68	181.34	144.86	122.38
税　金	139.72	93.24	154.32	152.44	113.60	96.95
综合能耗 / 吨标煤・万元 $^{-1}$	0.29	0.212	0.177	0.198	0.20	0.196

表 2　北海炼化主要产品产量　万吨

产品名称 \ 年份	2021	2020	2019	2018	2017	2016
汽　油	252.75	161.90	224.64	225.96	223.72	190.41
98# 汽油	1.40	1.91	3.60	3.46	6.83	4.57
97# 汽油						17.24
95# 汽油	76.72	52.41	65.68	63.22	53.13	4.68
93# 汽油						120.13
92# 汽油	174.64	107.58	155.36	154.68	163.76	43.77
0# 柴油	240.81	183.62	267.34	258.88	265.25	252.25
3# 喷气燃料	10.14	7.85	13.33	15.20		
化工轻油	7.37	3.50	3.34	4.16	6.37	6.91
燃料油	8.89		2.70	1.50		
液化石油气	49.05	30.33	40.64	42.09	40.25	36.63
商品干气	1.10	1.77	2.59	1.49	1.40	1.33
聚丙烯	16.19	12.14	15.63	16.46	15.54	13.23
石油苯	3.08	2.14	3.16	3.30	3.12	2.66
石油焦	48.07	35.03	52.36	51.12	56.84	49.65
工业硫黄	6.96	4.82	6.94	6.73	6.99	6.33
沥　青	23.21	21.70	3.95	11.61	6.76	3.00

塔河炼化

【概况】 中国石化塔河炼化有限责任公司（简称塔河炼化）地处新疆库车市，是中国石化在西北五省（自治区）唯一的炼化企业。其前身是筹建于1993年的地方股份制企业——新疆塔里木油气化工有限公司，1998年11月被西北石油局全资收购，2003年12月整体划转股份公司，2004年4月30日设立中国石油化工股份有限公司塔河分公司（简称塔河分公司）。2012年6月25日，股份公司对塔河分公司进行改制，与新疆阿克苏地区共同出资组建塔河炼化。

截至2021年底，塔河炼化有炼油生产装置18套，原油加工能力500万吨/年，焦化处理能力340万吨/年，汽、柴油混合加氢精制能力270万吨/年，催化重整能力60万吨/年，二甲苯生产能力52万吨/年，A级沥青生产能力40万吨/年，汽油异构化能力30万吨/年，航空煤油生产能力30万吨/年，硫黄生产能力8万吨/年。塔河炼化以加工塔河油田重质原油为主，可生产汽油、柴油、3#喷气燃料、化工轻油、沥青、石油液化气、石油焦、硫黄、二甲苯等10余种产品，产品通过企业铁路专用线销往全国各地。

截至2021年底，塔河炼化有领导班子成员6人，总法律顾问兼副总会计师1人，副总工程师2人，安全总监1人；设5个机关部门、3个业务中心、4个生产作业部。在册员工1 109人，其中教授级高级工程师2人，具有高级职称的45人、中级职称的182人、初级职称的370人；高级技师16人、技师56人，高级工318人、中级工313人、初级工54人。

塔河炼化主要技术经济指标及主要产品产量分别见表1和表2。

（刘希军　方淑琴）

【领导班子调整】 2021年7月8日，集团公司以视频会议形式召开塔河炼化干部大会，宣布集团公司党组关于塔河炼化领导班子调整的决定：丛煜任塔河炼化党委书记，解聘丛煜塔河炼化总经理职务（仍任执行董事）；盖金祥任塔河炼化党委副书记（兼）、塔河炼化总经理，解聘盖金祥塔河炼化总工程师职务；免去付德明塔河炼化党委书记、委员职务，解聘付德明塔河炼化副总经理职务，另有任用。调整后的塔河炼化领导班子由丛煜、盖金祥、纪英顺、冯兵、高宏义、张怀玺组成。

（刘希军　方淑琴）

【生产经营指标稳中向好】 2021年，塔河炼化以庆祝建党100周年为强大动力，紧盯年度生产经营目标任务，加强计划执行，优化产销衔接，持续开展装置与系统优化、管理创效双提升和小指标竞赛活动，全力推进对标提升行动，生产经营指标持续向好、能耗指标持续下降。全年加工原料油468.78万吨，增加38.14万吨；营业收入192.63亿元，增加59.47亿元；利润总额14.11亿元，增加2.99亿元；应缴税费60.93亿元，增加4.60亿元。吨油完全费用245.74元，减少8.62元；加工损失率0.30%，降低0.02个百分点；综合能耗53.87千克标油/吨，降低1.14个单位；单因耗能7.75千克标油/吨，降低0.36个单位。加工损失率、综合能耗、单因耗能创塔河炼化历史最好水平。股份公司授予塔河炼化2021年度炼化企业“比学赶帮超”优胜单位称号。

（刘希军）

【首次获评中国石化安全生产先进单位】 2021年，塔河炼化修订完善《HSE管理体系手册》《安全生产责任制》和支撑体系运行的系列规章制度，设置安全、环保、职业健康等9个专业分委员会，压实体系要素管理责任。完成10项安全隐患治理项目，分级分专业管控风险，风险总值由94降至69，降低率26.60%，超额完成集团公司下达的年度风险总值削减10%的目标。激励全员参与大排查、大整治专项检查，治理安全隐患16项，奖励安全卫士20人，发放奖励5.31万元，“低头捡黄金”活动调动全员消除装置风险、提升运行水平的积极性。开展“百日安全无事故”“五查五严”

保安全等专项安全排查，整改问题 81 项；整改外部检查问题 119 项。坚持对承包商进行综合检查和考评，落实“双记分”和违章处罚管理，让员工和承包商牢固树立“敬畏制度、敬畏安全”意识，保持安全生产无事故的良好态势，首次获评中国石化安全生产先进单位。

（刘希军）

【获国家级绿色工厂称号】 2021 年，塔河炼化牢固树立“绿水青山就是金山银山”理念，推进绿色企业创建，完成 1# 加氢、连续重整、质量计量检验中心等 4 个绿色基层单位建设，及 2 套硫黄、临氢异构化和 2# 制氢装置等 9 套装置的复审，授予临氢异构化、3# 硫黄装置绿色标杆称号。13 个基层单位获绿色装置称号，绿色装置创建完成率 59.09%。建立环境分级预警机制，落实污染物减排措施，危险废物产生 1.71 万吨、下降 2.87%；危险废物综合利用率 89.08%、提高 8.25 个百分点。塔河炼化通过中国石化绿色企业复核，获国家级绿色工厂称号。

（刘希军）

西部绿色工厂——塔河炼化（雷从营　摄）

【挖潜降本成效明显】 2021 年，塔河炼化持续推进管理效益双提升和全员成本目标管理，落实挖潜增效措施，取得显著成效。全年制定 29 项管理效益双提升措施、立项 22 个成本管控项目，落实各项管控和激励措施，强化成本费用控制，降低能耗物耗支出，创效 4 015 万元。持续加强“两金”管控，实施 9 类 17 种物资储物于商措施，减少库存物资占用 4 479 万元。用好用足国家税收优惠政策，享受税收优惠 1.11 亿元。严抓开源节流，与供应商协商办理承兑汇票，资金创效 196 万元。深化应用边际贡献管理工具开展班组经济核算，优化生产装置运行，全年吨油变动费用 35.33 元，创塔河炼化近 5 年新低。收回账龄超过 19 年的历史遗留应收账款 237 万元。

（刘希军）

【设备管理规范高效】 2021 年，塔河炼化推进设备完整性体系建设，形成 1 个管理手册、30 个管理办法、120 个流程、231 份表单，初步实现设备管理制度化、流程化、表单化、信息化。发布《塔河炼化 5S 目视化管理手册》，开展现场样板打造，为标准化现场工作奠定基础。强化设备技术攻关，助力塔河炼化提质增效，开展保温红外热成像测温，消除散热损失超标部位 142 处；实施机泵节能改造，18 台机泵能效平均提升 8.8%，全年节电约 100 万千瓦・时。

（刘希军）

【全面推进依法治企】 2021 年，塔河炼化深化制度体系建设，以制度管控风险，承接集团公司制度 111 项，制定制度 33 项，修订制度 169 项，同步废止 299 项。扎实推进“三标”建设，各基层单位发布施行工作手册。按照新版《职业健康安全管理体系要求及使用指南》，修订塔河炼化“一体化”管理体系手册和 60 个程序文件，按要求开展管理体系内部审核和第三方监督审核，整改一般不符合项 11 项，保证管理体系自我完善和持续改进。推进深化改革与对标提升行动，深化改革三年行动 33 项主要任务完成 25 项，完成率 75.76%；对标世界一流管理提升行动 66 项措施计划完成 56 项，完成率 84.85%。开展法律法规识别与评价，识别更新适用法规、标准和制度 1 096 项件。优化业务，撤销综合管理部驻乌鲁木齐铁路运输协调中心。强化合同管理，合同上线率、签订率、履约率均达 100%，标准文本使用率 83.15%。

（刘希军）

【顺北原油蒸汽裂解百万吨级乙烯项目可行性研究报告获批复】 2021 年 10 月 28 日，塔河炼化顺北原油蒸汽裂解百万吨级乙烯项目可行性研究报告获批复，项目总投资 185.24 亿元。主要建设内容包括乙烯工程、炼油改造工程、公用和辅助工程、厂前区配套设施（含职工公寓）4个部分。乙烯部分：新建100万吨/年乙烯装置、65万吨/年裂解汽油加氢装置、30万吨/年碳四选择性加氢装置、10/10万吨/年MTBE/1-丁烯装置、15万吨/年烯烃转化（OCC）装置、35万吨/年芳烃抽提装置、2套50万吨/年聚乙烯装置、2套25万吨/年聚丙烯装置等。炼油部分：新建25万吨/年干气回收装置。公用和辅助工程：化工动力中心新建3×280吨/时，12.5兆帕燃气锅炉，配套2×20兆瓦抽背式汽轮发电机组；新建制氮能力1.8万米^3（标准）/时空分装置；并建设相关配套的脱盐水、空压、给排水、污水处理场、供配电、管廊、储运系统、固体产品包装及仓库、中央化验室、废气焚烧、环境监测站等公用工程和辅助设施等。厂前区配套设施（含职工公寓）：新建5栋住宅式公寓楼、1栋物业管理楼、1座食堂，以及配套消防给排水、供电、供暖、燃气、通信、自控、道路场地、车位等。

（刘希军）

【队伍建设】 2021年，塔河炼化承接修订《中层领导人员任期制和契约化管理暂行办法》《中层领导人员年度考核评价实施细则》等制度，进一步规范干部人才管理、考核评价、职位选聘工作。加强人才梯队建设，选拔优秀员工，实施重点培养，提高技能人才业务水平。根据人才成熟度、岗位匹配度，对高层管理岗位培养人选按照梯次分层，择优向党组推荐梯队培养副职人选11名、高潜人才人选6名，选送68名专业技术人员参加集团公司举办的各类专业培训班；依托塔河炼化专家孵化室，加快技术人才培养步伐，向集团公司推荐申报突出贡献专家1人、中国石化技术能手1人。注重在安全生产、乡村振兴、疫情防控等重大专项工作中锻造选拔政治过硬、可塑性强、职工群众认可度高的优秀年轻干部，有力引导干部矢志建功立业。选拔40岁以下中层干部1人，40岁以下中层干部比例由2019年初的10.81%提高至27.91%。选拔7名干部参加“三百三千”实践锻炼，内培外送相结合，提升各级干部的综合素质和履职能力。

（刘希军）

【党建质量持续提升】 2021年，塔河炼化党委围绕“1355”党建工作思路，锚定“站排头、争第一”目标，积极发挥“把管促”作用，高起点高标准高质量推进党史学习教育，隆重庆祝中国共产党成立100周年，紧紧围绕中心工作开展党建工作，为“建设千万吨炼油+化工一体化项目、打造中国石化西部炼化企业桥头堡”的战略目标提供坚强政治保障。坚持党建引领，政治建设得到新加强。创新中心组学习方式，采用“选好研讨题目、增加学习频次、扩大学习人员、注重学以致用”学习模式，全年共组织中心组学习33次，深刻认识“两个确立”的决定性意义，进一步增强政治判断力、政治领悟力、政治执行力。完善“党建入章”，制定党委讨论和决定重大事项清单、修订“三重一大”决策运行、党委落实全面从严治党主体责任等16项制度；及时调整班子分工，严格执行民主集中制，前置审议重大事项31项，“把管促”作用有效发挥。扎实开展专题学习、党史宣讲等工作，梳理出塔河炼化层面办实事清单26项，基层层面办实事清单150项，完成率100%，99%的员工对“我为群众办实事”实践活动感到非常满意。持续强基固本，党建质量迈上新台阶。推动党建“三基本”和“三标”建设工作深度融合，整合实施“大班组”管理，优先发展班组长党员，实现班组党员全覆盖。创新工作模式，开展党建“共建共创”，采用“先进帮后进”“机关帮基层”模式，组成5个党支部共建“一对一”帮扶联系组，达到“解难题、促管理、转作风、共提升”的目的；开展党务工作人员基本功“擂台赛”，从10个方面提升党务工作人员的能力；延续有效做法，持续开展党建示范点现场观摩交流会、先进经验报告会，助推党建质量再提升、再拓展、再创新。用好党建阵地，以“党员示范岗”“党员责任区”为载体，基层党组织开展“区域化承包、专业化管理、党小组兜底”党员承诺践诺，及党员突击队、攻关队等活动，促进生产经营和党建工作相融互促，让党旗在一线高高飘扬。围绕中心工作，党政深度融合结出新硕果。围绕中心融合，全体党员干部带头创新开展可复制可推广的党政融合金点子活动，推动全体党员提级思考、降级做事，做到为生产经营帮忙不添乱。紧盯目标融合，结合生产经营重点难点，党政工团联合开展“提升硬实力、对标争一流”指标竞赛活动，党员干部带头技术攻关，塔河炼化关键经济技术指标创历史最优。成立联合创新工作室——金钉子人才孵化室，全年研究课题 5 项，发表论文 16 篇，多项研究成果获中国石化管理现代化创新成果奖、受到新疆石油学会表彰。搭建平台融合，结合塔河炼化《1+7》文化和各党组织独具特色的基层文化，党员干部以文化为引领，围绕中心开展“三亮两带一创”“三联三共”等融合工作，保障装置安全运行，绘就涵盖党建文化、安全环保、生产质量、团队建设、廉洁教育等内容的塔河炼化基层文化墙，展现各党组织在安全生产、提升指标方面的亮点做法和党员干部的先锋模范风采，引领员工永葆干事创业、真抓实干的热情。

（刘希军　方淑琴）

塔河炼化党委中心组成员在库车爱国主义红色教育基地开展“学习党史悟初心，传承精神开新局”专题学习教育

（雷从营　摄）

【党风廉政建设有力有效】 2021 年，塔河炼化认真落实两个责任，党风廉政建设取得新成效。一体推进“三不”体制机制建设。年初部署党风廉政建设工作，党委听取纪委工作汇报 2 次、班子成员履行“一岗双责”情况报告 1 次，党委成员讲廉政党课，自觉接受组织和群众的监督。持续深化完善“大监督”格局，制定日常监督事项和清单，每季度召开监督委员会联席会议，总结部署监督工作，压实做细部门职能监督。重要节点前同关键敏感岗位人员开展谈话 484 人次，春节前发出商企共廉倡议书 391 份，学习集团公司通报的违规违纪、酒驾醉驾等典型案例，着力营造干部自廉、商企共廉的良好生态。持续巩固作风建设成效。锲而不舍落实中央八项规定精神，坚持做到纪律规矩常提醒、典型案例常警示、节日纪律要求再强调，着力营造风清气正、崇廉尚俭的良好氛围。持续加强和改进机关工作作风建设，每季度开展机关作风测评，及时归纳梳理反馈测评结果，督促相关单位立行立改，机关工作作风稳步提升。开展安全生产领域形式主义官僚主义问题专项整治，对照 10 种典型表现查出问题 70 项，制定问题清单，明确整改时限与责任单位，推动问题整改落实。充分发挥巡视巡察利剑作用。认真落实巡视整改政治责任，持续跟踪党组巡视问题整改，适时组织“回头看”，不断巩固巡视整改成效。稳步有序推进党委巡察工作，对 7 个党组织开展巡察，巡察覆盖率 70%；反馈问题 83 项，整改完成率 100%；完善制度 19 项，巡察整改工作取得阶段性成效。

（刘希军　方淑琴）

【宣传工作实现新突破】 2021 年，塔河炼化注重教育引领，宣传思想文化工作实现新突破。思想认识进一步提高。严格落实意识形态工作责任制，自查塔河炼化各类窗口媒体，切实提升舆情事件风险意识。结合庆祝建党 100 周年，强化爱党爱国意识，在“七一”、国庆节举行升国旗爱国主义教育，引导干部员工为塔河炼化高质量转型发展再立新功、再创佳绩。召开庆祝建党 100 周年暨党建工作提升推进会，开展“庆华诞、颂党情、促发展”七一文艺汇演，以“我心向党”为主题拍摄 7 部庆祝建党百年微视频，3 首原创作品入围集团公司“我心向党”庆祝中国共产党成立 100 周年歌曲舞蹈优秀作品，并在塔河炼化葡萄长廊、食堂电视等循环播放，引导干部员工知史爱党、知责前行。宣传阵地进一步巩固。每季度下达宣传重点方向，大力宣传企业阶段性重点、难点、热点工作，凝聚思想共识，增强行动自觉。成立新闻宣传写作协会，拍摄宣传片 3 部，开展新闻写作培训 20 余次，激励员工写稿热情。全年在中央及省部级媒体发表外宣稿件 262 篇，抖音投稿数量和质量得到党组宣传部通气会表扬，参与报道的“新疆库车我国首个光伏制氢项目开建”宣传视频登上央视等国家主流媒体。文化建设进一步加强。注重文化引领，多渠道开展《企业文化手册》宣贯，总结提炼出“坚守初心、担当使命、奉献边疆、争创一流”的企业文化和“金钉子”“一根绳”“石榴”等独具特色的基层文化，实现企业文化从无到有、从有到优的突破，不断引领塔河炼化发展。培育先进典型，2 人获新疆维吾尔自治区劳动模范称号、1 人获开发建设新疆奖章。

（刘希军）

【召开共青团塔河炼化第三次代表大会】 2021 年 4 月 23 日，共青团塔河炼化召开第三次代表大会，选举产生共青团塔河炼化第三届委员会，系统谋划部署下一阶段共青团工作，动员广大青年职工脚踏实地、勇挑重担，为把塔河炼化建设成独具特色竞争力强的炼化一体化企业贡献青春力量。

（刘希军　方淑琴）

【和谐企业建设】 2021 年，塔河炼化落实提案征集与答复工作制度，职代会征集提案 46 件，合并立案 6 件，答复率 100%。坚持开展“走基层、访万家”活动，走访慰问困难职工、劳动模范、退伍军人和驻村人员，开展河南水灾、新冠肺炎疫情缺员等特殊慰问，节日期间慰问一线在岗职工。开展夏季送清凉、冬季送温暖、“金秋助学”、为大病职工捐款等工作，送去组织温暖。聚焦员工急难愁盼推进“我为群众办实事”实践活动，与库车市签订长期租用开发区人才公寓 920 套战略合作协议，满足塔河炼化引进人才和现有职工住宿需求；打通大病进北京就医绿色通道，开通健康专家在线咨询，新增职工定点体检医院，开展“送安全”进家庭活动，开办第 4 期职工子女寒暑期托管班，开展 8 场青年联谊活动，职工的获得感、幸福感、安全感不断提升。充分发挥文联体协优势，举办元旦长跑、“篮球夏令营”、羽毛球赛等体育活动，开展新春游园、春节和中秋晚会、“奋斗百年路，书香满乾坤”读书等文化活动；基层工会承办“情浓端午”“蛋糕 DIY”“美食美刻”“趣味运动会”等品牌活动，开展“春之韵”“夏之梦”“秋之情”“冬之趣”“庆百年、增活力”团队建设等小型活动，丰富职工业余文化生活。关注职工身心健康，邀请中国石化“心福快车”EAP 一线行专家团首站驶入塔河炼化进行辅导，成立“戈壁心泉”EAP 工作坊，EAP 专员深入一线开展心理辅导和 EAP 讲座 8 次，发布塔河炼化 EAP 之声 16 期、心福日报 177 期，进一步缓解职工压力。举办绿色“公众开放日”“云开放”13 期、参与 571 人次，联合发布《塔河炼化 2021 年度社会责任报告》，充分展现塔河炼化绿色发展成果，彰显驻疆央企的责任担当。

（刘希军）

【履行社会责任】 2021 年，塔河炼化响应党中央“六稳”“六保”工作要求，录用毕业生 55 人。贯彻落实脱贫攻坚与乡村振兴有效衔接工作要求，筹措 20 万元购置急需教学器具，定点帮扶新疆岳普湖县也克先拜巴扎镇中心小学；对“访惠聚”驻村脱贫不稳定户、边缘易致贫户、突发严重困难户共 125 户 439 人实施动态监测，巩固脱贫成果。响应集团公司号召，加大消费帮扶，购买 443 万元扶贫产品，帮助解决受疫情影响农产品滞销问题，稳定农户收入保障。塔河炼化“访惠聚”驻村工作、脱贫攻坚工作得到地方政府高度肯定，获新疆维吾尔自治区级优秀工作队、优秀第一书记、优秀驻村工作队队员等集体和个人称号，塔河炼化扶贫办和驻莎车工作组分别被新疆维吾尔自治区和中国石化评为脱贫攻坚先进集体。

（刘希军　方淑琴）

塔河炼化驻新疆莎车工作组被中国石化评为脱贫攻坚先进集体

表 1　　塔河炼化主要技术经济指标　　亿元

指标名称 \ 年份	2021	2020	2019	2018	2017	2016
原油加工量 / 万吨	456.16	420.04	470.15	418.12	420.88	429.59
工业总产值	190.50	135.37	189.05	173.28	145.36	124.33
工业增加值	79.96	74.89	78.27	69.63	71.83	76.56
资产总计	90.73	84.80	83.90	84.62	72.71	66.32
流动资产	56.86	48.03	45.14	43.72	30.30	21.13
固定资产原值	73.49	71.86	71.16	69.56	69.25	68.34
固定资产净值	29.47	31.60	36.93	35.63	38.20	41.39
销售收入	192.63	133.16	189.77	174.03	144.82	126.34
实现利税	75.04	67.44	71.08	61.03	65.02	70.22
税　金	60.93	56.32	62.38	55.43	56.49	59.94
综合能耗 / 千克标油·吨 $^{-1}$	53.87	55.01	53.74	57.11	55.99	55.56

表 2　　塔河炼化主要产品产量　　万吨

产品名称 \ 年份	2021	2020	2019	2018	2017	2016
汽　油	60.35	54.54	58.12	45.46	47.80	49.75
3# 喷气燃料	21.18	16.80	18.28	12.74	10.18	8.66
柴　油	215.51	200.73	226.57	197.02	197.33	209.81
石脑油	—	—	0.07	0.57	—	—
重整生成油	—	—	7.33	16.36	12.25	7.20
沥　青	8.41	14.35	18.54	19.01	28.01	23.04
重交沥青	0.78	1.03	1.78	—	—	—
石油焦	111.28	98.03	107.78	97.59	96.10	100.37
硫　黄	4.47	4.03	4.45	4.08	4.09	4.25
商品液化气	12.41	11.69	13.01	12.08	12.10	12.47
二甲苯	12.15	10.39	6.70	—	—	—

炼油销售公司

【概况】 中国石化炼油销售有限公司（简称炼油销售公司）是中国石化下属全资子公司，成立之初为中国石化沥青销售分公司，2012 年 6 月 28 日正式挂牌更名。炼油销售公司全面负责中国石化系统内液化气、石油焦、沥青、硫黄、异辛烷、石蜡等石油炼制产品的统一经营，业务涵盖产品研发、市场营销、物流运作、客户服务，2016 年以来年平均经营量 3 803.12 万吨。

炼油销售公司本部位于上海市，在上海（自贸区）、青岛、荆门、达州设 4 家子公司，分别在广州、天津、武汉、南京、成都、青岛设华南、华北、华中、华东、西部、山东 6 家区域代表处，在中国石化系统内资源企业设 28 家驻企业办事处，协办 1 个国家级实验室和产品研发中心。

炼油销售公司有合同制员工 428 人，其中中国石化突出贡献专家 4 人、闵恩泽青年科技人才 5 人。2021 年，炼油销售公司“东海牌”沥青获国家级奖励 1 项、省部级奖励 7 项、集团公司级奖励 6 项。

炼油销售公司主要生产经营指标见表 1。

（陈佳禾）

【产品经营情况】 2021 年，炼油销售公司产品经营总量 3 730.15 万吨，其中液化气经营量 1 092.77 万吨，石油焦经营量 975.34 万吨，沥青经营量 962.67 万吨，硫黄经营量 570.32 万吨，异辛烷经营量 112.92 万吨，石蜡经营量 16.12 万吨。

（陈佳禾）

【营业收入和利润均创历史新高】 2021 年，炼油销售公司营业收入和利润取得历史最好成绩，营业收入首次突破 1 000 亿元达 1 018.99 亿元，利润首次超过 8 亿元达 8.46 亿元。

（陈佳禾）

【“十四五”党建思路和发展规划】 2021 年 1 月 27—28 日，炼油销售公司先后召开 2021 年党委工作会和一届八次职工代表大会，提出“十四五”党建工作“1234”思路方略和炼油销售公司“12345”发展战略。7 月 1 日，炼油销售公司发布“十四五”发展规划。

（陈佳禾）

【首次实现沥青自主出口】 2021 年 3 月 31 日，炼油销售公司首次自主完成沥青出口业务并盈利。

（陈佳禾）

【上线投用应急指挥中心】 2021 年 6 月 29 日，炼油销售公司应急指挥中心正式投用，启动对危险化学品承运商、仓储服务商线上实时巡检。

（陈佳禾）

【全面实施液硫配送销售】 2021 年，炼油销售公司联合中国石化系统内 23 家资源企业实施液硫配送销售，统筹优化硫黄资源配置，维护和拓展硫黄销售渠道。

（陈佳禾）

【抓好商情能力建设】 2021 年，炼油销售公司组建商情分析团队，建立日报告、周分析、月例会的商情工作机制，建成商情信息管理平台，开展商情分析价格预测劳动竞赛，以高质量商情工作增强市场话语权。

（陈佳禾）

【启动液化气自提运输“五统一”审核】 2021 年 9 月 16 日，炼油销售公司启动液化气自提运输“统一产权关系、统一建立劳动关系、统一运输生产组织、统一财务管理、统一管理责任”的专项审核。

（陈佳禾）

【全面推进针状焦研发应用】 2021 年，炼油销售公司完成中国石化针状焦质量保证体系发布和 4 项针状焦专利申报，打通中国石化系统内针状焦原料油浆互供流程，开发针状焦高端碳材料客户 40 家。

（陈佳禾）

【选拔调整中基层领导干部】 2021 年，炼油销售公司选拔调整配备中基层领导人员 67 人次，中层领导人员队伍平均年龄从 49.9 岁降低至 46.3 岁，达到集团公司“132”年龄结构目标要求。

（陈佳禾）

【纵深推进体制机制改革】 2021 年 9 月 1 日，炼油销售公司启动华南、华中、山东 3 家代表处运营和华东、华北、西部 3 家代表处建设，组织实施“产品主导型”销售模式和“区域协调型”服务模式相结合的新型销售服务体系，推动体制机制改革向纵深发展。

（陈佳禾）

【推进品牌建设】 2021年6月16日，炼油销售公司在上海国际赛车场成功举办“直通冬奥 东海沥青铺就激情赛道”品牌推介活动。2021年，炼油销售公司“东海牌”沥青以品牌价值14.63亿元入榜“2021中国品牌价值评价信息”。

（陈佳禾）

炼油销售公司品牌推介活动现场

【开展党史学习教育】 2021年，炼油销售公司党委紧紧围绕“学史明理、学史增信、学史崇德、学史力行”目标要求，扛稳政治责任，突出“四个加强”，注重“四个带头”，实施“四大行动”，引导广大党员树立正确的党史观，学会观大势谋发展开新局的方法，掌握在炼油销售行业领域攻坚克难、化危为机的重要本领，切实推动党史学习教育有力有序、走深走实、提质提效。

（陈佳禾）

【构建党建基础夯实年】 2021年，炼油销售公司党委以构建党建基础夯实年为目标，深入开展党史学习教育，践行全面从严治党政治责任，健全“第一议题”，完成“党建入章”，优化“人才选聘”，擦亮“党委督办”，叫响“党委巡察”，整合“宣传力量”，办实“员工关爱”，“大监督”工作和“三基本”建设扎实推进，党委“把方向、管大局、促落实”领导作用进一步发挥。

（陈佳禾）

表1 炼油销售公司主要生产经营指标 万吨

指标名称＼年份	2021	2020	2019	2018	2017	2016
经营总量	3 730.15	3 865.92	4 129.42	4 014.61	3 683.04	3 395.58
液化气	1 092.77	1 032.53	1 109.44	1 121.59	1 015.67	942.93
石油焦	975.34	1 082.01	1 309.29	1 329.73	1 288.33	1 253.94
沥　青	962.67	1 042.40	937.02	812.60	807.34	742.04
硫　黄	570.32	588.36	602.53	576.42	506.41	432.92
异辛烷	112.92	100.73	151.10	153.57	44.05	
石　蜡	16.12	19.90	20.04	20.71	21.24	23.75
营业收入/亿元	1 018.99	676.54	899.00	951.92	724.85	481.41

中科炼化

【概况】 中科（广东）炼化有限公司（简称中科炼化）地处广东省湛江市东海岛，是中国石化、广东省的重点建设工程，一期项目为1 000万吨/年炼油和80万吨/年乙烯，以及储运、热电、污水处理、码头、铁路等公用工程及配套设施。占地面积435公顷，总投资440余亿元。

2018年4月项目土建开工，2019年底项目建成中交，2020年6月炼油装置正式投产，2020年9月炼油化工打通全流程，全面进入试生产阶段。主要生产装置包括常减压、催化裂化、渣油加氢等20套炼油装置，蒸汽裂解、HDPE、聚丙烯等10套化工装置，配套有动力站、空压站、循环水场、污水处理厂、1座220千伏变电站和10个码头泊位以及18万米^3（标准）/时POX；主要生产国Ⅵ汽油、柴油、航空煤油等油品及聚乙烯、聚丙烯、环氧乙烷、乙二醇、EVA等化工产品。

2021年12月，中科炼化与湛江东兴完成一体化重组整合，整合后的中科炼化原油加工能力为1 500万吨/年、乙烯生产能力80万吨/年，年产值达800亿元，利税超300亿元。

截至2021年底，中科炼化在册员工2 508人，其中具有正高级职称的6人、高级职称的156人、中级职称的558人。

中科炼化主要技术经济指标及主要产品产量分别见表1和表2。

（刘夏甜）

【领导班子调整】 2021年12月，集团公司党组宣布重组整合中科炼化与湛江东兴公司的决定，并宣布调整中科炼化领导班子决定：吴潮汉任中科炼化常务副总经理（按大Ⅰ型企业正职管理）、党委委员，申涛任中科炼化副总经理、党委委员。

（刘夏甜）

【炼化装置实现达产】 2021年，中科炼化加工原油（料）1 515.85万吨，生产乙烯81.75万吨，生产成品油948.39万吨。实现营业收入816亿元、利税257.71亿元（不含海关增值税）、利润总额52.03亿元，实现税费218.70亿元。

（刘夏甜）

【装置运行水平稳步提升】 2021年，中科炼化在总部炼油专业竞赛中名列第五，加氢裂化、重整在同类装置竞赛中排前两位，东兴分部常减压等5套装置获总部达标竞赛奖，裂解装置投产首年实现达产，EOEG装置银催化剂实现国产化攻关，吨产品乙烯单耗和能耗达世界领先水平。

（刘夏甜）

【20万吨/年MTBE装置投产】 2021年3月10日，中科炼化新建20万吨/年MTBE装置产出合格产品，标志着该装置一次开车成功。该装置投产将大大提升中科炼化汽油调和生产能力。

（刘夏甜）

中科炼化常减压装置（林江海　摄）

【高熔指聚丙烯纤维料PPH-Y38X试产】 2021年3月1日，中科炼化聚丙烯装置成功试产新牌号产品高熔指纤维料PPH-Y38X。该产品具有高强度特点，熔融指数为34—42克/分，为高速无纺布，主要用于制造医用口罩。

（刘夏甜）

【抗冲共聚聚丙烯EP540P成功试产】 2021年6月15日，中科炼化聚丙烯装置成功产出EP540P。产品的顺利试产打破多年来依赖进口的国外垄断局面，填补国内市场空白，使中国石化合成树脂产品替代进口工作取得有效进展。抗冲共聚聚丙烯EP540P产品高刚性和韧性结合，具有良好的平衡性和尺寸稳定性，主要用于行李箱、家居用品、容器帽和瓶塞等产品的制作。

（刘夏甜）

【产品质量得到认可】 2021年，中科炼化车用汽油等7类10种产品获全国工业产品生产许可证，航空煤油产品通过国家航鉴委和中国民航局双料认证，成为系统内第一家通过全流程适航符合性审查的企业。

（刘夏甜）

【智能工厂全面建成投用】 2021 年，中科炼化采用“数据 + 平台 + 应用”新模式，建成投用中国石化系统内首家全面基于工业互联网平台、首家实施全厂数字化交付、首家杜绝信息孤岛的智能工厂，为生产经营管理提供强有力的智能化支撑；“数字孪生的智能乙烯工厂”成为首个成功进入集团公司科技攻关“十条龙”的信息化项目；中科炼化智能工厂成功入选国家工信部“2021 年工业互联网平台创新领航应用案例”，同时获 IDC 发布的亚太区“未来运营领军者”称号。

（刘夏甜）

【夯实安全生产基础】 2021 年，中科炼化深入落实“以人为本”“安全第一”发展思想，树牢“没有安全就没有一切，没有环保就无法生存”工作理念，通过立制度、强管理、抓落实，不断夯实安全生产基础。完成一体化管理体系认证和 HSE 体系、设备完整性体系的搭建；编制完成基层单位“三标”工作指导手册，推动基层管理向标准化进步。扎实开展“规矩意识”教育、“我的岗位我负责，确保安全无事故”等活动，持续推进作风监督和专业检查，违章率下降 29%。建立问题和隐患快速反应机制，发现并避免事故 137 起，处理较大项目设计问题 11 项、制造设备问题 66 项、施工质量问题 105 项，完成 7 套装置共 20 次检修，装置运行基础更加牢固；东兴厂区连续 20 年实现安稳环保生产。

（刘夏甜）

中科炼化码头飞翔的白鹭（聂冬生　摄）

【优化资源及产品结构】 2021 年，中科炼化统筹优化生产运营方案，灵活应对市场变化，炼化一体化优势得到发挥。在落实“压柴、控汽、增化”措施、提高“油产化、油转化、油产特”产品收率上取得实效，成品油收率由年度计划 66% 降低至 58.20%；化工轻油收率从年度计划 14% 提高至 20.35%，东兴厂区与中科厂区仅原料互供就优化创效超 1 亿元，资源及产品结构得到优化。

（刘夏甜）

【销售工作实现提升】 2021 年，中科炼化提前完成码头正式对外开放，全面打通聚丙烯、航煤、乙烯和丁二烯出口流程，累计出口产品 85.25 万吨；高标号汽油比例逐月上升，95 号汽油占比 14.2%，东兴厂区 95 号汽油占比 29.71%，创历史最好水平；树脂产品结构不断优化，逐步缩小与兄弟企业的价差。

（刘夏甜）

【业财融合取得较好效果】 2021 年，中科炼化持续推进全员成本目标管理，通过节能降耗、优化原料成本、节税降本、资金优化降本等措施，实现降本增效 7.94 亿元；加强资金收支管控，成为中国石化首家打通跨境人民币风险参贷融资业务的企业，创效 1 400 万元。经济效益、人工成本利润率、全员劳动生产率在系统内名列前茅，炼油吨产品完全费用比总部调整指标低 11.43 元，化工吨产品加工费用比总部调整指标低 139.11 元，年底付息债务规模比年初减少 60.60 亿元，资产负债率下降 3.95 个百分点。

（刘夏甜）

【企业管理稳步提升】 2021 年，中科炼化坚持因地施策、精准靶向原则，以深化改革三年行动和对标提升行动为抓手，企业管理实现由“0”到“1”的突破。初步构建以质量、环境、职业健康安全、能源、HSE 及设备完整性等 6 个管理体系有机融合的体系运行模式，通过一体化管理认证；制（修）订制度 132 项。确立“三个标杆”创建目标，落实对标提升 10 项工作机制和工作措施，建立精细管理故事会、管理经验分享会、“比学赶帮超”工作机制，实现管理快速提升。“五星班组”建设逐渐走向成熟化、制度化，“五星班组”和“四星班组”总数达51个，总比例由上年度16%提升为52%。持续践行“马上就办”，高度重视抓落实工作，提升部务会质量和效率，规范班组“明白纸”下发，加大安排工作督办力度，管理效率明显提升。

（刘夏甜）

【推进依法依规治企】 2021年，中科炼化建立健全合规管理体制机制，明确合规管理“三道防线”职责，落实合规管理责任制，开展各岗位法律法规识别，加强对生产经营全过程合法合规的监督；创新普法方式，开启每周大调度会“五分钟学法”系列课程，开设专题学法栏目，搭建全覆盖的“报网微端”法治教育立体传播模式；通过法律审核和检查，深度参与重点领域业务，防范中科炼化业务管理领域法律风险。

（刘夏甜）

【队伍建设富有成效】 2021年，中科炼化强化干部队伍管理，举办领导干部提升政治能力等4个培训班，加快中基层后备干部库建设，持续推进青年人才“百人计划”培养。高度重视人才强企，坚持把项目建设、装置开车、疫情防控、攻坚创效作为培养干部的“大练兵场”，持续开展劳模工作室创建工作，组织开展“最美中科人”、青年英才评选表彰活动，“以奋斗者为本”的奖励激励机制初步建立。提升技能队伍履职能力，副班培训和练兵机制不断健全，有294名员工通过年度职业技能等级认定培训及考试，54人取得高级技师、技师资格。完善60项作风建设标准，加大日常检查和问题曝光力度，2021年查改问题133项，队伍作风实现转变。

（刘夏甜）

【党史教育成果丰硕】 2021年，中科炼化紧紧抓住庆百年、学党史这条主线，高标准、高效率、高质量组织党史学习教育活动。从7个环节46项主要工作统筹谋划，不断丰富学习方式及内容，原文学习、专题宣讲、红歌比赛、知识竞赛、主题朗诵、主题征文、培训教育等形式丰富多彩，推进党史学习教育不断深入。综合运用宣讲团集中讲、重要讲话专题学、红色基地现场教等宣讲活动，举办党史学习教育知识竞赛，实现党史学习教育全覆盖。编发党史学习教育《简报》58期，在“奋进中科炼化”等微信公众号上宣传报道224篇，推送党史知识420篇，在外部媒体发表相关报道60余篇，营造浓厚的学习氛围。研究制定并扎实推进公司层面70项、支部层面218项“我为群众办实事”项目，全部按时间进度完成，员工感受到实实在在的获得感。

（刘夏甜）

【党建工作作用凸显】 2021年，中科炼化始终坚持融入中心抓党建，抓好党建促发展，为高质量完成全年经营目标提供坚强的政治保障。制定加强党的政治建设67项具体措施，严格落实“第一议题”制度，组织学习习近平总书记重要讲话及批示80篇，不断增强“政治三力”，坚决捍卫“两个确立”、践行“两个维护”。建立完善党建工作与中心工作融合机制方案，支部通过在“三重两特”工作中建立党员责任区、党员突击队和党员先锋机，实现基层党建和基层管理的深度融合；开展党支部结对帮扶工作，向基层派驻党建指导员，全面促进支部战斗堡垒作用发挥；建立“六共四带”10项党建共建机制，做优党建共建品牌。健全完善传承石油精神，弘扬石化传统“七有机制”，深化“规矩意识”专项教育，持续刊出专项教育系列宣传报道368期；重视先进引领，2021年选树各类先进典型300余个；加大内外宣传力度，外宣上稿量385篇，“奋进中科炼化”活跃度位列全系统第三。

（刘夏甜）

【大监督格局持续巩固】 2021年，中科炼化全面落实党风廉政建设主体责任和监督责任，对工程（采购）招标等6项年度重点监督事项实施监督；积极拓展监督力量，聘请20名特邀外部廉洁监督员，各基层党支部、业务外包单位均设立监督小组，共排查风险132个，制定防控措施320项；对4个基层党支部开展党委巡察。

（刘夏甜）

表 1 中科炼化主要技术经济指标 亿元

年份 指标名称	2021	2020
原油加工量 / 万吨	1 438.07	795.59
工业总产值	805.98	351.84
工业增加值	294.48	142.40
资产总值	497.70	463.99
流动资产	97.84	86.63
固定资产原值	424.09	382.14
固定资产净值	345.07	318.30
销售收入	816.00	377.50
实现利税	257.71	162.66
税　金	218.70	127.34
综合能耗 / 吨标煤・万元 $^{-1}$	0.789	0.836

表 2 中科炼化主要产品产量 万吨

年份 产品名称	2021	2020
汽　油	462.72	266.48
煤　油	30.56	—
柴　油	454.83	282.68
燃料油	84.01	56.88
液化气	66.52	40.45
化工轻油	232.18	51.56
混合二甲苯	29.21	6.99
乙　烯	81.75	14.14
丙　烯	60.67	27.35
石油苯	9.79	6.15
乙二醇	40.30	6.34
环氧乙烷	19.18	—
一乙醇胺	1.92	—
高密度聚乙烯	31.67	6.33
聚丙烯	73.55	25.79

联合石化公司

【概况】 中国国际石油化工联合有限责任公司（简称联合石化公司，英文缩写 UNIPEC）成立于1993年，是股份公司的全资子公司，是具有较强国际竞争力的石油贸易公司之一，与全球100多个国家和地区的1 500多家交易对手建立长期合作关系，有来自20多个国家和地区的600多名员工。联合石化公司的主要职责：为系统内企业代理进口原油、LNG，以及石脑油等化工原料；为系统内企业代理出口成品油、回提销售海外份额油（含原油和成品油）；开展原油、LNG及成品油第三方贸易；作为集团公司碳、电力集中统一交易的操作主体，代理系统内企业开展相关交易，以及开展第三方贸易；探索开展可再生能源、氢能等新型能源贸易；与上述业务相关的仓储物流设施投资运营管理。

截至2021年底，联合石化公司设11个职能部门、5个直属机构、6个境外机构、2个口岸公司、1个国内全资子公司[中国石化（上海）能源贸易有限责任公司]、1个国内合资公司（中海油中石化联合国际贸易有限责任公司，占股40%）。11个职能部门包括办公室（外事办公室）、党群工作部（党委宣传部、企业文化部、党委办公室、工会、团委）、党委组织部（人力资源部）、纪检监督部、风险管理部、法律合规部、市场战略部、企业管理部、信息部、财务部和审计部。5个直属机构包括原油资源配置中心、石油产品贸易中心、天然气贸易中心、期纸货贸易管理中心和物流优化管理中心。6个境外分支机构分别为亚洲有限公司（香港）、英国有限公司（伦敦）、新加坡有限公司、美洲有限公司（休斯顿）、中石化冠德控股有限公司（香港上市）、印度办事处（孟买）。2个口岸公司分别位于浙江宁波和山东青岛。

联合石化公司以打造世界领先能源大宗商品国际贸易公司为愿景，围绕集团公司上中下游一体化协同创效服务平台定位，落实国家能源安全新战略，持续提升一手资源获取能力和终端市场占有能力，不断深化依法合规治企，综合竞争力和抵御风险、应对危机的能力稳步增强。2021年，联合石化公司坚持严肃纪律意识、强化责任担当，全力开新局育先机，在完善公司治理中加强党的领导，推进全面从严治党向纵深发展，较好完成各项经营管理任务。全年，共完成贸易总量4亿吨，实现逆势增长，其中原油经营量3.22亿吨、成品油经营量5 062万吨、LNG经营量2 084万吨、碳交易量681万吨，综合效益水平创历史新高，一体化协同创效成果显著。

（杨国丰）

石油销售公司

【概况】 按照国家深化油气体制改革和管网运行机制改革的战略部署，根据集团公司《关于设立中石化原油销售有限公司的通知》要求，通过中国石化管道储运公司存续分立的形式，新设中石化石油销售有限责任公司（简称石油销售公司），并于2020年9月9日完成工商注册。石油销售公司作为股份公司的全资子公司，归口炼油事业部管理，主要负责管网改革后原油储运设施保留资产的承接及管理，为相关区域企业办理原油集中采购和销售业务，履行与国家管网衔接原油管输计划及运行协调职能。

石油销售公司本部设立综合管理部（党群工作部、党委组织部）、投资发展部、财务资产部、企业管理部（监督审计部）、安全环保部、原油业务部、运行管理部等职能部门。根据中国石化统一安排，石油销售公司所属各分公司及合资企业就近委托天津石化、青岛石化、上海石化、镇海炼化、扬子石化、中科炼化 6 家炼化企业管理。

石油销售公司有曹妃甸、大港、日照、仪征、大榭岛、册子岛、岚山、白沙湾、湛江等 9 座油库，总库容 828 万立方米，连接曹妃甸、天津、青岛、日照、宁波、舟山、湛江等 7 家合资公司码头，连接国家管网原油管道 38 条、6 200 余千米，直接为中国石化系统内京、津、冀、鲁、豫、甬、沪、宁、沿江和华南片区 20 余家炼化企业服务。石油销售公司设 9 家分公司，参股连云港实华原油码头有限公司（持股 51%），管理舟山实华原油码头有限公司（中国石化持股 60%）和唐山港曹妃甸拖船有限公司（中国石化持股 18%）。

石油销售公司成立以来，深入贯彻落实集团公司党组各项决策部署，在各部门各单位大力支持下，履行保障能源安全、服务集团大局的核心职责，一手抓资源保障、服务企业及经营管理，一手抓石油销售公司组织架构和治理体系建设，实现管网改革平稳过渡，安全生产稳定运行，有力保障企业原油供应，全面完成各项目标任务，改革发展迈上新台阶。2021 年，石油销售公司实现收入 1 314 亿元，利润总额 2.04 亿元；年末资产总额 197 亿元，资产负债率 82.23%；全年固定资产投资完成 1.28 亿元。

（苏　祺）

【坚决打牢能源安全保障责任】 2021 年，石油销售公司坚决贯彻落实习近平总书记“四个革命、一个合作”能源安全新战略及在胜利油田考察时的重要讲话精神，充分发挥石油销售公司在原油物流链条中的纽带作用，统筹原油和仓储资源一体化运行，加快原油接卸和输转，全力保障生产企业原油资源供应，为集团公司整体效益最大化发挥积极作用。2021 年，石油销售公司接收原油 1.41 亿吨、输转 1.38 亿吨，超年度计划 497 万吨，输油总量占炼化企业原油加工总量的 54.8%。为 9 家炼化企业集中采购原油 4 161 万吨，销售原油 4 019 万吨。为应对第四季度国内成品油供应紧张，石油销售公司加强生产运行协调，优化编排输油作业计划，全力保障企业原油供应，第四季度输油量超季度计划 156 万吨。

（于　帅）

【高质量完成国家管网改革任务】 2020 年下半年以来，石油销售公司全面落实集团公司管网改革决策部署，实现管网改革资产顺利移交和生产运营平稳承接。在各代管企业大力支持和积极配合下，用最短时间完成石油销售公司分立注册、9 家分公司的注册和工商变更。建立健全运行机制，制定整体运行、过渡期调度运行等业务方案和过渡期后的计划制订与执行等管理办法，与东部储运、生产企业签订各类生产经营协议，建立不同层级的工作机制，承接 9 个站库的生产运行管理和 2 个区域的管输作业计划编制工作，确保原油业务、运行管理等各项工作规范高效开展，保障京津冀、甬沪宁、华北管网、沿江管网、华南管网平稳运行。签订资产管理界面协议、HSE 协议，明确管理范围，压实管理责任和安全环保责任。完成资产移交，仅用 5 天时间完成 1.5 万余条移交资产的交割确认、系统上线、报表出具等一系列工作，保证“9·30”资产顺利移交。各代管企业将库区纳入一体化管理，快速建立生产运行管理体系，配备管理和专业技术人员，实现过渡期平稳运行。快速建成 ERP、MES、生产运行信息系统，为石油销售公司合规高效运行提供坚强支撑。

（苏　祺）

【全力服务企业降本增效】 2021 年，石油销售公司充分发挥资源纽带作用，强化服务意识，不断提高储罐和管道运行效率，在提升服务质量上不断探索，努力帮助企业实现降本增效，在完成保供任务的同时，推进价值链效益最大化。全年为企业临时借用油罐 70 余次、720 万立方米次，加快油轮接卸和卸港优化，7 个相关码头滞期时间同比缩减 27.7%、滞期费减少 3.75 亿元。完善天津大港油库流程，实现炼化企业原油调和输送，既稳定原油物性，又增加原油采购灵活性，降低采购成本；优化宁波岚山油库运行方式，通过岚山油库多次为镇海炼化输油，保证恶劣天气、两头潮及油轮故障时的原油应急需求；在华北、甬沪宁、沿江地区通过优化运行方案和管输作业计划，优化管输油种和罐容安排，各类优化措施支持企业降本增效 8 600 余万元。组织专家科学评估论证，协调提高曹津线、大岚线等管道输送量，全力满足企业原油管输需求。

（于　帅）

【不断夯实安全环保基础】 2021年，石油销售公司组织代管企业与国家管网东部原油储运公司签订HSE管理协议，代管企业配齐配强库区HSE管理人员，保证改革过渡期安全平稳运行。持续完善委托管理机制，与代管企业签订HSE管理协议，落实双方责任，代管企业将HSE管理体系覆盖到代管库区实现一体化管理。开展“四不两直”检查，确保“两特两重”期间库区安全运行。全面贯彻落实国务院安委办、应急管理部和集团公司要求，深入开展大型油气储存基地安全风险评估，组织专家开展自查、互查和深度评估，排查确认风险隐患745项，逐项研究整改管控措施，在国家应急部组织的大型油气储存基地专项督导核查中，接受检查的库区得分均在850分以上，无高风险库区。建立安全风险分级管控和隐患排查整治双重预防机制，梳理确定库区安全环保风险隐患清单，通过领导承包、落实“五定”等方式，推进风险管控和隐患治理，实现“零伤害、零污染、零事故”的HSE管理目标。持续与东部储运公司保持良好合作机制，建立审核、对接、确认的工作机制，保证输油计划编制依法合规、安全可控；加强与基层站库沟通，从计划层面增强调度指令的可操作性和执行力，切实避免计划层面指令不清带来运行风险。

（李晓东）

【全力保障库区必要投入】 2021年，石油销售公司安排9座站库固定资产投资项目43项，固定资产投入资金1.3亿元，解决库区可燃气体和有毒气体报警器不足、安全仪表系统和储罐紧急切断系统不完善、库区视频监控不能全覆盖、库区雨污分流不完善等问题，提升了库区本质安全环保水平。加快推进储罐大修，统筹原油运行和储罐大修，优化储罐大修计划安排，加强大修全过程管理，2021年大修储罐19台，储罐大修数量创历年最多水平。投入大修资金1.1亿元，解决部分储罐长期运行不能退运大修的问题，有效管控储罐运行风险，保障原油储罐安全运行。加强库区设备日常维护维修，严格设备专业管理，细化设备日常巡检，优化设备维修策略，2021年库区设备日常维护维修投入2 536万元，提升了设备运行可靠性。

（巫红军）

【价值引领深化业财融合】 2021年，石油销售公司发挥财务服务保障、价值管理及风险管控功能，保障生产经营和投资发展等业务顺利实施。稳固现金流供应，保障各类业务对资金需求。运用股份公司临时周转贷款及各类业务回笼资金，全年保障原油采购、库区管理、工程建设及债务利息业务开支1 522亿元。开展财务价值管理，发挥预算牵引作用，有效引导原油采购、销售、项目开支、库区经费、进口税款等业务的资金收支节奏，着力驱动提升仓储中转服务、损耗管理、股权投资管理等专业的创效水平，理顺仓储中转业务价格标准和收费模式，狠抓筹融资、库区管理运行、税务等领域的成本管控，实行资金集中管理及统筹，强化“两金”占用的预警和管控，超额完成全年利润目标及其他指标。

（张宏明）

【持续推进全面深化改革】 2021年，石油销售公司全面贯彻落实集团公司决策部署，立足公司发展现状，实施对标提升和深化三年改革行动，建立健全体制机制，不断完善公司治理体系，提升治理能力。充分发挥党委会、领导班子会决策作用，公司治理组织架构日益完善，在公司章程中明确党组织在公司治理中的地位，实现加强党的领导和完善公司治理有机统一。建立并完善石油销售公司本部制度管理体系，梳理确定本部重要制度清单，制定出台98项制度，制度体系初步建成。按照集团公司重大经营风险管控体系要求，全面防范化解重大风险，建立健全全面风险管理组织体系、权责体系、制度体系、运行体系、人员体系，强化“两高一重”管理，识别管控石油销售公司安全环保、金融衍生品、合规等十大风险，风险管理体系全面建立，2021年未发生重大风险事件。

（李　成　弥斌斌）

【全面加强党的建设】 2021年，石油销售公司党委坚持以政治建设为统领，深入学习和贯彻落实习近平新时代中国特色社会主义思想，坚决贯彻落实党中央和集团公司党组决策部署，严格落实全面从严治党主体责任，制定并执行“三重一大”实施细则、《党委前置研究讨论重大经营管理事项清单管理办法》，明确党委前置研究讨论重大事项范围，全年召开党委会 26 次，研讨议题 156 项，确保石油销售公司改革发展稳定等重大事项科学决策，逐步建立完善党建工作责任体系，压紧压实党建责任“链条”。推动基层党组织标准化、规范化建设，建立 2 个联合党支部，规范开展党支部各项工作。开展思想政治工作，高度重视意识形态工作，坚持用正面主流意识引导员工思想，意识形态领域积极向上。不断强化党风廉政建设，成立党风廉政建设领导小组和监督委员会，制定党风廉政建设和监督年度工作要点，召开党风廉政建设和反腐败工作会、监督委员会例会，深入推进党风廉政教育月活动。建立中层领导人员活页夹，完善党风廉政建设和监督六项制度，开展领导人员和中层干部廉洁谈话，一体推进“三不”体制机制建设，营造风清气正良好政治生态。

（孔卓然　张菲菲）

【高质量开展党史学习教育】 2021 年，石油销售公司构建党委带头学、党支部创新学、党员自学“三级联动”学习机制，党委理论中心组学习 24 次，实施 37 项重点学习任务。深入开展“我为群众办实事”，办好 2 批 13 项“我为群众办实事”重点项目，立足石油销售公司实际，坚持“问需于民”，扎实推进各项任务落地见效。举行“庆百年迎七一”党建活动，围绕“感悟红色经典 献礼建党百年”开展群众性红色征文活动，在学党史悟思想中牢记初心使命，唱响“保障国家能源安全”的主旋律。开展特色鲜明党建共建活动，与代管企业党支部开展支部共建，切实为企业解决急难愁盼问题。

（张菲菲）

【干部人才建设不断推进】 2021 年，石油销售公司坚持党管干部原则，全过程发挥党委领导和把关作用，坚持新时代党的组织路线，把政治标准放在首位，树立重实干重实绩用人导向，不断提升选人用人水平。完成石油销售公司人员划转，开展中层管理干部选聘 2 批共计 10 人，组织系统内公开招聘 2 次，完成专业技术人员聘任 28 人次，公司专家 2 人次。紧密围绕石油销售公司发展战略，储备、培养各类核心人才，开展人才“三库”建设，组织 3 名员工参加高级职称评审，通过 2 人，中高级职称以上比例达 100%，平均年龄 39 岁，精干高效人才队伍初步形成。采用“线上 + 线下”“内部 + 外部”等模式，利用讲座讲堂、业务交流等形式，加大对员工的培养力度，全年组织开展业务培训 44 班次，累计培训员工 326 人次。

（裴　佩）

北京石油分公司

【概况】 中国石化销售股份有限公司北京石油分公司（简称北京石油分公司）主营汽油、柴油、煤油、润滑油和其他石化产品的批发、零售、直销配送和仓储业务，便利店、快餐、洗车等非油品业务，发展加氢、光伏、充换电站等清洁能源终端业务，成品油市场占有率 60%，是北京成品油市场供应的主渠道。

北京石油分公司的前身是成立于 1950 年 4 月的北京石油集团有限责任公司。1998 年 9 月，成建制划转集团公司。2000 年 2 月，成立中国石油化工股份有限公司北京石油分公司，2014 年更名为中国石化销售有限公司北京石油分公司，2019 年 1 月，更名为中国石化销售股份有限公司北京石油分公司。

截至 2021 年底，北京石油分公司设 13 个综合管理部门、2 个专业中心、9 个分公司，员工

5 500 人。有在营油库 5 座、储油罐 41 座、总库容 32.17 万立方米，汽柴油长输管道 151 千米，航空煤油管道 98 千米；在营加油站 539 座、加气站 29 座、加氢站 3 座、充换电站 33 座、便利店 510 个、洗车网点 118 个。资产总额 162 亿元。

北京石油分公司主要经营指标见表 1。

（鲍之珺）

【完成主要经营目标】 2021 年，北京石油分公司积极应对困难局面，持续推动攻坚创效，稳步深化管理改革，扎实推进巡视整改，完成年度目标任务，实现“十四五”良好开局。全年完成油品经营量 412.4 万吨，增长 11.6%；非油品全口径营业额 24.57 亿元，增长 24%；吨油商流费用 600 元，减少 78 元；报表利润 2.73 亿元，增加 6.23 亿元。北京石油分公司获“十三五”石油和化工行业节能先进单位称号，连续 18 年获集团公司安全生产先进单位、节能环保先进单位、“七五”普法先进单位称号，销售公司效益进步企业、宣传工作进步单位称号，获销售公司“比学赶帮超”年度红旗 6 面。

（鲍之珺）

【狠抓零售经营创效】 2021 年，北京石油分公司牢固树立大零售理念，坚持“量效兼顾、量效双收”，牢牢守住市场份额不降的底线。不断优化客户分析参数，适时适度差异化营销，全年召回流失客户销量 4.1 万吨，稳定运营客户销量 9.1 万吨；“爱跑 98”客户群由年初的 4.8 万人增至 22.5 万人，带动销量 6.7 万吨，培育形成一批忠诚、稳定的高端客户群体。开展自主营销，“暑期出游季，充值享好礼”等活动带动充值额 15.2 亿元，油品增量 7.8 万吨，价差收入 1.3 亿元。大力开展低无负效站“一站一策”整改工作，18 座加油站实现阶段性提质增效。加大单位大客户维系开发力度，加油卡大客户销量 34 万吨，增长 14%。加快推进汽服业务，汽服网点 132 座，增加 52 座，油洗互促、以洗带油效应逐步显现。完成京石一路等 8 座站点“司机之家”建设。充分发挥行业协会作用，向行业发出《以首都标准做好全国“两会”服务保障工作》《北京市市场维稳倡议书》，有效维护市场经营秩序。

（鲍之珺）

【非油品业务不断优化】 2021 年，北京石油分公司优化门店分类分级体系，建立商品从引入到退出全流程闭环管理机制，完善品类规划、优化商品结构，将易捷口罩及可降解塑料袋纳入总部统采范畴，深化首农大厨房、长城润滑油、易捷咖啡等品牌合作。加强营销策划力度，部署易享节、年货节、水饮节等活动，强化重点营销，非油品实现利润 8 529 万元，增长 628%，排名销售系统前列。加强与银行、餐饮、代驾等企业合作，引入营销资源 5 700 万元。围绕构建“人·车·生活”生态圈，建成易捷咖啡 23 家，联手国际餐饮品牌探索推进餐饮服务，建成广泽桥站等 5 座运营车司机用餐服务站，建成投营大兴机场店和润滑油公司店。

（鲍之珺）

年货节期间北京石油分公司易捷便利店

【直分销经营】 2021 年，北京石油分公司以直分销体制改革为引领，突出市场导向、经营增效、管理赋能，坚持抓牢抓实客户，实施“终端开发强基、油站攻坚联网、经营协作稳量、油非共进增值”4 项经营计划，全年召回、新合作加油站 103 个、终端客户 485 个，新增加油站销量 1.85 万吨、新增终端销量 1.84 万吨。汽油、柴油销售总量 61.65 万吨，增加 23.05 万吨，增长 59.7%；非油品团销额 1.77 亿元，排名销售企业前列。加大数字化应用推广，“我要买油”线上开单率从年初的 1.2% 提升至 90% 以上。

（鲍之珺）

【新能源业务取得新进展】 2021 年，北京石油分公司牢牢把握服务北京 2022 年冬奥会和冬残奥会的契机，优化加氢站建设布局，9 月 9 日，中国石化举办“洁净能源，为冬奥加油”氢能服务冬奥启动仪式，庆园街、王泉营 2 座加氢站同时亮相，在行业内备受关注，获集团公司及社会媒体广泛赞誉。全年完成 3 座加氢站、33 座充换电站和 42 座光伏站的建设工作。

（鲍之珺）

中国石化北京冬奥氢能服务全面启动仪式在庆园街加氢站举行

【“打非治违”取得突破】 2021 年，北京石油分公司贯彻北京市委主要领导关于加大成品油市场违法经营现象整治力度的批示要求，多渠道收集“打非”线索，摸透“自流黑”行动轨迹，配合北京市公安局相关部门查处非法经营案件 167 起，罚没油品 109 吨、散装油桶 335 个、非法储油罐 78 个，查扣流动加油车 56 辆、查处黑窝点 413 个，关停涉案社会油库 2 座，有效净化油品市场环境。

（鲍之珺）

【开展攻坚创效行动】 2021 年，北京石油分公司启动“大干一百天，决战三季度”攻坚创效行动。由主要领导任领导小组组长，设业务运行协调组、效益成本组、宣传工作组，紧紧围绕提升资源创效、优化整合营销、把控量价平衡等 9 个方面，明确 43 项指标责任部门，细化指标分解，强化跟踪指导，形成“你追我赶、勇于争先”的工作局面。

（鲍之珺）

【多措并举维护网点稳定】 2021 年，北京石油分公司坚持“稳存量、拓增量”，协调地方政府部门，加强与高等院校、市属国企、民营企业合作，合力推动网络发展攻坚。清华开拓加油站完成无偿划转，城市副中心加油站投营，全年续租加油站 28 座，发展轻资产合作站 15 座，长停站复业 4 座，超额完成销售公司下达指标。5 座高速路加油站建设手续获审批。实润加油站成为全国第一家中国石化综合加能站新形象样板站，大兴机场店（易捷会员体验店）亮相北京大兴国际机场，成为“新国门”新的打卡之地。

（鲍之珺）

中国石化新形象在北京石油分公司实润加油站正式发布

【降本节费成果显著】 2021 年，北京石油分公司大力开展“我为创效作贡献、我为降本想办法”专项行动，公司全员参与、群策群力，制订创效降本实施方案，确立机关部门 30 项、基层单位 13 项创效降本指标，就指标填报、方案实施等进行培训宣贯，坚持大表运行、挂图作战，月度通报、季度总结，实现“目标有依据、措施可量化、效果可评价”，推动创效降本工作开展，全年变动性费用 3.13 亿元，减少 1.2 亿元。

（鲍之珺）

【安全环保管理更加夯实】 2021 年，北京石油分公司贯彻集团公司“总经理 2 号令”，扎实推进 HSE 管理体系运行，强化隐患排查治理，全力保障“建党百年”、全国“两会”、党的十九届六中全会等重大活动期间的安全稳定。制订油库本质安全及形象提升工程实施方案，5 座在营油库环境面貌和管道管理水平明显提高。深入开展“绿色企业行动计划”，提前 55 天完成京Ⅵ（B）油品置换，推进油气回收、排污治理等工作，以 A 档成绩通过年度绿色企业复核，获评绿色加油站 108 座、标杆加油站 9 座，绿色油库 1 座、标杆油库 1 座。

（鲍之珺）

【稳步推进“三定”实施】 2021年，北京石油分公司结合体制机制、人员编制现状情况，坚持顶层设计和系统谋划相结合，研究编制“三定”实施方案，坚持分层分类原则有序推进、稳步实施，两级机关部门职能设置得到优化，干部队伍结构更趋合理，机关人员得到大幅精简。

（鲍之珺）

【做实做强区公司】 2021年，北京石油分公司推动做实做强区公司，按照升格后的管理体制，区公司领导班子配备到位，部门负责人、管理岗选聘完成，基层活力显著增强。制定关于做实做强区公司的指导意见，初步明确区公司权限指引，推进简政放权取得积极进展。

（鲍之珺）

【非油品、直分销业务改革成果初显】 2021年，北京石油分公司坚持市场化、专业化、契约化方向，大力推进非油品综合改革，优化机构设置，开展市场化人员选聘，推进经营班子契约化管理，健全完善激励约束机制。改革后，易捷北分员工数量大幅精简，队伍年龄结构、学历结构明显优化，人才素质大幅提升，体制机制优势初步显现。顺利完成直分销管理体制改革，将直分销业务从区公司分离，共减少属地机构5个，精简用工5人，运行机制进一步优化，改革红利逐步释放，量效业绩和员工面貌都得到较大改善，直分销业务步入良性循环。

（鲍之珺）

【干部队伍焕发新气象】 2021年，北京石油分公司制定《中层领导人员选拔任用管理规定》《加强和改进优秀年轻干部培养选拔工作实施办法》等制度文件。严格选人用人标准，注重加大年轻干部培养使用力度，全年调整中层干部71人次，其中公开竞聘选拔中层副职27人，中层干部平均年龄降低1.6岁，“80后”占比超过1/4。区公司部门负责人选聘中，22名“90后”年轻干部走上基层领导岗位。

（鲍之珺）

【扎实开展党史学习教育】 2021年，北京石油分公司制订党史学习教育实施方案，提出7个方面50条具体措施。成立两个巡回指导小组，全覆盖进行巡回指导。举办2期中层干部培训班，4次邀请外部专家学者系统宣讲解读。组建10个宣讲团，向干部员工宣讲86场次。组织召开庆祝建党100周年暨高质量党建推进会。举办“我心向党”主题文艺演出、红歌赛、党史知识竞赛、书法美术摄影展等活动。

（鲍之珺）

【开展“我为群众办实事”】 2021年，北京石油分公司党委层面办实事项目19项，完成18项，高立庄职工住宅项目积极推进。完成45座“爱心驿站”、18座“心灵驿站”、8座“司机之家”建设，展现中国石化“党和人民好企业”形象。各级党组织、领导干部确定办实事项目303项，完成285项，员工群众切实感受到党史学习教育带来的新气象、新变化。

（鲍之珺）

【倾情助力冬奥盛会】 2021年，北京石油分公司贯彻北京冬奥组委和集团公司要求，践行“洁净能源，为冬奥加油”理念，保质保量向冬奥场馆、工程服务车辆、冬奥组委公务车辆供应清洁油品。打造36座冬奥形象站，57座易捷便利店设立冬奥特许商品专区，按时完成冬奥会配套的庆园街、王泉营、兴隆加氢站建设，集团公司党组和北京市领导给予充分肯定。落实冬奥赞助权益，多渠道、全方位做好冬奥卡发售和冰雪文化传播，全年售卡40.3万张，售卡数量在销售企业排名第一。

（鲍之珺）

表1　北京石油分公司主要经营指标

指标名称 \ 年份	2021	2020	2019	2018	2017	2016
成品油销售总量/万吨	412.40	364.10	512.67	536.00	513.23	506.70
零售量	303.98	250.70	353.60	324.00	322.77	360.10

续表

年份 指标名称	2021	2020	2019	2018	2017	2016
销售收入 / 亿元	314.20	363.26	229.42	387.00	324.00	311.00
利润 / 亿元	2.73	–3.50	5.00	7.22	10.10	10.90
吨油费用 / 元	600.00	680.00	440.00	387.00	436.00	383.00
资产总额 / 亿元	155.00	162.00	166.00	151.00	156.00	143.00
加油站总数 / 座	575	572	568	567	562	563
在营油库数量 / 座	5	6	6	7	7	8

天津石油分公司

【概况】 中国石化销售股份有限公司天津石油分公司（简称天津石油分公司）是股份公司所属销售企业，主要经营成品油、润滑油、燃料油、氢气、天然气的零售、直销、批发业务及其他非油品业务，是天津地区最大的成品油经营企业。截至 2021 年底，天津石油分公司有在营加油站 473 座、在营油库 2 座，设 11 个职能部室、3 个专业中心，在岗员工 4 300 人，资产总额 82.66 亿元。

2021 年，天津石油分公司落实集团公司“1355”党建工作总体思路，以高质量党建引领高质量发展，完成“经营扭亏脱困、安全生产先进、党建考核争先”三大目标任务。在销售公司通报的主要经济指标对标分析中，天津石油分公司成品油经营总量、全口径零售量、机出零售量、非油基础品类销售增幅等主要经营指标均位于省市公司中上等水平，位居华北地区第一。在零售量、汽油零售量效、直分销、利润、税务管理、网建、非油品、纪检监督等方面累计夺取“比学赶帮超”先进红旗 22 面，其中月度红旗 13 面、季度红旗 5 面、年度红旗 4 面，较上年增加 17 面。天津石油分公司连续 7 年获全国文明单位、连续 5 年获“榜样天津”最具社会责任企业、连续 6 年获天津市企业 100 强等称号，获评安全生产和环保双 A 企业及中国石化绿色企业。全年一般及以上生产安全事故和环境数质量事件为零；新冠肺炎疫情防控实现“零感染”。

天津石油分公司主要经营指标见表 1。

（赵　莹）

【领导班子调整】 2021 年 1 月 4 日，集团公司党组宣布对天津石油分公司领导班子调整的决定：闫晓青担任天津石油分公司总会计师。4 月 12 日，集团公司党组宣布对天津石油分公司领导班子调整的决定：杜道林任党委副书记、纪委书记。7 月 21 日，集团公司党组宣布对天津石油分公司领导班子调整的决定：闫晓青不再担任天津石油分公司总会计师。调整后，天津石油分公司领导班子由佟德健、高望、许渝峰、李春波、杜道林组成。

（赵　莹）

【组织机构调整】 2021 年 2 月 20 日，天津石油分公司合并数质量管理部与安全设备管理部为安全环保数质量部。3 月 5 日，设立大数据中心和电子商务中心，大数据中心按照独立专业中心管理，电子商务中心与非油品中心合署办公。6 月 9 日，人力资源部（党委组织部）更名为党委组织部（人力资源部）。9 月 10 日，撤销蓟州和宝坻分公司的设置，成立津北分公司，承接原蓟州和宝坻分公司的经营管理范围和责任。11 月 17 日，撤销静海和宁河分公司的设置，由原东北和宁河分公司合并成立新的东北分公司，承接原东北和宁河分公司的经营管理范围和责任；由原西南和静海分公司合并成立新的西南分公司，承接原西南和静海分公司的经营管理范围和责任。

（赵　莹）

【管理职能调整】 2021年1月13日，天津石油分公司招标管理职能由发展规划部调整至企业管理部。2月20日，合资企业管理职能由企业管理部调整至财务资产部。8月13日，对口支援及乡村振兴工作由办公室调整至政工部（党委办公室）。11月16日，新能源办公室由经营管理部调整至发展规划部。

（赵　莹）

【天津易捷分公司挂牌成立】 天津石油分公司为贯彻落实《中国石化销售企业非油品综合改革省级易捷分公司组建方案》要求和工作部署，于2021年11月15日，正式成立天津易捷分公司。

（赵　莹）

【与天津邮政开展战略合作】 天津石油分公司与天津邮政、邮储银行天津分行于2021年4月2日签署战略合作协议，三方本着“平等互利、合作共赢、共促发展”的原则，通过战略合作发挥各自领域内的丰富经验与资源优势，在能源供应、非油品服务、市场拓展等多个方面建立长期的战略合作伙伴关系，构建全方位、多维度、深层次的合作格局，全力提升企业品牌影响力。

（赵　莹）

【与中国农业银行开展战略合作】 天津石油分公司与中国农业银行天津分行于2021年11月24日下午签署战略合作协议，双方将在巩固现有合作基础上全面开启“加油闪付”合作新模式，营销资源投入将增加至每年500万元，带动客户资源互促，实现银企合作共赢，开辟共谋发展的新篇章。

（赵　莹）

【两级机关党员干部进站帮扶】 2021年，天津石油分公司党委成立以党委委员带队的6个专项督导组，负责对党史学习教育重点工作特别是“我为群众办实事”实践活动和两级机关党员干部进站帮扶工作进行综合检验、督导。两级机关共661人，赴126个加油站点开展进站帮扶工作，累计帮扶6 207时、加油113万升，提升营业额257万元，帮助库站解决实际问题1 398项。汇总两级“办实事”重点项目1 843项，并完成全部销项。

（赵　莹）

【非油品强化管理实现提质增效】 2021年，天津石油分公司通过合同谈判确保商品毛利率超30%，采取货补、营销让利、下调采购价格等方式，采购价格平均下调2%，平均营销让利6%，商品周转率提高60%。尝试发放打折券引导消费，勇于尝试低价、低毛利、低费用新体系刺激消费，基础品类销售增长29%，单月增幅区内排名获3次第1名，累月增幅区内排名8次第1名；自有品牌销售1.3亿元，增长9%。

（赵　莹）

【持续开展“打非治违”专项行动】 2021年，天津石油分公司大幅提高罚没油奖励金额由700元/吨增至3 000元/吨，有效激发“打非”积极性。推动市有关部门出台《天津市打击整治非法加油加气工作方案》。全力配合参与政府部门打击非法加油行动500余次，累计协助代储、回炼处理罚没油608吨，创效280万元。

（赵　莹）

【组建合资企业布局加氢网络】 天津石油分公司与天津港保税区管委会、轻程（上海）物联网科技有限公司，在空港投资服务中心于2021年8月26日签署合作协议，共同组建中石化氢能源（天津）有限公司。该项目发挥各方在产业、资源、场景、政策方面的综合优势，强强联合，深耕氢燃料电池汽车、加氢站建设运营等领域，进一步促进氢能源开发应用，助力实现“碳达峰碳中和”目标。

（赵　莹）

【充换电项目取得突破】 天津石油分公司与天津蔚来新能源科技有限公司战略合作框架协议签约仪式和充换电站开业剪彩仪式，于2021年9月

16日上午在天津石油引河桥加油站举行。该充换电站是天津石油分公司和天津蔚来新能源科技有限公司进一步深化合作，围绕新能源汽车出行及充换电设施进行布局的成果。

（赵　莹）

【深化任期制与契约化管理】 2021年，天津石油分公司落实国企三年改革行动计划，实施经理层成员的任期制和契约化管理，出台经理层经营业绩考核办法和薪酬管理办法，全部中层及助理级管理人员“一协议两书”签订覆盖率100%，提前完成集团公司任务目标。

（赵　莹）

【构建多维度考核体系并深化考核结果应用】 2021年，天津石油分公司建立年度KPI绩效考核指标体系和多维度考核体系，中层管理人员、两级机关管理岗及站长共有1 400余人参与考核评分，考核结果强制分布定档，中层管理人员收入差达1.8倍、管理岗达1.2倍、同分公司同级站长达1.42倍，全体员工人均薪酬增长7%，实现收入能增能减。结合组织机构调整和经营管理需要，累计调整、任免中层干部53名，其中提拔和进一步使用15人，降级和调整到非重要岗位使用6人，平级调整32人，实现干部能上能下。

（赵　莹）

中国石化劳模党员站长石文娜在帮顾客选购商品（刘礼宾　摄）

【全面推动落实“三定”“三能”】 2021年，天津石油分公司对标先进企业，推进两级机关用工改革，两级机关定编标准下降16%。机关“三能”实现优胜劣汰，69人在“三能”工作中进行交流，人岗匹配度进一步加强，实现人员能进能出。推进油库大班组改革，在营油库优化用工62人，占在营油库用工的31%。大口径用工人数净减少342人，精简7.4%，人均劳效增长13.4%。

（赵　莹）

【优化营销成本管控】 2021年，天津石油分公司建立营销费用分解测算模型，科学下达费用指标，强化营销费用管控，深化“一站一策”网格化应用，取消“车主日”优惠政策，聚焦关键点位精准施策，全年营销成本较2019年节约2.43亿元，下降44%。

（赵　莹）

【优化资产结构】 2021年，天津石油分公司通过退租4座高速站、关停12座亏损站、实施4座“我有他营”站、出租闲置资产，累计盘活资产101项，创效7 759万元。

（赵　莹）

天津石油分公司智能化加油站（刘礼宾　摄）

【规范招标管理流程】 2021年，天津石油分公司线上审批、应招必招、能招尽招实现“三个100%”，完成选商234项，中标金额下降16%，节费2 582万元。依据合同履约能力和实际工作质量，将36个供应商、承包商列入黑灰名单。

（赵　莹）

【深入开展制度体系建设】 2021年，天津石油分公司实施制度“立改废合”计划，理顺制度“干支叶”关系，推进管理制度化、制度流程化、流程信息化，制度总数由663项减至390项，修订完成内控制度，为提升管理水平夯实基础。

（赵　莹）

【建立月度安全互查机制】 2021年，天津石油分公司互查结果与月度绩效挂钩，发现问题2 223项，规范2 196项，整改率98.8%。完成建党100周年安保工作和汛期防灾减灾工作，库、站、车安全运行，未发生上报等级安全事故及负面舆情，全年安全环保无行政处罚，全部库站持证排污。

（赵　莹）

【建立月度党建互查机制】 2021年，天津石油分公司扎实推动党建考核，按照例行党建工作、当期重点工作、思想政治工作、共青团工作、工会工作等内容制定每月互查细则，细化检查标准，出具整改工作单督促整改，完成月度党建互查10轮次，发现问题51项并全部规范整改，全面提升基层党组织党建工作质量。

（赵　莹）

【全系统开展"互联网+全民义务植树"】 2021年，为贯彻落实中国石化能源管理与环境保护部关于《绿色企业评价指南（2020）版》的相关要求，天津石油分公司参与由全国绿化委员会、国家林业和草原局（国家公园管理局）、中国绿化基金会联合开展的"全民义务植树"在线捐款活动，累计捐款11.74万元，折合树木5 780棵。

（赵　莹）

天津石油分公司连续20年实现社会抽检100%合格。图为天津市检测部门的质量检测车到天津石油加油站现场检测（刘礼宾　摄）

【助力乡村振兴】 2021年，天津石油分公司助力国家乡村振兴显担当，开展教育帮扶对口援建泽库县学校；开展消费帮扶，帮助销售帮扶地区农产品1 030.6万元。

（赵　莹）

表1　天津石油分公司主要经营指标

指标名称＼年份	2021	2020	2019	2018	2017	2016
成品油销售总量/万吨	220.50	206.20	237.46	253.80	263.40	286.54
零售量	174.80	175.70	195.71	196.50	194.20	190.20
销售收入/亿元	173.80	131.92	178.00	195.00	163.60	161.00
吨油费用/元	506.00	618.00	553.00	506.00	472.00	362.00
在营加油站数/座	473	467	474	476	475	474

河北石油分公司

【概况】 中国石化销售股份有限公司河北石油分公司（简称河北石油分公司）本部位于河北省石家庄市，其机构前身成立于1949年。1998年6月27日正式划归集团公司管理。2000年5月23日，按照集团公司企业重组改制精神，其主营业务重组成立河北石油分公司，其存续部分称中国石化集团河北石油有限责任公司。后者于2006年更名为中国石化集团资产经营管理有限公司河北石油分公司。2014年按照中国石化混合所有制改革部署，变更为中国石化销售有限公司河北石油分公司；2019 年按照股份制改造要求，变更为中国石化销售股份有限公司河北石油分公司。

河北石油分公司是河北省成品油市场供应主渠道，主要经营全规格的汽油、柴油、润滑油（脂）及天然气、氢能、非油品、光伏发电、充换电业务。

截至 2021 年底，河北石油分公司设 16 个职能部门，12 个地市分公司；资产总额 130.56 亿元，资产负债率 73.15%；用工总量 11 335 人。在用自有油库 12 座，库容 55.02 万立方米，建有 13 条铁路专用线共 21 889 米；有在营加油站 1 661 座，销售网络覆盖河北省城乡各地。

河北石油分公司主要经营指标见表 1。

（韩　博）

【推进激励机制改革】 2021 年，河北石油分公司在加油站员工层面实现即时绩效全覆盖，基层存在多年的大锅饭被打破，服务动能明显提升；在核心示范站站长层面实行任期目标责任制，经营压力有效传递，以站为家不断彰显；在省市公司中层干部中推进岗位目标责任制，有位必有责、干事创业动力得到深层次激发。同时，结合实际增加 LNG 即时激励、客户经理绩效激励、门店销售即时激励、运维团队定额激励、机关人员目标激励等项目，河北石油分公司“贯通上下、多元一体、切合实际、简单管用”的激励体系有效建立。

（韩　博）

【深化人才队伍建设】 坚持使用就是最大的培养，2021 年，河北石油分公司引进 10 名社会成熟人才，提拔 3 名副总师、17 名中层干部，选聘 1 名首席专家、2 名高级专家、9 名专家，晋升 73 名高级主管、主管，树立目标导向、着意“事上磨炼”、专业化发展，通过上下交流、轮岗锻炼等方式打造河北石油分公司人才梯队，人才活力不断迸发。树立大抓培训导向，把培训作为提升干部员工素质、提升企业经营管理水平的重要侧面，组建河北石油党校（微水培训基地），全年开展各类培训 28 期 1 500 人次，干部员工政治能力、业务能力有效锤炼；依托企业微信、钉钉广泛开展直达一线的在线培训，避免信号衰减，理解更加到位、执行更加有力。通过打造线上线下、企内企外相结合的综合培训体系，秉持“专业精神”、锻造“专业水平”在干部员工中蔚然成风。

（韩　博）

【全力推动客户开发】 2021 年，河北石油分公司面对异常严峻的市场形势，拒绝“坐以待毙”、全力“市场突围”，开展“关系营销”，实施“塔山行动”，组建 335 人的客户经理队伍，抓紧实施机构客户、重卡客户走访开发计划，为零售上量开新局、辟新路。5 月以来，共走访客户 3.60 万人次，实现充值额 9.27 亿元，带动销量 12.50 万吨，涌现出一批优秀客户经理典型，起到托底稳量、绝地反击的巨大作用。

（韩　博）

【深化拓展增值服务】 2021 年，河北石油分公司大力推行员工微笑迎客、鞠躬问候、跑步服务，现场服务更加快捷、热情、便利。统一开展“擦车窗、续杯水、收垃圾”“随手送”等特色服务，主动听取客户吐槽、用心处置客户差评，客户评价明显好转。全年自建洗车 130 座，开展“百日随心洗”，发行洗车油滴电子券、派发免费洗车卡，洗车服务日趋完善，吸客引流日见成效。尝试开展“试吃试饮试用”，向客户赠送免费姜茶、甜品，建设会员体验商城，为高端会员提供高品质服务。完善司机之家运营管理，提供“7+X”免费服务，组织“欢乐聚”“火锅节”等活动，凝聚更多重卡客户。一年来，增值服务从“无”到“有”、由“零”及“整”，服务内容日益多姿多彩，顾客忠诚度、复购率、满意度得到稳步提升。

（韩　博）

【提升门店运营能力】 2021 年，河北石油分公司着力推进核心示范站建设，打造门店新形象，推行标准化陈列，便利店更加通透、整洁、明亮、温馨，热烈温暖的商业氛围更加浓厚。全面梳理品类架构，组建要货专家队伍，引进极致性价比商品，淘汰低端低价品类，新品爆款持续涌现，易捷记忆不断加深。组建门店运营团队、择优选拔门店运营专家，开展百名金牌店长评选，便利店运营专业性不断提升。线上线下、油非融合组合营销模式日益成熟和有效。提升套餐设计力，统筹组合油品、非油品、洗车、“司机之家”、第三方资源，优化“基础套餐 + 加餐”模式，提升套餐吸引力，综合把控让价，实现量效兼顾。

（韩 博）

【提升网络形象功能】 2021 年，河北石油分公司完成 584 座加油站翻新改造，加油站外部形象焕然一新、内部品质大幅提升，实现客户认可、政府满意、员工提气。大力发展重点区域网络数量，全年新投营加油站 19 座，自主新建站及当年建设当年投营站史无前例；布局 LNG 加气站网络，当年投营 9 座，实现 LNG 加气站建设史上最大突破。抓好冬奥服务保障工作，高质量完成冬奥旗舰站崇礼 3 站建设，做好 18 座冬奥站形象提升，开设 49 座冬奥形象专店专柜，全力为冬奥加油、为石化增光。探索智慧加油站建设，建成 ETC 无感支付加油站 329 座，在 83 座重点站部署自助支付、刷脸付等支付方式，提高客户便捷性。

（韩 博）

【加速会员服务平台建设】 2021 年，河北石油分公司坚持“实体服务 + 平台增值”发展思路，开展线上线下差异化经营，加速推动“实体店 + 线上会员商城 + 员工微店 + 新传媒营销”四位一体的会员服务平台建设。打造线上会员商城，引进 1 000 余种高端优质品牌和自带流量商品，开展“周五商城秒杀”“现金购物送油滴”“油滴兑换”活动，在河北省优选打造 30 家“线下扫码 + 线上下单”的线下体验店，商城产品力、营销力大幅擢升，客户体验耳目一新。转换思路做大员工微店，开店人数 1.2 万人、员工开店率 100%；做实新传媒营销，直播迎来“破局”，引流作用逐步发挥。打通线上物流配送体系，实现商城下单顺丰直邮到家，配送难题得到有效解决。简化营销政策，重装升级油滴套餐，优化为“基础套餐 + 加餐”模式，统筹组合油品、非油品、洗车、“司机之家”、第三方资源，提升套餐吸引力，综合把控让价，实现量效兼顾。多措并举、灵活多样开展冬奥卡推广发行活动，全年发卡 20 万张，充值额 2.25 亿元，排名全国第二，达到冬奥宣传与品牌营销“两手硬、双提升”的效果。

（韩 博）

【深化改革发展】 2021 年，河北石油分公司统筹推进深化改革三年行动、对标一流提升行动，不断激活力、提效率、增效益。坚持赋能服务基层，推进片区经营管理体制改革，片区由 167 个减少为 120 个；加强站长队伍建设，省市县三级管理体制由行政管理型向服务型、营销型转变，“一线呼唤炮火、打赢站长战争”初见成效。着力推进标准化体系建设，建立涵盖建筑设计、陈列布置、各类作业在内的企业标准化体系，各项工作更加科学化、标准化、体系化。建立完善省市片站四级算账体系，创新应用财务测算模板，更加科学精准地把握省市片站四级经营状态，不断推进企业精细化管理。着力构建专业化体制，运维团队、LNG 项目部、洗车项目部等相继成立，实行专人专事专责，推动重点工作取得重点突破。组建重大投资项目管理部，全面化解 31 个重大历史遗留问题项目，累计收回投资 1.56 亿元、盘活资金 0.56 亿元。

（韩 博）

【加速企业转型步伐】 2021 年，河北石油分公司加速推动数字化转型，在销售企业率先成立专门的数字化运营部门，大力引进数字化专业人才，搭建统一的数据平台和数据集市，建设完成决策指挥系统、掌上运营系统，为企业开展数字化营销提供强大支撑；以企业微信为依托，建立融人事管理、绩效管理等模块为一体的数字化管理平台，管理质效有效提升。加速开拓新业务领域，成立环保科技公司，拓展共享租车等多元化发展；统筹河北省闲置土地，制定大宗土地开发规划，实行产业引领、商业运作、统一开发。稳妥推进非油品综合改革，完成河北易捷分公司组建工作。加速向油气氢电服综合能源服务商转型，崇礼西湾子加氢站顺利建成投营，雄安新区首届氢能产业发展合作论坛成功举办，中石化雄安新能源有限公司注册成立，在雄安新区投营河北第一座智慧低碳综合加能站，2021 年完成光伏发电站 66 座、充换电站 72 座、综合能源服务站 30 座，超额完成总部下达年度目标。

（韩 博）

崇礼西湾子加氢站是河北石油分公司首座加氢站，也是中国石化布局的首座 35 兆帕 +70 兆帕加氢站，系中国石化“十条龙”科技攻关项目

【加强品牌文化传播】 2021 年，河北石油分公司强化品牌意识，更加主动树立品牌、维护品牌、宣传品牌，将品牌营销同公益宣传相结合、同冬奥相结合，开展线上线下全渠道的品牌宣传。着力改善提升加油站形象，石化标识、易捷标识更加醒目，辨识度更高，大大提升品牌传播影响力；策划实施油滴会员权益广告、冬奥系列宣传活动、爱心驿站、“司机之家”发布会、绿色企业行动、雄安氢能论坛等品牌传播活动，有效扩大企业影响、提升河北石油分公司的品牌美誉度。

（韩　博）

【全面加强党的领导】 2021 年，河北石油分公司省、市公司党委着力加强自身建设，始终干在实处、走在前列，党委“把方向、管大局、促落实”作用有效发挥。一以贯之将党的政治建设摆在首位，自觉向党中央和习近平总书记对标看齐，严格落实“第一议题”制度，深入开展党史学习教育，持续组织实施政治监督，开展党的十九届五中、六中全会精神轮训宣讲，认真学习贯彻习近平总书记“七一”重要讲话、视察胜利油田重要指示精神。发挥党委把舵领航作用，引领企业经营管理思路转变和干部员工作风转变，省公司领导班子以公心相感召、以务实作号召，形成上下同欲谋发展、万众一心创伟业的强大凝聚力。设立市公司纪检监督机构、加强纪检队伍建设，抓实重点领域专项治理，开展加油站“套利”清零专项行动，基层违规违纪问题得到有效遏制、基层管理生态实现根本好转。加强基层党组织标准化规范化信息化建设，选优配齐油库、区域经营部专职党支部书记；圆满完成销售公司党委巡察，扎实做好巡察整改；大力推进“党建 +”工作模式，深入开展“走访察解”专题党建活动，持续推进为基层减负，实现党建高质量发展。

（韩　博）

【强化安全风控保障】 2021 年，河北石油分公司深入贯彻落实集团公司“总经理 2 号令”，扎实推进 HSE 体系建设，开展“百日安全无事故”“大排查、大培训、大演练”专项活动，主动关停隐患油库，强化公共安全管理，全力保障建党百年企业安全大局。充分发挥风控专家组作用，深化风控平台应用，设立省市财务稽核专岗，开展加油卡、非油品库存等专项稽核；强化大额交易、高频交易、资金发票风险管控，加强合资公司及工会党委账户监管，防范财务风险。开展信息系统账号权限清理工作，实行重要敏感岗位到期强制交流，开展承包商、委托管理站等专项审计，实现风险源头管控。科学应对新冠肺炎疫情，扎实推动全员疫苗接种工作，实现全员“零感染”。

（韩　博）

【坚决扛起社会责任】 2021 年，河北石油分公司扎实开展“我为群众办实事”实践活动，高质量打造 53 座“司机之家”、114 座爱心驿站，与河北省总工会联合组织启动仪式；以国企担当助力乡村振兴，实施产业帮扶、消费帮扶，驻蔚县埚串堡村扶贫工作队被评为集团公司脱贫攻坚先进集体，接续发力做好乡村振兴工作；积极稳妥做好稳定工作，在建党百年特殊年份取得出色成绩，得到集团公司充分肯定。

（韩　博）

表 1　河北石油分公司主要经营指标

指标名称＼年份	2021	2020	2019	2018	2017	2016
成品油销售总量 / 万吨	439.00	466.00	597.36	586.70	608.68	608.10

续表

年份 指标名称	2021	2020	2019	2018	2017	2016
零售量	295.60	336.00	450.85	456.03	482.17	503.00
销售收入 / 亿元	309.34	287.70	414.72	405.26	382.25	334.90
利润 / 亿元	−6.50	−8.80	−14.54	−14.98	−4.91	0.68
吨油费用 / 元	636.00	612.00	506.00	463.00	427.00	367.00
加油站总数 / 座	1 661	1 707	1 796	1 796	1 796	1 796

山西石油分公司

【概况】 中国石化销售股份有限公司山西石油分公司（简称山西石油分公司）本部位于山西省太原市万柏林区大王路 8 号，前身为成立于 1951 年的中国石油公司太原支公司，伴随管理体制多次变更，企业几经更名，1991 年改为山西省石油总公司，1998 年整体划归集团公司，2000 年 10 月重组改制为中国石油化工股份有限公司山西石油分公司，按照中国石化油品销售系统改革重组安排，2014 年更名为中国石化销售有限公司山西石油分公司，2019 年更名为中国石化销售股份有限公司山西石油分公司。

山西石油分公司为中国石化在山西唯一的、也是山西省最大的成品油销售企业，承担着成品油资源配置、供应的主要任务，主营汽油、柴油、煤油、润滑油、天然气、充换电及非油品业务。

山西石油分公司下辖 11 个市分公司、98 个县（区）公司，截至 2021 年底，用工总量 7 702 人，共有在用油库 12 座、在营加油站 1 239 座、非油品便利店 1 142 座，资产总额 91 亿元。

山西石油分公司主要经营指标见表 1。

（王喜梅）

【大力推进攻坚创效转型发展】 2021 年，山西石油分公司坚持“量价兼顾、量效双收”，大力推进攻坚创效转型发展。全年销售成品油 316.2 万吨，其中零售 193.6 万吨、直分销 122.6 万吨，天然气销售 7 421 万立方米，非油品全口径营业额 22.5 亿元，其中基础品类 8.3 亿元，利润 1 535 万元，报表利润 509 万元，完成年计划的 127%。零售以推广“爱跑”汽油、创新营销方式、提升管理服务为发力点，机出汽油销量企稳，机出柴油大幅下滑势头得到遏制。直分销聚焦客户需求，客户规模稳步增长，直分销年计划完成率 103%，增长 3%。非油品突出调结构、打基础、促规范，基础品类营业额同比持平。以合资合作等轻资产、低成本方式，新发展投营加油站 15 座、充换电站 40 座、光伏布局 40 座，加快向“油气氢电服”综合能源服务商转型。与银行、通信、保险等行业深化合作，引入第三方营销资源 4 904 万元。坚持推进数字化转型，完成零售中台开发及站级一体化建设，推进油非一体化收银、一键班结、石化钱包等功能完善项目，全面推广电子发票，打造 App 会员平台，线上会员总数 771 万人。

（王喜梅）

【全面加强风险防控，夯实企业管理基础】 2021 年，山西石油分公司坚持内控风控和依法合规管理一体推进，修订全面风险管理制度，建立内控风控日常运行、考核评价机制，开展重点业务穿行测试和资金发票管理提升行动，守住不发生系统性风险底线。强化依法合规治企，严格重大项目合法性前置审核，加强招投标合规性管理，做好法律风险预警防范，一批重大诉讼纠纷得到解决，一批依法维权案件顺利结案，35 个全民所有制企业全部完成清理注销。大力实施“322”安全环保工程，健全问题检查、整改、考核工作机制，深入开展安全生产专项整治和“五查五严”保安全两项专项行动，扎实推进 HSE 管理能力提升和绿色企业创建两项重点工作，通过集团公司绿企创建验收审核，实现全省系统安全平稳运行。加大经济责任审计力度，进一步规范工程项目投资计划、工程结算等管理，完善审计问题整改机制，全年促进增收节支 166 万元、完善制度流程 24 项、补办证照手续 40 项。

（王喜梅）

【持续深化改革，激发队伍活力】 2021 年，山西石油分公司把改革作为推动发展的“关键一招”，深化改革三年行动，71 项改革任务完成率 90%。在省公司经理层推行任期制和契约化管理，稳步推进非油品综合改革，引入职业经理人、职业化员工，实行重点项目“揭榜挂帅”制，设立科技创新基金。加大干部竞争性选拔力度，县区公司经理淘汰调整率 19.5%，开展工作流程再造，下发 36 项任务清单强化基层“放管服”。把人才队伍作为支撑发展的“第一资源”，9 家市分公司班子配置“80 后”干部，全年新提拔中层干部年龄 40 岁及以下占比 55.6%，年轻干部队伍建设指标优于集团公司平均水平，选人用人总体满意率超过 90%。健全人才成长通道，两大序列、六个层级的专业技术职位体系基本完善，扎实推进“师带徒”工作，石化网络学院人均学分排名集团公司第一。

（王喜梅）

【稳步提升党建工作质量，纵深推进从严治党】 2021 年，山西石油分公司坚持以政治建设为统领，推动“第一议题”常态化、机制化，成立山西石油党校，扎实开展党史学习教育，用情用力推进“我为群众办实事”，落实 308 项为民事项。坚持夯实基层基础，完善党建“1+5”制度体系，大力推进基层党组织标准化规范化建设，深化机关与基层支部挂点联系、结对帮扶，党业融合。坚持纵深推进从严治党，深化“三不”机制建设，开展“低老坏”整治和作风建设“回头看”，发挥“大监督”优势，降低信访举报数量、违规违纪问题，巡视巡察、内审外查问题整改基本“清零”。

（王喜梅）

【首座委托加油站管理服务公司管理加油站正式运营】 2021 年 4 月 17 日，山西石油分公司首座委托加油站管理服务公司管理的加油站——大同分公司云州区京同加油站经过全面升级改造后正式投营。为尝试探索激活低效加油站经营活力，大同分公司将原实行驻站委托管理的京同加油站委托专业的加油站管理服务公司大同市冠德公司管理运营，委托管理年限 5 年，双方利润分成以京同加油站上年度平均销量为基准，基准量内按照原驻站委托标准，超出基准量部分以每吨 500 元作为冠德公司保底管理服务费，超出保底部分按比例分成。委托管理期间，京同加油站以“五统一”为前提，执行大同分公司各项经营管理规定、接受大同分公司现有管理和监控系统监管，冠德公司投资 200 余万元对京同加油站进行 VI 形象标准化和站容站貌升级改造，新建 375 平方米洗车房。实施“我有他营”管理是大同分公司对加油站委托管理模式的一次尝试创新。2021 年京同加油站成品油销售增长 142%，非油品销售下降 10.6%。

（王喜梅）

【山西首座全智能充换电一体站落户太原滨河加油站】 2021 年 4 月 18 日，中国石化与蔚来汽车合作建设的全智能充换电一体站在山西太原分公司滨河加油站落成投营，这是中国第二座、山西省首座全智能充换电一体站。山西石油分公司与上海蔚来汽车有限公司相关负责人出席投营仪式。滨河充换电站采用蔚来第二代全球首个量产实现车辆自动泊入的智能换电系统，布置 239 个传感器、4 个云端系统协同作业，具有自动停泊、自动换电、便捷高效等特点，按设计条件，每天可为 312 辆车提供换电服务。自助换电无需下车、可车内一键启动，换电时间 4 分 30 秒，充电采用最高 180 千瓦的大功率快充，可不限品牌为 6 辆车同时充电，半小时充满。

（王喜梅）

【率先推广“爱跑 95”品牌汽油】 2021 年 4 月 28 日，“爱跑 95”品牌汽油上市发布会在山西石油分公司晋城泽南加油站举行，“爱跑 95”在山西石油分公司晋城、晋中两地 20 座加油站开展首批试点销售。此后“爱跑 95”汽油逐步在山西省内及全国中国石化加油站推广。“爱跑 95”是中国石化为满足国内汽车升级换代对高品质汽油的需求，继“爱跑 98”后自主创新研发的又一款汽油新品。推动“爱跑 95”汽油在山西省率先上市，是山西石油分公司贯彻落实“创新、协调、绿色、开放、共享”新发展理念，融入山西省能源革命战略部署，践行“为美好生活加油”职责使命，坚持走绿色低碳可持续发展道路的重要举措。2021 年山西石油分公司在山西省 11 个地市 360 余座加油站推出爱跑品牌汽油，并以此作为持续攻坚创效的发力点，强化目标管理、营造营销氛围、精准施策创效，2021 年实现高标号汽油占比 39.1%，提高 1.4 个百分点。

（王喜梅）

“爱跑 95”绿动山西

【多功能综合服务站暨山西首家肯德基车速取餐厅正式投营】 2021 年 5 月 20 日，经过历时 45 天的全面升级改造，地处太原市综合改革服务区的太原分公司马练营多功能综合服务站暨山西首家肯德基车速取餐厅正式投营，标志着山西石油分公司从油品经销商向综合服务商转型发展迈出重要一步。该站打破传统加油站单一功能运营模式，集加油、充电、便利店、肯德基、洗车等多功能于一体，为构建“人·车·生活”生态圈注入新的内涵，对推动山西省综合服务站快速发展具有示范引领作用。2021 年马练营加油站油品销售量增长 8.5%，非油品销售额增长 38.5%。

（王喜梅）

【合资成立中石化（山西）能源发展有限公司】 2021 年 2 月 26 日，山西省高速公路集团有限责任公司致函山西石油分公司表达由山西亿通永盛投资有限公司与山西石油分公司成立合资公司，租赁经营邢汾高速公路沿线所属平遥南服务区和云竹湖服务区 2 对（4 座）加油站的意向。4 月 26 日，销售公司批复同意组建合资公司。中石化（山西）能源发展有限公司注册资本 800 万元，中国石化销售股份有限公司以货币出资 528 万元，股份占比 66%，山西亿通永盛投资有限公司以货币出资 272 万元，股份占比 34%。中石化（山西）能源发展有限公司经营期限 20 年，经营初期委托山西石油分公司对加油（气）站进行经营管理，并遵循市场规律承担成品油和非油品的全部供应，所属加油站悬挂“中国石化”品牌，股东双方按出资比例分配利润。中石化（山西）能源发展有限公司于 2021 年 6 月 25 日取得营业执照，总经理王荣庆。

（王喜梅）

【遭遇历史罕见秋汛灾情】 2021 年 10 月 2—9 日，山西省多地遭遇时间久、范围广、强度大的降雨天气，直接经济损失 50.29 亿元。山西石油分公司所属 1 座油库、162 座加油站受灾，部分设施设备受损，受灾损失 2 000 余万元，另有 13 座加油站因灾中断营业，20 余座加油站受持续降雨道路中断、交通管制等因素影响，出现调运困难。面对汛情灾情，山西石油分公司按照总部和地方政府部署，迅速组织防汛应对，强化资源调运，实施跨区提油、绕道配送，组织灾后隐患排查整改、设施修缮及灾害理赔，参与当地防汛抗涝、抢险救灾工作，主动为抢收秋粮农机用户和抢险救灾车辆开辟绿色通道，得到各方面的肯定和赞许。

（王喜梅）

遭遇历史罕见秋汛

【联合中国石化驻晋企业首次发布社会责任报告】 2021年10月22日，山西石油分公司联合中国石化6家驻晋企业在太原首次举办“中国石化在山西”社会责任报告发布会，集中展示中国石化驻晋企业在党的领导下，主动融入山西能源革命、对外开放、转型发展奋进历程，与三晋人民携手共建美丽山西、共创美好生活，践行“国企为国、在晋兴晋”企业承诺的实际行动和成效。“十三五”期间，中国石化驻晋企业累计向山西供应成品油2 000余万吨、天然气21.1亿立方米，建成中国石化首个、国内开发深度最深的煤层气田，累计开采煤层气18亿立方米，累计缴纳各类税费9.2亿元，扶贫产品及本地特色商品销售额4.7亿元，为保障三晋人民生活生产需求、助力山西经济社会发展作出贡献。

（王喜梅）

【山西易捷分公司成立】 根据《中国石化销售企业非油品综合改革省级易捷分公司组建方案》，中国石化销售股份有限公司山西易捷分公司（简称山西易捷分公司）于2021年9月9日组建成立。9月10日，山西石油分公司聘任邓红平为山西易捷分公司党委书记、总经理。山西易捷分公司与山西石油分公司非油品业务中心实行“一套人马，两块牌子”，全面承担非油品经营管理任务，对非油品经营成果负责。12月7日，山西易捷分公司面向系统内外选聘业务岗位人员，签订市场化劳动合同，实行职业化管理。

（王喜梅）

【中国石化山西石油分公司党校成立】 2021年11月30日，中国石化山西石油分公司党校揭牌暨战略合作协议签约仪式在晋城举行。山西石油分公司党委、中共山西省直工委、中共晋城市直工委、太行干部学院党委领导共同为党校揭牌并致辞。为适应新时代党员教育培训新形势新要求、坚持全面从严管党治企、强化党性教育，山西石油分公司党校依托山西省委党校、太行干部学院、山西大学马克思学院的人才和技术优势，强化系统基层党支部书记、基层党员骨干党性教育培训，加快培养企业急需的党务、经营、信息、财经、工程等专业人才，为企业高质量发展提供坚强的政治和人才保障。党校成立以来，累计组织各类专题培训12期，培训党员领导干部及党务专业人员1 500余人次。

（王喜梅）

【晋城油库正式投入使用】 山西石油分公司所属晋城油库始建于20世纪60年代，2013年3月晋城市政府下达油库搬迁通知，2015年晋城油库搬迁项目被列为2015年山西省政府重点工程项目。2019年12月18日，晋城油库搬迁项目举行开工奠基仪式，2020年8月18日举行开工仪式，2021年8月13日晋城油库新库举行首次投油仪式，油库正式投入使用。晋城油库新库位于晋城市泽州县大东沟镇贾泉村，距晋城市区约10千米，紧邻晋煤集团专用铁路，总占地面积约228亩（15.2万平方米），库容3.9万立方米，属二级油库，可以满足地方城市规划、经济发展及安全环保需要，有效扩大和保障区域能源储备。

（王喜梅）

晋城油库新库完成首次投油

【合资成立山西中石化华新燃气有限公司】 2021年1月30日，山西石油分公司与山西华新交通能源集团签署战略合作框架协议，决定通过合资、合作等方式开展合建站建设改造、油气及非油品销售。9月13日，中国石化销售股份有限公司批复同意组建合资公司。12月16日，中国石化销售股份有限公司与山西华新交通能源集团有限公司签订合资经营合同，注册资本5 000万元，合资双方各出资2 500万元，分别拟定4座站点纳入合资公司。山西中石化华新燃气有限公司第一届股东大会和第一届董事会同日召开，会上根据双方提名确定山西华新交通能源集团王海冰为董事长，中国石化张朝辉为副董事长，聘任张朝辉为总经理（法定代表人）、谢晋为副总经理，山西中石化华新燃气有限公司正式成立。

（王喜梅）

【获评 2021 年中国石化绿色企业称号】 2021 年，山西石油分公司深入践行习近平生态文明思想，按照集团公司高质量推动绿色企业行动要求，加大投入夯实环保基础管理，以长周期项目为抓手全面推动绿色企业创建，积极行动、有序推进，绿色发展水平持续提升，经集团公司 HSE 委员会审定，被授予 2021 年中国石化绿色企业称号。

（王喜梅）

表 1　山西石油分公司主要经营指标

指标名称 \ 年份	2021	2020	2019	2018	2017	2016
成品油销售总量 / 万吨	316.00	326.00	364.00	395.00	381.77	409.92
零售量	194.00	207.00	238.00	273.60	275.63	282.06
销售收入 / 亿元	230.79	195.75	246.53	277.45	230.74	224.11
利润 / 亿元	0.05	-6.49	-9.80	-13.50	-6.90	-2.78
吨油费用 / 元	492.00	531.00	445.00	430.00	491.10	417.00
在营加油站总数 / 座	1 239	1 250	1 317	1 385	1 211	1 373

上海石油分公司

【概况】 中国石化销售股份有限公司上海石油分公司（简称上海石油分公司）位于上海市黄浦区中山东一路 24 号甲。其前身系创建于 1953 年 10 月的中国石油公司上海分公司。1983 年，其煤炭经营业务划归上海市燃料油公司后更名为上海市石油公司。1995 年 11 月，上海市原区县石油公司行政业务统一集中管理后成立为上海市石油（集团）有限公司。1998 年 9 月，上海石油（集团）有限公司成建制划转集团公司更名为中国石化上海石油（集团）公司。1999 年 8 月，原中国石化华东销售公司高桥石油站等经营性资产划入中国石化上海石油（集团）公司。2000 年 2 月，中国石化上海石油（集团）公司主辅分离，改制上市，主营业务部分组建为中国石油化工股份有限公司上海石油分公司，辅助业务部分组建为中国石化集团上海石油有限责任公司（后更名为中国石化集团上海石油资产分公司）。2014 年 5 月，中国石油化工股份有限公司上海石油分公司更名为中国石化销售有限公司上海石油分公司。2019 年 2 月，中国石化销售有限公司上海石油分公司更名为中国石化销售股份有限公司上海石油分公司。

上海石油分公司是上海市成品油市场供应主渠道，主要从事汽油、柴油、天然气和液化气的零售、批发、直销配送、仓储业务及非油品销售业务。

截至 2021 年底，上海石油分公司设 14 个管理部门、1 个管理中心和 6 个直属单位。有员工 3 188 人，其中合同制员工 2 649 人、合资公司合同工 285 人、其他用工 254 人。有在营油库 4 座，总库容 64.41 万立方米。在营加油站 603 座，在营易捷便利店 474 家。

2021 年，上海石油分公司完成经营总量 558.5 万吨，其中成品油 556.9 万吨、增长 6.5%；成品油零售 436.9 万吨，增长 2.5%；直分销 120 万吨，增长 24.1%；非油品全口径营业额 16.2 亿元，增长 0.02%。实现报表利润 10.6 亿元，费用总额 21 亿元，吨油费用 373 元。

上海石油分公司主要经营指标见表 1。

（郑珉磊）

【领导班子调整】 2021 年 4 月 20 日，集团公司党组以视频会议形式宣布对上海石油分公司领导班子调整决定：根据工作需要，经党组研究决定，丁春生任上海石油有限责任公司董事长、党委书记，上海石油分公司代表；王志伟任上海石油有限责任公司副总经理、党委委员，上海石油分公司副总经理；免去左兴凯的上海石油有限责任公司董事长、党委书记，上海石油分公司代表职务，待上海市第十三届政协委员任期届满后办理退休手续；免去夏凤梧上海石油有限责任公司常务副总经理、党委委员，上海石油分公司常务副总经理职务，任陕西石油分公司总经理、党委副书记。

（郑珉磊）

【强化资源统筹做大做活经营】 2021 年，上海石油分公司牢固树立市场意识，对标兄弟公司和竞争单位，借助资源优化模型加强分析预判。强化资源统筹平衡，增强外采资源波段创效能力。灵活应对炼厂检修、“双限”“双碳”等政策影响，强化资源组织，优化物流运行，争取多方支持以保障国计民生。把握量效平衡，灵活调整经营策略，收紧无效低效降价优惠，实际吨油让价从最高 284 元降至 117 元。借助直分销市场拓展进一步带动外采量增加，应对市场波动的灵活性显著增强。拓展天然气资源供应渠道，深挖物流运输企业用油需求，B5 车用柴油销售 51.5 万吨，增长 24%；累计消耗 BD100 原液超 5 万吨；与上海赛科公司深化合作，保障氢能源网点资源供给量。

（殷　颖）

【深化“以客户为中心”服务理念】 2021 年，上海石油分公司聚焦内部挖潜，持续深化加油站“一站一策”工作，围绕加油站形象、服务、硬件设施等要素，落实增量增效措施 938 项。坚持“以客户为中心”服务理念，下半年以来有序将 70 座年销量 7 000 吨以上的非 24 小时营业站点调整为全时段营业。24 小时营业站点数较年初增长 12%，夜间增量 1 万余吨。加快布局全自动洗车，深入推进“加油中石化”统一 App 会员拓展、“司机之家”“爱心驿站”建设，以增值服务维系客户，以暖心工程凝聚人心。借助优化客服管理、增选神秘顾客评价单位等方式，完善员工、消费者意见反馈平台，8 月在销售企业中率先实现客服电话接通率 100%。

（殷　颖）

爱心驿站

【提升易捷品牌价值】 2021 年，上海石油分公司优化选品模式，加强与头部品牌、一线品牌合作，争取营销支持，提升价格竞争力。打造上海特色非油品营销体系，做大优势品类与核心商品销售，其中“易享节”销售额 8 398 万元，增长 162%。拓宽与供应商之间互惠合作，实现“资源共享、互为供应商”。推进直播电商新经济，易捷优选线上商城影响力进一步提升。组织开展“大干 30 天、冲刺 630”等非油品大客户开发劳动竞赛，团购销售增长 43.8%，中小包装润滑油市场拓展取得突破，增长 146%。

（殷　颖）

【防控风险合规治企】 2021 年，上海石油分公司明确“十四五”法治建设规划和“八五”普法规划，探索修订模块化、标准化合同文本，聚焦重点领域、重点环节强化法律风险提示。健全合规管理体系建设，构建精简高效的制度体系，对重点业务开展合法合规性审查，筑牢经营管理“防火墙”。纵深推进对标世界一流行动，持续推进内控风险、重大重要风险等实质性风险管控。实施资金发票安全管理专项提升，加强应收款项、存货管理和税务管理，建立二级财务稽核体系，落实风险防控常态化。全面提高数质量管控水平，确保油品质优量足，总体汽柴油经营损耗率 -0.2‰，各类油品质量抽检与计量暗访合格率均为 100%。对 12 座他方管理加油站“一站一策”编制风险控制意见，通过规范管理降低运营风险。加强高风险、高案值、高案龄纠纷案件处置力度，为上海石油分公司避免或挽回损失近 3 000 万元。高效推动股权管理，完成压减法人项目 11 项，超总部下达指标 6 项。按照“一企一策”原则，推进全民所有制企业改制工作。

（殷　颖）

【深度挖潜降本减费】 2021 年，上海石油分公司落实费用专业化管理和站级费用对标帮扶，逐步实现联营站费用标准化管理，以战略性定价实现利润规模最大化。强化资产分类评价运用，53 座低效、无效、负效加油站实现盘活创效，其中扭亏 16 座、减亏降费 18 座、分红 6 座。夯实资产管理基础，完成在建工程转资 2.4 亿元、固定资产处置 4 666 万元；清理 27 座站历年专项应付款，确认资产处置收益 1 亿余元。落实各项惠企税收优惠政策，减免企业所得税、三项社会保险费用等超 2 亿元。妥善处理无证房产动迁事项，落实杨浦油库等部分土地处置，获补偿款近 3 000 万元。

（殷　颖）

【坚守安全环保底线】 2021 年，上海石油分公司牢固树立“安全第一”发展理念，严格贯彻落实集团公司“总经理 2 号令”要求，全面推进以“要素承包、穿刺监督、单体诊断、闭环验证”为主要内容的 HSE 体系建设。落实“五查五严”等专项管理活动，着力管控重大工程风险，高质量推进隐患治理。强化库站应急演练，增进企地联防联控。严格落实设备设施全生命周期管理，推进安全管理智能化。抓好常态化疫情防控，确保防疫物资到位、疫苗接种到位、疫情宣传到位、心理疏导到位、应急处置到位。上海石油分公司获 2021 年度集团公司安全生产先进单位称号，连续 16 年获全国“安康杯”优胜企业称号。坚持绿色环保发展理念，持续开展污染防治，全面实现环保合规经营。开展绿色课题研究，国家重点研发计划“长江经济带石化企业场地污染治理技术研究与集成示范”项目取得预期成效。

（殷　颖）

【巩固终端网络优势】 2021 年，上海石油分公司抓好成品油“放管服”改革政策调整窗口期，在开展网络发展竞争环境调研基础上制定发展策略，对下属分公司进行“帮带扶”。掌握成品油零售管理政策导向，深度参与加油站专项规划梳理，在争取加油站迁建审批、动迁站谈判、新增布点等方面掌握主动权，加快推进浦东、松江、闵行等重点区域现有储备项目，落实网络发展项目责任制。加紧推进上海石化—闵行油库成品油管道工程建设。全年新建加油站发展项目 15 座，其中投营 7 座、在建 4 座、报建 4 座；通过定向招拍挂取得土地 2 宗；新签加油站合作框架协议 3 项，销售公司批复 10 项，注册成立 5 家合资公司。

（殷　颖）

上海石油分公司新炼充换电站

【推进能源转型发展】 2021 年，上海石油分公司深度对接市城规院，全力争取“十四五”加氢站规划布点，并通过签订合资合作、供氢协议等方式开展多方合作经营，拓展网点布局。加速推进加氢站建设运营，6 座油氢合建站取得销售公司批复，其中建成 1 座、在建 3 座、立项 2 座，截至 2021 年底，在营加氢站 2 座。试点推行充换电业务，全年完成充换电站 11 座，设置充电桩 16 个网点，安装充电小斑马 3 座，其中第十加油站三维立体滚动停车充电装置运行近一年，累计充电 15.8 万千瓦·时，营业收入 17.6 万元；杨园加油站作为首个与奥动合作的换电站项目试点建设完成，新炼加油站充换电一体示范站正式对外投营。与上海电力签署战略合作框架协议，通过合资合作、优势互补，选取合适站点建设光伏项目，截至 2021 年底完成 20 座站点的光伏板铺设。

（殷　颖）

【深挖闲置土地和房地产价值】 2021 年，上海石油分公司推进在营站土地利用结构优化和库站空闲土地、房产开发利用，依托综合汽服等多业态用地用房，探索场地租赁、服务分成等商业模式，推进加油站综合服务平台建设。抓好易捷上海旗舰中心转型发展项目，创新租赁、合作开发等盘活路径，全年实现房地产盘活租金 4 129 万元，增长 62%，较前三年平均值增加 1 517 万元，在销售公司专项排名中位列第一。结合黄浦江沿线开发，与杨浦区政府就推动滨江沿线 11 宗、390 亩（26 万平方米）土地置换不动产事宜达成合作意向。多方协调解决房地产权属登记规范问题，先后完成集团公司改制、销售公司股份制改革涉及房地产权证变更登记和确权 47 宗，以免缴税费和出让金方式完成 9 宗划拨地转授权经营地，土地资产增值逾 1 亿元，为经营实体提供物权保障。

（殷　颖）

【稳步推进深化改革三年行动】 2021 年，上海石油分公司结合改革发展实际，谋划制订深化改革三年行动方案，具体涵盖八大改革目标、28 项重点任务、189 项具体措施。重点压茬推进直分销属地化延伸、易捷综合改革、简政放权等工作，截至 2021 年底完成 146 项改革任务，完成率 77%。其中上海易捷分公司于 10 月正式成立，并全面承接上海石油分公司非油品业务经营管理职能，直分销经营管理职能相应调整到位。油、非业务管控方式的进一步提升，标志着上海石油分公司非油品业务迈入市场化、专业化新阶段。

（殷　颖）

【以数字化转型驱动高效管理体系】 2021 年，上海石油分公司秉承“需求驱动、服务经营”宗旨，深化经营管理数据中心开发与应用，深挖“人・车・生活”生态圈商业价值，推进个人会员体系和站级一体化试点，升级大数据系统、统一电子发票平台、迭代客户服务系统等智能化手段，落实“一键到车”“扫码购”等新业态系统储备，探索 RPA 软件机器人、危险行为视频识别等新技术应用，持续打造综合协同办公应用生态。

（殷　颖）

【切实加强党的政治建设】 2021 年，上海石油分公司夯实全面从严治党主体责任，推动“第一议题”“第一课程”“第一标尺”制度落实，充分发挥党委把方向、管大局、促落实领导作用。组织开展建党 100 周年系列活动，召开中共上海石油有限责任公司第三次代表大会。扎实推进党史学习教育走深走实，落实 63 项“我为群众办实事”项目。聚焦政治监督，落实“四责联动”机制，构建“3+11 监督制度”，完成 6 项专项监督检查，推进巡视巡察问题整改，努力营造风清气正的政治生态。

（殷　颖）

【着力提升党建工作实效】 2021 年，上海石油分公司在集团公司党建工作“十四五”时期“1355”总体思路指导下，建立“1234”党建体系，“三融四化”基层党建工作法得到集团公司充分肯定。深化党支部特色品牌建设，广泛搭建党员责任区、党员突击队、党员志愿者等平台，深入开展两级机关党员干部结对帮扶和党员攻关项目，逐步推进一线班组党员力量覆盖，扎实开展统战工作。

（殷　颖）

上海石油分公司召开庆祝建党 100 周年暨高质量党建推进会

表 1 上海石油分公司主要经营指标

指标名称 \ 年份	2021	2020	2019	2018	2017	2016
成品油销售总量 / 万吨	556.89	522.85	543.64	545.40	531.32	503.20
零售量	436.87	426.13	440.59	437.90	435.68	418.06
销售收入 / 亿元	417.60	324.13	390.69	411.59	345.07	302.40
利润 / 亿元	10.58	7.33	9.66	10.00	10.71	12.50
吨油费用 / 元	373.00	355.00	334.00	313.00	314.00	312.00
资产总额 / 亿元	176.13	172.25	171.46	136.86	143.29	135.73
在营加油站总数 / 座	603	598	590	590	584	587
在营油库数量 / 座	4	4	4	4	4	4

江苏石油分公司

【概况】 中国石化销售股份有限公司江苏石油分公司（简称江苏石油分公司），位于江苏省南京市鼓楼区中山北路 395 号，主营油品销售。1953 年其前身中国石油公司江苏分公司成立，1997 年加入中国东联集团有限公司，1998 年整体划转集团公司。

江苏石油分公司设南京、无锡、徐州、常州、苏州、南通、连云港、淮安、宿迁、盐城、扬州、泰州、镇江、江阴 14 个区域分公司。2004 年，与壳牌合资组建中国第一家经国务院批准的从事成品油零售业务的中外合资公司——中石化壳牌（江苏）石油销售有限公司。

截至 2021 年末，江苏石油分公司总资产 438 亿元。2021 年，销售收入 1 230 亿元；在营加油站 2 630 座，在营油库 19 座；各类用工总数 17 078 人，其中在岗正式工 2 659 人；设 16 个二级党委（含机关党委），党员总数 2 821 人。

江苏石油分公司主要经营指标见表 1。

（葛康玲）

【量效规模稳中有进】 2021 年，江苏石油分公司经营总量 1 653.9 万吨、增长 5.2%；成品油销量 1 620.8 万吨、增长 5.1%；零售量 1 286.5 万吨、列板块第 1 位、增长 2.6%；直分销量 334.3 万吨、增长 11.7%、增幅列三省第 1 位；非油品交易额 107.4 亿元，基础品类销售额 48.1 亿元、列板块第 1 位、增长 6.9%。天然气销量 4.7 亿立方米、列板块第 1 位、增长 6%。航煤销量 5.2 万吨。吨油商流费用 310 元，为板块最低。利润 33 亿元。获销售板块标杆企业、效益先进企业称号。

（葛康玲）

【安全环保平稳运行】 2021 年，江苏石油分公司通过国家应急管理部大型油气储存基地安全风险评估。打造“1+3+3”绿色油库、450 座绿色示范站。开展“三违”“低老坏”专项整治，年度风险总值下降 30.5%。开展 VOCs、雨污分流、固废管理专项整治。南京、扬州等地疫情期间，实现

江苏石油打造“油气氢电服”综合服务场景加油站——苏州翠园路加油站

“零感染”目标。获集团公司安全先进单位、环保先进单位、质量先进单位称号。

（葛康玲）

【夺标攻坚提质增效】 2021 年，江苏石油分公司在“夺标攻坚”行动中，板块量、效贡献率分别提升 0.35% 和 2.1%。消化配置资源 1 219 万吨、增长 6%。零售汽油机出量增长 5.6%；新增零售大客户 4 400 个，月贡献机出量 4 万吨；客户满意率明显提升，差评率降至 0.18%。汽油、柴油零售价格到位率 99.2% 和 96%。直分销客户分级维护责任，开发中小客户 2 302 个，找回流失客户 1 023 个，贡献销量 47 万吨。LNG 零售量增长 6%，综合损耗下降 3‰。非油品考核利润增长 26%。燃油宝、广告规模均列板块第一。开发“谷康乐派”系列 21 款商品，贡献销售额 1.2 亿元。推进阿米巴模式，负利润门店减至 41 座。优化供应链管理，基础品类库存金额下降 22%，周转天数降至 48 天，降幅板块最高。

（葛康玲）

【网络布局更趋完善】 2021 年，江苏石油分公司新增投营加油站 51 座，贡献零售量 4.6 万吨。新增储备项目 30 个，其中土地储备 15 宗。消解督办项目 34 个，化解投资风险 1.2 亿元。新增投营综合体 75 座，其中乡镇型综合体 30 座。新增和复营加气站 4 座。建成加氢站 7 座（其中投营 2 座）、充换电站 102 座（其中换电站 2 座）、光伏发电站 152 座。完成宿迁黑鱼汪油库航煤改造、泰州溱湖油库柴改气、江阴滨江油库扩建、盐城上冈油库新建，南京、扬子首站库顺利划转，仓储布局更加合理。自有库容增至 148 万立方米。建成全国首座“碳中和”加油站——中国石化嘉泽加油站。

（葛康玲）

全国首座“碳中和”加油站——中国石化嘉泽加油站

【市场整治开辟新局】 2021 年，江苏石油分公司推动省政府出台《全省成品油市场综合整治实施方案》，全省 13 个地市、93 个县区发布市场整治文件，建立专班运行、定期通报、联合执法等工作机制。在全国率先出台《江苏省成品油流通管理办法》，为市场秩序好转奠定制度基础。组建“三人小分队”，配合政府部门开展“互联网平台非法加油、危险货物运输、成品油税收”三大专项整治。全省查处“自流黑”5 343 个，其中自建罐 812 个、非法流动加油车 3 614 辆、黑窝点 917 个。查证走私油 21 万吨。58 座民营油站补缴入库税款及罚款 2.9 亿元。

（葛康玲）

提供优质服务——为美好生活加油

【改革创新持续深化】 2021 年，江苏石油分公司深化改革三年行动计划完成率 94.7%，处于集团公司领先水平。推动“三项制度”改革。率先在地市公司层面实施经理层成员任期制契约化管理改革。深化油站管理体制改革，改革站驻站率 93.4%。优化用工 409 人，人均综合劳效保持板块前列。推动综合客户经理改革，带动非油批发销售 6 000 万元。实施客户经理价差收入考核。推动站级一体化，实现一键班结、一屏收银、一屏开票。推广一键加油、无感加油、易捷到车、POS 扫码付，提升客户消费便捷性。加油卡、“一键加油”占自营机出汽油比例的 58.1%。

（葛康玲）

【精细管理取得进步】 2021 年，江苏石油分公司扎实开展对标一流管理提升，获评集团公司管理标杆。坚持精益管理，挖潜增效 1.6 亿元。公务性支出下降 5%。税收减免 1.2 亿元。完成 17 宗闲置资产盘活目标，取得用地指标 19 宗、拆迁补偿 1.3 亿元。确保油品数质量 100% 合格，省公司质检中心通过 CNAS 认证，江阴长山油库质检室取得 CMA 资质。成品油综合损耗率下降 0.38%。完成 523 项制度梳理，废止 129 项、完善 17 项。

（葛康玲）

【党的建设全面加强】 2021 年，江苏石油分公司落实集团公司"1355"党建工作思路，以高质量党建推动高质量发展。扎实开展党史学习教育，组建基层宣讲队，开设"百名青年讲党史"专栏，推动"四史"学习基层全覆盖。实施 406 项"我为群众办实事"项目，完成率 100%。解决 13 座油站旱厕改造、89 座油站自来水使用问题。坚持"四位一体"青年骨干培养机制，推动干部队伍有序接替。坚持党员联系油站机制，实现基层班组党员覆盖率 100%。保持风清气正的政治生态，配合党组巡视，主动接受"政治体检"。持续开展基层违规专项治理，打造"零违规"示范单位 77 个。获集团公司党建考核 A 档。获国务院国资委中央企业先进基层党组织称号。

（葛康玲）

表 1　　江苏石油分公司主要经营指标

指标名称＼年份	2021	2020	2019	2018	2017	2016
成品油销售总量 / 万吨	1 653.90	1 541.80	1 639.30	1 579.05	1 539.60	1 459.90
零售量	1 286.50	1 246.70	1 299.60	1 283.50	1 249.90	1 197.10
销售收入 / 亿元	1 230.00	953.44	1 173.90	1 191.50	1 008.80	861.00
利润 / 亿元	33.00	38.60	34.90	38.02	41.50	38.00
吨油费用 / 元	310.00	299.00	283.00	271.60	260.50	267.00
加油站总数 / 座	2 630	2 675	2 695	2 564	2 450	2 363

浙江石油分公司

【概况】 中国石化销售股份有限公司浙江石油分公司（简称浙江石油分公司）前身为建于 1950 年的中国石油公司杭州支公司。1985 年成立中国石油化工销售公司浙江省石油公司。1990 年更名为浙江省石油总公司。1998 年 8 月与省内各地（市）、县石油公司成建制划转集团公司。2000 年 4 月更名为中国石油化工股份有限公司浙江石油分公司。2014 年 5 月更名为中国石化销售有限公司浙江石油分公司。2019 年 1 月更名为中国石化销售股份有限公司浙江石油分公司。

浙江石油分公司主要经营成品油、天然气及其他化工产品，兼营加油站便利店非油品、洗车和餐饮等，是浙江省内最大的成品油销售企业。本部位于浙江省杭州市河坊街 58 号。截至 2021 年底，设 15 个职能处室、4 个专业中心和 4 个直属单位，下辖 12 家分公司和 2 家合资公司，从业人员 17 233 人，其中委托经营公司员工 11 056 人。有定位油库 20 座，油罐容量 158.07 万立方米；铁路专用线 4 条，油库码头 11 座；各类加油（气）站等终端网点 2 073 座，其中纯加气站 48 座、加氢站 7 座。浙江石油分公司充分利用已建成的镇（镇海炼化）杭（杭州康桥油库）等成品油管道，年累计输送成品油 1 199 万吨，管输比例 75%。

2021 年，浙江石油分公司营业收入 1 232 亿元。连续 6 年获销售企业党建工作年度先进红旗，连续 6 年在集团公司党建考核中获评 A 档企业，获国有重点企业管理标杆创建行动标杆企业、集团公司对标提升行动标杆企业的称号。

浙江石油分公司主要经营指标见表 1。

（舒志国）

【经营目标】 2021 年，浙江石油分公司深化改革创新，奋力攻坚创效，以超常规的思路、超常规的举措、超常规的作风应对前所未有的市场挑战，完成年度各项任务目标，经济效益创历史最佳，全年销售成品油 1 667 万吨、增长 3.1%，报表利润 40.61 亿元、占销售系统的近 1/6，利润总额和贡献率均创历史新高，取得销售公司“比学赶帮超”年度红旗 21 面，位居第一。

（舒志国）

【业务经营】 2021 年，浙江石油分公司完善经营策划、分析、执行体系，以滚动预算倒逼计划执行。通过准确预判市场变化，把握采购节奏降本；通过拓宽外采渠道，优化供应商结构降本；通过加大外采直送温台规模，减少库中转量降本；以紧盯外采实物到货保供市场，以加强库存运作，提高外采资源创效能力，全年外采油品 301 万吨。

（舒志国）

【零售经营】 2021 年，浙江石油分公司完善 ERP 营销评估模型，跨站联客户分析，细化柴油“一路一策”、汽油“一域一策”营销；持续深化定向券、小额权益包应用，升级支付宝、车牌付功能，增强客户黏性。优化加油站营业时间 805 座，新增 24 小时营业站 119 座、夜间“敲门”服务站 496 座，助力每月提量约 5 300 吨。持续开展“多加一升油、服务快三秒”销售竞赛，充分调动员工扩销创效积极性。配置“最优站长 + 绝活员工”，建设两级站长站 24 座，组建“线上 + 线下”零售赋能学院，全年培训站长 1 980 人次、后备站长 426 人次；同时推广“大师傅”工作法，全省零售队伍素质不断提升。

（舒志国）

【直分销经营】 2021 年，浙江石油分公司强化对市场的基本研判，坚持“日指导、周视频、旬小结、月点评、季座谈”，以价差收入考核为核心，序日下达资源成本，明确吨油价差要求，引导地市公司注重量效结合，全年直分销价差收入 18.34 亿元，增长 31.7%。制定分类定价策略，动态把控销售节奏，努力实现资源效益最大化。灵活运用“我要买油”等系统，“一户一策”开拓市场，142 家核心客户销量占比提升至 25.5%，增长 3.2%，重点客户稳定率 93%，新增客户 2 851 个，找回流失客户 1 611 个。

（舒志国）

【非油品业务】 2021 年，浙江石油分公司合作开发“浙粮易优选”系列大米、“双柚汁”等特色商品，销售额 3 476 万元，毛利 1 346 万元。构建平时稳量、脉冲冲量、矩阵团战营销新模式，开展“年货节”“粉丝节”“易享节”三档活动，销售额 9.77 亿元。开发“商品券 + 充值卡”套餐，非油销售额 2 565 万元。大力拓展“黔货出山”，发展大客户 567 家，带动非油品销售额 1.47 亿元。培育创效项目，散装尾气液销售 8.6 万吨，增长 257%，效益提升 2 100 万元。

（舒志国）

【创新业务】 2021 年，浙江石油分公司不断创新业务经营模式，优化洗车网点建设，全年新增 110 座、升级 25 座；完善润滑油换油网络，打造站外换油模式，高档机油销售增长 71%；开拓 16 家工业尿素合作客户，销售额 1 530 万元；开发自驾游服务联名品牌“易游侠旅行”，销售额近百万元。

（舒志国）

【天然气业务】 2021 年，浙江石油分公司重视天然气业务县域市场开发，直分销市场覆盖 96% 的县市。同时发挥属地化和资源价格优势，开发招标客户 12 家，招标销量 1 744 万立方米；针对管道气与 LNG 价差较大，重点开发未接通管道气客户，全省发展直分销客户 181 家，销量 1.72 亿立方米。

（舒志国）

【网络发展】 2021 年，浙江石油分公司理性参与加油站项目竞拍，全年新拍土地竞得 17 宗。坚持多种发展方式并举，全年新发展加油（气）站62座，其中新建36座、收购4座、租赁20座、他有他营2座。全年发展加氢站6座，完成分布式光伏项目130座，全省充电站272座，2座换电站具备投营条件。

（舒志国）

【物流优化】 2021年，浙江石油分公司创新物流运行思路，通过租库、借库容、资源串换，在确保一次资源平稳供应的同时，打好创效时间差。克服油库改造、管道停输、疫情限行、台风封港等影响，优化二次物流，实现保供创效，全年物流优化、产销合作创效近4 350万元。

（舒志国）

【打非治违】 2021年，浙江石油分公司政企联动“打非治违”，全年配合政府查扣非法车船1 516辆、非法窝点641个，收储暂扣油品9 528吨，有效净化市场环境。

（舒志国）

【精益管理】 2021年，浙江石油分公司通过资产分类施策提质增效，24座高效站销量止跌回稳，51座低效、无效、负效站提效一级以上，盘活闲置房屋土地53宗。引导线上充值，撤并线下POS机1 000余台，降低刷卡费用近500万元。发挥审计监督作用，通过工程结算、管理效益等审计，增收节支9 390万元。修订完善制度99项，明确142项制度考核点，做到“人人头上有硬指标，个个制度有考核点”，提高制度执行力。聚焦重点领域和关键环节，重新识别评估21个方面151项风险点。攻坚克难，压减法人12户，实现“瘦身健体”。关口前移，首次开展合同履行穿行测试，通过依法合规，有效防范各类风险。

（舒志国）

【安全环保】 2021年，浙江石油分公司制定实施HSE管理体系手册，汇编51项制度。严格落实集团公司“总经理2号令”，勤查严查重罚，发现各类问题731项，整改率99.2%；明确131项控制环节，网格化管理施工现场，保持对承包商高压态势。四级联动有效应对“烟花”“灿都”台风，完成建党百年、党的十九届六中全会等特殊敏感时期的重大安保护航任务。同时狠抓数质量管理，严控质量风险，处置异常和卡标油76批次；抽检库站油样6 086批次，实现100%覆盖，接受地方政府和上级抽检976批次，实现100%合格。

（舒志国）

【“三项制度”改革】 2021年，浙江石油分公司全面实施小站家庭驻站式委托管理，536座站完成家庭承包，加油站优化用工853人，年人均零售量提升至812吨。实施配送库用工改革，取消3座、降为配送站11座，分流员工180人。340余个基层领导岗位全体起立竞聘，新选拔科级干部16名，退出40名，不胜任“下”的比例超过9.5%，实现干部能上能下。加油站实施全额联量计酬、超额累进激励考核，零售、商客、油库、非零非库实施薪酬单列管理，机关提升绩效薪酬总额占比，中层领导人员奖金兑现差距超过15%，实现收入能增能减。全面推进分、支公司“三定”改革，压缩用工编制372个，节编率14%。完成易捷公司专业化改革，开展经营班子、团队市场化选聘，重塑考核分配体系。截至年底，完成国企改革三年行动任务的97.2%。

（舒志国）

【队伍建设】 2021年，浙江石油分公司首次通过地市分公司内部竞聘，充实2名年轻干部到公司班子，优化班子结构，提升整体合力。引导二级单位注重发现和培养选拔优秀年轻干部，全省基层干部平均年龄下降0.7岁，35岁以下基层干部占比提高4.2%，其中“90后”基层干部9人，干部梯队基础不断夯实。制定专业技术和技能操作职位管理办法，进一步完善三支人才队伍管理机制，构建形成纵向畅通、横向贯通、覆盖全省的人才成长通道。推进培训体系建设，全年组织线上线下各类培训1 964期，培训4.6万人次，人才队伍综合素质能力不断提升。

（舒志国）

【党建工作】 2021年，浙江石油分公司高质量开展党史学习教育，开展“百名支部书记讲党史”“百名宣讲员话改革”“百个支部亮品牌晒业绩”“首届浙石劳模评选”等活动，扎实开展“我为群众办实事”实践活动，完成 52 项重点任务，完成率 100%。全面完成包括 BP 合资公司在内的 270 家所属公司“党建入章”。建立党支部“堡垒指数”和党员“先锋指数”，细化 KPI 考核指标，用“五个是否”检验党建工作成效。推动实施“一支部一品牌”项目创建，开展全省系统十大党支部特色品牌评选和党建创新案例征集，全省党建工作水平不断提升。

（舒志国）

2021 年 6 月 24 日，浙江嘉兴和江西井冈山石油举办“一叶红船 星火燎原”党建云共建活动（金丹红　摄）

【宣传舆论】 2021 年，浙江石油分公司围绕中心工作，加强宣传舆论引导，外树形象、内增动力。“七一”前夕，联合中国石化 7 家驻浙江央企，在《浙江日报》刊发《践行“双碳”目标，共创美好生活，助力共同富裕中国石化在浙江》整版报道；举办中国石化公众开放日第六季启动仪式，宣传中国石化在浙江拥抱能源革命、探索“油气氢电服”的多元化发展之路，展现中国石化“顶梁柱”的良好形象。全年在中央等媒体上稿 26 条，在《浙江日报》等省级媒体上稿 54 篇，在《中国石化报》上稿 654 篇，在销售公司朝阳 E 站等上稿 951 篇。新闻宣传综合排名位居销售系统第一。

（舒志国）

【纪检监督】 2021 年，浙江石油分公司党委紧盯责任根本，落实清单化管理，从党委、党委书记、党委其他成员、部门主要负责人和纪委 5 个层面，细化 105 项党风廉政建设责任，推进监督责任全覆盖；坚持贯通融合强监督，修订监督委员会工作办法、考核办法，深化落实“五项工作机制”，建立 7 项政治监督、14 项经营管理监督的“大监督”计划；坚持守正创新破解实践难题，制定“四种形态”向三商延伸运用指导意见，建立递进式处理机制，建立廉情测评管理办法，开展政治生态评价预警；狠抓巡视反馈问题整改，整改完成率 95.5%，巡视整改期间制定修订制度 47 项，进一步巩固发展风清气正干事创业政治生态。

（舒志国）

【乡村振兴】 2021 年，浙江石油分公司有序推进结对帮扶工作，派驻驻村干部，协助青田县北山镇东湖村做好民宿、游船项目。持续开展消费帮扶，2021 年销售扶贫商品 5 200 万元，通过工会、食堂渠道购买 73 万余元。重点落实好教育帮扶，对接安徽省颍上县文地小学作为教育帮扶对象，并组织开展“皖约文地，筑梦浙里”系列活动，进一步彰显央企责任担当。

（舒志国）

2021 年 4 月 9 日，杭州石油党员帮农户采摘茶叶（龚良奇　摄）

表 1 浙江石油分公司主要经营指标

指标名称＼年份	2021	2020	2019	2018	2017	2016
成品油销售总量 / 万吨	1 667.00	1 617.00	1 635.00	1 564.80	1 554.90	1 509.50
零售量	1 216.00	1 169.00	1 180.00	1 141.20	1 152.90	1 151.80
报表利润 / 亿元	40.61	40.08	34.50	33.32	34.06	34.02
吨油费用 / 元	317.00	322.00	274.00	276.00	274.00	265.00
加油（气）站总数 / 座	2 073	2 094	2 070	2 085	2 080	2 078

安徽石油分公司

【概况】 中国石化销售股份有限公司安徽石油分公司（简称安徽石油分公司）本部位于安徽省合肥市。其前身为 1952 年组建的中国石油公司安徽支公司，1985 年成立中国石化销售公司安徽省石油公司，1991 年在地方政府的支持下组建安徽省石油总公司。1998 年 6 月，省内各级石油公司整体划转集团公司管理，2000 年改制重组为中国石化股份有限公司安徽石油分公司，2009 年升格为大 I 型（正局级）企业，2014 年重组为中国石化销售有限公司安徽石油分公司，2019 年 1 月更名为中国石化销售股份有限公司安徽石油分公司。

安徽石油分公司是安徽省内最大的成品油销售企业，主营汽柴油、航空煤油、天然气和非油品业务，LNG、加氢、充换电等新兴业务处于起步阶段。截至 2021 年底，本部设 12 个管理部门、5 个专业中心，下辖 16 个市级分公司及高速石化、滁宁石化、安徽中粮生化等合资公司；用工总量 8 385 人，其中合同制员工 4 035 人；总资产 178.34 亿元，资产负债率 52.24%；在营油库 13 座，库容总量 54.64 万立方米；铁路专用线 6 条，接卸油码头 2 座，公路发油台 14 座；在营加油站 1 607 座、便利店 1 290 座。

安徽石油分公司连续 7 年在集团公司党建考核中评为 A 类企业，连续 6 年被评为集团公司安全生产先进单位，连续 3 年保持集团公司绿色企业 A 档称号，连续 7 年被评为销售公司“比学赶帮超”优秀企业。连续 4 届被评为安徽省文明单位，连续 5 年被评为安徽省十大服务行业最满意供油公司，获历届服务行业最高荣誉“金口碑奖”，连续 2 年被评为安徽省十佳履行社会责任最满意企业。

安徽石油分公司主要经营指标见表 1。

（邢大全）

【谋划“十四五”发展】 2021 年，安徽石油分公司贯彻集团公司深入实施世界领先发展方略和销售公司打造“油气氢电服”综合能源服务商的部署，融入安徽省发展战略，顺应能源行业大势，按照“看清楚五年想明白三年干好当年”的工作思路，精心谋划安徽石油分公司“十四五”发展，提出打造基业长青安徽石油的愿景目标，制定“1455”发展规划和“7683”党建规划，引领推动安徽石油分公司高质量可持续发展。

（邢大全）

【经营量效规模】 2021 年，安徽石油分公司成品油经营量 614.5 万吨，其中零售量 487 万吨、直销批发量 127.5 万吨。销售天然气 1.12 亿立方米，增长 11%。非油品交易额 28.5 亿元，增长 3%。报表利润 10.52 亿元，绝对额排名销售企业区内第 7 位，位居中部省份首位。

（邢大全）

【零售经营】 2021年，安徽石油分公司加强与其他经营主体合作，推动政府开展“打非治违”，发挥成品油行业协会作用，净化成品油市场。开展“百城万站·卓越服务”劳动竞赛，创新智能洗车、一键加油、扫码开票等智慧服务，抓实节日增量、服务带量、营销促量、改造提量，全年自营机出零售量增长2.5%。投入300余万元，在133座站点设置指引牌、98座站点实施亮化提升工程，有效发挥导视引流作用，受到总部充分肯定。强化汽车服务，汽服站点和汽服营业额增速全国第一，总数494座，有效带动汽油增量，全年汽油零售332万吨，增长8%，其中新增214座汽服站汽油增长13.1%，增量占全部汽油增量超过60%。

（邢大金）

【集团客户开发】 2021年，安徽石油分公司坚持以客户为中心，转变直分销经营理念，为客户提供“燃、润、原、非”一体化解决方案，探索直分销商业模式。重新定义市场营销中心职能，建设一支代表中国石化形象的直分销队伍，再造直分销业务流程，制定客户经理考核和集团客户开发奖励办法，为集团客户开发奠定人才、制度基础。依托自身优势，推动与驻皖央企、省内国企、大型民企的强强联合，加大集团客户开发，签订战略合作协议4家，达成合作意向5家。全年直销批发量127.5万吨，其中剔除中油串换实现销售66.3万吨，增长10%。

（邢大金）

安徽石油分公司举办“徽家寻年味，牛货在易捷”在线直播活动

【非油品销售】 2021年，安徽石油分公司开展应季应时营销，安徽易享节直播实现销售额1 800余万元，被总部评为易享节最强直播间，年货节线上订单首次突破2 500万元，拓展汽服、广告、快餐、保险等业务，全年非油品基础品类销售15.4亿元，增长26%，基础品类规模、优秀门店数量、非油利润完成率在销售板块考核中名列前茅。

（邢大金）

【销售网络及储运设施建设】 2021年，安徽石油分公司召开地市公司“十四五”规划汇报会，完善“十四五”发展规划，差异化制定分地市、分区域、分道路发展策略，明确未来3—5年发展目标、发展方式和发展路径。坚持“效益优先、注重质量”原则，严格投资管理，加强项目可行性研究论证，审慎参与土地竞拍，加强租赁到期项目维护，加快歇业站复营，强化已支出未投营项目的跟踪推进，加快新发展加油站投营，统筹储运设施建设，维护网络的稳定性。全年新发展投营加油站58座，获取土地13宗，芜湖新油库项目中交。

（邢大金）

【新能源发展】 2021年，安徽石油分公司成立新能源开发工作领导小组，党政主要领导挂帅，设新能源开发工作办公室，由1名副总经理负责分管，加强顶层设计、项目统筹和业务实施，建立目标责任制、月度例会制、每周通报制、重奖重罚制等制度，一体化统筹新能源项目实施，安徽首座加氢综合能源智慧服务站、首个万吨级LNG综合能源站建成投营。全年建成加氢站3座，建设LNG加气站10座，完成充电站78座、换电站3座，建成光伏电站161座。

（邢大金）

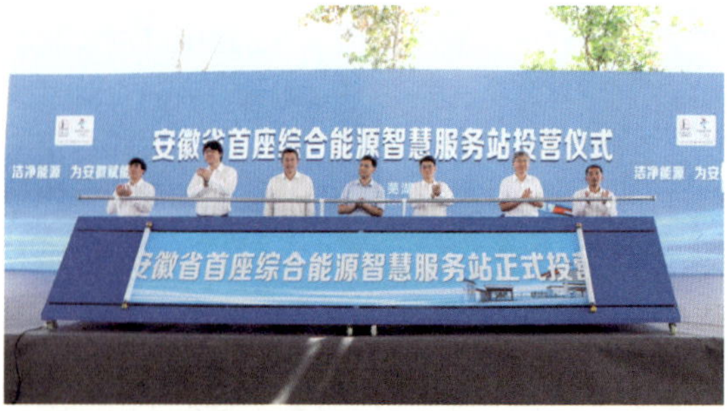

安徽石油分公司举办芜湖马饮桥加氢智慧服务站投营仪式

【体制机制改革】 2021年，安徽石油分公司落实集团公司深化改革三年行动实施方案，成立新能源开发、数字化转型和集团客户开发专项工作机构，重新组建市场营销中心，调整党群、财务、企管、综合等部门职能，推进易捷安徽分公司市场化、专业化，构建适应新形势新要求的经营管理体制。推进站级CEO改革，芜湖、宣城公司站级CEO试点启动。完善薪酬考核分配体系，出台省公司部门绩效考核办法，实施薪酬业绩挂钩联动，引导地市公司薪酬激励导向，构建向创效者、奋斗者、奉献者倾斜的激励机制。

（邢大全）

【数字化智能化应用】 2021年，安徽石油分公司启动数字化转型，建立中国石化App及会员体系，线上全渠道注册会员628.1万个，开展新加油卡及站级一体化建设，推广石化钱包和电子发票，推进计量与发货系统数据集成，启动智能化油库建设，强化视频监控应用，落实“智慧屏+云会议”项目，数字化智能化水平不断提升。参加国务院国资委熠星大赛，“北斗大数据无感加油”项目成为全国各大石油公司销售企业唯一获奖项目。

（邢大全）

【安全风控管理】 2021年，安徽石油分公司全面贯彻集团公司“总经理2号令”，开展安全生产专项整治三年行动，推动HSE管理体系有效运行，做好“百日安全无事故”“五查五严”专项活动，加强污染风险防治，开展绿色基层创建，安全环保形势总体稳定。严格供应商管理，落实外采油品检验要求，加大加油机隐患治理，加强承运商监督，用实际行动践行“每一滴油都是承诺”。构建战略型集约化财务管控体系，常态化推进财务创效，预算引领、资产经营、资金运营、税务筹划、成本管控等工作取得成效。坚持依法治企，完善决策运行机制，健全内控体系，增强干部员工法律意识，各类风险得到有效防范。

（邢大全）

【人才队伍建设】 2021年，安徽石油分公司制订出台“人才池”“后备干部”“员工职业生涯发展规划”“中层领导人员退出现职”等制度，为启动人才队伍建设奠定制度基础。树立鲜明的选人用人导向，向业绩突出者、长期扎根基层者和“75后”“80后”倾斜，并实行全省干部人才资源“一盘棋”统筹，人才队伍建设取得显著成果。全年调整干部55人，占在职干部人数的60%，其中提拔中层领导人员24人，副提正“75后”、新提拔“80后”比例均达60%；选聘4名地市公司干部到省公司经营部门领导岗位，调整7名专业技术人员充实到经营部门，选拔27名地市公司员工进入省公司；完成中层副职后备干部队伍建设，建成12个专业技术和5个技能操作人才池，储备一批统招大学生后备力量。

（邢大全）

【庆百年学党史】 2021年，安徽石油分公司紧扣庆百年、学党史主线，集体收看庆祝中国共产党成立100周年大会实况，召开庆祝建党100周年安徽石油分公司“两优一先”表彰大会，评选首届“感动安徽石油分公司”人物，举办“党史故事会”演讲比赛，在深刻感悟百年党史中体会伟大建党精神、汲取奋进力量。坚持把党史学习教育贯穿全年，党委班子成员利用讲党课、专题会、组织生活会、座谈会等形式带头宣讲，举办党史学习教育读书班和习近平总书记“七一”重要讲话精神研讨班，以省公司党委中心组学习为示范带动，各级党组织开展学习研讨、培训指导等活动，利用“皖石党韵”进行在线宣教，开展多形式红色教育自选动作，推进党史学习教育走深走实，真正做到明理、增信、崇德、力行。

（邢大全）

安徽石油分公司召开党史学习教育总结大会

【政治建设】 2021 年，安徽石油分公司党委严格落实“第一议题”制度，形成用习近平新时代中国特色社会主义思想武装头脑、指导实践、推动工作的高度自觉。学习宣传贯彻党的十九届六中全会精神，全面增强干部员工拥护“两个确立”、做到“两个维护”的自觉性和坚定性。深刻领会习近平总书记视察胜利油田重要指示精神，发挥安徽省成品油供应主渠道作用，勇于担当成品油保供责任，全力以赴缓解四季度柴油紧张局面，保障“三夏”、抗洪、节假日等特殊时期工农业生产用油和居民用油需求，受到各级地方政府和社会公众的好评。

（邢大全）

【党建工作】 2021 年，安徽石油分公司深刻把握新时代国有企业党建工作新要求，制订实施“7683”党建规划，推出一党委一特色、一支部一亮点、一年度一重点的“三个一”党建工作法，将年度党建考核由分数变系数，党建工作效应明显增强。聚焦安徽石油分公司改革发展的重点难点，全面促进党建引领经营、管理、改革和发展，基层党建工作在实践中形成一批亮点经验，党建融入中心的力度明显加强，政治提升、固本强基、凝心聚力、人才强企、正风肃纪、惠民暖心“六大工程”落地生根。召开安徽石油分公司第三届党员代表大会，完成党委和纪委换届工作。开展“我为群众办实事”实践活动，抓实抓好干部员工关心的大事难事，重点项目完成率 100%，提高员工体检费用标准，增加一线员工伙食补助，收入向一线倾斜，保持员工收入增长，员工满意度 98.8%。

（邢大全）

【党风廉政建设】 2021 年，安徽石油分公司持续完善“五位一体”的“大监督”格局，发挥监督委员会职责作用，深化重点领域日常监督，突出抓好“两招”“三商”“四采”、加油站“七套一盗”问题的监督和风险防范，保持惩治重大风险背后腐败问题的高压态势，基层“微腐败”得到有效遏制。深化安全生产领域形式主义、官僚主义专项整治，开展领导人员亲属承揽加油站委托管理业务问题整改，强化非油品专项监督检查，提升管理效能。落实中央八项规定精神，驰而不息纠“四风”，落实 15 个“严禁”，作风建设成果不断巩固。

（邢大全）

【社会责任】 2021 年，安徽石油分公司履行社会责任，利用易捷渠道销售全国乡村地区产品 2 700 万元，推动乡村振兴定点村迈进强村行列，帮扶岳西巍岭村 320 人产业脱贫，改善颍上县周台小学教学环境，打造“爱心环卫驿站” 110 座，建成“司机之家” 63 座，树立“党和人民好企业”形象。

（邢大全）

表 1 安徽石油分公司主要经营指标

指标名称 \ 年份	2021	2020	2019	2018	2017	2016
成品油销售总量 / 万吨	614.50	636.24	662.70	635.10	610.40	592.59
零售量	487.00	486.68	505.70	496.38	484.40	472.72
销售收入 / 亿元	463.06	392.88	468.59	463.78	397.86	337.94
报表利润 / 亿元	10.52	14.08	9.30	6.82	9.58	9.39
吨油费用 / 元	402.00	349.00	325.00	328.00	311.00	326.00
加油站总数 / 座	1 784	1 811	1 776	1 657	1 598	1 566

福建石油

【概况】 中国石化销售股份有限公司福建石油分公司（简称福建石油分公司）的前身为福建省石油总公司，成立于1952年10月13日。1998年7月成建制划归集团公司。2000年3月，重组为中国石油化工股份有限公司福建石油分公司。2007年7月24日，成品油业务划入由中国石化和埃克森美孚、沙特阿美合资成立的中石化森美（福建）石油有限公司（简称中石化森美公司）。福建石油分公司和中石化森美公司两家公司合称福建石油。2014年6月，中国石化销售业务重组，中国石油化工股份有限公司福建石油分公司更名为中国石化销售有限公司福建石油分公司。2019年1月，中国石化销售有限公司股改，中国石化销售有限公司福建石油分公司相应变更为中国石化销售股份有限公司福建石油分公司。

2021年，福建石油省公司机关设17个职能部门，其中13个职能部门实行合署办公；下辖9个地市分公司和1个高速联营公司。截至2021年底，福建石油用工总量2 265人，离退休2 640人，代理制加油站用工4 797人。在营加油站1 125座，油库10座（库容33万立方米），资产总额190.9亿元。

2021年，福建石油成品油销售总量559.8万吨，完成计划96.3%，下降5.6%。报表利润20.03亿元，完成计划119.3%，利润总额在销售企业省市公司中排名第四。获销售公司“比学赶帮超”利润、零售、经营运作等红旗39面，首次获标杆企业称号，被评为效益先进企业，福州、泉州、厦门分公司进入区内地市级公司综合竞争能力前50名，龙岩、宁德、泉州、厦门、福州分公司进入区内地市级公司发展进步能力前50名。连续20年获集团公司安全生产先进单位称号。

福建石油主要经营指标见表1。

（张若虞）

【主要领导调整】 2021年4月，根据集团公司党组安排，浙江石油分公司副总经理吴庆高就任福建石油分公司代表、党委书记，中石化森美公司董事长、总裁；丁春生调任至上海石油分公司任职。

（张若虞）

【持续做大易捷服务规模】 2021年，福建石油以数字化、智能化为切入点，打造“互联网+加油站+便利店+第三方”新零售模式。转化“车e族”平台1 417万个会员资源，吸引第三方资金投放，降低竞争成本，提升顾客品牌满意度、忠诚度。活跃用户数逾566万个，加油和充值交易4 600万笔，交易金额超100亿元。吸引第三方资源投放3 300万元，充分把互联网数据转化为经济效益与竞争优势。被评为易捷公司“发展进步能力”“创效提升能力”先进单位。

（张若虞）

【深化改革行动全方位推进】 2021年，福建石油精简合并4个省级职能部门，进一步推进“两司融合”。提升加油站联量计酬比例，提高基层员工扩销增量的积极性，大力推进小站家庭承包改革，全年改革站点396座，其中夫妻站点131座，优化用工248人，改革站点员工收入增长27%。开展全省中层干部、省公司部门员工KPI现场述职，采取现场民主打分评价的办法，实现省公司管理人员考核差异化、全覆盖，带头打破“大锅饭”，为深化“三项制度”改革以及全省范围推广打下基础。2021年，福建石油完成三年改革行动全部任务95项中的85项，完成率89%，超过集团公司要求完成70%的年度目标。

（张若虞）

【管理水平不断精益】 2021年，福建石油以对标世界一流为契机，提升管理精细化水平。新增经营管理制度32项，修订82项。开展“我为公司发展献一策，我为经营管理找隐患”活动，征集经营管理建议近百条，其中有11条优秀建议被推广，广泛调动广大干部员工为企业爱企建企、献计献策积极性，凝聚企业高质量发展向心力。

（张若虞）

【推动净化市场环境】 2021年，福建石油配合地方政府“打非治违”，立足下游、凝聚合力，推动各级政府出台政策文件82份，配合各级执法部门协助取缔非法加油站、黑窝点533处，非法车辆379辆、船舶66艘，协助收储罚没油品9 300吨，有力推动福建省成品油市场环境净化。

（张若虞）

【打好疫情防控歼灭战】 2021年，福建发生2次本土新冠肺炎疫情，福建石油坚决落实党中央决策部署，在集团公司的统一指挥下，火速成立省市两级疫情防控小组，落实联防联控，主动与当地政府沟通联系，办理油罐车疫区通行证42张，及时跟进监测油品库存情况，扎实做好油品调配，累计为涉疫中高风险区域加油站配送油品6 000余吨。成立党员突击队41支，党员干部209人次，让党旗在疫情防控一线高高飘扬。守住“零感染”的底线，得到集团公司和各级政府的肯定。

（张若虞）

【社会责任不断夯实】 自2021年起，福建石油帮扶武平县湘店镇湘洋村和城厢镇东岗村，投入43万元，用于支持村中建设。与革命老区宁化地方政府共建，在宁化县长征学院设干部教育培训基地，抓好党员领导干部理想信念教育，传承红色基因、激励红色担当。大力开展消费帮扶，发挥全省700座易捷便利店和线上线下渠道优势，销售宁夏、甘肃、云南等地特产以及销售福建特色商品，采购帮扶产品2 997万元，销售帮扶产品4 374万元。稳步推进教育帮扶，根据集团公司安排，结对教育帮扶的江西新余罗坊希望小学。

（张若虞）

【全力布局新能源发展】 2021年，福建石油遵照集团公司要求，加大天然气、氢能、光伏等新能源探索力度，加强与省内新能源头部企业的合作，系统谋划发展路径。抽调福建石油分公司、中石化森美公司两家公司骨干力量，成立新能源办公室，专门推进新能源拓展。全年完成充换电站点35座，完成光伏站点34座，落地全省首座加氢站点。

（张若虞）

2021年福建石油建设的首个光伏发电项目

【持续发展夯实根基】 2021年，充分发挥福建石油分公司、中石化森美公司各自优势，实现“双轮驱动”，全面创新网络发展思路，通过加大与地方政府合资、合作力度。落实各级项目责任制，充分调动人员积极性，加速项目落地投营出效益。全年新增投营加油站点28座，续租站点12座，截至2021年底，在营站点1 125座。

（张若虞）

【企业安全稳定运营】 2021年，福建石油充分吸取股东各方的管理经验，修订新版《福建石油HSE管理体系手册》，全面推进HSE管理体系落实。开展安全生产专项整治三年行动等专项工作，每月召开HSE例会，专门抓隐患整改，实行问题闭环管理，全年安全风险较年初降值率64%，超额完成年度目标。连续20年被集团公司评为安全生产先进单位，被中国安全生产协会授予全国安全文化建设示范企业称号。制订实施《福建石油碳达峰碳中和工作方案》，淘汰更新11台高能耗变压器，温室气体排放比年度目标下降31.6%，完成287个站点的绿色基层创建工作，顺利通过集团公司绿色企业复审，被评为A档企业，获销售公司安全环保年度先进红旗。

（张若虞）

【党史学习教育深入开展】 2021年，福建石油准确把握党史学习教育的特点和规律，强化内容、形式、方法创新，推动学习教育走深走实。围绕习近平总书记“七一”重要讲话精神等重点内容，省公司党委委员深入基层开展宣讲16次，抽调骨干人员组建党史宣讲团开展宣讲200余场。丰富学习载体，编发32期专题学习简报，开展5期党史专题知识在线答题，10余期“学党史·燃青春·共奋进”青年论坛，扎实推进“我为群众办实事”实践活动，聚焦员工群众“急难愁盼”问题，梳理“办实事”重点项目200余个，最终完成203项。在集团公司统一开展的满意度测评中，总体满意率100%。开展“四不两直”党史学习巡回指导20余次，确保党史学习教育有序深入推进。

（张若虞）

【做好党组巡视及问题整改】 2021年，福建石油坚决提高政治站位，做好党组对福建石油的常规巡视。紧密结合中心工作，抓好党组巡视反馈问题整改。截至2021年底，根据巡视反馈意见细化的30个问题，整改完成19个，整改完成率63.3%。制定的85条整改措施完成63条，整改完成率74.1%。

（张若虞）

【持续做好人才强企】 2021年，福建石油围绕干部队伍建设“五大体系”，发挥好各年龄段干部积极性，让整个干部队伍有干劲、有奔头、有希望。开展省市公司中层副职公开竞聘，全省近100名干部员工报名，最终入围12名。重点加快后备人才的培养使用力度，从一线识别考察干部，从基层选育人才，安排7名省公司人员到地市公司进行挂职锻炼，选派4名年轻干部，到浙江石油分公司等先进单位进行业务学习，分批次将基层一线管理经验较少的中层干部，定期安排到经营一线担任加油站长、片区经理。

（张若虞）

【营造风清气正氛围】 2021年，福建石油健全完善“大监督”格局，将选人用人、非油品业务、物资采购、历史遗留事项整改跟踪等15个重点监督项目纳入年度监督计划，累计开展专项监督检查40余次，整改问题137项，总结并推广加油站“零违规”承诺，持续提升基层违规违纪防治水平，2021年发现并处理违规违纪行为17起，下降70%，违规违纪现象明显改善。

（张若虞）

表1　福建石油主要经营指标①

指标名称＼年份	2021	2020	2019	2018	2017	2016
成品油销售总量/万吨	559.80	529.99	565.00	549.95	537.42	512.36
零售量	343.39	341.38	398.12	383.87	389.71	394.10
销售收入/亿元	410.67	326.06	402.37	407.08	347.30	302.37
利润/亿元	20.03	20.69	17.63	19.40	21.57	16.55
费用总额/亿元	22.30	20.59	21.78	19.71	19.01	18.16
吨油费用/元	396.00	386.00	384.00	357.00	353.00	353.00
加油站总数/座	1 125	1 119	1 123	1 100	1 090	1 059

①合并后的数据去除中石化森美公司和福建石油分公司重复计算部分

江西石油分公司

【概况】 中国石化销售股份有限公司江西石油分公司（简称江西石油分公司）前身为江西省石油总公司，成立于1950年10月，是江西省专营成品油的国有大型企业，1998年10月成建制划转集团公司。非上市部分于2007年4月转制为中国石化集团资产经营管理有限公司江西石油分公司，由股份公司托管。2014 年 5 月，按照改革重组步骤安排，中国石油化工股份有限公司江西石油分公司更名为中国石化销售有限公司江西石油分公司；2019 年 3 月更名为中国石化销售股份有限公司江西石油分公司。

江西石油分公司主营成品油销售、储运及便利店等非油品业务，是江西省成品油供应主渠道。截至 2021 年底，下辖 11 个地市分公司、1 个党校（销售公司技能培训中心）、98 个县（区）分公司、1 个全资子公司、14 个合资公司。在营加油站 1 455 座，在营油库 14 座，库容 63.11 万立方米。员工 8 076 人。系中央精神文明建设指导委员会授予的全国文明单位、集团公司绿色企业、江西省经济发展功勋企业、江西省抗疫贡献企业。

江西石油分公司主要经营指标见表 1。

（刘美荣）

【领导班子调整】 2021 年 7 月 2 日，吴勇军任江西石油分公司党委副书记、纪委书记、工会主席。

（刘美荣）

【全力保障资源稳定供应】 2021 年，江西石油分公司坚决贯彻落实党中央关于能源保供的部署要求和省委、省政府工作安排，采取“保零售、保民生、保终端”的轻重缓急策略，实时监测分析库存变化，分级实施保供，资源供应“紧而有序、紧而不断”，确保 9 月下旬国内柴油供应阶段性紧缺困境、11 月上饶地区暴发新冠肺炎疫情等关键时期油品“不断档、不脱销”，扛稳特殊时期保障全省洁净能源稳定供应的核心职责，彰显“国企为国、在赣兴赣”的使命担当。

（刘美荣）

【市场攻坚有力有效】 2021 年，江西石油分公司践行“优质服务是最好的营销”“卖好油、卖好价格的油”经营理念，大力推进客户评价计划、员工卓越计划、“司机之家”和清洁提升计划，策划主题营销助力汽油经营，跨界营销缓解量效矛盾，会员营销锁定行业客户，错峰营销改善消费习惯，推广“爱跑 98”车用汽油，精心打造“二纵一横”柴油增量骨干站点，稳住汽油增长，收窄柴油降幅，全年成品油经营量 574.63 万吨，其中全口径零售量 473.75 万吨；机出汽油零售增长 5.6%，连续 3 年排名区内销售企业前 5 名。直分销 100.88 万吨，稳中有升。天然气销量 2 476 万立方米，增长 73.9%。

（刘美荣）

【非油品业务转型增效】 2021 年，江西石油分公司围绕做实门店、做精营销、做宽渠道、做优管理，优化调整考核指标，逐步推进非油品业务从“铺摊子上规模”向“调结构增效益”转变。非油品全口径交易额 25 亿元，下降 7 个百分点，毛利额和毛利率分别增长 1.7% 和 12%，自采商品毛利率提高 17 个百分点，规模泡沫、盈利不强、结构不优等痼疾逐步根治。

（刘美荣）

【“打非治违”持续推进】 2021 年，江西石油分公司持续向地方政府汇报成品油市场经营乱象，取得省政府领导的专项批示，推动省、市、县级政府职能部门发布文件 100 余份，配合政府部门实施为期 6 个月的成品油市场专项整治行动，持续保持“打非治违”的高压态势，全年配合执法部门查处非法流动加油车 648 辆、黑油点 217 处、加油站及黑窝点 143 处，收缴罚没油 4 148 吨，成品油经营环境得到持续净化。

（刘美荣）

【网点建设成果丰硕】 2021 年，江西石油分公司坚持抓置换、活存量、清遗留，全面推进网络发展“映山红”行动，优化网络结构，提升网络质量和投资回报，取得土地 17 宗，新投营加油站 61 座，新投营站数创历史新高。坚持低成本发展战略，新组建 3 个合资公司。加快 LNG 网络布局，龙虎山、庐山服务区 2 对 4 座 LNG 加气站顺利投营。江西省首座加油加氢合建站在九江市建成投营，实现省内氢能源加注站零的突破；全面推动光伏、充换电项目建设，全年新建成 112 座光伏、29 座充电站、1 座换电站，“油气氢电服”综合加能站建设迈出稳健步伐。近 5 年，剔除划转至高速合资公司的 80 座高速加油站外，江西石油分公司新增加油加气站点 126 座，增加机出零售量45万吨，较好地解决“后高速时代”企业创效的问题。

（刘美荣）

【首座综合能源服务站投营】 2021年12月31日，江西石油分公司首座综合能源服务站——九江城西港站投营，以实际行动推动能源供应升级发展，向“双碳”“净零”目标迈进，更好服务于江西经济社会发展。九江城西港站集加油、加氢、充电、光伏、洗车、非油品销售为一体，设置35兆帕双枪双计量加氢机1台，日加氢能力500千克。站内设3台加油机12杆加油枪，配备60千瓦充电桩4台，布局分布式光伏发电装置140平方米。按照“7+X”标准配置服务设施，设置“爱心驿站”“司机之家”“易小憩”等服务功能区。

（刘美荣）

江西石油分公司首座综合能源服务站（刘美荣　摄）

【加快推进数字化转型】 2021年，江西石油分公司集中资源打造数字经济新优势，站级一体化系统、石化钱包、加油站收款语音播报系统有序推广，“加油中石化”App江西专区注册会员增长36%，绑卡会员增长26%，首次与第三方完成线上电子加油券合作。智能加油站加快建设，“5G+”智慧特色标杆站在销售企业应用获集团公司管理现代化创新成果三等奖。

（刘美荣）

【管理水平整体跃升】 2021年，江西石油分公司开展“组织力提升年”活动，推进对标提升向基层一线延伸，推行“自领问题”工作法，建立制度“立改废”机制，实行制度“活页夹”管理，“事事有人管、人人有专责”的责任体系进一步健全和强化。打通管输超耗处置流程，追回历史管输超耗赔付600余吨，管输下载降耗1 230吨。内外部油品数质量抽检合格率100%。精准管控成本费用支出，成本费用率1.9%，下降1.3%。坚持依法合规经营，积极应对历史遗留的重大法律纠纷案件，近5年避免、挽回损失2亿余元，且未发生新的重大法律纠纷案件。开展“在建工程”清理。首次开展地市公司经理任中经济责任审计。加大工程造价、招标控制价审核力度，加强审计管理。

（刘美荣）

【持续推进深化改革】 2021年，江西石油分公司牢牢把握提高劳动生产率和激发员工活力两大目标，持续深化国企改革三年行动，任务完成率84%，以人均零售量、人均利润、人均成品油经营量等为主的劳动效率评价体系更加健全。稳妥实现九江市、瑞昌市两个地市公司重组合并，解决多年议而不决问题，达到“1+1 > 2”的效能。有序推进九江德安、共青城两个县公司重组运行，县区公司跨域整合迈出坚实步伐。江西易捷分公司完成工商注册，经营班子完成公开选聘。全面完成油库综合性大班组改革，油库运营结构成效发生根本性转变，实现“多人一岗”向“一人多岗”转变，油库用工优化率36.8%、年人均进库当量增长45.8%。深度推进加油站驻站式委托家庭管理改革，推进库站员工星级管理，打通基层员工晋升通道，员工获得感进一步增强。零售口径人均劳效增长6%。员工收入增长10.8%，员工获得感进一步提升。

（刘美荣）

【安全生产态势积极向好】 2021年，江西石油分公司深入贯彻落实习近平总书记关于安全生产的重要论述和习近平生态文明思想，全面落实集团公司“总经理2号令”要求，清醒认识安全生产处于“严管、严查、严问责”阶段，扎实推进安全生产专项整治三年行动、“五查五严”等活动，狠抓HSE体系建设及宣贯，组织全员开展识别风险和排查隐患“安全生产啄木鸟”工作，各类“低老坏”问题下降60%，销售公司级隐患治理项目提前完成，企业风险总值下降24.2%。自主开发HSE管理信息系统、设备维保平台、油库加油站AI行为智能识别系统，建成七大特殊作业实训基地，形成省、市、县、库站四级完整的安全管理征信数据库。从严抓环保依法合规、抓绿色基层建设、抓环境风险识别与管控，抓减排降碳，加强建设项目环保“三同时”管理，新建项目环保管理合规率100%，国家环保“三线一单”硬约束要求有效落实。常态化抓实疫情防控，有力应对省内局部疫情暴发，员工“零感染”。获集团公司安全生产先进单位称号。

（刘美荣）

【纵深推进人才强企】 2021年，江西石油分公司坚持党管干部、党管人才，践行新时代党的组织路线，推动领导班子和干部人才队伍建设全面进步。坚持抓好中层干部结构优化。坚持重实干、重实绩、重担当，新提拔7名中层领导人员，其中40岁以下年轻干部比例66.7%，选人用人工作满意度连续5年95%以上。现职中层领导人员平均年龄46.4岁，其中45岁以下年轻干部占44.4%，中层领导人员结构达到“132”的年龄结构要求。坚持抓好各级人才培育储备，290人获专业技术职务任职资格，评选出55名星级站长和109名星级员工。推进“三百三千”实践锻炼计划及省公司双向交流计划，举办青马工程暨青工政治轮训班，组织专业技术人员培训项目24个，线下培训739人次，线上培训1 877人次，江西石油分公司具有中级及以上职称的349人，高级工及以上技能等级的811人，一支支撑高质量发展的干部人才队伍正加快打造，在集团公司油品计量竞赛中获金牌2枚、团体第2名，获优秀组织奖；非油品业务技术比武获铜牌2枚。

（刘美荣）

【全面从严治党向纵深发展】 2021年，江西石油分公司深入贯彻新时代党的建设总要求，大力弘扬伟大建党精神，大力推动集团公司“1355”党建工作思路落实落地，树牢全面从严治党“永远在路上”的政治自觉和行动自觉。建立全面落实“第一议题”制度，引导干部员工深刻把握党的百年奋斗重大成就和历史经验，深刻理解“两个确立”的决定性意义，进一步增强践行“两个维护”的自觉性和坚定性。隆重庆祝建党百年华诞，高起点谋划、推进党史学习教育，统筹学习研讨、专题调研、讲党课和优秀党课展播等各项工作，扎实推进“我为群众办实事”实践活动，在学史明理、学史增信、学史崇德、学史力行上取得明显成效。坚持大抓基层、大抓支部鲜明导向，持续推进支部“三化”建设，切实把党建“十百千”工程引向深入。制订党员发展三年行动计划，基层党支部党员发展总数超过140名，自有党员覆盖率、万吨站不少于3名党员两项比例均实现正增长。接受销售公司党委对11个地市公司党委巡察，巡察结果为4优、7良。

（刘美荣）

【持之以恒正风肃纪反腐】 2021年，江西石油分公司坚持做深做实政治监督，加强对“一把手”和领导班子监督，重拳整治“靠企吃企”和安全环保领域形式主义官僚主义问题表现，持续加强作风建设，释放提级监督、从严惩处的信号。坚持“凡告必查”，信访总量下降50%。

（刘美荣）

【扎实履行社会责任】 2021年，江西石油分公司坚决落实中央、省委省政府推进乡村振兴工作要求，筹集近250万元资金用于全省85个乡村的乡村振兴帮扶工作，派出驻村工作队12个，驻村第一书记17个，驻村队员41人，获江西省脱贫攻坚先进集体称号。打造228座“易小憩”爱心休息区，为环卫工人、外卖小哥、交协警等户外劳动者提供便利。办好“公众开放日”活动，打造“绿色能源＋百年红色”主题活动，推出“红色文化”主题宣讲，开展“情暖驿站、满爱回家”活动，获央视频、《江西日报》等省内外多家主流媒体报道，树立亮丽品牌，获江西省第十六届文明单位等称号。

（刘美荣）

表 1　江西石油分公司主要经营指标

指标名称 \ 年份	2021	2020	2019	2018	2017
成品油销售总量 / 万吨	574.63	588.80	618.80	605.80	591.70
零售量	473.35	488.60	492.00	482.40	474.00
销售收入 / 亿元	430.74	366.94	443.43	448.62	372.00
利润 / 亿元	7.81	10.70	5.65	1.00	5.05
吨油费用 / 元	418.00	385.00	357.87	351.02	346.00
加油站总数 / 座	1 530	1 422	1 535	1 484	1 438

山东石油分公司

【概况】 中国石化销售股份有限公司山东石油分公司（简称山东石油分公司）始建于 1953 年，位于山东省济南市，1992 年 11 月，被山东省政府确定为正厅级单位，国有大型 I 类企业。作为成品油销售主渠道，山东石油分公司承担着山东省成品油供应保障任务，是省内最大的成品油销售企业，经过半个多世纪的发展，业已形成布局合理、功能完备、流向通畅、保障有力的成品油营销网络。截至 2021 年底，山东石油分公司下辖 17 个市公司、139 个县公司（片区）。在营加油站 2 672 座、加气站 28 座、加氢站 3 座，油库 20 座（库容量 128 万立方米）、加气母站 2 座。参控股合资公司 54 家。有二级党委 18 个、党总支 2 个、党支部 255 个，党员 5 219 人。企业资产总额 243 亿元，用工总量 18 630 人。

山东石油分公司经营范围包括汽油、柴油、航空煤油的批发零售；天然气经营及非油品产品经营等。

2021 年，面对市场变化风起云涌、疫情防控依旧严峻等复杂形势，山东石油分公司促进党建工作与经营管理深度融合，立足实际、守正创新，不畏艰难地应对市场错位竞争和锤炼自身能力，企业的政治生态、管理生态、经营生态趋好渐稳，盈利模式日趋成熟。全年销售成品油 770.2 万吨，销售天然气 2.87 亿立方米，非油品营业额 26.4 亿元。实现报表利润 0.42 亿元。

山东石油分公司主要经营指标见表 1。

（张　雪　樣虹阳）

【奋力实现扭亏为盈目标】 2021 年，山东石油分公司面对市场错位竞争的“混战”，将“消纳配置资源、保持稳定的市场零售占有率、实现效益最大化”作为经营目标，量效并重打造高效经营生态。探索和遵循山东成品油市场经营发展趋势和经营规律，统筹关注零售和直销两个市场、资源和销售两个环节、经营和管理两种能力、传统业态和新业态两种形态，持续推进资源运作创效、扩销规模创效、营销服务创效、网络维护创效、储运周转能力创效，构建适合山东石油分公司特点的经营创效模式，超额完成销售公司年度考核利润任务。

（张　雪　樣虹阳）

【突出零售核心创效作用】 2021 年，山东石油分公司应对市场压力，动态优化汽柴油营销策略，零售量效把控水平持续提升。着力打造市场“新名片”和利润“新高峰”，高标号汽油量效贡献突出，全年销量 131 万吨，增长 7.1%。推进零售“4+2”重点行动计划，开展老站增量、加油站现场管理整顿季等活动，现场管理和服务水平有效提升。发挥省、市、县、站四级统筹联动作用，推进“打非治违”，营造良好市场经营秩序。组建“零售学院”，提升各层级综合业务水平。

（张　雪　禚虹阳）

【直分销规模取得新突破】 2021 年，山东石油分公司抓住成品油市场整顿机遇，调整销售结构，以汽油销售为突破口，加强社会加油站开发，油库汽油销量 99.4 万吨，增长 25.8%，直分销汽油销售计划完成率位列全国第一。强化已售未提清理，年度出库总量和柴油出库量为历史最高。开展地毯式客户走访，超额完成新客户增长指标。以“商客堂”为抓手，创新培训形式。完善业务流程，筑牢风险防线，直分销基础管理水平再上新台阶。

（张　雪　禚虹阳）

【资源运作水平显著提高】 2021 年，山东石油分公司强化采销联动和库存运作，合理摆布品种结构，用“一盘棋”思维谋划资源运作大格局，降低资源综合成本，资源运作创效能力和效果位于销售企业前列。提升配置资源优化能力，合理把握量价协同，全年接收配置资源 564 万吨，强化市场预判，择低组织外采资源，全年实现资源运作差价收入 13.96 亿元。实施物流优化专项考核，全力降低资源运输成本，全年优化节省运费 1 000 万元，综合创效 9 152 万元。

（张　雪　禚虹阳）

【天然气业务基本实现扭亏】 2021 年，山东石油分公司减少低效 CNG 站点，全面落实销售企业 LNG 加气走廊在山东布局。保持与上游企业沟通，增加母站计划，拓展采购渠道，扩大直供范围。强化运输监管，降低运输成本。优化零售经营结构，加强价格管理，提升直分销毛利水平。以客户需要为准绳，最大限度满足客户差异化用气需求。全年天然气经营量 2.87 亿立方米，完成总部计划的 112%，基本实现扭亏。

（张　雪　禚虹阳）

【非油品基础管理进一步夯实】 2021 年，山东石油分公司加大基础管理力度，提升门店运营服务水平。理清油非经营关系，打造更符合市场要求的有效营销活动，油非互促营销投入更趋精准，电子券使用率和投入产出率不断提高。加快推进洗车业务，全年新建全自动洗车机 58 座。打造“山东易捷直播间”名片，在“易享节”直播竞赛中获全国最强直播间称号。非油品全口径交易额 26.4 万元、增长 1%，报表利润 0.63 亿元、增长 3%，效益贡献力不断提升。

（张　雪　禚虹阳）

【网络建设步伐加快推进】 2021 年，山东石油分公司坚持“严谨高效规范操作，内涵外延发展并重，当期与长远统筹兼顾”的原则，发展加油（气、氢）站 58 座、投营 58 座、续租 53 座。统筹制订油库一体化建设方案，规划建立一体化、平台化的油库综合信息系统。抓好周村储备库、济宁油库迁建等重点项目建设，采取统筹规划、同步实施的方式，确保主线节点按期完成，工程进度总体受控。

（张　雪　禚虹阳）

【综合能源服务格局初步搭建】 2021 年，山东石油分公司加快向现代化综合能源服务商转型，建成加氢站 8 座，其中济南第 58 站为全国首座实现“净零排放”的绿色综合加能站、山东淄博高速加氢站为全国首座高速加氢站，“0-1-0”氢能发展模式初步成型。参与国家 2 项课题，共同推进氢能应用场景落地、相关政策出台和技术研发等工作，成为省内氢能网络布局领域的“头雁”引领企业。快速推进充换电和光伏业务，完成充换电项目 74 座、分布式光伏发电 95 座，助力形成综合能源服务格局。

（张　雪　禚虹阳）

全国首座实现“净零排放”的绿色综合加能站——中国石化山东济南第 58 综合加能站建成投营（王潇君　摄）

全国首座高速加氢站（王潇君　摄）

【数字化商业建设稳步推进】 2021年，山东石油分公司推动实体经营和数字化商业融合发展，打造智慧库站样板，制订三年建设方案，明确信息和数字化规划。有效发挥市场研究室职能，完成市场价格预测模型、直销定价模型、库存商品滚动成本模型构建工作，并入选2021年度集团公司信息和数字化典型案例。坚持业务与技术双轮驱动，深化应用电子钱包、易捷到车，持续推广“加油中石化”App及权益会员拉新，一键式服务优化消费体验。

（张　雪　禚虹阳）

【本质安全管理水平不断提升】 2021年，山东石油分公司推进“百日安全无事故”和“五查五严”保安全专项行动及“绿色企业行动计划”，推进HSE管理体系全面落地。重点做好“两个现场”安全监管，压实主体责任，开展施工专题“四不两直”检查，加强常态化视频监控抽查，实现实时监控。充分发挥应急指挥中心作用，强化全天候应急值守。周密安排疫情防控措施，切实做好一线员工防护，实现“零感染”。

（张　雪　禚虹阳）

【绿色低碳发展纵深推进】 2021年，山东石油分公司在成功创建绿色企业基础上，自我加压对标先进单位，推进绿企工作走向深入。下大力气抓好绿色基层建设，全年595座库站完成绿色基层创建，累计1 330座库站完成绿色基层创建，占比53.8%。对照习近平总书记关于黄河流域生态保护的历次重要讲话要求，制订专项工作方案和补充意见，对沿黄9家市公司的11座油库、1 227座加油站采用更高标准、提出更高要求，确保“零污染”。推进智慧化环保信息管理，切实降低基层库站能耗。

（张　雪　禚虹阳）

【合规管理体系更趋完善】 2021年，山东石油分公司强化内控体系建设，修订2021年版内控手册。开展内控制度清理整顿，印发合规管理工作指引4个，在用制度缩减8.2%。重组ERP管理中心，全面启动、分步推进ERP清理整顿。狠抓数质量管理，开展油品数质量清理整顿“回头看”，严把外采质量关口，创新入库交接模式，各级各部门抽查合格率100%。立足内部审计经济监督职能，完成专项审计12项、建设项目审计2 049项。更新“两高一重”清单，深化季度动态风险管理，做好风险隔离。

（张　雪　禚虹阳）

【深化改革取得积极成效】 2021年，山东石油分公司完善深化改革三年行动计划和实施方案，明确改革发展目标和4个方面18项重点任务，逐项制定推进措施，在提升现代企业治理水平、全面推进“五大”建设、加快探索布局新能源、提升党建工作质量等方面有长足进步和深刻变革。深化对标世界一流管理，与“比学赶帮超”工作有机结合，形成多维度对标运行模式。全面推进县区公司建设，修订完善县区公司经营管理评价体系。

（张　雪　禚虹阳）

【队伍建设实现新的突破】 2021年，山东石油分公司建立山东石油党校，开展中层干部能力建设、青年人才培训，制定人才库管理办法，推行省市公司双向挂职锻炼。加大优秀年轻干部选育使用力度，努力消除“盖层”现象、“断层”问题。持续举办“机关大讲堂”，提升队伍综合素质。建立新入职毕业生双导师制复合式培养方式，组织高校毕业生开展系统培训、集中见习，确保优秀毕业生“引得进、留得下、用得好”。

（张　雪　禚虹阳）

【党建引领保障作用全面发挥】 2021年，山东石油分公司聚焦旗帜鲜明讲政治，扎实开展党史学习教育，为群众办理暖心事 51 件，庆祝建党百年“七个一红色活动”精彩纷呈。坚定稳妥推进全面从严治党，深化推进以“合规、敬畏、干净、担当、奋进”为理念的廉洁文化建设，顺利完成巡视配合保障任务。以“标准 + 红色 + 服务”为思路，培育特色基层党建品牌，完成 60 个党支部建设，基层活力全面激发。坚持党建带工建、团建，新创建省级“青年文明号”1 个，创建“青年安全生产示范岗”17 个。“感恩 + 互助 + 和谐 + 奋进”家文化建设入选集团公司工会组织特色工作案例。

（张　雪　禚虹阳）

【牢记嘱托认真履行央企担当】 2021 年，山东石油分公司扛稳扛牢保供政治任务，积极应对柴油资源供应紧张局势，被央视《经济半小时》节目专题报道。新投营“司机之家”88 座、爱心驿站 139 座。冠名建设“希望小屋”4 间，改善困难儿童学习生活环境。开展中国石化光明号健康快车临沂行暨见证第 5 万例白内障患者重见光明活动，为沂蒙老区 1 000 余例白内障患者实施免费复明手术。驻村干部帮助引进资金 299 万元，购销助农产品 8 700 万元。精心组织公众开放日活动 17 场，参与人数 1 561 万人次，搭建企地、企媒沟通桥梁。

（张　雪　禚虹阳）

第 5 万例白内障患者王仕荣重见光明后，与志愿者一起比心（赵汝国　摄）

表 1　山东石油分公司主要经营指标

指标名称＼年份	2021	2020	2019	2018	2017	2016
成品油销售总量 / 万吨	770.15	785.69	950.63	964.20	1 086.40	1 084.29
零售量	498.81	547.08	684.71	718.90	802.80	826.57
销售收入 / 亿元	579.84	479.73	657.97	698.98	648.12	597.59
利润 / 亿元	0.42	0.61	–4.00	–26.96	–8.93	8.67
吨油费用 / 元	502.00	456.00	381.71	369.36	313.50	295.00
加油站总数 / 座	2 672	2 653	2 708	2 621	2 549	2 572
自营加油站数	2 486	2 484	2 554	2 489	2 417	2 440

河南石油分公司

【概况】 中国石化销售股份有限公司河南石油分公司（简称河南石油分公司）位于河南省郑州市，是中国石化销售股份公司在河南省的唯一成品油销售分支机构。前身为 1950 年 7 月成立的中国石油贸易分公司郑州分公司，1998 年划归集团公司，2000 年 5 月，集团公司以独家发起方式设立中国石油化工股份有限公司后，注册成立中国石油化工股份有限公司河南石油分公司，2014 年更名为中国石化销售有限公司河南石油分公司，2019 年随中国石化销售股份公司混合所有制改革变更为现有名称。截至2021年底，河南石油分公司设17个日常管理部门，下辖19个市分公司和108个县分公司，有合同制员工8 454人，在营加油站（点）1 716座、加气站61座（加气母站1座），易捷便利店1 716座，在用油库22座，库容93.16万立方米。资产总额194亿元。

河南石油分公司经营管理范围为汽油、煤油、柴油、天然气的批发、零售；燃气经营；零售预包装食品；卷烟、雪茄烟的零售；国内版图书报刊、电子出版物、音像制品的零售。润滑油、燃料油、沥青的销售；石油化工品的销售、日用百货便利店经营，纺织、服装、日用品、五金、家用电器及电子产品、充值卡的零售，彩票代理销售、委托代理收取水电费、票务代理服务，广告服务；汽车清洗服务，技术及信息的研究、开发、应用。第一、第二类医疗器械销售；一次性使用医疗用品销售；卫生用品销售；非织造布销售；消防器材销售；清净剂销售；新鲜水果、新鲜蔬菜批发与零售；增值电信业务、互联网营销。

河南石油分公司主要经营指标见表1。

（韩　笑）

【领导班子调整】 2021年1月29日，集团公司下发文件，鉴于年龄原因，免去王敏党委副书记、纪委书记、工会主席职务；4月12日，集团公司下发文件，张德均任中共河南石油总公司党委副书记、纪委书记、工会主席。11月4日，集团公司下发文件，鉴于年龄原因，免去秦茂伟副总经理、党委委员职务。

（王　慧）

【巩固零售终端占有】 2021年，河南石油分公司零售量472万吨，柴油“双百”行动增幅排名华北区第一，配合政府部门打击取缔黑加油库2座、黑加油站（点）296个，查封撬装站68座、自建罐252个，查处流动售油车858辆，罚没油品3 437吨。汽油方面，坚持“持续攻坚创效”策略，分阶段、分板块、分优惠方式灵活把控经营节奏及策略，汽油价差收窄0.14元/升，减少价损5.2亿元。柴油方面，坚持“点狠面稳”的竞争策略，量价互动、动态定价，价差收窄0.23元/升，减少价损4.36亿元。2021年获总部6面先进红旗。

（何鸿耀）

【强化非油品“六化”运行】 2021年，河南石油分公司非油品基础品类销售额15.2亿元，2018—2021年底复合增长率9.6%，高于系统平均2.9个百分点，系统排名第六。坚持多样化，引入线上线下新品1 225个，定向开发投放定制商品80款，销售额6 857万元，多创效益1 865万元。9月23日易享节单场直播带货交易额1 246万元，位列销售系统第三，获总部最强直播间称号。深化自有品牌专项营销，赖茅酒销售额1.2亿元，连续4年高基数、高增长。探索加油站及线上汽车、保险销售新模式，联合开设各类店中店588个，丰富加油站综合服务功能。稳步推进非油品综合改革，建立优秀人才双向流动机制，营造敢为人先、勇于探索的良好氛围，提前完成新体制搭建运行进度。开展3轮次全省巡店督导和便利店员工培训，任务完成率99.5%，全国排名第一。

（黄　静）

【高效推进网络发展】 2021年，河南石油分公司坚持以市场为导向，以质量效益为统领，坚持新能源开发、重资产增效、闲资产盘活并重，把方向、调结构、转方式，坚定发展定力，拓展新能源领域和巩固传统能源优势（抢夺优质新增网点与挖掘存量资产价值）“双轮驱动”，着力提升市场占有和投资回报，实现销售网络高质量转型发展。全年投营加能站83座，其中加油站73座、加气站9座、加氢站1座，股份66座、合资17座，重资产站47座。新发展加能站86座，其中加油站78座、加气站8座，股份65座、合资21座，重资产站49座。新取得加能站建设用地13宗（含合资6宗），其中低成本置换或起拍价取得土地10宗。清理、盘活土地资产49宗；新建光伏51个、充换电站61个；执行投资计划9.1亿元。获销售公司“比学赶帮超”季度红旗2面。

（梁　博）

【安全生产形势持续稳定】 2021年，河南石油分公司以HSE管理体系实施运行为重要抓手，深入推进安全生产专项整治三年行动、“总经理 2 号令”“五查五严”“百日安全无事故”、平安护航“百年大庆”等专项工作和 HSE“12345”工作任务落地，以高质量党建引领高质量安全环保，继续保持 HSE 平稳运行态势。获集团公司安全生产先进单位和节能环保先进单位称号，被评为集团公司 A 档绿色企业。河南石油分公司在全国“安全生产月”竞赛答题中总积分位列集团公司第 1 名、全国应急普法网络答题总积分位列集团公司第 2 名。在河南省“安全河南杯”安全生产知识竞赛中获优秀组织奖、安全生产示范单位称号。

（张艳丽）

【践行每一滴油都是承诺】 2021 年，河南石油分公司以“质优量足、客户满意”为中心，聚焦风险防控，聚力提质增效，深化责任落实，严守风险底线，保持数质量工作平稳运行态势。迎接集团公司质量抽检 40 批次，各级政府职能部门抽检及“双随机一公开”检查 3 079 批次，做到销售油品 100% 合格、加油机检定 100% 合格。在销售公司专项考核中，数质量一体化平台应用第 4 名，实验室信息管理系统应用第 3 名，质检室比对试验第 2 名，加油站液位仪系统应用考核满分，数质量工作持续保持在销售公司前列。获集团公司质量管理先进单位称号。

（杨邦举）

【推动财务快速转型】 2021 年，河南石油分公司深化财务转型，发挥财务管理中心作用，强化价值引领，充分发挥预算牵引功能，促进业财深度融合，推进涉税平台建设，为市场环境优化提供助力；强化成本管控，深化全员成本管理，加大制度约束，提升费用管控水平，用足税收优惠政策，深挖降本节税潜力；强化制度建设，落实省市县站四级资金监管责任，严格信用管理，提升资金运作效率；强化资产盘活，巩固资产经营管理理念，完善激励机制，提升资产创效能力；强化内控执行，全面开展内控监督评价，夯实内控风控管理基础，提升风险防控水平；强化队伍建设，多岗位锻炼强技能，打造高素质财务队伍。

（丁艳琼）

【强化“两化”深度融合】 2021 年，河南石油分公司坚持业信融合，突出价值创造，建设税控数据集中传输平台，满足政府涉税监管平台的数据集成需求；建设站级一体化系统，实现一屏化管理、一键式班日结和一站式组合收银，班结时间降至 3 分钟以内；建设人力资源管理系统，解决河南石油分公司干部用工管理、考核分配、薪酬激励、培训等信息化问题。信息化价值创造、业务保障和业信融合能力进一步提升，全年销售公司考核指标稳居前五，护网演习零失分获评河南省公安厅优秀防守单位、集团公司信息系统应急演练先进单位，“两化”融合管理体系成功复审。

（陈祝春）

【人才队伍保障支撑作用显著增强】 2021 年，河南石油分公司聚力人才强企，不断加强人才队伍建设。健全干部管理体系。修订完善干部年度综合考核办法、退出现职办法等 4 项制度，进一步完善干部管理体系。突出政治标准选人用人。赋予“六重”选人用人标准新内涵，把政治标准摆在首位，坚持“新六重”，稳步推进干部队伍新老交替。增加干部破格提拔条件，加快年轻干部培养，年度提拔 18 名中层干部中，“75 后”7 人、“80 后”3 人，45 岁及以下干部占比 44%，其中新提拔到中层副职岗位 13 人，45 岁及以下干部占比 54%，干部队伍年龄结构逐步改善。强化考核结果运用。对中层干部进行民意测评，将民意测评作为干部综合评价的重要部分，合理运用民意测评结果。

（王　慧）

【加强员工教育培训】 2021 年，河南石油分公司结合企业经营发展工作需要，举办各类线上、线下培训 821 期，培训学员 93 345 人次。其中，省公司培训中心举办市分公司新提拔处级干部和安全经理培训班、市分公司数质量经理培训班、加气站站长培训班、招投标管理培训班、人力资源系统上线培训班等集中培训 21 期，培训员工 715 人次；举办网络在线培训 10 期，培训学员 9 736 人。结合在汛情和疫情期间的培训需要，开发注册计量师系列课程、4+1 营销课程、HSE 体系建设课程等各类在线课程和微课 41 个。利用网络学院及时结合工作需要开展各类在线培训。河南石油分公司在中国石化网络学院人均学时 148 学时，总体学习情况排名第 6 位。

（李　洋）

【应对法律诉讼处理 防范纠纷隐患发生】 2021 年，河南石油分公司加大逐案督办力度，分级建立由省分公司分管领导、总法律顾问、市分公司主要负责人、市分公司分管领导牵头负责的案件督办体系，加大诉讼案件督办力度，推动积案的及时清理和结案，全省终结案件 56 起，尚有未结在诉案件 30 件，执行案件 13 件，挽回损失近 2 000 万元。

（车子明）

【“三项制度”改革工作成效显著】 2021 年，河南石油分公司持续推进“三项制度”改革，通过不断加大省市县三级机关定编定岗、清理冗员，持续深化油库大班制和加油站体制改革，5 年累计优化用工 5 782 人，其中 2021 年优化用工 774 人，基层员工人均年收入增长 15%，市公司领导班子收入差距拉大至 33%，机关部门月度兑现系数最大相差 32%，上岗靠业绩、分配靠贡献的机制逐步形成。

（车子明）

【抓“三型五好”提升基层组织力】 2021 年，河南石油分公司高质量推动“三型五好”党支部建设，突出学党史办实事、素质提升、“三化”建设、企务公开、融合互促 5 项重点任务，组织创建党支部书记培训、“示范支部书记行”活动，加强过程督导，帮助提升创建水平，推进基层党支部规范化、标准化、信息化建设，培育“三型五好”支部 52 个，洛宁党支部、光山党支部被集团公司授予基层党支部建设示范点。

（孙小华）

【高质量组织党史学习教育】 2021 年，河南石油分公司聚焦学党史、悟思想、办实事、开新局，确立学党史、增信念、强素质、求实效的总体思路，统筹运用个人自学、研讨互学、干部上讲台、以会代训、宣传宣教五种方式，推动党史学习教育抓实落地。省公司党委以上率下，聚焦转型发展、深化改革、绿色发展等 8 项主题进行专题研讨，省市公司理论中心组学习 246 次，专题研讨 289 次，中层干部上党课 138 次。就近用好红色资源，开展红色教育 203 场次；围绕“四个聚焦、四个满意”办实事，135 项办实事重点项目完成，“抗洪救灾”入选集团公司典型案例，在集团公司办实事满意度测评中满意率 100%。

（孙小华）

【庆祝党的百年华诞】 2021 年，河南石油分公司制订庆祝建党百年活动方案，开展“我身边的榜样”事迹报告会、“党旗在基层一线高高飘扬”主题党日、“永远跟党走”群众性宣讲等活动，以党员干部“四查四做”、安全“五查五严”的实际行动向建党百年献礼。各级党组织精心组织诵唱红色经典歌曲、党史知识竞赛、颁发“光荣在党 50 周年”纪念章活动，唱响红色主旋律。

（孙小华）

【全力扶贫攻坚】 2021 年，河南石油分公司稳社会责任，有效衔接乡村振兴。加强组织领导，调整完善省市公司乡村振兴工作组织机构，明确工作职责、责任事项，明确以提升党建工作水平、发展乡村产业、打造文化旅游为工作目标，高质量创建乡村振兴示范村。保持力量不降。16 家市分公司承担 64 个帮扶村的乡村振兴帮扶任务，派驻村工作队 46 个；选派扶贫工作人员 183 人，其中专职人员 60 人、兼职人员 83 人、驻村第一书记 29 人、驻村工作队队长 11 人；全省系统参与结对共建党支部 23 个，参与结对共建帮扶村 19 个。帮扶成果显著。发挥易捷渠道优势，销售扶贫商品 2 750 万元，位居销售公司第一。

（胡　鹏）

【“爱跑 E98”品牌汽油在河南上市销售】 2021 年 6 月 30 日，河南石油分公司在濮阳劲风加油站启动“爱跑 E98”品牌汽油销售，也标志着“爱跑 E98”品牌汽油正式在河南市场登陆。“爱跑 E98”品牌汽油是中国石化自主研发的高品质汽油，具有清洁性能突出、动力性能优异、发动机功率提升显著、燃油经济效益明显、环保减排幅度大、含有专用品牌标识剂等特点，对推动绿色能源发展，建设美丽河南起到积极作用。

（李　鑫）

【防汛抢险救灾应急保供油品工作受到各方称赞】 自 2021 年 7 月 20 日郑州、新乡、鹤壁等地遭受特大暴雨以来，集团公司党组第一时间为河南省捐赠善款 5 000 万元用于抗洪救灾和灾后重建工作，有力彰显中国石化讲政治、顾大局、负责任社会形象，河南石油分公司贯彻集团公司党组和河南省委省政府要求，成立防汛抢险救灾应急保供油品服务队，快速启动“六保”（保水利、保电力、保通信、保交通、保医院、保社区）专项行动，24 时全天候保障国电、消防和其他单位防汛抢险救灾应急用油。截至 8 月 16 日，河南石油分公司防汛抢险救灾应急保供油品服务队共为郑州、新乡等 5 个地市防汛抢险救灾保供油品 2 141 批次，应急配送柴油 89.42 万升，应急零提汽油 3.57 万升，保证省水利厅、省通信管理局、地铁五号线、郭家咀水库、郑大一附院河医院区、阜外华中心血管病医院等单位油品供应。河南石油保供事迹先后被 CCTV 财经频道、河南卫视、新华网及系统内主流媒体报道，河南省水利厅、国网河南电力公司、河南省武警支队、阜外华中心血管病医院、国家管网华北公司等用油单位对河南石油分公司送油保供服务予以高度赞誉，纷纷发来感谢信、送来锦旗表达感谢。

（马　原）

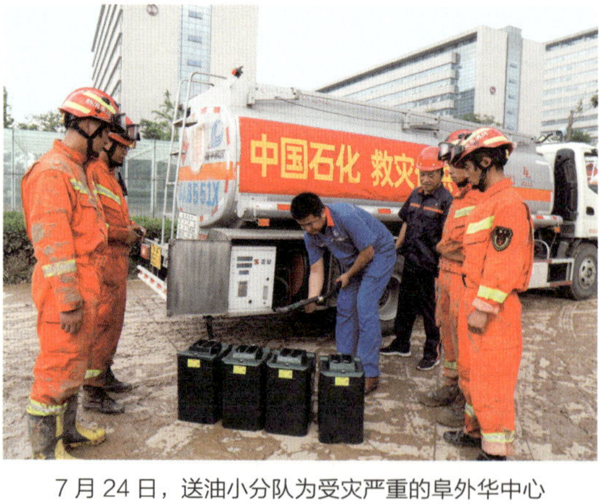

7 月 24 日，送油小分队为受灾严重的阜外华中心血管病医院抢险车辆送油

【河南石油分公司新乡审计分部成立运行】 2021 年 9 月 1 日，河南石油分公司新乡审计分部正式挂牌运行，标志着河南审计体制改革迈出坚实的一步。按照集团公司、省公司深化改革三年行动方案要求，推动企业建立一级审计管理体制，加大“上审下”的力度，内部审计的独立性、权威性、客观性和公正性进一步增强，新乡审计分部将为河南石油分公司完善治理、防控风险、提质增效提供有力保障。

（马　原）

【与河南邮政战略合作签约仪式在郑州举行】 2021 年 11 月 17 日，河南石油分公司与中国邮政河南省分公司战略合作签约仪式在河南邮政省分公司举行。协议签署后，双方将加强资源共享，在市场及渠道拓展、产品互供、金融业务、寄递物流、文创产品开发等领域深入融合和探索，实现互惠共赢。双方以战略合作为契机，携手共进，实现共同高质量发展，为中原崛起、富民强省作出新的更大贡献。

（黄　静）

河南石油分公司与河南邮政战略合作签约仪式

【召开第一次党代会】 2021 年 11 月 29—30 日，河南石油分公司第一次党代会召开。会议的主要任务是总结 5 年来工作成绩和经验，立足新发展阶段，分析面临的形势任务，部署新时期的目标任务和工作方向。会议主题：以习近平新时代中国特色社会主义思想为引领，聚焦打造“油气氢电服”综合能源服务商的奋斗目标，坚定以高质量党建推动高质量发展的工作主线，改革创新、奋勇争先、干在实处，高水平谱写高质量发展的时代篇章。

（孙小华）

【全面推进非油品综合改革】 2021年12月24日，河南石油分公司党委组织部组织非油品中心21名员工，与中国石化销售股份有限公司河南易捷分公司签约，3名员工书面发言，全体员工纷纷表态，坚决拥护改革、支持改革、参与改革，对河南易捷分公司未来充满信心。

（黄　静）

中国共产党河南石油分公司第一次代表大会现场

表1　河南石油分公司主要经营指标

指标名称 \ 年份	2021	2020	2019	2018	2017	2016
成品油销售总量／万吨	626.20	689.90	765.20	762.50	757.00	741.20
零售量	472.10	514.40	602.80	618.00	622.50	617.20
销售收入／亿元	465.40	421.00	530.00	548.90	485.48	418.70
利润／亿元	1.20	1.10	2.10	−5.85	1.29	1.50
吨油费用／元	493.00	429.00	399.00	390.00	392.00	392.00
在营加油站（点）总数／座	1 716	1 969	1 874	1 851	1 843	2 582
在营加气站总数／座	61	60	56	51	48	45

湖北石油分公司

【概况】 中国石化销售股份有限公司湖北石油分公司（简称湖北石油分公司）位于湖北省武汉市，前身是成立于1953年的湖北省石油总公司。1998年7月整体划归集团公司管理，2000年4月按照中国石化整体重组上市要求，改制为中国石油化工股份有限公司湖北石油分公司；2008年原武汉石油集团股份有限公司（深交所上市公司）退市后并入湖北石油分公司。2015年1月按中国石化推进销售企业混合所有制改革要求，变更为中国石化销售有限公司湖北石油分公司；2019年3月变更为中国石化销售股份有限公司湖北石油分公司。

湖北石油分公司是湖北省成品油销售的主渠道企业，主要经营成品油和天然气的销售、储运及便利店等易捷服务业务，经营服务网络覆盖湖北省所有地区，下辖武汉、宜昌、荆州等13家市州分公司和4家专业公司，74个县级公司和25个零售管理片区，承担着湖北省成品油资源配置和市场供应的主渠道责任。截至2021年底，湖北石油分公司资产总额168.66亿元，资产负债率56.92%，全口径用工总量10 885人。在营油库14座，库容60.69万立方米；在营加油站1 926座（其中加气站71座、加氢站4座、充换电站60座、光伏发电站33座）。2021年，湖北石油分公司成品油经营总量676.2万吨，天然气销量9 298万立方米，非油品销售额39.6亿元，报表利润2亿元。

湖北石油分公司主要经营指标见表1。

（曾　令）

【领导班子调整】 2021年4月12日，孔小强不再任湖北石油分公司党委副书记、纪委书记、工会主席，调出另有任用；王保生任湖北石油分公司党委副书记、纪委书记，为工会主席人选。5月15日，于海平与向浩萍职务调整，于海平任湖北石油分公司党委书记、代表；向浩萍任湖北石油分公司总经理、党委副书记。2021年7月2日，王飞不再任湖北石油分公司党委委员、副总经理，调出另有任用。

（曾　令）

【经营业绩创近年来最好水平】 2021年，湖北石油分公司完成报表利润2亿元。完成机出量503万吨，规模稳居销售企业第四，历史性地进入销售系统前列。加大闲置资产盘活力度，资产处置收益1.46亿元。零售损耗率进入区内销售企业第二。用当期效益核销不良资产及往来账务1.72亿元，积淀已久的历史遗留问题得以基本解决。承接成品油基准配置519万吨，基准配置规模排销售企业第五。推动政府出台“打非治违”政策文件及行动方案322份，查处非法经营窝点285个，取缔黑油点582个，查获流动加油车754辆、油船2艘。完成非油品毛利额4.93亿元、增长51%，毛利率17.8%、增长4个百分点；“年货节”完成基础品类营业额7.5亿元，增长98%；水世界营销活动实现水饮类、酒类销售额1.3亿元，增长34%；易享节全省基础品类销售额5.1亿元，毛利额9 188万元，均排区内第5位；开展直播带货，实现销售2 656万元；开发自有品牌“易丹泉”天然水新品，成功打入河南、陕西市场，累计销售近23万件。

（曾　令）

【各项工作争先进位效果显现】 2021年，湖北石油分公司大力开展“对标世界一流管理提升行动”和“比学赶帮超”活动，经营管理指标普遍提升，部分指标进入销售系统领先行列，全年夺得销售公司红旗43面，各项工作呈现争先进位的良好态势。通过集团公司HSE管理体系试审核，获集团公司安全生产先进单位称号。大力践行绿色企业行动，绿色基层覆盖率超62%，排污许可取证率100%，荣升集团公司A级绿色企业。加强合同合规管理，“五率”指标稳居销售企业前三。非油品获销售公司业务技术比武团体第三，武汉公司杨旭、宜昌公司王慧玲夺得个人金牌；纪检监督获销售公司技能比武团体铜牌，襄阳公司余春扬夺得个人银牌。

（曾　令）

【综合能源网络建设取得历史性突破】 2021年，湖北石油分公司加快推进油库和综合加能站建设，“油气氢电服”综合能源网络取得突破。余家湖油库完成竣工验收，白浪油库、荆州油库建成投油，枝江油库完成中交，总库容增至60.69万立方米，资源调配和运作能力大幅增强。王家河油库码头旧址改造为“长江大保护教育基地”，得到中央环保督察组充分肯定。全年新投营加油站58座；制订LNG加气站三年发展规划，新投营LNG加气站14座。围绕湖北新能源产业规划，与行业领先企业开展合资合作，充分利用终端网络优势，加快配套应用场景落地，建成加氢站4座、充换电站60座、光伏发电站33座，同时具有3种及以上能源供给功能的站点达20座，开启湖北石油分公司新能源发展新篇章。加大租赁站点维稳力度，针对重点项目，逐站分析问题、制定措施，全年续租项目29个，稳定销量5.7万吨。

（曾　令）

2021年11月26日，中国石化湖北武汉群力油氢电综合能源站落成仪式在武汉举行。这是湖北省内中国石化第一座集加油、加氢、充电、光伏发电等功能于一体的综合能源供应站，也是中国石化首座自主研发、建设的综合能源站

【深化改革全面发力持续推进】 2021年，湖北石油分公司按照总部深化改革三年行动的统一部署，完成非油品综合改革、省公司班子经理成员任期

制契约化管理改革和省公司机关改革，18 人从市州公司进入省公司机关，县市公司体制机制改革覆盖率超过 60%。全面实施末位管理，干部“能上能下”更加常态；以推进“即时绩效薪酬”管理改革为关键点，优化考核分配机制，收入“能增能减”更加精准；以非油品综合改革为突破口，建立适应市场化的人员流动机制，员工“能进能出”更加顺畅。对标销售企业先进水平，持续推进优化用工，全口径用工数较 2020 年末减少 885 人，人均劳效达 735 吨，同比提升 21%，员工收入有较大幅度增长。省公司机关考核体系进一步优化，市州公司考核指标全面精简，企业运行效率大幅提高。

（曾　令）

【党建引领保障作用充分发挥】 2021 年，湖北石油分公司以党史学习教育为主线，深入学习宣传贯彻习近平总书记“七一”重要讲话精神、党的十九届六中全会精神和习近平视察胜利油田重要指示精神。创造性地探索开展“五谈两促一提升”活动，与中层领导干部谈党建引领、思想破冰、组织保障、作风建设、廉洁自律，促进各级领导干部增强政治能力、专业能力，全面提升履职能力。打造湖北石油分公司抗疫教育基地，入选中国石化十大红色教育基地，成为宣传抗疫精神、弘扬优良传统的重要思想教育阵地。牵头组织 11 家驻鄂企业举办“中国石化在湖北”社会责任报告发布会，彰显中国石化“旗帜、栋梁”的良好形象。湖北石油分公司党校与省委党校联合办班，开启党校企地合作新模式。在地方换届中当选各级人大代表、政协委员、党代表 68 人，“石化声音”更加响亮。注重选树一批先进典型，李郑军当选第六届“感动石化”人物。着力深化“大监督”格局建设，有效推动全面从严治党向纵深发展。

（曾　令）

2021 年 6 月 16 日，湖北石油分公司打造的全国首座加油站抗击新冠肺炎疫情教育基地——湖北石油分公司抗击新冠肺炎疫情教育基地正式开馆，该基地获评中国石化十大红色教育基地

2021 年 12 月 10 日，中国石化自主研发的首款国产品牌汽油“爱跑 98”在湖北武汉十升加油站举行上市仪式

表 1　湖北石油分公司主要经营指标

指标名称 \ 年份	2021	2020	2019	2018	2017	2016
成品油销售总量 / 万吨	676.20	578.40	713.80	724.72	721.70	698.43
零售量	532.60	465.14	578.90	589.35	589.00	590.60
利润 / 亿元	2.00	−7.57	1.37	0.08	3.10	5.02
销售收入 / 亿元	515.74	373.93	519.00	539.65	468.38	404.32
吨油费用 / 元	405.00	438.00	353.00	341.00	340.00	337.00
加油站总数 / 座	1 926	1 912	1 990	2 257	2 197	2 144

湖南石油分公司

【概况】 中国石化销售股份有限公司湖南石油分公司（简称湖南石油分公司）位于湖南省长沙市湘春路 113 号。其前身为成立于 1950 年 7 月的中国石油公司长沙分公司，1998 年 7 月整体划归集团公司，2000 年 2 月随同集团公司重组改制和主辅分离，分设为中国石油化工股份有限公司湖南石油分公司（上市公司）和中国石化集团湖南石油总公司（存续公司）。后者于 2007 年改组转制为中国石化集团资产经营管理有限公司湖南石油分公司（简称资产公司湖南石油分公司），2009 年 7 月，资产公司湖南石油分公司交由湖南石油分公司托管。2014 年 5 月 14 日，按照集团公司对销售公司实施改革重组的要求，公司更名为中国石化销售有限公司湖南石油分公司。2019 年 4 月，更名为中国石化销售股份有限公司湖南石油分公司。

截至 2021 年底，湖南石油分公司下设 15 个地市级分公司，103 个县级公司；省公司机关设立 17 个部门（中心）。用工总量 10 421 人；资产总额 227.47 亿元；在营加油站 1 862 座、油库 20 座、易捷便利店 1 592 座。拥有湖南省最完善的成品油销售网络，是湖南省成品油经营主渠道企业。主要从事成品油的销售；法律法规允许的石油制品、润滑油、化工产品销售、储存；车用燃气经营；非油品（烟酒、饮料、百货、食品、汽车用品、润滑油、其他服务）销售业务。

2021 年，销售成品油 705.19 万吨，实现非油品营业额 34.4 亿元；销售收入 537.41 亿元、利润 0.7 亿元，上缴税费 5.35 亿元。

湖南石油分公司主要经营指标见表 1。

（夏良春）

【以昂扬奋进姿态庆祝建党百年】 2021 年，湖南石油分公司聚焦学党史、悟思想、办实事、开新局，深入学习贯彻习近平总书记“七一”重要讲话精神、视察胜利油田重要指示精神和党的十九届六中全会精神，进一步扛稳扛牢保供重任，积极投身新冠肺炎疫情防控，优化增强便民服务，创新助力乡村振兴，努力创造更好业绩，以实际行动践行“两个维护”，扎实推进党史学习教育，学史明理、学史增信、学史崇德、学史力行取得明显成效。克服疫情反复、高速移交、资源分化、限电限产等各类不利因素挑战，紧紧抓住经济复苏、油价上行、需求回暖等机遇，攻坚克难、连续奋战，2021 年销售成品油 705 万吨，规模排区内销售企业第 5 名，其中零售量 557 万吨，规模排第 4 名；实现非油品基础品类营业额 17.9 亿元，增长 8.3%。

（夏良春）

【担当保供主渠道重任确保能源饭碗端稳端牢】 2021 年，湖南石油分公司强化资源统筹进销平衡，在春运、疫情、能源紧张等关键时期，坚决担当保供主渠道重任，湖南省未出现成品油脱销断档情况。扎实开展加油站服务竞赛和零售督导帮扶活动，推进“新一站一策”和“网格化”经营，强化“赛晒看”和领班制，建成运营“司机之家”73 座，覆盖湖南省 14 个市州，其中 10 座旗舰站顺利通过湖南省交通厅验收。实施 98# 倍增计划，98# 汽油增长 5.3%。深挖客户“油气非润”潜在需求，客户经理队伍获销售系统大客户价值深度挖掘最佳营销团队称号。开辟物流优化通道，严格控制全环节商品损耗，优化财务运营成本，压实费用归口管理责任，精细化管理水平持续提升。配合政府相关部门开展成品油领域“打非治违”三年行动，推动税控平台建设，有力净化环境，为湖南省成品油流通市场健康发展贡献企业力量。

（夏良春）

【坚定做强做优做大国有资本】 湖南石油分公司加强项目投营全环节、全过程督导，2021 年新投营加油（气）站 92 座，排名全国销售企业第二。坚持“轻资产”发展，强化企地合作，累计签订合资协议 95 家，锁定加油站 480 座（发展站点 262 座、控制规划点 218 座），通过合资公司新发展投营加油站 71 座，实现年经营量 42 万吨，成为稳定可观的市场和效益增长极。编制“十四五”仓储设施发展规划，长沙油库脱瓶颈、中方油库隐患改造、非油品中央仓建设等重大项目稳步推进。扎实开展资产分类评价创效，推行合资公司管理模式、资源供应、营销管理、财务管理和信息系统管理“五统一”，实现对外投资收益 1.5 亿元、增长 36%，投资收益率由 6.8% 增长至 7.3%。

（夏良春）

【积极打造“油气氢电服”现代综合服务商】 2021 年，湖南石油分公司大力拓展天然气网络建设，新投营加气站 6 座，天然气单日零售量增长 16.4%。发展加氢、光伏、充换电等新能源站，湖南省首座加氢站——岳阳云港路加氢站落地投营，全年在加油站新安装光伏发电设施 30 座、建设充换电站 65 座。持续完善“石化钱包”“一键加油”功能应用，积极承担集团公司“十条龙”科技攻关项目的加油站数字孪生技术研究，加速推行客户数字提油，完成 App 及会员运营平台建设。狠抓商品品类全流程管控，精细开展营销活动，做大自有品牌商品规模，全年油非互促营销带动比由 2.25 提高至 2.88，商品投入产出率由 77% 增长至 116%。整合各类社会资源，拓展洗车、广告、餐饮等新业态，易捷综合服务功能日益完善。

（夏良春）

岳阳云港路加油加氢站工作人员为车辆加氢

【坚定推进动力效率质量变革】 2021 年，湖南石油分公司推进商业客户中心体制机制改革和易捷公司内部市场化、专业化机制改革。建立健全差异化、类别化薪酬总额决定新机制，对库站操作人员突出以工作绩效、劳动效率为核心，对非站非库员工实行与劳动市场价位相适应的全额联量联效机制，干部员工人均薪酬实现稳步增长。创新管理机制，“他有我营”联合专项审计项目获集团公司 2018—2020 年度优秀审计项目一等奖，《销售企业长期资产价值动态经营管理模式的构建与实施》获集团公司第三十届管理创新成果一等奖。

（夏良春）

【巩固良性稳健发展态势】 湖南石油分公司始终把员工生命安全和健康摆在首位，做到“油品不断供、服务不打烊、员工零感染”。坚决执行集团公司“总经理 2 号令”，全面落实安全生产专项整治三年行动，夯实提升绿色企业创建质量，始终保持“零污染、零伤害、零事故”。推进质量管理体系有效性建设，加强重点领域的油品质量监管，2021 年未发生任何数质量事故和负面事件。系统梳理资金和发票制度流程，提高依法合规治企能力，提升审计预警和综合督查针对性，全面自查短板、梳理问题、建立清单、强化整改，风险管理常态化制度化精准化水平持续提升。

（夏良春）

湖南石油德山油库组织油库员工现场宣讲学习环保设备工艺流程

【全面从严治党促进政治优势转化】 2021 年，湖南石油分公司深入开展党史学习教育，扎实推进“我为群众办实事”重点项目 762 项。注重在大战大考中发现检验和选拔使用干部，“75 后”中层正职、“80 后”副职的队伍架构基本形成；加快推进重要岗位轮岗和干部交流，干部队伍素质水平和年轻化程度持续提升。大力提升基层党支部标准化、规范化、信息化水平，举办“礼赞百年、我心向党”红歌汇演，干部员工队伍凝聚力战斗力持续增强。健全完善“大监督”格局，扎实推进“三不机制”建设，正风肃纪和反腐败高压态势不断加强。加强企业文化建设，持续营造“党和人民好企业”良好形象。

（夏良春）

表 1　湖南石油分公司主要经营指标

指标名称＼年份	2021	2020	2019	2018	2017	2016
成品油销售总量 / 万吨	705.19	763.76	762.80	750.00	743.20	733.00
零售量	556.85	600.40	594.88	587.60	593.60	603.50
销售收入 / 亿元	537.41	461.55	553.45	558.00	493.00	427.00
报表利润 / 亿元	0.70	10.02	6.11	0.09	5.00	7.51
吨油费用 / 元	438	385	384	371	350	351
在营加油站总数 / 座	1 862	1 818	1 736	1 649	1 627	1 577

广东石油分公司

【概况】 中国石化销售股份有限公司广东石油分公司（简称广东石油分公司）前身是成立于 1950 年 6 月的中国石油贸易公司广州分公司。1961 年 11 月更名为广东省石油公司。1992 年 8 月改组为广东省石油企业集团公司。1998 年 7 月，广东省石油企业集团公司及其属下的 116 家市、县公司整体划归集团公司。2000 年 3 月，重组为中国石油化工股份公司广东石油分公司和广东省石油企业集团公司。2014 年 5 月，更名为中国石化销售有限公司广东石油分公司。2019 年 8 月，更名为中国石化销售股份有限公司广东石油分公司。

截至 2021 年底，广东石油分公司设 12 个综合管理部门、1 个专业中心、2 家专业分公司和 21 家地市分公司。用工总量 22 178 人（含委托站）。有油库 29 座，油罐容量 186 万立方米；铁路专用线 5 条，油库码头 11 座；加油（气）站等终端网点 2 351 座；易捷便利店 2 178 座。资产总额 452.78 亿元。

2021 年，广东石油分公司营业收入 1 288.64 亿元。连续 6 年获销售公司党建工作年度先进红旗，连续 6 年在集团公司党建考核中获评 A 档企业。

广东石油分公司主要经营指标见表 1。

（刘琼芝）

【领导班子调整】 2021 年 7 月 26 日，广东石油分公司召开领导班子调整视频会议，省公司副总经理田琳宣读集团公司任免文件：姜英会不再担任广东石油分公司纪委书记、党委副书记、工会主席，任广东石油分公司二级协理员；张志勇任广东石油分公司纪委书记、党委副书记。省公司新一届领导班子由岑利祥、董光明、刘俊峰、王征苑、邹伟海、田琳、张志勇 7 人组成。

（刘琼芝）

【攻坚创效】 2021 年，面对复发的广州新冠肺炎疫情和日趋激烈的市场竞争，广东石油分公司精准施策、真抓实干，从严从实抓好防疫工作，全力开源节流，打好防疫攻坚战、市场保卫战。全年油气总销 1 741.8 万吨，成品油总销 1 718.3 万吨，其中零售 1 280.3 万吨、直分销 438 万吨，巩固全省系统疫情“零疑似”“零感染”成果。

（刘琼芝）

【易捷服务】 2021年，广东石油分公司继续深化油非融合，完善“人·车·生活”生态圈，推动企业向现代化综合服务商转型。全年非油品交易额115.78亿元，营业规模位居中国石化油品销售系统第一。“加油广东”App会员2 922万人，继续保持全国最大的车主会员平台地位。优化“广东加油节”等专项营销，强化粮油、酒、茶叶等高客单价商品销售，有效提升门店销售规模。加强客户需求调研，开发适销对路优质单品，建设“易捷珍酒馆”，全年酒类销售额2.6亿元，增长31.8%。开发“易家香”“易享家”等广东特色自有品牌，全年销售额超8 000万元。突出做好“易享节”活动，强化“工作部署、内外宣传、物流管理、渠道开拓和基层帮扶”五大抓手，省市公司高效联动，干部员工全面参与，“易享节”店庆日5天销售额4.5亿元，增长543%，取得历史性突破，进一步坚定非油业务优质可持续发展的信心和决心。

（刘琼芝）

【网络发展】 2021年，广东石油分公司面对严峻的网络发展形势，坚持从实际出发，取舍有度，稳妥有序推进网络发展。持续推动合资合作项目，全年取得新发展项目20座、投营20座、续租8座。稳妥推进网络维稳，完成续租12座，稳定销量10.5万吨。推进新能源发展，建成油氢合建站5座、开工5座，建成158座充换电站及150座光伏发电站。

（刘琼芝）

2021年11月30日，粤港澳大湾区首座能源供应最齐全、服务功能最丰富的综合能源服务站——中国石化广东石油东明三路综合加能站正式投营

【基础管理】 2021年，广东石油分公司全面启动基础管理提升工作。油库方面，全面开展现场“7S”管理提升，坚持“明确责任、落实主体、查找问题、逐步整改”的原则，以问题为导向，实行清单化管理，举一反三逐个销项，同时通过建章立制进行系统固化和提升，油库现场环境及设备设施保养等方面得到极大改善，打造黄埔样板油库。油站方面，以“厕所革命”专项整治为契机，全面启动“一站一策”提升工作，组建全省零售专家队伍，开展现场诊断，夯实管理基础，打造客户员工“双满意”的广州城北样板经管部，以点带面带动加油站现场管理及服务水平大幅提升，打造样板加油站476座，通过验收样板经管部16个。

（刘琼芝）

广东石油下属分公司肇庆公司召集一线员工召开城区样板经管部打造现场推进会

【风险管控】 2021年，广东石油分公司从严加强风险管控，保障企业经营安全。开展“依法合规、诚信经营”专项行动，贯彻落实制度管人、流程管事、标准做事的管理要求，大力开展全员合规教育，形成合规经营长效机制和文化导向。从严落实风险防控体系，以资金及发票管理专项行动为抓手，聚焦重点业务和关键环节，落实风险发现上报、跟踪、销项机制，确保内控执行刚性有力。坚持依法依规治企，紧盯重大法律纠纷进展，严格落实“一案一策”，全年办结案件26起，避免和挽回损失9 815万元。全面开展非油品质量风险排查，健全供应商引入、淘汰机制，严格落实索证索票制度，加强食品风险管控。

（刘琼芝）

【安全环保】 2021 年，广东石油分公司落实集团公司“总经理 2 号令”，强化“一把手”引领示范作用，压实各级责任，全力抓好安全环保工作。扎实推进安全专项行动，抓好“两特两重”期间安全保障，严格风险分级管控，加强整改销项闭环管理，全年完成 16 座油库、398 座加油站隐患改造，未出现安全事故，通过集团公司 HSE 管理体系审核，连续 7 年被集团公司评为安全生产先进单位。推进绿企建设，完成 1 113 座库站的“绿色基层”创建工作，研发并配备油气回收快速检测仪，实现油气回收 3 项指标快速检测。被集团公司评为节能环保先进单位、中国石化绿色企业。

（刘琼芝）

【数质量管理】 2021 年，广东石油分公司全面排查管控数质量风险，推广数质量一体化监控平台，实现在营油库智能化提升。加油站接卸油准确率提升至 97% 以上，集团公司及各级政府计量质量抽检合格率 100%，油品零损耗，获销售公司数质量年度红旗。

（刘琼芝）

【体制机制改革】 2021 年，广东石油分公司突出“服务经营”“激发活力”，优化体制机制，释放创新管理效能。推进机关组织绩效管理等职能划分，动态调整部分市公司业务部、零管部等部门划分，拆增部分市公司经营管理部，充实基层扩销增效力量，完善考核体系，激发队伍活力。改善维修体制，实现资源优化、管理效率双提升。开展“费用管控年”专项行动，推进企业提质增效。

（刘琼芝）

【品牌建设】 2021 年，广东石油分公司持续打造公益品牌，连续 9 年开展“情暖驿站”活动，创新打造“司机之家”“爱心驿站”两个品牌项目，推动项目成为继“情暖驿站”之后中国石化新的知名名牌项目。高质量开展公众开放日活动，全年组织 31 场开放日活动，超 80 万名网友参与直播活动，300 名社会公众走进加油站、历史文化展馆零距离感受“每一滴油都是承诺”。履行央企担当，打造高品质乡村振兴产业链，开展“新福托俚茶”产业帮扶，助力春茶销售超过 137 万元。

（刘琼芝）

广东石油分公司驻村干部和村民一起在河源新福托俚茶园区采摘春茶

【党建工作】 2021 年，广东石油分公司严格落实“第一议题”学习制度，深入学习贯彻党的十九届六中全会精神、习近平总书记“七一”重要讲话精神和视察胜利油田重要指示精神。成立党史学习教育领导小组和巡回指导组，聚焦高质量发展、优质服务客户、关心关爱员工、履行社会责任四个方面列出并跟进完成“办实事”清单，集团公司测评员工满意率 100%。发挥党委把方向管大局促落实作用，严格落实“三重一大”决策制度，完善党委会、领导班子会、总经理办公会议事规则，推动“一岗双责”融合落实。全力加强队伍建设，强化精准选用，领导干部老中青梯队有序配备，“75 后”“80 后”干部比例 63.2%，提升 5 个百分点。全面提升基层组织力，基层发展党员 363 人，培训党务干部 600 余人次。开展党支部分类定级管理，强化示范引领带动全面过硬，建设 5 个样板党支部，2 个基层党支部获评中国石化基层党支部建设示范点。推广“支部书记 + 项目”“支委 + 团队”“党小组 + 站点”“党员 + 攻坚”工作法，开展“机关服务基层、党员冲锋在前”“我为高质量发展作贡献”等活动助推一线经营创效。完善“大监督”工作格局，加强党风廉洁建设，运用好监督执纪“四种形态”，突出抓早抓小，有效开展多种形式的示范教育、警示教育、廉洁教育。

（刘琼芝）

表 1　　广东石油分公司主要经营指标

指标名称＼年份	2021	2020	2019	2018	2017	2016
成品油销售总量 / 万吨	1 718.34	1 674.90	1 733.32	1 686.01	1 639.04	1 576.64
零售量	1 280.38	1 201.20	1 285.49	1 331.46	1 300.81	1 268.72
报表利润 / 亿元	25.40	21.65	33.70	34.44	35.02	33.17
报表吨油费用 / 元	447.49	412.59	391.77	379.36	380.17	384.06
在营加油站总数 / 座	2 351	2 356	2 347	2 272	2 247	2 226

广西石油分公司

【概况】 中国石化销售股份有限公司广西石油分公司（简称广西石油分公司）位于广西壮族自治区首府南宁市，前身是成立于 1952 年的广西壮族自治区石油总公司，1998 年划归集团公司，1999 年按照集团公司重组改制、主辅分离的原则，组建广西石油分公司。2009 年整合上市、非上市部门职能，推进一体化管理改革。2014 年根据集团公司油品销售业务重组工作部署，变更为中国石化销售有限公司广西石油分公司。2019 年根据销售公司股改要求，更名为中国石化销售股份有限公司广西石油分公司。

截至 2021 年底，广西石油分公司设 14 个职能部室和 3 个专业中心，下辖 14 个地级分公司和 97 个片区，组建联营公司 42 个。主要经营汽油、柴油、天然气、氢气和润滑油的批发零售及加油站便利店非油品业务等。在岗员工 8 861 人（含委托管理站），在营加油站 1 393 座、便利店 1 257 座，在用轻油油库 13 座、总库容 56.60 万立方米；资产总额 163.96 亿元，全年完成固定资产投资 12.85 亿元。

2021 年，广西石油分公司销售成品油 674.28 万吨，其中零售 539.64 万吨、直分销 134.64 万吨；销售天然气 1.79 亿立方米；非油品业务营业额 33.96 亿元；全年实现销售收入 512.26 亿元，报表利润 10.40 亿元。

广西石油分公司主要经营指标见表 1。

（唐倩倩）

【领导班子调整】 2021 年 7 月，集团公司决定委派苏云河为广西石油分公司代表，聘任李力波为广西石油分公司总经理。广西石油分公司新一届领导班子由苏云河、李力波、林东、卢品宝、邓德选、何瑞 6 人组成。

（唐倩倩）

【成品油业务】 2021 年，广西石油分公司坚持以客户为中心，多方位同步发力，全年销售成品油 674.28 万吨。加强市场预判，提前谋划资源调运，在成品油市场供应紧张之时，全力组织资源稳客增量增效。深入开展卓越服务劳动竞赛，提升现场服务水平，打造“四个满意”加油站，客户服务评价由 2021 年初全国第 30 名上升至第 6 名；着力打造“司机之家”升级版，加快发展洗车业务，洗车站总数 627 座、占在营站比重的 53%、排名系统第一。深化与银行、保险、4S 店等第三方合作，引入资源跨界营销，进一步增强客户黏性，带动广西石油分公司销售金额 2.34 亿元。“一客一策”开发维护客户，直批客户数稳步增长，新增直批客户 911 个，增长 60.7%。

（唐倩倩）

【非油品业务】 2021 年，广西石油分公司全口径非油品营业额 33.96 亿元、增长 7%，增幅列区内销售企业第八，获销售公司“比学赶帮超”非油品年度先进红旗。成立广西易捷分公司，非油品综合改革试点相关的“三定”、竞聘上岗、社会化招聘等工作如期完成，有力激发经营活力和团队潜力。不断壮大“易姐姐百货公司”自有品牌产品队伍，深化企地合作，助推地方特色产品走向全国，开发“易姐姐”螺蛳粉销量突破 2 000 万元，贡献毛利额超过 900 万元，同时助力乡村振兴，拓展芒果、沙田柚等生鲜水果和粮油产品，销售“桂字号”商品超过亿元。加大门店吸引，打造集百货、快餐、医药等多业态融合的综合服务站，同时开展“逢 8 会员日”、年货节等主题营销，带动门店营业额稳步提升。

（唐倩倩）

【新能源业务】 2021 年，广西石油分公司聚焦绿色低碳发展，发展“油气氢电服”综合服务站。加快建设 LNG 加气长廊，新投营加气站 10 座、在营总数 32 座，天然气销量增长 17.68%。光伏、充电换电项目建设任务完成，加氢站建设任务基本完成，充电业务呈现较好的成长性，实现毛利 30 万元，“油气氢电服”转型发展和绿色低碳发展迈出新的步伐。

（唐倩倩）

【网络建设发展】 2021 年，广西石油分公司树立全周期竞争理念，更加注重网络发展建设质量，全年新投营加油加气站 75 座，预计年增量 17 万吨。全力协调政府密切企地关系，深化与地方企业合作，借势锁定一批合作发展项目；全网监控加油站建设用地出让信息，精细运作积极竞拍，土地储备稳步提高；解决柳州、桂林等公司 32 个历史遗留项目建设问题，关停歇业站恢复营业 7 座，2021 年贡献销量超过 7 600 吨。加强内部挖潜，“一站一策”做好 118 座加油站提量改造工作，新增加油能力 6.7 万吨 / 年。

（唐倩倩）

【创效能力】 2021 年，广西石油分公司加强全面预算管理，压实费用归口管控责任，主要费用指标控制情况较好。突出价值引领，深挖创效潜力，物流优化创效 4 907 万元，盘活闲置资产创效 4 420 万元，数质量管理创效 1.5 亿元。加大信息化建设力度，着力解决基层系统运行卡顿等老大难问题，有效减轻基层负担。科技创新取得新突破，试运行全国首个加油机器人，2 篇论文入选核心期刊，获 2 件实用新型专利授权。

（唐倩倩）

【“打非治违”工作】 2021 年，广西石油分公司多方面反映成品油市场乱象及危害，协调政府部门持续加大成品油“打非治违”力度，推动广西壮族自治区召开全区成品油非法经营专项整治推进会、下发专项方案。通过源头治理、税务稽查、舆论宣传等多种手段，全年配合地方政府开展行动 2 494 次，查获油品 9 722 吨，有力促进成品油销量回流 18 万吨。

（唐倩倩）

【安全环保】 2021 年，广西石油分公司实现安全生产事故、环境污染事件、在职员工新冠肺炎疫情感染人数 3 个为零，获评集团公司 2021 年度安全生产先进单位和节能环保先进单位，2021 年度自治区重点企业安全生产工作考核被评为优。发布实施《HSE 管理体系手册》，开展 HSE 管理体系全要素内审，发现问题及时督促整改。加强考核和责任落实，推动风险清单降级降值，风险总值下降 52%，提前 3 个月完成隐患项目治理，有效消除设备设施隐患。通过开展臭氧污染防治专项行动、水体分类处置、全过程管控危废等措施，实现外排废气达标率、外排废水达标率、固体废物妥善处置率 3 个 100%。

（唐倩倩）

【数质量管理】 2021 年，广西石油分公司正式上线数质量一体化应用平台，发油密度等油库自动计量深化应用实施取得成效，为基层减负，取代手工报表 25 项。数质量基础管理稳步提升，连续 3 年获销售公司先进荣誉。

（唐倩倩）

【改革管理】 2021 年，广西石油分公司深化改革三年行动稳步推进，挂牌成立对外合作部，重新界定合资企业管理部职能，和多个区直重点企业签订战略合作协议，以新改革促进新成效。对标一流提升管理，有序推进制度立改废，及时修订党委重大事项请示报告等制度，建立风险防控例会机制，深入研究解决授信额度、合资企业印章管理、施工单位转包分包等方面的潜在风险隐患。统筹用好审计、法律等方面资源，妥善解决部分历史遗留问题，有效维护企业合法权益。

（唐倩倩）

【国内首座多功能综合加能站投营】 2021年9月10日，广西石油分公司南宁新阳“油气氢电服”综合加能站建成投营，这是国内首座集“加油、加气、加氢、充电、换电、光伏、服务、文旅”多个业态于一体的综合加能站。改造后，日均可为近2 200辆车提供加油、加气服务，日均加氢能力500千克，充换电服务能力超过500车次/日，分布式光伏发电系统年发电量近5万千瓦·时，可减排二氧化碳近47吨。站内便利店提供1 100余种商品，包括日常生活必需品、扶贫产品以及东盟各国特色商品等。

（唐倩倩）

广西石油分公司南宁新阳“油气氢电服”综合加能站建成投营

【中国石化首座光伏建筑一体化加油站投营】 2021年5月28日，中国石化首座光伏建筑一体化、广西首座“碳中和”加能站——广西石油分公司百色六华加油站投入使用。该站将光伏建筑一体化的光伏组件与屋顶融为一体，所发的电力全年可减少碳排放量81.5吨，能够抵消加油站自身每年约76吨的碳排放，实现加油站自身“碳中和”。

（唐倩倩）

【南宁屯里油库中交】 2021年12月19日，广西石油分公司南宁屯里油库迁建工程历经超14个月的建设，实现单位工程质量合格率100%，比预定工期提前13天实现中交，转入联试联调阶段。该项目占地面积466亩（31.07万平方米），库容14.2万立方米，建成后将是中国石化销售系统在广西最大的成品油管道、铁路双系统输油基地。

（唐倩倩）

广西石油分公司南宁屯里新油库

【协办中国石化易捷第四届易享节】 在集团公司、销售公司的指导下，广西石油分公司协调各方，促成中国石化易捷第四届易享节启动仪式暨东博会易捷展销招商会，于2021年9月11日在广西南宁与第18届中国—东盟博览会同步举办。第四届易享节融入东盟元素，深化与东盟国际产品合作，实现“将属地产品推向全国，将国内产品推向东盟”的目标，进一步提升易捷品牌的国际影响力。这是易享节活动规格首次提升至集团公司和省级政府共同主办，并首次在国家级、国际性大型博览会上亮相，办出广西特色，得到各级领导充分肯定。

（唐倩倩）

中国石化易捷第四届易享节展厅

【推进成立广西成品油行业协会】 2021年10月26日，在广西石油分公司牵头推动下，广西成品油行业协会成立，广西石油分公司为第一届轮值会长单位，广西石油分公司总经理李力波兼任广西成品油行业协会会长职务。该协会的成立，对规范广西成品油市场秩序，优化广西成品油营商环境，强化成品油行业自律起到积极作用。

（唐倩倩）

【党建工作】 2021 年，广西石油分公司在总部党建考核中获评 A 档。认真落实“第一议题”制度，制定“红色赋能 勇于开局”等措施，及时学习贯彻习近平总书记视察广西和胜利油田重要讲话精神。“七个坚持”推进党史学习教育扎实开展，“我为群众办实事”实践活动取得实效，完成重点项目 49 项。加大干部人才建设力度，优秀年轻干部占新提拔人数的 50%，中层干部队伍年龄结构明显优化。及时落实党组巡视要求，制定立行立改措施 11 条。扎实推进政治监督，从严执纪问责，持续释放越往后执纪越严的强烈信号。宣传思想、维护稳定、统战、保密及工会、共青团、离退休等工作扎实推进，获评销售企业宣传工作先进单位、广西壮族自治区档案检查优秀单位。

（唐倩倩）

表 1 广西石油分公司主要经营指标

指标名称 \ 年份	2021	2020	2019	2018	2017	2016
成品油经营量 / 万吨	674.28	682.26	699.04	675.74	648.59	638.61
零售量	539.64	533.56	537.83	507.90	502.35	491.35
销售收入 / 亿元	512.26	421.47	502.35	511.22	415.71	367.21
利润 / 亿元	10.40	13.21	9.04	6.83	9.20	10.11
吨油费用 / 元	374.33	346.08	339.32	305.81	311.54	314.74
加油站总数 / 座	1 393	1 349	1 306	1 278	1 251	1 233

海南石油分公司

【概况】 中国石化销售股份有限公司海南石油分公司（简称海南石油分公司）位于海口市滨海大道 177 号。其前身中国石油公司广东省海南公司创建于 1953 年，1988 年海南建省后，挂牌成立海南省石油总公司。1998 年 9 月成建制划转集团公司。1999 年 7 月，集团公司将海南省石油总公司和海南经济开发有限公司的部分资产重组。2000 年实行主、辅分离，主业成立中国石油化工股份有限公司海南石油分公司，辅业为中国石化集团海南石油总公司（简称海南石油总公司）。2006 年，海南石油总公司整体转制为中国石化集团资产经营管理有限公司海南石油分公司（简称海南石油资产分公司）。2014 年 6 月，中国石油化工股份有限公司海南石油分公司更名为中国石化销售有限公司海南石油分公司。2019 年 2 月，按照销售公司改制上市要求，中国石化销售有限公司海南石油分公司更为现名。

海南石油分公司主营成品油、天然气、非油品业务，是海南省最大的成品油批发零售企业，销售网络覆盖海南省陆、海两域。

截至 2021 年底，海南石油分公司资产总额 38.4 亿元，有油库 4 座（库容 16 万立方米）、在营加油（气）站 306 座、液化气站 24 座，用工总量 2 770 人，马村—洋浦成品油管道 110.6 千米，马村油库—美兰机场航空煤油管道 55 千米。海南石油分公司设 15 个机关部室（专业中心）、18 个市县公司、5 个合资公司和 1 个直属单位。

海南石油分公司主要经营指标见表 1。

（李苏芮）

【领导班子调整】 2021年4月，黄新任海南石油分公司副总经理，黄流雄任海南石油分公司二级协理员。海南石油分公司新一届领导班子由丁建华、李炜、于永生（自2020年10月援疆）、崔勇、黄新、李峰玲、蔡文东7人组成。

（李苏芮）

【攻坚创效】 2021年，海南石油分公司直面市场激烈竞争和转型发展双重压力，以高质量党建推动高质量发展，团结带领广大干部员工以站排头、争第一的勇气和担当，锚定历史最高水平谋划大发展，深化各项改革笃定大变革，开启标杆企业创建实现大进步，争创多项指标历史最好水平，实现“十四五”良好开局，首次获销售公司标杆企业称号，获评年度效益先进单位、集团公司党建考核A档。全年油气经营总量增长23.1%；报表利润增长5.7%。其中，成品油经营量增长25.6%，零售量增长12.3%，直分销量增长66.6%；天然气增长36.9%，保持稳步增长势头；液化气增长4%，巩固多年增长的“黄金时期”；非油品增长22.3%；航空煤油销量15万吨，实现零突破。成品油经营总量、零售量、“两气”量、非油品营业额均创历史新高。

（李苏芮）

【产业布局】 2021年，海南石油分公司把握“油气氢电服”发展方向，谋篇布局，推动单一加油站向综合供能站转型，在各领域育先机、开新局。坚持“饭碗工程”，加快传统网络发展，进一步夯实营销网络基础，全年加油站投营10座、租赁5座，天然气站投营4座，液化气站竞拍1座、租赁1座。加快光伏、充换电新能源布局，新增充电站16座55个桩，累计完成45座123个桩，以点连线、以线连网，实现服务区自有站点充电桩全覆盖；以“场地出租+服务费分成”模式合作建设换电站，全年建成4座，逐步实现从高速公路向城区及旅游景区辐射。抢滩加氢站制高点，以建设海南交通能源氢能示范产业发展为目标，加强产业协同，推动政府审批流程落地、产业发展规划加速，提前布局建设加氢站，协调推进4座加氢站应用场景搭建。坚持延伸产业链攻坚重点项目，马美二期航空煤油管道纳入省重点项目，项目规划选址、专项评价、工程设计完成并取得批复，首站平整工程如期开工。

（李苏芮）

【风险防控】 2021年，海南石油分公司贯穿全年聚焦对标提升行动，对标对表，全力推进各项指标落实。加强安全管理，牢固树立红线意识，落实集团公司“总经理2号令”“一把手安全连线”视频会议精神，接续开展“百日安全无事故”“五查五严”专项工作，推进常态化新冠肺炎疫情防控，确保全年“零感染、零事故”，获2021年度海南省应急管理工作考核优秀；以HSE体系建设为切入点，增强全员体系意识，以良好的HSE业绩迎接集团公司HSE体系审核，取得良好评价。加强环保治理，开展库站排污许可证排查整改，持续推进库站土壤地下水井建设，落实三次油气回收改造，有效消除环境污染风险，通过集团公司每年绿色企业复核，创建成果得到有效巩固。加强各类经营风险防控，加大审计监督力度，全面审视经营管理风险，推进油品损溢专项监督和账款清欠、站点创效、投资效益等专项审计，经营管理的规范性和有效性不断提升。推动历史遗留问题解决，主动与省政府沟通协调，推动解决6座拆迁站点还建和3座开口及土地纠纷站点等历史遗留问题。

（李苏芮）

【改革创新】 2021年，海南石油分公司贯彻落实深化改革三年行动要求，紧紧扭住事关全局的重点改革任务，既抓点又带面，推动各项改革落地见效，深层次激发内生动力。推动市县公司改革，优化体质机制，撤销4个区域公司，成立18个市县公司，推进机关精简瘦身，做实市县公司。推进非油品综合改革，坚持市场化导向，注册成立海南易捷分（子）公司，实行职业经理人和职业雇员制度，推动传统“身份管理”向市场化“岗位管理”转变。推动数字化转型，推进电子加油卡升级、站级一体化、统一App会员体系、液化气经营管理系统、加油站即时薪酬绩效系统等信息化建设，促进平台业务规模化增长，信息赋能持续彰显。

（李苏芮）

【人才建设】 2021 年，海南石油分公司编制“十四五”人力资源规划，持续加强年轻干部选拔培养。二级单位领导班子 40 岁及以下干部配备率 100%，干部年龄结构不断优化。开展职称评审和专业技术人员选聘，激发员工参评热情，全年评定专家 4 名，申报自贸港高层次人才累计 32 名，人才成长通道建设不断加强。

（李苏芮）

【党的建设】 2021 年，海南石油分公司聚焦政治建设，认真落实“第一议题”制度，坚持学用结合，进一步提升理论素养。聚焦党史学习教育总要求，通过多种环节形式，教育引导广大党员读党史、谈体会、悟思想，推动实施“我为群众办实事”230 件，取得好的思想成果和实践成果。聚焦党建融合提升，以强化组织力提升为抓手，推动库站党员力量全覆盖，深化中国石化党建推广应用，实施“党建 +”工作法，融合推进劳动竞赛、助力易享节、网络建设等重难点工作，积聚攻坚合力，党建引领作用成效显著。聚焦政治生态净化，深化政治监督，持续推进销售公司党委巡察问题整改，深入开展油品损溢、安全生产领域形式主义官僚主义、基层“微腐败”等专项整治，维护海南石油分公司风清气正的政治生态。

（李苏芮）

【中国石化自贸大厦项目动工】 2021 年 9 月 13 日，中国石化自贸大厦项目正式开工，将打造成为海口江东新区新地标。自贸大厦规划建筑高度 150 米，地上规划建筑面积 8.47 万平方米，为江东新区起步区唯一高度超过 100 米的项目，是一座高端化、智能化、现代化的具有世界一流水准的地标性建筑。自贸大厦项目建设为总部推进相关产业布局，在海南打造具有国际竞争力的离岸石化基地、石油勘探开发及新能源生产基地和能源贸易中心奠定基础。

中国石化自贸大厦项目开工仪式（陈元平　摄）

（李苏芮）

【岛内首座加氢站投营】 2021 年 4 月 16 日，海南石油分公司琼海银丰撬装加氢站正式投入运营。该加氢站日供氢能力 500 千克，为服务博鳌亚洲论坛 2021 年年会的氢燃料电池客车提供氢能保障，结束海南“全岛无氢”的历史，对于助力海南省建立健全绿色低碳、循环发展经济体系有重要意义。

（李苏芮）

海南首座加氢站琼海银丰撬装加氢站开业仪式
（陈元平　摄）

【与蔚来汽车合建首座充换电站投营】 2021 年 8 月 31 日，海南石油分公司琼海东红西服务区充换电站正式投入运营。该换电站有自动停泊、“一键换电”等特点，站内共有 13 块电池，每天可提供 312 次换电，是一座全智能充换电站一体站。

（李苏芮）

与蔚来汽车合建首座充换电站（陈元平　摄）

【市内加油站首座肯德基穿梭餐厅开业】 2021 年 8 月 20 日，海南石油分公司首家肯德基穿梭加盟餐厅在海口永万加油站正式开业，开启“加油 +

吃鸡”新模式。该餐厅内部装修采用肯德基5.0盛装版，可同时容纳63人用餐、3辆车取餐，从订餐、付款到取餐离开全程只需要4分钟。截至2021年底，海南石油分公司投营6座肯德基高速路服务区餐厅和1座市区汽车穿梭餐厅，全年营业额1 891万元。

（李苏芮）

表1　海南石油分公司主要经营指标

指标名称 \ 年份	2021	2020	2019	2018	2017	2016
成品油经营总量 / 万吨	183.80	146.30	154.40	161.40	168.87	158.76
零售量	123.80	110.30	119.10	123.08	123.72	119.56
销售收入 / 亿元	145.98	102.74	123.18	133.67	122.47	104.91
利润 / 亿元	3.40	3.22	3.10	3.40	5.07	4.55
吨油费用 / 元	384.00	366.00	363.00	344.00	331.00	325.00
加油（气）站总数 / 座	306	294	289	306	303	307

贵州石油分公司

【概况】 中国石化销售股份有限公司贵州石油分公司（简称贵州石油分公司）位于贵阳市南明区解放路21号，主营成品油、天然气、非油品销售，是贵州省最大的成品油经营企业。前身为贵州省石油总公司，1998年划归集团公司，为中央在黔企业。2000年，贵州省石油总公司以石油主业和优良资产为核心，组建中国石油化工股份有限公司贵州石油分公司。2019年，更名为中国石化销售股份有限公司贵州石油分公司。

截至2021年底，贵州石油分公司共设14个职能部门和4个专业中心，下辖9个市（州）分公司，共有员工10 781人（含委托站、离退休人员）；在营加油站1 205座，在营成品油油库10座（管道下载油库6座），总库容40.5万立方米；在营易捷便利店1 041个，非油品物流配送中央仓1座。资产总额151.9亿元。

2021年，贵州石油分公司成品油销售总量559.2万吨。其中，零售425.4万吨，直分销133.8万吨，非油品营业额（全口径）20.9亿元，天然气销量11 816万立方米。吨油费用459元。利润11.6亿元。被集团公司授予对标提升行动标杆企业、安全生产先进单位称号，获集团公司第三十届管理现代化创新一等奖1项、三等奖1项。取得销售企业非油品业务技术比武团体第5名，获个人银牌2枚。获新型专利授权2件、计算机著作权授权3项。获销售企业年度优秀企业、效益进步企业荣誉，全年获“比学赶帮超”月度、季度红旗48面，获年度红旗7面。2021年位列贵州100强企业第6位。

贵州石油分公司主要经营指标见表1。

（施延吉）

【领导班子调整】 2021年4月，集团公司宣布张琦任贵州石油分公司党委委员、副总经理。7月，集团公司对贵州石油分公司领导班子进行调整：李力波不再担任贵州石油分公司党委副书记、纪委书记、工会主席。调整后，贵州石油分公司领导班子由张家顺、罗洪战、张宏良、赵军、张景、张琦6人组成。

（施延吉）

【党的建设】 2021年，贵州石油分公司党委坚持以习近平新时代中国特色社会主义思想为指导，充分发挥党委把方向、管大局、促落实作用，不断推进党的政治优势转化为发展优势。深入开展党史学习教育，开设“天天学党史”“领导干部讲党史”“学史力行”等专栏，通过“集中课堂”“指尖课堂”“实景课堂”创新学习模式，各级领导干部讲授专题党课 423 次。举办党史知识竞赛、听老党员讲党史、文艺汇演等庆祝建党 100 周年系列活动。推进“我为群众办实事”，完成 150 个“办实事”重点项目。构建“党建目标清单化、党务工作标准化、党建考核贯通化、党建项目平台化、党政互促常态化”五化融合体系，以“1+1+X”党建项目（每个基层党委 1 个创新课题、每个基层党支部 1 个重点难点项目、各级党组织自选“X”个项目攻关）为抓手，全年立项实施 135 项，推动党建和经营管理深度融合。挂牌成立贵州石油党校，全年开展党建工作专题培训 8 期，参加党员 522 人次。对涉及经营、管理、安全等 23 个风险点实施专项监督，开发“大监督风险预警信息平台”，运用信息化监督工具提升监督效能，持续完善“大监督”体系建设。2021 年，被集团公司评定为党建考评 A 类企业。

（施延吉）

【攻坚创效】 2021 年，贵州石油分公司坚持强化市场主导，推动攻坚创效。启动“客户拓展再出发”活动，扎实开展客户走访，累计开发零售、直分销客户 6 948 户。开展非油品“进企业、进商超、进社区、进集市”四进活动，全年组织 4 158 场次，销售 10 194 万元。借力政府“促销售购车”活动，锁定 4.5 万名新车用户的“第一箱油”，引入第三方营销资源 1.04 亿元。组织“量价兼顾、增量保效”大讨论，引导各层级构建“算账文化”“算账经营”思路，开展营销活动再评估，优化降价促销站点 112 座，降低营销投入，提升创效能力。逐站制定低效站提量措施，33 座低效站销售提升。开展“深化加油（气）站管理与服务提升”活动，实施“零售四大行动计划”，从“客户服务评价、‘司机之家’、员工卓越、清洁提升”强化现场管理，全年打造“司机之家”68 座，完成厕所升级改造 16 座，新建汽服项目 32 座，选树服务之星 107 名，客户好评率由 97.94% 提升至 99.88%。

（施延吉）

【维护市场环境】 2021 年，贵州石油分公司持续推动“打非治违”，净化成品油市场。推动省、地、县三级政府出台市场专项整治文件 178 份，配合政府部门开展打击行动 619 次，罚没非法经营油料 4 000 余吨。协调推动政府在贵阳、遵义等 7 个地州市安装加油站税控采集系统，推动“税控数据实时采集系统加油站全覆盖”写进贵州省委年度经济工作报告。协助政府部门开展道路设卡专项检查，阻断非法、非标油料入黔通道。针对贵州省内出现的借“新能源”名义经营“非标油”的情况，配合政府依法依规开展打击，有效遏制该类情况的蔓延。

（施延吉）

【销售网络发展】 2021 年，贵州石油分公司加速项目建设，巩固网络发展根基，在营站总数突破 1 200 座。坚持投资质量与有效发展并重，坚持传统发展与轻资产发展相结合，全力抢占重点、关键、战略位置的加油站项目，全年新投营加油站 103 座，其中轻资产项目投营站 11 座。稳步推进油库建设改造，郑屯油库、大龙油库改造项目进场施工，毕节油库开展征地拆迁及场平工作。

（施延吉）

【安全管理】 2021 年，贵州石油分公司扎实贯彻集团公司“总经理 2 号令”，从严抓实 HSE 管理体系运行，持续推进安全生产专项整治三年行动，全年未发生任何上报等级事故（事件）。以问题为导向，开展“百日安全无事故”“五查五严”等专项行动，细化量化排查清单，推动隐患排查及治理，全年整改各类风险隐患 226 项。狠抓承包商、直接作业环节和接卸油作业环节管理，明确“负面清单”的处罚内容和标准，全年开展安全督查库站 428 座次，实施“回头看”复查跟进整改，形成闭环管理。落实常态化新冠肺炎疫情防控措施，保障员工身心健康。

（施延吉）

【绿色企业创建】 2021 年，贵州石油分公司深入实施“绿色企业行动计划”。严格落实油气污染治理，所有在营加油站完成油气回收改造，在营油库安装油气回收与处置系统；对省内八大流域主要干流沿岸的周边库站开展排查，健全库站涉水风险分级管控清单，“一点一策”落实隐患治理、物资配备、应急演练等措施；开展危险废弃物管理合规性排查，加强危险废物处置过程监管，确保100%合规管理。推进绿色基层建设，完善库站环保设施，落实现场“7S”管理，建设绿色油库、绿色加油站，通过公众开放日、云直播等方式，向社会公众展示库站绿色发展成果。2021年，9座油库、540座加油站被评为绿色基层单位。

（施延吉）

【数质量管理】 2021年，贵州石油分公司以ISO 9001质量管理体系为主线，抓好“验收、接卸、储存、运输、销售”全过程数质量监督与控制，确保油气质量、数量合格率100%。严把油品入库关，落实“国标＋内控”质量双控制检验，进行报告比对分析，从严从细管控质量风险，全年检测入库油品5 016批次，所有油品均100%合格。定期实施油气质量抽检，加大加油站、加气站、甲醇加注站的监管及抽检力度，建立动态抽检台账，及时掌握抽检结果，防范油品数质量风险。联合云南、四川等省石油公司举办数质量管理交流会，持续提高质检队伍专业技能。2021年，“一种加油站油罐液位仪水高误报警消除装置”“一种甲醇汽油吸水滤芯”获新型专利授权。

（施延吉）

【新能源业务】 2021年，贵州石油分公司充分利用网点资源，加强与有资源、技术、设备等优势的单位合作，结合市场需求适时布局新能源，参与充电、氢能加注、光伏等综合加能站建设。9月，在六盘水建成并运营贵州省首座“油氢电”综合加能站——盘州双红二站。12月，与蔚来汽车合作投营中国石化在黔首座智能充换电一体站——贵阳南明皂角井站。截至2021年底，贵州石油分公司在全省运营加气站27座、甲醇站19座，建成加氢站2座，完成充电项目35个、光伏项目23个。

（施延吉）

【信息化建设】 2021年，贵州石油分公司坚持推进信息系统深化应用，做好重点项目建设和系统保障工作。以安顺油库为试点开展油库智能化建设，开发中国石化销售系统内首个省级油库综合管理平台，深化公路自助发油和智能化出入库管理应用，提高发油效率、降低发油超差、减少油库用工，该项目获评2021年集团公司信息和数字化十佳案例。为提高财务信息化水平，上线RPA机器人实现自动清账。推动站级系统集成，试点站级一体化、电子加油卡等项目，提升工作效率，减少人工误差。实现电子发票开票率100%。开发工程项目结算审计模块，提高工程项目竣工结算审计质量和效率。

（施延吉）

2021年9月，贵州石油分公司建成投营中国石化在黔首座油氢电综合加能站——六盘水盘州双红二站

【人才队伍建设】 2021年，贵州石油分公司加大人才培育，着力提升干部队伍专业化素质。牵头举办西南三省中层干部政治能力提升班，培训中层干部及助理65人次。开展地市公司“一把手”培训，送培地市公司领导班子11人。落实集团公司年轻干部“三百三千”实践锻炼计划，推荐2人到先进单位挂职锻炼，内部挂职锻炼6人。开展省地双向培养，安排地市公司基层领导人员及骨干到省公司机关跟岗87人次。建立各层级年轻干部储备库，储备中层副职后备人选101人。实施开展“百人”培训，累计培养488人次。持续优化人才队伍结构，新提拔中层领导人员中40岁以下人员占比56%，大学本科及以上学历管理、专业技术人员增长4%，中级及以上职称占比增长5%，高级工及以上技能操作人员占比增长6%。

（施延吉）

【社会责任】 2021年，贵州石油分公司履行央企的社会责任，支持贵州省新冠肺炎疫情防控、乡村振兴、社会公益等事业。派驻驻村干部到铜仁印江大寨村、黔南罗甸董当村等地开展乡村振兴，投入乡村振兴、教育帮扶资金超300万元，用于地方基础设施建设、医疗条件改善、教育资源帮扶及农产养殖等。将遵义习水回龙小学、黔东南雷山永乐小学申报纳入集团公司乡村振兴定点帮扶学校。引进省内400余个农特产品进入中国石化易捷便利店及电商平台销售，加大黔易优选、刺梨汁等商品开发推广，全年销售3.5亿元，助力“黔货出山”。与贵州省退役军人事务厅签订合作协议，在全省开展军人军属、退役军人和其他优抚对象加油优惠活动，为拥军优抚事业贡献一份力量。全力组织疫情防控和安全生产，形成常态化防控机制，通过红十字会捐赠抗疫资金，助力遵义、铜仁等地打赢疫情阻击战。

（施延吉）

中国石化赴雷山永乐小学开展教育帮扶活动

2021年，中国石化贵州分公司持续打造户外劳动者综合服务驿站。图为遵义城区沙坝站员工为环卫工人提供服务

表1 贵州石油分公司主要经营指标

指标名称 \ 年份	2021	2020	2019	2018	2017	2016
成品油销售总量/万吨	559.20	571.40	573.90	559.90	551.50	519.30
零售量	425.40	434.10	423.30	418.10	412.10	385.60
销售收入/亿元	429.71	358.99	422.95	431.52	370.00	304.54
吨油费用/元	459.00	427.00	385.00	372.00	361.00	321.00
在营加油站总数/座	1 205	1 039	967	902	895	871

云南石油分公司

【概况】 中国石化销售股份有限公司云南石油分公司（简称云南石油分公司）本部位于云南省昆明市国贸路865号。其前身云南省石油总公司建立于1952年7月，1998年6月整体划转集团公司，2000年2月按照主辅分离、改制上市的要求，主营业务部分组成中国石油化工股份有限公司云南石油分公司。2014年5月按照销售公司改制上市有关要求，更名为中国石化销售有限公司云南石油分公司，2019年4月更为现名。

云南石油分公司是中国石化设在云南的直属销售企业，主营汽油、柴油和非油品的零售、直销配送、批发和仓储业务，是云南省内最具实力的成品油主渠道销售企业。云南石油分公司下辖16个州市分公司和90个县区分公司。主营业务全口径用工人数1万人，在营加油站1 340座，在营油库12座、总库容61.13万立方米，资产总额182.40亿元。

2021年，云南石油分公司销售成品油689.41万吨，其中零售494.32万吨、直分销195.05万吨。非油品全口径营业额30.8亿元，销售收入510.66亿元，报表利润8.08亿元。云南石油分公司被评为销售企业宣传工作进步单位、集团公司“七五”普法先进单位，集团公司油品计量工竞赛团体第3名、业务竞赛优秀组织奖单位，油品计量工、计量、非油品业务竞赛金牌1人、银牌2人、铜牌2人，29人次获集团公司、销售公司、云南省表彰，赵甸生被评为云南省劳动模范。丽江公司华坪荣将加油站被评为中华全国总工会最美工会户外劳作者服务站点。全年获销售企业“比学赶帮超”红旗19面、集团公司管理现代化创新成果三等奖1项、销售企业年度创新创效优秀案例1项。销售企业2021年度“两力”评价中，昆明、临沧、怒江3个州市分公司榜上有名。

云南石油分公司主要经营指标见表1。

（孙　彭）

【领导班子调整】 2021年7月2日，集团公司宣布朱立群任云南石油分公司党委副书记、纪委书记。11月4日，集团公司宣布解聘伏韬云南石油分公司副总经理职务，任调研员。调整后的云南石油分公司领导班子由杨惠明、周麟、刘踊林、杜嘉良、戴树华、朱立群6人组成。

（孙　彭）

【油品竞争能力】 2021年，云南石油分公司加强市场监测、预警，设置16个监测点，强化邻边、邻省、竞争激烈区域常态化市场调研，推动“一线控三点”措施落实。强化营销管理力量，组建省级营销专班，统筹全渠道营销组织，第三方营销资源引入3 243万元，营销费用下降4.3%。开展“客户去哪儿”专项行动，直分销终端客户占比增长10%、新增客户销售21万吨，零售星级客户巩固率99%。持续推进后备站长、客户经理考核取证，细化新“一站一策”标准，打造16座标杆站、72座“司机之家”，重启经营和零售督导，实施机关与一线帮扶行动，加大客户评价、神秘顾客检查、视频抽查，规范夜间加油服务，客户评价1.966分。

（孙　彭）

【易捷服务】 2021年，云南石油分公司夯实基础品类销售基础，加大烟草、自有商品管理，单店日均营业额3 169元；成功上线鲜花业务，销售28万元；推进新业态拓展，投营销售企业首座省委党校便利店、开设全国首个“易捷”健康药品专柜；拓展广告业务，营业额2 972万元，超额完成全年指标；优选自有品牌，首批精选咖啡、滇茶、野生菌等43个商品重点打造；理顺汽服业务管理流程、明确发展原则、优化运营模式，上线汽服项目管理平台。高质量组织好易捷专项营销活动，年货节基础品类销售2.66亿元，增长63%，获省级先进单位称号；易享节5天销售1.4亿元，排名销售系统第6位。加快发展天然气、拓展营销队伍售气职能，实施“一对一”帮扶，售气业务覆盖16个州市，销量完成总部下达计划的112.36%。

（孙　彭）

【网络发展】 2021年，云南石油分公司强化规划引领。印发公司“十四五”发展规划纲要，主动参与省市两级成品油“十四五”规划编制，“十四五”新增加油站比年初规划下降25%，明确州市分公司申报比例不低于33%（昆明市不低于50%），发展与控制同步推进。多种方式提速发展。明确自建、租赁、合资合作“三种方式”，新增投营站87座，新增销量6.28万吨，投营和储备数量均创历史新高，网络占比提升0.83个百分点。严格项目过程管控。明确即时兑现的考核导向，完善建设、验收等管理流程，统筹加油站改造213座、工期从25天缩短至21.5天，昆明长坡油库、昭通北闸油库改造平均完成率超过90%。加快新能源布局。组建新能源专项工作组，主动向省级部门汇报新能源发展情况，与南方电网、三峡集团、丽江市政府等签订战略合作协议，超额完成总部下达的发展目标。

（孙　彭）

昆明广福 B 站（栾桂玲　摄）

【改革管理】 2021 年，云南石油分公司加强改革对标。推进深化改革三年行动，率先完成省公司经理层任期制和契约化，成立云南易捷分公司、深化业务外包管理、加快“四供一业”权证办理等重点事项按节点完成，36 项改革任务完成率 83%；发布省公司、州市分公司对标值，按月总结报送对标开展情况，及时选树对标先进典型，对标一流提升工作深入开展。加快数字化转型发展。完成新加油 IC 卡系统上线，分阶段推进物流供应链管理平台、智能锁控系统和智能化油库建设，完成虚拟卡（二维码）提油方案，数字化服务云平台建设加快推进。实施重点工作运行管控。组建省公司青年督导队，定期跟踪重点工作办理进展，紧盯限时完成情况，做到年度有计划、季度有考核、月度有督导、周周有督办，发布重点工作督办事项 363 项，完成率 94%。切实提升工作实效。优化会议管理，创新“一问一督导”会议形式，实现闭环管理；投资 36 万元开展库存档案数字化，有效服务改革发展；上线新公文系统，文件流转时间从 9 天缩短至 3 天以内。

（孙　彭）

【HSE 体系建设】 2021 年，云南石油分公司深化 HSE 体系建设。落实安全生产专项整治三年行动计划及集团公司“总经理 2 号令”，发布新版体系手册，优化分委会设置，修订 HSE 考核办法，深入开展“百日安全无事故”“五查五严”保安全专项行动，完成公共安全风险目标达标验收和销售企业 2 批次隐患治理项目，国家应急管理部大型油气储存基地安全风险督导核查、集团公司 HSE 体系内审反馈问题整改完成率 91%、89%，扎实开展“强基工作法”，有效应对大理漾濞、楚雄双柏等自然灾害，本质安全管理稳步提升。

（孙　彭）

【风险防控】 2021 年，云南石油分公司明确划分视频监控、液位仪、加油机管理部门和职责，提高设备管理能力。开展代理手续费等专项审计和内控有效性提升行动，全面排查发票、资金风险。落实地方政府和集团公司各项防疫要求，有效应对国内省内局部暴发新冠肺炎疫情。优化合资公司管理流程，建立合资企业例会制度，严格合资公司注资、担保等风险管控，理顺云岭石化合资公司日常管理；开展 375 项制度清理、42 项纠纷处置，强力推进打假维权，启动近年来规模最大的社会站侵权全覆盖排查；加强合同清理、管控，紧盯总部通报五项指标得分排名，综合指标排名从 2020 年底的第 25 位提升至 2021 年的第 8 位。

（孙　彭）

【统筹平衡资源与市场】 2021 年，云南石油分公司加强与总部、大区协调，统筹进销存、量价费管理，有效应对四季度柴油资源紧张局面，资源创效 14.8 亿元、物流节费 9 000 万元。推动省州市政府出台成品油市场专项整治方案 105 份、车用燃料纳入商务监管，关停假借“新能源”名义撬装站 16 座、取缔 1 座、制止新建 7 座，停建调和库 2 座，设置缉查点 14 个、查扣流动加油车 257 辆、查封黑窝点 183 个。

（孙　彭）

【数质量管理】 2021 年，云南石油分公司推进液位仪系统深化应用和平台建设，加强异常报警和损耗管理，ISO 9001 质量管理体系通过第三方评审，加强全过程质量、计量管理考核对标，Lims 考核进入前 5 名、油品质量抽检合格率 100%。

（孙　彭）

【党史学习教育】 2021 年，云南石油分公司认真贯彻落实党中央、集团公司党史学习教育具体部署和要求，聚焦重点工作任务，筹划安排“8 个专题 +1 个实践活动”，统筹推进学习研讨、培训宣讲、专项督导和“我为群众办实事”实践活动。创新学习组织，紧扣“五大环节”，抓好

“四三三”学习组织，拓展“四联学习”方法，打造“四个学习经典”，开展“六大主题活动”。聚焦学党史、悟思想，注重全面系统学、结合实际学、持续深入学，深刻领悟“两个确立”的决定性意义。聚焦办实事、开新局，坚持“四聚焦四我为”，扎实开展“我为群众办实事”实践活动，办实事 5 966 件。通过党史学习教育，在学史明理、学史增信、学史崇德、学史力行上取得明显成效，云南石油分公司上下受到一次全面深刻的政治教育、思想淬炼和精神洗礼。

（孙 彭）

【庆祝建党百年】 2021 年，云南石油分公司组织全体党员干部收看中国共产党成立 100 周年大会，召开云南石油分公司庆祝中国共产党成立 100 周年“七一”表彰大会，组织开展 6 期党史知识竞赛和 1 期党史知识测试，组织 3 期红色观影活动，在职党员 1.5 万人次参与。“七一”前夕走访慰问老党员、老干部，发放“光荣在党 50 年”纪念章 41 枚。组织参观云南省庆祝中国共产党成立 100 周年成就展。以党支部为单位，有序开展红色主题党日活动。按照“革命救国”“建设兴国”“改革富国”“复兴强国”发展主线，精心组织“庆百年永远跟党走 启征程共筑石化梦”职工文化展演活动，获集团公司晚会类一等奖。党的百年华诞系列活动，充分展示全体干部员工的文化自信，汇聚起强大的凝聚力和向心力。

（孙 彭）

【“七彩党建”工作】 2021 年，云南石油分公司按照“1236”具体部署，高质量打造“七彩党建”品牌取得新进展。实施高质量党建共建，推动基层党组织标准化、规范化，深化中国石化党建平台应用，提前实现 5 000 吨以上站点有党员和万吨站至少 3 名党员覆盖率 100%，加油站自有党员覆盖率排名销售企业前列。开展“党员一线当先锋”系列主题活动，推动党建与经营深度融合。

（孙 彭）

【干部人才队伍建设】 2021 年，云南石油分公司完成 11 名中层副职、8 名州市分公司经理助理及省公司机关中层以下岗位公开竞聘，选聘 2 名省公司高级专家、7 名专家，完成 188 人次重要敏感岗位交流；大力培养优秀年轻干部，部门青年员工轮流汇报部门工作，探索实施“英才培养”计划，“80 后”年轻干部比例增长 10.26%。

（孙 彭）

【“大监督”运行机制】 2021 年，云南石油分公司开展反腐倡廉教育月活动，编发典型案例、执纪审查手册，严格执纪问责，加大案件查处力度，减存量、遏增量。配合完成销售公司党委巡察，有序组织省公司党委巡察，问题整改按节点推进。

（孙 彭）

【宣传引领和责任履行】 2021 年，云南石油分公司发布“奋斗百年路 启航新征程”主题社会责任报告，举办云南首座“碳中和”智慧型综合加能站投营仪式，承办外国驻昆明领馆官员“绿色能源行”考察活动，加大冬奥品牌宣传和推广使用。组织召开中国共产党中国石化云南石油分公司第一次代表大会。选举出席云南省第十一次党代会代表。

（孙 彭）

【脱贫攻坚成果】 2021 年，云南石油分公司紧密做好乡村振兴衔接，销售云南特色商品 4 376 万元，扶贫农户 255 家，云南省脱贫攻坚考核评价为“好”。召开云南石油工会第三次会员代表大会，选举产生新一届工会委员会。抓实信访维稳、保密、统战、群团和离退休等工作，进一步凝聚发展合力。

（孙 彭）

表 1　云南石油分公司主要经营指标

指标名称 \ 年份	2021	2020	2019	2018	2017	2016
成品油销售总量 / 万吨	689.41	705.50	716.41	643.07	654.52	657.43
零售量	494.32	519.80	558.32	510.95	510.23	518.16

续表

指标名称 \ 年份	2021	2020	2019	2018	2017	2016
销售收入 / 亿元	510.66	422.40	511.58	488.67	433.78	391.20
报表利润 / 亿元	8.08	10.10	7.60	7.08	9.05	10.54
吨油费用 / 元	394.00	379.00	376.00	393.00	390.00	380.00
加油站总数 / 座	1 340	1 328	1 352	1 351	1 314	1 268

燃料油公司

【概况】 中国石化燃料油销售有限公司（简称燃料油公司）是集团公司于 2010 年 5 月 27 日注册成立的燃料油经营专业化公司，负责股份公司燃料油的集中销售。2014 年 4 月 1 日，根据中国石化油品销售业务重组的总体部署，成为中国石化销售有限公司的全资子公司。

燃料油公司本部位于北京，截至 2021 年底设 9 个管理部门，3 个业务中心，下辖辽宁、天津、山东、江苏、上海、浙江、福建、广东 8 个分公司和海南、浙江舟山、新加坡、斯里兰卡 4 个全资子公司。用工总量 857 人；在营油库 36 座，库容总量 256 万立方米，在中国沿海 80 多个港口、海外 40 多个重点港口具备供油服务能力；总资产 117 亿元。经营量 3 015 万吨、增长 6%，营业收入 1 140 亿元。

燃料油公司主要经营指标见表 1。

（李俊春）

【低硫船用燃料油“全产全销”链条在巩固中优化】 2021 年，燃料油公司持续巩固和提升低硫船用燃料油“全产全销”链条，全年销售低硫船用燃料油 660 万吨、增长 47%，占全国生产比重的 57%，完成国家配额 696 万吨的 95%。分炼厂、分港口实施协同优化物流方案，坚持“就近存储、就近销售”，实行航线招标，推进 10 个保税仓、监管仓“两仓合一”，打通青岛至连云港、宁波至舟山等“跨关直供”流程，综合降低物流成本 3 美元，成为国内低硫船用燃料油第一大供应商。

（李俊春）

【保税船供油在拓市中创新】 2021 年，燃料油公司保税油经营量 970 万吨、增长 20%，终端配送 902 万吨、增长 27%，国内市场占有率 44%，累计配送 1.15 万船次、增长 15%，争议率同比下降 44%。为全球二十大集装箱客户供油同比增长超 50%，在国内市场的引领地位进一步巩固。实施“无接触”供油，开展“海上流动加油站”品牌建设，开发船供油操作 VR 仿真培训系统，进一步擦亮中国石化船供油品牌形象。

（李俊春）

【内贸经营在提质中突破】 2021 年，燃料油公司内贸经营量 702 万吨、增长 28.6%。常态化访企业、送服务、拓业务、创效益，推行“供原料换产品”双买断模式。实施“岸基库 + 配送船”“水上站 + 互联网”“撬装站 + 定制式”等经营模式，开展“燃润组合”营销，开拓海事、海工等客户群体，成功中标 2022 年、2023 年海事采购项目，内贸船供油量效双升，全年实现经营量 148 万吨、增长 30%。建成全国首座闵行水上绿色综合服务区并投入运行，建成盛港、海明综合加能站，首开集团公司在东北油气氢电服“五位一体”综合加能站建设先河。

（李俊春）

【天然气业务实现大发展】 2021 年，燃料油公司天然气经营量 8.7 亿立方米、增长 11%。在原有一手资源基础上，先后在国网大连、达州汇鑫等 LNG 加工厂实现一手资源获取，在系统外与新奥能源等资源方加深合作。盛冉公司投营，四川创意完成划转，北方能源取得 LNG 运输资质，销售公司赋予的“以燃料油公司为主体，完善 LNG 配送体系”取得实质性进展。供应中国石化系统内 4 座炼厂、17 家省市石油公司 LNG 加气站 133 座，代供 LNG 终端客户 86 家。完成集团公司“气化长江”站点选址，签署运河济宁段 LNG 站合建协议，实现 LNG 动力船 2 次加注 460 吨，水上加注业务取得零突破。

（李俊春）

【海外船供油业务在艰难中奋进】 2021 年，燃料油公司海外业务克服疫情影响，实现业务经营量 1 237 万吨。新加坡公司完成牌照申请阶段性工作，拓展美国、阿联酋等港口背靠背业务；畅通内外贸一体化联动，LNG 进口交易 13 船，外采资源 46.87 万吨，经营质量显著提高。BP 公司完成欧盟、土耳其反垄断申报，推进船供油业务，实现稳健经营。斯里兰卡公司打通船用燃料油业务供应流程，实现在南亚船加油市场的低硫船用燃料油首单供应，推动经营常态化。

（李俊春）

【船舶综合服务业务实现新突破】 2021 年，燃料油公司船舶综合服务收入 2 亿元、增长 5.3%。成立易捷成都公司，构建以新加坡公司为海外采购平台、以北方能源和易捷成都为经营主体的发展格局，打通跨境商品与完税商品“两仓合一”，推动易捷国际北方能源 O2O 体验馆、江苏金融城店等投营。润滑油业务新增青岛、上海等润滑油保税仓，全年代供配送 1 010 船次，液袋分装 435 集装箱，经营量 3.4 万吨、增长 122%。

（李俊春）

【风险防控扎实有效】 2021 年，燃料油公司不断健全全面风险管理体系，开展重大经营风险管控体系自查与整改提升，建立信用评级、信用风险指标监控和预警机制，完善金融衍生品业务交易、风控、财务前中后台相制衡的管控体系，强化计划管理、头寸盈亏动态监控、风险预警。加强合规管理体系建设，开展制度宣贯，做好法律服务保障，提升制度执行力。首次获集团公司内控风控先进集体称号。

（李俊春）

【安全环保水平持续提升】 2021 年，燃料油公司高质量开展 QHSE 体系建设，落实集团公司“总经理 2 号令”要求，通过第三方认证审核。完善双重预防机制，严格承包商、承运商管理，加强应急演练和基本功训练，推行 HSE 关键岗位持证上岗，全员安全文化不断巩固。严格落实安全责任，狠抓专业分委会机制运行。严格境内外疫情防控措施，员工新冠疫苗接种率 94%，保持零感染。强化油品质量管控，集团公司、地方政府质量抽检及销售油品，合格率 100%。

（李俊春）

【干部人才队伍建设取得新成效】 2021 年，燃料油公司制订干部人才队伍建设“十四五”规划，推进人才强企工程和“三项制度”改革、深化改革三年行动方案，探索“岗级分离”“职业经理人”制度，推进中层管理人员任期制和契约化管理，建设“三横三纵”干部人才库，全年提拔中层 7 人，主任师和专家数量增长 33%。推进“师带徒”工作，大学生流失率处于销售企业最低水平。

（李俊春）

【党建工作持续开创新局面】 2021 年，燃料油公司隆重开展庆祝建党百年活动，扎实推进党史学习教育，讲党课 101 次，被石化 TV、朝阳驿站选播 13 个（次）；发挥党校阵地作用，培训中层干部、支部委员、团青骨干 264 人；推进“我为群众办实事”实践活动，征集意见建议 110 条，燃料油公司层面全力完成“十件大事”，“闵行水上综合服务区转投船舶污染物”入选集团公司首批 20 个“我为群众办实事”优秀实践案例。制订落实党建工作“十四五”规划，持续提升党建月度例会质量，不断健全党建工作从目标、过程到考核“全环节”融合机制。落实加强基层班组党员力量覆盖若干措施，确保库站党员覆盖率保持 100%。

（李俊春）

【党风廉政建设取得新进展】 2021 年，燃料油公司健全“两个责任”制度体系，制定落实《监督委员会运行规则》，明确 6 类 29 项年度重点工作，制定 10 项政治监督、24 项日常监督和 21 项“一把手”监督工作清单。扎实开展反腐倡廉教育月、专题警示教育行动，签署家庭助廉倡议书 66 份、拒绝酒驾承诺书 1 100 份。动态更新中层及以上领导人员廉洁活页夹，深化运用监督执纪“四种形态”，完善纪检监督体系，集中开展专项监督，积极打造廉洁亮丽名片。

（李俊春）

【宣传思想工作迈上新台阶】 2021 年，燃料油公司设立品牌文化部，加强企业文化建设，外宣发稿 400 篇次，登上国字号媒体 39 篇次，宣传“身边榜样”127 人次，全球船供油业务中心获评全国工人先锋号。扎实开展覆盖 6 个线条的劳动竞赛，首次获评集团公司业务竞赛优秀组织单位。

（李俊春）

表 1　燃料油公司主要经营指标

指标名称 \ 年份	2021	2020	2019	2018	2017	2016
经营总量 / 万吨	3 015.00	2 387.00	2 304.00	2 191.00	2 199.00	1 909.00
保税油经营量 / 万吨	970.00	808.00	542.00	525.00	403.00	293.00
营业收入 / 亿元	1140.00	767.00	802.00	761.00	557.00	384.00
报表利润 / 万元	33 157.00	40 054.00	35 019.00	30 654.00	10 051.00	625.00
资产总额 / 亿元	117.00	107.00	113.80	89.50	106.00	126.00

辽宁石油分公司

【概况】 中国石化销售股份有限公司辽宁石油分公司（简称辽宁石油分公司）成立于 2009 年 12 月 18 日，是国有大 I 型石油流通企业，其前身为成立于 2002 年的中国石化销售东北分公司，本部位于辽宁省沈阳市。省公司设 14 个职能部门，对外注册有 14 家地市分公司，其中 7 个地市实行一托二管理模式，经营范围覆盖全省所有地市；设 8 家合资公司和 1 家全资子公司，主要负责辽宁地区成品油零售、直销、批发及车用天然气、润滑油、燃料油、非油品销售等业务。授权管理辽宁经济开发公司、销售实业东北分公司 2 家存续企业。

截至 2021 年底，辽宁石油分公司有员工 1 879 人，辽宁石油分公司党委下设 2 个基层党委、6 个党总支、34 个党支部，党员总数 519 人，基层党组织覆盖率 100%；资产总额 52.81 亿元；自有在营成品油油库 5 座，总库容 20.21 万立方米；加油（气）站总数 451 座，在营站 426 座。

辽宁石油分公司主要经营指标见表 1。

（王佳子）

【主要经营指标完成情况】 2021 年，辽宁石油分公司经营总量 248.45 万吨、增长 6%，其中零售 147.97 万吨、增长 12%，直分销 94.47 万吨、下降 1%。天然气经营量 8 115 万立方米，增长 77%。全口径非油品营业额 5.62 亿元，增长 18%，其中基础品类 4.22 亿元、增长 22%。吨油费用 311 元。报表利润 0.49 亿元，下降 60%。全年新投营加油（气）站 11 座。存续企业保持盈利，各合资公司均取得较好的经营业绩。

（王佳子）

【油气经营质量提升】 2021 年，辽宁石油分公司紧盯市场统筹进销存，合理把握所有权库存，为价差收入和资源保供赢得运作空间；抓住辽宁省内规范成品油市场契机，直分销价差收入 2.59 亿元，超年度预算 30%。强化客户维系力度，重点客户稳定率 89%，提高 8 个百分点。零售方面，始终坚持一盘棋运作和“量价兼顾、量效双收”，主动参与市场竞争，以合稳面、以竞破点，汽油围绕“营销要有后评估”提效率，累计后评估2 876站次，调整197站次。柴油依托“一个核心两个增长点”拓市场，筛选27座核心站点，春耕用油和低凝点柴油市场成为新的销量增长点。协调配合政府部门查处自流黑窝点192处，查扣油品3 860吨，涉案金额1.8亿元，促进市场环境持续改善。天然气采销联动，销售规模持续做大。LNG加气站完成卡机联动改造，增加室内IPT，解决加气卡跨省通用难的问题。依托中国石化资源登陆大连契机，组建天然气客户经理队伍，拓展点供和直分销用户。天然气销售量提前一个季度完成年度任务，毛利2 526万元，近5年销量年均增长87%。

（王佳子）

【加速构建“一基两翼三新”产业格局】 2021年，辽宁石油分公司以集团公司“一基两翼三新”产业格局为引领，聚焦“三大核心职责”和实现“向现代化综合能源服务商转型”的战略目标，成立相应领导小组，从中央有号召、党组有要求、辽宁石油分公司有需要三个维度宣贯新能源发展大势，培养全局发展战略眼光；及时与地方政府、头部企业沟通协作，联合大连研究院与旅顺口区政府达成战略合作，共建绿氢产研销一体化示范项目。以沈阳、大连“两点一线”为重点，规划5座加氢站布局辽宁加氢通道，构筑新能源应用场景；结合东北地区特点，以成本控制和经济效益为中心，完成光伏项目11座，建成充换电站5座，沈阳石油华山路综合能源服务站成为中国石化与蔚来在辽宁地区合作的首座全智能充换电站。

（王佳子）

共建绿氢产研销一体化示范项目签约仪式

【多方合作创造更多机遇】 2021年，辽宁石油分公司作为系统内唯一参与国务院振兴东北央地百对企业协作行动的单位，与辽勤集团深化合作，首批项目政兴加油站一举抢占辽宁省政府公务车用油市场，获辽宁省国资委高度肯定；持续推动与军地融合共建，军营超市经营规模扩大至4个旅级部队12座门店，年实现基础品类销售额2 000余万元。探索出全系统首个监狱供货业务和首个B+C运营模式，年实现基础品类销售额6 500万元，毛利突破1 000万元；融入地方产业规划，与营口港混改成立的营燃公司年销售油品7.09万吨，利润总额2 058万元，新建综合能源服务站当年立项、当年竣工，实现投营。争取销售公司东北车用尾气处理液生产基地落地辽宁省，通过收购北方华锦旗下子公司51%的股份，低成本、高效率构建“辐射东三省，覆盖东四蒙，兼顾唐秦承”的生产销售中心，进一步丰富创效手段。

（王佳子）

【强化“两化”深度融合取得成效】 2021年，辽宁石油分公司作为区外首家通过国家工信部“两化”融合管理体系评定的企业，全年完成326座网点站级一体化系统部署，实现油非一体化收银、一键班结、电子券按比例拆分等功能，基层效率明显提升；推进客户评价系统与电商平台集成，完成CRM数据集成等功能升级，基于云计算等技术，实现优惠实时触达，全年支撑开展营销活动110余次。率先实施石化钱包易捷到车功能，无接触购物的新消费模式助力抗疫和经营；新增“一键加油”客户53万个，对汽油流失客户精准画像，召回流失客户13万个，综合月度召回比例

与辽勤集团合作项目悬挂中国石化、辽勤集团双品牌

22%，月度贡献汽油零售销量500余吨。“我要买油”注册客户2 616个、注册率100%，线上开单率从7%提高至79%。

（王佳子）

【网络建设提升创效】 2021年，辽宁石油分公司在顶层设计上谋局定向，总结成果经验，分析宏观形势，制订“十四五”网络发展规划；坚持以质量和效益为先，通过土地竞拍取得朝阳文明路、葫芦岛外环路2座油气合建站项目，营口石油新利、欢心2座加气站顺利投营，填补天然气网络空白。通过租赁等方式，取得重点国省道路段优质LNG加气站点经营权。利用现有网络增加LNG加气功能项目2座，葫芦岛石油曹家加气站为LNG走廊建设奠定重要基础。推进历史遗留问题处置，追回合同款350万元。葫芦岛石油收回兴城三号加油站拆迁补偿款231万元，清理往来转入营业外收入181万元。提量改造门店73座，升级双屏POS机421台，通过社会第三方资源增加润滑油免费换油中心96座，提供平安交叉营销优惠110万车次。新建洗车项目10座，洗车门店64座，实现主要汽油网点全覆盖；在服务于生活方面做好赋能，完成24座“司机之家”网点布局，12座快餐项目接续开展高价值以服促油，在271座站点持续开展代缴费业务，站点广告位1 810块。“加油＋易捷＋洗车＋快餐＋广告”的综合服务场景让“人·车·生活”的高价值生态圈成为亮丽风景线。

（王佳子）

【深化改革增强活力】 2021年，辽宁石油分公司以深化改革三年行动“激活力、提效率、增效益”为主线，制订实施方案和工作台账，细化分解任务，明确时间进度，落实责任主体，推动深化改革从夯基垒台快步迈入密集施工阶段。全年完成18个大项52个小项改革目标任务的85%，超过要求进度15个百分点；开展非高效资产提质增效试点，盘锦市8座加油站平稳实现“我有他营”，由年均亏损225万元转变为创收1 172万元；大连石油优化用工，为天然气东北分公司提供车辆调度、销售计量等技术服务，创收30余万元；全面推进易捷综合改革，完成辽宁易捷用工机制市场化、员工职业化目标，进一步激发经营团队活力。深入实施对标提升行动，构建省级对标指标43项，地市级对标指标25项，将对标提升深入至片区和加油站，年度对标管理提升行动完成率95%。持续深化“三项制度”改革，制定适应现代企业制度和市场竞争需要的职业经理人选聘管理办法，加强对重点部门和敏感岗位管理，对中层干部进行考核评价定级，选人用人工作民主评议两个项目“好＋一般”占比99.19%，新提拔中层领导人员民主评议“认同＋基本认同”平均占比97.31%。落实“稳岗扩就业”专项行动，大力开展岗位练兵和技能鉴定，126人次通过职业技能等级认定，244人次通过“六项技能”考核，两级机关中级及以上职称占比51.33%，结构合理、专业精深的人才队伍更加成型。

（王佳子）

【高标运行HSE管理体系】 2021年，辽宁石油分公司学习贯彻习近平总书记关于安全生产的重要论述，细化分解集团公司“总经理2号令”任务70项，发布实施辽宁石油分公司HSE管理体系手册，开展“百日安全无事故”“五查五严”保安全专项行动，组织制订“三个三”工作方案，主要领导带头开展“一把手安全连线”“四不两直”夜查，以示范引领压实全员责任；全年内外部油（气）产品质量检验合格率100%，油库进货运输和保管损耗率、加油站零售体积损耗率持续下降，完成合资站、“他有他营”站液位仪系统联调，油库61座油罐全部实现自动计量，一体化平台应用考核全国排名前列，LIMS应用水平累计得分排名系统第一。按照“三阶梯”强基固本原则，完成45座“绿色基层”复审及85座“绿色基层”创建；获集团公司安全生产先进单位和节能环保先进单位称号，在集团公司绿色企业复核评价中获评A档；面对辽宁省内新冠肺炎疫情反复，明确8个控制层级、45项控制点，以思维导图落实全流程管理闭环，防疫措施严于政府部署、人员排查领先流调溯源，实现疫情防控“四零”目标。

（王佳子）

【强化全员成本目标管控体系】 2021年，辽宁石油分公司完善“一体两翼”财务管控模式，以经营财务为主体，自助财务和共享财务为两翼，突出预算牵引和“五会”预算管控机制，深入查找价值创造洼地，以多维度管理模型实现业务与财务数据高效协同；完善“四维模式”资产分类管理体系，以资产状态、运行效率、生产效能、经济效益为评价基准，推动破解制约效益提升的结构性矛盾，实现资产管理由“被动处置”向“主动经营”转变。加强合资企业股权投资管理，全年贡献销量50万吨，占经营总量的21%，投资收益超5 560万元，占利润总额的61%；完善“双考核＋双控制”管控体系，以职能部门归口管理与分公司主体责任“双考核”、成本费用支出行为与标准“双控制”推动降本减费，报表商流费较目标节约2 525万元，获税收减免和财政奖励192万元，公开招标选商和工程项目竞价累计节约成本1 000余万元，全员成本目标任务中20项单元完成年度管控目标。

（王佳子）

【风控内控、合规管理体系建设】 2021年，辽宁石油分公司以价值创造力、财务监督力、风险防控力、决策支撑力强化企业风险管理，资金管控构建“月督查、季互查、年专查，不定期四不两直”的长效机制，发票管理强化三级责任，增值税和普通发票手工开票率管控水平位居销售企业前列。把制度建设同解决突出问题结合起来，增补、修订制度148件。以规章制度、经济合同和经营决策为切入点，实现法律审查应审尽审；建立健全全面风险管理组织体系，动态更新风险监测表，细化分解风险涉及重点业务，对财务内控、市场竞争、党风廉政、安全环保等28项风险内容进行评估，全年无新增重大风险，未发生重大风险。

（王佳子）

【党建引领优势凸显】 2021年，辽宁石油分公司把习近平总书记“七一”重要讲话精神、视察胜利油田重要指示精神等作为“第一议题”，全面贯彻“两个一以贯之”，围绕“1355”党建工作思路，搭建形成“8+5”全面从严治党责任体系，完善党委前置研究和“三重一大”决策两个事项清单，前置研究讨论重大经营管理事项25项，有效发挥党委把关定向作用。邀请十九届中央候补委员、中华全国总工会副主席郭明义宣讲习近平总书记“七一”重要讲话精神，集团公司党史学习教育简报8次刊发辽宁石油分公司做法。开展庆祝建党100周年文艺汇演等系列活动，133项“我为群众办实事”重点项目全部完成，打造百座“爱心驿站”赢得良好社会评价。坚持党员覆盖情况每月通报，全年发展党员基层占比超过87%，实现自营自管站及5 000吨以上网点站站有党员。突出融合导向，成立党团员突击队，深入基层开展帮扶。《中国石化报》“七一”特刊专版刊发辽宁石油分公司《奉献清洁能源雷锋伴我加油》报道，维稳、统战、保密、工会、共青团等工作扎实推进，宣传工作排名位居区外销售企业首位。构建三级联动监督组织体系，提升大监督效能。紧盯巡视巡察问题整改，圆满完成集团公司党组巡视工作，5个立行立改问题全部完成整改；强化审计监督合力，全年开展“两非”数据专项核实、清理拖欠民营企业中小企业账款、加油（气）站创效能力等11项审计项目，发现问题32项，整改率91%，促进增收节支634万元。

（王佳子）

辽宁石油分公司庆祝中国共产党成立100周年文艺汇演

表 1　辽宁石油分公司主要经营指标

指标名称＼年份	2021	2020	2019	2018	2017	2016
经营总量 / 万吨	248.45	231.61	229.00	207.02	192.35	182.53①
零售量	147.97	132.50	148.00	135.90	128.81	126.38
直销总量	94.47	95.53	79.00	68.66	61.69①	54.46
吨油费用 / 元	311.00	303.00	301.00	308.00	315.00	389.00
报表利润 / 万元	4 901.00	12 318.00	6 051.00	3 067.00	1 216.00	14 152.00
加油（气）站总数 / 座	451	442	435	414	389	366

①数据有调整

四川石油分公司

【概况】 中国石化销售股份有限公司四川石油分公司（简称四川石油分公司）于 2010 年 1 月 17 日揭牌成立，本部设在四川省成都市。其前身是 2002 年由原中国石化销售三川公司、新星公司重组成立的中国石化销售川渝分公司；2011 年，四川石油分公司升格为大 I 型企业。

四川石油分公司主要负责中国石化在四川省境内的成品油、车用天然气、润滑油、易捷服务（便利店、汽服）等经营业务及仓储、销售网点建设工作。截至 2021 年底，机关设 11 个部室、5 个直属机构，下辖 21 家地市级公司。有加油（气）站 576 座，油库 11 座、库容 31.7 万立方米，资产总额 102.43 亿元，用工总量 2 511 人。

2021 年，四川石油分公司油气经营总量 325.35 万吨，其中成品油销售 297.66 万吨、天然气销售 3.79 亿立方米，易捷服务全口径交易额 10.97 亿元。实现销售收入 221.83 亿元，报表利润 1.37 亿元。

四川石油分公司主要经营指标见表 1。

（赵孟闪）

【领导班子调整】 2021 年 12 月 20 日，集团公司党组对四川石油分公司领导班子进行调整：何刚任四川石油分公司党委副书记、纪委书记，李国营任四川石油分公司副总经理。调整后的四川石油分公司领导班子由柴志明、姜晖、何刚、赵大毅、李国营、张展、冯臣 7 人组成。

（赵孟闪）

【成品油业务】 2021 年，四川石油分公司组织“学奥运英雄争零售冠军”销售竞赛，设置零售增量“奖金池”和客户开发专项奖，推动异业资源整合共享，全力培养线上线下客户，发展会员 127 万人，成品油销售总量中零售量占比、零售总量中汽油销售占比增长。加大直分销市场终端客户开发力度，新增客户 853 个，直分销量增长 1.3%，万吨级客户经理比例达 81%。加快直分销业务数字化转型，大力推广“我要买油”小程序，全面开展“限时秒杀”“限量抢单”等线上营销，客户线上下单率 75%，电子提油实现全覆盖。

（赵孟闪）

【天然气业务】 2021 年，四川石油分公司深化与中国石化旗下液厂合作，天然气资源供应能力和成本竞争能力进一步提升。实施购销价格联动，逐站制订营销方案，通过差异化定价全面应对市场竞争，客户持卡消费率保持在 70% 以上，天然气零售量增长 5%。试点天然气管理系统，实现业务全环节线上管理。

（赵孟闪）

【易捷服务】 2021 年，四川石油分公司强化易捷便利店销售“主阵地”，优化商品结构，丰富新品爆品，门店销售占比增长 7 个百分点。开展“大干 30 天、冲刺 630”大客户开发劳动竞赛，推进易捷品牌渗透，长城润滑油等自有品牌商品销售增长 31%。开发的菜籽油定制商品，成为易捷服务营业额贡献度第三大单品。引入知名快餐品牌，加快综合业态延展，打造 2 座综合服务形象站。推广“黔货出山”项目，吸引 36 家企业客户购买。

（赵孟闪）

【销售网络发展】 2021 年，四川石油分公司持续抓好网络建设，全年新投营加油站 14 座、加气站 11 座，其中发展租赁站 7 座。高效推进天府机场高速服务区加油站建设，从开工到投营仅用 86 天。主动与地方国企合作，推动单一加油站向“油气氢电服”综合加能站转型，发展加氢站 2 座，建成光伏发电站 5 座，投营充电站 20 座、充换电一体站 1 座。51 座自有站点纳入四川省“十四五”LNG 站布局规划。

（赵孟闪）

天府机场高速服务区加油站

【内江双才油库投营】 2021 年 7 月 22 日，1 600 吨柴油从广东茂名通过管道输入内江双才油库储油罐，标志着该油库正式投营。内江双才油库位于内江市东兴区双才镇，规划建设总库容 3.7 万立方米，其中一期库容 3 万立方米，是中国石化在四川第 2 座管道油库，年周转成品油 50 万吨。油库投营后，将有效缓解油品铁路入川瓶颈，改善川南地区油品调运渠道单一的局面，提升中国石化对内江及周边地区能源保障能力。

（赵孟闪）

内江双才油库

【安全环保数质量管理】 2021 年，四川石油分公司持续整治安全环保领域形式主义、官僚主义问题，扎实推动 HSE 管理体系运行，高质量推进绿色企业行动计划，加强全过程油品质量监管，严格落实常态化疫情防控要求，全年未发生上报等级事故，如期实现集团公司级 LNG 储罐泄漏风险降级，通过国家应急管理部大型储罐安全风险检查，LNG 移动取样器取得专利，公司获评四川省和集团公司安全生产先进单位，继续保持中国石化绿色企业称号并晋级 A 档。

（赵孟闪）

【应对泸县地震救灾】 2021 年 9 月 16 日 4 时 33 分，四川省泸州市泸县发生 6.0 级地震，四川石油分公司成立抗震救灾应急指挥小组，公司总经理赶往泸县指导抗震救灾，组织对震中区域站房、围墙、罐区沉降作再次排查，确保无安全隐患后恢复营业；在泸州、内江、宜宾等地通往泸县沿线的 15 座站点开通抗震救灾绿色通道，为救援车辆和人员提供服务；泸州油库现场开辟抗震救灾绿色通道，优先保证应急油罐车救援装油，确保震区周边加油站各品号油品资源充足；紧急调出 2 辆柴油罐车、2 辆汽油罐车，每辆运力 30 吨，作为灾区应急运输油罐车，24 小时待命，专职用于政府调配和企业供货所需。

（赵孟闪）

【企业管理】 2021 年，四川石油分公司坚持业财融合，推动财务管理融入业务前端，增设利润贡献率考核指标，加强效益测算结果引导。严格把控“两金”占用，加强应收账款清欠，利息收入增加 1 000 万元。盘活低无负效资产，处置坏账和报废资产 3 200 万元，四川石油分公司高效资产占比连续 3 年保持增长。扎实开展对标一流管理提升工作，四川成都石油分公司获评集团公司对标提升标杆基层单位。

（赵孟闪）

【人才队伍建设】 2021 年，四川石油分公司实施党组管理干部契约化管理，启动易捷分公司综合改革，推行职业经理人制度。做好年轻干部实践锻炼，开展第 2 批“三百三千”计划，接收 3 人，派出 1 人，内部交流 4 人。推进高层次人才队伍建设，选聘首批 4 名省公司专家。抓好岗位练兵，在上级竞赛比武中获 1 枚金牌、2 枚铜牌。严控用工总量，在增库增站的情况下，全年实际用工总数较目标控制数减少 24 人。

（赵孟闪）

【党的建设】 2021 年，四川石油分公司修订党委会议事规则，完善党委前置研究讨论重大经营管理事项机制，保障党委“把方向、管大局、促落实”作用有效发挥。严抓党建责任落实落地，成立党建工作领导小组，建立党委落实全面从严治党主体责任清单，明确“五横八纵”高质量党建举措。严格落实“第一议题”制度，推动党史学习教育扎实深入开展，抓好庆祝中国共产党成立 100 周年系列活动，“我为群众办实事”实践项目在集团公司满意度测评中满意率 100%。持续完善“大监督”工作机制，实行纪检干部准入管理、持证上岗，围绕党史学习、安全管理、党组织换届、工程项目建设等重点工作，开展政治监督和机动巡察。成立党委审计委员会，强化审计监督和问题整改。

（赵孟闪）

【党委换届】 2021 年 7 月 8 日，中共中国石化销售股份有限公司四川石油分公司第一次代表大会在成都召开，大会选举柴志明、姜晖、赵大毅、李国营、张展、冯臣 6 人为第一届委员会委员，选举李国营、张华、丁伟、李俊梅、张学文 5 人为第一届纪律检查委员会委员。

（赵孟闪）

【社会责任】 2021 年 9 月 28 日，由四川省工商业联合会、《四川日报》报业集团指导，《封面新闻》《华西都市报》、中国社科院企业社会责任研究中心主办的“2021 成渝地区双城经济圈企业社会责任论坛”在成都举行。论坛发布《2021 成渝地区双城经济圈企业社会责任百强榜》，四川石油分公司作为在四川央企和中国石化驻四川企业之一，登上百强榜。该论坛自 2019 年开始举办，2021 年首次以成渝经济圈的企业作为研究对象，主要从企业的市场责任、环境责任、社会责任和责任管理 4 个方面进行评选。

（赵孟闪）

【乡村振兴】 2021 年 12 月 2 日，布拖县乐安镇振兴加油站正式投营，该站位于四川省凉山州布拖县 365 国道，是中国石化助力布拖县政府巩固脱贫攻坚成果、推进乡村振兴的主要帮扶项目，也是周边 3 个乡镇内唯一的加油站。项目总占地 6 亩（4 000 平方米），其中租赁村集体 3 亩（2 000 平方米）土地建立帮扶基地，将保障周边居民生产生活用油、便捷购买商品、提供就业岗位。根据合作协议，帮扶基地主要开展消费帮扶、汽车服务、就业培训及乡村振兴宣传，每年将为村集体至少增加 18 万元收入，资金主要用于村集体经济发展，发放公益性岗位人员工资、贫困学生奖励等公益事业。

（赵孟闪）

表 1 四川石油分公司主要经营指标

指标名称 \ 年份	2021	2020	2019	2018	2017	2016
成品油销售总量 / 万吨	297.66	291.50	288.00	268.00	263.00	257.00
零售量	167.30	162.80	168.00	156.00	157.00	152.00
销售收入 / 亿元	221.83	177.13	203.85	204.81	164.27	142.30

续表

指标名称 \ 年份	2021	2020	2019	2018	2017	2016
利润 / 亿元	1.37	1.48	1.25	0.10	2.30	2.50
吨油费用 / 元	415.00	420.00	412.00	422.00	409.00	408.00
加油（气）站总数 / 座	576	552	521	514	499	487

重庆石油分公司

【概况】 中国石化销售股份有限公司重庆石油分公司（简称重庆石油分公司）位于直辖市重庆，属中国石化下游销售企业之一，主要负责重庆及周边成品油、车用天然气、非油品销售，液化天然气生产、销售等业务。

重庆石油分公司前身为三川实业公司重庆分公司，成立于1998年10月，是负责重庆地区成品油经营的地方集体制企业。1999年5月三川实业公司被中国石化股份公司收购后，更名为中国石化销售有限公司重庆三川分公司。2002年10月成建制划归中国石化销售有限公司川渝分公司，更名为中国石化销售有限公司川渝重庆分公司。2009年11月被调整为股份公司直属企业，更名为中国石油化工股份有限公司重庆石油分公司，按大Ⅱ型企业管理。2012年10月管理规格调整为大Ⅰ型。2014年5月，根据销售公司混改要求，更名为中国石化销售有限公司重庆石油分公司。2019年1月，根据销售公司股改安排，更名为中国石化销售股份有限公司重庆石油分公司。

截至2021年底，重庆石油分公司本部机关设综合管理部室12个、专业中心3个。设分公司7家、县（区）公司15家、全资子公司7家、控股子公司20家（其中独立运行6家）、参股子公司3家。资产总额86.76亿元，在岗员工2 974人（其中党员629人）。在营加油（气）站341座（气站54座，占比15.84%），在营油库8座、库容22.44万立方米。油气网络覆盖重庆市38个行政区县。在营CNG母站1座，日生产能力40万立方米；在营LNG工厂1座，日生产能力100万立方米。

重庆石油分公司主要生产经营指标见表1。

（朱丽娟）

【机构设置调整】 2021年3月4日，重庆石油分公司将市公司天然气管理部附属机构长寿CNG母站调整为市公司直属单位进行管理。将天然气管理部附属机构天然气维修队划转至零售中心，作为零售中心附属机构。设立新能源开发部，与天然气管理部合署办公，实行“一个机构、两块牌子”。主要负责重庆石油分公司新能源开发规划；负责加氢站氢气资源筹划、采购、配置、营运指导等相关工作；参与发展规划部关于加氢站及充换电规划建设可行性论证等相关工作；参与发展规划部关于涪陵LNG工厂氦气提纯项目相关工作；负责涪陵LNG工厂氦气市场开发及销售工作。

（朱丽娟）

【精准施策，经营质效逆势向好】 2021年，重庆石油分公司油气经营总量首次突破300万吨，增长8%，创历史最高水平。非油品交易额首次突破9亿元，增长27%。年度利润总额首次突破5亿元，增长18%，连续12年赢利，连续4年创历史新高，连续11年排名区外销售企业第一。在2021年度销售企业“比学赶帮超”活动评比中，获优秀企业、效益先进企业称号，并斩获党建工作、资产创效、劳动生产率、天然气经营、打非治违、线上业务拓展、加油站投营7面年度先进红旗，零售经营、零售管理、安全环保管理3面年度进步红旗，红旗总数达历史最好水平。

（朱丽娟）

【强化协同，改革创新多点突破】 2021年，重庆石油分公司贯彻中国石化打造技术先导型企业战略，在重庆市科学技术协会支持下，成立重庆石油科学技术协会，完成第一届科技创新成果评选。巩固自有创新优势。搭建氦气、储氢井等职工创新平台（创新工作室）4个，完成技术项目结题2个，形成日产百万立方米天然气（页岩气）液化工厂成套技术自主知识产权。制订深化改革三年行动实施方案，明确5个方面、23项主体改革任务和实施步骤。优化基础系统应用、站级业务场景操作等服务，天然气业务、电子加油卡等系统上线运行，完成“重庆加油”App、OA等4个信息系统云化改造，有效保障信息系统平稳运行。

（朱丽娟）

【动真碰硬，风险防控走深走实】 2021年，重庆石油分公司贯彻落实集团公司“总经理2号令”，深化HSE体系建设，开展“安全生产专项整治三年行动”“百日安全无事故”“五查五严”专项行动，自查自纠在安全领域存在的形式主义、官僚主义问题17项。坚持问题导向，全覆盖开展加气站站外管道专项排查治理，巡检管道32千米。践行绿色理念，持续推进绿色基层建设，完成74个绿色基层创建任务。顺应绿色低碳发展要求，制订能效提升计划，全年碳排量控制在14万吨以内，下降22%。强化法律风险防控和法律维权，2021年诉讼胜诉结案10件，挽回损失近1 400万元。收回债权清偿资金2 500余万元，普通债权清偿率64.87%。控制投资成本、防范经营风险，审计监督服务作用充分发挥，审减节支5 300余万元。

（朱丽娟）

【强根固魂，党建优势充分彰显】 2021年，重庆石油分公司扎实开展党史学习教育，举办庆祝建党100周年“庆华诞、守初心、谱新篇”主题文艺汇演，组织征文比赛、演讲比赛等系列活动。完善优化党的领导体制，完成两级党委职能部门及职责分工优化调整，将33个基层党支部优化调整为60个。班子带队开展高质量党建工作专项督导，对照39个重点事项把脉问诊。做好巡察整改“后半篇文章”，梳理出291项具体问题、683条具体措施深化整改工作，修订完善制度58项。扎实推进“我为群众办实事”实践活动，解决375项职工群众的急难愁盼。组织全员参加互助保障计划，最大限度解除职工大额医疗费用的后顾之忧。履行社会责任，在4个区县接续开展乡村振兴，向彭水县善感乡、万州付沟村派驻驻村队员3名；将习近平总书记视察过的石柱县中益乡小学纳入中国石化重点支持学校进行帮扶。

（朱丽娟）

【厚植沃土，人力支撑高效强劲】 2021年，重庆石油分公司确立“五注重八优先”选人用人原则，提拔重用中层领导人员11人、基层领导人员20人，引进3名区内专业人才。完成经理层成员任期制和契约化改革、“一协议两书”签订，制定经理层成员考核办法和薪酬管理办法。稳步推行市场化用工机制，对市公司机关8个岗位公开竞聘上岗。加强人才工作顶层设计，编制“十四五”人才发展规划。加强干部综合锻炼，对外交流“三百三千”人才4名，分别选送40人次参加总部各层级重点培训。抓实任职资格评审，53名职工获初级职称、中级职称、高级职称任职资格，483名职工获初级资格、中级资格、高级资格认定，17名职工获高级技师、技师任职资格。

（朱丽娟）

【企地融合取得突破性进展】 2021年，重庆石油分公司深化企地融合，副总经济师、江南分公司经理苏小彬，党政办公室主任高吉发，三峡分公司经理曾青松，涪陵分公司经理汤琦等4人分别当选渝中区、江北区、万州区、涪陵区人大代表，合川分公司副经理甘剑当选合川区政协委员，全方位融入地方经济社会发展取得突破性进展。

（朱丽娟）

【投营站点数创近8年最好成绩】 2021年，重庆石油分公司新增投营加油气站34座（加油站16座，LNG加气站6座、CNG加气站2座，轻资产网点10座），新取得土地6宗，网建任务完成率164%，投营站点数量创近8年来最好成绩。

（朱丽娟）

【首座换电站落成】 2021 年 7 月 20 日，重庆石油分公司首座换电站——大竹林站落成，该站为重庆石油分公司和奥动新能源合作的首座换电站，每天可提供换电补能 300 台，单次换电时间 1 分钟。

（朱丽娟）

【建成重庆市首个加氢站】 2021 年 9 月 9 日，重庆石油分公司率先建成重庆地区首个加氢站——半山环道加氢站，并在全国范围内首次成功应用储氢井技术，获评销售公司 2021 年度十大创新事件。该站位于重庆市九龙坡区龙门阵大道，于 2021 年 4 月 8 日开工建设，6 月建成 45 兆帕储氢井，7 月装修施工，8 月加氢设备调试，9 月通过验收试运行，是西南地区首座集“气氢电服”四位一体的综合加能站，每日可满足 100 辆氢燃料电池汽车加注需求。

（朱丽娟）

建成重庆市首个加氢站

【通过 ISO 9000 质量管理体系三方审核认证】 2021 年 11 月 11 日，重庆石油分公司正式获颁三星九千认证中心质量管理体系认证证书，并在国家认证认可监督管理委员会官网公示，成为 2021 年首家通过 ISO 9000 质量管理体系三方审核认证的销售企业。

（朱丽娟）

【首座充换电一体站启用】 2021 年 11 月 26 日，重庆石油分公司首座充换电一体站——礼嘉站正式启用，重庆石油分公司充换电站建设由试点转为全面推进。该充换电站启用全球领先“快速换电”技术，用户无需下车就能完成换电，电池仓最多可仓储 13 块电池。

（朱丽娟）

【建成重庆市首座光伏发电站】 2021 年 11 月 29 日，重庆石油分公司首座光伏发电站——黔江分公司板栗山加油加气光伏发电站正式投用。该站是重庆市第一座具备光伏发电功能的油气站，预计年发电量 18 万千瓦·时，年减少二氧化碳排放量 145 吨，相当于植树 8 000 棵。

（朱丽娟）

建成重庆市首个光伏发电站

【氦气回收技术成功入龙】 2021 年 12 月 29 日，重庆石油分公司页岩气（天然气）回收高纯氦气成套技术开发和工业应用正式纳入中国石化 2021 年度“十条龙”科技攻关项目，为 2021 年度销售系统唯一入选项目。

（朱丽娟）

表 1 重庆石油分公司主要生产经营指标

指标名称 \ 年份	2021	2020	2019	2018	2017	2016
成品油销量 / 万吨	281.65	246.20	262.97	242.78	221.70	198.06
零售量	148.08	130.13	151.92	145.18	135.97	127.83
天然气生产加工量 / 亿立方米	3.47	2.75	2.12	3.08	0.34	0.34

续表

年份 指标名称	2021	2020	2019	2018	2017	2016
天然气销量 / 亿立方米	4.68	4.30	3.88	2.69	2.01	1.42
零售量	1.79	1.56	1.62	1.43	2.00	1.17
非油品营业额 / 亿元	9.31	7.35	6.45	4.88	3.63	2.32
销售收入 / 亿元	209.99	151.12	187.13	179.42	139.75	111.51
报表利润 / 亿元	5.33	4.51	4.12	3.11	3.86	3.31
报表吨油费用 / 元	351.00	341.00	324.00	331.00	334.00	356.00
在营加油（气）站总数 / 座	341	328	323	318	297	290
油库总数 / 座	8	8	6	6	6	6

陕西石油分公司

【概况】 中国石化销售股份有限公司陕西石油分公司（简称陕西石油分公司）本部位于陕西省西安市，是 2009 年底以原销售西北分公司机关为班底和原销售西北陕西分公司重组而成，2010 年 1 月 15 日正式揭牌成立，时称中国石油化工股份有限公司陕西石油分公司。2012 年 10 月，中国石化党组研究并征得中共陕西省委员会同意，决定将陕西石油分公司管理规格调整为大 I 型。按照中国石化混合所有制改革部署，2014 年 5 月更名为中国石化销售有限公司陕西石油分公司，2019 年 1 月更名为中国石化销售股份有限公司陕西石油分公司。

陕西石油分公司集仓储、物流、销售、服务为一体，全权负责中国石化在陕西省境内的成品油、天然气、非油品销售等经营业务和销售网络建设工作。截至 2021 年底，员工总数 2 797 人（含业务外包 629 人）；公司本部设 13 个职能部门，下辖 9 个地市公司及 38 个县公司（片区）；在营加油（气）站总数 433 座，非油品易捷便利店 423 座，自有油库 3 座、总库容 13.8 万立方米。

陕西石油分公司主要经营指标见表 1。

（李文娟）

【领导班子调整】 2021 年 4 月，集团公司通过视频会议方式，宣布对陕西石油分公司领导班子进行调整：杨其明任陕西石油分公司代表、党委书记，夏凤梧任陕西石油分公司总经理、党委副书记，张森不再任陕西石油分公司党委书记、副总经理。

（李文娟）

【经营情况】 2021 年，陕西石油分公司面对新冠肺炎疫情严重冲击，统筹疫情防控和经营发展两大任务，始终坚持“量价兼顾、量效双收”，全年油气经营总量 174.48 万吨；成品油经营量 158.5 万吨，其中零售量 97.83 万吨、直分销 60.53 万吨；天然气经营量 2.33 亿立方米，增长 7.92%；非油品营业收入 6.73 亿元，增长 23%。

（李文娟）

【资源优化】 2021 年，陕西石油分公司强化资源运作，采购低价柴油资源 2.15 万吨，降本 1 423 万元；直配资源 1.36 万吨，节约综合成本 194.6 万元；资源串换 1.28 万吨，降本 308.6 万元；物流配送平均运距减少 2.8 千米，降费 87 万元；制订全省四级资源保供预案，完成“十四运”期间资源保供任务；完成 109 辆配站车辆的电子铅封系统上线工作；配合省市执法部门累计打击非法经营加油站（点）14 座、黑油点 71 处、非法加油车 135 辆，查获非法油品 554.55 吨。

（李文娟）

【零售经营】 2021 年，陕西石油分公司持续加大“加油中石化”App、加油卡营销推广力度，“加油中石化”App 开户 126.56 万户，充值 10.1 亿元，新增沉淀资金 165 万元；开展加油卡“五进”2 096 次，发卡 1.34 万张，充值 1.54 亿元；汽油持卡（含“加油中石化”App）消费比例达 49%，提高 17 个百分点。对客户群体实施精准开发，新增零售客户 8 768 户，贡献增量 7 167 吨；实施清洁提升项目，打造清洁样板站 35 座，建成运营“司机之家”38 座；以迎接“十四运”为契机，完成 55 座油（气）站形象改造。

（李文娟）

【直分销】 2021 年，陕西石油分公司持续优化客户结构，新开发客户 652 户，增量 11.5 万吨，增长 46%；首次实现铁路出省销售 1 215 吨，创效 14.4 万元；通过“我要买油”App“秒杀”抢单活动销售油品 67 笔，增量 0.33 万吨；大力开展直分销线条“油、气、非”综合销售，天然气销售量 2 900 万立方米，润滑油销售额 160 万元，非油品销售额 1 021.1 万元，增长 58.6%。

（李文娟）

中国石化驻陕西企业联合发布社会责任报告（马保迁　摄）

【非油品业务】 2021 年，陕西石油分公司服务乡村振兴，引入化肥销售业务，销售 270 万元；结合实际全面落实总部“造节营销”策略，“年货节”基础品类销售 7 000 万元，创历史新高；“易享节”销售额 662 万元，增长 113%；“养车节”等活动全年销售润滑油 877 万元，增长 62%；茶博会销售额 162 万元，增长 84%；全年举办品鉴会 29 场，酒类销售 180 万元；拓展新业务，全省首家澳托猫综合汽服门店落户西安太元路加油站，月营业额突破 10 万元。

（李文娟）

【天然气业务】 2021 年，陕西石油分公司优化气源运作，全年落实 LNG 资源购进 14 万吨；在汉中、宝鸡、榆林三地启动“双气源”供应，在有效提升资源保障能力的前提下，资源降本 108 万元；开展精准营销，9 座气站增量 65 万立方米，单站环比增长 16%；年度天然气销售量增长 8%；因地制宜、因站制宜，合理规划服务项目，完善增值服务项目 55 个，带动相关站点销量增长 6%；开展客户开发竞赛，新增天然气持卡客户 62 户，贡献销量 1 800 万立方米。

（李文娟）

升级改造后的综合加能站（马保迁　摄）

【网络发展】 2021 年，陕西石油分公司新增投营油（气）站 11 座（加油站 5 座、加气站 6 座）；批复增加 LNG 加气功能项目 4 座，完成形象改造、隐患整改、提量改造、便利店提升等项目 92 座；完成续租项目 6 座，土地续租项目 1 座；6 座到期高速服务区加油站维持正常经营；建成换电站 7 座、充电站 32 座、光伏发电项目 47 座。

（李文娟）

【深化改革】 2021 年，陕西石油分公司优化干部队伍结构，截至年底，中层干部中 40 岁以下占比 20%，中层正职中 45 岁以下占比 33%，地市领导班子配备“80 后”干部占比 77.7%；落实“三百三千”计划，派出交流 1 人，接收 2 人，内部交流 4 人，省市两级本部轮岗交流完成率 96.4%；选聘主管技师 4 人、技师 14 人；评审通过高级职称 16 人、中级职称 50 人；选派 13 名优秀干部参加集团公司青年干部培训；员工参加“三个一”综合素质专项提升培训，完成 56 841 学时。

（李文娟）

【依法治企】 2021 年，陕西石油分公司全面贯彻落实习近平法治思想，广泛开展宣传教育，形成全员尊法学法守法用法的良好氛围。研究制定陕西石油分公司“十四五”法治建设规划纲要、“八五”普法规划、合规管理体系建设方案。做好依法合规服务保障，全年完成尽职调查 11 项，出具各类法律意见书 74 份，审核签订合同 3 079 份，合同管理系统运行考核区外公司排名第一。

（李文娟）

【信息服务】 2021 年，陕西石油分公司全省授权码加油覆盖率 83.3%，线上支付额占比 24%；站级一体化应用实现全覆盖，实现油非一体收银、流水联动支付、账务“一键班结”；探索 CRM 电子券洗车业务新模式，推广自助语音播报功能，试点企业微信客户管理，助力经营一线劳动效率提升。

（李文娟）

【安全环保】 2021 年，陕西石油分公司推进 HSE 管理体系建设，建立 HSE 月度工作落实会议机制，扎实开展“百日安全无事故”活动、“五查五严”保安全专项行动，强化责任落实，全力实现本质安全；严抓疫情防控不放松，持续完善防疫体系，落实网格化管理要求，推进全员疫苗接种工作，实现企业员工“零感染”。

（李文娟）

【油品数质量】 2021 年，陕西石油分公司优化完善数质量管理体系，全年国家、集团公司、省市行政抽检油品质量合格率 100%；LIMS 系统应用全国排名第三，区外公司排名第二；及时预警质量风险，始终坚持内紧外松、埋头苦干，成功规避质量事故发生；持续深化液位仪系统应用，加油站地罐交接完成率 99%，系统使用率、自动率均保持在 97% 以上，准确率考核位列全国销售企业第 12 名。

（李文娟）

【党史学习教育】 2021 年，陕西石油分公司举办党史学习教育读书班 31 期、“书记讲党史”11 期、“党员读党史”51 期，开展“强党性、提本领、筑堡垒”主题竞赛 16 场次，在延安召开党史学习教育推进暨基层党建工作提升现场会，在全省系统召开庆祝建党 100 周年暨先进事迹报告、“两优一先”表彰会，命名 5 个基层党支部建设示范点。

（李文娟）

【开展“我为群众办实事”工作】 2021 年，陕西石油分公司分基层企业、员工群众、社会公众三个层面，制定“我为群众办实事”重点项目清单第 1 批 15 项、第 2 批 24 项，均完成；建设“司机之家”38 座、“爱心驿站”6 座，推广使用智能语音播报系统 201 座站，电子发票开票率 99.87%，组织 2 749 名员工参加省总工会互助保障计划等惠民措施，实现企业、员工、客户“三满意”目标。

（李文娟）

【全面从严治党】 2021 年，陕西石油分公司建立问题清单、任务清单、责任清单，实施台账管理、销号落实机制，推动党组巡视“回头看”问题整改完成率 100%，党建考核问题整改率 100%；优

加油加气站扶贫商品专区（胡庆明 摄）

化县公司（片区）党支部设置和基层班组党员覆盖，基层党支部由59个调整至62个，班组自有党员占比由57%增长至61%，万吨站自有党员3名覆盖占比由零增加至50%。着力提升党建工作标准化、规范化水平，开展党建工作考核、主题竞赛、红色教育基地现场教学、党员项目攻关、党员联系油气站等活动，深入应用“石化党建”平台。

（李文娟）

【对外宣传】 2021年，陕西石油分公司举办“创新·数字·高质量发展暨碳达峰碳中和”论坛、“中国石化在陕西”社会责任报告发布会，主动参与“母亲河畔绿色企业行”主题宣传和《唱支山歌给党听》《没有共产党就没有新中国》MV摄制，专题策划“疫情防控在一线”“我在岗位过春节”“高温下的坚守”等专栏，较好展示“党和人民好企业”形象。

（李文娟）

表1 陕西石油分公司主要经营指标

指标名称＼年份	2021	2020	2019	2018	2017	2016
成品油销售总量/万吨	158.5	160.71	195.10	178.90	169.42	180.80
零售量	97.08	104.97	133.81	127.59	121.29	124.03
销售收入/亿元	112.41	93.38	126.38	121.49	98.28	93.09
利润/亿元	−4.29	−3.35	0.60	0.12	0.21	1.64
成品油吨油费用/元	595.00	566.00	470.00	487.00	488.00	475.00
加油（气）站总数/座	433	424	435	442	464	434

内蒙古石油分公司

【概况】 中国石化销售股份有限公司内蒙古石油分公司（简称内蒙古石油分公司）本部位于内蒙古自治区呼和浩特市如意开发区如意和大街28号万铭总部基地综合楼5号楼。内蒙古石油分公司2001年2月成立，2002年10月更名为中国石化销售有限公司西北内蒙古分公司。2009年12月，经过集团公司体制调整，内蒙古石油分公司调整为股份公司直属企业，更名为中国石油化工股份有限公司内蒙古石油分公司。2014年6月，应中国石化销售公司混合所有制改革的要求，更名为中国石化销售有限公司内蒙古石油分公司。2019年6月，应销售公司股改要求，更名为中国石化销售股份有限公司内蒙古石油分公司。内蒙古石油分公司主要在内蒙古地区从事成品油零售、直销和批发以及润滑油、燃料油及非油品的销售等业务。

截至2021年底，内蒙古石油分公司本部设11个机关部室（中心），下辖9个盟市分公司，有在营加油（气）站378座，其中加气站36座，在营油库8座，资产总额53亿元，职工总数2 544人。

内蒙古石油分公司主要经营指标见表1。

（董　琦）

【“我为群众办实事”实践活动扎实开展】 2021年，内蒙古石油分公司领导班子深入库站，开展一次基层单位调研、听取一次经营工作汇报、讲授一次党史专题党课、解决一项实际问题。班子成员累计调研70座加油站、8座油库，针对更换锅炉、更新老旧设备、站房改造等91项问题，制定117条措施，逐一对标销号整改，切实为职工群众解难题、办实事。

（董　琦）

【坚定履行油气保供经济责任和社会责任】 2021年10月以来，国际原油价格高企，成品油市场价格屡创新高，特别是柴油终端销售市场一度出现十几年未遇的“油荒”。在极端特殊的市场环境下，内蒙古石油分公司主动站在促进国家经济社会发展、保障能源资源供应的政治高度，对各盟市分公司下达硬任务释放成品油库存，同时协调总部调配自有炼厂油品配置资源，油品不涨价、经营不惜售，全力维护内蒙古自治区成品油市场稳定。

（董　琦）

CNG 加气站服务现场

【中国石化新能源北方研究中心项目取得突破】 2021年，内蒙古石油分公司为落实习近平总书记视察胜利油田重要指示精神，加大地区投资、深化科技创新合作，在呼和浩特市新城区建设中国石化新能源北方研究中心，引入集团公司的全国“两院”院士及科研人员，开展氢能储运销技术和区域新能源产业、可再生路线氢能制备和干热岩资源开发利用、新型煤化工绿色产业发展研究。截至2021年底，项目进展顺利。

（董　琦）

【环保依法合规取得积极进展】 2021年，内蒙古石油分公司完成赤峰油库紧急切断等17项安全隐患和呼和浩特市油库清污分流改造等5项环保隐患治理。开展黄河流域库站生态环境保护专项行动，2021年首次获集团公司A档绿色企业称号。

（董　琦）

【拓展新能源项目】 2021年，内蒙古石油分公司创新开发充电合作模式，完成年度光伏项目和充电桩建设任务。呼和浩特秋岭公园加油站充分利用场地优势，打造成为首座风能光伏发电智能加油站。

（董　琦）

【转型发展步伐坚定】 2021年，内蒙古石油分公司推进“柴油转天然气”，细化可行性研究论证、手续完善、设备采购安装、改造建设进度、验收投营等六大模块，落实时间节点和责任人，逐站倒排投营时间，新增天然气销售站点6座，LNG销售增长48%。

（董　琦）

【深入推进政治优势转化】 2021年，内蒙古石油分公司严格落实“第一议题”，深入学习贯彻党的十九届六中全会精神、习近平总书记视察胜利油田重要指示精神，在集团公司党史学习教育第十指导组帮扶下，将党史学习教育与庆祝中国共产党成立100周年紧密结合，完成8个专题学习研讨，召开庆祝建党100周年暨高质量党建推进会，领导班子落实“五个一”工作机制，扎实推进“我为群众办实事”实践活动，解决员工急难愁盼问题91项。建立“大党建”工作运行机制，制（修）订30余项党建工作制度。建立督导机制，党建平台应用三率均达100%。将党员发展名额向基层库站、党员空白班组倾斜，党员占比提高近9个百分点，库站空白班组党员覆盖率100%。打造企业文化，提炼出“与服务者同行、以奋斗者为本、为学习者赋能”的核心价值理念，大力弘扬蒙古马精神，不断增强干部员工的文化自信。

（董　琦）

机关党员帮扶加油站除雪

表 1　内蒙古石油分公司主要经营指标

指标名称＼年份	2021	2020	2019	2018	2017	2016
成品油销售总量 / 万吨	162.26	159.61	181.87	196.40	192.22	166.25
零售量	101.87	100.11	137.48	147.17	128.80	108.91
销售收入 / 亿元	116.36	90.00	119.00	131.43	106.31	81.85
利润 / 亿元	0.31	−2.23	0.96	0.96	1.50	0.51
吨油费用 / 元	420.00	384.00	357.00	363.00	348.00	378.00
加油（气）站总数 / 座	378	388	383	383	368	360

吉林石油分公司

【概况】 中国石化销售股份有限公司吉林石油分公司（简称吉林石油分公司）位于吉林省长春市，是吉林省主要的成品油供应商、车用天然气供应商，主营汽柴油、天然气批发零售、加油站便利店经营、充换电、光伏功能站点、加氢站，致力于打造“油气氢电服”综合能源服务商。

吉林石油分公司的前身是中国石化销售股份有限公司东北吉林省分公司。2009 年 11 月，根据中国石化总部调整区外油品销售企业管理体制的重大决策，重组成立中国石油化工股份有限公司吉林石油分公司。2014 年 5 月因集团公司对油品销售板块业务重组要求，更名为中国石化销售有限公司吉林石油分公司，2019 年 1 月公司再次更名为中国石化销售股份有限公司吉林石油分公司。截至 2021 年底，吉林石油分公司共设 7 个分公司，经营范围覆盖吉林省内长春、吉林、松原、四平、延边、通化、白城 7 个地市；自有油库 2 座；拥有天然气 CNG 母站 2 座。设 9 个机关职能部门、2 个专业化中心、1 个省级易捷分公司，共有员工 749 人，其中合同制员工 714 人、劳务工 35 人；具有高级职称的 15 人、中级职称的 57 人；高级技师 7 人、技师 10 人，高级工 113 人、中级工 141 人。

吉林石油分公司主要经营指标见表 1。

（刘绍赟）

【主要经营指标】 2021 年，吉林石油分公司油气经营总量 119.5 万吨。成品油经营量 108.7 万吨，增长 12.5%，排名区外销售企业第二。天然气经营量 1.27 亿立方米，非油品销售额 3.27 亿元，营业利润 0.56 亿元，吨油费用 409 元。长春、吉林市分公司分别位列销售企业区外地市级公司综合竞争能力第 3 名、第 16 名，通化、四平、吉林市、长春 4 个分公司分别位列销售企业区外地市级公司发展进步能力第 2 名、第 7 名、第 10 名、第 19 名。全年获销售企业“比学赶帮超”红旗 27 面，年度综合绩效考核排名区外销售企业第二。

（刘绍赟）

【经营联动助推攻坚创效】 2021 年，吉林石油分公司坚决贯彻中央精神和党组部署，在做好常态化疫情防控的同时，全力抓经营生产，坚持提升创效能力。创新运用“采调存运销”一体化运作，将采购、调运、库存、运输与销售有机结合，全口径资源创效 4 581 万元。立足网格化差异营销，以“一键加油”“加油卡”为载体，针对不同目标客户群开展多样化营销活动，引入三方合作资源 2 096 万元，汽油销售占比提高至 48.65%，提升 4%。与东北油气分公司产销协同，发挥“资源 + 网络”一体化优势，主攻长春、四平、松原等终端市场，天然气销量 1.27 亿立方米，保持增长。坚持效益为导向，油品指标升级创效 207 万元。

（刘绍赟）

【非油品经营取得优异成绩】 2021 年，吉林石油分公司创新非油经营思路，精准拓市创效。大力拓展升级洗车、快餐等新业态，精心组织营销活动，在全国“易享节”销售竞赛中获先进省市公司奖和五天营销竞赛尖兵奖，年度非油销售额 3.27 亿元。发挥“轻润”一体化优势，依托长城润滑油品牌优势和产品性价比优势，换油服务覆盖 40 座市区重点门店，新开发 10 吨以上规模客户 36 个，年度营业额突破 5 000 万元，增长 165%。提升重点商品销售，制订专项激励方案，开展易捷之星、重点商品销售能手评比与经验推广，重点商品烟草营业额增长 116%。深挖属地特色商品资源，持续开展吉林大米、玉米及人参、蜂蜜系列特色商品的营销推广，与龙禹公司合作易小棒系列玉米特色品牌营销。

（刘绍赟）

【网络发展取得新突破】 2021 年，吉林石油分公司继续巩固传统网络优势，同时拓展新能源业务。新发展加油（气）站 5 座，续租站 2 座。新增投营加油站 7 座，新增投营加气站 4 座。新增“他有他营”合作加油站 7 座。自有站增加加气功能完成立项 5 座，建设竣工 2 座，在建 LNG 项目 1 座。发展加氢项目 3 座，布局光伏功能站点 6 座，建成充电站 1 座。

（刘绍赟）

吉林石油分公司首座自有站改造增加 LNG 加气功能——吉林市九江大路加油加气站（刘绍赟 摄）

【安全环保数质量水平再提升】 2021 年，吉林石油分公司持续强化安全数质量管理。严格落实疫情常态化防控，员工疫苗接种率 98.17%，年度全员“零”感染。严格安全风险管控。农安油库接受国家应急管理部的大型油气储存基地安全风险评估督导核查，得分 925 分，在吉林省检查的 5 家大型油气储存基地安全风险评估中排名第一。绿色企业创建通过验收。持续推进绿色基层建设，强化依法排污，在营加油站全部取得排污许可证。11 月 12 日，以 933.3 分成绩通过集团公司第 12 检查组绿色企业行动创建工作的现场验收。持续深化自动计量信息系统应用，油库一体化平台应用率 97.72%，加油站液位仪系统综合应用率 98.17%，排名区外销售企业第三。全年安全数质量“零”事故。

（刘绍赟）

吉林石油分公司“共建绿色企业、同享碧水蓝天”公众开放日活动（刘绍赟 摄）

【业财融合赋能成效显著】 2021 年，吉林石油分公司深化业财融合，提升管理创效能力。与税务局沟通协调，开发涉税数据管理云平台，实现从集团公司云中心和液位仪中心将进销存数据通过接口方式，外发接入吉林省涉税数据管理云平台，一次性节约税控费用 600 余万元，每年节约服务费 75 万元，同时有效推动“打非治违”工作开展。优化上门收款，在确保风险可控前提下，对部分加油站实施营业款线上缴存，收款费用减少 130 万元，降低 46%。争取税收优惠。申请安全防范用地免征收土地使用税优惠政策，年度 2 座油库获减免 14 万元；在通化地区防疫提级管控期间保民生供应，申请获房产税和城镇土地使用税减免 0.94 万元。与属地政府沟通争取支持，年度共计获政府奖励基金 500 万元。

（刘绍赟）

【深化改革激发企业活力】 2021 年，吉林石油分公司持续深化人才强企和改革三年行动。严把选人用人关。2021 年度“一报告两评议”总体评价和对从严管理监督干部的看法“好”的比例均达 90.16%，领导人员个人有关事项重点查核和随机抽查一致率100%。激活中层干部队伍。年度调整中层干部20人次，提拔任用中层领导人员6名，地市分公司“80后”一把手占比66.7%，年轻干部配备率排名销售企业第二。强化“三支队伍”建设。建立吉林石油分公司“朝阳学院”，优化完善干部人才培训管理体系，选聘专家1名，新增高级技师3名。开展员工卓越培训计划，培训后备片区经理、站长400余人次，基层员工五项技能、六项技能培训考核通过率100%。在销售企业人才强企考核中，排名保持区外销售企业前三。完成天然气业务体制机制改革，实现业务集中统一管理。组织管理现代化创新成果评选申报，获集团公司2021年度三等奖。组织专项培训强化合同管理，年度合同管理指标排名区外销售企业第一。

（刘绍赟）

【政治保障坚强有力】 2021年，吉林石油分公司围绕集团公司党组打造世界领先洁净能源化工公司发展方略，坚持以习近平新时代中国特色社会主义思想为指引，全面贯彻落实党的十九大和十九届历次全会精神，把党的政治建设摆在首位，切实增强“四个意识”、坚定“四个自信”、做到“两个维护”。提高政治站位，高质量开展党史学习教育工作，编辑党史学习教育简报59期，系统内外宣传平台共刊登稿件600余篇，其中“我为群众办实事”工作被学习强国、新华网等转载。聚焦“企业改革发展”“职工群众关心期盼”“履行社会责任提高公众满意度”开展基层调研，为群众办实事140件，在集团公司“我为群众办实事”实践活动测评中员工满意率100%。深化与一汽集团、吉林移动和润滑脂公司党建共建，带动成品油销售4.14万吨，润滑油营业额5 005万元，把党组织的政治优势转化为企业发展优势。持续提升基层班组党员覆盖质量，2021年发展党员139名，销量2 000吨以上加油站实现党员硬覆盖，通过党员驻站实现基层班组党员覆盖率100%。持续做好宣传思想工作，在《中国石化报》、朝阳E站等媒体累计发稿594篇，宣传工作排名区外销售企业第三。重视外宣扩大品牌影响力，在新华网、《吉林日报》等省级以上媒体刊发稿件10余篇，组织公众开放日8次，累计受众超过2万人次。2021年吉林石油分公司获吉林省精神文明单位称号，长春市公司获长春市精神文明单位称号。获集团公司年度党建考核评定B级。

（刘绍赟）

仲伟带领机关党员在长春革命烈士纪念馆重温入党誓词（刘绍赟 摄）

【履行社会责任彰显央企担当】 2021年，吉林石油分公司履行社会责任，彰显央企担当。党委专题研究落实疫情防控责任和措施，建立与属地疾控部门信息联动机制、省市公司“零报告”机制，组织党员定期到一线调研帮扶，保障员工身心健康和生产安全。全力保障成品油、天然气和便利店商品供应，推行“一键加油”无接触支付，提供安全消费环境，赢得社会美誉。为地方复工复产提供支持，接收政府消费券，刺激地方经济复苏5 000万元。助力脱贫攻坚，按照吉林省委统一部署，落实帮扶资金90万元。便利店大力推广扶贫产品销售，党工团活动全部使用扶贫产品，消费扶贫40.4万元。落实习近平总书记关心户外劳动者指示精神，在吉林省市区加油站打造69座爱心驿站，因地制宜提供免费服务；在国省道、高速服务区等重要地点建设20座“司机之家”，解决司机休息难、洗衣难、加水难、吃饭难等问题，践行为民服务宗旨，履行社会责任，提升中国石化品牌的美誉度和影响力。

（刘绍赟）

表 1 吉林石油分公司主要经营指标

指标名称 \ 年份	2021	2020	2019	2018	2017	2016
成品油销售总量 / 万吨	108.70	96.63	95.70	81.30	65.76	54.30
零售量	69.29	62.46	66.07	56.37	48.70	41.78
天然气销售量 / 亿立方米	1.27	1.23	1.26	1.28	1.16	0.65
非油品销售 / 亿元	3.27	2.59	1.87	1.28	1.03	0.62
销售收入 / 亿元	78.85	53.72	65.01	57.76	40.99	30.42
利润 / 万元	5 633.00	8 935.00	4 197.00	5 481.00	6 508.00	3 864.00
吨油费用 / 元	409.00	409.00	430.00	447.00	592.00	648.00
加油站座数 / 座	211	201	189	178	165	162

黑龙江石油分公司

【概况】 中国石化销售股份有限公司黑龙江石油分公司（简称黑龙江石油分公司）位于黑龙江省哈尔滨市道里区通达街 307 号。其前身是中国石化销售有限公司东北黑龙江分公司，2010 年 1 月 1 日，根据中国石化发展战略需要，调整为股份公司直属企业，更名为中国石油化工股份有限公司黑龙江石油分公司；2014 年 5 月，总部进行资产重组，更名为中国石化销售股份有限公司黑龙江石油分公司，为国家大Ⅱ型企业，是中国石化唯一驻黑龙江企业，主要从事汽油、柴油、煤油、润滑油等成品油批发零售，天然气业务，非油品业务。

黑龙江石油分公司集仓储、物流、销售、服务于一体，全权负责中国石化在黑龙江省境内的成品油、天然气、非油品销售等经营业务和销售网络建设工作。截至 2021 年底，员工总数 1 109 人；机关本部设有 9 个职能部门，下辖 6 个地市公司及 1 个控股子公司和 1 个参股公司；在营加油（气）站总数 147 座，非油品易捷便利店 147 座，年非油品销售额 2.43 亿元；油库（含租赁、控股）4 座，总库容 10.5 万立方米。2021 年油气经营总量 111.34 万吨，其中机出 65.87 万吨。

黑龙江石油分公司主要经营指标见表 1。

（王华峰）

【多项指标实现突破】 2021 年，黑龙江石油分公司经营总量 111.34 万吨；成品油销售 110.38 万吨，其中零售 65.87 万吨、直分销 44.51 万吨；天然气销售 0.96 万吨。全年考核报表利润 9 543 万元；非油品利润 1 508 万元，增长 16%，获销售企业非油品年度进步红旗，被评为创效能力先进单位。新冠肺炎疫情保持“零感染”，全年未发生安全环保及数质量上报事故。

（王华峰）

【创效能力实现新提升】 2021 年，黑龙江石油分公司把资源运作作为市场竞争的先手棋，努力营造“汽油相对宽松、柴油紧而不缺”的资源环境。资源运作创效。集采非均衡摆布上下半月区间采购量，准确预判，创效 730 万元；预判 -35# 柴油价格走势，错时采购，创效 1 500 万元。串换资源暂估入账，创效 4 550 万元。自采提高议价能力和创效水平，实现乙醇多创效 325 万元，天然气多创效 370 万元。优化物流创效。构建成品油公路运输油运价分渠道联动机制，适时压价，延后调价，节省运杂费 77 万元。外采串换直接进站 14 万吨，节约运费 202 万元。创新销售创效。率先推出“抢单”利器，破冰省内直批市场新冠肺炎疫情影响，抢单销售实现业绩突破，为后续直批市场提供实践样本。利用“石化油你”App组织开展线上开单，线上开单率提高至91%。紧凑调运接卸，实现0#柴油极寒天气销售，确保零售机出柴油不减量，效益不流失。开展“打非治违”行动，联合主营单位致函政府部门，配合相关部门打击非法流动加油车，净化和规范成品油市场环境。

（王华峰）

【市场攻坚实现新突破】 2021年，黑龙江石油分公司树立“市场对资源配置起决定性作用”理念，坚持“精准精细灵活”营销策略，抓实运营提升、服务提升和非油转型“三大环节”，主动攻坚向市场和服务要效益。①推进运营提升。建立“两实现三区分”竞合互动机制，与主营单位保持理性竞争，确保效益不受影响。柴油方面通过11座加热罐、29座保温设备，延长0#柴油销售周期，冬季以来累计销售0#柴油6.2万吨，提升效益1 219万元。汽油坚持“一域一策”“一站一策”，推进阶梯返利和定向推券，有效提升汽油毛利117万元。从“拉新、激活、召回、提升”四个维度同步发力，92#汽油销量优于主营单位9个百分点。精准开展“五进”推广“冬奥卡”，发卡2万张，充值金额3 783万元。拓展石化钱包应用，累计开户19万户，权益会员注册11万人次，汽油综合会员比例66%，单店转化率全国排名第一。拓展加油站业务类型，引入跨界资源459万元，与中国工商银行、中国建设银行等大型企业展开油油、油非合作，石化钱包充值额6 000余万元。②推进服务提升。深入开展客户满意度评价工作，平均得分较2021年初上升0.31分。启动“百城万站·卓越服务”劳动竞赛，坚决落实集团公司“把服务做到客户心坎里”的工作要求，新服务提升计划、增值服务计划、门店运营提升计划、岗位体验计划初见成效。全年开展站长培训31次，站长持证率由原来的38%提升至94%。③推进非油品业务转型。重点制订商品品类规划、供应链提升、门店分类管理等7个核心工作内容，33条重点工作措施。精心组织年货节、易享节等专项营销活动，带动基础品类营业额增长41%；创新易捷到车、海购直播等商业模式，线上交易额602万元。开拓汽服业务，新增洗车网点3座；助力服务“三农”，店外化肥销售3 289万元。

（王华峰）

【提质转型释放新动能】 2021年，黑龙江石油分公司提升战略视角、坚持底线思维、审慎投资方向、统筹规模节奏，合理进行加油（气）站区域布局，抢增量、稳存量，巩固提升网络规模和在营率。①统筹兼顾完善网络布局。多重维度实施以“激励为主、突出贡献”等为原则的新考核机制，完成1座新发展加油站投营（牡丹江聚缘加油站），1座加油站新增加气功能（大庆高新区增加加气功能），1座加油站续租（哈尔滨迎宾加油站）。坚定不移推进已批未建项目，新建铁北加油加气站开工建设，顺利完成新建科技路加油站土地底价中标及开工手续办理。②创新打造企地共建模式。主动融入地方、借势发展，与黑龙江各级政府及下属国有平台公司开展深层次合作，与哈尔滨新区政府、黑龙江交投集团、哈尔滨蔚来公司、牡丹江七台河宝泰隆集团签订合作框架协议，共同推进遗留项目盘活和新能源产业布局。建设加油站光伏站点5座，建成1台第二代换电站和2个充电功率120千瓦的充电桩。③扎实推进项目建设。抓好改造估算审核，3项较大提量改造投资项目审减率19%。开展工程项目管理和承包商关键人员安全管理相关培训，大幅度提升全省工程基建项目基础管理水平。

（王华峰）

【深化改革激发新潜能】 2021年，黑龙江石油分公司全面推进“三项制度”改革，大力推进人才强企工程，为黑龙江石油分公司新时期全方位高质量发展提供坚强组织保障和人才支撑。突出政治标准选干部，坚持在大战大考和急难险重任务中考察使用干部，全年提拔3名“80后”中层领导人员副职，分别充实到省公司机关部门和市分公司班子。基层轮岗锻炼4人，完成重要敏感岗位人员轮岗交流51人。贯彻落实集团公司“三百三千”计划，外派交流干部1人，接收交流干部2人。突出人才强企建队伍，有针对性地进行专业技术序列职位选聘工作，3人选聘为主办职位，2人选聘为主管职位。突出“三能”机制赋动能，持续推行驻站式委托家庭管理、油库大班制、机关精简瘦身等改革措施，全年优化用工 25 人，实现人均零售量 920 吨。合理拉开各市分公司、各岗位间收入分配差距，2021 年人均绩效工资增长 23.87%。大力推行末等调整和不胜任退出机制，“下”的比例占全年总人数的 3%。

（王华峰）

【基础管理实现新提升】 2021 年，黑龙江石油分公司发扬精细严实的优良传统，严把安全源头、严控财务风险、强化依法治企，确保企业安全平稳高效运行。①抓实安全环保数质量和新冠肺炎疫情防控。贯彻集团公司“百日安全无事故”专项行动部署、“总经理 2 号令”和推进 HSE 管理体系的各项要求，严格施工现场安全管理，发布黑龙江石油《HSE 管理体系手册》，完成销售公司级和公司级隐患项目治理，初步构建风险管控、隐患治理双重机制。按照绿色洁净、净零排放的要求，打造绿色油站 45 座。加强数质量管理，确保油品全环节数质量受控，内外部抽检合格率达到 100%，17 座加油站被黑龙江省计量协会授予黑龙江省计量诚信示范单位称号。把员工生命安全和身心健康放在第一位，第一时间将口罩、消毒液、测温仪等防疫急需物资送到员工手中，安全稳妥推进新冠疫苗第三剂接种，全员新冠疫苗接种率 98%。②发挥财务价值引领和风险防控作用。建立单站模拟利润核算模型，定期评价加油站资产创效结果，2021 年下半年较上半年盈利站点增加 29 座，增长 53%。加强资金优化配置，通过沉淀资金定存管理，实现当年资金直接创效 1 533 万元，增长 65%。大力推广电子发票，加强增值税手工开票审核把关力度，提前 2 个月完成销售公司的开票率 99% 的目标任务。引进顺丰收款模式，节约人工成本 4.56 万个工时，折算员工薪酬 127 万元。加强制度刚性约束，制定资金管理禁令及办法 12 项，牢牢守住资金安全底线。强化往来款项管理，定期开展往来款项函证，重点把控存货和系统外应收款项，坚决避免两金占用风险。推动“清理逾期民营企业账款及农民工工资”专项工作，实现“应付尽付”。细化内控权限指引，增加审批权限 77 项，进一步明确办理业务和事项的权限范围、审批程序和相应责任，形成各负其责、科学高效的管理机制。③推进依法治企和信息保障。落实集团公司深化改革三年行动方案，开展对标提升行动，打造出具有黑龙江特色的“54321”对标体系。把制度优势转化为治理效能，承接上位制度 93 件，废止制度 21 件，按照制度办事成为常态。纠纷管理落实“一案一策”工作机制，全年取得 6 起案件胜诉，挽回 2 座万吨站经营权，避免经济损失 3 300 万元。推进站级一体化应用提升，将海信、发票、加油卡等站端系统进行一体化整合，实现操作“简单化”。试点手持 POS 应用，集成油品、易捷到车、泵岛销售等收银功能，通过智能终端缓解设备压力，实现资金与销售业务联动，大幅度降低员工劳动强度和资金风险。强化网络安全防护、监测预警、应急响应机制，保障护网行动和建党百年等“两重两特”时期黑龙江石油分公司安全平稳运行。

（王华峰）

【党建工作迈上新台阶】 2021 年，黑龙江石油分公司持续发挥党建工作政治保证和思想引领作用，凝聚发展合力，推进党建优势转化为经营胜势。①扎实开展党史学习教育。严格落实“第一议题”学习制度，利用党委会、中心组理论学习、专题研讨会等形式学习贯彻习近平总书记“七一”重要讲话精神和视察胜利油田重要指示精神，不断提高党员领导干部政治能力。系统谋划推进党史学习教育，统筹推进学习研讨、“我为群众办实事”实践活动等各项工作，在学史明理、学史增信、学史崇德、学史力行上取得明显成效。②提升基层组织建设质量。推进党支部标准化建设，按照部门对支部党员进行重新调整，推进组织架构和人员配备标准化。党员发展向一线倾斜，班组自有党员占比实现快速提升。按照销售公司要求，成立万吨站鑫天淼加油站党支部，按标准落实规定动作。利用“石化党建”开展线上检查 374 次，分类定级中 2 个支部被评为优秀，《实施党员责任区“三定四包五到位”》被选入中国石化基层党建创新实践 100 例。③推动全面从严治党向基层延伸。“两个维护”更加自觉，持续推进政治监督具体化常态化，建立监督台账，督促“第一议题”制度落实。层层签订《党风廉政建设责任书》，压实“一岗双责”。强化对“一把手”和领导班子监督，严肃查处“靠企吃企”、影子股东等违纪违规问题，对地市公司开展政治生态建设评估、对班子成员精准“画像”。监督治理效能持续提升，把“大监督”工作融入公司治理的全过程各环节，紧紧围绕监督重点跟进监督，发现问题并推动整改 187 个。充分发挥审计监督作用，督促整改审计发现问题 52 项，审计节支创效 500 余万元。新风正气不断充盈，紧盯重要节点，驰而不息纠“四风”树新风；紧盯安全环保领域，坚决破除形式主义、官僚主义。深化运用监督执纪“四种形态”，对关键岗位等重点人员开展廉洁谈话 30 人次。对 3 名拟提拔中层干部考察跟踪，防止带病提拔。正风肃纪反腐持续加压发力。坚持“零容忍”态度惩治腐败，集中处理违反加油站现场管理禁令 28 人。严格落实“三个区分开来”，对群众信访举报认真分析研判，给予党政纪处分 14 人。开展“零违规承诺”活动，975 人次签订承诺书。推动和谐企业建设。常态化开展劳动竞赛、青年文明号创建、志愿者服务和员工关爱行动，深化“走访”长效机制，建立健全帮扶救助工作机制，持续打造奋斗者文化，推进“七有机制”落地见效，凝聚员工强大合力。完善信访稳定工作机制，及时排查处置各类纠纷，实现关键时期“零上访”。

（王华峰）

表 1　黑龙江石油分公司主要经营指标

指标名称 \ 年份	2021	2020	2019	2018	2017	2016
成品油销售总量 / 万吨	110.38	122.04	132.98	111.81	99.74	74.03
零售量	65.87	61.62	88.22	72.89	60.85	52.45
销售收入 / 亿元	72.99	64.61	83.64	75.97	58.75	40.41
利润 / 亿元	0.66	1.36	0.87	0.50	1.20	1.10
成品油吨油费用 / 元	379.00	310.00	319.00	347.00	379.00	466.00
加油（气）站总数 / 座	162	162	166	161	160	162
油库数量 / 座	4	4	5	5	5	6

青海石油分公司

【概况】中国石化销售股份有限公司青海石油分公司（简称青海石油分公司）前身为中国石化销售有限公司西北青海分公司，成立于 2002 年 12 月。2009 年 12 月 21 日体制调整，青海石油分公司班子由集团公司党组进行管理，公司名称变更为中国石油化工股份有限公司青海石油分公司。2012 年公司管理规格升级为大Ⅱ型企业。青海石油分公司主营汽油、柴油批发零售、LNG 零售，汽油、柴油仓储服务及非油品销售等业务，是中国石化在青海地区唯一驻地企业。本部位于青海省西宁市城东区民和路 58 号。

截至 2021 年底，青海石油分公司设 11 个职能管理部门，下辖西宁、海东、格尔木、海西、青南 5 家地市级分公司，有加油（汽）站 179 座，在营加油（汽）站 168 座，易捷便利店 164 座，油库 4 座，分别为西宁大通油库（停用）、格尔木油库、海西柯柯油库、湟源中心油库，总库容 13.5 万立方米。资产总额 30.2 亿元。在岗员工 1 227 人。设二级党委 6 个、基层党支部 31 个，党员 450 名，实现基层党组织全覆盖。网点遍布青海省西宁市、格尔木市、海东市、海西州、海南州、海北州、黄南州，109 国道、214 国道、

227 国道、315 国道沿线，京藏、张汶高速公路沿线和省道沿线。

青海石油分公司主要经营指标见表 1。

（刘得菊）

【主要经营指标】 2021 年，青海石油分公司成品油经营总量 63.16 万吨，其中汽油 16.93 万吨、柴油 46.23 万吨；零售 51.97 万吨，其中汽油 16.3 万吨、柴油 35.67 万吨；直销 11.19 万吨，其中汽油 0.63 万吨、柴油 10.56 万吨；非油品营业额 1.8 亿元，增长 46.8%；天然气销售 1 948 万立方米，增长 228%；报表利润 867 万元，还原资产减值后考核利润 3 446 万元，完成年度计划 108%；在总部“比学赶帮超”活动中获先进红旗 11 面。

（刘得菊）

【换届选举】 2021 年 2 月 6 日，召开中国共产党中国石化销售股份有限公司青海石油分公司第二次代表大会。阚筇、郭自强、周建安、杨震、丁钢 5 人当选中共中国石化青海石油分公司第二届委员会委员；丁钢、杨文博、樊学东、易斌 4 人当选中共中国石化青海石油分公司纪律检查委员会委员。代表大会结束后，召开中共中国石化青海石油分公司第二届委员会第一次会议和中共中国石化青海石油分公司纪律检查委员会第一次会议，阚筇当选中共中国石化青海石油分公司第二届委员会书记，郭自强和丁钢当选中共中国石化青海石油分公司第二届委员会副书记；丁钢当选中共中国石化青海石油分公司纪律检查委员会书记，杨文博当选中共中国石化青海石油分公司纪律检查委员会副书记。

（刘得菊）

【荣誉表彰】 2021 年 8 月，中国石化青海格尔木石油分公司南山口加油站获共青团中央全国青年文明号称号，成为青海石油分公司首个全国青年文明号集体，取得“青”字号品牌阵地建设新突破。

（刘得菊）

【重大活动】 2021 年 6 月 18 日，青海石油分公司联合 7 家驻青海企业在青海大学举办庆祝建党 100 周年“百年辉煌铸初心 携手奋进新征程”文艺联合汇演活动，8 家单位以红色记忆和时代篇章坚定信仰、砥砺精神、汲取力量为核心，通过编创迎庆歌舞、朗诵、舞台剧等 17 个节目，228 名演员通过不同艺术形式，深情讴歌中国共产党取得的伟大成就和不平凡的百年奋斗历程，展现在新时代党的领导下各家单位扎根西部，听党话、跟党走，矢志弥坚、艰苦奋斗的永恒主题，彰显广大干部职工信党、爱党、拥党的赤诚之情和报国之志。

（刘得菊）

文艺联合汇演

【绿色行动】 2021 年 6 月 8—9 日，集团公司党组宣传部、能源管理与环境保护部共同组织“母亲河畔绿色企业行”活动，采访团抵达青海石油分公司开展为期 2 天的绿色环保专题采访活动，让中央媒体更加深入地了解到位于“三江源头”青海石油分公司深入践行习近平总书记生态文明建设部署要求，坚持守土有责、守土尽责、守土负责，以实际行动投身驻地生态文明建设的一系列举措。

（刘得菊）

【公益活动】 2021 年 7—10 月，中国石化光明号健康快车第 4 次驶入青海，在青海省海西藏族德令哈市、海东市乐都区历时 3 个月为高海拔地区白内障病人带来光明，为青海省 921 名贫困白内障患者实施免费复明手术。青海石油分公司成立“光明志愿队”轮班为患者服务，做好中国石化慈善医疗活动后勤服务保障工作。

（刘得菊）

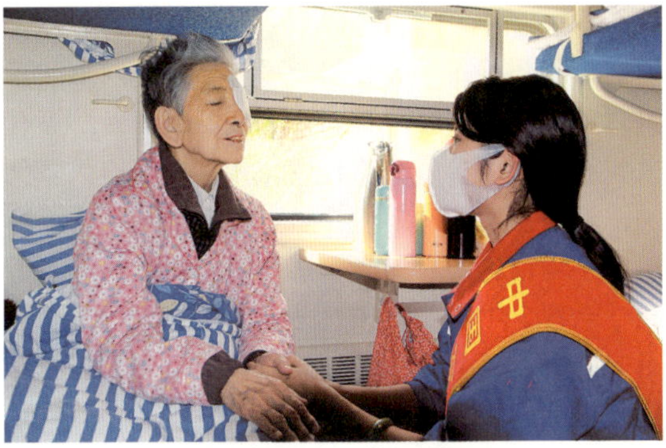

“光明志愿队”为患者服务

【抗震救灾】 2021年5月22日02时04分，青海省果洛州玛多县发生7.4级地震，震源深度17千米，余震1 000余次，最大余震5.1级。震区有部分房屋倒塌、路面变形。灾情发生后，青海石油分公司迅速启动应急响应，立即组织开展全面排查，各地市公司、加油站第一时间开展震后安全检查和隐患排除工作，为客户提供加油、休息等服务。开通抗震救灾绿色通道，为救灾车辆和人员提供服务。灾情期间，青海石油分公司各加油站人员、设施安全，油品储备充足，一切有序，正常运行。

（刘得菊）

抗震救灾

【乡村振兴】 2021年5月，由青海石油分公司党委书记阚笃带队，组织党员干部及两家驻村工作队共计33人，赴甘肃东乡脱贫攻坚教育基地参观，深入学习领会习近平总书记关于脱贫攻坚重要论述，与当地干部交流工作经验。9月，向青海省西宁市湟中区共和镇维新学校36名品学兼优的学生发放“立志奖学金”，共计1.8万元。10月，将扶贫产品引入青海石油易捷商品，收入16万元，形成以购代捐，助力消费帮扶。截至2021年底，通过易捷便利店，销售扶贫产品490.23万元。青海石油分公司机关食堂采购驻村扶贫点猪肉、粉条、菜籽油等农产品1.2万元。2021年3月获集团公司2020年度脱贫攻坚先进集体称号。

（刘得菊）

【优化发展】 2021年，青海石油分公司探索推进“油气氢电服”转型发展、LNG网点建成投营等重点工作，新增LNG站点规划备案手续6座，新投营LNG站4座，LNG在营站达7座，新投营加油站6座，成功改造投营祁连路加油站，完成分布式光伏发电项目7座，与国家电网合作完成充电站项目1座。全力打造多元支付体系，率先上线银联云闪付、电信翼支付、移动和包支付，引入第三方营销资源677万元，增加283万元，增长72%，新开发合作单位员工客户647人。

（刘得菊）

【深化改革】 2021年，青海石油分公司贯彻落实集团公司关于直属单位经理层成员任期制和契约化管理的工作部署，制定青海石油分公司经理层成员任期制和契约化管理岗位聘任协议、年度和任期经营业绩考核目标、经营业绩考核办法和薪酬管理办法，建立经理层成员激励约束机制，激发改革创新活力，推动青海石油分公司迈向可持续高质量发展。创新开展区域公司、加油站经理培训，先后选派2批共99名基层管理人员赴广东石油分公司和江苏石油分公司跟班轮训1个月，进一步提高基层管理人员经营管理能力，为青海石油分公司高质量发展提供经营管理人才支撑。

（刘得菊）

【安全环保数质量发展】 2021年，青海石油分公司落实集团公司“总经理1号令”“总经理2号令”要求，深入开展安全生产专项整治三年行动和安全生产月活动。强化安全示范引领，领导班子累计带队开展安全检查、“四不两直”夜查23次。坚持绿色发展，制订落实《长江、黄河流域生态环境保护实施方案》，推广分布式光伏发电建设，通过绿色企业复审。坚持常态化疫情防控，新冠疫苗应接尽接率100%，完善疫情应急响应机制，有效应对省内局部疫情反弹。加强数质量管理，运输损耗率0.81‰，油库保管溢余率1.98‰、增长6%，零售溢余率1‰、下降50%，用实际行动践行“质优量足”，增强客户消费体验。库站质量内部抽查检验合格率100%，接受总部和政府抽检共计501批次，检验合格率100%。

（刘得菊）

【党建落实】 2021年，青海石油分公司公司领导班子带头讲授专题党课8次。多种形式组织学习习近平总书记视察青海和胜利油田重要指示精神。深入开展党史学习教育，落实具体工作举措39项，组织现场教育15次，开展专题宣讲30余场，举办中层干部党史学习教育培训班、青年政治轮训班、党支部书记培训班等各类培训5次。聚焦职工群众“急难愁盼”问题，提高住房公积金缴存比例、扩大企业年金缴纳范围、实现互助医疗保险全覆盖等一系列措施落实落地，完成“我为群众办实事”21项。提高宣传工作影响力，在系统内外媒体发布报道1 503篇次，微信公众号关注人数突破20万人，净增8万人。

（刘得菊）

【商务活动】 2021年3月19日，青海石油分公司携手贵州赖茅酒业有限公司，举办“向上向善 岁月酱香”赖茅客户答谢会，青海省商务厅等有关政府单位领导、战略合作伙伴及大客户代表参加，到场嘉宾共计200余位，活动现场认购，当日赖茅酒销售307万元，全国多家媒体转载报道100余次，中国石化和赖茅品牌在青海省影响力迅速扩大。

（刘得菊）

【对外合作】 2021年，青海石油分公司广泛结交各领域合作伙伴，与驻青海央企、省属重点企业、高校8家单位签署战略合作协议，在油品和非油品供应、交叉营销、资源共享、新能源发展等方面广泛合作。独家中标省内重点工程西宁机场三期扩建、玛尔挡水电站项目用油，销售1.4万吨。发挥产业链一体化优势，推动长城润滑油全面进入盐湖集团和拉西瓦水电站等省内重点大型企业和建设项目，润滑油销售591万元。推动合作成果转化，通过跨界合作实现油品销售1.85万吨、非油品销售698万元。

（刘得菊）

表1 青海石油分公司主要经营指标

指标名称 \ 年份	2021	2020	2019	2018	2017	2016
销售总量/万吨	64.51	69.17	77.22	75.39	71.96	71.05
零售量	51.97	59.73	64.12	63.75	58.70	58.17
销售收入/亿元	44.47	39.12	50.84	51.98	44.62	39.66
利润/亿元	0.09	0.02	0.0017	0.51	0.14	1.01
吨油费用/元	608.00	560.00	508.00	460.00	442.00	439.00
加油站总数/座	179	188	188	180	169	156

甘肃石油分公司

【概况】 中国石化销售股份有限公司甘肃石油分公司（简称甘肃石油分公司）本部位于甘肃省兰州市，主营汽油、柴油、天然气及非油品销售等业务。其前身为中国石化销售西北甘肃分公司，成立于2003年，2010年整体划转集团公司，2016年11月，甘肃石油分公司管理规格调整为大Ⅱ型。

甘肃石油分公司设总经理办公室、政工部（党委办公室、党委宣传部、工会、团委）、经营管理部（物流中心）、商业客户中心、零售管理中心、非油品中心、财务资产部、发展基建部、党委组织部（人力资源部）、企管法律（信息管理）部、安全数质量部、审计监督部12个职能部门，下辖酒泉、张掖、武威、白银、兰州、定西、天水、平凉、庆阳9家地市级分公司及7家合资公司。

截至2021年底，甘肃石油分公司资产总额26.74亿元。在营加油（气）站132座（其中加气站10座），自有油库2座、自有铁路专用线2条；各类用工总数1 018人，其中合同制员工852人，委托站员工155人，党组管理干部4人，中层干部35人；设立2个二级党委，6个党总支，27个党支部，党员总数331人。

甘肃石油分公司主要经营指标见表1。

（安　鑫）

【经营业务平稳有效开展】 2021年，甘肃石油分公司逐日紧盯进销存平衡，加强成品油所有权库存运作，精准把握采销节奏，灵活调整经营策略。弥补仓储短板，保障市场资源供应。疫情期间，分级平衡全省资源需求、及时调整资源方向、强化物流调度、严格承运商管控，确保疫情防控“不添乱”、物流调运“不添堵”。10—11月兰州市疫情期间，紧急从华北地区石化炼厂调运资源，弥补市场缺口，全系统成品油供应正常。

（安　鑫）

【零售经营质效不断提升】 2021年，甘肃石油分公司制定6个细分分析模块，开展“一户一价”评价分析，选择位置优、销量大的站点开展洗车服务，提高客户进站率。优选站点主动竞争，收窄优惠力度，实现汽油、柴油增量。以“加油站十大服务触点”和“五比五看”为标准提升加油站现场服务。完成22座油站旱厕、3座站点供水系统改造，建成运营“司机之家”8座，在建2座。

（安　鑫）

【直分销规模持续扩大】 2021年，甘肃石油分公司发挥市场引领、拓宽经营渠道的作用，全年直分销销量增长15%。不断优化客户结构，细化分类分级管理，稳存量、扩增量，全年新增客户成交量占总销量的22%；开展专项营销，走访客户730余户，销售非油品417万元、润滑油160吨。全面摸排全省LNG点供客户及供应商情况，在保障加气站稳定运行的同时，大力开发潜在客户，努力拓宽资源渠道。

（安　鑫）

【夯实网络发展根基】 2021年，甘肃石油分公司投营加油气站13座，建成加油气站4座，完成各类改造57项。通过调整结构、盘活存量，13座低效加油站销量增量2 737吨。在G312甘肃段建成20座丝绸之路充电站；建成33座光伏发电项目；取得5座加氢站指标；取得5条高速公路服务区22座加油气站项目建设经营授权；完成与东乡县政府全面合作协议的签订。

（安　鑫）

【非油量效稳步增长】 2021年，甘肃石油分公司通过开展“年货节”“养车节”“水饮节”“易享节”“车享节”等主题营销，油非互促投入产出比提升至72%，“易享节”期间通过价值引领全年增加毛利额200余万元。全年销售非油品同比增长25%。不断完善进、售价比价机制，增加商品竞争力，全年新增统采商品407个SKU、省采商品337个SKU。加大自有品牌“陇谷传说”系列产品的开发与销售。

（安　鑫）

【夯实门店经营质量】 2021年，甘肃石油分公司应用差异化的品类结构、商品结构、营销资源对全省门店进行分类分级，并提供多维度的数据分析内容，分店施策，促进经营业绩有效提升。建立站外店运营新模式，引入小包装、低价格、网红类商品，增加充电宝、LED广告投放等新业务，在营21座站外店全年营业额增长93.3%。

（安　鑫）

【线上服务取得新突破】 2021年，甘肃石油分公司完善“臻品甘肃”电商新平台，运行甘肃省级平台“1+87+N”同城配送项目，顺利开展2021

网上年货节宣传及平台推广工作。加快石化钱包、“加油中石化”App推广，石化钱包消费量增长69%。“中国石化甘肃石油”微信公众号关注人数增长47%，阅读量突破5万次/篇，公众号头条广告投放业务实现零突破。

（安　鑫）

“迎新春促消费·助力乡村振兴”商品推荐订货会现场

【拓展服务新业态】 2021年，甘肃石油分公司投营汽服项目1座，洗车6.8万辆；汽车销售实现零突破；开发自助售卖机、LED屏视频等广告投放业务，实现广告业务收入突破；优选地铁13座便利店以自营方式开发九阳豆浆现调冲饮和早餐业务；利用加油站闲置场地与第三方合作以租赁方式开展服务类餐饮业务。

（安　鑫）

【扎实开展党史学习教育】 严格落实“第一议题”，持续加强党的政治建设，积极打造践行习近平新时代中国特色社会主义思想重要阵地，2021年组织读书班3期，各级党组织共计开展红色教育活动50余次，880余人次受教育。围绕政治责任、改革发展、改进作风、服务客户、关爱员工5个方面，大力推进“我为群众办实事”实践活动，各级党组织、广大党员帮助群众解决急难愁盼问题250余件。

（安　鑫）

【加强人才队伍建设】 2021年，甘肃石油分公司开展12项专题劳动竞赛，通过竞赛、练兵、比武、师带徒、交流学习等形式进一步加强全员基本功训练。加强年轻干部锤炼，开展敏感岗位人员轮岗交流，成立HSE培训教育分委会，开展各类培训，突出抓好基层核心骨干和创新人才培养。分批配齐优化地市分公司班子，实施“三百三千”人才计划。

（安　鑫）

【深化改革行动落地】 2021年，甘肃石油分公司建立经理层成员聘任制契约化管理，签订“一协议两书”，推进“三能”机制建设。开展家庭驻站式委托管理、薪酬切块、用工分配、大班组改革并打通员工成长通道。对非油品中心、兰州馆、地铁项目部推行市场化、专业化运营。国企改革三年行动任务完成91%，不断提升甘肃石油分公司治理效能。

（安　鑫）

【深化HSE管理体系建设】 2021年，甘肃石油分公司全面落实安全生产责任体系，召开HSE委员会会议12次，“一把手”安全视频连线6次，严格落实百日安全无事故、“总经理2号令”、安全生产专项整治三年行动计划、疫情防控措施等专项工作。对全系统开展HSE管理体系内审，落实“五个回归”的溯源分析，持续做好问题整改闭环工作。

（安　鑫）

【强化数质量管理】 2021年，甘肃石油分公司抽检油品3 935批次，100%合格。液位仪使用率99.5%，自动计量率95.96%，各环节损耗率均实现下降，油库一体化平台应用全面启用。

（安　鑫）

【风险防控持续增强】 2021年，甘肃石油分公司全面预算、内控和风险管理逐步完善，资金集中管理初成体系，投资管理更加严细规范，企业信息化以及管理水平、质量、效率得到大幅提升。推动资金运作创效，落实税收优惠293万元。开展风险识别隐患排查工作，识别各类风险114项，全部整改完毕。组织开展合规体系建设工作，制定《全面推进合规管理体系建设工作方案》，持续强化法律纠纷管理，法律服务保障作用持续增强，2021年处理纠纷诉讼案件11起，挽回经济损失223万元，避免损失569万元。

（安　鑫）

【扎实推进绿企打造】 2021年，甘肃石油分公司坚持生态优先、绿色发展，向“净零”排放迈进，完成44座绿色基层站创建工作，油库储运电耗同比下降5.6%，取水量下降10.68%，危险废物处置量下降5.9%。废水、废气达标排放率100%，危险废物合规处置合规率100%，环保手续合规率100%、排污许可证持证率100%，未出现各类环境保护事故（事件）。

（安　鑫）

【切实履行央企责任】 2021年10月，甘肃新冠肺炎疫情反弹，甘肃石油分公司分析研判当前疫情防控形势，详细部署防控工作，聚焦关键业务、关键节点，紧急编制印发《新冠肺炎疫情防控指南》，为防疫工作提供指导。在全力保供的同时，组建多支疫情防控党员突击队，深入疫情防控前沿，协助社区开展全员核酸检测、疫情监测排查等现场志愿服务，并捐助防疫物资，与一线抗疫工作者一道，为群众筑起疫情防控坚强堡垒，得到当地政府好评。

（安　鑫）

疫情防控党员突击队宣誓出征仪式现场

【积极助力乡村振兴】 2021年，甘肃石油分公司选派9名政治素质好、工作能力强的优秀年轻干部驻村驻点开展帮扶工作。创新帮扶模式，加快推进农业产业获得新发展，2021年捐赠帮扶资金增长25%，用于帮扶村的产业设备设施购置、春耕备耕物资采购、环境整治等项目，充分挖掘帮扶村经济文化资源，帮助培育特色产业体系，提升特色农产品竞争力。协助集团公司在东乡县种植藜麦1.6万亩（1 066.67万平方米），打造“陇谷传说”自有品牌，形成从藜麦种植—加工—包装—销售一体化全产业链帮扶。

（安　鑫）

【认真履行生态保护责任】 2021年，甘肃石油分公司加强黄河干支流10千米范围内14座站点的环境保护工作，针对武山县二级水源地天水山丹加油站，开展土壤和地下水检测，并严格落实环境风险防范措施。开展固体废物专项整治行动，确保全环节100%合规。利用基层库站空地绿化植树，新增绿化面积20亩（1.33万平方米），联合渭源县政府，种植1.3万株云杉共计200亩（13.33万平方米），打造中国石化公益林。

（安　鑫）

表1　甘肃石油分公司主要经营指标

指标名称＼年份	2021	2020	2019	2018	2017	2016
成品油销售总量／万吨	50.24	50.18	46.87	50.12	50.45	55.57
零售量	34.87	35.98	36.07	39.10	41.32	41.36
销售收入／亿元	34.63	27.98	32.58	35.93	34.46	28.90
利润／亿元	0.21	0.23	−1.49	…	0.70	1.24
吨油费用／元	557.00	604.00	580.18	591.23	469.00	497.00
加油（气）站总数／座	132（含气站10座）	138（含气站10座）	134（含气站8座）	130（含气站7座）	128（含气站6座）	120（含气站6座）

宁夏石油分公司

【概况】 中国石化销售股份有限公司宁夏石油分公司（简称宁夏石油分公司）位于宁夏回族自治区银川市兴庆区，主营汽油、柴油、润滑油和其他石化产品的零售、直销配送、批发和仓储业务以及加油站便利店非油品业务。

截至 2021 年底，宁夏石油分公司本部设办公室（企管、法律）、党群工作部（党委办公室、党委宣传部）、财务资产部、党委组织部（人力资源部）、审计监督部、发展规划部（信息）、安全数质量部、经营管理部、零售中心（易捷服务）共 9 个职能处室；下设银川、石嘴山、吴忠、固原、中卫 5 个分公司；控股中石化宁夏易捷石化有限公司、中石化石嘴山市常道石化有限公司 2 家合资公司。宁夏石油分公司党委下设 11 个基层党组织，党员 246 人。在营加油加气站总数 138 座，在营油库 2 座。资产总额 19.22 亿元，期末用工总量 975 人。

宁夏石油分公司主要经营指标见表 1。

（张继强）

【主要经营指标】 2021 年，宁夏石油分公司成品油经营总量 41.66 万吨、增长 -16.5%，其中零售量 32.08 万吨、增长 -18%，直分销量 9.58 万吨、增长 -11.1%。天然气经营总量 5 706 万立方米、增长 33%，其中零售量 5 425 万立方米，增长 31%。非油品全口径交易额 1.78 亿元、增长 5.1%，基础品类营业额 1.54 亿元、增长 3.7%。报表利润 -2 亿元，剔除计提减值 1.35 亿元、资产处置 818.67 万元，销售公司考核报表利润 -5 729.56 万元。吨油费用 667 元，人均零售量 597 吨。

（张继强）

【经营创效直面竞争】 2021 年，宁夏石油分公司应对成品油市场后疫情时代油价大涨、价差空间逐步收窄、资源供应紧张等复杂局势，保证资源有效供应，通过结算西北公司代储资源、开展直配进站业务等方式开展库存运作，努力降低采购成本。持续优化天然气采购渠道，通过加大协调，LNG 资源液厂直供、争取 200 万元信用销售额度、追补价差利润等方式，扩大利润空间。实行目标责任制，始终保持“打非治违”工作强度，推动政府主要领导指示批示和九部门联合通知落实，抓住税务关键环节，协调“物联网智慧加油站”管理平台搭建，为规范市场竞争秩序奠定基础。

（张继强）

【精准营销多措并举】 2021 年，宁夏石油分公司紧扣“三个优化”开展精准营销，零售柴汽比降至 1.85，天然气经营规模达 9%，非油品基础品类营业额 1.54 亿元。深化“169”品牌建设，新增沉淀资金 613 万元，一键加油客户增加 13.9 万户，增长 98%。拓展天然气市场空间，锁定新增车用 LNG 消费需求，LNG 销量增长 115%。协调区域市场，局部平衡定价，避免恶意竞争，天然气经营总量 5 706 万立方米、增长 33%。紧盯“适销对路”引进新品 1 340 种、淘汰商品 203 种，降低经销商品库存 350 万元，库销比降至 1：0，地采商品全部转变为代销模式。实现门店“易捷到车”全覆盖，销售额 43.92 万元，综合运行数据排名区外第二。降低中央仓租赁费 17 万余元，节约物流配送费 32 万元，争取供应商活动支持 178 万元。易捷公司报表利润增加 103.51 万元。

（张继强）

【改革提效有序推进】 2021 年，宁夏石油分公司推进深化改革三年行动，制定改革任务 57 项、措施 132 项，任务完成率 87%。抓实对标世界一流管理提升行动，设置对标指标 47 项，制定措施 114 项，措施完成率 97%。修订完善绩效考核办法，推行加油站全额联量计酬，优化考核分配。完成省市两级“三定”工作。成立 4 个职工创新工作室，开展课题攻关项目 3 项。销售公司西北区域培训中心、宁夏石油分公司培训中心、宁夏石油分公司党校正式揭牌运营，举办培训 14 期、728 人次参加培训。中国石化销售西北质检中心投入运营，实现质量风险有效管控。多次与宁夏旅投谈判，荷花苑宾馆在无效运作近三年后顺利出租创收。争取到西部大开发所得税优惠政策支持，获销售公司专项奖励100万元。

（张继强）

【网络发展逐步转型】 2021年，宁夏石油分公司坚持“算赢就干”，新增投营加油站1座，新增投营LNG加气站5座。新发展光伏发电项目9个，装机容量390千瓦；新建充电桩项目4个，年充电量70万千瓦·时；参与地方政府氢能加注站规划建设，推进在宁东地区新建加氢站。加强施工管理，2批次51个隐患项目全部治理完成，64个维修改造、提量改造等项目如期竣工。主动争取宁夏回族自治区指标，完成8个“司机之家”建设。加快信息化建设，推动电子券有效运行，完成区外公司会员体系试点运行；实现站级一体化全覆盖，推动“移动和包”在站级一体化系统进行消费，“一键到车”推广比例100%；完成ERP系统的SD、MM模块组织架构调整，二级管理架构搭建完成；加强经营管理数据中心、BW、“油你掌控”“站长俱乐部”等系统的深化应用，加快数字营销转型进程。

（张继强）

【安全环保坚守底线】 2021年，宁夏石油分公司完善HSE管理体系并推进有效运行，落实集团公司“总经理1号令”“总经理2号令”，深入开展安全生产专项整治三年行动、“百日安全无事故”“五查五严”保安全专项行动，制定并落实“三个三”清单，重拳整治安全生产领域形式主义官僚主义问题42个，全年安全生产无事故。常态化狠抓疫情防控，未发生员工及家属感染、疑似新冠肺炎等疫情。黄河流域生态环保、环保三年提升方案专项工作完成率100%，加强环境风险及应急管理、臭氧污染防治专项行动等工作，办理排污许可证137个，各类污染物均达标排放。统筹推进绿企创建措施598项，通过集团公司复审，达到B档。

（张继强）

【风险管控不断完善】 2021年，宁夏石油分公司推进风控、内控一体化，修订内控指引权限，编制下发全面风险管理责任清单，定期对重大风险进行跟踪监测，夯实风险管理基础。紧盯重大项目、重点领域、重要业务下发法律风险提示20期。加强法治和合规管理体系建设，开展普法宣传4期，合同管理更加规范，妥善处理案件纠纷4起，完善证照13个。强化“大质量”管理理念，开展ISO 9000质量管理体系内部审核；严把油品检验关，内外部抽检1 943样次合格率100%；持续巩固液位仪应用成果，系统使用率100%。加强非油品质量管理，未发生非油品质量事故和食品安全事件。按照“整体规划、分级实施、重点突破”完善制度建设，全面推广制度“活页夹”，修订制度198项，建立“活页夹”188项。建立宁夏石油分公司讲师队伍，全年组织、参加各类培训2 850人次。

（张继强）

【提升党建质量增强政治优势和深化融合】 2021年，宁夏石油分公司落实“两个一以贯之”要求，修订易捷公司章程，推动党的领导融入公司治理各环节。扎实开展党史学习教育，完成22项系列活动，推进“我为群众办实事”15项重点项目落实。落实政治责任，完成李营村、新堡村乡村振兴阶段性任务，获宁夏回族自治区脱贫攻坚先进集体称号。持续加强基层党建工作，推进银川分公司成立党委，推进基层党组织按期换届，及时补选支部委员。发展党员41名，5 000吨以上加油站实现党员全覆盖，建成4个万吨站党小组。启动专业技术序列职位选聘，选聘业务骨干3人，三支队伍建设序列完备。推进6人内部实践锻炼，开展技术骨干轮岗交流11人次。压实“两个责任”，推进“大监督”和日常监督工作，一体推进“三不”机制建设，对非油品业务、靠企吃企、形式主义官僚主义等重点项目进行专项监督，严肃查处违反加油站现场管理禁令行为。落实意识形态工作责任制，强化企业文化建设。围绕形势任务、生产经营、13名疫情防控志愿者等强化宣传工作，刊发内部报道857篇文章，凝聚强大正能量。加强激励引导，在销售公司2021年非油品线条技术比武、计量竞赛比武中获奖，取得历史最好成绩。

（张继强）

表 1　　宁夏石油分公司主要经营指标

指标名称 \ 年份	2021	2020	2019	2018	2017	2016
成品油（天然气）销售总量 / 万吨	45.91	53.25	66.36	62.57	62.19	62.69
零售量	32.08	42.24	50.95	43.58	40.27	35.98
销售收入 / 亿元	29.85	28.39	40.48	40.19	34.07	30.03
报表利润 / 万元	−19 999.56	−21 769.37	1 201.45	2 881.57	2 906.27	7 025.44
考核报表利润 / 万元	−5 729.56	−21 769.37	1 201.45	—	—	—
吨油费用 / 元	667	570	434	454	436	440
加油站总数 / 座	147	151	149	141	137	132

销售华北分公司

【概况】 中国石化销售股份有限公司华北分公司（简称销售华北分公司）是销售大区公司之一。其前身始建于1950年3月，是在接收国民党政府“中国石油有限公司天津营业所”和美孚石油、德士古石油、亚细亚火油等“三大油行”在天津资产的基础上组建而成。1985年前隶属于商业部，1985年1月划归中国石油化工总公司。主要履行“资源组织、物流优化、储运管理、统一结算、市场监管”的职责。辖区包括华北地区六省市（北京、天津、河北、河南、山西、山东）和东北地区三省（黑龙江、吉林、辽宁），并对辖区内重要储运设施实行统一管理。资源辐射范围除辖区内省市外还包括江苏、安徽、湖南、湖北、广东、内蒙古、陕西等省（自治区）。本部位于天津新技术产业园区榕苑路11号。

截至2021年底，销售华北分公司设有10个职能部门，下设天津储备库、营口油库管理处（沈阳管理处）等二级单位，在燕山石化、石家庄炼化、天津石化、洛阳炼化、沧州炼化、齐鲁石化、济南炼化、青岛石化、青岛炼化、胜利炼厂10个炼化企业设立办事处。受托管理销售公司的计量管理站、质量管理站，主要负责销售系统的数质量管理工作。另有2家非上市企业，分别为天津悦泰石化科技有限公司、天津金皇房地产有限公司。天津悦泰石化科技有限公司集产品研发、生产、销售于一体，主营“海龙”牌车用汽柴油清净剂、尾气处理液等系列汽车养护用品。天津金皇房地产有限公司下辖金皇和金泽2家酒店。

截至2021年底，销售华北分公司资产总额116.32亿元（股份华北公司资产总额103.62亿元，资产负债率45.46%；存续华北公司资产总额12.70亿元，资产负债率7.13%）；用工总量938人（股份华北公司372人，存续华北公司566人），中共党员195人。

2021年，成品油经营量3 795.16万吨，实现销售收入2 423.97亿元、利润总额1.43亿元（还原利润8.16亿元），上缴税费1.31亿元（其中直接地税0.58亿元）。存续企业实现销售收入19.32亿元、利润总额0.77亿元，上缴税费0.54亿元（其中直接地税0.31亿元）。销售华北分公司连年位列“天津企业百强”前茅。

销售华北分公司主要经营指标见表1。

（郭伟玮）

【领导班子调整】 2021年8月，集团公司党组对销售华北分公司领导班子进行调整：于金广任销售华北分公司代表、党委书记，吕新华任总经理、党委副书记，荆孝民任党委副书记、纪委书记、工会主席，戴兵任党委委员、副总经理，王英杰任党委委员、副总经理。

（郭伟玮）

【各项经营指标】 2021年，面对经营创效、持续降本压费的艰巨任务，销售华北分公司聚焦考核目标，推进持续攻坚创效，全年营业收入2 423.97亿元，增长30.37%；利润1.43亿元，还原利润8.16亿元，上缴税费3.04亿元。销售成品油3 795.16万吨，增长4.94%；石化资源供应计划完成3 430.60万吨，兑现率99.68%；收购计划完成3 433.41万吨，兑现率99.76%。运杂费支出24.24亿元，区内省市吨油费用54.20元，低于总部考核指标。铁路罐车装载率94.51%，继续保持优秀水平。管输总量897.76万吨，超额完成总部考核计划。存续企业实现利润0.77亿元，增长11%。

（郭伟玮）

【经营业绩再创历史新高】 面对管网划转后物流格局的新变化，2021年，销售华北分公司积极创新，开拓性地实现与中国石油大区公司的资源串换，全年串换51万吨、节费9 326万元；同时完成集采、统采、外采与配置资源的统筹串换19.42万吨、节费1 861万元。全面统筹优化4种运输方式，创新管输合作模式，与国家管网开展管输增量利益共享，节约管输费5 862万元；充分发挥4万吨级大船费用较低的优势，提高大船利用率，严控水运成本；协调减免铁路保价费，多措并举实现单一运输方式运费最低。通过提高地付扩距和管输扩距量，开通河北廊坊到天津武清等跨省提油新通道等措施，不断提升一、二、三级物流优化成效，实现综合运费最低。资源统筹和物流运行持续优化，辖区内一次物流吨油运杂费54.20元，全年实现节费创效3.80亿元。全面启动华北统采工作和燃料油经营管理业务，持续做大集采规模，全年完成集采318.64万吨，兑现率103.96%。推进油库设备设施改造，南疆出口汽油改造、营口油库收发油设施改造取得关键进展，天津储备库周转率提高16%，汽油中转量创历史新高。销售华北分公司经营职能不断强化，为建成现代成品油区域物流中心奠定坚实基础。

（郭伟玮）

【成品油资源平稳运行】 2021年，销售华北分公司面对新冠肺炎疫情的不断冲击，做实资源统筹和运行优化，保障区内生产企业的后路畅通和销售企业的稳定供应。“七一”期间，提前储备资源，确保北京等重点地区的资源供应；燕山石化检修期间，协调燕山石化开通汽油铁路卸车流程，采取铁路、管输联运的方式保障北京市场汽油稳定供应；河南暴雨期间，面对管网停输、铁路停装等困难，及时启动应急预案，多方协调资源和运力，助力抗汛减灾；四季度，面对柴油保供的艰巨任务，协同产销平衡供需结构，全力挖潜41万吨柴油资源投放市场，柴油铁路外调量、管输量、水运量均创历史新高，较好地履行柴油保供的政治责任，得到集团公司、销售公司的充分肯定，得到炼销各兄弟单位的赞誉。

（郭伟玮）

【在攻坚创效中实现转型发展】 2021年，销售华北分公司成品油资源方面，坚持市场导向，落实一体化战略，创新开拓资源串换、管输增量节费等新举措，深化一、二、三级物流优化，发挥统采、集采、库存运作等调节作用，助力炼销一体化攻坚创效，全年节费创效近4亿元。进一步强化资源统筹和物流优化，大区公司中心职能不断强化提升。工程投资方面，紧紧围绕经营需求、生产保障、安全环保等高质量发展要求，开工建设11个创效型和保障型项目，从投资计划、项目论证、招投标、物资采购、项目转固等全流程实施提级管理，强化现场协调督导，全力推进重点工程。完成悦泰公司生产厂环评验收改造、天津储备库光伏发电等绿色工程，天津南疆出口汽油改造、营口油库成品油收发改造等保障生产经营的工程取得关键突破，为销售华北分公司提升经营水平、强化合规建设提供保障。悦泰公司、金皇公司克服疫情影响，内强管理，外拓市场，以新产品撬动新市场，以优质服务引进高端客户，以从严管理筑牢品质保障，取得经营创效和降本节费的双赢，实现品牌建设的长足进步，在汽车、电力、铁路、酒店等多个领域打响石化品牌。

（郭伟玮）

【打赢平安护航百年大庆攻坚战】 2021 年，销售华北分公司全面梳理完善 43 项安全管理制度，制定部门和岗位 HSE 责任制，开展关键岗位 HSE 管理资格取证，高标准通过集团公司 HSE 管理体系审核，HSE 主体责任不断压紧压实。认真落实新《安全生产法》，深入贯彻落实集团公司“总经理 2 号令”，扎实开展“百日安全无事故”“五查五严”保安全、安全生产专项整治三年行动，切实将“反三违、查隐患”的要求落到实处。坚持“一把手”承包重大风险，引领各级风险承包管控，风险防控和隐患治理双重预防机制不断完善，完成营口油库、南疆 1# 库、南疆 2# 库治安反恐防范一级重点目标单位建设，完成 2 项年度安全风险、20 项其他风险的治理，销售华北分公司年度安全风险总值下降 20%。持续强化设备设施管理，主要设备完好率 99% 以上，管道新增打孔盗油数、新增占压、第三方施工破坏均为零。持续抓牢疫情防控，开展职业病健康体检、心脑血管应急救护等培训，为各油库配备阻燃防静电工装，全力保障员工身心健康。强化安全事故警示教育，深入开展安全培训、应急演练等活动，引导全体干部员工坚决守牢“零事故”底线。建立自然灾害预警机制和汛情日报机制，编制“1+9”应急预案，牵头开展区域联动互查、企地联合演练，公共安全防控能力持续提升，完成平安护航百年大庆任务，保障公司生产经营安全。

（郭伟玮）

【绿企创建工作圆满收官】 2021 年，销售华北分公司将高标准、高质量通过绿企创建列为年度重要工作任务，制订详细的绿企行动计划和专项考核方案，按照负面清单管理，逐一销项。多种形式进行绿企宣传，全方位推进绿企创建工作有效开展。聚焦管理短板，分解工作任务，压实工作责任，解决存在的问题。通过全体干部员工的努力，销售华北分公司高标准、高质量通过集团公司绿企创建达标验收，实现年度目标。

（郭伟玮）

义务植树

【改革管理协同效应不断增强】 2021 年，销售华北分公司大力推进国企改革三年行动走深走实，推进经理层和子企业经理层契约化管理，完善存续企业董事会、监事会设立，完成新疆华迪商贸中心税务注销，完成公司制改革收尾和“两非”剥离阶段性工作任务。实施对标世界一流管理提升行动，对标追标、自我超越的动力不断增强。持续推进“三项制度”改革，完善中层干部考核机制，稳步推进“三定”工作，深化绩效考核，绩效兑现差距 20% 以上，初步实现以价值创造为导向的绩效考核。加强年轻干部选拔，开展专家选聘，干部年轻化、专业化程度进一步提高。通过深化改革，实现体制机制优化和组织机构扁平化，治理效能不断提升。

（郭伟玮）

【科技攻关取得重大进展】 2021 年，销售华北分公司持续完善科技创新体制机制，充实完善科研队伍，建立公司级科技项目通道，科研经费增长 3.6%，获国家授权发明专利 1 件，在各类学术期刊发表论文 6 篇，3 项总部级科技项目稳步推进。紧紧围绕集团公司“一基两翼三新”产业格局，加强与新能源专业技术公司合作，完成“压缩氢气加气机量值溯源方法和在线校准装置研究”立项，为销售企业向“油气氢电服”综合能源服务商转型做好数质量管理技术保障。持续推进自动计量系统硬件提升和深化应用，天津储备库 36 座油罐计量数据成功上传一体化管控平台。深化信息系统应用创新，自主开发电子作业票平台，预算管理平台、设备管理平台功能进一步优化提升。创新构建一体化承兑汇票流转模式，承兑汇票流转金额 18.39 亿元，流转规模位列销售系统前茅，促进外部应收账款的回笼，提升销售华北分公司整体资金运行效益，实现炼销一体化合作共赢，入选集团公司、销售公司优秀案例。

（郭伟玮）

【数质量管理水平保持领先】 2021年，销售华北分公司持续完善计量管理考核体系，持续提升精细化、专业化水平以及风险防控能力，管道、铁路、水运入库运输损耗率始终低于销售公司考核指标，做到油品损溢全程受控，在集团公司计量检查和计量比武中，均取得大区公司第一的好成绩。积极解决管网划转计量交接问题，强化管网下载计量交接操作培训和监控，管网划转后，华北管网平均管输下载损耗率为0.02%，在大区公司中处于领先地位。严格执行“质量永远领先一步”的方针，修订销售华北分公司ISO 9000质量管理体系文件，制定完善“十大质量风险”管控措施，通过严把入库验收、强化供应商管理、加强抽检等措施，有效防范质量风险。狠抓外采油品的质量风险管控，实地考察81家生产型炼厂，督导140家贸易型供应商开展QMS认证，对供应商实行红、黄牌管理，加强对在储油品及供应商油品源头抽检，确保经营油品质量100%合格。

（郭伟玮）

【提级管理效能显著增强】 2021年，销售华北分公司在制度建设上，集中开展制度“立改废”工作，梳理完善200余项制度，为各项工作依法合规开展提供坚强保障。在费用管理上，通过调整内控权限、优化预算管理等措施，实现成本费用从严管控、规范管理和系统优化。在工程管理上，实施项目经理制，促进工程项目的建设速度，提高工程质量和安全保障。在文档管理上，强化重要资料对外传递的审核，提升全员保密意识，保障公司合法权益。在合规管理上，开展合规体系建设，动态评估年度重大风险，严格落实“三重一大”事项依法合规审核，妥善处置法律纠纷，合同法律审核率100%，实现全面风险可控；推进审计全覆盖，完成9项专项审计和内部审计；开展资金风险排查、银行账户清查、网银U盾自查，清理低效无效账户，提升财务风险防控水平。

（郭伟玮）

测试新型设备

【非上市创效取得优异成绩】 2021年，悦泰公司积极落实集团公司部署，建成投产东北、云南、湖南3座尾气处理液生产基地，全国生产基地总数13座、年产能380万吨；紧紧抓住国家“电力企业尿素替代液氨改造”的政策契机，开拓工业尾气处理液市场，实现在华北、华东、华中、华南电力市场的突破，成为国能北仑电厂、华电集团电厂、大唐华银电力等企业的供货商，年供货量16.50万吨，在电力领域打响品牌；探索推广散装尾气处理液销售模式，散装销量增长174%；加强高速公路等大客户开发，开拓非道路机械市场，市场占有率快速提升；全年尾气处理液销量106.30万吨，增长19%，市场占比45%，成为悦泰“海龙”打造市场转型和提质增效的拳头产品。大力推广品牌汽油，“爱跑95”品牌汽油在山西试点取得良好成效，品牌汽油销售范围拓展到22个省市地区（含境外），品牌汽油专用添加剂年销量741.90吨，增长24.30%。加大燃油宝、降凝剂销售力度，燃油宝销量保持基本稳定，降凝剂销量增长555%。研发新款窗净宝、高端燃油宝和DPF再生添加剂等新产品；启动电动汽车换电、发动机冷却液等新产品研发，新效益增长点后劲强盛。持续抓牢降本节费，成功研发新材质的柴油车尾气处理液包装，全年可节约成本1.33亿元。强化内部改革管理，质量管理水平稳步提升，品牌影响力不断增强。悦泰公司2021年实现利润3.91亿元。金皇公司持续强化收益管理，拓展多渠道网络销售，引进优质客源，克服疫情影响，完成全年经营指标。承接全国糖酒会等大型展会、大型会议，创新推出半日游等经营方式，丰富官微推广互动，客户满意度明显提升。引进 26 家优质客源，写字楼出租率 90%。坚持极致的卫生、极致的服务、完善的设备设施 OTA 理念，顺利完成金皇大酒店五星级复评，金皇和金泽大酒店双双获全国酒店服务百强称号。全年收入 1.05 亿元、报表利润 122 万元。

（郭伟玮）

【党建引领保障作用得到有效发挥】 2021 年，按照“1355”党建工作总体思路，销售华北分公司深入开展党史学习教育，建立“领导班子带头学、中层干部精准学、党员群众广泛学、营造氛围比着学、灵活载体创新学”的学习教育机制，精心组织开展党史宣传展览、党史知识答题、党支部书记讲党课等活动，真正走实“学党史、悟思想、办实事、开新局”的实践路径。严格落实“第一议题”制度，坚持每周一课，开展党的十九届六中全会精神学习培训，促进精准学习，党员干部队伍的政治判断力、政治领悟力、政治执行力持续提升。举办庆祝建党百年系列活动，提升党群活动室功能，开展“四比四看”、党员示范岗、党员责任区创建等活动，编制《党建工作实务》《党群工作指南手册》，基层党支部建设和党员管理全面加强，一批基层党组织和党员受到集团公司和天津市国资委的表彰，获评集团公司级优秀共产党员、先进基层党组织、基层党支部建设示范点，天津市委先进基层党组织、天津市国资委先进基层党组织等荣誉。协同推进红色文化、绿色文化和家文化建设，创新实施关爱计划、健康计划、成长计划，落实 51 项“我为群众办实事”任务清单，加大薪酬分配向基层一线倾斜力度，实施环境改造和食堂改革，抓好宣传思想、维稳、统战、保密及工会、共青团、离退休等工作，打造和谐华北、健康华北、品位华北，为企业高质量发展凝聚内力、激发活力、积蓄动力。持续推进“三不”建设，加强常态化日常监督，保持惩治腐败高压态势。坚决纠“四风”树新风，落实“马上就办”、严肃会风会纪、加强现场办公等多项举措，锤炼过硬的工作作风，营造风清气正、干事创业的浓厚氛围。面对急难险重的工作任务，干部员工展现良好的担当和务实的工作作风。

（郭伟玮）

【党群活动室重装开放】 2021 年 5 月 21 日，配合销售华北分公司党史学习教育的开展，党群活动室完成升级，并正式开放。党委书记、总经理于金广携领导班子成员、机关党支部书记及党员代表到场接受学习教育。党委副书记、纪委书记、工会主席荆孝民现场讲解党群活动室的设计思路，解析党群活动室作为“思想教育的阵地，理论学习的课堂，激扬斗志的平台，凝心聚力的载体”的定位。重点强调在“六有”基础上，增添百年党史历程、中国共产党构筑的精神谱系、石油石化优良传统等特色板块。

（郭伟玮）

重温入党誓词

表 1　销售华北分公司主要生产经营指标

指标名称＼年份	2021	2020	2019	2018	2017	2016
成品油销售总量 / 万吨	3 795.16	3 616.50	4 370.28	4 168.93	3 885.00	3 818.00
销售收入 / 亿元	2 423.97	1 859.34	2 691.81	2 719.67	2 160.00	1 881.00
利润 / 亿元	1.43	15.35	14.81	18.51	25.14	3.55

销售华东分公司

【概况】 中国石化销售股份有限公司华东分公司（简称销售华东分公司）系国有大Ⅰ型企业，办公地址为上海市长宁区愚园路819号，内部资本金51.78亿元。其前身始建于1949年8月，为中国石油运销公司。1950年10月，改称中国石油公司华东区公司。1953年4月，改组为中国石油公司上海石油采购供应站，为商业部直属企业。1985年1月，划归中国石油化工总公司。1988年2月，更名为中国石化销售公司华东公司。2002年10月，更名为中国石化销售有限公司华东分公司。2000—2004年，销售华东分公司的主要职责是：对浙江、江苏、山东、安徽、福建、江西、上海六省一市石油公司和炼厂实施资源配置、区间调拨、协调运输、统一结算、信息沟通和价格监督；2005—2007年，销售华东分公司资源管理辖区相继进行调整，调整后销售华东分公司资源管理辖区为江苏、浙江、福建和上海等三省一市，主要履行资源组织、物流优化、储运管理、统一结算和市场监管等职能。2020年9月30日，销售华东分公司管道相关资产划转至国家管网，职能定位调整为资源统筹、物流优化、运行调度以及成本控制“四大中心”。

截至2021年底，销售华东分公司设综合管理部（党委办公室、企管法律部）、党群工作部（党委宣传部、工会办公室、团委办公室）、经营管理部、安全设备部（数质量管理部、生产运行中心）、党委组织部（人力资源部）、财务资产部、审计监督部（纪委办公室）等7个职能部门和陈山油库1个二级单位，在华东区7家炼化企业设办事处。在职职工182人，其中具有高级职称的16人、中级职称的51人。

销售华东分公司有陈山油库1座，库容43.5万立方米；有外海岛式码头1座，最大可靠泊8万吨级船舶，主要承担成品油储备和出口、上岸油品收储及管线首站等职能。

销售华东分公司主要生产经营指标见表1。

（刘　娜）

【完成主要指标任务】 2021年是成品油大区公司管网划转后转型发展的元年，销售华东分公司立足新起点，紧盯“四个中心”职能定位，加快转型发展，拓展新业务，全年全口径成品油资源收购4 123.63万吨，增加541.60万吨。其中，收购石化炼厂成品油资源3 553.70万吨，计划收购完成率100%；组织开展成品油统采业务，签约400.20万吨，占华东区总外采量的34%。全口径成品油资源销售4 106.88万吨，增加451.80万吨。其中，供应石化省市公司配置成品油资源2 994.79万吨，完成率100%；专项客户直销561.76万吨，增长5.67%。

（刘　娜）

【强力推动HSE管理体系建设】 2021年，销售华东分公司全面修订发布《公司HSE管理体系手册》及配套的管理制度、操作规程，加强HSE运行指标监测和问题整改，努力保持体系有效运行，完成HSE管理体系内审和销售公司管理评审。

（刘　娜）

【进一步压实HSE管理责任】 2021年，销售华东分公司组织修订完善部门和岗位HSE职责，与部门（单位）签订责任状，组织全体员工签订安全承诺书，压实HSE责任。加强安全引领力建设，领导班子成员带头制订发布个人安全行动计划，带头开展安全诊断、定点联系等活动。成立HSE培训专业分委会，加强HSE教育培训。发挥专业分委会作用，组织开展各类检查22次，发现问题350项，整改完成345项。

（刘　娜）

【加强风险管控和隐患治理】 2021年，销售华东分公司抓好安全风险识别管控，年度安全风险总值由85下降至38。有效开展储罐在线检测，实现南京、扬子罐区环境风险降级。组织开展燃气隐患、大型油气储存基地、危险货物港口等专项排查，完成7个隐患治理项目，陈山油库通过地方公安部门反恐达标一级验收。

（刘　娜）

【扛稳扛好市场保供责任】 2021年，销售华东分公司努力提高市场保供能力，发挥大区公司资源统筹中心作用，做大成品油资源采销统筹范围，保障市场供应。特别是在2021年四季度成品油市场供应形势十分紧张的情况下，把市场保供作为政治任务扛稳扛牢，加强产销储运各环节衔接，及时沟通区内炼厂增产增供柴油27万吨，发挥统采优势外采柴油32万吨，协调生产企业推迟出口、统筹运作陈山油库国储资源10万吨等，及时补上柴油资源缺口，全力以赴保障市场供应。

（刘　娜）

【探索开展统采业务】 2021年，销售华东分公司以服务省市公司经营创效为目标，探索开展成品油统采业务，全年签订成品油统采合同400.20万吨、实际交货量358.67万吨，占华东区外采总量的34%，统采汽油和柴油价格分别较省市公司自采价格低95元/吨和78元/吨，综合创效2.6亿元。

（刘　娜）

【大力发挥资源统筹作用】 2021年，销售华东分公司扎实抓好资源统筹优化，确保高桥石化、上海石化等炼厂全停检修期间上海市场稳定供应。加强轻质燃料油经营管理，制定发布《华东区轻质燃料油经营管理实施办法》，累计收购113万吨。服务整体产销格局，抓好区间调拨，其中调华中区总量463万吨，单月46万吨，创历史新高。

（刘　娜）

2021年1月2日晚，销售华东分公司首艘进口美国燃料乙醇船舶抵达南京清江油库码头

【持续开展资源串换】 2021年，销售华东分公司统筹开展跨区域、跨系统资源串换，通过外采资源就地供应沿海省市、配置资源向内陆递推的方式优化物流运行，完成跨区域资源串换24万吨，完成与中国海油互供28万吨。

（刘　娜）

【持续提升管输能力】 2021年，销售华东分公司加强与管网公司的沟通协调，精细调度管道运行，打通陈山油库全品种上岸通道，全年上岸周转132万吨；克服疫情影响，算山码头中转上岸169万吨，增加45万吨；浙赣及甬台温管线累计输送681万吨，单月输送量突破65万吨；配合九江石化厂检修，增加混输江西汽油33万吨，管输能力进一步提升。

（刘　娜）

【生产运行水平进一步提升】 2021年，销售华东分公司提升金扬线市场保供能力，实施金扬线管输95#汽油工艺改造，完成输油量9.82万吨、增长245.54%，创历史新高。发挥陈山码头优势，开通上海石化码头上岸管输陈山油库业务，助力集采和统采业务，全年完成水路进出库92船次，码头吞吐量为近年来新高。推动苏北管道淮盐支线投用，进一步提高苏北市场的保供能力。

（刘　娜）

【强化工程建设项目管理】 2021年，销售华东分公司强化工程建设项目HSE管理，落实承包商安全风险“一把手”管控要求，对3家承包商共记15分，扣罚3万余元，开除承包商人员2名、停职1名。强化项目进度管理，建立周汇报周跟踪制度，加大问题协调解决力度，有效推进项目实施，35个工程建设项目全部按期完成。加强项目费用管理，严格招标采购流程，规范业务行为，相比预算，投资节约率超过15%。

（刘　娜）

【加强数质量管理】 2021年，销售华东分公司强化外采成品油质量管控，制定外采成品油质量管控标准，明确油品质量考核指标，委托第三方检测机构开展统采、外采成品油前置检验，确保外采油品质量合格。强化自动计量系统运用，落实系统使用三级检查和故障响应机制，全年系统使用率 98.6%。协调炼厂和管网公司降低省市公司进货损耗，建立技术交流和数质量交接沟通机制，实现区域内管输配置物流损耗稳中有降。

（刘　娜）

【坚持深化改革增活力】 2021 年，销售华东分公司根据国家油气管网体制改革后的实际情况，组织完成管理体制和组织机构的全面调整，制定部门（单位）工作职责，修订完善岗位说明书，明确和落实管理责任、工作责任。深化“三项制度”改革，组织开展新一轮“三定”工作，明确部门（单位）定岗定员标准，抓好人员引进和配置等工作，努力缓解人手紧缺矛盾。制订发布加强人才成长通道建设工作方案，进一步畅通各类人才成长通道。完善绩效管理体系，加强组织绩效考核与个人绩效的联动，强化业绩导向和考核分配，充分调动广大干部员工积极性。

（刘　娜）

【坚持依法合规促经营】 2021 年，销售华东分公司落实依法合规要求，推动完成南京地区首站库移交。有效发挥法治保障能力，对水路运输合同招标、淮盐支线委托管理等重大事项开展事前法律审核。规范开展审计监督，紧盯重点业务和领域，严格审计监督，推动审计发现问题立查立改，推动完善规章制度 5 项，增收节支 135 万元。

（刘　娜）

【高质量开展党史学习教育】 2021 年，销售华东分公司坚持把开展党史学习教育与总结经验、观照现实、推动工作结合起来，精细分解工作任务 58 项，组织开展各层级宣讲 20 余次，赴中共一大会址等开展现场教学 30 余次，将学习教育成果切实转化为抓工作和解决实际问题的具体行动。开展“我为群众办实事”实践活动，着眼解决职工群众急难愁盼的问题，制定公司层面办实事项目 30 个、支部层面办实事项目 43 个，截至 2021 年底全面完成。班子成员既挂帅又出征，推动销售华东分公司增设职工健身区、福利体检标准提升、食堂餐饮服务优化等项目如期完成，人才成长通道建设制度进一步完善，收入稳步增长，职工群众获得感、幸福感进一步增强。在集团公司抽样调查中，员工满意度 100%。

（刘　娜）

6 月 9 日，在喜迎中国共产党成立 100 周年之际，销售华东分公司组织赴中共一大会址纪念馆开展党史学习教育现场教学

【完成“两委”换届】 2021 年，销售华东分公司召开第四次党代会，回顾总结第三次党代会以来的工作，分析面临的形势，明确今后五年销售华东分公司党的建设主要任务，选举产生新一届党的委员会和纪律检查委员会，为全面完成“十四五”目标、加快建设“四个中心”指明方向。

（刘　娜）

参加销售华东分公司第四次党代会的全体代表合影留念

【加强企业文化建设】 2021 年，销售华东分公司开展精神文明创建，组织绿色企业创建行动，获中国石化绿色企业称号。自 2015 年持续保持全国文明单位称号。2021 年获第 20 届上海市文明单位称号，先后 11 次、连续 8 届获上海市文明单位称号。

（刘　娜）

【切实抓好群团工作】 2021 年，销售华东分公司完成工会换届改选工作，进一步完善各级工会组织构架和运行机制，开展“六比六赛”劳动竞赛，组织合理化建议等员工创新活动。完成团支部调整及团委换届选举，积极推进团组织规范化建设，推动团建融入中心，师带徒覆盖率 100%。

（刘　娜）

表 1　销售华东分公司主要经营指标

指标名称＼年份	2021	2020	2019	2018	2017	2016
成品油资源收购量 / 万吨	4 123.63	3 582.03	3 702.27	3 644.93	3 719.09	3 624.50
省市供应量 / 万吨	2 994.79	3 039.45	3 062.20	3 035.30	3 163.74	3 007.70
管输量（全口径）/ 万吨	2 217.11	2 152.01	2 517.73	2 337.05	2 291.93	2 221.15
销售收入 / 亿元	2 565.26	1 852.71	2 355.25	2 408.77	2 109.06	1 857.52
利润 / 亿元	7.62	30.13	28.63	23.51	43.34	53.42
油库 / 座	1	3	3	3	3	3
管道 / 条	0	0	3	3	3	3

销售华中分公司

【概况】 中国石化销售股份有限公司华中分公司（简称销售华中分公司）成立于 1949 年，时称华中石油公司，坐落于湖北省武汉市。1985 年 1 月 1 日划归中国石油化工总公司，改名为中国石化销售公司中南公司；1988 年，中国石油化工集团公司成立后，更名为中国石化销售中南公司；1999 年 4 月，与湖北省石油公司实行资产重组；2006 年 10 月，进行区域调整，更名为中国石化销售有限公司华中分公司。2019 年 3 月 29 日更名中国石化销售股份有限公司华中分公司。

销售华中分公司是销售公司的派出机构，主要履行“资源统筹、区域物流、运行调度、成本控制”四个中心职能，同时负责辖区内荆门、武汉、安庆、九江和长岭分公司的成品油收购，负责湖北、湖南、安徽、江西、四川、重庆的成品油供应，负责对华中、华东、华南、华北等地区的成品油跨区调拨，担负对部队、铁路、民航等专项用户的成品油供应工作。销售华中分公司在营 3 条管道、5 座油库，库容 91.7 万立方米。设 8 个机关处室、2 个输油管理处、1 个岳阳分公司、5 个驻厂办事处，共有员工 420 名。下设党总支 2 个、党支部 14 个，党员共计 154 人。

销售华中分公司主要经营指标见表 1。

（何　超）

【领导班子调整】 2021 年 4 月 12 日，根据集团公司党组决定，委派张洪奎为销售华中分公司代表，解聘其销售华中分公司总经理职务；聘任孙健为销售华中分公司总经理。7 月 2 日，集团公司下文，王飞任中共中国石化销售股份有限公司华中分公司委员会副书记兼纪律检查委员会书记，为销售华中分公司工会主席人选。

（何　超）

【经营指标完成良好】 2021 年，销售华中分公司克服管网划转和新冠肺炎疫情带来的影响，成品油销售 2 333 万吨，销售收入 1 488 亿元，利润总额 3.83 亿元，上缴税费 5.04 亿元，有力保障炼厂出厂顺利和市场稳定，获销售公司物流优化年度进步红旗。

（何　超）

【物流优化效果显著】 2021年，销售华中分公司主动协调中国石油、延长石油等单位，打破资源属性壁垒，做大四川、重庆、贵州、龙禹等远距离地区的串换互供规模，优化节费1 100万元；开展一、二次物流优化，新增一、二、三级物流优化通道8条、跨省提油通道1条，全年优化运量109万吨，节费3 496万元。

（何　超）

【疫情防控常态化落实到位】 2021年，销售华中分公司坚持人民至上、生命至上，从严从紧抓实新冠肺炎疫情防控工作方针，按疫情形势变化动态调整应对措施，建立联防联控机制，发布疫情防控指南，坚持干部划片承包和网格化管理，层层压实责任，全年未出现员工及家属、承运商、承包商感染病例。

（何　超）

【安全生产保持平稳运行】 2021年，销售华中分公司贯彻落实集团公司“总经理1号令”“总经理2号令”，开展“百日安全无事故”“五查五严”专项行动，修订完善HSE管理体系手册，持续开展要素监测，用好回归溯源分析，推进HSE体系落实落地。构建双重预防机制，扎实开展大型油气储存基地风险评估，5座油库得分均在850分以上。

（何　超）

暮色中安全运行的油库

【绿色企业建设成果得到夯实】 2021年，销售华中分公司全面落实油库持证排污和建设项目“三同时”，开展油库环保设备设施升级改造，完成九江油库环保隐患治理，“五库一站”全面实现绿色基层达标，在集团公司绿色企业复核中获评A级。

（何　超）

【资金管控成效明显】 2021年，销售华中分公司按季开展资金问题自查自纠，实现资金运行“零事故”；按月落实民企欠款分析和清欠，做到“零拖欠”；指定专人催收备用金，收回跨期备用金123万元；与岳阳工行和武汉工行沟通，实现岳阳分公司基本户银企直联功能，在销售企业中率先实现银企直联挂接率100%。

（何　超）

【获发明专利】 2021年12月7日，销售华中分公司申报的“外腐蚀综合检测方法”获国家知识产权局授予的发明专利证书。该方法创新开发消除管道交直流信号检测相互干扰的同步控制与测量技术，解决管道交直流检测设备无法同时工作的问题，可大幅提升管道外腐蚀检测效率。

（何　超）

【创新工作取得新突破】 2021年，销售华中分公司《国家管网改革背景下华中地区成品油资源串换与物流优化探索与实践》获集团公司管理创新成果一等奖，与大连石油化工研究院合作的“成品油管道缺陷评价及修复技术”研究成果获中国石化2021年度科学技术进步奖三等奖，实现管理创新成果与科技创新上的新突破。

（何　超）

【“两化”融合取得新进展】 2021年，销售华中分公司推进数字化工作，牵头制定销售公司《成品油管道智能化建设标准》，启动安合管道“空地一体”数字化安防项目，开展卫星遥感地灾监测技术深化应用，推进智慧油库、智慧管道、北斗应用等课题研究；在工业控制方面，实现安合管道一键启输、武汉穿江管道一键启输及混油自动切割等功能，完成九江油库阀门远程控制及高低液位联锁，实现销售华中分公司所有油库远程控制率100%。

（何　超）

【项目投资建设】 2021年，销售华中分公司完成投资1.22亿元，完成率99%。其中在建项目25

项，单位工程合格率 100%；合肥—六安成品油管道建设工程获集团公司优质工程奖，安庆新增发油设施建设项目档案验收获集团公司优秀评级，企业物资采购策略编制获物装部优秀评级。

（何　超）

【干部队伍建设】 2021 年，销售华中分公司结合改革发展过程中干部队伍建设的需要，开展中层领导人员选拔任用 7 人次，平级调整 5 人次，组织 5 名年轻干部参加总部能力素质提升培训，派出“三百三千”计划交流干部 1 名，内部交流 4 名；开展技术职位选聘与专业线条间人员交流，选拔优秀技能操作序列员工到管理岗位上担当重任。

（何　超）

【开展党史学习教育】 2021 年，销售华中分公司党委带头学习，率先垂范，各级党组织落实差异化学习，确保党史学习教育走深走实。全年党委层面组织研学 14 次，党委成员讲党课 12 次，开展专题辅导 3 次，举办中层干部党史学习教育读书班 2 期，成立宣讲团深入基层开展四史宣讲 10 次，开展各类红色现场教育 14 次，其中群众参与 600 人次。

（何　超）

表 1　　销售华中分公司主要经营指标

指标名称＼年份	2021	2020	2019	2018	2017	2016
资产总额 / 亿元	82.41	89.66	128.79	129.00	118.98	110.65
成品油销售量 / 万吨	2 333.00	2 266.00	2 545.00	2 530.15	2 416.74	2 279.40
销售收入 / 亿元	1 488.00	1 180.00	1 606.00	1 695.62	1 376.00	1 141.00
利润 / 亿元	3.83	12.04	9.00	32.60	19.25	14.08
税金 / 亿元	5.04	5.59	10.81	14.34	9.21	11.21
吨油费用 / 元	89.28	72.28	56.23	59.24	69.09	73.65

销售华南分公司

【概况】 中国石化销售股份有限公司华南分公司（简称销售华南分公司）本部位于广东省广州市天河区体育西路 191 号中石化大厦。其前身是成立于 2000 年的中国石化销售西南分公司，2005 年与中国石化西南成品油管道项目部和珠三角成品油管道项目部合并重组。2006 年 11 月 24 日，经集团公司党组批准，在广州注册成立销售华南分公司，自 2007 年 1 月 1 日起正式运作，系国有大 I 型企业。

销售华南分公司紧紧围绕“保障产销、服务经营”主线，高质量打造“资源统筹中心、区域物流中心、运行调度中心和成本控制中心”，探索构建成品油物流新发展格局，设 7 个职能部门、3 个区域中心（分别位于北海、茂名和湛江，总库容 93 万立方米）和 6 个驻炼化企业办事处。截至 2021 年底，在册员工 194 人，平均年龄 37.4 岁，大专以上学历占比 94.8%。

销售华南分公司主要负责中国石化华南区域广州分公司、茂名分公司、湛江东兴公司、海南炼化、北海炼化和中科炼化 6 家炼化生产企业的成品油出厂，以及广东、广西、贵州、云南、海南 5 个省区成品油资源调配，四川、重庆、湖南等部分地区成品油资源供应。

销售华南分公司主要经营指标见表 1。

（高　斌）

销售华南分公司茂名油库

【坚定扛稳能源保供创效重任】 2021年，销售华南分公司牢记习近平总书记“端牢能源饭碗”的殷切嘱托，以改革元年为“固本强基”年，乘势推动改革发展。全年成品油销售量首次突破3 500万吨，创历史新高。①优化运行保障市场平稳供应。在四季度柴油资源紧张的情况下，及时成立能源保供工作组，详细制订保供方案，靠前指挥、及时调度，主动协调区内炼厂增产快运，出厂柴油增加40万吨，在柴油保供大战大考中，攻坚克难，保障市场平稳供应，得到集团公司和区域省市石油公司充分认可。②有序开展大区统采新业务。发挥大区统采规模优势、物流统筹优势和库存运作优势，有效收紧落地资源，协助省市稳定区域市场价格，探索性开展柴油库存运作，实现大区统采新业务量效双收，全年累计完成大区统采量88.5万吨，综合创效超8 100万元。③物流优化降费成效突出。优化区域物流运输结构，形成水运、铁路、管道互为补充的物流新格局，累计调整优化物流通道37条，协调争取到多项管输运费优惠，云南、川渝高运价地区管输吨油运费下降近20%，全年节约管输费用2.4亿元；开创与主营单位实物互供优化合作新模式，创新思路签订“包干担费”优化协议，全年完成串换13.6万吨，节约运费890万元；统筹配置外采物流优化创效，全年累计完成大区配置与省市外采资源串换24万吨，综合节费1 735万元。

（高　斌）

【持续巩固安全环保长治久安局面】 2021年，销售华南分公司牢记习近平总书记“既要绿色低碳又要能源安全”的重要指示，严格落实安全生产主体责任，高质量完成HSE管理体系修订运行，坚持以风险分级管控和隐患排查治理为抓手，扎实推进“三标”建设，筑牢安全生产基础，努力实现新冠肺炎疫情防控与安全环保事故事件“双零”目标。深入贯彻落实集团公司“总经理2号令”要求，发挥领导引领和全员参与作用，及时发布体系管理手册，建立健全覆盖71个岗位的HSE责任制，做到体系要求与规章制度相融合，初步形成有销售华南分公司特色的安全文化和绿色文化。严格落实风险分级管控措施，全年无新增风险，风险总值下降13.2%。推进隐患治理，完成4项销售公司级、3项销售华南分公司级隐患项目治理。完成大型油气储存基地安全风险评估，持续推进安全生产专项整治三年行动，扎实开展“百日安全无事故”“五查五严”保安全专项行动，实现安全平稳无事故。巩固绿企成果，通过绿色企业复核；各油库太阳能路灯覆盖率100%，办公用电下降约18%；编发《公司碳达峰碳中和行动方案》，完成27项节能降碳措施；全年植树300余棵，油库绿化覆盖率提升至40%，年度碳排放量下降11%，完成“双碳”行动年度目标。新冠肺炎疫情防控实行常态化管控，安排专人密切关注并及时发布最新疫情信息，动态调整并严格落实管控要求，持续关注员工健康状况，及时配发防疫物资，组织全员核酸检测和疫苗接种，累计配发口罩2.5万个，集中核酸检测总数超过260人次，疫苗应接尽接率100%，实现零感染防控目标。

（高　斌）

【优化干部人才队伍结构】 2021年，销售华南分公司坚持党管干部原则，践行国有企业领导人员“20字”标准，大力选用懂经营、会管理、善决策、抓党建的复合型领导干部，敢于打破专业及部门界限，打破论资排辈桎梏，大力发现培养优秀年轻干部，三支人才队伍结构不断优化，各层级管理力量逐步夯实，为销售华南分公司改革发展提供人才支撑。加大年轻干部选拔使用力度，先后提拔调整中层干部15人、基层干部9人，选聘专业技术人才19人，公开竞聘部门管理骨干4人。同时，打破隐形台阶制约，树立重视优秀人才、使用优秀人才、激励优秀人才的鲜明导向。中层干部45周岁以下占比81%，提升26%；40

周岁以下占比 44%，提升 33%。加快推进“人才强企”工程。坚持必要的台阶和递进式培养，通过“三百三千”实践锻炼、轮岗交流等方式，加大干部人才培养力度，全年完成内部实践交流 6 人、跨企业实践交流 2 人、重点敏感岗位轮岗交流 27 人，有力促进复合型干部培养。首次建立后备干部梯次培养计划，建好各层级人才梯队储备池，为干部递进式培养提供源头活水。畅通三支人才队伍成长通道，通过扩大专业技术职位选聘比例、建立破格申报中级职称机制等措施，鼓励青年员工立足岗位、建功立业，积极申报职称，参加专业技术竞聘。全年 4 名优秀操作人员通过竞聘调整为管理人员，中高级职称评审通过率 100%，取得中级职称及以上 62 人（在管理和专业技术序列中占比 69%），45 人通过技能等级鉴定（占技能操作人数的 49%）。

（高　斌）

【推进企业改革走深走实】 2021 年，销售华南分公司推进国有企业深化改革三年行动和对标世界一流工作，全面推进区域一体化改革，务实高效强“三基”，深化分配制度改革，优化绩效考核体系，有效解决管网划转后油库缺员严重、驻厂办敏感岗位轮岗不畅以及晋升通道狭窄等问题。深化改革和对标提升工作稳步推进，坚持目标、问题和结果导向，抓重点、补短板、强弱项，构建适应销售华南分公司高质量发展的对标体系，通过吸收对标单位的先进经验，不断优化完善对标指标和应对措施，坚持“每月一主题，每月一会议”稳步推进目标任务保质保量完成，2021 年对标提升和深化改革重点任务完成率分别为 93% 和 90%，超额完成年度目标任务。区域一体化改革取得明显成效。坚持深调研、细谋划，统筹推进湛江区域一体化改革试点工作，盘活驻厂办人力资源，解决管网划转后油库缺员问题，打通驻厂办人员晋升通道堵点。“三基”工作再上新台阶，突出业务线条管理，研究制订《公司“三基”工作实施方案》，形成 13 个业务线条检查考核细则，先后组织 2 轮（次）全覆盖检查，将检查结果运用到提升业务线条管理上，全方位加强“三基”工作。重塑规章制度体系，牢固树立系统观念，构建符合销售华南分公司生产经营发展现状的规章制度体系，严格制度审核把关，强化宣贯力度，全年组织修订制度 160 项。有序推进“三标”建设，制定《油库现场标准化建设标准》《设备维护保养标准》等 4 项标准，有序推进现场标识标准化成果落地，以湛江柴油罐组为试点，初步建成标准罐组示范区。

（高　斌）

【高质量推进党史学习教育】 2021 年，销售华南分公司全面学习贯彻落实习近平总书记“七一”重要讲话精神、视察胜利油田重要指示精神和党的十九届六中全会精神，不断从百年党史中汲取智慧和力量。紧跟集团公司党组步伐，第一时间启动党史学习教育，印发实施方案，定期更新任务清单，创新学习载体和抓手，自上而下掀起党史学习热潮。组织党员干部群众收听收看庆祝建党 100 周年大会直播，召开庆祝建党 100 周年暨高质量党建推进会，评选表彰 6 个先进集体和 32 个先进个人，全体党支部书记录制党课视频，齐声高唱《没有共产党就没有新中国》，唱响“我为祖国献石油”主旋律，努力建设党和人民好企业。纵深推进“我为群众办实事”活动，务实高效解决员工群众“急难愁盼”问题 112 项。

（高　斌）

【强化基层党建创新拓展】 2021 年，销售华南分公司优化党支部设置，全面激发基层党组织生机活力；党员队伍持续壮大，全年发展党员 3 名、转正 5 名、新增入党申请人 7 名；开展党支部书记述职评议和党支部分类定级，发掘党建创新优秀案例，推广党建工作先进经验，全面推动党建向基层拓展、向纵深拓展、向改革创新拓展。策

划推动“133”文化润心工程，以文化润心助推高质量发展。

（高　斌）

【高效能推动“三不”体制机制更加完备】 2021年，销售华南分公司持续推进“管理包含监督”“管业务必须管廉洁”“管业务必须强监督”理念落实落地，形成层层有监督、上下有联动的“三道防线”监督体系，推动大监督工作“由形入神”。深入开展“靠企吃企”“影子公司”专项整治，做实岗位廉洁风险识别工作，为精准监督管控提供依据。首次提炼“廉共赢、贪俱损”廉洁文化理念，深入推进廉洁文化“五进”工程，进一步增强干部员工不想腐的思想自觉，持续打造优良政治生态，全年无信访举报和违规违纪问题。组织开展反腐倡廉教育月“十个一”活动，加强干部员工纪律规矩教育，向承运商、外采供应商传达中国石化制度要求，一体打造企商间“亲清”新关系。制定《监督执纪“四种形态”向三商延伸的指导意见》等一系列制度性文件，推动权力在阳光下运行。

（高　斌）

表 1　　销售华南分公司主要经营指标

指标名称 \ 年份	2021	2020	2019	2018	2017	2016
成品油销售总量 / 万吨	3 503.34	3 083.00	3 018.00	3 089.00	2 952.00	2 941.00
销售收入 / 亿元	2 262.81	1 600.00	1 931.00	2 070.00	1 692.70	1 510.00
实现利税 / 亿元	4.86	35.29	32.54	42.30	41.10	35.42
利润 / 亿元	0.58	30.36	27.57	32.23	33.77	28.29

易捷公司

【概况】 中石化易捷销售有限公司（简称易捷公司）位于北京市朝阳区朝阳门吉市口路9号，主要经营食品、饮料、烟酒、百货及润滑油等商品批发零售，洗车、换油等汽车服务，场地租赁，电子商务等，是销售公司的全资子公司，受委托行使对销售企业易捷服务业务的经营管理职能。2008年4月，集团公司决定统筹开展非油品业务。2010年7月，集团公司明确非油品业务为中国石化主营业务之一。2014年3月，中石化易捷销售有限公司揭牌成立，标志着易捷服务向市场化、专业化发展。易捷公司作为国务院国资委“双百”改革试点企业，2019年，集团公司通过易捷服务综合改革方案，启动易捷公司及4家省市公司易捷服务综合改革。

截至2021年底，易捷公司本部设9个部门，党委下设5个党支部。下属11家合资公司，分别为：贵州赖茅酒业有限公司、西藏高原天然水有限公司、四川石化雅诗纸业有限公司、吉林省林海雪原饮品有限公司、长白天泉（北京）营销有限公司、中石化易捷宝利德投资发展有限公司、天水长城果汁集团有限公司、西藏宝元圣贸易有限公司、易捷咖啡（北京）有限公司、泸州三人炫酒业有限公司、恬梦饮品（上海）股份有限公司。

易捷公司主要经营指标见表1。

（吕志亭）

“易享节”展销招商会现场

【领导班子调整】 2021年4月12日，孔小强任易捷公司党委副书记（按大Ⅰ型企业副职管理）兼纪委书记。11月20日，聘任曾涛为易捷公司副总裁（兼）、互联网运营中心CEO（兼）。易捷公司领导班子由叶慧青、孔小强、曾涛、袁海东、叶子惠、李宏、刘妍组成。

（吕志亭）

【业务发展提质增效】 2021年，易捷公司面临新冠肺炎疫情多点散发、经济恢复不稳固、支付方式变化等影响，梳理战略规划，明确发展定位，加大营销统筹，强化品牌推广，加快数字转型，夯实基础管理，推进综合改革，多措并举，保持量效双增长态势。全年易捷服务财务口径营业收入353.6亿元、增长5%，毛利额86.6亿元、增长7%，利润40.6亿元、增长8.5%。

（吕志亭）

【易捷品牌持续增值】 2021年5月9日，2021中国品牌价值评价信息发布暨中国品牌建设高峰论坛在上海举行，易捷品牌价值连续4年高速增长，达184.61亿元。易捷成功入选“2021我喜爱的中国品牌”，获亚洲便利店社区服务与支持奖、责任金牛奖。

（吕志亭）

【造节营销效果明显】 2021年，易捷公司以“造节找机”为营销出发点，聚焦重点省市、重点品类、核心商品创收增效，全年开展包括“年货节”“养车节”“水饮节”“易享节”“车享节”在内的5个主题、6档营销，系列活动销售总额超260亿元，占年度基础品类销售62%。其中，第四届“易享节”销售额增长26%，创历史新高。

（吕志亭）

【“易捷冰雪嘉年华”活动精彩纷呈】 2021年3月15日，易捷公司首座冬奥特许商品零售店在北京大兴区黄村加油站易捷便利店顺利开业。此后，充分发挥全国网络优势，在北京、河北、上海、天津、黑龙江等17家省市公司陆续开设200余座冬奥特许商品零售店，为传播冬奥精神、诠释冬奥文化作出积极贡献。7月16日，正式启动“易捷冰雪嘉年华PLUS”，在100家易捷旗舰店设置冰雪嘉年华联合展台，在1 000家易捷便利店开展冰雪售卖专区，为中国的冰雪运动品牌提供展示平台，助力中国冰雪运动产业的发展。

（吕志亭）

【“易享节”启动仪式盛大启幕】 2021年9月11日，中国石化易捷第四届易享节启动仪式暨展销招商会在广西南宁与第18届中国—东盟博览会同步举办。易捷公司坚持“加快构建以国内大循环为主体、国内国际双循环相互促进的新发展格局”思路，将东盟及广西属地产品推向全国，将国内产品推向东盟。“易享节”店庆日5天销售额增长172%。“易享节”管理案例获第二十八届全国企业管理现代化创新成果二等奖。

（吕志亭）

【综合服务渐成规模】 2021年，易捷公司拓展汽服、广告、餐饮、咖啡等多元业态服务，全年新业务营业额增长26%，打造能源补给、易捷服务配套的综合能源服务站，多元化易捷综合服务初具规模。易捷养车方面，以大会战形式加快推进，新建汽服项目1 010座，改造595座，累计网点达8 993座。与车企、经销商集团合作建设汽车销售门店，做实汽车销售业务，汽车销售网点增至107座。易捷广告方面，下发广告开发经营指导意见，制订广告刊例价统筹方案，广告营业额增长30%，落地15万块广告媒体，更新传统媒体加油站7 657座，实现1.6万块电子屏联网播控。易捷餐饮方面，完成餐饮年度招商，试点智能贩售柜项目，营业额增长34%，新增国际知名品牌快餐12座，累计达62座，新增区域品牌餐饮236座，累计达1 341座。正式成立咖啡公司，咖啡瓶装产品铺货超6 000家门店，重点拓展京沪高铁沿线区域，推广现磨业务，新增易捷咖啡门店37座。

（吕志亭）

【自有品牌又添新成员】 2021年4月28日，易捷公司与泸州老窖股份有限公司正式签约，合作开发“三人炫”白酒系列产品。签约后，泸州老窖股份有限公司“三人炫”正式成为第15个易捷自有品牌，也是首个浓香型白酒自有品牌，丰富易捷便利店的商品种类，满足全国市场的广大客户对浓香型白酒的需求。

（吕志亭）

【举办非油品业务技术比武】 2021年11月11日，中国石化销售企业2021年非油品业务技术比武进行决赛，31家销售企业124名非油品线条参赛选手角逐团体奖项、个人奖项。易捷公司精心组织技术比武，历时4个月，5万余名非油品线条人员参与技术比武工作，初赛参赛率100%。此次技术比武将赛程设置与主题营销活动紧密结合，做到以赛促训、以训促行，获上级领导和消费者的充分肯定。

（吕志亭）

【数字化转型加快推进】 2021年，易捷公司与零售行业标杆企业交流，形成易捷服务信息化建设规划方案，明确易捷服务数字化转型及核心应用推进方向，同时，持续建设全国统建商城、运营督导、广告、汽服、员工分销、惠群等系列应用模块，为新业务拓展、线上线下一体化发展、基础管理夯实提供有力支撑。2021年7月23日，易捷公司正式发布招聘公告，招聘互联网运营中心专业团队，统一运营“加油中石化”App，易捷商城、积分商城、微信小程序等线上业务，建设线上会员体系，加快推进全场景、全覆盖的综合服务线上平台建设。

（吕志亭）

【社会责任报告首次发布】 2021年4月28日，易捷公司在北京发布《2020易捷社会责任暨品牌发展报告》，呈现了国内疫情出现后易捷公司不仅在抗疫保供、促进消费复苏的考卷上交出“百分答卷”，更以情怀温度，解决部分没有销路的企业和农户的燃眉之急。

（吕志亭）

【“微光计划”助力乡村教育】 2021年8月6日，易捷公司推出“微光计划”，通过打造爆款心愿好物、“我和我的老师”暖心画作、圆梦2021个乡村教师心愿等活动，动员各方力量，共同支持乡村教育事业；发挥旗下易捷便利店和线上商场的渠道优势，架起脱贫地区商品和消费者之间的直通车，助力乡村振兴。

（吕志亭）

易捷“微光计划”主播公益课进校园

【综合改革有序推进】 2021年，易捷公司加强董事会建设，打造专业化能力，推进“三能”机制运转，探索“三力”考评，持续深化易捷公司总部改革。全面推进省级易捷公司市场化改革，推进经营班子职业经理人选聘和员工队伍职业化管理，争当集团公司深化改革三年行动的排头兵，截至2021年底，18家区内企业及6家区外大Ⅰ型企业全部注册成立省级易捷分公司，构建总部、省级两级专业化管理架构。

（吕志亭）

【党建经营深度融合】 2021年，易捷公司锚定“早”“新”“实”三个关键，扎实开展党史学习教育，引导广大党员从百年党史中汲取打赢市场攻坚战的决心和信心，为坚持“两个确立”，做到“两个维护”，凝聚智慧力量。健全党建经营深度融合机制，进一步推动党建工作有效融入中心工作。推进易捷服务专项监督问题整改，强化从生产商直接采购，提高竞争力。完善权力运行机制，推进不相容岗位分设，强化对关键少数的监督，提高廉洁风险防范。强化“大监督”格局建设，加强线上业务监督、财务监督、行政监督，着力化解重大风险。开展易捷服务大客户开发劳动竞赛，点燃全系统员工拓市创效的热情，大客户开发金额11.51亿元。

（吕志亭）

【基础管理不断夯实】2021 年，易捷公司搭建督导体系，制定基础管理、客户服务、营销执行、风险防控等 6 类标准化门店巡检项目 274 项、巡查模板 19 个，下达全国统一督导任务 5 万余店次，较好推动营销活动落实。组织开展第三方盘点，通过“四不两直”开展地市所有门店与中央仓全盘，更深、更全发现管理漏洞与库存风险，累计盘点中央仓 18 座，门店 640 余座，涉及 14 家销售企业，对暴露出来的问题提出解决建议。加强制度建设，推动业务向规范化发展，截至年底，易捷公司编制制度 65 项，其中线条管理制度 20 项。多措并举，提升财务基础管理水平，防范资金风险，明确“油非互促”投入规模及考核政策，推进市场化分摊规则。建立质量和安全管理体系，为易捷服务安全稳定发展提供可靠保障。

（吕志亭）

表 1　易捷公司主要经营指标

年份 / 指标名称	2021 年	2020 年	2019 年	2018 年	2017 年	2016 年
营业收入 / 亿元	353.60	338.40	320.50	312.50	274.50	213.80
报表利润 / 亿元	40.60	37.40	32.40	30.30	21.70	15.00
易捷便利店总数 / 座	27 950	27 672	27 606	27 259	25 775	25 591

石油化工科学研究院

【概况】中国石油化工股份有限公司石油化工科学研究院（简称石油化工科学研究院）位于北京市海淀区，前身创建于 1956 年 7 月，1983 年整体划归中国石油化工总公司，是中国石化直属综合性科学技术研究开发机构。研发领域以石油炼制技术开发为主，注重油化结合，兼顾相关石油化工技术研发，并有重点地向新型替代燃料和新能源领域延伸，涵盖炼油、石油产品、化工、材料、新能源、环保、智能化、资源循环利用等方面。

石油化工科学研究院设 18 个研究部门、11 个管理服务部门、5 个支撑服务部门，代管兴普公司。职工总数 1 191 人，各类专业技术人员 990 人。其中，中国科学院、中国工程院院士 4 人，享受国务院政府特殊津贴专家 16 人，“百千万人才工程”国家级人选 4 人，中国石化首席科学家 1 人、首席专家 2 人、高级专家 11 人。

石油化工科学研究院有炼油工艺与催化剂国家工程研究中心、石油化工催化材料与反应工程国家重点实验室、国家能源石油炼制技术研发中心、工业产品质量控制和技术评价实验室，5 个中国石化重点实验室，是国家石油产品质量检验检测中心、全国石油产品和润滑剂标准化技术委员会秘书处、中国石油学会石油炼制分会和中国化工学会烃资源评价加工与利用专业委员会的挂靠单位。编辑出版《石油学报（石油加工）》《石油炼制与化工》和《China Petroleum Processing and Petrochemical Technology》3 个科技期刊。设研究生部和博士后流动站，有化学工艺、应用化学专业博士学位，化学工艺、应用化学、工业催化和化学工程专业硕士学位的授予权。

截至 2021 年底，石油化工科学研究院共获部级以上奖励的科技成果 1 012 项，国家级奖励 134 项。其中，国家最高科学技术奖 1 项、国家技术发明一等奖 2 项、国家科学技术进步奖特等奖 2 项、国家科学技术进步奖一等奖 8 项。累计申请国内专利 10 643 件，获授权 7 432 件；申请国外专利 1 640 件，获授权 967 件；获中国国家知识产权局和世界知识产权组织联合颁发的中国专利金奖 8 项、银奖 1 项、优秀奖 21 项。

2021 年，石油化工科学研究院获中国石化科学技术奖励 11 项、中国石油与化学工业联合会科学技术奖励 8 项、中国化工学会科学技术奖励 2 项、中国稀土协会科技进步奖 1 项、中国仪器仪表学会科技进步奖 2 项、中国化工情况信息协会优秀信息成果奖 1 项。通过技术鉴定 17 项、评议 9 项。制（修）订国家和行业标准 19 项，发布实施 28 项；审查备案企业标准 19 项。申请中国专利 733 件，获授权 578 件；申请国外专利 181 件，获授权 78 件。

石油化工科学研究院 2021 年度主要科研成果获奖情况及 2016—2021 年专利申请与获授权情况分别见表 1 和表 2。

（杜诗画）

【领导班子调整】 2021 年，集团公司党组对石油化工科学研究院领导班子进行调整：林伟、王皓任石油化工科学研究院副院长、党委委员，解聘聂红石油化工科学研究院副院长、党委委员职务。

（杜诗画）

【原油催化裂解技术首次实现工业化应用】 2021 年，石油化工科学研究院基于多年催化裂化技术开发及推广应用经验，通过独创性的技术路线自主研发原油催化裂解技术及配套专用催化剂，通过分区转化及耦合设计，实现反应温度、催化剂活性和热量的最优匹配，确保将原油全馏分最大化生产化学品。原油催化裂解技术工业试验的成功标志着中国石化原油直接制化学品技术取得突破性进展。

（杜诗画）

【多产丙烯和低硫燃料油组分的催化裂化和加氢脱硫技术开发与工业应用项目通过鉴定】 该技术对催化材料、催化剂、反应器及反应工程进行系统创新，首创以中孔分子筛作为唯一活性组元的催化裂化催化剂，并开发匹配专用催化剂的新型变径流化床反应器，可广泛应用于低成本新建或改造现有催化裂化装置，实现灵活调整低碳烯烃、汽油和低硫船用燃料油等不同目标产品生产方案，为炼油行业绿色低碳转型发展提供示范。

（杜诗画）

【抽出油溶剂法降凝与 ARE 抽提生产环保型芳烃橡胶填充油成套技术通过鉴定】 该技术可选择性地脱除原料中高凝点组分及多环芳烃等环保橡胶油非理想组分，生产低温流动性好、芳碳含量不低于 20% 的优质环保芳烃橡胶油，产品符合欧盟及中国国家标准要求，使用性能与进口产品相当。

（杜诗画）

【高端碳材料联合装置一次开车成功】 2021 年 8 月 4 日，采用石油化工科学研究院专利技术的 10 万吨 / 年高端碳材料联合装置在茂名石化一次开车成功，产出合格针状焦（生焦）产品，标志着中国石化自主开发的高硫劣质催化油浆生产针状焦工艺技术首次实现大规模工业化应用，具备自主生产高端碳材料的能力。

（杜诗画）

【PAO 生产技术开发与工业应用项目通过鉴定】 该项目由石油化工科学研究院、工程建设公司及茂名分公司共同完成，技术具备转化率高、产物分布好、高品质产品收率高等特点，有自主知识产权，装置安全环保、运行稳定，产品性能指标整体达到世界一流水平，部分产品性能指标处于国际领先水平，经济和社会效益显著，标志着中国润滑油高端合成基础油生产技术取得重大突破。

（杜诗画）

【掌握国际最新规格内燃机油自主配方技术】 2021 年，由石油化工科学研究院、润滑油公司共同开发的 SN PLUS、CK-4 等内燃机油自主配方技术经鉴定达到国际领先水平，自主配方的经济性和使用性能优于国外同类产品，消除与国际最新规格的代际差异。

（杜诗画）

【特种润滑油脂助力航空航天事业】 2021 年，石油化工科学研究院自主研发的多款特种润滑油脂、空间润滑油脂及航空燃油产品等在中国首个空间站“天和号”核心舱、神舟十二号飞船、神舟十三号飞船及庆祝中国共产党成立 100 周年大会飞行表演机组成功应用。

（杜诗画）

【中国石化首套质子交换膜制氢示范站正式投用】 2021 年 11 月 4 日，采用石油化工科学研究院自主技术、在燕山石化建设的中国石化首套质子交换膜（PEM）制氢示范站正式投用，标志着中国石化打通 PEM 电解水制氢设备从关键材料、核心部件到系统集成的整套流程。该装置质子交换膜电解槽采用石油化工科学研究院自主研发的高性能阴阳极催化剂，在制备工艺、质量比活性、长周期稳定性等方面有显著优势。

（杜诗画）

中国石化 PEM 制氢示范站启动仪式

【发布中国石化首个催化剂表征领域 ASTM 标准】 2021 年 8 月，由石油化工科学研究院主导制定的《水吸附法测定粉状催化剂和催化剂载体孔体积的标准指南》（ATTM D8393-21）由美国材料与试验协会（ASTM）正式批准发布，实现中国石化在国际标准化领域催化剂表征相关标准零的突破。

（杜诗画）

【吸附分离成套技术研发创新团队获集团公司优秀创新团队称号】 该团队集结吸附材料、工艺工程、控制及设备等多领域的专业技术人员，充分发挥协同创新优势，开发出高效环保芳烃成套技术。随后，连续开发出第二代、第三代芳烃成套技术，持续领跑芳烃生产技术发展，还依托吸附分离平台，不断拓展创新领域，开发出多项新技术，为石化行业“油转化”“油转特”提供有力技术支撑，被授予中国石化 2021 年度优秀创新团队称号。

（杜诗画）

【组织机构调整】 2021 年，石油化工科学研究院依据实际工作需要，成立技术合作与开发部；合并昌平基地综合管理部与科研条件服务中心，成立科研服务中心；依托第九研究室，成立科研规划室；依托技术支持与服务中心，设立石油化工低碳经济研究中心。

（杜诗画）

【推进开放合作】 2021 年，石油化工科学研究院强化协同创新，突出开放合作，与中国民航局第二研究所共建航空油料适航联合创新中心，与华东师范大学成立绿色低碳能源化工联合实验室，参与发起中国发动机碳中和创新联盟，牵头成立中国化工学会烃资源评价加工与利用专业委员会、中国石油和化学工业联合会石油和化工行业废塑料化学循环利用产业技术创新中心、中国石化氢能重点实验室。

（杜诗画）

【开展“科改示范行动”】 2021 年，石油化工科学研究院扎实推进“科改示范行动”各项措施落地。全面实施科研门径管理，提高准入门槛，立项课题数量大幅压减；“三大平台”建设有序试点，“揭榜挂帅”“赛马”新机制实施；建立设备共享平台，推动内部资源合理共享；推进干部“能上能下”，干部退出率近 8%，专家退出率 13%；加大高端紧缺核心人才引进力度，完成院内首批高级主管选聘。

（杜诗画）

【召开第八次党员代表大会】 2022 年 6 月 21—22 日，中国共产党石油化工科学研究院第八次代表大会召开。会议听取和审议中国共产党石油化工科学研究院第七届委员会工作报告、纪律检查委员会工作报告，选举产生第八届委员会和新一届纪律检查委员会，谋划制定未来五年工作规划及目标。

（杜诗画）

【组织开展建院 65 周年系列庆祝活动】 2021 年是建党 100 周年也是石油化工科学研究院建院 65 周年，石油化工科学研究院通过建设院史馆、拍摄院庆宣传片、编辑出版《发展图志》《身边的大师》等 6 本图书、举办“弘扬闵恩泽科学家精神暨面向未来的能源化工技术高端学术论坛”、组织青年赛事等系列庆祝活动，回顾发展历程，深化文化建设，构建精神谱系。

（杜诗画）

表 1　石油化工科学研究院 2021 年度主要科研成果获奖情况

序号	项目名称	奖项名称	获奖等级
1	高端酯型航空润滑油材料平台建设与应用	集团公司技术发明奖	二等奖
2	支撑中国石化车用汽油质量持续升级的关键技术及路线开发与应用	集团公司科技进步奖	一等奖
3	重油高效催化裂解（RTC）技术研发与应用	集团公司科技进步奖	一等奖
4	10 万吨 / 年双氧水法制环氧丙烷成套技术开发	集团公司科技进步奖	一等奖
5	RIPP®7261 润滑脂的研制	集团公司科技进步奖	二等奖
6	重要石油产品标准的研制与修订	集团公司科技进步奖	二等奖
7	正序抽出油生产环保油及环保橡胶工业应用	集团公司科技进步奖	二等奖
8	FCC 废催化剂、树脂不合格危险特性研究	集团公司科技进步奖	二等奖
9	强化泡沫深部调驱体系研制与应用	集团公司科技进步奖	二等奖
10	循环水处理效果监控方法系列标准	集团公司科技进步奖	三等奖
11	聚合物配注水关键处理技术	集团公司科技进步奖	三等奖
12	高效分解不完全再生烟气中 NH_3 的催化材料开发与应用	中国石油和化学工业联合会技术发明奖	三等奖
13	我国车用汽油质量标准升级换代及相关核心技术的研发与应用	中国石油和化学工业联合会科技进步奖	一等奖
14	空间长寿命液体润滑关键核心技术及相关产品研发与应用	中国石油和化学工业联合会科技进步奖	一等奖
15	多产烯烃和芳烃的炼化耦合绿色新工艺开发与应用	中国石油和化学工业联合会科技进步奖	一等奖
16	高效环保重整生成油液相加氢脱烯烃成套技术的开发及应用	中国石油和化学工业联合会科技进步奖	二等奖
17	浆态床反应器模型化与放大规律研究	中国石油和化学工业联合会科技进步奖	三等奖
18	支撑污水回用循环水的本质绿色化学处理技术	中国石油和化学工业联合会科技进步奖	三等奖
19	C_8 芳烃高效催化异构化技术的工业应用	中国石油和化学工业联合会科技进步奖	三等奖
20	烷基化反应与分离过程强化及工业应用	中国化工学会技术发明奖	一等奖
21	快速灵活调控低碳烯烃和汽油组分催化裂化助剂技术开发与应用	中国化工学会科技进步奖	二等奖
22	适用于高辛烷值国 VI 汽油生产的稀土催化剂理性设计开发与应用	中国稀土协会科技进步奖	一等奖
23	现代过程分析技术系列丛书	中国仪器仪表学会科技进步奖	二等奖
24	近红外光谱分析技术通用建模标准的制定与应用推广	中国仪器仪表学会科技进步奖	三等奖
25	欧美炼制技术发展趋势分析	中国化工情报信息协会优秀信息成果奖	一等奖

表 2　　石油化工科学研究院 2016—2021 年专利申请与授权情况　　件

年份	国内专利		国外专利	
	申请数	获授权数	申请数	获授权数
2021	733	578	181	78
2020	702	600	121	80
2019	706	532.5	96	56
2018	701	589	90	82
2017	682	564	30	75
2016	685	660	47	69

大连（抚顺）石油化工研究院

【概况】 大连（抚顺）石油化工研究院是中国石油化工股份有限公司大连石油化工研究院和中国石油化工股份有限公司抚顺石油化工研究院的统称，创建于 1953 年 4 月，是新中国最早建立的石油研究机构，1983 年 7 月划归新组建的中国石油化工总公司。建院初期位于辽宁省抚顺市望花区。2017 年 9 月，主要研发部分搬迁至辽宁省大连市旅顺口区，设大连石油化工研究院；加氢中试装置留在抚顺，保留抚顺石油化工研究院。

截至 2021 年底，大连（抚顺）石油化工研究院形成清洁炼油、新兴能源资源和炼化公用技术三大创新研发平台，设 14 个研究室和 1 个环保研究所。设有国家石油产品检验实验室、国家石蜡质量监督检验中心以及博士后工作站和硕士研究生工作站，是国家石油蜡类产品标准化归口单位，同时也是石油化工环境污染防治技术国家地方联合工程研究中心、中国石化环境监测总站及省部级工程研究中心（重点试验室）的依托单位。正式职工总数 697 人，有高级技术职称的各类专业技术人员 313 人。其中，中国工程院院士 1 人，“百千万人才工程”国家级人选 1 人，享受国务院政府特殊津贴专家 14 人，集团公司高级技术专家 8 人、突出贡献专家 19 人。获国家科学技术进步奖和技术发明奖 23 项，获省部级科技成果奖励 400 余项，获中国发明专利金奖 2 项、优秀奖 15 项，累计申请中国专利 7 000 余件、境外专利 300 余件，获国内外专利授权 5 000 余件。

大连（抚顺）石油化工研究院 2021 年度科研成果获奖情况和 2016—2021 年专利申请与获授权情况分别见表 1 和表 2。

（刘建锟）

【参建的工业废水无害化与资源化国家工程研究中心获批】 2021 年，《国家发展改革委员会办公厅关于印发新序列国家工程研究中心名单（第一批）的通知》发布，工业废水无害化与资源化国家工程研究中心获批，成为首批纳入新序列管理的国家工程研究中心。该中心依托中国科学院生态环境研究中心，由大连（抚顺）石油化工研究院等单位共建。该中心将聚焦国家重大发展战略和重点工程，针对工业废水无害化和资源化面临的关键共性问题，加强科研单位、高校和企业间协作，开展核心技术攻关与集成，提升中国工业水处理技术与装备的核心竞争力。大连（抚顺）石油化工研究院将基于自身优势，重点在石化废水“超低能耗高级氧化”“多功能生物反应器”“基于双碳目标与风险控制的废水处理集成体系”等方面开展技术研发和工程转化，助力该中心高质量发展。

（刘建锟）

【"正构烃导向转化的多反应区强化耦合低凝柴油生产技术"项目获集团公司技术发明奖一等奖】 由大连（抚顺）石油化工研究院开发的"正构烃导向转化的多反应区强化耦合低凝柴油生产技术"首创加氢降凝反应区模块化工艺技术，实现降凝反应的近均温操作，催化剂体系的性能获充分发挥，在提高低凝柴油收率的同时可以显著降低装置氢耗和能耗。技术配套催化剂创新采用强异构性能分子筛进行复配，同时对择形裂解分子筛酸性位选择性定位修饰，提高催化剂的长链烷烃选择性裂解和异构能力，低凝柴油收率和质量获显著提升。截至2021年底，该技术在国内外9套装置完成工业应用。经专家鉴定，高效加氢降凝技术整体达到国际领先水平。该技术获2021年集团公司技术发明奖一等奖。

（刘建锟）

【"煤化工高盐废水零排放与资源化利用成套技术"项目获集团公司科技进步奖一等奖】 针对煤化工行业高盐废水特点，大连（抚顺）石油化工研究院等单位承担的十条龙攻关项目"煤化工高盐废水零排放与资源化利用成套技术"，形成高盐废水零排放成套技术，实现高盐废水中钙、镁、硅、氟的协同去除，解决淮河水丰、枯水季盐硝倒挂对高盐废水处理的影响，并且充分利用低品位蒸汽，实现分盐和能源的优化利用。成功应用于中安联合煤化工污水零排放工程。360吨/时高盐废水零排放装置于2019年12月投用，装置运行稳定，成功实现高盐废水的零排放和氯化钠、硫酸钠的分质结晶资源化利用，氯化钠、硫酸钠总质量收率78%，产品质量指标分别达到国家工业盐二级标准、工业无水硫酸钠Ⅲ类标准，整体技术达到国际领先水平，经济和社会效益显著。该技术于2020年11月通过中国石化科技部组织的技术鉴定，获2021年集团公司科技进步奖一等奖。

（刘建锟）

【加氢裂化催化剂首次进入白俄罗斯市场】 2021年，大连（抚顺）石油化工研究院成功中标白俄罗斯纳夫坦炼油公司缓和加氢裂化装置催化剂采购项目，这标志着中国石化首次进入白俄罗斯加氢裂化技术市场，助力"一带一路"建设。缓和加氢裂化装置是白俄罗斯纳夫坦炼油公司重要项目之一，主要加工直馏轻蜡油和焦化轻蜡油混合原料，生产低硫尾油馏分产品。受原料供应不足、技术要求较高、跨国采购等因素影响，白俄罗斯纳夫坦炼油公司对炼油成本较为敏感。大连（抚顺）石油化工研究院凭借过硬的技术优势，在与多家国外知名公司竞争中成功中标。

（刘建锟）

【临氢降凝催化剂FDW-3首次出口国外市场】 2021年，哈萨克斯坦PKOP炼厂200万吨/年柴油加氢降凝装置采用大连（抚顺）石油化工研究院FHDW技术及配套FDW-3降凝催化剂、FH-40A精制催化剂体系一次开车成功。自2020年10月31日开工以来，装置一直平稳运行，催化剂的活性、选择性、目的产品质量完全满足技术协议指标要求。装置新周期降凝反应器入口和出口温差仅为-3.8℃。在满足哈萨克斯坦冬季-20#低凝柴油产品质量要求的情况下，目的产品低凝柴油收率90.78%，较上周期国外专利商提高3.6个百分点，FDW-3降凝催化剂表现出较高的目的产品选择性。

（刘建锟）

【获第二十二届中国专利银奖】 2021年，国家知识产权局发布第二十二届中国专利奖授奖决定，大连（抚顺）石油化工研究院《一种加氢裂化催化剂及其制备方法》（ZL201010222155.1）发明专利获中国专利银奖。获奖专利以"逆序构建加氢活性位和酸性位"及"均匀催化剂"原创性构思为指导，采用多种催化组分前体浆态逆序担载方法构建催化剂，同族专利在北美洲、欧洲、亚洲等国家和地区获授权专利11件，以其为核心，搭建新型催化剂制备平台，成功实现FC-32、FC-46、FC-76三种牌号加氢裂化催化剂的生产和应用，在国内加氢裂化装置套数占有率超过52%，打破国外加氢裂化催化剂供应商对加氢裂化催化剂市场的垄断。获奖专利催化剂经国外权威机构（AVANTIUM）评价测试，被认定为世界一流产品，工业应用结果表明，多环环状烃转化选择性提高22.5%，乙烯原料核心质量指标提升20.9%。

（刘建锟）

【参建的三个中国石化重点实验室获批】 2021年，集团公司命名第四批中国石油化工集团有限公司重点实验室，大连（抚顺）石油化工研究院参建的“氢能技术”重点实验室、“碳捕集、利用与封存（CCUS）”重点实验室、“可降解材料及单体研发与应用”重点实验室获批成立。这一批实验室的设立，标志着集团公司正加大创建技术创新基础平台力度，为新领域的发展提供重要技术支撑，加速提升源头技术创新与成果转化能力，推进技术先导型公司建设，增强国际竞争力。

（刘建锟）

【稳定高效固定床渣油加氢技术团队获中国石化优秀创新团队称号】 大连（抚顺）石油化工研究院稳定高效固定床渣油加氢技术团队获2021年度中国石化优秀创新团队称号。该团队作为中国第一支固定床渣油加氢技术研发团队，自1986年组建以来，经过近40年的发展，实现技术从“零”到“有”，再从“有”到“精”的壮举，整体技术达到国际先进水平。团队承担国家和中国石化科技项目百余项，申请专利400余件，获国家科学技术进步奖一等奖、中国专利金奖、中国石化科技进步奖一等奖等19项奖项。团队取得的科研成果持续实现工业转化，2019—2021年开发的催化剂在国内外工业应用累计达2.05万吨。其中，2020年和2021年连续两年在国内固定床渣油加氢催化剂市场占比位居首位，并实现催化剂在韩国和台湾地区的首次工业应用。

（刘建锟）

【“净味环保沥青及适用于高纯氢气中微量杂质的检测方法”助力绿色冬奥】 2021年，大连（抚顺）石油化工研究院开发的净味环保沥青技术在北京冬奥会配套工程莲石湖公园成功应用，开发出适用于高纯氢气中微量杂质的检测方法，形成完整的覆盖国家标准严格规定的13项杂质分析方法，在中国石化西湾子氢气检测实验室进行检测，助力绿色冬奥。

（刘建锟）

北京冬奥净味环保沥青铺设现场

【“辽宁省高纯氢制取与应用技术创新中心”正式挂牌】 2021年，大连（抚顺）石油化工研究院申报的“辽宁省高纯氢制取与应用技术创新中心”获辽宁省科学技术厅批复，正式挂牌。该中心将产学研协同推进高纯氢制备关键核心技术开发，加速科技成果转化与产业化。

（刘建锟）

【“化工行业烟气治理多功能耦合技术及示范”项目通过国家科技部综合绩效评价】 2021年，由大连（抚顺）石油化工研究院牵头，联合南京工业大学、浙江大学、北京化工大学、苏州大学等单位参与承担的国家重点研发计划项目“化工行业烟气治理多功能耦合技术及示范”通过国家科技部组织的综合绩效评价。项目通过开发系列新材料、新方法，应用化工系统工程的理念，运用各种化工过程强化手段，实现化工烟气的多污染物源头减排、协同净化、资源利用、节能减排等多重清洁生产目标。专家组认为该项目完成项目任务书规定的研究任务和考核指标，达到预期目标，支撑化工行业烟气污染控制目标的实现。

（刘建锟）

表 1 大连（抚顺）石油化工研究院 2021 年度主要科研成果获奖情况

序号	成果名称	奖励名称	获奖等级
1	正构烃导向转化的多反应区强化耦合低凝柴油生产技术	集团公司技术发明奖	一等奖
2	煤化工高盐废水零排放与资源化利用成套技术	集团公司科技进步奖	一等奖
3	基于传递现象构造的催化精馏技术开发及工程化应用	辽宁省科技进步奖	一等奖
4	基于小晶粒 Y 分子筛生产航煤和化工原料的加氢裂化技术开发和应用	集团公司科技进步奖	二等奖
5	炼油企业全厂 VOCs 废气集中治理成套技术	集团公司科技进步奖	二等奖
6	胺液脱硫系统绿色高效运行关键技术开发及应用	集团公司科技进步奖	二等奖
7	适应多元化原料的高选择性石油蜡加氢精制技术开发	集团公司科技进步奖	三等奖
8	成品油管道缺陷评价及修复技术	集团公司科技进步奖	三等奖
9	炼化企业智能热网技术开发与应用	集团公司科技进步奖	三等奖
10	高性能 MOF 材料设计合成及其可逆存储能源气体的关键	集团公司前瞻性基础性研究科学奖	三等奖
11	F–T 合成油加氢生产清洁交通运输燃料技术开发及应用	辽宁省科技进步奖	二等奖
12	炼油核心装置烟气脱硝工艺技术开发及应用	辽宁省科技进步奖	二等奖
13	油脂非临氢脱氧催化体系的构建与调控机制	浙江省自然科学奖	三等奖
14	页岩油深加工生产高附加值产品关键技术开发及应用	中国石油和化学工业联合会科技进步奖	三等奖
15	丙酮双分子强耦合加氢生产甲基异丁基酮成套技术创制及工业应用	中国石油和化学工业联合会技术发明奖	三等奖
16	石油炼制工业废气治理工程技术规范	中国化工学会科技进步奖	三等奖
17	一种加氢裂化催化剂及其制备方法	中国专利奖	银奖

表 2 大连（抚顺）石油化工研究院 2016—2021 年专利情况汇总表 件

年份	国内专利		国外专利	
	申请数	获授权数	申请数	获授权数
2021	704	635	66	30
2020	676	445	31	38
2019	670	626	23	41
2018	692	546	48	42
2017	680	564	24	24
2016	655	609	28	11

安全工程研究院

【概况】 中石化安全工程研究院有限公司（简称安全工程研究院）位于山东省青岛市，是中国石化直属的安全、环保和职业健康科研机构。其前身为成立于1979年的化学工业部化工劳动保护研究所，1999年7月整体划归集团公司。2021年7月，改制为股份公司全资子公司并更名为现名。2004年4月，原国家安全生产监督管理总局依托安全工程研究院成立国家安全生产监督管理总局化学品登记中心，为中国危险化学品安全监管提供综合性技术支持，2018年12月4日，更名为应急管理部化学品登记中心。2007年7月，国家科技部依托安全工程研究院设立化学品安全控制国家重点实验室，2011年5月10日通过国家科技部验收。

截至2021年底，安全工程研究院设8个职能管理部门，14个研究所（室）、中心。用工总数620人（安全工程研究院493人，化学品登记中心49人，诺诚公司130人）。其中，正高级职称47人、副高级职称246人；博士104人，硕士324人，博士后工作站在站博士后5人；特聘院士2人，科技部部际联席会议特邀专家2人，国务院安委会专家咨询委员会和专业委员会委员2人，享受政府特殊津贴专家5人，国家科技安全生产等部级以上专家29人，中国化工学会会士1人，中国石化突出贡献专家8人、学术技术带头人6人；各类国家级HSE领域专家50余人，具有注册安全工程师、安全评价师、职业危害评价师、环境影响评价师、注册计量师等执业资格的人员300余人。建有山东省院士工作站和青岛市院士工作站、博士后工作站、研究生工作站。

安全工程研究院2021年度主要科研成果获奖情况及2016—2021年专利申请与获授权情况分别见表1和表2。

（胡秀丽）

【领导班子调整】 2021年4月16日，安全工程研究院召开干部大会，宣布领导班子调整决定：杨哲任安全工程研究院院长（按大Ⅰ型企业正职管理）、党委副书记；白永忠任安全工程研究院党委书记、副院长；曹永友任安全工程研究院党委副书记（按大Ⅰ型企业副职管理）、纪委书记、工会主席；张卫华任安全工程研究院副院长（按大Ⅰ型企业副职管理）、党委委员。

（胡秀丽）

【“中石化安全工程研究院有限公司”完成注册登记】 2021年7月1日，安全工程研究院正式完成“中石化安全工程研究院有限公司”的企业注册登记并取得营业执照。中石化安全工程研究院有限公司是股份公司全资子公司，注册资本4.99亿元人民币，作为“1+3”科技创新体系中的研究院本部，其设立是安全工程研究院科改示范行动试点改革的核心举措，更是一系列体制改革和机制创新的基本前提。

（胡秀丽）

【“中石化国家石化项目风险评估技术中心有限公司”完成注册登记】 2021年7月7日，“中石化国家石化项目风险评估技术中心有限公司”完成注册登记。新公司的正式注册，标志着安全工程研究院“1+3”科改示范行动和评估中心事业单位转企进一步向前迈进，推动安全工程研究院HSE技术服务平台化和资质品牌化向纵深发展。

（胡秀丽）

【“青岛安工院科技孵化有限公司”完成注册登记】 2021年8月18日，安全工程研究院完成“青岛安工院科技孵化有限公司”（简称安工科技）的企业注册登记并取得营业执照。安工科技是安全工程研究院的全资子公司，注册资本990万元人民币。

（胡秀丽）

【“中石化管理体系认证（青岛）有限公司”成立】 2021年12月2日，中石化管理体系认证（青岛）有限公司（简称石化认证）正式成立，经股份公司批准，通过工商变更成为安全工程研究院的全资子公司，注册资本 3 000 万元人民币，是安全工程研究院“1+3”体制框架的重要组成部分。中国石化认证的正式成立，标志着安全工程研究院科改示范行动全面完成“1 个创新中心，3 个转化平台”科技创新体系的基本框架搭建工作。

（胡秀丽）

【共建国家危险化学品安全（青岛）研究院（基地）合作协议签署】 2021 年 12 月 31 日，应急管理部与集团公司在北京签署共建国家危险化学品安全（青岛）研究院（基地）合作协议。根据协议，双方将依托应急管理部化学品登记中心、安全工程研究院，面向国家危险化学品安全管理的重大需求，围绕防范重大安全风险、健全安全治理体系、推进本质安全提升工程、强化重点关键领域安全管控、实施安全管理数字化智能化转型等重点任务，开展协同攻关和系统研究，构建世界领先的危险化学品领域国家战略科技力量，推进建设国家化学品安全引领性技术研发平台、安全监管运行支撑中心和高端人才支持基地，合力共建世界一流的危险化学品安全研究院。

（胡秀丽）

中国石化及国家应急管理部有关领导签署合作协议

【首次牵头承担中国石化重大科技项目】 2021 年 4 月 14 日，中国石化重大科技项目“催化裂化装置智能化安全平稳运行关键技术”（后改名为“催化裂化装置绿色低碳运行智能管控关键技术”）启动会在青岛召开。该项目实行项目长负责制联合攻关模式，凌逸群任项目长，李永林任副项目长。安全工程研究院作为项目长单位，与齐鲁分公司、燕山分公司、广州分公司、工程建设公司、广州工程公司以及中国石油大学（北京）、北京化工大学、中环信科科技股份有限公司等单位采用“大兵团”作战模式联合攻关，聚焦重大科技需求，为中国石化高质量发展发挥科技支撑作用。

（胡秀丽）

“催化裂化装置绿色低碳运行智能管控关键技术”项目启动会现场

【“揭榜挂帅”项目推进】 2021 年 6 月 2 日，安全工程研究院组织首批“揭榜挂帅”项目进行揭榜答辩；6 月 29 日，举行首批“揭榜挂帅”项目“安全控制系统成套技术研发与应用”攻关任务书签订仪式；11 月 29 日，举行第二批“揭榜挂帅”2 个项目“耐烧 / 防冻呼吸阀技术研发”和“装置区地面机器人智能巡检技术研发”攻关任务书签订仪式。“揭榜挂帅”是推进安全工程研究院科改示范行动、科研体制机制创新的重要探索，也是践行集团公司科技攻关“揭榜挂帅”“大兵团作战”模式要求的重要举措，对安全工程研究院改革发展具有里程碑意义。

（胡秀丽）

【组建氢能安全创新团队】 2021 年 6 月 29 日，安全工程研究院组织召开氢能安全创新团队成立大会。氢能安全是一个多学科交叉的系统性问题，安全工程研究院探索试行“创新团队 +”的矩阵式科研攻关新模式，由氢能团队牵头推进研发创新，由各研究室延伸支撑成果转化，强化沟通合作与平台嫁接；并加快完善创新平台搭建，形成系统知识体系，统筹创新研发布局，早日打造成为国内顶尖、国际一流的氢能安全团队，有力支撑中国石化氢能全产业链的安全快速发展。

（胡秀丽）

【与青岛市崂山区政府签订项目投资合作协议】 2021年8月5日，安全工程研究院与青岛市崂山区政府签订项目投资合作协议。安全工程研究院将利用好崂山区对于高新技术企业的扶持政策，融入青岛市、崂山区高质量发展大局中，为地方经济社会发展作出积极贡献。

（胡秀丽）

【3项国家自然科学基金项目获资助】 2021年8月，安全工程研究院申报的“基于磷钨酸的多孔疏水性固体酸催化剂高效催化合成过氧丙酸”“微液滴与薄液膜耦合强化低浓度 H_2S 热质传递的机理研究”和“油气管道在役焊接损伤动态演化及失稳机理的跨尺度研究”3项青年科学基金项目获得资助。近年来，国家自然科学基金项目持续稳定获资助，标志着安全工程研究院基础研究水平稳步提高。

（胡秀丽）

【首次获境外专利授权】 2021年9月8日，经过多轮严格的检索分析、审查答复与意见修改，安全工程研究院第1件境外专利申请“碳基多孔材料及其制备方法和应用”获欧洲专利局发明专利授权。这代表着安全工程研究院正式实现境外专利授权“零”的突破。境外专利的授权标志着安全工程研究院科技创新与知识产权工作取得新的突破，对于安全工程研究院国际影响力的提升也具有重要意义。

（胡秀丽）

【入选应急管理部重点实验室挂牌组建名单】 2021年9月27日，化学品登记中心、安全工程研究院、沈阳化工研究院有限公司共同申报的危险化学品安全风险预警与智能管控技术重点实验室，经应急管理部形式审查、专家评审、现场核查、公示等多轮程序遴选，入选应急管理部重点实验室挂牌组建名单。

（胡秀丽）

【与中国石油大学（华东）签署战略合作协议】 2021年12月14日，中国石化与中国石油大学（华东）签署全面战略合作协议。作为合作的重要部分，安全工程研究院与中国石油大学（华东）共同签署《中石化安全工程研究院有限公司与中国石油大学（华东）战略合作协议》，双方将在化工本质安全、油气储运安全、工业催化、企业数字化转型、人才培养等领域深化合作，共同建设化学品安全国家重点实验室、国家危险化学品安全（青岛）研究院（基地）等开放性创新平台，打造原始创新策源地，着力建设能源化工领域世界领先HSE研究机构和世界一流学科，为经济社会发展和石油石化行业安全及科技进步提供有力支撑。

（胡秀丽）

与中国石油大学（华东）全面战略合作协议签约仪式现场

【建立院企战略合作新模式】 2021年，为充分发挥多学科协作技术优势，强化整体解决方案，安全工程研究院与集团公司多家企业签订战略合作协议。3月2日，与第十建设公司进行技术交流并举行战略合作签约仪式，开启“优势互补、合作共赢”新征程。3月16日，与青岛石化进行技术交流并举行战略合作签约仪式，共同谱写合作新篇章。5月13日，与中韩石化签订战略合作协议，与中韩石化的战略合作迈上新台阶。6月23日，与石油销售（商储）公司进行技术交流并举行战略合作签约仪式。

（胡秀丽）

【科技成果奖励获丰收】 2021年，安全工程研究院10个项目获中国石化2021年度科学技术奖励，其中基础前瞻二等奖1项，科技进步一等奖3项、二等奖2项、三等奖2项，技术发明三等奖2项。

（胡秀丽）

【财税系统切换工作完成】 2021 年 11 月 3 日，安全工程研究院“分转子”首月报表报出，标志着“分转子”财税系统切换工作全面完成，为安全工程研究院科技体制机制改革工作深入推进提供坚实的财税保障。

（胡秀丽）

表 1　安全工程研究院 2021 年度主要科研成果获奖情况

序号	项目名称	奖项名称	获奖等级
1	基于微反应的危险工艺本质安全化流程再造理论与技术	中国石化基础前瞻奖	二等奖
2	页岩气田多因素耦合腐蚀环境高效缓蚀剂研发与应用	中国石化技术发明奖	三等奖
3	在役大型储罐底板缺陷主被动声融合探测技术与装备	中国石化技术发明奖	三等奖
4	大通量等离子体处理 VOCs 成套技术与装备	中国石化科技进步奖	一等奖
5	临水石化企业溢油风险监测防控技术与应用	中国石化科技进步奖	二等奖
6	炼化一体化企业清洁生产标准体系及应用	中国石化科技进步奖	三等奖
7	高压气井钻井井控风险管控关键技术与装备	中国石化科技进步奖	三等奖
8	复杂环境多相态危化品泄漏物应急处置技术及装备	山东省技术发明奖	三等奖
9	危险化工工艺异常预警与事故防控关键技术	山东省科技进步奖	二等奖
10	加油站全流程渗泄漏防控关键技术开发及应用	山东省科技进步奖	二等奖
11	炼油装置塔顶低温腐蚀预测及工艺防腐管控技术	中国腐蚀与防护学会科技进步奖	一等奖
12	国家危险化学品安全生产风险监测预警体系构建与关键技术	中国安全生产协会科技进步奖	一等奖
13	大型高效本质安全化低温等离子体关键技术与装备	中国化工学会技术发明奖	二等奖

表 2　安全工程研究院 2016—2021 年专利申请与授权情况　件

年份	国内专利		国外专利	
	申请数	获授权数	申请数	获授权数
2021	353	110	8	5
2020	321	84	8	0
2019	316	98	3	0
2018	314	200	1	0
2017	286	129	1	0
2016	228	150	0	0

化工和材料板块

燕山石化

【概况】 中国石油化工股份有限公司北京燕山分公司（简称燕山分公司）、中国石化集团北京燕山石油化工有限公司（简称燕化有限公司）统称燕山石化，位于北京市房山区，是集团公司旗下特大型石油化工联合企业，前身为1970年成立的北京石油化工总厂，曾更名为北京燕山石油化学总公司、中国石油化工总公司北京燕山石油化工公司、北京燕山石油化工集团有限公司。北京东方石油化工有限公司（简称东方石化）为燕化有限公司全资子公司，中石化保定石油化工有限公司（简称保定石化）由集团公司划归燕化有限公司进行管理。

燕山石化有生产装置62套、辅助装置68套，可生产94个品种、431个牌号的石油化工产品，是中国石化12个千万吨炼厂和8个大型乙烯企业之一，也是中国重要的合成橡胶、合成树脂和高品质成品油生产基地。燕山石化原油加工能力1 000万吨/年，成品油生产能力超过650万吨/年，其中汽油生产能力300万吨/年；乙烯生产能力80万吨/年，聚乙烯生产能力60万吨/年，聚丙烯生产能力50万吨/年，合成橡胶生产能力42万吨/年，有机产品生产能力52万吨/年，电池级氢气生产能力1 460吨/年，纳滤/反渗透膜生产能力200万米^2/年。

截至2021年底，燕山石化累计加工原油3.64亿吨，生产乙烯2 496.78万吨，累计实现销售收入14 497.44亿元，上缴利税1 782.87亿元。燕山石化共有职能部门16个，直属二级单位16个，直属党委18个，在职党支部167个，在岗员工8 619人（含东方石化、保定石化），在岗党员4 401名。

燕山石化主要技术经济指标及主要产品产量分别见表1和表2。

（王善高）

【领导班子调整】 2021年1月5日，集团公司党组组织部王亮到燕山石化宣布班子调整决定：章丽莉任燕山石化党委常委、燕山分公司总会计师、燕化有限公司董事会董事，李恩忠不再担任燕山石化党政领导职务，另有任用。6月16日，集团公司党组组织部赵婷婷到燕山石化宣布班子调整决定：黄文斌任燕山分公司副总经理、燕化有限公司党委常委，张振友不再担任燕化有限公司党委常委职务。12月24日，集团公司召开视频会，宣布燕山石化等单位领导班子调整决定：李刚任燕化有限公司党委书记、燕山分公司代表，免去其燕化有限公司和燕山分公司总经理职务，仍任燕化有限公司董事长、东方石化董事长。王哲任燕化有限公司总经理、党委副书记，燕山分公司总经理，免去其燕化有限公司党委书记职务，仍任燕化有限公司董事。

（王善高）

【成立碳中和绿色技术联合研发中心】 2021年2月7日，中国科学院过程工程研究所、燕山石化、工程建设公司三家联手创立的碳中和绿色技术联合研发中心正式成立，当天揭牌暨合作协议签约仪式在燕山石化举行。碳中和绿色技术联合研发中心的成立，为推动二氧化碳减排、捕集、利用技术的研发及产业化应用提供广阔的平台，为燕山石化接触前沿科技、开阔创新视野提供难得的机遇，将会为国家和行业转型发展贡献更大力量。

（王善高）

【完成5年1次的检修改造任务】 2021年3月29日—5月17日，历时2个多月的鏖战，燕山石化全体干部员工克服涉及装置多、持续时间长、检修深度大、检修与改造高度交叉、技改技措项目准备时间紧、总体难度大等困难，完成检修改造任务。检修改造涉及 8 个生产厂 58 套装置（单元），实施检修项目 7 562 项（其中公司级重点项目 37 项），同步设备更新项目 82 项，同步改造项目 134 项。实现安全、环保、质量无事故，主要生产装置一次开车成功的目标。

（王善高）

【承办中关村氢能发展论坛】 2021 年 5 月 21 日，中关村氢能发展论坛在燕山石化举行，论坛以“助力绿色奥运，引领能源变革”为主题，来自政府部门、科研院所及氢能各应用领域产业链的国内外著名专家学者、行业精英汇聚一堂。论坛上，翟立新主任、郭延红区长、王哲书记、姜帆董事长，分别代表中关村管委会、房山区、燕山石化、京能集团致欢迎辞。干勇院士、张锁江院士、雷宪章院士、曹湘洪院士、彭苏萍院士相继作主旨报告，燕山石化董事长、总经理李刚作题为《开氢能发展新篇、绘绿色创新蓝图》的主题演讲。

（王善高）

【国际安全与可持续发展评级达 5 级标准】 2021 年 5 月 28 日，燕山石化召开国际安全与可持续发展预评估讲评会，经过一年多的努力，燕山石化国际安全与可持续发展评级达到（ISRS）第 9 版 5 级标准，成为国内首家采用国际安全与可持续发展评级系统（ISRS）第 9 版进行绩效评级的石油石化企业。

（王善高）

【胜利召开中国共产党北京燕山石化公司第七次党员代表大会】 2021 年 6 月 1—3 日，中国共产党北京燕山石化公司第七次党员代表大会胜利召开。大会选举产生中国共产党北京燕山石化公司第七届委员会、中国共产党北京燕山石化公司第七届纪律检查委员会。

（王善高）

【广泛开展校企合作】 2021 年 6 月 15 日，燕山石化与河北石油职业技术大学举行企校合作协议签约仪式。依据签署的合作协议，河北石油职业技术大学将为燕山石化定向培养炼油化工生产一线后备技能操作人才，并通过联合培养，使学生做到理论与实践相结合，达到学以致用，积累更多的实践操作技能和经验，提高学生的实践动手能力和工作技能。11 月 19 日，燕山石化与北京经济管理职业学院签订企校合作协议，旨在通过双方加强合作，有效拓展高素质技能人才培养渠道，探索企校联合培养技能人才新模式，为企业加快转型发展、推进人才兴企战略奠定基础。

（王善高）

【与清华大学共建医用膜材料联合研究中心】 2021 年 6 月 18 日，由燕山石化和清华大学（化工系）联合建设的医用膜材料研究中心揭牌。燕山石化董事长、总经理李刚，燕山石化党委书记王哲，燕山石化副总经理、总工程师程嘉猷，清华大学化工系主任王铁峰，清华大学化工系党委书记王玉军，清华大学化工系副主任杨睿，清华大学科研院机构办副主任丁帆出席揭牌仪式。燕山石化科研技术部、高科公司领导、科研人员代表，清华大学化工系教师及研究生代表参加揭牌仪式。揭牌仪式结束后，清华大学（化工系）——燕山石化医用膜材料联合研究中心管委会召开第一次会议，审议联合研究中心章程和联合研究中心年度工作计划等相关文件。

（王善高）

【危险化学品事故联合应急演练获北京市首届应急演练竞赛一等奖】 2021 年 6 月 23 日，2021 年京津冀应对危险化学品安全生产事故联合应急演练在燕山石化牛口峪原油罐区举行，全面检验京津冀联合应对危险化学品事故的应急处置能力，强化京津冀经济体制规划联动机制，为建党 100 周年各项重大活动的举办营造安全稳定的环境。燕山石化、天津石化消防支队、石家庄炼化消防救援支队、房山区消防救援支队、北京燕化医院、房山区应急管理局、房山区公安局、房山区公安分局交警支队、房山区生态环境局、房山区卫生健康委、房山区气象局等单位参加演练。中国安全生产科学研究院进行技术支持。在 2021 年北京市应急演练工作总结大会上，“京津冀应对危险化学品安全生产事故联合应急演练”获北京市首届应急演练竞赛一等奖。

（王善高）

京津冀应对危险化学品安全生产事故联合应急演练现场（李　雪　摄）

【庆祝建党百年华诞】 2021 年 6 月 25 日，在中国共产党百年华诞即将到来之际，燕山石化召开庆祝中国共产党成立 100 周年大会，表彰先进党组织和优秀个人，动员各级党组织和全体党员，更加紧密地团结在以习近平同志为核心的党中央周围，不忘初心、牢记使命，满怀信心开创全面建设社会主义现代化国家新征程，为燕山石化全面建设“四个基地”、打造“两个领军企业”贡献力量。

（王善高）

【先进典型不断涌现】 2021 年，在庆祝中国共产党百年华诞之际，一批由燕山石化教育培养出的先进组织和优秀个人获北京市委、北京市国资委党委等上级组织的表彰。合成树脂厂党委获北京市先进基层党组织称号；炼油厂刘红磊、烯烃厂余仁杰、合成树脂厂刘建新、储运厂张建松获北京市国资委优秀共产党员称号；党委办公室（政策研究室）佟明、烯烃厂马学民、中燕建设苑之江获北京市国资委优秀党务工作者称号；炼油厂第五作业区党总支、储运厂装卸车间第二党支部、高科公司第四党支部获北京市国资委先进基层党组织称号。

（王善高）

【发布新版 HSE 管理体系手册】 2021 年 7 月 27 日，燕山石化召开会议，郑重发布新版 HSE 管理体系手册。新版《燕山石化 HSE 管理体系手册》以“领导承诺和责任”为核心，以策划、支持、运行过程管控、绩效评价、改进为支持，以问题为导向溯源分析，以 HSE 绩效监测寻求企业 HSE 改进机会。新版 HSE 管理体系共计 6 个一级要素，36 个二级要素，完善安全生产禁令，新增生态环境保护禁令和保命条款。在体系运行上，突出领导引领，重视全员参与，坚持专业融合，强化基层管理，是企业 HSE 管理的纲领性文件。

（王善高）

【成为首个中国石化党组党校党性教育基地】 2021 年，按照中央党校和国务院国资委“要在中央企业开展‘两库一基地’建设，全面服务于中央企业的干部人才培养工作”的部署，燕山石化以熔喷布建设项目为主题，开展党性教育基地开发建设工作。8 月 3 日，首个中国石化党组党校党性教育基地在燕山石化合成树脂厂熔喷布装置揭牌。熔喷布党性教育现场教学基地依托合成树脂厂熔喷布装置，以“顶梁柱 顶得住——在大战大考中传承红色基因，彰显国企担当”为主题，以弘扬“生命至上、举国同心、舍生忘死、尊重科学、命运与共”的伟大抗疫精神和石油精神、石化传统为主要内容，多形式、多角度展示熔喷布项目建设的背景、意义、生产建设过程中的典型事例，以及“12 天建成一条生产线”背后蕴藏的精神实质，彰显燕山石化 50 年来为党分忧、为国尽责、为民奉献的红色基因和精神传承，为中央企业党员干部进行党性教育提供生动案例。

（王善高）

【70A 沥青实现稳产量产】 2021 年 8 月 28 日，燕山石化炼油厂成功产出第一罐 7 000 吨合格的 70A 沥青，实现炼油系统“油转特”提质增效新突破。在加强新冠肺炎疫情防控、限制人员流动、成品油销售疲软的背景下，燕山石化稳定生产 70A 高端沥青，提高高硫渣油加工能力，有助于做大原油加工量，实现效益最大化。

（王善高）

【中央企业党史学习教育第二指导组到燕山石化调研】 2021 年 9 月 6 日，中央企业党史学习教育第二指导组赴燕山石化调研指导并座谈交流，深入了解党史学习教育、党建工作“回头看”和“我为群众办实事”实践活动落实情况。中央企业党史学习教育第二指导组组长卢纯作指导讲话，集团公司党组副书记赵东一同调研并主持座谈。

（王善高）

【成为北京市最大单一绿色电力交易买家】 2021年，燕山石化作为北京市首批绿电交易试点企业之一，通过跨省交易与山西新能源企业签署首笔绿色电力交易合同，成功认购2021年9—12月绿电交易电量4 000万千瓦·时，在北京市场份额总交易量占比为42%，成为北京市最大的绿色电力交易购买方。2021年9月7日，在国家发展改革委、国家能源局的指导下，国家电网有限公司和南方电网有限责任公司组织召开“服务双碳目标、绿电点亮未来”绿色电力交易试点启动会，燕山石化作为北京市最大绿色电力交易购买方参加会议并作交流发言。

（王善高）

【润滑油加氢装置成功复产】 2021年9月11日，燕山石化炼油厂润滑油加氢装置成功产出高品质润滑油基础油和工业白油产品，一次开车成功，实现炼油系统“油转特”又一重大突破。该次恢复生产意味着燕山石化在中国石化系统润滑油基础油五大生产基地的地位得到全面恢复。在燃料油销售疲软的背景下，该装置恢复生产将有效盘活现有资产，丰富产品种类，提升加工能力，推动炼油产品实现“油转特”突破。此外，该装置将打造成为华北地区高端润滑油基础油生产基地，生产高品质润滑油基础油和工业白油产品，满足区域性润滑油供应需求。

（王善高）

【国家级“刘劲松技能大师工作室”正式授牌】 2021年9月9日，国家级“刘劲松技能大师工作室”正式授牌，并召开职工创新工作室推进会。中国能源化学地质工会二级巡视员曹素华，北京市总工会工业（国防）工会副主席安丽，燕山石化党委副书记、纪委书记、工会主席李栋华，房山区人力社保局局长王耕等领导，燕山石化党委组织部、党群工作部和二级单位负责人及公司级创新工作室领军人参加活动。此前，刘劲松获中国能源化学地质工会第七季“大国工匠”称号。

（王善高）

【李刚在“碳达峰碳中和科技论坛”作主旨演讲】 2021年9月26日，2021年中关村论坛之“碳达峰碳中和科技论坛”在北京举行。燕山石化董事长、总经理李刚作题为《“氢”力而为、争做碳中和先锋》的主旨演讲。

（王善高）

李刚在“碳达峰碳中和科技论坛”作主旨演讲
（中关村论坛提供）

【启动中国石化110千伏电缆绝缘料燕山石化挂缆示范工程】 2021年10月12日，中国石化110千伏电缆绝缘料燕山石化挂缆示范工程启动。中国电力科学研究院首席专家、国产高性能电缆料协同创新联盟常务副主任兼秘书长、中国电机工程学会高压专委会电缆学组组长赵健康，中国石化物资装备部副总经理王玲，中国石化科技部首席专家方志平，特变电工山东鲁能泰山电缆公司总经理秦天等有关方面领导和专家出席启动仪式。燕山石化领导李刚、孔健、程嘉猷、赵保成出席启动仪式。

（王善高）

【启动安全生产一级标准化创建工作】 2021年10月18日，燕山石化召开一级标准化创建启动会，深入贯彻落实新安全生产法，强化安全生产主体责任，深入推进HSE管理体系运行和国际安全与可持续发展评级，促进安全管理工具在基层的有效应用，强化危害辨识及风险管控，预防和控制事故的发生，持续改进安全管理绩效，加快推进安全生产一级标准化创建。

（王善高）

【氢能叉车加注示范站建成投用】 2021年10月8日，燕山石化氢能叉车加注示范站正式建成投用。该项目采用中国航天科技集团六院101所技术，通过配备 1 套 500 千克 / 日撬块化氢气充装设施，采用燕山石化氢气新能源装置所产燃料电池氢气，可为燕山石化新投用的 37 辆氢燃料电池叉车加注氢气，为国内一次投用数量最多的氢能叉车项目。

（王善高）

氢能叉车加注示范站（李　雪　摄）

【投用中国石化首套 PEM 制氢示范站】 2021 年 11 月 4 日，中国石化首套质子交换膜（PEM）制氢示范站启动仪式在燕山石化举行，标志着中国石化自主开发的国产 PEM 制氢设备打通从关键材料、核心部件到系统集成的整套流程，为中国石化自主研发电解水制氢技术与装备建设积累宝贵经验，同时为兆瓦级质子交换膜电解水制氢设施国产化奠定坚实基础。质子交换膜电解水技术与燕山石化光伏电力的耦合，将实现真正意义上的绿氢制取，对北京市和中国石化加快绿色能源转型、建立绿氢能源基地、加快实现碳减排有重要意义。

（王善高）

【推动经理层成员任期制和契约化管理】 2021 年 11 月 12 日，燕山石化举行经理层成员任期制和契约化管理签约仪式，旨在贯彻落实《国企改革三年行动方案（2020—2022 年）》，扎实推进“三项制度”改革，以实行经理层成员任期制和契约化管理为抓手，加快推动“三能”机制建设取得新突破。任期制和契约化管理是对各单位经理层成员实行的以固定任期和契约关系为基础，根据协议和责任书约定开展任期与年度经营业绩考核，并根据考核结果兑现薪酬和实施聘任或解聘的管理方式。

（王善高）

【丁苯装置技术改造项目顺利中交】 2021 年 11 月 29 日，燕山石化丁苯装置技术改造项目完成工程建设顺利交由属地单位合成橡胶厂组织开工生产。燕山石化举行项目中交仪式，包括工程设计、施工、监理、质监和属地单位及项目部代表在中交证书上签字。

（王善高）

【全面向北京市供应京Ⅵ B 成品油】 2021 年，为做好北京冬奥会服务保障工作，北京市规定从 12 月 1 日起，全市成品油实行京Ⅵ B 标准。京Ⅵ B 成品油是京Ⅵ成品油标准的升级版，是当前世界上处于领先地位的清洁油品标准。作为北京市车用汽油主要生产企业的燕山石化提前完成符合京Ⅵ B 标准汽油的系统置换工作，并于 12 月 1 日起，正式向北京市场供应京Ⅵ B 汽油，标志着燕山石化再次成为国内汽油质量升级的“领跑者”。

（王善高）

【全面启动一体化体系融合工作】 2021 年 12 月 10 日，燕山石化召开一体化体系融合工作启动部署会，推动一体化体系融合工作实施方案落地，促进干部员工转变思想观念、树牢体系思维，推进燕山石化体系融合迈上新台阶，全面提升燕山石化管理水平和运行效率。

（王善高）

【同安徽省颍上县新庙中学结成“一对一”帮扶对子】 2021 年，为深入贯彻习近平总书记关于乡村振兴工作的重要讲话精神，加快落实《中国石化“十四五”定点帮扶教育振兴“石化助学工程”规划》，按照中国石化统一部署，燕山石化同安徽省颍上县新庙中学结成“一对一”帮扶对子，计划利用 3 年时间，以“办好农民家门口的优质学校”为主线，通过系统性、精准性帮扶，将新庙中学打造成为“发展有方向、党建有提升、校长有思路、教师有发展、学生有成长、家长有收获”的“六有”示范校和“理念先进、绩效显著、业绩一流、勇于创新、持续发展”的地区名校。2021 年 12 月 13—14 日，燕山石化董事长、总经理李刚带队赴安徽省颍上县进行考察调研，就落实乡村振兴教育帮扶项目，同该县县委县政府及定点帮扶学校进行对接，并参观当地新能源和高新技术企业，寻求扩大合作的契机。

（王善高）

【多项竞赛斩获佳绩】 2021年，在中国质量协会举办的第四届中央企业QC小组成果发表赛上，燕山石化“提高溴化丁基橡胶产品正品率”QC小组成果获中央企业QC小组成果一等奖，并被推荐为国家优秀QC小组成果奖。在2021年全国行业职业技能竞赛加氢裂化（处理）装置操作工竞赛中，燕山石化代表队获团体第三，个人2金、1铜佳绩（炼油厂史家亮、刘涛获金牌，武海龙获铜牌），燕山石化教练团队获优秀教练团队奖。在第十三届全国石油和化工行业职业技能竞赛中，由燕山石化人力资源部高琴，合成橡胶厂吕建平、刘美玉组成的代表队获团体二等奖；由化学品厂王红伟、张燕京、王天云组成的代表队获团体三等奖；由炼油厂郑晓薇、于永久，有机化工厂孔维猛组成的代表队获团体三等奖。燕山石化物装中心王荣德参加2021年全国“安康杯”职工安全应急技能知识竞赛获一等奖。燕山石化工会获2021年度全国“安康杯”竞赛职工安全应急技能知识竞赛优秀组织单位。

（王善高）

【产品不断拓展海外市场】 2021年，1-己烯首次批量出口印度60吨，这是燕山石化以产品实力和优质服务打开海外市场的新突破。溴化丁基橡胶首次成功出口双钱轮胎泰国工厂192吨，该次合作是溴化丁基橡胶“跟着轮胎企业走出去战略”的首次突破，为燕山石化拓展海外市场积累宝贵经验。EVA光伏背板产品首次出口越南，标志着燕山石化合成树脂产品成功打开东南亚高附加值产品市场。

（王善高）

表1 燕山石化主要技术经济指标 亿元

指标名称 \ 年份	2021	2020	2019	2018	2017	2016
原油加工量 / 万吨	775.53	779.64	936.51	911.33	892.07	820.05
工业总产值	521.22	586.09	694.23	629.03	519.21	433.56
燕山分公司	490.19	557.42	664.43	601.34	490.56	402.41
燕化有限公司	31.03	28.67	29.80	27.69	28.65	31.15
资产总计	351.07	340.35	329.56	284.27	324.08	288.18
燕山分公司	227.58	210.77	205.22	177.98	188.98	180.37
燕化有限公司	123.49	129.58	124.34	106.29	135.10	107.81
营业收入	544.33	446.52	606.41	616.14	553.13	466.61
燕山分公司	502.61	395.52	551.37	562.32	499.92	414.18
燕化有限公司	41.72	51.00	55.04	53.81	53.21	52.43
实现利税	82.70	61.17	94.13	128.10	107.05	94.75
燕山分公司	94.30	63.66	101.93	134.99	131.66	101.83
燕化有限公司	-11.60	-2.11	-7.80	-6.89	-5.58	-7.08
实现利润	0.63	-12.13	2.28	18.72	29.53	1.16
燕山分公司	13.28	-8.99	11.24	26.91	36.52	10.07
燕化有限公司	-12.65	-3.14	-8.96	-8.19	-6.99	-8.90

表 2 燕山石化主要产品产量 万吨

年份 产品名称	2021	2020	2019	2018	2017	2016
燕山分公司						
汽　油	227.31	207.83	285.45	276.21	271.04	260.47
航空煤油	106.32	103.06	191.03	187.57	190.77	149.79
柴　油	139.96	160.41	173.10	159.77	156.61	152.54
商品燃料油	3.49	4.79	0.58	4.16	3.62	0
裂解料	200.83	239.88	232.72	228.88	244.00	217.49
商品液化气	22.27	11.85	11.62	8.32	11.08	11.80
纯　苯	18.39	20.54	18.51	16.13	16.64	0
乙　烯	71.19	81.70	81.46	79.40	79.33	69.58
丙　烯	32.74	37.95	37.48	37.18	37.34	31.22
丁二烯	9.44	9.69	10.57	10.62	10.55	9.36
间二甲苯	5.90	6.72	7.31	6.11	6.15	6.26
苯乙烯	6.52	7.39	7.13	6.77	6.98	6.54
乙二醇	3.84	3.77	2.03	4.62	4.79	4.31
苯　酚	15.90	17.59	17.01	15.77	12.85	12.93
丙　酮	9.64	10.66	10.25	9.52	7.76	7.79
低密度聚乙烯	25.38	36.14	41.50	39.13	38.02	32.65
高密度聚乙烯	15.81	18.19	17.59	17.64	17.51	15.26
顺丁橡胶	12.22	11.72	12.80	12.02	10.44	11.60
SBS	3.48	4.18	4.06	3.32	2.07	2.57
丁基橡胶	0.55	1.20	0.98	1.17	0.53	1.18
间苯二甲酸	4.15	4.75	4.74	4.84	4.34	4.23
1- 己烯	3.64	3.93	4.23	2.49	2.22	1.79
燕化有限公司						
发电量 / 万千瓦·时	8 300.00	29 900.00	33 400.00	35 423.00	25 628.00	44 831.00

齐鲁石化

【概况】 中国石油化工股份有限公司齐鲁分公司（简称齐鲁分公司）、中国石化集团资产经营管理有限公司齐鲁石化分公司（简称齐鲁石化分公司）统称齐鲁石化，是集团公司直属的集石油加工、石油化工、煤化工、天然气化工、盐化工为一体，配套齐全的大型炼油、化工、化纤联合企业，位于山东省淄博市临淄区中南部，占地面积16.55平方千米。其前身胜利炼油厂始建于1966年4月，1972年6月更名为山东胜利石油化工总厂。1980年3月山东胜利石油化工总厂更名为齐鲁石油化工总公司。1983年7月划归中国石油化工总公司。1984年1月，齐鲁石油化工总公司更名为中国石油化工总公司齐鲁石油化工公司。1998年12月，齐鲁石油化工公司更名为中国石化集团齐鲁石油化工公司。2000年2月，成立中国石油化工股份有限公司齐鲁分公司、中国石化集团齐鲁石油化工公司。2007年10月，注销中国石化集团齐鲁石油化工公司，成立中国石化集团资产经营管理有限公司齐鲁石化分公司。2021年12月1日，按照中国石化生产经营型业务重组要求，齐鲁石化分公司热电、水务等业务及全部在职人员并入齐鲁分公司，齐鲁石化分公司仅保留土地、房产，少量股权投资和非在职人员管理功能。

截至2021年底，齐鲁石化有石油化工生产装置140套，炼油综合加工能力1 250万吨/年，乙烯产能80万吨/年，化工产品年生产能力为合成树脂130万吨、烧碱20万吨、橡胶30万吨、苯类50万吨、醇类32.58万吨、丙烯腈26万吨、腈纶5.4万吨，热电装机容量50.4万千瓦。主要生产汽油、航空煤油、柴油、沥青、聚乙烯、聚丙烯、聚氯乙烯、合成橡胶、合成纤维、丙烯腈、丁辛醇、烧碱、苯类等各种牌号120余种石油化工产品。累计加工原油3.94亿吨，生产乙烯2 001万吨，完成工业总产值13 894亿元，实现利税2 175亿元。2021年加工原油1 043万吨，生产乙烯68万吨，完成营业收入724.8亿元，上缴税费134.2亿元。

截至2021年底，齐鲁石化设直属单位21个、机关部门14个、专业机构14个。用工总量16 191人，其中有正高级职称的54人、副高级职称的1 808人、中级职称的1 599人、初级职称的828人。

齐鲁石化主要技术经济指标及主要产品产量分别见表1和表2。

（徐江山　江海宁）

【领导班子调整】 2021年4月21日，受中国石化党组组织部委托，齐鲁石化召开领导班子会议，宣读中国石化党组补充调整齐鲁石化领导班子决定，秦岭任齐鲁石化党委副书记兼纪委书记，为齐鲁石化工会主席人选。当日，召开齐鲁石化工会第十届委员会第三次全体会议，秦岭全票当选为齐鲁石化工会主席。7月22日，接中国石化《关于慕常强、孙海涛职务聘任的通知》（石化股份任〔2021〕71号），慕常强、孙海涛被聘任为齐鲁分公司副总经理，同时任齐鲁石化党委常委。

（徐江山　江海宁）

【经济效益创新高】 2021年，齐鲁石化坚持优化挖潜、降本减费，抢抓市场机遇，全力经营创效，经营业绩保持强劲势头。产销衔接成效显著。优化排产，开拓市场流向，高标号汽油比例38.4%，在中国石化华北各企业排名第一；柴汽比完成1.05，下降0.26；生产低硫船燃52.5万吨，增加24.1万吨。全年合成橡胶、聚氯乙烯产量完成32.90万吨、28.1万吨，分别比2017年大检修年增加5.4万吨和7.76万吨。优化挖潜增效明显。实施连续重整装置脱瓶颈改造、芳烃转产混合二甲苯等优化工作，累计增效11.97亿元。打通第二化肥厂独立运行期间丙烯进厂流程，增产辛醇2.06万吨，增效1.83亿元。采取“低价涨库、高价降库”策略，降低进口原油采购成本1.02亿元。优化化工检修期间炼油产品流向，保证化工检修期间炼油负荷，全年加工原油1 043万吨，与2020年持平；检修后迅速组织化工装置投入高负荷运行，全年生产乙烯68.33万吨。业务财务融合增效显著。非生产经营型业务注入上市，齐鲁石化管理成本和整体税费大幅降低。持续推行零基预算，压减办公费、会议费等 12 项非生产性费用及其他可控费用 1.51 亿元。吨油完全加工费用、吨化工产品完全费用完成中国石化年度调整指标。量入为出抓好现金流管理，“两金”占用比中国石化指标低 6.57 亿元。用好用足财税政策累计节税 1.25 亿元。开展转供电价格攻关和外供蒸汽价格调整，减亏 1.49 亿元。全年盈利 42.08 亿元（不含为离退休人员提取的企业补助），创历史新高。

（徐江山　江海宁）

【生产运行水平稳中有进】 2021 年，齐鲁石化坚持平稳运行、优化调整，全面强化各项专业管理，生产运行平稳有序。优化生产装置运行管理，狠抓生产异常和非计划停工管理，主要装置总体实现平稳高负荷运行，在检修改造、重污染天气限产等情况下，全年原油加工量、成品油产量分别增加 86.5 万吨和 58.7 万吨。对标先进抓好技术经济指标的提升，工艺参数合格率、工艺操作平稳率和 LIMS 分析不合格率指标持续改善，11 项技术经济指标创历史最好水平。设备完整性管理体系有效运行，顺利通过中国石化终期验收。大力推进装置现场标准化综合整治，现场面貌和设备本质安全水平稳步提升。

（徐江山　江海宁）

【炼油化工停工检修】 2021 年，齐鲁石化首次分两个阶段组织全面停工检修，分别历时 30 天和 53 天，涉及炼油化工 76 套装置，有 10 784 个检修项目、282 个设备更新项目和 78 个技改技措项目有序实施，属齐鲁石化组织难度最大、投入资金最多、涉及范围最广、技术要求最高的一次装置检修。齐鲁石化召开 6 次停工检修改造准备工作协调会，从年度效益及安全生产角度对开停工时间、互供物料储存、公用工程平衡等方面反复优化调整，形成最优的“停检开”总体方案。该次检修第一阶段自 4 月 27 日开始至 5 月 26 日结束，第二阶段自 8 月 2 日开始至 9 月 21 日结束，首次投用大检修管理信息平台，实现检修数据的实时上传、自动汇总；推行检修安全网格化管理，划分“网格责任田”，深入开展领导干部下沉一级抓安全环保检修专项行动，持续推行生命绳、安全网工程，强化检修现场安全环保督查，提高现场安全环保管理水平；全面推行检修现场标准化管理，强化物品定置摆放，提高检修效率和改善检修现场面貌；推进国产控制系统应用，11 套装置实现 SIS 系统国产化应用，全面提升控制系统本质安全水平。制订检修期间新冠肺炎疫情防控方案和应急处置预案，建立单位、车间、班组、个人“四位一体”防控网络。每日对参检承包商人员的健康码、行程码、疫苗接种地等信息进行收集确认，清理行程卡异常人员 268 人；严格检修环境、进场物资卫生消杀，夺取疫情防控攻坚战的胜利。

（徐江山　江海宁）

2021 年齐鲁石化大检修乙烯裂解装置现场

【安全环保治理】 2021 年，齐鲁石化 HSE 管理体系有效运行。《齐鲁石化 HSE 管理体系手册》发布实施，利用体系管控风险、强化监管，HSE 工作齐抓共管局面持续巩固。本质安全水平稳步提升。压实风险承包责任，开展隐患排查治理，风险总值下降 27%，隐患治理项目推进。实施安全联合督查，全面推行电子作业票，直接作业环节违章整治效果显现。严格承包商管理，发挥正向激励作用，承包商自主管理水平不断提升。绿色低碳发展有力推进。持续推进绿色企业创建，绿色基层完成率 73%。深入开展环保绩效升级，第二化肥厂和塑料厂通过重污染天气重点行业 A 级企业复核。推进固体废物规范化管理，广饶渣场清理全面完成。齐鲁石化首个光伏发电和低温余热发电项目投用，创效、节能、减排、降碳四位一体推进。职业健康和公共安全管理力度持续加大。针对健康高危人员均制定“一人一策”健康干预措施。塑料厂、储运厂通过山东省首批健康企业验收。油气管线连续 12 年实现“零盗油、零破坏、零占压、零事故”。

（徐江山　江海宁）

【科技创新】 2021 年，齐鲁石化坚持提质升级、守正创新，加快结构调整和重点项目建设，实施科技创新。研发“五组分”低硫重质船燃配方，乙烯焦油实现低质高用。探索干法腈纶转型制造碳纤维技术，取得初步成效。拓展氯碱厂电解副产氢用途，产出燃料电池用氢。推广应用定力矩紧固技术，静密封检修的可靠度大幅提升。加强知识产权管理和科技成果推广应用，获专利授权 120 件、科技奖励 6 项，收回技术许可费和服务费 1 371 万元。开发 5G 通信电缆料等新产品 7 个，茂金属防水卷材专用料实现批量化生产。34 套 DCS 系统国产化更新实施完成，12 套国产化 SIS 系统在炼化装置成功应用。

（徐江山　江海宁）

【信息化建设】 2021 年，齐鲁石化以推动数字化转型、促进高质量发展为核心，加快大数据、物联网、人工智能、移动互联等技术落地应用，数字化转型取得初步成效。塑料厂固体库房智能搬运项目试运行，开启智能搬运新模式。第四常减压装置和裂解装置在线实时优化系统投用，首次基于严格机理模型建成全流程在线实时优化系统。衡器无人值守系统全面实现汽车衡计量业务自动化、智能化、无人化目标。国产实时数据库投入使用，首次实现实时数据工艺流程图在移动端的展示。化工板块视频监控隐患治理项目建成投用，生产区域一体化视频监控体系全面建成贯通。自销产品上线“石化 e 贸”平台，实现齐鲁石化所有产品全覆盖。电子作业票在各生产厂全面上线，提升安全管理信息化水平和办理效率。

（徐江山　江海宁）

正在试运行的高密度聚乙烯智能库房自动叉车

【丙烯腈装置扩能技术改造（二期）项目】 齐鲁石化 13 万吨 / 年丙烯腈装置扩能技术改造（二期）项目可行性研究报告于 2019 年 7 月 8 日获批，基础设计于 2020 年 5 月 14 日获批，批准概算 113 450.94 万元。主要建设内容：新建 13 万吨 / 年丙烯腈装置，包括丙烯腈单元、乙腈单元、硫铵单元。原料、成品罐区及配套公用工程在原有基础上改扩建、填平补齐。项目于 2020 年 5 月开工，2021 年 8 月 31 日中交，2021 年 10 月投产，产出优级品丙烯腈，创造比一期项目国产化程度更高、数字化应用更广的丙烯腈产业基地建设新纪录。项目由宁波工程公司、山东齐鲁石化工程有限公司设计，山东齐鲁石化建设有限公司施工，山东齐鲁石化工程有限公司负责监理，石油化工工程质量监督总站青岛分站实施质量监督。

（徐江山　江海宁）

建成投产后的 13 万吨 / 年丙烯腈（二期）装置

【百万吨级二氧化碳回收利用项目】 齐鲁石化 100 万吨 / 年二氧化碳回收利用项目为国家碳达峰碳中和战略部署项目，项目可行性研究报告于 2021 年 6 月 1 日获批，基础设计于 2021 年 10 月 20 日获批，批准概算 37 483.67 万元。主要建设内容：以齐鲁石化第二化肥厂煤制气装置的 86.4 万吨 / 年高浓度二氧化碳尾气为原料，采用中压法低温液化提纯工艺，经压缩、液化、提纯生产纯度 99% 以上液态二氧化碳，建设规模为 100 万吨 / 年二氧化碳生产装置，包括压缩单元、溴化锂冷水单元、液化提纯单元、制冷单元及新风补充单元。新建 2 台 4 000 立方米二氧化碳球罐，14 座二氧化碳装车鹤位等设施，生产的液体二氧化碳通过槽车汽运至胜利油田。由山东齐鲁石化工程有限公司总承包，山东昊华工程管理有限公司负责监理，山东胜越石化工程建设有限公司施工，石油化工工程质量监督总站青岛分站实施质量监督。项目自 10 月 16 日正式开工。项目投产后，将成为国内最大 CCUS（二氧化碳捕集、利用与封存）全产业链示范基地，每年减排二氧化碳 100 万吨，相当于植树近 900 万棵、近 60 万辆经济型轿车停开 1 年。

（徐江山　江海宁）

夜间抢赶进度的 CCUS 装置施工现场

【氢气压缩充装系统项目】 齐鲁石化氢气压缩充装系统项目可行性研究报告于 2021 年 1 月 28 日获批，基础设计于 7 月 17 日获批，批准概算 2 442.56 万元。主要建设内容：拆除氯碱厂烧碱东侧氯气包装厂房，新建氢气充装站 1 座，占地面积 1 300 平方米，充装站内增设膜式氢气压缩机 2 台、充装位 3 组、缓冲罐 1 台、甲醛吸附罐 1 台、遮雨棚 1 座。项目于 7 月 20 日开工，11 月 29 日中交。由山东大齐石油化工设计有限公司设计，山东齐鲁石化建设有限公司施工，山东齐鲁石化工程有限公司监理。项目建成后，将年外送 1 000 万立方米高纯度氢气，可供 1 000 辆轿车分别行驶 10 万千米，促进当地经济发展和生态环境改善。

（徐江山　江海宁）

【光伏发电项目】 齐鲁石化光伏发电项目可行性研究报告于 2021 年 6 月 1 日获批，基础设计于 9 月 29 日获批，批准概算 4 495 万元。主要建设内容：利用齐鲁石化闲置露天库房场地建设光伏电站，占地面积 1.3 万平方米，新建光伏电站规模 10 兆瓦，在光伏电站区域东南角布置 6 千伏预制舱式开关站，内设 6 千伏配电装置和二次设备，通过 6 千伏电缆接入热电厂塑西变 6 千伏侧。项目于 10 月 8 日正式开工，12 月 24 日中交。由山东齐鲁石化工程有限公司负责勘察，北方工程设计研究院有限公司负责设计，天津蓝天太阳科技有限公司施工总承包，上海青帝建设工程监理咨询有限公司监理。项目建成后，每年平均发电量逾 1 100 万千瓦·时，减排二氧化碳超 1 万吨，实现经济效益和环保效益双赢，是 2021 年临淄区范围内最大规模的光伏电站。

（徐江山　江海宁）

建成投产后的光伏发电项目全景

【推进深化改革】 2021 年，齐鲁石化坚持改革提效、从严管理，持续深化改革。扎实推进深化改革三年行动，79 项重点任务完成 71 项，办结率 90%。齐鲁石化部门职责优化调整，实现管理职能上移，业务职能下移，管理流程更加规范顺畅。厂办大集体改革全面完成。腈纶业务改革、青岛疗养院转型积极推进。后勤服务、销售、特检等业务优化整合全面实施。“五改四”轮班方式调整平稳实施，操作岗位缺员难题有效缓解。经理层和中层领导人员任期制、契约化全面推开。持续优化人员配置，跨单位优化 175 人，对外输送 70 人，用工总量降至 16 191 人。

（徐江山　江海宁）

【从严管理成效凸显】 2021 年，齐鲁石化 184 项从严管理措施有效落实，专业管理考核 1 534 项、

378 万元，增长 64.2%、100.3%。全面整合 8 个管理体系标准要求，齐鲁石化一体化管理体系首次融合运行。全面推进“信得过”班组和“三标”建设，强化班组“十项制度”运行，提升基层管理水平。规范机关部门和专业机构岗位设置，提高工作效能。规范招标选商节资 1.34 亿元，法律案件胜诉避免经济损失 3 332 万元，业务外包压减费用 1 933 万元。发挥审计工作监督作用，提出整改建议 132 项，促进增效 7 745 万元。

（徐江山　江海宁）

【助力地方经济发展】 2021 年，齐鲁石化在淄博市物资采购金额 23.09 亿元，占总采购额的 26.48%。“十三五”期间销往淄博市各类产品 21 574.8 万吨，占总销售量的 35.8%；销售额 934 余亿元，占总销售额的 32.3%。促进地方相关产业的健康快速发展，增添地方经济活力。发挥央企的资源优势，全年为周边 539 家企业、24 个村镇的生产和生活提供能源，供出新鲜水 290.8 万吨、循环水 1.73 亿吨、化学水 13.02 万吨，低压蒸汽 92.9 万吨、中压蒸汽 235.4 万吨，电 6.2 亿千瓦·时，氮气 2 970.6 万立方米、风 1 210.5 万立方米，总价值 11.72 亿元，为地方发展和居民生活提供保障。2021 年，上交税费 124.03 亿元（国家 119.47 亿元、北京 0.17 亿元、山东省 2.39 亿元、淄博市 0.57 亿元、临淄区 1.24 亿元、东营市 0.19 亿元）。

（徐江山　江海宁）

【履行社会责任】 2021 年，齐鲁石化严格履行社会责任，接受中国石化和地方政府双重领导，全力投入新冠肺炎疫情防控。配合地方居委会封闭小区道路 57 条，设立劝返点 21 个，悬挂宣传标语及劝阻标识 315 个；组织网格员上岗，协助居委会做好重点人员的监控，为地方取得疫情控制阶段性成功担当应有责任。优先安排生产医用级聚氯乙烯，保障医用物资所需原料供应。鲁中应急救援中心为地方企业提供灭火救援、演练指导等服务，参加东营港坤德危险化学品停车场槽罐车爆炸着火事故救援；协助淄博市开展防汛防台风抢险应急演练，制订演练方案和脚本，并现场指导演练，获淄博市政府高度评价；全年受理外援报警 21 起，出动人员 154 人次、各类消气防车辆 35 台次，事故处置成功率 100%。针对疫情特殊时期，创新对外展示平台，2 次举办公众开放日“云开放”活动，宣传绿色企业行动、标准化建设成果等亮点，展示齐鲁石化在绿色环保助力生态文明建设、带动地方绿色发展等方面的成果，观看量 118 万人次。

（徐江山　江海宁）

【党建质量提升】 2021 年，齐鲁石化党委举办建厂 55 周年主题收藏展，颁发“光荣在党 50 年”纪念章，评选齐鲁石化先锋，深入推进“党旗在基层一线高高飘扬”等系列活动。聚焦学党史，统筹推进学习研讨、培训宣讲、专题调研、“我为群众办实事”实践活动等各项工作，职工满意度 100%。坚持大抓基层，“三基本”建设持续夯实。突出务实、创新、融合，坚守“四条底线”，党组织的引领保障作用和党员的先锋模范作用得到有效发挥。加快干部年轻化进程，新提拔 40 岁以下中层领导人员占比 40%，干部队伍结构持续改善，选人用人满意率连续 4 年 100%。深化“大监督”和专项治理，完成对 15 个机关部门和 23 个二级单位党委的巡察全覆盖。深化民主管理，推进群众性创新工作，完善“三帮一爱”困难帮扶机制，建立“我为群众办实事”长效机制。持续推进维稳积案化解，“降存量、控增量”，保持特殊时期大局稳定。

（徐江山　江海宁）

表 1　齐鲁石化主要技术经济指标　亿元

指标名称 \ 年份	2021	2020	2019	2018	2017	2016
原油加工量 / 万吨	1 143.56	1 057.02	1 203.27	1 202.68	1 155.29	1 188.37
工业总产值	712.34	521.28	697.83	755.63	644.61	569.14

续表

年份 指标名称	2021	2020	2019	2018	2017	2016
工业增加值	239.03	166.99	206.36	243.04	236.71	244.18
资产总计	326.56	269.35	267.31	232.31	239.40	223.91
流动资产	125.06	75.02	83.56	69.91	73.39	61.20
固定资产原值	479.79	468.45	460.28	459.61	457.12	444.23
固定资产净值	157.75	150.10	141.80	142.36	146.89	147.07
销售收入	724.78	532.20	714.82	768.63	650.51	593.00
实现利税	170.47	121.02	148.84	189.75	178.03	194.17
税　金	128.40	113.61	136.18	148.49	146.91	150.91

表 2　齐鲁石化主要产品产量　万吨

年份 产品名称	2021	2020	2019	2018	2017	2016
汽　油	243.13	195.50	247.82	245.74	238.02	229.88
柴　油	256.37	255.46	294.18	301.96	314.30	319.29
煤　油	53.92	43.74	95.98	90.55	85.47	87.80
沥　青	88.73	97.00	102.02	90.03	90.99	105.22
硫　黄	13.55	12.19	14.36	14.06	13.87	13.94
乙　烯	68.33	85.02	85.65	86.85	71.59	87.09
丙　烯	28.17	35.53	35.57	37.88	29.26	38.39
聚乙烯	49.27	62.20	64.05	64.94	53.13	67.14
聚氯乙烯	28.01	33.10	23.90	23.22	20.34	23.12
聚丙烯	7.87	9.43	9.60	9.41	7.93	9.58
苯乙烯	18.38	19.40	21.65	21.90	18.15	20.67
合成橡胶	32.90	36.76	35.12	24.42	27.50	35.64
烧　碱	17.27	20.73	20.52	20.61	18.33	20.04
腈纶纤维	2.69	3.22	3.89	3.59	3.59	5.11
丙烯腈	18.08	12.62	15.74	14.92	15.68	24.84
丁辛醇	34.07	29.80	29.88	33.50	27.73	33.68
纯　苯	16.70	19.49	19.67	21.25	17.41	20.85
对二甲苯	1.01	7.18	8.54	9.59	5.50	4.90
发电量 / 亿千瓦・时	29.15	34.42	33.94	38.69	36.01	39.78

镇海炼化

【概况】 中国石油化工股份有限公司镇海炼化分公司（简称镇海炼化）是中国石化旗下的特大型炼油化工骨干企业，位于浙江省宁波市镇海区。前身是始建于1975年的浙江炼油厂，1983年划归原中国石油化工总公司。

截至2021年底，镇海炼化基本形成2 700万吨/年原油加工、220万吨/年乙烯产能，负责管理码头吞吐能力逾8 000万吨/年、罐储能力逾1 200万立方米，资产总额852.09亿元，构成“大炼油、大乙烯、大码头、大仓储”的产业格局，成为中国石化唯一一家同时有2套千万吨级炼油装置、2套百万吨级乙烯装置的石化基地。主要生产各种规格的汽油、柴油、航空煤油、液化气、道路沥青、苯类、乙烯、丙烯、丁二烯、环氧乙烷、乙二醇、环氧丙烷、苯乙烯、聚丙烯树脂、聚乙烯树脂等50余种优质石油化工产品。炼油绩效自20世纪90年代以来一直位居亚太地区炼厂第一群组；100万吨/年乙烯装置2010年建成投产后，国内唯一连续5次在所罗门全球乙烯绩效评价中位列世界第一群组。镇海炼化实行公司—运行部扁平化管理，设立14个管理处室（含党群部门）、10个业务中心（含消防支队）、14个生产运行（专业）部及中国石化镇海基地项目管理部（炼油老区结构调整提质升级项目管理部）。在岗职工6 342人，其中具有高级职称的463人、中级职称的1 198人。

镇海炼化扩建1 500万吨/年炼油、120万吨/年乙烯项目的建设及运营主体——中石化宁波镇海炼化有限公司，由中国石化与宁波市于2018年6月18日合资成立，股比85%∶15%。按照“管理上一体化统筹、法律上独立法人运作”的基本定位，实行镇海炼化与中石化宁波镇海炼化有限公司一体化管理。2021年，中石化宁波镇海炼化有限公司管理职能全部依托镇海炼化，一套人马、两块牌子，合署办公、高效运行。120万吨/年乙烯项目于6月全面建成中交。

2021年，镇海炼化深入开展对标世界一流管理提升行动，入选国务院国资委国有重点企业管理标杆创建行动标杆企业。扎实推进党史学习教育，先后入选国务院国资委首批100个中央企业爱国主义教育基地、中国石化十大红色教育基地和浙江省习近平新时代中国特色社会主义思想研究中心首批35家调研基地之一。

镇海炼化主要技术经济指标及主要产品产量分别见表1和表2。

（方　洁）

【领导班子调整】 2021年1月6日，集团公司召开视频会议，宣布镇海炼化领导班子调整决定：莫鼎革任镇海炼化代表、党委书记、中石化宁波镇海炼化有限公司董事长，不再担任镇海炼化总经理、党委副书记，中石化宁波镇海炼化有限公司总经理、党委副书记；吕亮功不再担任镇海炼化代表、党委书记、中石化宁波镇海炼化有限公司董事长，另有任用。4月12日，镇海炼化召开领导班子会，宣布集团公司党组调整镇海炼化领导班子决定：王群任镇海炼化副总经理、党委委员。4月30日，集团公司召开视频会议，宣布镇海炼化领导班子调整决定：陈燕斌任镇海炼化总经理、党委副书记，中石化宁波镇海炼化有限公司董事、总经理、党委副书记。7月9日，集团公司召开视频会议，宣布镇海炼化领导班子调整的决定：熊晓洋任镇海炼化、中石化宁波镇海炼化有限公司党委常务副书记，按大Ⅰ型企业正职管理，仍任镇海炼化副总经理、总会计师，中石化宁波镇海炼化有限公司董事、副总经理，不再担任中石化宁波镇海炼化有限公司党委书记；莫鼎革兼任中石化宁波镇海炼化有限公司党委书记。

（方　洁）

【中石化宁波新材料研究院（一期）项目开工建设】 2021年3月29日，中石化宁波新材料研究院（一期）项目开工建设。宁波市委副书记、市长裘东耀，集团公司董事、股份公司副总裁余夕志出席开工仪式并讲话；宁波市委常委、常务副市长陈仲朝，宁波市政协副主席、镇海区委书记林雅莲及中国石化工程部、科技部、化工销售公司、北京化工研究院、宁波市、镇海区等部门和单位领导参加。中石化宁波新材料研究院有限公司是中国石化与宁波市政府共建的重大科技创新平台和高科技产业孵化基地，建设内容分为研发创新、中试及工业示范两大板块，总投资 30 亿元。其中，研发创新板块位于镇海区棉丰村拆迁地块，占地 150 亩（10 万平方米）；中试及工业示范板块位于镇海区蛟川工业园区，占地 120 亩（8 万平方米）；将按照三个阶段进行建设。

（方　洁）

3 月 29 日，中石化宁波新材料研究院（一期）项目建设开工仪式现场（万　里　摄）

【宁波市推进重大项目建设现场会在中国石化镇海基地召开】 2021 年 3 月 30 日，宁波市推进重大项目建设现场会在中国石化镇海基地建设现场举行。浙江省委常委、宁波市委书记彭佳学，集团公司董事、股份公司副总裁余夕志出席会议并讲话；宁波市委副书记、市长裘东耀主持会议；市四套班子（党委、人大、政府和政协）相关领导出席会议。

（方　洁）

3 月 30 日，宁波市推进重大项目建设现场会现场（万　里　摄）

【集团公司“十四五”劳动竞赛启动暨镇海基地项目立功竞赛推进会在镇海炼化召开】 2021 年 5 月 11 日，集团公司“十四五”劳动竞赛启动暨镇海基地项目立功竞赛推进会以视频形式在镇海炼化召开。集团公司董事、党组副书记赵东，中国能源化学地质工会主席、分党组书记张波，浙江省总工会副主席、党组成员吴海瑜，宁波市总工会党组书记、副主席朱学峰在主会场出席会议；1 000 余名中国石化直属单位员工在分会场参加会议。

（方　洁）

【中国石化镇海基地一期项目中交】 2021 年 6 月 28 日，中国石化镇海基地一期项目中间交接仪式暨“冲刺 100 天 决胜 6·30”立功竞赛表彰会在中国石化镇海基地现场举行。集团公司董事、股份公司副总裁余夕志，中国能源化学地质工会主席、分党组书记张波，宁波市副市长陈炳荣及浙江省国资委、浙江省总工会和宁波市、镇海区及总部有关部门负责人出席中交签字仪式。中国石化镇海基地一期项目总投资 387 亿元，主要包括“一扩一改六配套”项目群。“一扩”即扩建 120 万吨 / 年乙烯项目，主要包括 120 万吨 / 年乙烯裂解等 11 套主体装置和公用工程、厂外工程等配套设施；“一改”即炼油老区乙烯原料适应性改造项目，主要包括新建 400 万吨 / 年加氢裂化、1 000 万吨 / 年常减压等装置及配套的公用工程和储运项目等；“六配套”主要包括轻烃基地、合资空分二期、成品油基地（含 4#、5#、6# 泊位改造）、国家应急救援基地、中石化宁波新材料研究院、低硫船用燃料油基地 6 个配套项目。

（方　洁）

6 月 28 日，中国石化镇海基地一期项目中间交接仪式暨“冲刺 100 天 决胜 6·30”立功竞赛表彰会现场（华　赟　摄）

【中国石化镇海基地项目建设立功劳动和技能竞赛被列入全国引领性劳动竞赛】 2021 年 11 月 9

日，中国石化镇海基地项目建设立功劳动和技能竞赛被列入中华全国总工会“十四五”全国引领性劳动和技能竞赛项目库，也是中国石化和宁波市首个、浙江省第2个被列入全国引领性劳动竞赛的项目。

（方　洁）

【中国石化镇海基地入选2021年度央企十大超级工程】 2021年12月30日，根据国务院国有资产监督管理委员会新闻中心消息，中国石化镇海基地入选2021年度央企十大超级工程，为中国石化年度唯一入选项目。

（方　洁）

【生产经营创佳绩】 2021年，镇海炼化加工原油2 225.37万吨，创原油加工量新纪录；生产汽煤柴三大类成品油1 151.61万吨；生产乙烯110.37万吨；实现营业收入1 177.90亿元、利税321.98亿元、税前利润110.96亿元，再度站上百亿利润台阶；完成固定资产投资188亿元，创年度投资新纪录。

（方　洁）

【获国家科学技术进步奖一等奖】 2021年9月23日，镇海炼化参与完成的“复杂原料百万吨级乙烯成套技术研发及工业应用”项目获国务院授予2020年度国家科学技术进步奖一等奖。

（方　洁）

【1 000万吨/年常减压装置一次开车成功】 该装置是中国石化镇海基地一期120万吨/年乙烯配套实施的炼油老区乙烯原料适应性改造项目之一，于2019年12月25日打桩，2021年6月28日建成中交。2021年9月27日19:08，装置全部产品分析合格，一次开车成功。

（方　洁）

【400万吨/年加氢裂化装置一次开车成功】 该装置是中国石化镇海基地一期120万吨/年乙烯配套实施的炼油老区乙烯原料适应性改造项目之一，总投资约13.2亿元，于2020年2月29日打桩，2021年9月30日建设中交。2021年11月20日17:00，装置产出合格柴油产品，实现一次开车成功，为国内单系列最大加氢裂化装置。

（方　洁）

【16万米^3（标准）/时煤焦制氢装置投料试车成功】 该装置为中国石化镇海基地一期120万吨/年乙烯项目主体生产装置之一，总投资约20.4亿元，采用中国石化自主研发的SE水煤浆气化技术，产氢规模16万米^3（标准）/时，纯度98%以上。2021年11月19日5:18，装置产出合格氢气外送并网，投料试车一次成功。装置从投料到产出合格氢气用时11小时，创行业同类装置用时最短纪录。

（方　洁）

【3 000万吨/年1-聚丁烯工业示范装置投料试车成功】 该装置采用北京化工研究院和镇海炼化联合研发的自主专利技术，以1-丁烯和氢气为原料，采用连续溶液聚合工艺，在Z-N催化体系下进行反应，生产高等规1-聚丁烯树脂产品。该装置于2015年6月完成工艺包开发，2016年4月8日可行性研究报告获批复，2019年7月31日项目基础设计获批，2020年1月3日装置打下第一根桩，2021年6月28日完成土建施工。2021年8月30日，装置建成中交；10月14日，实现投料试车成功。

（方　洁）

【镇海炼化“东海”牌石油道路沥青连续12年出厂量突破100万吨】 2021年7月30日，镇海炼化“东海”牌石油道路沥青出厂量突破100万吨、达100.59万吨，为中国石化唯一一家沥青年产销量连续12年突破100万吨的生产企业。

（方　洁）

【算山首站汽柴油年输送量首次突破600万吨】 镇海炼化算山首站位于宁波舟山港区，于2013年4月投入运行，主要承担甬绍金衢和甬台温两条成品油管道的供油任务。2021年11月16日，镇海炼化算山首站成品油年输送量首次突破600万吨、达681.3万吨，创历史新高。

（方　洁）

【220 千伏等级无人值守变电所投入运行】 2021 年 3 月 8 日，镇海炼化 220 千伏无人值守变电站——浙化变变电所建成，4 月 15 日投入运行。该变电所现场安装 4 台智能巡检机器人、4 台红外热成像摄像头和 410 个微型摄像头，通过集控远程操作，对现场设备进行巡检，可替代该类型变电所 12 名员工配置，是中国石化首个 220 千伏等级的无人值守变电所。

（方　洁）

【国内首创裂解炉自动烧焦技术通过验收】 2021 年 6 月 25 日，由镇海炼化联合北京化工研究院、北京化工大学开发、应用的裂解炉自动烧焦技术通过验收。该技术开发裂解炉自动烧焦控制器，可自动分析处理烧焦过程有关问题，降低岗位人员劳动强度、提高裂解炉烧焦过程的安全稳定性，为国内首创。

（方　洁）

【自主开发应用焦化装置智能行车】 2021 年 5 月 25 日，由镇海炼化与洛阳涧光石化设备有限公司合作开发的焦化装置智能行车获特种设备报检取证，成为国内首台焦化装置智能行车。该装置可通过智能识别、动态测距、智能运动控制、无线通信等手段，实现远程智能抓焦功能。这是镇海炼化继自主开发应用远程密闭除焦输焦技术之后，在探索打造绿色焦化技术方面的又一重要进展。

（方　洁）

【军舰用燃料油实验室研发获成功】 2021 年 10 月 22 日，镇海炼化研发军舰用燃料油在实验室获成功。该产品所有组分来自镇海炼化现有组分，配方样品各项指标均符合《军舰用燃料油内控及国家标准》（QJ/SL-61-807—2006 和 GJB 2913A—2004）技术指标要求，为镇海炼化在长期为军方供应军用航空煤油、军用柴油的经验基础上的进一步探索。

（方　洁）

【聚烯烃研发生产成效显著】 2021 年，镇海炼化坚持聚烯烃新产品及专用料差异化战略，开发丙丁二元共聚聚丙烯产品 F03BT、聚乙烯镀铝基材膜专用料 ZF4533D、低压电缆料 J182 等聚烯烃新牌号 12 个。全年生产聚烯烃新产品及专用料 65.10 万吨，差异化增效约 2.66 亿元。

（方　洁）

【宁波镇海炼化利安德化学累计利润超百亿元】 2021 年 3 月 31 日，宁波镇海炼化利安德化学有限公司（简称镇利化学）利润破 100 亿元、达 101 亿元，生产环氧丙烷 317.75 万吨、苯乙烯 694.84 万吨，营业收入 889.92 亿元。该公司由中国石化与美国利安德公司于 2007 年按 73.35%：26.65% 股比合资成立，有 1 套 28.5 万吨 / 62 万吨 / 年 PO/SM 装置，于 2010 年 6 月建成投产。

（方　洁）

【宁波市首座加氢示范站建成】 该项目于 4 月 11 日打桩，建设时间仅用 75 天，以镇海炼化氢气平衡后的富余蓝氢为原料（纯度为 99.98%），从制氢装置经管输至加氢站，加氢设计能力为 500 千克 /12 小时，设计压力大于 40 兆帕。2021 年 6 月 25 日，镇海炼化加氢示范站建成中交，为宁波市首座加氢站。

（方　洁）

【2# 废碱湿式氧化（WAO）装置投料开工】 2021 年 12 月 6 日，镇海炼化 2# 废碱湿式氧化（WAO）装置产出合格出料，实现投料开工，为国内首套采用国产化自主研发技术的大型乙烯装置配套废碱湿式氧化装置。该装置由镇海炼化牵头，大连石油化工研究院、中石化工程建设有限公司、中石化宁波新材料研究院和华东理工大学等单位联合攻关，创新开发以环流式内循环反应器为核心的新型高效环保废碱液湿式氧化处理工艺，国内首次实现国产化废碱氧化反应器处理能力由 3 吨 / 时放大至 19.2 吨 / 时。

（方　洁）

【能效、水效管理获多项荣誉】 2021 年，镇海炼化在国家工信部组织的年度评审中，获 2020 年度重点用能行业能效“领跑者”（乙烯行业）称号。在中国石油和化学工业联合会年度评审中，第 9

次获年度能效领跑者标杆企业（乙烯）称号；获2020年度水效“领跑者”标杆企业（原油加工）、2020年度水效“领跑者”标杆企业（乙烯）称号；另有3名员工获节能先进管理者、节能先进个人称号；在中国石油和化学工业联合会“十三五”节能先进单位和个人评选活动中，获“十三五”全国石油和化工行业节能先进单位称号。

（方　洁）

【“双百行动”综合改革提前1年完成】 2021年12月27日，镇海炼化“双百行动”综合改革43项任务全部完成，提前1年完成3年的深化改革任务。国企改革“双百行动”，是国务院国有企业改革领导小组组织开展的国企改革专项行动之一，共选取百余户中央企业子企业和百余户地方国有骨干企业，在2018—2020年，全面落实“1+N”系列文件要求，深入推进综合性改革，在改革重点领域和关键环节率先取得突破。镇海炼化于2020年12月26日入选国务院国资委国企改革“双百企业”。

（方　洁）

【与浙江大学签署共建联合研究中心合作协议】 2021年6月2日，浙江大学与集团公司战略合作协议签约仪式在北京举行。浙江大学副校长王立忠与镇海炼化代表、党委书记莫鼎革代表双方签署共建联合研究中心合作协议，将以高端化学品、高分子新材料、化学反应工程等领域为重点进行建设，实现多学科交叉融合和协同创新，形成具有国际引领性的一流研究成果。

（方　洁）

【宁波镇海炼化利安德巴赛尔新材料有限公司成立】 2021年1月26日，中国石化与利安德巴赛尔工业公司以视频形式签署合资协议，按照50%∶50%股比成立宁波镇海炼化利安德巴赛尔新材料有限公司，新建1套27.5万吨/60万吨/年PO/SM生产装置。5月8日，宁波市镇海区市场监督管理局颁发“宁波镇海炼化利安德巴赛尔新材料有限公司”营业执照，标志着该公司完成工商设立登记。

（方　洁）

【与浙江交通科技股份有限公司签署大风化工公司和江宁化工公司股权转让协议】 2021年12月17日，镇海炼化与由浙江省交通投资集团有限公司控股的浙江交通科技股份有限公司签署大风化工公司和江宁化工公司股权转让协议，拟收购大风化工公司、江宁化工公司，有利于进一步推动中国石化镇海基地产业链向精细化工和新材料、高端化学制品延伸。

（方　洁）

【合成材料部、氢能制造部成立】 2021年1月11日，镇海炼化下发《关于成立公司合成材料部、氢能制造部的通知》，决定成立合成材料部、氢能制造部及下设区域；撤销原化工部及下设区域。

（方　洁）

【首次实行关键核心技术“揭榜挂帅”】 2021年2月7日，镇海炼化首次实行关键核心技术“揭榜挂帅”机制，12名研发人员共同围绕聚烯烃新产品开发与应用推广、阻燃剂合成工艺技术开发等方面5项关键核心技术，参与抢榜。全年，实施“揭榜挂帅”项目12项。

（方　洁）

【多个职工和集体获荣誉称号】 2021年，镇海炼化发展部张岩、炼油二部易蒙2人获人力资源社会保障部授予2019年度职业技能竞赛全国技术能手称号；群团工作部程锡平获国家体育总局授予2017—2020年度全国群众体育先进个人称号。镇海炼化合成材料部聚乙烯装置被共青团中央、国务院国资委等23家创建全国青年文明号活动组委会成员单位授予第20届全国青年文明号称号；氢能制造部煤焦制氢一区一班获中华全国总工会授予2021年全国工人先锋号称号。

（方　洁）

【连续12年位居宁波市“纳税50强”企业榜首】 2021年5月18日，宁波市人民政府公布2020年度宁波创业创新风云榜，镇海炼化连续第12年登上宁波市“纳税50强”企业和宁波市制造业“纳税50强”企业榜首。

（方　洁）

【战胜宁波市镇海区突发新冠肺炎疫情】 2021 年 12 月 6 日，镇海区突发新冠肺炎疫情，12 月 7 日 2 时实施临时封闭管理。镇海炼化根据集团公司党组和市、区党委政府统一部署，紧急启动应急响应，全面贯彻“外防输入、内防扩散、封闭管控、动态清零”总方针及“坚决服从地方安排，确保员工生命健康，确保企业安全平稳”的总要求，果断决策指挥，科学组织协调，周密制定措施，严格监督执行，迅速动员全体干部员工及镇海基地承包商、供应商、设计院技术服务人员进入“战斗状态”，第一时间干部员工全部留驻厂区，与合资合作企业、改制单位及承包商、供应商人员共 2 万余名干部员工，全面落实“两点一线”就地封闭管理，历经 6 轮核酸检测、连续 13 天封闭运行。至 19 日 15 时，随着宁波市正式解除镇海区除蛟川街道封控区和管控区外的临时封闭管理措施，中国石化镇海基地以封闭管理人员全部“零感染”的防控成绩，夺取战疫情、稳老区、开新区和保健康、保现场、保市场的重大胜利。

（方　洁）

【职工获第十四届全运会金牌】 2021 年 9 月 21 日，镇海炼化职工岑伟飞、程锡平、张美玲代表浙江省队夺得第十四届全运会地掷球比赛塑质地掷球女子三人赛项目的首金。

（方　洁）

【承担央企责任助力乡村振兴】 2021 年 12 月 2—3 日，镇海炼化代表、党委书记莫鼎革率队赴甘肃省东乡县调研乡村振兴教育帮扶工作，为结对帮扶的布楞沟石化小学师生送去过冬的取暖器等物资，实地考察、对接下一步帮扶需求，并向东乡县水质检测中心捐赠水质监测物资。11 月 23—24 日，镇海炼化总经理、党委副书记陈燕斌带队赴丽水市缙云县双溪口乡周扎村调研镇海炼化援建的农旅综合开发项目基地，并向周扎村捐赠帮扶资金 65 万元用于特色农家乐项目开发、樱桃产业基地扩建等项目扶持。9 月 26 日—10 月 13 日，镇海炼化组织开展“心系东乡 爱心捐书”活动，向甘肃东乡石化中学捐赠图书 4 060 册。

（方　洁）

表 1　镇海炼化主要技术经济指标　亿元

指标名称＼年份	2021	2020	2019	2018	2017	2016
原油加工量 / 万吨	2 225.37	2 003.26	2 200.37	2 057.50	2 190.18	2 012.41
工业总产值	1 081.04	789.38	1 056.62	1 064.56	949.62	751.49
工业增加值	357.40	267.06	292.01	338.00	406.75	372.20
资产总计	852.09	614.07	511.34	468.18	456.63	398.08
流动资产	384.48	270.26	244.92	216.14	244.69	191.53
固定资产原值	579.20	458.37	447.32	396.97	401.27	394.26
固定资产净值	252.68	154.27	164.53	132.07	144.16	156.83
销售收入	1 177.90	847.50	1 134.77	1 137.87	1 031.77	816.69
实现利税	321.98	237.86	269.41	325.42	389.51	353.28
税　金	231.34	192.26	205.65	223.37	236.48	219.64
综合能耗 / 吨标煤・万元 $^{-1}$	0.80	0.55	0.52	0.52	0.52	0.54

表 2　镇海炼化主要产品产量　万吨

产品名称 \ 年份	2021	2020	2019	2018	2017	2016
汽　油	384.47	347.19	351.70	331.54	336.86	307.69
航空煤油	209.97	184.35	290.33	273.34	246.55	213.31
柴　油	557.17	561.73	600.34	574.00	613.82	567.62
石脑油	340.00	288.83	290.62	257.99	300.40	289.39
燃料油	47.37	39.82	20.65	36.68	29.18	24.41
液化气	102.39	89.79	110.82	111.73	115.36	99.99
溶剂油	0	0	0	0	0	0.24
沥　青	165.00	163.65	160.75	125.80	135.72	134.53
丙　烯	89.70	85.71	87.38	76.13	85.73	82.94
聚丙烯	60.11	57.38	59.40	50.57	56.55	53.05
苯	38.29	35.51	36.09	34.45	39.90	37.66
甲　苯	0	0	0	0	0	0.05
混合二甲苯	0	0	0	0	1.00	1.10
邻二甲苯	17.43	16.37	16.31	14.18	16.74	14.37
对二甲苯	51.84	51.61	56.71	54.54	61.59	55.25
硫　黄	34.39	25.24	24.65	21.90	24.41	21.49
石油焦	88.29	70.58	109.97	107.91	117.91	109.37
乙　烯	110.36	111.30	115.28	99.14	113.18	112.58
丁二烯	14.83	15.66	16.35	13.41	15.76	15.90
聚乙烯	47.15	49.86	51.57	42.67	49.50	49.87
环氧乙烷	18.87	17.46	17.12	13.75	16.72	16.81
乙二醇	44.47	45.41	48.86	43.20	43.79	46.17

天津石化

【概况】 中国石油化工股份有限公司天津分公司（简称天津分公司）和中国石化集团资产经营管理有限公司天津石化分公司（简称资产公司天津分公司）统称天津石化，位于天津市滨海新区（大港），与天津市区和塘沽新港有铁路、公路相通，与天津港南疆石化码头有输油管线相连。其前身为中国石化天津石油化工公司（由天津市石油化学工业公司和天津市石油化纤总厂组成），成立于1983年12月28日，2000年分设为中国石化集团公司天津石油化工公司和中国石油化工股份有限公司天津分公司；2005年，2个公司进行一体化重组整合，实现机构的统一管理；2007年5月22日，注册成立资产公司天津分公司，10月正式注销中国石化集团天津石油化工公司；2010年6月，2个公司实行一体化管理。

天津石化有炼油、化工生产装置55套，原油综合配套加工能力 1 250 万吨 / 年，乙烯生产能力 150 万吨 / 年（含合资公司），化工产品年生产能力为对二甲苯 38 万吨、聚酯 20 万吨、聚醚 10 万吨，热电装机容量 40 万千瓦，日供水能力 10 万吨，原油储存能力 27 万立方米。主要生产汽油、煤油、柴油、液化气、燃料油、道路沥青、工业白油、苯类、乙烯、丙烯、环氧乙烷、乙二醇、聚乙烯树脂、聚丙烯树脂等石油化工产品，其中成品油全部达到国Ⅵ质量标准，为地区市场提供车用乙醇汽油；涤纶短纤维、3# 喷气燃料为国优产品；"天仙"牌涤纶短纤维，"津港"牌轻柴油、车用汽油、3# 喷气燃料，"大港"牌工业用纯苯被评为天津市名牌产品。

截至 2021 年底，天津石化设 15 个机关部室、10 个生产单位、5 个支持中心单位、2 个科创团队，另有 2 家合资公司；正式职工总数 6 463 人，专业技术人员 1 597 人，其中具有高级职称的 475 人、中级职称的 577 人。资产总额 406.44 亿元。

天津石化主要技术经济指标及主要产品产量分别见表 1 和表 2。

（罗　威　曹乐凯）

【疫情防线持续筑牢】 2021 年，天津石化全面落实常态化疫情防控措施，强化疫情通报和应急响应机制，深化疫情防控网格化管理，精准抓好特殊群体疫情防控，快速有效应对突发疫情，员工疫苗接种率 96%，"群体免疫"屏障基本形成，"外防输入"扎实有效，实现零感染、零疫情。

（罗　威　曹乐凯）

【生产经营好于预期】 2021 年，天津石化坚持打基础、谋发展，全面从严管理，砥砺奋进前行，各项工作呈现新气象、取得新成效，实现"十四五"良好开局。完成营业收入 696.2 亿元，利润 24.22 亿元，创近三年最好水平。其中，上市部分 23.14 亿元（炼油板块 20.64 亿元、化工板块 2.50 亿元）；存续部分 1.08 亿元；缴纳税费超 90 亿元，创历史最好水平。完成原油加工量 1 289 万吨，生产成品油 596.6 万吨、乙烯 22.7 万吨、PX 34.6 万吨。

（罗　威　曹乐凯）

【攻坚创效扎实推进】 2021 年，天津石化务实开展"持续攻坚创效"行动，细化分解 82 项、194 条攻坚创效措施，创效 17 亿元。大宗采购源头发力，原油采购降本 2.2 亿元，择机锁定原油远期固定价、高低硫价差增效 3.7 亿元，有效利用商储资源降本 3.6 亿元，灵活调整轻油采产策略增效 1.1 亿元。产品结构深度调整，汽油产量翻番，柴汽比降至 0.62，"油转化""油转特"有力推进，沥青首次量产量销。成本管控成效显著，狠抓生产过程、节能、"三剂"等重点领域降本 1.05 亿元，严控"两金"占用压降财务费用 4 002 万元，惠企政策降本 4.2 亿元，资源综合利用产品即征即退税款 1 322 万元，补回天然气、成品油、氧气亏量，减少经济损失 2 100 万元。

（罗　威　曹乐凯）

【安全基础持续夯实】 2021 年，天津石化以系统思维统筹发展和安全，强体系、防风险、筑根基，不断筑牢体系运行防线，连续 21 年获评全国"安康杯"竞赛优胜企业。精准承接集团公司体系手册，落实落细集团公司"总经理 2 号令"、内部明电要求，121 项"治标"措施针对性部署，能量隔离、全员 HSE 积分、监护人分级等举措强有力执行。领导班子带头开展安全观察，以上率下强化领导安全引领力。接连开展"百日安全无事故""五查五严保安全"专项行动；全面开展"责任在我、安全有我"暨贯彻 HSE 管理体系手册专题大讨论。实施风险识别分级管控，建立三级风险清单，年度风险总值降低 33%。扎实推动隐患排查治理，4 项公司级隐患全部销号。严格实行承包商"积分制""黑名单制""安全业绩排序公示制度"，承包商自主管理不断加强。机泵过负荷报警、初期火灾智能预警、泵群状态监测、长输管线无人机巡检 + 大机组远程诊断"4+1"技防平台作用明显，关键机组、高危机泵监测全域覆盖。

（罗　威　曹乐凯）

【世界一流绿色企业建设持续深化】 2021 年，天津石化主要污染物总量持续削减，污染治理大幅优于国家标准。强化 VOCs、氮氧化物治理，实施低氮燃烧器和储罐高效密封改造项目，臭氧污染防治取得实效；推动污雨水管网智能系统建设，组织雨污分流专项排查治理，六米河雨水水质保持达标；有组织废气排放达标率、外排废水达标率、危险废物处置率均为100%。上榜集团公司“生态排放景观”，成为国家石化行业“水效领跑者”，被评为集团公司年度绿色企业A档、节能环保先进单位，连续3年获评全国炼化行业重污染天气应急绩效评级A级企业。

（罗　威　曹乐凯）

【世界一流管理体系建设不断完善】 2021年，天津石化高质量推进深化改革三年行动、对标世界一流管理提升行动，科学构建公司治理体系“最初一公里”，识别承接法律法规、标准规范1 861项、总部制度804项，梳理完善制度163项。畅通体系落地“最后一公里”，持续推动三级制度符合性检查，坚持“1∶2∶4”检查原则、“两个1/3”考核原则，确保制度执行不打折扣；抓实“我为制度作诊断”，系统评估制度的合法合规性、责权匹配性、流程准确性、系统完备性、操作执行性，提升制度含金量。考核激励顶层设计更趋完善，“一厂一表”“一人一表”载体做实做强，“绩效考核、专项奖励、评先选优”立体维度初步建立。

（罗　威　曹乐凯）

【深化改革成效突出】 2021年，天津石化持续深化体制机制改革，对照“三定”标准精简机构，减少处级机构2个、科级机构19个，“大后勤”系统完成整合；机关科级改革完成，聚醚混改按期推进。电气仪表“专业＋区域”融合提升，二级单位党群“大科室”合署办公，国企改革三年行动总体进度完成90%以上。“两港四地”原油储运代管模式进化升级，南港乙烯项目强矩阵管理机构高水平组建，联合九车间定位调整创新试点，重要业务管理、重点项目统筹、重大风险管控更加扎实有力。

（罗　威　曹乐凯）

【技术创新取得突破】 2021年，天津石化承担的“轻质原油裂解制乙烯技术开发工业应用试验”完成，填补国内空白，技术水平世界领先，原油裂解“中国石化方案”有效验证，集团公司党组领导两度批示，试验捷报登上央视新闻。“揭榜挂帅”项目梯次实施，催化汽油脱苯、丙烯脱水难题接连被攻克。科技创新试错容错机制首次应用、激励保障机制持续完善，“物质绿色创造与制造”海河实验室企地联合推进。CHP法制环氧丙烷、ALL-PE、氢化双酚A、渣油钠法脱硫等一批前沿技术攻关取得较大进展。聚碳改性升级产品通过试用，聚丙烯新品首次打入美国市场；高性能高密度聚乙烯系列产品顶替进口。“高附加值合成树脂成套技术”“绿色环保汽车轻量化材料技术开发与应用”分获集团公司科技进步奖一等奖、特等奖。

（罗　威　曹乐凯）

【产业转型升级全面推进】 2021年，天津石化紧扣京津冀协同发展战略，主动融入集团公司“一基两翼三新”产业格局，“三步走”战略迈出历史性步伐。南港高端产业集群打桩开建，北京化工研究院（天津）科学试验基地全面启动，中沙石化聚碳酸酯项目正式投产，原油储运业务在系统内率先接管，南港商储二期进油投用，天津石化管理库容占集团公司商储总量超过1/3；首个燃料电池氢气项目竣工投产，“产储运用”链条初步贯通；热电锅炉“煤改气”启动前期工作，可降解材料项目进展明显，冷能耦合利用由积极探索转向实质推进。

（罗　威　曹乐凯）

中国石化天津南港高端新材料项目集群启动仪式

【干部人才队伍建设不断加强】 2021年，天津石化基层一线选优配强，机关科级“全体起立”竞聘上岗，科级职数核减18%，年轻干部比例提高6.6个百分点，年龄、知识、专业结构全面改善，“三能”机制建设取得历史性突破；配套措施有序跟进，非现职人员作用进一步激活。提拔中层领导 37 人，副职中年轻干部占 1/3，代际接续步伐加快，梯队培养有序实施。各级专家队伍更加壮大，“拔尖型”技能人才培养结出硕果，外部引才实现历史性突破。

（罗　威　曹乐凯）

【一流政治生态持续打造】 2021 年，天津石化扎实推进集团公司党组巡视问题整改，巡视整改措施完成率 91.4%；专设党委巡察办公室，常规巡察 5 家单位，持续推动“大监督”格局向基层延伸；一体推进“三不”机制，贯通运用“四种形态”，监督执纪问责持续从严；安全环保领域形式主义官僚主义问题深度查摆、精准整治；制定容错纠错免责清单，制度机制不断建立健全；两级班子值班带班下沉基层，“四不两直”安全观察常态化开展。

（罗　威　曹乐凯）

【党史学习教育高质量开展】 2021 年，天津石化聚焦“学党史、悟思想、办实事、开新局”，统筹推进学习研讨、主题党课、集中宣讲、专题调研、专题组织生活会、“我为群众办实事”实践活动等重点工作，突出“以上率下、重点环节、贯通融入”，26 项重点任务协同并进，集中学习、专题读书班全面铺开，百名书记上讲台、千名党员争先锋，四个层面专题宣讲全域覆盖，干部员工历史主动、历史自觉、历史自信显著增强；203 个基层支部专题组织生活会高标准完成，6 个督导检查组“线上 + 现场”全域督导，“我为群众办实事”实践活动涉及的 24 个公司级项目、439 个作业部级项目扎实推进。

（罗　威　曹乐凯）

【驰援沧州“5·31”南大港产业园鼎睿石化储罐火灾事故】 2021 年，国家危险化学品应急救援天津石化队作为第一支到场的增援力量，紧急投身沧州“5·31”事故处置，完成救援任务，获国家应急管理部高度评价。国家安全生产应急救援中心、河北省应急管理厅专门发来感谢信；沧州市委市政府在全市安全会议上为天津石化颁发锦旗。

（罗　威　曹乐凯）

天津石化参与沧州鼎睿石化火灾救援现场

【生产专用低凝柴油保供北京冬奥会】 2021 年，天津石化成功生产 -50# 低凝柴油，主要用于极端天气下发电机用油，保障奥运场馆应急电力供应。克服疫情挑战，打通运输链条，专罐专存、专车专运，确保能源保障万无一失。

（罗　威　曹乐凯）

天津石化首产 -50# 专用低凝柴油发运出厂为冬奥“加油”

【完成中国共产党成立 100 周年庆祝活动油料保障任务】 2021 年，按照中央军委后勤保障部统一安排，根据集团公司专项部署，天津石化承担中国共产党成立 100 周年庆祝活动全部专用喷气燃料供应任务。5 月 26 日—6 月 24 日完成生产发运，7 月 1 日，为飞越天安门广场的歼 20、歼 10 等空军主力战机提供全面油料供应保障。

（罗　威　曹乐凯）

【和谐企业建设成效显著】 2021 年，天津石化“惠民生”与“办实事”结合推进，500 余个项目全部落实，职工代表提案落实率、反馈率、满意率保持 100%。“总经理信箱”管理形成长效机制，“直通车”“连心桥”作用有效发挥。连续21年获评全国“安康杯”竞赛优胜企业，再获全国模范职工之家称号。新入职员工“导师带徒”率100%，聚丙烯车间被授予集团公司青年文明号称号。石油精神、石化传统传承发扬，“毛主席圈阅批准的报告影印件”入选中国石化“百年信物”，连续12年保持全国文明单位荣誉。“大维稳”格局巩固拓展，特殊敏感时期实现“大事不出，小事也不出”。离退休、合资合作、外事、武装、统战、工商事务、计划生育、关工委等工作持续加强，不断凝聚起团结奋进的强大合力。

（罗　威　曹乐凯）

【全面从严治党纵深推进】 2021年，天津石化深入贯彻落实“1355”党建工作总体思路，党建工作经验在总部“七一”大会作典型交流，党建工作持续保持集团公司A档行列。“第一议题”制度严格落实，党的政治建设22项重点措施完善深化；“两个一以贯之”落实到位，决策事项清单、前置审议清单、决策流程图“两单一图”制定实施，“三重一大”决策运行更加完善，党委前置程序规范执行，全面从严治党主体责任清单式细化、条款化压实，党建考核指挥棒作用持续强化，“把方向、管大局、促落实”领导作用贯穿企业决策、监督、执行各环节。获集团公司“三重一大”决策运行先进集体称号，“两单三书”经验做法编入集团公司《贯彻落实全国国企党建会精神五周年红皮书》。基层党的“三基本”建设和“三基”工作融合互促创新破题，6项机制、49项配套措施落地见效，党支部在基层治理中的主体作用更加凸显，经验做法全系统推广；党组织在HSE工作中引领作用进一步发挥，基层支部抓安全环保主责主业不断强化，党支部书记、支部委员职能发挥持续深化，“党管培训”贯通基层，同种一块“责任田”的工作合力显著增强。

（罗　威　曹乐凯）

表1　天津石化主要技术经济指标[①]　亿元

指标名称 \ 年份	2021	2020	2019	2018	2017	2016
原油加工量/万吨	1 289.01	913.97	1 217.65	1 214.11	1 202.23	943.16
工业总产值	655.36	340.02	535.39	571.98	471.08	322.11
工业增加值	143.34	37.65	81.57	111.04	152.49	128.86
资产总计	377.75	334.61	334.67	308.79	282.02	215.83
流动资产	99.59	76.74	104.06	125.86	108.20	54.38
固定资产原值	385.59	368.58	319.63	317.43	306.13	300.27
固定资产净值	151.59	127.76	86.52	94.91	116.91	99.03
销售收入	684.62	356.73	559.81	595.01	466.19	316.46
利　税	95.46	6.96	57.87	100.10	131.12	99.98
税　金	38.90	38.90	47.23	58.97	78.28	70.96

①均为天津分公司数据，不含存续部分数据

表2　天津石化主要产品产量　万吨

产品名称 \ 年份	2021	2020	2019	2018	2017	2016
汽　油	289.03	131.09	137.68	133.81	130.37	102.07
煤　油	127.48	98.82	209.52	190.85	172.09	125.62
柴　油	180.11	200.69	266.73	263.07	281.41	226.41

续表

产品名称＼年份	2021	2020	2019	2018	2017	2016
化工轻油①	462.84	349.21	393.75	392.64	371.77	295.81
商品液化气	56.35	27.48	32.41	44.90	50.91	37.84
石油苯	48.21	33.58	40.74	41.41	41.84	35.12
对二甲苯	34.65	24.03	33.01	32.50	32.26	26.04
精对苯二甲酸	0	8.36	29.54	28.44	26.52	24.42
聚　酯	19.70	18.79	23.95	23.53	21.74	18.89
聚酯切片	10.95	11.32	14.57	14.42	12.60	10.10
涤纶短丝	8.43	7.34	9.22	8.87	8.99	8.66
聚醚多元醇	6.04	5.66	5.25	6.19	6.07	5.36
丙　烯	36.06	15.88	17.08	16.96	17.32	13.32
乙　烯	22.74	19.32	22.54	22.64	23.09	17.83
聚乙烯	11.67	10.43	11.85	11.89	12.98	10.64
聚丙烯	20.28	6.02	7.28	6.94	6.99	6.10
乙二醇	2.17	1.86	3.06	3.30	3.85	3.42
环氧乙烷	5.25	4.36	5.33	4.32	4.73	4.18

①化工轻油数据中含尾油产量

中沙石化

【概况】 中沙（天津）石化有限公司（简称中沙石化）是中国石化和沙特基础工业公司以50%∶50%的股比共同出资设立的大型石油化工企业，坐落于天津市滨海新区，成立于2009年10月20日，2010年5月11日正式投入商业运行，截至2021年底，资产总额285.22亿元。

中沙石化有主生产装置9套，包括130万吨/年乙烯装置、65万吨/年裂解汽油加氢装置、30万吨/年高密度聚乙烯装置、30万吨/年线型低密度聚乙烯装置、11/28.5万吨/年环氧乙烷/乙二醇装置、45万吨/年聚丙烯装置、35万吨/年苯酚丙酮装置、20/12万吨/年丁二烯抽提/MTBE联合装置、3.5万吨/年苯乙烯抽提装置，以及配套公用工程及辅助设施。中沙石化生产的产品包括气体产品4种、液体产品17种、固体产品3类79个牌号。

截至2021年底，中沙石化有员工1 469名。专科及以上学历占员工总数的86.2%，各类专业技术人员215人，具有中高级职称的员工占员工总数的27.6%，技师及高级技师占员工总数的8.4%。

中沙石化主要经济指标及主要产品产量分别见表1和表2。

（张作洋　王　晶）

【生产经营创佳绩】 2021年，面对复杂严峻的市场形势和艰巨繁重的工作任务，中沙石化在股东双方的大力支持下，在董事会的坚强领导下，总裁班子带领全体员工，紧盯安全环保、聚力生产经营、加快项目建设、持续深化改革、推进绿色低碳发展，踔厉奋发、笃行不怠，较好完成全年各项任务。全年装置整体在线率99.9%，主要产品产量515.3万吨，其中乙烯产量126.3万吨，创中沙石化成立以来最好纪录；营业收入 246.3 亿元，利税 17.12 亿元，利润总额 14.15 亿元，上缴税费 9.98 亿元（其中直接地税 3.93 亿元）。

（张作洋）

【安全环保业绩再创历史最好水平】 2021 年，中沙石化以本质安全企业建设为主线，持续夯实安全生产基础，严格执行 SHEMS 各项管理规定，坚决守住安全环保底线。全年 EHSS 事故率为零，再创历史最好水平；员工安全工时 2 423 万小时，实现新的里程碑；全年接受国家生态环境部、天津市生态环境局等政府部门 20 余次检查，均未发现违规项，各项外排指标明显低于国家和天津市排放标准。

（王　晶）

【主要经济技术指标持续保持较好水平】 2021 年，随着乙烯扩能改造项目的投用，乙烯及下游装置生产能力大幅提高，中沙石化深入开展创先争优系列活动，通过增效攻关措施的实施，提升装置技术经济指标和盈利能力，各装置能耗、物耗持续降低，经济技术水平持续攀升，乙烯、线型低密度聚乙烯、聚丙烯、环氧乙烷 / 乙二醇、苯酚丙酮、丁二烯、苯乙烯等装置能耗均创历史最好水平。

（王　晶）

【新品开发工作】 2021 年，中沙石化持续增强创新驱动力，着重发展高端特色产品，推动产品链向中高端延伸。全年开发并工业化量产 19 个高附加值牌号，产量 13.5 万吨，增长 35%，为中国石化在高端应用领域顶替进口产品作出突出贡献。

（王　晶）

【销售业绩再上新台阶】 2021 年，中沙石化准确研判市场信息，协商销售商推量推价，全力克服新冠肺炎疫情影响，全年营业收入 252.56 亿元，吨营销费用达历史最好水平，产销率 100%，年平均库存仅为 5 万吨，再次刷新中沙石化年均库存最低纪录，销售业绩再上新台阶。

（王　晶）

【获多项荣誉】 2021 年，中沙石化连续 3 届被评为全国设备管理优秀单位；获评国家工信部绿色供应链示范企业；连续获天津市百强企业和滨海新区百强企业称号；获国家重污染天气 A 级企业、天津市环保领跑者等多项称号。在天津市节约用水工作会上，中沙石化作为全市唯一企业代表发言，节水工作得到地方政府的充分肯定和高度赞扬。

（王　晶）

【乙烯扩能改造项目投入生产运行】 2021 年 1 月 17 日，中沙石化 130 万吨 / 年乙烯改造项目新增裂解炉及冷箱系统投料试车一次成功，产出合格乙烯，标志着中沙石化乙烯扩能项目主工艺流程全部打通，如期完成中国石化 1 月具备投料试车条件的目标，乙烯装置生产规模正式跨入“130”时代。

（王　晶）

中沙石化 130 万吨 / 年乙烯生产区（齐东升　摄）

【召开第二次党代会】 2021 年 3 月 31 日，中共中沙（天津）石化有限公司第二次党代会在中沙石化召开。大会听取并审议中沙石化党委书记、总裁戴立起所作的题为《深化党政融合、凝聚奋进力量，全面推动中沙石化高质量发展，努力开创建设世界一流石化企业新局面》的党委工作报告，审议题为《坚持标本兼治、注重惩防并举，为新时代中沙石化高质量发展保驾护航》的纪委工作报告，选举产生中沙石化新一届党委和纪委。

（徐　荃）

【26 万吨 / 年聚碳酸酯建设取得阶段性胜利】 2021 年，中沙石化聚碳酸酯项目建设克服疫情对施工人力组织、进口设备到货、开车专家到场等造

成的困难局面，克服边投料试车边施工建设为安全工作带来的巨大压力，全力推进项目建设，保证安全、质量、进度及费用总体受控，生产准备及投料试车顺利开展。截至年底，项目总投资完成 98%，一线打通全流程，并成功产出合格 PC 产品。

（王　晶）

聚碳酸酯项目生产现场（齐东升　摄）

【深入开展“我为群众办实事”实践活动】 2021 年，中沙石化积极践行“以人民为中心”的发展理念，开展“我为群众办实事”实践活动，全力解决好员工群众最关心、最直接、最现实的困难和诉求。行政区东侧荒地变花园，办公楼电梯更新后安全又高效，食堂明亮一新，餐饮模式变革惠及全体员工，员工的获得感、满足感大大增强。

（张作洋）

中沙石化食堂装修后重新开启（赵　鹏　摄）

【积极履行社会责任】 2021 年，中沙石化积极履行社会责任，维系良好的地企关系。向滨海新区慈善协会捐款 8 万元，用于助力巩固拓展脱贫攻坚成果同乡村振兴有效衔接活动，使中沙石化发展成果惠及地方民众。

（王志磊）

表 1　中沙石化主要经济指标　亿元

指标名称＼年份	2021	2020	2019	2018	2017	2016
工业总产值	245.73	147.07	203.71	233.08	221.33	161.51
工业增加值	33.04	24.52	40.08	63.18	77.29	53.97
销售收入	246.31	148.81	205.41	235.01	222.86	163.37
税前利润	14.15	9.54	21.78	39.16	51.14	31.87

表 2　中沙石化主要产品产量　万吨

产品名称＼年份	2021	2020	2019	2018	2017	2016
乙　烯	126.31	92.50	112.86	110.05	111.62	96.60
丙　烯	63.72	46.84	57.12	56.20	56.82	48.90
丁二烯	22.58	17.06	20.25	20.81	21.41	17.16
甲基叔丁基醚	16.53	13.16	15.67	15.56	15.52	13.04
1- 丁烯	6.34	4.96	6.41	6.94	7.21	4.65
线型低密度聚乙烯	38.24	27.32	30.58	29.96	32.88	28.58

续表

产品名称＼年份	2021	2020	2019	2018	2017	2016
高密度聚乙烯	31.61	26.33	31.47	30.22	30.20	27.20
聚丙烯	52.13	40.59	50.80	50.12	50.77	43.23
环氧乙烷	13.50	9.26	11.96	10.13	8.43	7.29
乙二醇	37.67	30.99	37.65	34.68	37.64	27.76
苯　酚	25.33	19.17	23.15	21.59	22.03	19.06
丙　酮	15.79	11.93	14.44	13.45	13.73	11.83
混合苯	61.55	47.22	47.00	42.20	42.22	41.01
苯乙烯	4.04	2.69	2.78	2.72	2.68	0.69

上海石化

【概况】 中国石化上海石油化工股份有限公司（简称上海石化）位于上海市金山区，占地面积9.40平方千米，是一家集炼油、化工、塑料、化纤生产经营于一体的石油化工企业，也是中国首家股票在上海、香港、纽约三地同时挂牌上市的国际上市公司。前身为创建于1972年的上海石油化工总厂，1993年6月改制为上海石油化工股份有限公司。2000年10月更名为现名。

上海石化设炼油部、烯烃部、芳烃部、化工部、腈纶部、碳纤维事业部、合成树脂部、热电部、公用事业部（海堤管理所）、先进材料创新研究院（科技部）、储运部、环保水务部、碳纤维产业发展中心及物资采购中心、销售中心、IT服务中心、质量管理中心、统计中心、行政事务中心、上海培训中心（上海会议中心）等单位，并由资本运营部管理对外投资企业。截至2021年底，总资产470.39亿元，在岗员工总数7 902人。原油综合加工能力1 600万吨/年和乙烯70万吨/年、合成树脂100万吨/年、合成纤维原料109万吨/年、合纤聚合物59万吨/年、合成纤维26万吨/年的生产能力。主要生产石油制品、中间化工原料、合成树脂及塑料制品、合成纤维原料及合成纤维四大类产品。

上海石化主要技术经济指标及主要产品产量分别见表1和表2。

（吴文华）

【92# 车用汽油首次实现出口】 2021年1月23日，装载1万吨92# 车用汽油的“WINTER”号油轮驶离上海石化化工码头，前往新加坡，是上海石化首次出口92# 车用汽油。截至年底，上海石化出口92# 车用汽油3.91万吨。

（朱嬿萍）

【VOCs管理LDAR子模块提升项目通过验收评定】 项目于2020年3月全面启动，2021年1月29日上线运行，12月30日通过系统验收评定。其间累计完成94套装置（罐区）近130万个密封点台账的收集、审核、录入，13万张组件图片标注，12万个RFID电子标签挂牌。该项目采用物联网技术，实现LDAR群组标识RFID电子化，检测数据无线传输、自动记录、批量上传至LDAR系统，提高检测效率；生成多样化的统计图表，满足各部门对LDAR工作计划、泄漏点分布、泄漏修复等重点环节的监控，实现泄漏检测与修复的闭环管理。在中国石化系统内，首家实现第三方检测、移动应用及管控平台 LDAR 全域数据整合、智慧通链，具有良好的示范引领效应。以该项目为基础，申报的“石化行业 VOCs 泄漏检测与修复关键技术的集成开发与应用项目”获 2020 年上海市科学技术二等奖。

（朱嫣萍）

【国产催化剂 YS-9030 首次工业化应用并完成考核】 2021 年 1 月 19—22 日，国产催化剂 YS-9030 在上海石化 1# 乙二醇装置完成一周年性能考核，也是该催化剂在国内首次工业化应用。考核期间，装置生产运行负荷 91.80%，乙烯单耗 709.44 千克乙烯 / 吨当量环氧乙烷；反应选择性 88.48%，反应温度 234.64℃，符合技术协议保证指标（反应选择性大于等于 87.5%、反应温度小于等于 235℃）的要求，产品质量达标。

（朱嫣萍）

【一步法硫氰酸钠湿法腈纶纺丝生产线停役】 2021 年 3 月 8 日，上海石化南腈纶联合装置全线停车，标志着国内唯一一套一步法硫氰酸钠湿法腈纶纺丝生产线正式停役。上海石化 4.7 万吨 / 年南腈纶联合装置于 1976 年 10 月建成试产，是中国第一套自行设计、制造、安装的大型化纤生产装置，1978 年 10 月竣工验收。装置设 3 个生产系列，配有 6 条纺丝生产线，设计产能占当时国内腈纶纤维生产总能力的 75%。停役后，将改造为 2.4 万吨 / 年原丝装置，成为上海石化转型升级的新亮点。

（朱嫣萍）

【获航空航天质量管理体系认证证书】 为促进碳纤维业务生存和快速成长，上海石化实施航空航天质量管理体系（AS9100D）贯标工作，通过建立有利于成长型业务经营导向为核心的管理模式，促进碳纤维业务创新创业。2020 年 12 月 31 日，上海石化发布《航空航天质量体系管理手册》和程序文件，试运行上海石化航空航天质量管理体系。2021 年 3 月 29 日，上海石化发布《航空航天质量体系管理手册（2 版）》和程序文件；7 月 19 日，获国际航空航天质量组织（IAQG）颁发的航空航天质量管理体系认证证书，标志着上海石化碳纤维产品向航空航天工业应用的高质量要求迈出关键一步。

（朱嫣萍）

【上海石化自销产品正式入驻“石化 e 贸”平台】 2021 年 3 月 31 日，上海石化自销产品正式入驻“石化 e 贸”平台，实现网上销售，迈出营销体系数字化转型第一步。上线首日，4 家客户完成网上下单、提货，销售额 274 万元。4 月 14 日，主营自销化工产品客户在“石化 e 贸”平台注册率 100%，所有化工自销产品共计 13 种均上架，“石化 e 贸”平台展示产品特色、产品性能等，实现客户自主浏览、下单。截至 2021 年底，客户在“石化 e 贸”平台完成自提和配送业务 8 032 单，销售额 24.68 亿元。

（朱嫣萍）

【上海石化全面接管白沙湾石油销售分公司】 2020 年 9 月 30 日，根据国家管网改革安排，上海石化负责承接中国石化管道储运有限公司白沙湾输油站相关资产的委托管理业务（12 座总罐容 140 万立方米的原油储罐，白沪线及相关输转设施、白沙湾消防队及生活后勤辅助设施）。为快速承接相关业务，上海石化下发《关于国家管网改革后涉及白沙湾库区资产委托管理体制和运行模式的通知》（上海石化工单企〔2020〕10 号），成立中国石化石油销售白沙湾分公司，明确白沙湾石油销售分公司与白沙湾商储分公司实施合署办公，实行两块牌子一套班子的运行管理模式。内部依托储运部，将库区的日常管理纳入上海石化的一体化管理范畴。2021 年 3 月 31 日，结束与国家管网的管理过渡期，4 月 1 日起，石油销售白沙湾分公司开始独立操作。2021 年，实现中转 2 856 万吨原油无差错。

（朱嫣萍）

【完成生物质燃料掺烧试验】 2021 年 4 月 14—20 日，上海石化首次完成循环流化床锅炉掺烧比例为 10% 生物质燃料掺烧试验，率先在中国石化电力系统使用清洁燃料，迈出碳减排计划探索性一步。首批 480 吨生物质燃料经过掺烧，锅炉减少二氧化碳排放 700 吨左右，代替煤 355 吨。在

10—12 月的掺烧生物质燃料试验中，将比例逐步提升至 20%，并维持 CFB 锅炉稳定运行。生物质燃料以秸秆、木屑、稻糠等农林废弃物为主，是一种“零碳排放”的可再生能源，也是化石燃料潜在的替代能源之一。掺烧生物质燃料有利于降低氮氧化物产生和煤耗指标。截至 2021 年底，上海石化锅炉共掺烧生物质燃料 2 615 吨，减少二氧化碳排放 3 975 吨左右，代替煤 2 092 吨。

（朱嬿萍）

【1 500 吨 / 年 PAN 基碳纤维项目全面建成投运】 上海石化 1 500 吨 / 年 PAN 基碳纤维项目采用自主开发的千吨级 PAN 基碳纤维生产工程化成套技术，建设 3 000 吨 / 年原丝生产装置和 1 500 吨 / 年碳纤维生产装置，采用一次规划，分两个阶段实施建设。第一阶段于 2010 年 12 月 20 日桩基施工，2012 年 9 月 1 日打通从原丝到碳纤维生产全流程，建设内容为新建 3 000 吨 / 年聚合和原液制备、1 500 吨 / 年纺丝生产线、500 吨 / 年氧化炭化生产线和溶剂回收、净化及公用工程配套设施。第二阶段建设内容为 1 500 吨 / 年纺丝生产线、1 000 吨 / 年氧化炭化生产线和相应的配套设施，其中 1 500 吨 / 年纺丝生产线于 2019 年 4 月开工、12 月 31 日投运，1 000 吨 / 年氧化炭化生产线于 2020 年 4 月开工、2021 年 5 月 25 日打通全流程。至此上海石化的碳纤维生产能力由 500 吨 / 年提升至 1 500 吨 / 年。

（朱嬿萍）

【首次应用国产机器人检测管道内壁】 2021 年 5 月，上海石化与国内机器人生产厂家合作，成功将无损内壁检测机器人应用于焦化装置大油气管道内部检测。该检测机器人能够在不损伤管道的情况下，依靠 6 对特殊的行走轮，以每秒 5 厘米的速度在直径 300—800 毫米管道内进行水平、倾斜、垂直等多种方式爬行，用涡流、超声波、空气耦合等方法为管道做“肠镜”，技术人员可以通过电脑屏幕查看清焦效果。通过应用机器人检测，精准掌控管道清焦情况，并依据检测结果，对管道特定部位深度冲刷，有效保障清焦质量。

（朱嬿萍）

【烯烃部中控室隐患整改项目投用】 项目于 2020 年 6 月 19 日开工，2021 年 4 月 28 日中间交接，4 月 30 日投用。项目新建二层楼面抗爆结构中心控制室，建筑面积 4 241 平方米，一层用于生产操控，二层用于生产管理，将 2# 烯烃、3# 烯烃、水汽各装置操作站搬迁至控制室内，并预留炼油部 1# 炼油、2# 炼油、3# 炼油、4# 炼油、储运部一车间、二车间控制室位置，原控制室作为现场机柜间。新建 1 座变压器室，为中心控制室配套配电。新建控制室为上海石化首个智能化控制室，采用国产 DCS 控制系统、数字化高清摄像头和主机扩音呼叫系统，为全方位生产监控和实时调度提供可视化信息平台，火灾危险性为丁类，设计耐火等级二级，抗震设防烈度 7 度，抗爆性能更强，安全性能更高，满足现行国家标准及行业规范对中央控制室与工艺装置防火间距以及建筑物结构的要求。

（朱嬿萍）

2021 年 4 月 30 日，上海石化首个智能化控制室烯烃部中控室投用

【组建成立碳纤维公司】 2021 年 6 月 1 日，上海石化全资子公司上海金山石化碳纤维有限责任公司（简称碳纤维公司）正式完成工商注册并取得营业执照。碳纤维公司主要从事碳纤维新材料及下游复合材料的合作研发和生产，开展碳纤维及其制品业务市场经营及售后技术服务等。采用“事业部 + 公司”战略型管控模式，建立市场化经营机制和创新性管理模式，以提高企业经营活力和核心竞争力。碳纤维公司的成立是上海石化以碳纤维技术攻关和产业化为主攻目标，为推进碳纤维新材料业务健康快速发展采取的新举措。

（朱嬿萍）

【参与全国碳市场上线首日交易】 2021年7月16日，全国碳排放权交易市场上线启动仪式在上海环境能源交易所举行。上海石化作为全国碳交易市场的首批单位，购入首笔碳排放配额，总成交量5万吨。

（朱嫣萍）

【上海石化首座光伏电站成功并网】 2021年，上海石化大力推动绿色洁净转型发展，试点实施光伏发电项目。首座光伏电站装机容量400千瓦，采用自发自用模式，年平均发电量约为40万千瓦·时。项目于5月15日开工，8月11日中间交接。8月24日，经过72小时试运行，打通全流程，成功并网。截至年底，累计发电19.3万千瓦·时。

（朱嫣萍）

2021年8月24日，上海石化首座光伏电站成功并网
（吴　伟　摄）

【中国石化上海地区首座供氢中心建成】 上海石化供氢中心于2021年7月22日开工，9月20日中间交接，9月28日举行建成仪式。该供氢中心日供氢和加氢能力分别为2 000千克、500千克，是中国石化在上海地区的首座供氢中心。供氢中心氢气来源于上海石化自有的工业副产氢，符合国家氢燃料电池质量标准。投用后，按照等量柴油车辆燃烧测算，预计每年可减少碳排放约2 920吨，对保障区域清洁能源供应和引领氢能产业链高质量发展具有重要意义。

（朱嫣萍）

【上海金山巴陵新材料有限公司成立】 2021年9月23日，上海石化和巴陵石化合资设立的上海金山巴陵新材料有限公司完成工商登记注册并取得营业执照，注册资本为8亿元，上海石化和巴陵石化持股各占比50%，经营期限为50年。上海金山巴陵新材料有限公司营业范围：高性能纤维及复合材料销售，合成材料销售，高品质合成橡胶销售，橡胶制品销售，货物进出口，技术进出口。合资方共同建设年产25万吨苯乙烯类热塑性弹性体（SBC）项目。

（朱嫣萍）

【成功开发国内首套大丝束碳纤维自动制样系统】 2019年9月，上海石化开展大丝束碳纤维自动制样的试验性研究，2021年5月成功开发“自动浸胶缠绕系统”和“自动点胶系统”，制得的样条优于国家标准拉伸性能测试要求，并于9月申请相关专利4件。12月，上海石化完成大丝束碳纤维自动制样系统开发，碳纤维拉伸强度检测方法由手工制样法突破为自动制样，为国内首创。该系统的推广应用，能够满足上海石化碳纤维发展的需求，解决常规检测仪器数量不够、手工制样检测数据稳定性不佳和人员需求量大等问题，实现实验室自动化和智能化，提升碳纤维检测能力。

（朱嫣萍）

【完成北京2022冬奥会和冬残奥会火炬研制】 2020年6月，上海石化应北京2022冬奥组委要求，为火炬“飞扬”研制碳纤维外壳。上海石化第一时间成立攻关团队，在火炬外壳研制的3个月内逐一攻克多项技术难题，形成从碳纤维生产、复合材料制备到产品终端应用的一站式解决方案，解决碳纤维复合材料耐高温、耐燃烧，以及采用氢气为燃料两大难题，与中国航天科技集团有限公司联合完成碳纤维氢燃料火炬样品研制任务。2021年2月4日，命名为“飞扬”的奥运火炬以其兼具中华民族传统特色和现代科技含量的特点得到冬奥组委的一致认可和较高评价。冬奥火炬集高新材料、高新装备、智能制造元素于一体，形成3项科技创新亮点：以碳纤维复合材料制作火炬外壳，成为世界首创；破解碳纤维复合材料火炬外壳在1 000℃高温制备过程中起泡、开裂等难题，实现燃烧温度大于800℃氢气燃烧环境下正常使用；重量较铝合金外壳轻 30%，呈现出“轻、固、美”的特点。

（朱嫵萍）

【获评国家技能人才培育突出贡献单位】 2021 年，上海石化继续开展“大练兵、大比武”业务竞赛活动。在上海石化业务竞赛启动仪式上，举行全员岗位练兵大抽考；总决赛采用“云监考”“云观摩”创新形式，引入实操、答辩等环节，进一步体现实战效果。年内，上海石化组队参加集团公司级以上业务竞赛 3 项、开展 9 项公司级、35 项二级单位级业务竞赛，获国家级竞赛个人 1 金、2 银、2 铜，团体 1 枚银牌，上海石化获评国家技能人才培育突出贡献单位称号。

（朱嫵萍）

【中共一大会址纪念馆上海石化流动馆开馆】 2021 年 4 月 29 日，由中共一大会址纪念馆和上海石化共同举办的“伟大开端——中国共产党创建历史图片展”在上海石化举行开馆仪式。上海石化流动馆建筑面积约 500 平方米，300 张左右图片，分“前赴后继救亡图存”“风云际会相约建党”“群英汇聚开天辟地”3 个部分，展期 3 个月，对公众开放。上海石化组建党员志愿者讲解团队，先后接待 191 个党支部（其中上海石化内部党支部 135 个，周边政府、企业、社区党支部 56 个）、3 612 人次学习参观。

（朱嫵萍）

【开展党史学习教育】 2021 年，上海石化紧扣“学党史、悟思想、办实事、开新局”目标，坚持高站位谋划、高质量开局、高水平推动、高标准问效，在全公司范围内开展党史学习教育。3 月 8 日，上海石化召开党史学习教育动员会。制订党史学习教育实施方案和重点任务安排表、学习运行表、“我为群众办实事”措施表等一揽子方案措施，以“必读书目重点学、专题宣讲辅导学、专题研讨深入学、红色资源体验学、线上线下结合学、形式多样延伸学”等方式，层层带动学习教育目标任务传导。通过发挥党组织、党员在“我为群众办实事”实践活动中的作用，制定、完成办实事行动项 40 项。12 月 21 日，由上海石化组队代表上海市总工会参加“中国梦·劳动美——永远跟党走，奋进新征程”全国职工党史知识总决赛，获银奖。上海石化展示馆（上海市石油化工科技馆）入选沪浙毗邻党建精品线路、中央企业爱国主义教育基地、中国石化十大红色教育基地。

（朱嫵萍）

表 1　上海石化主要技术经济指标　亿元

指标名称 \ 年份	2021	2020	2019	2018	2017	2016
原油加工量 / 万吨	1 376.44	1 467.15	1 519.94	1 437.90	1 435.28	1 430.28
工业总产值	797.01	648.37	799.47	817.36	684.54	576.95
工业增加值	232.92	200.55	208.95	243.82	278.84	271.30
资产总计	470.39	447.40	456.36	445.40	396.10	341.24
流动资产	211.27	174.61	223.09	253.19	198.85	148.76
固定资产原值	496.46	485.92	470.76	468.18	480.08	472.04
固定资产净值	127.66	126.44	121.49	125.45	123.93	135.02
销售收入	892.80	747.05	1 003.46	1 077.65	920.14	778.94
利润总额	26.48	5.74	26.54	67.49	78.51	77.65
所得税	3.52	−0.66	4.29	14.72	16.99	17.97

表 2 上海石化主要产品产量 万吨

指标名称＼年份	2021	2020	2019	2018	2017	2016
汽　油	339.64	327.30	346.84	322.92	316.61	287.87
航空煤油	118.45	112.45	187.86	146.82	157.41	159.83
柴　油	338.80	398.21	384.50	373.08	386.38	388.22
乙　烯	71.28	82.52	84.13	77.78	76.69	82.56
丙　烯	49.80	53.34	54.04	50.99	48.82	49.97
纯　苯	30.67	37.21	37.33	34.86	34.06	37.27
对二甲苯	49.63	66.24	66.68	67.30	63.29	67.06
乙二醇	15.07	23.67	28.67	41.52	41.11	36.14
聚乙烯	49.62	58.12	53.73	41.79	47.13	53.10
聚丙烯	45.59	49.29	46.96	49.36	48.18	49.23
PTA	4.98	31.67	32.34	27.00	32.90	31.02
合纤聚合物	34.34	34.52	37.03	41.60	42.45	43.51
聚乙烯醇	0	0.53	1.13	0.95	1.20	1.95
聚　酯	34.34	33.99	35.90	40.65	41.26	41.56
合成纤维	9.76	14.95	17.67	16.12	17.78	20.53
涤　纶	2.62	3.37	3.94	4.77	4.58	6.47
腈　纶	7.10	11.55	13.69	11.32	13.19	14.05

上海赛科公司

【概况】 上海赛科石油化工有限责任公司（简称上海赛科公司）成立于 2001 年 10 月 29 日，由中国石油化工股份有限公司、中国石化上海石油化工股份有限公司、英国石油公司（BP）华东投资有限公司分别按 30%、20%、50% 的比例出资组建。2017 年 10 月 26 日，由中国石化上海高桥石油化工有限公司完成对 BP 公司股权的收购。上海赛科公司位于上海化学工业区内，占地 204 万平方米，设生产部、商务部、财务部、人力资源部、安保质量部（HSSE&Q）、综合管理部、党群工作部、党委组织部、纪检监督部、规划部、信息技术部、内部审计部等职能部门。截至 2021 年底，员工总数 1 314 人。有设计能力 109 万吨 / 年乙烯裂解装置、60 万吨 / 年芳烃抽提装置、18 万吨 / 年丁二烯抽提装置、65 万吨 / 年苯乙烯装置、30 万吨 / 年聚苯乙烯装置、60 万吨 / 年聚乙烯装置、25 万吨 / 年聚丙烯装置、52 万吨 / 年丙烯腈装置、58.4 万吨 / 年硫酸回收装置等 18 套装置，以及配套的动力中心等公用工程辅助设施。以石脑油和液氨为原料，生产乙烯、丙烯、丁二烯、芳烃、苯乙烯、丙烯腈、聚乙烯、聚丙烯、聚苯乙烯等产品。

2021 年，上海赛科公司生产装置总利用率 96.06%，其中乙烯装置利用率 98.47%。销售产品 383.10 万吨，增长 2.56%；销售收入 295.34 亿元，增长 37.53%；平均占用资本回报率 30.79%，年末资产负债率 46.77%。

上海赛科公司主要经济指标及主要产品产量

分别见表1和表2。

（颜小敏　卢　艺）

【装置运行水平创新高】 2021年5月，2[#]丁二烯装置产量7 727吨；7月，聚苯乙烯32线产量1.01万吨，聚苯乙烯产量3.15万吨，均创月度最好水平。全年聚苯乙烯总产量35.72万吨，变压吸附单元（PSA）纯氢产量2.83万吨，均创年度历史新高。全面开展装置对标一流管理提升行动，全年2[#]丁二烯装置能耗270.49千克标油/吨，芳烃抽提（以进料计）能耗98.63千克标油/吨，聚乙烯21线能耗99.88千克标油/吨，聚乙烯22线能耗105.71千克标油/吨，苯乙烯装置能耗256.50千克标油/吨，聚苯乙烯装置能耗32.13千克标油/吨，丙烯腈装置能耗49.70千克标油/吨，均创2015年以来最好水平。

（颜小敏　卢　艺）

上海赛科公司夜景

【挖潜增效1.36亿元】 2021年，上海赛科公司以采购低价原料、降低储运成本、调整燃料结构为主要抓手，落实轻烃（丁烷）原料裂解、丙烯原料储运优化、动力中心锅炉燃料结构调整等重点举措，实施机泵运行优化、1[#]丙烯腈装置硫铵浓缩蒸发系统优化、炉子空气预热器应用等14项节能增效重点项目，推进聚合物新产品开发、工厂信息管理系统（PIMS）模拟优化、严控乙烯装置加工损失等重点工作，全年挖潜增效1.36亿元。

（奚　喆）

【乙烯装置分离单元汽油汽提塔11-T-2008更新】 该项目于2020年8月11日开工，2021年5月28日完成施工，6月28日投用。由中国石化工程建设有限公司设计，镇海石化建安工程有限公司施工。内容包括新塔安装，塔内件、现场土建、设备管道及配套仪表、电气的安装与施工。项目投用进一步满足裂解产物中裂解汽油增多的工况，有效避免超负荷运行可能导致的装置停车。

（邵　聪）

【1[#]丙烯腈装置综合能耗创历史最优】 1[#]丙烯腈装置通过改造回收塔塔内件、优化四效蒸发单元流程，降低低压蒸汽消耗；改造硫铵浓缩蒸发系统，降低中压蒸汽消耗；优化制冷机运行模式、改造空压机、加强防喘振控制等，解决废水/废气焚烧炉废锅高压蒸汽外送瓶颈问题，降低高压蒸汽消耗。2021年，1[#]丙烯腈装置综合能耗创历史最优，同时创国内丙烯腈行业同类装置综合能耗水平最优。

（朱　正）

【聚苯乙烯装置产量创历史新高】 聚苯乙烯装置通过32线造粒机改造，以及调整造粒机水滑槽角度、切刀间隙等参数，使每小时造粒能力从12.5吨提高至15吨，装置年产量35.72万吨，创历史新高；装置能耗（32.1千克标油/吨聚苯乙烯）、物耗（1.004吨/吨聚苯乙烯）指标同创历史最优。

（张哲源）

【苯乙烯装置能耗创历史新优】 2021年，苯乙烯装置通过优化工艺参数、优化脱氢系统操作等，减少装置能耗。全年苯乙烯能耗指标256.5千克标油/吨，创造历史最优。6月，苯乙烯月度能耗249.46千克标油/吨，创造单月最优历史纪录。

（邹海聪）

【编撰出版《聚烯烃产品应用技术问答》】 上海赛科公司历时3年编撰完成的《聚烯烃产品应用技术问答》，于2021年12月由中国石化出版社出版。书中总结提炼54个聚烯烃应用加工问题、案例及技术服务解决办法，填补行业空白。

（李士明）

【火灾和气体报警系统更新】 该项目于 2021 年 10 月 10 日开工，总投资 2 500 万元；由中石化上海工程有限公司设计，上海石化金艺工艺建设有限公司施工。该项目将泰科设备更换为霍尼韦尔（Honeywell）产品，并配置模块集成箱与防爆箱，系统控制器及工作站组网进赛科 Honeywell 火灾监控环形网络。12 月 13 日，聚合物仓库火灾报警系统部分成功上线，纳入日常监管维保。

（邵　聪）

【全厂重要直埋电缆走向勘测项目完工】 该项目于 2021 年 7 月 14 日开工，8 月 25 日完工。由上海金地工程勘测有限公司实施。共勘测 73 根直埋电缆敷设路径，树标志桩 275 个，形成直埋电缆走向图和电缆表。

（毛开鹏）

【投用防前碰撞系统】 经技术指标评估、盲测及选型等工作，上海赛科公司于 2021 年实现车辆防前碰安全技术提升计划，全年完成对 207 辆物流普货车辆防前碰撞系统（mobileye）的安装工作，有效降低车辆前碰/追尾风险。

（陈思惟）

【厂界噪声治理项目收尾】 该项目于 2020 年 9 月 18 日开工。由众一伍德工程有限公司设计，中国核工业第五建设有限公司施工。内容包括增设隔音屏障、氧含量分析仪及温度变送器报警器等。2021 年完成丙烯腈装置厂界噪声治理单元相关工作，检测结果小于 83 分贝（A），满足《工业企业噪声控制设计规范》要求。

（邵　聪）

【聚烯烃/聚苯乙烯产品包装料仓气及聚乙烯活化炉排口合规性改造项目完工】 该项目于 2019 年 11 月 20 日开工。由中石化上海工程有限公司设计，北京燕华工程建设有限公司施工。2021 年 10 月 25 日完成“三查四定”，11 月 12 日完成设备单机试车。11 月 26 日、11 月 29 日、12 月 6 日，分别对 3 套系统进行负载试车，均一次开车成功。系统投运后运行正常，符合上海地区大气污染物排放标准。

（邵　聪）

【污水预处理场气浮改造】 该项目于 2020 年 3 月 20 日立项，9 月 20 日施工，2021 年 4 月 30 日完工投用。工程总概算（含增值税）1 441.91 万元。由上海水合环境工程有限公司设计，上海金艺工业建设有限公司施工。改造后，上海赛科公司外排有机废水中的悬浮物浓度（SS）降至 70 毫克/升以下，月减少 SS 处置量 8 444 千克。

（陈　阳）

【聚苯乙烯 32/33 线风送系统增加除尘设施】 该项目于 2021 年 10 月土建施工，12 月底完工投用。总投资 300 万元。由中石化上海工程有限公司设计，上海聚盛建筑工程有限公司施工。项目内容包括增设除尘系统、底部细粉收集器，以及尾气排放管线取样口等。系统投用有效降低排放气中的粉尘颗粒物浓度，满足合规性要求。

（邵　聪）

【高浓度硝酸盐废水减排项目完工】 该项目于 2021 年 6 月 1 日施工，9 月 30 日完工投用。工程总概算 108.71 万元。由众一伍德工程有限公司设计，上海金艺工业建设有限公司施工。项目实施后，硫酸回收装置（SAR）外排废水硝酸盐浓度降低至 25 毫克/升以下，月减少外排废水氮类总量 9 189 千克，实现达标排放。

（陈　阳）

【硫酸回收装置尾气排放新增湿式静电除尘设施】 该项目于 2021 年 3 月 10 日开工，11 月 15 日完成。由众一伍德工程有限公司设计，苏华建设集团有限公司施工。内容主要是在洗涤塔内增设湿式电除雾器及配套设备。项目实施净化烟尘尾气，解决冒白烟问题，实现达标排放。

（邵　聪）

【节能项目获上海化工区产业绿色发展扶持资金】 2021 年，上海赛科公司向上海化工区申报 2 项产业绿色发展专项扶持资金项目，分别是聚乙烯装置低压火炬（LP-C）氮气回收项目和 1#

丙烯腈装置硫铵浓缩蒸发系统改造项目。经审核，获节能补贴资金 527 万元。

（卢 艺）

【推进经理层成员聘任制和契约化】 2021 年，上海赛科公司贯彻落实中央深化国企改革有关精神和国企改革三年行动部署，根据《中国石化直属单位经理层成员任期制和契约化管理暂行办法》，制定经理层成员岗位聘任协议、确定任期和年度经营业绩考核目标，经理层完成“一协议、两书”（经理层成员岗位聘任协议、任期和年度经营业绩考核责任书）签订，于 9 月底向集团公司报备。12 月，正式印发《上海赛科公司经理层成员经营业绩考核办法》《上海赛科公司经理层成员薪酬管理办法》，构建完善经理层成员任期制和契约化管理运行机制及相关制度体系。

（刘婉丽）

【举行公司成立 20 周年座谈会】 2021 年 11 月 12 日，上海赛科公司召开成立 20 周年座谈会。集团公司发来贺信。中国工程院院士、中国石化原总裁、上海赛科公司首任董事长王基铭，上海化学工业区管委会党组书记、主任马静，上海市金山区委副书记、代理区长李泽龙，上海赛科公司老领导吴海君、刘训峰、张志良在会上发言，历任董事和老领导戎光道、侯勇、郝同乐、李鸿根、励伟昌、唐成建、匡玉祥出席座谈会。总经理张明龙代表上海赛科公司领导班子作主题报告，党委书记高金平主持会议。会议形成坚持使命引领、HSSE 引领、市场引领、效率引领、党建引领“五个坚持”的企业发展基本经验。上海赛科公司领导及各部门负责人、员工代表共 31 人出席座谈会。

（刘 彦）

2021 年 11 月 12 日，上海赛科公司召开成立 20 周年座谈会

【首次实施党支部差异化考核】 2021 年，上海赛科公司围绕党建工作与安全环保、质量效益等相融互促目标，首次组织实施党支部差异化考核。考核标准突出 5 个通用考核指标和 5 个差异化考核指标，并由职能部门绘制党支部差异化考核“雷达图”。最终于 15 个党支部中，评选出 3 个优秀党支部，分别是烯烃党支部、商务漕泾党支部、丙烯腈党支部。

（黄树婷）

【开展党员责任区、示范岗和一支部一品牌创建】 2021 年，上海赛科公司 15 个党支部参与“一支部一品牌”创建工作，党员“明承诺、亮措施”积极申报创建 45 个党员责任区和 56 个党员示范岗，并将承诺事项和实施措施以二维码向员工公开接受监督。上海赛科公司党委加强过程管理，组织两次现场观摩交流，对创建区岗进行考核评审及授牌，有力推动党支部战斗堡垒和党员先锋模范作用的更好发挥。

（黄树婷）

【开展“作风建设年”活动】 2021 年，上海赛科公司以“铸根魂、转观念、抓执行、正风气、增活力、涨士气”为主题，组织全体干部、党员从思想、学风、工作、纪律作风 4 个维度，建立“画像、对照、查摆、改进、评议”闭环推进机制。102 名“7+ 以上”管理干部形成整风举措 183 项。同时，深入推进安全环保等领域形式主义、官僚主义专项整治，形成 28 种“不合规情形”约谈清单并动态完善，全年运用“四种形态”第一种形态提醒谈话 50 人次。

（刘 彦）

【建立思想务虚和重大事项研判机制】 2021 年，上海赛科公司党委创建领导班子思想务虚和重大事项研判机制，完善中心组学习和课题调研机制，持续打造学思践悟习近平新时代中国特色社会主义思想重要阵地。以“有事议事、无事务虚，加强交流、增进共识”为原则，领导班子全年召开思想务虚会 2 次，完成班子成员担纲的课题调研报告 3 个。

（刘　彦）

【持续完善“大监督”格局】 2021 年，上海赛科公司党委发挥“大监督”7 个工作主体优势，以党内监督为主导、纪检监督为主干、巡察监督为桥梁、财务监督为核心、群众监督为基础、审计监督为尖兵、法务监督为支撑，持续压实监督责任，形成嵌入流程、分工合作、运转协调、信息共享、有机贯通、有效制衡的大监督工作运行机制。同时，持续深化专项监督，财务监督着重加强对资金支付环节的监督，全年复核检维修和工程项目结算 400 份、抽审 78 份；审计监督完成化学品采购等 8 个专项审计，挽回和避免损失 76 万元；法务监督审查各类合同 1 930 份，提出法律意见 168 次。

（刘　彦）

【加强校企合作】 2021 年，上海赛科公司加强与华东理工大学合作，明确自动化专业长期校企合作意向。6 月，与华东理工大学签订为期 3 年的《本科生产学研实践基地合作协议》，年内完成 2 批次、81 名本科大四在校生入厂实习培训。通过合作，畅通企业对高校的人才储备和引进通道。

（孙娅楠）

表 1　上海赛科公司主要经济指标　亿元

指标名称＼年份	2021	2020	2019	2018	2017
工业总产值	282.49	199.57	266.33	236.54	272.47
工业增加值	53.37	31.12	48.05	35.59	76.56
销售收入	295.34	214.75	281.62	261.57	289.96
利润总额	40.66	32.08	45.07	43.03	69.21

（曹培利）

表 2　上海赛科公司主要产品产量　万吨

产品名称＼年份	2021	2020	2019	2018	2017
乙　烯	123.59	123.57	126.99	95.10	124.51
丙　烯	78.02	67.34	79.28	51.84	67.57
丙烯腈	54.56	52.44	57.35	45.29	53.10
苯乙烯	74.14	54.92	72.19	59.06	76.09
聚苯乙烯	35.72	31.32	34.86	26.64	33.40
聚乙烯	73.25	75.61	76.50	59.22	70.34
聚丙烯	28.18	29.27	29.83	22.46	27.15

（曹培利）

普光气田累计产气突破 1000 亿立方米

百亿方级中原储气库群

中国石化 SINOPEC

中原油田

2022 年，中原油田大力开展“牢记嘱托、再立新功、再创佳绩，喜迎二十大”主题行动，原油产量保持箭头向上，普光气田累产天然气于 1 月 22 日突破 1000 亿立方米，47 年来油田累计生产原油 1.49 亿吨、天然气 1146.53 亿立方米，为保障国家能源安全作出了积极贡献。聚力科技创新，攻克形成特大型超深高含硫气田安全高效开发、复杂断块群油气藏勘探开发、凝析气藏开发、储气库设计建设运维等特色技术系列，建成濮阳市中原油田氢能产业研究院。强力塑造中原服务品牌，推进全产业链拓展市场，服务范围涵盖国内 23 个省、市、自治区、海外 8 个国家。全力推动华北最大的天然气地下储气库群建设，建成 4 座储气库，中原储气库群总库容量突破 100 亿立方米，受到国内外广泛关注。着力弘扬石油精神、石化传统，系统总结油田 47 年发展史，建成集石油精神和企业文化教育基地、石油科普教育基地、油田品牌形象展示窗口为一身的中原油田展览馆，于 9 月 7 日正式开馆。

中原油田普陆页 1 井页岩气勘探取得重大突破

中原服务助力冬奥会保电项目

中原油田展览馆大厅全景

华东石油局
华东油气分公司

中国石油化工集团有限公司华东石油局、中国石油化工股份有限公司华东油气分公司（统称华东油气田），位于江苏省南京市建邺区。组建于 1958 年，历经江苏省、地矿部、新星公司管辖，2000 年随新星公司整体合并至中国石化。2008 年移交东北矿权，进军非常规油气业务；2012 年 3 月剥离石油工程队伍，形成以页岩气、煤层气和常规油勘探开发为主营业务的油气田。

自 2016 年以来，中国石化华东石油局在重庆地区勘探开发页岩气，工区内累计架设高压电网一百多公里，实现页岩气钻井、压裂全电动化，实现清洁能源，绿色开发。图为：华东石油局重庆南川页岩气田 DP15 平台云雾缭绕，犹如仙境

《“煤”》2020 年 8 月 14 日拍摄于华东石油局延川南工区，自 2015 年开始，华东石油局在山西省境内逐步建成中国石化首个商业开发煤层气田，也是国内开发深度最深的煤层气田，累计生产煤层气近 20 亿立方米，通过技术开发使瓦斯变成了环保低碳的清洁能源，为山西实现碳达峰、碳中和目标贡献力量

华东石油局开创国内首次全流程电动自动化储层改造在页岩气井胜页 9-8HF 井成功应用

华东石油局泰州采油厂帅 2-3 井施工现场

《油田丰收景》+ 拍摄日期 2021 年 10 月 18 日 + 地点江苏泰州 + 中国石化华东石油局 2021 年在苏北盆地勘探开发的页岩油获得了重大突破，资源量达到了 3.5 亿吨，为江苏地区找到了能源接替

泰州采油厂草中 1-7 井场

华东石油局年处理 30 亿立方米的南川页岩气田东胜脱水站的风貌

三合挖掘在泰州采油厂仓西 3-9 平台进行复垦施工

2021 年 2 月 15 日农历正月初四，华东石油局泰州采油厂职工积极响应就地过春节的号召，员工在月下巡回检查

华东油气田原油勘探开发区主要分布在江苏的泰州、盐城、淮安、海安、句容等市县；煤层气勘探开发区主要分布在山西乡宁县、吉县，贵州织金等地区；页岩气勘探开发区主要分布于重庆南川、武隆以及彭水等地区。矿权面积 1.7 万平方千米，总资源量 35.4 亿吨油气当量，累计提交探明储量 2.92 亿吨油气当量。实行以技术和管理为主的油公司管理体系，队伍精干、管理扁平，截至 2021 年底，共设有机关部门 15 个；二级单位 11 个，其中石油局 4 个，分公司 7 个；在职员工 1660 人，具有各类正高级职称 18 人、高级职称 426 人、中级职称 420 人，累计 4 人享受政府特殊津贴。获得“中国地质学会十大地质找矿成果奖”、承担国家重大专项 3 项（牵头 1 项）、牵头中国石化“十条龙”项目 1 项、集团公司科技项目 20 余项，获省部级科技进步一等奖、二等奖 6 项，三等奖 5 项，“盆缘构造复杂区常压页岩气勘探攻关团队”被授予中石化优秀创新团队称号，“南川常压页岩气绿色高效开发技术团队”获得重庆市创新创业示范团队称号。

2021 年，华东油气田紧抓庆百年、学党史这条主线，认真贯彻落实习近平总书记视察胜利油田重要指示精神，统筹推进油气效益发展，苏北原油持续增储上产，页岩油获得重大突破；页岩气持续效益开发，低成本开发取得有效进展；煤层气持续产量稳产，实现技术体系集成；双碳产业积极探索产业链延伸，建成了长三角地区首个 20 万吨产能 CCUS 示范项目；科技创新引擎强劲，全年研发投入 3.18 亿元，研发投入强度达 8.30%；安全环保保持稳定，安全风险总值进一步下降，绿色企业行动计划持续推进。全年生产油气当量 221.61 万吨，迈上年产油气当量 200 万吨新台阶。

站在新的历史起点，华东油气田将继续高举习近平新时代中国特色社会主义思想伟大旗帜，以习近平总书记关于国家能源安全“四个革命、一个合作”战略思想和视察胜利油田时重要指示精神为指引，扎实推动资源发展、科技创新、安全绿色、企业改革、党建引领五大战略，坚持稳中求进工作总基调，以“固本强基、蓄势赋能”为原则，以“改革创新、做大规模”为目标，全力推进四大板块稳健发展，为实现油气资源跨越式发展、可持续发展、高质量发展而不懈奋斗。

中国石化
SINOPEC

中石化石油工程技术服务股份有限公司

中石化石油工程技术服务股份有限公司（以下简称石油工程公司）是中国石油化工集团有限公司的控股子公司，拥有地球物理、钻井工程、海洋石油工程、测录井、井下特种作业和工程建设六大业务板块，服务内容涵盖从油气勘探、开发、增产、集输的全产业链过程。公司于 2012 年 6 月 28 日在京注册成立。2014 年底，经过石油工程重大资产重组完成上市，正式登陆 A 股和 H 股资本市场（股票简称：石化油服【600871】）。

2021 年 10 月，公司在塔克拉玛干大沙漠顺北 8 井工区施工

2021 年 6 月，公司施工的顺北 56X 井，以井深 9300 米刷新亚洲陆上定向井最深纪录

2021 年 6 月，公司在涪陵焦页 11 东平台推广应用全电驱压裂机组进行施工

石油工程公司在涪陵工区推行的钻井平台标准化现场

公司自 2018 年以来保持了连续盈利良好势头，先后荣获“中国上市企业百强奖”“中国道德企业奖”“港股 100 强税后净利润增长 10 强奖”“金港股最佳基建及公共事业公司奖”等荣誉。

2021 年，石油工程公司深入学习贯彻习近平总书记视察胜利油田重要指示精神，认真贯彻落实“四个革命、一个合作”能源安全新战略，加强科技攻关，推动创新发展，不断提升服务保障能力，为端牢能源饭碗作出了新的更大贡献。先后攻克了超深特深井工程、页岩油气、I 型旋转导向系统等“卡脖子”关键核心技术，优质完成集团公司“深地工程”6 口日产千吨级高产井等重点工程项目。全年新签合同额 709 亿元，创出“十三五”以来新高；营业收入、利润总额、净利润等主要指标均实现同比增长，实现了“十四五”良好开局。

石油工程公司将深入实施专业化、市场化、国际化、高端化、特色化发展战略，坚持目标引领，推进改革创新，加快转型发展，全力推动向技术先导型油服公司迈进，奋力开启高质量发展新征程。

2021 年 10 月，公司在江苏盐城滨海 LNG 配套输气管线进行全自动焊接作业

2021 年 12 月，公司施工的樊页 1-4HF 井，创山东胜利工区页岩油水平井井深最深、水平位移最大等 5 项新纪录

2021 年 9 月，公司旋转导向项目组科研人员在电装实验室进行 I 级电路安装及测试

2021 年 7 月 16 日，公司建设的中国石化首座国产数字化交付的顺北油田联合站成功投产，圆满完成了集团公司“五化”示范工程的设计、建设

2021 年 5 月，公司党委组织机关党员干部到北京香山纪念馆参观，推动党史学习教育走深走实

中国石化 SINOPEC

中石化石油工程建设有限公司

中石化石油工程建设有限公司是中国石化专业从事国内外陆地、海洋石油石化工程建设的技术服务商和工程承包商，具有设计、制造、施工、运维、检测、监理、PMC及EPC“一揽子”总承包能力。

公司拥有13家全资子公司（5家被认定为国家高新技术企业），其中设计和技术服务企业5家（石油工程设计公司、中原设计公司、江汉设计公司、江苏设计公司、管道技术公司），油建企业5家（胜利油建公司、中原油建公司、河南油建公司、江汉油建公司、江苏油建公司），建工企业2家（胜利建工公司、中原建工公司），监理企业1家（江苏监理公司），员工总数1.8万人。拥有6个省部级重点实验及科研机构，是集团公司油田地面工程专标委牵头单位。经营范围涉及工程设计勘察咨询业务、工程施工业务和监理业务等三大板块，陆上油气田地面工程、储运工程、海洋工程、环保与公用工程、新能源利用和碳减排、信息化等六大业务领域。多年来在保障集团油气勘探开发的同时，公司全面拓展国内外的陆地和海洋工程建设市场，为中石油、中海油、国家管网、道达尔、沙特阿美、

泰国国家石油公司等多个国家的能源公司和政府提供工程建设服务，曾在或正在沙特、乌干达、泰国等 46 个国家和地区实施工程项目。优质高效完成东营原油库迁建工程、川气东送管道工程、中原储气库群和国华锦界电厂二氧化碳捕集项目等一大批重要工程。

公司多年来通过技术攻关和工程实践，初步建立了覆盖六个领域的技术体系，包括 30 个系列 94 项技术。近几年共荣获省部级以上奖项 220 余项，其中 1 项国家科学技术进步特等奖，1 项国家科学技术进步二等奖，23 项省部级科技成果奖，14 项工程获得全国优质工程奖，105 项工程获得全国优秀焊接工程奖。加纳西部走廊天然气工程等 2 项荣获鲁班奖；佛山市天然气高压输配系统工程荣获詹天佑奖；涪陵页岩气田焦石坝区块一期工程荣获国家优质工程金奖。以“五化”建设为契机，公司大力推动撬装装置、一体化集成装置的研发和转化。近几年，33 项成果列入集团《重点科技成果转化推广技术目录》。

展望未来，公司围绕“建设国际一流工程建设企业”的发展目标，持续对标一流，有序推进深化改革、管理创新、技术创新，充分发挥专业化、一体化优势，为集团公司打造世界领先洁净能源化工公司贡献更大的力量。

中石化经纬有限公司

牛页1井测井施工现场

测井施工

录井分析岩屑

中石化经纬有限公司（简称经纬公司）于2020年12月19日注册登记，2021年4月16日挂牌成立，位于山东省青岛市，是国内唯一一家将测井、录井和定向全部整合到位的专业化公司，是中国石化面向国内外高端油服市场的技术服务商，致力于提供一体化服务和一站式解决方案，定位为国家级高新技术企业。

公司主营业务涵盖测井、射孔、录井、定向井、技术贸易、测录定技术服务总包以及技术研发、产品制造与销售、资料解释评价、油藏研究等领域，全口径用工总量11471人，其中大学本科及以上4480人，副高级及以上职称2201余人，施工队伍944支，资产总额36.6亿元，测录定专业仪器1928台套，能够满足陆地、海洋各种复杂条件下的勘探开发需求。国内市场遍布26个省（市）、自治区，形成了西北、华北、东北、西南、东部老区五大区域市场；海外市场覆盖8个国家，形成了以中东地区为主战场，辐射中亚、美洲、非洲等地区的市场格局，服务对象涵盖沙特阿美、科威特国家石油公司等国际高端客户。

公司将科技创新作为第一引擎，加大关键技术研究攻关，具备国内领先的定测录导业务科技研发和核心技术装备培育实力，具有基础应用研究和高端应用研发、成果转化、产业培育和人才培养一体化优势，能够为国内外油气田勘探开发提供定测录导一体化服务，是石油工程行业技术发展进步的有力推动者和创造者。针对不同区域油气藏类型，形成特深层高温高压油气

旋转导向技术

石油工程技术“皇冠上的明珠”

资料解释评价

射孔施工

旋转导向研发

定向仪器维保

藏、非常规页岩油气藏等 6 项集成配套技术；围绕主营业务，发展经纬视界 MatriView、经纬探索 MatriExplore、经纬领航 MatriNavi 等 5 大系列产品；聚焦“四提”难点，打造远距探测、高温高压测井等 26 项具有经纬特色的专项技术。荣获省部级科技进步奖励成果 5 项，其中特等奖 1 项，二等奖 1 项，申请专利 178 件（发明 94 件），获授权专利 87 件（发明 26 件），荣获国家专利银奖 1 项，石油与天然气测控技术获批青岛市技术创新中心。

2023 年，公司将全面学习贯彻党的二十大精神，牢记“能源的饭碗必须端在自己手里”殷切嘱托，认真落实集团公司党组决策部署，坚守“旗帜”“栋梁”定位，扛稳“支撑油气、服务钻探”职责使命，激励干部员工“再立新功、再创佳绩”，努力打造世界领先地质测控技术公司，奋力夺取高质量发展新胜利。

中国石化 SINOPEC

上海石油化工研究院

聚合及加工设备

高通量实验室

中国石油化工股份有限公司上海石油化工研究院创建于 1960 年，在基本有机原料（烯烃、芳烃及其大宗衍生物）、碳一化工 / 新型碳资源、高端化学品及高性能合成材料等领域，形成了独具特色的创新体系和关键核心技术，为满足国家重大战略需求、推动石化产业迈向中高端提供技术支撑。

光源启动会

上海石油化工研究院科研力量雄厚、装备设施齐全，是综合性研发机构和中国石化重要的石油化工科研开发基地，拥有五家分院、基本有机原料催化剂国家工程研究中心、绿色化工与工业催化国家重点实验室等国家级研发基地和甲醇转化技术、三采用表面活性剂、芳烃技术（联合）、碳纤维及其复合材料（联合）、高端精细化学品等中国石化重点实验室及中国石化合成纤维加工应用中心（FTC）等技术创新平台；研发的丙烯腈、甲苯歧化、乙苯 / 苯乙烯、醋酸乙烯、异丙苯、裂解汽油加氢、甲醇制烯烃、合成气制乙二醇等一大批具有自主知识产权的催化剂和成套技术，以及芳香腈、表面活性剂、绿色聚酯、高性能纤维、可降解材料等系列化产品技术，在国内外石化工业装置成功应用，保持国际领先或先进水平；创制的全新结构分子筛 SCM-14 获得国际分子筛协会授予的结构代码 SOR，实现了我国企业在该领域零的突破。

上海石油化工研究院拥有中国工程院院士 2 名、中国科学院院士 1 名，享受国务院政府特殊津贴专家 38 名。累计获得省部级以上科技奖励 332 项，包括国家科技进步特等奖 1 项、一等奖 2 项，国家技术发明二等奖 5 项，中国专利金奖 5 项；累计获授权中国专利 5086 件；获授权涉外专利 527 件。

中国石化
SINOPEC

中石化（北京）化工研究院有限公司

北京化工研究院创建于 1958 年 6 月，是中国最早从事石油化工综合性研究的科研机构之一，1998 年 9 月整体进入中国石化，2021 年 7 月 29 日新成立中石化（北京）化工研究院有限公司，成为具有独立法人资格的创新型企业。

经过 60 多年的发展，北京化工研究院在能源化工和新材料领域具有扎实的学科基础和雄厚的研发实力，是国资委部署中国石化打造化工新材料领域原创技术策源地的牵头单位，被国务院国企改办最新纳入“科改示范企业”，荣获“全国文明单位”称号，入选国家工信部第五批工业遗产，被评为中国石化对标一流管理提升行动“标杆企业”。

国家科技奖励证书

院本部 北化院院貌

技术开发

材料加工

分析表征

国际合作

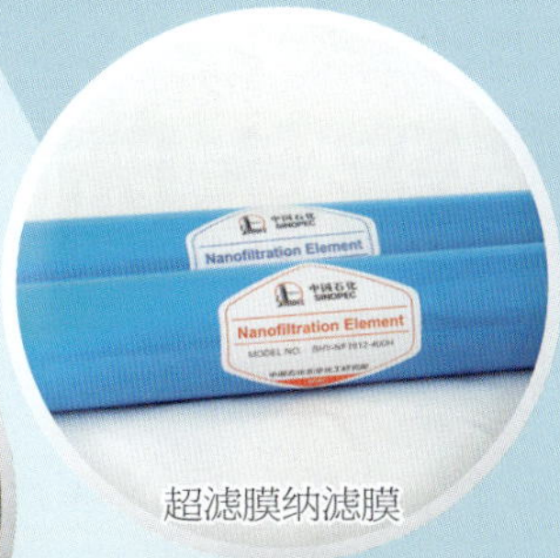

超滤膜纳滤膜

聚烯烃催化剂

生物可降解材料

中国石化塑料技术中心 PTC

聚焦国家能源化工和新材料领域的高质量发展，北京化工研究院勇担国家战略科技力量。在乙烯技术、有机与精细化工、高分子合成材料与加工、化工环保等领域开发了一系列世界领先和世界先进技术，在氢能太阳能、高端医卫材料、生物可降解材料、废旧高分子材料资源化利用等基础前瞻领域取得关键突破，技术和产品涉及能源、健康、交通、农业、生态等应用领域。

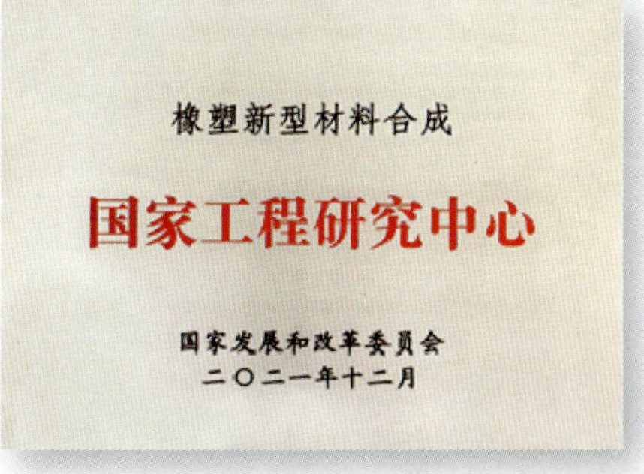

国家工程研究中心

拥有中国工程院院士 2 人，享受国务院政府特殊津贴 10 人，“百千万人才工程”国家级人选 2 人；中国石化首席科学家 1 人，首席专家 2 人、高级专家 4 人。拥有 4 个国家工程研究中心和重点实验室、8 个国家级和行业性技术中心，承担 5 个国内外行业协会秘书处职能，设有 5 个中国石化技术中心、2 个联合研发创新中心和 6 个中国石化重点实验室，拥有通州、天津两大科学试验基地，以及 2 个一级学科硕士学位授权点，具有联合培养博士研究生资格，设有博士后科研工作站。

截至 2021 年底，累计获得省部级及以上科技奖励 491 项，其中国家级奖励 88 项，包括国家科技进步特等奖 1 项，一等奖 2 项、二等奖 9 项，国家技术发明奖 10 项。每年申请专利量超 800 件，累计申请中国发明专利 8100 件，获得授权 4578 件；申请境外专利 1371 件，获得授权 849 件；拥有专有技术 74 项；荣获中国专利金奖 2 项、银奖 3 项、优秀奖 12 项。

在“十四五”新征程中，北京化工研究院将以习近平新时代中国特色社会主义思想为指引，加快关键核心技术攻关，推动科技体制机制改革，为国家实现更高水平科技自立自强、全面建设社会主义现代化国家、实现中华民族伟大复兴作出更大贡献！

2022 年是炼化工程集团重组成立十周年，十年间，公司累计完成工程设计投资额超 9000 亿元，元坝天然气净化厂、海南芳烃、LNG 项目群、福建炼化、中天合创、中安联合、中科炼化等一批重点项目相继建成投产。公司市场影响力持续增强，品牌美誉度持续提升。

十年间，炼化工程集团以科技创新为先导，积极投身重大专项和科技攻关，具有自主知识产权的石油炼制全系列成套技术、大型乙烯技术、芳烃技术和洁净煤化工技术先后攻克，一大批绿色环保、转型升级、数字工程等新技术落地见效，创新驱动力持续增强，行业引领力持续提升，共申请专利 5159 件，获授权专利 3621 件。

全球起重能力最大的 4000 吨级履带吊在阿曼项目现场进行吊装作业

沙特延布炼油厂

镇海基地煤制氢（POX）装置

展望未来，炼化工程集团将助力中国石化扛稳扛好保障国家能源安全、引领我国石化工业高质量发展、担当国家战略科技力量“三大核心职责”，打造具有强大战略支撑力、强大民生保障力、强大精神感召力的中国石化，在造福人类社会的进程中，全力推进高质量发展，奋力建设世界领先技术先导型工程公司。

中天合创项目

中科炼化一体化炼油区

科威特阿祖尔炼厂

扬子石化

【概况】 中国石化扬子石油化工有限公司（简称扬子石化有限公司）和中国石化集团资产经营管理有限公司扬子石化分公司（简称扬子资产分公司）统称扬子石化，占地面积 12.43 平方千米，位于江苏省南京市北郊，南临长江，北接京沪铁路，与国家级的南京化学工业园融为一体。其前身是成立于 1983 年 9 月的扬子石油化工公司。1998 年，扬子石油化工公司实施资产重组，创立以从事石油炼制及乙烯、芳烃等烃类及衍生物生产加工为主的扬子石油化工股份有限公司和以公用工程为主业的扬子石油化工有限责任公司。2007 年，扬子石化有限公司吸收合并扬子石油化工股份有限公司，扬子石油化工有限责任公司改制为扬子资产分公司。2007 年底，扬子石化有限公司收购淮安清江石油化工有限责任公司（简称清江石化）和泰州石油化工有限责任公司（简称泰州石化）。2012 年，成立南京扬子石油化工有限责任公司（以原塑料厂资产在南京化工园注册设立）。2016 年 8 月，全额收购江苏金浦集团持有的扬子金浦橡胶有限公司（简称扬子橡胶公司）股份。

截至 2021 年底，扬子石化职工总数 8 719 人，其中在岗经营管理 / 专业技术人员 2 604 人，具有高级及以上职称的 659 人、中级职称的 1369 人；设 15 个职能部门、7 个业务中心、9 个生产单位；运营 3 个全资子公司、6 个合资公司；总资产 438.16 亿元。扬子石化有限公司本部有 1 250 万吨 / 年炼油、80 万吨 / 年乙烯、140 万吨 / 年芳烃等 61 套大型石油化工装置，可生产合成树脂、合成纤维原料、基本有机化工原料、成品油、合成橡胶等 5 类 50 余种产品，是国内主要的纯苯、对二甲苯、邻二甲苯、精对苯二甲酸（PTA）、乙二醇、丁二烯和环氧乙烷生产商；扬子资产分公司有与石油化工生产相配套的 30 万千瓦发电能力、66 万吨 / 日供水及 3 400 $米^3$/ 时二级污水生化处理能力；清江石化有 100 万吨 / 年特油预处理、50 万吨 / 年催化裂化等 13 套石油化工装置；泰州石化有 60 万吨 / 年常减压、14 万吨 / 年酮苯等 6 套石油化工装置；扬子橡胶公司有 10 万吨 / 年丁苯橡胶和 10 万吨 / 年顺丁橡胶生产能力。

扬子石化主要技术经济指标及主要产品产量分别见表 1 和表 2。

（朱军涛）

【领导班子调整】 2021 年 4 月 23 日，经集团公司党组研究并征得中共江苏省委员会同意，决定：顾越峰任扬子石化董事长、党委书记，扬巴公司董事长、党委书记。6 月 16 日，原金陵石化副总工程师曹云波任扬子石化副总经理，专职分管安全工作。

（朱军涛）

【生产经营优化挖潜成效突出】 2021 年，扬子石化紧盯市场走势和行业趋势，及时优化调整生产经营思路和策略，强化供产销联动优化，有效应对市场波动、生产异常、能源“双控”等因素影响。拓宽原油采购渠道，开发新油种、捕捉机会油、优化计价结构，保持原油采购均价先进水平。全年加工原油 1 196.83 万吨，生产成品油 577.53 万吨，增产化工轻油 2.21 万吨，柴汽比降至历史最低，沥青产销量首次突破百万吨。克服乙烯装置高负荷瓶颈，全力提高双烯产量和收率。全年生产乙烯 78.37 万吨，增产环氧 1 500 吨。开稳开好 EVA 装置，保持烯烃链下游盈利产品稳产高产，塑料新产品和专用料比例 67.22%，创历史新高。灵活应对 MX-PX-PTA 产品链市场变化，持续优化运行模式和产品结构。全年生产 PX 94.69 万吨、PTA 55.57 万吨。扎实推进公用系统可靠经济运行，特别是成功实现绿色供汽中心整套启用，为优化能源结构、适应“双碳”要求奠定坚实基础，构建汽电平衡新模式。持续深化攻坚创效行动，采取积极拓市扩销、稳价推价等措施，22 个项目合计创效 3.85 亿元。加快财务战略转型，深化业财融合，强化预算牵引、成本管控和资金资产管理，降本增效 8.07 亿元。

（朱军涛）

【炼油结构调整项目全面开工建设】 2021 年 5 月 28 日，在江苏省、南京市、集团公司、江北新区领导的支持下，扬子石化炼油结构调整项目经过前期准备，正式开工建设。该项目总投资 51.7 亿元，占地面积 25.5 公顷，以转型升级、提质增效为目标，以增产化工原料为主要方向，最大化发挥炼化一体化优势。项目的开工为中国石化构建“一基两翼三新”产业格局、加快打造世界领先洁净能源化工公司贡献扬子力量，为南京市和中国石化发展发挥积极作用。

（朱军涛）

【集团公司对扬子石化开展环境监测监督专项巡视】 2021 年 6 月，集团公司党组第九巡视组对扬子石化开展生态环境保护专项巡视。7 月 8 日，集团公司能源管理与环境保护部在扬子石化召开环境监测监督情况反馈会，通报监测监督检查情况。扬子石化先后通过制订和实施《扬子石化污染防治工作三年实施方案》，投入逾 30 亿元狠抓节能环保设施的整治、完善和提升，完成燃煤锅炉超净排放、工艺加热炉低氮燃烧、长江入河排口规范整治、挥发性有机物排放（VOCs）提标治理、石油焦 / 煤堆场密闭整治、船舶洗舱站建设等 210 余项污染防治项目。储罐、油品装卸、污水集输与处理、工艺废气 4 类挥发性有机物排放源做到“应治尽治”。扬子石化通过绿色企业复审和清洁生产审核，跻身集团公司“绿色企业”行列。

（朱军涛）

【集团公司党组对扬子石化党委开展专项巡视】 2021 年 7 月，集团公司党组对扬子石化党委开展专项巡视，巡视以习近平新时代中国特色社会主义思想为指导，深入贯彻中央巡视工作方针，在专项巡视的高度、深度、精度和力度上下功夫，做到透过业务看政治、透过现象看本质、透过问题看责任。聚焦习近平生态文明思想及长江黄河流域生态环境保护指示批示精神，集团公司有关碳达峰碳中和、降碳行动及生态环保重点工作部署的落实情况；聚焦上级单位督查检查发现的问题，地方政府处罚的情况，环境风险和环境隐患的整改情况；聚焦企业生态环保深层次问题的梳理，以及前瞻性治理措施的思考，充分发挥监督执行、促进完善发展的作用。

（朱军涛）

【召开中国共产党扬子石化第五次代表大会】 2021 年 12 月 17 日，中国共产党中国石化扬子石油化工有限公司、中国共产党扬子石油化工有限责任公司第五次代表大会召开。大会总结扬子石化第四次党代会以来的工作和经验，客观分析面临的形势任务，描绘“十四五”高质量发展宏伟蓝图，部署建设绿色卓越奋进新扬子重点工作，明确党的建设主要工作任务。听取、审议并通过扬子石化第四届党委工作报告和纪委工作报告，通过党委工作报告决议和纪委工作报告决议。选举产生中共扬子石化有限公司、中共扬子石化有限责任公司第五届委员会和纪律检查委员会委员。

（朱军涛）

【科技创新支撑能力显著增强】 2021 年，扬子石化新申请专利 40 件、获授权专利 28 件。集中力量攻克关键核心技术，长链尼龙单体项目科研攻关取得进步，医用级 PGA 新材料列为集团公司战略科技重点，聚丙烯产品脱 VOCs 项目“出龙”，淤浆法聚乙烯新工艺成套技术开发项目“入龙”。加大特色产品及自主技术开发力度，高结晶均聚聚丙烯等 7 个新产品完成首次工业化试生产，锂电池隔膜料、茂金属聚乙烯、三元共聚聚丙烯等一批新产品实现顶替进口、质量升级、放量生产，茂金属催化剂制备取得新突破，PX 氧化制对苯二甲醛工艺包启动编制。加快智能制造升级步伐，按照“数据 + 平台 + 应用”模式，强化顶层设计，规划形成 31 个业务域信息化融合应用建设方案，完成智能工厂 9 个子项详细设计、5 个子项上线运行，业务模型化、流程可视化、记录数字化取得突破性进展；BPM 平台建成投用，75 项业务流程优化重构，数字化赋能管理提升初见成效；融入新基建战略，加大“5G+ 工业互联网”应用场景开发力度，完成现场 5G 设施布局和 22 个基站建设，“5G+ 安全石化”项目成为江苏省和集团公司唯一入选国家“512 工程”的重点示范项目。

（朱军涛）

【泰州石化常减压和酮苯脱蜡装置全面停产】 泰州石化位于江苏省泰州市海陵区，有60万吨/年常减压和12万吨/年酮苯脱油脱蜡及配套生产装置，生产装置位于江苏省生态红线区域，且60万吨/年常减压装置为国家产业政策明令淘汰的落后工艺装置，被泰州市列入能耗总量削减计划。根据泰州市工业和信息化局、泰州市发展和改革委员会于2021年9月13日出具的联合通知要求，经泰州石化四届董事会第九次会议决议，并经扬子石化批复同意，自2021年9月18日起，泰州石化60万吨/年常减压和12万吨/年酮苯脱油脱蜡及配套生产装置全面停产。

（朱军涛）

【扎实开展党史学习教育】 2021年3月16日，扬子石化召开党史学习教育启动会，深入贯彻党中央决策部署、集团公司党史学习教育动员大会精神，开展党史学习教育。深入开展各层面党史学习教育宣讲232场，受众超5 000人（次）；编发《党史学习教育简报》29期，制作党史学习教育展板3期，巡回展示党史故事，为各单位橱窗统一配发学习海报，营造党史学习教育浓厚氛围。推进“我为群众办实事”实践活动落地见效，用心用情用力解决好群众急难愁盼问题，让职工群众满意。

（朱军涛）

【绿色供汽中心项目建成中交并网发电】 2021年6月9日，扬子石化绿色供汽中心项目建成中交。该项目是南京市重点环保工程，工程总投资16.70亿元，由中国能建江苏电力设计院设计、中国能建江苏电建一公司施工，于2019年4月21日奠基，主要包括新建3台540吨/时蒸汽超高压燃煤锅炉和2台容量为50兆瓦的抽汽背压式汽轮发电机组，还包括化学水处理系统、烟气脱硫、脱硝系统。3台锅炉均一次启动调试成功，标志着项目由施工阶段转入试车和生产准备阶段。12月15日，绿色供汽中心1号机组并网一次成功；12月18日，2号发电机组也顺利并网发电。项目投用后，年发电量可达7亿千瓦·时，年供热量可达1 981万吉焦，有效提高企业整体热效率，实现节能减排，为扬子石化转型升级、高质量绿色低碳发展奠定坚实基础。

（朱军涛）

2021年6月9日，扬子石化绿色供汽中心项目建成中交（李树鹏　摄）

【EVA新产品填补中国石化在光伏膜料领域空白】 2021年5月6日，扬子石化10万吨/年EVA生产装置开车成功，产出合格EVA产品。该项目是集团公司首套重点工程，总投资15.43亿元，由中石化上海工程有限公司设计，上海工程公司、南京工程公司共同建设。5月14日，首批100吨EVA产品UE 1925TS装车出厂，标志扬子石化EVA产品正式打通销售流程。扬子石化先后开发生产出光伏膜料、发泡树脂等3种绿色高端EVA新品，不仅填补中国石化在EVA光伏膜料领域的空白，得到市场认可，也奠定扬子石化EVA品牌地位。EVA装置开车成功，实现塑料产品在结构差异化领域的重要突破，推动扬子石化在“基础+高端”新征程上迈出关键一步。

（朱军涛）

2021年5月6日，扬子石化10万吨/年EVA生产装置开车成功，产出合格EVA产品（达　军　摄）

【芳烃联合装置综合指标连续 13 年保持集团公司前三】 2021 年，芳烃联合装置主要工艺指标持续保持较好水平。其中，“三苯”收率 65.1%，增长 1.52%；PX 收率 42.36%，增长 0.36%；PX 加工损失 0.526%，下降 0.21%；PX 能耗 585.7 千克标油 / 吨，PX 产品合格率 100%，芳烃联合装置综合指标连续 13 年保持集团公司同类装置前 3 名。针对装置运行末期实际情况，芳烃厂始终坚持“全流程优化”思路，针对长周期运行管理特点及运行难点，采取“统筹安排、分步消缺、系统优化、局部特护”的措施，实现联合装置“产量不降、效益不减、性能提升”目标。

（朱军涛）

【聚烯烃新品专用料“量”“效”齐增】 2021 年 1—6 月，扬子石化聚烯烃新产品专用料产量占比 68.14%，比计划高出 3%，经济效益远优于上年同期，全面实现“时间过半、任务超半”目标。2021 年，扬子石化集中优势力量，加快打造一批具有自主特色的“产品小巨人”，推进聚烯烃产品向优质化、高端化、差异化、功能化方向发展。坚持“以销定产”与“以效定产”相结合的生产原则，优化调整聚烯烃新品专用料产品生产计划，多产高附加值产品。联合后加工用户，通过市场调研、技术方案论证、优化工艺条件、改进助剂配方等手段，加快新产品开发步伐，努力使专用料的开发生产实现新突破。

（朱军涛）

【在第四届“绽放杯”5G 竞赛中创佳绩】 2021 年，在国家工信部主办的第四届 5G“绽放杯”竞赛中，“扬子石化 5G 安全专网的建设及应用”在 240 个项目中脱颖而出，获 5G 行业虚拟专网专题赛全国工业互联网赛道一等奖，获全国总决赛资格。“5G 安全专网在智慧石化的应用”获 5G 应用征集大赛江苏区域赛三等奖。扬子石化持续抢抓 5G 新基建发展机遇，大力推进 5G+ 工业互联网应用，不断夯实基础设施。与战略合作伙伴江苏联通共建“5G+ 智慧扬子”，以安全环保为切入点，以 5G 技术为提质增效手段，充分总结、提炼成功经验和技术，在化工行业安全生产、人员定位识别、施工全方位管控、AI 技术应用等方面做出可复制、利于推广的应用。“基于 5G 安全专网的智慧安全环保管控平台项目”列入江苏省、南京市示范项目，获 1 100 万元政府财政补贴；基于 5G 的智慧安全环保管控系统、危险化学品监管建成上线，并与江北新区联网共享，为扬子石化绿色企业创建、安全生产提供技术支撑，得到江苏省、南京市、江北新区有关部门的肯定。

（朱军涛）

表 1　扬子石化主要技术经济指标　亿元

指标名称 \ 年份	2021	2020	2019	2018	2017	2016
原油加工量 / 万吨①	1 196.83	1 320.09	1 357.70	1 337.54	1 143.70	1 334.97
工业总产值	787.73	661.33	844.80	845.63	618.29	612.05
扬子石化有限公司	765.00	638.78	825. 25	823.33	597.68	591.24
扬子资产分公司	22.73	22.55	19.55	22.30	20.61	20.81
工业增加值	169.29	161.27	163.79	203.46	138.54	198.16
扬子石化有限公司	161.82	153.16	158.46	199.16	134.89	191.69
扬子资产分公司	7.47	8.11	5.33	4.30	3.65	6.47
资产总计	438.15	400.08	377.65	370.70	349.61	327.35
扬子石化有限公司	366.01	329.65	307.63	304.53	287.86	262.48
扬子资产分公司	72.14	70.43	70.02	66.17	61.75	64.87
流动资产	188.01	143.84	119.44	142.77	128.30	102.32

续表

指标名称 \ 年份	2021	2020	2019	2018	2017	2016
扬子石化有限公司	164.48	135.30	106.09	127.06	117.35	87.84
扬子资产分公司	23.53	8.54	13.35	15.71	10.95	14.48
固定资产原值	501.74	484.83	458.54	442.15	462.27	453.09
扬子石化有限公司	426.82	427.04	402.69	389.29	404.37	400.30
扬子资产分公司	74.92	57.79	55.85	52.86	57.90	52.79
固定资产净值	158.36	157.05	143.59	139.31	151.87	159.89
扬子石化有限公司	116.71	131.91	119.21	117.54	126.91	138.75
扬子资产分公司	41.65	25.14	24.38	21.77	24.96	21.14
营业收入	727.24	601.98	777.42	802.51	572.40	546.67
扬子石化有限公司	695.42	571.10	747.31	772.91	547.19	521.04
扬子资产分公司	31.82	30.88	30.11	29.60	25.21	25.63
利　税	131.22	106.09	114.24	153.46	130.45	189.36
扬子石化有限公司	129.58	101.89	110.96	149.31	126.70	184.16
扬子资产分公司	1.64	4.20	3.28	4.15	3.75	5.20
税　金	107.82	102.81	91.51	102.03	98.50	133.98
扬子石化有限公司	107.21	102.23	90.86	101.25	97.74	132.28
扬子资产分公司	0.61	0.58	0.65	0.78	0.70	1.70
综合能耗②/吨标煤·万元$^{-1}$						
扬子石化有限公司	1.18	0.82	0.82	0.82	0.86	0.86
扬子资产分公司	2.53	2.73	2.62	2.77	2.79	2.80

①原油加工量统计包含清江石化和泰州石化

②产值能耗 2021 年开始，综合能耗数据按 2020 年不变价计算

表 2　扬子石化主要产品产量①　万吨

产品名称 \ 年份	2021	2020	2019	2018	2017	2016
乙　烯	78.33	82.07	84.53	84.07	65.17	81.62
丙　烯	47.62	50.14	50.53	40.24	36.88	48.18
丁二烯	9.51	10.12	10.53	11.02	8.68	10.83
聚乙烯	46.32	51.09	51.77	48.75	40.64	55.78
聚丙烯	46.82	48.71	49.03	48.15	36.30	48.10
精对苯二甲酸	55.57	81.50	101.17	44.03	55.06	71.38
乙二醇	13.92	16.02	16.64	30.02	22.17	18.67
纯　苯	42.54	43.67	44.18	43.64	35.22	41.59

续表

产品名称 \ 年份	2021	2020	2019	2018	2017	2016
对二甲苯	94.69	103.01	105.64	99.84	83.54	90.87
邻二甲苯	19.55	20.50	21.53	19.23	14.87	15.85
环氧乙烷	20.47	25.15	16.81	15.08	12.64	14.69
柴　油	205.70	256.90	219.64	223.93	221.23	258.23
汽　油	283.32	274.65	313.71	298.74	239.98	276.88
丁苯橡胶	5.70	10.14	9.55	8.59	9.89	2.66
顺丁橡胶②	0.46	9.58	8.59	7.54	5.05	0

①产品产量包含清江石化和泰州石化
② 2013 年 6 月开始，顺丁橡胶产品投放市场，2014 年停产，2017 年恢复生产

扬巴公司

【概况】 扬子石化－巴斯夫有限责任公司（简称扬巴公司）位于江苏省南京市江北新区新材料科技园，由中国石化和德国巴斯夫以 50%:50% 的股比共同投资建设。扬巴公司成立于 2000 年 12 月，2005 年 6 月正式开始商业运营，2011 年和 2014 年先后完成两次大型扩建，总投资约 55 亿美元，占地面积 242 公顷。

截至 2021 年底，扬巴公司运营 33 套化工装置，包括 74 万吨 / 年蒸汽裂解装置、38 万吨 / 年环氧乙烷 / 乙二醇装置、40 万吨 / 年低密度聚乙烯 / 醋酸乙烯共聚物装置、30.5 万吨 / 年羟基醇－碳 4 装置、20 万吨 / 年聚苯乙烯装置、19 万吨 / 年丙烯酸和 21.5 万吨 / 年丙烯酸酯装置、13 万吨 / 年丁二烯抽提装置、8 万吨 / 年 2- 丙基庚醇装置、8 万吨 / 年新戊二醇装置、6.9 万吨 / 年丙酸装置、6 万吨 / 年非离子表面活性剂装置、5 万吨 / 年甲酸装置、4 万吨 / 年二甲基甲酰胺装置和 3.6 万吨 / 年甲胺装置等。所有装置均采用先进的“一体化”理念，以高效环保的方式生产和利用产品、副产品以及能源，降低排放和物流成本，充分发挥协同效应。另有 1 个以天然气为主要原料的燃气—蒸汽轮机联合循环发电厂和数个国际码头，保证能源供应和物流运输。

扬巴公司主要产品有低密度聚乙烯、醋酸乙烯共聚物、乙二醇、丁醇、丙烯酸、丙烯酸甲酯及丁酯、甲酸、丙酸、甲胺、二甲基甲酰胺、苯、甲苯、混合二甲苯、聚苯乙烯、丁二烯、非离子表面活性剂、2- 丙基庚醇、超吸水性树脂等，广泛应用于农业、食品、卫生、医药、电子、电器、纺织、洗涤、建筑、汽车、皮革处理、光伏产业等各种领域。2021 年销售 298 万吨化学品和聚合物，销售收入 275 亿元。截至 2021 年底，扬巴公司共有员工 2 006 名。

（李时艳）

【国务院总理李克强视察扬巴公司】 2021 年 3 月 26 日，中共中央政治局常委、国务院总理李克强在江苏省委书记娄勤俭、省长吴政隆、南京市市长韩立明等领导的陪同下视察扬巴公司。扬子石化董事长兼扬巴公司董事长洪剑桥，巴斯夫大中华区总裁兼董事长、扬巴公司副董事长 Stephan Kothrade，扬巴公司总裁 Bram Jansen 在乙烯装置中控室向李克强总理一行表示热烈欢迎。李克强总理听取相关汇报，并勉励大家继续推进创新，将扬巴公司建设成为世界一流的中外合资企业。

（李时艳）

【中国石化与巴斯夫宣布扩建南京一体化基地】2021 年 8 月 5 日，中国石化和巴斯夫同时宣布进一步扩建扬巴公司，扩大丙酸、丙醛、乙烯胺、乙醇胺和精制环氧乙烷的产能，同时新建一套丙烯酸叔丁酯（TBA）装置，以丙烯酸以及异丁烯为原料向下游延伸，该生产工艺首次在德国以外得到应用。所有装置计划于 2023 年全部建成投产，以更好满足国内市场对特种化学品的需求，促进国内高端新材料产业快速发展。

（李时艳）

【220 千伏超高压绝缘基料在国内首次应用】自 2019 年起，扬巴公司低密度聚乙烯装置研发团队与国家电网紧密合作，对装置的全流程进行整体优化和相应改造，经过大量技术攻关和验证实验，逐步攻克超高压绝缘材料的缺陷控制、链结构控制、活性匹配等关键技术难题，成功研发出 220 千伏超高压绝缘基料，通过国家电网型式实验，并于 2021 年 3 月底在辽宁阜新新煤线成功投运，实现应用国产绝缘材料的超高压电缆首次挂网运行。

（李时艳）

【新建 2 个液化气球罐】经过 14 个月的建设，扬巴公司在裂解罐区新建的 2 个 3 000 立方米液化气（LPG）球罐 T1121 和 T1122 于 2021 年 12 月 28 日成功投用，完成首次接卸物料，比原计划提前 4 个月。

（李时艳）

【二甲基乙醇胺轻组分变废为宝项目获成功】2021 年 10 月 13 日，扬巴公司二甲基乙醇胺（DMEOA）轻组分变废为宝项目首发成功。

DMEOA 轻组分变废为宝项目

DMEOA 轻组分一直作为废液被送至焚烧炉进行处理，项目成功后，DMEOA 轻组分通过第三方公司进行循环利用，在产生额外价值的同时减少天然气消耗和二氧化碳排放，进一步减少扬巴公司的碳足迹，同时也满足政府推进“无废城市”建设的要求。

（李时艳）

【首个光伏发电试点项目成功投用】2021 年 12 月 3 日，扬巴公司首个屋顶光伏发电试点项目成功并网发电，安装能力为 50 万千瓦·时，发电量可覆盖现场办公大楼的全部照明和维修车间等处的用电需求，进一步助力扬巴公司打造绿色低碳工厂。

（李时艳）

光伏发电

【成为江苏省首批绿电交易试点企业】在国家发展和改革委员会批准的《绿色电力交易试点工作方案》指导下，江苏省首笔绿色电力交易于 2021 年 9 月 7 日在江苏电力交易中心完成。作为江苏省内首批试点企业之一，扬巴公司认购电量 1.07 亿千瓦·时，成为此次绿电交易的最大购买方，交易有效期至 2022 年底，所购电力均产自太阳能光伏。相比于传统电力，扬巴公司认购的电量相当于每年减少碳足迹 7 万吨。

（李时艳）

【取得出色的安全环保业绩】2021 年，扬巴公司取得历史上最好的安全业绩，实现 PSI（工艺安全事故）为零的年度目标，接受巴斯夫责任关怀审计的 6 套装置均进入“绿区”，12 套装置的“全新审查”如期完成。自 2010 年以来，扬巴公司在环保方面的投资累计超10亿元人民币，一系列提标改造项目进一步提高原料利用率、减少污染物排放。2021年，扬巴公司再次以化工企业身份获评江苏省环保信用评价“绿色等级”企业，获各项正向保护激励，如降低随机抽查频次、合理简化审批程序、优先安排补助资金、执行管控豁免等。

（李时艳）

【通过AEO海关高级认证】 2021年10月20—21日，扬巴公司接受海关高级认证专家组的实地审核，并于29日获经认证的经营者（AEO）海关高级认证证书，成为南京市首家通过AEO高级认证的化工企业。AEO高级认证是海关信用评级的最高等级，获认证的企业在国际贸易中享受与欧盟等共20个经济体、46个国家或地区的国际互认通关便利，能够缩短通关时间、降低通关成本，从而大幅提高企业的国际贸易竞争力；同时在国内享受海关、银行、税务、保险等相关政府部门在信用、金融、信贷等方面的联合激励优惠政策。

（李时艳）

【获恒河集团优秀供应商奖】 2021年11月25日，恒河材料科技股份有限公司（恒河集团）向扬巴公司颁发优秀供应商奖。恒河集团是扬巴公司的重要战略合作伙伴，其宁波工厂是扬巴公司的碳九客户之一，而南京子公司（恒河南京）则是扬巴公司碳五产品的客户和轻质碳五产品的供应商。扬巴公司与恒河南京的合作始于2010年，2021年恒河南京的销售收入在扬巴公司所有客户中位居前列。

（李时艳）

【获创维公司年度优秀供应商奖】 在2021年10月29日举办的创维电器核心供应商大会上，扬巴公司获2021年度优秀供应商奖。自2017年与创维合作以来，扬巴公司凭借稳定的产品质量和优质的服务迅速赢得客户青睐，成为其主要的聚苯乙烯原料供应商，助力创维在智能家居时代的产业转型升级。

（李时艳）

【获第八届中国欧盟商会企业社会责任奖】 在2021年12月2日举办的“中国欧盟商会第八届企业社会责任颁奖典礼”上，扬巴公司从40多个申请企业中脱颖而出，获2021年度社会责任与可持续发展领袖奖。中国欧盟商会连续多年举办企业社会责任奖的评选，旨在表彰企业社会责任成功案例，提高可持续发展意识，分享企业社会责任践行经验，共同推进中国企业社会责任领域和可持续理念的发展。

（李时艳）

【获江苏省能源计量示范单位称号】 2021年，经江苏省市场监督管理局评审确认，扬巴公司被授予2019—2020年度江苏省能源计量示范单位称号。在上榜的15家企业中，仅2家是化工企业。

（李时艳）

【在“江苏省履行《禁止化学武器公约》能力竞赛”中获奖】 2021年6月初，江苏省履行《禁止化学武器公约》能力竞赛南京赛区初赛在江北新材料科技园举办。通过现场演示、技术翻译、模拟数据核查、现场问答、打分公示等环节，扬巴公司获一等奖。随后在10月举行的全省决赛中获三等奖。

（李时艳）

【在“江北新区重点行业企业职工应急处置技能大赛”中获奖】 2021年11月30日—12月1日，扬巴公司与其他97家企业共同参与由南京市总工会和江北新区管委会主办、江北新区总工会和江北新区应急管理局承办的“2021年度南京市重点企业岗位职工应急处置技能竞赛”，共有189名选手参赛。扬巴公司参赛选手唐青春获个人理论考试第3名和精神文明奖，扬巴公司获优秀组织奖。

（李时艳）

【参加首届“对话德国”活动】 2021年12月21日，扬巴公司醇类、中间体和丙烯酸类产品部总经理Carsten Hoehne和人力资源总监Sanddee Ng代表扬巴公司出席在常州市举办的“对话德国”活动。活动由江苏省外办、中德友好协会、常州市人民政府、中国德国商会主办，以“新机遇、新挑战、新发展”为主题，中德两国嘉宾围绕双向投资、新能源、职业教育等议题展开交流探讨。Sanddee Ng 在“中德双元，智造未来——中德职业教育合作路径与探索”对话环节中进行分享互动。

（李时艳）

【“安全周”活动持续改善安全文化】 2021 年 9 月 13—17 日，扬巴公司举办主题为“关注安全，平安你我”的安全周活动，通过 VR 体验、HAZMAT 展示、急救体验、安全灯谜、安全有奖问答、职业健康讲座、机械安全事件预防研讨会和工艺安全事件预防研讨会等一系列活动，借助讲座、问答、现场讲解、亲身体验等各种形式传递安全理念，吸引千余名扬巴公司员工和承包商员工积极参与。“安全周”活动旨在不断深化扬巴公司员工和承包商的安全意识，持续改善安全文化，营造更加安全的工作环境。

举办安全周活动

（李时艳）

【“安全时刻”持续提高安全意识】 2021 年，扬巴公司继续开展每季度一次的“安全时刻”活动。在特定时间段内，全体员工和承包商分别在各自的工作区域聚集，以一个常见的安全主题作为“话题引发剂”，就生产和生活中的各类安全问题开展学习、讨论和经验分享。通过这种方式反复强化员工及承包商人员的安全意识，让大家从小事做起，随时随地关注自己及他人的安全，直至将安全行为变成一种日常习惯，持续提升扬巴公司的安全文化和安全业绩。

（李时艳）

【开展“净林行动”】 2021 年 9 月 19 日“世界清洁日”，扬巴公司在南京紫金山开展“净林行动”。来自各部门近 40 名员工携带工具，在登山过程中捡拾垃圾，倡导大家提高环保意识，不乱扔杂物，共同爱护家园，携手践行可持续发展。

（李时艳）

中韩石化

【概况】 中韩（武汉）石油化工有限公司（简称中韩石化）由中国石化和韩国 SK 综合化学株式会社以 65%∶35% 的股比合资成立，注册资本 71.93 亿元，成立于 2013 年 10 月，2014 年 1 月 1 日正式运营；2019 年通过一体化合资项目完成对武汉石化炼油资产并购，7 月 1 日开始并表运营，成为中部地区最大的炼油化工一体化企业。

中韩石化有 2 个厂区。其中，炼油厂区投产于 1977 年，位于湖北省武汉市青山区，占地 188.07 公顷。炼油综合配套能力 850 万吨/年，共有 350 万吨/年 $1^{\#}$ 常减压、500 万吨/年 $2^{\#}$ 常减压、100 万吨/年 $1^{\#}$ 催化裂化、100 万吨/年 $2^{\#}$ 催化裂化、180 万吨/年催化原料加氢处理、180 万吨/年加氢裂化、150 万吨/年 S Zorb 汽油吸附脱硫等 26 套主要生产装置，可生产汽油、柴油、航空煤油、石脑油、聚丙烯、“三苯”、液化气、硫黄、石油焦等产品。化工厂区位于化学工业区，投产于 2013 年 8 月，占地 294.8 公顷，与炼油厂直线距离 9.8 千米，有 110 万吨/年乙烯、70 万吨/年裂解汽油加氢、15 万吨/年碳五分离、13 万吨/年丁二烯抽提、35 万吨/年芳烃抽提、12/4.5 万吨/年 MTBE/1- 丁烯、30 万吨/年高密度聚乙烯、30 万吨/年线型低密度聚乙烯、15/28万吨/年EO/EG、20万吨/年JPP聚丙烯、20万吨/年ST聚丙烯、2.7万吨/年苯乙烯抽提、30万吨2#高密度聚乙烯、30万吨/年3#ST聚丙烯、6万吨/年2#丁二烯共15套主体生产装置及相应的系统配套装置，生产聚乙烯、聚丙烯、环氧乙烷、乙二醇、丁二烯、苯乙烯、“三苯”等产品。

中韩石化实行两级扁平化管理，共设14个职能部门、6个业务中心和12个生产运行部。截至2021年底，共有员工2 853人，其中包含股份公司委派6人、SKGC委派12人。

中韩石化主要技术经济指标及主要产品产量分别见表1和表2。

（任丽娜）

中韩石化化工厂区全景（付　松　摄）

【领导班子调整】 2021年1月8日，SK综合株式会社下发提名函，提名金炅澳担任中韩石化常务副总经理职务，姜锡焕不再担任常务副总经理职务；提名宋芳彦担任副总经理职务，李末穆不再担任副总经理职务。7月2日，股份公司下达提名意见书，提名刘昕为副总经理。

（任丽娜）

【生产经营业绩大幅增长】 2021年，中韩石化加工原油829.6万吨，增长43.5%；乙烯产量106.4万吨，增长52.4%，均创历史最好水平；工业总产值首次突破500亿元；营业收入502.08亿元，增长74.9%；利润20.97亿元，增长271.6%；上缴税金72.87亿元。炼油吨油完全费用254元，乙烯吨产品费用1 312元，装置达标、专业达标和节能减排指标全部达标。

（任丽娜）

【本质安全环保水平稳步提升】 2021年，中韩石化以系统观念推进HSE体系运行。完善中韩石化HSE管理手册并颁布实施，推进新版体系要素运行，统筹开展要素监督执行并持续改进。落实集团公司“总经理2号令”和“五查五严”保安全等系列专项行动，抓实“一把手”安全连线布置的重点工作落实。发挥领导引领力，各级领导干部带头开展HSE检查和安全观察，共发现问题2 294项，整改率90.5%。深入宣贯新《安全生产法》，扎实开展安全生产专项整治三年行动，开展风险识别和分级管控，9项公司级风险实现2项销项、1项降级，风险总值下降27.6%。完成26套装置的风险评估，按“五定”要求推进95项管控措施，持续推进26项隐患治理项目。严抓直接作业环节管理，强化作业计划管理及作业风险分析，从严现场安全监管及违章考核，组织受限空间作业和硫化氢防护专项治理活动，开展主要承包商HSE体系专项审核。中韩石化上报集团公司安全环保事故为零，炼油厂区连续安全生产3 855天，化工厂区连续安全生产3 292天，获集团公司安全生产先进单位称号。

（任丽娜）

【持续推进绿色低碳发展】 2021年，中韩石化践行长江大保护要求，加强水体风险防控，大力开展污水回用工作，制定17项节水减排措施，污水回用率从不足10%提高到30%以上，外排污水总量下降23%，有效助力长江流域生态环境保护和净零排放工作顺利开展。开展生化污泥一般固体废物特性鉴定、污泥干化、浮渣回炼等危险废物减量化工作，减少危险废物外委处置量1 700吨，节约处置费用420万元。开展“无异味装置”创建试点，加强VOCs治理工程项目实施，投产“三苯”罐区油气回收、产品罐区及公路装卸站VOCs综合治理项目，均达到最新国标要求，现场异味明显改善，炼油、化工VOCs排放量分别下降19.2%和15.3%。投用油码头生活污水收集设施，成为华中地区首个免费接收处理靠泊船只生活污水的码头。组织公众开放日活动18期，接待公众参观交流1 000余人次，中韩石化污水处理生态景区入选集团公司首批十大“美丽石化生态排放景观”企业案例，继续保持集团公司绿色企业称号。

（任丽娜）

【筑牢员工职业健康防线】 2021年，中韩石化持续加强职业病危害因素监测，员工职业健康体检率、接触危害因素岗位受检率保持100%。完成1#HDPE装置部分风机噪声治理，有效降低噪声强度。坚持“外防输入、内防反弹”常态化防控不放松，保障中韩石化疫情防控机制持续有效运行，推进新冠疫苗接种工作，符合第3针条件的员工接种率95%，获评湖北省健康企业称号。

（任丽娜）

【攻坚创效打开新局面】 2021年，中韩石化推进精益管理战略，锚定炼化行业第一方阵前列的目标，对标历史最好水平、找差距、定措施、补短板、强弱项，全力以赴攻坚创效取得显著成效，多项指标创历史最好水平。紧盯国际原油市场变化，根据高低硫原油差价优化采购品种，把握外购乙烯原料采购节奏，降低采购成本。抢抓市场机遇，增产高附加值产品，汽油产量196.4万吨、柴汽比下降至1.03，乙烯产量106.4万吨，均创历史最好水平。炼油片区获总部专业竞赛年度排名第4名，较2020年度进步22名，中型炼厂中排名第一，炼油专业竞赛排名创历史最好水平。化工全员劳动生产率、人工成本利润等7项关键技术经济指标，在化工事业部“比学赶帮超”竞赛排名第二，创历史最好水平。乙烯装置深入分析能耗分布并开展攻关，装置高附能耗稳步下降，年累计值降至280.3千克标油/吨，下降15千克标油/吨，创历史最好水平。

（任丽娜）

【转型升级发展迈出新步伐】 2021年，中韩石化持续推进重点工程项目建设，促进企业转型升级。乙烯脱瓶颈改造项目收官：3月26日，30万吨/年3#PP装置一次投产成功；8月16日，60万吨聚合物立体包装库投用；9月28日，30万吨/年HDPE装置一次开车成功，企业迈入百万吨级乙烯行列。炼油结构调整及其他建设项目稳步推进：11月12日，新建800吨/时除盐水站一次投产成功，1.5万米^3（标准）/时富氢气体利用项目顺利投用，凝结水站、六循扩能改造项目进展顺利；9月，280万吨/年催化装置进入土建施工阶段。

（任丽娜）

【科技创新发展成果显著】 2021年，中韩石化立足科技自强自立，坚定不移走科技兴企道路，承担总部科技项目10项，自筹科技项目11项，科研投入1 400万元，“复杂原料百万吨级乙烯成套技术研发及工业应用”获国家科学技术进步奖一等奖，“临水石化企业溢油风险监测与防控技术”获集团公司科技进步奖二等奖。向国家知识产权局申报专利15件，其中发明专利9件、实用新型专利6件，专利数量和质量均创历史最好水平。不断加大新产品开发投入，加快提升高附加值产品比重，成功开发14个新产品，新产品和专用料占树脂产品总量的比例达64.5%，超年度计划3.5个百分点。与韩国SK集团达成高端聚丙烯树脂HCPP系列产品的技术合作协议，成功生产2个HCPP新牌号，为中韩石化高质量发展提供有力支撑。

（任丽娜）

【智能工厂建设提质升级】 2021年，中韩石化以建设智能工厂为目标，加快推进数字化信息化技术与生产经营融合发展，投用集团公司在华中地区最大的立体仓库，实现出入库及库存管理全流程自动化智能化管控。将信息技术与生产运营环节紧密结合，利用PRASS国产实时数据库，实时采集72套装置的近20万点数据。继续推进数字装置建设，完成气分、烷基化、EO/EG、碳八、JPP共5套装置和全厂公共管廊的数字化建设。投用2#催化、S Zorb、乙烯裂解3套装置的先进控制系统（APC）。推进工艺、质量、计量、智能巡检等管理系统升级。正式建成投用中韩石化5G专网，实现炼油厂区全覆盖。在2021中国5G+工业互联网大会上，中韩石化获武汉十大智能标杆工厂称号。

（任丽娜）

【深化企业改革取得实效】 2021年，中韩石化推进深化国企改革三年行动实施方案，紧盯“三项制度”改革关键核心，深化改革工作任务完成率92.5%，全面超过总部下达的70%指标。有序推进经理层成员任期制和契约化工作，按照“条块结合、专业集中、区域做实”的原则，将基层机构从136个调整到122个，精简率10.3%。一体化融合过渡期整合目标到位，机构精简，基层夯实。

（任丽娜）

【持续加强干部人才队伍建设】 2021年，中韩石化加大年轻干部选拔力度，中层领导人员中40岁以下占比达16.7%，干部队伍年龄结构明显改善。开展中层领导人员考核评价机制，实行末位调整，对履责不力的中层干部进行岗位调整。聚力人才强企工程，加大高层次人才引进培养力度，新聘任4名中韩石化高级专家。加强各序列人才队伍的培训，落实培训主体责任，将设备、工艺、安全专业培训取证与岗位聘用结合起来，强化操作人员技能提升，炼油全面启动副班培训工作。参加全国性聚乙烯装置操作工竞赛，获金、银、铜奖各1枚和团体总分第4名的历史最好成绩。首次评选特级技师3名。陈春锋和陈亚宽2个劳模工作室被授予中国石化示范性职工创新工作室称号。

（任丽娜）

【连续5年获评集团公司年度党建考核A档】 2021年，中韩石化党委坚持把党的政治建设摆在首位，落实“第一议题”制度，围绕习近平总书记“七一”重要讲话和视察胜利油田重要指示精神、党的十九届六中全会精神等重点内容开展专题研讨、党员干部讲党课，深化推进党的政治建设68项重点措施，扎实做好党组巡视问题整改。隆重庆祝党的百年华诞，在集团公司庆祝建党百年暨高质量党建推进会上，中韩石化党建工作列入典型经验交流材料。聚焦学党史、悟思想、办实事、开新局，有力有序推进党史学习教育走深走实，44项公司级“我为群众办实事”重点事项完成42项，职工免费癌症筛查、“青年职工之家”投用、热水宝安装等实事受到广泛好评。加强党支部制度化、标准化建设，基层班组党员覆盖率100%，加强“一支部一品牌”创建，烯烃部党支部获总部“基层党支部示范点”称号。强化政治监督，对17个党支部开展“点穴式”巡察，与荆门石化探索开展交叉巡察。推进大监督向基层延伸，深入开展靠企吃企风险防控和安全环保领域形式主义、官僚主义专项整治。加强责任追究考核，给予6人党纪政纪处分、5人组织处理。连续第5年获评集团公司年度党建考核A档。

（任丽娜）

2021年7月，国家危险化学品应急救援基地队武汉石化队奔赴河南新乡抗洪救灾（付 松 摄）

【抗洪救灾显担当】 2021年7月，河南省遭遇特大暴雨，多地引发洪涝灾害。接到国家应急部救援命令后，中韩石化党委迅速指派国家危险化学品应急救援武汉石化队（中韩石化应急救援中心）35名指战员、9台专用救援车辆前往河南新乡，连续13天奋战在抗洪排涝一线，抽排积水120万立方米，协助撤离群众4 300余户，全力维护人民群众的生命财产安全，被国家应急管理部授予集体二等功，队长洪涛获个人二等功。

（任丽娜）

表1 中韩石化主要技术经济指标[1] 亿元

指标名称 \ 年份	2021	2020	2019	2018	2017	2016
原油加工量/万吨	829.57	577.99	411.95	—	—	—
工业总产值	500.05	291.75	311.43	170.97	161.24	117.18

续表

指标名称＼年份	2021	2020	2019	2018	2017	2016
资产总值	281.46	258.26	269.03	153.63	152.34	161.75
资产负债率 /%	55.55	57.64	55.92	15.19	26.09	46.50
销售收入	502.08	287.02	310.16	171.33	161.39	117.03
利　润	20.97	−12.22	8.91	25.05	36.43	20.72
上缴税金	72.87	80.92	26.94	16.59	20.11	11.39
综合能耗 / 吨标煤・万元 $^{-1}$	1.124	1.176	0.785	1.69	1.69	1.74

① 2019 年 7 月 1 日中韩石化一体化合资公司开始并表运营后，原武汉分公司、武汉资产分公司炼油生产经营相关业务并入中韩石化

表 2　　中韩石化主要产品产量[①]　　万吨

产品名称＼年份	2021	2020	2019	2018	2017	2016
汽　油	196.42	141.01	94.19	—	—	—
柴　油	202.91	187.03	125.44	—	—	—
航空煤油	79.49	46.66	53.15	—	—	—
化工轻油	256.41	149.91	86.99	—	—	—
燃料油	17.44	7.55	2.46	—	—	—
液化气	31.90	20.69	16.75	—	—	—
硫　黄	6.21	4.29	2.99	—	—	—
焦　炭	58.24	42.79	29.23	—	—	—
丙　烷	0.16	0.24	0.28	—	—	—
环氧乙烷	25.65	12.34	17.05	16.55	15.32	12.14
乙　烯	106.39	69.78	88.95	88.40	86.70	72.89
丙　烯	68.62	44.74	50.55	46.20	45.65	37.78
1– 丁烯	4.06	2.34	3.08	2.93	3.61	2.63
丁二烯	17.06	9.93	12.77	12.12	12.91	10.57
异戊二烯	2.11	1.12	1.37	1.48	1.56	1.31
间戊二烯	1.93	0.89	1.17	1.48	1.41	1.37
双环戊二烯	1.82	0.55	0.76	1.12	1.10	1.00
苯	23.55	14.50	17.77	16.67	16.49	14.08
甲　苯	10.15	6.64	8.17	8.14	8.43	6.49
二甲苯	6.18	3.89	4.31	5.80	6.28	5.61
甲基叔丁基醚	10.24	8.21	9.76	7.49	8.38	7.30
高密度聚乙烯	36.94	2.61	29.82	29.59	28.83	24.30

续表

产品名称 \ 年份	2021	2020	2019	2018	2017	2016
线型低密度聚乙烯	37.23	2.60	30.04	30.98	30.17	26.56
聚丙烯	64.98	42.74	47.47	39.79	41.47	34.41
乙二醇	11.00	10.75	19.61	20.45	21.87	18.70

① 2019 年 7 月 1 日中韩石化一体化合资公司开始并表运营后，原武汉分公司、武汉资产分公司炼油生产经营相关业务并入中韩石化

巴陵石化

【概况】 中石化巴陵石油化工有限公司（简称巴陵石化）位于湖南省岳阳市云溪区和岳阳楼区，紧邻京广铁路、京广高铁、107 国道、京珠高速和随岳高速，西靠洞庭，北倚长江，厂区总面积 9.45 平方千米，是一家大型石油化工、煤化工联合企业，是国内最大锂系橡胶、己内酰胺生产企业和重要的环氧树脂生产基地。

巴陵石化下辖炼油部、橡胶部、树脂部、己内酰胺部、煤化工部等 10 个直属单位，以及合资企业浙江巴陵恒逸己内酰胺公司。固定资产原值 187 亿元、净值 82 亿元；在册员工 8 759 人（在岗 6 687 人）、离退休 10 671 人；有主要生产装置 50 套，配套建有 2 个区域热电中心、3 个污水处理中心等公用工程。分 5 条产品链，炼油产品链，包括年综合加工能力 200 万吨炼油（常压部分具备 350 万吨一次加工能力），年产 12 万吨苯乙烯、6 万吨聚丙烯、6 万吨 MTBE 等；合成橡胶产品链，总产能 38 万吨 / 年，包括 20 万吨 / 年 SBS、9 万吨 / 年 SEBS、4 万吨 / 年 SIS、2 万吨 / 年 SEPS、3 万吨 / 年 SSBR 等；环氧树脂产品链，包括 10 万吨 / 年环氧树脂、9 万吨 / 年烧碱、3.2 万吨 / 年氯丙烯、2.8 万吨 / 年氯丙烷等；己内酰胺产品链，包括 50 万吨 / 年己内酰胺（含合资企业 20 万吨 / 年）、45 万吨 / 年环己酮、80 万吨 / 年硫铵等；煤化工产品链，包括日投煤 2 000 吨煤气化（年产氢气 10 万吨）、42 万吨 / 年合成氨、26 万吨 / 年双氧水等。主要产品有汽油组分油、柴油组分油、溶剂油、苯乙烯、MTBE、SBS、SIS、SEBS、SEPS、SSBR、聚丙烯、环氧树脂、液氯、盐酸、己内酰胺、聚酰胺、环己酮、硫酸铵、液氨、双氧水、氢气等 50 多种 170 多个牌号。

截至 2021 年底，巴陵石化获国家技术发明一等奖、国家科学技术进步奖一等奖各 1 项，国家科学技术进步奖二等奖 6 项，累计获得国家、省部级科学技术进步奖 157 项，有获授权专利 484 件。被评为中国石化创新型企业。建设院士工作站、中国石化重点实验室、博士后科研工作站等平台。一批新特产品填补国内空白，SIS、SEBS 被评为国家重点新产品。巴陵石化锂系橡胶生产技术及其催化剂综合技术居世界先进水平；己内酰胺生产技术世界领先，掌握环己酮氨肟化、酯化加氢制环己酮、浆态床双氧水等新一代工艺技术；环氧树脂综合技术居国内前列，率先研发行业领先的环保型环氧氯丙烷新工艺。

2021 年，巴陵石化生产产品总量 448 万吨，营业收入 200 亿元，上缴税费 21.35 亿元。

巴陵石化主要技术经济指标和主要产品产量分别见表 1 和表 2。

（李　建　吴　慧）

【巴陵石化召开庆祝中国共产党成立 100 周年大会】 2021 年 6 月 29 日，巴陵石化召开庆祝中国共产党成立 100 周年大会，回顾党 100 年来的光辉历程和丰功伟绩，总结公司在党的领导下取得的发展成就，表彰先进集体和个人。公司执行董事、党委书记邬智勇讲话并讲授题为《学习百年党史，牢记初心使命，奋力谱写“打造新巴陵、

争当排头兵”新篇章》的专题党课。

（李　建）

2021 年 6 月 29 日，巴陵石化召开庆祝中国共产党成立 100 周年大会

【己内酰胺搬迁项目建设】 2021 年，巴陵石化全力抓好己内酰胺搬迁升级项目 HSE、质量、进度、投资、合同、廉洁“六大控制”，奋力加快项目建设，6 月底全面启动土建施工。截至 2021 年底，项目详细设计完成 95%，长周期和次长周期设备已完成采购，一般设备招标完成 99%，厂内桩基、一级地管、全厂主干道已完成施工，土建基础施工进入收尾阶段，累计实现 500 万以上连续安全人工时。

（吴　慧）

【生产运行】 2021 年，巴陵石化狠抓运行优化，努力保障装置长满优运行，橡胶产品单体消耗和溶剂消耗创历史新低，合成氨综合能耗、供电标煤耗、供水单位电耗等指标保持中国石化同类装置标杆水平，己内酰胺综合能耗明显下降。完成炼油、煤气化及配套装置大修，推进高危泵隐患治理和无泄漏装置创建，创完好专业 42 个、无泄漏装置 16 套。严格落实集团公司“总经理 2 号令”要求，扎实推进“百日安全无事故”“五查五严”保安全专项行动，抓好风险识别管控和隐患排查治理，出台《从严治企安全管理十条规定》，深化 HSE 管理体系建设，重大安全风险降值完成年度目标，七大类直接作业总量和用火作业总量连续 4 年下降。

（吴　慧）

【绿色环保】 2021 年，巴陵石化强化源头减排、过程管理和末端治理，坚决打好污染防治攻坚战，深入开展碳达峰、碳中和研究，污染物排放实现稳定达标、总量持续减少，累计创建绿色装置 27 套，获评中国石化绿色企业。

（李　建）

【经营运作】 2021 年，巴陵石化紧跟市场走势，动态优化原油库存和采购策略，努力争取系统内低价化工原料，特别是克服洪涝灾害、煤矿停产整顿等困难，积极协调大矿长协资源，保证原燃料稳定供应；狠抓拓市增销，坚持自销产品“一品一策”，多方位稳价推价，实现全产全销；加大海外市场开拓力度，出口产品 2.9 万吨、增长 28%，SEPS、邻甲酚醛环氧树脂首次实现出口；深化产销研用一体化，销售新产品 7.2 万吨；深化全员成本目标管理，吨产品完全费用、吨产品变动成本分别下降 6.5% 和 2.6%，压降非生产性费用 500 万元，盘活资产和争取政策创效 1.27 亿元。

（李　建）

【科技创新】 2021 年，巴陵石化扎实推进国家热塑性弹性体技术创新中心筹建工作，国家重点研发课题医用 SEBS 项目通过科技部验收，环保型环氧氯丙烷、酯化加氢制环己酮 2 个项目入选中国石化“十条龙”攻关计划，环氧树脂废水连续脱盐技术打通中试流程、填补行业空白。组织首届科技项目“揭榜挂帅”和“功勋奖”评选，创新动力不断增强。加强知识产权保护，获授权专利 42 件，“一种可注射发泡的苯乙烯属单体—二烯烃共聚物及其制备方法和用途”专利获第

2021 年 4 月 2 日，巴陵石化召开首届重点科研项目“揭榜挂帅”发布会

二十二届中国专利优秀奖。深化信息集成应用，2021 年完成 23 套系统建设，提升智能化、数字化水平。

（吴　慧）

【海南 SBC 项目进展顺利】 2021 年 1 月 26 日，巴陵石化与海南炼化合资建设年产 17 万吨苯乙烯类热塑性弹性体项目可行性研究报告获集团公司批复，项目包括年产 12 万吨 SBS 和 5 万吨 SEBS 装置，总投资 21.6 亿元，由巴陵石化与海南炼化按照 50%：50% 股比共同出资建设。5 月 6 日，巴陵石化与海南炼化合资设立海南巴陵化工新材料有限公司注册成立。9 月 13 日，项目正式开工，标志着项目进入全面土建施工阶段。项目建成后中国石化锂系橡胶生产规模将从亚洲第一、世界第二跃居成为世界第一。

（李　建）

【上海 SBC 项目进展顺利】 2021 年 8 月 31 日，巴陵石化与上海石化合资建设年产 25 万吨苯乙烯类热塑弹性体项目可行性研究报告获集团公司批复，项目包括年产 14 万吨 SBS、5 万吨 SEBS、6 万吨 SIS 装置，总投资 28.62 亿元，由巴陵石化与上海石化按照 50%：50% 股比共同出资建设。9 月 23 日，巴陵石化与上海石化合资设立的上海金山巴陵新材料有限公司注册成立。项目建成投产后，将填补中国石化在华东地区 SBC 生产基地空白。

（吴　慧）

【转型发展】 2021 年，巴陵石化加快环氧树脂产品链绿色高端发展，年产 5 万吨环保型环氧氯丙烷项目准备开工建设，年产 17 万吨高性能环氧树脂项目可行性研究报告上报总部。积极推进岳阳地区 150 万吨 / 年乙烯炼化一体化项目前期工作，湖南省人民政府和集团公司联合向国家发改委致函，商请将项目纳入国家《石化产业规划布局方案》。

（李　建）

【改革管理】 2021 年，巴陵石化持续深化改革、强化内部管理，治理效能稳步提升。重组行政事务中心，组建消防保卫中心，完成厂办大集体改革，注销岳化大酒店，分类推进差异化薪酬改革和绩效考核模式，国企改革三年行动任务完成 90%。强化制度全生命周期管理，加强内控和法律工作，全面推进基层装置标准化建设，落实基层班组“4+8”培训学习等能力提升措施，对标世界一流管理提升行动“一方案两清单”完成 92%。

（吴　慧）

【获多项荣誉】 2021 年，巴陵石化通过“全国文明单位”复查并保留称号。获评 2021 年湖南企业 100 强，2021 年全国行业职业竞赛第十三届全国石油和化工行业职业技能竞赛化工总控工和工业废水处理工赛项团体二等奖，湖南省劳模工匠师徒“结对子”活动优秀组织单位，中国石化“七五”普法先进单位，中国石化 2020 年度热电、水务专业综合竞赛二等奖。分析检验中心橡胶分析站中控班被授予全国工人先锋号称号，李望明劳模创新工作室被命名为“湖南省示范性劳模和工匠人才创新工作室”，己内酰胺搬迁项目部施工部施工一组获 2020 年湖南省百万职工重点建设项目劳动竞赛先进班组。公司执行董事、党委书记邬智勇当选中国共产党湖南省第十二届委员会委员，树脂部潘卫章被授予第十五届全国技术能手称号，己内酰胺部颜旺辉、段芳兰被授予全国石油和化工行业技术能手称号，树脂部李婧婧被评为湖南省优秀共产党员，己内酰胺搬迁项目部周永松被评为 2020 年湖南省百万职工重点建设项目劳动竞赛优秀个人、授予湖南省五一劳动奖章称号，己内酰胺部张晓辉、橡胶部莫笑君获第八届湖南省石油化工优秀工程师称号。

（李　建）

【5 万吨 / 年 SEBS 装置一次开车成功】 2021 年 2 月 1 日，中国石化督办重点建设项目 5 万吨 / 年 SEBS 装置全流程打通，实现一次开车成功。该项目于 2018 年 8 月正式开工，总投资 5.47 亿元。该装置采用的技术于 2015 年获国家科学技术进步奖二等奖，拥有完全自主知识产权。新装置建成投产后，巴陵石化 SEBS 产能世界第一，合成橡胶总产能达 38 万吨 / 年。

（吴　慧）

2021 年 2 月 1 日，中国石化督办的重点建设项目
5 万吨 / 年 SEBS 装置一次开车成功

【“探秘智慧能源”主题公众开放日活动】 2021 年 9 月 9 日，巴陵石化举办“探秘智慧能源”主题公众开放日活动，中新社及《中国日报》《经济日报》《湖南日报》《文汇报》《大公报》和湖南卫视等 20 余家中央、省、市权威媒体 40 余名记者组成的采访团，“组团打卡”巴陵石化“绿色工厂”，探秘智慧能源，参观己内酰胺搬迁升级项目现场和公司展厅，感受重点项目建设的火热氛围，了解巴陵石化的发展历程和产品应用前景。

（李　建）

巴陵石化连续 9 年举办“探秘智慧能源”主题公众开放日活动，累计接待社会各界人士 5 000 余人，在线“云参观”公众超 229 万人次

表 1　　巴陵石化主要技术经济指标　　亿元

指标名称 \ 年份	2021	2020	2019	2018	2017	2016
原油加工量 / 万吨						
巴陵石化分公司	—	—	189.18	195.60	162.18	178.99
巴陵有限公司	154.70	168.50	—	—	—	—
工业总产值	—	—				
巴陵分公司	—	—	39.25	49.12	38.94	29.98
巴陵石化分公司	—	—	166.42	180.34	142.98	125.07
巴陵有限公司	200.14	168.20	—	—	—	—
炼　油						
巴陵石化分公司	—	—	96.29	97.51	75.49	71.31
巴陵有限公司	74.68	70.96	—	—	—	—
化　工						
巴陵分公司	—	—	30.33	43.47	31.21	23.25
巴陵石化分公司	—	—	70.13	82.83	67.49	53.76
巴陵有限公司	114.74	88.13	—	—	—	—
化　肥						
巴陵分公司	—	—	8.92	5.65	7.73	6.73
巴陵有限公司	9.10	9.11	—	—	—	—
工业增加值						

续表

指标名称 \ 年份	2021	2020	2019	2018	2017	2016
巴陵分公司	—	—	4.12	3.94	-0.24	-1.08
巴陵石化分公司	—	—	39.98	44.86	39.28	45.56
巴陵有限公司	11.36	52.31	—	—	—	—
资产总计						
巴陵分公司	0	0	42.5 0	37.85	31.72	30.16
巴陵石化分公司	1.01	2.23	61.62	56.90	63.69	54.22
巴陵有限公司	153.28	113.68	—	—	—	—
流动资产						
巴陵分公司	0	0	3.91	4.95	3.25	4.13
巴陵石化分公司	0.20	1.39	20.99	16.21	24.28	14.82
巴陵有限公司	38.78	31.31	—	—	—	—
固定资产原值						
巴陵分公司	0	0	76.73	75.02	70.58	70.51
巴陵石化分公司	2.12	2.23	107.84	104.26	100.89	99.50
巴陵有限公司	187.10	181.11	—	—	—	—
固定资产净值						
巴陵分公司	0	0	37.02	35.79	31.72	31.67
巴陵石化分公司	1.02	1.12	47.96	47.22	46.77	47.10
巴陵有限公司	82.15	79.74	—	—	—	—
销售收入						
巴陵分公司	0	28.82	96.74	109.16	94.43	73.10
巴陵石化分公司	0.17	110.16	169.53	185.40	147.07	130.60
巴陵有限公司	199.74	29.05	—	—	—	—
实现利税						
巴陵分公司	0.20	-9.25	0.88	1.83	-1.22	-20.72
巴陵石化分公司	1.27	17.52	23.65	29.33	24.39	31.68
巴陵有限公司	20.37	8.16	—	—	—	—
税　金						
巴陵分公司	0	0.55	0.87	1.53	0.56	0.57
巴陵石化分公司	1.07	16.73	22.94	28.31	22.93	28.11
巴陵有限公司	20.71	5.14	—	—	—	—
能耗 / 吨标煤·万元 $^{-1}$						
巴陵分公司	—	2.287	2.37	2.32	2.46	2.61
巴陵石化分公司	—	0.781	0.77	0.77	0.82	0.81
巴陵有限公司	1.828	—	—	—	—	—

表 2　　巴陵石化主要产品产量　　万吨

产品名称＼年份	2021	2020	2019	2018	2017	2016
汽油组分油	38.64	40.47	45.83	46.66	37.57	43.38
柴油组分油	41.58	47.78	49.94	48.98	43.11	48.29
燃料油	2.45	3.23	3.19	2.87	2.56	3.01
石脑油	21.22	22.05	22.67	27.68	20.32	17.77
液化气	14.47	15.15	16.23	18.64	14.01	18.36
干　气	3.60	4.45	4.32	4.88	4.23	3.70
丙　烯	7.76	9.15	9.25	10.21	8.01	9.23
溶剂油	—	—	—	—	0.51	1.60
合成橡胶	35.75	32.06	31.54	28.28	25.27	26.16
SEBS 热塑弹性体	8.81	6.94	7.26	6.58	5.17	4.49
环氧树脂	10.70	10.14	9.55	9.33	9.21	7.94
环己酮	21.75	23.95	22.77	22.30	18.54	19.55
烧　碱	8.92	9.32	9.43	8.58	7.45	7.73
盐　酸	1.01	1.13	1.01	0.68	0.41	0.74
液　氯	7.61	7.80	7.99	7.43	6.45	6.48
聚丙烯	4.26	5.58	5.52	6.73	5.40	6.06
氯丙烯	2.49	2.79	3.11	3.62	3.55	3.62
环氧氯丙烷	2.26	2.34	2.70	2.62	2.22	1.81
合成氨	32.93	36.60	29.47	28.37	28.70	35.02
己内酰胺	28.17	29.66	26.49	28.22	23.49	24.76
尼龙 6 切片	5.52	5.42	11.04	10.53	4.93	4.60
硫酸铵	38.94	41.64	36.12	39.95	32.98	33.95
双氧水	27.89	30.32	23.51	28.35	24.24	25.75

仪征化纤

【概况】 仪征化纤是中国石化仪征化纤有限责任公司（简称仪化有限公司）和中国石化集团资产经营管理有限公司仪征分公司（简称仪征资产分公司）的统称，位于江苏省仪征市，占地面积 10 平方千米，前身为仪征化纤工业联合公司，1978 年筹建，1981 年设立，1993 年股份制改组，1998 年加入中国石化。2014 年，重组成为中国石化全资子公司。

仪征化纤是中国石化中高端聚酯生产基地和特种纤维生产基地。有 PTA 产能 142 万吨 / 年（含合资权益产能 42 万吨 / 年），240 万吨 / 年聚酯产能（含聚酯切片、短纤、中空、瓶片），超高相对分子质量聚乙烯纤维产能 3 300 吨 / 年，对位芳纶产能 1 000 吨 / 年，马来酸酐产能 10 万吨 / 年和熔喷布产能 6 000 吨 / 年，工程塑料（PBT）产能 16 万吨 / 年，聚酯薄膜产能 4.5 万吨/年（与日本东丽公司合资）和聚丙烯织物产能1亿米²/年（与德国科德宝公司合资）。仪征化纤聚酯产品差别化率达99%以上，质量处于国内领先地位，其中涤纶短纤产销量全球第一。高性能聚乙烯纤维和对位芳纶为完全自主知识产权，高性能聚乙烯纤维采用国内唯一干法工艺技术。

仪征化纤实行一体化管理，设13个机关处室、3个直属机构和17个二级单位（含2个合资企业）。仪征化纤党委下辖12个基层党委、6个直属党总支、3个直属党支部，99个基层党支部，党员总数2 474名。截至2021年底，在岗员工5 924名，在岗党员2 304名。

仪征化纤主要技术经济指标和主要产品产量分别见表1和表2。

（黄　斌）

【领导班子调整】 2021年4月26日，仪征化纤召开干部会议，宣布集团公司党组对仪征化纤领导班子成员的调整决定：曹来玉任仪征化纤党委委员、总会计师。李建平不再担任仪征化纤党委委员、总会计师，任二级协理员。

（黄　斌）

【胜利召开第二次党代会】 2021年2月26日，中国共产党中国石化仪征化纤公司第二次代表大会胜利召开。集团公司党组发来贺电表示热烈祝贺。大会总结了仪征化纤党委、纪委5年来的工作，明确今后5年工作的指导思想、任务目标和重点措施，选举产生仪征化纤新一届党委会和新一届纪律检查委员会。会议动员全体党员持续深化全面从严治党，全方位推进高质量发展，为建设“国内领先、世界一流”合成纤维及新材料专业公司而不懈奋斗。

（刘玉福　黄　斌）

【生产经营保持良好态势】 2021年，仪征化纤落实集团公司党组决策部署，全力克服新冠肺炎疫情反复冲击、市场行情剧烈震荡、能源成本大幅上涨等不利因素，统筹抓运行、拓市场、降成本、控风险、促改革、强管理、谋发展，推动全面从严治党向纵深发展，奋力夺取项目发展、生产经营、安全环保“三战三胜”，实现“十四五”良好开局。全年，仪化有限公司实现营业收入179.1亿元，扣除资产减值，盈利1 186万元；仪征资产分公司实现营业收入21.1亿元，上缴税费3.4亿元，盈利2.99亿元（含资产重组收益），完成集团公司下达的效益目标，连续5年实现企业盈利，连续4年获仪征市颁发的特别贡献企业奖。仪征化纤党委书记、执行董事万涛获第十七届扬州十大经济新闻人物称号。

（黄　斌）

【获化纤行业“十三五”2项荣誉】 2021年3月16日，在上海召开的中国化纤协会第七次会员大会暨七届一次理事会暨七届一次常务理事会上，仪征化纤获中国化纤行业“十三五”高质量发展领军企业、绿色发展示范企业两项荣誉，仪征化纤顾问蒋士成院士获中国化纤行业终身成就奖。

（黄　斌）

【顾问蒋士成获感动石化人物】 2021年6月23日，中国化纤工程设计与技术管理专家，聚酯工业工程化的主要开拓者之一，曾任仪征化纤副总经理、总工程师，集团公司科技委委员的中国工程院院士、仪征化纤顾问蒋士成在中国石化“奋斗百年路启航新征程·第六届感动石化”颁奖典礼上获感动石化人物。

（刘玉福　黄　斌）

【加速转型发展】 2021年，仪征化纤贯彻新发展理念，聚焦“十四五”规划，以我为主、真抓实干，重点项目高质高效推进。300万吨/年PTA、23万吨/年智能化短纤、220千伏输配电站等项目相继获批、启动建设。50万吨/年新一代瓶片、12万吨/年PBT柔性化项目等规划项目加速推进。2万吨/年MAH增容改造项目可行性研究获批复。合资合作取得新进展，热电合资公司正式成立，远东仪化PTA项目环评获批，合资码头完成第二轮注资，海南PBST合资项目启动建设。

（黄　斌）

【中国石化首套年产300万吨PTA项目启动建设】 2021年4月17日，仪征化纤举行300万吨/年 PTA 项目集中开工仪式，标志着中国石化单套生产能力最大的 PTA 项目正式启动建设。仪征市四套班子领导和仪征化纤党政主要领导、分管领导出席开工仪式。300 万吨/年 PTA 项目被列入 2021 年江苏省重大项目和中国石化重点工程，项目建成投产后，将增强仪征化纤聚酯原料配套能力，有利于中国石化发挥炼化一体化优势，做强做优芳烃产业链，加快拓展高端化工新材料，满足消费者日益增长的美好生活新需求。

（刘玉福　黄　斌）

【热电合资项目成功签约】 2021 年 11 月 12 日，江苏华电仪化热电有限公司合资合同签约仪式在仪征化纤举行。该项目的建设既解决制约仪征化纤高质量发展的热电瓶颈问题，又能提高能源利用效率、促进低碳绿色发展。同时通过合资合作，实现优势互补，为仪征化纤带来稳定、优质的热电供应，助力企业保障安全生产，打造高质量发展核心竞争力。

（黄　斌）

【狠抓增产增效】 2021 年，仪征化纤紧盯年度目标，着力打造敏捷优质的产品供应和技术服务能力，扎实开展攻坚创效行动，经营创效能力不断提升。狠抓装置安稳运行，坚定不移做大总量，全年生产 PTA 102.8 万吨、聚酯产品 221.7 万吨、MAH 11.8 万吨、特种纤维 3 900 吨，分别增长 3.6%、3.4%、3.2% 和 21.2%，增效 5 600 万元。

（黄　斌）

【全力攻坚创效】 2021 年，仪征化纤狠抓系统优化，坚决减产、停产负边际产品，全力增产适销创效产品，增效 2 933 万元。狠抓拓市扩销，聚酯产品产销率 100.1%，增效 3 800 万元，自销量增加 1.7 万吨。狠抓成本管控，实施各类降本增效措施 132 项，增效 2.8 亿元；积极应对煤炭价格上涨的影响，优化热电机炉运行方式，创效 1 500 余万元；盘活土地等资产，增效 1 400 余万元。

（黄　斌）

【抓牢安全环保】 2021 年，仪征化纤坚持全面从严总基调，落实集团公司“总经理 2 号令”要求，强化 HSE 管理体系有效运行，压实 HSE 责任，实现零上报事故、零环保事件、零疫情感染，保持安全环保良好态势，获评集团公司安全生产先进单位。巩固绿色企业创建成效，持续开展环保问题排查整治，加强环保设施运行管理，化学需氧量、氨氮等主要污染物排放指标优于国家标准，固废产生量下降 39.6%，绿色装置覆盖率 76.2%，在集团公司绿色企业复审中被评为 A 档，获评集团公司环保先进单位。

（黄　斌）

【完成全国碳市场首年履约】 2021 年 12 月 13 日，随着江苏省环境主管部门在全国碳交易注册登记系统对仪征化纤碳配额清缴履约申请的确认，仪征化纤作为首批碳排放重点单位，完成 2019—2020 年首个碳市场交易年的履约工作，比生态环境部及集团公司要求的履约时间节点提前 2 天，很好地履行企业的社会责任，树立企业“守约诚信”的社会形象。

（黄　斌）

【获评 2021 年江苏省绿色工厂】 2021 年 12 月 22 日，仪征化纤被江苏省评为 2021 年绿色工厂，成为中国石化驻江苏企业首家获评省“绿色工厂”。近年来，仪征化纤先后获中国石化绿色企业、中国化纤行业“十三五”绿色发展示范企业等荣誉，连续 6 年获江苏省环保信用评价“绿色等级”，连续 3 年通过江苏省秋冬季大气管控“豁免”。

（黄　斌）

【加快科研转化】 2021 年，仪征化纤在“担当国家战略科技力量”核心职责中找准定位，做强科研力量，优化研发组织，加大激励力度，提升科研实效，科技创新呈现重点突破的良好态势。生物可降解、新一代瓶片、对位芳纶、聚酯高洁净催化剂、聚酯再生技术等 5 项重点攻关取得实质性突破，成为高质量发展的新动力。立足于满足国家和人民需求，推出低气阻熔喷布、芳纶阻燃服、冬奥会保暖服专用料等产品，被国务院国资委官方媒体转载宣传，展示良好企业形象。坚持内涵发展，着力提升工艺技术、产品研发和装备水平，产品结构持续优化，全年高附加值产品比例达 39.6%，提高 0.2 个百分点。主持参与国家、行业标准制（修）订，申请发明专利 38 件，获授权专利 26 件，创历史新高。

（黄　斌）

【4 项科研项目获奖】 2021 年 10 月，仪征化纤在第三届中央企业熠星创新创意大赛和 2021 年中国创新方法大赛江苏赛区获奖。“环保型车用高性能 TPEE 开发”项目获第三届中央企业熠星创新创意大赛优秀奖；“应用 TRIZ 实现聚酯材料光致变色功能”“改善 PBAT 树脂的适用性能”项目获 2021 年中国创新方法大赛江苏赛区二等奖；“基于 TRIZ 理论解决污乙二醇危废处理成本高的问题”项目获 2021 年中国创新方法大赛江苏赛区三等奖。

（黄　斌）

【研发阻燃面料和工装】 2021 年，仪征化纤联合中国石化劳动防护用品检测中心成立夏季阻燃工装科研攻关小组，利用中国石化自产对位芳纶等纤维优势，采用多元组合阻燃技术，历经 12 个月艰苦研发，开发了具有中国石化自有知识产权的舒适透气夏季阻燃防静电面料 Yitex160。该面料及工装通过第三方权威机构的检测，阻燃性能、防静电性能和理化性均满足国家标准 B 级要求。

（刘玉福　黄　斌）

阻燃面料工装

【生物可降解等四大系列产品闪亮深圳国际橡塑展】 2021 年 4 月 13—16 日，仪征化纤首次携生物可降解、聚酯、瓶片系列和科研新产品新材料亮相国际橡塑展，助力橡塑行业创新材料的新突破。在参展的 4 天时间里，仪征化纤的展位前咨询客商络绎不绝，接待国内外客商数千人次。

（刘玉福　黄　斌）

【开发生产有色熔喷布】 2021 年，仪征化纤先后开发生产出黑色、蓝色、灰色高效低阻有色系列熔喷布，在全力满足抗疫需求的同时，更好地满足人们对美好生活的广泛需求。

（刘玉福　黄　斌）

有色熔喷布

【持续深化改革】 2021 年，仪征化纤刀刃向内、攻坚啃硬，持续深化改革，持续提升活力效率。深化改革三年行动全面发力，仪征化纤经理层成员任期制和契约化管理成功实施，以“快速应对市场竞争”为目标的聚酯短纤一体化改革顺利实现，以“岗位靠竞争”为主要内容的能上能下机制扎实推进，以“调优结构、瘦身健体”为方向的人力资源优化举措有效落实，以“收入看贡献”为核心的薪酬分配制度持续深化，以“提高人均劳效”为导向的市场化改革成效显著。完成分公司经营性业务重组和“两非”剥离，优化资源配置，提升一体化运营水平。

（黄　斌）

【完成业务重组】 2021 年 12 月，根据石化股份公司发布购买中国石化关联方的热电、水务、PBT 树脂等生产经营性业务相关资产及股权的关联交易公告，仪征化纤以 114 299.52 万元的价格购买资产公司持有的仪征分公司 PBT 树脂业务等非股权类资产及负债，以及资产公司持有的 2 家合资公司的股权，完成业务重组，提升仪征化纤公司一体化运营水平，实现资源优化配置和业务协同效应，增强仪征化纤综合竞争力。

（黄　斌）

【合纤二部、合纤三部揭牌成立】 2021 年 12 月 28 日，仪征化纤召开合纤二部、合纤三部成立大会，标志着仪征化纤贯彻落实集团公司深化改革三年行动和对标世界一流管理提升行动，在推进以市场为导向、以效益为中心的内部管理机制改革上迈出新步伐。仪征化纤党政主要领导出席会议，共同为合纤二部、合纤三部成立揭牌，并要求合纤二部、合纤三部新班子深刻认识推进聚酯、短纤业务重组深化改革的重大意义，奋力开创工作新局面。

（刘玉福　黄　斌）

【强化从严治企】 2021 年，仪征化纤强化全面依法治企，推进合规体系建设，贯通法律、审计、巡察等监督措施，筑牢“防火墙”，守住不发生系统性风险的底线。持续完善公司治理体系，修订仪征化纤公司章程，完成制度立改废 104 项。扎实开展对标世界一流管理提升行动，制定 5 类 26 项指标，细化清单、跟踪落实，绘就管理提升“路线图”。坚持底线思维，突出从严管理，开展全员大讨论，严抓“五大纪律”，坚决整治“低、老、坏”，遵章守纪逐步成为共识。坚持可量化、可执行、可评价，加强生产运行管控，加快打造精益高效的生产组织和计划执行能力，总部监控的经济技术指标全面完成。强化设备管理，基本建成设备完整性管理体系，持续深化完好装置创建，大力实施设备技术攻关、改代利用、修旧利废等项目，创效 2 800 万元。强化质量管控，突出可追溯性和持续改进，实施 58 项质量改进项目，发动全员查改质量问题，重激励、严考核，用户投诉下降 30%。

（黄　斌）

【持续提升党建质量】 2021 年，仪征化纤党委认真履行管党治党主体责任，突出在完善治理中加强党的领导，建立科学高效的议事决策机制，党委把方向、管大局、促落实作用进一步发挥。坚持把学习习近平总书记重要讲话精神作为“第一议题”，及时跟进学习贯彻习近平总书记“七一”重要讲话精神、党的十九届六中全会精神和习近平总书记视察胜利油田重要指示精神，旗帜鲜明讲政治进一步植根于思想中、落实在行动上，政治建设不断强化。召开仪征化纤第二次党代会，选举产生新一届党委和纪委，制订未来五年党建工作规划。突出政治标准和业绩导向，从严选好用好干部；加强优秀年轻干部选拔培养，干部结构持续优化；推进人才成长通道建设，人才强企有序推进。强化意识形态阵地管理，加强宣传思想文化工作，广泛开展形势任务教育和“遵章守纪、从严管理、以我为主、履职尽责”大讨论，统一思想，凝聚共识，思想引领更加有力。注重在大战大考中发挥党组织和党员作用，深入开展党员责任区、党员先锋工程和党员立项攻关，有力推动重点工作落实，基层党建全面加强。构建党建 KPI 考核指标体系，深化“双示范”创建和“示范党支部书记行”，用好用活中国石化党建平台，促进基层党建质量提升。持续深化“大监督”工作，持续发挥巡察利剑作用，廉政建设纵深推进，营造风清气正的政治生态。全面加强群团工作，深化劳动竞赛和技能竞赛，表彰“双十百佳”成果，开展青年创新创效大赛，凝聚发展合力。坚持源头化解矛盾纠纷，营造和谐稳定的发展环境。仪征化纤连续 4 年在集团公司党建考核中定为 A 档，高质量党建工作为推进仪征化纤高质量发展提供坚强保证。

（黄　斌）

【扎实开展党史学习教育】 2021 年，仪征化纤深入学习领会习近平总书记在党史学习教育动员大会上的重要讲话精神，牢牢把握“学史明理、学史增信、学史崇德、学史力行”目标要求，强化政治担当，统筹谋划抓部署；强化守正创新，扎实推进抓学习；强化分层分类，不拘一格抓宣讲；强化为民惠民，多措并举抓实践；强化媒体融合，统筹兼顾抓气氛，高标准、高质量推进党史学习教育，推动成果转化，党史学习教育取得明显成效，形成“学党史、悟思想、办实事、开新局”的生动局面。仪征化纤上下经历一次深刻的政治教育、思想淬炼、精神洗礼，捍卫“两个确立”更加坚决，做到“两个维护”更加坚定，政治判断力、政治领悟力、政治执行力持续提升。

（黄　斌）

【隆重庆祝建党百年】 2021 年，仪征化纤按照集团公司党组统一部署，以党性教育、典型选树、宣传展示、群众性实践为主题，隆重热烈、务实节俭开展庆祝建党百年系列活动，唱响红色主旋律，激发奋进正能量，广大干部职工从百年党史中汲取奋进新征程的强大精神力量，更加坚定推进仪征化纤高质量发展的信心和决心。

（黄　斌）

【关心关爱员工】 2021 年，仪征化纤坚持以人为本，贯彻落实《关于开展“当好主人翁、建功新时代、岗位创一流”主题劳动竞赛的实施意见》，广泛开展劳动和技能竞赛，考核评估机制健全，大力开展劳模（技师）创新工作室建设，推动职工创新成果转化。投入 500 万元，聚焦效益、质量、安全、节能四个方面组织开展“夺杯”主题劳动竞赛，细化方案、跟踪问效、及时激励，有效促进中心工作完成。组织开展 9 个项目的岗位练兵、技术比武，岗位练兵达 4 000 人次，300 余人参加“状元”角逐，8 人获仪征化纤技术能手称号，8 人晋升技师，23 人晋升高级工。发挥劳模（技师）创新工作室作用，18 个工作室累计开展创新创效项目 411 项，完成 383 项。聚酯部二装置甲班获全国纺织创新型班组称号，BDO 部值班长孔祥林获全国纺织行业创新型班组（团队）带头人称号；聚酯部任勇刚获扬州市五一劳动奖章，水务部刘权获江苏省十佳行业工匠称号，PTA 部唐玉刚获扬州市大工匠称号。设立专项奖励资金，连续 5 年评比“双十百佳”成果，收到创新成果 24 项、先进操作法 24 项、合理化建议 108 条。实施高效精准帮扶，发放各类帮扶帮困资金 338.8 万元。

（黄　斌）

【履行社会责任】 2021 年，仪征化纤履行社会责任，面对南京、扬州突发新冠肺炎疫情的严峻形势，仪征化纤党委快速反应，迅速行动，落细落实常态化疫情防控措施，打赢疫情防控阻击战。疫情期间，各级党组织和广大党员奋战在生产经营第一线，确保原料进得来，产品出得去，生产稳得住。机关党员成立疫情防控志愿者服务队，在核酸检测现场发挥党员的先锋模范作用。把助力脱贫攻坚作为重大政治任务，投入 95 万元扶贫款帮助淮安区顺河镇顺东村建成现代化生猪养殖基地，完善村民生产生活设施，完成江苏省委省政府下达的帮扶任务。落实集团公司乡村振兴工作部署，加入中国石化“十四五”重点支持学校援建行列中，与甘肃省东乡族自治县考勒乡三塬学校进行教育结对帮扶。连续 9 年组织开展“5·19 慈善一日捐”活动，累计捐款 141 万余元。

（刘玉福　黄　斌）

【展现品牌形象】 2021 年，仪征化纤探索中国石化生物可降解材料要素品牌化运作，确定品牌发展思路定位，有序开展要素品牌命名、LOGO 设计和注册等工作，努力打造中国石化绿色洁净新名片，仪征化纤“白斯特”品牌获“我心目中的扬州十佳品牌”殊荣。以仪化“暖芯”助力北京冬奥，冬奥会和冬残奥会为安保民警配发的防寒衣装保暖“内芯”，70% 采用的是仪征化纤生产的多种功能性涤纶短纤维。与扬州园博投资发展有限公司深入合作，签订特许授权商许可协议，生产、销售世园会吉祥物和印有世博会标志的“白斯特”品牌一次性防护口罩等 4 款官方定制产品亮相世园会，广受好评。持续开展“公众开放日”活动，组织 9 期 316 人次参加的“公众开放日”活动，展现仪征化纤良好形象。对外讲好仪化故

事，仪征化纤阻燃面料视频在抖音平台访问量达400余万次，点赞10余万次，仪征化纤创新奋进故事广泛传扬。

（黄　斌）

表1. 仪征化纤主要技术经济指标 亿元

指标名称 \ 年份	2021	2020	2019	2018	2017	2016
工业总产值						
仪化有限公司	156.22	122.18	157.89	175.46	152.77	125.61
仪征资产分公司	22.80	9.94	10.40	9.50	8.88	7.72
工业增加值						
仪化有限公司	22.14	19.68	17.74	22.13	19.30	14.98
仪征资产分公司	3.10	1.22	1.16	1.70	1.02	0.44
资产总计						
仪化有限公司	91.00	84.83	83.72	80.41	83.03	82.73
仪征资产分公司	13.03	10.48	11.18	11.99	13.14	11.82
流动资产						
仪化有限公司	23.90	16.70	21.83	22.05	26.76	27.84
仪征资产分公司	11.26	0.87	1.46	2.44	3.28	1.91
固定资产原值						
仪化有限公司	183.62	175.25	160.96	154.99	151.68	151.05
仪征资产分公司	4.32	11.39	11.75	10.15	12.82	16.81
固定资产净值						
仪化有限公司	34.29	47.42	35.80	47.03	33.17	35.47
仪征资产分公司	1.65	4.57	4.96	6.21	8.23	9.98
销售收入						
仪化有限公司	179.09	131.85	164.84	180.12	157.57	130.17
仪征资产分公司	21.55	10.34	10.60	9.77	9.13	6.83
实现利税						
仪化有限公司	−10.11	2.67	2.52	4.67	4.03	−2.31
仪征资产分公司	3.36	1.24	0.11	1.41	−0.87	−0.87
税　金						
仪化有限公司	2.79	2.62	2.48	3.66	3.97	3.55
仪征资产分公司	0.25	0.24	0.11	0.34	0.27	0.24
综合能耗/吨标煤·万元$^{-1}$						
仪化有限公司	1.52	0.89	0.89	0.89	0.92	0.98
仪征资产分公司	0.21	0.10	0.10	0.10	0.11	0.11

表 2　仪征化纤主要产品产量　万吨

产品名称＼年份	2021	2020	2019	2018	2017	2016
涤　纶	221.70	254.52	250.70	238.08	235.43	236.61
聚酯切片	91.42	128.29	130.35	126.18	125.80	126.78
瓶级切片	30.83	35.09	35.97	34.36	33.17	34.94
涤纶短纤维	82.86	78.70	75.42	70.09	68.93	74.89
中空纤维	16.59	12.44	8.96	7.45	7.52	7.14
聚丙烯熔喷布	0.13	0.20	—	—	—	—
对位芳纶	0.06	0.05	—	—	—	—
高　纤	0.33	0.27	0.31	0.23	0.23	0.17
顺酐（MAH）	11.83	11.46	12.58	12.52	10.09	6.05
PTA	102.80	99.32	99.05	86.91	94.31	102.48
PBT 树脂	13.65	12.89	12.64	9.41	9.14	8.60
四氢呋喃	1.00	0.93	0.81	0.60	0.59	0.64

南化公司

【概况】 中国石化集团南京化学工业有限公司（简称南化公司）坐落于江苏省南京市六合区，占地面积 3.79 平方千米，由原南化公司与南京化工厂于 2005 年 5 月重组成立。原南化公司的前身是近代著名爱国实业家范旭东先生于 1934 年创办的永利化学工业公司铔厂。南京化工厂的前身是始建于 1947 年的国民政府资源委员会中央化工厂筹备处京厂。原南化公司、南京化工厂分别于 1998 年、1999 年进入集团公司。2005 年，两个企业合并后，南京化工厂整体搬迁到江北南化公司厂区内，原厂于 2007 年停产拆除。

南化公司是国内无机化工、有机化工、精细化工的生产基地。主要产品有三大系列：以煤、盐、硫黄为原料的无机化工产品，年产量分别为合成氨 30 万吨、氢气 9 万吨、硫酸 50 万吨、稀硝酸 37.5 万吨、浓硝酸 22 万吨、烧碱 10 万吨；以苯为原料的有机化工产品，年产量分别为苯胺 25 万吨、硝基苯 35 万吨、环己酮 16 万吨、氯化苯 12 万吨、硝基氯苯 15 万吨、环己胺 6 500 吨、己内酰胺 40 万吨（合资）；以橡胶助剂为主体的精细化工产品，年产量分别为 RT 培司 3 万吨、防老剂 TMQ 3 万吨、防老剂 6PPD/4010NA 3 万吨、表面活性剂 2 000 吨。

南化公司还是国内石油化工、精细化工科研与设备制造基地。有以气体净化、铜系催化剂研发为主的化工研究院；有以石油化工压力容器制造为主，被集团公司定位为“中石化大型非标设备制造基地”的化工机械厂。

南化公司设 15 个机关部门。化工主业实行公司—运行部二级管理，设煤化工、苯化工、橡胶化学品、环己酮、油田化学品 5 个生产运行部和检验、检维修、动力 3 个辅助生产运行部，储运 1 个业务运行部，销售、物资装备 2 个业务中心。非化工主业实行分、子公司管理，设化工机械厂 1 个分公司和研究院公司、化机公司 2 个子公司。合资合作企业有南京福邦特东方化工有限公司。

截至 2021 年末，南化公司资产总额 56.1 亿元；在职员工 5 588 人，离退休员工 17 381 人，协解员工 11 607 人。二级党委（直属党总支、直属党支部）17 个，基层党支部 81 个（不含 5 个直属党支部和海南临时党支部）；党员总数 2 097 人，其中在职党员 1 451 人、非在职党员 646 人。

南化公司主要技术经济指标和主要产品产量分别见表 1 和表 2。

（耿汉学）

【实现现有区域扭亏为盈】 2021 年，南化公司统筹疫情防控、能耗双控、创新经营、优化运行、大修组织、资源增效、业财融合，突出抓效益产品稳产增产，全年产值、销售收入、利润等指标超额完成集团公司下达的目标，年度利润数额创历史新高。15 个产品完成年产量计划，13 个产品产量同比增长。总氨、RT 培司、防老剂 6PPD、防老剂 TMQ 产量创历史新高。制氢装置、氯碱系统分别实现长周期连续稳定运行 375 天、704 天，均创历史最好水平。非计划停工下降 57.1%，其中核心装置非计划停工下降 66.7%。

（耿汉学）

【实现疫情防控“零感染”】 2021 年，南化公司坚持生命至上、人民至上，严格落实省、市、集团公司要求，做好疫苗接种和疫情防控，实现“零感染”目标。党员志愿者、青年防疫突击队、离退休老党员志愿者快速集结，协同作战，确保南化公司打赢疫情防控战。

（耿汉学）

【通过集团公司绿色企业复核】 2021 年，南化公司持续推行绿色生产、绿色科技、绿色生活、绿色办公、绿色服务、绿色文化，每月召开工作例会，跟踪进展情况，通过集团公司绿色企业复核，被环境保护杂志社评选为 2021 年度环境社会责任企业。

（耿汉学）

【节能降耗多项指标创历史纪录】 2021 年，南化公司继续实施能效提升项目，完成背压机改造、废碱焚烧系统蒸汽直供硝基氯苯等 14 个节能项目，节约标准煤 7 500 吨，年化经济效益 1 500 余万元。南化公司实现万元产值（2020 年固定价）综合能耗 2.880 吨标煤，刷新历史纪录。

（耿汉学）

【科技创新取得新突破新成果】 2021 年，南化公司采用自主技术建设的国内首套膜法捕碳示范装置——动力锅炉 5 万米^3（标准）/ 日烟气二氧化碳捕集装置开车一次成功，达国际先进水平。南化公司申请专利 207 件，获授权 79 件，获中国石化知识产权工作先进集体称号。研究院公司入选江苏省企业院士工作站，获南京市标准化奖励一等奖。“大型甲醇装置用 C307-M 型甲醇合成催化剂”项目获江苏省科技进步奖一等奖。

（耿汉学）

【与华东石油局联手打造长三角首个 20 万吨 / 年 CCUS 示范基地】 2021 年，随着制氢尾气捕碳项目投用，南化公司与华东石油局联手开展的 CCUS 项目年捕碳总量达 20 万吨，全部用于上游企业驱油增产，未来 5 年可增产原油 33 万吨。

（耿汉学）

【持续推进国企改革三年行动取得积极成效】 2021 年，南化公司完成江苏永大公司和南化磷肥厂公司制改革；完成供水移交改造；启动化机公司合资合作；实施检验部扁平化改革；完成“大部门制”改革试点，组建生产业务部；优化业务职能，整合电信、信息化、房产租赁、子公司物资采购等业务。

（耿汉学）

【转型发展项目取得积极进展】 2021 年，南化公司完成转型发展项目前期各项准备工作，转型发展有关项目工艺包通过审查。专门成立“老旧破”生产设施拆除处置工作领导小组，为转型发展培养锻炼工程建设管理队伍。

（耿汉学）

【积极打造践行习近平新时代中国特色社会主义思想重要阵地】 2021 年，南化公司各级党组织坚持“第一议题”“第一课程”制度，坚持不懈用党的创新理论最新成果武装头脑、指导实践、推动工作。开展“明任务、找差距、抓落实”形势任务教育和“以奋斗者为本”全员大讨论；深挖红色资源，传承红色基因，弘扬新时代红色职业化精神，（公司）入选中国石化首批十大红色教育基地，“侯氏碱法”亮相央视微纪录片《信物百年》，“中国第一台高压容器在南化诞生”入选集团公司《百年信物，石化印记》节目。“高标准、严要求、快节奏”管理生态日益形成，“干净、干事”廉政文化名片越发亮丽，风清气正、干事创业的政治生态更加浓厚。

（耿汉学）

【首次获中国石化党建考核 A 档】 2021 年，南化公司党委以习近平新时代中国特色社会主义思想为指导，以党史学习教育为契机，紧紧围绕集团公司“1355”党建工作总体思路，紧扣“现有区域扭亏为盈，转型项目开工建设”主线，坚持党的领导、群众智慧、精细化管理和职业化精神，以党建提升推动生产经营和转型发展取得优良业绩，在 2021 年度中国石化党建考核中首次获 A 档。

（耿汉学）

【高质量推进党史学习教育走深走实】 2021 年，南化公司分层次全覆盖开展党史学习教育宣讲，领导干部带头讲，百名党员专题讲，领悟捍卫“两个确立”，讲政治、强党性，坚决做到“两个维护”。深入调研，聚焦员工期盼开展“为基层减负、为员工办实事”实践活动，汇集形成 87 项任务清单，挂牌督办，滚动推进，销项落实，完结率、满意度 100%。通过组织收看“庆祝中国共产党成立 100 周年大会”、开展“永远跟党走”主题宣传和“党旗在一线高高飘扬”专题活动、举办线上典型事迹演讲、举办“永远跟党走，建功新南化”文艺汇演等方式，热烈庆祝党的百年华诞。

（耿汉学）

【挖掘文化资源重塑文化理念】 2021 年，南化公司持续开展红色教育基地建设，打造毛泽东主席塑像广场、硝酸塔广场，用好厂史陈列馆，服务南化公司内外开展现场教学。全年接待 108 场次 3 098 人次，增长超 60%。承办全国化肥行业建党百年主题采访暨“红三角牌”百年品牌振兴“双百”活动，擦亮“红三角牌”品牌。传承石油精神，弘扬石化传统，赓续“四大信条”，大力开展践行新时代红色职业化精神典型选树。

（耿汉学）

南化公司毛泽东主席塑像广场（裴　昱　摄）

【党建引领队伍赋能人才强企】 2021 年，南化公司聘请专业机构，引入新工具，开展“一支部一特色”创建，持续培育全面进步、全面过硬基层党支部；在技能操作、专业技术和党员队伍 3 个序列分别开展赋能建设，全年培训 1 120 人次，引导全体员工系统思考、点状切入、学思践悟；开展干部人才队伍盘点、画像，为个性化培养和干部选拔任用提供更加精准的依据；推行“一岗多能”，共有 765 人参加第二岗位培训；成功举办第十届职工职业技能竞赛。2 人获江苏省劳动模范称号，1 人获聘集团公司技能大师。

（耿汉学）

【精准帮扶工作】 2021 年，南化公司帮扶慰问员工 8 396 人次，发放帮扶救助金 377.68 万元。为患重大疾病的 14 名员工申请“宁工爱心救助金”9.1 万元。倡议全体员工向储运部换肝员工捐款 230 895 元。组织社会责任报告发布，280 名员工献血 5.77 万毫升，297 名员工向甘肃东乡石化中学捐赠书籍 1 133 本，采购扶贫产品 70 余万元，落实对口新疆乡村初中帮教工作。被江苏省委、省政府授予 2021 年扶贫工作先进集体称号。南化公司被命名为 2019—2021 年度江苏省文明单位。

（耿汉学）

【巡视巡察一体贯通推动全面从严治党】 2021 年 5 月 25 日—6 月 20 日，集团公司党组第二巡视组巡视南化公司。对党组巡视组反馈的 17 个问题举一反三，制定 221 条整改措施。截至 2021 年底，整改完成率 90.5%。通过巡视整改贯通推进 9 家单位的常规巡察，为打造一流政治生态和廉洁南化亮丽名片、实现高质量转型升级发展提供坚强保障。抓巡视整改工作经验做法受到集团公司宣传推广。

（耿汉学）

表 1　南化公司主要技术经济指标　亿元

指标名称 \ 年份	2021	2020	2019	2018	2017	2016
工业总产值	76.49	50.71	51.16	56.78	56.15	41.57
工业增加值	22.93	12.56	14.07	14.45	8.73	6.19
资产总计	56.09	51.35	52.72	55.55	59.43	61.81
流动资产	21.57	14.75	12.76	13.94	14.91	12.71
固定资产原值	113.78	115.59	114.66	112.99	114.81	113.94
固定资产净值	50.55	53.60	55.99	57.49	61.55	64.47
销售收入	81.08	53.97	57.13	61.20	58.34	48.13
实现利税	8.89	0.36	–1.43	–1.12	–7.05	–5.67
税　金	3.09	2.09	1.76	2.44	1.84	1.80
综合能耗 / 吨标煤・万元 $^{-1}$	2.88	1.981	2.066	2.117	2.10	2.17

表 2　南化公司主要产品产量　吨

产品名称 \ 年份	2021	2020	2019	2018	2017	2016
硫酸（100%）	397 917	354 788	318 452	338 505	406 510	405 956
浓硝酸（100%）	205 401	203 297	207 061	182 913	200 425	159 913
稀硝酸（50%）	677 305	659 005	628 484	595 855	588 374	577 232
盐酸（31%）	129 539	117 378	81 590	74 216	101 671	109 082
烧碱（100%）	91 009	84 706	60 082	53 512	74 143	81 314
氢　气	60 457	69 107	72 446	68 648	75 739	83 760
合成氨	312 476	260 335	296 730	225 780	246 841	298 835
氯化苯	112 709	106 284	72 230	64 934	90 966	101 771
环己酮	136 867	153 731	149 447	149 941	142 012	151 315
苯　胺	218 483	217 059	208 113	197 726	208 139	132 932
环己胺	6 808	6 717	6 241	6 144	5 866	4 868
硝基苯	308 426	308 718	302 680	301 834	311 413	202 635
对硝基氯化苯	69 772	64 288	32 963	42 020	65 374	70 645

续表

年份 产品名称	2021	2020	2019	2018	2017	2016
邻硝基氯化苯	38 028	34 882①	18 107	22 788	35 087	38 819
RT 培司	15 027	13 748	12 918	11 201	10 800	6 289
橡胶防老剂总量	55 738	52 266	49 507	46 445	45 342	38 919
防老剂 TMQ（RD）	34 403	31 077	31 072	30 535	30 077	30 003
防老剂 6PPD	19 296	18 114	17 232	14 903	14 701	8 401
防老剂 4010NA	2 038	3 075	1 204	1 007	564	515
表面活性剂					10	729
化工设备制造	14 602	11 908	13 079	13 744	11 536	9 206

①数据调整

安庆石化

【概况】 中国石油化工股份有限公司安庆分公司（简称安庆分公司）和中国石化集团资产经营管理有限公司安庆分公司（简称安庆资产分公司）统称安庆石化，始建于 1974 年 7 月，是安徽省最大的中央直属生产企业、最大的石化产品生产基地。

截至 2021 年底，安庆石化有年综合加工能力 800 万吨的炼油装置，日处理煤 2 000 吨的壳牌粉煤气化装置，以及年产 33 万吨合成氨、21 万吨丙烯腈、7 万吨腈纶、10 万吨乙苯—苯乙烯等主要生产装置 70 余套。有自备发电机组、吞吐能力 382 万吨/年的油品化学品码头、80 万吨/年的卸煤码头和日产 24 万吨的供水系统，以及全长 13 千米的厂内铁路专用线。在册员工总数 4 250 人，固定资产原值 229 亿元、净值 100 亿元，累计上缴国家和地方税金超过 1 144 亿元，为国家和地方经济的发展作出积极贡献。

安庆石化主要技术经济指标和主要产品产量分别见表 1 和表 2。

（关广磊）

【生产经营实现新突破】 2021 年，安庆石化紧盯市场行情，及时调整产销方案，开稳开优创效装置，主装置“安稳长满优”运行，加工原料油 814.25 万吨，首次突破 800 万吨。大力实施稳价推价，化工产品实现量价齐升，丙烯腈、苯乙烯产销量创近年新高。巩固省内市场，扩大省外份额，汽油、航空煤油、液化气、合成氨产销量创历史新高，其中高标号汽油 82.95 万吨，位居沿江第一。合成氨、石油焦、腈纶等产品均价创历史新高，阻燃纤维产销取得新突破。全年实现营业收入 473.22 亿元，利润 19.12 亿元，其中炼油盈利 14.24 亿元、化工盈利 3.13 亿元、资产分公司盈利 1.75 亿元。

（关广磊）

【HSE 工作迈上新台阶】 2021 年，安庆石化严格贯彻落实集团公司“总经理 2 号令”要求，推进 HSE 管理体系有效运行，突出全员责任落实，狠抓全过程危害识别与风险管控，大力整治安全环保领域形式主义、官僚主义，领导干部安全引领力成效显现，安全环保工作齐抓共管的局面逐步形成。23 个安全隐患治理项目按节点顺利完成，年度风险总值下降 22.8%，用火总数下降 20%，工程项目实现超百万安全人工时。外排废水、废气污染物浓度均优于国家排放标准，全年COD、氨氮、二氧化硫、氮氧化物4项主要污染物排放总量持续下降。深化平安石化建设，顺利通过国家治安反恐达标建设验收。常态化开展新冠肺炎疫情防控工作，“外防输入、内防反弹”扎实有效。安庆石化蝉联总部安全工作先进单位，首次被评为节能环保先进单位，绿色企业复核获评A档。

（关广磊）

【优化运营取得新提升】 2021年，安庆石化加强全员成本目标管理，深化业财融合，及时优化调整生产经营策略。优化装置停开工网络，高质量完成煤气化、苯乙烯、重油加氢、热电锅炉等装置检修消缺，及时消除运行瓶颈。保持3套催化装置高负荷运行，努力增产丙烯；优化加工、产销方案，增汽减柴、增化减柴取得新成效，柴汽比创历史最好水平，乙烯料产量实现翻番；优化连续重整装置操作，保持满负荷运行，全力提高双苯收率。实现2套丙烯腈装置丙烯和液氨原料直供，煤气化合成塔改造增产降本超8 000万元。全年炼油综合能耗、燃动费用创近年最好水平。

（关广磊）

【持续发展取得新进展】 2021年，安庆石化以“规划引领”为目标主线，以深化转型、产业链延伸为有效抓手，谋划企业“十四五”及中长期发展规划；开展轻烃资源综合利用及高端新材料项目方案研究，主动配合做好省部新一轮战略合作协议完善工作。结构调整项目稳妥推进，主体工程建设全面启动。碳一板块安全环保提升及节能优化改造项目完成专项论证，进入签报阶段；热电5#机组改造基础设计获总部批复；水路入厂煤炭改管状皮带输送、综合码头提质改造等项目可行性研究获批；Ⅲ硫黄回收装置扩能改造项目建成中交，化学品洗舱站投入运营，国家危险化学品应急救援基地项目顺利通过总部验收。加快实施数字化转型，完成智能工厂2.0推广项目建设应用。强化技术开发“产学研用”平台建设和项目实施，全年实施技术开发项目42项，获省部级科学技术奖5项，国家知识产权局受理专利7件，“重油高效催化裂解（RTC）技术研发与应用”获集团公司科技进步奖一等奖。

（关广磊）

【深化改革获新成果】 2021年，安庆石化全面推进国企改革三年行动，深入开展对标世界一流管理提升行动，超额完成总部力争目标。完成资产分公司生产经营业务重组上市工作，顺利完成厂办大集体改革。推进“两非”剥离，处置低效无效资产1.82亿元，企业实现轻装上阵。突出效益导向、激励约束，建立内部利润核算考核机制，持续动态完善绩效考评体系。有序实施经理层成员任期制和契约化管理，动态实施部室整合重组，不断优化调整内设机构。严格按总部要求落实末等调整、不胜任退出制度，建立完善业绩排名末位退出调整机制，加大不担当、不作为、慢作为、假作为干部“下”的力度。

（关广磊）

【党建质量得到新提高】 2021年，安庆石化坚持以党的政治建设为统领，把党史学习教育贯穿全年，严格落实“第一议题”学习制度，全面落实习近平总书记视察胜利油田重要指示精神，充分发挥党委把方向、管大局、促落实的领导作用。坚持党管干部、党管人才原则，强化重实干、重实绩、重担当的用人导向，大力选拔重用优秀年轻干部。抓实形势任务教育，组织《人民日报》和新华社等主流媒体3次来厂采访，展示企业良好形象。持续强化政治监督，深化党风廉政建设，着力提升“大监督”效能，持续一体推进“三不”建设，风清气正、干事创业的氛围更加浓厚。坚持融入中心抓实基层党建，深化“一支部一品牌”“双示范”创建，引导党员干部向安全生产、攻坚创效聚焦发力。

（关广磊）

【紧急驰援河南抗洪抢险】 2021年7月23日，安庆石化接到国家安全生产应急救援中心要求驰援河南抢险救灾工作的指令。安庆石化立即行动，连夜组织16名抢险救援突击队员奔赴河南新乡市开展排涝救灾工作，并于8月5日下午完成任务载誉凯旋。其间，安庆石化抗洪抢修救援队先后完成新乡市红旗区 3 条道路、4 个小区、3 个基坑位的排涝任务，累计施救车辆 381 台，排水排涝 16.81 万立方米，恢复 9 723 名受灾群众正常生产生活秩序，彰显“顾大局、负责任、有担当”的央企形象。

（关广磊）

抢险救援突击队载誉凯旋

【企地共建共谋发展】 2021 年，安庆石化加速推进炼油转化工结构调整项目建设，以安徽省政府和中国石化新一轮战略合作协议为契机，进一步扩大乙烯、丙烯产业链规模，助力安庆石化新材料产业延链强链补链。规划项目总投资 201 亿元，预计工业增加值 151 亿元，以安庆石化生产的乙烯、丙烯及其他化工原料为基础，形成特色丙烯/乙烯产业链和供应链，预计将带动安庆石化高新区投资项目超过 200 亿元，工业增加值 180 亿元，进一步加快构建“头部企业 + 中小企业”的生态圈步伐。

（关广磊）

【油品保供彰显责任担当】 2021 年四季度，随着国际国内能源供应的严峻形势，柴油需求异常放大，成品油资源保障、价格稳定受到党中央、国务院和社会媒体等各方面的高度关注。安庆石化切实提高政治站位，扛好保障能源安全的核心职责，坚决落实习近平总书记在胜利油田考察调研时提出的“能源的饭碗必须端在自己手里”的重要指示，提高生产负荷、调整产品结构，挖掘库存潜力，按照柴油最大化方案组织生产，确保安徽及周边地区成品油市场供应，坚决履行好石化企业“油品不断供、服务不打烊”的承诺。

（关广磊）

【有效助力乡村振兴】 2021 年是全面推进乡村振兴的第一年，安庆石化深入学习贯彻习近平总书记在全国脱贫攻坚总结表彰大会上的重要讲话精神及考察安徽重要讲话指示精神，按照集团公司党组及地方党委政府关于乡村振兴工作的决策部署，认真落实“四个不摘”的要求，坚持把定点帮扶作为“我为群众办实事”的重要实践，全年投入帮扶资金 155 万元，开展消费帮扶 286.09 万元，全力支持做好定点帮扶助力乡村振兴工作，以实际行动诠释央企的社会责任和政治担当。2021 年 3 月被评为中国石化脱贫攻坚先进集体，5 月被评为安徽省脱贫攻坚先进集体，在集团公司 2021 年度乡村振兴帮扶工作成效考核中，安庆石化获“好”等次，并位居第一方阵。

（关广磊）

【举办“永远跟党走”文艺晚会】 2021 年 6 月 25 日，安庆石化举办“永远跟党走”庆祝中国共产党成立 100 周年文艺晚会。晚会以文艺汇演的形式讴歌中国共产党、讴歌祖国、讴歌时代，充分展示在党的领导下安庆石化取得的辉煌成就和新时代安庆石化广大党员干部昂扬向上、奋发有为的精神风貌，激励和动员广大党员干部群众不忘初心、牢记使命、永远奋斗，不断开创安庆石化高质量发展新局面。

（关广磊）

“永远跟党走”庆祝中国共产党成立 100 周年文艺晚会

【安庆市化学品洗舱站建成投用】 2021 年 8 月 29 日，安庆市化学品洗舱站正式建成投用并完成首艘船舶的洗舱服务。安庆化学品洗舱站是国家在长江干线流域首批布局建设的 13 处洗舱站之一，于 2020 年 4 月开工建设，设计最大年洗舱能力 306 艘次，总投资 10 305 万元，由安庆石化负责运营管理。

（关广磊）

【腈纶产品参加 2021 中国国际纺织纱线展览】 2021 年 10 月 9 日，2021 中国国际纺织纱线（秋冬）展览会在国家会展中心举行。本届展会，安庆石化优选 3 个系列 7 个品种功能型、高附加值腈纶产品及使用安庆腈纶纺制的纱线、制品和成衣参加展出，用硬核产品向全球纺织行业传递使用新产品、新技术助力新发展的创新态度。同时，安庆石化展团利用新媒体平台充分介绍功能型腈纶的特性，并为观众提供详细讲解，取得展示形象、推介产品、创造商机的良好效果。

（关广磊）

【企业保持和谐稳定】 2021 年，安庆石化坚持“一切依靠职工，一切为了职工”，深入开展“我为群众办实事”实践活动，办好安庆石化层面实事 50 项，为基层增设 94 台净水器，配置标准化操作室物品 432 件套。围绕庆祝建党 100 周年，开展“永远跟党走”主题活动，激发职工爱党爱企热情。开展节日慰问，实行“普惠有约”，抓好职工疗休养、夏送清凉、金秋助学、冬送温暖等工作。持续推进各类工作室建设，陈敦平技能大师工作室被列入国家级工作室项目，龚荣庭劳模创新工作室被评为总部示范工作室。组织十大劳模、十佳班长、技术明星、十佳青年等评选，开展“当好主力军、建功十四五”劳动竞赛，激发干事创业激情。大力传承石油精神、弘扬石化传统、讲好石化故事，唱响主旋律、壮大正能量，为奋进新征程凝聚强大精神力量。

（关广磊）

表 1　安庆石化主要技术经济指标　亿元

指标名称＼年份	2021	2020	2019	2018	2017	2016
原油加工量 / 万吨	752.00	710.40	658.13	727.46	750.58	538.41
工业总产值	449.02	403.46	394.68	451.14	400.90	254.90
炼　油	402.07	362.32	345.62	391.31	346.17	218.96
化　工	32.89	28.40	35.74	45.13	40.88	24.13
其　他	14.06	12.74	13.32	14.70	13.85	11.81
工业增加值	147.03	118.76	130.57	156.33	150.27	109.59
资产总计	179.74	153.79	141.44	132.62	142.49	134.98
流动资产	49.03	32.07	17.56	22.82	32.61	29.14
固定资产原值	229.03	231.27	224.32	220.84	210.16	206.41
固定资产净值	100.32	108.65	111.25	114.20	110.53	111.21
营业收入	473.22	340.89	401.63	464.23	411.76	261.71
实现利税	134.31	104.39	111.75	140.35	142.99	95.78
税　金	97.42	106.48	104.81	117.90	124.48	90.27
炼油综合能耗 / 千克标油 · 吨 $^{-1}$	73.75	76.70	76.98	76.93	73.31	77.20

表 2　　安庆石化主要产品产量　　万吨

产品名称＼年份	2021	2020	2019	2018	2017	2016
汽　油	283.87	256.16	249.15	269.61	243.43	176.38
柴　油	168.73	183.93	181.56	183.22	251.65	197.19
航空煤油	55.01	46.83	39.57	40.37	34.83	12.98
燃料油	23.65	13.64	5.66	3.37	0.34	0.97
原料油	39.27	23.78	19.09	28.23	36.34	20.48
液化气	78.34	70.34	64.58	75.07	67.64	48.23
石油焦	28.60	26.80	23.35	27.56	28.98	22.30
合成氨	31.84	26.80	25.73	26.30	28.85	25.19
丙烯腈	23.15	21.03	20.17	21.80	23.64	18.07
腈　纶	3.91	3.67	4.02	4.40	3.98	4.13
苯乙烯	10.09	10.20	9.17	10.08	10.52	7.28

海南炼化

【概况】 中国石化海南炼油化工有限公司（简称海南炼化）位于海南省西北部洋浦半岛的洋浦经济开发区，毗邻北部湾，位于新加坡—香港—上海—大阪国际海运主航线上，拥有天然的深水良港和避风港，地理和海运条件优越，同时享受保税港区、经济特区、开发区以及自贸港的全部优惠政策。海南炼化前身成立于 2003 年 10 月 31 日，占地 8 190 亩（5.46 平方千米），其中乙烯占地 3 735 亩（2.49 平方千米），时名海南实华炼油化工有限公司，一期投资 116 亿元。2004 年 4 月 26 日，海南炼油项目奠基开工。2006 年 2 月 28 日，公司名称注册变更为中国石化海南炼油化工有限公司。2006 年 9 月 28 日，全部装置和系统一次投料试车成功，打通全流程，投入商业运行。2008 年 7 月 1 日，海南炼化通过总部组织的项目竣工验收，正式投入商业运营。2011 年 12 月 22 日开工建设中国第 1 套自主知识产权的芳烃联合装置，2013 年 12 月 27 日建成投用，标志着中国石化成为全球第 3 家拥有自主知识产权芳烃成套生产技术的企业。2016 年 9 月，公司第 2 套芳烃项目获得批复，2019 年 9 月 27 日建成投产。2018 年 12 月 26 日，100 万吨 / 年乙烯及炼油改扩建工程获得总部批复，批复投资 281 亿元，处于建设阶段。

海南炼化采用全加氢型加工流程工艺，生产和销售各种规格的汽油、柴油、煤油、石脑油、苯、液化气、燃料油、聚丙烯、对二甲苯、邻二甲苯、苯乙烯等石油化工产品。截至 2021 年底，海南炼化原油综合加工能力 920 万吨 / 年、芳烃加工能力 160 万吨 / 年，有 30 套炼油化工生产装置及相应油品储运设施、公用工程系统，自备深水码头位于洋浦开发区神头港区，拥有包括 30 万吨级原油泊位、10 万吨级成品油泊位在内的泊位 8 座，年吞吐能力 3 030 万吨。海南炼化还拥有总罐容 110 万立方米原油和超过 100 万立方米成品、半成品储存能力及相应输转设施，代管库容 255 万立方米的海南原油商储库、国家危险化学品应急救援洋浦基地及正在建设的 17 万吨 / 年苯乙烯热塑性弹性体和 6 万吨 / 年可降解塑料合资项目。

海南炼化主要技术经济指标及主要产品产量分别见表 1 和表 2。

（郑立婕）

【经营效益创历史最优水平】 2021 年，海南炼化最大程度释放产能，生产总量、经营绩效再创历史新高。原油加工量 940.48 万吨，生产成品油 659.34 万吨、PX 140.20 万吨，实现工业总产值 573.95 亿元，上缴税金 92.74 亿元、排名海南省首位；利润总额 49.68 亿元、综合商品率、加工损失率等均创历史最优水平。

（郑立婕）

【优化调整组织机构】 2021 年，海南炼化全面启动组织机构优化调整：3 月启动运行部门机构优化调整，施行公司与运行部二级管理，机关职能部门下设中心，施行一级管理；成立 8 个运行部门，原单元成建制划转，党工团组织同步设置，完善配套的职业生涯晋升规划、人才成长通道设计以及薪酬激励机制等相关制度。10 月启动职能部门以“三定”为核心的配套改革，试点单位专业技术岗位平均压减 53%。

（郑立婕）

【信息化建设取得显著成效】 2021 年，海南炼化聚焦打造“智能工程”，以数据治理体系建设为突破，加快数字化转型、智能化发展进程；物理工厂数字化、项目管理信息化、现场管理智慧化的“三化”理念深化推广，“安全眼”“进度眼”“质量眼”高效应用；无损检测智能评定成套技术、设备故障预警系统、机器人（RPA）自动采集环保税数据等人工智能技术成功应用，业务流程全面整合规范、实现线上审批，预算系统、公文系统、设备缺陷管理系统、物资域平台等系统平台升级上线，无纸化办公进程和管理效率大幅提升。

（郑立婕）

【乙烯项目进展迅速】 2021 年，海南炼化持续加快百万吨乙烯及炼油改扩建项目建设，超额完成年度投资 106 亿元，整体进度完成 72.56%，长周期、次长周期设备采购时效达到系统内先进水平，用 58 天创下系统内 LPG 低温罐灌注桩施工最快速度，历时 11 个月刷新国内同类项目土建交安纪录，重点完成码头 4# 泊位“7·30”关键节点建设、乙烯装置 5 台大塔提前到货并顺利吊装就位等攻坚任务，现场主要装置及公用工程钢结构安装收尾，动、静设备大规模安装，工艺管道安装全面展开。

（郑立婕）

建设中的百万吨乙烯建设现场（巩耀辉　摄）

【开展海南首次石化行业直升机应急救援演练】 2021 年 2 月 24 日，海南炼化模拟乙烯及炼油改扩建项目施工现场发生作业人员高处坠落事故，开展直升机应急救援演练，直升机从起飞至合作医院用时 43 分钟，实现空地一体救援。在施工项目中规划直升机救援在海南省尚属首次。

（郑立婕）

【洋浦石化新材料院士工作站揭牌运行】 2021 年 3 月 26 日，洋浦石化新材料院士工作站正式揭牌运行，该院士工作站是海南省规格最高的院士工作站，依托海南炼化建立，首批团队成员由王基铭等 5 位中国工程院院士和 18 位石油石化领域知

洋浦石化新材料院士工作站揭牌仪式（林鸿冠　摄）

名专家组成，2021 年完成 2 个技术指导项目和 10 个产业决策咨询项目立项。

（郑立婕）

【成功为博鳌亚洲论坛供氢】 2021 年 4 月 16 日，海南炼化牵头设计建设的氢能凯美特充装设施投用，成功生产并向琼海加氢站输出首车 300 千克 99.999% 高纯度氢燃料，结束海南省“全岛无氢”历史，为 2021 年博鳌亚洲论坛年会期间进行展示和示范运行的氢燃料电池客车提供 0.47 吨氢能保障。海南炼化具备日供高纯氢燃料 2 吨左右能力，成为海南省最大的高纯氢燃料供应企业。

（郑立婕）

首车高纯氢燃料出厂（林鸿冠　摄）

【新建硫黄项目建成投用】 新建 8 万吨 / 年硫黄回收装置是落实海南炼化节能减排目标的主要环保装置之一，总投资 2.26 亿元，包括硫黄回收、尾气处理、烟气处理等部分。整体装置历时 15 个月，于 2021 年 1 月 25 日顺利建成中交，5 月 26 日一次开车成功，保持安全平稳运行，各项指标均达到设计要求，创造海南炼化新建装置开工半年无动火尾项的历史。

（郑立婕）

【成功试生产 PPH-Y40J】 2021 年 7 月 22 日，海南炼化聚丙烯装置试用北京化工研究院研发的无纺布料抗菌剂，成功转产高端抗菌无纺布料 PPH-Y40J，开拓公司高端聚丙烯产品市场。

（郑立婕）

【庆祝炼油投产 15 周年暨乙烯首台大型塔器吊装晚会取得圆满成功】 2021 年 9 月 9 日，海南炼化成功举办“潮起海之南 今朝再腾飞”庆祝炼油投产 15 周年暨乙烯首台大型塔器吊装晚会，首次进行全程实时转播，共计 1.5 万余人次通过网络直播收听收看。

（郑立婕）

【在全国加氢裂化技能竞赛中获佳绩】 2021 年 10 月，在 2021 年全国行业职业技能竞赛加氢裂化（处理）装置操作工竞赛中，海南炼化 2 位员工获铜奖，团体获第 9 名。

（郑立婕）

【名列海南省企业 100 强榜首】 2021 年 10 月 26 日，2021 年海南省企业 100 强名单发布，海南炼化以营业收入 371.74 亿元名列榜首。

（郑立婕）

【维保综合楼中交、光伏电站发电并网成功】 2021 年，海南炼化加大绿色清洁能源应用力度，在炼油老区中控室及办公楼、维保基地综合楼等地布局 3.8 兆瓦分布式光伏发电项目；12 月 20 日，维保基地综合楼光伏发电区成功发电并网 80 千瓦。

（郑立婕）

【下属合资公司进展顺利】 2021 年，海南炼化下属 2 家合资公司海南巴陵化工新材料有限公司、中石化（海南）聚酯新材料有限公司按照既定目标加快推进。海南巴陵化工新材料有限公司于 5 月 6 日注册成立，5 月 25 日召开一届一次股东会暨董事会，9 月 30 日主装置开工建设，全年完成投资 6 亿元；中石化（海南）聚酯新材料有限公司于 12 月 3 日注册成立，全年完成投资 5 850 万元；行政组织架构、党工团组织及管理人员基本配置到位。

（郑立婕）

【获第九届全国品牌故事大赛第 1 名】 2021 年 9 月，海南炼化代表队获第九届全国品牌故事大赛海南省第 1 名，获最佳品牌风尚奖，征文作品《海炼故事》获征文组三等奖。12 月，海南炼化代表队参加第九届全国品牌故事大赛总决赛，在全国 28 个赛区晋级企业中获演讲组全国一等奖，创海南省参加品牌故事大赛以来最好成绩。

（郑立婕）

【获多个集体和个人荣誉】 2021年，海南炼化及下属组织和个人获多项荣誉：海南炼化获2020年度国家海上搜救奖励和海南省海上搜救奖励，芳烃部二单元党支部获海南省先进基层党组织称号；1名员工获海南省优秀共产党员称号。

（郑立婕）

【党建工作取得新成效】 2021年，海南炼化党委坚决扛起政治责任，坚持党建统领，以高质量党建引领企业高质量发展，培育高质量人才，用实际行动彰显使命担当。以庆祝中国共产党成立100周年为契机，践行集团公司“1355”党建总体思路，深化“党建力量倍增”机制，扎实开展党史学习教育和“我为群众办实事”实践活动；务实创新融合，打造践行习近平新时代中国特色社会主义思想的重要阵地；在集团公司2020年度党建考核中再次获评A档；海南炼化党支部案例入选《中国石化基层党建创新实践100例》《海南省国资系统基层党组织建设示范成果宣传册》，展示海南炼化党委推动“基层党组织建设走在前列”方面取得的良好成效。

（郑立婕）

【企业形象建设取得显著成效】 2021年，海南炼化生产经营建设情况受到国内、省内主流媒体的高度关注，企业影响力进一步提升。4月20日，中央电视台新闻频道报道海南炼化加快建设氢能充装设施，全力保供博鳌亚洲论坛氢能供应情况，引发广泛关注；5月，新华社、中新社、《海南日报》、南海网等媒体到海南炼化采访报道，国务院网站、新华网、人民网、中国新闻网及《人民日报》《海南日报》等主流媒体先后刊登报道海南炼化百万吨乙烯项目建设情况；7月28日，“中国石化在海南”新闻发布会在乙烯项目现场召开，中国石化驻海南企业首次联合发布社会责任报告，集中展示海南炼化、海南石油在党的领导下，发挥国有企业独特优势、引领行业发展、践行社会责任、服务人民群众的总体情况，新华社、中新社等媒体竞相报道中国石化驻海南企业履行社会责任情况，新华社、中国新闻社，《经济日报》《科技日报》《工人日报》《海南日报》《中国石化报》，以及新浪财经、海南省广播电视总台、南海网、三沙卫视、洋浦电视台等媒体刊转文章120余篇；为来港作业船员接种新冠疫苗活动被海事服务网、亚洲船员平台网等媒体转载报道，取得良好反响。

（郑立婕）

表1　海南炼化主要技术经济指标　亿元

指标名称 \ 年份	2021	2020	2019	2018	2017	2016
原油加工量/万吨	940.48	932.40	927.63	865.74	791.70	900.38
工业总产值	573.95	374.30	494.76	502.89	386.10	382.42
炼　油	457.83	379.08	486.04	497.84	328.68	376.82
化　工	109.57	55.21	84.95	79.33	58.42	380.14
工业增加值	154.32	110.00	114.00	122.50	96.20	101.03
资产总计	400.40	306.51	304.26	212.39	121.76	114.28
流动资产	185.82	197.58	209.23	120.72	41.92	34.45
固定资产原值	188.54	185.52	183.65	154.27	148.40	148.11
固定资产净值	63.30	68.33	76.67	57.63	61.65	71.47
销售收入	543.39	368.85	497.13	485.74	319.66	277.31
实现利税	146.06	107.44	101.43	120.04	107.69	110.22
税　金	101.98	95.37	82.45	84.84	85.27	86.22

表 2 海南炼化主要产品产量 万吨

产品名称＼年份	2021	2020	2019	2018	2017	2016
汽　油	269.82	245.25	270.05	254.24	224.41	232.94
柴　油	262.66	278.78	266.47	249.50	222.46	260.78
煤　油	126.86	113.39	157.07	142.25	133.09	151.19
液化气	62.75	54.53	62.04	59.26	54.69	57.96
燃料油	78.32	68.45	18.00	15.02	14.75	17.06
石脑油	24.30	26.35	19.53	20.28	9.90	5.40
硫　黄	6.54	7.22	5.91	6.51	5.43	6.80
对二甲苯	140.20	87.48	92.35	68.05	59.94	66.48
邻二甲苯	12.40	6.53	11.02	6.57	7.37	7.77
苯	17.92	7.99	13.23	14.23	14.65	14.63
聚丙烯	23.54	24.07	23.29	21.84	19.72	20.90
有机热载体	7.65	15.06	18.53	8.98	18.41	17.33
发泡剂	1.74	2.25	2.59	2.97	6.49	4.22

川维化工公司

【概况】 中国石化集团重庆川维化工有限公司（简称川维化工公司）位于重庆长寿经济技术开发区（国家级），占地面积 280 余万平方米。前身为中国石化集团四川维尼纶厂，是 20 世纪 70 年代初引进的四大化纤项目之一，主要装置从英、法、德、日等国引进，1974 年破土动工，1979 年建成投产，1983 年竣工验收，同年整体进入中国石化，2017 年 11 月完成公司制改革。

截至 2021 年底，川维化工公司设 25 个二级单位，包括 12 个职能部门、6 个专业中心、7 个生产运行部。在岗合同制员工 2 501 人，其中具有正高级职称的 7 人、副高级职称的 169 人、中级职称的 502 人。

川维化工公司是国内最大、最具代表性的天然气化工企业，天然气年加工能力 15.5 亿立方米，主要产能包括甲醇 87 万吨 / 年、醋酸乙烯（VAC）50 万吨 / 年、精醋酸甲酯 21 万吨 / 年、合成氨 20 万吨 / 年等基础化工产品，以及聚乙烯醇（PVA）16 万吨 / 年、醋酸乙烯—乙烯共聚乳液（VAE）12 万吨 / 年、维纶纤维 1.65 万吨 / 年等精细化工产品和新材料。有 5 家在营合资企业，分别是扬子江乙酰化工有限公司、重庆川维林德气体有限责任公司、重庆华利维盛油田化学科技有限公司、重庆信维环保有限公司、重庆陕煤川维港物流发展有限公司。

川维化工公司主要技术经济指标和主要产品产量分别见表 1 和表 2。

（陈　广　郑洵洵）

【装置运行水平持续提升】 2021 年，川维化工公司分阶段完成 1 月东区消缺，3 月全停大消缺和 12 月全停大修工作，热电“三大”锅炉连续高负荷运行达 6 个月，PVA 醇解皮带破损率下降 50% 以上，全年无非计划停车，一级降负荷损失率下降 40% 以上，达到近 7 年最好水平。

（陈　广　郑洵洵）

【新建 6 万吨 / 年 VAE 装置一次投料开车成功】

2021年5月26日，川维化工公司新建6万吨/年VAE装置打通全流程，产出合格产品，实现一次投料开车成功，VAE产能达12万吨/年。装置采用川维化工公司自主研发的新一代VAE技术，产品更加绿色环保，能耗物耗更低，装备自动化程度更高，各项技术经济指标较上一代技术有较大提升。

（陈　广　郑洵洵）

川维化工公司6万吨/年VAE装置

【自销产品上线“石化e贸”】 2021年3月15日，川维化工公司召开自销产品“石化e贸”上线仪式启动会，自销产品正式上线“石化e贸”平台，所有产品均可线上网购。川维化工公司是集团公司自销产品“石化e贸”首批6家试点企业之一。

（陈　广　郑洵洵）

【开行首趟国际专列，千吨聚乙烯醇出口欧洲】 2021年12月，载有川维化工公司54个集装箱1 008吨聚乙烯醇产品的专列火车从重庆果园港正式开往欧洲，也是川维化工公司历史上开行的第1辆出口专列。

（陈　广　郑洵洵）

2021年12月，川维化工公司首辆聚乙烯醇出口专列发往欧洲

【启动首批科研项目“揭榜挂帅”】 2021年11月19日，川维化工公司举行首批2个科研项目“揭榜挂帅”签约仪式。认真贯彻落实中国石化世界领先发展方略的部署要求，把实施重点科研项目“揭榜挂帅”作为“项目长”负责制的补充和完善，着力在精细化工和新材料方面持续发力，加快打造技术先导型公司。

（陈　广　郑洵洵）

【参与起草的2项国家标准正式发布】 2021年10月，国家标准化委员会发布国家标准2021年第11号公告，其中川维化工公司参与制定的《工业用甲醇中铵离子的测定离子色谱法》《工业用甲醇中痕量三甲胺含量的测定气相色谱质谱联用法》2项国家标准在列，该标准于2022年3月1日起正式实施。

（陈　广　郑洵洵）

【通过“全国文明单位”复查】 2021年1月，川维化工公司通过全国文明单位复查，继续保留全国文明单位称号，也是公司自2011年获评全国文明单位以来，连续3届顺利通过复查，是公司在精神文明建设领域的最高荣誉。

（陈　广　郑洵洵）

表1　川维化工公司主要技术经济指标[1]　亿元

指标名称＼年份	2021	2020	2019	2018	2017	2016
天然气加工量/亿立方米	13.50	11.01	11.07	10.42	12.13	10.37
工业总产值[2]	77.41	48.73	54.15	56.71	56.45	41.52
工业增加值	28.80	8.36	13.95	12.89	13.45	5.64

续表

指标名称 \ 年份	2021	2020	2019	2018	2017	2016
资产总计	62.00	62.78	59.22	59.37	64.39	69.11
流动资产	6.55	8.74	6.46	6.24	4.70	8.95
固定资产原值	113.42	109.64	108.45	107.19	110.03	107.83
固定资产净值	51.05	50.33	51.87	54.20	57.54	59.27
营业收入	83.13	53.14	59.15	60.09	60.17	45.63
实现利税	16.64	−1.45	3.19	4.62	3.77	−5.65
税金及附加	3.57	1.35	2.07	3.57	3.10	1.85
综合能耗 / 吨标煤·万元 $^{-1}$	3.35	2.83	2.846	3.02	2.84	3.05

①数据不含合资企业
②工业总产值数据以现价计算

表 2　川维化工公司主要产品产量　万吨

产品名称 \ 年份	2021	2020	2019	2018	2017	2016
甲　醇	79.18	80.49	80.62	74.07	87.39	68.84
醋酸乙烯	48.87	50.97	50.43	47.13	52.88	47.74
聚乙烯醇	14.09	14.58	14.72	15.74	15.75	14.13
醋酸甲酯	9.05	13.78	7.60	8.52	17.83	15.36
醋酸乙烯—乙烯共聚乳液	9.13	6.53	6.17	6.24	6.35	5.60
维纶纤维	1.25	0.89	1.18	1.98	2.05	1.83
液　氨	13.42	13.02	10.64	7.66	13.86	11.58

湖北化肥

【概况】 中国石油化工股份有限公司湖北化肥分公司（简称湖北化肥分公司）暨中国石化集团资产经营管理有限公司宜昌分公司（简称宜昌资产分公司）统称湖北化肥，位于湖北省枝江市，紧邻沪渝高速和 318 国道，南距长江约 1.5 千米，铁路专用线由枝江车站接轨至厂卸煤线站台，交通优势十分明显。湖北化肥前身为湖北省化肥厂，1974 年 10 月动工建设，1979 年 8 月投产，1983 年 7 月 1 日划入中国石油化工总公司。2000 年和 2006 年分别实施燃料、原料路线“煤代油”改造。2014 年 3 月，20 万吨 / 年合成气制乙二醇示范装置投产后，退出化肥业务，实现由化肥向化工转型。

截至 2021 年底，湖北化肥有 30 万吨 / 年合成氨装置、52 万吨 / 年尿素生产装置、日处理 2 000 吨煤的煤气化装置、20 万吨 / 年乙二醇装置、2 台 240 吨 / 时生产能力高压煤粉锅炉和 1 台 220 吨 / 时生产能力高压煤粉锅炉、2 台 2.5 万（千瓦·时）/ 时的汽轮发电机组的公用工程装置、配套有产氧能力 4.8 万米 ^{3}（标准）/ 时和 6 000 米 ^{3}（标准）/ 时的 2 套空分装置，1 条 23 千米自有专用铁路线和工业编组站、5 座码头、1 个罐区。

截至 2021 年底，湖北化肥设 10 个职能部室、4 个业务中心、5 个运行部、1 个临时机构等 20 个直属单位。有合同制员工 789 人，其中具有高级职称的 53 人、中级职称的 171 人，高级技师 27 人、技师 91 人。

湖北化肥主要技术经济指标和主要产品产量分别见表 1 和表 2。

（刘　瑾）

【领导班子调整】 集团公司党组于 2021 年 7 月对湖北化肥领导班子进行调整：陈齐全任湖北化肥党委书记、湖北化肥分公司总经理。结合湖北化肥实际，新一届领导班子提出要坚持“稳、准、实、高、快、严”行动准则，切实推动“全员提气、全面提标、全线提速、全域提效”。

（刘　瑾）

【HSE 形势持续好转】 2021 年，湖北化肥新一届领导班子把安全环保作为最紧要、最迫切的工作抓紧抓实，修订并发布 HSE 体系手册，着力提升引领力、管控力、执行力，推动安全管理取得明显好转，中国化学品安全协会对湖北化肥安全履职能力和尽职情况给予高度评价；实施环保三年提升方案，打好污染防治攻坚战，实现依法合规和达标排放。加大绿色企业创建力度，获评 2021 年度中国石化绿色企业称号。

（刘　瑾）

【生产经营基础得到夯实】 2021 年，湖北化肥着力稳生产、保效益，扎实开展攻坚创效，通过落实优化运行、技术改造、优化经营、增收节支、盘活资产等 42 条措施，全年攻坚创效 3 772 万元，整体较总部指标减亏 1 356 万元。

（刘　瑾）

【改革管理工作不断深化】 2021 年，湖北化肥领导班子靠前指挥，部门协同攻坚，化解改革难点，提前 1 个多月完成厂办大集体改革任务。深化改革三年行动任务整体完成率 81%，超过总部进度要求。大力实施对标提升行动，目标完成率 87.6%；完成 QHSE-EN 体系内审，通过再认证审核，体系化管理不断深化。

（刘　瑾）

【科技创新工作不断强化】 2021 年，湖北化肥实施攻关项目“揭榜挂帅”，攻克制约气化炉长周期运行的突出问题；厌氧膨胀床（AEB）反硝化处理高硝氮废水技术获集团公司科技进步奖二等奖，生物流化床 A/O 工艺处理化工污水成套技术获中国化工学会科技进步奖三等奖；“一种用于污水处理的生物反应器”等 14 件专利获授权，其中“一种低温甲醇洗节能装置及工艺”等 2 件为发明专利。

（刘　瑾）

【企业面貌焕然一新】 2021 年 8 月，湖北化肥统筹推进“低、老、坏”专项整治、5S 现场管理、“三标”建设，从公共面貌、设备、工艺、HSE 等 6 个方面整治“低、老、坏”问题 4 849 项，形成整治特色成果 57 项。通过整治，干部作风有明显转变、环境面貌有较大改善、基础管理有稳步提升。

（刘　瑾）

【党史学习教育扎实开展】 2021 年，湖北化肥深入开展党史学习教育，“我为群众办实事”员工总体满意度 100%。基层党组织标准化规范化建设深入开展，实现党员班组全覆盖；开展党建示范点创建，储运部党支部被命名为集团公司基层党支部建设示范点；深化探索“党建 +”的路径和方法，创建“放心储运”“平安合成”“绿色公用工程”“完好机电仪”等 5 个党支部品牌，形成“五书一册”成果。

（刘　瑾）

“一支部一品牌”创建现场验收

【建党 100 周年系列活动广泛开展】 2021 年，湖北化肥以庆祝建党 100 周年为主题，先后举办“学党史、健步走、作贡献”百日健步走答题活动，“我心向党”合唱比赛、书法美术摄影展、MV 拍摄等系列文化活动，员工参与度高、认同感强，进一步激发爱党爱国爱厂爱岗情怀。在中国石化第十四届职工文艺录像调演中，“我心向党”合唱比赛晚会获晚会类二等奖、《红旗飘飘》获舞蹈类三等奖、《我宣誓》获综合类三等奖和优秀创作奖。

（刘　瑾）

党史学习教育—“我心向党”合唱比赛

【“五懂五会五能”培训全面开展】 2021 年 10 月，为落实集团公司“总经理 2 号令”有关要求，湖北化肥组织开展技能操作人员“五懂五会五能”提升工作。培训办班 750 余场，参培人数 3.8 万余人次，培训总时长 8 万余课时，人均培训 60 课时，均为历年之最。通过培训，企业安全生产基础进一步夯实，员工技能操作水平和岗位履职能力得到全面提升。

“五懂五会五能”培训全面提升员工素质

（刘　瑾）

【社会责任报告发布】 2021 年 10 月 15 日，中国石化 10 家驻鄂企业在武汉联合举办主题为“奋斗百年路 启航新征程”的《“中国石化在湖北”社会责任报告》发布会。中国石化在湖北社会责任报告分为“求实创新”“安全环保”“脱贫攻坚”“同心抗疫”“红色党建” 5 个篇章。湖北化肥党委书记、总经理陈齐全代表驻鄂企业发布“社会责任报告—安全环保”篇。

（刘　瑾）

【稳定大局得到保障】 2021 年，湖北化肥超前做好改革发展稳定风险评估，用心用情化解有关群体利益诉求的稳定风险，成功稳控相关重点人员。做好特殊敏感时期稳定工作，实现庆祝建党 100 周年、党的十九届六中全会期间企业稳定。针对特殊时期，制定稳定责任包保办法，设稳定专项奖，落实稳定预案，保持企业、队伍稳定的良好局面。

（刘　瑾）

【共青团湖北化肥第十次团员大会召开】 2021 年 11 月 16—18 日，湖北化肥召开第十次团员大会，总结第九次团代会以来的工作，部署今后五年的重点任务。会议还选举产生新一届委员会。

（刘　瑾）

【湖北化肥第十届工会会员代表大会召开】 2021 年 12 月 10 日，湖北化肥召开第十届工会会员代表大会，总结第九届工代会以来的工作，部署今后五年的重点任务。会议选举产生新一届工会委员会和经费审查委员会。

（刘　瑾）

表 1 湖北化肥主要技术经济指标 亿元

指标名称 \ 年份	2021	2020	2019	2018	2017	2016
工业总产值						
湖北化肥分公司	9.28	10.19	14.8	17.70	13.84	8.06
宜昌资产分公司	3.74	4.36	5.72	5.99	4.78	3.39
工业增加值						
湖北化肥分公司	−0.38	0.19	−0.71	0.95	−0.60	−1.58
宜昌资产分公司	−3.29	0.44	0.96	0.87	0.97	0.30
资产总计						
湖北化肥分公司	10.28	13.33	21.66	20.47	21.97	25.20
宜昌资产分公司	1.77	4.95	5.24	5.50	6.05	5.70
流动资产						
湖北化肥分公司	3.14	3.00	4.36	2.68	3.78	2.89
宜昌资产分公司	0.85	0.86	0.73	0.80	0.68	0.53
固定资产原值						
湖北化肥分公司	56.17	56.18	55.82	53.73	53.00	52.39
宜昌资产分公司	11.07	11.17	11.16	10.08	10.18	10.14
固定资产净值						
湖北化肥分公司	30.35	5.78	13.77	12.91	13.02	18.99
宜昌资产分公司	3.70	4.08	4.56	3.89	4.23	4.70
销售收入						
湖北化肥分公司	12.53	12.26	18.39	21.38	17.23	10.49
宜昌资产分公司	3.99	4.84	7.67	8.19	6.81	4.64
实现利税						
湖北化肥分公司	−6.05	−10.40	−4.26	−2.10	−8.92	−5.22
宜昌资产分公司	−4.15	−0.18	0.16	0.05	0.11	−0.70
税　金						
湖北化肥分公司	0.05	0.06	0.08	0.10	0.06	0.04
宜昌资产分公司	0.08	0.04	0.06	0.08	0.10	0.09
综合能耗 / 吨标煤・万元 $^{-1}$						
湖北化肥分公司	6.493	5.035	5.048	5.595	5.808	6.103
宜昌资产分公司	1.654	1.609	1.609	1.558	1.734	1.809

表 2 湖北化肥主要产品产量 万吨

产品名称 \ 年份	2021	2020	2019	2018	2017	2016
湖北化肥分公司						
乙二醇		2.56	14.79	13.96	12.20	8.34

续表

产品名称 \ 年份	2021	2020	2019	2018	2017	2016
合成氨	26.17	31.97	22.91	17.70	14.03	13.28
宜昌资产分公司						
蒸　汽	237.00	333.63	454.49	462.43	392.86	339.64
电 / 亿千瓦·时	1.54	2.20	2.07	1.91	1.53	1.65

中原石化

【概况】 中国石化中原石油化工有限责任公司（简称中原石化）是股份公司控股的企业，位于河南省濮阳市，占地面积 173 万平方米。1987 年国家批准立项建设，1996 年建成投产，1998 年 4 月划归集团公司，2005 年 1 月进入股份公司。

截至 2021 年底，中原石化有新、老 2 套生产系统。老系统为石油化工生产路线，主体装置 1996 年建成投产，先后进行 2 次技术改造，有 11 套化工生产装置，乙烯装置设计规模为 18 万吨 / 年，经过技术改造和技术攻关，实际产能超过 21 万吨 / 年；聚乙烯设计能力为 26 万吨 / 年，聚丙烯装置设计能力为 6 万吨 / 年，另有汽油加氢、苯抽提、制氢、1- 丁烯、催化裂解制烯烃（OCC）5 套副产品深加工装置。新系统为煤化工生产路线，包括 1 套 60 万吨 / 年甲醇制烯烃（S-MTO）装置和配套的 10 万吨 / 年聚丙烯装置，分别于 2011 年 10 月 10 日和 9 月 20 日投产。主要有聚乙烯、聚丙烯、苯、MTBE、氢气等产品。中原石化设 11 个机关部室、6 个运行部和 5 个中心。用工总量 1 210 人。

中原石化主要经济指标和主要产品产量分别见表 1 和表 2。

（李继增　刘　超）

【领导班子调整】 2021 年 4 月 12 日，集团公司党组对中原石化领导班子进行调整：鉴于年龄原因，经研究决定，免去刘焕荣中原石化党委副书记、委员、纪委书记职务，不再担任中原石化工会主席职务，办理退休手续。7 月 12 日，集团公司党组宣布调整中原石化领导班子：王家纯任中原石化董事长、党委书记，仍任总经理。王攀任中原石化党委副书记、纪委书记、工会主席，监事会主席。免去胡明生中原石化董事长、党委书记的职务，另有任用。调整后的中原石化领导班子由王家纯、孙磊、李贵生、王攀组成。

（李继增　刘　超）

【实现“十四五”良好开局】 2021 年，中原石化坚持稳中求进总基调，坚决落实集团公司工作部署，积极应对错综复杂的市场形势，聚焦“三个基地”建设，融入“一基两翼三新”产业格局，观大势谋全局，防风险固底板，抓改革强党建，圆满完成年度各项目标任务。生产乙烯 29.03 万吨、聚乙烯 23.65 万吨、聚丙烯 17.85 万吨，经营性盈利 231 万元，乙烯收率、“双烯”收率连续 10 年位居化工板块前列。

（李继增　刘　超）

【连续 22 年无上报安全事故】 2021 年，中原石化牢固树立“发展决不能以牺牲安全为代价”的红线意识，大力宣贯新《安全生产法》，全面推进体系建设，修订完善并发布 HSE 管理手册，深化双重预防机制建设，压实安全生产责任。落实集团公司“总经理 2 号令”“一把手安全连线”要求，深入开展“百日安全无事故”“五查五严”和安全生产专项整治三年行动，严抓承包商和直接作业环节管理，狠抓安全隐患治理，1 081 项问题全部完成整改，公司级风险均由较大风险降级为一般风险，安全风险总值下降31.9%。

（李继增　刘　超）

6月1日，中原石化举行“安全生产月”暨“安全生产万里行”活动启动仪式

【创建集团公司绿色企业】 2021年，中原石化贯彻党中央关于黄河流域“共同抓好大保护，协同推进大治理”等工作部署，严格落实集团公司“总经理1号令”，大力实施绿色洁净战略，落实“净零”排放要求，强化节能节水降碳等工作，推进绿色企业行动计划，完成第二期光伏发电项目建设，污染防治水平全面提高，实现废水、废气达标排放，固体废物、危险废物合法处置，获集团公司绿色企业称号，A级企业创建通过河南省初评。

（李继增　刘　超）

【科技创新、新产品开发成效显著】 2021年，中原石化深入实施创新驱动战略，完善科技创新体制机制，成立科学技术委员会和研发中心。申报发明专利2件、实用新型专利4件。围绕联合创新，组建“1+10+3”新型电工材料和绿色电力装备创新联合体。着眼“中端＋高端”，强化产销研用，“两聚”专新料占比49.83%；锂电池隔膜料、电容膜料销量增长241%；成功开发PE-LM2750等新产品，聚丙烯PPR-P00管材料通过PPR100定级认证，树脂产品完成国家食品卫生及美国、欧盟等医疗卫生标准认证。

（李继增　刘　超）

【获提质增效优胜企业称号】 2021年，中原石化克服疫情管控影响，以“安稳长满优”运行为主线，坚持效益最优算“大账”，严控成本算“细账”，从严从实抓好装置、原料和产品动态优化，深入开展挖潜增效、节能降耗，推进攻坚创效行动常态化，34项提质增效措施累计增效1.58亿元，60项挖潜保效措施累计增效8 369万元。在总部“比学赶帮超”竞赛中获31面旗55颗星，创历史最好水平，被总部评为化工提质增效优胜企业。

（李继增　刘　超）

【深化改革、对标提升完成年度目标】 2021年，中原石化统筹推进深化国企改革三年行动和对标世界一流管理提升行动，围绕行动方案和工作清单，压实工作责任，持续强化“三能”机制建设、用工改革、绩效分配优化、非核心业务外包，推进经理层任期制契约化管理，完成岗位价值评估，实现人力资源输出首次走出国门；坚持依法依规治企，完善一体化管理体系，强化执行监督，防范化解风险，深化改革、对标一流重点任务完成率分别达93.41%和92.44%。

（李继增　刘　超）

【推进“两化”融合】 2021年，中原石化扎实推进“两化”融合，加强信息化项目统筹管理，推进实时数据库国产化、聚乙烯先控、预约提货等30余项信息项目建设。抓好基础设施运维，强化数据库管理、服务器管理、运维支持等服务保障，生产运营智能化、设备管理数字化、企业管理信息化水平进一步提升。

（李继增　刘　超）

【首车聚丙烯共享托盘装运成功】 2021年7月12日，中原石化装载聚丙烯P00粒料采用1.5吨/托共享托盘托运，实现树脂产品套膜带托出厂，标志着中原石化成功启用共享托盘装运。

（李继增　刘　超）

【召开党史学习教育动员大会】 2021年3月9日，中原石化召开党史学习教育动员会，深入学习贯彻习近平总书记在党史学习教育动员大会上的重要讲话精神，落实集团公司党组开展党史学习教育部署要求，动员各级党组织提高政治站位，扛起政治责任，以高度的政治责任感，切实抓好党史学习教育，确保取得实实在在的成效。

（李继增　刘　超）

【班子整体功能充分发挥】 2021 年，中原石化领导班子坚持民主集中制，严格执行“三重一大”决策制度，制定落实党委决定党的建设等方面重大事项清单、公司党委前置研究讨论重大经营管理事项清单，充分发挥党委把方向、管大局、促落实作用，员工群众对领导班子凝聚力、战斗力高度认可，班子综合评价“好 + 较好”为 100%，对领导班子成员评价“优秀”的得票比例均为 100%，选人用人满意度“好 + 一般”为 100%。

（李继增　刘　超）

【党的建设持续推进】 2021 年，中原石化严抓全面从严治党不放松，认真落实集团公司“1355”党建工作总体思路及中原石化“1562”党建工作规划，以高质量党建引领推动企业高质量发展。组织开展建党 100 周年系列活动，扎实开展党史学习教育，做到“学党史、悟思想、办实事、开新局”。贯彻“两个一以贯之”要求，完成公司章程修订，较好实现加强党的领导与公司治理的有机统一。严格落实“第一议题”制度，认真学习习近平总书记“七一”重要讲话、视察胜利油田重要指示等精神，落实党的政治建设 22 项重点措施，统筹抓好党建工作谋划部署，修订完善全面从严治党主体责任清单。强化“三基本”建设、组织力提升，完善党支部书记学制度、业务轮训及支委持证上岗机制，推进“优秀支部书记示范行”，创新开展“2+1”双示范创建、主题党日、“稳保促”竞赛等活动，总结应用党建工作创新成果 15 项案例，推进党建工作与生产经营互融互促。大力推广石化党建平台运用，实现党费在线缴纳等应用指标“三个 100%”。党员班组覆盖率 100%，党员班组长比例 85.45%。

（李继增　刘　超）

中原石化党委举办庆祝中国共产党成立 100 周年“我心向党”合唱比赛

【干部人才队伍建设得到强化】 2021 年，中原石化持续强化干部人才队伍建设，优化干部队伍结构，40 岁以下干部占比 23.6%，实现“132”目标。落实集团公司“三百三千”计划，开展“春蕾行动”“青马工程”和副班培训，发挥创新工作室、专家工作室、电仪实训基地带动作用，逐步激发队伍活力，提升队伍素质。王震工匠工作室被授予集团公司首批示范性工作室、河南省石油石化工会示范性工作室，饶军工作室被授予濮阳市示范性工作室，电仪实训基地被授予濮阳市产业工人培训基地。

（李继增　刘　超）

王震工匠工作室被授予集团公司首批示范性工作室、河南省石油石化工会示范性工作室。王震（右一）在工作室进行讲解

【持续打造良好政治生态】 2021 年，中原石化持续深化党风廉政“两个责任”，落实两级党组织党风廉政建设“两个责任”清单，完善“五位一体”监督格局，明确 15 项监督任务，收集、研判和处置监督信息 148 项。深入推进党委巡察，成立 4 个巡察组，对 16 个基层党支部开展政治巡察，并对 2 个党支部存在的问题进行督促整改。强化“微腐败”防范治理，落实风险点和措施清单，实现重点岗位、重点人员廉洁谈话全覆盖。

（李继增　刘　超）

【毫不松懈纠治“四风”】 2021 年，中原石化认真贯彻落实中央八项规定精神及党组实施细则，持续开展作风建设专项活动和党风廉政教育月活动，加强重要节日、重要时段等教育提醒，毫不松懈纠治“四风”，大力整治安全环保领域形式主义、官僚主义。大力践行“马上就办”，推进基层减负，文件、会议数量及检查评比项目不超2020年。

（李继增　刘　超）

【持续保持和谐稳定】 2021年，中原石化落实“稳定是第一责任”要求，紧紧围绕“抓预防、重管控，防风险”工作主线，紧盯特殊时期、节点维稳任务，密切关注“三项制度”改革、协解人员等重要事项、重点群体，强化组织领导，制订维稳方案，层层压实责任，严抓风险排查化解，实现“大事不出，小事也不出”的工作目标，稳定工作综合得分位居集团公司上游。

（李继增　刘　超）

【巩固拓展脱贫攻坚成果】 2021年，中原石化推动巩固拓展脱贫攻坚成果与乡村振兴有效衔接，统筹推进台前县清水河乡丁李村产业扶贫、教育扶贫、就业扶贫、消费扶贫，保持帮扶思想不懈、力度不减、干劲不退。肉牛养殖扶贫项目较好发挥示范作用，连续3年实现分红。

（李继增　刘　超）

表1　中原石化主要经济指标　亿元

年份 指标名称	2021	2020	2019	2018	2017	2016
工业总产值	46.13	31.39	41.37	41.69	45.26	37.10
工业增加值	4.94	3.37	4.70	4.70	7.25	8.86
资产总计	10.08	19.35	20.46	16.91	19.46	20.51
流动资产	3.29	3.51	3.08	3.06	4.07	3.65
固定资产原值	66.5	65.44	67.02	67.03	70.06	69.54
固定资产净值	20.44	20.20	21.23	22.43	24.57	25.54
销售收入	46.15	31.35	41.32	41.95	45.38	36.80
实现利税	-7.1	-0.44	1.10	1.37	4.38	5.80
税　金	1.05	0.75	1.05	1.32	1.71	2.13

表2　中原石化主要产品产量　万吨

年份 产品名称	2021	2020	2019	2018	2017	2016
聚乙烯	23.65	21.16	22.01	17.23	23.86	27.06
聚丙烯	17.85	16.40	18.85	14.45	19.11	18.22
乙　烯	29.03	24.86	28.41	25.18	29.73	27.11
丙　烯	17.42	15.81	17.68	13.80	18.84	17.52
1#苯	9.32	7.17	8.04	8.78	9.24	7.42
商品量	0.03	0.06	0	996	0	
2#苯	7.38	5.27	5.70	6.39	6.78	5.55
商品量	0.03	0	0	0	0	

续表

年份 产品名称	2021	2020	2019	2018	2017	2016
碳　四	4.43	3.51	3.83	4.12	4.15	3.65
商品量	3.62	2.63	3.80	4.12	1.45	
碳　五	1.80	1.46	1.81	1.75	1.79	1.52
碳　六	1.15	0.91	1.03	1.05	1.22	1.08
碳　九	1.28	0.59	0.70	0.65	0.68	0.57
裂解焦油	1.78	1.36	1.39	1.74	1.73	1.15
1- 丁烯	0.90	0.89	0.57	0.42	1.11	1.57
2- 丁烯	3.63	3.57	4.14	2.37	4.52	4.62
MTBE	1.54	1.28	1.49	1.25	0.88	1.24
纯　苯	3.74	2.67	2.88	3.31	3.29	2.63
3# 苯	2.39	1.68	1.69	2.00	2.27	1.78

长城能化

【概况】 中国石化长城能源化工有限公司（简称长城能化）是 2012 年 8 月 27 日注册成立的煤化工专业公司，是股份公司的全资子公司，业务归口化工事业部管理与指导，是中国石化煤化工业务平台，负责中国石化煤化工业务的投资和经营，组织协调煤化工项目建设，对煤化工企业进行专业化管理。

长城能化本部机关位于北京市朝阳区吉市口路 9 号，注册地为北京亦庄经济技术开发区，设综合管理部（外事办公室）、规划计划部、财务部、党委组织部（人力资源部、党群工作部、党委宣传部）、企管法律部、纪检监督部（审计部）、安全环保部、设备工程部、煤炭部、化工部和煤矿安全管理部 11 个部门；设中国石化长城能源化工（宁夏）有限公司（简称宁夏能化）和中石化长城能源化工（内蒙古）有限公司（简称内蒙古能化）2 个全资子公司，中国石化新疆能源化工有限公司（简称新疆能化）和中国石化长城能源化工（贵州）有限公司（简称贵州能化）2 个控股公司，中天合创能源有限责任公司（简称中天合创）、中安联合煤化有限责任公司（简称中安联合）和毕节中城能源有限责任公司（简称中城能源）3 个参股公司。截至 2021 年底，长城能化在宁夏、内蒙古、安徽、贵州和新疆等地规划布局 6 个煤化工项目。其中，宁夏能化、中天合创和中安联合 3 个项目建成投产并转入商业运营，贵州能化 PGA 项目启动建设，新疆能化和内蒙古能化项目处于前期工作阶段。长城能化本部机关、各全资及控股子公司和依托长城能化管理的中天合创及中安联合化工分公司用工总量 5 348 人。

2021 年，长城能化学习贯彻党的十九届五中、六中全会精神和习近平总书记“七一”重要讲话及视察胜利油田、陕西榆林等重要指示精神，落实党组决策部署，全力克服能耗双控、煤价暴涨等不利因素影响，紧紧抓住化工市场回暖、产品价格上涨的有利时机，从百年党史中汲取奋进力量，狠抓攻坚创效、优化运营、项目建设、管理提升、党建引领等工作落实，高质量完成全年各项目标任务，首次实现长城能化整体大幅扭亏和3个投产项目全面盈利，在“十四五”开局之年交出一份高质量答卷。

（毛新萍）

【生产经营业绩实现历史性突破】 2021年，长城能化紧盯政策动向狠抓煤矿和化工装置稳产增产，统筹煤矿和化工运营整体优化，深化消缺改造、达产达标、节能降耗和系统优化，紧贴市场变化动态优化生产经营，持续开展攻坚创效活动，组织实施117项提质增效措施，推动板块煤炭和各主要化工产品产销量均创历史新高，经营业绩实现大幅扭亏为盈的历史性转折。全年生产煤炭2 801万吨，增长26.1%；主要化工产品产量384万吨，经营总量319万吨，分别增长6.1%和7.2%；长城能化合并口径销售收入90.78亿元，增加52.99亿元；账面利润37.04亿元，增利74.88亿元，盈利水平位居化工企业前列。

（毛新萍）

【投产项目运营水平显著提升】 2021年，长城能化各投产项目煤化一体化优势和技术经济指标大幅提升。宁夏能化宋新庄煤矿顺利投产，银星二号煤矿产能核增获批，化工装置完成检修，全力增产增销醋酸、BDO、PTMEG等创效产品，增利64.91亿元；中天合创煤矿实现高产增产，化工装置在用好能耗总量指标基础上，提升负荷、开发高附加值新产品，高压聚乙烯产能利用率108.8%，新专料产品比例达41.4%，增利41.92亿元，创历史最好利润水平；中安联合煤矿实现达产，通过国家一级标准化验收；化工装置推进稳产优产，煤气化4系列气化炉连续运行突破300天、不断刷新行业纪录，新专料产品比例达30.8%，增利8.98亿元，实现整体扭亏为盈目标。

（毛新萍）

【贵州能化PGA项目实现开工建设】 2021年，长城能化按照党组关于贵州PGA项目的部署安排，在总部相关部门的指导下，围绕“加快项目建设、早日投产见效、共谱贵州高质量发展新篇”目标，统筹谋划项目建设，完成可行性研究、工程总图和场平方案的优化、论证及报批，以及各项行政许可手续的办理等前期工作，项目用煤被纳入贵州省电煤保供体系，组织制订项目总体统筹控制计划。7月6日PGA工程开工，组织协调场平工程招投标、总体设计编制等工作，9月8日临时办公设施工程正式开工建设，10月26日场平工程全面开工。

（毛新萍）

【宁夏能化装置停工检修完成】 2021年9月1—28日，宁夏能化开展停工检修工作。检修涉及7个运行部27套生产装置，实施检修项目979项，以及技改技措、隐患治理、设备更新和甩碰头项目78项。在检修组织上，长城能化组建以副总工程师为组长、各专业技术专家为组员，共24名成员的现场服务组，全程服务检修现场，协助指导宁夏能化强化过程管控，统筹网络节点，紧盯关键线路，挂图作战、稳步推进，顺利实现“安全、绿色、优质、阳光、一次成功”的检修总体目标，集中解决一批影响装置安全稳定长周期运行隐患和瓶颈，为宁夏能化抓住有利时机，打牢扭亏脱困基础、推进高质量发展提供坚实保障。大修后各装置安稳运行水平显著提高，主要产品产量和技术经济指标大幅提升。

（毛新萍）

宁夏能化大修改造现场

【稳步推进煤化工项目规划】 2021年，长城能化落实“十四五”煤化工发展规划，融入集团公司“一基两翼三新”产业格局，坚持优质、低价的煤炭资源+差异化、高端化的产品技术路线，坚持“煤+化工”发展理念，加快推进规划项目的落实落地。持续推进大路煤制烯烃项目优质煤炭资源的调研及获取，完成项目可行性研究修编；研究制订宁夏能化和中天合创绿电绿氢项目方案，配合新星公司开展中天合创绿电绿氢项目可行性研究编制及优化；实现亦庄智能制造基地项目主体工程全部封顶，推进竣工验收、装饰装修入住对接等工作。

（毛新萍）

【中安联合煤化高盐废水零排放处理技术研究获集团公司科技进步奖一等奖】 长城能化组织中安联合高盐废水零排放处理技术研究项目联合攻关，研究开发“预处理—反渗透浓缩—纳滤预处理—纳滤分质分盐—热法分质结晶”的成套工艺集成创新技术，填补国内煤化工高盐污水分质分盐零排放成套技术的空白，形成中国石化具有自主知识产权的分质分盐成套工艺，整体技术达到国际领先水平，获2021年度中国石化科技进步奖一等奖。该项目的成功工业化实施，使中安联合成为国内第一家真正实现高盐污水零排放和盐类资源化的煤化工企业，成为中国石化绿色发展的“新名片”。

（毛新萍）

【强化专业化管理体系建设】 2021年，长城能化根据集团公司新印发制度和工作需要，组织修订和制定规章制度24项，进一步完善业务工作流程。组织修订和宣贯投资管理办法，加强包括煤矿在内投资项目的统筹决策，共组织三类重点及以上项目论证审查22项（煤矿6项），获总部批复8项，长城能化批复11项。制定煤化工高质量发展指标体系，持续推进与神华包头等同行业MTO装置对标分析，完成中天合创MTO装置考核标定，全面启动板块热电、甲醇、空分和水务专业对标工作，推动甲醇和热电等装置技术经济指标大幅提升。

（毛新萍）

【持续推进人才强企工程】 2021年，长城能化持续加强人才队伍建设，组织煤化工企业开展人才引进和储备工作，协调引进毕业生174人、成熟人才12人，启动实施第二批“三百三千”计划、交流培养17人，选聘公司级专家8人，组织开展煤化工板块职称评审、技能等级认定和岗位培训等工作，畅通煤化工人才成长通道，进一步激发广大干部职工干事创业的活力和动力。

（毛新萍）

【加大风险防控力度】 2021年，长城能化落实“严、细、实”要求，加强基础管理，加大风险防控力度，推进规范、从严管理。建立健全风控、内控和合规管理工作体系，加强对交易对手信用、中城能源债务接续、安全环保等重大风险的跟踪管控和防范化解，抓实HSE管理和常态化新冠肺炎疫情防控，煤化工企业重大安全风险总值下降23%，板块总体保持安全清洁生产和疫情防控零感染，中天合创和中安联合成功创建“中国石化绿色企业”。

（毛新萍）

【党建引领保障作用有效发挥】 2021年，长城能化党委贯彻党组“1355”党建工作总体思路，压实党建工作责任，推进党建工作与生产经营相融互促，持续提升党建工作质量，推动党的政治优势转化为煤化工发展优势。强化党的政治建设，落实“第一议题”制度，深入宣贯党的十九届五中、六中全会精神和习近平总书记“七一”重要讲话，以及视察胜利油田、陕西榆林等重要指示批示精神，坚定践行“两个维护”。健全党的领导机制，研究制定长城能化党委全面从严治党责任清单、党委讨论和决定重大事项清单，建立健全公司章程、“三重一大”决策、党委前置研究、党委会议事和领导班子议事规则等制度相互衔接的运行机制，推进党的领导与公司治理深度融合。

（毛新萍）

【广泛深入开展党史学习教育】 2021年，长城能化党委紧密结合庆祝建党100周年，以“五抓五提升”为主线，统筹煤化工板块开展学习研讨、培训宣讲、专题党课、红色教育、“我为群众办实事”实践活动等各项工作，形成学党史、悟思想、办实事、开新局的学习氛围；组织“两优一先”评选表彰、“当好主人翁、建功新时代、立业煤化工”劳动竞赛等活动，深化形势任务教育，营造和谐稳定、共谋发展、团结进取的良好风气。

（毛新萍）

长城能化党史学习教育

【创新推进党委巡察工作】 2021年，长城能化纪委会同各煤化工企业上下联动，创造性开展巡察，选派机关党支部书记任巡察组长，推动全面从严治党向企业向基层延伸，促进机关与基层党建工作双向提升。制订工作方案，整理汇编上级有关政策文件，统筹抽调相关板块内有关人员组成专业化巡察队伍。充分做好同党组巡视办、合资股东方和各企业党委纪委的汇报沟通，探索先行开展非控股企业巡察，并率先组织对中安联合基层党组织开展巡察，写好煤化工企业纠偏止损、正本清源、推动企业政治生态转变“大文章”。

（毛新萍）

中天合创

【概况】 中天合创能源有限责任公司（简称中天合创）成立于2007年10月，是集煤炭、化工和电力生产为一体的大型煤炭深加工企业，由中国中煤能源股份有限公司（简称中煤能源）、长城能化、申能股份有限公司（简称申能股份）、内蒙古满世煤炭集团股份有限公司（简称满世煤炭）4家股东单位投资建设，股权比例为：中煤能源38.75%、长城能化38.75%、申能股份12.5%、满世煤炭10%。中天合创设化工分公司和煤炭分公司，分别负责项目煤炭部分和煤化工部分的建设、运营与管理。

中天合创鄂尔多斯煤炭深加工示范项目位于鄂尔多斯市乌审旗境内，总占地面积约525公顷，配置煤炭资源49.98亿吨、黄河水资源2 677万米^3/年。项目总投资概算批复590亿元。煤炭设计有2座煤矿及配套的洗煤厂，总生产能力2 500万吨/年（葫芦素煤矿1 300万吨/年、门克庆煤矿1 200万吨/年）。化工设计有2×180万吨/年煤制甲醇装置，2×180万吨/年S-MTO装置，5套聚烯烃装置，总生产能力为360万吨/年甲醇（中间产品）和137万吨/年聚乙烯、聚丙烯塑料产品。

2021年，中天合创化工分公司生产聚烯烃产品140.08万吨、MTO级甲醇430.03万吨；实现营业收入128.51亿元、利润13亿元（未经审计）。

中天合创主要技术经济指标和主要产品产量分别见表1和表2。

（杨丽君）

【召开首次党代会】 2021年1月28日，中共中天合创化工分公司第一次代表大会开幕，具有里程碑意义。

（杨丽君）

【获中国石化优秀QC成果二等奖】 2021年，中天合创甲醇部“烧嘴压差攻关QC小组”的《降低气化炉非计划停车次数》QC成果和分析检验中心“技术提高生产力QC小组”的《研制氧氩分析新方法》2项QC成果获中国石化优秀QC成果二等奖。自2017年启动开展QC小组活动以来，共完成QC成果150余项，参与人数1 000余人次，30余篇成果分别获分公司奖项和中国石化奖项。其中1项成果获中国石化优秀QC成果一等奖、3项成果获中国石化优秀QC成果二等奖，在分公司的生产经营、节能降耗、产品质量提升过程中起到良好的促进作用。

（杨丽君）

【实施精细管理】 2021年，中天合创出台“精细管理年”活动工作方案，涉及HSSE管理、生产运行管理、设备工程管理、经营管理、综合管理、党建工作6个方面22项重点任务63条精细管理措施。活动分全面诊断和分析问题、整改落实和解决问题、提炼总结和评价考核三个阶段，旨在推进“六个精细化”，即推进 HSSE 管理工作精细化、生产运行管理工作精细化、设备工程管理工作精细化、经营管理工作精细化、综合管理工作精细化、党建工作精细化。

（杨丽君）

【党史学习教育】 2021 年 3 月 22 日，中天合创召开党史学习教育动员大会暨 2021 年党建工作暨党风廉政建设和反腐败工作会议。6 月 8 日，集团公司党史学习教育巡回指导第 10 小组到中天合创现场指导。6 月 8—11 日，第二期党史学习教育读书班、党员政治轮训暨中基层管理干部培训班举行。6 月 28 日，中天合创召开庆祝建党 100 周年表彰大会，表彰“两优一先”、工会、宣传先进及全国五一劳动奖章获得者。

（杨丽君）

【烯烃部气相聚丙烯装置挤压机在线换网成功】 2021 年 3 月 10 日，中天合创烯烃部气相聚丙烯装置挤压机完成在线换网。自 2020 年 11 月首次完成在线换网后，挤压机过滤网连续使用 120 天。该次在线换网成功标志着装置在线换网成功率 100%，达到国内先进水平。

（杨丽君）

【升级公众开放日活动】 2021 年 4 月 22 日是世界地球日，也是中国石化第六季公众开放日启动日。中天合创升级公众开放活动，面向鄂尔多斯职业学院学生及企业周边农牧民展示企业环保工作。

（杨丽君）

【刘欣获全国五一劳动奖章】 2021 年，中天合创分析检验中心员工刘欣被中华全国总工会授予全国五一劳动奖章。也是中天合创第一位获该殊荣的职工。刘欣 2019 年获内蒙古自治区五一劳动奖章，2021 年 3 月入选内蒙古自治区总工会公示的 2021 年全国五一劳动奖章推荐名单，4 月 27 日被中华全国总工会授予全国五一劳动奖章。

（杨丽君）

【气相聚丙烯新牌号试生产】 2021 年 5 月 11 日，中天合创烯烃部气相聚丙烯装置完成新抗冲共聚牌号 K-8009 试生产。中高流动抗冲共聚聚丙烯 K-8009 有流动性好、冲击性能优等特点，主要用于制造小家电、电池盒、电器用具、办公用品。为保证气相聚丙烯装置产品效益最大化，烯烃部在增加产品多样化的同时合理进行转产调整安排。

（杨丽君）

【参加全国碳排放权市场首日线上交易】 2021 年 7 月 16 日，中天合创参加全国碳排放权市场首日线上交易。中天合创出售碳配额 25 万吨，成交额约 1 300 万元，并计划在接下来的首周交易中继续出售碳配额 10 万吨，买入碳配额 5 万吨。

（杨丽君）

【启动“十四五”规划编制工作】 2021 年 9 月 2 日，中天合创召开“十四五”规划编制工作启动会，正式启动“十四五”规划编制工作。

（杨丽君）

【管理现代化成果获中国石化一等奖】 2021 年 9 月下旬，中国石化发布第三十届管理现代化创新成果评审结果，中天合创《大型煤化工企业全面停工检修网格化管理模式的创建与实践》获一等奖。该成果有管理体系性强、管理实践性强、成效显著三个特点。成果单位通过网格化管理创新，实现安全高效完成装置改造、检修总体目标，检修时间大幅缩短，检修质量大幅提升，检修后装置长周期运行创造新纪录。

（杨丽君）

【中央媒体采访】 2021 年 10 月 17 日，中央网信办“母亲河畔的中国”鄂尔多斯行网络主题宣传活动走进中天合创。来自央视网、新华网、人民网、央广网等 15 家中央及内蒙古主流媒体的 23 名记者对中天合创进行深入采访。

（杨丽君）

【获 2020 年度水效领跑者标杆企业称号】 2021 年 10 月 14 日，在 2021 年全国石油和化工行业碳达峰碳中和发展论坛暨能效“领跑者”、水效“领跑者”发布会上，中天合创获2020年度水效领跑者标杆企业（煤制烯烃）称号。

（杨丽君）

【设备完整性管理体系正式发布】 2021年12月30日，中天合创完成设备完整性管理体系各模块的开发、配置、测试工作，设备完整性管理平台达到正式上线运行的条件。该平台上线运行，标志着设备管理从传统的经验化、碎片化管理方式，向标准化、信息化的体系思维管理方式迈进。

（杨丽君）

【员工公寓二区建成投用】 2021年11月6日，中天合创员工公寓二期投用，这是企业为群众办实事的民生工程之一，可为约600名员工改善居住环境。

（杨丽君）

【取得聚合级丙烯工业产品生产许可证】 2021年，内蒙古自治区市场监督管理局向中天合创核发聚合级丙烯产品的工业产品生产许可证。截至2021年底，中天合创共取得4个危险化学品的工业产品生产许可证，分别是工业硫黄、工业用1-丁烯、工业丙烷和聚合级丙烯。

（杨丽君）

【岗检平台上线运行】 2021年，中天合创岗检平台正式上线运行。该平台满足岗位检查、HSE检查和承包商三大类检查实时上传图片、考核有依据的需求，实现岗位责任制检查由定期专业检查向日常检查的转变，使岗检工作更高效、更便捷。通过实施岗检平台系统项目，岗位责任制检查更加灵活、高效，专业部室服务基层更加便捷。同时，以无纸化办公替代线下记录，节约费用，为“三标班组”创建提供支撑。

（杨丽君）

【成为内蒙古自治区碳交易第一批履约企业】 2021年，中天合创完成内蒙古自治区全国碳排放权交易市场第一个履约周期履约工作，成为内蒙古自治区第一批完成履约工作的企业之一。

（杨丽君）

【二氧化碳输送管线试投用】 2021年12月13日，中天合创二氧化碳综合利用配套工程项目二氧化碳输送管线完成试投用。正式投产后预计可减少二氧化碳排放11万吨/年，远期可减排35万吨/年。

（杨丽君）

【获2021年中国石化绿色企业称号】 2021年，中天合创在总体要求、绿色发展、绿色能源、绿色生产、绿色科技、绿色服务、绿色文化7个方面工作取得进步，绿色发展水平持续提升，通过中国石化2021年绿色企业评审，获中国石化绿色企业称号。

（杨丽君）

表1　中天合创主要技术经济指标　亿元

指标名称＼年份	2021
原煤加工量/万吨	870.68
工业总产值	128.04
工业增加值	67.83
资产总计	285.00
流动资产	11.00
固定资产原值	359.00
固定资产净值	253.00
销售收入	130.80
综合能耗/吨标煤·万元$^{-1}$	6.12

表 2　中天合创主要产品产量①　万吨

产品名称 \ 年份	2021
MTO 级甲醇	430.03
聚合级乙烯	67.69
聚合级丙烯	73.97
聚烯烃	140.08
其　他	51.53

①主要为化工分公司数据

中安联合

【概况】 中安联合煤化有限责任公司（简称中安联合），位于安徽省淮南市现代煤化工产业园区，是华东地区最大的煤化一体化公司，是安徽省企业经营与管理研究会副会长单位、安徽省 3A 级信用企业。

中安联合成立于 2010 年 12 月，由长城能化与安徽省皖北煤电按 50%∶50% 股比合资组建，设煤化工和煤矿两个分公司。项目一期工程可行性研究批复总投资 267 亿元，建设煤制 170 万吨 / 年甲醇及转化烯烃装置，配套 400 万吨 / 年朱集西煤矿。是中国石化重点建设项目、安徽省重点工程、淮南市“一号工程”。

2021 年，面对煤炭保供形势严峻、能耗调控力度空前、新冠肺炎疫情反复等困难和挑战，中安联合领导班子团结带领全体员工，贯彻落实上级决策部署，抓党建引领，抓系统优化，抓“双零”攻坚，勇夺疫情防控、生产经营双胜利。扭亏增效如期实现，双轮驱动同向发力，化工项目建设获国家优质工程金奖，煤矿通过国家一级标准化验收。

中安联合主要技术经济指标及主要产品产量分别见表 1 和表 2。

（张　峰）

【党建引领昂扬有力】 2021 年，中安联合始终把学习贯彻习近平新时代中国特色社会主义思想作为首要政治任务，严格落实“第一议题”制度，深入学习贯彻习近平总书记“七一”重要讲话精神和党的十九届六中全会精神，深刻认识“两个确立”的决定性意义，进一步增强践行“两个维护”的自觉性和坚定性。及时跟进学习习近平总书记重要讲话和指示批示精神，把总书记“潜力巨大、大有前途”“能源的饭碗必须端在自己手里”“再创佳绩、再立新功”的殷切希望，转化为推动中安联合发展的强大动力。认真落实“两个一以贯之”，推进“三重一大”制度有效落实，把党的领导贯穿于中安联合发展的各方面、全过程。树立“抓好党建是最大政绩”的鲜明导向，强化党组织书记述职、党支部分类定级结果运用，抓两头带中间，中安联合党建工作受到安徽省委领导高度肯定。面对煤炭价格暴涨、能耗严控等情况，主动识变、积极应变，及时调整生产经营策略，有效应对市场挑战。中安联合党委发挥“把方向、管大局、促落实”作用，成功举办第四届党建共建大会。“共建共享 绿色阳光”品牌知名度越来越高，党建共建经验在中国石化庆祝建党 100 周年大会上作典型发言，被国务院国资委作为优秀案例在中央企业推广。“六联工作法”获评淮南市十大基层党建品牌第一名，淮南市委在全市国有企业中开展“学中安、促发展，争创‘五型’国有企业”活动，《安徽新闻》《淮南日报》等省市媒体掀起中安联合党建报道热潮，中安联合美誉度越来越高，朋友圈越来越广，发展环境越来越好，形成党政工团齐抓共管良好局面。

（张　峰）

【党史学习教育走深走实】 2021 年，中安联合聚焦学党史、悟思想、办实事、开新局，扎实开展党史学习教育，举办专题读书班、培训班、领导干部上党课，到红色基地现场研学，开展作风建设专项整治等，确保规定动作做到位、自选动作有特色，6 000 余名员工从百年党史中受到一次全面深刻的政治教育、思想淬炼和精神洗礼。隆重开展庆祝建党 100 周年系列活动，评选“中安最美奋斗者”和“两优一先”，举办“我身边的共产党员”演讲比赛，举行“唱歌给党听”微视频展播等，推动思想教育春风化雨、入脑入心。开展“四个一驻矿蹲点”“干部联系基层”服务，用心用情用力为群众办实事、解难题，320 个“我为群众办实事”项目全部完成，群众满意度 100%，品牌效应持续彰显。

（张　峰）

【基层基础工作进一步提升】 2021 年，中安联合持续推进党支部建设标准化规范化，创新实施“一支部一策略、一书记一目标”对标提升计划，加强分类指导，促进基层党支部工作全面进步、全面过硬。建立完善党群工作例会制度，制定“两员”管理办法，加强党建工作的全过程管理。注重在“两特两重”中发挥党的政治优势和组织优势，实现 78 个党员责任区、54 个党员示范岗、120 名党员安全监督员、61 支党员突击队、攻关队、服务队覆盖生产全链条，把党旗插在安全生产、扭亏增效最前沿。坚持把“党建共建”作为合资企业第一品牌，连续 4 年召开党建共建工作会议，推动 18 家协作单位在中安联合设党支部，选树 24 名协作单位员工为“中安最美奋斗者”，发展 4 名协作单位员工在中安联合加入党组织，着力画好最大“同心圆”。

（张　峰）

【守住清正廉洁底线】 2021 年，中安联合持续完善“六位一体”“大监督”格局，紧盯重点工作开展监督检查，16 项重点监督任务顺利完成。加强对“一把手”和领导班子监督，先后为 25 名新提拔干部出具廉政意见，协助党委把好选人用人的政治关、作风关、廉洁关。聚焦化工稳产高产、煤矿效能提升、干部履职尽责等 6 个方面，探索实施“四四三”精准专项督查，发现问题 23 个，提出整改建议 22 条，强力推动问题整改。坚持从严执纪问责，严肃通报 3 起安全环保领域形式主义官僚主义典型问题，一体推进“不敢腐、不能腐、不想腐”。常态化开展廉政教育，建设廉洁文化长廊，组织关键岗位人员到潘集区法院接受警示教育，制送千份“廉洁中安”主题月饼，营造干事创业、风清气正的良好政治生态。

（张　峰）

过“廉”节、送“廉”饼（赵天奇　摄）

【抓细抓实 HSE 工作】 2021 年，中安联合推进 HSE 体系建设，严格执行中国石化“十条措施”和安全记分办法，开展高处作业、受限空间作业专项治理，加强直接作业环节和高风险作业过程管控。以“百日安全无事故”“五查五严”专项行动为抓手，深入开展安全生产专项整治三年攻坚，推广应用电子作业票，全年安全形势平稳向好，中安联合被评为中国石化安全生产先进单位。一般固体废物堆场、板框压滤机等一批环保项目投用，并通过中国石化绿色企业验收，绿色基层创建通过率 80%，进一步夯实绿色环保工厂创建基础。抓好煤矿重大灾害治理、重大隐患排查治理，启动煤泥烘干系统，补齐环保欠账，煤矿顺利实现第 5 个安全生产年，顺利通过国家一级安全生产标准化矿井验收。

（张　峰）

【常态化开展疫情防控】 2021 年，中安联合按照国家、地方政府和中国石化最新部署要求，进一步强化责任落实，完善新冠肺炎疫情防控工作方案，慎终如始抓实各项常态化疫情防控措施，推进新冠疫苗接种。从 3 月起，动员部署，层层发动，主要领导带头接种。主管部门主动与地方疾控部门对接，落实疫苗接种时间、数量，开设接种专场，集中为员工服务，先后安排多批次集中接种，员工疫苗接种率 100%，实现疫情“零感染”“零事故”，疫情防控形势持续稳定。

（张　峰）

【实现化工稳产高产】 2021 年，中安联合科学调度生产，统筹产供销，抓好原辅料、产品进出厂以及内部物料平衡；紧盯煤炭合理库存，优化三元煤炭配比，提高运行的稳定性、经济性，全年装置运行平稳率 95% 以上，计划准确率 97% 以上。抓煤炭保供，面对煤价暴涨、资源紧张严峻形势，统筹煤源、市场、价格、配比等要素，有效规避淮河禁航影响，保证生产用煤需求。抓技术攻关，对标设计指标和行业先进，全力优化装置生产，煤制甲醇、煤制烯烃等综合能耗达行业标杆水平。抓设备运维，摸索总结最佳运行条件，围绕装置稳定运行加强技术攻关，煤气化 4 系列气化炉 A 级连续运行突破 300 天，不断刷新行业最佳纪录，成为中国石化 SE- 东方炉成功应用先进典范。

（张　峰）

【科技创新取得突破】 2021 年，中安联合煤化工项目首次成功应用 SE- 东方炉技术，推进高灰熔点煤高效气化关键技术集成开发与应用，攻克国内高灰熔点煤难以作为气化原料煤的难题，该技术获 2021 年度安徽省科学技术进步奖二等奖。采用高盐水“零排放”处理技术，有效攻克煤气化污水水量、水质波动大以及高盐废水分盐处理无成熟工艺等技术难点，在煤化工行业率先实现真正意义上的污水“零排放”，成功兑现“不让一滴污水进入淮河”的庄严承诺，该技术获中国石化科技进步奖一等奖。

（张　峰）

中安联合高盐废水零排放技术（赵天奇　摄）

【攻坚创效成果显著】 2021 年，中安联合紧盯产品提质增效，空分液体产品销售首次突破 2 亿元大关，增长 68%。争取政策红利，利用煤炭市场紧俏和能源保供政策变化有利时机，为中安联合争取 18 万吨生产能力指标。抢抓煤价高企有利时机，优化煤矿检修增加有效生产时间，多生产混煤 3 万吨。以能源“双控”为契机，适时调整三炉两机运行方式，挖掘峰谷电价效益。优化调整产品牌号，开展青工“难题揭榜攻关”，发挥审计增值作用等，全年攻坚创效 2.5 亿元。

（张　峰）

【煤化工项目通过竣工验收】 2021 年 6 月 30 日，中安联合煤化工项目通过竣工验收。竣工验收委员会认为，中安联合煤制 170 万吨 / 年甲醇及转化烯烃项目，设计合理，设备运行良好，经过试生产和生产考核，各项经济技术指标符合设计要求。消防、防雷、环保、安全设施、职业病防护设施等与主体工程建设“三同时”并全部通过验收；尤其工程项目档案资料完整规范，符合国家档案管理规定，以“优秀”级通过档案专项验收；工程设计、施工质量优良；财务决算通过审计单位审计，建设投资未超概算并有节余；工程项目建成投产后，经济效益良好。

（张　峰）

【煤化工项目获国家优质工程金奖】 2021 年 12 月 4 日，从中国施工企业管理协会传来喜讯，中安联合 170 万吨 / 年煤制甲醇及转化烯烃项目获 2020—2021 年度第二批国家优质工程金奖。该项目 2017 年初正式复工，前后仅用时 21 个月，实现“三优一零”（工程优质、效益优良、干部优秀，违法违纪案件为零），创造煤制烯烃大型项目建设史上的历史性突破。该项目建成投产，填补安徽省大型聚烯烃工业的空白，为清洁高效利用煤炭、推动地方经济转型发展作出积极贡献。

（张　峰）

【管控体系持续完善】 2021 年，中安联合狠抓风险内控和合规体系建设，初步建立“五位一体”法制工作格局，获安徽省 3A 级信用企业称号。推进煤矿物资供应一体化改革，在中国石化合资企业中首家上线“石化 e 贸”，拓宽自销化工产品推介渠道。优化管理机制，开发使用“工作表单”，年度公司级发文数量下降 15%、公司级会议数量下降近 10%，可控费用大幅压减 1/3，管理体制机制更加高效。加强业务外包管理，构建月度、年度、合同期满综合考核体系，引导协作单位自主管理，主动作为。朱集西煤矿通过国家一级标准化验收，煤矿用地获批复，解决多年想解决而未解决的难题。持续开展“星级装置”创建，12 套装置新晋“一星”，6 套装置升为“二星”。加强设备运行管理，83 个岗位（设备）获“完好岗位（设备）”称号。“三基”管理有序推进，编制基层“三标”管理手册，做到“一装置一手册”，基础管理水平更加夯实。

（张　峰）

【人才驱动工程深入推进】 2021 年，中安联合全面启动“星火、骄阳、腾飞、精英”4 项人才培养工程，包括协作单位在内的 21 名员工被评为第二届“中安之星”。启动“优才基金”“青马工程”，拓宽团员青年成才之路，6 个青年集体、11 名青年个人受到安徽省、中国石化等上级团组织表彰。创新人才选拔机制，组织 8 个中基层管理岗位在中安联合范围内公开竞聘，有效增添活力，激发动力。遴选 19 名管理、技术人员“双跨共享”锻炼，推选首批 49 名人员双岗互学，着力培养“精一会二懂三”复合型人才。全年调整干部 86 人次，其中提拔到中层岗位 7 人，40 岁以下占 71%；提拔到基层岗位 11 人，35 岁以下占 45%，干部年龄结构有效改善。健全优秀人才“培养档案”，为中安联合高质量发展储备人才力量。

（张　峰）

【持续完善文化体系】 2021 年，在中安联合发展实践中提炼核心价值理念，构建起较完整的企业文化体系，颁布《企业文化建设纲要》，加大宣贯力度，用文化的力量凝聚人心、引领发展。加强宣传阵地建设，新增中安 V 视、中安时评，开通“车载广播”，讲好中安故事，唱响发展主旋律。举办“领导干部大讲堂”“青年干部能力提升培训班”“华为专项培训”等，推进学习型中安建设。以整治文风会风为切口，狠抓作风建设，宣传思想、维稳、统战、保密、工会、共青团等工作扎实推进，中安联合政治生态更加清明。

（张　峰）

【加强人文关怀】 2021 年，中安联合帮助职工子女入学，加强公租房管理，争取员工购房补贴政策，优化班车路线，开设“中央厨房”“清凉站点”“年货档口”，着力解决员工吃住行问题。设置“红娘奖”，助力 30 名青工成功脱单。修订休假考勤制度，增加女工假，解决员工反向探亲问题，彰显人文关怀。完善走访慰问机制，建立“两特”人员档案，全年发放职工节日、生日慰问及帮扶慰问费 200 余万元。丰富业余文化生活，建设公租房“文化共建活动区”，增设文体活动中心健身室，举办乒乓球、篮球、羽毛球等赛事，员工获得感、幸福感、安全感不断增强。

（张　峰）

【持续提升公司形象】 2021 年，中安联合响应国家乡村振兴战略，派出工作队助力乡村振兴，精心谋划产业振兴项目，得到地方政府和当地居民广泛认同。履行社会责任，支持国家煤炭供应，主动压减化工运行负荷，把煤炭送到国家最需要的地方。强化合作共赢，在码头共享、原料互送、污水处理、公用工程共享等方面加强对外合作，

中安联合举办“公众开放日”活动（赵天奇　摄）

发挥园区“龙头”作用。持续开展“公众开放日”活动，发布《社会责任报告》，在《安徽日报》《中国石化报》等多家主流媒体上发表新闻 210 余篇，中安联合辐射力、带动力、影响力稳步提升。

（张　峰）

表 1　　中安联合主要技术经济指标　　亿元

指标名称＼年份	2021
原煤加工量 / 万吨	355.27
工业总产值	62.37
资产总计	267.24
流动资产	13.11
固定资产原值	222.61
固定资产净值	197.49
销售收入	62.40
综合能耗 / 吨标煤 · 万元 $^{-1}$	4.91

表 2　　中安联合主要产品产量　　万吨

指标名称＼年份	2021
MTO 级甲醇	202.56
聚合级乙烯	34.52
聚合级丙烯	35.56
聚烯烃	70.08
其　他	36.15

宁夏能化

【概况】 中国石化长城能源化工（宁夏）有限公司（简称宁夏能化）位于宁东能源化工基地 C 区，前身为 2010 年 6 月成立的国电宁夏英力特宁东煤基化学有限公司。2012 年 12 月，长城能化参股 50% 设合资公司。2014 年 1 月，长城能化持股比例增至 95%。2021 年 3 月，长城能化持股比例变为 100%，宁夏能化成为长城能化独资子公司。

宁夏能化于 2009 年 6 月 25 日正式启动建设，2014 年 9 月 26 日全面打通工艺流程，2016 年 1 月转入商业运营，是中国石化煤化工板块第一个进入生产运营的企业，是国家宁东能源化工基地建设的大型循环经济示范企业。主要经营危险化学品生产，化工产品（不含危险化学品）、电力、热力、脱盐水、硅酸盐水泥熟料、水泥及水泥制品生产与销售，煤炭开采与销售，危险废物经营，货物进出口，化工技术开发、转让、咨询与服务，普通货物运输，设备检修、房屋租赁，住宿服务。

截至 2021 年底，宁夏能化有 62 万吨 / 年甲醇、75 万吨 / 年电石、23 万吨 / 年乙炔、40 万吨 / 年醋酸、45 万吨 / 年醋酸乙烯、10 万吨 / 年聚乙烯醇、44 万吨 / 年甲醛、20.8 万吨 / 年 1，4- 丁二醇、10万吨/年四氢呋喃、9.2万吨/年聚四氢呋喃10个化工项目，2×330兆瓦自备热电项目，100万吨/年水泥项目、公用工程项目及2个总产能340万吨/年煤矿项目。设部门11个、专业中心3个、基层单位10个，共有在册职工2 003人。

宁夏能化主要技术经济指标及主要产品产量分别见表1和表2。

（陈卫平）

【领导班子调整】 2021年4月23日，集团公司对宁夏能化领导班子作出调整：姬伟毅任宁夏能化副总经理、党委委员，王文清不再担任宁夏能化副总经理、党委委员，任协理员。

（陈卫平）

【从严防控新冠肺炎疫情】 2021年，宁夏能化建立各环节全覆盖立体化新冠肺炎疫情防控格局，实行疫情“零报告”制度，强化“三类人员”管控和异常报备，做好公共场所消毒消杀，实施上下通勤及在岗测温双管控，采取果断措施有力应对10月以来宁夏回族自治区内外疫情变化，高质量完成员工及承包商队伍两批1万余人次新冠疫苗接种和三批1.3万余人次核酸检测，未发生疑似或人员感染的情况，确保宁夏能化安全生产经营平稳有序，疫情防控工作取得阶段性成效。

（陈卫平）

【党史学习教育深入推进】 2021年，宁夏能化深入推进党史学习教育，自觉从百年党史、石油石化工业史中汲取奋进力量，组织开展“弘扬伟大建党精神，奋辑启程新征程”等党史故事巡回宣讲21场次1 200余人次，“我为群众办实事”实践活动宁夏能化层面23条重点项目清单、党支部层面146条项目清单均高质量完成。开展庆祝中国共产党成立100周年系列活动，推进落实石油精神与石化传统“七有机制”，编印企业文化丛书《弘扬》。

（陈卫平）

宁夏能化庆祝建党100周年“学党史 强信念 勇担当 创佳绩”党史知识竞赛（王　鑫　摄）

【党的建设质量全面提升】 2021年，宁夏能化坚持以政治建设为引领，充分发挥全面从严治党引领保障作用，努力把政治优势转化为发展优势、治理优势、竞争优势。严格落实“第一议题”制度，深入学习习近平总书记在中国共产党成立100周年庆祝大会、党的十九届六中全会精神及习近平总书记视察胜利油田重要指示精神等，召开中心组集体学习研讨24次、党委会专题学习10次，切实在学思践悟中提升政治判断力、政治领悟力、政治执行力。

（陈卫平）

【实现利润30.26亿元】 2021年，宁夏能化强化管理、扎实工作，以“开局就是决战、起步就是冲刺”的劲头，强化政治引领、抢抓市场机遇、聚焦安全环保、深化攻坚创效，统筹推进经营发展、党的建设，坚决打赢“安全生产和经济效益翻身仗”，高质量完成年度各项目标任务，全年利润30.26亿元，安全生产和经济效益均创历年来最好水平。

（陈卫平）

聚四氢呋喃装置（王　鑫　摄）

【HSE 管理基础逐步夯实】 2021 年，宁夏能化深入贯彻落实习近平总书记关于安全生产重要论述和习近平生态文明思想，牢牢守住“发展绝不能以牺牲安全为代价”这条红线，牢固树立“零违章 + 无隐患 = 零事故”等理念，坚持以 HSE 管理体系建设运行为抓手，落实集团公司“总经理 1 号令”“总经理 2 号令”，扎实推进安全生产专项整治三年行动和全员安全生产责任制，聚焦直接作业环节和承包商安全管理、聚焦过程安全管理、聚焦风险管控和隐患排查治理，在反违章上下功夫、在治理报警上下功夫、在风险管控上下功夫。扎实做好疫情常态化防控和维护稳定工作，打赢安全生产翻身仗和平安护航攻坚战。

（陈卫平）

【生产经营效率明显提高】 2021 年，宁夏能化强化生产管理，在做大产量上狠下功夫，原煤、甲醇、BDO、THF、PTMEG、醋酸产量创历史新高，BDO 产量超 20 万吨、基本实现产量达标。坚持一切工作、一切资源向价值创造聚焦，着力构建攻坚创效长效机制，不断在系统优化、深度优化中推动全产业链提质增效，全年 92 个优化项目累计创效 40.8 亿元。大力节能降耗，能耗、物耗指标效益增利 13 860 万元，能源消费总量 274.58 万吨标煤、比集团公司指标低 20%，万元综合产值能耗 7.14 吨标煤、下降 6.05%，18 项能耗指标有 11 项达到奋斗值、30 项物耗指标有 12 项达到奋斗值。

（陈卫平）

【着力推动品牌建设】 2021 年，宁夏能化加强产品标准建设，深化产品质量攻关，BDO 及 PTMEG 产品获绿色产品认证，甲醇、BDO 及 THF 产品取得欧盟 REACH 注册，PTMEG 产品保持行业先进水平。推进国产化实施数据库“众创共建”，盘活实时数据，实现生产可视化管控。坚持市场导向推进拓市扩销推价和采购对标提升，PTMEG 首次出口国外且出口量稳步提升，醋酸出口印度打开东南亚市场，化工产品销售均价上涨 6 733 元 / 吨、增长 151%。所有产品出厂合格率 100%，首次获 2021 年度中国石化质量管理先进单位称号。

（陈卫平）

【基础管理水平持续提升】 2021 年，宁夏能化深入贯彻集团公司深化改革三年行动和对标世界一流管理提升行动，修订宁夏能化《章程》，完善“三重一大”事项决策运行机制，优化完善领导班子分工。发布 HSE 体系、设备完整性体系手册和程序文件，调整形成 108 项要素监测指标、593 项 HSE 责任制。全年修订、完善制度 140 项、废止制度 14 项，编制 280 余项制度一体化检查与考核表，制度检查整改闭环率 99.45%，打通制度线上考核流程，初步实现“管理制度化、制度流程化、流程表单化、表单信息化”。推进“三标”创建，全年评选红旗班组、红星班长各 43 个，完成 27 个装置的岗位操作法、191 项班组岗位工作清单的全面修订工作。发布宁夏能化内控实施细则，全方位推进合规、合同、招标、审计、信用、保密、信息安全等风险管理，守住不发生系统性风险的底线。

（陈卫平）

【技术规划发展稳步推进】 2021 年，宁夏能化主动融入集团公司“一基两翼三新”产业格局，深入做好“利用煤炭做强新材料、中高端化工品这篇大文章”，“十四五”扭亏脱困总体方案获集团公司批复，长远规划的思路进一步明确。推动产业结构调整，30 万吨 / 年 BDO（一期 15 万吨 / 年）项目可行性研究完成政府备案，电石乙炔法高端醋酸乙烯项目开展详细设计。推进达标项目建设，电石炉脱瓶颈改造项目施工完成并全部投运，醋酸挖潜优化改造项目醋酸预塔改造完成并达产，热电 1# 机组 AB 引风机项目施工完成，BDO 达标改造项目进入实施阶段，为实现全面达产达标打牢根基。

（陈卫平）

【装置停工检修完成】 2021 年，宁夏能化克服时间紧、任务重、安全管控难度大、新冠肺炎疫情形势严峻复杂等困难，高质量完成装置 979 项检修项目和 78 项同步实施项目，为装置的安稳长满优运行及宁夏能化的发展奠定坚实基础。

（陈卫平）

2021年9月，宁夏能化进行停工检修。图为聚乙烯醇运行部精馏3塔下半段更换（王 鑫 摄）

【干部队伍建设活力迸发】 2021年，宁夏能化认真贯彻落实新时代党的组织路线，完善干部“选育管用”工作机制，全年选拔中层管理人员26人，其中40岁以下年轻干部占比57.69%。制订《“双百”优秀后备干部人才培养方案》《高技能人才培养方案》，持续完善和动态调整后备干部人才数据库294人。选聘技术专家1人，建立孙道进、王志鹏2个技师创新工作室。完成559人的HSE资格取证、19个工种644人的技能等级认定。

（陈卫平）

【基层党建责任压紧夯实】 2021年，宁夏能化聚焦“务实、创新、融合”用力，压紧压实基层党建责任，完成14个党支部换届选举，发展党员61名。推动发挥党支部战斗堡垒作用和党员先锋模范作用，引领群团发挥桥梁纽带作用，在新冠肺炎疫情防控、装置停工检修期间组建42支党员突击队、31支青年突击队，承担疫情防控、检修现场急难险重任务，推动形成创先争优的生动局面。

（陈卫平）

【推动政治生态更加巩固】 2021年，宁夏能化积极推动党组巡视“回头看”反馈问题整改工作，69项措施整改完成率100%，推动建章立制50项。保持高压态势，深化运用监督执纪“四种形态”，处置办结问题线索5件。落实“基层减负”部署，制定重点减负措施23条并全力推进实施；深入推进精文简会工作，年公文发文下降5.02%、会议下降15.6%，风清气正、干事创业的政治生态更加巩固。

（陈卫平）

表1　宁夏能化主要技术经济指标　亿元

指标名称＼年份	2021	2020	2019	2018	2017	2016
产品总量/万吨	620.43	441.18	437.23	384.3	261.25	171.14
工业总产值	89.81	37.80	42.50	41.31	33.61	22.58
工业增加值	14.35	6.19	4.50	2.81	–28.04	–1.75
资产总计	143.84	147.75	174.84	183.87	187.47	218.52
流动资产	6.33	5.50	7.02	8.11	7.19	5.40
固定资产原值	240.69	217.68	216.00	212.97	188.61	188.73
固定资产净值	113.60	100.82	128.29	136.74	126.92	168.74
销售收入	90.77	37.79	44.24	41.13	32.63	17.89
利　润	30.26	–34.65	–12.04	–16.20	–46.03	–18.95

表2　宁夏能化主要产品产量　万吨

产品名称＼年份	2021	2020	2019	2018	2017	2016
甲　醇	63.04	61.68	63.66	52.20	54.25	50.61
电　石	51.40	56.54	55.95	48.51	54.08	35.70

续表

年份 / 产品名称	2021	2020	2019	2018	2017	2016
乙　炔	14.10	14.09	17.21	15.88	15.26	9.17
醋　酸	34.32	35.39	34.24	23.64	27.34	14.75
醋酸乙烯	22.29	24.79	34.86	31.91	31.66	19.81
聚乙烯醇	6.64	7.46	7.25	5.48	5.93	1.98
1，4- 丁二醇	20.12	17.48	16.86	15.30	12.68	6.69
四氢呋喃	10.39	7.59	6.70	6.72	4.73	1.77
聚四氢呋喃	9.66	6.62	5.42	4.94	3.59	0.99
水　泥	70.03	69.44	79.04	58.19	51.72	29.66
煤　炭	318.43	140.10	116.04	121.53	—	—

化工销售公司

【概况】 中国石化化工销售有限公司（简称化工销售公司）是中国石化下属全资子公司。2005 年 5 月，中国石化党组实施化工产品销售体制重大改革，按照“六统一”（营销策略、市场开拓、物流优化、资源配置、销售业务、品牌战略）原则，组建化工销售分公司，承担中国石化化工产品营销工作的管理职能。2009 年 1 月，设立化工销售有限公司（与化工销售分公司一套班子、两块牌子）。2012 年 5 月，化工销售分公司和化工销售有限公司整合为化工销售公司。化工销售公司总部位于北京，在北京、上海、广州、武汉、南京设有华北、华东、华南、华中、江苏 5 家区域分公司，在全国各主要消费集中地和物流集散地设有多个营销网点、驻企业办事处以及自贸区公司。在境外设有全资子公司香港公司，在越南、新加坡、中东、北美、韩国、俄罗斯、中国台湾设 7 个办事处。化工销售公司成立之初，经营范围以中国石化产品为主，后续发展过程中为保障市场供应和客户需求，以及为新增产能准备市场渠道，拓市扩销，形成统销为主、自营为辅的经营格局。化工销售公司主要负责中国石化统销化工产品的经营销售（进出口业务、系统内互供保供），以及仓储、物流管理业务，主要经营有五大类产品：合成树脂、合成橡胶、合纤原料、合成纤维及聚合物、有机化工及中副产品，同时，围绕主责主业开展国内、国际化工贸易，坚持“以客户为中心”的经营理念，致力于打造世界领先化工贸易综合服务商。

（武　晶）

【综合服务客户】 2021 年，化工销售公司持续提升综合服务能力，把“以客户为中心”理念内化于心、外化于形、固化于制，时时刻刻为客户着想，千方百计为客户创造价值。从客户需求出发，对供应链各环节、各层级服务内容、行为、标准进行规范，通过服务质量目标化、服务方法规范化、服务过程程序化，持续提升客户体验。提升个性化需求响应能力，发挥一体化优势，为客户提供优质产品、技术支持以及其他增值服务。联合企业组建应用服务团队，更好解决客户应用问题，以个性化服务打通产品走向市场的“最后一公里”。找准痛点为客户排忧解难，帮助客户降低成本。优化物流运作方式，推动罐装运输、包装改进，以客户喜好方式满足需求。创新供应链金融产品，为客户提供金融支持。

（武　晶）

【产销研用】 2021年，化工销售公司发挥中国石化产销研用结合桥梁纽带作用，充分发挥一体化优势，推动内部资源共享，推进全产业链协作攻关，促进产销研用高效循环互动。协同生产企业、科研单位提升高附加值产品创新能力，加快推动从“样品”到“产品”再到“商品”转化，全力拓展中高端领域。拓展MPRC小组功能，推进新产品专用料研发、应用和技术服务，促进科研成果产业化。

（武　晶）

【挖潜降本】 2021年，化工销售公司协同生产企业动态优化产品结构，配合做好烯烃、芳烃产业链优化创效。做实做细“一企一制”方案，做好新装置产品市场定位，确保新增产能顺利投放市场。加强产销衔接，优化互供保供，帮助企业优化调整原料结构，降低原料成本。挖掘周边市场需求，推动装置分工优化，促进产品就近消化。加强产品线资源统筹，坚决打破区域界限，减少低质量跨区调拨，全国一盘棋优化供应链管理。

（武　晶）

【物流仓储】 2021年，化工销售公司加强物流专业化管理运营，提升运作效率，提高物流价值创造能力。打破区域界限，优化仓储物流设施布局，推动绿色低碳运输方式转变，推进“公转水”“公转铁”。加快物联网系统建设，系统优化资源流向，推动智慧化工品物流建设。协同生产企业，灵活采用多种形式在市场前沿与物流枢纽，布局契合服务客户、支撑物流优化的仓储网络。

（武　晶）

【战略合作】 2021年，化工销售公司加强战略客户一体化统筹管理与服务，完善项目团队运行机制，实现动态掌握、快速响应战略客户需求。从服务标准、策略优化、产品组合等多点发力，以机制保障、创新服务为战略客户提供一揽子解决方案。通过多种方式与战略客户在产品开发应用方面深化合作，助力化工产业强链、延链、补链。

（武　晶）

【精细管理】 2021年，化工销售公司按照精简高效原则，调整优化部门设置，进一步突出专业化、精细化管理。构建科学、合理的绩效考核体系，深化条块融合机制，优化简化考核框架，更加突出高质量经营。邀请生产企业、科研院所专家参与，首次举办营销企划评审答辩，高标准编制营销企划方案，为2022年高质量经营夯实基础。明确权责分界，进一步规范子公司管理运作。成立石化易贸科技有限公司，加强顶层设计和专业化管理，推动企业自销产品上线销售。

（武　晶）

【党的建设】 2021年，化工销售公司把党史学习教育贯穿全年，统筹推进学习研讨、培训宣讲、专题调研、“我为群众办实事”等各项工作，在学史明理、学史增信、学史崇德、学史力行上取得明显成效，化工销售公司上下受到一次全面深刻的政治教育、思想淬炼和精神洗礼。推进党支部标准化、规范化、信息化建设，开展基层党建工作自查互学，创建“一支部一特色”，努力打造特色党建品牌。树立正确选人用人导向，加大年轻干部选拔力度，进一步优化干部队伍年龄结构。建立传承石油精神、弘扬石化传统“七有”机制，加强先进典型宣传报道，充分发挥群团功能，凝聚高质量发展正能量。完善大监督运行机制，整合监督和审计力量，组建监督审计部。创新开展党委巡察，巡察多个基层党支部。

（武　晶）

化销华北分公司

【概况】 中国石化化工销售有限公司华北分公司（简称化销华北分公司）于2005年5月10日成立，是根据中国石化化工销售体制改革需要而组建的区域性专业化经营公司，主要负责中国石化所属华北、东北、西北区域企业化工产品的资源统筹、市场营销、产品销售、物流运作和客户服务，以及企业生产所需相关化工原料的采购和供应工作。辖区包括华北、东北和西北的 14 个省（自治区、直辖市），在服务区内燕山石化、齐鲁石化、天津石化、青岛炼化、青岛石化、石家庄炼化、济南炼化、沧州炼化和塔河炼化 9 家系统内生产企业及中沙石化、中天合创和科鲁尔 3 家合资企业的同时，还与中油西北、中油华北、中煤化（天津）、中化化销、兖矿等中字号企业以及天津大沽化、吉林化纤、汇丰石化、利和知信、齐翔腾达等国内化工企业建立战略合作关系，销售网点、中转仓库遍布市场各地。主要经营的合成树脂、合成橡胶、有机化工、合原合纤、特殊化学品等产品在区域市场内占有主导地位，2021 年经营总量超过 1 300 万吨，交易客户 1 400 余家。

化销华北分公司凝心铸魂强党建、破立结合促改革、量质并举抓经营，践行“在经济领域为党工作”理念，深植“以客户为中心”文化内涵，坚持“做大华北、发展华北、振兴华北”，主动融入国家战略，奋力拓市扩销，围绕“优化布局，巩固华北，发展东北，深耕西北，服务雄安”发展战略，携手生产企业和科研院所建立健全高效运行的产销研用一体化开发机制，勇当“产业链链长”，推动产品迈向中高端，努力实现化工和材料板块效益最佳、中国石化价值最大化。2021 年，化销华北分公司市场主导权和引领力不断增强，提质增效、高质量发展势头向好，“做大华北、发展华北、振兴华北”初见成效。

（孟　华）

【党史学习教育】 2021 年，化销华北分公司以“学党史”为基本点，举办党史学习教育读书班 25 期，开展青年党史云宣讲；以“强信念”为总开关，组织干部员工赴“时代楷模”主题影像展、中国共产党历史展览馆、北大红楼、井冈山、布楞沟村中国石化党员教育基地、大庆铁人学院等，悟思想伟力；以“跟党走”为总目标，落实集团公司“七有”机制，大力传承石油精神、弘扬石化传统，让党旗在一线高高飘扬。把“我为群众办实事”作为党史学习教育的落脚点，领导班子带头定点下沉一线摸清摸准民情民意，拓展丰富办实事内涵。开展“四个服务”（服务企业、服务客户、服务员工、服务社会）专项行动，首创“化肥进易捷”业务新模式，通过易捷便利店面向终端销售超 3 900 吨。向东乡县大树乡捐赠农用物资，助力乡村振兴，不断擦亮“党和人民好企业”形象。

（孟　华）

【服务国家战略】 2021 年，化销华北分公司坚持旗帜鲜明讲政治，心怀“国之大者”，服从服务党和国家发展战略。开拓“一带一路”沿线市场，打通西布尔产品中欧班列直发西安和石家庄运输通道，发送中欧班列 13 趟，推进西布尔产品向销售腹地流转取得新突破。加强与中国石化在雄安新区企业协作，推进中国石化化工新材料展区建设，保障参与雄安新区建设客户原料供应，实现提货量增长 12.7%。推动新型废塑料热裂解生产低杂质油品（SPWO）技术在塑料制品回收循环利用的应用、国产化首款工业化可回收地膜在新疆棉田成功应用、增产光伏级 EVA 材料，助力国家新能源产业发展和碳减排战略实施。实现北京第一辆氢能重载货车发运，扩大合成树脂散装料罐运输，推动合成树脂共享托盘运营总流转数突破 50 万片，持续推动“公转铁”，引领化工物流行业降碳步伐。

（孟　华）

化销华北分公司向东乡县大树乡捐赠
中国石化生产的农膜、化肥

【产销研用】 2021 年，化销华北分公司注重发挥中国石化集成创新优势和化工销售市场雷达作用，创新联合燕山石化等企业每月召开“联合经营分析会”，建立高层次常态化交流机制，深化“一企一制”机制建设，与区内11家企业签订工作方案，携手推进产品结构调整、装置排产优化、新产品开发等工作，助力所辖生产企业增收12.8亿元，增长67%，全面提升产业链整体效益。聚焦“新材料”产业链发展，与北京化工研究院签订技术服务协议，常态化开展高附加值新材料技术交流，奋力打造技术先导型公司；探索建立“大兵团”作战模式，联合企业和科研院所成立45个MPRC小组、4个工作专班，12个重点项目“揭榜挂帅”，全年新专、高附加值及差异化产品销售316万吨，奋力推动化工和材料板块实现“大宗强基、高端跃升”。

（孟　华）

【战略合作】 2021年，化销华北分公司加快融入新发展格局，深挖“双循环”新格局下化工产业链转型升级潜力空间，筑牢市场生命工程。优化网点布局，成立内蒙古代表处，发挥网点“桥头堡”作用，发动客户经理深度“扫市场”，开发客户227家，有效拓展化销华北分公司生存发展空间；加强与中国石油、中化、中煤等央企所属公司和渤化、兖矿等国企以及富海集团、新疆中泰、齐翔腾达等大型民营企业务实合作，形成优势互补、协同发展生动局面；推动“两维四象限客户综合评价体系”管理应用，提高行业前三客户精准服务水平，打造差异化增值服务竞争优势，建设“合成树脂医卫材料创新应用示范基地”，威高、金发、东方雨虹、石家庄四药等合作战略客户提货301.4万吨，增长49.7%，开发38家战略客户，“增效、增量、增份额、增模式”目标全面实现。

（孟　华）

化销华北分公司联合石家庄四药集团打造“合成树脂医卫材料创新应用示范基地”

【管理提升】 2021年，化销华北分公司精准开展对标提升行动，聚焦管理提升、效率加速、价值创造，建立长效机制，推动化销华北分公司提高效率效益、激发活力动力、打造核心竞争力。高质量完成一体化管理体系换版升级，结合内外部审核，强化制度执行有效性，重要人员、重点岗位合规经营意识进一步提升。深入推进基层减负提效，精减会议29%，压减会议费63%，发文下降7%，连续2年在集团公司践行“马上就办”工作中名列前茅。聚焦“新经济”，持续做好“石化e贸”三期建设，优化资源投放方式，公开资源投放占比56.2%、预约销售资源投放占比33.4%、定向个别资源投放占比8.6%，三项指标均位列各区域公司第一；率先实现“石化e贸”平台与供应商及客户的数据集成，推动自营业务数字化转型。率先生成集团公司第一份智能印章签署的合同，签署集团公司首份区块链电子合同，与共享服务中心合作率先引入自动开票机器人，率先运行物流监控中心，持续提升信息化技术对核心业务的服务能力、引领能力、保障能力。

（孟　华）

【平安护航】 2021年，化销华北分公司领导落实“一把手”责任，督导建立员工安全计分“黄牌”机制，强调“不安全的业务坚决不做，不安全的利润一分不赚”承诺，研究部署加强危险化学品安全管理和全国“两会”、庆祝建党100周年、党的十九届六中全会等特殊时期安全保障工作，督导编印《重大活动期间安全保障工作指导手册》，部署开展保冬奥“百日安全无事故”专项行动。化销华北分公司领导深入承包基层网点开展安全督查检查和宣讲15次，班子成员安全承诺兑现率100%；落实“班班见领导”要求，现场督导引领危险化学品车辆272台，打赢“平安护航百年大庆”攻坚战，确保企业生产平稳及后路畅通，在大战大考中交出一份高水平答卷。

（孟　华）

【高质量党建】 2021年，化销华北分公司对标落实集团公司党建“1355”总体思路，高质量编制“5+5”党建工作方案，各基层党支部和广大党员同题共答、主动解码，形成“一支部一子方案”“一党员一措施提升表”，有关做法在集团公司基层党建创新暨质量提升推进会上作典型经验交流发言。落实“第一议题”，做到理论全面学“抓重点”、内容分类学“抓深入”、结合实际学“抓效果”。推进“优秀党支部书记示范行”，有针对性地开展基层支部帮扶指导，创新与企业、战略客户支部三方共建模式，连续 5 年举办“四委一书记”培训班，连续 7 年开展基层党组织书记述职评议，党内发挥“两个作用”的措施坚实有力。召开“基层党支部建设示范点”发布交流会暨高质量党建推进会，11 个党建特色品牌脱颖而出。分层分类建立优秀年轻干部库，打造“朝阳工程”“135”进阶模式，“朝阳工程培训基地”揭牌成立，多措并举促进 12 人次取得职称晋升，跑出干部年轻化发展的加速度。2021 年度党建工作被集团公司党建考核评为 A 档。

（孟　华）

化销华东分公司

【概况】 中国石化化工销售有限公司华东分公司（简称化销华东分公司）是化工销售公司设在上海的分公司。2005 年 5 月，中国石化党组实施化工产品销售体制重大改革，按照“六统一”原则，组建中国石油化工股份有限公司化工销售分公司，并在上海设中国石化化工销售上海分公司。2009 年 3 月，中国石化化工销售上海分公司更名为中国石化化工销售华东分公司，并按照大Ⅰ型企业（正局级）管理。2012 年 2 月顺应化工销售内外贸一体化改革的要求，更名为中国石化化工销售有限公司华东分公司。主要负责中国石化在上海、江苏、浙江、安徽、江西四省一市所属企业生产的化工产品销售和市场管理，并负责区域内企业部分化工原料的采购与供应工作，同时开展物流、自营贸易、进出口等业务。经营五大类产品：合成树脂、合成橡胶、合纤原料、合成纤维及聚合物、有机化工及中副产品。主要化工产品在华东市场占有重要份额，有较强的市场影响力。始终坚持中国石化“人本、责任、诚信、精细、创新、共赢”的核心价值观，以“服务客户，服务企业，服务员工”为宗旨，围绕助力集团公司构建“一基两翼三新”产业格局，开启内涵式高质量发展新征程，努力打造世界领先化工贸易综合服务商。

（陈　月）

【常态化疫情防控】 2021 年，化销华东分公司坚持常态化新冠肺炎疫情防控措施，统筹做好疫情防控和生产经营工作。制订疫情防控工作方案，持续发放防疫物资，组织员工疫苗接种，筑牢免疫屏障，保障员工生命健康安全。应对上海、南京、宁波、扬州等地突发疫情对相关生产企业的影响，坚持原料供应不断、产品后路不堵、物流运输不停。优化物流流向、调整物流方式、申请运输通行证、协调物流运力，保障区内生产企业的平稳运行。建立紧急发货清单机制，梳理重点保供客户清单，保障医疗防疫客户、重点核心客户的原料供应。组织党员突击队，动员员工参与志愿者活动，履行中央企业社会责任。

（陈　月）

【以客户为中心】 全力推进“扫市场”工作，精准了解客户需求，深入挖掘市场潜力；深化与行业排名前三战略客户合作，构建命运共同体，实现战略客户数、产品种类、业务量“三增长”；推广 MPRC 项目合作，与某韩资跨国轮胎企业开创了战略合作项目典范；实施客户经理首问负责制，快速反馈客户诉求，进一步提高客户服务水平；靠前服务客户，在合纤中空产品集中消费市场南通设置销售服务点，集展示、宣传、体验、销售、服务于一体，打造化工销售亮丽名片。

（陈　月）

【深度服务企业】 2021 年，化销华东分公司常态化开展多层次产销衔接，发挥产销研用一体化优势，为企业量身定制“一企一制”服务方案；有效应对台风侵袭、装置故障等突发情况，保障区内企业“安稳长满优”运行；积极服务转型升级，保障镇海基地一期产能顺利释放、助力区内企业炼油转化工项目推进；推出《化销华东快讯》，将行业动态、客户需求、前沿信息等及时准确传达到生产企业，帮助企业做好效益测算、结构调整、排产优化、新产品开发。

（陈　月）

【践行新发展理念】 2021 年，化销华东分公司聚焦化工板块新材料发展目标，大力推广新专高产品，全年新专高产品销量增长 15%；试点“揭榜挂帅”项目，推动新专产品市场破冰和开拓；围绕双碳目标，打通可降解材料自营采销流程；践行绿色物流计划，联合上海石化、上海赛科公司共同与氢能车辆制造商和氢能源供应商等签约氢能车服务协议；统筹国内国际两个市场，国际贸易业务取得新成效、实现新突破，出口年度计划完成率 190%；落实金融衍生品业务操作主体职能，打通聚丙烯、线型聚乙烯期货实物交割流程，实现中国石化树脂产品期货实物交割“零”的突破。

（陈　月）

打通出口散货船运输模式

【强化精细管理】 2021 年，化销华东分公司经营分析聚焦问题，措施落实扎实有效，制订对标先进提升方案、攻坚创效行动方案等系统提升方案，逐月逐项、对标对表跟踪通报落实进度。落实集团公司构建战略型集约化财务管控体系目标，业财融合更为深入，财务顾问深入产品部指导和服务经营，发挥财务价值引领作用，全面提升预算管理水平，帮助挖掘效益增长点、找出效益漏损点。物流运作更有成效，按“应邀尽邀、应竞必竞”原则开展物流竞标、换货业务，大幅压降物流费用；推进固体仓库包租改吨租，切实降低仓储费用；推广共享托盘、散罐运输出厂模式，既节约费用，又提高效率，实现多方共赢。开展制度管理提升专项行动，深化制度全生命周期管理，建立“立改废”清单、常态化制度宣贯机制、开展学习规章制度劳动竞赛、强化制度刚性执行，全员遵规守制意识不断提高。

（陈　月）

【筑牢风控防线】 2021 年，化销华东分公司牢固树立底线思维，认真落实集团公司打造法律、合规、风控、内控、制度“五位一体”法治工作格局要求，成立法律风控部，牵头推进合规体系建设，组织开展合同合规管理、交易对手关联关系、“空转”“走单”融资性贸易风险、重点自营产品专项检查行动。深化“大监督”机制，完善监督委员会工作运行体系，强化过程审核、事后监督工作。高度重视集团公司“总经理 2 号令”的学习宣贯，强化 HSE 体系运行，组织 HSE 体系培训宣贯和考试，开展化销华东分公司体系运行情况内审，确保体系运行有效。

（陈　月）

【激发队伍活力】 2021 年，化销华东分公司逐步优化干部结构，加大年轻干部选拔任用力度；推广竞争上岗选拔方式，营造更加公平选人用人环境；纪检监督部门参与中层、高级主管竞聘和专家考评过程监督，把好干部廉洁关。更新中层后备干部库、青年骨干人才库，力争通过 3—5 年时间使化销华东分公司形成干部人才队伍结构合理、接续发展的良好局面。稳步提升员工素质能力，加大轮岗交流力度、开展分层分类专项培训，针对性提高干部员工综合素质。推进“三能”改革，在合成树脂部试点“竞包赛马”，突出业绩导向，让多劳者多得。开展“学党史 话廉洁 防风险 开新局”大讨论，鼓励员工群众参与化销华东分公司管理优化；成立“周鑫劳模创新工作室”，开展各类技能竞赛、劳动竞赛，推进群众性创新创效。

（陈　月）

【党的建设】 2021 年，化销华东分公司突出强化政治引领，以“两个一以贯之”为遵循，全面加强党的领导，认真落实“第一议题”，贯通学习习近平总书记视察胜利油田重要讲话精神，党员干部“四个意识”更加牢固、“四个自信”更加坚定、“两个维护”更加坚决。召开化销华东分公司第二次党代会，选举产生新一届“两委”委员；突出党委作用发挥，强化“三重一大”决策事项管理，党的领导有效嵌入公司治理体系。深入开展党史学习教育，组织庆祝建党 100 周年系列活动，“我为群众办实事”非常满意 + 满意达 100%。系统推进各项整改，清单化管理、责任制推进、销号式落实，各项整改措施如期全面完成。强化基层组织建设，开展党务实操培训，建立“周提示、月检查、季评审、年考核”党建考评机制。以案为鉴强化警示教育，制订《深刻吸取殷济海案件教训 做好以案促教以案促改以案促治工作方案》，明确“三个五”系列工作，筑牢廉洁从业思想根基；开展“学党史、强纪律、促清廉”反腐倡廉教育月活动，员工及其亲属、特定关系人违规经商办企业与化工销售系统发生业务往来突出问题专项整治行动，助力打造风清气正、干事创业的廉洁化销亮丽名片。

（陈　月）

化销华南分公司

【概况】 中国石化化工销售有限公司华南分公司（简称化销华南分公司）成立于 2005 年 3 月 16 日，隶属化工销售公司，是化工销售公司 5 个区域分公司（华北、华东、华南、华中、江苏）之一。截至 2021 年底，有员工 389 人。设合成树脂部、有机化工部、合纤原料部、国际贸易部、合成橡胶部 5 个产品部，综合管理部、党群工作部（党委办公室、党委宣传部）、计划信息部、财务部、党委组织部（人力资源部、企管和法律部）、安全环保部（物流部）、监督审计部（纪委办公室）、风险管控部 8 个职能部；设有化工销售（广东）有限公司、化工销售（福建）有限公司、化工销售（海南）有限公司、汕头经营部以及黄埔、东莞、茂名、昆明 8 个经营网点。在生产企业茂名分公司、中科炼化、古雷石化、海南炼化、广州分公司、福建炼化、北海炼化设 7 个驻企业办事处。

化销华南分公司主要负责华南区内中国石化下属 7 家生产企业的主要化工产品的统一销售，并开展部分产品的自营业务；主要有合成树脂、合成橡胶、有机化工、合纤原料等系列约 519 个牌号的化工产品；业务范围覆盖广东、广西、海南、福建、云南、贵州、西藏 7 个省（自治区）。2021 年经营总量 1 395.9 万吨；销售收入 890.2 亿元，利润 10.2 亿元，上缴税费 5.27 亿元，利润完成率、营业收入利润率、资产负债率、人工成本利润率均位列化销各区域分公司第 1 名，综合绩效考核连续 3 年在各区域分公司中排名第一，化销华南分公司的核心竞争力、抗风险能力和社会影响力持续增强。

（王昕羽）

【拓市扩销】 2021 年，化销华南分公司推进实施网点布局和管理优化调整方案，有效激发网点经营活力，发挥市场雷达作用和触角功能。与海南自贸港建设国家战略接轨，成立化工销售（海南）有限公司，2021 年化工销售（海南）有限公司向社会提供化工产品 97 万吨。开展高质量自营业务，坚持质量和效益并重，深化与优质生产型客户和供应商的战略合作，实现自营利润 1.71 亿元，增加 0.35 亿元。推进以客户为中心的理念落实落地，一户一案系统中 1 768 条客户需求全部解决。深入开展“扫市场”工作，市场调研覆盖

率和实地走访率均达 99.8%，累计开发新客户 341 家。深入开展华南地区“十四五”期间新增产能调研，完成华南区域系统内外相关炼化企业现有及未来 5 年规划产能调查，紧扣市场脉搏，把准市场导向。发挥广东有限公司优势，深入推进与“一带一路”沿线国家合作，抓住窗口期快速反应组织出口，出口量增长 48.63%，全年实现进出口量 72 万吨，国际化经营水平持续提升。拓展保税加工区市场，推进来进料加工业务，进一步推动顶替进口。稳健开展期货套保业务，综合效果在各区域分公司中位列前茅。

（王昕羽）

【产销研用】 2021 年，化销华南分公司抓住“双碳”目标下“优炼强化、做大乙烯”机遇，聚焦主责主业，深化“一企一制”，确保古雷石化原料保供和新产品顺利投放市场，推进中科炼化新产品快速占领高端市场，实现区内生产企业全产全销、后路畅通。开展区内企业多层级产销对接，高效解决产供销运各类问题，协同企业做好区内同类型装置优化分工，提高产能利用率，助力企业增收创效，获生产企业的大力认可，企业满意度在化销各区域分公司中排名第一。坚持“基础 + 高端”策略，深化产销研用合作，与中科炼化、北京化工研究院签订三方《产销研框架合作协议》，联合茂名石化、福建炼化、北京化学研究院及下游核心客户开展攻关项目“揭榜挂帅”活动，助力企业稳步打造 LDPE 电缆料、PP 高端板材料、茂金属 PE 等“产品巨人”，有效推动生产企业新产品“开发一批、推广一批、成熟一批”，实现销售新产品、专用料 202 万吨，增收增效 6.76 亿元。

（王昕羽）

【业务创新】 2021 年，化销华南分公司落实绿色低碳发展理念，深化共享托盘、集装箱散料运输等物流新技术的推广应用，开展拼船、公路、水路多程联运业务，首创共享托盘铁路棚车满载运输等，实现物流降费增效 9 583 万元，完成年度目标的 383%。从严物流服务商准入、过程管控及考核，对物流服务商安全资质、仓储设施或运载工具实行双审查，推行物流服务商“白名单”，建立物流商资质预警机制，确保物流商依法合规运营。开展危险化学品自提业务延伸管理，建立自提承运商管理标准，将自提业务纳入物联网系统管理范畴。做实业财融合，全面彰显价值引领合力，强化预算精细化管理，优化存款结构，持续推行票据收息政策，全年资金创效 2.62 亿元。

（王昕羽）

助力北海炼化合成树脂产品出口

【信息化建设】 2021 年，化销华南分公司配合打造“石化 e 贸”电商平台生态圈，加快推进“石化 e 贸”专业化运营，制定完善资源投放规则，增强资源上架的合理性、科学性、透明性，降低定向个别投放比例，提升公开投放比例，稳步向预约销售模式转变。推动“石化 e 贸”平台移动 App 顺利上线，操作友好性、便利性增强。推行无纸化办公，应用协同办公系统，深化内部信息系统集成互联。加大“易检查”App 推广应用，促进物流和安全检查规范化、信息化。

（王昕羽）

【安全管理】 2021 年，化销华南分公司贯彻落实习近平总书记关于安全生产的重要指示批示精神，开展“百日安全无事故”专项行动和“五查五严”保安全专项行动，从严抓好企地联合消防演练等各项措施，大力开展安全环保领域形式主义、官僚主义专项整治和危险化学品经营隐患排查专项整治，抓实自有库、办公场所装修等现场直接作业环节安全管理，安全事故零发生。严格落实常态化防疫措施，应对广东、福建局部疫情及全国疫情散点突发形势，及时启动应急预案、做好疫情信息动态排查，有效有序控制差旅、会议等，协调开展核酸检测、疫苗接种上门服务，在保证全体员工健康安全的同时，实现疫情期间企业产品后路畅通、下游客户原料不断供的目标，化销华南分公司未发生疫情感染事件。

（王昕羽）

【制度建设】 2021 年，化销华南分公司全面梳理内部管理制度，优化完善制度体系。举办 4 期“制度大讲堂”活动，增强员工的制度意识和执行力。扎实推进 QHSE 管理体系建设，顺利通过再认证审核。以深化内控制度执行有效性提升行动为抓手，深入开展内控权限执行、自营业务等专项排查，建立交易对手长效排查机制，强化合同规范性签订，对重大重要风险实施量化预警监控，牢牢守住不发生系统性重大风险的底线。

（王昕羽）

【党的建设】 2021 年，化销华南分公司严格落实“第一议题”制度，通过多种形式抓实抓好党的十九届五中、六中全会精神及习近平总书记视察胜利油田重要讲话精神的学习，推动党的创新理论学习入脑入心。大力弘扬伟大建党精神，高质量开展庆祝建党 100 周年系列主题活动。坚持用好“四大课堂”、开展“学党史、感党恩、跟党走”主题党日等活动，纵深推进党史学习教育。扎实推进“我为群众办实事”实践活动，及时解决员工群众急难愁盼问题，协同系统上线、办公区禁烟、员工子女入学、体检项目优化等 46 个事项全面落实，员工群众切切实实得到实惠，幸福指数不断攀升。制定党委委员“7+1+2”履责事项清单，从严压实政治责任。聚焦新产品研发推广、基本功训练和客户标准化服务等领域，深入开展“党”字号活动，推动党建与中心工作互融共促。用好用活中国石化党建平台，探索创新规范高效的基层“三会一课”记录形式，促进基层党建内在质量提升。

（王昕羽）

化销华中分公司

【概况】 中国石化化工销售有限公司华中分公司（简称化销华中分公司）成立于 2008 年，位于湖北省武汉市洪山区，主要负责湖南、湖北、河南、四川、重庆“四省一市”除油品以外石化产品的资源统筹、市场营销、产品销售、物流运作、客户服务，以及中国石化所属企业生产所需相关化工原料的采购和供应工作，服务于中韩石化、巴陵石化、川维化工公司、洛阳石化、中原石化、长岭炼化、荆门石化、宁夏能化、湖北化肥 9 家生产企业。

化销华中分公司经营范围涉及石油化工、天然气化工、煤化工 3 个领域，产品包括合成树脂、合成橡胶、合成纤维原料、合成纤维和聚合物、有机化工原料、特殊化学品等。设有 5 个产品部门、8 个机关部室、9 个驻企业办事处，在华中区域内各主要消费集中地和物流集散地设 6 个营销代表处和 7 个服务点，并根据化工销售公司的授权对武汉自贸区公司进行运行管理。2021 年经营化工产品 951 万吨，年营业收入逾 500 亿元，有合作客户近 3 100 家、供应商 300 余家。

（张康平）

【助力企业挖潜增效】 2021 年，化销华中分公司围绕企业、服务企业，创新实施“助力企业挖潜增效”专项行动，与区内 9 家生产企业共同谋划并有效推进项目 105 个；帮助区内企业挖掘装置潜力，多产多交 100 万吨化工产品统销资源，助力企业挖潜增效数千万元，实现化工板块效益最大化和中国石化资产价值最大化。

（张康平）

【拓市扩销】 2021 年，化销华中分公司应对市场竞争推动转型发展，不断拓展销售模式和渠道，将自营业务的落脚点放到争取更多效益和提升市场话语权上，全年实现自营量 231 万吨，自营直采率、直销率提升 14.6 个百分点和 6.5 个百分点，有效益、有质量、有战略意义的自营取得重大突破；融入“一带一路”倡议和 RCEP 协定，全力帮助企业释放装置产能、参与国际竞争，中国石化 PVA 出口欧盟占比提升至 80%，川维化工公司 PVA 产品专列出口德国，树脂奶茶杯专用料 MT75 等高附加值产品实现出口突破。

（张康平）

【产销研用】 2021 年，化销华中分公司与生产企业制订“一企一制”方案，共同满足客户和市场需求，确保生产企业后路畅通；以市场为导向，充分利用市场调研系统，全面开展“扫市场”工作，利用客户大数据分析及个性化画像，加强客户全生命周期服务和管理，与头部客户合作不断加强；坚持“基础 + 高端”，产销研契约化、市场化运作，加快推进产品高端化和新材料研发，成功打造中原石化电工膜料、奶茶杯专用料，中韩石化防水卷材料等一批“小巨人”产品，并在可降解材料领域实现推广突破。

（张康平）

【HSE 管理】 2021 年，化销华中分公司严格落实集团公司“总经理 2 号令”要求，扎实开展“百日安全无事故”“五查五严”保安全专项行动，与区内 9 家生产企业签订安全共建协议，全面落实安全责任，护航百年大庆。推动 HSE 体系宣贯及全员取证上岗，不断延伸危险化学品自提管理，及时投用化销华中分公司物流运行监控中心，常态化筑牢疫情防控屏障。

（张康平）

客户经理到下游客户进行生产指导

【制度建设】 2021 年，化销华中分公司根据“石化 e 贸”电商体制机制改革变化，及时梳理完善工作流程、岗位职责，全面修订 QHSE 体系手册，再次获质量、健康、安全、环境管理体系认证证书，并强化体系运行，狠抓制度刚性执行，对重点制度进行宣贯培训，及时组织岗位练兵，有效提升干部员工合规意识。

（张康平）

【队伍建设】 2021 年，化销华中分公司重用提拔晋升 44 名中基层干部，选拔高级营销专家、主任师、副主任师级专业技术序列人员 11 人，中层干部平均年龄由 47.5 岁降至 46.6 岁，40 岁以下中层干部由 2 人增加至 6 人，干部队伍年龄层次、专业结构得到进一步优化；开展中基层干部队伍梯队建设，组织开展青年骨干能力提升培训班，推动岗位胜任能力模型和基本功训练，为干部队伍顺利接续储备充足力量。

（张康平）

【党的建设】 2021 年，化销华中分公司严格落实执行"第一议题"制度，打造践行习近平新时代中国特色社会主义思想的重要阵地，深入开展全国国有企业党的建设工作会议精神贯彻落实情况"回头看"，梳理形成党委决定和前置研究事项清单，全力推动基层党支部"标准化、规范化""一支部一特色"建设，持续夯实基层党建基础；扎实开展党史学习教育，制定党史学习教育"施工图"，成立党史学习教育巡回指导组，通过组织读书班、邀请专家学者授课、组织党员讲党史、支部书记讲党课、党史宣讲、党史知识竞赛、红色参观教育、开展系列庆祝活动等，推动党史学习教育入脑入心；全力做好"我为群众办实事"实践活动，梳理制定 40 项化销华中分公司层面办实事项目，全部高质量实施并闭环，切实解决一系列员工群众急难愁盼的问题，员工归属感和幸福感不断增强。

（张康平）

【持续打造"廉洁华中"名片】 2021 年，化销华中分公司贯彻集团公司党风廉政建设和反腐败工作会议精神，紧扣形势任务，常态化、多形式开展党风廉政教育，推动完善"3255""大监督"格局，结合业务运行实际，创新开展驻点监督，做精做深在线巡查，有针对性地开展专项督查、专项治理和专项审计，全员廉洁从业意识不断增强，化销华中分公司政治生态保持良好。

（张康平）

【和谐企业建设】 2021 年，化销华中分公司大力弘扬石油精神和石化传统，推动代表处、驻厂办标准化建设，开展提升会议效率和无纸化办公专项行动，努力为基层减负，取得显著效果；同时，充分发挥工会、共青团组织作用，持续开展"走基层访万家"活动，打造"青字号"品牌，化销华中分公司凝聚力、向心力进一步增强。

（张康平）

化销江苏分公司

【概况】 中国石化化工销售有限公司江苏分公司（简称化销江苏分公司）是化工销售公司设在南京的区域分公司。2004 年，集团公司实施外贸体制改革，将江苏石油公司镇江、无锡、江阴、苏州、昆山、南通、南京等地化工经营网点、仓储设施和经营人员划入国际事业公司，2005 年 8 月，组建中国石化国际事业有限公司江苏化工办事处。2007 年 8 月，国际事业公司对南京地区所属单位进行业务重组，扬子办事处、金陵外贸经营部并入江苏化工办事处，组成中国石化国际事业有限公司江苏分公司。2009 年 4 月，正式划入化工销售公司。2012 年 10 月，升格按照大Ⅱ型企业（副局级）管理。主要负责中国石化所属企业部分化工产品的销售，中国石化所属部分企业生产所需化工原料的采购与供应工作，同时与社会第三方合作单位开展自营贸易、物流服务、进出口等业务。主要经营四大类产品：合成树脂、合纤原料、合成纤维及聚合物、有机化工及中副产品。甲醇、MTBE、己内酰胺（CPL）、环氧丙烷（PO）、醋酸乙烯等主要产品有较大的行业影响力和市场话语权。化销江苏分公司始终秉承中国石化"人本、责任、诚信、精细、创新、共赢"的核心价值观，发扬"开拓创新，追求卓越"的公司精神，努力打造世界领先化工贸易综合服务商。

（李婧雯）

【疫情防控】 2021 年，化销江苏分公司坚守保障员工生命健康安全、确保生产企业原料供应和销路畅通"两条底线"，取得新冠肺炎疫情防控和生产经营"双战双胜"。制订疫情防控应急预案，落实办公区域每日消杀，严格来访人员查码测温登记，有序组织员工接种疫苗，动态发布涉疫地区提醒提示，抓实抓严常态化疫情防控。南京突发疫情期间，第一时间启动应急响应机制，快速反应、统筹安排、全面部署，配合地方疫情防控政策，发挥网格化管理作用，成立志愿者服务车队，保障“两点一线”管控要求落实到位，加强产销衔接，优化运输方式及线路，创新“云端”沟通模式，实现经营计划超计划完成，统销产品产销率 100%，化销江苏分公司未发生员工疫情确诊、疑似病例，未出现企业断供、产品胀库等情况，有效保障企业的平稳运行，收到系统内外 9 家企业发来的感谢信。

（李婧雯）

【提质增效】 2021 年，化销江苏分公司聚焦价值创造和“三个一切”价值导向，坚决杜绝“空转”“走单”等虚假业务，把提高经营质量作为公司生存发展的重中之重。大力开展“扫市场”工作，深挖优质合作伙伴，一手资源供应商和终端客户数量显著增加，经营基础更加稳固，带动直采直销率显著提升。成立外贸市场攻关项目组，“以老带新”培养骨干力量，打造外贸业务核心竞争力。在受新冠肺炎疫情、国际关系等多重因素的影响下，外贸团队主动出击，提供定制化生产，调整物流方式，优化出口结算模式，出口净毛利大幅度增长，醋酸乙烯、聚丙烯、苯乙烯、BDO 等产品外贸业务取得突破性成绩。坚持系统观念，秉持“板块效益最大化”的理念，提升物流价值创造能力，打通中科炼化裂解汽油直供镇海物流服务全流程，累计为化工板块增效 2 400 万元；开展石脑油、辛醇等自营产品配送业务，优化物流运作，提高自营毛利，产品竞争力有效增强。

（李婧雯）

中科炼化裂解汽油直供镇海炼化

【服务创新】 2021 年，化销江苏分公司坚持“以客户为中心”，整合内部资源，优化服务方式，先后成立仪征化纤、金陵亨斯迈、安庆片区、安徽昊源 4 个企业服务 MSE（Marketing Service Enterprise）/ 客户服务 MSC（Marketing Service Customer）项目组，为企业和客户提供“一揽子”服务方案，努力打造成为客户心目中“独一无二、无可替代”的合作伙伴，通过正确研判市场行情，协调企业增产，帮助企业推价创效。在疫情防控常态化环境下，持续推广完善“互联网 +”沟通渠道，组织邀请企业高层参加“云上座谈会”，“一对一”定制化对接方案，沟通交流新形式取得新成效。响应国家塑料污染治理行动号召，服务集团公司可降解材料战略布局，成立可降解塑料市场攻关项目组。创造性地制定并发布企业二级标准，申请可降解吸管和膜袋改性料牌号，打通从原料到终端制品的可降解全产业链，与地方政府、研发机构、高校、农贸市场等不同主体建立合作关系，开发直供供应商及终端客户 20 余家，在可降解塑料领域打响品牌。

（李婧雯）

参加中国国际塑料橡胶工业展览会

【深化改革】 2021 年，化销江苏分公司业务执行归集管理试点成功，有效实现“合规经营、风险防控、源头管理、效率提升”的改革目标，得到上级充分肯定和兄弟单位借鉴推广，业务执行部正式获批成立。持续深化“三项制度”改革，启动经理层成员任期制和契约化管理工作，压实企业经理层经营责任；大力推进“揭榜挂帅”、公开竞聘，全年累计有 10 人通过竞聘走上高级主管、主管和项目组组长岗位，平均年龄 33 岁。进一步改进“提成争效”方案，分类计算提成奖励，挂钩经营质量指标，充分发挥考核“指挥棒”作用，员工活力有效激发。

（李婧雯）

【风险防控】 2021 年，化销江苏分公司完善风险管控机制，建立可量化的风险管控指标体系，加大对自营存货经营、金融衍生品、客户供应商准入等重点领域风险监控，推进风险管控“入制度、入流程、入文化”，编制《经营业务负面清单》，明确《低毛利贸易业务评定参考标准》，组织全员签署合规承诺书，开展违规经营案例大讨论，合规经营意识不断提高。成立案件处置专班和现场工作小组，抽调骨干 7 人现场专职负责，全力止损挽损维护公司利益。牢固树立“制度是依法合规经营的基础，制度执行是刚性要求”的工作理念，组织开展“制度执行年”系列活动，全员制度执行意识明显增强。坚决落实集团公司“总经理 2 号令”工作部署，扎实开展“百日安全无事故”“五查五严”专项行动，强化 HSE 体系运行，建立安全管理“一书一签”机制，深化“产安研”工作机制，建成镇江库安全生产信息平台，实现中国石化首套人工智能可穿戴设备在库区危险作业中的应用。

（李婧雯）

环氧丙烷公路运输事故应急救援联合演练

【队伍建设】 2021 年，化销江苏分公司坚持正确的选人用人导向，加大年轻干部培养，把疫情防控、提质增效、项目攻关等重点工作作为监督考察识别干部的主战场；大力推进人才强企工程，创新人才培养“双导师”制和师徒互选双选模式。强化“大监督”作用发挥，狠抓巡视巡察、内审外查反馈问题整改，学习贯彻“一把手”和领导班子监督的实施意见，固化警示教育月活动机制，举办“廉洁共建、合作共赢”客户、供应商座谈会，增强“合规经营、风险防控、廉洁从业”的覆盖面和有效性。开展常态化形势任务教育，创新打造化销江苏分公司“走廊文化”，固化周二集中培训，创办《手机报》，扩展教育培训内涵，丰富宣传形式和载体。

（李婧雯）

【党的建设】 2021 年，化销江苏分公司深化政治理论学习，落实“第一议题”制度，强化管党治党责任，党委定期研究党风廉政、意识形态、基层党建、安全保密等专题工作，班子成员扎实履行“一岗双责”。深入开展党史学习教育，组织庆祝建党 100 周年系列活动，大力实施“我为群众办实事”实践活动。大抓基层党组织建设，落实“业务开展到哪里、党的建设就跟进到哪里”工作要求，全面推进“党建 +”工作方法，创建“一支部一特色”党建品牌，成立外贸市场攻关等 6 支党员突击队，党员作用有效发挥，让党旗在一线高高飘扬。加强党建带工建、带团建，推进“走基层、访万家”活动常态化开展，成立各类文体协会，开展全员健步快走团建活动，企业和谐稳定局面持续巩固。

（李婧雯）

催化剂公司

【概况】 中国石化催化剂有限公司（简称催化剂公司）是中国石化催化剂生产、销售和服务的责任主体。2004 年底，中国石化对系统内催化剂业务实施企业层面的专业化重组，组建中国石化催化剂分公司，并在 2013 年改制为中国石化的全资子公司。

催化剂公司是国际第三、亚洲最大、中国第一的炼油化工催化剂生产商、供应商、服务商，主营业务为催化剂的生产与销售。产品涵盖炼油、聚烯烃、基本有机原料、煤化工、环保、吸附剂及助剂等6类近300个品种，年生产能力达24万吨。

截至2021年底，催化剂公司机关设置职能业务部门11个，下辖11家生产经营性单位和2家直属单位。生产基地主要分布在北京、上海、湖南、山东、辽宁和江苏等6个省市。催化剂公司用工总量3 413人，有各类经营管理及专业技术人员1 585人，其中具有正高级职称的34人、高级职称的513人；有博士31人，硕士404人，并建有2个院士专家工作站和2个博士后工作站。

催化剂公司主要生产经营指标见表1。

（李宇敏）

【持续优化董事会规范高效运行机制】 2021年12月31日，催化剂公司《落实董事会职权实施方案》得到集团公司批复，成为集团公司6家重要子企业中唯一一家落实“经理层成员选聘权”的试点企业。2021年，催化剂公司以落实董事会职权为工作契机，成立工作专班，明确主要措施，全力推动各项职权落实落地；不断健全法人治理结构，完善以公司章程为基础的治理“制度树”，建立完善决策授权机制，逐步优化规范高效的董事会运行机制，为全力提升催化剂公司决策运行效率、防控重大经营风险、提高治理水平、促进全面可持续发展发挥重要作用。2021年，催化剂公司共召开董事会专门委员会会议8次，审议议案14项，召开董事会会议5次，表决议案22项，实现董事会规范运行，科学高效决策。

（李宇敏）

【大力推动“科改示范行动”树标杆创示范】 2021年，催化剂公司深入推进“科改示范行动”，在完善公司治理体制机制、健全市场化选人用人机制、强化市场化激励约束机制、激发科技创新动能、推进各个专项改革等方面大胆探索、先行先试，开展一系列积极主动、富有成效的改革实践，率先实现管理人员任期制契约化及员工上岗协议两个全覆盖，建成1+4+2+2的“辐射式”自主创新平台架构，全面推进产供销专项改革，被纳入集团公司落实董事会职权6家重要子企业范围。企业改革活力、发展质量和生产经营业绩显著提升，向国务院国资委和集团公司党组交出一份优异答卷。催化剂公司改革经验做法入选国务院国资委国企改革三年行动简报和“科改示范行动”案例集，在集团公司改革大会上作交流。2021年11月，催化剂公司被国务院国有企业改革领导小组办公室评为“科改示范行动”标杆企业。

（李宇敏）

“科改示范行动”媒体通气会

【赢得“十四五”良好开局】 2021年，催化剂公司面对疫情反复冲击、原材料持续上涨等多重不利因素影响，坚定不移谋发展、力克时艰破难题，团结带领广大干部员工，坚持“稳中求进”工作总基调，聚焦提质增效，加快转型发展，全面推进安全环保、扩销拓市、科技创新、发展规划等各项工作，妥善应对危机，经受住了考验，“提质增效行动”79项措施增效2亿元，全年实现利润9亿元，超额完成总部下达目标，赢得“十四五”良好开局。

（李宇敏）

【筑牢安全环保防线】 2021年，催化剂公司结合特殊时期安全环保稳定工作，不断完善HSE体系建设和安全环保责任制，以“百日安全无事故”专项行动为主线，持续开展风险识别管控和隐患排查治理，形成高压态势压紧安全环保责任，为平安护航建党百年大庆筑牢安全防线。

（李宇敏）

【深化绿色企业行动】 2021年，催化剂公司持续深化绿色企业行动，加快建设淄博、镇江、茂名废剂处置基地，进一步规范固体废物收集、转运、贮存、处置环节，环保风险得到强力遏制。推进清洁生产，精准落实节能和碳资产管理多项举措，万元产值综合能耗下降 5%，碳排放总量下降 7.88%，在 2021 年度集团公司绿色企业复核中，催化剂公司被评为 A 档。

（李宇敏）

【狠抓拓销扩市】 2021 年，催化剂公司融入炼化产业结构调整，深入挖掘产业需要和客户需求，通过稳内拓外系列举措，市场份额实现较好提升，进一步巩固国内市场主导地位。持续做大海外市场，加氢剂、乙苯剂在多个国家地区取得“零”的突破，境外销量增长 15%，有力实现疫情挑战下境外市场逆市上扬。

（李宇敏）

【加快催化剂产品升级换代】 2021 年，催化剂公司紧跟炼化企业转型发展步伐，加快催化剂产品升级换代和产品推介，在配方优化、丙烯助剂、高端聚烯烃剂、浆态床渣油加氢剂等方面取得突出成效，极大助推炼化企业提质增效和产能提升。特别是新型脱烯烃催化剂在长岭炼化、金陵石化首次试用成功和大面积推广，产生显著的经济效益和社会效益，受到炼化企业的广泛好评。着眼进口剂替代，敢于同国外领先催化剂企业一较高下，圆满实现茂名石化、上海赛科公司、扬子石化等多个产品国产化，持续提升系统内市场国产化率，自有技术实现系统内全覆盖。

（李宇敏）

【加强自主创新平台建设】 2021 年，催化剂公司把强化自主创新能力作为企业高质量发展的关键环节，持续加强自主创新平台建设，初步建成 1 个工程技术研究院，长岭、齐鲁、上海、大连 4 个工程技术试验中心，2 个院士专家工作站，2 个博士后工作站的“辐射式”自主创新平台架构，为企业实现未来自主创新夯实根基。

（李宇敏）

【有效推进科研成果转化】 2021 年，催化剂公司深度参与集团公司“十条龙”重点攻关项目，“多产丙烯和低硫燃料油组分的催化裂化与加氢脱硫技术开发及工业应用”“中科 25/40 万吨 / 年 EO/EG 装置银催化剂国产化攻关”2 个项目顺利“出龙”。新型脱烯烃催化剂 TORH-1 在长岭炼化、金陵石化试用成功。与各研究院开展新产品放大实验，完成 YS-8840 低银含量催化剂、异构降凝催化剂、RAX-4500 型 PX 吸附剂等 20 余个新产品的转化，未来潜在收益非常可观。参与“SR-1000 重整催化剂的开发及工业应用”项目获集团公司科技进步奖一等奖，“汽油辛烷值桶催化裂化助剂的开发与应用”等 3 个项目获集团公司科技进步奖三等奖。全年申请专利 104 件，获专利授权 47 件。

（李宇敏）

【优化提升催化剂产能规模】 2021 年，催化剂公司主动适应炼化产业发展形势，汲取大连基地（一期）等国家优质工程项目建设经验，在打造高附加值、高性价比产品上持续发力，全面启动天津新材料生产基地聚烯烃和银催化剂项目前期建设，长岭高纯氢氧化铝、南京吸附剂、上海钛硅催化剂等一批建设项目高效推进，废剂回收领域按总部整体安排稳步推进，产能规模得到进一步优化提升。

（李宇敏）

【高质量推进党史学习教育】 2021 年，催化剂公司以庆祝建党 100 周年为主线，高质量推进党史学习教育，引领广大党员干部在百年党史中汲取智慧力量，形成学党史、悟思想、办实事、开新局的生动局面。全面深化政治建设，探索党建

"务实 创新 融合"有效载体，推动党建工作融入提质增效、市场攻坚、成本管控等各环节。扎实开展"我为群众办实事"系列活动，围绕"四个聚焦"制定重点任务清单，细化具体措施，系列办好事、办实事的暖心举措赢得广大员工的一致好评。

（李宇敏）

【持续构建"大监督"格局】 2021年，催化剂公司持续构建"大监督"格局，深化拓展党组巡视整改，高质量完成整改措施。深入开展党委巡察，对8家基层单位进行全方位、立体式的检查监督，有效促进基层党组织管党治党责任落实。对4家生产型单位实施经济责任审计及11项工程项目竣工决算审计，内控管理体系与风险管控体系建设效果明显，"大监督"作用有效提升。

（李宇敏）

【获多项国家、集团公司表彰】 2021年，催化剂公司多家单位和个人先后获中国石化化工提质增效优胜单位、中国石化优秀法律工作者、中国石化扶贫攻坚先进个人、财务管理先进集体和个人、优秀共产党员、党务工作者、先进基层党支部、先进基层示范点等多项荣誉。催化剂大连基地（一期）建设、云溪基地5万吨/年催化裂化催化剂联合生产装置建设项目获国家优质工程奖。新能源领域催化剂及功能材料制备工程技术创新团队获2021年度中国石化优秀创新团队称号。催化剂公司吴征劳模工作室、长岭分公司两剂联合车间劳模技师工作室被评为集团公司示范性职工创新工作室。1人获中国石化突出贡献专家称号，1人获闵恩泽青年科技人才奖称号。1人被聘任为集团公司技能大师，5人被评为中国石化首批特级技师，2人被评为中国石化技术能手。

（李宇敏）

表1　催化剂公司主要生产经营指标

指标名称 \ 年份	2021	2020	2019	2018	2017	2016
生产各类产品/万吨	19.70	18.30	20.40	18.20	19.80	17.90
销售各类产品/万吨	20.30	19.10	20.30	21.60	18.50	16.10
销售收入/亿元	89.80	87.40	87.50	79.50	64.20	59.40
资产总额/亿元	118.30	114.40	107.20	99.90	89.70	78.80

上海石油化工研究院

【概况】 中国石油化工股份有限公司上海石油化工研究院（简称上海石油化工研究院）位于上海市浦东新区，创建于1960年（时称上海市石油化学研究所），1984年转隶原中国石油化工总公司，1990年更为现名。2004年12月科技资源整合，上海石化科技开发公司催化剂业务整体并入上海石油化工研究院，2010年4月集团公司完善科技体制机制，在相关企业增设上海石油化工研究院南化分院、仪征分院、天津分院、巴陵分院和川维分院5家分院。主要从事有机原料（烯烃、芳烃及其大宗衍生物）、碳一化工、合成材料、油气助剂、精细化工等领域的技术创新与成果转化，研究领域涵盖当前石油化工及煤化工产业链的主体技术。有"基本有机原料催化剂国家工程研究中心""绿色化工与工业催化国家重点实验室"等国家级研发基地，建有甲醇转化技术等6个中国石化重点实验室，以及中国石化合成纤维加工应用中心（FTC）等技术创新平台；是全国化学标准化技术委员会石油化学分技术委员会的依托单位，有国家人社部博士后工作站。

截至 2021 年底，员工总数 750 人，其中具有高级职称以上的骨干 354 人。有中国工程院院士 2 人、中国科学院院士 1 人、享受国务院政府特殊津贴专家 38 人。累计获省部级及以上奖励 326 项，其中国家科技进步奖特等奖 1 项、一等奖 2 项、二等奖 10 项，国家技术发明奖二等奖 5 项，中国专利金奖 5 项，中国石化科技进步奖特等奖 3 项，科技进步奖、技术发明及前瞻性基础性研究科学奖等一等奖 37 项。累计申请中国专利 8 194 件、获授权 4 880 件，累计申请涉外专利 697 件、获授权 420 件。

2021 年度主要科研成果获奖情况和 2016—2021 年专利申请与获授权情况分别见表 1 和表 2。

（李宏旭）

【杨为民当选中国工程院院士】 2021 年 11 月 18 日，中国工程院公布第 15 次院士增选和第 14 次外籍院士增选名单，共选举产生 84 位院士和 20 位外籍院士。上海石油化工研究院院长、绿色化工与工业催化国家重点实验室主任杨为民当选中国工程院院士。

（李宏旭）

【烯烃裂解技术获《烃加工》最佳石油化工技术奖】 2021 年 10 月 28 日，上海石油化工研究院高收率烯烃催化裂解（S-OCC）技术获 2021 年度美国《烃加工》杂志最佳石油化工技术奖，这是中国石化技术首次获得这一国际奖项，标志着 S-OCC 技术受到全球石油化工领域同行的高度关注和充分认可。该技术是一种生产乙烯、丙烯等重要基础化学品的新工艺，可将石油炼制、煤化工等过程中副产的低价值烯烃高效转化，同时显著降低能耗和碳排放。OCC 系列成果获中国授权发明专利 82 件、美国授权发明专利 2 件，形成中国石化专有技术 1 项，相关技术获 2013 年度国家技术发明奖二等奖、2014 年第十六届中国专利金奖。

（李宏旭）

【合成型高温导热油技术实现工业转化】 2021 年 12 月 25 日，上海石油化工研究院首创的合成型高温导热油技术在荆门石化 1 万吨 / 年工业装置上投料开车一次成功，标志着中国石化在合成型高温导热油领域取得阶段性重要突破，迈出科技引领炼油“油转特”坚实的一步。高温导热油产品是重要的储能介质，长期被国外垄断。为实现中国石化自主合成型高温导热油生产技术突破，2020 年 5 月，上海石油化工研究院组建项目攻关团队；2020 年 11 月，小试技术通过总部评审；2021 年 5 月，完成全流程中试验证。该技术具有原料廉价易得、反应条件温和、能耗低和目标产物选择性高等优点。

（李宏旭）

【电子级碳酸乙烯酯工业试验项目通过技术鉴定】 2021 年 11 月 4 日，上海石油化工研究院“2 万吨 / 年电子级碳酸乙烯酯工业试验”项目通过中国石化组织的技术鉴定，成套技术达国际领先水平。该项目以纳米材料对有机聚合物催化剂进行结构增强，制备出性能优异的有机 / 无机复合材料催化剂；开发高气液通量的三相反应系统，实现二氧化碳与环氧乙烷的高效转化，整个反应系统温度均一，确保长周期运行的稳定性。该项目获中国专利授权 41 件，提交 PCT 专利申请 2 件。该技术于 2020 年 4 月首次许可山东石大胜华化工集团股份有限公司实施，同年 10 月建成 2 万吨 / 年工业装置，2021 年 9 月完成满负荷标定。标定结果表明，产品质量各项指标均达到或超过“HG/T 5391—2018 工业碳酸乙烯酯”电子级指标要求。

（李宏旭）

【SANC-11+ 改进型丙烯腈催化剂工业试验项目通过技术鉴定】 2021 年 6 月 24 日，上海石油化工研究院“SANC-11+ 改进型丙烯腈催化剂的工业试验”项目通过中国石化组织的技术鉴定，达国际领先水平。该项目创新性地将原位脉冲实验、原位 XRD 等表征手段结合，系统研究丙烯腈催化剂主要活性相的结构组成与氧化还原规律，通过优化组分和制备方法，开发新型高效的 SANC-11+ 改进型丙烯氨氧化制丙烯腈催化剂。在山东科鲁尔化学公司 13 万吨 / 年丙烯腈工业装置上进行工业试验，标定结果表明，该催化剂具有低温活性好、耐压性和稳定性好等特点。该项目申请中国发明专利 13 件，获授权 9 件。

（李宏旭）

【甲醇制芳烃（S-MTA）万吨级中试取得成功】 2021 年 8 月 22 日，上海石油化工研究院 3.6 万吨 / 年甲醇制芳烃（S-MTA）中试装置一次投料成功，完成 720 余小时连续稳定运行，攻克多项关键技术，技术指标达到国际领先水平。S-MTA 成套技术实现流化床 MTA 单元和固定床轻烃芳构化单元的高效集成，开发的 S-MTA 催化剂稳定性好、BTX 和 PX 选择性高，轻烃芳构化催化剂烷烃芳构化能力强。S-MTA 万吨级中试的成功为百万吨级 S-MTA 成套技术的开发和工程设计提供设计依据，为推动中国煤炭资源清洁利用、促进煤代油高效生产芳烃技术进步奠定基础。

（李宏旭）

甲醇制芳烃（S-MTA）中试装置

【基本有机原料催化剂国家工程研究中心纳入国家发改委首批新序列管理名单】 2021 年 8 月，国家发改委公布第一批 38 家纳入新序列管理的国家工程研究中心名单，依托上海石油化工研究院运行的“基本有机原料催化剂国家工程研究中心”在列。该中心于 1996 年获国家计划委员会批准建设，2001 年 12 月通过验收，经过 20 年的探索发展，形成较为完善的科研创新、工程放大、成果转化管理体制与机制，在重大科技项目攻关中发挥重要作用。

（李宏旭）

基本有机原料催化剂国家工程研究中心

【高强高模聚丙烯腈碳纤维新技术开发平台项目开工】 2021 年 9 月 10 日，高强高模聚丙烯腈碳纤维新技术开发平台项目厂房破土动工，装备建设工作同步开展。该项目由上海石油化工研究院负责建设，是为了解决国家亟需的“卡脖子”高端紧缺材料而建设的重大项目，投资近 1.2 亿元，建设周期 10 个月。

（李宏旭）

【科技类核心商业秘密全过程保密管理研究项目通过鉴定】 2021 年 6 月 2 日，由上海石油化工研究院牵头承担的“中国石化科技类核心商业秘密全过程保密管理研究”项目通过中国石化组织的鉴定。该项目面向中国石化科技类核心商业秘密项目强化全过程保密管理的迫切需求，广泛开展国内外商业秘密保护相关政策、法规与制度的调研分析，梳理科技类核心商业秘密在科研阶段、工程设计阶段、工业生产阶段和产品销售阶段的潜在泄密风险点，研究提出一整套保密管理体系和措施，形成《中国石化科技类核心商业秘密项目保密管理规定》，为实现中国石化科技类核心商业秘密保密管理的科学化、制度化、规范化发挥重要作用。

（李宏旭）

【上海石油化工研究院科研成果亮相国家“十三五”科技创新成就展】 2021 年 10 月 21—27 日，由科技部、国家发改委等共同主办的国家“十三五”科技创新成就展在北京举办，集中展示“十三五”以来中国深入实施创新驱动发展战略、建设创新型国家所取得的重大科技成果。上海石油化工研究院承担的国家重点研发计划项目“面向工业应用的高效分子筛催化材料高通量开发”以多种形式在高新技术展区展示。该项目结合基于反应关键描述因子的理论计算指导，优化高通量分子筛合成研究的流程，成功创制新型 MWW 结构超薄纳米片分子筛和新一代形貌择向的 MFI 结构纳米片分子筛催化材料，并实现工业化应用，整体技术达到国际领先水平。

（李宏旭）

表 1 上海石油化工研究院 2021 年度主要科研成果获奖情况

序号	项目名称	颁奖部门	获奖名称	获奖等级
1	绿色环保汽车轻量化材料技术开发与应用	集团公司	科技进步奖	特等奖
2	高端医用可降解材料聚乙醇酸的制备技术	集团公司	前瞻性基础性研究科学奖	一等奖
3	强化泡沫深部调堵体系研制与应用	集团公司	科技进步奖	二等奖
4	高端仿真毛皮用系列扁平腈纶关键技术开发及产业化	集团公司	科技进步奖	三等奖
5	中国石化科技类核心商业秘密全过程保密管理规定的制定及应用	集团公司	科技进步奖	三等奖
6	大型低能耗 S-AGR 酸性气体脱除技术开发及应用	中国化工学会	技术发明奖	一等奖

表 2 上海石油化工研究院 2016—2021 年专利申请与获授权情况 件

年份	中国专利		国外专利	
	申请数	获授权数	申请数	获授权数
2021	608	451	110	71
2020	581	514	93	57
2019	603	382	46	41
2018	567	403	45	41
2017	588	378	42	26
2016	600	379	44	26

炼化工程集团

【概况】 按照集团公司专业化重组的总体部署，中石化炼化工程（集团）股份有限公司（简称炼化工程集团，英文缩写 SEG）于 2012 年 8 月 28 日在北京注册成立，9 月 3 日举行揭牌仪式。2013 年 5 月 23 日在香港联合交易所挂牌上市，股票简称：中石化炼化工程，股票代码为 2386。

作为中国石化炼化工程领域唯一运营主体，炼化工程集团具备包括工程设计综合甲级资质、全国石油化工工程施工总承包特级等最高等级的业务资质。可以为海内外客户提供石油炼制、石油化工、芳烃、煤化工、无机化工、医药化工、清洁能源、储运设施、环保节能等行业的整体解决方案。炼化工程集团是能源化工行业全产业链、全生命周期综合服务商，可以提供包括工程咨询、技术许可、项目管理承包、协助融资、工程总承包以及设计、采购、施工安装、大型设备吊装和运输、预试车和开车等全产业链服务。

炼化工程集团境内有 12 家分（子）公司，分别为中国石化工程建设有限公司、中石化洛阳工程有限公司、中石化上海工程有限公司、中石化宁波工程有限公司、中石化南京工程有限公司、中石化第四建设有限公司、中石化第五建设有限公司、中石化第十建设有限公司、中石化重型起重运输工程有限责任公司、中石化节能技术服务有限公司、SEG 工程技术研发中心、信息中心。境外有 8 家直属机构。

截至 2021 年底，炼化工程集团合同制员工 16 973 人，其中两院院士 4 人、全国工程勘察设计大师 10 人、集团公司首席专家 2 人、集团公司高级专家 24 人、集团公司技能大师 3 人和 4 000 余名各专业注册类工程师。

2021 年，在美国《工程新闻记录》(ENR) 全球 250 强工程承包商排名中，炼化工程集团名列第 44 位，整体实力和品牌影响力持续提升。

（刘红叶）

【生产经营任务全面完成】 2021 年是炼化工程集团多项经营指标创历史新高、高质量发展迈上新台阶的一年。全年实现收入 577.60 亿元，净利润 21.30 亿元，多项指标均处历史高位，其中新签合同额和营业收入均创历史新高，全年完成 2.95 亿个连续安全人工时，安全、质量、环保零上报事故。

（刘红叶）

【全力保障集团公司重点工程项目顺利实施】 2021 年，炼化工程集团参建的集团公司重点工程项目均顺利推进，坚持安全生产常抓不懈，全面强化质量管理，安全生产总体平稳。重点项目高质量推进。全年在执行项目 1 423 个，新开工 1 101 个，中交 804 个；310 个现场作业项目，项目日均用工近 10 万人。日照国储基地快速实施，福建等商储基地群提前建成投用，为中国石化践行“保障国家能源安全”核心职责作出重要贡献。镇海基地一期、古雷炼化一体化项目全面建成投产，为集团公司向高端化工产品升级、打造“世界级高科技一体化”石化基地再立新功。茂名石化合成油、高端碳项目顺利开车，为集团公司加快构建“三新”产业格局贡献力量。在境外新冠肺炎疫情持续蔓延的情况下，干部员工坚守岗位、拼搏奉献，实现沙特空分项目高标准中交、合成氨改造项目一次开车成功。马来西亚 RAPID 项目全面做好变更、重建和开车准备，得到业主充分肯定。

（刘红叶）

海南炼化乙烯及炼油改扩建项目

镇海炼化乙烯扩建项目

山东 LNG 工程二期项目

【全面强化安全质量管理】 2021 年，炼化工程集团严格落实集团公司“总经理 2 号令”要求，落实重大风险承包责任，推进体系贯彻落实，夯实 QHSE 管理基础；全面强化安全风险防控，通过多种形式对重点项目以及 20 余个边远散小项目开展安全专项督查；采用柔性组织模式，推进“大兵团”作战，开展镇海基地项目安全质量督查，保障决胜“6·30”顺利实现；对产权场所、租赁场所的燃气、应急、消防等安全风险进行排查；

开展焊接质量飞行检查；以绿色企业创建为抓手，深入践行环保新理念，重点管控“三废”排放，全面完成年度目标。

（刘红叶）

【境内市场继续保持领先】 2021 年，炼化工程集团持续巩固传统业务领先优势，在“三新”业务领域接续发展动能。充分利用技术优势，做好新业务和传统业务的耦合，为可持续发展奠定坚实基础。发挥工程咨询业务优势，提前锁定重点项目，承担塔河乙烯、洛阳乙烯、贵州 PGA 等项目的前期拿总工作。锚定集团公司转型升级发展需要，签订天津南港乙烯、镇海基地二期、巴陵己内酰胺等一批重点项目合同。大力开拓系统外市场，赢得埃克森美孚惠州、华锦炼化一体化等项目合同，巩固市场优势。

（刘红叶）

【境外市场取得逆境突破】 2021 年，炼化工程集团中标乌兹别克斯坦 MTO 装置工艺包设计项目，实现中国石化自主研发、工程建设公司承担工艺包及工程转化的 SMTO 技术首次走出国门。俄罗斯 AGCC 聚乙烯设计采购和乙烯施工项目签约，为国际业务发展搭建新平台，为集团公司国际化经营提供重要支撑。

（刘红叶）

【持续加大技术攻关力度】 2021 年，炼化工程集团承揽的 38 个国家级课题、22 项“十条龙”攻关项目和 20 项集团公司重大专项进展顺利。“PAO 生产技术开发与工业应用”成功投产，填补国内低黏度全合成高品质润滑油技术空白。被誉为“用麦子做面包”的原油直接裂解制乙烯技术在天津石化工业试验成功，为“减油增化”和原油高效利用开辟新路径。“复杂原料百万吨级乙烯成套技术研发及工业应用”项目获国家科学技术进步奖一等奖，为中国石化践行“担当国家战略科技力量”核心职责作出重要贡献。

（刘红叶）

【加强“三新”领域技术布局】 2021 年，炼化工程集团加快氢能全产业链技术开发，承担集团公司氢气液化等 8 项氢能重大专项课题，初步形成氢能制取、储运及终端利用一体化研发布局，全球最大绿氢项目——库车光伏制氢进入工程实施阶段。持续拓展新材料领域技术开发，茂名石化聚烯烃弹性体中试装置开工建设，自主技术的天津石化 CHP 法环氧丙烷项目中交，上海石化低成本大丝束碳纤维、齐鲁石化特种橡胶等项目进展顺利，为炼化工程集团在新材料领域发展奠定坚实基础。

（刘红叶）

【推进数字工程技术深化应用】 2021 年，炼化工程集团落实“域长”负责制，炼化工程业务域顶层设计有序推进。集成化设计、数字化交付、一体化项目管理、可视化施工全面推进，“以目标为导向的智能综合管理体系构建与实施”项目获中国石化管理现代化创新成果一等奖。炼化工程集团在执行数字化交付项目近 30 个，工程数字孪生向智能工厂应用延伸取得新突破。

（刘红叶）

【科技创新成果丰硕】 2021 年，炼化工程集团专利数量和质量持续提升，专利结构不断优化，全年完成新专利申请 681 件，获授权专利 422 件，发明专利占比逐年稳步提高；全年新签技术许可合同 72 项，新签技术许可及技术研发合同金额 5.61 亿元，持续维持在高位，技术创新对炼化工程集团高质量发展的引领作用进一步彰显。

（刘红叶）

【改革管理向纵深发展】 2021 年，炼化工程集团稳步推进国企改革三年行动。全面贯彻“两个一以贯之”，在完善公司治理中全面加强党的领导，进一步推进董事会职权落实，董事会运行更加规范高效。完成董事会、监事会换届，集团公司 3 位外部董事为炼化工程集团的发展出谋划策，董事会的科学决策能力得到显著提升。经理层任期制和契约化管理全面实施。深入推进对标一流提升行动，工程建设公司被选树为集团公司标杆企业，广州工程公司配管室等 6 个基层单位被选树为标杆基层单位。全面总结炼化工程集团发展基础，深入分析发展环境，编制完成“十四五”发展规划。

体系建设全面提升管理效能。本部通过开展管理体系建设，形成过程模块24个，编制业务过程控制流程254个，制（修）订管理制度95个，对提升管理能力、厘清管理界面、明确工作流程和标准具有重大意义。体系建设中坚持党的领导，将“党的建设”模块置于管理体系最高层级，充分体现党对全公司、全业务、全过程的全面领导。

本部全面开展基于风险、以流程标准为基础、强化过程管控的管理体系建设，通过劳氏管理审核认证，成为集团公司第一家通过认证的专业公司。党建工作与体系建设深度融合，生产经营到哪里党建工作就延伸到哪里。全面承接集团公司HSE体系手册，全力推进QHSE管理系统化、规范化、科学化，管理基础不断夯实。

狠抓风险防控合规管理。深化合规管理体系建设，开展全员合规承诺签署活动。开展制度有效性评估，统筹推进“立改废”，提升制度执行力。全面推进风控内控合规管理一体化，连续3年开展内控制度执行有效性提升行动，有效落实重大经营风险管控，强化基于风险的过程管理，筑牢联防联控防线。持续深化业财深度融合的全面预算管理，实施会计信息质量提升专项行动。

（刘红叶）

【党建工作扎实推进】 党的政治建设不断加强。2021年，炼化工程集团各级党委始终把党的政治建设摆在首位，充分发挥“把方向、管大局、促落实”领导作用，严格落实“第一议题”制度，深入落实全国国企党建会精神“回头看”，融合落实“一岗双责”要求，领导干部带头宣讲六中全会精神，广大党员的政治意识、政治能力、政治担当持续提升。

干部人才队伍建设不断强化。各级党委持续加快建设高素质专业化干部队伍，加大年轻干部培养选拔力度，持续推动“三百三千”计划。扎实推进人才队伍建设，编制统一标准加强人才评价工作。

基层组织建设深度拓展。充分发挥基层党支部的战斗堡垒、党员的先锋模范作用，各级党委始终把“堡垒”建在科技创新、攻坚创效、深化改革、疫情防控的最前沿，党旗在一线高高飘扬，有力推进基层党建与中心工作深度融合。

宣传思想和群团工作持续发力。各级党委广泛开展庆祝建党百年系列活动，持续弘扬石油石化优良传统，不断加强意识形态、宣传思想、维稳、统战、工团等工作。深入推进“我为群众办实事”实践活动，取得显著成效。有效推进融合文化建设，深入总结“三百三千”锻炼成果，成功举办“融合的力量”演讲比赛，为炼化工程集团改革发展凝聚强大合力。

政治监督走深走实。将监督嵌入生产经营管理全流程，突出政治监督，做实日常监督，提升正风肃纪反腐效能。炼化工程集团党委全面开展巡察工作，促进管党治党责任有效压实。

（刘红叶）

工程建设公司

【概况】 中国石化工程建设有限公司（简称工程建设公司）前身成立于1953年，1983年并入中国石油化工总公司，1999年完成改革重组，2012年完成改制，启用现行名称。本部位于北京市朝阳区。经过近70年发展，工程建设公司已发展成为一家以工程设计为主体，可提供从工程研发、技术许可、工程咨询、工程设计、数字化工厂建设到工程总承包的一站式服务的工程公司，有工程设计综合甲级、工程咨询甲级、工程监理甲级等国家顶级资质证书，业务范围涵盖石油炼制、石油化工、煤炭清洁利用、天然气净化与液化、油品及天然气储运、生物能源、新能源等领域。截至2021年底，工程建设公司内设机构36个，其中职能管理部门10个、生产经营管理及支持部门15个、专业室11个、境内外分（子）公司8家。工程建设公司在职员工2 051人，其中中国工程院院士3人，全国工程勘察设计大师6人，石油和化工行业工程勘察设计大师9人，集团公司首席专家 1 人、高级专家 9 人，享受国务院政府特殊津贴人员 17 人，具有正高级职称的 168 人、高级职称的 1 400 余人。

69 年来，工程建设公司完成上百家企业 3 000 余套装置的工程咨询、工程设计和工程总承包，成为推动中国能源化工工业高质量发展的重要力量。2021 年，工程建设公司营业收入 156.65 亿元，利税 17.22 亿元，完成各类工程项目 443 项，其中总承包项目 21 项，41 套装置一次开车成功，完成咨询项目 314 项。全年获省部级以上科技奖励 23 项，管理现代化创新成果奖 3 项，获评集团公司质量、安全、财务、法治管理先进单位，“十三五”信息化先进单位。全年获专利授权 62 件，其中发明专利 43 件。工程建设公司共拥有有效专利 731 件、专有技术 298 项。

2021 年工程建设公司主要生产经营指标见表 1，开车及中交项目见表 2，获奖情况见表 3。

（门宽亮）

【领导班子调整】 2021 年 4 月，集团公司党组决定：贾益群任工程建设公司党委委员、总会计师，冯永生、尉雷任工程建设公司党委委员、副总经理。

（门宽亮）

【百万吨级乙烯成套技术获国家科学技术进步奖一等奖】 2021 年 11 月 3 日，2020 年度国家科学技术奖励大会在北京人民大会堂隆重举行。由工程建设公司牵头攻关完成的“复杂原料百万吨级乙烯成套技术研发及工业应用”项目获国家科技进步奖一等奖。该项目基于中国乙烯原料来源与结构，针对轻烃和石脑油等轻质原料、柴油和加氢尾油等重质原料及高含烯烃非常规原料等，研发复杂原料百万吨乙烯成套技术，总体处于国际领先水平。

（门宽亮）

【福建原油商业储备基地实现中交】 2021 年 6 月，由工程建设公司承担工程总承包的中国石化福建原油商业储备基地工程中交。该项目是福建省和中国石化重点建设项目，也是国家原油战略储备工程，工程建成后将进一步完善古雷石化园区的产业发展布局。

（崔丹玫）

【古雷炼化一体化项目一次开车成功】 2021 年 8 月，由工程建设公司总承包的福建漳州古雷炼化一体化项目 80 万吨 / 年蒸汽裂解装置、55 万吨 / 年裂解汽油加氢装置、13 万吨 / 年丁二烯抽提装置、35 万吨 / 年芳烃抽提装置先后一次开车成功。其中，80 万吨 / 年蒸汽裂解装置采用中国石化 CBL 裂解技术和前脱丙烷前加氢（LECT）分离技术。

（门宽亮）

古雷炼化一体化项目夜景

【中韩石化 2 套装置一次开车成功】 2021 年 9 月，由工程建设公司总承包的中韩石化乙烯脱瓶颈改造项目立体包装仓库和 30 万吨 / 年高密度聚乙烯（HDPE）装置先后一次开车成功。其中，新建的立体包装仓库可以存储 2 700 吨聚丙烯和聚乙烯颗粒料，年出货量 60 万吨，是国内出货量最高的单线智能立体包装仓库。

（门宽亮）

【3 座加氢站正式投运】 2021 年 9 月 9 日，由工程建设公司设计的北京庆园街加氢站、王泉营加氢站，以及河北崇礼西湾子加氢站正式投入运营，共同承担北京 2022 年冬奥会氢能保障工作。其中，庆园街加氢站和王泉营加氢站日供氢能力均为 1 500 千克，为延庆赛区氢燃料电池车提供加氢服务；西湾子加氢站成套设备采用集成化、模块化设计，日供氢能力 1 000 千克。

（门宽亮）

【国内首座“双泊位”LNG码头正式投用】 2021年12月29日，由工程建设公司总承包的天津LNG接收站主体工程——国内首座“双泊位”LNG码头正式投用。该接收站位于天津滨海新区南港工业园区，该次投用的2#泊位与一期工程建设的1#泊位互相配合，码头年接卸能力1 080万吨，成为国内首个超千万吨级接收站，有力保障华北地区群众温暖过冬。

（门宽亮）

天津LNG接收站

【泉州石化逆流连续重整装置一次开车成功】 2021年1月，由工程建设公司承担工艺包、工程设计及总承包建设的中化泉州石化有限公司260万吨/年逆流连续重整装置成功开车，标志着中国石化自主研发的逆流移动床连续重整大型化系列技术开发成功。

（崔丹玫）

【宁波华泰乙烯装置一次开车成功】 2021年4月，由工程建设公司负责工程设计的宁波华泰盛富聚合材料有限公司60万吨/年乙丙烷脱氢装置（轻烃裂解制乙烯装置）一次开车成功。该装置为国内首套采用国产化技术的轻烃裂解装置，也是针对乙烷丙烷裂解原料的前脱乙烷前加氢工艺流程的首次工业应用。

（崔丹玫）

【神木富油环烷基油加氢装置一次开车成功】 2021年4月，神木富油50万吨/年环烷基油加氢装置一次开车成功。该装置是全球首套以煤焦油为原料，生产润滑油基础油产品的装置，开创煤基环烷基油润滑油新路径。

（崔丹玫）

【中标乌兹别克斯坦MTO装置专利商】 2021年2月4日，由工程建设公司参与开发的中国石化甲醇制烯烃（S-MTO）成套技术成功中标乌兹别克斯坦吉扎克石油公司天然气综合体项目，工程建设公司成为MTO装置专利商。该技术是以甲醇为原料制取乙烯和丙烯等重要有机化工原料的碳一化工技术，开拓从非常规石油资源制取化工产品的一条新工艺路线。

（门宽亮）

【碳中和绿色技术联合研发中心成立】 2021年3月，工程建设公司与中国科学院过程工程研究所、燕山石化共同创立碳中和绿色技术联合研发中心。中心将通过助推科技成果转化规模应用及人才和平台共享，形成国际一流的碳中和研发中心，建成具有国际影响的绿色低碳产业示范园区，为国家碳达峰碳中和目标实现提供技术支撑。

（崔丹玫）

【绿电制氢装置优化模型软件开发成功】 2021年5月，由工程建设公司主导开发的绿电制氢装置优化模型软件开发成功。截至2021年底，国内外尚无经过实证检验的绿电制氢配置优化模型软件，该优化软件的开发成功，实现公司优化软件的重大突破。

（崔丹玫）

【首获国际最佳石油化工技术奖】 2021年11月，工程建设公司参与攻关的高收率烯烃催化裂解技术获2021年度美国《烃加工》杂志最佳石油化工技术奖。该技术是一种生产乙烯、丙烯等高价值化学品的新工艺，可将石油炼制、煤化工等过程中副产的低价值烯烃高效转化，从而大幅增加乙烯、丙烯等高价值化学品产量，同时显著降低能耗和碳排放。

（崔丹玫）

【大型丙烯进料泵实现国产化】 2021年4月18日，由工程建设公司牵头组织的“聚丙烯装置大型丙烯进料泵国产化研发”课题取得重大突破，研制的丙烯进料泵在天津分公司20万吨/年聚丙烯装置现场成功投入运行，至此中国突破大流量、立式高速泵整体设计及制造技术，打破国外垄断。

（崔丹玫）

【王振维获中国石化科技创新功勋奖】 2021 年 1 月 13 日，中国石化表彰 2021 年度科技创新功勋奖获奖者，来自工程建设公司的王振维获此殊荣。王振维是中国石化高级专家，长期从事乙烯生产技术开发与设计工作，牵头负责或参加国家和中国石化开发课题 31 项，包括国家级 2 项，主持和参加 23 套次烯烃生产装置的设计及开车指导。

（门宽亮）

【获工程咨询资信甲级证书】 2021 年 1 月 21 日，中国工程咨询协会公布 2021 年符合甲级资信评价标准的工程咨询单位名单，工程建设公司获石化、化工、医药，石油天然气，建筑，生态建设和环境工程 4 个专业的甲级资信证书。

（门宽亮）

【获多项工程咨询成果奖】 2021 年 3 月，中国工程咨询协会公布 2020 年度工程咨询成果奖获奖名单，工程建设公司获多项荣誉。其中，石化工程整体化管理与实践、安庆分公司炼油转化工结构调整项目获一等奖；海南炼化 100 万吨 / 年乙烯及炼油改扩建工程项目获二等奖；茂名 40 万吨 / 年粗裂解气制乙苯 / 苯乙烯项目获三等奖。

（崔丹玫）

【《汽车加油加气加氢站技术标准》正式发布】 2021 年 6 月，由工程建设公司主编的国家标准《汽车加油加气加氢站技术标准》（GB 50156—2021）正式发布，为保证加油站、加气站、油气氢合建站安全运行发挥指导作用。

（崔丹玫）

【发布新版《HSE 管理手册》】 2021 年 8 月 30 日，工程建设公司新版《HSE 管理手册》正式发布。《HSE 管理手册》明确工程建设公司 QHSE 方针、目标、承诺、理念、禁令、保命条款及持续改进的 PDCA 管理模式，规范要素管理职责和要求，由 6 个一级要素和 35 个二级要素组成，体现工程建设公司全面加强风险识别和过程管控的新思路新举措。

（门宽亮）

【重组成立企改和法律部】 2021 年 11 月 28 日，工程建设公司决定，整合企业改革管理部和法律部职能，成立企改和法律部，统筹负责改革管理、风控内控、法律事务和制度流程建设，促进工程建设公司依法合规经营。

（门宽亮）

【举办百年党史创意画卷活动】 2021 年 4 月，工程建设公司团委举办“学党史、强信念、跟党走”绘就党的百年光辉历程创意画卷活动。活动选取南昌起义、抗日战争、“我为祖国献石油”、党的十九大、全面小康等 27 个党史主题，组织 150 余名青年党团员，用 10 万余枚多米诺骨牌共同完成党的百年光辉历程创意画卷。

（门宽亮）

绘就党的百年光辉历程创意画卷活动

表 1　工程建设公司主要生产经营指标

指标名称 \ 年份	2021	2020	2019	2018	2017	2016
资产总值 / 亿元	209.21	193.62	164.09	179.78	133.56	138.04
设计投资额 / 亿元	358.28	328.49	322.05	340.15	296.94	291.94
主营业务收入 / 亿元	156.65	134.31	125.45	120.03	101.72	111.65

续表

年份 指标名称	2021	2020	2019	2018	2017	2016
利税总额 / 亿元	17.22	16.32	16.61	21.10	13.17	16.43
承接合同数量 / 项	286	192	217	186	188	294
获授权专利数量 / 件	62	65	69	56	64	63

表 2　2021 年工程建设公司开车及中交项目情况

序号	项目名称	开车日期（中交日期）	备 注
1	黑龙江龙油石化公司 230 万吨 / 年催化热裂解（DCC-PLUS）装置	1 月 2 日	
2	中沙石化 130 万吨 / 年乙烯改造项目新增的乙烯裂解炉（BA-112）	1 月 12 日	
3	陕西神木富油 7.5 万米 ^{3}（标准）/ 时制氢装置	1 月 20 日	
4	黑龙江龙油石化公司 160 万吨 / 年柴油加氢装置	1 月 25 日	
5	黑龙江龙油石化公司 60 万吨 / 年裂解汽油加氢装置	1 月 27 日	
6	福建美得石化 66 万吨 / 年丙烷脱氢装置	1 月 29 日	
7	陕西神木富油 50 万吨 / 年煤焦油全馏分加氢装置	2 月 6 日	
8	中韩石化乙烯脱瓶颈改造项目 110 万吨 / 年乙烯装置改造 H-010 裂解炉	3 月 19 日	EPC
9	元坝净化厂产品气气质达标项目	3 月 19 日	EPC
10	中韩石化乙烯脱瓶颈改造项目新建 30 万吨 / 年 PP 装置	3 月 26 日	EPC
11	宁波华泰 70 万吨 / 年轻烃利用项目	4 月 28 日	
12	天津石化 20 万吨 / 年聚丙烯项目	4 月 18 日	
13	陕西神木富油 50 万吨 / 年环烷基油加氢装置	4 月 30 日	
14	黑龙江龙油石化公司 45 万吨 / 年轻烃裂解装置	5 月 8 日	
15	黑龙江龙油石化公司 200 万吨 / 年加氢处理装置	5 月 12 日	
16	上海石化 2# 吸附分离装置吸附塔内件及控制系统适应性改造	6 月	
17	上海石化 2# 裂解汽油加氢装置节能改造项目	6 月 16 日	
18	上海石化 2# 裂解汽油加氢装置节能改造项目	6 月 19 日	
19	福建原油商业储备基地工程项目	6 月 28 日	中交日期 EPC
20	镇海炼化扩建 1500 万吨 / 年炼油 120 万吨 / 年乙烯项目 27.4/60.2 万吨 / 年 PO/SM 装置	6 月 30 日	中交日期 EPC
21	镇海炼化扩建 1500 万吨 / 年炼油 120 万吨 / 年乙烯项目 120 万吨 / 年乙烯装置	6 月 30 日	中交日期 EPC
22	镇海炼化扩建 1500 万吨 / 年炼油 120 万吨 / 年乙烯项目 60 万吨 / 年裂解汽油加氢装置	6 月 30 日	中交日期 EPC
23	镇海炼化扩建 1500 万吨 / 年炼油 120 万吨 / 年乙烯项目 16 万吨 / 年丁二烯抽提装置	6 月 30 日	中交日期 EPC

续表

序号	项目名称	开车日期（中交日期）	备 注
24	镇海炼化扩建 1 500 万吨 / 年炼油 120 万吨 / 年乙烯项目生产辅助设施及配套系统（二）	6 月 30 日	中交日期 EPC
25	镇海炼化扩建 1 500 万吨 / 年炼油 120 万吨 / 年乙烯项目 30 万吨 / 年淤浆法高密度聚乙烯装置	6 月 30 日	中交日期 EPC
26	古雷炼化一体化项目百万吨级乙烯及下游深加工装置公用工程及辅助设施	6—8 月	EPC
27	福建联合石化油品质量升级项目 30 万吨 / 年烷基化装置及配套废酸再生装置	7—8 月	
28	茂名分公司 10 万吨 / 年高端碳材料联合装置	8 月 4 日	
29	古雷炼化一体化项目百万吨级乙烯及下游深加工装置 80 万吨 / 年乙烯蒸汽裂解装置	8 月 18 日	EPC
30	古雷炼化一体化项目百万吨级乙烯及下游深加工装置 55 万吨 / 年裂解汽油加氢装置	8 月 22 日	EPC
31	古雷炼化一体化项目百万吨级乙烯及下游深加工装置 13 万吨 / 年丁二烯抽提装置	8 月 24 日	EPC
32	古雷炼化一体化项目百万吨级乙烯及下游深加工装置 35 万吨 / 年芳烃抽提装置	8 月 29 日	EPC
33	北京庆园街加氢站	9 月 9 日	
34	北京王泉营加氢站	9 月 9 日	
35	河北崇礼西湾子加氢站	9 月 9 日	
36	中韩石化乙烯脱瓶颈改造项目新建立体包装仓库	9 月 13 日	EPC
37	燕山分公司 45 万吨 / 年润滑油加氢装置	9 月 15 日	
38	中韩石化乙烯脱瓶颈改造项目 30 万吨 / 年高密度聚乙烯（HDPE）装置	9 月 28 日	EPC
39	中国石化山东液化天然气（LNG）项目二期工程	10 月	EPC
40	茂名分公司 1.2 万吨 / 年合成润滑油基础油项目（PAO）装置	11 月	
41	镇海炼化扩建 1 500 万吨 / 年炼油 120 万吨 / 年乙烯项目 PO/SM 项目环保设施及中间罐区等	11 月 15 日	EPC
42	天津石化 160 万方商业原油储备库项目	11 月 19 日	EPC
43	镇海炼化 1 500 万吨 / 年炼油 120 万吨 / 年乙烯项目污水处理场	11 月 29 日	
44	中沙石化 26 万吨 / 年聚碳酸酯项目	12 月 1 日	EPC
45	福建联合石化 EOEG 脱瓶颈改造项目	12 月 7 日	
46	烟台万华化学集团股份有限公司 PO/SM 装置及配套项目	12 月 20 日	
47	镇海炼化扩建 1 500 万吨 / 年炼油 120 万吨 / 年乙烯项目 30 万吨 / 年气相法高密度聚乙烯装置	12 月 25 日	EPC
48	镇海炼化扩建 1 500 万吨 / 年炼油 120 万吨 / 年乙烯项目 66.8 万吨 / 年乙苯装置	12 月 26 日	EPC

表 3 2021 年工程建设公司获奖情况

序号	项目名称	获奖名称	获奖等级
1	复杂原料百万吨级乙烯成套技术研发及工业应用	国家科学技术进步奖	国家一等
2	中安联合煤化有限责任公司煤制 170 万吨 / 年甲醇及转化烯烃项目	国家优质工程奖	国家金奖
3	化工设备关键部件腐蚀损伤控制技术	中国化工学会科技进步奖	省部一等
4	多产烯烃和芳烃的炼化耦合绿色新工艺开发与应用	中国石油和化学工业联合会科技进步奖	省部一等
5	我国车用汽油质量标准升级换代及相关核心技术的研发与应用	中国石油和化学工业联合会科技进步奖	省部一等
6	20 万吨 / 年精环氧乙烷成套技术开发及工业应用	集团公司科技进步奖	省部一等
7	重油高效催化裂化（RTC）技术研发与应用	集团公司科技进步奖	省部一等
8	煤化工高盐废水零排放与资源化利用成套技术	集团公司科技进步奖	省部一等
9	支撑中国石油汽油质量持续升级的关键技术路线创建和核心技术开发	集团公司科技进步奖	省部一等
10	面向严苛环境不锈钢表面超高性能腐蚀抗焦关键技术及产业化	中国腐蚀与防护学会科学技术奖	省部一等
11	《轻烃加工工艺与工程》	中国石油和化学工业优秀出版物奖·图书奖	省部一等
12	《石油化工自动控制设计手册（第四版）》	中国石油和化学工业优秀出版物奖·图书奖	省部一等
13	高含硫天然气安全环保高效净化处理成套技术开发与应用	四川省科学技术进步奖	省部二等
14	严苛环境下高合金材料与核心设备关键技术研发及工业应用	中国石油和化学工业联合会科学技术奖	省部二等
15	重整生成油分壁塔技术开发与工业应用	集团公司科技进步奖	省部二等
16	高含硫天然气净化装置主吸收塔检测评价与修复技术研究	集团公司科技进步奖	省部二等
17	车用高性能聚丙烯树脂开发	集团公司科技进步奖	省部三等
18	《石油化工可燃气体和有毒气体检测报警设计标准》	中国工程建设标准化协会标准科技创新奖	省部三等
19	海南炼油化工有限公司第二套对二甲苯装置及配套工程	集团公司优质工程奖	
20	北京燕山分公司连续重整联合装置油品升级改造项目	集团公司优质工程奖	
21	280 万吨 / 年重油催化裂化装置及系统配套改造	集团公司优质工程奖	
22	一种液化天然气蒸发气再冷凝系统及方法	中国专利优秀奖	
23	一种多管程裂解炉	石油和化工行业专利奖	
24	以目标为导向的智能综合管理体系的构建与实施	中国石化管理现代化创新成果奖	省部一等
25	新时代国有工程建设企业财务责任体系的构建与实施	中国石化管理现代化创新成果奖	省部二等
26	劳动定员“两化”体系在大型工程总承包项目中的构建与实施	中国石化管理现代化创新成果奖	省部二等

广州（洛阳）工程公司

【概况】 中石化广州（洛阳）工程有限公司［简称广州（洛阳）工程公司］是炼化工程集团全资子公司，前身是石油工业部抚顺设计院，成立于1956年10月；是国内能源化工领域集技术专利商与工程承包商为一体的高新技术企业，是国家级企业技术中心；有国家工程设计综合甲级资质，有工程总承包、工程设计、工程监理、工程咨询和环境影响评价等甲级资格证书。2012年，根据集团公司华南战略布局需要和炼化工程板块重组改制要求，成立中石化广州工程有限公司，与中石化洛阳工程有限公司实行一体化管理。2021年9月，中石化洛阳工程有限公司综合甲级设计资质转移至中石化广州工程有限公司。

截至2021年底，广州（洛阳）工程公司建立精干高效、运转协调的组织机构体系，设运营管理部门、项目执行部门和设计专业室共31个部门，各部门管理层次清晰、管理幅度适中，为公司的运营发展提供有效的组织保障。有在册职工1 723人，有中国炼油催化裂化工程技术的奠基人、中国科学院院士陈俊武和4名国家设计大师、8名石油化工行业设计大师，享受国务院政府特殊津贴专家24人，有突出贡献的科技和管理专家25人；正高级（教授级）专业技术人员69人、高级专业技术人员1 032人、各类注册工程师520余人。

广州（洛阳）工程公司在石油炼制、石油化工、油气储运、煤化工、煤制油、新能源、液化天然气（LNG）、医药和化工等多个领域形成独具特色的工程技术优势和工程承包能力，创造多项“共和国第一”“世界第一”。累计完成国内大中型工程建设项目5 000余项，市场份额约占全国炼油工程设计市场的半壁江山；完成海外设计、采购、总承包项目近百项，业绩遍及亚洲、欧洲、美洲、非洲诸多地区，海外营业收入占比30%以上。连续多年荣登中国工程设计企业60强榜单，先后获国家级优秀设计奖25项、省部级优秀设计奖125项，获国家级优质工程奖16项、省部级优质工程奖49项，全国优秀总承包项目金、银钥匙奖9项。

广州（洛阳）工程公司承担完成流化催化裂化、渣油加氢处理、超低压连续重整、重油催化裂化、干气制乙苯、甲醇制低碳烯烃（DMTO）、柴油液相加氢、新型硫酸法烷基化、安全环保型延迟焦化密闭除焦输送及存储成套技术、移动床芳构化等国家和集团公司的科技攻关课题450余项，累计获国家级科技进步奖和发明奖55项，省部级科技进步奖和发明奖348项，国家有效授权专利910件。

广州（洛阳）工程公司主要生产经营指标和2021年建成及中交及投产工程项目见表1和表2。

（郭　晓）

【优化调整组织机构】 2021年3月，广州（洛阳）工程公司成立综合保障部下属3个基层机构，按照“一人多岗、一岗多能”原则完成定岗定员，提升保障工作效率。10月，合并重组党委组织部、人力资源部，成立党委组织部（人力资源部），强化党管人才职能，充分发挥党委全面领导作用。

（郭　晓）

【转型发展蹄疾步稳】 2021年，广州（洛阳）工程公司承接全球在建的最大光伏绿氢生产项目——新疆库车绿氢示范项目，展示从光伏发电、输变电、制氢、储氢到输氢的全过程项目设计及建设能力；承揽丙烷脱氢、苯乙烯等多项化工新材料项目，在高端咨询和数字化交付等新业务领域取得重大突破，迈出转型发展的关键步伐。

（郭　晓）

【新技术攻关取得进展】 2021年，广州（洛阳）工程公司加强技术寻源，全年签订技术（战略）合作协议26项，针对重大科研课题实行“揭榜挂帅”，氢能产业链多方布点占位，集团公司氢能重大专项11个子课题中广州（洛阳）工程公司承担6项，取得先发优势；“多产丙烯和低硫燃料油组分的催化裂化与加氢脱硫技术开发与工业应用”

顺利“出龙”，“移动床丙烷脱氢”等3个项目获准“入龙”，炼油化工新技术开发取得重大进展；与中国科学院等科研单位及高校共同开发“油转化”、高端化工新材料、CCUS、储氢、储能、节能环保等新技术。

（郭　晓）

【“市场根据地打造工程”成效凸显】 2021年，广州（洛阳）工程公司以服务集团公司“4+2”世界级炼化基地建设为中心，坚持靶向发力，打造镇海、湛江、茂名等市场根据地，并以此争取到项目79个，合同额65.13亿元，占全年境内新签合同额的60%，市场开拓成效显著。

（郭　晓）

【境外市场开拓取得突破】 2021年，广州（洛阳）工程公司强化与境内外合作伙伴交流，盯紧目标客户，联合跟踪项目，全年完成境外投标报价项目20个，中标智利FMTG、阿尔及利亚LNG和恒逸文莱一期工艺装置等项目，合同额1.91亿美元，在新冠肺炎疫情全球蔓延的情况下实现境外市场新突破。

（郭　晓）

【四大商储基地项目全面建成投产】 2021年，广州（洛阳）工程公司充分依托项目集中管控、数字化交付平台，提升项目统筹协调和成本管控水平，实现湛江、库车、岳阳、洛阳四大商储基地项目全面建成投产，为集团公司扛稳“保障国家能源安全”责任再立新功。

（郭　晓）

湛江原油商储项目正式投入商业运营

【镇海炼化400万吨/年加氢裂化装置投料试车成功】 2021年11月20日，由广州（洛阳）工程公司EPC总承包建设的镇海炼化炼油老区乙烯原料适应性改造项目400万吨/年加氢裂化装置投料试车成功。该装置是国内单系列最大的加氢裂化装置，于2020年2月29日开工，2021年9月30日中交，采用中国石化自主知识产权的加氢裂化成套工艺技术，原料中柴油掺炼比例高达37.5%，主要产品包括轻石脑油、重石脑油、航空煤油等。装置投产后，可为乙烯装置提供优质石脑油原料，有效降低柴汽比。

（郭　晓）

镇海炼化400万吨/年加氢裂化装置全景

【智利FMTG项目合同顺利签约】 2021年3月26日，广州（洛阳）工程公司与炼化工程集团研发中心、智利HIF、保时捷、西门子、埃克森美孚等公司举行智利FMTG项目线上签约仪式。该项目是碳中和领域的创新环保项目，计划采用风能发电、电解水制氢、二氧化碳捕集、二氧化碳加氢制粗甲醇、粗甲醇精制、甲醇制汽油、汽油分馏及重汽油加氢的流程生产高品质绿色汽油，是广州（洛阳）工程公司参与研发的MTG技术在海外首次工业应用。

（郭　晓）

【第三代大型加氢反应器内件工业应用获得成功】 2021年，广州（洛阳）工程公司自主开发的“第三代大型加氢反应器内件”，在中科炼化440万吨/年固定床渣油加氢、200万吨/年柴油加氢精制装置生产中历经6个月工业应用后运行平稳，反应器径向温差均小于3℃，床层压降等各项技术指标均达到或优于设计值，工业应用获得成功。该技术与国外同类技术对比，床层径向温差相当，空间占有率降低2%—5%，投资可节省30%以上。

（郭　晓）

【北海炼化结构调整项目 120 万吨 / 年催化裂化装置一次开车投产成功】 2021 年 8 月 7 日 15 时 36 分，广州（洛阳）工程公司承担的北海炼化结构调整项目 120 万吨 / 年催化裂化装置一次喷油成功，全流程打通，23 时 28 分产品全部合格，实现装置一次开车成功。

（郭 晓）

【第十三次党代会胜利召开】 2021 年 8 月 26—27 日，中国共产党中石化洛阳工程有限公司第十三次代表大会胜利召开。院士陈俊武等 107 名正式代表参加会议。会议听取并审议通过中石化洛阳工程有限公司党委工作报告和纪委工作报告，选举产生新一届党委委员和纪委委员。

（郭 晓）

【“时代楷模”陈俊武陈列室被授予洛阳市青少年爱国主义教育示范基地】 2021 年，在洛阳市关工委举办的“青少年爱国主义教育示范基地”授牌仪式上，榜样的力量——“时代楷模”陈俊武陈列室被洛阳市关心下一代工作委员会授予洛阳市青少年爱国主义教育示范基地。广州（洛阳）工程公司将以授牌为契机，强化陈列室管理，将石油石化传统教育与爱国主义教育相结合，擦亮“时代楷模”品牌，着力引导青少年爱国、奋斗、奉献，做有理想、有责任、有担当的时代新人。

（郭 晓）

【庆祝建党一百周年系列活动成功举办】 2021 年是中国共产党成立 100 周年。广州（洛阳）工程公司围绕庆祝建党 100 周年开展系列庆祝活动：组织“我的入党故事”主题征文及短视频大赛，汇编出版《我心向党 强企有我——庆祝建党 100 周年暨公司成立 65 周年纪念文集》；创新开展“十百千”特色党史学习教育专项活动，启动红色班列，1 500 人参观红色教育基地，近 300 名领导干部讲党课，700 余名党员讲述入党故事；举办红色经典诵读、主题演讲比赛、书法绘画摄影作品展、篮球足球赛等形式多样的文体活动，引导全体员工同心向党、爱党奉献。

（郭 晓）

【开展“辉煌 65 启航新征程”院庆系列活动】 2021 年是广州（洛阳）工程公司成立 65 周年。为进一步振奋士气、凝聚力量，广州（洛阳）工程公司开展“辉煌 65 启航新征程”院庆系列活动：成功打造“时代楷模”陈俊武陈列室，为深入学习陈俊武精神为代表的石油精神、石化传统赋予有形载体；围绕“十三五”成就编撰近 5 年公司《大事记》，开展《我和我的公司》征文，发布新版《公司宣传画册》，全面建成多媒体展厅，回顾公司发展历程，凝聚员工爱企情怀；召开《炼油技术与工程》创刊 50 周年座谈会、MTO 及其下游产业链绿色发展联盟成立大会，开展新技术及项目交流等，为新形势下推动能源化工行业未来发展凝聚共识；10 月 16 日，召开庆祝公司成立 65 周年座谈会和职工文艺汇演，凝聚“向心力”，画好“同心圆”，展望广州（洛阳）工程公司美好明天。

（郭 晓）

“时代楷模”陈俊武陈列室

表 1　广州（洛阳）工程公司主要生产经营指标　亿元

年份 / 指标名称	2021	2020	2019	2018	2017	2016
资产总值	99.70	103.20	110.80	123.30	99.21	94.44

续表

指标名称 \ 年份	2021	2020	2019	2018	2017	2016
工程设计投资	438.87	477.90	472.30	489.70	418.80	315.90
EPC 工程建设投资	78.73	103.50	126.90	113.90	65.40	60.30
主营业务收入	97.10	109.50	123.10	107.10	76.74	65.22
实现利税	11.10	8.10	12.40	13.02	7.85	3.30
获授权专利数量 / 件	58	58	39	68	92	153

表 2　　广州（洛阳）工程公司 2021 年主要中交及投产工程项目

序号	项目名称	中交、投产日期
一	EPC 项目	
1	湛江原油商储基地工程项目	1 月 27 日投产
2	扬子石化密闭除焦项目	6 月 2 日投产
3	洛阳原油商储基地工程项目	7 月 30 日投产
4	岳阳原油商储基地工程项目	7 月 31 日投产
5	北海炼化结构调整项目	8 月 7 日投产
6	天津石化高纯氢燃料电池项目	9 月 2 日投产
7	镇海炼化加氢裂化工程项目	11 月 20 日投产
8	古雷石化码头液化烃库区项目	12 月 10 日投产
9	镇海轻烃基地项目	9 月 30 日中交
10	湖北荆州油库迁建工程项目	10 月 30 日中交
11	中科炼化新建船燃项目	10 月 30 日中交
二	设计项目	
1	浙江石化 4 000 万吨 / 年炼化一体化项目二期工程	7 月 28 日投产
2	茂名石化 2# 催化防结焦改造	1 月 15 日投产
3	陕西精益化工有限公司煤焦油深加工多联产综合利用项目	5 月 20 日投产
4	中国石油大港石化制氢装置换热流程优化改造项目制氢装置	5 月 28 日投产
5	山东润泽化工有限公司 100 万吨连续重整装置	8 月 15 日投产

上海工程公司

【概况】 中石化上海工程有限公司（简称上海工程公司）是炼化工程集团全资子公司，坐落于上海市浦东新区张杨路 769 号，位于中国（上海）自由贸易试验区内。上海工程公司前身是上海医药工业设计院，成立于 1953 年，是国内最早从事石油化工、医药、化工工程设计和工程总承包的大型综合性工程公司之一。曾先后归属轻工业部、化工部、国家医药管理总局领导，2000 年 12 月整体划归集团公司。2002 年 6 月，按照集团公司结构调整、专业化重组的部署，以上海医药工业设计院为核心，联合中石化上海金山工程公司和上海高桥石化设计院进行重组，并于 2003 年 4 月更名为中国石化集团上海工程有限公司。2012 年，按照集团公司炼化工程板块重组上市部署，更名为中石化上海工程有限公司。

上海工程公司是国内首批获得住建部颁发的“工程设计综合甲级资质”证书的单位之一，完成一批作为中国“第一”的石化、化工、医药、环保等领域的开创性装置、项目。上海工程公司主要业务领域分为三大类，即石化、化纤、炼油化工等；医药化工和生物能源化工等；环保、电子、轻纺食品、天然气储运工程等。上海工程公司重组以来，连年名列全国工程勘察设计、工程项目管理、工程总承包企业营业额百强前列。

截至 2021 年底，上海工程公司有在岗员工 1 148 人，从事工程设计和服务的工程技术人员占 91%；有国家级设计大师 3 名、石油和化工行业工程勘察设计大师 10 名，具有高、中级职称人员 751 人，各类职业资格人员 300 余人。

上海工程公司主要生产经营指标及 2021 年完成的主要项目分别见表 1 和表 2。

（陈　儒）

【领导班子调整】 2021 年，集团公司党组对上海工程公司领导班子进行调整：1 月 4 日，邵以华不再担任上海工程公司党委委员、副总经理职务，任二级协理员。1 月 29 日，华新不再担任上海工程公司党委委员、总会计师职务，任二级协理员。4 月 12 日，夏士东任上海工程公司党委委员、总会计师。

（陈　儒）

【优化调整组织机构】 2021 年，上海工程公司落实深化国企改革三年行动，完成三轮组织机构改革，成立前期工作部，组建施工管理部、法律和企改部、党委组织部（人力资源部）、党群工作部，将党委办公室职能调整至综合管理部，调整技术管理部、质量安全部、市场部、项目管理部、施工管理部、采购部、工程造价室有关职能，撤销党委工作部、群众工作部、联合中心站。优化调整后，上海工程公司部门数量由原来的 25 个压减至 23 个。

（陈　儒）

【市场开发成效显著】 2021 年，上海工程公司深植“以客户为中心”理念，在传统石油化工及医药化工、新能源及新材料两个领域上发力，加强项目客户走访和前期服务，主动为客户打造“上海工程整体解决方案”，着力延长产业链、业务链。全年新签合同额 60.15 亿元，新签境内合同额、系统外合同额、设计服务合同额、医药板块合同额均创历史新高，超额完成年度市场开发目标。

（陈　儒）

【全年完成各类项目 217 项】 2021 年，上海工程公司完成各类项目 217 项。落实国储项目建设，为保障国家能源安全贡献力量；镇海炼化 EO/EG、洛阳石化苯乙烯、天津石化 CHPPO、中科炼化一体化 EVA 等项目实现中交；扬子石化 EVA、川维化工公司 VAE 乳液、古雷炼化一体化 EO/EG 和苯乙烯、中沙石化聚碳酸酯 BPA、沙特 SABIC 空分、茂名低温余热利用项目成功投产；上海石化大丝束碳纤维、北京化工研究院 VD21 等“卡脖子”技术攻关项目及海南炼化 EO/EG 和冷罐及 PP、贵州能化 PGA、南化公司和巴陵石化己内酰胺、浦东科研信息办公综合基地等项目紧锣密鼓推进。工程项目质量和安全平稳受控。

（陈　儒）

【获省部级重要奖项 22 项】 2021 年，上海工程公司获 22 项省部级奖项。其中，“酵母菌全糖代谢系统构建与木质纤维素高效乙醇转化的构效关系”获集团公司前瞻性基础性研究科学奖二等奖，“浆态床蒽醌法制过氧化氢成套技术”获集团公司科技进步奖一等奖，“AEB 反硝化处理合成气制乙二醇高硝氮废水”“石油化工工程数字化交付标准”获集团公司科技进步奖二等奖，“大型环氧乙烷反应器下封头液压拆卸装置国产化研制”“石油化工环境保护设计规范”获集团公司科技进步奖三等奖。上海工程公司编制的扬子石油化工有限公司淤浆法聚乙烯新工艺开发中试装置、国家能源集团神华榆林能源化工有限公司 5 万吨 / 年聚乙醇酸示范项目可行性研究报告被评为上海市优秀工程咨询成果一等水平。“二三维数字化协同设计平台建设和应用”获中国石油石化企业数字化转型创新成果特等奖。

（陈　儒）

【1 项“十条龙”攻关项目“出龙”5 项“入龙”】 2021 年，上海工程公司承担的中国石化“十条龙”科技攻关项目“中科炼化 25/40 万吨 / 年 EO/EG 装置银催化剂国产化攻关”提前顺利“出龙”，联合申报的“5 万吨 / 年双氧水法制环氧氯丙烷成套技术”“1.2 万吨 / 年 EVOH 树脂工业化成套技术开发”“6 万吨 / 年 PBST 可降解材料工业化成套技术开发与示范”“淤浆法戊烷体系 HDPE 新工艺成套技术开发”“10 万吨 / 年 UHMWPE 成套技术开发”5 个项目成功“入龙”。至此，上海工程公司共承担 10 个中国石化“十条龙”项目攻关，数量创历年新高。

（陈　儒）

【16 项科技开发项目通过集团公司成果鉴定或审查】 2021 年，上海工程公司联合开发的 30 万吨 / 年 CHP 法制环氧丙烷工艺包、16 万吨 / 年氧化法环己酮工艺包、顺酐加氢制备丁二酸技术、10 万吨 / 年超高分子量聚乙烯工艺包、60 万吨 / 年甲醇羰基合成制醋酸工艺包开发等 16 项技术开发项目顺利通过集团公司审查、评议或鉴定，为上海工程公司拓展高端聚乙烯、环氧化物、可降解材料及单体等领域奠定基础。上海工程公司在手 97 项科技开发项目处于滚动开发中，3 项“揭榜挂帅”课题稳步推进。

（陈　儒）

【扬子石化 EVA 项目成功投产】 2021 年 3 月 3 日，上海工程公司 EPC 总承包的扬子石化 10 万吨 / 年 EVA 项目顺利打通全流程；同年 5 月 6 日，装置产出合格产品。该装置是中国石化首套利安德巴塞尔公司釜式法工艺 EVA 装置，通过乙烯和醋酸高压聚合生产高附加值牌号的 EVA 共聚物产品。装置开车后，助力扬子石化实现聚烯烃产品在结构差异化领域的重要突破。

（陈　儒）

【古雷炼化一体化项目苯乙烯和 EO/EG 装置一次开车成功】 2021 年 8 月 7 日，上海工程公司 EPC 总承包的古雷炼化一体化项目 60 万吨 / 年苯乙烯装置、10/70 万吨 / 年 EO/EG 装置投料试车一次成功，产出合格产品，打响古雷炼化一体化项目全面建成投产的第一炮。两套装置分别于 2019 年 2 月 8 日、2019 年 3 月 9 日开工建设，为中国石化系统内单套规模最大的苯乙烯和 EO/EG 装置。

（陈　儒）

古雷炼化一体化项目苯乙烯和 EO/EG 装置夜景

【中沙石化聚碳酸酯项目双酚 A 装置项目一次开车成功】 2021 年 10 月 11 日，上海工程公司 EPC 总承包的中沙石化 26 万吨 / 年聚碳酸酯项目双酚 A 装置投料试车一次成功，产出合格双酚 A 切片产品。双酚 A 装置成功投产，对中沙石化聚碳酸酯项目全面建成投产、丰富企业产品结构、助力天津南港高端新材料项目集群具有重要意义。

（陈　儒）

【镇海基地一期项目 80 万吨 / 年乙二醇装置中交】 2021 年 6 月 28 日，上海工程公司 EPC 总承包的镇海基地一期项目 80 万吨 / 年乙二醇装置顺利中交。镇海基地一期工程是中国石化构建“一基两翼三新”产业格局的重点项目，被评为“2021 年度央企十大超级工程”。上海工程公司承担 80 万吨 / 年乙二醇装置基础设计和 EPC 总承包工作，基础设计和详细设计共 13 个月，设计周期比常规同类装置缩短设计周期近半年，装置占地面积在国内同规模装置中最小（53 460 平方米），创造国内同类项目新纪录。

（陈 儒）

【洛阳石化 12 万吨 / 年苯乙烯项目中交】 2021 年 7 月 20 日，上海工程公司 EPC 总承包的洛阳石化 12 万吨 / 年苯乙烯项目提前中交。洛阳石化苯乙烯项目是河南省首个苯乙烯项目，是积极推动洛阳打造千亿级高端石化产业集群、贯通“芳烃—PTA—聚酯—涤纶纤维”完整产业链的重点项目。项目于 2020 年 7 月 16 日开工建设，比合同约定时间提前 10 天中交，创造苯乙烯装置一年建成中交的新纪录。

（陈 儒）

【沙特空分项目高标准机械完工】 2021 年 9 月 22 日，上海工程公司 EPC 总承包的沙特空分项目（SABIC GAS Phase-9 Project）实现高标准机械完工。项目是沙特基础工业公司单套产量最大的空分装置，也是当前中国石化承包的最大海外空分项目。装置产能为 3 600 吨 / 日氧气、3 500 吨 / 日氮气，预留 100 吨 / 日氩气，不仅为下游 SABIC EG Ⅲ装置提供氧气原料供应，同时也向整个沙特 Jubail 工业区提供工业用气。2021 年 12 月，项目获美国项目管理协会沙特分会（PMI-KSA）年度杰出项目银奖。

（陈 儒）

沙特空分项目高标准机械完工

【扎实开展党史学习教育】 2021 年，上海工程公司党委持续开展党史学习教育，学党史、悟思想、办实事、开新局。认真学习贯彻习近平总书记“七一”重要讲话精神、习近平总书记视察胜利油田重要指示精神和党的十九届六中全会精神，深入开展“党史天天讲”“庆祝建党百年优秀项目工程图纸展”“党员百字感言”“唱支山歌给党听”等活动，完成 110 部微党课，在学史明理、学史增信、学史崇德、学史力行上取得明显成效。深入开展“我为群众办实事”实践活动，完成改造职工食堂、推行工间操等 205 项“实事”“好事”，持续提升员工幸福感和满意度。

（陈 儒）

【召开第二次党代会】 2021 年 12 月 18 日，中国共产党中石化上海工程有限公司第二次代表大会召开。会议审议通过上海工程公司党委工作报告和纪委工作报告，选举产生第二届党委委员会、第二届纪委委员会。新一届上海工程公司党委高举习近平新时代中国特色社会主义思想伟大旗帜，不忘初心、牢记使命，贯彻落实集团公司党建工作“1355”和上海工程公司党建工作“1235”总体思路，切实以高质量党建引领保障高质量发展，推动打造世界领先技术先导型工程公司迈出坚实步伐，在实现第二个百年奋斗目标、实现中华民族伟大复兴新征程上再立新功再创佳绩。

（陈 儒）

【深化党建共建和战略合作】 2021 年，上海工程公司依托项目、区域、企地、产业链等合作平台，强化党建引领，深化共建合作，与青岛炼化、青岛石化、洛阳工程公司、高桥石化、上海石油化工研究院、北京化工研究院、中国机械设备工程公司等 11 家单位签署党建共建暨战略合作协议，与石油化工科学研究院、浦景化工、石化盈科等 3 家单位签约战略合作。坚持以党建共建为桥梁，持续打造“党建 +”特色品牌，推进党建与生产经营融合互促，把党的政治优势转化为上海工程公司改革发展的制胜优势。

（陈 儒）

【连续 12 年获评上海市高新技术企业】 2021 年 12 月 23 日，上海工程公司获上海市科学技术委员会、上海市财政局、国家税务总局上海市税务局联合颁发的高新技术企业证书，有效期 3 年。自 2009 年以来，上海工程公司依靠科技创新、管理创新、服务创新，规范开展经营活动，得到持续肯定与认可。截至 2021 年底，上海工程公司连续 4 次（12 年）获评上海市高新技术企业。

（陈　儒）

表 1　上海工程公司主要生产经营指标　亿元

指标名称 \ 年份	2021	2020	2019	2018	2017	2016
主营业务收入	64.73	43.00	40.04	31.67	19.51	17.18
完成工程投资额	151.16	134.74	125.90	121.00	116.00	136.00
完成工程项目 / 项	217	253	286	394	327	250
获授权专利 / 件	367	337	327	301	279	231

表 2　上海工程公司 2021 年完成的主要项目

序号	项目名称	中交或完工日期
一	EPC 总承包项目	
1	古雷炼化一体化项目 60 万吨 / 年苯乙烯装置、10/70 万吨 / 年 EO/EG 装置	4 月
2	茂名分公司化工新环氧装置低温余热利用项目	6 月
3	镇海炼化扩建 80 万吨 / 年乙二醇装置	6 月
4	中沙石化 26 万吨 / 年聚碳酸酯项目	7 月
5	洛阳分公司 12 万吨 / 年苯乙烯装置 EPC 总承包合同	7 月
6	SABIC GAS Phase 9 Project	9 月
7	天津分公司 15 万吨 / 年 CHP 法制环氧丙烷项目	10 月
二	设计项目	
1	花园生物（金西）科技园一期建设项目	1 月
2	景泽生物产业基地项目	1 月
3	上海石化年产 1 500 吨 PAN 基碳纤维项目（二期）工程设计项目	2 月
4	广西华谊能源化工有限公司工业气体岛项目厂前区工程设计项目	5 月
5	茂名分公司 40 万吨 / 年粗裂解气制乙苯 / 苯乙烯项目	5 月
6	天津分公司南港 10 万吨 / 年 UHMWPE 装置总体设计项目	5 月
7	镇海炼化扩建项目二期工程总体设计项目	7 月
8	海南炼化 6 万吨 / 年可降解材料 PBST 基础设计项目	7 月
9	前沿生物年产 1 000 万支注射用艾博卫泰项目	8 月
10	药明康德生物技术 C_1 地块详细设计项目	9 月
11	广州润霖医药科技有限公司医药创新产业园项目	10 月
12	湖北化肥 5 万吨 / 年聚乙醇酸新材料项目基础设计项目	10 月
13	扬子石化 1 万吨 / 年超高相对分子质量聚乙烯科研示范装置	11 月

续表

序号	项目名称	中交或完工日期
14	丰田汽车技术研发（上海）有限公司先进技术研发中心项目	11 月
15	天津分公司 10 万吨 / 年 UHMWPE 装置基础设计项目	11 月
16	BASF Campus III 详细设计项目	12 月
17	湛江国家石油储备基地工程污水处理场扩建等设计项目	12 月

宁波工程公司

【概况】 中石化宁波工程有限公司（简称宁波工程公司）是炼化工程集团全资子公司，2003 年经中国石化批准，由原中国石化集团兰州设计院和中国石化集团第三建设公司重组设立的国有独资公司，注册地为浙江省宁波市高新区。宁波工程公司是以技术为先导，价值创造为引领，工程项目管理为主体，以人为本，创新驱动，聚焦能化，绿色发展，为全球客户提供高品质的一站式整体解决方案的国际工程公司。

截至 2021 年底，宁波工程公司设 9 个机关管理部门、11 个直属机构、6 个专业设计室、7 个分公司、1 个专业公司、4 个子公司及 19 个 EPC 项目部（在建）。在册职工 2 400 余人，其中行业设计大师 4 人，享受国务院政府特殊津贴 6 人，具有高级以上职称的 699 人、中级职称的 687 人，各类注册工程师 530 人，其他管理和技术人员 500 余人。有 500 余项专利和专有技术，具备独有的核心技术优势和施工安装能力。在天然气化工、石油化工、煤化工及合成气化工等领域的设计处于全国领先地位；是中国石化大型非标设备制造基地。

宁波工程公司主要生产经营指标及 2021 年完成的主要工程项目分别见表 1 和表 2。

（贺　颖）

【全面完成生产经营任务】 2021 年是“十四五”规划的开局之年，宁波工程公司聚焦把握新机遇、融入新格局，持续攻坚创效，以提高发展质量和效益为中心，干实事、求创新、固根基，抓好科技攻坚、拓市增效、转型升级、风险防控及党的建设等工作，全方位推进企业高质量发展，全面完成年度生产经营任务。全年实现利润 2.41 亿元，营业收入 76.16 亿元，工程质量验收合格率 100%，EPC 总承包项目一次投料试车成功率 100%，企业保持总体稳定。

（贺　颖）

【召开庆祝建党 100 周年暨高质量党建推进会】 2021 年 6 月 30 日，宁波工程公司召开庆祝建党 100 周年暨高质量党建推进会，执行董事、党委书记许一君出席并讲话，号召广大党员干部不忘初心、牢记使命，矢志奋斗、追求领先，以锲而不舍的韧劲、拼搏进取的干劲，再启新征程，打赢开局战，以高质量党建引领高质量发展，以实际行动为中国石化书写新的历史篇章增光添彩。

（贺　颖）

【境内市场开发成绩显著】 2021 年，宁波工程公司承接巴陵石化、天津南港、燕山石化、镇海炼化、宁夏能化、上海石化、安庆石化等项目，新签合同额累计完成 65.12 亿元，全面完成上级下达的目标。

（贺　颖）

【多项装置顺利实现中交】 2021 年，宁波工程公司承担的古雷炼化一体化项目热塑胶性弹性体及污水处理场、镇海炼化一体化项目、沙特 SABIC IBB 合成氨改造、大唐多伦新建循环水场、宝武清能韶钢产业园新建1号加氢站等项目相继实现中交。

（贺 颖）

【镇海炼化一体化项目煤焦制氢装置实现高效产气】 2021年，宁波工程公司承接的镇海炼化一体化项目煤焦制氢装置实现高效产气，创造现场建设周期最短、产业产品速度最快的行业新纪录。

（贺 颖）

镇海炼化一体化项目煤焦制氢装置

【国内加氢能力最大加氢站投运】 2021年12月，宁波工程公司承制的宝武清能韶钢产业园新建1号加氢站EPC项目正式投运，该加氢站采用光伏绿电制氢，日加氢能力达4 000千克，是国内加氢能力最大的加氢站。

（贺 颖）

宝武清能韶钢产业园新建1号加氢站

【承接的首套热塑胶性弹性体装置全面投产】 2021年12月，宁波工程公司承接的古雷炼化一体化项目热塑胶性弹性体装置EPC项目全面投产，该装置是国内首次采用FFS重膜包装技术，也是中国石化单套生产规模最大的热塑胶性弹性体装置。

（贺 颖）

【承接的首个供氢中心建成】 2021年9月，宁波工程公司承接的上海石化氢燃料电池供氢中心施工总承包项目建成，供氢能力达2 500千克。该中心是中国石化在上海地区的首个供氢中心，也是上海市第一个碳氢联动产成示范区。

（贺 颖）

【世界最大脱氢反应器总装成功】 2021年7月，宁波工程公司承制的广东石化80万吨/年苯乙烯装置第二脱氢反应器内置换热器成功安装就位，该换热器直径5.64米，长4.92米，重142吨，标志着世界最大脱氢反应器总装成功。

（贺 颖）

【扩大优势品种业务】 2021年，宁波工程公司承担陕煤集团聚乙烯、久久科技丙烷异丁烷联合脱氢等项目，填补宁波工程公司在聚乙烯装置中HDPE技术工程业绩上的空白，实现丙烷脱氢向混烷脱氢的跨越。

（贺 颖）

【“三新”领域探索初显成效】 2021年，宁波工程公司首次承接上海石化供氢中心、宝武清能韶钢产业园加氢站项等氢能项目，着力研究氢能产业链的多种技术路线，为后续氢能市场开发奠定良好基础；承接大连研究院等光伏发电、斯尔邦石化二氧化碳回收再利用等低碳领域项目。

（贺 颖）

【数字化业务势头良好】 2021年，宁波工程公司坚持产业数字化、数字产业化，以“数据+平台+应用”模式为主攻方向，加快推进数字化转型和智能化提升，成功开发新浦化学PDH等多个数字化整体交付业务，为数字化转型开新局。

（贺 颖）

【改革管理工作稳妥推进】 2021年，宁波工程公司有序实施子公司董事会建设，全面展开经理层任期制和契约化管理，推动经营绩效责任更加落地；完善组织机构与职能调整，成立数字技术分公司、工厂系统室，高效推进数字化转型、智能化提升及设计体系升级；开展制度评估优化和

“立改废”，优化业务流程，精简 50 余项管理制度；深化内控制度执行有效性提升，强化内控风险合规体系，有效防范化解重大风险；优化绩效考核体系，业绩考核导向更鲜明，进一步激发企业活力和员工动力。

（贺　颖）

【多项工程技术获奖】 2021 年，宁波工程公司承担的“中安联合煤化工项目”获国家优质工程金奖；“长岭分公司云溪基地 5 万吨 / 年催化剂联合生产装置建设项目”获国家优质工程奖；“巴陵石化己内酰胺产业链搬迁与升级转型发展项目可行性研究报告”获全国优秀工程咨询成果一等奖；“国产自动化系统在自主专利技术大型煤化工项目上的开发与应用”获中国石油和化工自动化行业协会科技进步奖特等奖；“大型低能耗 S_AGR 酸性气体脱除技术开发及应用”获中国化工学会科技进步奖一等奖；“中化泉州 100 万吨 / 年乙烯及炼油改扩建项目”获化学工业优质精品工程；“中化泉州 HDPE 装置安装工程”获浙江省优秀安装质量奖；“镇海炼化制氢原料结构调整改造项目”获浙江省勘察设计行业优秀勘察设计成果综合类一等奖；“高灰熔点煤高效气化关键技术集成开发与应用”获安徽省科技进步奖二等奖；“沙特 SABIC IBB 合成氨改造项目”入选沙特优秀中资项目；“巴陵石化一炉一机项目”获中国石化优质工程；“燃气动力炉烟气深度脱硝及新型催化剂开发与应用”等 5 项成果获中国石化科技进步奖。

（贺　颖）

【管理工作获多项荣誉】 2020 年，宁波工程公司评为全国“安康杯”竞赛优胜集体、浙江省法治工作先进单位、安装行业诚信企业、勘察设计行业诚信单位；获宁波市五一劳动奖状、高新技术企业研发投入 20 强企业、综合百强企业和竞争力百强企业；获评中国石化安全生产先进单位、法治工作先进单位、审计工作先进单位、内控风控先进集体、网络安全评价 A 级企业、标杆基层单位、示范性职工创新工作室。

（贺　颖）

表 1　宁波工程公司主要生产经营指标　亿元

年份 / 指标名称	2021	2020	2019	2018	2017	2016
资产总值	63.88	80.14	79.15	76.34	61.52	59.97
设计投资额	205.42	120.42	103.11	93.14	111.81	70.17
主营业务收入	75.50	67.29	61.96	52.91	35.10	31.51
利　税	1.46	1.06	3.88	5.64	5.09	1.66
承接工程数量 / 项	349	342	312	385	397	341
工程总承包	19	23	25	25	18	14
工程设计	125	132	111	135	103	75
工程咨询	93	76	70	91	113	111
工程建设及制造	112	111	106	134	163	141
获授权专利数量 / 件	57	37	36	42	22	34

表 2　宁波工程公司 2021 年完成的主要工程项目

序号	项目名称	中交或完工日期
一	EPC 总承包项目	
1	安庆石化合成氨装置合成塔改造项目	1 月

续表

序号	项目名称	中交或完工日期
2	沙特 SABIC IBB 合成氨改造项目	2 月
3	北海炼油异地改造催化裂化装置烟气脱硫项目	4 月
4	大唐多伦新建循环水场项目	6 月
5	古雷炼化一体化项目热塑胶性弹性体及污水处理场等装置	9 月
6	镇海炼化一体化项目	9 月
7	宝武清能韶钢产业园新建 1 号加氢站项目	10 月
二	设计项目	
1	长岭分公司 1# 催化裂化装置降低烟气脱硫废水悬浮物优化改造	3 月
2	东莞巨正源丙烷脱氢制聚丙烯项目二期	4 月
3	山东科鲁尔化学 26 万吨 / 年丙烯腈及配套工程（二期）项目	6 月
4	天津石化热电部 7# 煤粉锅炉适应新煤种改造项目	8 月
5	上海东化利华益高性能 ABS 树脂一体化项目一期 ABS 项目尾气处理	11 月
6	安庆分公司化工一部气装置湿洗单元优化改造项目	11 月
7	中原石油勘探局黄河水源净水厂分布式光伏项目	11 月
8	东方石化海南精细化工项目二期工程	12 月
三	施工及制造项目	
1	镇海炼化原油罐功能调整和甬绍金衢管线首站迁移项目	6 月
2	浙江石化炼化一体化项目（二期）重整联合装置安装工程	7 月
3	上海石化炼化三部装置大修静设备管道检修改造项目	7 月
4	镇海炼化石脑油分值储存优化及厂外储运及外管项目 6 台石脑油罐安装工程	7 月
5	东部原油储运日照—濮阳—洛阳原油管道工程站场工程	8 月
6	镇海炼化环保治理改造、污水池整治、重污油罐改造等项目	9 月
7	上海石化氢燃料电池供氢中心项目（一阶段）	9 月
8	镇海炼化 2019—2020 年储罐（包含球罐）检修	10 月
9	镇海炼化扩建 1 500 万吨 / 年炼油 120 万吨 / 年乙烯项目（乙烯部分）给排水管网	12 月
10	浙江石化炼化一体化项目（二期）芳烃联合项目	12 月

南京工程公司

【概况】 中石化南京工程有限公司（简称南京工程公司）是炼化工程集团全资子公司，2009 年 6 月由中国石化集团第二建设公司和中国石化集团南京设计院重组成立，位于江苏省南京市栖霞区仙林大道 16 号，注册资本 5.56 亿元。

南京工程公司是以设计为先导，专利、专有技术、工艺包开发为核心，工程总承包和项目管理、专业施工为主体，面向国内外市场提供技术和管理服务的综合性、一体化的国际工程公司。南京工程公司在煤化工、天然气化工、环境工程、清洁能源、硫酸磷肥等无机化工、苯系化工、公用工程和工业民用建筑等设计业务方面优势明显；具有设计、采购、施工一体化独特优势和雄厚的国内外项目综合管理能力；具有以大型机组安装、大型储罐安装、大型 DCS/ESD 安装调试、特殊材质焊接等为核心的施工以及施工管理能力。

2021 年，南京工程公司设职能部门 12 个、专业设计室 6 个、专业分公司 3 个、区域分公司 5 个。在册职工 2 708 人，其中经营管理、专业技术和工程项目管理人员 1 854 人，各类技能操作人员 436 人，具有本科及以上学历 1 563 人，具有中、高级专业技术职称的 1 322 人。

南京工程公司主要生产经营指标和 2021 年完成的主要工程项目分别见表 1 和表 2。

（毕　华）

【优化调整组织机构】 2021 年 5 月，南京工程公司以强化“机构职能聚焦、管理链条精简、业务协同高效、服务保障有力、效率效能提升”为着力点，将原管理机构从 16 个优化整合为 12 个，同时，撤销 1 个专业分公司和 1 个专业设计室，将“管道工程室”更名为“安装工程室”，新组建 1 个常设项目部，优化二级单位机关部门设置。聚焦“以项目为中心”，搭建高效衔接的管理体制机制，设计 11 个执行中心，形成“管理”与“执行”的“耦合效应”，畅通“最后一公里”，管理效能进一步提升。南京工程公司中层机构从原来的 32 个精简到 26 个。

（毕　华）

【安全生产平稳可控】 2021 年，南京工程公司以“HSE 管理体系运行强化年”为主题，全面贯彻落实集团公司“总经理 2 号令”，部署“五查五严”保安全专项行动措施，夯实管理基础，加大监管力度，筑牢安全防线，保障安全生产。以体系建设为核心，以风险管控为重点，细化岗位职责，强化安全绩效，推进各级安全责任落实。通过常态化安全督查，细化管理措施，整治薄弱环节，“系统监管 + 现场防控”两端发力，确保安全风险识别与评估、安全生产专项整治、“一把手”安全述职、分承包商安全风险承包和直接作业环节管理等工作落实落地。通过开展各类安全专项培训、安全技能比武，全员安全意识和能力水平不断提升，安全文化不断入脑入心，安全管理工作更加系统化、规范化、标准化。

（毕　华）

【技术创新环境不断优化】 2021 年，南京工程公司全面落实集团公司科技创新、打造技术先导型公司的总体要求，谋划部署“十四五”时期科技创新工作。设立重点科研任务支持清单，实行“项目长”负责制，部分项目实施“揭榜挂帅”制度。强化科技支撑，完善体制机制，不断提升技术创新的能力和活力。进一步加强与科研院所合作，加大技术寻源力度。走访四川大学、常州大学、北京化工研究院、南化研究院等，与中国科学院兰州化学物理研究所、南京诚志清洁能源有限公司签订乙烯羰基化制备甲基丙烯酸甲酯工艺技术开发协议，与南化研究院签订战略合作协议和低分压烟气二氧化碳捕集技术联合推广协议。全年技术开发项目运行 102 项，计划完成 50 项，实际完成 46 项；整理成熟工艺包 2 项；完成专利申请 63 件，获授权专利 65 件；形成企业级工法 13 项；主编参编国家和行业标准 31 项、主编中国石化标准 15 项、炼化工程集团标准 20 项，发布南京工程公司标准 93 项。成功取得市政设计乙级资质、长输管道 GA、GB 设计许可证，被南京市城乡建设委员会评为南京市勘察设计企业信用评价 A 类企业。

（毕　华）

【市场开发成果显著】 2021 年，南京工程公司立足客户价值实现，树立“客户至上”理念，拓展市场信息渠道，打造专业化、一体化、特色化服务链，实现从提供产品到提供服务、主动服务、增值服务的转变。聚焦重点客户，主动开展定制化营销。聚焦重点市场，任务承揽总量稳定在历史高点。立足传统领域，不断拓宽业务链条。硫磷、PTA 等传统业务捷报频传，在化工园区、新能源方面特别是 CCUS（二氧化碳捕集、利用与封存）、液化天然气、光伏与智能化改造、模块化建造等领域取得历史性突破。

（毕　华）

【项目执行优质高效】 2021年，南京工程公司把保障集团公司重点项目建设作为重中之重，从策划阶段开始，加强过程管控，严格项目考核。南京工程公司领导带队，组织召开现场协调会、标准化工地现场推进会、集团公司重点工程建设协调会等，加强组织协调，统筹资源配置，确保重点项目高效运行。九江石化芳烃项目开展“标准化”示范工地建设，通过集团公司工程部“标准化、智慧化”示范工地验收，并作为典型案例在全系统推广交流，展现南京工程公司标准化工地建设的靓丽名片。古雷炼化一体化、镇海基地、洛阳石化苯乙烯、天津商储、洛阳商储二期、福建商储、中沙石化聚碳等72项工程顺利中交并陆续投产。

（毕　华）

【经营业绩企稳向好】 2021年，南京工程公司聚焦经营难点，瞄准经营重点，坚持以效益为导向，通过完善“大经营”管理体系，发挥概预算编审平台作用，做实“工程造价中心”，统筹做好项目概算、施工图预算、内外结算等工作。按照“一把尺子”下达目标成本，科学评估、精细测算，全面交底、全程管控。成立应收款项清欠领导小组，明确清欠责任，各级领导以上率下，带头包领“老大难”问题，确保应收尽收，全年自由现金流近4年首次由负转正。

（毕　华）

【全力做好疫情防控工作】 2021年7月，南京禄口国际机场突发疫情，南京工程公司深入贯彻习近平总书记重要指示精神，落实党中央、国务院决策部署和集团公司疫情防控紧急视频会精神，坚持人民至上、生命至上，坚决抓好外防输入、内防反弹各项工作，从严从细从实抓好疫情防控各项工作，各级党组织和全体共产党员紧急行动起来，把庆祝建党百年、开展党史学习教育的政治热情转化为众志成城、共克时艰的不懈动力。“石化情”青年志愿者积极参与社区公共区域的环境卫生和消毒工作，为社区防疫工作构筑青春防线。南京工程公司上下齐心为全面打赢疫情防控阻击战，实现全年生产经营目标任务担当尽责，确保疫情防控大局稳定。

（毕　华）

为南京禄口志愿服务队授旗

【召开第一届科技创新大会】 2021年9月10日，南京工程公司召开第一届科技创新大会，落实集团公司“担当国家战略科技力量”核心职责，打造技术先导型工程公司总体要求，总结科技创新工作成效，分析当前面临的形势和任务，部署下一阶段科技创新工作。大会对南京工程公司成立以来特别是“十三五”期间在科技创新及科技成果转化工作中作出积极贡献的技术团队进行表彰，号召广大科技工作者学习先进、对标先进，大力弘扬科学家精神和工匠精神，坚持以技术为先导，全面提升科技创新能力，为实现技术立企兴企强企，建设技术先导型工程公司贡献力量。

（毕　华）

【工程技术研发中心正式投用】 2021年5月，南京工程公司工程技术研发中心正式投用，改善职工的工作环境和交通出行，有效降低疫情对生产、员工生活的影响。南京工程公司以全新的办公环境，承办集团公司层面的交流研讨会议，接待省市区领导、业主单位莅临南京工程公司调研指导，加强与上级单位、地方政府、合作伙伴的沟通交流，展示良好的社会形象。完成档案库房整体2万余册档案、1 061件实物档案搬迁和开发利用，部分档案被国务院国资委征集，用于建党百年物品展览。

（毕　华）

【CCUS技术水平不断提升】 2021年，南京工程公司充实、强化CCUS工程技术中心，设捕集及液化、矿化利用、二氧化碳干重整及化学利用、氢能技术、生物质技术5个技术团队，以集中精力、集中资源、聚焦核心，加快提升南京工程公司CCUS技术水平。6月，由南京工程公司承担设计的中晋太行矿业有限公司30万吨/年直接还原铁工业示范装置产出合格海绵铁产品，该装置为国内首套以二氧化碳为原料，与焦炉煤气反应生成合成气直接还原铁。该技术成功开发出焦炉煤气干重整制还原气工艺包并将其工程化，突破国内不能生产直接还原铁的瓶颈，同时也为二氧化碳化学转化利用打下坚实的基础。年内，世界首套万吨级二氧化碳矿化脱硫渣工业试验装置建成，采用南京工程公司牵头、中石化南化研究院有限公司和四川大学联合开发的二氧化碳矿化脱硫渣关键技术，整体技术达国际先进水平。

（毕　华）

【95岁离休党员捐100万元特殊党费】 2021年5月7日，南京工程公司95岁离休党员周奇君将积攒多年的100万元特殊党费汇入南京工程公司党委账户，再交上级党组织后转到中组部指定账户。周老“一生为党、以身许党”的感人事迹被多家主流媒体报道，同时相关事迹材料在中央企业党的建设五周年工作展中展出并入选集团公司贯彻落实全国国企党建会精神五周年成果报告。

（毕　华）

南京工程公司离休党员周奇君交纳100万元特殊党费

【加强干部队伍和人才建设】 2021，南京工程公司按照“年轻化、复合型”的干部队伍建设和培养目标，大幅度开展轮岗交流、大力度起用优秀年轻干部，中层干部现职人数精简8.1%，平均年龄降低2.3岁，一大批关键岗位、主体专业、基层一线和海外项目的优秀人才脱颖而出，中层干部队伍的年龄结构、专业结构得到优化，能力素质进一步提升。

（毕　华）

【数字化应用能力提升】 2021年，南京工程公司推进信息化建设，提升数字化应用能力，打造智慧工地，业务管理与信息技术进一步融合。以工程项目管理为中心，优化项目综合管理平台，建立大数据中心，积累数据资产，发挥数据价值，为南京工程公司市场开发、成本测算、工效考核提供基础数据支撑。自主研发智能焊材配发站，简化发放流程，提高工作效率，实现焊材使用的可追溯管理；运用二维码技术，全方位实时掌控现场管道焊口信息，数字技术赋能的智慧工地建设在多个项目推广应用。

（毕　华）

【开展庆祝建党100周年系列活动】 2021年，南京工程公司围绕庆祝建党100周年，在镇海基地开展“冲刺100天，决胜6·30，向建党100周年献礼”劳动竞赛，充分发挥党组织、党员在项目攻坚创效、安全质量提升、疫情防控中的示范引领作用。组织开展“我心向党”职工文化艺术节活动，通过线上互动、文艺节目、书法美术摄影展、征文等多种形式，强化典型宣传，讲好南京工程公司故事，营造积极向上的正能量。

（毕　华）

【党建引领优势不断彰显】 2021年，南京工程公司党委深入贯彻新时代党的建设总要求，大力弘扬伟大建党精神，加强党的领导，统筹谋划全局，层层推进落实，以更强意识、更实举措、更大作为“把方向、管大局、促落实”，各级党组织创造力、凝聚力、战斗力不断增强，为南京工程公司高质量发展提供坚强保障。在集团公司党建考核中位列A档。

（毕　华）

【深入开展党史学习教育】 2021年，南京工程公司深入学习贯彻习近平总书记“七一”重要讲话精神、视察胜利油田重要指示精神及党的十九届六中全会精神，深入开展党史学习教育和“我为群众办实事”。全年开展专题读书班 23 次，邀请专家教授专题辅导 3 次，南京工程公司党委委员带头宣讲 20 余次。制订以明确“6 个学习内容”、落实“7 项工作安排”和抓好“8 个方面、36 条内容要求”为主要内容的实施方案、运行计划表和重点工作清单，从党的百年奋斗历程中感悟思想伟力，不断强化“在经济领域为党工作”意识和“做强做优做大国有企业”信心，确保南京工程公司各项事业始终沿着正确的方向前进。

（毕　华）

【镇海炼化基地一期项目高标准中交】 2021 年 6 月 28 日，镇海基地一期项目中间交接仪式暨“冲刺 100 天 决胜 6·30”立功竞赛表彰会在镇海基地项目现场举行。中国石化镇海基地一期项目是国家七大石化产业基地的重要组成部分，是中国石化与浙江省、宁波市重点布局打造的杭州湾南岸世界级石化产业桥头堡。南京工程公司承建常减压、空分、PO/SM、全压力罐区等 11 个工程项目。项目建设期间，项目部克服疫情等不利因素影响，优化项目总体统筹，为确保按期中交提供组织保障。

（毕　华）

【古雷石化 EO/EG 装置开车一次成功】 2021 年 8 月 7 日，由南京工程公司承建的古雷石化一体化项目 EO/EG 装置正式投料开车，经历 13 个小时，于 23 时 6 分顺利产出合格的乙二醇产品，创下行业内用时最短原始开车产品合格纪录，装置全面建成投产，打通古雷厂区炼油化工全流程的重要一环。该装置是中国石化系统内单套规模最大的 EO/EG 装置，由环氧乙烷反应单元、乙二醇反应单元、辅助生产单元等组成。装置于 2019 年 6 月 28 日土建开工，历时 22 个月，于 2021 年 4 月 28 日顺利中交。

（毕　华）

古雷石化 EO/EG 装置

【获省部级重要奖项】 2021 年，南京工程公司承建的中安联合煤制 170 万吨 / 年甲醇及转化烯烃项目被中国施工企业管理协会评为国家优质工程奖金质奖、全国设计水平成果评价奖一等奖；荆门 280 万吨 / 年重油催化裂化装置及系统配套改造项目获评中国石化优质工程奖；古雷石化一体化项目罐区一工程被中国工程建设焊接协会评为全国优秀焊接工程一等奖；参编的《石油化工工程数字化交付标准》获评中国石化科技进步奖二等奖；镇海基地项目获评全国能源化工地质工会优秀立功集体，常减压项目管理团队获优胜单位，仲启达获大国工匠称号；南京工程公司被江苏省精神文明建设指导委员会评为 2019—2021 年度江苏省文明单位。

（毕　华）

表 1　南京工程公司主要生产经营指标　亿元

指标名称 \ 年份	2021	2020	2019	2018	2017	2016
资产总值	51.85	53.36	55.29	55.87	56.81	53.87
设计投资	81.70	60.36	64.17	90.20	93.89	90.00
主营业务收入	58.84	58.81	67.02	55.98	46.77	70.06
承接工程数量 / 项	286	257	239	196	170	162
获授权专利数量 / 件	65	54	37	48	56	42

表 2　南京工程公司 2021 年完成的主要工程项目

序号	项目名称	中交或完工日期
一	EPC 总承包项目	
1	福建漳州古雷炼化一体化项目厂内罐区、汽车装卸设施及火炬等装置工程	4 月
2	福建漳州古雷炼化一体化项目厂外码头液体化工品库区等配套设施装置工程	5 月
3	福建漳州古雷码头丙烯腈罐组工程	9 月
二	施工项目	
1	镇海基地一体化项目给水排水管网土建及安装工程（一级地管）	4 月
2	福建漳州古雷炼化一体化项目 10/70 万吨 EO/EG 装置工程	4 月
3	天津石化 160 万立方米商业原油储备库工程	4 月
4	九江石化 2021 年度装置停工大检修工程	5 月
5	洛阳工程公司洛阳原油商业储备基地工程（二期）施工项目	5 月
6	福建漳州古雷炼化一体化项目第一循环水场、罐区一、110 千伏变电所施工项目	5 月
7	镇海炼化有限公司扩建炼油乙烯全压力罐区施工项目	5 月
8	石油商业储备公司福建原油基地工程施工项目	6 月
9	镇海基地一体化项目 II 套常减压改造施工项目	6 月
10	中沙石化 26 万吨 / 年聚碳酸酯项目 12 万吨 / 年双酚 A 装置安装工程	7 月
11	洛阳分公司 12 万吨 / 年苯乙烯项目安装工程标段一	7 月
12	镇海石化储运公司镇海炼化轻烃基地项目安装工程施工项目（低温罐）	9 月
13	镇海基地一体化项目 27.4/60.2 万吨 / 年 PO/SM 装置工程	11 月
14	董家口至东营原油管道工程线路工程项目三标段	12 月
三	设计项目	
1	润滑油滨海分公司润滑油天津南港特种油脂及基础储运项目基础设计	1 月
2	镇海炼化扩建 1 500 万吨 / 年炼油 120 万吨 / 年乙烯项目乙烯部分基础工程设计（含部分主项工程设计）（六标段）详细设计	4 月
3	中国石化宁波新材料研究院有限公司新材料研究院研发区详细设计	4 月
4	安徽凯泽新材料有限公司 50 万吨 / 年羧基丁腈胶乳项目详细设计	6 月
5	扬子石化 5 万吨 / 年 YDA 项目工艺包	7 月
6	山东丰源产业发展有限公司峄城化工产业园综合管廊管网和危化品停车场详细设计	8 月
7	空气化工产品（中）投资有限公司滨州 25 000 米^3（标准）/ 时氧气空分项目详细设计	8 月
8	巴陵石化环己酮己内酰胺装置及配套设施工程详细设计	9 月
9	中国石化天津南港 120 万吨 / 年乙烯及下游高端新材料产业集群项目部分单元基础设计	9 月
10	中化重庆涪陵化工有限公司环保搬迁项目 80 万吨 / 年硫黄制酸及配套装置详细设计	10 月
11	催化剂公司天津新材料生产基地（一期）建设项目基础设计	10 月
12	空气化工产品（浙江）公司海盐氢能源和工业气体综合项目（一期工程）详细设计	12 月

第四建设公司

【概况】 中石化第四建设有限公司（简称第四建设公司）位于天津市滨海新区（大港）世纪大道180号，成立于大庆石油会战时期1963年1月，1968年迁至湖南长岭参加“三线建设”，1974年参加天津炼油厂建设，落户天津大港。2012年4月6日改制为公司制企业，更名为中石化第四建设有限公司，成为炼化工程集团的全资子公司，是面向能源化工行业全产业链的工程服务商。

截至2021年底，第四建设公司设15个职能部门、8个二级单位，其中3个综合型工程公司、3个专业工程公司、1个以PMC业务为主的工程项目管理公司和1个培训中心。有在职员工3 674人，其中合同制员工2 208人、业务（服务）外包人员1 466人。在职员工中，管理和技术人员2 470人，占比67.2%，有中高级职称的1 220人、正高级职称的12人，享受国务院政府特殊津贴及突出专家10人，国家注册一级建造师等各类国家注册资质570人。2021年，第四建设公司使用社会资源13 562人，其中外籍员工654人。

截至2021年底，第四建设公司账面资产总额47.9亿元，负债44.60亿元，所有者权益3.30亿元，资产负债率93.11%。2021年新签合同额80.18亿元，中标未签合同额15.31亿元，实现营业收入60.06亿元，净利润1.16亿元，主要生产经营指标均创新高。

2021年，第四建设公司承建的中安联合煤制甲醇及转化烯烃和恒逸（文莱）PMB石化项目2项工程获国家优质工程金质奖，长岭炼化催化剂联合装置获国家优质工程奖；辽宁宝来低温储罐焊接获全国优秀焊接工程一等奖，天炼升级改造渣油加氢装置高压管道焊接等4项工程获全国优秀焊接工程奖。

第四建设公司主要生产经营指标及2021年度完成的主要工程项目分别见表1和表2。

（邓高科　张昊年）

【领导班子调整】 2021年7月23日，第四建设公司召开领导班子调整扩大会议，宣布集团公司党组关于调整公司领导班子的有关决定：许金国任第四建设公司党委副书记、纪委书记、监事，为工会主席人选；免去华允贝第四建设公司党委副书记、纪委书记职务，不再担任第四建设公司工会主席。

（邓高科　张昊年）

【组织机构调整】 2021年，第四建设公司结合自身实际及业务发展需求，对部分组织机构进行优化调整。组建数字化工程部，为数字化工作发展赋予新动能；成立国际业务部，强化对国际业务的统筹管理；成立行政事务中心，推进行政工作集约化管理；将原控制部细分为项目运行部和经营管理部，进一步加强和突出专业化管理；将原吊运工程公司更名为特种作业工程公司，强化专业发展方向；按照集团公司党组统一要求，成立党委组织部（人力资源部），将干部管理和人才管理归属一个部门。通过调整，助推第四建设公司业务结构和职能不断优化、创新。

（邓高科　张昊年）

【市场开发成效显著】 2021年，第四建设公司坚持围绕打造“三大业务发展引擎”，紧盯“专精特”市场，在LNG储罐业务、培训业务、海外业务等领域取得新成效。全年承揽合同额95.49亿元，完成年度指标70亿元的136%。传统优势业务成效明显，承揽国内单体容积最大的江苏盐城2台27万立方米LNG储罐和第1个内河LNG接收站，低温储罐施工业务占国内市场的30%；价值提升业务稳步推进，独立承担龙口LNG接收站的项目管理任务，第四建设公司培训中心积极拓展安全培训基地建设任务，并获得俄罗斯NAKS国内考点资质认证，使培训业务走出国门；国际化业务进入新阶段，俄罗斯AGCC项目总体受控，沙特执行中心成立运行，先后组织参与沙特、俄罗斯、马来西亚、约旦、阿尔及利亚和加纳等6个国家、24个项目的投标报价工作。

（邓高科　张昊年）

27 万立方米 LNG 储罐施工中

【项目执行平稳有序】 2021 年，面对繁重的生产任务，第四建设公司紧盯年度目标任务不动摇，提前组织项目策划，优化生产组织运行，强化资源保障，抢上工程施工，统筹推进国内国外两大战场共 71 个项目同步实施。实现海南乙烯、巴陵己内酰胺、俄罗斯 AGCC 等 55 项工程顺利开工，确保中韩石化 HDPE、镇海基地、南港商储二期等 70 项工程高标准中交，完成长岭炼化催化裂化改造、长岭炼化大修、山东正和管线升级、沧州炼化大修等 4 项检修改造任务。全年累计实现 5 337 万安全人工时，上报集团公司一般 B 级及以上生产安全、环保、职业卫生和公共安全事件事故“四个为零”，同时被评为集团公司安全生产先进单位和集团公司质量管理先进单位，展示较强的大型项目施工组织能力。

（邓高科　张昊年）

【技术创新成果丰硕】 2021 年，第四建设公司坚持用数字技术驱动公司创新发展。通过构建“企业综合业务管理平台”“工程施工管理系统”两级平台，持续推进项目群和各相关方的协同管理，提升第四建设公司管理数据化、信息化水平；实施云文档管理系统应用，打造统一的信息共享管理平台，提升第四建设公司信息安全和应用水平；开发焊材管理、质量管理、架设管理、车辆管理等多个专业化管理软件，在项目推广应用取得较好成效，有力推进精细化管理。获中国石化年度科技进步奖一等奖 1 项；完成焊接工艺评定开发 151 项，形成企业级工法 14 项、技术进步成果 34 项；获专利授权 37 件；申请计算机软件著作权 2 项。专利和焊接工艺评定总量分别达 166 项和 1 452 项，技术创新支撑引领作用不断加强。

（邓高科　张昊年）

【企业管理持续提升】 2021 年，第四建设公司围绕年初职代会确定的重点工作，真抓实干，不断提高企业综合管理能力。着力推进风控内控管理、企业制度体系、项目规范化运营等治理体系“一体化”建设，完成《风控内控体系》的换版调整，系统性优化 53 个业务流程，梳理管理流程 111 项，新编修订配套制度 60 个，编制实施《国内项目管理手册》《境外项目管理手册》两个标准化文件。深化依法合规建设，编制《公司“十四五”法治建设规划纲要》，持续完善风险事件库，增强法律风险防范和维权，全年处理诉讼案件 31 件，结案 16 件，避免损失 4 485 万元，助推老账资金回收 1.66 亿元。强化以项目为中心的经营管理，加强合同风险评估，强化过程成本管控，加快合同结算和效益回收，年内共完成结算金额 48 亿元，消化高风险合同资产 6 706 万元。聚焦夯实“三基”和堵塞管理漏洞，推动开展岗位责任制、严肃财经纪律、物资装备管理、工程分包招投标及合同管理等 4 次专项检查，强化 4 个方面共 37 类问题整改，以检查促规范，以规范促提升。扎实开展补链延链强链工作，设计能力建设工作取得实质性进展，第四建设公司总承包业务能力、项目管理业务能力跃上新台阶。

（邓高科　张昊年）

【人才队伍建设取得新成效】 2021 年，第四建设公司深化“人才强企”战略，不断加强人才队伍建设。选树拔尖技能典型，建立一年一评的常态化专家职位评聘机制，打造人才高地。年内获评闵恩泽青年科技人才奖 1 名，集团公司高级专家 1 名、特级技师 3 名、集团公司技术能手 2 名、石化名匠 1 名。注重人才知识更新，开展各类培训班 249 期，培训各类人员 9 000 余人次。组建 8 个创新工作室团队，推进高层次人才在创新创效中的示范引领作用。畅通多元化引才渠道，全年引进各类专业技术人才 256 人、技能操作人员 66 人。推动劳务用工建设，实施社会化熟练技术工人招聘，劳务用工人员高峰期达 1 900 人，有效补充土建、管道安装、工程收尾等专业作业力量。

（邓高科　张昊年）

【凝心聚力工作深入推进】 2021年，第四建设公司坚持密切联系群众、关心关爱职工，扎实开展职工健康驿站、女职工体检增项、“冬送温暖、夏送清凉”和“金秋助学”活动，将EAP心理帮扶讲座覆盖到所有海外项目员工，帮扶困难群体258人次，发放困难帮扶款83.97万元；重视稳定工作，坚持关口前移，接待来访群众59批次、145人次；实施预制厂改造、道路更新、配套设施修缮、四化东路南北贯通“四大民心工程”，让生活社区、生产厂区旧貌换新颜。广大职工群众共享企业发展红利，归属感和幸福感不断提升。7月，举办“全国文明单位”授牌仪式，展现负责任、受尊敬的驻津央企形象。

（邓高科　张昊年）

【党建质量持续提升】 2021年，第四建设公司党委坚持以生产经营和改革发展成果检验党建工作成效，在公司“十四五”规划中明确“12105”党建工作主线，并通过开展多种形式的党建共建、创先争优活动，在保障重点工程建设中同题共答，推动政治优势转化为发展优势。持续加强党管人才，成立党委党校，拓宽党员干部教育渠道；注

“全国文明单位”揭牌仪式

重年轻干部培养选用，调整干部30人次，评聘专家18名，中层领导人员“80后”占比32%，新提拔人员中40岁以下占比71.4%。坚持舆论宣传引领，在省部级以上媒体刊登稿件262篇，官方微信发布169篇，6篇“重量级”报道在新华社客户端转载，浏览量突破660万人次。第四建设公司先后被评为2021年度石油和化工行业新闻宣传先进单位、石油和化工行业党建思想政治工作先进单位。持续加强党风廉政建设，强化“三不”机制，对海南乙烯项目等重点项目启动全过程监督和专项监督，动态更新88名中层领导人员廉洁情况“活页夹”，对44名党员干部进行廉洁筛查，对240余名基层以上党员干部开展廉洁谈话，开展警示教育40余场，3 000余名党员干部受教育。

（邓高科　张昊年）

表1　第四建设公司主要生产经营指标　亿元

指标名称 \ 年份	2021	2020	2019	2018	2017	2016
资产总值	47.90	41.66	38.62	44.62	42.86	48.33
主营业务收入	60.06	52.69	39.64	38.51	33.63	37.51
利　税	2.09	2.01	–2.26	1.20	–2.99	0.94
承接工程数量 / 项	219	287	173	192	168	95
获授权专利数量 / 件	37	28	21	22	66	52

表2　第四建设公司2021年度完成的主要工程项目

序号	工程名称	交工
一	新建装置	
1	高桥石化水务部1号污水处理场废气提标治理	1月8日
2	粤北天然气主干管网韶关－广州干线项目站场（工作包2）施工工程	1月10日

续表

序号	工程名称	交工
3	催化裂化原料分储分炼改造及消防水系列安全整改项目工程	1月15日
4	福建石油分公司物流中心抢维修项目（框架）合同（第二标段）	1月15日
5	中科合资广东炼化一体化（标段六）EPC 项目安装标段三施工工程总承包（35 万吨/年高密度聚乙烯装置、低温丙烷罐）	1月15日
6	中韩石化原料储运设施项目（陆域储运部分）下游管廊	1月18日
7	中科合资广东炼化一体化增加汽油出口设施、码头工程油气回收系统项目施工总承包合同	1月27日
8	北京燕山分公司热电厂维保项目	1月31日
9	中国石化销售股份有限公司四川内江石油分公司内江双才油库项目房建工程施工_一标段	2月5日
10	中科合资广东炼化一体化项目安装工程 20 万吨/年 MTBE 装置	2月8日
11	中科炼化一体化项目全厂给排水管网（新增）施工总工程（二标段）	2月28日
12	天津分公司催化裂化装置和蜡油加氢装置 LTAG 技术适应性改造项目	3月15日
13	上海石化储运部 T-104 罐本质安全环保隐患治理项目	3月25日
14	海南炼化 100 万吨/年乙烯及炼油改扩建工程项目临时用电工程	3月27日
15	北海炼化结构调整改造项目催化烟气脱硫单元工程	3月30日
16	2020 年静设备、管线保运修理二标段合同	3月31日
17	山东京博生物科技有限公司年产 1.6 万吨绿色高端化学品项目一标段工程施工合同	3月31日
18	镇海炼化扩建 1 500 万吨/年炼油 120 万吨/年乙烯项目（乙烯部分）高压消防水及给水加压泵站安装工程	4月18日
19	北海炼油异地改造石油化工（20 万吨/年聚丙烯）项目结构调整改造项目工程	4月22日
20	川维化工公司年产 6 万吨 VAE 产品技术升级改造项目	4月28日
21	中沙石化 130 万吨/年乙烯改造项目安装工程施工总承包二标段	4月30日
22	茂名分公司化工厂区控制系统操作站搬迁（2 系列）项目工程	4月30日
23	天津石化 160 万立方米商业原油储备库项目设计采购施工（BEPC）总承包合同	4月30日
24	广州分公司 B-1110A 裂解炉改造项目 – 炉本体改造	5月4日
25	宝廷氢能综合利用升级改造示范项目	5月9日
26	上海石化罐区清污分流完善项目	5月18日
27	镇海炼化扩建 1 500 万吨/年炼油 120 万吨/年乙烯项目安全实操培训基地设计采购施工	5月25日
28	山东京博石油化工有限公司 20 万吨/年高性能碳材料及配套项目工程施工承包合同	5月26日
29	福建漳州古雷炼化一体化项目中心化验室、办公辅助区（厂前区污水提升泵站、厂前区变电所）工程	5月27日

续表

序号	工程名称	交工
30	中石化江汉盐化工湖北有限公司 1.2 万吨 / 年漂粉精装置建设项目	5 月 28 日
31	福建漳州古雷炼化一体化项目蒸汽裂解装置等工程总承包合同（1 标段）55 万吨 / 年裂解汽油加氢 35 万吨 / 年芳烃抽提 13 万吨 / 年丁二烯抽提装置施工总承包工程	5 月 28 日
32	镇海炼化扩建 1 500 万吨 / 年炼油 120 万吨 / 年乙烯项目（乙烯部分）常压罐安装工程	5 月 29 日
33	茂名分公司 220 千伏输变电工程项目 110 千伏改造部分工程施工第二标段	5 月 30 日
34	中韩石化乙烯脱瓶颈改造项目新建 30 万吨 / 年 HDPE 装置工程	6 月 5 日
35	上海石化裂解汽油加氢装置节能优化改造项目	6 月 10 日
36	石油化工科学研究院废塑料生产低杂质油品技术工艺装置技术服务合同	6 月 25 日
37	岳阳原油商业储备基地工程项目	6 月 26 日
38	镇海炼化扩建 1 500 万吨 / 年炼油 120 万吨 / 年乙烯项目（乙烯部分）80 万吨 / 年乙二醇装置安装工程施工总承包	6 月 28 日
39	镇海炼化扩建 1 500 万吨 / 年炼油 120 万吨 / 年乙烯项目（乙烯部分）全厂工艺及热力管网施工总承包	6 月 28 日
40	镇海炼化扩建 1 500 万吨 / 年炼油 120 万吨 / 年乙烯项目（乙烯部分）60 万吨 / 年裂解汽油加氢装置等四个主项施工总承包	6 月 28 日
41	镇海基地一期项目 EOEG 装置（镇海项目 – 储罐）	6 月 28 日
42	萧山—义乌天然气管道工程定向钻穿越工程	6 月 30 日
43	天津分公司原油裂解制烯烃工业化试验项目	6 月 30 日
44	山西石油分公司晋城油库搬迁工程	8 月 6 日
45	浙江嘉兴（平湖）LNG 应急调峰储运站项目库区工程 T-6201、T-6202 号 LNG 储罐内罐安装标段施工承包工程	8 月 20 日
46	上海石化储运部罐区紧急切断功能改造项目	8 月 24 日
47	天津分公司新建 3 000 米 ^{3}（标准）/ 时燃料电池氢气纯化单元项目	8 月 28 日
48	中科合资广东炼化一体化项目（2020 年）施工用水用电工程	8 月 30 日
49	中韩石化富氢气体利用	9 月 2 日
50	扬子石化炼油结构调整项目新厂区雨水管道拆除及还建工程	9 月 10 日
51	沙特朱拜勒空分土建工程	9 月 22 日
52	沙特朱拜勒空分安装工程	9 月 22 日
53	东莞巨正源科技有限公司 120 万吨 / 年丙烷脱氢制高性能聚丙烯项目一期 -2# 低温丙烷储罐及配套工程施工	9 月 27 日
54	山东京博石化有限公司 60 万吨 / 年高性能聚丙烯树脂及配套项目配套公用工程	10 月终止合同
55	粤西天然气主干管网茂名—阳江干线项目第 5 标段线路施工工程	10 月 9 日
56	涪陵白涛工业园区供气管道工程项目白涛分输站工程	10 月 30 日

续表

序号	工程名称	交工
57	白涛分输站工程线路施工承包合同	10 月 30 日
58	广州分公司 PP3 装置产品质量提升项目	11 月 4 日
59	上海石化生活水管网优化改造项目	11 月 13 日
60	沧州分公司 2 万吨 / 年硫黄回收装置施工总承包合同	11 月 15 日
61	天津分公司 15 万吨 / 年 CHP 法制环氧丙烷项目界内安装工程	11 月 30 日
62	川气东送管道安徽天然气利用项目　宿松二期工程二标段工程	12 月 1 日
63	金虹航油管道工程（线路工程 II 标段）施工承包	12 月 1 日
64	宁波大榭开发区信海油品仓储有限公司小田湾油库二期成品油库安装及施工合同	12 月 15 日
65	茂名分公司 50 万吨 / 年重芳烃轻质化项目工程	12 月 30 日
66	芜湖油库搬迁工程库区安装工程施工 – 二标段	12 月 30 日
67	中原石化 2018 年一般措施及安全环保项目	12 月 30 日
68	北京燕山分公司化一维保项目	12 月 31 日
69	2021 年 40 万吨 / 年重整装置维保业务外包合同	12 月 31 日
70	2021 年石家庄炼化分公司与第四建设公司维保业务合同	12 月 31 日
二	检修改造项目	
1	长岭分公司 1# 催化裂化装置反再系统隐患改造项目	4 月 30 日
2	长岭分公司 2021 年停工大修	4 月 30 日
3	正和集团股份有限公司柴油加氢改质装置临氢管线材质升级项目安装工程	5 月 20 日
4	沧州分公司 2021 年大检修项目催化、连续重整装置静设备、管道、钢结构和连续重整装置机电仪检修合同	7 月 10 日

第五建设公司

【概况】 中石化第五建设有限公司（简称第五建设公司）是炼化工程集团全资子公司。第五建设公司成立于 1953 年，2010 年 12 月 18 日根据集团公司战略部署，从甘肃省兰州市西固区迁址到广东省广州市荔湾区中山七路 81 号。2012 年 4 月，根据炼化工程板块实施重组上市要求，由中国石化集团第五建设公司更名为中石化第五建设有限公司。

第五建设公司是中国最早从事石油化工建设的大型施工企业，也是集团公司直属大型综合性施工企业。有石油化工工程施工总承包壹级企业资质，钢结构工程专业承包壹级，环保工程专业承包壹级，建筑工程施工总承包、机电工程施工总承包、电力工程施工总承包贰级，消防设施工程专业承包贰级，市政公用工程施工总承包叁级，国外工程承包资质、对外经济合作经营资格资质和建筑行业（建筑工程）乙级、石油化工医药行业（化工工程、石油及化工产品储运）专业乙级设计资质等。具备 60 亿元 / 年以上的施工生产能力，能独立承担炼油、化工、化肥、化纤、橡胶、电力、医药、冶金、军工等大中小型装置及配套工程建设任务。在大型传动设备（机组）安装、大型储罐安装运输、大型 DCS 自动化集散控制系统安装与调试和特种材料焊接，以及大型锅炉、大型空分、炼油、聚烯烃、甲醇、煤化工、土壤修复、安全技术、机械清罐等方面，形成独具特色的技术优势。第五建设公司在做好传统业务的同时，在安全技术研发、土壤修复处理、油罐机械清洗、无轨导爬行焊接“机器人”等方面创新求变发展转型业务，培养了一大批高级工程技术人员和各专业高级技师。在国家许多重大项目建设中，充分体现在工程管理、机具装备、专业人才、新技术开发应用等方面的实力和优势。

截至 2021 年底，第五建设公司本部共设 14 个职能处室，下辖区域分公司、专业分公司等 13 个二级单位。有 56 个项目部（国内 53 个、国外 3 个），分布在全国各地炼化企业和海外。用工总量 1 853 人，其中在岗合同制员工 1 702 人、短期阶段性合同工 2 人、不在岗 149 人（含离岗调研、内退、工伤）。有国家一级建造师 112 人、二级建造师 16 人。

第五建设公司主要生产经营指标和 2021 年完成的主要工程项目分别见表 1 和表 2。

（于维娜）

【经营业绩创历史新高】 2021 年，第五建设公司经营业绩创历史最好水平，全年营业收入 50.52 亿元，增长 7%；利润总额 1.32 亿元，增长 16%；净利润 1.11 亿元，完成指标的 111%，增长 79%。市场开拓新突破，境内新签合同额完成全年计划目标的 141.5%，增长 28.7%，再创历史新高。

（于维娜）

【重点项目建设保障有力】 2021 年，第五建设公司形成以茂名石化、海南炼化、镇海炼化、巴陵石化 4 个大的项目群为主的项目布局，37 个项目高标准建成中交，45 个在建项目有序推进。其中，承建的茂名原油商储项目提前 12 天高标准中交，镇海基地项目实现决胜“6·30”、奋进“9·30”总体目标，茂名石化苯乙烯项目达到“12·30”中交条件，海南炼化乙烯和炼油改扩建项目总体进度受控，天津 LNG 项目提前达到重要节点目标。获集团公司 2021 年 HSE 先进单位和绿色企业称号，获优质工程奖 7 项（国家优质工程金奖 1 项、全国优秀焊接工程奖 1 项、省部级优秀工程奖 5 项）。

（于维娜）

茂名原油商储基地（二期）工程

镇海炼化基地项目加氢裂化装置

茂名石化苯乙烯项目

【全面深化改革稳步推进】 2021 年，第五建设公司优化基层单位组织机构，梳理完成机关部门、二级单位、项目部主要业务权责划分，稳步推进实施经理层成员任期制及契约化管理工作，对中基层领导人员进行末等调整不胜任退出，修订海外员工薪酬管理办法，建立项目经营目标考核管理体系，将中层干部年度绩效考核兑现奖励拉大至 35%，建立月度、年度考核相结合的绩效考核模式，深化国企改革三年行动计划完成率 92.8%，远超集团公司规定的 70% 目标，企业内生动力不断增强。

（于维娜）

【企业治理能力不断提升】 2021年，第五建设公司开展对标世界一流管理提升行动，制订发布“十四五”发展规划并进行细化分解落实。突出财务价值引领和价值创造，形成“财务管理中心＋财务服务中心”管控体系。加强制度体系建设，开展制度有效性提升活动，新增和修订制度98项，废止制度27项。坚持筑牢底线，落实集团公司“总经理2号令”，实施领导干部个人HSE行动计划，开展“百日安全无事故”“五查五严”“安全生产专项整治三年行动”等活动，修订发布《五建公司HSE管理体系手册》，开展质量专项治理活动，实行“交互式”质量大检查，全年实现4 382万安全人工时，焊口一次合格率96.5%，安全、质量全面受控。

（于维娜）

【创新发展获成果】 2021年，安全实操培训基地被广东省应急厅授牌“广东省危险化学品安全实操培训示范性基地”，取得由广州市应急管理局授权的培训考试点资格，智能安全帽产品获市场认可，在烟台万华、五建海南炼化项目推广应用，刚性人孔封闭器、型钢立柱生命线锁紧器、型钢横梁生命线锁紧系统、扁钢竖向提拉卡钳、移动式起重门架、磁吸式电缆挂钩等安防产品突破市场销售。土壤修复和智能拆除核心技术的推广应用，有效地为项目节约施工成本，扩大市场开发竞争优势，以“市场开发、项目执行、技术研发”的三位一体整体布局初步实现，在智能拆除、资源利用、场调风评、土壤修复、填埋场整治、应急处理六大业务领域均有新签合同和业绩成果。不断向“数字化＋环保”的方向发展，形成集“设计、研发、项目执行”为一体的清洗业务体系，集“机械清洗＋‘三废’处理（油水处理、VOCs油汽回收、污泥处置）”一站式的处理能力，同时也将清洗业务范围从加油站埋地储罐延伸至成品油立式储罐、大型原油储罐，自主研发的“中小型储罐一体化绿色清洗技术”被评为2020年石油石化好技术，专业EPC逐渐形成“E（EPC）＋机械清洗＋项目管理”的业务布局。累计获授权专利110件，其中发明专利5件、实用新型专利100件、外观设计5项。管道氩弧焊充气封堵器、高标准蒸汽管道保温、石油污染土壤原位化学氧化修复等多项技术在项目执行中得到推广应用。“基于工程互联网的石化智能安全工地关键技术及应用”获湖北省科技进步奖三等奖、湖北省科技进步奖三等奖（个人），“无轨导全位置爬行焊接机器人”项目通过股份公司鉴定，“重大危险作业施工工艺、工法开发及最佳实践项目”通过中国安全生产协会科技成果鉴定，智能安全带项目通过广东省安全生产协会科技成果鉴定，石油烃污染土壤和地下水修复技术研究通过股份公司鉴定。

（于维娜）

【党建引领作用充分彰显】 2021年，第五建设公司认真落实集团公司党组“1355”党建工作总体思路，认真落实“第一议题”制度、“两个一以贯之”要求。规范党委会运转协调，制定党委讨论和决定重大事项清单，修订完善“三重一大”决策制度，制定二级单位“三重一大”决策制度。开展全国国企党建会精神贯彻落实情况“回头看”，召开高质量党建推进会，逐级开展党组织书记抓党建工作述职评议，完善基层党组织书记季度例会、党建工作领导小组会议机制，修订党建工作考核办法，全面从严治党不断严紧实。注重人才强企，对20余名中层领导人员岗位进行调整，建立健全人才工作制度体系，加大年轻干部选拔任用力度。加强基层党支部建设，推行“一体化推进、标准化落实、特色化彰显”党建工作管理体系落地，评选表彰标准化党支部和党建特色品牌项目，编印“三化”优秀案例选编发放至基层党组织交流学习。

（于维娜）

【党史学习教育取得显著成效】 2021年，第五建设公司庆祝党的百年华诞，开展党史宣讲、专题宣讲以及“党史故事我来讲”等学习教育活动，贯彻习近平总书记视察胜利油田重要指示精神，开展“党旗在一线高高飘扬”“我为群众办实事”实践活动。第五建设公司党史学习教育有关做法受到集团公司第三巡回指导组的好评。

（于维娜）

表 1 第五建设公司主要生产经营指标

指标名称＼年份	2021	2020	2019	2018	2017	2016
资产总值 / 亿元	41.14	38.66	36.60	44.54	40.30	42.47
主营业务收入 / 亿元	50.07	47.22	48.99	41.27	33.97	38.20
利税 / 亿元	2.12	2.06	1.56	1.86	–5.42	–3.92
承接工程数量 / 项	82	91	100	105	90	103

表 2 第五建设公司 2021 年完成的主要工程项目

序号	项目名称	竣工时间
1	日照—濮阳—洛阳原油管道工程站场工程	1 月
2	川维化工公司燃煤锅炉超低排放改造项目 1#2#3# 除尘改造工程	2 月
3	海南炼化 100 万吨 / 年乙烯及炼油改扩建工程项目化工区 Ⅰ 、Ⅱ 区域厂区总平面、给排水及消防管网等工程施工总承包（二标段）	2 月
4	茂名分公司低硫重质船用燃料油生产配套项目建筑安装工程	3 月
5	山东寿光鲁清石化有限公司 120 万吨 / 年轻烃综合利用项目	3 月
6	古雷石化码头公司厦门港古雷港区古雷作业区南 15—19 泊位设备及附属设施等安装工程	3 月
7	北海炼化北海炼油异地改造石油化工（20 万吨 / 年聚丙烯）项目结构调整改造项目（建筑安装工程）	4 月
8	中石化广元天然气净化有限公司产品气气质达标项目新建 COS 水解精脱硫装置 3 套及配套设备设施工程施工总承包项目	4 月
9	销售华南分公司 2019—2021 年度安全隐患治理及小型技措等项目	4 月
10	海南炼化厂区围墙及 108 大门改造施工总承包项目	4 月
11	九江分公司 2021 年度装置停工大检修施工总承包项目	5 月
12	西北油田分公司顺北油气田一区奥陶系油气藏产能建设项目 – 五号联合站建设工程一标段	5 月
13	洛阳分公司炼油结构调整项目 12 万吨 / 年乙苯装置安装工程	5 月
14	石油商业储备公司茂名北山岭原油商业储备基地工程（二期）	6 月
15	川维化工公司 PVA 光学膜工业试验线建设一期工程（二标段）	6 月
16	镇海炼化扩建 1 500 万吨 / 年炼油 120 万吨 / 年乙烯项目（乙烯部分）全厂工艺及热力管网项目施工总承包工程（标段一）	6 月
17	动力中心项目［镇海炼化 120 万吨 / 年乙烯项目（乙烯部分）煤 / 焦制气联合（POX）装置等 4 个主项安装工程（三标段）］	6 月
18	镇海炼化炼油老区乙烯原料适应性改造项目 400 万吨 / 年加氢裂化装置建筑安装工程	6 月
19	沧州分公司 2021 年大修改造项目	7 月
20	沙特朱拜尔环氧乙烷 / 乙二醇 Ⅲ 期（EO/EG Ⅲ）工程项目	7 月
21	湖北化肥尿素及合成氨停用装置实物资产拆除处置项目	7 月
22	浙江石化 4 000 万吨 / 年炼油化工一体化项目（二期）炼油装置 5 标段（柴油加氢）建安工程	8 月
23	中韩石化部分储罐及焦化片区 VOCs 治理项目主装置工程	8 月

续表

序号	项目名称	竣工时间
24	浙江石化 4 000 万吨 / 年炼油一体化项目（二期）炼油装置 2 标段建筑工程	8 月
25	宁波镇海石化储运有限公司镇海炼化轻烃基地项目安装工程（二标段）	9 月
26	镇海炼化扩建 1 500 万吨 / 年炼油 120 万吨 / 年乙烯项（乙烯部分）30 万吨 / 年气相法高密度聚乙烯装置安装工程	9 月
27	天津石化聚醚部东丽厂区场地污染修复治理 EPC 工程总承包项目	9 月
28	石家庄检维修及技改技措项目（群）	10 月
29	茂名石化港口分部长输管线隐患治理项目	11 月
30	福建联合石化聚烯烃工艺排放气 VOCs 治理项目	11 月
31	斯尔邦二期丙烷产业链项目二标段土建、安装工程	11 月
32	销售华南分公司西南成品油管道茂名至茂名西段增输改造工程站场工程	12 月
33	董家口至东营原油管道工程站场工程二标段（安丘站）	12 月
34	镇海炼化扩建 1 500 万吨 / 年炼油 120 万吨 / 年乙烯项目（乙烯部分）30 万吨 / 年淤浆法高密度聚乙烯装置施工总承包工程	12 月
35	茂名分公司粗裂解气制苯乙烯项目	12 月

第十建设公司

【概况】 中石化第十建设有限公司（简称第十建设公司）是炼化工程集团全资子公司，成立于 1953 年 1 月，前身为重工业部化学工程管理局太原工程公司，1970 年 10 月分建山东淄博，后成立山东省化学石油建设公司，1978 年更名为化学工业部第十化工建设公司，1983 年由化工部划入中国石油化工总公司，更名为中国石化第十建设公司，1998 年更名为中国石化集团第十建设公司，2012 年完成公司制改制并变更为现名，2014 年 8 月本部迁址山东青岛。

第十建设公司在能源、化工等诸多领域为境内外客户提供优质服务，主要承建炼油、石油化工、煤化工、精细化工、油气储运、医药、市政、环保、锅炉、电站及送变电等新建、改扩建、检维修工程，同时开展设备制造、大型设备吊装与运输、特种机械修造及工程项目管理与监理业务，是国内承建炼油、乙烯、煤化工、化纤、大型 LNG 与原油储罐、大型设备吊装等工程最具竞争力的工程企业。

第十建设公司有石油化工工程施工总承包一级等资质，在大型储罐安装、大型设备吊装、大型压缩机组安装调试、大型电气仪表控制系统安装与调试、大型起运机械修造、特种材料焊接等方面，形成国内领先的核心技术优势，被认定为国家高新技术企业。

截至 2021 年底，第十建设公司设 15 个机关部室以及安装、仪电、储运、重机、建筑工程、齐安工程（管道结构工程）、金海湾项目管理公司等 12 个专业分公司，北京金海湾工程建设监理有限公司等 4 个全资子公司。在册员工 2 551 人，其中在岗经营管理与专业技术人员 1 869 人、技能操作人员 566 人；有高级职称及以上人员 465 人、中级职称人员 624 人，技师及高级技师 108 人。

第十建设公司主要生产经营指标和 2021 年完成的主要工程项目分别见表 1 和表 2。

（董砚宝）

【生产经营实现提质增效】 2021 年，第十建设公司将“精益管理年”“安全文化年”确立为年度主题，全力推动高质量发展，召开精益管理研讨会，着力强化生产环节上的精益组织和攻坚创效，持续开展对标一流管理提升行动，全年新签合同额、营业收入、利润等主要指标均超额完成年度计划，生产经营发展质效稳步提升，促进“十四五”良好开局。

（董砚宝）

【安全环保持续提升】 2021 年，第十建设公司围绕“安全文化年”，印发《安全文化建设工作方案》，着力提升安全文化引领作用，增强全员安全文化自信，创建“平安幸福”安全文化品牌，以安全文化助推企业安全发展。着力强化 HSE 管理体系建设和要素运行，全年开展安全培训 9.9 万余人次，累计实现 8 640 万安全人工时，被评为中国石化绿色企业。

（董砚宝）

【市场开发提升竞争优势】 2021 年，第十建设公司推动市场迈向中高端，境内全年投标 156 项，中标 68 项，中标率 44%，在施工主业上保持良好市场竞争力。全力服务中国石化重点工程，主要承揽到海南炼化乙烯裂解炉及 FDPE 装置、扬子石化炼油结构调整催化裂化装置等石油化工项目，以及山东液化天然气三期储罐等油气储运项目。拓展系统外重点市场，主要承揽到中海石油宁波大榭石化馏分油四期芳烃联合装置、东华能源（茂名）PDH 装置、浙江石化 PO/SM 装置等。坚定国际化发展方向，聚焦“中东、中亚和俄罗斯、东南亚”的目标市场，俄罗斯阿穆尔项目乙烯装置 OSBL 标段合同签署并开始执行，全年跟踪、投标和谈判境外项目 54 项，保持广度和深度。

（董砚宝）

【设计管理助推新业务发展】 第十建设公司以合作开发为路径，以环境工程项目为载体，以 VOCs 治理为切入点，大力开拓新业务发展空间。2021 年，第十建设公司与大连石油化工研究院、青岛安全工程研究院签署战略合作协议，搭建技术平台。5 月 25 日，第十建设公司设计管理中心揭牌，着力深化管道、钢结构二次设计，培育专项设计和 EPC 能力。大力承揽节能环保 EPC 项目，促进新业务加快发展。

（董砚宝）

【模块化深度推进】 2021 年，第十建设公司加大模块化推进力度，对古雷乙烯、烟台蓬莱、中海福陆等模块化项目进行总结交流，对模块化基地进行深入调研，进一步提升第十建设公司模块化整体水平。浙江石化二期项目 2 套 300 万吨 / 年浆态床渣油加氢装置策划 32 个施工模块，充分利用现场资源，实现“一个项目，两个工地”，特别是反应器框架，在地面组成三个大模块进行吊装，提高工效，缩短工期，反应框架施工周期缩短 40 天。

（董砚宝）

【数字化发力推动】 第十建设公司将数字化作为驱动转型、赋能发展的有力抓手，2021 年成立数字化转型领导小组，广泛开展数字化实施项目的对接，加快项目管道、钢结构等的数字化进程，深入探索数字化交付，优化升级项目施工过程管理平台，促进施工过程智能管理，有效赋能企业高质量发展。

（董砚宝）

【管道施工加快有序化、自动化】 2021 年，第十建设公司坚持“六化”（安装模块化、预制工厂化、焊接自动化、施工管理信息化、管道施工有序化、项目管理组织合理化）驱动项目执行，优化管道施工组织，大力推动实施“支架司令”管理模式，促进重点项目管道有序收尾。持续推广管道自动焊，全年自动焊完成 328.3 万吋径（1 吋 =25.4 毫米），自动焊比率约为 35.8%，2019—2021 年连续 3 年保持在 300 万吋径以上，处于同行业领先水平。

（董砚宝）

【俄罗斯阿穆尔项目启动执行】 2021 年 3 月 3 日，俄罗斯阿穆尔乙烯装置施工项目总承包合同签署，第十建设公司承揽的 OSBL 标段合同额为 3.94 亿美元，是第十建设公司中标的合同额最大的境外项目，计划自 2021 年开始。4 月 27 日，首批 43 名员工启程赴俄罗斯阿穆尔项目。2021 年，第十建设公司着力推动项目策划、资源储备、人员动迁、新冠肺炎疫情防控、土建施工等工作。11 月 4 日，俄罗斯阿穆尔项目 OSBL 标段最重设备 C_2 分离器吊装完成，该设备直径 7.48 米，高 73.33 米，净重 647.6 吨，附塔结构安装 25 吨，吊装选用 1 台 2 000 吨履带式起重机主吊，1 台 400 吨履带式起重机溜尾。

（董砚宝）

俄罗斯阿穆尔项目 C_2 分离器吊装成功

【古雷石化 80 万吨 / 年乙烯等装置交工投产】 2021 年，第十建设公司在古雷炼化一体化项目上承担 80 万吨 / 年乙烯等 4 套装置的施工任务。2021 年 8 月 7 日，60 万吨 / 年苯乙烯装置一次投料开车成功；8 月 17 日，80 万吨 / 年乙烯装置一次投料开车成功。建设过程中，第十建设公司深入探索模块化施工，其中乙烯裂解炉整体模块安装开国内先河，工厂化预制、自动焊接等创新手段大力推进，绿色工地创建起到引领示范作用。

（董砚宝）

古雷石化 80 万吨 / 年乙烯等装置中交

【镇海基地 120 万吨 / 年乙烯工程交工投产】 2021 年 11 月 28 日，镇海基地“一号工程”——120 万吨 / 年乙烯项目建成交付。项目于 2020 年 5 月 7 日开工，建设过程中，第十建设公司先后组织“百日劳动竞赛”“决战六十天”等活动，高质量完成决胜“6·30”、大机组试车、裂解炉烘炉等关键目标，为乙烯装置交工投产奠定坚实基础。项目攻坚创效取得多项荣誉，乙烯装置现场被业主评为标准化工地，项目党支部被评为中国石化基层先进党支部，李印中被评为全国能源地质系统大国工匠，乙烯装置裂解炉区青年突击队被评为中国石化优秀青年突击队。

（董砚宝）

镇海基地一期项目中间交接仪式“冲刺 100 天，决胜‘6·30’立功竞赛表彰会”

【斩获国家优质工程奖 1 金 3 银】 2021 年，第十建设公司承建的中安联合煤化有限责任公司煤制 170 万吨 / 年甲醇及转化烯烃项目获国家优质工程金奖，催化剂长岭分公司云溪基地 5 万吨 / 年催化裂化催化剂联合生产装置建设项目、催化剂大连基地（一期）建设项目、山东液化天然气（LNG）项目一期工程获国家优质工程奖，另有 7 项工程获省部级优质工程奖。

（董砚宝）

【高层次人才发挥引领作用】 2021 年，第十建设公司深入贯彻人才强企战略，组织专家研讨会，成立专家委员会，完善第十建设公司专家管理体系，专家引领作用进一步发挥。王鹏雁被聘为中国石化高级专家，唐元生被聘为中国石化技能大师，胡善芳被评为中国石化闵恩泽青年科技人才，王东亮、姬永明被评为中国石化技术能手。第十建设公司创建以技能大师、劳模、工匠、专家为领衔的职工创新工作室 4 个，促进各类人才成长和发展。

（董砚宝）

【召开第八次党代会】 2021 年 3 月 29 日，中国共产党中石化第十建设有限公司第八次代表大会召开，173 名代表出席会议，审议并通过第七届党委、纪律检查委员会工作报告，选举产生新一届党的委员会和纪律检查委员会。会议明确第十建设公司今后五年的目标任务和主要工作规划，向着加快实现“十四五”发展目标、再造一个“新十建”的愿景目标而努力奋斗。

（董砚宝）

【党史学习教育走深向实】 2021 年，以建党 100 周年为契机，第十建设公司深入开展党史学习教育，聚焦学习贯彻习近平总书记“七一”重要讲话、党的十九届六中全会、习近平总书记视察胜利油田重要指示精神，举办专题辅导班，邀请青岛、山东、中央党校专家教授开展培训 3 次，统筹推进学习研讨、培训宣讲，构建党史学习教育“长征图”。开展现场教学 115 次、主题党日 187 次，各级党组织开展“我为群众办实事”、解难题 297 项，走访境外员工 676 人次。举办“我心向党”庆祝中国共产党成立 100 周年群众性歌咏比赛。动员党员干部以实际行动深刻理解“两个确立”的决定性意义，牢记总书记“再立新功、再创佳绩”殷切嘱托，努力在保障国家能源工程建设中“站排头、争第一”。全年完成镇海乙烯等 62 项重点工程建设。

（董砚宝）

【党建引领发挥优势】 2021 年，第十建设公司坚持以习近平新时代中国特色社会主义思想为指导，以庆祝建党百年为动力，深入贯彻新时代党的建设总要求，大力弘扬伟大建党精神，着力提升党的建设质量，严格落实“第一议题”制度，狠抓基层党建“三个基本”，打造基层党建品牌，古雷炼化项目党总支被评为中国石化基层党组织建设示范点，镇海炼化项目党支部被评为中国石化基层先进党支部，通过高质量党建有力引领高质量发展。

（董砚宝）

表 1　　第十建设公司主要生产经营指标　　亿元

指标名称 \ 年份	2021	2020	2019	2018	2017	2016
资产总值	48.89	39.09	41.93	42.01	40.79	41.82
主营业务收入	81.32	69.01	67.38	53.6	36.67	51.11
利　税	3.71	2.55	2	1.65	2.03	2.26
承建工程数量 / 项	62	60	60	70	62	48
获授权专利数量 / 件	107	95	84	80	70	60

表 2　　第十建设公司 2021 年完成的主要工程项目

序号	项目名称	竣工日期
1	青岛石化低成本生产低硫船用燃料油技术攻关改造项目	1 月
2	上海彤程化学烯烃扩能改造、长输管道、火炬等施工总承包项目	1 月
3	烟台蓬莱 M135 项目裂解炉	3 月
4	鲁清石化橡塑新材料施工项目	3 月
5	上海石化烯烃部中控室隐患整改施工总承包项目	4 月

续表

序号	项目名称	竣工日期
6	福建漳州古雷炼化一体化项目 60 万吨 / 年苯乙烯装置施工总承包项目	4 月
7	茂名石化乙烯 2 号系列裂解、加氢、芳烃装置检修	5 月
8	福建漳州古雷炼化一体化项目蒸汽裂解装置施工总承包项目	5 月
9	山东液化（LNG）项目二期工程	5 月
10	茂名分公司 10 万吨 / 年高端碳材料项目建筑安装工程	5 月
11	中韩石化乙烯脱瓶颈改造项目 EPC 工程总承包一标段	6 月
12	抚顺乙烯、丁烯装置停工检修	6 月
13	茂名原油商储库工程 6 台 10 万立方米储罐	6 月
14	镇海炼化 120 万吨 / 年乙烯装置	6 月
15	茂名分公司合成润滑油基础油装置	6 月
16	福建原油商储库工程 8 台 10 万立方米储罐	6 月
17	海南东方 22.4 万吨 / 年碳酸二苯酯生产装置	7 月
18	古雷炼化码头液化烃库区工程	7 月
19	烟台万华化学催化剂二期项目土建及安装工程	7 月
20	华锦 2021 年公用工程装置大检修施工	8 月
21	烟台万华气化装置氨合成装置安装工程	8 月
22	浙江石化二期 1#2#300 万吨 / 年浆态床渣油加氢装置土建工程	9 月
23	齐鲁石化 2021 年装置停工检修工程	9 月
24	齐鲁石化炼油厂加氢裂化装置胺液系统完善改造项目工程	9 月
25	齐鲁石化炼油厂加氢裂化加热炉联锁及工艺合规性整改项目	9 月
26	浙江石化炼化一体化高压聚乙烯土建施工总承包项目	9 月
27	粤西天然气主干管网工程茂名—阳江干线项目	10 月
28	青岛炼油化工炼油二部催化装置检修	11 月
29	山东液化天然气（LNG）项目三期工程接收站工程	11 月
30	福建炼化 2021 年大修及小型改造（EOEG 静设备）施工	11 月
31	福建联合石化 6481 单元除氧给水低温热回收施工总承包项目	12 月

上海赛诺佩克有限公司

【概况】 上海赛诺佩克有限公司成立于 2008 年 9 月，主要职能是开发、建设、运营中国石化上海浦东科研信息办公综合基地（简称基地项目）。根据项目推进的需要，于2019年6月初步完成组织架构搭建并正式启动上海赛诺佩克有限公司运营。上海赛诺佩克有限公司办公地址位于上海浦东杨高南路729号陆家嘴世纪金融广场，截至2021年底，共有员工23人，设综合管理部（党群工作部）、财务部、工程管理部（QHSE管理部）3个职能部门。基地项目毗邻浦东新区行政中心、世纪公园、上海科技馆和东方艺术中心，2020年4月28日正式开工建设。基地项目概算投资47.30亿元（含土地费用15.57亿元），总用地面积6.29公顷，总建筑面积26.01万平方米，其中地上建筑面积15.75万平方米，地下建筑面积10.26万平方米。地上部分建设5座科研办公综合楼、1座科技交流中心、1座信息中心，及配套公用工程和辅助设施。地下部分3层，主要功能为车库、厨房及餐厅、档案库房、变配电用房及其他辅助用房。基地项目建成后，中国石化13家在沪企业的3 000余名员工将入驻办公。

（侯先兆）

中国石化上海浦东科研信息办公综合基地效果图

【领导班子】 陈柯达任执行董事、总经理、党委副书记，马广印任党委书记、副总经理、工会主席，方强任副总经理。

（侯先兆）

【主营业务】 上海赛诺佩克有限公司主营业务范围为房地产开发、房屋租赁、物业管理。2019年4月—2024年6月，为基地项目建设期。截至2021年底，基地项目总体进度计划完成46.71%，实际完成48.25%；全年完成投资计划6.67亿元，累计完成投资27.15亿元。

（侯先兆）

【安全环保】 2021年，上海赛诺佩克有限公司始终坚持安全第一，完成修订HSE管理体系，督促基地项目参建单位落实中国石化安全环保生产要求，开展安全教育培训，每月开展常规安全检查，组织开展“五查五严”专项活动；贯彻绿色发展理念，严格文明施工，实时开展施工现场噪声、扬尘监测，严格预防空气、噪声及光污染，创建文明工地和绿色工地。

（侯先兆）

【疫情防控】 2021年，上海赛诺佩克有限公司严格落实新冠肺炎疫情防控要求，按照承包商与上海赛诺佩克有限公司防疫工作同等要求的原则，加强对基地项目现场防疫工作的指导和督促，审核基地项目防疫工作方案，定期开展基地项目现场防疫措施检查，及时落实中高风险地区旅居史排查，上海赛诺佩克有限公司及基地项目现场均实现疫情“零发生”。

（侯先兆）

【企业管理】 2021年，上海赛诺佩克有限公司建立健全内控风控体系，组织制定并发布内控手册，每季度组织开展内控自查；推动依法依规治企，及时承接、制定制度，优化合同审批流程。科学优化财务管理，按照基地项目建设的需要，组织资金及时支付，保障农民工工资发放到位；严格预算管理，全年完成建设单位管理费2 055万元，控制在总部下达的2 100万元指标范围内。开展上海赛诺佩克有限公司发展规划研究工作，制订总体方案，就上海赛诺佩克有限公司进入正式运营阶段后体制架构、经营模式提出意见建议。加强年轻干部选拔培养，修订完善人才成长通道建设、专家管理制度；制定导师带徒工作细则，新招录2名应届毕业生，落实导师带徒等各项培养措施。

（侯先兆）

【党的建设】 2021年，上海赛诺佩克有限公司贯彻落实党的路线方针政策坚决迅速、不打折扣，切实增强“四个意识”、坚定“四个自信”、做到“两个维护”。坚持用党的创新理论武装头脑，认真落实“第一议题”制度，积极打造践行习近平新时代中国特色社会主义思想重要阵地。认真执行党委会、班子会等议事规则，严格落实“三重一大”事项程序，扎实开展好党史学习教育。聚焦项目建设、企业发展重点任务，运用“党建+”的理念，深化互融互促，开展党员专题攻关小组活动，将补缴土地价款评估价从近4亿元下降到2.39亿元，并一次通过上海市浦东新区规划和自然资源局组织的评审；发挥BIM技术减少设计、施工中变更数量的作用，有效提高项目整体控制，获上海市建筑施工行业协会BIM大赛一等奖、全国创新杯BIM应用大赛二等奖。

（侯先兆）

项目管理公司（南京项目管理中心）

【概况】 中石化项目管理有限公司（简称项目管理公司）于2018年9月28日在江苏省南京市江北新区注册成立，12月28日正式揭牌运营，是股份公司全资子公司，是中国石化建设工程项目管理的专业技术服务公司，主要从事石油化工工程项目管理、工程技术咨询、工程招标代理、工程造价咨询、贸易经纪与代理、税务代理、审计服务、工程监理、设备监造服务、面向成年人开展的培训（不含国家统一认可的职业证书类培训）等业务，注册资金1亿元，业务归口集团公司工程部管理，与中国石化工程部南京项目管理中心（简称南京项目管理中心）合署办公，实行“一套班子，两块牌子”。2020年9月20日，项目管理公司整体搬迁至南京市建邺区南京金融城9号楼8—9层。

南京项目管理中心是中国石化2007年6月批准成立的工程部南京派出机构，作为工程部管理职能的延伸，代表中国石化履行重点工程项目管理、制度修订、技术支持、专项培训等职能。自成立以来，向中国石化武汉80万吨/年乙烯工程（简称武汉乙烯工程）、中天合创鄂尔多斯煤炭深加工示范项目、中安联合煤制170万吨/年甲醇及转化烯烃项目（简称中安项目）、福建漳州古雷炼化一体化项目（简称古雷项目）、中国石化扬子油品质量升级及原油劣质化改造项目（简称扬子炼油改造项目）、福建炼化炼油乙烯一体化项目、镇海炼化100万吨/年乙烯工程、中国石化青岛1 000万吨/年炼油项目、南京扬子石化碧辟乙酰有限责任公司50万吨/年醋酸合资项目、扬子石化50万吨/年醋酸装置配套工程、扬巴公司IPS二期改造项目等重点项目派出管理团队，其中以南京项目管理中心团队为管理核心的武汉乙烯工程获国家优质工程金奖，扬子炼油改造项目获国家优质工程奖。

项目管理公司在南京项目管理中心职能的基础上，按照专业化、市场化的要求，增加经营管理、市场开发、工程技术服务，以及部分人力资源协调管理等职能，对中国石化合资合作项目、系统内石油化工工程建设项目开展工程管理服务，最大限度地维护和保障中国石化的整体利益，逐步成为独立的市场化运作的项目管理公司。2021年，项目管理公司先后承接中国石化自贸大厦项目（简称自贸大厦项目）、贵州能化50万吨/年聚乙醇酸（PGA）项目一期20万吨/年工程（简称贵州能化PGA项目）的工程管理服务，承接首个工程管理咨询服务项目——华北油气分公司大牛地气田天然气乙烷回收工程。以项目管理公司名义管理的中安项目先后获中国石化优质工程奖、中国施工企业管理协会工程建设项目设计水平评价一等成果、国家优质工程金奖。

项目管理公司设综合管理部（党群工作部）、经营管理部、工程技术部、工程财务部、工程管理部、质量安全部6个职能部门。截至2021年底，现职中层干部11人，其中副总师2人；项目管理公司首席专家1人、高级专家1人、专家4人。在职员工99人，大多数是石油化工工程及相关专业的项目管理技术骨干，持有PMP、IPMP、建造师、监理工程师、造价工程师等各类资质证书和注册执业证书的人员50人，占总人数的50.51%；本科及以上学历73人，占总人数的73.74%；具有正高级职称的3人，高级职称的21人，中级职称的41人。项目管理公司有造价咨询暂定乙级资质。

（姜　喆）

【领导班子调整】 2021年4月，因年龄原因，武学斌不再担任项目管理公司党委委员、副总经理职务。

（姜　喆）

【重点工程管理】 2021年，项目管理公司持续抓好重点工程项目管理，安全、质量、进度、投资、合同、廉洁六大目标全面受控。①古雷项目。由项目管理公司全权负责建设管理的古雷项目乙烯及国三套等重点装置于2021年5月28日顺利中交、8月18日蒸汽裂解装置一次投料开车成功产出合格产品，创下近年中国石化大乙烯中交开车的新纪录，取得新冠肺炎疫情防控和项目建设双胜利。项目安全和质量管理始终处于全面受控状态，全力推动项目结算收尾工作。②贵州能化PGA项目。2021年7月，项目管理公司成立贵州能化PGA项目管理团队，派出骨干力量参与项目建设，有序开展项目前期各项准备。截至年底，该项目年度累计完成投资20 050万元，项目始建累计完成投资108 497.97万元，占项目总投资的9.79%。项目总体设计于2021年12月上报总部审批。③中安项目。中安项目于2021年6月30日顺利通过工程竣工验收、7月1日由试生产转入商业运营且当月实现盈利。截至年底，加快完成物流优化和技改技措项目收尾、1-丁烯及中安大修改造项目的建设等工作。④扬子石化炼油结构调整项目。项目管理公司派遣人员继续协助业主开展项目控制和施工管理工作，该项目于2021年5月28日正式开工建设，总体统筹控制计划于9月8日获总部批复。截至12月20日，年度累计完成投资102 975.80万元，占年度投资计划的93.61%；项目始建完成投资108 975.80万元，占基础设计批复总投资的21.80%。⑤自贸大厦项目。2021年5月，项目管理公司成立自贸大厦项目管理团队，重点负责设计、施工、质量、控制、HSE等部门管理。该项目于9月13日正式开工建设，截至年底，总体累计进度完成12.93%，累计完成投资15 579万元，占年度投资计划的100.51%。

（姜　喆）

古雷项目全景图

【安全管理】 2021年，项目管理公司抓紧抓实常态化新冠肺炎疫情防控各项措施。针对局地突发疫情，落实集团公司部署和属地要求，牢固树立“疫情防控大于天”的理念，坚持“生产必须服从防疫”“盯人、盯项目”原则，及时采取分类管控、全面摸排、核酸检测、消毒防护、居家办公、划拨党费等措施，全力保障员工生命安全和身心健康，项目管理公司及各驻外项目始终保持“零感染”目标。深入开展“百日安全无事故”“五查五严”专项行动及“安全生产月”活动，大力开展安全环保领域形式主义官僚主义问题自查自纠及整改落实，促进项目建设安全有效运行；举办消防安全知识、突发疾病急救、防御性安全驾驶等专题讲座，开展全员安全培训、安全大讲堂、消防疏散演习、AED操作方法教学等活动，全力营造“我要安全”浓厚氛围。

（姜　喆）

【经营管理】 2021年，项目管理公司超额完成集团公司下达的效益指标。紧紧围绕深化改革三年行动方案目标、分工及5类32项具体工作措施，实行台账式、项目化动态跟踪推进，抓实抓细各项改革任务；印发项目管理公司中长期发展规划，健全完善公司制度规定，推进薪酬和用工制度改革；落实对标世界一流管理提升行动部署，聚焦内功修炼，强化组织领导及过程管控，全力推进实施细则落实落地。着力体系建设加强企业管理，2021年5月，顺利通过QHSE管理体系外部跟踪评审，项目管理公司内控体系逐步完善；着力创新能力提升，推进项目信息管理平台及相关软件开发建设，以市场为导向，实现制度规定的固定化、流程程序的模板化、管理数据的信息化、现场工地的智慧化；着力市场开拓，跟进塔河炼化顺北原油蒸汽裂解百万吨级乙烯项目、新星公司新疆库车绿氢示范项目，并初步达成合作意向。招标代理工作进展顺利，全年续签、新签、接转招标代理合同13份，合同额约2 941万元；完成招标代理249个标段，包括巴陵石化己内酰胺产业链搬迁与升级转型发展项目、扬子石化炼油结构调整项目、仪征化纤300万吨/年PTA项目、中国石化集团石油商业储备有限公司福建原油商业储备基地工程、贵州能化PGA项目、古雷项目等重点项目，中标金额约75.75亿元。

（姜　喆）

【队伍建设】 2021年，项目管理公司深入实施人才强企工程，有序抓好管理序列和技术序列人员选拔使用和管理监督，完成2名副总师、3人次中层正职、1名中层副职及1名公司首席专家、11名高级主管、6名主管的选聘，进一步畅通项目管理公司人才成长通道，激发人才队伍创新创效活力。引进应届毕业生10名，其中硕士8名，开展多方位入职培训，持续为项目管理公司注入新鲜血液。

（姜　喆）

【党风廉政建设】 2021年，项目管理公司及时召开党风廉政建设和反腐败工作会暨警示教育大会，制发年度重点任务分工方案和季度日常监督重点任务清单，组织签订党风廉政建设责任书和廉洁自律承诺书；定期召开监督委员会会议，及时部署推动重点领域、重大项目的日常监督和专项监督；召开领导干部廉政谈话会，深入学习、解读中央及集团公司党组关于加强对“一把手”和领导班子监督的文件精神；首次开展部门“一把手”述职述廉，推动形成“一把手抓一把手、层层抓落实”的监督格局；全面梳理工程建设领域廉政风险点，组织对古雷项目结算开展专项检查；大力开展反腐倡廉教育月活动，干部员工纪律规矩意识持续稳步增强，无信访举报和违规违纪违法情况发生。

（姜　喆）

江苏省廉政教育基地参观学习

【宣传与文化建设】 2021年，项目管理公司始终秉承“客户利益优先、管理创造价值、以人才为中心、安全质量为魂”的价值观，以努力打造行业领先、世界知名工程项目管理公司为战略目标，推进企业文化阵地建设，筑牢项目管理公司品牌和企业形象根基。落实“七有机制”推进石油精神石化传统落地生根，将石油精神和石化传统纳入新员工入职培训第一课，领导班子深入项目一线，宣贯项目管理公司中长期发展规划，做好员工形势教育，组织全员开展EAP培训、团队建设活动，员工队伍和谐稳定。2021年，项目管理公司内外平台发布新闻稿件119篇，较2020年增长45.13%，设立并上线首个对外宣传网站，与内网门户、微信公众号等共同形成“网微融合”宣传文化平台。2021年，项目管理公司获集团公司（省部级）荣誉8人次。《中国石化报》报道项目管理公司1名获中国石化优秀共产党员称号的党员事迹、1名感动石化候选人物事迹。

（肖子雅）

【党建工作】 2021年，项目管理公司旗帜鲜明坚持和加强党的全面领导，修订公司章程，深化细化“党建入章”工作；制（修）订党委讨论和决定重大事项清单、2021年深化推进党的政治建设重点措施责任清单，严格执行重大事项请示报告制度。压实全面从严治党主体责任，修订党委落实全面从严治党主体责任清单、项目管理公司党支部分类定级考评细则。严格落实“第一议题”

古田会议旧址参观学习

制度，扎实开展党史学习教育、“四史”宣传教育和石油精神、石化传统教育，深入推进“我为群众办实事”活动，实现“学史明理、学史增信、学史崇德、学史力行”目标要求，党员干部“政治三力”不断增强，员工群众获得感、幸福感、安全感大幅提升。全面推进基层党组织标准化规范化建设，深入实施组织力提升工程，及时做好“石化党建”平台各子系统运维，党建工作信息化、智慧化水平持续提升。党建与业务工作深度融合，持续开展党建共建，开设“点燃红色引擎、引领项目前行”项目大讲堂、开展“聚焦中交投产、凝力同频共振”劳动竞赛，将党史学习教育与员工培训和项目管理有机融合，以高质量党建引领高质量发展。

（姜　喆）

【群团统战工作】 2021 年，项目管理公司严格按照程序和要求完成工会委员调整、员工集体合同和女职工权益保护专项集体合同签订；有效开展“全民植树、美丽中国”“迎春健步走，感受中国美”“学党史、健步走、作贡献”等活动；贯彻落实民主管理、民主监督制度，深入开展“五必访”“送温暖”“走基层，访万家”活动，把关心员工落到实处。履行公益责任，开展义务献血、图书捐赠、助力乡村振兴等活动，全年消费扶贫支出 6.95 万元。坚持党建带团建，深化开展“青春心向党 建功新时代”“七个一”系列活动及“号手岗队”创建，成立青年志愿服务分队，规范开展推优入党，推进团建共建。全力做好新形势下统战工作，广泛团结、深刻教育、引导广大统战成员为实现项目管理公司高质量发展贡献力量。

（姜　喆）

资本金融和支持板块

资本公司

【概况】 中国石化集团资本有限公司（简称资本公司）是由集团公司和股份公司联合出资设立，初期实缴注册资金 100 亿元人民币，于 2018 年 7 月 10 日在河北雄安新区注册成立。其中，集团公司出资 51 亿元，占股 51%；股份公司出资 49 亿元，占股 49%。2021 年，资本公司实现利润 13.1 亿元，净利润 9.9 亿元，净资产收益率 8.2%，总资产报酬率 10.4%，在管项目公允价值变动 11.45 亿元，年度增值率 21.47%，人均创效（利润总额／平均人数）1 989 万元，各项工作取得较好业绩。

（杨　然）

【领导班子调整】 2021 年 7 月，根据工作需要，集团公司党组研究决定：孙明荣任资本公司党委书记、董事长，免去其总经理职务；免去黄文生资本公司党委书记、委员、董事长、董事职务。

（李　戈）

【投资布局成效显现】 2021 年，资本公司聚焦新能源、新材料、节能环保、高端智能智造、大数据和人工智能五大领域加速推进投资工作，全年完成项目交割 25.74 亿元，年末在管资产规模 44.98 亿元。直投方面，投资上海舜华新能源系统有限公司和中鼎恒盛气体设备（芜湖）有限公司布局氢能领域；投资江苏美科太阳能科技股份有限公司，布局太阳能光伏领域；投资朗泽科技（商务部备案名），布局生物合成学领域；投资满帮集团，布局大数据平台应用领域；投资京博农化科技有限公司和先导薄膜材料有限公司，布局关键材料领域。基金方面，完成恩泽基金二期缴款，恩泽基金完成项目交割 6.1 亿元，分别布局新能源、新材料和先进制造领域。同时，开展各新设基金的募集设立工作。资本公司前期投资项目实现较大增值。上海重塑能源集团股份有限公司于 2021 年底开展 pre-IPO 轮融资。浙江海正生物材料股份有限公司开展上市问询，朗泽科技进行换股上市，硅谷智能开展并购重组。

（金　岩　金玉洁）

【人才管理大幅提升】 2021 年，资本公司招聘 31 人，新设党委办、纪委办、审计部、投资四部、投资五部、战略投资团队及碳中和母基金筹备组，充实投后管理部总经理、投资二部、投资四部、投资五部、风控合规部、财务部、综合管理部、母基金等重要部门负责人或临时负责人。截至 12 月底，资本公司在岗人员 78 人，其中硕士及以上占比 90%，有海外学习、工作经历人员近 50%；平均年龄 36 岁；毕业于 985 学校或全球前 100 名（泰晤士排名）知名学校人员占 55%，26 人有 CPA、CFA 等证书。修订印发《人力资源管理程序手册》，晋升 25 名员工。

（李　戈）

【公司治理规范有序】 2021 年，资本公司不断规范企业法人治理结构，完善市场化经营机制，坚持党的领导，切实发挥党组织的领导核心和政治核心作用，更新完善党委前置研究重大经营管理事项清单、党委研究决定党的建设等重大事项清单，加强董事会、监事会建设，研究制订加强董事会建设方案，全面修订资本公司章程，依照法定程序和资本公司章程决策企业重大经营管理事项，推进深化国企改革三年行动，加强重点工作完成情况的监督、督办；深化业财融合，内设财务部门靠前参与投资项目财务尽调、审核资产评估报告，按照授权为下设基金提供资金清算、费用审核、会计核算、报表编制、纳税申报以及预算管理等财务管理服务；强化项目风险管理和合规体系建设，完成 VaR 值应用专题研究，编制《估值模型审核要点》《项目审核工作指引》等审核工具，围绕投资业务风险管理“四道防线”和合规管理“三道防线”，修订完善以《全面风险管理办法》为核心的制度体系。扎实开展投后管理，以人员委派、三会治理、日常沟通和经营分析为主要抓手，做好在管项目的投后日常管理与风险监控工作。

（王欣然）

【党建引领高质量发展】 2021 年，资本公司认真落实新时代党的建设总要求，扎实开展党史学习教育，深入学习贯彻党的十九届六中全会精神、习近平总书记在庆祝中国共产党成立 100 周年大会上的重要讲话和视察胜利油田重要指示精神。党委中心组、党委会全年集体学习 26 次，带领党员、员工队伍提高政治觉悟，捍卫“两个确立”，持续增强“四个意识”、坚定“四个自信”、做到“两个维护”。全体党员以“站排头、争第一”的劲头落实全面从严治党要求，深化纪律作风建设，筑牢精神之基，凝聚奋进之魂。“党支部书记派驻制”运行有效，各支部抓实主题党日和日常“三会一课”，组织主题党日 36 次、专题党课 6 次，在推动资本公司夯实党建基础方面取得明显成效，形成“专业的人干专业的事”、一级抓一级、层层抓落实的生动局面。组织“投什么、怎么投、投得怎么样”大讨论，开展 2 次“学党史、促投资”专题研讨，切实抓好政治“高度”和业务“广度”的有机统一。

（孙雅彬）

【疫情防控稳中加固】 面对 2021 年新冠肺炎疫情多点散发的复杂形势，资本公司党委加强领导、强化落实，及时传达落实国家、北京市、集团公司关于疫情防控工作有关精神，确保全员思想统一。按照集团公司统一部署，组织员工接种新冠疫苗。成立疫情防控工作专班，针对疫情形势细化完善防控措施，紧盯重要时刻、环节，组织全员开展集中核酸检测 4 次，确保资本公司整体秩序平稳，员工心态稳定，无感染病例发生。

（吴海军）

【获得荣誉】 2021 年，资本公司投资浙江中控技术股份有限公司、凤阳硅谷智能有限公司项目分获 2020 年度央企投资协会十大优秀投资案例奖、优秀央地协同奖。资本公司获河北雄安新区 2020 年度诚信纳税企业、集团公司 2020 年度财务管理先进单位和 2019—2021 年度内控风控先进集体等称号；《以全面从严治党引领保障高质量发展——资本公司党风廉政建设和预防腐败工作机制的探索与实践》获集团公司第 30 届管理现代化创新成果三等奖；资本公司员工获集团公司多项荣誉称号，包括优秀共产党员、优秀党务工作者、财务管理先进个人、内控风控工作先进个人、青年岗位能手等。

（杨　然）

中央投资协会十大优秀投资案例奖颁奖现场

财务公司

【概况】 中国石化财务有限责任公司（简称财务公司）是由原中国石油化工总公司独家发起，经中国人民银行批准于 1988 年 7 月 8 日成立，以加强集团公司资金集中管理和提高集团公司资金使用效率为目的，为集团公司成员单位提供金融服务的非银行金融机构。财务公司注册资本 180 亿元（内含 6 000 万美元），其中集团公司出资 91.8 亿元，占注册资本的 51%；股份公司出资 88.2 亿元，占注册资本的 49%。

财务公司股东会是财务公司的最高权力机构，董事长为法定代表人。财务公司位于北京市朝阳区朝阳门北大街 22 号，设综合管理部（党委办公室、企业管理部）、人力资源部（党委组织部）、党群工作部（党委宣传部、企业文化部）、纪检监督部、风险控制（法律事务）部、财务会计部、稽核部、资金计划部、信贷部、票据业务部、国际业务部、投资银行部、结算部、信息部、金融研究开发部 15 个总部部室；北京外设上海、南京、广州、山东、郑州、武汉、成都、新疆、天津 9 家分公司。截至 2021 年底，财务公司干部职工共 363 人，其中总部 109 人、分公司 254 人。

2021 年，财务公司营业收入 51.77 亿元，利润 27.23 亿元，年末资产总额 2 495.44 亿元，所有者权益 309.55 亿元。全年通过充分发挥金融专业优势，提供结算、贷款、委托贷款、直接购付汇、优惠贴现等各项服务，为集团公司协同创效超过 20 亿元。

财务公司资产负债损益情况见表 1。

（张　贝）

【党史学习教育取得扎实成效】 2021 年，财务公司坚持把党史学习教育贯穿全年，聚焦学党史、悟思想、办实事、开新局，统筹推进学习研讨、培训宣讲、专题调研、“我为群众办实事”实践活动等各项工作。开展专题研讨 140 余场次，100 余名党员登上讲台讲党史，党员群众前往红色教育基地 38 场 640 余人次，两批 23 项“我为群众办实事”实践活动具体措施落地见效。广大党员在学史明理、学史增信、学史崇德、学史力行上取得明显成效。

（张　贝）

【资金集中管理安稳高效】 2021 年，财务公司保持集团公司“资金池”“票据池”、电商支付等资金管理系统安稳高效运行，管理水平和服务效率进一步提升，累计完成资金结算 3 024 万笔、51.5 万亿元，提供票据服务 11 万张、1 242 亿元，电商支付在线结算量 71 万笔、4 968 亿元，保持“录入零差错、收付零损失、服务零投诉”。

（张 贝）

【服务集团公司融资降本成效明显】 2021 年，财务公司发挥同业优势，灵活运用多种融资手段，保障集团公司资金池流动性需要，全天候捕捉市场机会，降低集团公司融资成本，加权融资成本低于市场同类机构。发挥“询比价筹码”作用，协助成员企业融资谈判，降低项目融资成本。加大商储、国勘油气领域专项信贷服务支持和利率优惠力度，保障集团公司能源保供信贷需求。

（张 贝）

【服务企业金融需求协同高效】 2021 年，财务公司紧跟集团公司“三新”战略发展方向，服务地热、光伏、风能、氢能、油氢合作站等新能源项目建设，提供高效、优惠资金支持，日均贷款规模 826.91 亿元。优化完善票据管理机制，日均票据贴现规模 125.43 亿元。深化中间业务金融服务职能，办理票据承兑 446.24 亿元；办理保函业务 94.81 亿元，帮助企业降本减费 6 000 余万元；全面调降委贷手续费率，办理委贷 1 000 亿元，直接为企业让利 9 700 万元。

（张 贝）

【外部市场挖潜增效取得成效】 2021 年，财务公司外部市场经营利润占比达 71%。同业资金运作水平进一步提升，短期资金运作加权收益率在全市场货币基金产品中排名前列。证券投资业务转型成果明显，推动证券投资业务向“主动型资产管理机构”转型升级，固收 FOF 年化收益率跑赢银行专业理财，权益 FOF 年化收益在市场同类机构排名前列。外汇业务交易能力进一步增强，购汇成本最低价天数占比达 63%，隔夜交易判断正确天数占比达 82%，有效降低购汇成本。

（张 贝）

【产业链金融业务进一步拓展】 2021 年，财务公司围绕服务主业当好产业链“链长”，两级班子带头走访产业链客户 260 余家、500 余次，运用大数据挖掘潜在客户需求，稳妥开展产业链保理、贴现、买方信贷业务，探索商票回购贴现业务，累计开展产业链金融业务 276 亿元，增强客户黏性的同时，一定程度上缓解中小微企业资金融通压力，提升石化产业链供应链整体合力。

（张 贝）

【风险防控合规管理巩固深化】 2021 年，财务公司完善全面风险管理运行机制，召开资产负债、贷款审查、投资决策等各专业委员会 40 余次，开展重大经营风险管控体系诊断自查和整改提升，建立风险监测报告机制，风险统筹管理能力持续提升。加强重点领域风险防控，健全完善统一综合授信管理体系，加强对重点业务、重点客户的风险评估、监测和管控，全年无新增不良资产。深化依法合规管理，抓好制度“立改废”，开展“内控合规管理建设年”活动，持续开展案件警示教育，以“合规为本、全员主动，风险可控、审慎稳健”为内涵的风险合规文化理念逐步形成。

（张 贝）

【信息化建设稳步推进】 2021 年，财务公司积极稳妥地开展信息系统的新建和改造提升工作，建设新一代信贷客服系统、新一代票据业务平台，升级网上金融服务平台功能，开发统一权限管理平台，征信二代数据报送系统和反洗钱系统上线试运行，提升报表平台技术架构、高效完成监管数据报送，不断推动财务公司数字化转型发展。新冠肺炎疫情期间通过多种方式保障远程办公需求，确保业务连续运转和系统安稳运行。

（张 贝）

【人才队伍建设取得新成效】 2021 年，财务公司持续完善“三能”机制建设，推进实施两级经理层任期制和契约化管理，修订员工绩效考核办法及薪酬分配制度。队伍建设持续强化，选优配强 15 名中基层干部，4 名技术骨干走上专家岗位，81 名中基层干部赴大别山干部学院参加党史学习教育读书班，14 名总部青年员工跨部室交流学习，11 人完成“师带徒”培养。

（张 贝）

【治理效能稳步提升】 2021 年，财务公司深化改革对标一流实现新突破，38 项深化改革重点工作和 37 项对标一流提升措施基本完成。配齐健全财务公司董事会和监事会，修订财务公司章程和董事会议事规则。以课题攻关为抓手，构建日内融资和同业存单交易量化模型、信用风险评价模型等多个量化模型，能力提升工程实现新突破。

（张　贝）

【党建工作质量实效全面提升】 2021 年，财务公司召开第二次党代会，严格落实“第一议题”制度，党委理论中心组集中学习 45 次，完成对 4 家分公司的政治巡察。拓展党建共建模式，与集团公司总部相关部门、银行机构、成员企业和产业链客户等 28 个党组织开展党建共建活动 29 次，推进党建与业务深度融合。深化党风廉政建设和反腐败工作，一体推进“三不”机制建设，开展安全和风险防控领域形式主义官僚主义问题专项整治，制定实施加强“一把手”和领导班子监督 58 项日常监督要点，广泛开展案件警示教育，保持风清气正、干事创业的政治生态。

（张　贝）

【企业文化建设取得成效】 2021 年，财务公司深入开展宣传思想工作，对内有效提振工作激情，对外讲好财务公司故事，宣传报道数量质量显著提升。制定实施完善“七有机制”大力传承石油精神、弘扬石化传统具体措施，企业文化不断深

2021 年 4 月 28 日，中共中国石化财务有限责任公司第二次代表大会在北京召开

入人心。职工代表 28 项提案全部落实，“青年讲堂”等活动有声有色，青年生力军作用充分发挥。

（张　贝）

【获得荣誉】 2021 年，财务公司获全国银行间交易中心颁发的 2021 年度银行间本币市场年度市场影响力奖—活跃交易商；获中国人民银行营业管理部颁发的 2021 年上半年宏观经济金融调研优秀集体；获中国人民银行营业管理部颁发的 2020 年度会计财务报表编报工作优秀单位；获上海票据交易所颁发的全国首届票据知识竞赛最佳组织奖；财务公司参加的“外汇市场交易确认标准建设项目组”获全国金融标准化技术委员会、银行间市场技术标准工作组联合颁发的 2021 年度银行间市场技术标准工作组标准创新奖。

（张　贝）

表 1　财务公司资产负债损益情况　亿元

年份 / 指标名称	2021	2020	2019	2018	2017	2016
流动资产	1 944.58	1 751.39	1 803.83	2 098.37	1 611.80	1 495.21
非流动资产	550.86	530.08	189.13	163.59	177.82	166.02
资产总计	2 495.44	2 281.47	1 992.96	2 261.96	1 789.62	1 661.23
自营资产总额	1 732.00	1 522.00	979.30	1 335.08	1 085.63	996.56
流动负债	2 179.87	1 978.72	1 706.21	2 004.02	1 542.09	1 424.50
非流动负债	6.02	5.14	5.69	3.32	0.06	1.19
所有者权益	309.55	297.61	281.06	254.62	247.47	235.54
实收资本	180.00	180.00	180.00	180.00	180.00	100.00
资本公积	0.19	0.19	0.19	0.19	0.19	0.19
盈余公积	30.58	28.41	26.38	24.15	22.28	20.75

续表

指标名称＼年份	2021	2020	2019	2018	2017	2016
未分配利润	76.28	69.39	53.89	33.79	30.27	97.79
负债及所有者权益	2 495.44	2 281.47	1 992.96	2 261.96	1 789.62	1 661.23
营业收入	51.77	34.67	37.63	29.45	25.30	21.54
营业支出	9.20	7.92	9.50	5.03	4.36	2.50
税金及附加	0.35	0.36	0.30	0.23	0.26	0.55
利润总额	27.23	26.75	28.13	24.41	20.95	19.06
净利润	21.68	20.27	22.34	18.68	15.33	14.29

盛骏公司

【概况】 中国石化盛骏国际投资有限公司（简称盛骏公司）是 1994 年底经原中国石油化工总公司党组同意，1995 年 3 月以收购方式设立的有限责任公司，原名豪锐投资有限公司，收购完成后更名为盛骏国际投资有限公司。2007 年 11 月，公司更名为中国石化盛骏国际投资有限公司。2008 年 6 月，集团公司印发《中国石化境外资金管理办法》，明确以盛骏公司为境外资金平台在集团公司范围内全面实施境外资金集中管理，承担集团公司境外结算、筹融资、现金和外汇管理、境外账户资金监控等职能。盛骏公司持有香港特区政府颁发的放债人牌照，获穆迪公司“A2”、标普公司“A”信用评级。

盛骏公司设有董事会和监事会，分别由总部相关部门领导和财务公司、盛骏公司主要负责人组成。截至 2021 年底，有董事 5 人、监事 3 人。有员工 61 人（含管理层 4 人），其中香港本部 45 人，所属子公司 16 人。本部设在香港，内设 9 个部门，即企业结算部、信贷业务部、银行业务部、全球市场部、投资战研部、风控法律部、信息科技部、财务会计部、综合管理部。盛骏公司在新加坡、英国、美洲、中东、深圳和敏沃设 6 家全资子公司，分别负责东南亚区域、欧洲及非洲区域、美洲区域、中东及中亚区域和跨境的相关资金和金融业务。2021 年，盛骏公司实现利润 15.41 亿元，年末资产总额 3 017 亿元，所有者权益 244 亿元。

（李 贝）

盛骏公司获 2021 年中国财资奖

自保公司

【概况】 中石化保险有限公司（简称自保公司）位于香港湾仔港湾道 1 号，于 2013 年 10 月 31

日获香港保险业监理局特许并受其监管开展专属自保业务，2014年1月1日起正式运营。自保公司注册地为香港，注册资本13.86亿港元。自保公司由集团公司全资控股，负责统筹集团公司境外资产、业务和集团公司外派人员保险及相关服务，以适应集团公司境外业务发展过程中风险管控和风险融资的需求。自保公司实行董事会领导下的总经理负责制，设能源建工、贸易储运、意外健康3个业务部及负责业务以外其他后台支持性工作的综合管理部，共计4个部门。截至2021年底，有员工15人。

截至2021年底，自保公司毛保费收入25.47亿元人民币（30.67亿港元）；税前利润7.34亿元人民币（8.62亿港元）；净利润（风险资金积累）6.76亿元人民币（7.86亿港元）；投资收益率（ROI）262%（以初始投资3亿港元计算）。

（郑宏亮）

自保公司参加香港“一带一路”论坛

保险经纪公司

【概况】 中石化保险经纪有限公司（简称保险经纪公司）由集团公司和股份公司注资成立，注册资本3.5亿元，其中集团公司占股51%，股份公司占股49%。保险经纪公司是集团公司实施境内保险集中管理的执行单位和操作平台，受集团公司委托代表各企事业单位、股份公司各分（子）公司与保险公司开展保险业务，具体协助各单位开展境内商业保险投保、索赔、风险评估、风险管理等工作。

股东会是保险经纪公司的最高权力机构。保险经纪公司实行董事会领导下的总经理负责制，董事长为法定代表人。保险经纪公司位于北京市朝阳区朝阳门北大街22号，设综合管理部、财务资产部、经纪业务一部、经纪业务二部、互联网业务部和风险合规部。

2021年，保险经纪公司实现营业收入7 474万元、增长10.85%，全年利润总额5 502万元、增长7.2%，年末资产总额4.2亿元，所有者权益4.06亿元。

（柳　冲）

【强化创新管理】 2021年，保险经纪公司首次实行集团公司安全生产责任险及环境污染责任险统保，保障范围覆盖集团公司及所属企业投保的安全生产责任险、雇主责任险、团体人身意外险、交通意外险、公众责任险、环境污染责任险等类似险种，保险费与企业投保类似险种（约44%的直属企业）支出费用相比，节约1 500万元，同时赔偿限额提高至80万元/人。

（柳　冲）

【深化资源开发】 2021年，保险经纪公司积极拓展外部市场业务，紧盯市场态势，抢抓机遇，多渠道发力，深度开发集团公司产业链资源，拓展产业链和互联网保险等市场保险经纪业务。深度走访参股企业和上下游企业，为企业提供工程险、责任险等保险经纪服务；与集团公司内电商平台开展业务合作，通过线上线下宣传和转化，为企业和员工提供车险、责任险和货运险等保险经纪服务；定制开发中石化企惠保、防疫保险等保险产品，为集团公司员工和家属提供普惠保险产品和服务。

（柳　冲）

【深化服务理念】 2021年，保险经纪公司组织开展保险精算，为集团公司保险策略的持续优化提供有力支撑。通过集团公司层面统保、招标或询价采购，助力企业合理转嫁风险、降本增效，为企业节减保费共计 9 803 万元。统筹协调联动，助力企业申报新材料首批应用综合责任保险补贴。强化理赔服务，协助企业进行损失索赔，赔款金额 7 600 万元。组织风险查勘和保险培训，助力企业有效防控风险。

（柳　冲）

【坚持人才强企】 2021 年，保险经纪公司全面贯彻经理层成员任期制和契约化管理工作要求，落实经理层成员“一协议两书”签订工作，探索建立经理层成员激励约束机制。强化绩效管理，制定部门绩效考核、全员绩效考核管理办法，逐步建立适应保险经纪公司业务发展特点的绩效考核体系。推动社会成熟人才引进工作，为保险经纪公司拓展产业链及外部市场业务提供人才支撑。

（柳　冲）

【强化合规管理】 2021 年，保险经纪公司坚持自觉将权力关进制度的笼子，落实“管业务必须管合规”责任制，主动把合规管理延伸到日常管理各个环节，强化监督管理，培养按流程操作、按制度办事的习惯，杜绝选择性执行制度、技术性规避流程等不良现象。不定期发布风险提示信息，坚持底线思维，增强风险意识，不断提升业务一线的风险识别及防控能力。

（柳　冲）

浙石期货

【概况】 上海浙石期货经纪有限公司（简称浙石期货）成立于 1995 年 5 月，经中国证监会批准设立，经营商品期货经纪和金融期货经纪，是以打造中国石化期货业务风控平台和价值创造平台为目标，为集团公司期货业务服务的非银行金融机构。浙石期货注册资本人民币 7 亿元，是集团公司独资的一家规范合格的期货经纪公司。

股东会是浙石期货的最高权力机构。浙石期货实行董事会领导下的总经理负责制，董事长为法定代表人。浙石期货位于中国（上海）自由贸易试验区浦电路 438 号，设交易部、风控部、财务部、结算交割部、信息技术部、综合部、稽核部、研发部、市场部、资产管理部 10 个本部部门，设中石化朝阳风险管理有限公司和杭州、宁波营业部。截至 2021 年底，浙石期货共有干部职工 47 人，其中 45 人获期货从业人员资格。

2021 年，浙石期货实现营业收入 3 148.31 万元，利润总额 876.86 万元，年末资产总额 174 235.26 万元，所有者权益 75 746.66 万元。

（应　峻）

【服务水平不断提升】 2021 年，浙石期货服务集团公司期货业务成交额 1 291.33 亿元，完成年初制定目标的 391%。其中，燃料油成交额 22.63 亿元，化销华东成交额 6.85 亿元，联化亚洲成交额 1 261.85 亿元。全年共交割 48.4 亿元，其中，原油交割 1 094.6 万桶，交割金额 46.96 亿元；燃料油交割 3.7 万吨，交割金额 1.44 亿元。

（应　峻）

【全面推进深化改革】 2021 年，浙石期货根据集团公司及资本和金融事业部关于对标提升行动工作部署和要求，对照对标提升行动实施方案和对标提升工作清单，强化精准对标，细化提升措施，查找问题差距，补齐管理短板，加强能力建设，完善管理体系，集中力量推进各项目标任务落实落地。根据《关于推进经理层成员任期制和契约化管理有关工作的通知》（党组工单组领〔2021〕50 号），浙石期货管理层对推行任期制和契约化管理工作高度重视。董事长与总经理、副总经理签署《经理层成员岗位聘任协议》《任期年度经营业绩考核责任书》《2021 年年度经营业绩考核责任书》，并落实相关工作，确保经理层成员任期制和契约化管理取得扎实成效，实现企业高质量发展。

（应　峻）

【风险防控工作扎实有效】 2021 年，浙石期货不断加强合规建设、严控风险，牢牢守住风险底线。

整个风控体系在全年的数次剧烈震荡行情中得到考验，未出现 1 例客户穿仓事件，未出现 1 例触及交易所监管指标的异常交易行为。

（应　峻）

【信息化水平稳步提升】 2021 年 2 月开始在浙石期货 App 部署掌厅模块，丰富掌上营业厅办理业务的功能，5 月通过测试后正式上线；6 月开始启动 CTP2.0 项目的相关工作；12 月完成商用密码国产化改造，评测机构出具报告评测得分 80.49 分。

（应　峻）

【管理基础不断夯实】 2021 年，浙石期货不断完善公司治理结构，推动浙石期货重点工作有效落实。8 月完成董事变更工作，9 月 3 日顺利召开第十届董事会第六次会议。

（应　峻）

【党建工作持续加强】 2021 年，浙石期货支部基础工作稳扎稳打，落实落细“三会一课”制度，保证每季度召开一次党员大会、每季度组织一次党课学习，年度召开组织生活会开展党员民主评议。支委牢记“一岗双责”，每月召开支委会布置支部工作，研究“三重一大”事项，切实履行党建工作责任和岗位职责。支部每月结合“三基”工作组织党员开展“主题党日活动”，以学习研讨、组织生活、业务培训等多样内容充实活动形式。

（应　峻）

【疫情防控工作总体可控】 2021 年，浙石期货严格落实集团公司、事业部及监管机构要求，抓细抓实新冠肺炎疫情防控工作。成立浙石期货疫情防控工作领导小组。由党支部书记、总经理担任组长。制订疫情防控应急处置预案，就疫情防控应对措施和处置流程进行明确。科学复工，合理安排岗位，并做好员工安全防护工作。浙石期货全体员工未发现被确诊、疑似和医学观察需强制隔离的情况。

（应　峻）

【践行社会责任，着力乡村振兴】 2021 年，为贯彻中央和证监会关于扶贫工作的统一部署，浙石期货开展乡村振兴工作，与湖南省凤凰县、甘肃省东乡族自治县、新疆岳普湖县等 6 个县签订结对帮扶协议和党建共建协议。全年投入乡村振兴资金 54.6 万元。

（应　峻）

金租公司

【概况】 太平石化金融租赁有限责任公司（简称金租公司）由集团公司和中国太平保险集团有限责任公司（简称太平保险）共同发起，经原中国银监会批准于 2014 年 10 月成立。

金租公司注册资本 50 亿元，其中集团公司出资 25 亿元、占注册资本的 50%，太平保险出资 25 亿元、占注册资本的 50%。

股东会是金租公司的最高权力机构。金租公司实行董事会领导下的总经理负责制，董事长为法定代表人。金租公司位于上海市浦东新区银城中路 488 号，设董事会办公室 / 监事会办公室 / 战略规划部、办公室、人力资源部 / 党委组织部 / 党委办公室、计划财务部、纪委办公室、审计部、风险管理及合规部、资产管理部、金融市场部、公司业务一部、公司业务二部、公司业务三部、公司业务四部、公司业务五部、汽车金融业务部、石化能源事业部、航运业务部、航空事业部 18 个部门。截至 2021 年底，金租公司干部职工共 138 人。

金租公司业务类型以融资租赁为主。自成立以来，金租公司依托股东集团公司优势，服务实体经济，主要投向能源、制造、基础设施等行业，资产规模稳健增长，盈利能力不断提升。截至 2021 年底，金租公司新增租赁投放 256.96 亿元，租赁资产余额 505.04 亿元，2021 年实现营业收入 30.85 亿元，净利润 6.35 亿元，所有者权益 69.69 亿元。全年石化能源板块新增投放 14.48 亿元，累计向中国石化及相关企业投放租赁业务 127.47 亿元。

（尹　阳）

实华租赁

【概况】 实华国际租赁有限公司（简称实华租赁）位于北京市朝阳区建国门外大街1号国贸写字楼1座，是经原对外经济贸易部批准，于1990年10月15日在国家工商行政管理总局注册成立的中日合资企业，注册资本1 000万美元，经营期限20年。2005年10月，4家股东协商并经商务部批准将经营期限延长10年至2020年。2019年6月，4家股东协商并经北京市工商局批准将经营期限再次延长10年至2030年。

董事会是实华租赁的最高权力机构。实华租赁实行董事会领导下的总经理负责制。截至2021年底，实华租赁设计划财务部、营业一部、营业二部、管理部、总经理办公室5个部门，共21名职员。

2021年，实华租赁主营业务收入1 670.85万美元，利润401.66万美元，年末资产总额17 144.62万美元，所有者权益2 786.38万美元。

（武光义）

百川公司（总部后勤服务中心）

【概况】 百川经济贸易有限公司（简称百川公司）成立于1993年2月，是集团公司直属专业公司、全资子公司。根据改革发展需要，2021年11月，经集团公司党组研究决定，成立中国石油化工集团有限公司总部后勤服务中心（简称总部后勤服务中心），与百川公司“一个机构、两块牌子”。

百川公司（总部后勤服务中心）主要负责总部部门、部分专业公司和在北京单位办公物业服务，主要包括餐饮服务、楼层办公及会议服务、办公楼设备运行维护维修、安全保卫、公务用车、健康服务、洗衣保洁等。负责对集团公司后勤服务工作进行业务指导。承担总部办公、住宅和员工公寓的房产管理，基本建设管理等部分总部管理职能。经营管理会议中心、和园酒店、实华饭店、胜利饭店、塔河宾馆、春成宾馆等6家宾馆酒店。

百川公司（总部后勤服务中心）设综合管理部（办公室）、党群工作部（党委办公室、纪检监督部、宣传工作部、党委统战部）、党委组织部（人力资源部、外事办公室）、财务经营部、企改和法律部（审计部）、安全环保部、市场开发运营部、餐饮服务分公司、交通运营服务分公司、小营分公司、井田公司、房产管理运营中心、设备工程管理运营中心、健康服务中心、物资采购中心、实华饭店、会议中心、和园酒店等18个部门（单位），有职工196人。

2021年，百川公司（总部后勤服务中心）以习近平新时代中国特色社会主义思想为指引，全面学习贯彻党的十九届五中、六中全会精神和习近平总书记视察胜利油田重要指示精神，紧紧抓住“庆百年、学党史”这条主线，深入落实集团公司党组工作部署，系统推进打造品牌、扭亏脱困、深化改革、人才强企、管理提升“五项”工程，将高质量党建贯穿其中，凝心聚力推动高质量发展，取得良好发展成效。

（郭保红）

【党史学习教育】 2021年，百川公司（总部后勤服务中心）保证学习实效。加强组织领导，统筹谋划，成立党史学习教育领导小组及巡回指导组，以“七个一”专题活动统领党史学习教育开展。一体推进“四史”教育和学习贯彻十九届五中、六中全会精神，习近平总书记“七一”重要讲话精神、视察胜利油田重要指示精神，公司党委组织专题学习28次，全体党员干部讲党课及微党课近300次，开展专题宣讲解读8次，举办专题培训7批，覆盖各级党员干部400余人次。

搭建红色课堂。开展两级红色专题教育20余批次，组织党员干部参观香山革命纪念地、党史展览馆等红色教育基地，开展“学党史、听党话、跟党走”劳模故事会等活动，“我心向党”诗歌朗诵比赛视频在国家级媒体平台央视频播出。建设党建长廊，开发党建 VR 体验产品和红色沉浸式体验项目，推出“红色记忆”菜品等，将酒店和员工餐厅变成情景式党史学习教育课堂。

开展“我为群众办实事”。立足服务主责主业，确定“我为群众办实事”重点项目 67 项并全部完成，有效提升员工群众的幸福感、获得感和安全感，获巡回指导组高度肯定，相关做法 8 次被集团公司《党史学习教育简报》刊发。

（郭保红）

【打造品牌工程】 2021 年，百川公司（总部后勤服务中心）抓文化引领初见成效。总结提炼出以客户至上、服务至诚、管理至精、经营至信为核心价值观的系统性企业文化。制作百川公司（总部后勤服务中心）形象宣传片，开展微视频比赛，启动品牌建设，完成品牌架构搭建、品牌定位及口号确定、品牌标识设计等工作，文化引领初见成效。

抓重点保障赢得口碑。优质完成全国发展和改革工作会议、国务院国资委中央企业负责人会议和集团公司重要会议服务保障任务，助力服务北京冬奥会，高质量完成北京冬奥宣讲团走进中国石化、冬奥火种进企业等重点服务保障任务，赢得各方高度赞扬。坚决落实集团公司党组和地方政府疫情防控要求，以强有力的防控措施保障总部安全平稳运行，高质量完成胜利饭店 430 人的转运和封控任务，得到党组领导和封控人员的广泛赞誉。

抓为民服务温暖人心。深入落实“以人民为中心”的发展思想，聚焦“医食住行教”等员工关心关注事项，提供暖心服务，全年提供餐饮服务 308 万人次、会议服务 64.5 万人次、前台接待 6.2 万人次、各类维修 3 万余次、健康体检服务近 5 000 人，帮助员工到协和、安贞等医院就医 2 300 余人次，公务用车安全行驶 65.2 万千米，建成充电车位 46 个，办理员工子女中小学入转学 327 人，幼儿园登记 213 人，实现员工满意目标。

（郭保红）

提供高质量餐饮服务

【扭亏脱困工程】 2021 年，百川公司（总部后勤服务中心）重点扭亏任务完成。锚定扭亏脱困目标，加强统筹谋划，领导班子成员带头认领创效指标，各部门（单位）逐一签订经济责任书，做到中层以上干部“人人肩上有指标”。大力开展“扭亏脱困、攻坚创效”专项行动，降本增效超 3 860 万元。组织落实帮扶和园酒店措施 36 项，完成国务院国资委重点督办的亏损子企业治理任务。建立全员营销创效奖励机制，召开酒店推介会，营销增收效果明显。2021 年，完成利润 3 425 万元，实现历史性突破。

外拓市场开创新局。承揽系统内外服务项目，参与市场公开投标并中标 4 个项目，管理干部学院项目作为首个市场化项目，受到服务对象广泛好评；北京石油项目在服务质量提升前提下，降低业主成本 400 余万元，为集团公司整体降本作出贡献；南京物探院项目作为首个北京外项目，服务满意度由接手前的 75% 大幅提升至 97.5%；国家能源集团项目实现系统外项目的首次突破；318 项目获国家部委充分肯定。

资产运营和成本管控收效明显。实施公寓收费改革，全年公寓收入约 1 935 万元，盘活用好原驻京办房产，资产经营收入 927 万元，资产整体收益大幅提升。优化采购管理，强化集中采购，加强维保费用谈判，制订人力资源共享用工运行方案，有效降低各项成本费用。2021 年，劳动生产率显著提升，达 235 万元 / 人。

（郭保红）

【深化改革工程】 2021 年，百川公司（总部后勤服务中心）明确改革方向。制订《百川公司深化改革方案》，细化制定56项深化改革措施，明确改革发展方向。推动成立中国石油化工集团有限公司总部后勤服务中心，明确其总部后勤服务管理职能和对集团公司后勤服务工作的指导职能。

优化内设机构和岗位。成立企改与法律部（审计部），将小营办公区项目部、和园酒店调整为分公司，理顺设备及工程管理职能，成立设备工程管理运营中心，管理体制更加科学。全面系统做好“三定”工作，压减岗位职数152个，压减率7.92%，优化人员配置。编制完成岗位说明书，形成覆盖全面、职责完备、标准明确的岗位管理体系。

建立“三能”机制。全面推进任期制和契约化管理，班子成员及52名中层党员干部带头签订“一协议两书”，制定出台职业经理人和职业化员工管理办法，探索启动积分制试点，“能上能下”“能进能出”“能增能减”的机制初步建立。坚持与广大员工共享改革成果，为员工普遍性调增薪酬收入，干部员工精气神和干事创业的积极性主动性明显增强。

（郭保红）

【管理提升工程】 2021年，百川公司（总部后勤服务中心）对标对表抓落实。深入研究制订《百川公司“十四五”规划》，明确中长期发展目标。深入开展对标一流管理提升行动，狠抓7个重点对标领域任务落实，细化专业对标对象12家，明确对标重点任务22方面，制定提升措施88项。聚焦服务提升，集中力量编制《服务标准化手册》，集成224项管理规定、365项岗位职责、272项流程和标准，为落实后勤业务指导职能奠定基础。对标行业前沿，探索利用信息技术赋能管理提升，智慧园区“云服务”“云管理”的基础平台建设初步成型。

编制中国石化后勤服务标准化手册

提高效率防风险。制定完善49项管理制度，将“马上就办”要求嵌入制度流程，全流程分析151项关键业务审批环节，优化调整内控权限，大幅提升工作效率。强化合规管理，出台《百川公司合规管理体系建设方案》，组织全员签订《员工合规承诺书》，推进审计署反馈问题整改，深入组织开展工程结算、资金管理等专项审计，制订进一步理顺百川公司与恒升公司关系的方案，有效防范经营风险。

系统完善抓安环。修订《HSE管理体系手册》，签订1 551份安全责任书和承诺书，组织覆盖2 200余人的消防等专项培训及应急演练，开展施工现场、设备安全、消防专项等安全检查，发现并整改问题500余项。制定《百川公司环境保护管理规定》等环保制度，严格废气污水排放管理，落实碳达峰碳中和工作要求，践行绿色发展理念。

（郭保红）

【人才强企工程】 2021年，百川公司（总部后勤服务中心）强化干部管理。坚持党管干部、党管人才，研究制订“十四五”人力资源发展规划，深入分析队伍建设问题，明确中长期队伍建设方向。制定修订干部选拔任用、考核评价、监督检查和责任追究等6项管理制度，组织劳动纪律、考勤制度专项检查。2021年，“一报两评议”总体评价和对从严管理监督干部的看法“好”的比例均达96.97%。

规范选拔任用。坚持重实干、重实绩、重担当的选人用人导向和队伍年轻化的工作方向，提拔中层领导人员12人、基层管理人员33人，其中“80后”干部比例分别为83.33%和66.67%。完善优秀年轻干部人才库，向集团公司推荐梯队培养干部12人。畅通人才引进渠道，引进系统内成熟人才5人，招聘应届毕业生4人。贯通三支人才队伍成长通道，选聘高级专家 1 人、专家 6 人。做好职称评审工作，取得正高级职称 1 人、高级职称 4 人、中级职称 4 人。

加强教育培训。举办党的十九届五中全会精神等培训班，组织“固根基、练内功、树品牌，建功十四五，服务迎冬奥”技能竞赛，得到党组主管领导和中央办公厅、国管局、人民大会堂管理局等应邀出席单位领导的充分肯定。

（郭保红）

党旗在抗疫一线高高飘扬

【高质量党建引领】 2021 年，百川公司（总部后勤服务中心）全面加强政治建设。严格落实“第一议题”制度，制订学习贯彻习近平总书记视察胜利油田的重要指示精神等 3 项专题方案，全年组织中心组学习 35 次。立足业务职责践行“两个维护”，制定深化推进党的政治建设党委 45 项和纪委 17 项任务清单，印发中国石化落实《粮食节约方案》的意见，扎实开展消费扶贫、医疗帮扶，推进党组巡视，集团公司党建考核反馈问题整改完成率 100%。

系统提升基层党建质量。建立实施“五抓五看五提升”高质量党建推进体系，完善支部工作日常诊断服务和党建工作定期点评机制，开展基层党建“示范行”，组织结对共建，赴中原油田等学习培训，提升党建履职能力。深化融合互促体系，开展“一支部一特色、一支部一品牌”“党旗在一线高高飘扬”等活动，形成一批党员发挥作用的载体和亮点。

凸显监督保障作用。发挥“大监督”作用，督促整改问题 228 个，紧盯服务保障等重点任务开展专项监督 13 次，制定《关于加强对“一把手”和领导班子监督的工作措施》，强化廉洁风险排查及防范，提升监督效能。修订《百川公司信访举报工作实施细则》等制度，扎实开展反腐倡廉教育月活动，严肃监督执纪问责，一体推进“三不”机制建设。持续深化作风建设，作为典型在深化总部作风建设“回头看”推进会上作经验交流。

发挥工团组织优势。落实依靠方针，审议通过《百川公司“十四五”规划》《百川公司深化改革实施方案》。建立创新工作室，引导员工立足岗位创新服务。深入开展统战工作，广泛开展帮扶慰问，组织丰富多彩文娱活动，凝聚发展合力。

（郭保红）

共享服务公司

【概况】 中国石化集团共享服务有限公司（简称共享服务公司）于 2017 年 5 月 20 日设立，8 月 25 日正式完成工商注册，是集团公司全资子公司，也是中央企业成立的首家一体化共享服务专业公司。业务范围主要涵盖财务、人力资源、IT 共享、商旅平台和石化党建平台，同时积极拓展法律、内控、税务、档案等共享新领域。财务共享业务范围主要包含主数据管理、核算报表、涉税业务、资金结算、会计档案管理、产（股）股权业务和风险管理等业务。人力资源共享业务范围主要包含员工关系、信息维护、薪酬计发、统计报表、企业年金、社保办理、档案服务、人才招聘、职称评审、员工培训、在线考试、人才盘点、电子考勤等业务。IT 共享业务范围主要包含一体化运维、风险与安全、数据、项目技术、云平台等业务。商旅共享业务范围主要包含差旅申请、国内机票、国内酒店、国内火车票、国际机票、海外住宿、网约车、因私旅游、会议团组、党团活动、差旅数据分析等全流程商旅服务。石化党建平台业务范围主要包含数据服务、业务支持、教育资源和专家咨询等服务。

共享服务公司组织架构包括本部机关、东营和南京两个分公司（按大Ⅱ型企业管理）及中国石化国际旅行社有限公司（全资子公司）。东营分公司设淄博、濮阳服务部；南京分公司设武汉、扬州服务部，由分公司按业务单元统一管理。截至 2021 年底，共享服务公司用工总量 4 830 人，其中合同制员工 3 045 人。

共享服务公司致力于建设“国内领先、世界一流”的共享服务公司，坚持以市场化为导向，立足服务职能，通过建立高效运营、持续改进、价值提升的管理机制，打造一体化、智能化的服务支持平台，为客户提供财务、人力资源、IT、商旅和党务共享，以及大数据分析、专家咨询等专业支持服务。截至 2021 年底，共享服务业务涵盖油田、炼油、化工、销售、科研、专业公司等板块，为国家管网公司、国家能源集团、南光集团等外部企业提供财务共享、HR 共享建设与咨询服务。共享服务公司通过一体化统筹、专业化管理、市场化运作，在促进管理提升和推动资源优化等方面取得成效，实现具体事务的高效处理、业务流程的优化升级、管理效能的快速提升，在服务集团公司战略和企业转型方面，较好发挥支持保障作用。

（隋金凇）

【领导班子调整】 2021 年 4 月 16 日，集团公司党组对共享服务公司领导班子进行调整：王安任共享服务公司总经理、党委副书记；解聘刘利君共享服务公司总经理职务，仍任执行董事、党委书记；解聘程中义共享服务公司副总经理职务，另有任用。

（隋金凇）

【财务共享服务】 财务共享服务高质量完成 2020 年度财务决算，获国务院国资委通报表扬。财务共享获评集团公司对标提升 9 个标杆项目之一。2021 年完成集团公司新设单位和新增业务上线，实现境内企业全面上线，基础业务应接尽接。业务平均差错率低于百万分之三十。成立境外共享业务工作组，确定建设方案，全力推动境外共享。加快智能共享步伐，完成情景化提报在境内 213 家企业上线；打通情景化业务提报、附件审核和会计制证全流程，实现 ERS（费用报销）挂账凭证自动提交；完成国家电子发票报销、入账、归档试点并顺利通过验收；实现 TMS（财资核心业务系统）银行账户、对账单、记账凭证的自动对账；研发并试点应用 B 型智能投递柜。力推流程架构优化，基础业务整合为采购付款、销售收款等 4 个基础流程，增设支持、拓展类流程；配合总部制定下发 2021 版会计手册和业务操作规范；制定流程标准化操作手册，完成业务流程图；完成全板块凭证附件标准化清单；报表自动化率 70%。拓展业务深度广度，制定下发业务目录；开展税务计算、产股权系统初始化、特殊资金核算以及档案长期保管业务探索；实现外部市场财务咨询零突破和合同额千万级突破。组织业务骨干加入集团公司会计政策研究团队，形成多篇高质量研究成果。

（隋金凇）

【人力资源共享服务】 2021 年，人力资源共享完成薪酬计发 1 585 万人次，编制报表 1.35 万套。完成员工信息维护 292 万人次，落实领导和骨干人员关键信息整改 2.1 万人，人力资源基础信息质量进一步提升。企业年金业务完成 60 家企业上线（累计 72 家）。成立“中国石化共享服务公司社会保险服务中心（北京）”，社保业务覆盖 20 家驻北京单位，并在武汉地区开展试点。高质量完成国家能源集团、南光集团人力资源共享规划管理咨询项目，并为中国星网集团提供人力资源共享规划咨询服务。流程信息化一期功能全面上线，全员劳动合同管理系统在 35 家企业试点运行。持续开展数据治理工作，按照党组组织部要求，完成 1.1 万名中层领导人员、1 万名核心骨干人员关键信息整改；开展基层管理、专业技术、技能操作人员信息整改，协助企业整改完成各类人员信息共 43 万人次。员工自助 2.0 迭代升级，登录量累计超 5 000 万人次，登录率升至 89%。加强系统数据集成，完成 29 家单位银企直连试点上线，有效降低资金风险。初步搭建人力资源数据分析平台，完成总部、企业专项统计分析 150 余项。集团公司薪酬对标和财金人才盘点得到总部充分肯定。

（隋金凇）

【IT共享服务】 2021年，IT共享服务加强工作落实，确保业务稳步推进。积极开展一体化运维体系建设。完善运维质量监管等21个规范细则，统一将总部统建信息基础设施和应用系统运维工作纳入呼叫中心，持续做好ERP、费用报销、合同管理、共享服务平台等系统运维工作，服务接单量约12万项。健全网络安全服务体系，建立并完善炼化、油田板块工业互联网安全测评指标设计，完成20家企业促优提升服务，网防G01系统安全保护范围进一步扩大，较2020年同期增长29.4%，整体提高集团公司服务器安全防护水平。加快数据服务建设，在财务域、物资域数据资产盘点方法论基础上，梳理产融数科平台数据服务项目450项数据标准，编制4项数据质控流程，进一步总结形成数据治理方法论。充分利用共享业务一体化优势，完成江苏石油、济南炼化、长岭炼化等数据分析服务，为企业经营决策提供数据参考，有效推进企业数业融合。项目与技术服务方面，搭建总部石化智云运营体系，编制《石化智云工业互联网平台技术审查》等8项规范，开展合同系统提升等8个智云项目过程质控和21个统建项目验收测试，初步搭建信息化产品及服务供应商资源库，以高质量服务提升信息化项目质量。

（隋金凇）

【商旅平台】 2021年，商旅平台落实党组办实事重点任务，持续推动平台使用率提升，持续丰富资源、完善功能、优化流程、提升体验，各项工作取得新进展、新成效。着力完善服务内容，完成因私出行、国际业务、12306火车、网约车等业务在全集团公司上线，最大限度满足企业差旅出行需求，为员工及家属出行提供集行、住、游、购、保险于一体的全场景一站式出行服务。持续丰富资源产品，享受30家航空公司、32家酒店集团的大客户协议优惠，引入企业常用的1 489家协议酒店、75家集团公司自有酒店，国内机票涵盖所有航线，可覆盖452个城市、100余万家酒店，实现全方位扩大优质资源覆盖面。探索内外部合作，加快建设对外服务平台，成功签订国家管网商旅服务合同，迈出外拓市场第一步，努力打造面向企业级用户的商旅管理服务品牌；推进与易捷、石化团购、石化易保等平台合作，实现引流互嵌、资源共享，打造多业态融合、多元化发展的合作共赢生态圈。商旅平台基本实现多品类、全自动、一站式差旅服务，在助力规范管理、降低差旅成本、提高工作和出行效率等方面成效明显。总结经验成效，编撰《以“互联网+共享服务”打造数智化商旅平台，赋能集团企业差旅精益化管控》，获集团公司第三十届管理现代化创新成果奖和集团公司数字化转型十佳案例。

（隋金凇）

【石化党建平台】 2021年，石化党建平台认真贯彻落实集团公司党组工作部署，坚持“管理+服务”定位，统筹平台开发及推广应用，着力深化对标、持续扩能升级、推进运维提质。6月28日，在建党100周年前夕如期建成、成功上线石化党建平台2.0版本，总体形成PC端、App端“两位一体”格局和“1平台+4系统”布局，服务对象覆盖集团公司全体党员、统战成员、工会会员、团员青年，用户数量突破60万人，形成“大党建”格局。平台完整性、易用性、规范性、便捷性进一步增强，各类学习资源超过20万项，各类组织数据超过4万条，平台月均访问量超过1 000万人次，月点击量突破1.9亿次；平台开发、建设、应用持续向好，作用进一步彰显，得到中组部、国务院国资委等上级部门和有关方面充分认可，在国务院国资委党委“中央企业永远跟党走”工作展中，石化党建平台位列集团公司22组展出元素之一。

（隋金凇）

【强化服务运营管理】 2021年，共享服务公司聚焦客户价值和用户体验，狠抓服务运营水平提升。统筹组织2021年共享服务框架合同和服务水平协议签订工作，开展2022年收费测算工作，落实已上线基础业务收费逐年降低要求，持续优化合同签订与收费机制，提升运营水平。落实客户服务“3×3”协同机制，完善客户反馈报告及满意度调查机制，提供运营数据、风险提示和管理建议，提升客户反馈的质量和价值。深化多层次沟通交流，创新交流形式，组织完成集中调研交流14场，远程回访及现场走访企业105家，及时解决和反馈客户问题，建立客户问题跟踪落实机制，执行销号管理，明确解决责任人和时间，2021 年客户线上问题处理从 3.4 小时缩短为 2.43 小时。对标世界一流推动管理提升，完善质量运营指标体系建设，选取 9 个一级指标和 27 个二级指标，形成一套较为全面科学、可对标的财务共享质量评价体系。修订《服务质量管理办法》，完善从计划、实施、监控、纠正、反馈到优化提升的闭环管理机制。加强质量体系检查和日常质量监控，组织开展质量体系检查工作、主题质量月活动等系列活动，形成全面质量管理、全员质量管理的长效工作机制。2021 年共享服务公司业务处理总体准确率 99.99700%，及时率 99.99748%，服务水平稳步提升；每单业务客户主动评价保持在 99.87 分以上，年度满意度问卷调查得分 99.21 分，比 2020 年提高 0.4 分，客户满意度和认可度持续稳步提升。

（隋金凇）

【加强共享服务品牌建设】 2021 年，共享服务公司坚持品牌引领，持续提升中国石化共享服务知名度和影响力。以共享服务公司官微公众号为平台，策划官微栏目与运营方案，发布专业文章、宣传共享服务公司发展成效和重大事件，推介 RPA 机器人等重点产品。完成共享服务公司品牌宣传片拍摄与制作。组织参加集团公司、中国企业管理研究院、省级企业联合会组织的管理创新成果评选，获优异成绩，进一步提升品牌影响力。抓实标准引领，总结中国石化共享服务建设实践，结合国有企业共享服务调研情况，提炼可供行业参考的实施方法论与执行标准，发布行业内首个《企业财务共享服务》团体标准。加强共享行业交流，推进财务共享一体化专委会平台建设，成立财务共享数字化创研智库，完成“共享服务平台的自动化智能化应用”等多个课题研究，发挥专委会在总结经验、交流协作，推动共享服务发展方面的积极作用。先后组织与中国星网、中国兵器装备、华润集团等 10 余家企业交流，进一步扩大交流合作范围，有效提升共享服务公司影响力。

（隋金凇）

【打造共享服务产品】 2021 年，共享服务公司结合“十四五”产品体系规划，完善财务、HR、IT、商旅与党务共享五大业务线的产品服务目录，建设产品资源库与专家人才库，将业务、流程、标准、平台、知识、人才、专业能力等要素进行系统化、产品化整合，形成“基础＋增值”2.0 产品体系，打造核心竞争力。推进共享理念研究，组织与财科所、国家会计学院专家研讨交流，提出以共享理念推动管理转型的思路框架。加强新业务调研，制订共享服务运营模式优化、对外服务公司组建等建议方案，组织开展工程造价服务可行性论证、法律共享服务情况调研，形成相关报告，总结中国石化共享服务发展成效，为共享服务升级发展提供参考。稳步开拓外部市场，新签华能集团、华电集团、天瑞集团财务共享咨询与实施合同、国家管网运营商旅服务合同，完成国家能源、南光集团 HR 共享咨询服务。推进与中国企业财务管理协会、ACCA（特许公认会计师公会）三方合作，开展 GBS（全球商业服务）人才资格认证项目，孵化线上、线下培训课程，加快提升共享服务公司知识成果创效能力。

（隋金凇）

中华人民共和国国家版权局
计算机软件著作权登记证书
证书号：软著登字第7976927号
软件名称：享当当RPA流程机器人软件
[简称：享当当]
V2020.3.0
著作权人：中国石化集团共享服务有限公司
开发完成日期：2019年12月31日
首次发表日期：未发表
权利取得方式：原始取得
权利范围：全部权利
登记号：2021SR1254301
根据《计算机软件保护条例》和《计算机软件著作权登记办法》的规定，经中国版权保护中心审核，对以上事项予以登记。
No. 08764268
2021年08月24日

计算机软件著作权登记证书

【坚持创新驱动发展】 2021 年，共享服务公司坚持把创新作为推动发展的第一动力，加大信息技术开发投入，完善鼓励创新创效机制，不断拓展自动化和智能化创新应用，助力提升企业生产营运优化创效水平。2021 年成功申请“享当当”RPA 软件著作权，并为贵州石油分公司、江苏石油分公司等企业开发数质量管理 RPA，为广西石油、山西石油等企业开发资金监管系统自动清账 RPA，为扬子石化、石家庄炼化等企业开发销售订单自动开票 RPA，其中数质量管理 RPA 可为企业节省罐容调校检定费用约 500 万元 / 年，清账 RPA 减轻财务人员 50% 以上工作量，自动开票 RPA 节约人工成本 75% 以上，助力企业降本增效、防控业务风险。

（隋金凇）

【公司治理水平持续提升】 财务管理持续推进价值驱动，圆满完成共享服务公司 2021 年效益目标。通过拓展新业务、开发新市场，调整收入结构。结合任期制工作，在纵向上建立“公司—条线—分子公司—部门”逐级细化的四级预算指标体系。在横向上将财务指标与业务发展有机衔接，形成上下战略分解支撑，左右业财协同融合的金字塔式指标评价体系。探索共享服务中长期定价机制，确定优化标准、稳定基础、合同约束、促进双赢、定期更新，分阶段建立市场化为导向的收费模式总体思路。通过持续改进基础业务流程、提升服务能力和标准化水平、优化用工结构，拓展实施智能化应用，实现企业标准业务收费持续下降，新增业务单独收费。完成共享服务公司本部、两个分公司、石化国旅场景化推动工作，持续关注场景化提报上线率，监督共享服务公司场景化提报使用，确保场景化 100% 上线效果。坚持“量入为出、控制总量、优化选项、增加回报”为投资原则，提高综合竞争力和可持续发展能力。构建“集团共享模式内控管控”与“共享服务公司内部管控”两大体系，强内控、促合规，内控体系建设有效运行。不断健全“大监督”机制，开展物资采购与管理，工程（维修）专项稽核、审计工作。修订共享服务公司章程，将国企改革三年行动重点要求纳入共享服务公司章程，法治建设责任压实。将法治建设纳入共享服务公司“十四五”规划，编制法律共享“十四五”规划，制订“八五”普法规划，法治建设规划全面。推进合规体系和制度建设，建设合规管理组织体系、制度体系、运行机制、监督检查机制，初步完成“合规管理制度 + 财务共享、数据安全两个业务合规指引”。夯实合同及法律事务管理，开展合同及商业伙伴合规自查，管控合同和合作商合规风险。加强知识产权保护，获软件著作权 31 项，推进 3 件专利申请，为打造技术先导型公司提供支持保障。修订选商管理制度，规范选商流程，全年完成 29 个项目的选商工作，在降低成本的同时，确保选商工作的依法合规。深入开展“安全生产月”“保密宣传教育月”等活动，组织修订印发 HSE 管理体系手册，建立季度 HSE 工作例会机制，开展安全专项检查和保密工作考核评价暨自查自评工作，进一步筑牢安全保密防线。扎实开展疫情防控，妥善处置涉疫事件，实现“零感染”，为业务平稳有序运营提供坚强保障。在共享服务公司“十四五”发展规划基础上进一步形成集团公司共享服务“十四五”规划，明确未来发展方向。组织完成共享服务公司第一版制度汇编，深化制度管理系统全面推广应用，推动制度建设计划有效落实，进一步加强共享服务公司制度规范建设。

（隋金凇）

【加强干部人才队伍建设】 2021 年，共享服务公司坚持“事业成就人才、人才成就未来”的理念，把人才作为最大的资本，推动队伍建设从优化人力资源向增值人才资本转变。贯彻落实共享服务公司人才强企工程实施方案，加大分公司基层管理人员和专业技术人员选聘，构建较为合理的干部人才梯队。畅通成长通道，分公司财务业务服务部、区域服务部按照大 I 型中层机构管理，进一步拓展干部成长发展空间。搭建能力素质模型，完成年度人才成熟度和高潜人才盘点，加大成熟人才引进，持续加强高层次人才队伍建设。组织开展“三百三千”和共享服务公司内部挂职交流锻炼，加大优秀年轻干部选拔力度，干部队伍结构进一步优化。按照“双体、四维”（人才体系、课程体系以及制度、师资、运营、评估）建设思路，打造具有共享知识产权的培训产品，以课程体系建设为切入点，开发形成两套学习地图（财务业务和 HR 业务专业学习地图）、两套开发方法流程和一支自主开发师资队伍，构建基于问题导向的经营管理人才培训课程体系和基于工作分析的专业技术人员培训课程体系，举办中层华为对标一流培训班、共享服务公司专家素质能力提升培训班等，加强重点人才培养，持续提升员工专业素质能力，培养一批充满干事创业激情活力的专业化干部员工队伍。

（隋金凇）

【党的建设取得新进展】 2021 年，紧紧抓住党史学习教育这条主线，深入学习贯彻习近平总书记“七一”重要讲话、视察胜利油田重要指示和党的十九届六中全会精神，开展庆祝建党百年系列活动，选树宣传“双十佳”等先进典型，以落实党组办实事清单重点项目为抓手，财务共享情景化提报和商旅平台优化提升圆满完成年度目标，研究形成“两个放心、三个满意”“四个迭代升级”“五个工作体系”等一系列思路举措，切实把学习成效转化为“升级自立”高质量发展的实际成效。召开庆祝建党 100 周年暨高质量共享特色党建推进会，建立完善党委“三个清单”，编制共享服务公司党建“十四五”专项规划，实施“13356”党建质量提升行动，齐抓共管的大党建工作格局更加巩固、运行机制更加顺畅。统筹推动设立 6 个基层党委，创新一支部一品牌、“党建 + 服务”、党员先锋指数等载体平台，基层党组织战斗堡垒作用和广大党员先锋模范作用充分发挥。推进政治监督具体化常态化，加大宣传思想文化工作力度，扎实开展统战群团工作，“你我同行、共享美好未来”的氛围更加浓厚。

（隋金凇）

举办党史学习教育专题党课

【科技竞赛获佳绩】 2021 年，共享服务公司坚持高素质专业化人才培养，先后在“华能睿沃杯”网络安全竞赛、中国工业互联网安全大赛、“天山杯”新疆工业互联网安全大赛、中国 RPA+AI 开发者大赛等活动中斩获殊荣，同时获中国石油石化企业数字化转型创新成果特等奖、第二届 ISIG 中国产业智能大会“年度最佳行业实践奖”、第三十届集团公司管理现代化创新成果三等奖和“智匠”RPA 优秀案例等荣誉。

（隋金凇）

【共享服务东营分公司】 中国石化集团共享服务有限公司东营分公司（简称共享服务东营分公司）位于山东省东营市，于 2017 年 5 月 20 日组建，10 月 13 日完成工商注册登记。2015 年 8 月，在齐鲁石化驻地成立淄博服务部，2016 年 11 月，在中原油田驻地成立濮阳服务部。2021 年共享服务东营分公司以庆祝建党百年为强大动力，牢记习近平总书记殷切嘱托，锚定共享服务“升级自立”目标要求，坚定扛起主责主业，圆满完成全年目标任务。财务共享承接 10 家企业递延所得税、企业所得税系统服务，完成 44 家新设核算主体共享上线，“情景化提报”实现境内企业推广实施全覆盖；加速推进境外共享业务，完善“一标两库”，实现 13 个境外企业内账上线。HR 共享完成人员关键信息整改 3.37 万人次，超计划实现 31 家企业年金共享服务上线，牵头搭建驻北京企业社保共享服务平台，员工自助系统项目入围中国（山东）人力资源服务创新大赛决赛。IT 共享工控仿真装置成功亮相乌镇世界互联网大会，99 套总部统建系统全部上线呼叫中心；首创财务领域智能制证平台，部署完成 5 家企业资金监管清账 RPA，助力山西石油一次清账率连续 9 个月在销售板块位列第一。石化党建平台 2.0 版在“七一”前夕成功发布，用户范围从 30 万名党员扩展到全集团公司 60 万名员工，平台入选国务院国资委党委“中央企业永远跟党走”工作展。商旅平台为企业提供“7 × 24”小时商旅呼叫服务，优化服务商对账工作流程，实现最快 3 小时差旅报销到账。迭代升级共享服务产品体系，为企业托管财务档案 7 000 余册、整理审核人事档案 7 800 余卷，签订首单数据分析服务合同，承办集团公司财金专业高校毕业生入职培训，高质效完成国家能源、中国星网共享规划管理咨询服务。全面落实精益管理，深化改革三年行动、对标一流管理提升行动持续推进，业务差错率连续 3 年下降一个数量级，客户满意度达 99.03 分，《财务共享“六维”运营体系建设与应用》等 3 项成果分获山东省管理创效成果一、二等奖。坚持把党史学习教育、习近平总书记视察胜利油田重要指示精神及党的十九届六中全会精神作为重大政治任务抓实抓细，认真做好党组巡视、党建考核问题整改。深化开展“优秀党支部书记示范行”、党员示范班组等活动，创新实施“三本账 三清单”“2+X”党员先锋指数量化考核，无党员空白班组、班组党员覆盖率达 100%。

（隋金凇）

【共享服务南京分公司】 中国石化集团共享服务有限公司南京分公司（简称共享服务南京分公司）位于江苏省南京市，于 2017 年 5 月 20 日组建。设扬州服务部，武汉服务部，9 月 18 日完成工商注册登记。2021 年，共享服务南京分公司隆重庆祝建党 100 周年，扎实开展党史学习教育，聚焦共享服务“升级自立”，明确“123456”工作方针和构建“3+N”业务布局的发展思路，各项指标超计划完成，业务处理准确率整体实现从“3 个 9”到“4 个 9”的突破，客户满意度 98.92%，实现“十四五”良好开局。财务共享新增联合石化等 16 家企业上线，国事境外公司、香港公司基础业务顺利迁移，流程优化全面提速，以“团队 + 流程”运营模式为企业提供“管家式”服务，情景化提报率达 95% 以上。人力资源共享实现 28 家企业年金业务上线运行，集团公司财金人才盘点项目高质量交付，73 家企业数据专项治理高质量完成，在 15 家企业试点推进业务全流程贯通。IT 共享“五大服务”持续强化，为 16 家企业提供定制化网络安全服务，为企业提供数据分析和咨询服务，在 13 家企业推广应用 45 个 RPA。大力拓展外部市场，国家管网集团、华电集团、南光集团等 13 个运营类、咨询类、技术类项目成功落地。分板块成功举办财务共享及人力资源共享客户座谈会，“享当当”高峰论坛，对 41 家企业开展现场或线上远程回访，解决企业问题率 94%，全年收到 114 封感谢信。形成研发成果 28 项，开发应用 RPA 87 个，取得软件著作权 13 项，获中国石油石化企业数字化转型创新成果特等奖、第一届“中国 RPA+AI 开发者大赛”银奖、江苏省现代化管理创新成果一等奖，发布实施国内首个《企业财务共享服务》团体标准。

持续深化改革管理，落实深化改革三年行动计划，建成 8 个方面 60 项对标一流指标体系，基于流程优化的财务组织架构和业务运营管理模式调整到位，“1+N”的绩效考核体系导向作用得到充分发挥，搭建“一矩阵两清单”业务风险管控框架，推动 HSE 管理体系执行，南京、扬州、武汉相继经受疫情严峻考验，实现全员“零感染”。持续加强干部人才队伍建设，评聘中高级职称 173 人，组织各类培训 150 场 6 000 余人次。强化政治引领，成立财务共享 3 个基层党委，拓展“党建 + 服务”内涵，形成 37 个党建成果，围绕党组巡视反馈问题、党史督导、党建检查等，建立问题整改长效机制。

（隋金凇）

【石化国旅】 中国石化集团国际旅行社有限责任公司（简称石化国旅）围绕集团公司商旅平台建设总目标，落实“共享服务升级自立”新要求，根据业务发展需要，2021 年 7 月完成组织机构及岗位优化调整，设综合管理部、人力资源部、财务计划部、资源产品部、运营服务部、业务拓展部。8 月进行经营范围增项并完成备案。商旅平台基本实现多品类、全自动、一站式差旅服务，服务集团公司员工 119.67 万人次，预定额 5.15 亿元，累计节约差旅成本 1.3 亿元，平台机票、火车票、酒店使用率分别达 91.13%、90.10%、61.72%，客户满意度 96.16 分，超额完成目标。平台资源产品持续丰富。实现机票、酒店、火车、网约车等出行全场景一站式服务，最大限度满足差旅出行需求。扩展因私业务上线，为员工及家属出行提供集行、住、游、购、保险于一体的出行服务，享受集团公司协议优惠价，提升员工幸福感。服务能力水平明显提升。构建精准化服务体系，通过线上 + 线下、标准 + 定制服务，建立基础客户 +VIP+ 要客的“三级服务”保障模式。建立疫情保障机制，为海外项目复工复产协调包机，帮助 1 000 余名海外员工及家属安全回国。共享服务公司转型与市场拓展取得突破。有序推进业务布局调整，形成北京、东营两地标准化服务、差异化运营、专业化发展的服务格局。推动外部市场拓展，与国家管网集团成功签约，迈出对外输出服务的第一步。共享服务公司经营管理纵深推进。加大财务风险管控力度，抓实依法合规经营，强化制度体系建设，深入推进人力资源管理体系建设，加强人才队伍建设，夯实管理根基。充分发挥党支部战斗堡垒作用。开展党史学习教育特色活动，积极践行“我为群众办实事”活动，将党建工作和商旅业务融合互促，实现“党建 + 业务 + 服务”双转型发展。

（隋金淞）

经济技术研究院（咨询公司）

【概况】 中国石化集团经济技术研究院有限公司（简称经济技术研究院）是中国石化直属的软科学研究机构，位于北京，主要从事公司发展战略、宏观经济政策、国际化经营、金融证券、公司管理及市场营销战略研究，并为重大项目提供决策支持。1999 年 12 月底，中国石化为加强发展战略、宏观经济与政策、市场营销及科技信息研究，并为决策层提供决策咨询，决定将原中国石化石油化工规划院和原中国石化信息中心的经济技术信息部分合并，设立中国石油化工集团公司经济技术研究院。经中央机构编制委员会办公室批复同意，经济技术研究院仍为事业单位。2015 年经济技术研究院获全国博士后管委会批准设博士后科研工作站。2017 年经济技术研究院入选中国社会科学评价研究院《中国智库综合评价研究报告（2017）》核心智库榜单，跻身十大国有企业智库之列。2020 年，原中国石油化工集团公司经济技术研究院由事业单位改制为企业，中国石化集团经济技术研究院有限公司注册成立。

中国石化咨询有限责任公司（简称咨询公司）的前身是成立于 1985 年的中国石化咨询公司，原与中国石化规划院、现与经济技术研究院合署办公，主要职责是对中国石化固定资产投资项目进行可行性研究的前评估和后评价，是中国石化的直属专业公司。1994 年，咨询公司获中国首批甲级工程咨询资质，成为中国工程咨询协会理事单位，2004 年获首批承担国家发展和改革委员会投资咨询评估任务的咨询机构资格并始终保持。2017 年，按照中央企业公司制改制的总体部署，咨询公司完成改制工作，正式更名为中国石化咨询有限责任公司。

截至 2021 年底，经济技术研究院（咨询公司）用工总量 214 人，其中 207 人有专业技术职务任职资格，占职工总数的 96.73%，具有正高级技术职称的 14 人、副高级技术职称的 90 人，41 人有博士学位、122 人有硕士学位。

2021 年，经济技术研究院（咨询公司）坚持以习近平新时代中国特色社会主义思想为引领，锚定打造世界一流能源化工智库战略目标，扛稳当好“政府信赖的智囊团、集团倚重的参谋部、市场认可的思想库”职责使命，以庆祝建党 100 周年为强大动力，以党史学习教育为重要契机，深入推进党建引领、改革创新、管理提升、人才强院，完成年度各项目标任务，切实发挥智库支撑作用。

经济技术研究院（咨询公司）2021 年主要研究成果获奖情况见表 1。

（陈丹妮）

【课题研究量质齐升】 2021 年，经济技术研究院（咨询公司）切实提高站位，宏观、中观、微观研究齐头并进，深入开展各类支撑性研究 240 余项，服务高质量发展。

聚焦观大势谋全局开展宏观研究。围绕战略谋划、宏观大势要事、环境研判，紧盯行业发展、市场态势、国际经贸形势，高质量完成专项规划编制、产业发展重大问题研究、碳达峰碳中和战略研究及降碳行动部署研究等战略性、全局性课题，为政府部门制定相关政策措施、推动产业转型、助力“双碳”目标实现提供坚实理论支持和实践参考。

聚焦高质量发展开展中观研究。围绕中国石化战略决策制定、产业格局构建、风险防控、管理提升、国际化经营及生产经营计划优化等重大问题，高质量完成各类专题研究，持续打造《中国石化智库报告》，为中国石化构建“一基两翼三新”产业格局、规划长远发展路径、提升风险防控能力与管理水平、拓展国际化经营提供基础支撑。

聚焦提质增效开展微观研究。围绕项目投资决策，高质量开展项目评估 40 余项，为企业投资决策提供有力科学依据；围绕企业提质增效，高质量开展 30 余家炼化企业生产经营优化和项目竞争力研究，为企业直面市场、提升竞争力提出措施建议。

聚焦夯基垒台开展方法体系建设，高效完成 MPIMS 集成模型重构，初步建立系统性能源研究体系，夯实软科学研究数字化信息化基础。

（陈丹妮）

【品牌影响力不断攀升】 2021 年，经济技术研究院（咨询公司）致力出精品，创品牌。持续打造《2022 中国能源化工产业发展报告》，并以“双碳新目标 产业新赛道”为主题，举办线上发布会，全力呈现对行业发展的最新观点，品牌影响力不断攀升。承办雄安新区氢能产业发展合作论坛，助力集团公司氢能业务发展。与国内外知名咨询公司、研究机构和高校开展多渠道交流合作和深度沟通，在行业交流和学术碰撞中完善知识版图、激发创新思维、拓宽发声窗口，推进能源化工行业智库协同发展。

（陈丹妮）

【改革管理持续提升】 市场化改革再深入。深入落实国企改革三年行动部署，稳步推进深化改革三年行动，完成率 87.6%；持续加大市场化改革力度，财务精细化管理协同发力，实现咨询项目量质齐升，全口径合同额增长 30.5%，在取得经济效益的同时，为客户创造价值，获政府部门、中国石化总部部门及企业等委托方的充分认可；课题管理机制及考核制度持续完善，进一步强化市场化服务意识，激发创新创效热情。“三能”机制落地实施。分层次分体系推行任期制和契约化管理；不断完善考核评价体系，深化考核结果运用，畅通“上”的通道，加大“下”的落实力度，传递压力催生动力；持续完善差异化薪酬分配体系，充分发挥薪酬“能增能减”激励作用。经济技术研究院（咨询公司）治理持续完善。修订经济技术研究院（咨询公司）章程，稳步推进对标世界一流管理提升行动，持续加强合规管理体系建设，公司规范化治理进一步夯实；内控管理持续强化，风险防控能力显著增强。信息化支撑不断夯实。持续强化网络安全管理，完善信息基础设施建设，强化信息资源管理，全面完成档案管理信息系统上线，信息化支撑作用充分发挥。后勤服务不断提升。狠抓常态化新冠肺炎疫情防控，坚决守住不发生重大风险的底线；持续改善办公设施与条件，着力为员工营造舒心工作环境。

（陈丹妮）

【人才强企多维发力】 2021 年，经济技术研究院（咨询公司）强化党对人才工作的组织领导。将人力资源部（组织部、外事部）更名为党委组织部（人力资源部、外事部），形成党委统一领导、党委组织部牵头抓总、有关部门各司其职、密切配合的人才工作格局。加强中层干部队伍建设。修订完善相关制度，注重结构优化，加大年轻干部培养力度，全年调整干部 14 人，实现中层干部队伍动态管理。大力推进专家队伍建设。引入竞争机制，推行年度和聘期双考核，强化专家管理；整合系统内外专家资源，建立外部专家库。持续完善基层级人员管理。选聘调整高级主管 / 高级研究员 / 高级咨询师以下层级岗位人员，实现人才队伍动态优化。加大人才引进力度。全年引进毕业生 17 人（含博士后 1 人）、成熟人才 4 名。持续加强人才综合培育。选送员工参加各类培训，组织“英语角”，持续优化青年员工“一人一策”“导师制”培养模式，不断完善符合智库特点的青年人才梯次化培养体系。

（陈丹妮）

【党建引领持续强化】 2021 年，经济技术研究院（咨询公司）持续强化政治建设。严格落实“第一议题”制度，深入学习贯彻党的十九届六中全会和习近平总书记视察胜利油田重要指示精神，制订实施经济技术研究院《打造践行习近平新时代中国特色社会主义思想重要阵地的实施方案》；高质量开展庆祝建党 100 周年活动，评选“两优一先”，召开庆祝建党100周年暨高质量党建推进会，开展“永远跟党走”群众性主题宣传教育活动，用好“红色教育基地”，唱响主旋律，弘扬正能量；坚持把党史学习教育贯穿全年，综合运用读书研讨班、专题党课、座谈研讨、主题宣讲等各种载体，在学史明理、学史增信、学史崇德、学史力行上取得明显成效；扎实推进“我为群众办实事”实践活动，围绕“四个聚焦”持续发力，开展单身宿舍提质改造等一大批办实事项目并获广泛好评；全力推进全国国企党建会议精神再落实，认真开展“回头看”，党建责任体系不断完善；持续开展经常性党性教育和系统化培训，党员干部的政治判断力、政治领悟力、政治执行力不断提升。持续强化思想建设。加强领导干部思想政治工作辅导，提升思想政治工作基本功；抓好意识形态管控，坚守意识形态阵地；深化石油精神、石化传统教育，健全完善“七有机制”；建立“劳模创新工作室”、设党员责任区、命名党员示范岗，发挥先进典型示范作用。持续推进“两个责任”深入落实。聚焦践行“两个维护”，强化政治监督，围绕助力集团公司高质量发展、深化改革三年行动方案实施，推进决策部署贯彻落实；深化推进党的政治建设重点措施，深入落实《关于加强“一把手”和领导班子监督的实施意见》。聚焦高质量发展，强化日常监督和专项监督，深入落实“两个责任”，推进“大监督”工作协同联动、同向发力、贯通执行；组织签订《党风廉政建设责任书》《廉洁从业承诺书》《家庭助廉承诺书》，开展领导干部廉政“画像”、廉洁谈话，强化对“关键少数”的廉政约束；突出抓好公权力运行监督，助力中心工作有序推进。聚焦作风建设，围绕落实“马上就办”、严肃会风会纪，全面树立研究管理新风尚。持续加强组织建设。优化党支部设置，开展党建共建，加大对外交流，推广“石化党建”平台应用，全力推动基层组织体系建设进一步健全完善，促进党建工作标准化、规范化、信息化。持续加强群团工作。深入开展主题劳动竞赛，持续做好帮扶救助、走访慰问，举办各类文体活动，职代会民主管理不断完善；选优配强团总支委员，优化设立团支部，共青团组织建设不断夯实；制定经济技术研究院《青年英才“朝阳工程”的实施意见》《深入推进青年马克思主义者培养工程实施方案》，加强青工政治轮训，举办第六届青年论文交流会，成立青年志愿服务分队，全方位助力青年成长；以党史学习教育为契机，充分调动统战人士积极性，凝聚统战人士为智库建设再创新绩。

（陈丹妮）

表1　经济技术研究院（咨询公司）2021年主要研究成果获奖情况

序号	课题名称	获奖名称	获奖等级
1	绿色环保汽车轻量化材料技术开发与应用	集团公司2021年度科技进步奖	特等奖
2	中国石化对标一流能源化工公司管理提升研究与实践	中国石化第三十届管理现代化创新成果	一等奖
3	全面深化改革背景下的中国石化改革顶层设计研究	中国石化第三十届管理现代化创新成果	二等奖
4	国际化布局筛选体系构建创新及应用	中国石化第三十届管理现代化创新成果	三等奖

石化报社

【概况】中国石化报社（简称石化报社）成立于1988年7月，是集团公司直属事业单位，主营业务是新闻报刊的出版与发行，注册资本1 000万元，社址位于北京市朝阳区吉市口路9号。

石化报社1988年成立时仅出版《中国石化报》，定位是集团公司党组机关报，也是石油石化行业经济报。1992 年，由原中国石油化工总公司企业管理部主办的《中国石化企业管理》杂志（1994 年更名为《中国石化》杂志）划入石化报社。2000 年，原中国石化信息中心声像业务整体划入石化报社。2016 年，集团公司官网、股份公司官网的管理和维护职能及总部办公门户要闻栏目更新维护工作移交石化报社。

截至 2021 年底，石化报社所属媒体有《中国石化报》《中国石化手机报》《车友报》《中国石化》杂志、石化 V 视、中国石化新闻联播（电视，含网络视频）、中国石化新闻网、中国石化报微信公众号、中国石化新闻图片网、石化新闻客户端、中国石化新闻网微博（石化报社官方微博）等。同时石化报社还负责管理维护中国石化 2 个官网。石化报社有员工 152 人，其中有硕士研究生以上学历 58 人、本科学历 82 人，有副高级和高级技术职称的 67 人、中级技术职称的 57 人。内设 14 个机构，其中机关职能部门 4 个、直属机构 10 个。石化报社有驻省记者站 26 家。

石化报社主要媒体运营数据见表 1。

（庞　炜）

【组织开展“红色基因 · 石化传承”大型融合采访】 2021 年 5 月，石化报社开展庆祝建党 100 周年“红色基因 · 石化传承”大型融合采访，22 名记者兵分 16 路，前往上海、浙江、陕西、福建等地，走进 17 个红色基地深度采访，回顾红色圣地光荣的革命历史，报道各企业干部群众传承红色基因、创造美好生活的探索实践。

（庞　炜）

2021 年 5 月 21 日，石化报社记者参加“红色基因 · 石化传承”采访活动，在嘉兴红船前报道（章　铮　摄）

【“周油列国”工作室挂牌】 “周油列国”工作室是“周油列国”微信公众号的运营主体，是石化报社旗下深度报道品牌，经一年试运行后，于 2021 年 11 月 8 日正式挂牌。“周油列国”工作室将《中国石化报》《油气周刊》《炼化周刊》《营销周刊》《环球周刊》内容“掐尖”，以公众号平台推送给广大读者，推进报纸和移动端的融合创新，追求“深度、专业、悦读”。

（庞　炜）

2021 年 11 月 8 日，石化报社举行“周油列国”工作室授牌仪式（刘　行　摄）

【深化改革对标一流提升管理】 2021 年，石化报社按照集团公司深化改革三年行动工作部署，纵深推进“三项制度”改革，制定完善干部考核评价制度，加大优秀年轻干部选拔力度，规范多领域专家人才的选聘，合理拉开绩效考核兑现差距。持续深化媒体融合，制订石化报社“十四五”发展规划，更加明确“打造有影响力的央企领先的中国石化融媒体中心”发展愿景和路径安排。对标一流提升经营管理水平，坚持依法经营、拓市创效、合规管理、业财融合、高效行政，全年完成利润总额 828 万元，3 个经营主体全部实现盈利；财务月度考核全年 11 个月夺得红旗；《战“疫”时期媒体应急响应实践》获集团公司管理现代化创新二等成果。

（庞　炜）

【党建引领高质量发展】 2021 年，石化报社不断推动以高质量党建引领高质量发展。建强政治组织，“党媒姓党、党组新闻宣传阵地”的定位不断强化。坚持把学习习近平新时代中国特色社会主义思想作为“第一议题”，干部员工践行“两个维护”的政治自觉更加坚定；坚持从讲政治高度，观大势、谋全局、干实事，党委“把管促”作用有效发挥；坚持大抓基层党建，11个党支部组织力持续提升，要闻部党支部被集团公司党组树为基层党支部建设示范点；坚持党管干部、党管人才，干部人才队伍活力持续释放。发挥政治功能，“为党发声、为中国石化鼓与呼”的职能有效履行。围绕“一特两重三贴近”做优新闻宣传服务，“一特”就是特别突出习近平新时代中国特色社会主义思想的宣传；“两重”就是重点服务中国石化打造世界领先洁净能源化工公司生动实践，重点服务中国石化“党和人民好企业”形象塑造；“三贴近”就是贴近党组中心工作，贴近企业特色亮点，贴近员工生产生活，交出满意答卷。严明政治纪律，“全面从严，打造规范廉洁报社”的追求从未停歇。从严落实上级要求，做到思想上对标对表、行动上紧跟紧随、执行上坚定坚决；从严整改反馈问题，从严从实推进党组巡视反馈意见落实整改；扎实做好近三年党建考核反馈问题整改，制定的43项措施全部得到推进，3项须中长期整改的形成长效机制；从严执行廉洁纪律，连续开展思想作风年活动，风清气正的政治生态持续巩固。

（庞　炜）

【首次发布社会责任报告】 2021年6月15日，石化报社首次发布《中国石化报社社会责任报告（2020年度）》，报告详细介绍石化报社2020年度履行政治责任、阵地建设责任、服务责任、人文关怀责任、文化责任、安全责任、道德责任、保障权益责任、合法经营责任等方面情况。为提高报告可读性和传播力，展现媒体融合成果，除文字版报告外，还制作发布H5多媒体版报告。在中国行业报协会组织的评议中，《中国石化报》在参评的15家行业类媒体中排名第五，得分91.6分，获优秀。

（庞　炜）

表1　石化报社主要媒体运营数据　万份

媒体名称＼年份	2021	2020	2019	2018	2017	2016
《中国石化报》①	12.22	12.60	12.56	12.90	12.60	12.30
《中国石化》杂志②	2.80	2.82	2.81	2.80	2.75	2.73
《中国石化手机报》③	2.01	1.86	1.86	1.83	1.82	1.89
中国石化新闻网④/万次	1.00	2.00	2.00	3.00	3.00	5.00
中国石化报微信公众号⑤/万人	15.16	4.68	2.52	2.28	1.99	—
中国石化新闻网微博⑥/万人	6.01	5.87	5.71	5.70	5.00	—
石化新闻客户端⑦/万次	22.72	22.69	22.50	11.00	10.00	5.60
石化V视⑧/万次	9.86	9.70	—	—	—	—

①②③发行量
④日均页面浏览量（2021年数据为内容页日均浏览量）
⑤关注人数
⑥新浪微博关注人数
⑦累计下载量
⑧日均浏览量

石化出版公司

【概况】 2015年9月，集团公司印发《关于中国石化出版社有限公司中国经济出版社整合的通知》（中国石化企〔2015〕471号），决定对中国石化出版社、中国经济出版社进行整合，实行“一套班子、两块牌子”，整合后保留2家出版社名称，对内称石化出版公司，对外分别使用中国石化出版社有限公司、中国经济出版社有限公司开展业务。

石化出版公司以建设国内知名文化品牌和国内一流的知识、文化、智库服务商为目标，坚持把社会效益放在首位，坚持以服务集团、服务行业、服务国企、服务社会为己任，紧紧围绕中国石化战略与业务发展、品牌文化建设、队伍建设和党建等各方面工作需要，实施价值创造战略、创新驱动战略、资源开拓战略、差异化运营战略、平台化战略、人才强企战略，立足传统出版，积极拓展数字与融合出版、知识服务等新业务，大力提升品牌影响力和市场竞争力，奋力推进更高质量、更高水平的快速发展，加快把2家出版社打造成为集团公司建设世界领先企业的“文化名片”。

截至2021年12月末，石化出版公司有在岗员工196人；设置中层机构20个，其中业务部门15个、职能部门5个；有党支部15个，党员135人。

（综合管理部）

【生产经营目标任务超额完成】 石化出版公司扎实开展党史学习教育，全体干部员工共同努力，克服新冠肺炎疫情持续、书号规模压减、图书零售行业下行等严重不利影响，逆势而上，营业收入和盈利实现持续大幅“双增长”，圆满完成生产经营任务目标，实现“十四五”良好开局。全年共出版图书1 673种，其中新书1 241种、重印书432种；图书出版码洋4.31亿元，其中新书2.80亿元、重印书1.51亿元；营业收入2.85亿元，增长47%；净利润1 180万元，增长115%；4家子公司全部保持盈利。其中，石化出版社全年出版图书1 043种，其中新书735种、重印书308种；出版码洋2.68亿元，其中新书1.74亿元、重印书0.94亿元；营业收入1.45亿元；实现利润947万元；圆满完成11项上报集团公司重点出版项目。经济出版社全年出版图书630种，其中新书506种、重印书124种；出版码洋1.63亿元，其中新书1.06亿元、重印书0.57亿元；营业收入1.40亿元；实现利润233万元；圆满完成8项上报集团公司重点项目。

（综合管理部）

【深化改革取得显著成效】 全面贯彻关于深化国企改革重要部署，认真落实《石化出版公司深化改革实施方案》，积极推进市场化机制建设取得明显成效，得到集团公司领导和总部相关部门的高度评价，并在集团公司深化改革三年行动推进会、板块深化改革推进会上作典型经验介绍。制订深化改革相关配套制度和具体实施方案，完成经理层和中层管理人员任期制契约化管理相关工作，组织开展多轮经理层、中层职业经理人选聘，完成中层管理岗位全员竞聘上岗，其中2人转换身份成为职业经理人。优化组织机构设置和部门职能，制定新的绩效考核办法，在子公司实行市场化用工机制试点和全员协议薪酬制度试点。编制《岗位说明书》《上岗协议书》，完成市场化薪酬对标、岗位评价等基础工作。深化改革主要措施的落实落地，推进出版公司市场化机制的建立和完善，促进了干部员工思想观念的转变和市场化意识的增强，公司内部的动力活力得以更好地激发，人才的外部市场竞争力有所增强，改革对公司发展的促进作用得到初步呈现。

（综合管理部）

【调整优化组织机构设置】 根据数字化转型升级、融合发展需要，增设创新发展部；为了探索融合出版有效模式，提升专业化服务和市场化运营能力，依托音像中心成立融合出版中心，作为融合出版先行先试部门；在优化编辑队伍的基础上设立编校中心；组建营销部，主要负责编发沟通、市场研究、营销策划、宣传展示、促销推广等工作。对有关部门的职责进行调整优化，对印制储运、销售业务进行优化重组，对综合管理部与党群工作部（党委办公室、党委宣传部、纪委监督室）实行合署办公。

（人力资源部）

【党建质量实效得到全面提升】 石化出版公司党委坚决履行管党治党责任，在思想上、政治上、行动上与党中央、集团公司党组保持高度一致。坚定不移推进全面从严治党，聚焦“务实、创新、融合”，下大力气抓党建强党建促进公司改革发展。党建责任方面，认真落实集团公司“1355”党建工作总体思路，建立党建工作责任、运行、考核“三个体系”，创新实行“三个三”党建工作模式，推动党建责任落实落地。党建质量方面，贯穿全年扎实推进党史学习教育，广泛开展庆祝建党 100 周年系列活动，深入开展“我为群众办实事”实践活动，坚定了践行初心使命、履行好“举旗帜、聚民心、育新人、兴文化、展形象”的使命任务、推动公司高质量发展的信心决心。多个集体、多名个人获得各种表彰和荣誉。党建实效方面，有效运用党建优势推动工作开展，出版质量、经营成效大幅提升，高质量完成庆祝建党百年等服务集团公司重点项目，擦亮中国石化文化名片。

（党群工作部）

【获奖情况】 2021 年，企业文化与教育出版分社党支部获评集团公司基层党支部建设示范点、经济管理出版分社党支部被评为集团公司先进基层党组织；燕丽丽获中国石化优秀共产党员称号；杜毅漫获中国石化优秀党务工作者、集团公司宣传思想工作先进个人称号；中经录音录像中心获中国石化脱贫攻坚先进集体称号；赵文获中国石化青年岗位能手称号；刘亚轶获集团公司财务管理先进个人称号；联合团支部获中国石化五四红旗团组织称号；戴瑛获中国石化优秀共青团干部称号；毛增余被评为集团公司直属工会优秀职工之友，综合第一分工会被评为集团公司直属工会优秀工会小组，罗琳被评为集团公司直属工会优秀工会干部，李焕军、牛斌被评为集团公司直属工会优秀工会会员。

（综合管理部）

【价值引领助力改革创新发展】 2021 年，石化出版公司聚焦“十四五”发展规划和改革创新发展，充分发挥财务管理职能，促进资源配置和生产经营优化，深度发挥预算牵引作用，以预算指标倒逼经营提升、改革增效、价值创造。发挥财务理财聚财优势，以公司绩效管理为核心，确保出版公司全面完成生产经营和财务预算目标。统筹推进对标先进、风险防控、制度建设、巡视整改等工作，坚持问题导向，积极解决公司经营管理中的短板弱项，全面加强依法合规经营的制度建设和能力建设，夯实高质量发展基础。积极构建出版公司风险控制、制度建设、依法合规、法律服务、巡视监督“五位一体”的“大监督”工作格局，为出版公司创新发展保驾护航。

（财务部、企业管理部、法律事务部）

【中国石化图书采购平台（易书汇）】 紧扣“改革、创新、提质、发展”工作主线，以服务集团需求为主要目标，致力于向全国用户提供图书销售和员工培训业务，打造一个学习形式多、图书采购易、学习成本低的全面互联网和移动互联网图书采购平台。平台网站、App、微信小程序的建设工作全部完成，顺利通过集团公司信息化和数字化管理部安全测试。

（销售中心）

【《中国石化“十四五”时期重点图书出版规划》编制完成】 根据国家新闻出版署《关于编制“十四五”国家重点图书、音像、电子出版物出版规划的通知》（国新出发〔2020〕21 号）精神，石化出版公司组织开展《中国石化“十四五”时期重点图书出版规划》的编制工作。经向中国石化总部部门、各企事业单位和行业内有关单位广泛征集，在征求专家意见和认真讨论的基础上，经专家评审委员会审定，实施的重点出版项目共 102 项，紧密围绕中国石化主业和科研开发、生产经营与管理实际，反映了国内外石油石化行业的技术发展趋势，体现了中国石化的专业特色，具有较强的可实施性。石化出版公司将按照集团公司的要求，科学编制、滚动调整和有效实施出版规划，为促进中国石化科技进步、提高石油石化企业生产经营和管理水平、打造世界领先洁净能源化工公司作出应有的贡献。

（总编室）

石化出版社（展览办公室）

【概况】 中国石化出版社有限公司（简称石化出版社）是集团公司主管和主办的中央级科技出版社。其前身为经文化部批准于 1984 年 12 月成立的烃加工出版社，先后与原中国石化情报所、中国石化信息所、中国石化信息中心合署办公，1992 年更名为中国石化出版社，1999 年 3 月与原中国石化信息中心分离单列，成为中国石化直属独立的事业法人。2010 年 12 月转制为企业，设立中国石化出版社有限公司。集团公司展览办公室（简称展览办公室）经集团公司批准成立，负责中国石化境内外展览业务，与石化出版社合署办公。

截至 2021 年末，石化出版社有在岗员工 84 人，其中硕士研究生以上学历 30 人、本科学历 33 人；取得高级专业技术职称的 37 人、中级专业技术职称的 14 人。

石化出版社主要出版石油勘探开发、石油炼制、石油化工、安全环保、企业文化与管理等方面的图书，以及相关的行业标准、辞典、手册工具书、石油及石化专业系统教材和职工培训教材的出版及电子、音像制品的出版；同本社出版范围相一致的互联网图书出版，设计、制作图书广告，利用本出版社出版的图书发布广告；图书、期刊、电子出版物、音像制品批发、零售、网上销售；负责集团公司年鉴、年报的编辑出版工作；负责承办集团公司暨股份公司在国内外举办的各种展览业务、会议服务，承办展览展示。石化出版社与多家国际知名的出版机构开展版权贸易和业务合作活动，引进国际石油化工、勘探开发等专业科技书籍版权并组织翻译出版；坚持以为石油石化工业科技进步服务为宗旨，逐步摸索出一套具有行业特色、适合自身发展、规范稳健的管理模式。

石化出版社 2021 年重点图书书目见表 1。

（综合管理部）

【1 个项目被确定为 2021 年度国家出版基金资助项目】 根据国家出版基金规划管理办公室 2021 年 2 月 9 日发布的 2021 年度国家出版基金资助项目评审结果公告，石化出版社申报的《中国炼油技术》（第四版）被确定为 2021 年度国家出版基金资助项目。

（总编室）

【4 个项目入选“十四五”国家重点出版物出版项目】 根据《中华人民共和国国民经济和社会发展第十四个五年规划和 2035 年远景目标纲要》、“十四五”文化发展规划、《关于加强和改进出版工作的意见》等，国家新闻出版署印发《出版业“十四五”时期发展规划》。石化出版社组织申报的《石化工程知识体系》《石油战略运筹学》《中国炼油技术》（第四版）、《碳中和与固碳技术》入选国家“十四五”重点图书出版规划项目。

（总编室）

【2 部科技著作顺利通过集团公司科技成果鉴定】 2021 年 4 月 25 日，《全球构造体系概论》《变径流化床反应器理论与实践》2 种图书的科技成果鉴定会在石化出版社顺利召开。经鉴定，专家组取得一致意见，认可该 2 项成果内容新颖、数据翔实、逻辑严谨、学术性强，编辑出版质量优秀，得到政府部门、专家学者和企业用户的高度评价，具有很高的专业性、权威性、先进性与指导性，是具有国际水准的优秀著作。

（总编室）

【获 5 项 2021 年度全国石油石化企业管理现代化创新优秀著作奖】 根据中国石油企业协会《关于发布和推广 2021 年度石油石化企业管理现代化创新优秀成果、优秀论文、优秀著作的通知》（企协〔2021〕37 号），由石化出版社组织申报的 4 个项目获优秀著作奖，1 个项目获优秀编辑奖。

（总编室）

【32 个项目获石化联合会奖】 2021 年 12 月，中国石油和化学工业联合会发布《2021 年中国石

油和化学工业优秀出版物奖（图书奖、教材奖）评审结果公示》，石化出版社作为轮值单位主持2021年度石油和化学工业联合会优秀出版物奖的评审工作。由石化出版公司组织申报的32个项目获2021年度石油和化学工业联合会优秀出版物奖，其中图书奖21项（一等奖8项、二等奖13项）、教材奖11项（一等奖5项、二等奖6项）。

（总编室）

【获9项2021年度中国石油和化工自动化行业科学技术奖】 2021年11月24日，根据中国石油和化工自动化应用协会《关于2021年度中国石油和化工自动化行业科学技术奖的授奖决定》（中油化协〔2021〕148号），石化出版社组织申报的9个图书项目获优秀科技著作奖，包括一等奖3项，二等奖3项，三等奖3项。

（总编室）

【《石化出版社高等院校“十四五”规划教材》编制完成】 2021年8月24日，石化出版社组织各分社、有关专家编制《石化出版社高等院校“十四五”规划教材》，共征集11个专业的86项规划教材，涵盖“普通高等教育‘十四五’规划教材”“高等职业教育‘十四五’规划教材”两个系列。

（总编室）

【第19届高等院校专业教材协作组会议召开暨“石油和石化工程教材出版基金”评选结果公布】 2021年7月29—31日，由石化出版社主办的高等院校专业教材协作组第19届年会在太原召开。来自中国石油大学、东北石油大学、沈阳化工大学、重庆大学、广东石油化工学院、太原师范学院、陆军勤务学院、海军航空大学、空军勤务学院等20余所院校40余名代表，以及石化出版社相关出版分社人员参会。会议总结了协作组一年来的工作，讨论了“十四五”规划教材的相关工作，代表们交流了教材建设、教学改革等方面的经验，讨论下一步教材编写及出版计划。根据《中国石油和石化工程教材出版基金管理及实施办法》，中国石油和石化工程研究会、石化出版社组织协作组参会专家对各院校申报的2021年度中国石油和石化工程教材出版基金资助项目进行评审，确定19个资助项目。

（总编室）

【《中国工业史·石油工业卷》出版发布会召开】 2021年12月28日，《中国工业史·石油工业卷》在北京召开发布会。该书是由中国工业经济联合会牵头组织的《中国工业史》中的一卷，石化出版社组织编纂工作，胜利油田组建专家团队具体编写。全书227.7万字，全面系统详实记述中国石油工业的发展历程、取得的历史成就、创造的实践经验，被史学家誉为一部百万石油人苦干实干的经典史诗，一曲民族石油工业恢宏壮丽的历史颂歌。

（勘探开发出版分社）

【《中国炼油技术》（第四版）首发式暨中国炼油技术高端论坛召开】 6月17—18日，由石化出版社主办的“《中国炼油技术》（第四版）首发式暨中国炼油技术高端论坛”在北京召开。中国石化、中国石油、中国海油等总部部门及所属企业、科研机构、工程建设单位，地方企业、高等院校及行业协会等80多家单位的领导、专家、管理和技术人员共计300余位代表参加会议。中央电视台、新华社等20余家媒体进行现场报道。会议首先举行为庆祝中国共产党成立100周年献礼之作《中国炼油技术》（第四版）新书首发式。该书系统介绍了中国炼油技术的进展和成果，内容翔实、实用性强，对交流炼油技术成果、促进炼油生产和新技术开发发挥了积极作用，也成为广大炼油工作者提高业务素质与技术水平的经典读本和继续工程教育的重要参考书。该书由李大东担任编委会主任，汪燮卿担任主编，全国炼油行业200多位专家参与编写，全书共33章，2 200多页，文字多达300万字。论坛围绕“创新支撑高质量发展，绿色引领产业转型”主题，院士专家针对当前炼油工业面临的挑战，就石油化工产业未来发展战略，碳达峰碳中和背景下的产业布局与支撑技术等问题进行精彩报告和探讨交流。

（炼油化工出版分社）

【弘扬闵恩泽科学家精神暨面向未来的能源化工技术高端学术论坛召开】 9月10—11日，弘扬闵恩泽科学家精神暨面向未来的能源化工技术高端学术论坛在北京成功举办。论坛由中国石化石油化工科学研究院和石化出版社联合举办，来自能源化工行业的多位院士、知名专家以及行业协会、科研设计机构、生产企业代表参加。与会代表围绕“面向未来的能源化工技术”的论坛主题开展学术交流，共享未来洞见，碰撞创新火花。13位院士、专家作大会报告，报告内容涵盖碳达峰碳中和形势下的能源化工技术发展趋势、产能过剩背景下提高石化行业竞争力的技术、内燃机替代背景下的油品生产及炼油工业转型、新能源新材料的最新发展等多方面内容，打造出一场精彩纷呈的学术盛宴。同时，与会代表还分享学习了闵恩泽院士的先进事迹，交流探讨继承和发扬以闵恩泽院士为代表的新时代科学家精神的心得体会。论坛站在推动能源革命的战略高度，以前瞻的思维、宽阔的视野、多层次的视角，深刻分析了中国能源化工行业面临的形势，对于规划新形势下能源化工行业未来发展路径，传承石油精神、弘扬石化传统具有积极意义。

（炼油化工出版分社）

【石油石化设备腐蚀与防护技术交流大会暨防腐蚀新技术、新材料、新设备展示会召开】 2021年5月13—14日，第一届“石油石化设备腐蚀与防护技术交流大会暨防腐蚀新技术、新材料、新设备展示会”于云南昆明召开。来自60余家企事业单位的百余位代表参加会议，15位专家作精彩的技术报告，交流的领域涵盖石油石化设备腐蚀相关领域的多个方面，如腐蚀机理研究、缓蚀剂协同效应、井筒管柱腐蚀防护等。会议还优选出《炼油企业腐蚀控制技术研究与应用》等8篇优秀论文，并为优秀单位和论文作者颁发证书和奖金。

（装备综合出版分社）

【举办2期石化行业碳排放管理员岗位线上培训班】 2021年9月13—15日、12月8—10日，石化出版公司联合湖北碳排放权交易中心、全国碳交易能力建设培训中心举办2期石化行业碳排放管理员线上培训班，来自中国石化、中国石油等多家单位的400余人参加培训。培训班邀请国内相关领域最前沿的教授、专家，就碳市场国内外现状、全国碳市场基础知识、石油化工行业碳交易与资产管理等内容进行专题培训；并由全国碳交易能力建设培训中心为通过考试的学员颁发“碳排放管理员培训合格证书”。培训班加快了具有专业知识和实践经验的碳排放管理人才队伍的建设，提升了企业参与碳达峰碳中和行动计划的实操落地能力，为石化行业抓住低碳发展机遇，实现可持续发展、高质量发展打下良好的基础。

（装备综合出版分社）

【第12届（2021）石油化工设备维护检修技术交流会召开】 为了加强石化企业设备管理工作，提高设备维护检修水平，确保炼油化工装置安全、稳定、长周期运行，在中国石化、中国石油、中国海油、中国中化和国家能源集团等总部设备管理部门的支持下，在中国化工学会石化设备检维修专业委员会的指导下，第12届（2021）石油化工设备维护检修技术交流会于2021年10月16—17日在内蒙古呼和浩特召开。来自以上五大集团的总部领导、生产企业，以及地方炼化企业、检维修企业、研究机构、高等院校、制造企业的200余名代表参加会议。会议交流的技术内容涵盖石化设备领域的多个方面，如双碳目标下检维修行业的挑战和机遇、设备节能、设备完整性、设备智能运维、设备预防性维修、重大设备国产化、检维修专业化与数字化、“五年一修”经验分享、大型密封关键技术、动设备监控解决方案等，达到了技术交流、互相学习、经验共享、提升石油化工、煤化工行业设备检维修水平的目的。

（装备综合出版分社）

【石油化工设备故障诊断技术培训班举办】 2021年11月18—20日，由石化出版社、中国化工学会石化设备检维修专业委员会、沈阳鼓风机集团测控技术有限公司联合主办，深圳工课教育科技有限公司承办的石油化工设备故障诊断技术培训班顺利举行，来自相关单位的109名学员参加。培训班采取线上培训的方式，内容包括大型机组常见故障诊断和分析，故障诊断思维及典型案例，工业生产中的盲点问题，机泵群状态监测系统，以及预测性设备监控技术等，同时就学员的困惑进行答疑，覆盖面广、实用性强，为精准监控、识别设备运行状态和故障处理打下基础，提升了石油化工设备运行和管理水平。通过随堂测试、结业考试，102 名学员获结业证书。

（装备综合出版分社）

【展览业务】 2021 年，展览工作克服新冠肺炎疫情的不利影响，圆满完成“永远跟党走——中国石化庆祝建党 100 周年主题展览”“北京 2022 年冬奥会和冬残奥会中石化展览展示活动”“2021 中国国际进口博览会”“2021 中国自主品牌博览会”“2021 中国国际服务贸易交易会”等 17 项展览工作。其中，“永远跟党走——中国石化庆祝建党 100 周年主题展览”共有 6 个展区，分别是“筚路蓝缕、奠基立业”“爱我中华、振兴石化”“牢记使命、奉献能源”“民生为本、初心如磐”“大国重器、彰显担当”“启航新征程、奋进新时代”，一幅幅珍贵的文献史料，生动展现了中国石化 38 年的奋进历程。展览共展出 59 天，得到普遍好评。

（展览业务部）

表 1 石化出版社 2021 年重点图书书目

序号	书名	著译者
1	地表深孔碎裂爆破处理盾构隧道基岩突起技术	傅洪贤　刘树亚　丁啸宇　高宇潘
2	轻烃加工工艺与工程	孙丽丽
3	石油和石油产品试验方法行业标准汇编 2020（第四分册）	付　伟
4	石油和石油产品试验方法行业标准汇编 2020（第五分册）	付　伟
5	石油和石油产品试验方法行业标准汇编 2020（第六分册）	付　伟
6	石油和石油产品试验方法行业标准汇编 2020（第七分册）	付　伟
7	石油和石油产品试验方法行业标准汇编 2020（第八分册）	付　伟
8	石油和石油产品试验方法行业标准汇编 2020（第九分册）	付　伟
9	石油和石油产品试验方法行业标准汇编 2020（第十分册）	付　伟
10	石油化工设备维护检修规程——通用设备（2019 版）	中国石油化工集团有限公司 中国石油化工股份有限公司
11	沉积岩与沉积相简明教程	辛仁臣　白辰阳
12	中国石化党支部标准化规范化建设工作手册	中国石化党建工作领导小组办公室
13	中国海洋油气地质学	康玉柱　康志宏
14	几类典型光催化材料的结构与性能	刘志锋　吴湘锋　王　惠
15	氧化物基光电极的构筑及光电催化性能	刘志锋　郭振刚
16	基于环境约束的公司治理产出研究	李海萍
17	过程装备与控制工程专业实验	刘文明　刘雪东
18	石油化工设备维护检修规程 环保设备（2019 版）	中国石油化工集团有限公司 中国石油化工股份有限公司
19	油气管道输送技术	孟　江
20	地热能技术标准体系研究与应用	赵丰年
21	环境影响评价	牛显春　涂宁宇　杜　诚
22	石油化工施工技术管理及标准应用指南	中国石油化工集团有限公司工程部

续表

序号	书名	著译者
23	沥青路面及养护管理	马朝鲜
24	江汉石油工程公司志	《江汉石油工程公司志》编纂委员会
25	化工过程安全自动化应用指南（第二版）	Center for Chemical Process Safety（CCPS）
26	分子筛催化剂在丙烯生产中的应用	白　婷
27	胜利油田年鉴・2020	《胜利油田年鉴》编纂委员会
28	能源化学化工专业英语	孟祥海　段爱军
29	化工分离过程与案例（第二版）	魏　刚
30	石油工程 HSE 标准整编手册	《石油工程 HSE 标准整编手册》编委会
31	中原油田年鉴・2020	中原油田史志编纂委员会
32	石油化工设备维护检修规程 电气设备（2019 版）	中国石油化工集团有限公司 中国石油化工股份有限公司
33	16 万立方米全容式低温 LNG 储罐建造工法大全	丁　乙
34	SH/T 3503—2017《石油化工建设工程项目交工技术文件规定》和 SH/T 3543—2017《石油化工建设工程项目施工过程技术文件规定》标准释义	中国石化集团公司施工技术中心站
35	论文写作不求人	张伟豪
36	阴极保护系统维护（第二版）	冯洪臣
37	企业增值探索与实践	李雪梅
38	全球特提斯构造域地质演化概要	辛仁臣
39	茂名石化年鉴・2020	《茂名石化年鉴》编纂委员会
40	催化裂化装置技术问答（第三版）	陶旭海
41	能源仿生学	徐　泉　李叶青　周　洋
42	元坝高含硫气田高效开发技术论文集	孙天礼　青　鹏
43	石油化工催化剂及应用（第二版）	陈淑芬　张春兰
44	聚合物微球室内性能评价及应用	刘娅菲
45	油气储运安全和管理	李庆杰　郝成名
46	走向我们的小康生活——中国石化扶贫新闻作品精选	中国石化报社
47	油气储运安全工程	寇　杰
48	LSGM 基固体氧化物燃料电池的热喷涂工艺制备调控	王丽爽
49	石油化工催化剂基础知识（第三版）	朱洪法
50	算法设计基础与应用	朱立军　杨　威　肖明霞　杨中秋
51	石油化工设备维护检修技术（2021 版）	《石油化工设备维护检修技术》编委会
52	消防应急通信技术与应用	朱红伟
53	河南油田年鉴・2020	河南石油勘探局年鉴编纂委员会

续表

序号	书名	著译者
54	硅基非线性光学	文 进
55	Visual FoxPro 数据库与程序设计能力提升训练	周 凯
56	环境管理（第 2 版）	刘 宏 肖思思
57	储气库综合评价与优化技术	杨 钊
58	污水处理构筑物多相流动数值模拟	王 乐
59	高强度油井管柱材料的服役安全理论	魏文澜
60	蒸气云爆炸、压力容器爆裂、沸腾液体膨胀蒸气爆炸与闪燃危险指南（第二版）	Center for Chemical Process Safety（CCPS）
61	中国石化催化裂化及汽油吸附脱硫技术交流会论文集（2020）	陈尧焕 张宝生
62	工程热力学与传热学（双语）	郭 煜
63	替代能源的催化技术	［匈］拉兹洛・古兹（Laszlo Guczi） ［匈］安德拉斯・埃尔多洛尔（Andras Erdohelyi）主编 中国石化催化剂有限公司 译
64	华东石油年鉴・2020	《华东石油年鉴》编纂委员会
65	导流能力研究概论	张景臣 石善志
66	极浅海埕岛油田开发技术与实践	束青林 张本华 荆 波 高喜龙 王志伟
67	LHCb 上 W 玻色子的产生截面及其电荷不对称性	张文超
68	成品油油库加油站环境保护应知应会	张 涌
69	2020 年物资招标采购征文活动优秀论文集	中国石化物资装备部（国际事业有限公司）
70	石油工程专业实验指导	王 林
71	智能仪器原理与设计	郭岩宝
72	非常微理论	翁亮然
73	中国油气产业发展分析与展望报告蓝皮书（2020—2021）	王志刚 蒋庆哲 董秀成 高潮洪
74	天然气地下储气库：库存与产能	Tek，M.R.（Mehmet Rasin）
75	润滑一点通（第 2 版）	龙蟠科技研究院
76	炼油总流程专家培训班大作业选集	赵日峰
77	第七届中国油气管道完整性管理技术交流大会论文集	中国石油学会石油储运专业委员会
78	过渡金属催化的交叉偶联反应	王嗣昌 朱 琦 朱治科
79	综合化学实验	陈 丽
80	结构可靠性理论及其工程应用	程凯凯
81	复杂隐蔽油气藏地震勘探关键技术	韩宏伟 刘建伟 张 宇 王延光 梁鸿贤 姜 蕾
82	油气生产信息化技术与实践	鲁玉庆

续表

序号	书名	著译者
83	2021 中国石油石化工程建设科技创新大会论文集	中国石油工程建设协会
84	炼化企业 MES 管理与应用	单丽刚
85	第 20 届五省（市、区）稠油开采技术研讨会论文集	本书编委会
86	聚烯烃共混物及材料：基础和工业应用	玛丽亚姆·阿里·阿尔玛·阿迪德
87	中国石化法律纠纷典型案例汇编（2020 年度）	中国石化企改和法律部
88	第三届中国石油石化智能化技术交流会论文集	中国石油和石化工程研究会
89	多层致密砂岩气藏高效开发关键技术	武恒志　刘成川　曾　焱　卜　淘　王勇飞
90	油田石油污染土壤（油泥）生物处理技术及工艺应用研究	马小魁
91	第二届中国油气开采工程新技术交流大会论文集	中国石油学会石油工程专业委员会
92	江汉油田年鉴·2019	《江汉油田年鉴》编纂委员会
93	油库建设与管理百问百答	马秀让　徐孟勐
94	石油石化员工安全行为图解	中国石油化工集团有限公司安全监管部 中国石油化工股份有限公司青岛安全工程研究院
95	常用危险化学品安全信息手册	杨　哲
96	中国油气田与长输管道无人值守站建设技术交流会论文集	中国石油学会石油工程专业委员会
97	科技论文写作与文献检索指引	王中华
98	化工企业现场作业安全监护人员培训教材	太原化学工业集团有限公司职工大学
99	润滑剂添加剂基本性质及应用指南	黄文轩
100	工程项目经济评价与企业成本控制	孙宇燕
101	激光束对微粒的光学微操控	赵子宇
102	石油石化设备腐蚀与防护技术	中国化工学会石化设备检维修专业委员会
103	地震资料地质解释实践指导书	孙盼科　徐怀民　尹志军
104	安全管理学（第二版）	邵　辉
105	一维纳米石墨炔：拓扑结构与电荷输运的量子调控研究	孙彦丽
106	地质与钻采设计	刘中云
107	石油化工工艺学	王　丽
108	离子液体——制备、性质及应用技术研究	刘宝友
109	碳钢和不锈钢搅拌摩擦焊接头的组织与性能	王洪铎
110	炼油化工行业水污染治理技术进展与实践	顾松园
111	石油化工设备维护检修规程 碳一化工设备（2019 版）	中国石油化工集团有限公司 中国石油化工股份有限公司
112	催化重整技术进展与应用	赵日峰

续表

序号	书名	著译者
113	中国石化加氢技术交流会论文集（2021）	俞仁明　陈尧焕
114	中国石化档案管理实务手册	本书编委会
115	Java 程序设计案例教程	刘志刚
116	并联管系统内工质流量分配研究	刘佳伦
117	管式加热炉（第二版）	李　薇　潘有江
118	有机涂料防腐蚀技术（第二版）	奥勒·奥伊斯坦·克努森 艾米·福斯格伦
119	无机化学实验	白广梅
120	中国石化网络学院应用教程	中国石化网络学院
121	第九届长炼科技论坛优秀论文集	刘百强
122	土的切削与推运	贺雨田　吕彭民
123	中国炼油技术（第四版）	汪燮卿
124	2021 中国石油石化企业信息技术交流大会论文集	中国石油学会
125	电子技术与控制工程基础训练	钱培怡
126	低渗致密油藏甜点区地震预测技术	高秋菊　张　宇　宋　亮　魏欣伟 巴素玉　刘建伟
127	航空油品质量计量管理	刘　翔
128	硫黄回收专家培训班大作业选集（第二期）	赵日峰
129	中国重点地区火山岩油气地质学	康玉柱　康志宏　康志江　王纪伟
130	《石油工程安全事故案例》国际篇	马　强
131	采油工	吴登亮
132	基础技能	张吉德
133	轻烃装置工	徐　明
134	集输工	刘　勇
135	维修电工	蒲　军
136	消防战斗员	刘文斌
137	螺杆泵驱动及控制柜使用及维修	姜　平　任传柱　刘翠霞
138	基于 CGE 模型的能源价格波动对国民经济影响研究	高志远
139	全光纤干涉仪的原理与传感特性	邵　敏
140	垃圾焚烧飞灰处理新技术	刘汉桥　魏国侠
141	智能完井井下监测系统设计及数据解释分析	王金龙　王樱茹
142	羟基自由基对 DNA 的损伤机理研究	孙彦丽
143	石油炼制工艺学（第二版）	程丽华　梁朝林
144	TRIZ 理论在创新创业中的应用	蒋晓云　彭　英
145	延安地区山西组页岩气地质特征与成藏	王凤琴　时保宏　赵卫卫　李艳霞

续表

序号	书名	著译者
146	泄漏可燃物点火概率计算指南	Center for Chemical Process Safe
147	稠油开采理论与技术	鹿　腾　李兆敏　李宾飞
148	工程制图	张　平　秦　然
149	煤制甲醇全流程生产虚拟仿真	王训遒
150	纳米多层薄膜设计与制备	王　晨
151	多相射流粒子研究与数值计算	白俊华
152	黔西珠藏向斜储层特征及高效开发模式	李　腾
153	腐蚀试验方法及监检测技术	李晓刚　杜翠薇
154	单晶高温合金的微观组织及小角晶界	霍　苗
155	三维碳纳米材料制备及应用	任　晶
156	原油集输系统能效评价与节能提效	姚　彬　赵　毅　成庆林
157	中国石油工业百年发展史	本书编写组
158	中国石化基层党建创新实践 100 例	中国石化党建工作领导小组办公室
159	石油精神学习百问百答	《石油精神学习百问百答》编写组
160	安全信息学概论	罗通元
161	石油化工设备维护检修规程 炼油设备（2019 版）	中国石油化工集团有限公司 中国石油化工股份有限公司
162	职业健康安全管理体系与安全标准化（第二版）	郝永梅　邢志祥
163	绿色化学过程催化剂	Anjali Patel
164	流动过程原理及设备	张　颖
165	平凡的小颗粒——中国石化催化剂有限公司企业文化故事集	中国石化催化剂有限公司
166	裂缝孔隙型碳酸盐岩油藏注水开发特征与技术政策	王铭显　赵　伦　赵文琪
167	特种加工基础实训	邢国芬　李婷婷
168	化工设备安全基础	蒋文春　罗　云
169	化工原理及典型工艺安全	李忠玉　欧红香　姚水良
170	广州石化年鉴·2020	《广州石化年鉴》编纂委员会
171	石油石化企业管理现代化创新优秀论文选编（第十六集）	中国石油企业协会
172	石油石化企业管理现代化创新优秀成果选编（第二十八集）	中国石油企业协会
173	药品储存与养护技术	舒　炼　桑　林　杨玉平
174	化工过程分析与合成	高晓新　汤吉海
175	地铁工程设计与施工	尹　文
176	化学品物理危险性检验检测技术	高建村
177	光纤布拉格光栅光学双稳开关实现与应用	田剑锋
178	热处理原理及工艺	马春阳　于心泷　何富君 国　雪　万家瑰

续表

序号	书名	著译者
179	呼吸防护指南	李建华
180	中国石油第九届化学驱提高采收率技术年会论文集	孙福街
181	高分子材料加工工程实验	王慧敏
182	高速公路养护管理与桥梁工程施工	刘培璋
183	管道完整性管理案例分析	刘新凌
184	现代警用防护装备	李建华
185	第四届中国液化天然气大会论文集	中国石油学会石油储运专业委员会
186	多巴胺基纳米药物载体的制备及应用	李　红
187	工业分析实验技术	吴良彪
188	典型危险化学品事故现场处置	纪红兵
189	第四届中国石油化工消防科技创新和发展论坛论文集	中国消防协会石油化工防火专业委员会 中国石油学会石油储运专业委员会
190	液固两相流管壁电化学腐蚀与颗粒冲刷	程嘉瑞
191	山西省醋文化旅游理论与实践	樊晓霞　柯　雯
192	中国石化油气田地面工程关键技术	张　毅　屈丹龙　徐孝轩
193	鄂尔多斯盆地致密储层 CO_2 驱油气窜规律及埋存	张　娟
194	鄂尔多斯盆地矿产资源共生现状及油气开发战略	周荔青　王付斌　董　淼　苗春光
195	石油石化重大技术装备国产化成果及应用（2001 ~ 2015）	茹　军
196	大牛地致密砂岩气田高效开发技术与实践	石兴春　李广月　陈　奎　王志章
197	碳中和与碳捕集利用封存技术进展	李　阳
198	文 23 储气库地面工程建设 EPC 管理实践	王永胜　银永明　刘　翔　张云福 顾水清
199	石化工程知识体系	袁晴棠　胡文瑞　王基铭　孙丽丽
200	炼油装置防腐蚀技术	凌逸群
201	交通工程概预算编制与造价管理	袁德明
202	固体废物处理与资源化	周翠红　张玉虎　张志军　梅启文
203	脉冲 TIG 堆焊 Inconel 625 工艺及堆焊层组织性能	郭龙龙
204	射流管伺服阀的多物理场分析及优化	陈　佳
205	桥梁施工技术与管理实务	薛有利
206	稀土－过渡杂多核金属配合物的构筑及催化应用	汪　力　黄　剑
207	不锈钢叶片耐冲蚀抗疲劳表面强化技术	奚运涛
208	安全行为心理学	戈明亮
209	力学与工程	王青春
210	作业现场标准化指导书	吴基荣　崔吉宏　曹振涛　张建东 周家伟

续表

序号	书名	著译者
211	环境规划与管理	刘亭亭　彭玉丹　刘晓丹　季鸣童　郭晓宇
212	中国石化石油化工科学研究院建院六十五周年科技成果汇编	中国石化石油化工科学研究院
213	氯防护口袋书	中国石油化工集团有限公司安全监管部 中国石化集团公司职业病防治中心
214	光纤风险监控与应急管理	王　松　胡燕祝
215	绿色矿山评价与建设	王子云
216	过程装备力学分析及有限元法	李　勤　李福宝　孙　博
217	压力浸渗法制备纤维复合材料	鞠录岩
218	互换性技术基础	赵海洋　韩道权
219	噪声防护口袋书	中国石油化工集团有限公司安全监管部 中国石化集团公司职业病防治中心
220	第十五届硫黄回收技术协作组年会论文集	俞仁明
221	高黏原油的管道高效输送技术	曹　勃
222	光纤传感器件技术与应用	刘颖刚
223	应用化学专业英语（第二版）	李　杰
224	连续油管钻井屈曲行为研究	龚银春
225	油气储运技术论文集（第十七卷）	中国石油天然气管道工程有限公司
226	建筑空调联合优化策略	徐小艳
227	定向钻井动力学与控制理论研究及应用	李汉兴
228	生物礁储层形成机理与储层表征	武恒志　刘　言　刘成川　吴亚军　柯光明
229	砌体结构检测鉴定及工程案例分析	吕　刚　代建波　王　枫　张义九
230	扬子石化年鉴・2020	扬子石化志鉴编纂委员会
231	工业水处理技术（第十八册）	秦　冰
232	蒋士成传	孙少波　叶建华　翟瑞龙　汪　璐
233	中国石化管理现代化创新成果案例	中国石化企改和法律部
234	中国能源富集区域经济协调发展战略研究	董春诗
235	南化年鉴・2021	《南化年鉴》编纂委员会
236	油品应用及管理（第四版）	苏　鹏　熊　云
237	2021 消防科技与工程学术会议论文集	中国消防协会学术工作委员会 中国人民警察大学防火工程学院
238	油气储运专业实验教程	王玉龙　魏爱军　齐红媛
239	全旋转导向钻井工具测控技术	高　怡　康思民
240	延长油田注水开发综合调整治理指导手册	李文明
241	油田企业优秀 QC 成果选编及解析	樊祥健

续表

序号	书名	著译者
242	黄土地区土石坝病害 GPR 法探测研究	吕　高　刘乃飞
243	西北石油年鉴・2020	西北石油局有限公司 西北油田分公司
244	石油战略运筹学	王子宗
245	调峰与注采	刘中云
246	石油类废物处理与污染控制	Shahryar Jafarinejad
247	油气经济评价理论与应用	邓子渊
248	航空油料储运设备	赵　梁　汤海平
249	钻井井控事件案例解析	中石化石油工程公司
250	如果石油会说话	《如果石油会说话》编写组
251	石油钻机电气故障处理及案例分析	李联中　孟祥卿　周永红　董呈彬
252	泥火山发育特征与形成机制	万志峰
253	深井超深井井下故障及处理	中石化石油工程公司
254	LNG 接收站生产运行典型案例 100 例	王小尚　沙晓东　吴　斌
255	炼化装置腐蚀风险控制	王金光
256	对标世界一流 打造长青基业	中国石化集团有限公司企改和法律部
257	流程工业仪表工程师手册	《流程工业仪表工程师手册》编委会
258	中国国际管道会议（CIPC2021）论文集	本书编委会（石油学会）
259	石西油田作业区志	石西油田作业区史志办公室
260	应用物理化学	周建敏　余　梅　周　鹏
261	应用无机化学	朱　玲　王超贤　赵志凤
262	聚烯烃产品应用技术问答	谢　令　李士明
263	低渗碳酸盐岩气藏高效开发技术研究	何小川　肖　尧　刘　路
264	煤基制油技术分类及其应用	毛学锋
265	石墨烯及其复合材料的制备与性能	尚　玉
266	城市轨道交通新技术及安全管理	吴其玉
267	南海深水区勘探地球物理新技术	刘春成
268	南海深水区油气勘探重磁电处理解释方法理论与实践	刘春成
269	文 23 储气库建设注采工程实践	刘中云
270	水质分析实验	李若愚
271	油气资源分子工程与分子管理	吴　青
272	深度域叠前逆时偏移成像技术及应用	李　博　段心标
273	功能纳米材料设计与合成	李振兴
274	沧州炼化志（2000~2020）	《沧州炼化志（2000～2020）》编纂委员会

续表

序号	书名	著译者
275	环江油田致密油高效开发与配套技术	吴晓明
276	石化企业安全可靠性数据手册：电气及仪表设备	杨　哲
277	石化企业安全可靠性数据手册：机械设备	杨　哲
278	智能用水技术和应用	David A. Lloyd Owen
279	异形城市隧道通风特性及污染物协同控制技术	张　欣
280	蒸压加气混凝土墙板性能及应用	李振方　翟浩然

经济出版社

【概况】 中国经济出版社有限公司（简称经济出版社）由原国家经济委员会创办于 1985 年 1 月，先后隶属国家计划委员会、国家经济贸易委员会、国务院国有资产监督管理委员会。2010 年完成转企改制，2013 年 1 月经财政部批准整体划转中国石化集团公司，2017 年 11 月改制为中国经济出版社有限公司。

截至 2021 年末，经济出版社有在岗员工 112 人，其中硕士研究生以上学历 43 人、本科学历 48 人；取得高级专业技术职称的 41 人、中级专业技术职称的 25 人。

经济出版社为中央一级出版社。30 多年始终坚持多出书、出好书，形成了以热点经济、经济管理、财政金融、人文社科和教育教材为主营方向的业务板块，在经济界和社会上赢得了良好声誉。经济出版社整体组织结构分为出版社主体和子公司两部分，其中出版社主体功能涵盖了图书的出版、发行、批发、零售业务；下属 4 家子公司：中国经济图书进出口有限公司，主营出版物进出口贸易、国际出版合作等业务；中经录音录像中心有限公司，主营音像制品的出版业务；中国经济书店有限公司，主营书刊、音像制品、文化用品等的销售业务；《国资报告》杂志社有限公司，由经济出版社与国务院国资委新闻中心共同主办，出版《国资报告》杂志（月刊）。

经济出版社 2021 年重点图书书目见表 1。

（综合管理部）

【2 种图书入选国家级重点翻译资助项目，商业输出图书版权 11 种】 2021 年 6 月，《中国经济发展内外需动力协同战略与政策》（英语）入选国家新闻出版署“经典中国国际出版工程”，《一条新路：中国“低碳 +”战略》（印地语）入选国家新闻出版署“丝路书香工程”。面向海外输出图书版权 11 种，覆盖美国、英国、越南等多个国家和地区。

（总编室）

【获第四届出版融合技术 · 编辑创新大赛年度作品奖和组织奖】 在由中国出版协会、中国期刊协会、中国编辑学会指导，国家新闻出版署出版融合发展（武汉）重点实验室主办的第四届出版融合技术 · 编辑创新大赛中，经济出版社出版的《克罗谈投资策略——神奇的墨菲法则》获年度作品奖，经济出版社获年度组织奖。

（总编室）

【财资中国 2021 年度好书榜】 2021 年 12 月，经济出版社出版的《工业新基建》荣登“财资中国 2021 年度好书榜”，位列数字经济类第 2 名。

（总编室）

【中国石化 2021 年度资本市场投资论坛】 “领航定向 破浪前行”2021 年度资本市场投资论坛由中国石化企业年金理事会主办，中经录音录像中心承办。论坛邀请中金公司、中信证券、中信建投、海通证券、嘉实基金、华夏基金、招商基金以及泰康资产等国内知名证券公司、基金公司等机构首席经济学家、投资总监或资深投研人员，围绕2021年宏观形势、权益市场、债券市场等进行深度探讨交流。超过2万名来自系统内外的观众通过线上直播观看论坛。

［中经录音录像（融合出版）中心］

【致敬建党100周年纪录片《拥抱能源变革》上线发布】 在建党100周年的大背景下，中经录音录像中心策划制作了新闻纪录片《拥抱能源变革》，旨在围绕新时代背景下的新发展理念、“一基两翼三新”产业格局，着重聚焦“三新”，展现中国石化等央企顺应世界能源变革大势、产业发展大势，发挥特色优势，在新能源、新经济、新领域上发力，加强战略性新兴产业培育，拓展高质量增长空间，着眼打造技术先导型公司，不断强化科技创新。纪录片以媒体的第三视角为出发点，将目光聚焦到能源行业变革中，聚焦到推动能源行业发展的无数党员群众中。所有努力，都为强国梦想；所有变革，都为实践承诺。通过大国基建的恢宏视角，客观记录能源发展变革趋势，多维度展现能源变革中能源企业的创新举措，竭力展现能源变革背景下，能源企业抢抓机遇，进行科技创新，凸显时代洪流中的使命担当，为中国能源行业的发展变革贡献中坚力量。纪录片在互联网平台上线后已实现全网超8 000万次的点击量，点击数据优于同类型纪录电影。

［中经录音录像（融合出版）中心］

【清华五道口“碳中和经济”论坛】 2021年9月16日，清华五道口“碳中和经济”论坛在清华大学主楼召开，论坛由清华大学五道口金融学院、苏世民书院和经济出版社联合主办，主题为“全球碳中和与能源变革”。论坛发布大型纪录片《拥抱能源变革》。论坛通过网络直播、发布系列新闻通稿、新华网专发特稿等积极传播本次论坛内容，获得业内外广泛关注，相关话题网络信息曝光总量3 388篇（条），其中新闻报道2 541篇，共计25家媒体发布，微信公众号文章394篇，微博541条，论坛148条。直播平台累计观看33万人次，点赞5万余次。

［中经录音录像（融合出版）中心］

【成功运营首届易派客工业品展览会大型融媒体中心】 2021年10月20—22日，2021易派客工业品展览会、2021石油石化工业展览会暨第六届中国石油和化工行业采购年会在苏州国际博览中心盛大召开。这是中国首个泛工业品展览会。为了宣传中国首个泛工业品展览会形象，经济出版社中经录音录像中心作为展会的新闻媒体中心，通过构建全媒体矩阵，借助短视频、系列新闻稿、网络直播、互联网专题页、电视新闻报道等形式积极传播展会，获得行业内外广泛关注。全网展会相关话题累计内容消费量达1 927万人次，其中短视频累计观看量1 260万人次；新闻报道累计阅读量超300万人次，发布媒体包括新华网、中国发展网、第一财经、经济观察网等近300家主流媒体，发布平台包括腾讯、今日头条、百度、新浪、网易、搜狐等主流互联网门户或平台；电视媒体报道覆盖CCTV13、江苏卫视、东方卫视、浙江卫视等中央级电视台及地方卫视，展会相关内容在黄金时段新闻资讯栏目中播出。中经录音录像中心通过构建“报、网、端、微、屏”等多平台联动的全媒体矩阵，塑造了泛工业品展览会立体化品牌形象。

［中经录音录像（融合出版）中心］

【中经录音录像中心获集团公司脱贫攻坚先进集体称号】 在全面建成小康社会和打赢脱贫攻坚战的收官之年，中经录音录像中心自主策划并拍摄制作了一部甘肃东乡扶贫纪录片，回顾、梳理了中国石化在对口支援和定点扶贫工作中，精准施策、精准帮扶，积极携手国家及地方政府、扶贫对象等各相关方，围绕基础设施建设、产业帮扶、支持教育、劳务培训等领域所开展的主要工作。纪录片《为了总书记的嘱托》发布后累计全网播放量已达4 449万次。通过融媒体整合传播策略，用第三方媒体的视角，讲好石化扶贫故事，传播石化品牌。

［中经录音录像（融合出版）中心］

【入选2020年度全国新闻出版深度融合创新发展案例】 为深入贯彻集团公司品牌建设和社会责任

工作要求，围绕“两个三年、两个十年”战略部署和品牌建设阶段性目标，中经录音录像中心积极贯彻落实品牌建设有关工作，开展品牌创建工程，全面推进品牌战略实施，策划主题 IP“他们正在改变中国”，贴合时代热点，通过对主题 IP 进行品牌化运营，打造独特的“文化名片”。主题 IP 项目通过图书、影视、论坛等多种形式，不仅展示了中国企业为推动中国经济快速高质量发展所作出的不懈努力，还体现了中国企业的社会责任担当。主题 IP 已经连续发行四季：第一季为致敬中华人民共和国成立 70 周年的纪录电影《他们正在改变中国》，该片作为 2019 中国（广州）国际纪录片节“庆祝中华人民共和国成立 70 周年主题单元”的展播影片，入围“金红棉影展”，出品单位中国经济出版社也因此成功当选“中国十大纪录片推动者”机构。第二季为庆祝澳门回归 20 年的纪录片《澳门故事——我们这 20 年》。第三季为立足脱贫攻坚决胜年的专题纪录片《为了总书记的嘱托》，实现全网综合点击量 2.5 亿次。第四季为致敬建党 100 周年的纪录片《拥抱能源革命》，全网点击量超 8 000 万次。主题 IP“他们正在改变中国”，全方位、多角度进行策划、开发、创新内容形式，结合品牌建设工作的相关要求，进行品牌管理及推广，深度结合 5G 时代下媒体传播方式，整合多方资源，提升有效传播率，深层次传播了企业形象、品牌形象，进而强化了企业的核心竞争力和驱动力。

[中经录音录像（融合出版）中心]

【参与央企中国书架项目】 根据中宣部及国务院国资委相关部门《关于在中央企业海外分支机构试点建设“中国书架”的通知》（中宣办发函〔2020〕292 号文）及项目启动以来一、二期的工作部署，连续 2 年承接中国石化、中国石油、中国建筑、中国建材、哈电集团等央企共 5 个海外“中国书架”网点建设，从国内遴选、配送 1 311 种、1 669 册图书，供当地员工及国外读者阅读，传播中国优秀文化。2021 年 1 月 29 日，在中国石化集团公司总部成功举办中国书架央企项目一期揭幕仪式暨研讨会，得到中宣部及集团公司相关领导的一致认可，为后期更多参与央企“中国书架”项目、提升国际文化传播能力奠定了良好基础。

（中国经济图书进出口有限公司）

表 1　经济出版社 2021 年重点图书书目

序号	书名	著译者
1	变局——中国智库专家视角	陈文玲
2	碳达峰·碳中和：国家战略行动路线图	袁志刚
3	工业新基建	桑国海　杨爱喜　时培成
4	北交所一本通	李　浩
5	手把手教你读财报（新准则升级版）	唐　朝
6	组织才能管好人	张应春　著
7	漫书保密——别让无知泄露天机	北京航天长征科技信息研究所
8	中国碳中和 50 人论坛文集 2021	杜祥琬　王金南　白重恩　主编
9	中国可转债投资手册	刘　郁
10	“十四五”与企业高质量发展——“十四五”时期双循环格局下的企业发展路径	眭文娟　文晓巍　文丹枫　著
11	“一带一路”背景下海铁联运对制造业转移及集聚影响研究	方　磊
12	“一带一路”背景下陕西省国际产能合作研究	王利晓
13	“一带一路”倡议背景下中国对外贸易发展研究	王微微

续表

序号	书名	著译者
14	“一带一路”倡议国内外反应与互联互通研究（2017）	姜　玮　戴　辉
15	“一带一路”倡议下中国对外直接投资模式研究	宋勇超　周广亮　著
16	“一带一路”国家经济社会发展评价报告（2018）	胡　健
17	“一带一路”国家经济社会发展评价报告（2019）	胡　健
18	“一带一路”建设成效研究报告（2018）	王命宇　戴　辉
19	《资本论》基本问题探析	王　岩
20	《资本论》学习纲要（修订版）	王天义
21	0 到 1000 亿——顺丰的千亿生意论道	赵继成　著
22	10 天谋定好前途：职业规划实操手册	洪向阳
23	2021 年中国信托公司经营蓝皮书	清华大学法学院金融与法律研究中心
24	2021 中国企业跨境并购年度报告	易界（DealGlobe） 工业和信息化部国际经济技术合作中心
25	5G 及相关产业发展研究	张晓强　李　锋
26	G20 能效合作和中国贡献	赵鹏高　陆　梅　等著
27	HR 法务实操 300 问	谢　山　石　媛　著
28	变老是否会阻碍变富	蒯鹏州
29	供应链网络嵌入：第三方物流与制造企业发展战略	孙晓波
30	财富思维—中国高净值人群的财富管理策略	姜　峰　周　昊
31	仓储可视化管理：管人、管事、管货、管账日用细则	王化晶
32	超级用户思维：企业高效提升用户留存的策略与案例	汤历漫　著
33	超级祖父母的智慧育孙课	[日]清水克彦　著 张　宁　译
34	成就、思考、展望：名家解读新中国 70 年辉煌成就	庄毓敏
35	从 0 到 1：科技原始创新初探	汪　寅
36	打开潮牌密码	陈家刚　徐　晖　王丽娟
37	大国顶梁柱——“央企楷模”报告文学作品集（第三辑）（上、下册）	国务院国资委党委宣传部　编
38	大国顶梁柱——“央企楷模”报告文学作品集（第四辑）	国务院国资委党委宣传部　编
39	大国经济视域下以高端服务业引领现代化经济体系建设研究	宣　烨　余泳泽
40	大金融思想沙龙（第三辑）	中国人民大学国际货币研究所　编
41	大数字：如何用数字理解世界	[英]安德鲁·C.A. 艾略特　著 侯奕茜　译
42	大学生职业生涯规划与就业指导手册：职业咨询经典案例	邹　渝　张雪松
43	抖音崛起：让字节跳动的王牌产品成长史	张笑恒
44	读懂保险股	东先生

续表

序号	书名	著译者
45	对"一带一路"重点国别和重点领域的调研与思考	梅冠群
46	法国货币理论文选汇编	(法)皮埃尔·阿拉里　等主编；桂泽元　译
47	房地产企业财税实战与风险防范	詹光远　周文全　汪永华　主编
48	分享的力量	谢雅楠
49	改制：民办学校运营 25 问及政策导读	余　苏
50	共生管理——重塑商业伦理和企业价值观	林立平　著
51	股权合伙：做好避坑设计，创新组织模式	臧其超　著
52	股权激励：让员工像老板一样工作	臧其超　著
53	股权激励操作全案	金晓铮　杨爱喜
54	股权架构操作全案	豆大帷　席建鹏
55	股权战略：构建共赢体系，引爆财富效应	臧其超　著
56	国有企业混合所有制改革的多国模式比较与路径借鉴	郭　斌　著
57	国有企业中长期激励实操与案例研究	韩笑妍　李　矗　周丽莎　主编
58	国有企业资本运营与并购重组操作指南	北京中诚天下投资顾问有限公司
59	国有资本投资公司实操与案例研究	周丽莎　主编
60	国有资本运营公司实操与案例研究	杨志军　周丽莎　阎向民　主编
61	国有资本做强做优做大研究	李荣融　李金波
62	户外遇险"说"生存	李澍晔
63	混合所有制改革实操与案例研究	周丽莎　主编
64	基于"一带一路"的中国制造业全球价值网络化系统演进研究	王　珏　等著
65	基于碳排放责任的政府政策与两级供应链减排研发的效果	魏守道　孙　铭　著
66	极简管理：管理进阶的 88 个定律	汪　豪　尹雨诗
67	技术董事、R&D 效率与企业价值——探寻中国转型时期的企业发展之谜	胡元木、纪端、徐实
68	家长式领导效能：机遇与挑战	涂玉龙　著
69	价值传播：重大公共事件中企业价值传播	吕大鹏
70	江苏产业发展报告 2019	宣　烨
71	金融科技结合的路径创新	刘变叶
72	金融资产评估	史福厚　唐龙海
73	看透银行：投资银行股从入门到精通	价投谷子地
74	考拉宝宝心理图鉴：科学解读婴幼儿的智力与心理发展	日本木瓜制造　著 孔晓霞　译
75	跨越的 70 年：广西经济发展研究	涂浴春　韩佩玉　著
76	跨越的 70 年：贵州经济发展研究	王　鹏　朱　文　著

续表

序号	书名	著译者
77	跨越的 70 年：内蒙古经济发展研究	何雄浪　等著
78	跨越的 70 年：宁夏经济发展研究	姜太碧　著
79	跨越的 70 年：青海经济发展研究	王永莉　等著
80	跨越的 70 年：西藏经济发展研究	黄　毅　等著
81	跨越的 70 年：新疆经济发展研究	伍　艳　著
82	跨越的 70 年：云南经济发展研究	张小兰　著
83	领导胜任力提升学习宝典	刘绪义
84	马克思主义经济学创新发展研究	宋　宇
85	马克思主义相关理论与实践研究	叶　丽　王艳华　岳　鑫
86	纳税服务专业知识与技能学习宝典	增娟红
87	男孩养育课：在男孩潜意识里种下 7 颗“成功种子”	[日]中野日出美　著 张　宁　译
88	能源互联网企业人力资源管理信息化探索与实践	国网山东省电力公司 山东鲁能软件技术有限公司　编著
89	能源转型，投资机会何在	雪球　编著
90	女孩养育课：在女孩潜意识里种下 7 颗“幸福种子”	[日]中野日出美　著 张　宁　译
91	破局与新生	凤凰网财经
92	普惠金融：前沿探索、动机考察与效应评估	李林阳
93	企业创新与成长：新旧动能装换视域	李光红　彭伟华　郭兴磊
94	企业大合规	李明燕　洪　麒
95	企业合伙与股权设计实战指南	刘　恩
96	企业所得税法律法规汇编（2021）	本书编写组
97	企业所得税政策与申报实务深度解析（2021）	陈玉琢
98	情绪思维与领导力	宋　涛
99	区块链技术应用与实践案例	郭滕达　周代数　白瑞亮　等著
100	区块链与第三方评定	中国质量认证中心著
101	全国煤炭地质行业“十三五”优秀地质成果汇编	中国煤炭工业协会煤炭地质分会
102	全球价值链视角下重庆制造业高质量发展路径研究	余贵玲　等著
103	全球金融治理变革与中国的策略选择——基于国际公共产品的视角	路　杨　著
104	燃一盏心烛：教育扶贫志愿项目十年集体记忆	孙国徽　等著
105	人才培养这样做才有效——从 0 到 1，构建企业人才培养体系“五步法”	赵晓光　著
106	人才使用这样做才有效——升级你的用人能力，让人才愿意主动创造价值	董　超　丁路遥　朱　燕　著

续表

序号	书名	著译者
107	人才选拔这样做才有效——精准定位人才、内外渠道招聘、全面筛选考察	董 超 朱 燕 丁路遥 著
108	融资租赁业务实务：项目租赁	张国俊
109	深圳健康产业发展报告 2019	深圳市健康产业发展促进会 深圳市保健协会
110	税费政策强化训练学习宝典	杨美莲 周 宇
111	税务稽查专业知识与技能学习宝典	刘慧萍
112	丝绸之路沿线区域居民家庭消费状况比较研究	刘润芳 郝东明
113	丝绸之路沿线省份健康扶贫状况调查研究	韦 艳
114	探索与研究：国有资产监管和国有企业改革研究报告（2018—2019）	国务院国有资产监督管理委员会研究局 编
115	同心·筑梦——2020 中国石化国际形象建设案例集	吕大鹏 王 涛
116	投资改变人生：那些滚雪球的人	雪 球
117	投资进阶课：写给聪明投资者的思维进阶与案例分享	那一水的鱼
118	图解缠论 3：技术面、基本面、比价轮动的立体操盘	陈秋明 著
119	外国经济学说与中国研究报告（2020）	程恩富 洪功翔
120	外国经济学说与中国研究报告（2021）	程恩富 王来喜
121	未来社区建设指南	蒋廷令 著
122	物联网与企业管理	邵泽华
123	物流实践者手记	孔令华
124	吸金商业计划书（全彩图解版）：这么写，更能打动投资人	张 嶂 马广印 著
125	闲叙保险	陈 辉
126	乡村振兴视域下牧区新型城镇化研究	拓俊杰 著
127	销售一定要有的高情商——掌控情绪、沟通有道、找准需求、合作共赢	马 斐
128	小切口 大改革 新突破：地方改革创新实践案例研究 2019	潘治宏 贾存斗 编著
129	小微酒店餐饮企业会计、纳税、查账真账实操	索晓辉
130	小微零售企业会计、纳税、查账真账实操	索晓辉
131	小微施工企业会计、纳税、查账真账实操	索晓辉
132	小学生心理建设 53 例	李澍晔
133	心理咨询师的高价值沟通课	萨林娜 著
134	新媒体广告营销案例集（第三辑）	郭 斌 王成慧 主编
135	新中国 70 年中国工业产业政策演进研究	李 媛
136	虚拟社区知识分享对消费者—品牌关系的影响研究	张洁梅 齐少静 赵永强
137	需求侧管理：双循环格局下中国经济新动能	豆大帷

续表

序号	书名	著译者
138	学霸小孩养成课 1：激发孩子的学习内驱力	[日] 森田友代　著 王筱敏　译
139	学会复利成长，实现财务自由	黄悦函
140	寻找百倍医药股（全新升级版）	吕长顺（@ 凯恩斯）　著
141	寻找超级大牛股	原　炜　著
142	一本书读懂绩效管理	褚绍峰　杨爱喜
143	一本书读懂薪酬管理	张志英　杨爱喜
144	元宇宙：开启虚实共生的数字平行世界	黄安明　晏少峰
145	阅读树：个人阅读力升级指南	徐玉贞　著
146	摘帽：苗家贡米助力脱贫的路径选择	谭云明　艾　华　著
147	战略绩效管理：为中小银行赢得未来	天维信息・银行绩效考核最佳实践研究所编著
148	征管评估专业知识与技能学习宝典	杨美莲
149	整村调查报告（2019）	耿明斋
150	政务融媒体：网络政民互动效能的实践路径和案例启示	王峥嵘
151	脂肪简史——人类和脂肪绵延 2000 年的纠葛与缠斗	姗　娜　著
152	直播解决方案	李非黛　著
153	制度经济学	（法）贝尔纳・沙旺斯（Bernard Chavance）著；吕明慧　译
154	治理风险与合规：统一治理框架下的风险管理、内部控制和合规管理	陈飞泉　著
155	智慧父母的多子女和谐成长课	[德] 莫妮卡・施洛斯（Monika Schloss） 王　萍　译
156	中国保险业可持续发展报告（2020）	陈　辉
157	中国保险业可持续发展报告 2021	陈　辉　董洪斌
158	中国产权市场年鉴 2019—2020	中国产权协会
159	中国城市流通竞争力报告（2019—2020）	中国国际电子商务中心 中国社会科学院财经战略研究院
160	中国城乡发展报告 2019——新中国城乡关系 70 年	白永秀　吴振磊　吴丰华
161	中国—东盟贸易指数报告	刘永辉　周　平　张建新　主编
162	中国对外文化贸易年度报告（2017）	向　勇
163	中国国有资产监督管理年鉴 . 2019	《中国国有资产监督管理年鉴》编委会　编
164	中国国有资产监督管理年鉴 . 2020	《中国国有资产监督管理年鉴》编委会　编
165	中国金融改革发展论坛（三）	王满仓　吴振磊　主编
166	中国金融稳定性问题研究	王泳茹　著
167	中国金融中心指数（CFCI）报告（第十二期）：走进苏州	刘国宏
168	中国经济安全展望报告（2021）	刘　伟　苏　剑　主编

续表

序号	书名	著译者
169	中国经济发展内外需动力协同战略与政策	李　智
170	中国经济贸易年鉴 . 2020	《中国经济贸易年鉴》编委会　编
171	中国经济增长质量发展报告（2020）	任保平
172	中国经济增长质量发展报告 2021：新经济背景下的高质量发展	任保平　等
173	中国开放褐皮书（2018—2019）：建设更高水平开放型经济新体制	中国（深圳）综合开发研究院　著
174	中国梦经济目标及实现路径研究	温新荣
175	中国企业可持续发展指数报告（2021）	中国企业联合会 中国可持续发展工商理事会著
176	中国企业文化发展“十四五”规划纲要	中国文化管理协会企业文化管理专业委员会
177	中国少数民族地区经济发展报告（2019）：跨越的 70 年	郑长德
178	中国少数民族地区精准扶贫案例集（2020）	张丽君　等著
179	中国生产性服务业发展战略与路径研究	宣　烨　余泳泽
180	中国石化工会组织标准化规范化建设工作手册	中国石油化工集团有限公司工会工委
181	中国石化工会组织特色工作案例和优秀工作法	中国石油化工集团有限公司工会工委
182	中国石化团青组织标准化规范化建设工作手册	共青团中国石油化工集团有限公司委员会　编
183	中国石化总部部门党支部标准化规范化建设工作手册	中国石油化工集团有限公司直属党委
184	中国石油流通行业发展蓝皮书（2020—2021）	邸建凯　孙仁金　董秀成
185	中国私募基金经理风云录	雪　球
186	中国投资与就业指南（2020 年）	古　皿
187	中国现代物流发展报告 2020	国家发展和改革委员会经济运行调节局与南开大学现代物流研究中心
188	中国新型城镇化区域评价研究	王　莉　等
189	中国信托业发展报告（2021）	清华大学法学院金融与法律研究中心
190	中国营商环境指数蓝皮书（2021）	中科营商环境大数据研究院
191	中国油气与新能源产业发展报告：2021	蔡　昉　马永生　金之钧
192	中国鱼：一个鱼头和千岛湖的故事	郑家平　屈　波　著
193	中国与“一带一路”沿线国家的贸易研究	高　健　朱连心
194	中国智慧——第八届中国公益慈善项目交流展示会思想集萃	中国公益慈善项目交流展示会组委会办公室编著
195	中国中观经济发展的政治经济学	高　煜　林建华　赵麦茹　等
196	中国—中亚国家投资、经济技术合作与政策选择研究	薛小荣　张维群　向寿生
197	中国资本市场改革与发展三十年：上交所上市公司案例集	《中国资本市场改革与发展三十年》编写组

续表

序号	书名	著译者
198	中央企业党建思想政治工作优秀研究成果文集（2020）	中央企业党建思想政治工作研究会　编
199	中冶宝钢品牌故事	中冶宝钢技术服务有限公司
200	卓越董事会：全球最佳实践	程　原　路跃兵
201	资本主义政治经济学：调节与危机理论	任保平　康　蓉　主编 [法]罗伯特·博耶（Robert Boyer）　著 桂泽元　译
202	综合管理与通用知识学习宝典	刘绪义
203	走心文案	汪　豪　尹雨诗

集团公司党组党校（管理干部学院、网络学院）

【概况】 中国共产党中国石油化工集团有限公司党组党校（石油化工管理干部学院、中国石化网络学院）[简称集团公司党组党校（管理干部学院、网络学院）]，作为集团公司直属的教育培训单位，主要承担集团公司领导干部培训、高层次人才培训、网络培训、党建和企业管理研究的重任。管理干部学院于1985年筹建，1987年正式成立。1998年在管理干部学院的基础上成立集团公司党组党校。2020年成立中国石化网络学院。

截至2021年底，集团公司党组党校（管理干部学院、网络学院）设15个部门，即管理培训部（党建培训部）、技术培训部、国际化经营培训部、网络培训部、教务部（外事办公室）、党校分校办公室、科研管理部（院研究中心、中石化人力资源研究中心）、党建研究所、品牌与文化研究所（管理案例研究室）、综合管理部（党群工作部、纪检监督部、党委宣传部）、人力资源部（党委组织部）、行政管理部、财务资产部、信息资源中心、后勤服务中心。建立较为完备的专兼职教师队伍，聘任的客座教授和兼职教师包括集团公司党组领导，两院院士，高层管理人员和技术专家，国内外著名高校、教育培训和科研机构的专家学者等。

集团公司党组党校（管理干部学院、网络学院）占地103亩（6.87万平方米），建筑面积5.31万平方米，可同时容纳700余名学员在校学习。学习资源中心有党建、管理、技术、国际化等多种类别馆藏图书文献和相关电子期刊、论文库。网络学院平台采用“云集中＋分布式”部署架构，有岗位学习、培训管理、资源管理、学习专区等主要功能。另外，在朝阳区安翔北里（健翔桥）设分校区，建筑面积1.6万平方米，可同时容纳200余名学员在校学习。

集团公司党组党校（管理干部学院、网络学院）紧紧围绕服务集团公司发展战略、服务于集团公司人才队伍建设的“两个服务”使命，主要承担以下业务：①高层经营管理及后备人才培训，重点培训总部职能部门和直属企事业单位的领导干部、中青年后备干部及部分中层干部；培训者培训，重点培训各直属企业的培训管理人员和培训机构的专兼职骨干教师。②高级专业技术人才培训，重点培训油气勘探开发、炼油化工、工程建设、科研、销售等领域的各类专家及青年骨干人才。③国际化经营人才培训，重点培训国际勘探开发、国际石油工程、国际炼化工程、国际贸易等领域的经营管理、专业技术人员和外籍员工。④网络培训，依托中国石化网络学院，为集团公司和各企业提供在线学习、岗位培训、分享交流、资源管理、培训管理等服务。⑤科研咨询，为学院和直属企业培训机构培训业务发展提供智力支持，为集团公司和直属企业经营管理提供咨询服务。

（姚晓宇）

【提供优质培训服务】 在克服新冠肺炎疫情带来不利影响的情况下，2021 年，集团公司党组党校（管理干部学院、网络学院）举办线下培训项目 125 个、培训班 156 个，培训量达 13.5 万人・天，集团公司的重点人才培训计划项目全部顺利完成。举办线上培训项目 37 个，培训近 3.5 万人次，总计学习时长 173.6 万学时，有力支撑疫情期间的培训需求。全年以推进培训体系化精准化数字化为着力点，致力培训创新，取得显著的成效。集团公司党组党校（管理干部学院、网络学院）被中国企业高管培训发展联盟评选为先进培训机构，5 个项目、3 项科研成果、2 名教师获联盟嘉奖。炼油装置青年专家塑造实践探索培训项目获 2021 年度 ATD（国际人才发展协会）卓越实践奖。炼油核心装置专家培训项目第 2 次获中国人才发展菁英奖——2020—2021 最佳学习项目奖。党建课题《发挥考核“指挥棒”作用，推进党建与生产经营深度融合》被中央企业党建思政会评为优秀课题一等奖。承办的中国石化贯彻落实全国国企党建会精神 5 周年党建成果发布与党建创新论坛，在央企系统反响强烈，受到中央有关部门的好评和认可。全年坚持提高培训服务能力和质量，强化成本意识，降低服务成本，提高服务效率，实现盈亏平衡的经营目标。

（姚晓宇）

【管理与党建类培训】 2021 年，集团公司党组党校（管理干部学院、网络学院）更加突出党校主课地位，将习近平新时代中国特色社会主义思想作为所有培训班的“第一课程”，助力中国石化打造践行习近平新时代中国特色社会主义思想的重要阵地。成功举办“一把手”政治能力提升项目、领导人员理论研修项目、中青年后备干部系列培训项目、中层正职政治能力提升项目、中层副职解决实际问题能力提升项目，进一步做强做优做专“四层八级三阶段”培训体系。全年首次实现所有集团公司党组领导均来院授课，领导干部上讲台制度的落实又创新纪录。打造形成的形势政策宣贯培训班“宣＋贯”、新任职适应性培训班“一提一转”等 5 类教学布局，奠定干部分类精准施训的基础。干部教育培训高水准的授课质量、严格的学员管理、扎实的党性教育、良好的培训效果，受到普遍好评。

（姚晓宇）

【技术类培训】 2021 年，集团公司党组党校（管理干部学院、网络学院）实施科技人才创新引领系列培训，分层分类做好领军专家、专家、技术骨干和青年英才等四类人才的精准培训。紧密围绕集团公司“十四五”发展战略、“一基两翼三新”产业格局和事业部重点工作任务，重点举办碳达峰和碳中和战略专题研讨班、氢能产业链转型专题研讨班、地质工程一体化复合提升培训班、领军专家产业转型升级专题研讨班等项目。探索“训考结合、以考促学”新模式，实施领导人员安全环保引领力专题研讨班等培训项目。探索“培训＋测评人才发展”新模式，重点举办未来科学家创新能力提升培训班等项目。探索“校企合作”新模式，重点实施合成树脂专家班等项目。技术人才培训更有实效，有力支撑集团公司业务发展。

（姚晓宇）

【国际化经营类培训】 2021 年，集团公司党组党校（管理干部学院、网络学院）精准把握集团公司国际化业务发展新动向，体系化整建制的培训体系基本形成，分层分类培训实践初见成效。围绕海外项目经理、业务经理、战略储备人才 3 个主要层次开展分专业领域的能力素质提升培训。举办炼油和化工国际化人才培训班等项目，培养一批国际化急需紧缺人才。将国际化储备人才在线培训班、战略预备队培训班和外语测试紧密结合，创新“选培用贯通”培训模式，探索国际化储备人才体系化培养、选拔式培养新思路。完成中国石化专业技术人员外语考试和英语水平测试，近 1.7 万人在全国 34 个城市参加测试。

（姚晓宇）

【网络培训】 2021 年，集团公司党组党校（管理干部学院、网络学院）着眼培训数字化转型，大力实施线上线下培训一体化融合发展。充分利用网络学院平台，扎实推进“四个服务”，不断拓宽网络培训业务领域。开设“党史学习教育”等多个学习专区。举办 37 个线上培训项目。完成党组管理人员学习贯彻党的十九届五中全会精神专题研讨班的线上培训任务、地质工程一体化培训任务，探索举办“线上学 + 线下练 + 线上评”专职教师培训设计能力培训班，首次尝试组织“在线培训 + 资质认证”的合同管理员培训和“在线全脱产”的中国石化全局资源优化软件技术与应用培训。准确洞察企业需求，举办中原油田“十大工程项目”科研骨干人员培训班等项目。

（姚晓宇）

【科研与智库建设取得新成果】 2021 年，集团公司党组党校（管理干部学院、网络学院）紧贴“两个服务”使命，重点课题研究成果丰硕。完成“智能时代的中国石化培训转型发展”等 2 项集团公司课题，组织开展“落实人才强企工程，加强管理人员培训体系建设”等 13 个集团公司课题，同期研究课题数量创新高。完成院级课题 9 项、教材 1 项、案例 10 项。新获批集团公司级科研项目 5 项，新签合同额 335 万元，创历史新高。宣传推广科研成果，3 项成果获集团公司管理现代化成果二等奖、三等奖，3 项成果和 7 篇论文获中国石油企业协会评选的有关奖项。大力推进党建研究，党建智库作用初步显现。党建研究所正式揭牌成立，锚住定位，确定“一台三库一刊”工作布局，“小机构、大作用”的党建智库功能开始发挥，全年承担中组部、集团公司等相关部委单位课题 14 项。建立涵盖 3 个层级近 200 人的党建人才库，选聘 8 位党建特约研究员，进一步加强研究力量。启动品牌与文化研究，企业管理智库建设更加落地。新成立品牌与文化研究所，明确“品牌驱动、文化延伸、成果转化、服务咨询”的研究定位，构建“一所一会”组织架构。采取专兼结合、内外结合的方式，组织运营团队，组建智库专家团队。完成党组宣传部委托的课题 1 项，召开课题成果发布会暨品牌与文化研究所揭牌仪式。

（姚晓宇）

党建研究所揭牌仪式

品牌与文化研究所揭牌仪式

【党校分校协调统筹工作实现新突破】 2021 年，集团公司党组党校（管理干部学院、网络学院）强化顶层设计，加快党校布局。协助印发实施《中国石化党校工作细则》，为直属单位党校开展工作提供依据。强化对各直属单位党校的分类指导，系统内具有实体、能够承担培训任务的党校增至 39 家。研究制定《中国石化党校分校办学质量评估办法（试行）》等制度，对胜利油田分校、中原油田分校、燕山石化分校、上海分校、金陵石化分校等 5 家分校进行挂牌，迈出党校系统布局的第一步。

统筹安排教学，指导完成青干系列培训。组织专家专门制定青干一班、青干二班教学大纲，并对培训方案进行逐一把关。在疫情防控常态化的要求下抢抓时机，分别在系统内 5 家分校、11 家直属单位党校举办青干一班、青干二班、青马班共 32 期，培训系统内学员 1 827 人。每期青干班均配备政治辅导员，相关特色做法被《学习时报》刊登宣传。成立党校分校培训巡回指导组，18 位专家严细督查指导，有效保障培训运行质量，提升各承办分校、党校办学水平。

加强资源统筹，实现共建共享。建立青干班课程库、师资库、现场教学库，包括系统内师资 187 人、系统外师资 267 人、现场教学点 64 个，迈出培训资源统筹的第一步。举办石油精神石化传统师资研修班，组织系统内 56 名专兼职教师，分小组共同研发石油精神石化传统 4 门系列课程，促进集团公司党史学习教育走深走实，为教学资源的共创共享探索新路径。

（姚晓宇）

党校分校办揭牌仪式

【数字化转型开拓新局面】 2021 年，集团公司党组党校（管理干部学院、网络学院）转变理念认识，平台建设得到加强。强化训战结合，提升干部职工对数字化转型的认识，深化对平台建设的指导。智慧学院一期项目建设目标基本完成，培训科研、管理服务等相关线下业务上线试运行。“石化 e 学”平台建设项目，通过可行性研究立项和初设方案评审，课件卡顿等痛点难点问题初步得到解决。

优化平台运营，服务水平稳步提升。积极探索数字化多元发展，平台应用时长超 5 100 万学时。其中，服务党组举办的培训时长 650 万学时，服务总部部门提供的培训时长约 1.3 万学时，各企业在线学习时长超 3 500 万学时，学院举办的各类培训在线学习时长近 110 万学时。与 2020 年相比，各项数据均有明显增长，为中国石化全体员工学习和培训提供强有力的支持。

加速推广赋能，数字化培训能力建设逐步提升。出版《中国石化网络学院应用教程》，引导干部员工深入认识数字化学习，进一步推广在线培训方式方法。图书、课件及数字资源工作紧跟培训业务主线，保质保量完成采购、开发，为数字化培训顺畅运行保驾护航。组织院内教师参加第十三届中国企业在线学习大会等活动，提升教师队伍数字化培训能力。

（姚晓宇）

【提质增效展现新作为】 2021 年，集团公司党组党校（管理干部学院、网络学院）坚持对标一流，管理优化提升见到实效。以深化改革三年行动和对标一流管理提升工作为抓手，着力推进培训创新和管理服务工作水平提升。抓好顶层设计，印发集团公司党组党校（管理干部学院、网络学院）“十四五”总规划和 4 个子规划。以培训“体系化精准化数字化”为着力点持续推进培训创新，统筹提升精准培训能力。深化业财双向融合，推进实施滚动预算管理，全员降本增效意识普遍提升。加强合同审查和内部审计，提升风险防控能力。编制《学院后勤服务质量手册》，持续提升服务保障规范化水平。

强化责任落实，安全管理更加规范高效。健全安全制度体系，制定颁布《党校（学院）HSE 管理手册》等制度。大力实施“百日安全无事故”行动，完善学院重大安全风险和重大安全隐患清单，以及有关应急预案，紧盯常态化疫情防控、隐患排查整治、现场教学管理、员工和学员健康管理等重点环节，持续抓牢安全工作。全年未发生安全责任事故，疫情防控安全平稳。

持续优化设备设施，基础保障进一步夯实。组织实施综合楼报告厅空调系统改造、热水循环加热锅炉更新等项目，进一步改善培训和住宿条件。深度推进网络优化与安全防护提升 2 个项目建设，网络基础设施与安全水平得到较大提升。加快推进综合楼等楼宇改造工程，有序完成设计、施工招标、施工图强审、开工许可等准备工作，为正式施工奠定扎实基础。

（姚晓宇）

【干部人才队伍建设增添新动能】 2021 年，集团公司党组党校（管理干部学院、网络学院）坚持党管干部原则，树立公开公平公正的选人用人导向。坚持“20 字”标准，树立正确用人导向，匡正选人用人风气。选拔任用院长助理 1 人、中层干部 4 人次，其中竞争性选拔中层干部 2 名。干部绩效考核实行强制分档，干事创业的热情得到进一步激发，选人用人整体工作“好 + 一般”比率 100%，其中“好”的比率达 95% 以上。

坚持“党校姓党”，培养造就一批高素质教学科研人才。公开竞聘专家 7 人次，与专家签订一对一年度绩效考核责任书，进一步明确专家职责。7 名新入职员工与导师签订一对一培养协议，青年成长成才工作进一步深化。实施“名师工程”，举办首届十大优秀教师评选表彰活动，争先创优氛围更加浓厚。举办学院新入职员工培训，大力支持教师参加专题讲座等活动，进一步加强员工培养。

坚持以制度体系建设为抓手，加快推进“三能”机制落地见效。修订完善《党校（学院）绩效考核办法》等制度，深入推进“三项制度”改革。完成学院领导班子成员契约化管理工作。优化“三定”方案，一线教学部门专职教师岗编制明显增加，服务及管理部门编制进一步减少。首次尝试与部门签订重点工作考核责任书，并实施全员考核强制分档，职称评定、奖金分配等工作进一步向培训一线岗位员工倾斜，激励导向作用更加显著。

（姚晓宇）

【高质量党建引领高质量发展再创新成效】 2021 年，集团公司党组党校（管理干部学院、网络学院）采取“四融”模式，将党史学习教育与纪念建党 100 周年系列活动统筹部署安排，强化党建带工建团建，强化党建共建，党史学习走深走实，成效明显。开展“奋斗百年路、永远跟党走”红歌汇报演出等一系列活动，创新组织 2 场“四史”直播答题，掀起党史学习教育的热潮。扎实开展“我为群众办实事”实践活动，院党委部署推动的 19 项任务全部完成，满意度测评结果较好。探索实施支部定性和定量考核，各支部创先争优的积极性得到激发。深入开展红旗党支部评比和先进典型宣传，营造守正创新的良好氛围。一体推进“三不”机制，打造风清气正的良好生态。强化政治监督，深入督促落实“第一议题”制度，习近平总书记重要讲话和重要指示批示精神占到中心组学习内容的一半以上，各类培训班“第一课程”和党性教育相关课程大幅增加。做实日常监督，坚持“三个从严”，组织开展 17 次学风学纪检查，通报和处理 4 起学员违纪事件。深化廉洁风险防控，加强干部员工廉洁教育案例学习，提升全员的廉洁自律意识。

（姚晓宇）

工程质量监督总站（工程质量监测公司）

【概况】 石油化工工程质量监督总站、中石化工程质量监测有限公司[简称工程质量监督总站（工程质量监测公司）]是中国石化赋予工程质量管理职能的直属专业公司，下属中石化工程造价有限公司（简称造价公司）是工程质量监测公司子公司，是国内唯一一家集工程造价、项目建设过程质量监督、装置运行期间检验于一体的监督检验机构，为工程项目建设的质量管控、生产企业的设备检验以及工程造价咨询等工作提供工程质量监督、压力管道监检、质量监测、设备检验、定额管理、造价咨询、竣工决算等服务。

工程质量监督总站于 1987 年批准成立，是经中央机构编制委员会办公室国家事业单位登记管理局核准的事业法人，相继受原国家建设部、国家经贸委、国家发改委授权和委托，依法对石油石化专业建设工程质量进行监督，受集团公司工程部委托，开展工程建设项目质量管理。主要负责工程项目质量监督、压力管道施工监督检验、大检修项目质量监管等。有国家市场监督管理总局核准的特种设备综合检验机构（甲类）资质，包括长输（油气）管道（DJ1）、公用管道（DJ2）和工业管道（DJ3）项目的监督检验。截至 2021 年底，工程质量监督总站从业人员 241 人，持证人员 196 人，其中具有正高级职称的 3 人，高级工程师 86 人、中级工程师 87 人，其他技术人员 65 人；有从事特种设备检验的检验师 72 人，检验员 127 人；有无损检测Ⅲ级证人员 5 人，Ⅱ级证人员 29 人。

工程质量监测公司原名中石化工程质量监测中心，于 2001 年由国家工商行政管理总局核定注册批准成立，是集团公司出资成立的公司法人，主要负责中国石化建设项目的质量监测、设备检验，以及承接国家市场监管部门委托的压力管道设计、安装许可资质评审和压力容器设计单位许可资质评审工作。有国家市场监督管理总局核准的特种设备综合检验机构（甲类）资质，包括球罐、压力容器、工业管道定期检验和安全阀校验。工程质量监测公司从业人员151人，持证人员119人，其中正高级工程师1人、高级工程师38人、中级工程师60人、其他技术人员53人；有从事特种设备检验的检验师25人，检验员70人；有无损检测Ⅲ级证18人，Ⅱ级证72人。子公司造价公司主要开展定额管理、造价咨询和竣工决算审计等工作；有工程造价咨询企业甲级资质证书；有从业人员36人，持职业资格证人员17人，其中一级造价工程师16人（一级造价/建造师双证1人）、一级建造师/监理工程师双证1人，具有高级技术职称的8人、中级技术职称的21人。

（马　宁）

【工程质量监督成效显著】 2021年，工程质量监督总站（工程质量监测公司）以守护工程建设质量为使命，以推动质量主体责任落实为抓手，开展综合治理，守好质量红线。2021年集团公司重点考核质量目标全部实现：重点工程项目停监点报验一次合格率96.3%，压力管道无损检测底片评定准确率99.5%，质量问题关闭率100%；重点工程项目焊接一次合格率95.8%，未发生质量事故，集团公司建设项目工程质量总体受控。全年2座油气田地面工程、25套炼化装置、7套油气储运设施建成投产。中安联合项目获国家优质工程金奖，镇海基地一期入选央企十大超级工程。针对镇海一期、天津LNG二期、福建商储等16个重点项目开展质量安全检查16次，发现安全问题680项，质量问题1 418项，全部完成整改。针对天津南港乙烯等大型项目开展事前策划，统筹资源配置，全力支持服务。全年开展综合性质量检查215次，专项质量检查332次，累计发现各类质量问题6 960项，全部完成整改。压力管道监检完成监检长度261.2万米，发现问题1 489项，焊口抽透合格率98.2%。推动监管方式创新，有力推进远程监督，在海南乙烯开展质量眼试点后，推广到天津南港乙烯、东营原油库迁建等6个项目现场，建立起包含固定视频、移动视频、无人机等多维度的监控网络，显著减少监控范围内的违章现象。完善质量问题约谈机制，紧盯项目建设过程中的突出问题，开展涉及24个项目的约谈48次，对触犯“红线”的问题保持高压态势。组织编制QHSE体系符合性量化审核标准、感官质量验收与管理规定，开展QHSE体系符合性审查、“低老坏”整治与感官质量专项检查，督促责任主体提升质量管理水平。实现质量监督链条延伸，针对镇海、海南项目发现的物资质量问题开展全系统追溯，由点及面深挖质量隐患。开展设计质量专项检查，发现27家设计单位的90项问题，促进设计单位提升质量意识、健全质量体系。组织专家深入现场，调研解决茂名渣油装置、古雷乙烯等开车中出现的问题，总结典型案例，为同类项目开车积累经验。推进质量安全监督试点，开展质量安全管理体系调研，在海南乙烯项目开展试点，探索一体化监督。提升全员质量意识，围绕“质量日”“质量月”活动，组织一次宣贯、一次讲课、送一本书的“三个一”活动，在重点项目现场悬挂横幅、标语，营造质量文化氛围，提升全员质量意识。

（马　宁）

【监测检验服务保持进取态势】 2021年，工程质量监督总站（工程质量监测公司）以打造质量基础设施为着力点，以提升市场竞争力为目标，有效服务，持续进取，定检业务完成产值和实测实量完成产值创历史最好水平。质量监测全面开展，在镇海一期、中沙聚碳等10个集团公司重点工程项目开展质量监测，对现场安装、管道成线符合性、水压试验、特别是进场材料质量不合格等威胁工程本质安全的严重质量问题，开展隐患排查，发现问题5 770项，全部落实整改。获连云港新能源公司锂电池电解液溶剂项目质量监测业务，实现新能源领域突破。大修改造保障有力，参与燕山石化、济南炼化等24项集团公司大修改造项目的设备检验与质量管理服务，结合生产装置长周期运行特点，周密制订设备检验方案，发现并解决济南炼化沥青装置管线裂纹等直接威胁设备本质安全的缺陷问题463项，出具检验意见通知书133份，为装置安全运行保驾护航。资质能力有提升，新增超声波断层扫描仪、数字射线检测仪等先进设备。新取证管道检验员34人，容器检验员9人，管道监检员29人，管道检验师2人，持证人员总数增长42%。有序推进特种设备综合检验机构和无损检测机构换证准备工作，取得宁波分公司安全阀在线校验增项资质。新技术应用能力有增强，将脉冲涡流、低频导波、埋地管道定位等检测技术应用到石家庄炼化大修项目，应用导波技术检测装置高塔框架管线腐蚀，提高可靠性，降低直接作业风险。提升检验报告出具效率，通过梳理作业流程、应用信息化系统、统筹人力资源等方式，一定程度解决检验报告出具缓慢的问题。定额管理、造价咨询稳步推进，组织 53 家企业 133 位专家，编制完成并发布新版检修工程预算定额，将定额使用范围扩大到煤化工、天然气等领域。组织完成中科炼化结算审核工作，提供后续概算调整依据。承接炼化工程公司防腐工程结算争议复审工作，在工程造价争议鉴定方面取得突破。

（马　宁）

【科技创新全面启动】 2021 年，工程质量监督总站（工程质量监测公司）建立科技创新体系，树立“一个核心、两项原则、三大战略、四个面向”的科技工作方针，新增声发射检测仪、底片扫描仪、混凝土断层扫描仪等技术装备，在技术中心增设技术管理部和科研管理岗，建立科研例会机制，健全科研项目开题、过程、结题的全流程管理体系，完成工程质量监管五位一体体系研究等课题结题。开展集智攻关，落实焊接无损检测射线底片数字化处理与应用、工程造价费用编码和数据集成研究等 5 项总部级科技项目的研究推进。对 14 项“五小”课题实施揭榜挂帅，充分利用激励手段，激发科技创新积极性，完成 13 项“五小”课题的结题评价。

（马　宁）

【信息化水平有效提升】 2021 年，工程质量监督总站（工程质量监测公司）推动业务信息化升级，聚焦主营业务，充分发挥信息化效能。完善质量监督系统，增强线上管控能力，实现区域站覆盖率 100%。上线压力管道监检系统，实现远程出具监检报告等功能，提升工作效率。检验检测系统投入使用，规范报告出具，完善工作流程。探索创新新型监督手段，大力推进质量眼在重点项目试点，利用信息技术实现远程监督、精准监督。加强网络安全和基础设施建设，推进专网行动，夯实区域机构网络通信基础，建成本部、区域机构、驻企项目部共 23 个视频会议终端。推进嘉铭园综合办公楼信息化设计、实施工作。

（马　宁）

【获多项荣誉】 2021 年，建设工程电子招投标交易平台项目获集团公司科技进步奖二等奖。造价公司潘昌栋获中国石化突出贡献专家称号，信息管理部傅淼获闵恩泽青年科技人才奖。2 个党支部获集团公司先进党支部、基层支部建设示范点称号。1 名党员被评为优秀共产党员、1 名党务工作者被评为集团公司优秀党务工作者。

（马　宁）

【党建工作持续加强】 2021 年，工程质量监督总站（工程质量监测公司）坚决贯彻“两个一以贯之”，推动党建入章，积极配合集团公司党组常规巡视，推动深化党的政治建设重点措施，认真组织开展全国国有企业党的建设工作会议精神贯彻落实情况“回头看”，积极探索“一个党委、一体化管理、三个机构法人单设、业务独立运行”机制，严格落实“三重一大”决策制度，完善党委研究讨论和决定重大事项清单，充分发挥党委“把管促”作用。加强干部队伍建设，抓紧年轻干部培养，着力调结构、增活力。推动“大监督”体系建设，持续纠治“四风”，一体推进“三不”机制。聚焦党建引领，强化“三基本”建设，提升党支部标准化规范化信息化建设水平，在海南等 6 个直属项目部建立临时党支部，组织开展“党员查质量、争当带头人”等创先争优活动。坚持党建带群建，认真组织开展“我为群众办实事”活动，成立团总支，不断增强员工群众幸福感、获得感、安全感。

（马　宁）

主题党日活动，老党员讲述奋斗故事

招标公司

【概况】 中国石化集团招标有限公司（简称招标公司）于 2003 年 6 月，经集团公司批准并投资成立，与集团公司工程建设管理部招标投标办公室实行“一个机构、两块牌子”。2016 年 10 月，集团公司人事部下发《关于明确招标有限公司本部机构编制的通知》（中国石化人机〔2016〕219 号），明确招标公司本部设综合管理部、招标管理部、交易平台管理部 3 个职能部门，下设上海分部（上海石化）、金陵分部（金陵石化）、南京分部（工程部南京项目管理中心）、江汉分部（江汉油田）、茂名分部（茂名石化）、中原分部（中原油田）、北京分部（燕山石化）、西北分部（西北油田）、胜利分部（胜利油田）、徐州分部（管道储运）等 10 个分部。2020 年 12 月，根据集团公司党组组织部《关于明确质监总站等 3 家单位机构编制和定员的通知》（中国石化组监函〔2020〕249 号）文件要求，招标公司全面启动公司化专业化改革。

招标公司主要职责是负责中国石化建设工程依法依规必须招标项目的招标采购代理、负责中国石化建设工程交易中心的日常管理、负责中国石化建设工程电子招标投标交易平台的建设运营维护、负责承包商诚信体系管理平台开发和维护、负责中国石化建设工程评标专家库日常管理工作。

（王　宇）

【深化改革】 2021 年，按照“一个党委、一体化管理，三个机构法人单设、业务独立运行”的部署，招标公司推进完成本部改革，机构设置采用 7（职能部门）+1（业务部门）模式，其中综合管理部、党群工作部、发展计划部、党委组织部（人力资源部）、财务部、纪检监督部（审计部）、信息和数字化管理部 7 个职能部门由招标公司与质监总站、监测公司共享，招标管理部负责招标代理业务管理工作。年内完成法定代表人和营业执照变更，为提升招标公司整体实力，完成注册资本金增资到 5 000 万元。完成本部部门机构设置、人员调入、定岗定编，下发部门职责、岗位职责和岗位说明书。规范招标公司各类用工管理，完成员工签订劳动合同，组织完成 T4 及以上职位全员的竞聘、评聘工作和本部人员年度绩效考核工作。编制招标公司深化改革方案，推动分部改革。截至 2021 年底，招标公司有员工 94 人，其中本部 28 人、分部 66 人。其中，建造师 26 人、造价工程师 12 人、招标师 15 人、监理工程师 11 人，具有高级职称的 40 人。

（王　宇）

【优质高效组织招标】 2021 年，招标公司以“合法合规、规范服务、奉献客户、争创一流”为宗旨，优质高效完成招标代理任务，充分发挥招标公司在中国石化工程招标投标监督管理体系中的专业化公司作用，有效保障工程建设项目顺利实施。年内共完成镇海基地、天津南港 120 万吨/年乙烯及下游高端新材料产业集群、山东南干线、山东液化天然气（LNG）、龙口液化天然气（LNG）、胜利原油库迁建等集团公司重点工程建设项目招标标段数 476 个，累计成交金额 218.18 亿元。全年组织完成招标采购代理标段数 1 632 个，中标及成交金额 444.84 亿元，依法合规率 100%。在巩固系统内“一基两翼”传统服务领域的同时，加大对新星公司、海南自贸区大厦、雄安资本大厦、石化出版社等企业的支持服务力度，努力拓展新能源、新经济等“三新”领域业务。

（王　宇）

【加强业务管控，提升服务质量】 2021 年，招标公司将集团公司重点工程项目招标文件全部纳入二级审查范围并不断完善审核标准，全年审查招标文件 312 项，做到重点项目全覆盖，确保招标采购工作质量。强化业务合规。建立与招标办联席会机制，确保政策执行准确、业务操作规范；加强对分部业务指导和管控力度，指派专人远程监督分部开评标活动，纠偏异常情况；执行重点工程项目招标交叉代理，确保分部工作客观独立。强化业务建设。修订《中国石化工程项目招标标准文件》，编制下发《远程开标评标管理办法》《招标代理专业岗位工作业务手册》等，进一步完善标准规范，防控风险。强化专家库管理。做好专家入库审核和业务培训工作，结合新形势，完善评审费发放、人员评价考核办法。协助开展招标投标专项整治。抽调业务骨干参加集团公司工程招标投标专项整治工作组，招标公司组织专题会总结分析典型问题，开展内部培训，提升整体工作水平。

（王 宇）

【提升信息化水平】 2021 年，招标公司完成优化提升组建评标委员会、围串标行为分析、虚拟投标大厅、数据统计分析、备案管理、电子文件归档等业务功能。11 月完成三星认证的换证工作。持续做好各类市场主体提供技术支持服务工作，全年保障 1 755 个采购标段的在线运行，发放 CA 锁 5 714 把，开出发票 5 043 张。自 2016 年 7 月上线至 2021 年底，中国石化系统内有 128 家企事业单位在交易平台开展工程采购，在线完成采购标段 4.2 万余个，累计成交金额 3 213.54 亿元。服务企业用户 23 858 余家，服务评标专家 1 万余人次，日均客服支持量 120 余人次，有效保障交易平台安稳运行。

建立招标公司信息化工作机制，完善规章制度和流程，明确本部、分部、项目部的信息化建设、应用、管理等职责，规范信息化项目立项、应用及运维管理。4 月上线招标公司 OA，实现文件的上传下达。建立招标公司视频会议系统，建成本部、4 家分部的视频会议终端，实现本部与分部方便快捷的沟通联系，全面提升管理效率。完成 9 个分部开评标场所的视频监控系统改造，实现本部对开评标过程的有效集中监控。

（王 宇）

【推进公司管理提质增效】 2021 年，招标公司为加快推进“绿色企业行动计划”实施，持续健全完善 HSSE 管理体系，发布《中国石化集团招标有限公司 HSE 责任制》、QHSE 管理手册及 14 项程序文件，6 月 12 日通过审核，获质量、环境、职业健康安全三体系认证证书。建立健全招标公司合规管理体系。健全完善制度体系，以提升公司治理效能为目标组织完成制度制（修）订工作，截至 2021 年底编制下发制度或清单 67 项。编制发布《2021 年招标公司内控权限指引》，确定各业务流程的内控审核、审批权限，加强重要业务、关键环节的内部管控。编制下发《2021 年招标公司风险清单》，识别风险点 216 项，其中重大风险 3 项、重要风险 165 项。初步建立招标公司“风险清单 + 管理制度 + 业务手册”风险管理体系。强化招标公司运营管理。建立经营计划和统计机制，建立完善生产经营月报机制，全面及时统计招标公司各项工作。做好总部、地方统计部门等月度报表、年度报告发布和上报工作。做好固定资产管理工作、规范采购工作、规范用车、用章等行政事务管理、建立科研项目管理机制。

（王 宇）

【党建工作】 2021 年，招标公司以庆祝建党百年华诞为契机，坚持把开展党史学习教育作为贯穿全年的重大政治任务，按照总站党委“中心组专题领学 + 支部研讨集体学 + 线上线下导学 + 活动实践现场学 + 个人常态化自学”的学习矩阵，推进党史学习教育扎实有效开展，确保党史学习教育走深走实。落实“我为群众办实事”，聚焦项目办实事，聚焦问题办实事，全力解决群众急难愁盼问题，梳理归纳形成招标公司“我为群众办实事”清单 14 项，其中清单中 12 项事项落实到位。明确工作责任和完成时间，把责任落实到部门单位、具体到人头。组织对困难员工和生病员工爱心捐款，充分体现组织关怀。学习贯彻集团公司 2021 年党风廉政建设和反腐败工作会议精神，制定印发《质监总站、监测公司、招标公司 2021 年党风廉政建设和反腐败工作重点任务分工方案》。探索推进日常监督具体化、常态化，完善、落实党风廉政建设风险节点自查报备清单制度；全员签订廉洁承诺责任书和保密承诺责任书；健全完善基层党组织和员工群众实施监督措施，有效发挥“大监督”体系作用。

（王 宇）

【获集团公司表彰】 2021 年，招标公司承担的“中国石化工程电子招标投标平台建设与应用”项目获中国石化科技进步二等奖，获年度资金集中管理流动红旗，闵恩泽青年科技人才、财务管理先进个人等多项荣誉称号。

（王 宇）

中国石化 SINOPEC

人　物

全国优秀共产党员　|　全国五一劳动奖章获得者

全国优秀共产党员

【王振平】 男，1970 年 3 月出生，山东泰安人。中国石化国际石油工程公司科威特分公司执行副总经理，先后获中央企业优秀共产党员、集团公司优秀共产党员等荣誉。王振平深入践行“走出去”战略，长期扎根于科威特市场。2016 年以来先后新签和续签钻修井队伍 50 余支，累计新签合同额近 22 亿美元，使中国石化成为科威特第一大钻井承包商；高质量落实疫情防控安全生产，2021 年 3 800 余名中外方员工未因疫情出现停待，未将疫情输入国内；从严抓好安全生产，累计获科威特国家石油公司安全奖 1 300 余万美元；高质量完成生产经营任务，推动科威特分公司连续 10 年实现赢利，2021 年获全国优秀共产党员称号。

（张阿阳）

全国五一劳动奖章获得者

【吴继农】 男，1968 年 11 月出生，中共党员，江汉油田分公司首席技师。参加工作 30 年来，他坚持立足岗位、刻苦钻研、勇于探索、大胆创新，一步一个脚印，完成了技能型人才向创新型人才的跨越。先后阅读大量车工技术书籍，自学多款机械设计绘图软件，把传统车工技术与现代计算机技术融为一体，成功地完成了由操作型技术人才到复合型技术人才的转变，先后获中央企业技术能手、集团公司技术能手等荣誉称号，主笔编写的初、中、高级《车工国家题库技能实训指导手册》成为全国普通技校专用教材。几十年如一日，扎根基层一线，紧盯生产工艺流程的重点、难点、瓶颈点等问题，大力开展技术创新工作，为解决抽油泵活塞断脱这一难题，他带领技术攻关团队不断改进每个细节，将加工件误差从 1 毫米缩小到 0.1 毫米，采集大量作业数据，几十次修改设计方案，最终研制出“防断式抽油泵”，获 3 件国家实用新型专利。30 年来，他累计完成创新成果 65 项，获国家发明专利授权 1 件、实用新型专利 28 件，为企业创效 8 000 多万元。召集单位技师，以“吴继农创新工作室”为平台，开办技术课堂，开展导师带徒，建立微信学习平台，传授技术绝活、分享创新经验，激发了员工特别是技术骨干的学习研究、思考实践、创新攻关的热情。

（谢梓峰）

【孙宝林】 男，1982 年 4 月出生，中共党员，华东石油工程公司江苏钻井公司泰国项目经理、党支部书记。多年来，他把“一带一路”建设作为指引，用实际行动践行“保障国家能源安全”的使命担当，把青春奉献给海外石油工程市场。作为泰国项目领头人，积极响应“四个革命、一个合作”能源安全新战略，一直把油服市场开拓作为项目发展“生命线”，带领项目累计实现进尺近 30 万米，中标井深超过 20 万米，累计合同额超过 1.51 亿美元，2019 年以单队年进尺 9 万米的成绩创造中国石化陆上 50 钻机年总进尺纪录，在暹罗雨林里打响了国家“石油铁军”的品牌。作为党员干部，他义无反顾、逆行出征，及时抓好人员流动、防疫措施等工作落实，筑牢疫情“防火墙”，实现“零侵入”，并迅速筹集口罩、洗手液等防疫物品，支援当地政府抗疫。独创“角色换位法”“目标培训法”，带出了一批又一批能独当一面的泰籍操作员工，为项目的蒸蒸日上打下坚实基础，更极大提高了泰国石油人才队伍可持续发展能力。积极组织中泰员工共庆佳节、共办婚礼，增进中泰文化交流，向泰国当地贫困员工家庭赠送大米、油料、节日礼物和学习用品，真正走进他们的内心，为构建中泰“命运共同体”贡献出自己的力量。

（谢梓峰）

【杜晓彦】 男，1971年6月出生，中共党员，荆门分公司聚丙烯部合成树脂生产首席技师，曾获集团公司技术能手、集团公司优秀共产党员、湖北省五一劳动奖章、湖北省首席技师等荣誉称号。他新技术转化能力强，是ND-Ⅲ、HA-R等聚丙烯新型催化剂首次工业成功应用的重要贡献者，参与开发出Z30S、F09、Y40、Y26等聚丙烯高附加值专用料，年新增效益200万元。Z30S开发项目获荆门分公司科技进步奖。2019年主持完成中国石化科技开发项目“聚丙烯BOPP料质量提升”，2020年完成降解法开发纤维料Y35G。他创新创效技术巧，独创“丙烯冷却器E201在线处理”和“球罐丙烯通过预精制自身循环干燥脱水”2项操作法，有效解决单台设备影响装置长周期运行以及大检修期间占用系统储罐，检修期长的问题。他攻坚克难“金点子”多，2014年7月牵头成立聚丙烯部劳模工作室，带领6名成员先后完成“挤压机摩擦离合器打滑停车”等12项技术攻关，为聚丙烯装置的“安稳长满优”运行作出突出贡献。他导师带徒成绩优，2013—2020年间累计带出高技能人才8人，其中高级技师1人、技师4人。他关键时刻敢担当，新冠肺炎疫情期间，防护口罩严重短缺，克服原料少、装置负荷低等不利条件，通过细化转产方案，调整“三剂”配比等手段，及时转产口罩基础料Y26，为确保抗疫物资生产原料充足保驾护航。

（谢梓峰）

【黄计杏】 男，1983年8月出生，中共党员，中科炼化化工二部聚丙烯区域高级主管，先后获中科炼化开工个人“特等功”、广东省五一劳动奖章等荣誉称号。2020年受新冠肺炎疫情影响，外国专利商无法到场指导进口设备安装试运，他带领挤压机试车党员突击队，白天与厂家视频开展工作，晚上加班加点对机组整体设备安装、仪表及电气调试，确保20万吨/年聚丙烯装置挤压造粒机组顺利试车成功，比原计划节省用料200吨。他勇挑重担，主动担任首套国产35万吨/年挤压造粒机组攻关任务，科学统筹安排设备、仪表、辅助系统三线作战，坚持每日制定工作安排表，带领团队现场发现处理专项问题548项，先后优化试车方案16次，通过半年奋战，首台国产35万吨/年挤压造粒机组实物料试车成功，粉料用量和试车用时均打破国产挤压造粒机组试车纪录。在生产管理中，他统一规范，创建日常工作表单、催化剂操作表单及工艺技术台账，通过规范操作，保障催化剂配置质量和多项技术改造，确保装置负荷平稳运行。成立聚丙烯装置新产品研发团队，独立自主研发生产新牌号5个，其中高熔指树脂抗冲共聚产品EP548R供不应求；高熔指纤维料PPHY38X高速无纺布主要用于制造医用口罩，填补中国石化华南地区降解法高熔指纤维料的空白。

（谢梓峰）

【高　辉】 女，1974年1月出生，群众，齐鲁分公司烯烃厂生产技术科主任师。多年来，她围绕石化装置运行效益最大化目标，深度发掘信息化应用潜力，被誉为挖掘数据金矿提升效益的女专家，先后获集团公司技术能手、山东省三八红旗手、全国三八红旗手等荣誉称号。她将统计思维进行函数逻辑化设计，拓展乙烯SPYRO软件单程优化为全流程模拟测算，自行推导出裂解炉循环转换计算公式，为装置运行优化决策提供技术支撑。2020年石脑油价格出现断崖式下跌，她运用裂解多方案运行优化测算模型，及时优化乙烯装置原料结构、调整裂解炉运行模式，仅3个月即实现增效3 500万元。她自主设计乙烯装置裂解炉管理系统，通过函数组态，实现15台裂解炉运行周期、关键参数、绩效参数、能源消耗、环保监控指标同维度立体化管理，炉水不合格率由37.6%降至10%，通过指标优化控制，2020年裂解炉热备时间较标准时间减少151个小时，创效600万元。她将MES系统中操作、调度、统计、优化四层次数据进行集成，提高了数据差异分析效率，实现MES罐检尺自动采集计算，为管理决策提供高质量盘点信息。对乙烯装置323台设备的能耗数据进行整合，建立乙烯装置能耗模型，优化蒸汽和电混合动力设备运行方案，减少超高压蒸汽损失65 833吨，创效1 277万元。

（谢梓峰）

【富小青】 男，1970年10月出生，中共党员，上海石化仪控中心首席技师，先后获上海市五一劳动奖章、中国石化劳动模范、中央企业劳动模范等荣誉称号。1988 年 7 月，他进入上海石化总厂工作，边学边做、边问边记，业务技能快速提升，硬是将默认的 3 年学徒时间压缩到了 1 年，经考核，提前实现独立上岗。他屡次作为仪表专业负责人参加技术改造和工程项目，多次解决生产故障，攻克仪表难题，在业内享有“金手指”的美誉，曾作为中国石化专家组仪表负责人远赴俄罗斯协助 PTA 装置开车，奋战 3 个月，将搁置 15 年的装置一次投产成功，为中国石化赢得了赞誉。他牵头制订污水分级监测系统改造方案，提高了分析效率，改善了作业人员环境，自制分析仪现场减震设备，成功解决设备振动大，导致环保监测数据异常的难题。近年来，他先后参加重点项目油品清洁化装置建设、国家重点工程碳纤维装备国产化等项目，发挥专业优势，改进设计和施工建设，为项目推进作出积极贡献。他以“富小青创新工作室”为平台，将自己的技术和经验和他人分享，帮助团队成员和同事提高业务能力，2020 年，工作室 2 名成员获全国仪表竞赛团体银牌，工作室也连续获上海市技能大师工作室、上海市技师创新工作室等荣誉称号。

（谢梓峰）

【刘　欣】 女，1992 年 6 月出生，中共党员，中天合创化工分公司分析检验中心技师。2014—2019 年，短短 6 年的时间，她完成从普通大学生到分析“大拿”的华丽转身，几乎拿遍了业内大奖，还被授予内蒙古自治区五一劳动奖章。在化验室建设初期，她追着调试仪器的工程师，如饥似渴地学习，参与甲醇部 5 套装置的原始开车过程，积累了丰富的经验，为以后工作打下良好基础。她认真对待每一项分析任务，不断提升业务素质，先后主持和参与多项分析方法的优化等技改项目，提高了工作效率，降低了分析成本。得到参加内蒙古全区化学检验工职业技能比赛的名额后，她坚持每天比别人多练 3 小时，实现对影响因素细节的准确掌控，化分实验相对误差为 0，仪器分析相关系数达 0.99999，最终有机会代表内蒙古自治区参加全国的比赛，并取得优异成绩。她还带领身边的同事一起进行基本功训练，对专业知识进行培训，在岗位练兵过程中，将工作中获得的经验毫无保留地教给同事们，使作业区员工的基础理论及操作水平都有了较大的提高。2020 年春节疫情突发，已经几个春节都没有回去的她还是主动放弃回家和父母团聚的机会，连续坚守岗位 1 个多月，在人员少任务不少的情况下安全高效地完成所有工作任务。

（谢梓峰）

中国石化
SINOPEC

统计资料

表 1 集团公司主要经济指标 亿元

项目	2021 年	2020 年	2019 年	2018 年	2017 年	2016 年
工业总产值（现价）	18 468.71	13 557.52	17 376.99	18 096.03	15 038.03	12 569.98
实现利税总额	4 297.77	3 477.23	3 894.68	4 168.76	3 831.05	3 747.11
利润	1 165.85	726.22	1 008.74	967.38	582.05	529.03
年末职工总数 / 万人	54.74	55.88	58.72	61.58	64.72	66.33
营业收入	27 894.99	21 423.32	30 034.17	29 368.41	24 003.18	19 692.20
资产总值	24 180.83	22 399.60	22 117.19	22 600.94	22 566.98	21 593.91
负债总值	11 844.45	10 778.47	10 929.53	11 714.91	11 781.32	10 864.91
流动负债	8 277.53	7 207.07	7 297.38	7 838.01	8 424.28	7 280.88
非流动负债	3 566.92	3 571.40	3 632.15	3 876.89	3 357.04	3 584.03

表 2　　集团公司主要能源产品产量及占比　　万吨

项　目	2021 年	2020 年	2019 年	2018 年	2017 年	2016 年
原　油						
集团公司	3 515.44	3 514.39	3 513.07	3 506.03	3 505.36	3 565.51
全行业	19 898.00	19 476.90	19 190.20	18 950.50	19 150.61	19 942.40
占比 /%	17.67	18.04	18.31	18.50	18.30	17.88
天然气 / 亿立方米						
集团公司	338.77	302.79	295.86	275.75	257.38	215.90
全行业	2 053.00	1 925.00	1 719.70	1 580.90	1 480.35	1 358.60
占比 /%	16.50	15.73	17.20	17.44	17.39	15.89
原油加工量						
集团公司	25 527.64	23 859.64	25 040.82	24 596.39	24 012.24	23 732.03
全行业	70 355.00	67 440.80	65 503.00	60 575.60	56 537.80	54 078.60
占比 /%	36.28	35.38	38.23	40.60	42.47	43.88
成品油总量						
集团公司	14 621.28	14 150.13	15 999.62	15 479.77	15 066.29	14 916.65
全行业		33 126.00	36 050.00	35 957.10	35 825.11	34 776.00
占比 /%		42.72	44.38	43.05	42.06	42.89

续表

项　目	2021 年	2020 年	2019 年	2018 年	2017 年	2016 年
汽　油						
集团公司	6 521.05	5 791.08	6 276.97	6 115.93	5 702.59	5 636.00
全行业		13 171.70	14 102.00	13 859.60	13 276.19	12 895.60
占比 /%		43.97	44.51	44.13	42.95	43.70
煤　油						
集团公司	2 114.81	2 037.80	3 116.48	2 891.45	2 688.09	2 546.57
全行业		4 049.40	5 272.60	4 768.80	4 230.90	3 983.80
占比 /%		50.32	59.11	60.63	63.53	63.92
柴　油						
集团公司	5 985.42	6 321.26	6 606.17	6 472.39	6 675.61	6 734.09
全行业		15 904.90	16 675.40	17 328.70	18 318.02	17 896.60
占比 /%		39.74	39.62	37.35	36.44	37.63
燃料油						
集团公司	1 189.12	815.26	235.81	223.44	154.17	156.91
全行业		3 406.30	2 470.00	2 074.70	2 408.90	2 711.70
占比 /%		23.93	9.55	10.77	6.40	5.79

注：全行业数据来自国家统计局

表 3　　集团公司主要产品产量　　万吨

项　目	2021 年	2020 年	2019 年	2018 年	2017 年	2016 年
乙　烯	1 338.00	1 206.00	1 249.28	1 151.15	1 160.97	1 105.86
纯　苯	469.84	432.38	448.34	425.30	415.55	400.08
精甲醇	774.81	760.22	602.43	504.43	393.51	115.17
醋　酸	41.87	43.50	38.99	24.20	27.34	14.75
合成氨	135.61	134.41	118.43	102.60	110.12	114.95
塑　料	1 909.92	1 768.65	1 754.75	1 624.37	1 621.49	1 546.45
聚乙烯	823.97	801.34	807.94	730.92	748.63	727.15
聚丙烯	906.82	803.99	789.48	747.59	716.31	658.11
聚苯乙烯	67.71	62.00	67.44	58.26	62.94	58.76
聚氯乙烯	28.10	33.10	23.90	23.22	20.34	23.12
合成橡胶	125.15	138.81	136.26	117.91	110.10	111.85
合成纤维原料	620.53	612.90	702.11	639.77	654.90	647.71
合成纤维聚合物	327.27	319.90	326.96	318.99	313.49	302.56
合成纤维	136.94	132.17	130.09	123.75	124.01	126.04
涤　纶	121.28	112.02	106.73	101.97	100.60	100.37
腈　纶	13.70	18.44	21.60	19.32	20.77	23.29
维　纶	1.26	0.89	1.18	1.98	2.05	1.83
丙　纶	0.27	0.46	0.24	0.22	0.36	0.36

表 4　　中国原油与石油产品进口数量与金额

产品名称	2021 年		2020 年		2019 年		2018 年		2017 年		2016 年	
	数量 / 万吨	金额 / 百万美元	数量 / 万吨	金额 / 百万美元	数量 / 万吨	金额 / 百万美元	数量 / 万吨	金额 / 百万美元	数量 / 万吨	金额 / 百万美元	数量 / 万吨	金额 / 百万美元
原　油	51 297.78	257 331.16	54 206.11	176 048.25	50 570.28	241 820.90	46 189.04	240 361.26	41 996.65	160 750.93	38 103.78	115 308.30
成品油	1 311.97	9 843.78	1 549.20	7 227.98	1 546.80	10 050.93	1 653.03	12 247.34	1 569.03	9 544.66	1 572.63	8 097.77
车用、航空汽油	35.77	243.34	48.05	181.32	33.34	208.79	44.54	313.44	1.64	8.76	20.77	90.46
石脑油	760.97	4 863.43	788.70	3 076.10	702.22	3 827.79	747.21	4 802.37	666.76	3 290.12	669.92	2 721.62
橡胶等溶剂油	3.86	48.11	3.69	42.37	3.77	46.43	3.44	43.70	2.34	27.25	2.21	24.61
壬　烯	5.12	68.97	4.66	44.94	4.36	52.02	5.45	82.99	4.69	58.03	3.56	33.17
其他轻油及制品	23.67	166.06	35.62	158.51	19.29	148.19	73.00	560.03	124.39	757.70	110.81	590.39
航空煤油	137.36	805.34	255.23	920.25	358.34	2 236.03	406.19	2 796.98	371.44	1 945.69	349.45	1 495.11
灯用煤油	0	0	0	0	0	0.01	0	0.02	0	0.02	0	0.01
其他煤油馏分	19.88	144.80	10.48	69.72	8.41	81.35	6.47	68.00	4.30	39.92	2.72	25.01
柴　油	76.18	437.69	119.17	428.69	119.02	693.46	71.12	469.21	74.83	361.49	91.63	364.88
润滑油	33.70	849.80	28.95	678.98	29.15	726.50	33.51	840.47	34.41	820.47	34.57	797.12

续表

产品名称	2021 年		2020 年		2019 年		2018 年		2017 年		2016 年	
	数量 / 万吨	金额 / 百万美元	数量 / 万吨	金额 / 百万美元	数量 / 万吨	金额 / 百万美元	数量 / 万吨	金额 / 百万美元	数量 / 万吨	金额 / 百万美元	数量 / 万吨	金额 / 百万美元
润滑脂	2.34	134.74	2.26	116.29	2.24	114.54	2.40	119.38	2.57	122.06	2.30	112.90
润滑油基础油	213.13	2 081.50	252.40	1 510.81	266.66	1 915.82	259.70	2 150.75	281.66	2 113.15	284.69	1 842.49
燃料油	1 390.96	6 766.49	1 262.59	4 479.51	1 493.23	6 867.88	1 674.80	7 693.35	1 368.14	4 677.26	1 186.97	2 809.94
石　蜡	10.53	134.95	11.34	122.97	9.86	124.50	9.48	129.88	10.33	135.94	8.66	114.90
石油沥青	320.83	1 294.27	476.42	1 550.97	428.39	1 771.96	460.32	1 762.19	503.86	1 551.09	495.14	1 045.81
石油焦	1 274.10	2 491.99	1 027.66	1 002.00	830.52	1 581.77	982.61	1 674.67	742.61	974.21	431.63	367.49
液体石蜡	9.27	81.99	14.70	101.15	15.85	153.62	20.23	206.07	27.22	232.48	27.43	207.38
液化石油气	2 442.69	16 079.89	1 965.79	8 451.56	2 060.55	10 131.75	1 899.30	11 128.71	1 844.90	9 209.00	1 612.50	6 110.11

注：数据来自海关总署

表 5　中国原油与石油产品出口数量与金额

产品名称	2021 年		2020 年		2019 年		2018 年		2017 年		2016 年	
	数量 / 万吨	金额 / 百万美元	数量 / 万吨	金额 / 百万美元	数量 / 万吨	金额 / 百万美元	数量 / 万吨	金额 / 百万美元	数量 / 万吨	金额 / 百万美元	数量 / 万吨	金额 / 百万美元
原　油	261.08	1 010.39	163.81	481.63	81.00	361.76	262.66	1 270.42	486.34	1 822.81	294.06	943.49
成品油	4 063.31	22 688.30	4 593.15	19 440.22	5 561.47	33 277.96	4 628.36	30 454.15	4 120.99	21 774.92	3 843.75	17 025.52
车用、航空汽油	1 454.27	8 638.38	1 600.00	6 487.79	1 637.05	9 424.75	1 287.94	8 436.72	1 055.45	5 692.06	969.67	4 183.02
石脑油	0	0	0	0	0	0.01	4.40	25.71	2.58	9.31	7.45	30.19
橡胶等溶剂油	0.39	3.77	0.31	2.52	0.26	2.57	0.30	2.94	0.47	4.85	0.47	8.39
壬烯	0	0	0	0	0	0	0	0	0	0	0	0
其他轻油及制品	0.62	5.87	1.37	10.66	8.56	57.48	0.63	6.85	0.91	7.60	0.05	0.37
航空煤油	855.80	4 939.02	997.48	4 758.55	1 761.21	11 254.13	1 467.00	10 155.13	1 318.93	7 157.06	1 310.07	6 075.78
其他煤油馏分	1.70	6.92	0.02	0.16	0.28	1.68	0.01	0.09	0.01	0.08	0.02	0.16

续表

产品名称	2021 年		2020 年		2019 年		2018 年		2017 年		2016 年	
	数量 / 万吨	金额 / 百万美元	数量 / 万吨	金额 / 百万美元	数量 / 万吨	金额 / 百万美元	数量 / 万吨	金额 / 百万美元	数量 / 万吨	金额 / 百万美元	数量 / 万吨	金额 / 百万美元
柴油	1 720.51	8 677.65	1 976.30	7 915.51	2 138.23	12 278.05	1 853.24	11 575.53	1 725.53	8 632.38	1 540.47	6 487.09
润滑油	17.06	286.04	13.43	217.62	11.25	198.02	10.81	195.92	11.47	211.34	9.98	190.55
润滑脂	1.81	41.65	1.62	29.70	1.79	38.49	1.60	35.06	1.30	26.89	0.88	17.27
润滑油基础油	11.14	88.99	2.62	17.72	2.84	22.78	2.43	20.20	4.34	33.35	4.69	32.70
燃料油	1 962.89	9 666.61	1 584.50	6 072.50	1 119.14	5 097.25	1 234.58	5 431.14	1 112.93	3 724.07	987.86	2 344.87
石　蜡	84.09	903.71	66.00	516.12	60.17	541.20	52.86	547.73	53.25	529.28	64.77	604.02
石油沥青	55.27	255.49	56.74	211.53	65.62	295.80	77.50	283.21	38.56	118.74	20.62	77.35
石油焦	186.17	877.03	178.36	462.36	228.96	749.83	248.87	1 046.16	225.36	628.12	258.42	506.49
液体石蜡	4.30	59.63	3.54	41.83	4.07	47.19	0.83	8.12	0.15	1.32	0.07	0.48
液化石油气	98.58	666.73	94.86	446.18	140.86	707.78	114.28	694.37	132.14	710.57	132.31	552.15

注：数据来自海关总署

表 6

中国主要石化产品进口数量与金额

产品名称	2021 年		2020 年		2019 年		2018 年		2017 年		2016 年	
	数量 / 万吨	金额 / 百万美元	数量 / 万吨	金额 / 百万美元	数量 / 万吨	金额 / 百万美元	数量 / 万吨	金额 / 百万美元	数量 / 万吨	金额 / 百万美元	数量 / 万吨	金额 / 百万美元
一、五大合成树脂	2 128.06	27 673.23	2 760.48	26 691.82	2 438.43	26 905.57	2 140.80	28 256.56	1 850.58	23 720.06	1 619.71	19 731.20
1. 聚乙烯	1 458.57	17 345.92	1 853.64	16 578.06	1 666.44	17 124.37	1 402.48	17 512.78	1 179.35	14 215.28	994.31	11 664.63
低密度聚乙烯（含线型）	795.47	9 970.70	943.84	8 627.31	866.72	8 849.49	729.45	8 682.89	539.96	6 671.78	205.23	2 515.49
高密度聚乙烯	663.10	7 375.22	909.80	7 950.75	799.72	8 274.88	673.03	8 829.89	639.39	7 543.50	527.68	5 995.71
2. 聚丙烯	318.05	4 049.18	450.46	4 542.27	349.10	4 045.71	327.96	4 193.17	317.76	3 843.41	301.75	3 524.15
3. 聚苯乙烯	119.85	1 619.46	135.99	1 436.36	131.00	1 595.99	115.27	1 628.92	74.32	1 099.81	68.38	932.88
可发性聚苯乙烯	2.97	64.11	3.74	56.46	6.42	88.39	9.16	125.02	3.31	58.17	3.04	54.52
其他聚苯乙烯	116.87	1 555.35	132.26	1 379.90	124.59	1 507.60	106.11	1 503.91	71.01	1 041.64	65.34	878.36
4.ABS 共聚物	175.50	3 775.50	201.71	3 070.87	204.48	3 278.98	201.28	3 923.51	178.90	3 508.06	168.55	2 748.41
5. 聚氯乙烯	56.09	883.17	118.68	1 064.26	87.41	860.52	93.81	998.18	100.25	1 053.50	86.72	861.13
纯聚氯乙烯	48.35	705.67	107.69	897.66	75.15	681.63	83.88	807.64	90.56	867.86	77.22	680.55
未塑化聚氯乙烯	1.45	31.95	1.92	30.79	2.35	27.30	1.93	28.09	1.83	25.80	1.93	25.08
已塑化聚氯乙烯	6.30	145.54	9.08	135.81	9.91	151.59	8.00	162.45	7.86	159.84	7.57	155.50
二、合成橡胶及胶乳合计	434.49	8 194.24	512.81	7 447.26	408.00	6 614.16	437.95	7 551.45	433.23	8 405.50	328.83	5 313.08
1. 丁苯橡胶	22.25	476.06	21.95	335.14	19.25	360.43	20.92	441.64	23.33	489.14	23.49	442.48
丁苯胶乳	11.75	252.25	10.53	162.72	9.59	163.47	10.12	198.05	10.92	199.28	8.60	132.80
2. 顺丁橡胶	5.93	132.96	7.05	99.08	6.14	116.09	6.54	139.75	7.24	168.66	6.30	109.76

续表

产品名称	2021 年		2020 年		2019 年		2018 年		2017 年		2016 年	
	数量 / 万吨	金额 / 百万美元	数量 / 万吨	金额 / 百万美元	数量 / 万吨	金额 / 百万美元	数量 / 万吨	金额 / 百万美元	数量 / 万吨	金额 / 百万美元	数量 / 万吨	金额 / 百万美元
3. 丁基橡胶	0.88	22.92	1.88	37.25	1.49	37.52	1.78	48.35	2.42	60.76	2.25	55.71
4. 氯丁橡胶	1.94	81.78	1.76	69.84	1.73	75.52	2.15	94.99	2.26	89.28	1.87	65.23
5. 丁腈橡胶	19.44	443.84	13.64	195.77	11.48	165.57	8.85	159.43	9.22	159.58	7.32	109.45
6. 异戊二烯橡胶	0.54	12.52	1.53	23.82	0.58	14.70	0.56	20.43	0.41	13.97	0.59	17.06
7. 乙丙橡胶	6.19	144.31	9.14	131.88	11.44	186.29	10.37	210.89	8.43	166.63	7.49	145.37
8. 其他合成橡胶	377.32	6 879.86	455.86	6 554.48	355.89	5 658.04	386.78	6 435.97	379.93	7 257.49	279.52	4 368.02
其他胶乳	0.65	26.16	0.35	7.23	0.40	6.99	0.50	8.71	0.76	11.69	0.50	11.64
三、合成纤维	53.27	2 039.02	50.25	1 631.66	62.68	2 070.86	71.05	2 438.94	67.38	2 202.85	61.34	2 073.36
1. 锦　纶	9.02	657.93	8.31	580.59	10.83	683.75	14.00	769.35	13.94	705.12	13.54	665.44
长　丝	7.75	551.88	7.26	490.88	9.74	590.15	12.79	670.58	12.63	611.78	12.41	583.13
短纤维及纤维条	1.28	106.06	1.05	89.71	1.09	93.60	1.21	98.77	1.31	93.34	1.13	82.31
2. 涤　纶	28.66	516.38	27.49	458.67	33.07	565.26	31.90	636.02	29.52	589.68	24.81	489.06
长　丝	12.36	328.08	8.86	267.26	11.22	316.20	13.01	356.42	13.72	361.81	12.58	322.88
短纤维及纤维条	16.30	188.30	18.63	191.41	21.85	249.06	18.89	279.60	15.80	227.86	12.23	166.17
3. 腈纶短纤维及纤维条	7.49	223.26	6.78	171.35	8.95	249.32	14.95	423.72	14.74	343.84	13.82	300.12
4. 丙　纶	0.23	7.36	0.51	11.28	0.39	8.25	0.32	7.50	0.40	9.02	0.44	11.41
长　丝	0.08	3.50	0.20	4.53	0.13	2.60	0.08	2.55	0.10	3.09	0.17	5.64

续表

产品名称	2021年		2020年		2019年		2018年		2017年		2016年	
	数量/万吨	金额/百万美元	数量/万吨	金额/百万美元	数量/万吨	金额/百万美元	数量/万吨	金额/百万美元	数量/万吨	金额/百万美元	数量/万吨	金额/百万美元
短纤维及纤维条	0.15	3.87	0.31	6.75	0.26	5.65	0.23	4.95	0.30	5.94	0.27	5.77
5. 氨纶长丝	3.68	375.15	2.94	176.97	2.80	202.35	3.09	232.94	2.69	203.09	2.64	202.40
6. 其 他	4.19	258.94	4.22	232.80	6.64	361.93	6.79	369.41	6.07	352.10	6.08	404.94
长 丝	1.25	117.93	1.47	110.32	1.47	131.67	1.46	132.05	1.08	119.04	1.04	120.09
短纤维及纤维条	2.94	141.01	2.75	122.48	5.17	230.26	5.33	237.36	4.99	233.06	5.04	284.86
四、制成肥料	963.07	2 734.24	1 101.79	2 943.95	1 097.15	3 491.58	936.60	2 681.82	917.90	2 336.62	832.89	2 410.80
尿 素	5.37	28.39	0.16	1.70	18.15	46.54	16.39	45.43	11.47	29.89	6.58	15.95
五、有机化学品												
（一）乙烯、芳烃												
乙 烯	206.78	2 201.04	197.78	1 457.10	250.97	2 373.95	257.59	3 302.38	215.69	2 507.02	165.65	1 750.48
纯 苯	296.09	2 787.76	209.79	989.98	193.92	1 228.04	257.25	2 184.13	250.31	2 094.57	154.92	993.38
甲 苯	20.62	157.01	45.24	195.23	33.14	220.97	32.73	257.46	50.90	343.07	76.39	471.17
混合二甲苯	0.01	0.29	0.01	1.56	14.58	105.63	1.26	9.73	0.96	6.76	0.02	0.56
邻二甲苯	17.80	132.32	18.74	100.39	8.44	71.02	26.23	225.18	35.60	281.74	29.02	215.28
对二甲苯	1 365.04	11 572.12	1 386.08	8 144.95	1 493.80	13 809.90	1 590.82	16 918.33	1 443.82	12 133.16	1 236.14	9 668.04
苯乙烯	169.14	1 968.98	283.04	2 096.55	324.31	3 306.05	291.35	3 957.03	321.22	4 008.55	349.85	3 629.12
乙 苯	0.99	5.90	0.50	2.31	2.38	18.23	17.91	186.75	13.72	139.01	5.46	46.27

续表

产品名称	2021 年		2020 年		2019 年		2018 年		2017 年		2016 年	
	数量 / 万吨	金额 / 百万美元	数量 / 万吨	金额 / 百万美元	数量 / 万吨	金额 / 百万美元	数量 / 万吨	金额 / 百万美元	数量 / 万吨	金额 / 百万美元	数量 / 万吨	金额 / 百万美元
（二）主要有机原料												
甲　醇	1 119.80	3 860.63	1 294.48	2 684.77	1 089.52	2 909.34	742.86	2 921.00	814.48	2 640.36	880.28	2 096.97
丁　醇	25.15	345.87	35.06	226.32	31.21	235.26	30.74	278.22	34.08	280.27	42.67	254.56
辛　醇	24.04	446.30	27.72	236.52	20.88	219.19	19.77	251.97	16.26	190.19	21.03	195.96
醋　酸	0.04	1.32	5.78	16.45	0.62	3.58	1.43	8.41	1.58	6.09	8.69	25.34
苯　酚	52.23	567.11	70.99	490.43	46.76	460.20	41.87	530.45	36.55	328.45	24.83	206.57
丙　酮	62.26	542.43	70.30	534.87	77.92	336.77	67.77	428.58	49.46	359.69	47.55	265.19
丁　酮	0.12	1.97	0.10	1.47	0.04	0.84	0.11	1.81	0.15	2.07	0.13	1.50
（三）主要合纤原料及聚合物												
乙二醇	842.64	5 660.77	1 054.79	4 889.27	994.70	5 818.61	979.99	9 009.68	875.01	7 507.91	757.28	4 934.59
对苯二甲酸	7.87	50.79	61.66	283.59	103.69	770.73	78.28	667.90	54.38	353.02	50.22	302.30
尼龙 66 盐	0.44	9.72	0.43	9.75	0.38	9.53	0.41	11.29	0.22	3.78	0.26	3.61
丙烯腈	20.38	413.26	30.66	330.13	30.91	487.03	37.00	742.30	27.08	398.02	30.61	326.08
己内酰胺	10.58	174.37	26.80	288.34	20.21	306.23	17.36	349.42	23.74	429.60	22.09	277.85
聚酯切片	49.08	530.00	49.63	444.50	63.71	607.55	43.35	527.44	22.13	332.29	17.87	271.78

注：数据来自海关总署

表 7 中国主要石化产品出口数量与金额

产品名称	2021 年		2020 年		2019 年		2018 年		2017 年		2016 年	
	数量 / 万吨	金额 / 百万美元	数量 / 万吨	金额 / 百万美元	数量 / 万吨	金额 / 百万美元	数量 / 万吨	金额 / 百万美元	数量 / 万吨	金额 / 百万美元	数量 / 万吨	金额 / 百万美元
一、五大合成树脂	418.26	6 156.38	173.72	2 182.80	167.82	2 065.24	168.66	2 186.58	201.17	2 302.36	205.86	2 123.87
1. 聚乙烯	51.11	815.52	25.23	361.42	28.24	407.69	22.77	358.30	24.69	360.81	29.89	387.62
低密度聚乙烯（含线型）	23.26	443.31	12.03	205.77	11.76	177.99	9.78	154.31	9.32	146.29	7.35	103.67
高密度聚乙烯	27.85	372.22	13.20	155.65	16.48	229.70	12.99	203.99	15.37	214.52	16.43	210.14
2. 聚丙烯	127.36	1 880.51	36.35	522.09	34.32	472.70	31.17	463.15	29.59	392.32	23.97	306.25
3. 聚苯乙烯	22.31	379.95	21.18	251.86	30.12	391.75	31.98	507.92	33.05	476.14	31.84	397.47
可发性聚苯乙烯	15.50	221.31	17.26	160.88	26.18	307.46	28.00	414.08	27.52	371.83	25.99	302.59
其他聚苯乙烯	6.80	158.63	3.92	90.98	3.94	84.29	3.98	93.84	5.53	104.32	5.84	94.88
4.ABS 共聚物	8.08	240.48	4.94	109.56	3.78	82.62	4.77	109.02	3.53	83.12	2.82	58.37
5. 聚氯乙烯	209.41	2 839.92	86.02	937.87	71.36	710.48	77.97	748.19	110.31	989.97	117.34	974.16
纯聚氯乙烯	183.14	2 353.09	65.35	588.26	54.86	465.92	62.73	543.41	96.92	801.14	105.01	792.43
未塑化聚氯乙烯	6.40	109.62	5.35	84.83	5.08	66.93	5.47	78.98	4.66	63.29	3.92	58.74
已塑化聚氯乙烯	19.86	377.22	15.32	264.78	11.42	177.63	9.77	125.80	8.73	125.54	8.41	123.00
二、合成橡胶及胶乳合计	59.81	1 340.86	38.27	716.88	31.97	683.77	29.74	699.76	25.92	601.69	20.76	427.10
1. 丁苯橡胶	9.21	162.04	6.70	96.77	6.97	116.25	6.06	118.69	5.10	100.03	6.08	116.13
丁苯胶乳	2.00	26.01	2.17	20.51	2.42	24.25	1.76	19.84	1.59	17.65	1.36	14.35
2. 顺丁橡胶	7.86	135.65	5.05	68.30	3.32	55.83	2.90	58.76	2.14	41.47	1.52	23.63

续表

产品名称	2021年		2020年		2019年		2018年		2017年		2016年	
	数量/万吨	金额/百万美元	数量/万吨	金额/百万美元	数量/万吨	金额/百万美元	数量/万吨	金额/百万美元	数量/万吨	金额/百万美元	数量/万吨	金额/百万美元
3. 丁基橡胶	3.22	66.22	1.44	30.96	0.75	22.38	0.05	2.13	0.13	3.53	0.03	0.67
4. 氯丁橡胶	1.49	60.54	1.08	37.51	1.22	49.34	1.18	57.84	0.44	17.44	0.18	6.21
5. 丁腈橡胶	14.89	336.83	5.75	123.64	2.66	38.87	3.40	60.00	1.43	29.04	2.03	26.70
6. 异戊二烯橡胶	0.40	14.38	0.10	3.47	0.05	1.72	0.08	4.32	0.09	2.64	0.09	1.82
7. 乙丙橡胶	3.03	78.54	1.04	20.90	0.39	7.51	0.57	12.14	0.42	9.04	0.46	15.53
8. 其他合成橡胶	19.71	486.67	17.11	335.33	16.61	391.87	15.50	385.88	16.16	398.50	10.39	236.41
其他胶乳	0.61	9.34	0.48	5.17	0.64	7.56	0.70	9.13	0.21	2.51	0	0.21
三、合成纤维	532.50	10 649.39	465.28	7 384.17	515.48	9 250.58	448.65	9 568.37	425.19	8 035.84	414.93	7 200.23
1. 锦　纶	34.58	1 358.03	25.53	786.20	27.74	1 000.11	24.69	994.24	24.76	869.95	23.07	744.36
长　丝	33.88	1 306.98	25.07	753.73	27.19	957.76	24.14	945.05	24.32	836.07	22.66	712.52
短纤维及纤维条	0.71	51.06	0.46	32.47	0.55	42.35	0.55	49.19	0.44	33.88	0.41	31.84
2. 涤　纶	399.79	5 354.25	354.98	3 871.22	371.61	5 062.56	333.53	5 195.18	308.66	4 187.75	302.28	3 644.76
长　丝	306.19	4 387.36	274.84	3 167.72	273.09	4 002.65	230.22	3 942.54	207.70	3 145.19	200.94	2 690.31
短纤维及纤维条	93.60	966.89	80.14	703.50	98.52	1 059.91	103.31	1 252.64	100.96	1 042.56	101.34	954.45
3. 腈纶短纤维及纤维条	2.27	61.33	3.11	53.59	2.58	55.48	1.94	47.99	4.57	88.82	3.04	52.58
4. 丙　纶	5.84	184.48	3.61	118.19	3.64	128.05	3.42	119.83	2.93	96.70	4.03	113.69
长　丝	2.87	133.86	2.35	98.57	2.18	104.84	2.05	96.19	1.96	80.85	3.21	99.72

续表

产品名称	2021 年		2020 年		2019 年		2018 年		2017 年		2016 年	
	数量 / 万吨	金额 / 百万美元	数量 / 万吨	金额 / 百万美元	数量 / 万吨	金额 / 百万美元	数量 / 万吨	金额 / 百万美元	数量 / 万吨	金额 / 百万美元	数量 / 万吨	金额 / 百万美元
短纤维及纤维条	2.98	50.62	1.26	19.62	1.46	23.21	1.37	23.64	0.97	15.84	0.82	13.98
5. 氨纶长丝	9.60	800.35	7.85	365.54	7.40	366.72	6.46	355.42	5.77	303.57	5.87	307.11
6. 其　他	80.41	2 890.94	70.20	2 189.43	102.51	2 637.66	78.61	2 855.71	78.50	2 489.06	76.64	2 337.72
长　丝	13.14	680.47	11.50	544.09	38.28	571.17	10.73	536.35	9.92	483.36	9.02	418.13
短纤维及纤维条	67.27	2 210.47	58.70	1 645.34	64.23	2 066.49	67.88	2 319.36	68.57	2 005.70	67.63	1 919.59
四、制成肥料	2 608.99	9 222.69	2 226.25	5 076.60	2 112.45	5 618.41	2 080.25	6 050.30	2 420.43	6 060.47	2 677.95	6 531.00
尿　素	529.47	2 146.67	545.01	1 421.08	494.46	1 404.72	244.30	773.95	465.64	1 143.73	887.07	1 975.50
五、有机化学品												
（一）乙烯、芳烃												
乙　烯	19.13	188.02	9.41	64.12	1.22	10.11	0.02	0.61	0.63	6.10	0.82	9.20
纯　苯	1.18	11.43	0.31	1.58	3.58	22.20	4.11	31.52	3.55	22.04	5.32	29.43
甲　苯	9.67	73.42	7.52	33.27	3.69	23.70	1.50	11.63	0.09	0.90	0.44	2.99
混合二甲苯	0.15	1.61	0.04	0.30	0.07	0.72	0.61	4.91	0.09	0.71	0.05	0.49
邻二甲苯	0.50	3.80	0	0.01	2.48	22.97	0.63	6.01	0	0	0.20	1.24
对二甲苯	0.01	0.24	0	0.10	0.01	0.15	0.01	0.17	3.50	29.70	5.66	41.24
苯乙烯	23.48	290.03	2.70	24.89	5.24	55.48	0.52	7.27	6.34	86.46	0.01	0.06
乙　苯	0.09	1.30	0.04	0.45	0.56	4.74	0.07	1.07	0.03	0.40	0.03	0.32

续表

产品名称	2021 年		2020 年		2019 年		2018 年		2017 年		2016 年	
	数量 / 万吨	金额 / 百万美元	数量 / 万吨	金额 / 百万美元	数量 / 万吨	金额 / 百万美元	数量 / 万吨	金额 / 百万美元	数量 / 万吨	金额 / 百万美元	数量 / 万吨	金额 / 百万美元
（二）主要有机原料												
甲　醇	39.29	138.28	12.12	29.23	17.10	62.02	31.64	133.91	12.67	47.45	3.35	9.80
丁　醇	4.78	69.90	2.14	16.11	2.09	18.37	1.77	20.71	3.95	35.32	1.68	12.59
辛　醇	2.93	52.05	0.96	9.81	2.02	21.81	2.40	29.27	3.18	32.81	0.71	6.76
醋　酸	98.42	797.71	40.04	131.18	63.83	259.50	70.98	431.27	45.74	185.34	24.03	67.09
苯　酚	13.51	163.21	1.60	14.08	0.64	8.12	4.40	56.93	5.72	58.24	5.67	50.23
丙　酮	6.62	68.06	0.02	0.35	0.21	1.08	0.37	2.75	2.25	17.20	0.82	5.33
丁　酮	14.24	158.75	19.05	177.37	16.48	163.79	14.97	192.96	11.51	115.73	9.31	67.79
（三）主要合纤原料及聚合物												
乙二醇	12.36	80.40	6.08	32.26	1.17	14.26	0.45	13.04	1.81	22.47	1.96	28.66
对苯二甲酸	257.55	1 677.40	84.74	395.52	69.17	517.35	84.04	714.61	52.36	334.64	69.53	418.80
尼龙 66 盐	0	0	0	0.01	0	0.01	0	0.01	0	0	0	0.02
丙烯腈	21.02	440.32	7.28	78.32	4.28	66.68	0.49	11.99	0.98	15.14	0.20	2.47
己内酰胺	0.36	7.52	0.05	0.78	0.02	0.43	0.01	0.31	0.50	9.69	0.02	0.32
聚酯切片	387.24	3 579.41	273.47	2 049.33	344.00	3 495.80	317.49	3 826.49	247.76	2 416.94	217.90	1 887.47

注：数据来自海关总署

表 8　中国石化在《财富》杂志世界 500 强企业中排名

年度	排名
1999	73
2000	58
2001	68
2002	86
2003	70
2004	54
2005	31
2006	23
2007	17
2008	16
2009	9
2010	7
2011	5
2012	5
2013	4
2014	3
2015	2
2016	4
2017	3
2018	3
2019	2
2020	2
2021	5

中国石化 SINOPEC

附　录

附录 1

企事业单位名录

序号	单位名称	地址	邮政编码	电话	传真	董事长（执行董事、分公司代表）/ 总经理
● 油气和新能源板块						
1	中国石化集团胜利石油管理局有限公司 中国石油化工股份有限公司胜利油田分公司	山东省东营市济南路 125 号	257001	（0546）8552074	（0546）8221719	牛栓文
2	中国石化集团中原石油勘探局有限公司 中国石油化工股份有限公司中原油田分公司	河南省濮阳市华龙区中原路 277 号	457001	（0393）4822151 （0393）4822301	（0393）4828300	张庆生
3	中国石化集团河南石油勘探局有限公司 中国石油化工股份有限公司河南油田分公司	河南省南阳市宛城区油田五一路中段	473132	（0377）63830011	（0377）63830027	秦　都 / 陶光辉
4	中国石化集团江汉石油管理局有限公司 中国石油化工股份有限公司江汉油田分公司	湖北省潜江市广华寺江汉路 1 号	433124	（0728）6502051	（0728）6502784	甘振维
5	中国石化集团江苏石油勘探局有限公司 中国石油化工股份有限公司江苏油田分公司	江苏省扬州市文汇西路 1 号	225009	（0514）87761792	（0514）87761111	方志雄
6	中国石化集团上海海洋石油局有限公司 中国石油化工股份有限公司上海海洋油气分公司	上海市浦东新区商城路 1225 号	200120	（021）20896811	（021）68769284	周荔青 / 赵　勇
7	中国石化集团西北石油局有限公司 中国石油化工股份有限公司西北油田分公司	新疆乌鲁木齐市长春南路 466 号中国石化西北石油科研生产园区	830011	（0991）3166567	（0991）6637597	张　煜 / 王世洁
8	中国石化集团西南石油局有限公司 中国石油化工股份有限公司西南油气分公司	四川省成都市高新区吉泰路 688 号中国石化西南科研办公基地	610041	（028）65285555	（028）65285666	郭彤楼
9	中国石化集团东北石油局有限公司 中国石油化工股份有限公司东北油气分公司	吉林省长春市绿园区西安大路 4936 号	130062	（0431）87958808	（0431）87974693 （0431）87973631	元　涛 / 马代鑫
10	中国石化集团华北石油局有限公司 中国石油化工股份有限公司华北油气分公司	河南省郑州市中原区陇海西路 199 号	450006	（0371）68629268	（0371）86002220	李亚辉
11	中国石油化工集团公司华东石油局 中国石油化工股份有限公司华东油气分公司	江苏省南京市建邺区江东中路 375 号金融城 9 号楼	210019	（025）66201000	（025）66201111	姚红生 / 云　露

续表

序号	单位名称	地址	邮政编码	电话	传真	董事长（执行董事、分公司代表）/ 总经理
12	中国石油化工股份有限公司勘探分公司	四川省成都市高新区吉泰路 688 号中国石化西南科研办公基地	610041	（028）85164709	（028）85164600	胡东风
13	中国石油化工股份有限公司天然气分公司	北京市朝阳区惠新东街甲 6 号	100029	（010）69166083	（010）69196617	段彦修
14	中国石化集团国际石油勘探开发有限公司 中国石化国际石油勘探开发有限公司	北京市朝阳区惠新东街甲 6 号	100029	（010）69165136	（010）69165140	郭月良
15	中石化石油工程技术服务股份有限公司	北京市朝阳区吉市口路 9 号	100020	（010）59965885	（010）59965899	陈锡坤 / 袁建强
16	中国石化集团国际石油工程有限公司	北京市朝阳区吉市口路 9 号	100020	（010）59965556	（010）59760955	张永杰 / 张从邦
17	中石化石油工程建设有限公司	北京市朝阳区吉市口路 9 号 22–23 层	100020	（010）59965321	（010）59760975	杜广义 / 王中红
18	中石化石油工程地球物理有限公司	北京市朝阳区吉市口路 9 号 24 层	100020	（010）59965719	（010）59760901	宋明水
19	中石化经纬有限公司	山东省青岛市市南区台湾路 4 号胜利油田科技交流中心	266071	（0532）58288966	—	吴柏志
20	中石化胜利石油工程有限公司	山东省东营市东营区济南路 125 号	257001	（0546）8710018 （0546）8555613	（0546）8555026	孙永壮 / 张宗檩
21	中石化中原石油工程有限公司	河南省濮阳市华龙区中原路 277 号	457001	（0393）4816077	（0393）4826997	张百灵 / 宋保健
22	中石化江汉石油工程有限公司	湖北省潜江市广华江汉路 1 号	433124	（0728）6502606 （027）59806731	（0728）6502632	杨国圣 / 吴洪奎
23	中石化西南石油工程有限公司	四川省成都市高新区吉泰路 688 号中国石化西南科研办公基地	610041	（028）65285566	（028）65285577	唐世春 / 田　平
24	中石化华北石油工程有限公司	河南省郑州市中原区中原西路 188 号	450006	（0371）60197620	（0371）60197619	常兴浩 / 罗宏志
25	中石化华东石油工程有限公司	南京市建邺区江东中路 375 号金融城 9 号楼 29–31 层	210019	（025）66202327	（025）66202300	粟开喜 / 吴叶成
26	中石化海洋石油工程有限公司	上海市浦东新区商城路 1225 号	200120	（021）20896811	（021）68769284	周荔青 / 赵　勇
27	中国石油化工股份有限公司石油勘探开发研究院 中国石化石油勘探开发研究院有限公司	北京市昌平区百沙路 197 号	102206	（010）56609118	（010）56607519	郭旭升

续表

序号	单位名称	地址	邮政编码	电话	传真	董事长（执行董事、分公司代表）/ 总经理
28	中国石化集团石油工程技术研究院有限公司 中石化石油工程技术研究院有限公司	北京市昌平区沙河镇百沙路 197 号中国石化科学技术研究中心	102206	（010）56606340	（010）56606666	赵金海
29	中国石油化工股份有限公司石油物探技术研究院	江苏省南京市江宁区上高路 219 号	211103	（025）68109926	（025）68109900	曲寿利
30	中石化石油机械股份有限公司	湖北省武汉市东湖新技术开发区光谷大道 77 号金融港 A2 座 12 层	430205	（027）52306800	（027）52306868	谢永金 / 王峻乔
31	中国石化集团新星石油有限责任公司	北京市海淀区北四环中路 263 号	100083	（010）82335563	（010）82335152	张召平
● 炼油和销售板块						
32	中国石化集团茂名石油化工有限公司 中国石油化工股份有限公司茂名分公司	广东省茂名市双山四路 9 号大院	525000	（0668）2237400	（0668）2269317	尹兆林
33	中国石化上海高桥石油化工有限公司	上海市浦东新区利津路 78 号	200129	（021）58711001	（021）58712207	王净依 / 孙敏杰
34	中国石化集团金陵石油化工有限责任公司 中国石油化工股份有限公司金陵分公司	江苏省南京市栖霞区甘家巷街 388 号	210033	（025）58978070	（025）85592004	张春生 / 徐　宏
35	福建炼油化工有限公司	福建省泉州市丰泽区安吉路福炼大厦	362011	（0595）27355053	（0595）27355000	刘向东 / 赵天星
36	中国石化集团资产经营管理有限公司长岭分公司 中国石油化工股份有限公司长岭分公司	湖南省岳阳市云溪区	414012	（0730）8451824	（0730）8451824	王妙云
37	中国石化集团资产经营管理有限公司广州分公司 中国石油化工股份有限公司广州分公司	广东省广州市黄埔区石化路 239 号	510726	（020）62121666	（020）82396591	丘仲宜
38	中国石化集团资产经营管理有限公司洛阳石化资产分公司 中国石油化工股份有限公司洛阳分公司	河南省洛阳市吉利区大庆路 1 号	471012	（0379）66992300	（0379）66991882	江寿林
39	中国石化青岛炼油化工有限责任公司	山东省青岛市经济技术开发区千山南路 827 号	266500	（0532）86915983	（0532）86915988	刘训书 / 杜博华

续表

序号	单位名称	地址	邮政编码	电话	传真	董事长（执行董事、分公司代表）/总经理
40	中国石化集团资产经营管理有限公司石家庄分公司 中国石油化工股份有限公司石家庄炼化分公司	河北省石家庄市裕华区石炼路 1 号	050099	（0311）80862314	（0311）80861234	胡正海
41	中国石化集团资产经营管理有限公司荆门分公司 中国石油化工股份有限公司荆门分公司	湖北省荆门市掇刀区白庙街办炼厂路 9 号	448039	（0724）2271917 （0724）2276857	（0724）2211677	杨勇刚
42	中国石油化工股份有限公司九江分公司	江西省九江市浔阳区滨江东路 230 号	332004	（0792）8495259 （0792）8493204	（0792）8617006	谢道雄
43	中国石化集团资产经营管理有限公司济南分公司 中国石油化工股份有限公司济南分公司	山东省济南市工业南路 26 号	250101	（0531）88832203	（0531）88983622	夏季祥
44	中国石化集团资产经营管理有限公司沧州分公司 中国石油化工股份有限公司沧州分公司	河北省沧州市交通北大道 50 号	061000	（0317）3552247 （0317）3552345	（0317）3552688	周庆水
45	中国石化润滑油有限公司	北京市海淀区安宁庄西路 6 号	100085	（010）62949873	（010）62917732	夏世祥
46	中国石化青岛石油化工有限责任公司	山东省青岛市李沧区滨海路 8 号	266043	（0532）66762212	（0532）84816954	李振民
47	中国石化北海炼化有限责任公司	广西北海市铁山港区 4 号路	536016	（0779）8528168	（0779）8528888	张忠和
48	中国石化塔河炼化有限责任公司	新疆库车市天山东路 60 号	842000	（0997）7979229	（0997）7979016	丛　煜
49	中国石化炼油销售有限公司	上海市长宁区延安西路 728 号 22 层	200050	（021）60863339	（021）52381680	王　彪
50	中科（广东）炼化有限公司	广东省湛江市经济技术开发区中科大道 1 号	524076	（0759）8936026	（0759）8936000	吴惜伟 / 曾 松
51	中国国际石油化工联合有限责任公司	北京市朝阳区朝阳门北大街 22 号	100728	（010）59966492	—	陈　岗
52	中石化石油销售有限责任公司	北京市朝阳门北大街 22 号中国石化大厦	100078	（010）59965092		陈尧焕 / 任家军
53	中国石化销售股份有限公司北京石油分公司	北京市东城区广渠家园 6 号楼	100022	（010）67006906	（010）67006900	史东斌 / 王顺江
54	中国石化集团资产经营管理有限公司天津石油分公司 中国石化销售股份有限公司天津石油分公司	天津市南开区南京路 338 号	300100	（022）27201588	（022）27201555	佟德健

续表

序号	单位名称	地址	邮政编码	电话	传真	董事长（执行董事、分公司代表）/ 总经理
55	中国石化集团资产经营管理有限公司河北石油分公司 中国石化销售股份有限公司河北石油分公司	河北省石家庄市槐安东路 106 号 / 6 号	050021	（0311）87182017	（0311）87182888	张文胜
56	中国石化销售股份有限公司山西石油分公司	山西省太原市万柏林区大王路 8 号	030024	（0350）2217302	（0350）2217029	董光明
57	中国石化销售股份有限公司上海石油分公司	上海市黄浦区中山东一路 24 号甲	200002	（021）63219490	（021）63210762	丁春生
58	中国石化销售股份有限公司江苏石油分公司	江苏省南京市鼓楼区中山北路 395 号江苏石油大厦	210003	（025）58808888	（025）58803729	张有根 / 胡 珣
59	中国石化销售股份有限公司浙江石油分公司	浙江省杭州市河坊街 58 号	310009	（0571）87818833	（0571）87818822	许卫东
60	中国石化销售股份有限公司安徽石油分公司	安徽省合肥市屯溪路 188 号	230009	（0551）62212843	（0551）62212900	韩雪岭
61	中国石化销售股份有限公司福建石油分公司	福建省福州市鼓楼区五四路 109 号东煌大厦 19 楼	350003	（0591）87817322	（0591）87817322	吴庆高
62	中国石化集团江西石油总公司 中国石化销售股份有限公司江西石油分公司	江西省南昌市洪都北大道 102 号	330046	（0791）88512108	（0791）88511107	毛陆军
63	中国石化销售股份有限公司山东石油分公司	山东省济南市经十路 13777 号 9 栋中国石化山东石油大厦	250014	（0531）85856666	（0531）85856789	吴劲松
64	中国石化销售股份有限公司河南石油分公司	河南省郑州市郑东新区正光路 16 号	450016	（0371）87520290	（0371）87520299	焦德才
65	中国石化集团资产经营管理有限公司湖北石油分公司 中国石化销售股份有限公司湖北石油分公司	湖北省武汉市硚口区解放大道 606 号	430030	（027）68837019	（027）68837267	于海平 / 向浩萍
66	中国石化销售股份有限公司湖南石油分公司	湖南省长沙市湘春路 113 号	410008	（0731）84841848	（0731）84841801	黄 河
67	广东省中石化石油有限公司 中国石化销售股份有限公司广东石油分公司	广东省广州市天河区体育西路 191 号中石化大厦 A 塔	510620	（020）38084610	（020）38081618	岑利祥
68	中国石化销售股份有限公司广西石油分公司	广西南宁市桃源路 67 号石油大厦	530021	（0771）6757886	（0771）6757889	苏云河 / 李力波

续表

序号	单位名称	地址	邮政编码	电话	传真	董事长（执行董事、分公司代表）/ 总经理
69	中国石化销售股份有限公司海南石油分公司	海南省海口市秀英区滨海大道 163 号	570100	（0898）68680800	（0898）68680909	丁建华 / 李炜
70	中国石化销售股份有限公司贵州石油分公司	贵州省贵阳市南明区解放路 21 号贵州石化大厦	550000	（0851）85986622	（0851）85985810	张家顺
71	中国石化销售股份有限公司云南石油分公司	云南省昆明市国贸路 865 号	650299	（0871）63115218 （0871）63115217	（0871）63115210	杨惠明 / 周麟
72	中国石化燃料油销售有限公司	北京市朝阳区惠新东街甲 6 号中国石化大厦 1 号楼	100029	（010）69166392	（010）69168888	杨军泽
73	中国石化销售股份有限公司辽宁石油分公司	辽宁省沈阳市皇姑区崇山东路 51 号	110032	（024）86629533	（024）86860772	周绍海
74	中国石化销售股份有限公司四川石油分公司	四川省成都市高新区吉泰路 688 号中石化西南科研基地	610041	（028）65286812	（028）65286822	柴志明
75	中国石化销售股份有限公司重庆石油分公司	重庆市渝中区民族路 188 号环球金融中心 48 楼	400010	（023）63107555	（023）63106320	王红兵
76	中国石化销售股份有限公司陕西石油分公司	陕西省西安市莲湖区北大街 29 号中天国际大厦 10 层	710003	（029）87257291	（029）87403810	夏凤梧 / 戴尽良
77	中国石化销售股份有限公司内蒙古石油分公司	内蒙古自治区呼和浩特市如意开发区如意和大街 28 号万铭总部基地综合楼 5 楼	010000	（0471）5289801	（0471）5289808	张华
78	中国石化销售股份有限公司新疆石油分公司	新疆乌鲁木齐长春南路 466 号中国石化科研生产园区 2 楼 B 座	830011	（0991）3163087	（0991）3163086	邱发森
79	中国石化销售股份有限公司吉林石油分公司	吉林省长春市南关区人民大街 10606 号东北亚国际金融中心 3 号楼	130000	（0431）81332986	（0431）81332966	仲伟
80	中国石化销售股份有限公司黑龙江石油分公司	黑龙江省哈尔滨市道里区通达街 307 号	150000	（0451）51530813	（0451）51530991	叶震

续表

序号	单位名称	地址	邮政编码	电话	传真	董事长（执行董事、分公司代表）/总经理
81	中国石化销售股份有限公司青海石油分公司	青海省西宁市城东区民和路 58 号	810007	（0971）6233926	（0971）5161973	阚　筇
82	中国石化销售股份有限公司甘肃石油分公司	甘肃省兰州市城关区天水中路 2 号	730000	（0931）8520616	（0931）8833795	韩　杰
83	中国石化销售股份有限公司宁夏石油分公司	宁夏回族自治区银川市兴庆区清和北街 1143 号	750000	（0951）3803513	（0951）3859299	周　炎
84	中国石化销售股份有限公司华北分公司	天津市华苑产业园区榕苑路 11 号	300384	（022）23059524	（022）23059522	于金广
85	中国石化销售股份有限公司华东分公司	上海市长宁区愚园路 819 号	200050	（021）62119325	（021）62119327	沈　辉
86	中国石化销售股份有限公司华中分公司	湖北省武汉市江汉区常青路 39 号	430023	（027）65798146	（027）65798015	张洪奎
87	中国石化销售股份有限公司华南分公司	广州市天河区体育西路 191 号中石化大厦 A 塔 39 楼	510620	（020）38083999	（020）38083909	刘　胜
88	中国石化销售股份有限公司西北分公司	陕西省西安市国际港务区港务大道 99 号中西部陆港金融小镇 A 座 15 层	710026	（029）88315553	（029）88315589	任　裴
89	中石化易捷销售有限公司	北京市朝阳区朝阳门吉市口路 9 号	100022	（010）59963735	—	叶慧青
90	中国石油化工股份有限公司石油化工科学研究院	北京市海淀区学院路 18 号	100083	（010）62310806	（010）62311290	李明丰
91	中国石油化工股份有限公司大连石油化工研究院 中国石油化工股份有限公司抚顺石油化工研究院	辽宁省大连市旅顺口区南开街 96 号 辽宁省抚顺市望花区丹东路东段 31 号	116045 113001	（0411）39699990 （024）56389234	（0411）39699000 （024）56429551	侯栓弟
92	中石化安全工程研究院有限公司	山东省青岛市崂山区松岭路 339 号	266000	（0532）83786201	（0532）83861318	杨　哲
● 化工和材料板块						
93	中国石化集团北京燕山石油化工有限公司 中国石油化工股份有限公司北京燕山分公司	北京市房山区燕山岗南路 1 号	102500	（010）69337800	（010）69345087	李　刚
94	中国石油化工股份有限公司齐鲁分公司	山东省淄博市临淄区桓公路 15 号	255408	（0533）7588336	（0533）7586888	韩峰/王玉亮
95	中国石油化工股份有限公司镇海炼化分公司	浙江省宁波市镇海区蛟川街道	315200	（0574）86444000	（0574）86270077	张玉明/吕亮功

续表

序号	单位名称	地址	邮政编码	电话	传真	董事长（执行董事、分公司代表）/ 总经理
96	中国石化集团资产经营管理有限公司天津石化分公司 中国石油化工股份有限公司天津分公司	天津市滨海新区（大港）北围堤路（西）160 号	300271	（022）63805589	（022）25991000	王百森
97	中沙（天津）石化有限公司	天津市滨海新区（大港）北围堤路（西）235 号	300271	（022）63809018	（022）63809000	戴立起
98	中国石化上海石油化工股份有限公司	上海市金山区金一路 48 号	200540	（021）57941941	（021）57942267	万涛 / 管泽民
99	上海赛科石油化工有限责任公司	上海市化学工业区南银河路 557 号	201507	（021）37990088	（021）67250866	李成峰 / 张明龙
100	中国石化扬子石油化工有限公司	江苏省南京市沿江工业开发区（大厂）新华路 777 号	210048	（025）57782303	（025）57784389	顾越峰 / 卫达
101	扬子石化—巴斯夫有限责任公司	江苏省南京市江北新区新华东路 8 号	210048	（025）57770888	—	顾越峰
102	中韩（武汉）石油化工有限公司	湖北省武汉市化学工业区八吉府大街特 1 号	430070	（027）86595153 （027）86595156	（027）86595188	刘家海 / 杨文德
103	中国石化集团资产经营管理有限公司巴陵石化分公司 中国石油化工股份有限公司巴陵分公司	湖南省岳阳市云溪区	414014	（0730）8492348	（0730）8481456	邬智勇
104	中国石化仪征化纤有限责任公司	江苏省扬州市仪征市长江西路 1 号	211900	（0514）83231693	（0514）83233880	郭晓军
105	中国石化集团南京化学工业有限公司	江苏省南京市江北新区大厂葛关路 268 号	210048	（025）57765017	（025）57792812	叶晓东 / 杨正刚
106	中国石化集团资产经营管理有限公司安庆分公司 中国石油化工股份有限公司安庆分公司	安徽省安庆市石化四路 20 号	246002	（0556）5375133	（0556）5378299	刘晓华
107	中国石化海南炼油化工有限公司	海南省洋浦经济开发区	578101	（0898）28820068	（0898）28820099	汪剑波
108	中国石化集团重庆川维化工有限公司	重庆市长寿区维江路 36 号	401254	（023）68976913	（023）68974009	严　红
109	中国石化集团资产经营管理有限公司宜昌分公司 中国石油化工股份有限公司湖北化肥分公司	湖北省枝江市迎宾大道 15 号	443200	（0717）4232261	（0717）4212660	陈齐全

续表

序号	单位名称	地址	邮政编码	电话	传真	董事长（执行董事、分公司代表）/ 总经理
110	中国石化中原石油化工有限责任公司	河南省濮阳市胜利西路	457001	（0393）4471167	（0393）4416227	王家纯
111	中国石化长城能源化工有限公司	北京市朝阳区吉市口路 9 号	100020	（010）59965232	（010）59760059	杨　栋
112	中天合创能源有限责任公司化工分公司	内蒙古自治区鄂尔多斯市乌审旗图克镇工业园区	017300	（0477）2247071	—	胡传清
113	中安联合煤化有限责任公司	安徽省淮南市潘集区祁集镇煤化工大道经六路	232000	（0554）4239425	（0554）4618888	施华彪
114	中国石化长城能源化工（宁夏）有限公司	宁夏回族自治区灵武市宁东能源化工基地煤化工 C 区	750411	（0951）3098828	（0951）3098833	李少平 / 林　国
115	中国石化化工销售有限公司	北京市朝阳区朝阳门北大街 22 号	100728	（010）59966916	（010）59760728	常振勇
116	中国石化化工销售有限公司华北分公司	北京市朝阳区小关东街 6 号	100029	（010）51586875	（010）51586876	王　强 / 于士如
117	中国石化化工销售有限公司华东分公司	上海市长宁区延安西路 728 号 19F、20F、21F	200050	（021）22196888	（021）52385009	孔　全
118	中国石化化工销售有限公司华南分公司	广东省广州市天河区体育西路 191 号中石化大厦 A 塔 10 层 –15 层	510620	（020）22389638	（020）22389600	窦洪军 / 邵勇青
119	中国石化化工销售有限公司华中分公司	湖北省武汉市洪山区徐东大街 73 号湖北能源大厦 23–25 层	430063	（027）59356969	（027）59356500	赵振辉 / 刘云中
120	中国石化化工销售有限公司江苏分公司	江苏省南京市秦淮区龙蟠中路 218 号中航科技大厦 27 层	210000	（025）84765985	（025）84765911	张培毅 / 房　琳
121	中国石化催化剂有限公司	北京市朝阳区惠新东街甲 6 号	100029	（010）69166523	（010）69166878–0	陈遵江 / 焦　阳
122	中国石化集团资产经营管理有限公司北京化工研究院 中国石油化工股份有限公司北京化工研究院	北京市朝阳区北三环东路 14 号	100013	（010）59202809	（010）64228661	吴长江
123	中国石油化工股份有限公司上海石油化工研究院	上海市浦东新区浦东北路 1658 号	201208	（021）68463662	（021）68462283	杨为民

续表

序号	单位名称	地址	邮政编码	电话	传真	董事长（执行董事、分公司代表）/ 总经理
124	中石化炼化工程（集团）股份有限公司	北京市朝阳区慧忠北里安园 19 号兰华国际 B 座	100101	（010）64998021	（010）64998599	向文武
125	中国石化工程建设有限公司	北京市朝阳区安慧北里安园 21 号	100101	（010）84879999	（010）64963395	孙丽丽 / 吴德飞
126	中石化广州（洛阳）工程有限公司	广东省广州市天河区体育西路 191 号 A 塔 河南省洛阳市中州西路 27 号	510620 471003	（020）22193318 （0379）64887749	（020）22193355 （0379）64887756	周成平
127	中石化上海工程有限公司	上海市浦东新区张杨路 769 号	200120	（021）58354214	（021）58358142	张新明
128	中石化宁波工程有限公司	浙江省宁波市高新区院士路 660 号	315103	（0574）87975589	（0574）87915111	许一君
129	中石化南京工程有限公司	江苏省南京市栖霞区仙林大道 16 号	210049	（025）85935263	（025）85561051	周赢冠 / 吴吉波
130	中石化第四建设有限公司	天津市滨海新区大港世纪大道 180 号	300270	（022）63862214	（022）25990156	向文武
131	中石化第五建设有限公司	广东省广州市荔湾区中山七路 81 号	510145	（020）28348210	（020）28348169	衣　浩
132	中石化第十建设有限公司	山东省青岛市黄岛区漓江西路 677 号	266555	（0532）55681666	（0532）55681000	吴忠宪 / 王　毅
133	上海赛诺佩克有限公司	上海市浦东新区杨高南路 729 号陆家嘴世纪金融广场 1 号楼 2202	200127	（021）58360576	（021）580611	陈柯达
134	中石化项目管理有限公司 中国石化工程部南京项目管理中心	江苏省南京市建邺区南京金融城 9 号楼 8—9 层	210019	（025）66202700	（025）66202726	张　强 / 杨秋龙
● 资本金融和支持板块						
135	中国石化集团资本有限公司	北京市朝阳区东三环中路 1 号环球金融中心东塔 22 层	100026	（010）56633668		孙明荣
136	中国石化财务有限责任公司	北京市朝阳区朝阳门北大街 22 号	100728	（010）59966700	（010）59760508	蒋永富 / 程　忠
137	中国石化盛骏国际投资有限公司	香港湾仔港湾道 1 号会展广场办公大楼 24 楼	999077	+852 28373336 +852 28373300	+852 28272630	吴　泊 / 赵　立

续表

序号	单位名称	地址	邮政编码	电话	传真	董事长（执行董事、分公司代表）/总经理
138	中石化保险有限公司	香港湾仔港湾道 1 号会展办公大楼 20 楼	999077	+852 28633011	+852 28632333	支 华 / 刘继峰
139	中石化保险经纪有限公司	北京市朝阳区朝阳门北大街 22 号	100728	（010）59965497		支 华
140	上海浙石期货经纪有限公司	上海市浦东新区浦电路 438 号	200120	（021）50586901	（021）50586903	李建新 / 俞国华
141	太平石化金融租赁有限责任公司	上海市浦东新区银城中路 488 号太平金融大厦 4102 室	200120	（021）61625379	（021）61625389	沙 卫 / 刘 凯
142	实华国际租赁有限公司	北京市建国门外大街 1 号	100020	（010）65052105	（010）65052098	张伟成 / 西村浩二
143	中国石化国际事业有限公司	北京市朝阳区朝阳门北大街 22 号	100728	（010）59966049	（010）59760629	王玉冰
144	中石化百川经济贸易公司（中国石油化工集团公司机关服务中心、中国石油化工集团公司机关服务局）	北京市朝阳区朝阳门北大街 22 号	100728	（010）59960509	（010）59960901	翟亚林
145	中国石化集团共享服务有限公司	北京市朝阳区吉市口路 9 号	100020	（010）59965596		刘利君
146	中国石化集团经济技术研究院有限公司（中国石化咨询有限责任公司）	北京市朝阳区安外小关街 24 号	100029	（010）52826100	（010）52826200	戴宝华
147	中国石化报社	北京市朝阳区吉市口路 9 号	100020	（010）59963283	（010）59762243	杨守娟
148	中国石化出版社有限公司	北京市东城区安定门外大街 58 号	100011	（010）57512507		周志明
149	中国经济出版社有限公司	北京市东城区安定门外大街 58 号	100011	（010）57512507		周志明
150	中国共产党中国石油化工集团有限公司党组党校（石油化工管理干部学院）	北京市朝阳区立水桥北甲 1 号	100012	（010）52591872	—	徐旭日 / 苟连杰 / 李寿军 / 罗锡庆 / 郭英杰
151	石油化工工程质量监督总站 中石化工程质量监测有限公司	北京市朝阳区安翔北里 11 号石化干部管理学院分部	100101	（010）21720157	（010）21720188	翁必生
152	中国石化集团招标有限公司	北京市朝阳区惠新东街甲 6 号	100029	（010）69166487	—	计立明

附录 2

制度清单

制度名称	制度编号	制度文号	编制单位	管理部门	制度类别	制度层级	制度类型	签发日期
中国石化设备管理办法	JZGSH-B1505-21-115-2021-3	中国石化制〔2021〕285 号	总部	生产经营管理部	生产经营管理 / 设备管理	通用业务制度	原则类	2021-12-31
中国石化资本和金融企业投资管理实施细则	JZGSH-A0501-32-137-2021-1	中国石化制〔2021〕285 号	总部	资本和金融事业部	资本与金融业务 / 资本投资业务	板块业务制度	实施类	2021-12-31
中国石化境外知识产权风险管理细则（试行）	JZGSH-B1604-22-136-2021-1	中国石化制〔2021〕285 号	总部	科技部	科技管理 / 知识产权及科技成果管理	通用业务制度	实施类	2021-12-31
中国石化总部固定资产管理细则	JZGSH-B0505-23-138-2021-3	中国石化制〔2021〕285 号	总部	集团公司财务部	集团财务管理 / 资产（股权）管理	通用业务制度	执行类	2021-12-31
中国石化系统内易地调动职工住房管理规定	JZGSH-A12-22-139-2021-2	中国石化制〔2021〕285 号	总部	集团公司财务部	其他业务	通用业务制度	实施类	2021-12-31
中国石化合同管理办法	JZGSH-B0606-22-141-2021-3	中国石化制〔2021〕285 号	总部	企改和法律部	企改和法律管理 / 合同项目管理	通用业务制度	实施类	2021-12-31
中国石化集团公司发展战略和规划管理办法	JZGSH-B0301-22-145-2021-1	中国石化制〔2021〕285 号	总部	发展计划部	发展计划管理 / 发展规划管理	通用业务制度	实施类	2021-12-31
中国石化环境保护管理规定	JZGSH-B09-21-147-2021-5	中国石化制〔2021〕285 号	总部	能源管理与环境保护部	能源环境管理	通用业务制度	原则类	2021-12-31
中国石化炼油三剂管理办法	GZGSH-A0203-22-146-2021-1	石化股份制〔2021〕337 号	总部	炼油事业部	炼油业务 / 生产运行	通用业务制度	实施类	2021-12-31
中国石化建设项目环境保护管理办法	JZGSH-B0909-22-148-2021-5	中国石化制〔2021〕285 号	总部	能源管理与环境保护部	能源环境管理 / 建设项目环保监督管理	通用业务制度	实施类	2021-12-31
中国石化水资源节约管理办法	JZGSH-B0912-21-149-2021-2	中国石化制〔2021〕285 号	总部	能源管理与环境保护部	能源环境管理 / 节能节水管理	通用业务制度	原则类	2021-12-31

续表

制度名称	制度编号	制度文号	编制单位	管理部门	制度类别	制度层级	制度类型	签发日期
中国石化劳动模范和先进集体评选表彰管理办法	JZGSH-B0204-22-150-2021-2	中国石化制〔2021〕285 号	总部	党群工作部	党群工作管理 / 工会工作	通用业务制度	实施类	2021-12-31
中国石化优质工程管理办法	JZGSH-B1701-22-152-2021-4	中国石化制〔2021〕285 号	总部	工程部	工程管理 / 工程实施管理	通用业务制度	实施类	2021-12-31
直属单位工会工作（建家活动）考核评价办法	JZGSH-B0204-22-154-2021-2	中国石化制〔2021〕285 号	总部	党群工作部	党群工作管理 / 工会工作	通用业务制度	实施类	2021-12-31
中国石油化工股份有限公司炼油化工 B2/C 类科技项目管理办法	GZGSH-A0202-22-155-2021-2	石化股份制〔2021〕337 号	总部	炼油事业部	炼油业务 / 科技项目管理	通用业务制度	实施类	2021-12-31
中国石化总部公文处理细则	JZGSH-B0111-23-158-2021-2	中国石化制〔2021〕285 号	总部	综合管理部（党组办公室）	决策与综合协调管理 / 文件档案管理	通用业务制度	执行类	2021-12-31
中国石油化工股份有限公司国拨项目财务管理办法	GZGSH-B1402-23-163-2021-3	石化股份制〔2021〕331 号	总部	股份公司财务部	股份财务管理 / 财务管理	通用业务制度	执行类	2021-12-31
中国石油化工集团有限公司注资管理办法	JZGSH-B05-23-162-2021-2	中国石化制〔2021〕285 号	总部	集团公司财务部	集团财务管理	通用业务制度	执行类	2021-12-31
中国石化视频会议管理办法	JZGSH-B1806-22-159-2021-2	中国石化制〔2021〕285 号	总部	信息和数字化管理部	信息和数字化管理 / 信息系统运行管理	通用业务制度	实施类	2021-12-31
中国石化科技孵化器管理办法	JZGSH-B16-22-166-2021-2	中国石化制〔2021〕285 号	总部	科技部	科技管理	通用业务制度	实施类	2021-12-31
中国石化应急抢险物资供应管理办法	JZGSH-A0905-22-165-2021-2	中国石化制〔2021〕285 号	总部	物资装备部	物资供应业务 / 物资采购	通用业务制度	实施类	2021-12-31
中国石化炼油工艺防腐蚀管理办法	GZGSH-A0203-33-140-2021-2	石化股份制〔2021〕337 号	总部	炼油事业部	炼油业务 / 生产运行	板块业务制度	执行类	2021-12-31

续表

制度名称	制度编号	制度文号	编制单位	管理部门	制度类别	制度层级	制度类型	签发日期
中国石化直属单位外部董事管理办法（试行）	JZGSH-B0701-22-151-2021-1	中国石化党组制〔2021〕140 号	总部	党组组织部（人力资源部）	人力资源管理（组织人事管理）/干部管理	通用业务制度	实施类	2021-12-27
中国石化总部党建工作考核办法	JZGSH-B0202-22-143-2021-2	中国石化直党〔2021〕54 号	总部	党群工作部	党群工作管理/机关党建	通用业务制度	实施类	2021-12-20
中国石油化工集团有限公司直属党委党费收缴、使用和管理办法	JZGSH-B0202-22-144-2021-2	中国石化直党〔2021〕53 号	总部	党群工作部	党群工作管理/机关党建	通用业务制度	实施类	2021-12-20
党员领导干部与党外人士联谊交友实施办法	JZGSH-B0206-22-142-2021-1	中国石化党组制〔2021〕135 号	总部	党群工作部	党群工作管理/统战工作	通用业务制度	实施类	2021-12-15
中国石化直属单位党委工作规则	JZGSH-B0201-22-135-2021-2	中国石化党组制〔2021〕132 号	总部	党群工作部	党群工作管理/企业党建	通用业务制度	实施类	2021-12-01
中国石化创新平台管理办法	JZGSH-B1603-22-114-2021-2	中国石化制〔2021〕256 号	总部	科技部	科技管理/科技综合管理	通用业务制度	实施类	2021-11-30
中国石化党建信息化平台运行管理办法	JZGSH-B02-23-118-2021-1	中国石化制〔2021〕256 号	总部	党群工作部	党群工作管理	通用业务制度	执行类	2021-11-30
中国石化生产安全异常管理办法	JZGSH-B0806-22-130-2021-2	中国石化制〔2021〕256 号	总部	安全监管部	健康安全管理/应急与事故管理	通用业务制度	实施类	2021-11-30
中国石化境外区域财税协调管理细则	JZGSH-B05-23-129-2021-2	中国石化制〔2021〕256 号	总部	集团公司财务部	集团财务管理	通用业务制度	执行类	2021-11-30
中国石化工程造价管理规定	JZGSH-B1701-22-133-2021-1	中国石化制〔2021〕256 号	总部	工程部	工程管理/工程实施管理	通用业务制度	实施类	2021-11-30
中国石化工程建设及检维修承包商管理规定	JZGSH-B1702-21-131-2021-1	中国石化制〔2021〕256 号	总部	工程部	工程管理/工程招投标管理	通用业务制度	原则类	2021-11-30

续表

制度名称	制度编号	制度文号	编制单位	管理部门	制度类别	制度层级	制度类型	签发日期
中共中国石油化工集团有限公司党组工作规则	JZGSH-B01-10-134-2021-5	中国石化党组制〔2021〕129 号	总部	综合管理部（党组办公室）	决策与综合协调管理	基本制度		2021-11-26
中共中国石油化工集团有限公司直属委员会工作规则	JZGSH-B0202-22-117-2021-2	中国石化直党〔2021〕48 号	总部	党群工作部	党群工作管理 / 机关党建	通用业务制度	实施类	2021-11-11
中国石油化工集团有限公司董事会议事规则	JZGSH-B0101-10-119-2021-3	中国石化制〔2021〕238 号	总部	综合管理部（党组办公室）	决策与综合协调管理 / 总部决策管理	基本制度		2021-11-11
中国石油化工集团有限公司董事会秘书工作制度	JZGSH-B0101-10-128-2021-2	中国石化制〔2021〕238 号	总部	综合管理部（党组办公室）	决策与综合协调管理 / 总部决策管理	基本制度		2021-11-11
中国石油化工集团有限公司总经理办公会制度	JZGSH-B0101-10-127-2021-4	中国石化制〔2021〕238 号	总部	综合管理部（党组办公室）	决策与综合协调管理 / 总部决策管理	基本制度		2021-11-11
中国石油化工集团有限公司总经理工作规则	JZGSH-B0101-10-126-2021-3	中国石化制〔2021〕238 号	总部	综合管理部（党组办公室）	决策与综合协调管理 / 总部决策管理	基本制度		2021-11-11
中国石油化工集团有限公司董事长专题会议制度	JZGSH-B0101-10-125-2021-1	中国石化制〔2021〕238 号	总部	综合管理部（党组办公室）	决策与综合协调管理 / 总部决策管理	基本制度		2021-11-11
中国石油化工集团有限公司董事会社会责任委员会工作规则	JZGSH-B0101-10-124-2021-2	中国石化制〔2021〕238 号	总部	综合管理部（党组办公室）	决策与综合协调管理 / 总部决策管理	基本制度		2021-11-11
中国石油化工集团有限公司董事会提名委员会工作规则	JZGSH-B0101-10-123-2021-2	中国石化制〔2021〕238 号	总部	综合管理部（党组办公室）	决策与综合协调管理 / 总部决策管理	基本制度		2021-11-11

续表

制度名称	制度编号	制度文号	编制单位	管理部门	制度类别	制度层级	制度类型	签发日期
中国石油化工集团有限公司董事会审计与风险委员会工作规则	JZGSH-B0101-10-122-2021-2	中国石化制〔2021〕238 号	总部	综合管理部（党组办公室）	决策与综合协调管理 / 总部决策管理	基本制度		2021-11-11
中国石油化工集团有限公司董事会薪酬与考核委员会工作规则	JZGSH-B0101-10-121-2021-2	中国石化制〔2021〕238 号	总部	综合管理部（党组办公室）	决策与综合协调管理 / 总部决策管理	基本制度		2021-11-11
中国石油化工集团有限公司董事会战略与投资委员会工作规则	JZGSH-B0101-10-120-2021-2	中国石化制〔2021〕238 号	总部	综合管理部（党组办公室）	决策与综合协调管理 / 总部决策管理	基本制度		2021-11-11
总部部门纪检工作小组工作细则	JZGSH-B1101-23-116-2021-2	中国石化直纪〔2021〕1 号	总部	党群工作部	纪检监察管理 / 党风廉政建设	通用业务制度	执行类	2021-11-04
中国石化公共卫生事件专项应急预案	JZGSH-B0806-22-110-2021-4	中国石化制〔2021〕234 号	总部	安全监管部	健康安全管理 / 应急与事故管理	通用业务制度	实施类	2021-10-29
中国石化生产安全事故事件管理规定	JZGSH-B0806-22-111-2021-5	中国石化制〔2021〕234 号	总部	安全监管部	健康安全管理 / 应急与事故管理	通用业务制度	实施类	2021-10-29
中国石化炼化企业常压储罐管理规定	JZGSH-B1505-22-112-2021-1	中国石化制〔2021〕234 号	总部	炼油事业部	生产经营管理 / 设备管理	通用业务制度	实施类	2021-10-29
中国石化工程建设承包商项目人员培训考核管理办法	JZGSH-B1706-22-113-2021-1	中国石化制〔2021〕234 号	总部	工程部	工程管理 / 工程专项管理	通用业务制度	实施类	2021-10-29
中国石油化工股份有限公司钻井安全现状重大风险评价管理办法	GZGSH-B0802-32-100-2021-2	石化股份制〔2021〕241 号	总部	油田勘探开发事业部	健康安全管理 / 风险隐患管理	板块业务制度	实施类	2021-09-30
中国石化专利管理办法	JZGSH-B1604-22-107-2021-2	中国石化制〔2021〕223 号	总部	科技部	科技管理 / 知识产权及科技成果管理	通用业务制度	实施类	2021-09-30

续表

制度名称	制度编号	制度文号	编制单位	管理部门	制度类别	制度层级	制度类型	签发日期
中国石化纪检监察机构监督检查审查调查统计工作实施办法	JZGSH-B1102-23-109-2021-1	中国石化制〔2021〕223 号	总部	纪检监察组	纪检监察管理 / 纪检监察业务	通用业务制度	执行类	2021-09-30
中国石化因公出国（境）证照管理办法	JZGSH-B0409-22-099-2021-2	中国石化制〔2021〕223 号	总部	国际合作部	国际合作管理 / 因公出国（境）管理	通用业务制度	实施类	2021-09-30
中国石化纪检监察机构案件质量评查工作办法	JZGSH-B1102-23-101-2021-1	中国石化制〔2021〕223 号	总部	纪检监察组	纪检监察管理 / 纪检监察业务	通用业务制度	执行类	2021-09-30
中国石化生产调度指挥中心值班工作规定	JZGSH-B1502-23-102-2021-2	中国石化制〔2021〕223 号	总部	生产经营管理部	生产经营管理 / 生产指挥协调	通用业务制度	执行类	2021-09-30
中国石化炼油化工工艺技术管理规定	JZGSH-A0203-22-103-2021-2	中国石化制〔2021〕223 号	总部	炼油事业部	炼油业务 / 生产运行	通用业务制度	实施类	2021-09-30
中国石油化工股份有限公司炼化装置非计划停工管理办法	GZGSH-A0203-22-104-2021-1	石化股份制〔2021〕240 号	总部	炼油事业部	炼油业务 / 生产运行	通用业务制度	实施类	2021-09-30
中国石化领导人员容错纠错实施办法	JZGSH-B1101-22-106-2021-2	中国石化党组制〔2021〕117 号	总部	纪检监察组	纪检监察管理 / 党风廉政建设	通用业务制度	实施类	2021-09-29
中国石化责任追究工作程序规定（试行）	JZGSH-B1101-23-105-2021-1	中国石化党组制〔2021〕116 号	总部	纪检监察组	纪检监察管理 / 党风廉政建设	通用业务制度	执行类	2021-09-29
中国石化违规经营投资责任追究实施办法	JZGSH-B1101-23-108-2021-2	中国石化党组制〔2021〕115 号	总部	纪检监察组	纪检监察管理 / 党风廉政建设	通用业务制度	执行类	2021-09-29
中国石化工资总额管理办法	JZGSH-B0706-22-098-2021-1	中国石化制〔2021〕208 号	总部	党组组织部（人力资源部）	人力资源管理（组织人事管理）/ 薪酬管理	通用业务制度	实施类	2021-09-07

续表

制度名称	制度编号	制度文号	编制单位	管理部门	制度类别	制度层级	制度类型	签发日期
中国石化境外投资财务管理办法	JZGSH-B05-22-090-2021-2	中国石化制〔2021〕205 号	总部	集团公司财务部	集团财务管理	通用业务制度	实施类	2021-09-06
中国石化集中视频监控平台运行管理规定	JZGSH-B1502-22-082-2021-1	中国石化制〔2021〕200 号	总部	生产经营管理部	生产经营管理 / 生产指挥协调	通用业务制度	实施类	2021-08-31
中国石化智能运营中心系统运行管理办法	JZGSH-B1502-23-083-2021-2	中国石化制〔2021〕200 号	总部	生产经营管理部	生产经营管理 / 生产指挥协调	通用业务制度	执行类	2021-08-31
中国石化物资供应管理规定	JZGSH-A09-21-085-2021-4	中国石化制〔2021〕200 号	总部	物资装备部	物资供应业务	通用业务制度	原则类	2021-08-31
中国石化信访工作责任制实施细则	JZGSH-B0112-22-086-2021-2	中国石化制〔2021〕200 号	总部	综合管理部（党组办公室）	决策与综合协调管理 / 信访工作	通用业务制度	实施类	2021-08-31
中国石化设备材料监造管理办法	JZGSH-A0906-22-088-2021-6	中国石化制〔2021〕200 号	总部	物资装备部	物资供应业务 / 过程控制	通用业务制度	实施类	2021-08-31
中国石化物资供应质量管理办法	JZGSH-A0906-22-087-2021-5	中国石化制〔2021〕200 号	总部	物资装备部	物资供应业务 / 过程控制	通用业务制度	实施类	2021-08-31
中国石化恐怖袭击事件专项应急预案	JZGSH-B0806-22-089-2021-4	中国石化制〔2021〕200 号	总部	安全监管部	健康安全管理 / 应急与事故管理	通用业务制度	实施类	2021-08-31
中国石油化工股份有限公司合成材料新产品产业化管理办法	GZGSH-A0305-32-093-2021-2	石化股份制〔2021〕205 号	总部	化工事业部	化工生产与销售业务 / 化工产品产销研	板块业务制度	实施类	2021-08-31
中国石油化工股份有限公司合成材料产品结构调整考核与奖励办法	GZGSH-A0305-32-092-2021-2	石化股份制〔2021〕205 号	总部	化工事业部	化工生产与销售业务 / 化工产品产销研	板块业务制度	实施类	2021-08-31
中国石化投资项目后评价管理办法	JZGSH-B03-22-094-2021-2	中国石化制〔2021〕200 号	总部	发展计划部	发展计划管理	通用业务制度	实施类	2021-08-31

续表

制度名称	制度编号	制度文号	编制单位	管理部门	制度类别	制度层级	制度类型	签发日期
中国石化法治工作管理办法	JZGSH-B06-21-095-2021-1	中国石化制〔2021〕200 号	总部	企改和法律部	企改和法律管理	通用业务制度	原则类	2021-08-31
中国石油化工股份有限公司法律纠纷管理办法	GZGSH-B0607-22-081-2021-3	石化股份制〔2021〕205 号	总部	企改和法律部	企改和法律管理 / 法律纠纷管理	通用业务制度	实施类	2021-08-31
中国石油化工集团有限公司法律纠纷管理办法	JZGSH-B0607-21-080-2021-3	中国石化制〔2021〕200 号	总部	企改和法律部	企改和法律管理 / 法律纠纷管理	通用业务制度	原则类	2021-08-31
中国石化直属单位经理层成员任期制和契约化管理暂行办法	JZGSH-B0701-22-096-2021-1	中国石化党组制〔2021〕106 号	总部	党组组织部（人力资源部）	人力资源管理（组织人事管理）/ 干部管理	通用业务制度	实施类	2021-08-31
中国石化化工业务达标竞赛考评奖励细则	JZGSH-A0302-33-097-2021-2	中国石化制〔2021〕200 号	总部	化工事业部	化工生产与销售业务 / 生产运行	板块业务制度	执行类	2021-08-31
中国石化领导人员交流工作规定	JZGSH-B0701-22-091-2021-1	中国石化党组制〔2021〕105 号	总部	党组组织部（人力资源部）	人力资源管理（组织人事管理）/ 干部管理	通用业务制度	实施类	2021-08-26
中国石油化工集团有限公司债务融资信息披露管理规定	JZGSH-B0503-22-077-2021-2	中国石化制〔2021〕186 号	总部	集团公司财务部	集团财务管理 / 资金管理	通用业务制度	实施类	2021-08-16
中国石化职称评审组织建设管理办法	JZGSH-B0702-22-078-2021-3	中国石化制〔2021〕181 号	总部	人力资源部（党组组织部）	人力资源管理（组织人事管理）/ 人才管理	通用业务制度	实施类	2021-08-09
中国石化正高级、高级职称评审办法	JZGSH-B0702-22-079-2021-3	中国石化制〔2021〕181 号	总部	人力资源部（党组组织部）	人力资源管理（组织人事管理）/ 人才管理	通用业务制度	实施类	2021-08-09
中国石化职称评审工作管理规定	JZGSH-B0702-21-084-2021-3	中国石化制〔2021〕181 号	总部	人力资源部（党组组织部）	人力资源管理（组织人事管理）/ 人才管理	通用业务制度	原则类	2021-08-09

续表

制度名称	制度编号	制度文号	编制单位	管理部门	制度类别	制度层级	制度类型	签发日期
中国石化油气供应事件专项应急预案	JZGSH-B0806-22-065-2021-1	中国石化制〔2021〕173 号	总部	生产经营管理部	健康安全管理 / 应急与事故管理	通用业务制度	实施类	2021-07-31
中国石化信息系统运行管理办法	JZGSH-B1806-22-066-2021-1	中国石化制〔2021〕173 号	总部	信息和数字化管理部	信息和数字化管理 / 信息系统运行管理	通用业务制度	实施类	2021-07-31
中国石化信息化项目建设管理办法	JZGSH-B1805-22-061-2021-2	中国石化制〔2021〕173 号	总部	信息和数字化管理部	信息和数字化管理 / 项目建设过程管理	通用业务制度	实施类	2021-07-31
中国石化固定资产投资项目节能审查管理办法	JZGSH-B0912-22-063-2021-2	中国石化制〔2021〕173 号	总部	能源管理与环境保护部	能源环境管理 / 节能节水管理	通用业务制度	实施类	2021-07-31
中国石化参加各类学会、协会、理事会管理办法	JZGSH-B0103-22-067-2021-3	中国石化制〔2021〕173 号	总部	综合管理部（党组办公室）	决策与综合协调管理 / 办公与督查保密管理	通用业务制度	实施类	2021-07-31
中国石化突发环境事件专项应急预案	JZGSH-B0806-22-068-2021-1	中国石化制〔2021〕173 号	总部	能源管理与环境保护部	健康安全管理 / 应急与事故管理	通用业务制度	实施类	2021-07-31
中国石化工程建设项目实施投资控制管理规定	JZGSH-B1701-22-070-2021-1	中国石化制〔2021〕173 号	总部	工程部	工程管理 / 工程实施管理	通用业务制度	实施类	2021-07-31
中国石化信息系统突发事件专项应急预案	JZGSH-B0806-22-072-2021-1	中国石化制〔2021〕173 号	总部	信息和数字化管理部	健康安全管理 / 应急与事故管理	通用业务制度	实施类	2021-07-31
中国石化固定资产投资项目审计办法	JZGSH-B1002-23-071-2021-3	中国石化制〔2021〕173 号	总部	审计部	审计管理 / 审计业务管理	通用业务制度	执行类	2021-07-31
中国石化建设项目档案验收细则	JZGSH-B0111-23-075-2021-3	中国石化制〔2021〕173 号	总部	综合管理部（党组办公室）	决策与综合协调管理 / 文件档案管理	通用业务制度	执行类	2021-07-31

续表

制度名称	制度编号	制度文号	编制单位	管理部门	制度类别	制度层级	制度类型	签发日期
关于被巡视单位党委配合党组巡视工作的规定	JZGSH-B1201-22-074-2021-4	中国石化党组制〔2021〕94 号	总部	巡视办	巡视管理 / 巡视巡察工作指导	通用业务制度	实施类	2021-07-31
中国石化信息化项目决算审计管理办法	JZGSH-B1002-22-073-2021-1	中国石化制〔2021〕173 号	总部	审计部	审计管理 / 审计业务管理	通用业务制度	实施类	2021-07-31
中国石油化工股份有限公司合成树脂非目标产品管理办法	GZGSH-A0302-32-076-2021-1	石化股份制〔2021〕178 号	总部	化工事业部	化工生产与销售业务 / 生产运行	板块业务制度	实施类	2021-07-31
中国石化全面风险管理办法	JZGSH-B0603-21-051-2021-2	中国石化制〔2021〕146 号	总部	企改和法律部	企改和法律管理 / 风控内控管理	通用业务制度	原则类	2021-06-30
中国石化境外员工身心健康管理规定	JZGSH-B0805-21-052-2021-1	中国石化制〔2021〕146 号	总部	国际合作部	健康安全管理 / 员工健康管理	通用业务制度	原则类	2021-06-30
中国石化境外公共安全事件专项应急预案	JZGSH-B0806-22-056-2021-2	中国石化制〔2021〕146 号	总部	国际合作部	健康安全管理 / 应急与事故管理	通用业务制度	实施类	2021-06-30
中国石化碳交易管理办法	JZGSH-B0913-21-057-2021-2	中国石化制〔2021〕146 号	总部	能源管理与环境保护部	能源环境管理 / 绿色低碳管理	通用业务制度	原则类	2021-06-30
中国石化碳排放管理办法	JZGSH-B0913-21-055-2021-3	中国石化制〔2021〕146 号	总部	能源管理与环境保护部	能源环境管理 / 绿色低碳管理	通用业务制度	原则类	2021-06-30
中国石化水处理剂管理规定	JZGSH-A1202-22-059-2021-2	中国石化制〔2021〕146 号	总部	化工事业部	其他业务 / 水务业务	通用业务制度	实施类	2021-06-30
中国石化企业年金基金管理办法	JZGSH-A0505-22-058-2021-3	中国石化制〔2021〕146 号	总部	资本和金融事业部	资本与金融业务 / 年金业务管理	通用业务制度	实施类	2021-06-30
中国石化公共聚集场所事件专项应急预案	JZGSH-B0806-22-062-2021-2	中国石化制〔2021〕146 号	总部	综合管理部（党组办公室）	健康安全管理 / 应急与事故管理	通用业务制度	实施类	2021-06-30

续表

制度名称	制度编号	制度文号	编制单位	管理部门	制度类别	制度层级	制度类型	签发日期
中国石化群体性上访事件专项应急预案	JZGSH-B0806-22-060-2021-4	中国石化制〔2021〕146 号	总部	综合管理部（党组办公室）	健康安全管理 / 应急与事故管理	通用业务制度	实施类	2021-06-30
中国石油化工集团有限公司责任约谈工作管理办法	JZGSH-B0101-22-049-2021-1	中国石化制〔2021〕146 号	总部	综合管理部（党组办公室）	决策与综合协调管理 / 总部决策管理	通用业务制度	实施类	2021-06-30
中国石化能量隔离管理规定	JZGSH-B0803-22-054-2021-1	中国石化制〔2021〕135 号	总部	安全监管部	健康安全管理 / 直接作业环节安全监督管理	通用业务制度	实施类	2021-06-16
中国石化无氧作业安全管理规定	JZGSH-B0803-23-048-2021-1	中国石化制〔2021〕135 号	总部	安全监管部	健康安全管理 / 直接作业环节安全监督管理	通用业务制度	执行类	2021-06-16
中国石化纪检监察机构处分决定宣布执行工作办法	JZGSH-B1102-23-050-2021-1	中国石化制〔2021〕134 号	总部	纪检监察组	纪检监察管理 / 纪检监察业务	通用业务制度	执行类	2021-06-11
中国石化建设工程评标专家和专家库管理办法	JZGSH-B1702-23-043-2021-2	中国石化制〔2021〕128 号	总部	工程部	工程管理 / 工程招投标管理	通用业务制度	执行类	2021-05-31
中国石化国内上游投资管理实施细则	GZGSH-B03-32-044-2021-1	石化股份制〔2021〕120 号	总部	油田勘探开发事业部	发展计划管理	板块业务制度	实施类	2021-05-31
中国石化重大项目合法合规性审查论证管理办法	JZGSH-B0606-22-046-2021-2	中国石化制〔2021〕128 号	总部	企改和法律部	企改和法律管理 / 合同项目管理	通用业务制度	实施类	2021-05-31
中国石化总部经费管理细则	JZGSH-B0508-23-045-2021-6	中国石化制〔2021〕128 号	总部	集团公司财务部	集团财务管理 / 总部财务管理	通用业务制度	执行类	2021-05-31
中国石化固定资产投资项目碳排放评价管理办法	JZGSH-B0913-22-047-2021-1	中国石化制〔2021〕128 号	总部	能源管理与环境保护部	能源环境管理 / 绿色低碳管理	通用业务制度	实施类	2021-05-31

续表

制度名称	制度编号	制度文号	编制单位	管理部门	制度类别	制度层级	制度类型	签发日期
中国石化专家管理办法	JZGSH-B0702-22-042-2021-2	中国石化制〔2021〕120 号	总部	党组组织部（人力资源部）	人力资源管理（组织人事管理）/人才管理	通用业务制度	实施类	2021-05-18
中国石化危化品运输安全管理规定（试行）	JZGSH-B0807-22-035-2021-2	中国石化制〔2021〕115 号	总部	安全监管部	健康安全管理/公共安全管理	通用业务制度	实施类	2021-04-30
中国石化合同能源管理项目管理办法	JZGSH-B0912-21-039-2021-2	中国石化制〔2021〕115 号	总部	能源管理与环境保护部	能源环境管理/节能节水管理	通用业务制度	原则类	2021-04-30
中国石化总部集体户口管理规定	JZGSH-B0113-23-041-2021-2	中国石化制〔2021〕115 号	总部	综合管理部（党组办公室）	决策与综合协调管理/综治内保	通用业务制度	执行类	2021-04-30
中国石化建设项目管理机构管理办法	JZGSH-B1701-22-027-2021-2	中国石化制〔2021〕115 号	总部	工程部	工程管理/工程实施管理	通用业务制度	实施类	2021-04-30
中国石化海洋石油安全管理规定	JZGSH-B0801-22-031-2021-2	中国石化制〔2021〕115 号	总部	安全监管部	健康安全管理/安全综合管理	通用业务制度	实施类	2021-04-30
中国石化信息和数字化管理办法	JZGSH-B18-21-032-2021-3	中国石化制〔2021〕115 号	总部	信息和数字化管理部	信息和数字化管理	通用业务制度	原则类	2021-04-30
中国石化高层级技能职位选聘与管理办法	JZGSH-B0702-22-033-2021-1	中国石化制〔2021〕106 号	总部	党组组织部（人力资源部）	人力资源管理（组织人事管理）/人才管理	通用业务制度	实施类	2021-04-28
中国石化技能人才创新成果评审奖励办法	JZGSH-B0702-22-040-2021-1	中国石化制〔2021〕106 号	总部	党组组织部（人力资源部）	人力资源管理（组织人事管理）/人才管理	通用业务制度	实施类	2021-04-28
中国石化优秀技能人才评选表彰办法	JZGSH-B0702-22-034-2021-2	中国石化制〔2021〕106 号	总部	党组组织部（人力资源部）	人力资源管理（组织人事管理）/人才管理	通用业务制度	实施类	2021-04-28

续表

制度名称	制度编号	制度文号	编制单位	管理部门	制度类别	制度层级	制度类型	签发日期
中国石化技能人才创新工作室管理办法	JZGSH-B0702-22-037-2021-1	中国石化制〔2021〕106 号	总部	党组组织部（人力资源部）	人力资源管理（组织人事管理）/人才管理	通用业务制度	实施类	2021-04-28
中国石化规范领导人员配偶、子女及其配偶经商办企业行为办法（试行）	JZGSH-B0701-23-036-2021-1	中国石化党组制〔2021〕54 号	总部	人力资源部（党组组织部）	人力资源管理（组织人事管理）/干部管理	通用业务制度	执行类	2021-04-25
中国石化党校工作细则	JZGSH-B0704-22-038-2021-1	中国石化党组制〔2021〕59 号	总部	党组组织部（人力资源部）	人力资源管理（组织人事管理）/培训管理	通用业务制度	实施类	2021-04-22
中国石化合资合作企业生态环境保护管理规定	JZGSH-B0901-21-024-2021-1	中国石化制〔2021〕84 号	总部	能源管理与环境保护部	能源环境管理/环保监督管理	通用业务制度	原则类	2021-03-31
中国石化建设项目督导管理办法	JZGSH-B1701-22-025-2021-1	中国石化制〔2021〕84 号	总部	工程部	工程管理/工程实施管理	通用业务制度	实施类	2021-03-31
中国石化经营管理数据管理办法（暂行）	JZGSH-B1809-23-026-2021-1	中国石化制〔2021〕84 号	总部	信息和数字化管理部	信息和数字化管理/数据资源管理	通用业务制度	执行类	2021-03-31
中国石化资金集中管理考核评价办法	JZGSH-B0503-22-028-2021-2	中国石化制〔2021〕84 号	总部	集团公司财务部	集团财务管理/资金管理	通用业务制度	实施类	2021-03-31
中国石化印章管理规定	JZGSH-B0111-22-029-2021-2	中国石化制〔2021〕84 号	总部	综合管理部（党组办公室）	决策与综合协调管理/文件档案管理	通用业务制度	实施类	2021-03-31
中国石化建设项目施工期环境保护管理实施细则	JZGSH-B0909-23-030-2021-1	中国石化制〔2021〕84 号	总部	能源管理与环境保护部	能源环境管理/建设项目环保监督管理	通用业务制度	执行类	2021-03-31
中国石化网络安全管理办法	JZGSH-B1807-22-017-2021-2	中国石化制〔2021〕84 号	总部	信息和数字化管理部	信息和数字化管理/网络安全管理	通用业务制度	实施类	2021-03-31

续表

制度名称	制度编号	制度文号	编制单位	管理部门	制度类别	制度层级	制度类型	签发日期
中国石化物资采购招标操作规范	JZGSH-A0905-23-021-2021-4	中国石化制〔2021〕84 号	总部	物资装备部	物资供应业务 / 物资采购	通用业务制度	执行类	2021-03-31
中国石化进口原油管理办法	JZGSH-B1504-22-005-2021-1	中国石化制〔2021〕54 号	总部	生产经营管理部	生产经营管理 / 资源配置管理	通用业务制度	实施类	2021-03-02
中国石化炼油化工固定资产投资管理办法	JZGSH-B03-22-016-2021-1	中国石化制〔2021〕54 号	总部	炼油事业部	发展计划管理	通用业务制度	实施类	2021-02-26
中国石化工程建设项目开工管理办法	JZGSH-B1701-22-018-2021-2	中国石化制〔2021〕54 号	总部	工程部	工程管理 / 工程实施管理	通用业务制度	实施类	2021-02-26
中国石化工程建设项目生产准备与试车管理规定	JZGSH-B1701-23-019-2021-2	中国石化制〔2021〕54 号	总部	工程部	工程管理 / 工程实施管理	通用业务制度	执行类	2021-02-26
中国石化物资采购招标投标管理办法	JZGSH-A0905-22-020-2021-6	中国石化制〔2021〕54 号	总部	物资装备部	物资供应业务 / 物资采购	通用业务制度	实施类	2021-02-26
集团公司督办工作管理办法	JZGSH-B0103-22-023-2021-2	中国石化制〔2021〕54 号	总部	综合管理部（党组办公室）	决策与综合协调管理 / 办公与督查保密管理	通用业务制度	实施类	2021-02-26
中国石化科研二类固定资产投资项目管理办法	JZGSH-B1602-22-022-2021-1	中国石化制〔2021〕54 号	总部	科技部	科技管理 / 科技项目与计划（含科研二类投资）管理	通用业务制度	实施类	2021-02-26
中国石化环境因素识别、评价与控制管理办法	JZGSH-B0906-22-001-2021-1	中国石化制〔2021〕54 号	总部	能源管理与环境保护部	能源环境管理 / 环境风险与应急管理	通用业务制度	实施类	2021-02-26
中国石化民用爆炸物品采购实施细则	JZGSH-A0905-23-008-2021-4	中国石化制〔2021〕54 号	总部	物资装备部	物资供应业务 / 物资采购	通用业务制度	执行类	2021-02-26

续表

制度名称	制度编号	制度文号	编制单位	管理部门	制度类别	制度层级	制度类型	签发日期
中国石油化工股份有限公司投资者关系管理规定	GZGSH-B0110-22-004-2021-2	石化股份制〔2021〕31 号	总部	综合管理部（党组办公室）	决策与综合协调管理 / 投资者关系	通用业务制度	实施类	2021-02-03
中国石化全面预算管理办法	JZGSH-B0502-22-010-2021-4	中国石化制〔2021〕42 号	总部	集团公司财务部	集团财务管理 / 财务税收管理	通用业务制度	实施类	2021-01-31
中国石化询比价采购管理办法	JZGSH-A0905-22-011-2021-3	中国石化制〔2021〕42 号	总部	物资装备部	物资供应业务 / 物资采购	通用业务制度	实施类	2021-01-31
中国石化境外公共安全管理办法	JZGSH-B0410-21-012-2021-3	中国石化制〔2021〕42 号	总部	国际合作部	国际合作管理 / 境外公共安全管理	通用业务制度	原则类	2021-01-31
中国石化物资仓储与配送管理办法	JZGSH-A0907-22-003-2021-2	中国石化制〔2021〕42 号	总部	物资装备部	物资供应业务 / 储备管理	通用业务制度	实施类	2021-01-31
中国石化税务风险管理指引	JZGSH-B1406-22-013-2021-2	中国石化制〔2021〕42 号	总部	股份公司财务部	股份财务管理 / 价税管理	通用业务制度	实施类	2021-01-31
中国石油化工股份有限公司税务管理办法	GZGSH-B1406-22-014-2021-2	石化股份制〔2021〕29 号	总部	股份公司财务部	股份财务管理 / 价税管理	通用业务制度	实施类	2021-01-31
中国石化突发环境事件风险与应急管理办法	JZGSH-B0906-22-157-2020-1	中国石化制〔2021〕42 号	总部	能源管理与环境保护部	能源环境管理 / 环境风险与应急管理	通用业务制度	实施类	2021-01-31
中国石化物资绿色采购管理办法	JZGSH-A0905-22-002-2021-2	中国石化制〔2021〕42 号	总部	物资装备部	物资供应业务 / 物资采购	通用业务制度	实施类	2021-01-31
中国石化自然灾害专项应急预案	JZGSH-B0806-22-009-2021-1	中国石化制〔2021〕42 号	总部	安全监管部	健康安全管理 / 应急与事故管理	通用业务制度	实施类	2021-01-31
中国石化担保业务管理办法	JZGSH-B0503-22-007-2021-4	中国石化制〔2021〕42 号	总部	集团公司财务部	集团财务管理 / 资金管理	通用业务制度	实施类	2021-01-31

续表

制度名称	制度编号	制度文号	编制单位	管理部门	制度类别	制度层级	制度类型	签发日期
中国石化工程建设项目竣工验收管理办法	JZGSH-B1706-22-143-2020-2	中国石化制〔2021〕42 号	总部	工程部	工程管理 / 工程专项管理	通用业务制度	实施类	2021-01-31
中国石化物资质量验收检验管理办法	JZGSH-A0906-22-144-2020-2	中国石化制〔2021〕42 号	总部	物资装备部	物资供应业务 / 过程控制	通用业务制度	实施类	2021-01-31
中国石化基础设施云资源应用管理细则	JZGSH-B1806-23-145-2020-2	中国石化制〔2021〕42 号	总部	信息和数字化管理部	信息和数字化管理 / 信息系统运行管理	通用业务制度	执行类	2021-01-31
中国石化生产安全事故应急预案（2020 版）	JZGSH-B0806-21-155-2020-4	中国石化制〔2021〕42 号	总部	安全监管部	健康安全管理 / 应急与事故管理	通用业务制度	原则类	2021-01-31
中国石化突发事件总体应急预案	JZGSH-B0806-21-156-2020-4	中国石化制〔2021〕42 号	总部	安全监管部	健康安全管理 / 应急与事故管理	通用业务制度	原则类	2021-01-31
中国石化网络安全通报管理细则	JZGSH-B1807-22-154-2020-2	中国石化制〔2021〕42 号	总部	信息和数字化管理部	信息和数字化管理 / 网络安全管理	通用业务制度	实施类	2021-01-31
中国石化污染防治管理规定	JZGSH-B0904-22-158-2020-1	中国石化制〔2021〕42 号	总部	能源管理与环境保护部	能源环境管理 / 污染治理	通用业务制度	实施类	2021-01-31
中国石化因公出国（境）管理实施细则	JZGSH-B0409-22-159-2020-3	中国石化制〔2021〕42 号	总部	国际合作部	国际合作管理 / 因公出国（境）管理	通用业务制度	实施类	2021-01-31
中国石油化工集团有限公司生产经营计划管理办法	JZGSH-B1501-22-006-2021-1	中国石化制〔2021〕42 号	总部	生产经营管理部	生产经营管理 / 生产经营计划管理	通用业务制度	实施类	2021-01-31
中国石化股权管理办法	JZGSH-B0505-22-152-2020-2	中国石化制〔2021〕7 号	总部	集团公司财务部	集团财务管理 / 资产（股权）管理	通用业务制度	实施类	2021-01-05

中国石化 SINOPEC

索 引

企事业单位主题词索引 | 表题索引

企事业单位主题词索引

使用说明

1. 本索引引用主题词分析索引法编制。
2. 本索引按汉语拼音音序排列。具体如下：以英文字母开头的，排在最前面；汉字标目则按首字的音序、音调依次排列，首字相同时，则以第二个字排序，并依次类推。
3. 在索引中，索引标目之后的数字表示主题内容所在年鉴正文的页码；英文字母 a、b 分别表示左、右两个栏目。
4. 为反映索引款目的逻辑关系。对于二级目录，采取在上一级标目下缩两格的编排形式予以体现，之下的索引款目仍按上列排序方法依次排列。

A

B

C

D

F

G

J

K

L

M

N

Q

R

S

T

Z

表题索引

使用说明

1. 本索引采用表题索引法编制。年鉴中所有表题均在标引范围内。
2. 本索引基本上按汉语拼音音序排列。具体如下：以数字开头的，排在最前面；汉字标目则按首字的音序、音调依次排列，首字相同时，则以第二个字排序，并依次类推。
3. 在索引中，索引标目之后的数字表示主题内容所在年鉴正文的页码。

0~9

A

B

C

D

F

G

H

J

K

L

M

N

Q

R

S

T

X

Y

Z